Computer Lexikon 2005

**Unser Online-Tipp
für noch mehr Wissen ...**

... aktuelles Fachwissen rund
um die Uhr – zum Probelesen,
Downloaden oder auch auf Papier.

www.InformIT.de

Peter Winkler

Computer Lexikon 2005

Alle Fachbegriffe zu jedem Thema

Markt+Technik Verlag

Bibliografische Information Der Deutschen Bibliothek
Die Deutsche Bibliothek verzeichnet diese Publikation in der Deutschen
Nationalbibliografie; detaillierte bibliografische Daten sind im Internet
über http://dnb.ddb.de abrufbar.

Die Informationen in diesem Buch werden ohne Rücksicht
auf einen eventuellen Patentschutz veröffentlicht.
Warennamen werden ohne Gewährleistung der freien Verwendbarkeit benutzt.
Bei der Zusammenstellung von Texten und Abbildungen wurde mit größter
Sorgfalt vorgegangen.
Trotzdem können Fehler nicht vollständig ausgeschlossen werden.
Verlag, Herausgeber und Autoren können für fehlerhafte Angaben
und deren Folgen weder eine juristische Verantwortung noch
irgendeine Haftung übernehmen.
Für Verbesserungsvorschläge und Hinweise auf Fehler sind Verlag
und Herausgeber dankbar.

Alle Rechte vorbehalten, auch die der fotomechanischen Wiedergabe
und der Speicherung in elektronischen Medien.
Die gewerbliche Nutzung der in diesem Produkt gezeigten Modelle
und Arbeiten ist nicht zulässig.

Fast alle Hardware- und Softwarebezeichnungen, die in diesem
Buch erwähnt werden, sind gleichzeitig auch eingetragene Produktbezeichnungen
oder sollten als solche betrachtet werden.

Umwelthinweis:
Dieses Buch wurde auf chlorfrei gebleichtem Papier gedruckt.

Vollständig überarbeitete Neuauflage

10 9 8 7 6 5 4 3 2 1

07 06 05

ISBN 3-8272-6868-0

© 2005 by Markt+Technik Verlag,
ein Imprint der Pearson Education Deutschland GmbH,
Martin-Kollar-Straße 10–12, D-81829 München/Germany
Alle Rechte vorbehalten
Coverkonzeption: independent Medien-Design, Widenmayerstraße 16, 80538 München
Lektorat: Birgit Ellissen, bellissen@pearson.de
Herstellung: Kunigunde Huber, khuber@pearson.de
Satz: reemers publishing services gmbh, Krefeld, www.reemers.de
Druck und Verarbeitung: Bercker Graphischer Betrieb, Kevelaer
Printed in Germany

Inhaltsverzeichnis

Liebe Leserin, lieber Leser	7
Mitmachen und Gewinnen	7
Lexikon der Fachbegriffe	9
Abkürzungsverzeichnis	903
Datei-Erweiterungen	941
Wörterbuch Englisch/Deutsch	957
MS-DOS-Befehle	993
Grafikkarten von A-Z	1003
Audio/Video/Foto von A–Z	1013

Liebe Leserin, lieber Leser,

dieses Nachschlagewerk für die ganze Computerwelt gibt es nun schon seit über 8 Jahren. Jedes Jahr wird es vollständig überarbeitet und aktualisiert. Auch diese Ausgabe wurde wieder mit zahlreichen Fachbegriffen zu neuen Technologien ergänzt.

Sie sollten wirklich alles finden.

Ein Sonderteil am Ende des Buches bietet Ihnen zusätzlichen Nutzen. Dieses Jahr ganz neu dabei: Extralexikon zu den großen Boom-Themen »Audio, Video, Foto«. Dazu besonders praktisch: »Grafikkarten von A bis Z«.

Autor und Verlag sind immer bemüht, Ihnen die optimale Information zu bieten. Wenn Sie Anmerkungen und Verbesserungsvorschläge haben, schreiben Sie an den Autor unter seiner Verlagsadresse: *peter.winkler@mut.de*

Mitmachen und gewinnen!

Preisrätsel

So geht's:

Suchen Sie im PC Lexikon 2005 die einzelnen Wörter (sie fallen Ihnen sicher auf!) eines kurzen Lösungssatzes. Setzen Sie den richtigen Lösungssatz zusammen und gehen Sie im Internet auf die Website *www.mut.de/preisraetsel*.

Schreiben Sie den Satz in das dafür vorgesehene Feld. Geben Sie Ihre Adresse an und wählen Sie mit einem Klick ein MAGNUM aus.

Täglich wird ein Buch verlost!

Der Tagesgewinner wird von uns benachrichtigt und erhält das Buch per Post.

Der Rechtsweg ist ausgeschlossen. Mitarbeiter der Pearson Education Deutschland GmbH sind von der Teilnahme ausgeschlossen. Die Gewinner werden schriftlich benachrichtigt. Ihre Daten werden von der Pearson Education Deutschland GmbH für Werbe- und Marketingzwecke verarbeitet. Sie werden nicht an Dritte weitergegeben.

Ihr Markt+Technik-Verlag

Symbol

.bak-Datei

Dateien mit der Dateierweiterung ».bak« sind Backups (Sicherheitskopien) einer Datei. Manche Programme legen derartige Kopien sicherheitshalber an, wenn Sie an der jeweiligen Datei etwas verändert haben.

➠ *Siehe Extension; Backup; Sicherungsdatei*

.bin

1. ».bin« ist die Dateierweiterung für eine MacBinary-codierte Datei

2. Dateien, die binäre Daten enthalten, werden mit der Dateiendung ».bin« gekennzeichnet

➠ *Siehe Extension; Macintosh*

.com

Abk.: commercial

».com« ist die Domänenbezeichnung für Firmen, z.B. http://www.abc.com

➠ *Siehe Internet; Domain*

.de

».de« ist die Domänenbezeichnung für Deutschland, z.B. http://www.abc.de

➠ *Siehe Internet; Domain*

.edu

».edu« ist die Domänenbezeichnung für Bildungseinrichtungen, z.B. http://www.abc.edu

➠ *Siehe Internet; Domain*

.exe

».exe« ist die Erweiterung für ausführbare Programmdateien. ».exe«-Programme besitzen unter DOS keine feste Startadresse und können an eine beliebige Adresse geladen werden. Im Gegensatz dazu besitzen ausführbare Programme mit der Erweiterung ».com« eine feste Adresse und sind in ihrer Größe auf 64 KByte begrenzt.

➠ *Siehe MS-DOS; Adresse; Startadresse*

.gov

».gov« ist die Domänenbezeichnung für die US-Regierung, z.B. http://www.abc.gov

➠ *Siehe Internet; Domain*

.mil

».mil« ist die Domänenbezeichnung für das US-Militär, z.B. http://www.abc.mil

➠ *Siehe Internet; Domain*

.NET

Abk.: Next Generation Windows Services

».NET« ist die neue Entwicklungsplattform von Microsoft und stellt einen Paradigmenwandel in der Software- und Internetstrategie des Redmonder Unternehmens dar. Die Kerngedanken hinter ».NET« lauten Wiederverwendbarkeit, Modularität, Selbstbeschreibung, Sprachunabhängigkeit, Plattformunabhängigkeit und Internet-Technologie. Im so genannten .NET-Framework werden alle Elemente der Entwicklungsplattform zusammengefasst. Mit ».NET« programmierte Software soll unabhängig von der verwendeten Plattform auf allen Geräten laufen, die internetfähig sind. Hierzu wird der Code noch **WEITER** als bisher abstrahiert und bestimmte Funktionalität ist nicht mehr von der verwendeten Programmiersprache abhängig. Die .NET-Umgebung CLR (Common Runtime Language) arbeitet sprachübergreifend, da angepasste Programmiersprachen (C#, VB.NET, usw.) zunächst in einen Zwischencode (MSIL) und erst zur Laufzeit von einem Echtzeit-Compiler (JIT-Compiler) in ausführbaren Code umgewandelt werden. Dies bedeutet gleichzeitig, dass Anwendungen in Zukunft nur noch ein einziges Mal kompiliert werden müssen, um auf jeder beliebigen Plattform, die CLR unterstützt, ausgeführt werden zu können. Am deutlichsten werden die Kerngedanken von ».NET« in den so genannten Web Services. Diese plattform- und sprachunabhängigen Programmmodule bieten Schnittstellen, auf die andere Programme über Standard-Webprotokolle zugreifen können. Wie ein autonomer Baustein stellt ein Web Service anderen Programmen seine Funktionalität zur Verfügung, ohne dass eine umfangreiche Anpassung dieses Programms notwendig wäre. Möglich wird dies durch das selbstbeschreibende Wesen der Web Services. Dazu stellen sie ein XML-Dokument zur Verfügung, das sich der Web Services Description Language (WSDL) bedient und in dem die Funktionen und Schnittstellen des Web Services beschrieben sind. Damit Web Services im Internet oder auf Webservern aufgefunden werden können, wird eine so genannte DISCO-Datei (Discovery) benötigt, die auf das WSDL-Dokument verweist. Diese DISCO-Dateien werden auf zentralen Servern in einem UDDI-Verzeichnis (Universal Description, Discovery and Integration) abgelegt, wo sie jedes Programm auffinden kann. Zur Kommunikation nutzen Web Services die Standardtechnologien SOAP und HTTP. Ein weiteres wichtiges Konzept in ».NET« sind die so genannten Assemblies, abgeschlossene Programmeinheiten, die den gesamten MSIL-Code enthalten, der von der CLR ausgeführt werden muss, inklusive aller Ressourcendateien. Diese klare Abgrenzung bietet den von Programmierern lang ersehnten Ausweg aus der »DLL-Hölle«, denn eine Assembly enthält bereits allen Code, den sie zu ihrer eigenen Ausführung benötigt. Daraus folgt auch, dass ein Programm mindestens aus einer Assembly bestehen muss. Besonderer Vorteil der Assemblies ist, dass eine Installation generell überflüssig wird. Es genügt das einfache Kopieren der Assembly, um sie an anderer Stelle zu nutzen. Bedeutendster Konkurrent von ».NET« ist Sun ONE von Sun Microsystems, das eine ähnliche Strategie hat, aber auf Java und der so genannten Swing-Framework basiert.

➧ *Siehe Betriebssystem; Microsoft; Internet; XML; MSIL; CLR; CTS; Web Service; VB.NET; C#; Sun ONE; SOAP; UDDI; JIT-Compiler; ASP.NET; .NET myServices; .NET-Framework; Passport; Compiler; Assembly*

.NET myServices

».NET myServices« ist eine Serviceinitiative von Microsoft auf Basis der .NET-Entwicklungsumgebung des Redmonder Unternehmens. »myServices« umfasst unter anderem Terminpläne, Kalender und Adressbücher, die privat genutzt werden können, aber zentral auf Microsoft-Servern abgelegt werden. Durch Ausnutzung der Web Service-Technologie können diese Dienste mit anderen Diensten kommunizieren und automatisch Daten (z.B. Termine) austauschen. Zentrales Element dieser Initiative ist der Anmeldedienst Passport. Erst nach Registrierung bei Passport erhält der Anwender Zugriff auf die Bestandteile von »myServices«. Vorteil, aber auch Nachteil hinsichtlich des Datenschutzes ist die zentrale Verwaltung aller Benutzerdaten (auch privater) auf Servern von Microsoft. Ein weiteres wichtiges Element ist der Messaging-Dienst, der ähnlich ICQ, den Anwender sofort über eingegangene Nachrichten informiert.

➧ *Siehe .NET; Passport; ICQ; Web Service*

.NET-Framework

Im .NET-Framework sind alle Elemente der .NET-Entwicklungsumgebung enthalten. Dies sind im Einzelnen die Sprachen (CLR) und die Klassenbibliotheken (Services Framework). Für Mobilgeräte gibt es das abgespeckte Compact .NET Framework.

➧ *Siehe CLR; Services Framework; VB.NET; ASP.NET; C#*

.org

».org« ist die Domänenbezeichnung für nicht kommerzielle Organisationen, z.B. http://www.abc.org

➧ *Siehe Internet; Domain*

.uk

».uk« ist die Domänenbezeichnung für Großbritannien, z.B. http://www.abc.uk

➠ *Siehe Internet; Domain*

@

@ wird im Deutschen als Klammeraffe, im Englischen als »at«, bzw. »commercial a« bezeichnet. @ wird unter anderem als Platzhalter, Steuerzeichen und im Internet bei E-Mail-Adressen als Trennzeichen zwischen dem Anwendernamen und der Zieldomäne verwendet (z.B. hklein@witzig.com).

➠ *Siehe Wildcard; E-Mail; Steuerzeichen; Domain*

0190-Dialer

0190-Dailer sind Programme, die einen Nutzen vortäuschen. Sie werden über das Internet auf dem Rechner des Anwenders installiert und wählen bei jeder Verbindung zum Internet eine teure 0190-Nummer oder eine andere Premium-Nummer (in der Schweiz zum Beispiel 0900) an.

1000Base-T

1000Base-T bezeichnet einen Gigabit-Ethernet-Standard bei lokalen Basisbandnetzwerken. Zur Übertragung werden Kabel der Kategorie 5 (Cat-5) verwendet, die bis zu 100 Meter Datenweg überwinden können. 1000Base-T-Netzwerke arbeiten mit einer Bandbreite von 100 MHz, wozu die vier Paare eines UTP-Kabels im Vollduplex-Modus betrieben werden.

➠ *Siehe Ethernet; Twisted-Pair-Kabel; Netzwerk; Fullduplex-Betrieb*

100Base-Fx

100Base-Fx ist ein Ethernet-Netzwerk mit 100 MBit/s (Fast Ethernet) über eine sternförmige Glasfaserverkabelung (Multi- oder Monomode-Faser). Die maximale Kabellänge zwischen einer Workstation und dem zentralen Verteiler beträgt 400 Meter. Für Glasfasernetzwerke gibt es noch weitere Standards, die neben einer Datenübertragung im Gigabit-Bereich deutlich größere Entfernungen überbrücken können.

➠ *Siehe Ethernet; Sterntopologie; Glasfaserkabel; Workstation*

100Base-Tx

100Base-Tx ist ein Ethernet-Netzwerk mit 100 MBit/s (Fast Ethernet) über eine sternförmige Twisted-Pair-Verkabelung mit zwei Aderpaaren. Es ist das aktuell am häufigsten eingesetzte Netzwerksystem. Die maximale Kabellänge zwischen einer Workstation und dem zentralen Verteiler darf 100 Meter betragen.

➠ *Siehe Workstation; Twisted-Pair-Kabel; Ethernet*

10Base2

10Base2 ist der Ethernet-Standard für Netzwerke, die 10 Mbit pro Sekunde (Mbps) transportieren. Als Netzwerkkabel fungiert ein dünnes Koaxialkabel, welches mittels BNC-Steckverbindung mit den Netzwerkknoten verbunden wird. Dieses Kabel kann bis zu 185 Meter lang sein. Der Aufbau entspricht einem Bus (ohne Stichleitungen) und beide Enden des Kabels müssen mit einem Abschlusswiderstand (Terminator) von 50 Ohm terminiert sein. Die Netzwerkkarte wird über ein kleines T-Stück in das Kabel eingeschleift.

➥ *Siehe AUI; Ethernet; Koaxialkabel; Netzwerk; BNC*

10Base5

10Base5 ist der Ethernet-Standard für Netzwerke, die 10 MBit pro Sekunde (Mbps) transportieren. Die Netzwerkknoten sind mit einem Transceiver ausgestattet und werden über ein dickes, bis zu 500 Meter langes Koaxialkabel (Yellow Cable oder RG-8A/U) über einen 15-poligen AUI-Stecker (Attachment Unit Interface) verbunden.

➥ *Siehe Ethernet; Netzwerk; Koaxialkabel; AUI*

10BaseT

10BaseT ist ein Ethernet-Netzwerk mit 10 MBit/s über eine sternförmige Twisted-Pair-Verkabelung. Die Stationen sind jeweils über ein eigenes Kabel von maximal 100 Meter Länge an einen zentralen Verteiler (Hub oder Switch) angeschlossen.

➥ *Siehe Twisted-Pair-Kabel; Hub; Switch; Sterntopologie*

16:9-Format

Filme und Sendungen, die im Kinoformat ausgestrahlt werden, erzeugen auf Standardfernsehgeräten zwei schwarze Balken (oben und unten). Neuere Fernsehgeräte, die das 16:9-Format (Verhältnis Breite zu Höhe) unterstützen, können solche Sendungen korrekt wiedergeben. Die PALplus-Norm beinhaltet das 16:9-Format. Fernsehgeräte, die diese Norm unterstützen, sind mit entsprechenden Bildröhren ausgestattet. In PALplus ausgestrahlte Sendungen sind immer im 16:9-Format, allerdings werden 16:9-Sendungen nicht unbedingt in der PALplus-Norm ausgestrahlt. Herkömmliche Sendungen werden auf einem 16:9-Gerät stark verzerrt wiedergegeben.

➥ *Siehe Bildröhre; PAL*

1TR6

1TR6 ist die Bezeichnung für die veraltete, nationale ISDN-Variante der Telekom. Dieser Typ wird seit dem Jahr 2000 nicht mehr unterstützt. 1TR6 wurde seit 1982 als D-Kanal-Protokoll von der Deutschen Telekom eingesetzt, wurde aber bei der Einführung von Euro-ISDN durch das E-DSS1-Protokoll ersetzt.

➠ *Siehe E-DSS1; D-Kanal-Protokoll; D-Kanal; ISDN; ISDN, nationales; Deutsche Telekom*

3D-API

3D-API ist eine Programmierschnittstelle zur Programmierung von 3D-Applikationen bzw. 3D-Grafiken. Beispiele wären HOOPS, HEIDI, OpenGL und Direct3D.

➠ *Siehe Schnittstelle; 3D-Grafik; OpenGL; DirectX*

3D-Beschleunigung

Mit 3D-Beschleunigung wird im Allgemeinen die Beschleunigung der 3D-Grafikdarstellung, z.B. durch einen speziellen 3D-Grafikprozessor, bezeichnet.

➠ *Siehe 3D-Grafikprozessor; 3D-Grafikkarte*

3D-Funktionen

3D-Grafikkarten und die entsprechenden 3D-Grafikprozessoren verfügen über eine Reihe spezieller Funktionen, die die Darstellung realistischer, dreidimensionaler Grafiken ermöglichen:

▶ **Alpha-Blending:** Jeder Pixel kann als transparent definiert werden. Dadurch ist die Darstellung von Fenstern oder Flüssigkeiten möglich.

▶ **Filtering:** Je nach Chipsatz werden unterschiedliche Verfahren verwendet, um Texturen auf Objekten weich zu zeichnen (je nach Chip trilineares MIP-Mapping oder bilineare bzw. trilineare Texturfilterung). Dadurch wird eine grobe Pixelung bei Objekten, die sich nahe am Betrachter befinden, verhindert.

▶ **Fogging:** Objekte einer bestimmten Farbe können ausgeblendet werden. Dadurch lässt sich Nebel sehr realistisch simulieren.

▶ **Gouraud-Shading:** Flächen werden mit einem Helligkeitsverlauf versehen. Dadurch entsteht der Eindruck einer weichen Oberfläche. Außerdem kann Lichteinfall simuliert werden.

▶ **Schattenwurf:** Muss normalerweise von der CPU vorberechnet werden, was viel Zeit kostet. Neuere Chips können diese Aufgabe aber übernehmen.

▶ **Texture-Mapping:** Bitmaps (Grafiken) können als so genannte Texturen bzw. Maps auf die Oberfläche dreidimensionaler Körper projiziert werden. Die Daten müssen dazu aber in den Speicher der Grafikkarte geladen werden, wodurch dieser für andere Funktionen der Grafikkarte (z.B. eine größere Farbtiefe) verloren geht.

3D-Grafikprozessor

▶ **Transform & Lighting:** Der Grafikchip übernimmt die Koordinatentransformation und Beleuchtungsberechnung (Transform und Lighting).

▶ **Z-Buffer:** Um Objekte korrekt im dreidimensionalen Raum darstellen zu können, ist neben den Informationen über die X- und Y-Koordinate des Objekts auch die Information über dessen Position auf der Z-Achse notwendig. Diese Information wird im Grafikkartenspeicher abgelegt.

▶ Microsoft hat für 3D-Funktionen einen eigenen Standard geschaffen: Direct3D.

➡ *Siehe Texturfilterung, bilineare; 3D-Grafik; 3D-Grafikprozessor; 3D-Grafikkarte; Z-Buffer; MIP-Mapping; 3D-Funktionen; Texture-Mapping; T&L*

3D-Grafik

3D-Grafik ist die allgemeine Bezeichnung für die Darstellung dreidimensionaler Geometrien auf dem Computer. 3D-Grafikkarten, spezielle 3D-Grafikprozessoren und 3D-Standards unterstützen den Computer bei der Berechnung und Darstellung.

➡ *Siehe 3D-Grafikprozessor; 3D-Standards*

3D-Grafikkarte

Eine 3D-Grafikkarte benutzt einen speziellen 3D-Grafikprozessor, der die Darstellung der 3D-Grafik übernimmt. Aufgrund spezieller 3D-Funktionen beschleunigt der Grafikprozessor die Darstellung von 3D-Grafiken.

➡ *Siehe 3D-Grafik; 3D-Funktionen; 3D-Standards*

3D-Grafikprozessor

3D-Grafikprozessoren sind speziell entwickelte Grafikprozessoren, die gegenüber den herkömmlichen 2D-Accelerator-Chips die Darstellung dreidimensionaler Grafiken beschleunigen. Derartige Prozessoren finden sich zum Teil zusätzlich zum 2D-Accelerator-Chip auf der Grafikkarte bzw. als eigenständiger Prozessor, der sowohl 2D- als auch 3D-Grafiken beschleunigt. Frühe 3D-Prozessoren basierten hauptsächlich auf dem Glint-Chipsatz der Firma 3Dlabs. Sie waren sehr teuer und eigentlich nur für Firmen bzw. wissenschaftliche oder CAD-Anwendungen interessant. Heutige Prozessoren zielen hauptsächlich auf die rasante Entwicklung auf dem 3D-Spiele-Markt ab. 3D-Grafikprozessoren bieten besondere 3D-Funktionen und arbeiten mit verschiedenen Standards, wie z.B. dem 3D-Standard, (Direct3D, OpenGL, Glide usw.) zusammen. Zur Nutzung der 3D-Funktionalität ist normalerweise ein spezieller Treiber notwendig.

➠ *Siehe 3D-Grafik; 3D-Beschleunigung; 3D-Grafikkarte; Geforce*

3D-Kernel

3D-Kernel sind Grafikbibliotheken, die zur Programmierung von 3D-Applikationen bzw. 3D-Grafiken benötigt werden. Neben Vereinbarungen zur Geometriedatenstruktur und Methoden zum Verändern der dargestellten Objekte (z.B. Translation, Rotation) beinhalten sie Algorithmen zur Visualisierung, wie z.B. zur Berechnung von Schattierung (englisch: Shading) und Beleuchtung von Objekten bzw. Objektgruppen.

➠ *Siehe 3D-Grafik; 3D-API; Library*

3D-Matrix

Jedes Element einer 3D-Matrix wird durch drei unterschiedliche Indizes eindeutig gekennzeichnet, z.B. x, y, z.

➠ *Siehe 3D-Modell; 3D-Grafik*

3D-Metadatei

Eine 3D-Metadatei ist eine geräteunabhängige 3D-Grafik-Datei.

➠ *Siehe 3D-Modell; 3D-Grafik*

3D-Modell

Ein 3D-Modell ist das Computermodell eines Körpers mit den Attributen Länge, Breite und Tiefe. (x-, y- und z-Achse).

➠ *Siehe 3D-Grafik; 3D-Matrix*

3DNow!-Professional

3DNow!-Professional bezeichnet eine Befehlserweiterung der Athlon-Prozessoren von AMD zur Beschleunigung von Ganz- und Fließzahlenberechnungen. Details:

▶ 21 originale 3DNow!-Befehle

▶ 19 zusätzliche Befehle zur Verbesserung der Integer-Berechnungen für Sprach- oder Videokodierung und verbesserten Datendurchsatz für Internet-Plug-Ins und Streaming-Anwendungen

▶ 5 DSP-Befehle zur Verbesserung von Soft Modem, Soft ADSL, Dolby Digital Surround Sound und MP3-Anwendungen

▶ 52 SSE-Befehle für Integer- und Fließkomma-Berechnungen

➠ *Siehe K6 3DNow!; Athlon; SSE (2)*

3DNow!-Technologie

➠ *Siehe K6 3DNow!*

3D-Pipeline

Unter dem Begriff 3D-Pipeline sind alle Schritte zusammengefasst, die eine Grafikkarte zur Berechnung von zweidimensionalen

3D-Standards

Grafiken aus dreidimensionalen Geometriedaten ausführen muss. Die 3D-Pipeline besteht im Wesentlichen aus der Geometrie-Engine und der Rendering-Engine, die wiederum verschiedene Einzelfunktionen in sich vereinen. Die Geometrie-Engine sorgt für die Berechnung der Koordinaten, die Rendering-Engine übernimmt das Zeichnen der einzelnen Pixel. Besonders die Verarbeitung der Geometriedaten ist ein rechenintensiver Vorgang. Die Objekte einer 3D-Szene müssen angeordnet und in Relation zum Betrachter berechnet werden. Die Objekte selbst bestehen aus Punkten (Vertices) und Flächen (Polygonen), die von der Geometrie-Engine vorberechnet werden. Nach Berechnung aller Vertices und der Transformation der Koordinaten werden die Daten von der zweiten Stufe der 3D-Pipeline, der Rendering-Engine, weiterverarbeitet. Diese berechnet Farbwerte für die Pixel der Texturen, die so dargestellt werden müssen, dass der Betrachter den Eindruck von Tiefe gewinnt.

➠ *Siehe Vertex; Polygon*

3D-Scanner

Herkömmliche Scanner tasten lediglich zwei Dimensionen der Vorlage ab. 3D-Scanner bieten zusätzlich die Möglichkeit, die räumliche Tiefe der Vorlage zu erfassen. Je nach System wird dazu ein Abtaststift über das Objekt geführt, oder ein Laser bzw. eine Fotozelle liefert die Tiefeninformation. Mit der großen Variante der 3D-Scanner, dem so genannten Ganzkörper-Scanner, ist es sogar möglich, Menschen einzuscannen, um sie z.B. als Synthespians (virtuelle Schauspieler) zu verwenden.

➠ *Siehe Scanner; Synthespian; Ganzkörper-Scanner*

3D-Sound

Der 3D-Sound ist ein dreidimensionales Soundsystem. Durch den Stereoklang glaubt der Zuhörer die genaue Position einer Quelle (oben, unten, rechts, links, vorn oder hinten) in einem Raum zu lokalisieren.

➠ *Siehe Soundkarte; Soundblaster*

3D-Standards

In der Regel stützen sich Applikationen für die Darstellung dreidimensionaler Geometrien auf vorhandene 3D-Grafikbibliotheken, den so genannten 3D-Kernels. Applikationsprogrammierer, denen über ein 3D-Kernel eine klar definierte API zur Verfügung steht, sparen viel Zeit, da sie sich nicht um die Anpassung der Applikation an die jeweilige Grafikhardware kümmern müssen. Der erste Kernel wurde 1985/86 mit dem GKS (Grafisches Kernsystem) entwickelt und in die ISO- und DIN-Normierung aufgenommen. Ursprünglich nur für 2D-Grafik konzipiert, entstand schnell das GKS-3D, welches die Darstellung dreidimensionaler Grafiken ermöglichte. Auf diesen Kernel aufbauend wurde daraufhin die ebenfalls genormte Bibliothek PHIGS (Programmers Hierarchical Interactive Graphics System) entwickelt, die in ihrer heutigen Form zusätzlich GUI-Funktionen zur grafischen Interaktion beinhaltet. Die nächste Entwicklungsstufe, das so genannte PHIGS-PLUS (plus Lumiere and Surfaces) bietet ein optimiertes Shading-Verfahren und eine um B-Splines erweiterte Geometriedatenbank. Neben PHIGS und PHIGS-PLUS wurde von Silicon Graphics ein weiterer Kernel namens GL (Graphics Library) entwickelt. Dieser Standard hat sich auch auf anderen Plattformen unter der Bezeichnung OpenGL durchgesetzt. Hauptsächlich wird OpenGL im High-End-Bereich für Grafik- (z.B Raytracing) und Simulationsapplikationen oder im Bereich der virtuellen Realität eingesetzt. VRML (Virtual Reality Modeling Language) basiert z.B. auf dem OpenInventor-Dateiformat, einem Entwicklungs-Toolkit für OpenGL. Neben OpenGL finden sich noch weitere Kernels, wie z.B das von Autodesk entwickelte HOOPS (Hierarchical Object Oriented Picture System) sowie dessen Weiterentwicklung HEIDI, welches als Grafik-Kernel in 3D Studio MAX zum Einsatz kommt. Microsoft bietet einen eigenen 3D-Standard, der sich weitgehend durchgesetzt hat: Direct3D, Bestandteil von DirectX.

➡ *Siehe Silicon Graphics; 3D-Kernel; API; DirectX; OpenGL; VRML; Raytracing; Library; ISO*

64 Bit-Computer

Ein Computer wird als 64 Bit-Computer bezeichnet, weil entweder seine CPU intern mit Wortbreiten von 64 Bit arbeitet oder sein Datenbus 64 Bit gleichzeitig transportieren kann. Datengruppen von 64 Bit können dabei gleichzeitig verarbeitet werden. Beispiele für Prozessoren mit 64 Bit-Architektur sind der AMD Opteron bzw. der Intel Itanium.

➡ *Siehe Datenbus; Bit; Computer; Itanium; Opteron*

8+3-Konvention

Der Name einer Datei darf unter MS-DOS lediglich aus acht Zeichen plus drei Erweiterungszeichen bestehen, z.B. »autoexec.bat«. Alle weiteren Zeichen werden abgeschnitten bzw. durch eine Tilde (~) dargestellt. Die neuen 32 Bit-Betriebssysteme (Windows 95/98, Windows NT, OS/2) erlauben dagegen bis zu 256 Zeichen lange Dateinamen.

➡ *Siehe Extension; Windows 98 (SE); MS-DOS; Windows 95; Windows NT; OS/2*

A

a/b-Wandler

Digitale Informationen des ISDN-Anschlusses werden in analoge Signale eines herkömmlichen, analogen Endgeräts (z.B. Telefon) übersetzt und umgekehrt. Die beiden Adern des analogen Anschlusses werden mit »a« und »b« bezeichnet – deswegen a/b-Wandler. Der Vorteil des a/b-Wandlers liegt darin, dass an einem ISDN-Anschluss alte Geräte weiterverwendet werden können. Der Nachteil ist, dass Sie die ISDN-Dienste (Konferenzschaltung usw.) mit diesen Geräten nicht nutzen können. Analoge Endgeräte können auch mit einer ISDN-Telefonanlage weitergenutzt werden. Im Gegensatz zum a/b-Wandler stehen Ihnen hier allerdings alle ISDN-Dienste zur Verfügung.

➠ *Siehe ISDN-Anschlussarten; Analog; Service Indicator; ISDN; ISDN-Leistungsmerkmale*

A/D-Wandler

Abk.: Analog/Digital-Wandler

▲ *Syn.: Analog/Digital-Konverter*

Ein Gerät (meist ein Chip), das analoge Signale in digitale Signale umwandelt, wird Analog/Digital-Wandler oder Analog/Digital-Konverter genannt. Das analoge Signal wird schrittweise abgetastet und in digitale Impulse umgesetzt. Es gibt ebenfalls einen Digital/Analog-Wandler bzw. Digital/Analog-Konverter (DAC).

➠ *Siehe RAMDAC; Analog; Digital; D/A-Wandler*

A:

Das erste Diskettenlaufwerk im PC wird mit dem Laufwerksbuchstaben »A:« bezeichnet.

➠ *Siehe Laufwerk; PC; Diskettenlaufwerk*

A20-Gate

Ein Prozessor der Intel-80x86-Familie kann unter DOS eigentlich lediglich einen Hauptspeicher von 1 MByte ansprechen, da im unter DOS verwendeten Real-Mode nur 20 Adressleitungen (A0 bis A19) des Adressbusses aktiv sind. Ab dem 80286 stehen aber mehr als 20 Leitungen zur Verfügung. (80286: 24 Leitungen, 80386 bis Pentium Pro: 32 Leitungen). Im Protected Mode wäre so theoretisch eine Adressierung von 16 MByte bzw. 4 GByte möglich. Die erste der zusätzlichen Adressleitungen – die A20-Leitung oder der A20-Gate – ermöglicht den Zugriff auf 64 KByte (65.520 Byte) über der bereits erwähnten Grenze von 1 MByte. Dieser Speicherbereich wird High-Memory-Bereich (hoher Speicherbereich, HMA) genannt. Um auf diesen Speicherbereich zugreifen zu können, muss die A20-Leitung freigeschaltet werden, was in der Regel durch einen Speichermanager (himem.sys) geschieht. Dass der High-Memory-Bereich überhaupt angesprochen werden kann, ist auf die spezielle Art der internen Adressenarithmetik zurückzuführen, die es ermöglicht, den Bereich zwischen 1.048.576 und 1.114.096 Byte zu adressieren.

➭ *Siehe Speichermanager; Protected Mode; Pentium Pro; Adressbus; Adresse; Hauptspeicher; Real Mode; Byte; Prozessor*

AAA

AAA ist die Abkürzung für Authentification (Authentifizierung), Authorization (Autorisierung) und Accounting (Protokollierung). Ein Verfahren in IP-basierten Netzwerken zur Überprüfung von Benutzern und Zuteilung von Ressourcen. Dies erfolgt oftmals über einen dedizierten Server.

▶ Bei der **Authentifizierung** wird ein Benutzer identifiziert, meist anhand eines Benutzernamens und eines Kennworts.

▶ Bei der **Autorisierung** werden dem Benutzer bestimmte Zugriffsrechte für das Netzwerk erteilt, für das er sich zuvor authentifiziert hat. Diese Rechte können mit Zugriffskontrolllisten (ACL) und Benutzergruppen definiert werden.

▶ Die **Protokollierung** zeichnet die Benutzeraktivität im Netzwerk auf, unter anderem die Dauer der Aktivität, die übertragene Datenmenge und weitere Informationen. Diese werden zum Beispiel für die Kapazitätsplanung oder Abrechnung benötigt.

➭ *Siehe ACL; Netzwerk; IP*

Abend

Abk.: abnormal End

▲ *Übers.: abnormales Ende*

Abend bezeichnet das vorzeitige Beenden eines Programms aufgrund eines Programm- oder Systemfehlers.

➭ *Siehe Programm; Programmfehler*

Abfrage

1. Eine Abfrage ermöglicht die Extraktion bestimmter Daten bzw. Datensätze aus einer Datenbank, dabei wird der Anwender meist durch eine logische Suchfunktion unterstützt. Spezielle Datenfilter führen Operationen wie Löschen, Berechnen oder Sortieren automatisch aus. Daten-

banken verfügen oft über eine gemeinsame Abfragesprache: SQL.

2. Die CPU ermittelt in regelmäßigen Abständen, ob von einem Peripheriegerät oder einer internen Komponente eine Anfrage zur Datenübertragung vorliegt (Polling). Manche Komponenten bzw. Geräte werden zudem von selbst aktiv und schicken der CPU über einen Interrupt ein Unterbrechungssignal, einen so genannten Interrupt Request (IRQ).

➡ *Siehe Daten; Sortierung; Datenbank; Datensatz; Filter; SQL; Sortierverfahren*

Abgesicherter Modus

➡ *Siehe Safe Mode*

ABIOS

ABIOS ist eine Weiterentwicklung des ROM-BIOS der IBM-PS/2-Serie, in der hauptsächlich Erweiterungen für das Betriebssystem OS/2 von IBM enthalten sind.

➡ *Siehe IBM; ROM; IBM-PS/2; OS/2*

Ablaufdiagramm

Funktionen und Operationen eines Programms werden bei dieser Art von Diagramm durch Symbole repräsentiert, die den Programmablauf verdeutlichen. Durch die klare Strukturierung wird die Programmierung und Optimierung des Programms erleichtert.

➡ *Siehe Funktion; Programm; Diagramme; Operation*

Ablenkspule

Ablenkspulen lenken in modernen Elektronenstrahlröhren (Bildröhren in Fernsehern und Monitoren) den Elektronenstrahl ab. Hochfrequente Ströme erzeugen in zwei senkrecht zueinander und senkrecht zum Elektronenstrahl angeordneten Spulen elektromagnetische Felder, welche die Elektronen in zwei Richtungen ablenken. Zusammen mit Intensitätsänderungen des Elektronenstrahls entsteht auf diese Weise auf dem phosphoreszierenden Bildschirmhintergrund das gewünschte Bild.

➡ *Siehe Bildröhre; Monitor; Elektronenstrahlröhre; Bildschirm*

Abmelden

➡ *Siehe Log Off*

Abnormal end

➡ *Siehe Abend*

Absatz

Sobald in einem Textverarbeitungsprogramm die ⌈Enter⌉-Taste gedrückt wird, wird der Text an dieser Stelle umbrochen. Es entsteht ein Absatz, der hinsichtlich bestimmter Formatierungen (Absatzformatierung) als zusammenhängende Einheit betrachtet wird. Wird die ⌊Enter⌋-Taste nicht gedrückt, reiht die Textverarbeitung alle getippten Zeichen sequentiell aneinander und bricht den Text automatisch am Zeilenende um (Fließtext).

➠ *Siehe Fließtext; Formatierung; Absatzformatierung; Textverarbeitung*

Absatzeinzug

Der Absatzeinzug ist Bestandteil der Absatzformatierung. Er bezeichnet den Abstand des Zeilenbeginns vom linken Satzspiegel (dem linken Seitenrand) einer Seite. Er wird oft bei Aufzählungen verwendet. Ist der Absatzeinzug der ersten Zeile eines Absatzes geringer als der der restlichen Zeilen, so wird von einem hängenden Einzug gesprochen.

➠ *Siehe Absatz; Absatzformatierung*

Absatzformatierung

Absatzformatierung ist die Formatierung eines Absatzes. Es gibt Blocksatz, Flattersatz (linksbündig, rechtsbündig oder zentriert), Absatzeinzug und Initiale. Weitergehende Formatierungen beziehen sich auf Zeilenabstand und Abstand zum nächsten Absatz. In Textverarbeitungsprogrammen wird die Absatzformatierung durch die Absatzmarke (p) repräsentiert. Die Absatzmarke wird nicht mitgedruckt. Wird die Absatzmarke vor einem Absatz gelöscht, so verliert der Absatz seine bisherige Formatierung und übernimmt die Formatierung des vorangegangenen Absatzes.

➠ *Siehe Formatierung; Blocksatz; Initiale; Absatz; Absatzeinzug; Flattersatz; Textverarbeitung*

Abschneiden, binäres

➠ *Siehe Binary Chop*

Absolute Adresse

➠ *Siehe Adresse, absolute*

Absoluter Pfad

➠ *Siehe Pfad, absoluter*

Abstract Syntax Notation One

➠ *Siehe ANS.1*

Abstrakter Datentyp

➠ *Siehe Datentyp, abstrakter*

Abstrakter Syntaxbaum

➠ *Siehe Syntaxbaum, abstrakter*

Absturz

➠ *Siehe Crash*

Abtastrate

➠ *Siehe Sampling-Rate*

Abtasttiefe

Die Abtasttiefe gibt die maximale Datenmenge an, die bei der Digitalisierung eines analogen Signals gespeichert werden kann. Sie misst die Intensität der Signale (Lautstärke, Helligkeit usw.). Die höchstmöglich erreichbare Abtasttiefe ist durch die Kombination der vorhandenen Geräte vorgegeben (Messbereich des Sensors, Geschwindigkeit des Systems, verfügbarer Speicherplatz). Die Angabe 24 Bit bei einem Scanner bedeutet z.B., dass die drei Grundfarben Rot, Grün und Blau (RGB) jeweils mit 8 Bit (256 Abstufungen) aufgenommen werden. In diesem Fall wird auch von Farbtiefe gesprochen.

➠ *Siehe Sensor; Scanner; Farbtiefe; Bit; Digitalisierung*

Abwärtskompatibel

Eine Systemkomponente – Hardware oder Software – wird als abwärtskompatibel bezeichnet, wenn sie mit ihren Vorgängerversionen bzw. Vorgängermodellen kompatibel ist (z.B. wenn es möglich ist, Dateien der älteren Softwareversion mit der neuen Version zu lesen).

➠ *Siehe Software; Kompatibilität; Hardware; Compatible*

AC-3-Surround-Verfahren

Abk.: Audio Coding No. 3

Das AC-3-Surround-Verfahren ist ein digitales und komprimiertes Surround-Sound-Verfahren für Dolby Digital, welches bei Laserdiscs und DVDs zum Einsatz kommt.

➠ *Siehe Surround-Sound-Verfahren; DVD; Laserdisc*

Accelerated Graphics Port

➠ *Siehe AGP*

Accelerator-Chip

Der Accelerator-Chip ist ein Beschleuniger-Chipsatz auf Grafikkarten, der die Darstellung von 2D- oder 3D-Grafik beschleunigt. Der Grafikprozessor auf der Grafikkarte übernimmt meist die Beschleunigerfunktion.

➠ *Siehe 3D-Grafik; 3D-Grafikprozessor; 3D-Beschleunigung; Grafikkarte*

Accelerator-Karte

Eine Accelerator-Karte ist eine Grafikkarte, auf der ein Accelerator-Chip integriert ist, der die 2D- oder 3D-Grafik-Darstellung beschleunigt.

➠ *Siehe Grafik; 3D-Grafik; Accelerator-Chip; Grafikkarte*

Access

Access ist eine von Microsoft entwickelte relationale Datenbankapplikation. Sie wurde 1993 als Bestandteil der OfficeSuite erstmals ausgeliefert und liegt heute als vollwertige 32 Bit-Applikation vor.

Wichtige Features von Access:

▶ Die Datenbasis wird in Form von Tabellen behandelt und

dargestellt (relationale Datenbank).

▶ Folgende Objekte werden von Access bereitgestellt: Abfrage, Formular, Bericht, Makro und Modul.

▶ Über die Datenbankschnittstelle ODBC ist die Kommunikation mit anderen Datenbanksystemen möglich.

▶ DDE und OLE ermöglichen den Datenaustausch mit anderen Windows-Applikationen.

▶ Assistenten unterstützen den Anwender bei der Erstellung von Berichten und Formularen.

▶ Access ist über eine Makrosprache bzw. über Visual Basic programmierbar.

⇒ *Siehe Datenbank, relationale; Formular; DDE; ODBC; OLE; Tabelle; Objekt; Modul; Datenbank; Makro; SQL; Office*

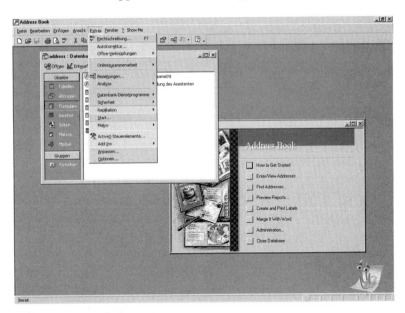

Bild A.1: Microsoft Access

Access Control Entry

⇒ *Siehe ACE*

Access Point

⇒ *Siehe AP*

ACCESS.bus

ACCESS.bus ist ein bidirektionaler Bus, der zum Anschluss von bis zu 125 Peripheriegeräten an den PC dient. Das Gerät wird automatisch identifiziert und so konfiguriert, dass eine optimale

Leistungsfähigkeit erreicht wird. Peripheriegeräte können während des laufenden Betriebs an den Computer angeschlossen werden, da dem neuen Gerät automatisch eine eindeutige Adresse zugewiesen wird. Ein ACCESS.bus eignet sich jedoch lediglich für Geräte der niedrigen Geschwindigkeitsklasse wie Drucker, Modems, Mäuse und Tastaturen. Dabei werden die Geräte hintereinander in Reihe verbunden, hängen demnach an einer Kette und kommunizieren dennoch direkt mit dem Computer bzw. der Computer mit ihnen. Entwickelt wurde der ACCESS.bus von DEC und steht in Konkurrenz zu dem von Intel entwickelten USB.

➠ *Siehe Bidirektional; Bus; USB; Peripherie; DEC; Intel*

Account

Der Account ist eine meist durch Name und Passwort abgesicherte Zugangsberechtigung zu einem Computer, Netzwerk oder Online-Dienst. Er wird vom Systemadministrator für den Nutzer eines Netzwerks oder eines Online-Dienstes eingerichtet und beinhaltet Nutzungsrechte innerhalb des Netzwerks. Mit Nutzungsrechten sind dabei Schreib-Lese-Zugriff auf Computer/Festplatten im Netz, Zugriff auf bestimmte Daten (Sicherheitsstufe) und allgemeine Rechte in Bezug auf Priorität beim Datenaustausch gemeint.

➠ *Siehe Online-Dienst; Benutzerkennung; Systemadministrator; Netzwerk; Passwort*

ACCU

Abk.: Association of C and C++ Users

ACCU ist eine internationale Vereinigung der C- und C++-Anwender.

➠ *Siehe Programmiersprache; C++*

ACE

Abk.: Access Control Entry

Access Control Entry bezieht sich auf einen Eintrag in der ACL (Zugriffskontrollliste) für einen bestimmten Benutzer oder eine Gruppe.

➠ *Siehe ACL; Benutzergruppe*

Acer

http://www.acer.de

1976 wurde Acer mit nur 5 Mitarbeitern gegründet. In den letzten Jahren avancierte Acer zu einem der führenden Computerhersteller. Die Produktpalette umfasst Systemlösungen und Dienstleistungen in den unterschiedlichsten Betriebssystembereichen. Acer entwickelt zudem auch eigene Technologien. In der Forschung und Entwicklung von Acer sind 1600 Mitarbeiter beschäftigt. Demzufolge ist Acer Inhaber von über 400 Patenten, wie z.B. der CPU-Upgrade-Technik

Chip Up. Acer ist vor allem wegen seiner Notebook-Produkte bekannt, die sich durch Ergänzungen wie dem Heuristic Powermanagement auszeichnen. Acer beteiligt sich in den letzten Jahren intensiv an Entwicklungen. Zur Hardwareproduktpalette gehören: Serversysteme, Workstations, Monitore, Notebooks, CD-ROMs, Scanner, Ethernetkarten, Hubs u.v.m.

ACIS

Abk.: Andy, Charles, Ian's System

ACIS wurde von der Firma Spatial Technology, Inc. entwickelt und stellt als De-facto-Standard für die Herstellung von Volumenmodellen ein offenes System für die Erzeugung von Draht-, Oberflächen- und Volumenmodellen mit Hilfe einer allgemeinen, einheitlichen Datenstruktur dar.

➠ *Siehe 3D-Modell; 3D-Grafik*

ACK

Abk.: Acknowledge

▲ *Übers.: Bestätigung*

Acknowledge ist ein spezielles Steuerzeichen, welches im Quittungsbetrieb einer Schnittstelle verwendet werden kann.

➠ *Siehe Schnittstelle; Steuerzeichen; NAK; Quittung*

Acknowledge

➠ *Siehe ACK*

ACL

Abk.: Access Control List

Die Access Control List bezeichnet eine mit einer Datei verknüpfte Liste, in der festgelegt ist, welche Benutzer bzw. Benutzergruppen die Rechte besitzen auf diese Datei zuzugreifen bzw. Änderungen vorzunehmen.

➠ *Siehe Benutzergruppe; Datei*

ACM

Abk.: Association for Computing Machinery

Die Association for Computing Machinery ist eine nordamerikanische Vereinigung von Informatikern, die jedes Jahr herausragende Leistungen auf dem Gebiet der Informatik prämiert.

➠ *Siehe Informatik*

Acotec

Acotec ist ein ISDN-Softwarehersteller mit Sitz in Berlin. Die Firma war maßgeblich an der Entwicklung des CAPI-Subsystems für Windows 95 beteiligt. Sie bietet zudem eigene Softwarelösungen zur professionellen ISDN-Nutzung an.

➠ *Siehe CAPI; CAPI-Port-Treiber; ISDN-Karte; Windows 95; ISDN*

ACPI

Abk.: Advanced Configuration and Power Interface

ACPI ist eine Standardfunktion zur automatischen Verwaltung

Active Movie

von Interrupts und zur Steuerung der Stromsparfunktionen (Power Management) bei PCs. Es verdrängt den früher gebräuchlichen APM-Standard (Advanced Power Management). Anstatt im BIOS die Interrupts der verschiedenen Geräte von Hand einzustellen, wird dies dem Betriebssystem und ACPI überlassen, um Gerätekonflikte zu vermeiden. Spezifiziert wurde ACPI Anfang 1997 von Microsoft, Intel und Toshiba. Das Mainboard und das Betriebssystem müssen ACPI unterstützen. Das trifft auf Windows 2000, Windows ME und Windows 98 zu. Insbesondere mit älteren Mainboards kann es bei der Installation zu Problemen kommen, wenn ACPI auf dem Board nicht 100% implementiert ist. Dies kann dadurch geändert werden, dass bei der Installation »Standard-PC« statt ACPI ausgewählt wird. Dies lässt sich auch nachträglich im Gerätemanager ändern, allerdings ist eine erneute Änderung auf ACPI nicht mehr möglich.

➡ *Siehe Power-Management; Toshiba; Microsoft; Intel; APM; Windows 2000; Suspend to Disk; Suspend to RAM*

Active Desktop

http://www.microsoft.de

Active Desktop ist die Client-Komponente von Active Platform, einer von Microsoft entwickelten Technologie, die für eine weborientierte, verteilbare Verarbeitung von Daten sorgt. Seit der Version 4.0 ist Active Desktop Bestandteil des Microsoft Internet Explorers und erlaubt Benutzern über Formulare sowohl auf lokale als auch auf remote Daten zuzugreifen. Dabei werden unterschiedlichste Zugriffsvarianten unterstützt. Active Desktop unterstützt die Entwicklung beliebiger Skripte und bleibt dabei unabhängig von der zugrunde liegenden Skriptsprache; es können z.B. sowohl JavaScript als auch VBScript verwendet werden.

➡ *Siehe VBScript; JavaScript; Internet Explorer; Client*

Active Directory Services

➡ *Siehe ADS*

Active Matrix Display

➡ *Siehe TFT-Display*

Active Movie

Active Movie ist der Multimedia-Standard für digitale Videos unter Windows. Neben den herkömmlichen Videokomprimierungs-Codecs sind in Active Movie ebenfalls die Apple QuickTime-Dekompression und eine MPEG-Unterstützung enthalten, die sowohl mit DCI als auch mit dessen Nachfolger DirectDraw zusammenarbeitet.

➡ *Siehe MPEG; Apple; Digital; DirectX; Multimedia*

Active Security Policy

Active Security Policy ist die Bezeichnung für ein IDS (Intrusion Detection System), das bei einem vermuteten Einbruch automatisch Gegenmaßnahmen ergreift: Verbindungen werden beendet oder Access-Control-Listen in Routern beziehungsweise Firewalls werden aktiviert.

➡ *Siehe Router; IDS; Firewall; Hacker*

Active Server Pages

➡ *Siehe ASP*

Active Streaming Format

➡ *Siehe ASF*

ActiveScript

ActiveScript ist eine von Netscape entwickelte Skriptsprache, mit der Webseiten dynamischer werden sollten. Sie gilt als Vorgänger von JavaScript.

➡ *Siehe Skriptsprache; JavaScript; Webseite, dynamische*

ActiveX

ActiveX ist eine Sammlung von vorgefertigten Modulen für den schnellen Aufbau von Programmen. ActiveX basiert auf der COM-Architektur und ist deshalb sehr universell sowohl für lokale als auch für webbasierte Anwendungen einsetzbar. ActiveX unterstützt zudem die Internet-Programmiersprache Java. Interaktionen zwischen einzelnen ActiveX-Controls (z.b. das Öffnen einer Tabelle, sobald ein Button angeklickt wird) werden über eine Skriptsprache gesteuert (z.b. JavaScript oder VBScript). Microsoft stellt mit den im Internet erhältlichen ActiveX-Control-Pads eine Fülle bereits fertiger ActiveX-Controls zur Verfügung, so dass der Web-Designer nur noch relativ selten eigene Controls entwickeln muss. ActiveX-Controls werden meist in C++, Java oder Visual Basic 5.0 geschrieben und über HTML-Tags in die eigene Webseite eingebunden.

➡ *Siehe Internet; JavaScript; VBScript; WWW; HTML; COM; C++; Tag; Java; Webseite*

ActiveX Data Objects

Abk.: ADO

➡ *Siehe ADO*

ADA

ADA ist eine auf Pascal basierende Hochsprache, die in den 1970er- und frühen 1980er-Jahren im Auftrag des amerikanischen Verteidigungsministeriums (DOD) entwickelt wurde. ADA wurde als universell einsetzbare Programmiersprache konzipiert und sollte die Entwicklung jeder denkbaren Anwendung des Verteidigungsministeriums ermöglichen. Zu ihren herausragenden Eigenschaften zählt die Verwendung modularer Techniken zur Erleichterung

Adapter-Segment

des Aufbaus großer Systeme sowie die Möglichkeit, Daten in Echtzeit zu bearbeiten. Bis 1986 wurde ADA zur Softwareentwicklung im Verteidigungsministerium eingesetzt. Der Name ADA leitet sich von Augusta Ada Byron (1815 – 1852) ab, einer Tochter von Lord Byron und der Gräfin von Lovelace. Augusta Ada Byron unterstützte Charles Babbage bei der Arbeit an seiner analytischen Maschine, dem ersten mechanischen Computer. Sie wird von vielen als der erste Programmierer der Welt angesehen.

➡ *Siehe Babbage, Charles; Programmiersprache*

ADABAS

ADABAS ist ein Datenbankverwaltungssystem der Firma Software AG aus Darmstadt. Es wurde in den 1970er-Jahren für Großrechner unter den Betriebssystemen OS/2 und Unix entwickelt und in den 1980er-Jahren dann auf speziellen Datenbankrechnern angeboten. Inzwischen liegen aktuelle Versionen für die Betriebssysteme Windows 95 und Windows NT vor.

➡ *Siehe DVS; Mainframe; Unix; Betriebssystem; OS/2*

Adapter

Ein Adapter ermöglicht den Anschluss eines Geräts an einen Computer oder einen Rechner mit einem übergeordneten Kommunikationssystem. Grafikkarten werden auch als Bildschirmadapter, Soundkarten als Audioadapter, Netzwerkkarten als Netzwerkadapter und Modems als DFÜ-Adapter bezeichnet.

➡ *Siehe Netzwerkkarte; Soundkarte; Grafikkarte; Modem; Computer*

Adapter-ROM

➡ *Siehe Adapter-Segment*

Adapter-Segment

Adapter-Segment ist die Bezeichnung für den oberen, 384 KByte großen Speicherbereich des konventionellen Speichers (1024 KByte). Der konventionelle Speicher setzt sich aus dem 640 KByte großen, für Anwendungsprogramme reservierten Base Memory und dem 384 KByte großen Adapter-Segment zusammen. Über die Adressen des Adapter-Segments werden die ROM-Bausteine des PCs (z.B. BIOS), die Grafikkarte (Video-ROM) und andere Erweiterungskarten (z.B. SCSI-Controller) angesprochen. Der Speicherbereich des Adapter-Segments wird nicht immer bzw. nicht immer vollständig beansprucht. Freie Speicherbereiche werden als so genannte Upper Memory Blocks (UMB) bezeichnet. UMBs können von Speichermanagern mit Gerätetreibern oder residenten Programmen belegt werden, so dass mehr Platz im unteren

Speicherbereich für Anwenderprogramme verfügbar wird. Eine zusätzliche Funktion, die das Adapter-Segment bei Rechnern unter DOS übernimmt, ist das so genannte Shadow-RAM. Bei einer im BIOS aktivierten Shadow-RAM-Funktion wird der Inhalt des langsamen BIOS-ROM in den RAM-Speicher (Hauptspeicher) des Computers geladen. Wenn das Betriebssystem nun Funktionen des BIOS ansprechen will, wird der Inhalt aus den schnellen RAMs anstatt aus dem langsamen ROM gelesen. Der Geschwindigkeitsvorteil, der sich daraus ergibt, ist bei den heutigen Systemen nicht mehr relevant.

➠ *Siehe Base Memory; Adresse; Hauptspeicher; UMB; RAM; ROM; BIOS; Shadow-RAM*

Adaptive Answering

Unter Adaptive Answering wird die Fähigkeit eines Modems verstanden festzustellen, ob es sich bei einem eingehenden Anruf um ein Fax oder aber um eine Datenübertragung handelt und sich entsprechend darauf einzustellen.

➠ *Siehe Modem*

Adaptive Delta-Pulse-Code-Modulation

➠ *Siehe ADPCM*

Adaptive Differential Pulse-Code-Modulation

➠ *Siehe ADDPCM*

Adaptive Lossless Data Compression

➠ *Siehe ALDC*

Adaptives Routing

➠ *Siehe Routing, dynamisches*

ADB-Anschluss

Abk.: Apple Desktop Bus

Der Apple Desktop Bus ist eine genormte Schnittstelle an einem Macintosh oder einem Power-Mac, an die Eingabegeräte wie Tastatur, Maus oder Grafiktabletts angeschlossen werden können.

➠ *Siehe Bus; Keyboard; Power-Mac; Apple; Digitalisiertablett; Maus; Macintosh*

ADCCP

Abk.: Advanced Data Communication Control Procedure

ADCCP ist eine von ANSI modifizierte Form des Datenprotokolls SDLC, das im SNA von IBM zum Einsatz kommt. Es ähnelt dem von ISO entwickelten HDLC-Protokoll.

➠ *Siehe ANSI; SDLC; SNA; ISO; HDLC; Protokoll*

Addierwerk

Das Addierwerk ist ein wichtiger Teil der CPU. Jede der vier Grundrechenarten kann auf die Addition zurückgeführt werden. Das Addierwerk addiert zwei oder mehrere Summanden.

➠ *Siehe CPU*

Add-In

Add-Ins (Zugaben) sind Makros, die Applikationen wie z.B. Word, Excel oder Access um nützliche Funktionen wie z.B. den Datenimport oder -export von Fremdformaten erweitern. Add-Ins werden vom Hersteller selbst oder von Drittherstellern angeboten.

➡ *Siehe Add-On; Applikation; Makro; Datenexport; Datenimport*

Add-On

Ein Add-On ist im Gegensatz zu einem Add-In kein Makro, sondern vielmehr ein eigenständiges Programm, welches aus Standardapplikationen heraus aufgerufen werden kann und diesen seine Funktionen zur Verfügung stellt. Ein Beispiel für ein Add-On sind so genannte Viewer oder Betrachterprogramme, die es ermöglichen, in Dokumenten enthaltene Bild- oder Videodateien darzustellen.

➡ *Siehe Add-In; Applikation; Makro; Dokument*

ADDPCM

Abk.: Adaptive Differential Delta-Pulse-Code-Modulation

Ein ADDPCM ist ein digitaler Audio-Kompressionsalgorithmus, der die abgetasteten Signale als Differenz zwischen der linearen Kombination vorangehender Samples und dem aktuellen Sample speichert. Ziel ist es, Daten effizienter zu speichern.

➡ *Siehe Algorithmus; Sampling; Modulation; Kompression*

Address Resolution Protocol

➡ *Siehe ARP*

Administrator

Der Administrator ist der Verwalter eines Netzwerks. Er hat die höchste Sicherheitsstufe und damit alle Rechte im Netzwerk. Der Administrator vergibt z.B. Betriebsmittel, teilt Adressen zu (in einem TCP/IP-Netzwerk oder Intranet) und vergibt Sicherheitsstufen an Nutzer.

➡ *Siehe Netzwerk; TCP/IP; Adresse; Betriebsmittel; Intranet*

ADO

Abk.: ActiveX Data Objects

ADO ist eine API, mit der Programmierer auf Datenbanken zugreifen können. ADO ersetzt DAO (Data Access Objects) und RDO (Remote Data Objects). Im Gegensatz zu RDO und DAO, die speziell für den Zugriff auf relationale Datenbanken entwickelt wurden, arbeitet ADO allgemeiner und kann mit allen möglichen Datentypen verwendet werden, unabhängig davon, ob es sich um Webseiten oder Tabellen handelt. Zusammen mit OLE DB und ODBC bildet ADO den Grundstein für Microsofts UDA-Modell (Universal Data Access), das eine einheitliche Methode zum Zugriff auf Daten bieten soll.

➔ *Siehe DAO; ODBC; UDA; API; RDO*

Adobe

http://www.adobe.de

Adobe ist ein amerikanisches Softwareunternehmen, das in den Bereichen Computergrafik, DTP, Schriftgestaltung und Videobearbeitung tätig ist.

➔ *Siehe PostScript; MMX; Bildbearbeitung; DTP; Adobe Type Manager; Bildbearbeitungsprogramm*

Adobe Acrobat

http://www.adobe.de

Adobe Acrobat ist eine Software von Adobe, die das Lesen von PDF-Dokumenten ermöglicht. Mit dem PDF-Format können Dokumente in druckfertigem Layout auf dem Computer gelesen werden.

➔ *Siehe Adobe; PDF*

ADPCM

Abk.: Adaptive Delta-Pulse-Code-Modulation

ADPCM speichert digital abgetastete Signale als Folge von Wertänderungen, wobei der Änderungsbereich mit jedem Sample bei Bedarf angepasst wird und sich demzufolge die effektive Bit-Auflösung der Daten erhöhen kann. ADPCM stellt eine Klasse von Codierungs- und Decodierungs-Algorithmen für komprimierte Signale dar, die in der Audiokompression und bei anderen Anwendungen in der Datenkompression eingesetzt werden.

➔ *Siehe Datenkompression; Algorithmus; Modulation; Bit; Kompression; ADDPCM*

Address Range

Address Range bezeichnet den IP-Adressbereich, den ein DHCP-Server aus seinem Adresspool zur dynamischen Zuweisung an Clients zur Verfügung stellt.

➔ *Siehe DHCP-Server; IP-Adresse; Client*

Adressbus

Ein Adressbus dient dem Adressenaustausch zwischen einzelnen Hardwarekomponenten (z.B. CPU und Hauptspeicher). Die erste Prozessorgeneration der Intel-Familie 80x86 verfügte über einen Adressbus mit 20 Adressleitungen (20 Bit-Adressbreite) und konnte damit 1 MByte Speicher adressieren. Der 80286 verfügte über 24 Adressleitungen und konnte 16 MByte ansprechen. Alle nachfolgenden Prozessorgenerationen bis zum Pentium Pro verfügen über 32 Leitungen und können 4096 MByte bzw. 4 GByte adressieren.

➔ *Siehe Pentium Pro; CPU; A20-Gate; Adresse; Hauptspeicher*

Adresse

Physikalisch gleiche Speicherbereiche werden in einem PC durch Adressen eindeutig identifiziert. Die Adresse ist eine Zahl, welche von der CPU über einen Adressbus an den Hauptspeicher übergeben werden muss, bevor sie Daten von diesem oder in diesen laden kann. Adressen, an denen sich Programmbefehle befinden, die auf diese Weise direkt abrufbar sind, werden auch als Sprungadressen bezeichnet. Die Ansteuerung eines Geräts oder einer anderen Hardwarekomponente erfolgt ebenso über eine Adresse, die so genannte Geräteadresse. Eine logische Adresse wird im Gegensatz zu einer physischen Adresse nicht für eine reale, physikalische Speichereinheit verwendet, sondern für die Programmierung von Programmelementen, die unverändert an beliebigen Speicherplätzen geladen und ausgeführt werden müssen. Logische Adressen werden von einer Speicherverwaltung bereitgestellt. Symbolische Adressen werden vom Betriebssystem und anderen Programmen verwendet, um dem Anwender die Arbeit zu erleichtern. Statt einer Zahl wird ein eindeutiger Name als Adresse benutzt.

➠ *Siehe Adresse, logische; Adresse, symbolische; CPU; Sprungadresse; Adressbus; Hauptspeicher; Betriebssystem; Geräteadresse*

Adresse, absolute

Die absolute Adresse ist die zahlenmäßig korrekte Adresse einer Sprungmarke oder eines Speicherbereichs.

➠ *Siehe Sprungadresse; Adresse; Adresse, relative*

Adresse, logische

Logische Adressen werden verwendet, um im Speicher eines Computers einzelne Stellen anzusprechen. Die logische Adresse stellt dabei eine Abstraktion dar, das heißt, dass die logische Adresse nicht mit einer physikalischen Adresse bzw. tatsächlichen Adresse im Speicher übereinstimmen muss. Die Speicherverwaltung übernimmt die Umsetzung oder Adresstransformation. Diese Abstraktion der Adressen erlaubt es, Programme zu schreiben, die vom Betriebssystem an beliebige Stellen im Speicher platziert werden können. Würden hingegen physikalische Adressen verwendet, so wäre das ganze System bezüglich der Speicherzuteilung wenig flexibel. Die Speicherverwaltung kann zudem Adresskonflikte und unzulässige Speicherzugriffe besser kontrollieren und verhindern. Ein weiterer Vorteil dieser Methode besteht darin, dass es für das Programm nicht wichtig ist, wo sich der Speicher, auf den es zugreift, befindet bzw. in welcher Form er vorliegt. Dadurch ist es z.B. möglich, virtuellen Arbeitsspeicher auf der Festplatte zu schaffen, das heißt, Daten, die eigentlich im RAM des Computers benötigt werden, auf die Festplatte auszulagern. Dadurch wird der eigentliche Arbeitsspeicher stark erweitert – je nach Festplattenkapazität.

➭ *Siehe Adresse; Adressentransformation; Hauptspeicher; Adresse, physische; RAM*

Adresse, mnemonische

Bei der Programmierung ist es möglich, so genannte mnemonische oder symbolische Adressen als Namen für Variablen oder Felder zu verwenden, was die spätere Erkennung des Programmteils oder den Zweck des Befehls erleichtert. Für ein Feld, das später eine Postleitzahl aufnehmen soll, wird z.B. der Name PLZAHL verwendet.

➭ *Siehe Adresse, symbolische; Mnemonik; Variable*

Adresse, physikalische

➭ *Siehe Adresse, physische*

Adresse, physische

Die reale Adresse eines Speicherplatzes heißt physische oder physikalische Adresse.

➭ *Siehe Adresse; Adressentransformation*

Adresse, relative

Im Gegensatz zur absoluten Adresse bezieht sich eine relative Adresse immer auf eine Basis. Beim Laden von ausführbaren Programmen spielt das z.B. eine sehr große Rolle, da absolute Adressen im Speicher verteilt werden können. Alle Adressen im Programm werden relativ abgespeichert und beim Laden zur Startadresse des Programms, hier der Basisadresse, addiert, um die endgültige Adresse zu erhalten.

➭ *Siehe Adresse, absolute; Startadresse*

Adresse, symbolische

Um die Verwendung von absoluten Adressen zu vereinfachen, werden in Programmiersprachen oder in Betriebssystemen Symbole anstelle der Adressen verwendet.

➭ *Siehe Programmiersprache*

Adresse, virtuelle

Mit einer virtuellen Adresse wird virtueller Speicher adressiert.

➭ *Siehe Hauptspeicher; Speicher, virtueller*

Adressentransformation

Adressentransformation bedeutet Übersetzung einer logischen Adresse in eine physische Adresse zur Speicherverwaltung. Es gibt mehrere Möglichkeiten, den Speicher in getrennt verwaltete Speicherbänke aufzuteilen: Segmentierung, Paging und den virtuellen Speicher.

➭ *Siehe Adresse, logische; Adresse, physische; Speicher, virtueller; Segmentierung; Speicherverwaltung; Adresse, virtuelle; Speicherbank; Paging*

Adressierung

Adressierung heißt das Verfahren, mit dem auf einen Bereich des Hauptspeichers oder auf ein Gerät mittels einer Adresse zugegriffen wird. Es gibt folgende Adressierungsarten:

▶ Bei der **speicherdirekten** oder **absoluten** Adressierung befindet sich der Wert im Arbeitsspeicher an der angegebenen Adresse.

▶ Bei der **speicherindirekten** Adressierung befindet sich an der angegebenen Adresse erst eine neue Adresse, an der der gewünschte Wert gefunden werden kann.

▶ Bei der **registerdirekten** Adressierung findet sich unter der angegebenen Adresse die Adresse eines Registers, in welchem sich der gewünschte Wert befindet.

▶ Bei der **registerindirekten** Adressierung befindet sich an angegebener Adresse die Adresse eines Registers, in dem sich wiederum die Adresse des Wertes befindet.

▶ Bei der **relativen** Adressierung ist die Adresse zum aktuellen Registerinhalt hinzuzuaddieren, um die Speicheradresse des Wertes zu erhalten.

▶ Bei der **indizierten** Adressierung ist die Adresse eines Indexregisters angegeben, dessen Inhalt zur Adresse des Wertes hinzuaddiert werden muss.

➡ *Siehe Adresse; Hauptspeicher; Register*

Adressierung, indizierte

➡ *Siehe Adressierung*

Adressierung, lineare

Die lineare Adressierung ist eine Architektur, in der jede Speicherstelle innerhalb des gesamten adressierbaren Speicherbereichs eine eindeutige, spezifische Adresse aufweist und dadurch einem Mikroprozessor den direkten Zugriff auf jede einzelne Speicherstelle mittels eines einzelnen Adresswertes gestattet.

➡ *Siehe Adresse; Adressierung; Adressraum, linearer*

Adressierung, registerdirekte

➡ *Siehe Adressierung*

Adressierung, registerindirekte

➡ *Siehe Adressierung*

Adressierung, relative

➡ *Siehe Adressierung*

Adressierung, speicherdirekte

➡ *Siehe Adressierung*

Adressierung, speicherindirekte

➡ *Siehe Adressierung*

Adressraum

Der Adressraum bezeichnet die maximale Größe des Hauptspeichers bzw. die maximale Adressanzahl die von der CPU adressiert werden kann. Es wird zwischen einem logischen, physischen und virtuellen Adressraum unterschieden.

➠ *Siehe Adresse, logische; CPU; Adresse, physische; Adresse; Hauptspeicher; Adresse, virtuelle*

Adressraum, linearer

Der lineare Adressraum ist ein Adressraum, in dem eine eindeutige Zahl für jede Speicherstelle angegeben ist, und die Speicheradressen, beginnend bei 0, fortlaufend um den Wert 1 wachsen. Die Betriebssysteme von Macintosh, Windows NT und OS/2 verwenden einen linearen Adressraum. MS-DOS arbeitet mit einem segmentierten Adressraum.

➠ *Siehe Adresse; Adressraum*

Adressumsetzung, dynamische

➠ *Siehe DAT*

ADS

Abk.: Active Directory Services

▲ *Syn.: MAD, Microsoft Active Directory*

Active Directory von Windows 2000 ist ähnlich wie der Verzeichnisdienst NDS von Novell eine verteilte, hierarchische und skalierbare Datenbank, mit der alle Ressourcen des Netzes (Server, Workstations, Drucker, Benutzerkonten etc.) von einer Stelle aus (Single Point of Administration) verwaltet werden. ADS ersetzt damit die unter Windows NT gebräuchlichen Domänen. Das Neue an ADS ist, dass nun auch Programme (z.B. Exchange 2000) auf das zentrale Verzeichnis zugreifen können, was dem Administrator Mehrarbeit bei der Verwaltung erspart. Zum Auffinden von Ressourcen setzen Windows 2000 und ADS auf die Internet-Technologie DNS (bzw. die erweiterte Version DDNS), die eigentlich ausschließlich zum Auffinden von IP-Adressen im Internet gedacht war. ADS erweitert DNS um so genannte Service-Einträge (SRV-Records), mit denen für die Funktion von ADS wichtige Dienste ermittelt werden, z.B. der/die Domänencontroller oder der globale Katalogserver, der zum Suchen im Active Directory benötigt wird. ADS arbeitet nach einer speziellen Struktur, die sich aus Forest (Gesamtstruktur), Trees (Bäumen), Domains (Domänen) und OUs (Organisatorischen Einheiten) zusammensetzt. Ein Vorteil dieses Systems besteht darin, dass sich zwischen den einzelnen Elementen automatisch bidirektionale und transitive (A vertraut B, B vertraut C, deswegen vertraut C auch A) Vertrauensstellungen

Advanced Configuration and Power Interface

aufbauen lassen. Herzstück des Active Directory ist das Schema, in dem alle Objekte (Drucker, Benutzer, Computer) und deren Attribute gespeichert werden. Das Schema ist in allen Domänencontrollern eines Forests abgelegt und wird einheitlich verwendet. Die Attribute des Schemas werden über die MMC (Microsoft Management Console) vom Administrator angepasst.

➡ *Siehe Administrator; Novell; Account; DNS; Domain; Directory Service; Namespace; DN; Objekt; Container; UPN; GUID*

ADSL

Abk.: Asymmetric Digital Subscriber Line

Von Motorola entwickelte Modem-Technik zur Datenübertragung über herkömmliche Kupferkabel. Mithilfe eines speziell entwickelten Chips (Copper Gold) ist es Motorola gelungen, die Datenübertragungsrate über Kupfertelefonleitungen stark zu erhöhen. Asymmetrisch bedeutet, dass die Datenübertragungsgeschwindigkeit vom Netzknoten zum Kunden (1,5 MBit/s bis 8 MBit/s) schneller ist, als vom Kunden zum Netzknoten (128 KBit/s bis 768 KBit/s). Diese Bandbreite ist hoch genug, um Telefon, Fernsehen und Radio gemeinsam zu übertragen (z.B. über das Internet).

➡ *Siehe Internet; Datentransferrate; V.34plus; V.56-Standard; Modem; Motorola; ISDN*

Bild A.2: Ein ADSL-Modem

Advanced Basic Input Output System

➡ *Siehe ABIOS*

Advanced Configuration and Power Interface

➡ *Siehe ACPI*

Advanced Interactive Executive
➠ Siehe *AIX*

Advanced Micro Devices
➠ Siehe *AMD*

Advanced Power Management
➠ Siehe *APM*

Advanced Program-to-Program Communication
➠ Siehe *APPC*

Advanced Research Projects Agency NETwork
➠ Siehe *ARPAnet*

Advanced Technology
➠ Siehe *AT*

Advanced Technology Attachment
➠ Siehe *ATA*

Advances Manageability Alliance
Die Advances Manageability Alliance ist eine Allianz zwischen IBM und Intel zur Schaffung neuer Managementmöglichkeiten und Durchsetzung von Wired for Management (WMI).

➠ Siehe *IBM; WMI; Intel*

AdWord
Eine Werbemöglichkeit auf Google, bei der Kunden bestimmte Schlüsselwörter buchen, die AdWords. Bei Eingabe dieser Schlüsselwörter wird dem Suchenden die entsprechende Werbung angezeigt. Abgerechnet wird dabei nach Klicks auf die zur Anzeige gehörende URL. Der Werbetreibende kann festlegen, wie viel er pro Tag bzw. pro Klick bereit ist zu bezahlen (Cost per Click, CPC). Die Position der Anzeige in der Werbespalte wird durch eine Kombination der CPC und der Click-Through-Raten (CTR) aller Anzeigen ermittelt. Diese Werbeform ist anfällig für Klick-Spamming.

➠ Siehe: *Klick-Spamming*

AFC

Abk.: Application Foundation Classes

▲ *Übers.: Basisklassen für Anwendungen*

Die von Microsoft entwickelten AFCs sind Java-Klassenbibliotheken, welche die Entwicklung und Bearbeitung von Text- und Schriftelementen vereinfachen. Die AFCs sind eine Erweiterung des Abstract Window Toolkits (AWT) von Sun und sind wesentlicher Bestandteil des Java Development Kits (JDK). Sie werden zur Entwicklung von Java-Applets und -Anwendungen verwendet. AFCs stellen verschiedene vordefinierte und veränderbare Entwicklungskomponenten zur Verfügung.

➠ Siehe *JDK; Java*

AGP

Abk.: Accelerated Graphics Port

▲ *Übers.: beschleunigte Grafikschnittstelle*

AGP ist ein von Intel 1997 entwickelter Hochgeschwindigkeitsbus für Grafikkarten, der insbesondere die Darstellung von 3D-Grafiken beschleunigt. Die Grafikkarte kann über einen Kommunikationskanal direkt auf den Hauptspeicher des Systems zugreifen. Für optimale Leistung muss die Grafikkarte daher mit derselben Taktfrequenz betrieben werden, wie der Speicher. AGP verwendet einen 32 Bit breiten Bus und unterstützt Taktfrequenzen von bis zu 533 MHz (8fach AGP). Der Datendurchsatz des Busses hängt von der Taktfrequenz ab und reicht bis zu 2,1 GByte/s. Um die Geschwindigkeit der Datenübertragung weiter zu erhöhen, unterstützt AGP das so genannte »Sideband Adressing«, bei dem Befehle über einen separaten Kanal an die CPU gesendet werden, sowie das »Pipelining«, zum Senden mehrerer Befehle gleichzeitig.

➥ *Siehe K6 3DNow!; Bus; MMX; PCI; Grafikkarte; Intel; 3D-Grafik*

AI

Abk.: Artificial Intelligence

▲ *Übers.: künstliche Intelligenz*

Das Forschungsgebiet Artificial Intelligence (künstliche Intelligenz) zielt auf die Entwicklung intelligenter Soft- und Hardware ab. Ausgehend von der Erforschung der menschlichen Intelligenz und der Funktion menschlicher Gehirnprozesse sollen intelligente Computersysteme geschaffen werden. Bis auf recht geringe Erfolge in Form so genannter Expertensysteme war der KI bisher nur bescheidener Erfolg beschieden. Die Intelligenz dieser Programme beschränkt sich bis jetzt auf gigantische Datenbanken, zwischen denen Programmierer erst logische Bezüge herstellen müssen. Manche Programme haben zwar schon die Fähigkeit zu »lernen«, aber auch hier muss dem Programm bzw. dem Computer erst eine logische Syntax beigebracht werden, die kaum variiert werden kann.

➥ *Siehe Expertensystem; AI; KI*

AIX

Abk.: Advanced Interactive Executive

AIX ist ein auf Unix basierendes Betriebssystem, welches von IBM erstmals im Jahre 1986 mit dem ersten RISC-Rechner PC/RT vorgestellt wurde. AIX wird meist in heterogenen Netzwerken verwendet und steht ebenfalls für Server von Apple zur Verfügung.

➥ *Siehe Server; Netzwerk, heterogenes; IBM; Apple; Unix; RISC-Prozessor; Betriebssystem*

Akku

Ein Akku oder Akkumulator ist eine wieder aufladbare Batterie. Die Speicherung der elektrischen Energie erfolgt auf elektrochemischem Weg. Je nachdem welches Material für die beiden Elektroden des Akkus verwendet wird, ergeben sich verschiedenen Typen:

▶ Nickel-Cadmium-Akku (NiCd). Positive Elektrode aus Nickel, negative Elektrode aus Cadmium. NiCD-Akkus zeichnen sich durch durchschnittliche Ladedichte und relativ kurze Ladezeiten aus. Nachteilig bei diesem Typ Akku ist der so genannte Memory-Effekt, der bei unvollständiger Entladung zu dauerhaftem Leistungsabfall des Akkus führt.

▶ Nickel-Metallhydrid-Akku (NiMH). Positive Elektrode aus Nickel, negative Elektrode aus einer wasserstoffspeichernden Metalllegierung. NiMH-Akkus haben die doppelte Ladekapazität wie NiCd-Akkus und leiden nicht unter dem Memory-Effekt.

▶ Lithium-Ionen-Akku (Li-Ion). Diese Akkus haben die höchste Ladekapazität und längste Lebensdauer. Sie weisen keinen Memory-Effekt auf, sind umweltfreundlich, jedoch teuer in der Herstellung.

▬▶ *Siehe Memory-Effekt*

Bild A.3: Ein typischer Notebook-Akku

Akkumulator

1. Akkumulatoren sind wieder aufladbare Batterien, die elektrische Energie elektrochemisch speichern.

2. Ein Akkumulator ist ein Register der CPU, in dem hauptsächlich Ergebnisse logischer und arithmetischer Operationen zwischengespeichert werden.

Aktivboxen

▬▶ *Siehe Aktiv-Lautsprecher*

Aktiv-Display

▬▶ *Siehe TFT-Display*

Aktive ISDN-Karte

▬▶ *Siehe ISDN-Karte, aktive*

Aktive Partition

▬▶ *Siehe Partition, aktive*

Aktives Routing

▬▶ *Siehe Routing, dynamisches*

Aktiv-Lautsprecher

Aktiv-Lautsprecher besitzen einen eigenen Verstärker. Sie werden meistens bei Computern und Laptops verwendet.

➨ Siehe *Laptop; Lautsprecher*

Bild A.4: Aktivboxen

Akustikkoppler

Akustikkoppler sind veraltete Systeme zur Datenfernübertragung. Der Akustikkoppler bestand aus Modem, Mikrofon und Lautsprecher und ähnelte in seiner Form einem Telefon. Der Telefonhörer wurde auf den Akustikkoppler gelegt die Sprechmuschel auf den Lautsprecher und die Hörmuschel auf das Mikrofon. Kunststoffmanschetten schirmten die beiden Muscheln vor störenden Geräuschen ab.

➨ Siehe *DFÜ; Modem; Lautsprecher*

ALDC

Abk.: Adaptive Lossless Data Compression

ALDC ist ein inzwischen überholtes, hardwarebasiertes Kompressionsverfahren der Firma IBM, das auf dem Lempel-Ziv-Algorithmus basiert. Die Technik erzielt bei einer Kompressionsrate von 2:1 eine Datenrate von bis zu 40 MByte/s. ALDC-Chips kommen hauptsächlich bei Bandlaufwerken und Druckern zum Einsatz, bei denen sie für die schnelle Datenkompression und Datendekompression zuständig sind.

➨ Siehe *IBM; Datenkompression; Streamer; Lempel-Ziv-Algorithmus*

Alert on LAN

Alert on LAN ist eine Erweiterung von Wired for Management (WMI), um auch bei ausgeschaltetem Computer Warnungen und Statusmeldungen an eine Managementkonsole zu senden.

➨ Siehe *WMI*

ALGOL

Abk.: Algorithmic Language

▲ *Übers.: algorithmische Sprache*

ALGOL wurde 1958 auf Anregung der Universität Zürich entwickelt und dient der Formulierung hauptsächlich wissenschaftlicher und mathematischer Zusammenhänge (Algorithmen). 1960 endgültig als ALGOL 60 eingeführt, war ALGOL eine der ersten Sprachen, die die für strukturiertes Programmieren erforderlichen Elemente wie Prozeduren, Schleifen, Rekursionen und

Bedingungen enthielt. Bevor die Weiterentwicklung von ALGOL in den 1970er-Jahren endgültig eingestellt wurde, erschien mit ALGOL 68 noch eine stark erweiterte Version. Einzelne Bestandteile von ALGOL wurden in viele Programmiersprachen übernommen. So wurde z. B. ADA und PASCAL aus ALGOL entwickelt. Zur Syntax-Beschreibung von ALGOL wurde die Backus-Naur-Form entwickelt.

⇒ *Siehe Bedingung; Schleife; ADA; BNF; Rekursion; Syntax; Programmiersprache; Prozedur*

Algorithmic Language
⇒ *Siehe ALGOL*

algorithmische Sprache
⇒ *Siehe ALGOL*

Algorithmus
Unter einem Algorithmus wird im Allgemeinen die schrittweise Lösung eines Problems mit Hilfe elementarer Regeln verstanden. In der EDV erfolgt nach der Problemanalyse die Entwicklung eines Algorithmus, der dabei in natürlicher Sprache, mit Hilfe eines Struktogramms in einer virtuellen Programmiersprache oder auch gleich in der gewünschten Programmiersprache formuliert wird. Für jede Aufgabenstellung im Programm gibt es einen Algorithmus. Komplexe Algorithmen führen dabei oft zu einer höheren Verarbeitungsgeschwindigkeit als die leicht nachvollziehbaren.

⇒ *Siehe Struktogramm; Programmiersprache*

Alias
1. Alias ist eine Anweisung, nach der eine externe Funktion in einem Programm mit einem neuen Namen betitelt wird. Alias ist Bestandteil vieler Programmiersprachen.

2. Bei Apple-Computern ab dem Betriebssystem 7 bezeichnet ein Alias eine virtuelle Datei, die auf eine andere Datei, ein Gerät, einen Programmordner oder Ähnliches verweist. Durch einen Doppelklick auf das Symbol des Verweises wird die jeweilige Funktion ausgeführt (z. B. ein Programm gestartet oder die Verbindung zu einem Rechner im Netzwerk aufgebaut). Die äquivalenten Begriffe heißen bei OS/2 und Windows 95 / NT 4.0 Referenz bzw. Verknüpfung.

⇒ *Siehe Programm; Programmiersprache*

Aliasing
1. Aliasing ist die Verfremdung bzw. Verfälschung von analogen Bildinformationen bei der digitalen Verarbeitung. Ist bei einem Scanner z. B. die Abtastrate für ein Bild zu niedrig gewählt, kann es zum Aliasing – zu einer Bildverfremdung – kommen. Generell gilt, dass

die Abtastrate des Scanners mindestens doppelt so hoch sein soll wie die Rasterung der Vorlage (z.B. 600 dpi Abtastrate bei 300 dpi Bildrasterung).

2. Mit Aliasing wird darüber hinaus der »Treppeneffekt« bezeichnet, der bei der Darstellung von diagonalen Linien und Kanten auf Bildschirmen und Druckern entsteht. Das Anti-Aliasing-Verfahren dient dazu, die gezackten Abstufungen auf den Linien zu verhindern.

➡ *Siehe Dpi; Scanner; Sampling-Rate; Digital*

A-Life

Abk.: Artificial Life

▲ *Übers.: künstliches Leben*

A-Life ist die Abkürzung für Artificial Life (künstliches Leben). Dieser Begriff ist oft in Zusammenhang mit künstlicher Intelligenz zu finden.

➡ *Siehe AI*

Allgemeine Schutzverletzung

➡ *Siehe General Protection Fault*

Allozierung, dynamische

Eine dynamische Allozierung ist die den aktuellen Erfordernissen entsprechende Speicherbelegung während der Programmausführung und bedeutet meistens auch die Möglichkeit der dynamischen Freigabe, so dass sich Datenstrukturen bei Bedarf erzeugen und wieder zerstören lassen.

➡ *Siehe Hauptspeicher*

Alpha-Blending

Alpha-Blending ist die vierte Farbinformation neben den RGB-Werten zur Speicherung der Transparenz eines Objekts (RGBA). Es erlaubt die Darstellung durchsichtiger Objekte wie Glas, Flüssigkeiten und Rauch. Für die Erzeugung dieses Effekts bildet der Grafikchip aus den bereits gezeichneten Bildteilen und der Farbe der durchscheinenden Textur Mittelwerte. Alpha-Blending ist ein sehr aufwändiges Verfahren, da zusätzlich zu den normalen Zugriffen auf den Z-Buffer und den Texturspeicher (Texture-Cache) Zugriffe auf den Bildspeicher erfolgen müssen (multipass texture mapping). Manche Grafikchips vermeiden den zusätzlichen Zugriff auf den Bildspeicher, indem sie den Hintergrund einfach mit den Transparenzinformationen überschreiben (stippled alpha blending). In diesem Fall entstehen die Farbmittelwerte im Prinzip durch einen optischen Trick. Beim Betrachten des Bilds verschwimmt das Punktraster ineinander, was jeoch zu weit schlechteren Ergebnissen führt als multipass texture mapping.

➡ *Siehe 3D-Grafik; 3D-Funktionen; Z-Buffer; Textur; RGB; Textur-Cache*

Alpha-Chip

Der Alpha-Chip ist ein von der Firma DEC 1993 entwickelter RISC-Prozessor. Der Alpha-Chip arbeitet mit 64 Bit-Registern superskalar (d.h. er kann über zwei Pipelines mehrere Befehle gleichzeitig ausführen) und nach dem Prinzip des Superpipelining, wobei jede Pipeline (Befehlsausführungseinheit) aus mehreren Stufen besteht. So ist es möglich, dass sich mehrere Befehle in verschiedenen Ausführungsstufen befinden.

➠ *Siehe Register; RISC-Prozessor; Pipeline; DEC*

Alphadaten

Alphadaten sind Datenfelder, in denen nur alphanumerische Zeichen enthalten sein dürfen.

➠ *Siehe Datenfeld; alphanumerisch*

Alphanumerisch

Neben Buchstaben sind in einem alphanumerischen Datenfeld auch Ziffern, Satz- und Sonderzeichen erlaubt. Beim numerischen Datentyp sind nur Ziffern, Vorzeichen (+/-), der Dezimalpunkt und das Exponentialzeichen »E« erlaubt.

➠ *Siehe Datenfeld; Daten, numerische; Sonderzeichen*

Alphanumerische Tastatur

➠ *Siehe Tastatur, alphanumerische*

Alphaversion

Ist ein Programm nach der Entwicklungsphase weitgehend lauffähig, es fehlen lediglich noch einige wichtige Programmteile, deshalb wird von einer Alphaversion gesprochen. Das nächste Stadium ist die Betaversion, die von Betatestern auf Bugs untersucht wird, bevor das Programm auf den Markt gebracht wird.

➠ *Siehe Betatester; Betaversion; Bug; Betatest*

Alt Gr-Taste

Die [Alt Gr]-Taste (Alternate German) aktiviert einige Sonderzeichen der deutschen Tastatur, beispielsweise eckige oder geschweifte Klammern, das Slash-Zeichen (\) und das Sonderzeichen @.

➠ *Siehe Keyboard; Sonderzeichen*

Alt-Taste

Die [Alt]-Taste aktiviert eine alternative Tastaturbelegung auf der Tastatur eines PCs. Bestimmte Funktionen diverser Applikationen lassen sich durch die [Alt]-Taste in Kombination mit einer zweiten oder dritten Taste erzielen.

➠ *Siehe Keyboard*

ALU

Abk.: Arithmetic Logic Unit

▲ *Übers.: arithmetische Logikeinheit*

Die ALU ist ein wesentlicher Bestandteil der CPU. Sie führt grundlegende Rechen- und Verknüpfungsoperationen durch, wie z.b. Addition, Subtraktion, Negation und die logischen AND- und OR-Verknüpfungen.

➠ *Siehe CPU; OR-Verknüpfung; AND-Verknüpfung; Boolesche Operatoren*

AMD

http://www.amd.com

Abk.: Advanced Micro Devices

Das Unternehmen AMD wurde 1969 von Jerry Sanders gegründet. Sanders arbeitete zuvor als Marketingmanager bei der Firma Fairchild, bei der auch Andy Grove, Robert Noyce und Gordon Moore vor der Gründung von Intel beschäftigt waren. Das Gründungskapital von AMD betrug $ 1,5 Mio., die Sanders ausgerechnet durch Unterstützung von Robert Noyce erhielt. In den ersten Jahren konzentrierte sich AMD auf den Nachbau und die Weiterentwicklung von Halbleiterprodukten. In diesem Zusammenhang unterzeichnete AMD im Jahre 1976 ein Lizenzabkommen mit Intel, das es dem Unternehmen ermöglichte, bestimmte Patente Intels für eigene Produkte zu verwenden. Ein Jahr zuvor, 1975, stieg AMD mit dem Am9102 in den RAM-Markt ein. Intels Lizenzen ermöglichten AMD schließlich den Einstieg in den Prozessor-Markt (mit dem 8080A). 1991 gewann AMD einen Rechtsstreit gegen Intel, das zuvor das Lizenzabkommen aufgekündigt hatte. AMD konnte einen 386er-Klon (Am386) auf den Markt bringen, der sich auf Anhieb eine Million Mal verkaufte. Es folgten der Am486 und der 5x86, den AMD noch entwickelte, als Intel längst auf den Pentium umgestiegen war. 1996 kaufte Intel den Prozessorhersteller NexGen für $800 Mio. auf und verschaffte sich dadurch das Know-how zur Entwicklung eines eigenen Prozessortyps. 1997 erschien der K5, der allerdings kein wirtschaftlicher Erfolg wurde. Erst mit den Nachfolgemodellen K6 und besonders mit dem K6-2 schaffte es AMD, seinem Konkurrenten Intel erstmals einen relevanten Marktanteil abzugewinnen. Seither konnte AMD diesen Marktanteil mit den Nachfolgemodellen K7 (Athlon), Duron, Thunderbird, Athlon XP, Athlon MP und dem Server-Prozessor Opteron weiter ausbauen.

➠ *Siehe Micro Code; Flashmemory; MMX; M2; RISC-Prozessor; K6 3DNow!; Pentium III; K6; Intel; Laserprinter*

Amdahls Gesetz

Amdahls Gesetz beschreibt eine Vorgehensweise bei der Programmierung. Wenn ein Unterprogramm optimiert wird, das 10% der Rechenzeit verbraucht, wird das Programm um höchstens 10% schneller. Aus diesem Grund schreibt Amdahls Gesetz vor, dass zuerst diejenigen Unterprogramme optimiert werden müssen, die am meisten Rechenzeit beanspruchen, denn die Optimierung der übrigen Routinen ergibt eventuell keinen Zeitgewinn mehr.

➠ Siehe *Multiprocessing; Programm*

America Online
➠ Siehe *AOL*

American National Standards Institute
➠ Siehe *ANSI*

American Standard Code for Information Interchange
➠ Siehe *ASCII*

American Telephone and Telegraph Company
➠ Siehe *AT&T*

Amiga
Der Amiga wurde 1982 von der Firma Amiga, die bis dahin hauptsächlich für ihre Joysticks bekannt war, auf der Basis eines Motorola 68000-Prozessors entwickelt. Nach einem Rechtsstreit mit ihrem ärgsten Konkurrenten Atari geriet die Amiga Corp. nicht zuletzt wegen der verzögerten Fertigstellung ihres neuen Heimcomputers in große finanzielle Schwierigkeiten und wurde 1984 von Commodore übernommen. Das erste Modell – der Amiga 1000 – glänzte durch seine für die damalige Zeit hervorragenden Grafikfähigkeiten (er konnte 4096 Farben gleichzeitig darstellen) und Soundfähigkeiten (4-Kanal-Stereosound), was ihn bald zum bevorzugten Computer in der Videobearbeitung und in Musikstudios machte (in denen er im Atari ST einen starken Konkurrenten hatte). Zudem verfügte der Amiga über eine grafische Benutzeroberfläche (Workbench) und spezialisierte Chips (Agnus, Denise und Paula), die für Sound- und Grafikfähigkeiten verantwortlich waren (Sprites und BOBs). Der Amiga kann insofern als der erste Multimedia-Computer gelten. Weitere Modelle folgten: der Amiga 500, der für den Heimbereich und als Spielecomputer gedacht war, der Amiga 2000, 2500, 3000 und schließlich der Amiga 4000, 600 und 1200. Commodore wollte mit dem Amiga an den C64-Erfolg anknüpfen, wurde jedoch durch die zunehmende Verbreitung der IBM-kompatiblen PCs und aufgrund geringer Innovationskraft nach und nach vom Markt gedrängt. 1995 wurde die Marke Commodore von der damals noch erfolgreichen deutschen PC-Handelskette Escom für 10 Millionen Dollar übernommen. 1996 musste Escom selbst Konkurs anmelden, so dass die weitere Zukunft des

Amiga ungewiss war. Ende 1996 kaufte die Firma Viscorp, ein Hersteller von Set-top-Boxen, die Patent- und Markenrechte an Amiga für 40 Millionen Dollar.

➽ *Siehe Atari; Set-Top-Box; Joystick; Motorola*

Amplitude

Die Amplitude gibt die Höhe der analogen Wechselspannung in Volt an. Angegeben werden kann die Höhe der Spannung von der Nulllinie bis zum positiven oder negativen Höchstwert.

Analog

Als analog wird ein Signal bezeichnet, wenn es innerhalb vorgegebener Grenzwerte jeden beliebigen Wert bzw. unendlich viele Werte annehmen kann.

➽ *Siehe Digital*

Analog/Digital-Wandler

➽ *Siehe A/D-Wandler*

Analoganschluss

Analoge Signale können von einem PC über den Analoganschluss gesendet oder empfangen werden. Über einen Analoganschluss verfügen z.B. Grafikkarte, Soundkarte und der telefonseitige Ausgang eines Modems.

➽ *Siehe Soundkarte; PC; Analog; Grafikkarte; Modem*

Analoges Signal

➽ *Siehe Analog; Analoganschluss*

Anamorph

Anamorph ist ein Kodierungsverfahren für DVD-Filme zur optimalen Bildwiedergabe ohne die störenden schwarzen Balken. Alle Zeilen werden dabei mit Bildinformationen gefüllt. Auf 16:9-kompatiblen Geräten entzerrt der DVD-Player das anamorphe Bild wieder auf die korrekte Breite. Treten bei der Wiedergabe auf Breitwandfernsehern trotzdem horizontale, schwarze Balken auf, so wurde der Film in einem Breitwandformat (Cinemasope, Panavision u.a.) gefilmt.

➽ *Siehe 16:9-Format; DVD*

AND-Verknüpfung

Die AND-Verknüpfung ist eine logische Operation der booleschen Algebra. AND führt zum Wert WAHR (1), wenn alle Bedingungen erfüllt (d.h. ebenfalls WAHR) sind. Weitere logische Operatoren sind XOR, OR, NOT, NOR.

➽ *Siehe OR-Verknüpfung; XOR-Verknüpfung; NOR-Verknüpfung; Boolesche Operatoren; Operation; NOT-Verknüpfung*

Andy, Charles, Ians System

➽ *Siehe ACIS*

Animation

Eine Animation ist eine Sequenz von Einzelbildern (Frames), die beim Betrachter die Illusion flüssiger Bewegung erzeugt. Animationen (Computeranimation) werden im Design-, Multimedia-, Film- und Fernsehbereich verwendet sowie zur Gestaltung von Websites und grafischen Benutzeroberflächen.

➧ *Siehe Frame; Tweening; Website; GUI; Multimedia*

Animierte GIFs

➧ *Siehe GIFs, animierte*

Anisotrope Texturfilterung

➧ *Siehe Texturfilterung, anisotrope*

Anisotropische Beleuchtung

➧ *Siehe Beleuchtung, anisotropische*

Anklicken

Mit Anklicken wird die Aktivierung eines Symbols oder eines anderen Elements der grafischen Benutzeroberfläche mittels einer der Maustasten bezeichnet. Mit einem Doppelklick der linken Maustaste auf ein Symbol auf dem Desktop von z.B. Windows 95 wird das entsprechende Programm aufgerufen.

➧ *Siehe Windows 95; GUI; Desktop*

Anklopfen

Ein ISDN-Leistungsmerkmal, das zudem im analogen Telefonnetz möglich ist. Auf einen zweiten Anrufer wird durch ein Tonsignal aufmerksam gemacht. Der Benutzer kann den ersten Anrufer in der Leitung halten und zum zweiten Anrufer umschalten (Makeln). Auch eine Konferenzschaltung ist möglich, sollte dies zum Leistungsumfang des eigenen ISDN-Anschlusses gehören.

➧ *Siehe Makeln; Analog; ISDN; ISDN-Leistungsmerkmale*

Anmelden

➧ *Siehe Login*

Anonymer Remailer

➧ *Siehe Remailer, anonymer*

Anonymous FTP

In manche FTP-Server kann sich anonym, das heißt, ohne die Angabe eines Benutzernamens und/oder eines Kennworts einloggt werden. Es gehört allerdings zum guten Ton (Netiquette) seine E-Mail-Adresse zu hinterlassen. Als Kennwort genügt meistens »guest«. Auch wenn Sie keine E-Mail-Adresse angeben, bleiben Sie nicht ganz anonym, da Ihre IP-Adresse aufgezeichnet wird.

➧ *Siehe IP-Adresse; Netiquette; E-Mail; FTP; Benutzerkennung*

Anrufweiterschaltung

Die Anrufweiterschaltung ist ein ISDN-Leistungsmerkmal. Anrufe können an einen anderen stationären Telefonanschluss oder ein Mobiltelefon weitergeleitet werden. Die Telefonnummer bleibt dieselbe, der Anruf wird lediglich weitergeleitet.

➡ *Siehe ISDN; ISDN-Leistungsmerkmale*

ANS.1

Abk.: Abstract Syntax Notation One

ANS.1 ist eine genormte Notation der ISO, die unabhängige Spezifikationen von Datentypen und Strukturen für die Syntaxkonvertierung definiert.

➡ *Siehe Syntax; Datentyp; ISO*

Anschlagdrucker

➡ *Siehe Impact Printer*

Anschlagfreier Drucker

➡ *Siehe Non-Impact Printer*

ANSI

Abk.: American National Standards Institute

1918 gegründet, ist die ANSI mit dem deutschen DIN-Institut vergleichbar. Die noch heute gebräuchlichen ANSI-Normen sind die ANSI- oder Escape-Kontrollsequenzen (da sie durch das Steuerzeichen ESC aufgerufen werden), die früher zur Steuerung von Terminal- und Großrechnerfunktionen dienten. In heutigen PCs (unter MS-DOS in Form des Treibers Ansi.sys) steuern ANSI-Kontrollsequenzen die Position des Cursors und Zeichenattribute wie Blinken bzw. die Farbdarstellung. Mithilfe der Kontrollsequenzen ist es zudem möglich, den gesamten Bildschirm oder Teile des Bildschirms zu löschen.

➡ *Siehe DIN; Mainframe; Steuerzeichen; Terminal*

ANSI-Code

Der ANSI-Code ist ein von der ANSI genormter Standardcode, der es ermöglicht, Texte, Bilder, Animationen sowie Töne aus dem PC-Lautsprecher aus Folgen von ANSI-Kontrollsequenzen zu erzeugen. Besonders in Mailboxen (BBS) beliebte Methode zur kreativen Gestaltung der Benutzeroberfläche. Der ASCII-Code (ebenfalls von der ANSI definiert) wird zudem oft als ANSI-Code bezeichnet. Die Zeichen werden durch Drücken der `Alt Gr`-Taste verbunden mit der Eingabe des jeweiligen Zahlencodes in einem Dokument erzeugt.

➡ *Siehe ANSI; ASCII; BBS*

ANSI-Virus

Eigentlich sind ANSI-Viren keine richtigen Viren. Wie trojanische Pferde werden sie in Textform in Mailboxen angeboten. Werden sie bei geladenem ANSI-Treiber mit einem Befehl wie TYPE angezeigt, spielen allerhöchstens der Monitor, die Tastatur und der Lautsprecher verrückt. Die in ihnen enthaltenen Steuersequenzen führen allerlei unsinnige Befehle aus und erzeugen damit ein Tohuwabohu.

➠ *Siehe Steuerzeichen; ANSI; BBS; Trojanisches Pferd*

Anti-Aliasing

Auf schrägen Linien und Kanten von Grafiken entsteht ein so genannter »Treppeneffekt« (Aliasing-Effekt), eine deutlich sichtbare Abstufung zwischen den einzelnen Pixeln. Mithilfe des Anti-Aliasing-Verfahrens wird dieser Effekt retuschiert, indem die benachbarten Pixel in einer dunkleren Farbe als die betroffene Linie bzw. Kante eingefärbt werden. Aktuelle Grafik-Chips sind in der Lage, automatisch Linien und Kanten mit Anti-Aliasing zu zeichnen. Bekannte Verfahren sind das Supersampling und das Edge-Anti-Aliasing.

➠ *Siehe Aliasing; Pixel; Supersampling; Edge-Anti-Aliasing*

Antivirenprogramm

Ein Antivirenprogramm dient der Abwehr von Computerviren. Ein so genannter Virenscanner durchsucht alle Dateien des Systems nach dem Code bereits bekannter Viren, der in einer mitgelieferten und ständig aktualisierten Datenbank gespeichert ist. Weiterhin untersucht der Scanner die Dateien auf ihre korrekte Prüfsumme. Findet der Virenscanner eine seiner Meinung nach verseuchte Datei, versucht er diese zu reparieren. Programme mit defekter Prüfsumme werden nicht gestartet. Die bekanntesten Antivirenprogramme sind Dr. Solomon's und McAfee Scan. Die Datenbanken beider Programme können über das Internet aktualisiert werden.

➠ *Siehe Internet; McAfee; Virenscanner; Datenbank; Computervirus; Prüfsumme*

Antwortmodus

➠ *Siehe Auto Answer*

Antwortverhalten, adaptives

➠ *Siehe Adaptive Answering*

Anweisung, nicht ausführbare

Eine nicht ausführbare Anweisung ist eine Programmieranweisung, die sich aus verschiedenen Gründen nicht ausführen oder nicht in ausführbaren Code umwandeln lässt. Eine nichtausführbare Anweisung wäre beispielsweise programmgesteuert auf ein nichtvorhandenes Laufwerk zuzugreifen.

➠ *Siehe Code*

Anwendungsdomäne

➠ *Siehe Application Domain*

Anwendungspaket

Einige Softwarehersteller bündeln ihre wichtigsten Applikationen in Paketen, die meist günstiger sind als die jeweiligen Einzelprogramme. So bietet Microsoft z.B. das Office-Paket an, in dem je nach Edition Excel, WinWord, Access, Outlook und PowerPoint enthalten sind. Von Lotus, StarDivison und Corel gibt es ähnliche Pakete (Lotus SmartSuite, StarOffice und Corel Office).

➠ *Siehe Excel; Lotus; Lotus SmartSuite; Office-Paket; Access; WinWord; Corel; StarDivision; Office 2000; PowerPoint*

Anwendungsprogramm

➠ *Siehe Applikation*

Anwendungsprogrammierschnittstelle

➠ *Siehe API*

Anwendungsschicht

➠ *Siehe Application Layer*

Anwendungsschnittstelle, binäre

Eine binäre Anwendungsschnittstelle bezeichnet einen Satz von Richtlinien, die festlegen, auf welche Art und Weise Informationen gespeichert werden und wie eine ausführbare Datei mit der Hardware kommuniziert.

Anwendungsspezifischer Integrierter Schaltkreis

➠ *Siehe ASIC*

AOL

http://www.aol.de

Abk.: American Online

AOL ist weltweit der größte Online-Dienst mit über 30 Millionen Kunden. Im September 1997 übernahm AOL den Kundenstamm von CompuServe, 1998 das Internet-Portal Netscape. Das Angebot von AOL reicht von zahlreichen Kommunikations- und Informationsforen über die Online-Version diverser Zeitschriften und Zeitungen bis hin zu Internet-Technologie – insbesondere dem AOL Messenger und dem Netscape Messenger – und eigener Homepage.

➠ *Siehe Online-Dienst; Internet; SLIP; DFÜ-Netzwerk; PPP; Fossil; V.120-Standard; V.34plus; X.75*

AP

Abk.: Access Point

Der Access Point ist ein Erweiterungsgerät für ein drahtloses Netz (Wireless LAN), das die Reichweite erhöhen kann und das drahtlose Netz mit kabelgebundenen Netzen verbindet.

➠ *Siehe Wireless LAN; Netzwerk*

Apache

http://www.apache.org

Apache ist ein HTTP-(Hyper Text Transfer Protokoll) Server, der auf den unterschiedlichsten Betriebssystemen läuft. Ein HTTP-Server beantwortet die Anfragen eines Browsers auf eine bestimmte WWW-Datei und liefert das Ergebnis der Anfrage an den Browser zurück. Im Februar 1995 erschien Version 1.0 und wurde kostenlos im Internet veröffentlicht. Die Apache Software Foundation, gegründet von 8 Personen, kontrolliert seither die Weiterentwicklung des Webservers und zahlreicher anderer Open Source-Applikationen.

➠ *Siehe Internet; HTTP; WWW; Browser; Betriebssystem*

Apache Software Foundation

www.apache.org

Die nicht kommerzielle Apache Software Foundation kontrolliert die Weiterentwicklung des bekannten Webservers Apache und zahlreicher anderer Open Source-Applikationen und -Projekte, wie zum Beispiel Apache Struts, Apache Cocoon, Apache Tomcat, Apache Jakarta. Die Apache Software Foundation ist eine treibende Kraft hinter der Open Source-Bewegung und fördert die Verwendung von XML.

➠ *Siehe Apache; Struts; Cocoon; XML; Open Source; Tomcat*

API

Abk.: Application Programming Interface

▲ *Übers.: Anwendungsprogrammierschnittstelle*

API ist eine genormte Programmierschnittstelle, über die der Programmierer einfachen Zugriff auf Funktionen des Betriebssystems bzw. der Benutzeroberfläche hat. Dadurch wird die Programmierung von Applikationen stark vereinfacht. Ein neueres Beispiel wäre DirectX für Windows 95. Die API-Gruppe DirectX ist die Schnittstelle zu allen Multimedia-Anwendungen unter Windows 95/98.

➠ *Siehe Schnittstelle; 3D-API; Betriebssystem; DirectX*

APM

Abk.: Advanced Power Management

Der APM-Standard dient der Senkung des Stromverbrauchs von PCs und Notebooks. Um APM nutzen zu können, muss der PC über ein APM-fähiges BIOS und Betriebssystem verfügen. Nach einer definierbaren Zeitspanne werden inaktive Hardwarekomponenten (Festplatte, Prozessor, Monitor) in einen Stromsparmodus (Stand-by-Betrieb) geschaltet. Befindet sich das System oder Teile des Systems im Stromsparmodus, werden Eingabegeräte wie Tastatur, Maus und

Schnittstellen auf eingehende Signale überwacht. Befindet sich z.B. der Monitor im Stromsparbetrieb und der Anwender bewegt die Maus, so wird der Monitor wieder angeschaltet. Besonders Notebooks machen extensiven Gebrauch vom Power-Management, um ihre Akkus zu schonen. APM wurde inzwischen vom ACPI-Standard verdrängt.

➠ Siehe *Power-Management; Notebook; Schnittstelle; DPMS; ACPI*

APPC

Abk.: Advanced Program-to-Program Communication

Das APPC-Protokoll ist Teil der von IBM entwickelten Network-Architecture (SNA) und ermöglicht die direkte Kommunikation sowie den Transfer von Daten zwischen Anwendungsprogrammen, die auf verschiedenen Computern laufen.

➠ Siehe *IBM; Protokoll*

Apple

http://www.apple.de

Apple wurde am 1. April 1976 von Stephen G. Wozniak und Steven P. Jobs in einer Garage gegründet. Mit dem Apple I stellte die Firma damals einen der ersten Mikrocomputer vor. 1977 wurde der Apple II auf den **MARKT** gebracht, der aufgrund seiner offenen Architektur und dem Tabellenkalkulationsprogramm VisiCalc ein voller Erfolg wurde. Neben dem Apple II entwickelte Apple 1983 einen weiteren Computer – LISA genannt –, der mit einer grafischen Benutzeroberfläche und Maussteuerung ausgestattet war. Er wurde wegen seines hohen Preises ($10.000,-) jedoch kein kommerzieller Erfolg. Erst mit der Einführung des Macintosh konnte Apple wieder an den Erfolg des Apple II anknüpfen. Nach einem Streit mit dem ehemaligen PepsiCola-Manager John Scully, der seit 1983 in der Geschäftsleitung für Apple arbeitete, verließen Steve Jobs und Stephen Wozniak die Firma. Jobs gründete daraufhin das mäßig erfolgreiche Unternehmen NeXT-Software, das alsbald einen eigenen Computer – den NeXT – mit der grafischen Benutzeroberfläche NeXT-Step vorstellte. Im Kampf um Marktanteile geriet Apple 1992 in finanzielle Schwierigkeiten, was zu mehreren Wechseln in der Geschäftsleitung und zu Massenentlassungen führte. Seit 1994 verwendet Apple in seinen Computern nicht mehr die Prozessoren der Firma Motorola (680x0), sondern den PowerPC-Chip, eine Joint-Venture-Entwicklung von Apple, IBM und Motorola. Demzufolge heißen die neuen Computer von Apple nunmehr PowerMacs. 1997 gab Gil Amelio, der neue CEO von Apple überraschenderweise die Übernahme von NeXT-Software bekannt. Steve Jobs fungiert seither als Berater für Apple. Im Juni 1997 verließ Amelio das Unternehmen. Im August 1997 übernahm Jobs – trotz vorheriger Dementis – einen Posten im neuen Board of Directors. Die Liste der anderen neuen Direktoren liest sich wie das Who's Who der Computerbranche: Larry Ellison, Gründer und CEO von Oracle, Bill Campbell, CEO von Intuit, und Jerry York, ehemaliger CFO (Finanzen) von IBM und Chrysler. Besonders überraschend kam die Willenserklärung von Microsoft über drei Jahre hinweg Apple-Aktien im Wert von 150 Millionen Dollar kaufen zu wollen. Der Aktienkurs von Apple stieg daraufhin an einem Tag um satte 33%. Im Sommer 1998 stellte Apple den iMac vor, eine Reminiszenz an den Apple II. Der iMac ist Apples neues Einsteigermodell und avancierte wie sein Vorgänger schnell zum Kultobjekt. 2003 stellt Apple mit dem PowerPC G5 den ersten 64 Bit-Computer der Firmengeschichte vor. Im selben Jahr gründet Apple den Webdienst iTunes, mit dem Apple-Nutzer Musik direkt im Internet kaufen und zum Beispiel auf dem tragbaren MP3-Player Apple iPod abspielen können.

➟ *Siehe NeXT-Computer; PowerMac; Jobs, Steve; Mikrocomputer; Architektur, offene; Apple Newton; Motorola; GUI; System 8; PDA; Macintosh; PowerPC-Chip; Wozniak, Stephen*

Apple Desktop Bus

➟ *Siehe Apple; ADB-Anschluss*

Apple Finder

Der Apple Finder ist Bestandteil des Apple-Betriebssystems. Er ist für die Verwaltung des Desktops, von Dateien und Programmen verantwortlich.

➟ *Siehe Apple; MacOS; MacOS Server X; System 8*

Apple Unix

Apples Version des Unix-Betriebssystems

➟ *Siehe Apple; Unix*

AppleShare

AppleShare ermöglicht es dem Anwender, einen (oder mehrere) Apple-Computer im Netzwerk als File-Server einzurichten. Die Computer, für die ein entsprechendes Benutzerkonto (Account) eingerichtet wurde, haben Zugriff auf Daten (File Sharing) und Programme des File-Servers.

➟ *Siehe File Sharing; Account; Netzwerk; Fileserver; Apple*

Applet

Applet ist ein kleines, in Java geschriebenes Programm, das über das Internet übertragen wird und in einem Java-fähigen Browser ausgeführt wird. Applets werden über spezielle HTML-Tags in eine Webseite integriert.

➠ *Siehe Internet; Webbrowser; HTML; Java; Webseite*

AppleTalk

AppleTalk ist ein von Apple entwickeltes Netzwerkprotokoll. Neben LocalTalk (ebenfalls von Apple) unterstützt AppleTalk den Ethernet- und Token-Ring-Standard. AppleTalk funktioniert nach dem OSI-Schichtenmodell. Es beinhaltet die oberen fünf Schichten dieses Modells. Hervorzuheben ist die schon sehr früh realisierte Plug&Play-Fähigkeit von AppleTalk. Neue Netzknoten werden automatisch erkannt und in das bestehende Netz eingebunden. Auch Peripheriegeräte, wie z.B. Drucker, können als Netzwerkknoten fungieren. Der Nachteil von AppleTalk ist seine geringe Übertragungsgeschwindigkeit.

➠ *Siehe Node; OSI-Schichtenmodell; LocalTalk; Netzwerkprotokoll; Apple; Plug&Play; Token-Ring*

Application Domain

Anwendungsdomänen (Application Domain) sind ein wichtiges Konzept der Common Runtime Language (CLR) von ».NET«. Sie bilden die Umgebung für die Isolation einer Anwendung. Der Code wird in der Domäne ausgeführt, um die Beeinträchtigung anderer Codes zu verhindern. Dazu sind die Domänen durch eine Sicherheitsschicht voneinander getrennt, die zudem für die Fehlertoleranz garantiert, so dass beim Absturz der einen Domäne keine weitere Domäne betroffen ist. Zudem kann der in einer Domäne ausgeführte Code nicht ohne Umwege auf den Code einer anderen Domäne zugreifen. Das ist gegenüber früher eine gewaltige Umstellung, als Anwendungen durch getrennte Prozesse voneinander isoliert wurden. Einer der Vorteile der Anwendungsdomäne ist beispielsweise, dass sie gestartet und angehalten werden kann, ohne den gesamten Prozess zu stoppen. Auch muss der Code, der von mehreren Anwendungsdomänen verwendet wird, nur ein einziges Mal geladen werden.

➠ *Siehe .NET; CLR*

Application Foundation Classes

➠ *Siehe AFC*

Application Generator

Der Application Generator ist eine Gruppe von Pogrammen, die es dem Anwender ermöglichen, sich bei dem Entwurf einer Applikation auf die Funktionsbeschreibung zu beschränken. Der Programmgenerator erzeugt aus dieser Funktionsbeschreibung selbstständig Quellcode. Der Einsatz von Programmgeneratoren vereinfacht die Softwareerstellung in großem Maße.

⇒ *Siehe Applikation; Source-Code; Software*

Application Layer

Die oberste, siebte Schicht des OSI-Schichtenmodells. Hier befinden sich die Applikationen und Dienste, die der Anwender über das Netzwerk verwenden kann.

⇒ *Siehe OSI-Schichtenmodell; Netzwerk; Applikation*

Application Programming Interface

⇒ *Siehe API*

Application Server

Der Application-Server stellt den Computern im Netzwerk seine Ressourcen und die auf ihm gespeicherten Applikationen zur Verfügung. Als Beispiele sind der Microsoft SQL-Server unter Windows NT und der IBM-Database-Server im IBM-Warp-Server unter OS/2 zu nennen.

⇒ *Siehe Netzwerk; Applikation; Resources; SQL-Server*

Application Service Provider

⇒ *Siehe ASP*

Application Specific Integrated Circuit

⇒ *Siehe ASIC*

Application System 400

⇒ *Siehe AS400*

Applikation

Eine Applikation ist ein Anwenderprogramm. Applikationen können in Anwendungsgebiete unterteilt werden, z.B. in Office-Lösungen (Word, Excel, Access usw.), Grafikapplikationen (Adobe Photoshop, Corel Draw, 3D Studio MAX) usw.

⇒ *Siehe CorelDRAW; Access; Word; Office*

Applikationsschicht

⇒ *Siehe Application Layer*

Applikations-Server

⇒ *Siehe Application Server*

Applixware

http://www.applix.com

Applixware ist eine Office-Umgebung für Unix-basierte Systeme. Alle benötigten Office-Anwendungen sind in ihr enthalten, z.B.:

▶ Applix Word

▶ Applix Grafics

▶ Applix Mail

▶ Applix Builder uvm.

⇒ *Siehe Unix; Betriebssystem; Office*

Architektur

Approach

Appraoch ist eine relationale Datenbank der Firma Lotus. Sie ist Bestandteil von Lotus SmartSuite.

➭ *Siehe Lotus; Lotus SmartSuite; Datenbank, relationale*

Approximation

Approximation bedeuted Annäherung an einen Wert. Eine Approximation (Näherungsverfahren) bietet in der Programmierung oft eine hinreichende (vor allem schnellere) Lösung bei der Entwicklung eines Algorithmus, wenn ein exaktes Ergebnis nicht unbedingt notwendig ist.

➭ *Siehe Algorithmus*

Arbeitsblatt

➭ *Siehe Dokument*

Arbeitsgruppe

➭ *Siehe Workgroup*

Arbeitsmappe

Die Arbeitsmappe ist ein besonders in Tabellenkalkulationsprogrammen (z.B. Excel) gebräuchliches Verfahren zur Strukturierung von Inhalten. Inhaltlich zusammengehörige Tabellen oder Datenbanken und entsprechende Daten werden in einer Arbeitsmappe verwaltet.

➭ *Siehe Excel; Tabelle; Tabellenkalkulation; Datenbank*

Arbeitsspeicher

➭ *Siehe Hauptspeicher*

Arbeitsspeicherbank

➭ *Siehe Speicherbank*

Arbeitsstation

➭ *Siehe Workstation*

Arbeitsverteilung, dynamische

Eine dynamische Arbeitsverteilung ist die in der Regel durch das Betriebssystem realisierte Koordinierung parallel laufender Prozesse (Programme).

➭ *Siehe Betriebssystem; Prozess*

Archie

Ein Archie-Client ist eine Software, die extern oder in einen Browser integriert auf Archie-Server im Internet zugreift. Auf einem Archie-Server sind in einer Datenbank alle aktuellen Dateien und Informationen vieler FTP-Server gespeichert. Insofern hilft ein Archie-Server beim Suchen nach Daten. Wurden die Daten gefunden, können sie mit dem Archie-Client oder dem Browser übertragen werden.

➭ *Siehe Server; Client; Datenbank; FTP; Browser*

Architektur

Mit Architektur wird im Allgemeinen die einem System, einer Software, einer Hardware oder einem Computer zugrunde liegende Struktur oder der Aufbau eines Systems, einer Software, einer Hardware oder eines Computers bezeichnet.

→ *Siehe Software; Hardware*

Architektur, geschlossene

1. Mit dem Ausdruck geschlossene Architektur werden Systeme charakterisiert, die keine Steckplätze für Erweiterungskarten aufweisen. Ein Beispiel für eine solche Architektur ist das ursprüngliche Modell des Apple Macintosh.

2. Der Ausdruck geschlossene Architektur beschreibt zudem Computersysteme mit nicht frei verfügbarer Spezifikationen, so dass es Fremdherstellern kaum möglich ist, korrekt arbeitende Zusatzgeräte zu entwickeln,. Dadurch ist nur der Originalhersteller in der Lage, entsprechende Peripheriegeräte und Add-Ons zu erstellen.

→ *Siehe Architektur; Peripherie; Macintosh; Erweiterungskarte*

Architektur, offene

Von einer offenen Architektur eines Computersystems wird dann gesprochen, wenn Hardware- und Softwareerweiterungen durch jeden Hersteller leicht realisierbar sind. Ein Beispiel für eine offene Systemarchitektur ist der PC, der seinen Siegeszug erst dadurch antreten konnte, dass jeder Hersteller eigene Erweite-

rungskarten oder Komponenten entwickeln konnte.

→ *Siehe PC; Architektur; Erweiterungskarte*

Archiv

1. Ein Archiv bezeichnet eine auf einem Datenträger erstellte Sicherheitskopie von mehr oder weniger wichtigen Daten, oft auch in komprimierter Form.

2. Archiv ist zudem ein Attribut einer Datei.

3. Im Internet oder in Online-Diensten finden sich oft Archive. Hier kann es sich um Softwarearchive bzw. FTP-Sites handeln, von denen Programme oder Treiber, Patches etc. heruntergeladen werden können. Aber auch Archive für Multimediadateien (Bilder, Videos, Sounds) sind reichlich vorhanden. Eine weitere Form bilden Archive in Form von Datenbanken im Internet, die zur Recherche verwendet werden können.

→ *Siehe Datenträger; Patch; Attribut; Backup; Datenbank; FTP; Kompression*

ARCnet

Abk.: Attached Resource Computer Network

ARCnet ist ein Standard für lokale Netzwerke (LAN, Local Area Network). ARCnet ist eine sehr ausgereifte Netzwerktechnologie, die sich jedoch nicht gegen seine Konkurrenten Ethernet und Token Ring durchsetzen konnte. Ein ARCnet-Netzwerk kann sowohl in Bus- als auch in Sterntopologie aufgebaut sein. Die einzelnen Arbeitsstationen (Workstations) sind durch aktive oder passive Verteilerknoten (Hubs) miteinander verbunden. ARCnet arbeitet mit einem so genannten Token, welcher in einem logischen Ring von einem Netzwerkknoten zum nächsten weitergereicht wird (Token Passing). Durch diese Technik werden Kollisionen im Netzwerk vermieden.

➠ *Siehe LAN; Sterntopologie; Netzwerk; Netzwerktopologie; Workstation; Bus-Topologie; Hub; Ethernet; Token-Ring*

Arial

Arial ist eine Helvetica-ähnliche Schriftart (Font). Sie gehört zum Lieferumfang von Windows und liegt im TrueType-Format vor.

➠ *Siehe Font; Schriften; TrueType*

Arithmetic Logic Unit

➠ *Siehe ALU*

Arithmetische Logikeinheit

➠ *Siehe ALU*

Arithmetische Operation

➠ *Siehe Operation, arithmetische*

Arithmetischer Coprozessor

➠ *Siehe Coprozessor, arithmetischer*

ARJ

ARJ ist der Name eines Programms zur Datenkomprimierung. Die mit diesem Programm komprimierten Daten sind an der Dateiendung ».arj« zu erkennen.

➠ *Siehe Komprimierungsprogramm; Kompression*

ARP

Abk.: Address Resolution Protocol

ARP ist ein Protokoll, das die MAC-Adressen in einem Netzwerk den IP-Adressen zuordnet.

➠ *Siehe MAC-Adresse; IP-Adresse; Netzwerk; Protokoll*

ARPAnet

Abk.: Advanced Research Projects Agency NETwork

ARPAnet ist ein 1968 von der DARPA (Defense Advanced Research Projects Agency), einer Behörde des amerikanischen Verteidigungsministeriums, eingerichtetes Forschungsprojekt. Ziel dieses Forschungsprojektes war es, ein dezentralen Netzwerk zu entwickeln, das selbst einen atomaren Krieg relativ unbeschadet überstehen kann. Dies war der

Anstoß zur Entwicklung des heutigen Internets. 1969 wurde das erste Netzwerk aufgebaut, das sich eines neuen Übertragungsverfahrens bediente – der so genannten Paketvermittlung. ARPAnet war darauf ausgelegt selbst bei Zerstörung eines oder mehrerer Netzwerkknoten zuverlässig weiter Daten zu übermitteln. Dies wurde durch das Dynamic Rerouting (dynamisches Umleiten) erreicht. Dabei übernimmt jeder Computer im Netzwerk die Datenübermittlung. Fallen eine oder mehrere Leitungen aus, so wird automatisch auf eine andere Leitung umgeschaltet. Der Computer benötigt lediglich ein IP-Paket (Internet Protocol), in welches die Daten »verpackt« werden, und die Adresse des nächsten, funktionierenden Netzwerkknotens. Durch den Wegfall einer Hierarchie unter den Knoten wird auf diese Weise die Funktionstüchtigkeit des Netzwerks garantiert. Anfang der 1980er Jahre wurde erstmals der Begriff Internet verwendet. Zur selben Zeit hatte sich das TCP/IP-Protokoll als offizielles Übertragungsprotokoll durchgesetzt. 1983 wurde ARPAnet in das militärisch verwendete Milnet (Military Network) und in ein ziviles Netzwerk geteilt, welches weiterhin als ARPAnet bezeichnet wurde. 1990 schließlich wurde ARPAnet eingestellt, nachdem sich der Datenverkehr zu einem großen Teil auf das Internet und das NSFNET verlegt hatte.

➠ Siehe Node; IP-Adresse; Internet; Netzwerk; TCP/IP; NSFNET; Transferprotokoll; DARPA; Packet

ARQ

Abk.: Automatic Repeat of Request

ARQ ist ein Fehlerkorrekturverfahren in der Datenfernübertragung.

➠ Siehe DFÜ; Packet; Request; Fehlerkorrektur

Array

1. Als Array werden Vektor, Variablenfeld, Feldvariable oder nur Feld bezeichnet. Ein Array ist eine Gruppe von Elementen, die unter einem gemeinsamen Namen gespeichert sind. Anstatt jedem Element einen eigenen Namen zu geben, wird ein Element durch einen numerischen Wert (einen Index) eindeutig identifizierbar. So könnte z.B. das vierte Element in einem Array mit A(4) gekennzeichnet sein. Arrays können darüber hinaus mehrdimensional angelegt sein, z.B. A(4,7,9,5) für einen vierdimensionalen Array. Die Anzahl der maximal verfügbaren Elemente lässt sich aus dem Produkt der einzelnen Elemente der Dimensionen errechnen. Be-

steht eine Dimension aus 10 Elementen und es gibt drei Dimensionen, so beträgt die maximale Anzahl der Elemente 1000 (10x10x10). Vom Prinzip her ähnelt ein Array einer Tabelle oder Matrix. Es wird zwischen dynamischen und statischen Arrays unterschieden. Bei dynamischen Arrays wird den einzelnen Elementen erst während des Programmablaufs Speicherplatz zugewiesen. Die Speicherzuteilung verläuft dadurch viel flexibler als bei statischen Arrays. Bei dieser Variante wird allen Elementen Speicherplatz zugeteilt, der dann während des Programmablaufs ständig belegt bleibt.

2. Im Hardwarebereich bezeichnet ein (Disk-)Array zudem die Anordnung von mehreren, in einer bestimmten Weise miteinander zusammenarbeitenden Festplatten.

⇒ *Siehe Tabelle; Harddisk; Matrix*

Array, dynamischer

Bei einem dynamischen Array ist es im Gegensatz zu einem statischen Array möglich, die Größe des Array zur Laufzeit zu ändern.

⇒ *Siehe Array; Array, statisches*

Array, statischer

Ein statischer Array ist ein Array, dessen Größe bzw. die Anzahl der Elemente, die darin gespeichert werden können, nicht geändert werden kann. Die meisten Arrays sind statisch.

⇒ *Siehe Array; Array, dynamischer*

Array-Prozessor

Ein Array-Prozessor besteht aus mehreren Elementarzellen, die entweder aus Hardwareelementen oder einzelnen Prozessoren bestehen. Durch spezielle Anordnung und Arbeitsweise der Zellen unter- und miteinander ist es möglich, mehrere Daten-Arrays simultan abzuarbeiten. Ein einziger Daten-Array kann so mit nur einem Befehl komplett abgearbeitet werden.

⇒ *Siehe Instruction; Array; Prozessor*

Artificial Intelligence

⇒ *Siehe AI*

Art-Pad

Art-Pd ist der Name einer Digitalisiertablett-Serie der Firma Wacom.

⇒ *Siehe Digitalisiertablett*

AS400

Abk.: Application System 400

AS400 ist eine von IBM 1988 eingeführte Minicomputer-Serie. Anders als Minicomputer anderer Firmen konnte sich die AS400-Serie im Laufe der 1990er-Jahre als Serverplattform unter Client-Serversystemen etablieren.

➡ Siehe Client-Server-Prinzip; IBM

Ascender

Ascender ist der Teil eines Kleinbuchstabens, der nach oben über die Mittellänge hinausragt. Beispiele für Buchstaben mit Oberlänge sind »b« oder »k«.

➡ Siehe Typografie

ASCII

Abk.: American Standard Code for Information Interchange

ASCII ist der standardisierter Zeichencode zur Beschreibung von Klein- und Großbuchstaben, Zahlen und einigen Sonderzeichen. Dabei wird jedem Zeichen eine Zahl zugewiesen. Ursprünglich ein 7 Bit-Code (Zeichen mit den Nummern 0 bis 127), im erweiterten ASCII aber dann auf 8 Bit (256 Zeichen, 0 bis 255) erweitert. Die ersten 32 Zeichen stimmen mit ANSI überein und sind deshalb den Steuerzeichen, z.B. Zeilenvorschub, vorbehalten.

➡ Siehe Steuerzeichen; ANSI; Bit; Sonderzeichen

ASCII-Datei

Eine ASCII-Datei ist eine Nur-Text-Datei. Damit ist eine Textdatei gemeint, die nur Zeichen, jedoch keine Steuerzeichen, wie sie z.B. für die Ansteuerung des Druckers gebraucht werden, beinhaltet.

➡ Siehe Steuerzeichen; ASCII

ASF

Abk.: Active Streaming Format

ASF ist ein Dateiformat mit geringem Overhead, das von Microsoft für Multimedia-Datenströme über Microsoft NetShow Mediendienste entwickelt wurde. ASF umfasst eine Vielfalt von Datentypen wie Grafik-Audio- und Videodaten. Eine Synchronisierung der einzelnen Elemente durch unterschiedlichste Skriptsprachen ist ebenso möglich, wie die Einbettung von URLs. Live-Übertragungen von Multimedia-Inhalten gehören zu den wichtigsten Anwendungen von ASF.

➡ Siehe MPEG; MP3; Microsoft; Kompression

ASIC

Abk.: Application Specific Integrated Circuit

ASIC ist allgemein die Bezeichnung für einen Chip, der für eine ganz bestimmte Anwendung konzipiert ist.

➡ Siehe Chip

ASN.1

Abk.: Abstract Syntax Notation One

ASN.1 ist eine genormte Notation der ISO, die unabhängige

Spezifikationen von Datentypen und Strukturen für die Syntaxkonvertierung definiert.

➭ *Siehe Syntax; Datentyp; ISO*

ASP

Abk.: Active Server Pages, Application Service Provider

1. ASP ist eine Implementierung des Microsoft Internet Information Servers. ASP dient dazu Webinhalte dynamisch zu generieren und so einen auf den User abgestimmten Inhalt darzustellen. Die Technologie ist um ein Vielfaches schneller, als wenn die Seiteninhalte auf dem Client erstellt werden, denn ASP erkennt (in Abhängigkeit vom Browser), wie die Seiteninhalte dargestellt werden müssen. Microsoft selbst setzt ASP bei der Gestaltung ihrer eigenen Homepage ein.

2. ASP bezeichnet zudem den Application Service Provider. Das ist ein Unternehmen bzw. eine Organisation, die ihre internen und externen Geschäftsprozesse hauptsächlich über das Internet abwickelt. Ein ASP bietet seinen Kunden (elektronische) Dienstleistungen über das Internet an. Der Kunde greift auf die Dienstleistungen über das Internet zu, die Leistung wird zentral beim Anbieter durchgeführt und das Ergebnis wird dem Kunden über das Internet zur Verfügung gestellt. ASPs profitieren von der Rationalisierung bestehender Geschäftsprozesse, die durch den Einsatz von Internet-Technologien möglich wird.

➭ *Siehe Client; Browser; Microsoft; Webseite*

ASP.NET

ASP.NET ist die mit der .NET-Entwicklungsumgebung von Microsoft neue, objektorientierte Version von ASP. Jedes Element auf einer ASP.NET-Seite wird wie ein Objekt behandelt und auf dem Server ausgeführt. Eine ASP.NET-Seite wird von der CLR zunächst in eine Zwischensprache (MSIL) umgewandelt und erst zur Laufzeit von einem JIT-Compiler in Maschinencode übersetzt. Dadurch werden ASP.NET-Seiten deutlich schneller ausgeführt als ASP-Seiten.

➭ *Siehe ASP; MSIL; CLR; .NET; JIT-Compiler; Maschinensprache; Objektorientiert*

ASR

Abk.: Automatic Send and Receive, Automated System Recovery

1. ASR (Automated System Recovery) ist die automatische Systemwiederherstellung unter Windows NT/2000 und Windows Server 2003 und somit ein automatischer Wiederherstellungsvorgang

von Systemdateien mittels SFP- oder WFP-Funktionalität.

2. ASR bedeutet auch Automatic Send and Receive und ist eine Bezeichnung für den Betriebsmodus eines Modems, bei dem Daten automatisch zwischen dem Modem und der Zielstelle ausgetauscht werden.

➠ *Siehe Modem*

Assembler

1. Assembler ist ein Programm, das Assemblercode in Maschinensprache übersetzt.

2. Im Gegensatz zu den höheren Programmiersprachen wie BASIC, C, oder PASCAL lehnt sich Assembler sehr stark an die Maschinensprache an. Die einzelnen Maschinenkommandos werden über Buchstabenkürzel, so genannte Mnemoniks, eingegeben (mnemonischer Code). Bei der Programmierung in Assembler kann weitgehend auf die Verwendung von physikalischen Adressen verzichtet werden. Stattdessen werden symbolische Adressen verwendet. Befehle beziehen sich meist auf einen oder mehrere Operanden, auf Adressen oder auf Register. Im Gegensatz zur Maschinensprache lassen sich in Assembler zudem Konstanten, Datenstrukturen, Variablen und Makros einsetzen.

➠ *Siehe Adresse, symbolische; Assemblercode; Mnemonik; Variable; Register; Makro; Maschinensprache*

Assemblercode

Assemblercode ist der Quelltext (Source Code), der in Assembler geschrieben wurde.

➠ *Siehe Assembler; Source-Code*

Assemblieren

Assemblieren bezeichnet das Übersetzen eines in Assembler programmierten Quellcodes (Quelltext, Source Code) in Maschinensprache durch einen Assembler.

➠ *Siehe Disassembler; Assembler; Source-Code*

Assembly

Ein Assembly enthält den gesamten MSIL-Code, der von der CLR der .NET-Entwicklungsumgebung ausgeführt werden muss. Die Assembly ist demnach eine versionierbare, selbstbeschreibende und wieder verwendbare Basiseinheit einer Anwendung. Daraus folgt, dass eine Anwendung aus mindestens einer Assembly bestehen muss. In der Assembly sind ein oder mehrere Module zusammengefasst (».dlls«, ».exes« oder Ressourcedateien wie Bitmaps), die einen sicheren und abgeschlossenen Rahmen für ihre Datentypen bilden und die kleinste Einheit der Verteilung und Versionsvergabe darstellen. Durch diesen sicheren Rahmen unterscheidet sich eine Klasse (Typ), die innerhalb der Assembly deklariert wird, von allen anderen Typen, selbst dann, wenn der Name der Klasse mit einem in einer anderen Assembly deklarierten Typen übereinstimmt. Dank der mit den Assemblies verbundenen Behandlungsregeln kann die gemeinsame Laufzeitzeitschicht mehrere Versionen derselben Assembly nebeneinander auf derselben Maschine und sogar im selben Prozess ausführen. Diese Regeln und der Ladevorgang der Assemblies bilden den Ausweg aus der viel zitierten »DLL-Hölle«, in der die Installation neuer Komponenten bestehende Anwendungen beschädigen kann. Assemblies können privat sein und im entsprechenden Programmverzeichnis abgelegt werden oder gemeinsam genutzt werden (Shared Assembly). Letztgenannte Versionen werden zentral in einem so genannten Global Assembly Cache abgelegt.

➭ *Siehe .NET; CLR; DLL-Hölle; GAC*

Assistent

In Word, Excel, Access und vielen anderen Applikationen gibt es die so genannten Assistenten. Hierbei handelt es sich um kleine Hilfsprogramme, die den Anwender bei der Erstellung von Briefen, Publikationen, Tabellen usw. unterstützen. Dabei führt der Assistent den Anwender Schritt für Schritt durch mehrere Menüs, in denen verschiedene Angaben in Bezug auf Zweck, Erscheinung usw. gemacht werden können. Am Ende erzeugt der Assistent basierend auf den Angaben des Anwenders das entsprechende Dokument.

➭ *Siehe Excel; Tabelle; Access; Applikation; Word; Dokument*

Association for Computing Machinery

➭ *Siehe ACM*

Asterisk

Asterisk ist die Bezeichnung für das Sonderzeichen <*>, das als Platzhalter bei Befehlen und bei der Suche nach Dateien dient. Wenn Sie z. B. alle Dateien mit der Datei-Endung ».ini« suchen, geben Sie in der Suchabfrage einfach »*.ini« ein.

➭ *Siehe Extension; Wildcard; Sonderzeichen*

Asymmetric Digital Subscriber Line

➭ *Siehe ADSL*

Asynchrone Datenübertragung

➭ *Siehe Datenübertragung, asynchrone*

Asynchrone Operation

➭ *Siehe Operation, asynchrone*

Asynchroner Cache

➠ Siehe Cache, asynchroner

Asynchronous Transfer Mode

➠ Siehe ATM

AT

Abk.: Advanced Technology

▲ *Übers.: fortschrittliche Technologie*

1. Die Bezeichnung AT steht für eine ganze Generation von PCs, die mindestens mit einem 286er und dem ISA-Bus (der deswegen oft auch als AT-Bus bezeichnet wird) ausgestattet waren. Namensgebend war – wie schon beim Vorgängermodell, dem XT (Extended Technology) – eine Computerreihe von IBM, die IBM-PC/AT bzw. IBM-PC/XT. Auch die Bezeichnung PC beruht auf diesen Computerreihen.

2. AT steht auch für die AT-Befehle (AT steht für englisch: attention -Achtung), die erstmals von der Firma Hayes für die Steuerung ihrer Modems verwendet wurden. Einzelne Befehle werden stets durch »at« eingeleitet. Die AT-Befehle wurden mit der Zeit von allen Modemherstellern übernommen und als Standard akzeptiert.

➠ Siehe PC; Hayes (-kompatibel); IBM; AT-Befehle; XT; AT-Bus; Modem; ISA

AT&T

Abk.: American Telephone and Telegraph Company

AT&T ist die größte amerikanische Telefongesellschaft. Sie war zeitweise ebenfalls im PC-Geschäftsbereich tätig. Zu AT&T gehören die Bell Laboratories, aus deren Labors einige sehr wichtige Entwicklungen und Standards rund um den Computer hervorgingen.

➠ Siehe Bell Laboratories

ATA

Abk.: Advanced Technology Attachment

▲ *Syn.: IDE*

ATA ist der offizielle, von der ANSI-Gruppe als X3T10 vergebene Name für einen Festplatten-Schnittstellenstandard. Er ist auch unter der Bezeichnung »Integrated Drive Electronics« (IDE) bekannt.

➠ Siehe Schnittstelle; ANSI; AT-Bus; IDE

ATAPI

Abk.: AT-Bus Attachment Packet Interface

ATAPI ist das Grundprinzip einer AT-Bus-Festplatte. Normalerweise ist damit aber einen Anschluss für CD-ROM-Laufwerke an einen IDE-Controller (z.B. auf einer Soundkarte) gemeint.

➠ *Siehe Controller; AT-Bus-Festplatte; AT-Bus; CD-ROM-Laufwerk; IDE*

Atari

www.atari.de

1972 wurde Atari in Sunnyvale, Kalifornien, gegründet. Der Name rührt von einem Spielzug beim japanischen Brettspiel Go her, bei dem einer oder mehrere der gegnerischen Steine bedroht werden. Atari wurde vor allem durch Telespielkonsolen (z.B. VCS 2600) und die entsprechenden Telespiele (PacMan, Space Invaders) bekannt. 1982 brachte Atari mit dem 800 XL einen Konkurrenten für den C64 auf den Markt, der aber weder durch Leistung noch durch Absatzzahlen überzeugen konnte. Nach einem finanziellen Rückschlag wurde Atari 1984 von Jack Tramiel (Gründer von Ataris Konkurrenten Commodore) übernommen. 1985 erschien der Atari ST, ein Heimcomputer, der ähnlich dem Amiga mit einem 680x00-Prozessor von Motorola ausgestattet war. Der ST und sein Nachfolger – der TT – waren aufgrund ihrer Soundfähigkeiten und einer integrierten Midi-Schnittstelle besonders bei Musikern sehr beliebt (und sind es teilweise heute noch). Es folgten weitere Modelle wie der Atari Falcon030, die Spielekonsole Jaguar und der Atari Lynx, der sich aber gegen den Nintendo GameBoy nicht durchsetzen konnte. 2003 ist Atari zu seinen Wurzeln zurückgekehrt. Infogrames, ein Hersteller von Computer- und Videospielen konnte die Rechte an dem Namen Atari erwerben und hat sich nun offiziell in Atari umbenannt.

➠ *Siehe C64; Konsole; Amiga; Pac Man; MIDI; Motorola*

AT-Befehle

AT-Befehle dienen der Steuerung eines Modems. Sie wurden von der Firma Hayes entwickelt und von allen anderen Modem-Herstellern als Quasi-Standard übernommen. AT geht auf den englischen Begriff »attention« (Achtung) zurück. Nach dem Befehl AT folgt ein Steuerzeichen, welches für eine bestimmte Funktion steht. So bewirkt z.B. die Eingabe AT d 8939, dass das Modem die Nummer 8939 anwählt. Um Programme, die intern mit den AT-Befehlen arbeiten, mit ISDN weiternutzen zu können, gibt es zum einen externe ISDN-Adapter, die den Befehlssatz emulieren, zum anderen Softwareemulatoren, wie z.B. den FOSSIL-Treiber, der als Shareware angeboten wird.

➠ *Siehe ISDN-Adapter; Fossil; Hayes (-kompatibel); Steuerzeichen; Modem; Shareware; ISDN*

AT-Bus

Der AT-Bus war das Leitungssystem des IBM AT und kompatibler Computer. Über diesen Bus wurden Peripheriegeräte (z.B. Festplatte) mit dem Motherboard verbunden. Der AT-Bus arbeitete mit 16 Bit im Gegensatz zu seinem Vorgänger dem PC-Bus, der 8 Bit unterstützte.

➡ *Siehe IBM; ATAPI; AT-Bus-Festplatte; AT-Tastatur; EISA; ISA*

AT-Bus Attachment Packet Interface

➡ *Siehe ATAPI*

AT-Bus-Festplatte

Im Gegensatz zu ihren Vorläufern, den RLL- und MFM-Festplatten, benötigt die Generation der AT-Bus-Festplatten keinen externen Festplatten-Controller mehr zu ihrer Steuerung. Vielmehr werden sie mit einem Kabel direkt an das Motherboard angeschlossen. AT-Bus-Festplatten verfügen über einen eigenen Controller auf ihrer Platine.

➡ *Siehe RLL; Festplatten-Controller; MFM; AT-Bus; IDE; ISA; Motherboard*

Athlon

Athlon ist ein Prozessor der Firma AMD und Konkurrent zum Intel Pentium II bis IV. Der Athlon (XP, MP) unterstützt die 3DNow!-Professional-Technologie und verfügt über einen bis zu 400 MHz (333 MHz, 266 MHz) getakteten FSB, 64 KByte Befehls- und 64 KByte Daten-Cache (128 KByte L1-Cache) sowie 512 KByte On-Chip-L2-Cache. Die so genannte QuantiSpeed-Architektur ermöglicht dem Athlon die parallele Ausführung mehrerer Befehle pro Taktzyklus. Der Athlon wird in der innovativen 0,13 Mikrometer-Technologie im Fab 30 in Dresden gefertigt.

➡ *Siehe Duron; K6 3DNow!; FSB; Cache; Pentium III; AMD; Intel; EV6; QuantiSpeed-Architektur; Sockel A*

ATL

ATL ist ein Tool in Visual C++ (5), mit dem Entwickler Programmcode optimieren können. Der so entstandene Code ist besonders gut für Internet Komponenten nutzbar, da er um ein Vielfaches kleiner ist als die »Microsoft Foundation Classes«.

➡ *Siehe Source-Code; C++; Tool; Microsoft*

ATM

Abk.: *Asynchronous Transfer Mode*

▲ Übers.: asynchroner Übertragungsmodus

1. ATM ist ein Übertragungsstandard, der als Grundlage für ein modernisiertes ISDN-Netz sowie Backbone-Netze

dienen soll. Dabei werden die Daten in kleinste Datenpakete zerlegt und über so genannte Switches im Netz auf direktem Weg an den Empfänger gesendet. Da auf diese Weise keine anderen als die wirklich benötigten Leitungen belastet werden und die Netzwerkknoten nicht mehr um den Datendurchsatz konkurrieren müssen, lässt sich die Übertragungsrate auf theoretische 155 MBit/s steigern. Diese Übertragungsrate steht dann auch zwischen jedem Knoten zur Verfügung. Zum Vergleich: Bei Fast Ethernet müssen sich alle Knoten eine Übertragungsrate von 100 MBit/s teilen.

2. ATM ist zudem die Bezeichnung für das Schriftverwaltungsprogramm Adobe Type Manager.

➭ *Siehe Node; MBit; Packet; Adobe Type Manager; Switch; Backbone; ISDN*

Attached Resource Computer Network

➭ *Siehe ARCnet*

Attachment

Ein Attachment ist eine binäre Datei, die an eine E-Mail angehängt werden kann. Eingesetzt wird hier zumeist MIME oder ein anderes Codierungsverfahren. Auf diese Weise können z.B. Textdateien, Grafiken oder Sounddateien mittels E-Mail versandt werden. Eine gewisse Gefahr besteht durch eventuell mit dem Attachement übertragene Viren – der Loveletter-Virus ist ein bekanntes Beispiel. Attachments sollten daher nur geöffnet werden, wenn Sie von einem vertrauten Absender stammen und keine unbekannten Dateiendungen zeigen. Trotzdem kann es jedoch zu Virenbefall kommen, weswegen sich der Einsatz einer Virenscan-Software empfiehlt. Die Größe der Attachments kann unter Umständen durch den Provider beschränkt sein, damit E-Mails nicht als FTP-Ersatz missbraucht werden. Aus diesem Grund werden Attachements sehr oft mit speziellen Programmen komprimiert (gepackt).

➭ *Siehe E-Mail; ISP; MIME; Virenscanner; Computervirus; FTP; Loveletter; Binär*

Attachment Unit Interface

➭ *Siehe AUI*

AT-Tastatur

AT-Tastatur ist die Bezeichnung für eine Tastatur mit 84 Tasten. Sie ist heute nicht mehr gebräuchlich.

➭ *Siehe Keyboard*

Attribut

1. Ein Attribut (auch Dateiattribut) wird von einer Applika-

tion oder einem Betriebssystem an eine Datei vergeben. Die Datei oder das Verzeichnis erhalten dadurch einen bestimmten Status und ihr weiterer Umgang ist somit geregelt. Attribute können mit bestimmten Befehlen bzw. Programmen geändert werden, z.B. mit dem Befehl »attrib« unter MS-DOS oder dem Explorer von Windows 95. Sie können sich die Dateiattribute im Explorer anzeigen lassen, indem Sie die gewünschte Datei mit der rechten Maustaste anklicken und dann die Option Eigenschaften aus dem geöffneten Menü anklicken. Nachfolgend sind die einzelnen Dateiattribute und ihre Funktionen beschrieben:

- **Archiv**: wird durch ein »a« angezeigt. Dieses Attribut wird von Archivierungsprogrammen (Backup-Programmen) gesetzt. Bei der Archivierung einer Datei wird das Attribut gelöscht. Erst nach erneuter Bearbeitung der Datei wird das Attribut durch eine Applikation neu gesetzt. Das Backup-Programm kann auf diese Weise erkennen, ob die Datei verändert wurde und ob sie deshalb wieder gesichert werden muss.

- **Hidden** (versteckt): Wird durch ein »h« repräsentiert. Wichtige Systemdateien sind oft versteckt, um sie so vor unbeabsichtigtem Löschen zu schützen. Versteckte Dateien werden weder im Explorer noch unter MS-DOS (Befehl »dir«) angezeigt. Ein Beispiel wäre die Datei msdos.sys.

- **Read-Only** (schreibgeschützt): Wie der Name schon sagt, können Dateien mit diesem Attribut nur gelesen, aber nicht geschrieben werden. Das Attribut wird durch ein »r« angezeigt. Beim Löschen einer solchen Datei werden Sie mit einer Sicherheitsabfrage aufgefordert, den Löschvorgang zu bestätigen. Wollen Sie eine Datei vor ungewolltem Überschreiben schützen, sollten Sie dieses Attribut setzen. Auf Speichermedien wie z.B. einer CD-ROM ist das Attribut read-only automatisch gesetzt.

- **System**: System wird durch ein »s« angezeigt. Wichtige Systemdateien (command.com, msdos.sys oder io.sys) und Systemverzeichnisse (unter Windows 95/98) werden mit diesem Attribut gekennzeichnet, um sie vor unbeabsichtigtem Löschen oder Verschieben zu schützen.

- Unter MS-DOS werden Attribute z.B. folgendermaßen gesetzt: x.sys +r +s +h. Ein Minus- statt des Pluszeichens vor den Attributzeichen entfernt das jeweilige Attribut wieder.

2. Attribute werden in Datenbanken an ein Datenfeld vergeben. Beispiele für ein Attribut wären Auftragsnummer, Vorname, Adresse usw.

➭ *Siehe Windows 98 (SE); MS-DOS; Explorer; Applikation; Archiv; Windows 95; Betriebssystem*

ATX

ATX ist ein Layoutformat für PC-Hauptplatinen. Es wurde 1996 von Intel spezifiziert. Im Gegensatz zum Vorgänger, dem Baby-AT-Format, liegt die Hauptplatine um 90° gedreht im Gehäuse. Die ISA- und PCI-Slots für Erweiterungskarten liegen nun an der Längsseite des Gehäuses, die SIMM- und DIMM-Steckplätze sind leichter erreichbar und die Anschlüsse für Festplatten und Laufwerke erlauben nun verkürzte Kabelwege, die neueren EIDE-Standards, wie z.B. PIO-Mode 4 gerecht werden.

➭ *Siehe DIMM; SIMM; PCI; CPU; PIO; EIDE; Motherboard; ISA; Netzteil; Intel*

Audio Coding No. 3

➭ *Siehe AC-3-Surround-Verfahren*

Audio Video Interleaved

➭ *Siehe AVI*

Audiocast

Audiocast ist die Übertragung eines Audiosignals mit Hilfe von IP-Paketen.

➭ *Siehe Internet; IP; Packet; Multicasting*

Audiokarte

➭ *Siehe Soundkarte*

Aufruf

Aufruf bezeichnet einen Programmaufruf, das heißt, das Starten eines Programms durch den Benutzer.

➭ *Siehe Applikation; Programm*

Aufrufbetrieb

In Netzwerken, die von einem zentralen Server (in diesem Fall meist einem Großrechner) verwaltet werden, stellt der Aufrufbetrieb eine mögliche Betriebsart dar. Kommunikation zwischen den einzelnen Arbeitsstationen ist nur möglich, wenn der zentrale Server einen Aufruf dazu gibt. Dadurch wird die Teilnehmerzahl und die Geschwindigkeit stark eingeschränkt.

➡ *Siehe Server; Netzwerk; Mainframe; Workstation*

Auftrags-/Sitzungsverwaltung

Die Auftrags- und Sitzungsverwaltung ist ein wichtiges Aufgabengebiet eines Betriebssystems. Dabei werden Zugriffe durch Nutzer auf das System und enthaltene Programme protokolliert und statistisch erfasst. Sie spielt außerdem eine wichtige Rolle für die Systemsicherheit.

➡ *Siehe Betriebssystem*

Aufwärtskompatibel

Ist eine Hardware(-komponente) oder Software zu ihren Nachfolgeversionen verträglich, so bezeichnet man sie als aufwärtskompatibel.

➡ *Siehe Software; Kompatibilität; Hardware; Compatible*

Aufzeichnungsdichte

Aufzeichnungsdichte bezeichnet die Anzahl an Informationen, welche pro Längeneinheit auf die Spuren (Tracks) eines Datenträgers gespeichert werden können. Wird meist in bits per inch (bpi, Bits pro Zoll) angegeben.

➡ *Siehe HD; Datenträger; Track(s); Density; DD; Bpi*

Aufzeichnungsverfahren

Als Aufzeichnungsverfahren wird allgemein das Verfahren bezeichnet, welches zur Aufzeichnung von Daten auf einem Datenträger verwendet wird. Die Daten werden dabei kodiert und in der Magnetschicht einer Diskette, Festplatte usw. gespeichert. Es werden folgende Verfahren unterschieden: FM (Frequenz-Modulation), MFM (Modifizierte Frequenz-Modulation) und RLL (Run Length Limited). Die Verfahren unterscheiden sich hauptsächlich in ihrer Aufzeichnungsdichte.

➡ *Siehe Datenträger; Daten; Harddisk; RLL; MFM; Diskette*

AUI

Abk.: Attachment Unit Interface

AUI ist ein Anschlusskabel für ein Ethernet.

➡ *Siehe Ethernet*

Ausgabe

➡ *Siehe Output*

Ausgabegeschwindigkeit

Mit Ausgabegeschwindigkeit ist meist die Geschwindigkeit gemeint, mit der ein Peripheriegerät, wie z.B. ein Drucker oder ein Plotter, Daten ausgeben kann. Je nach Typ wird die Ausgabegeschwindigkeit in Seiten pro Minute (Tintenstrahl- und Laserdrucker) bzw. in Zeichen pro Sekunde (characters per second, cps) (Typenrad- und Nadeldrucker) angegeben.

➭ *Siehe Typenraddrucker; Pinwriter; Ink-Jet Printer; Cps; Peripherie; Plotter; Laserprinter; Drucker*

Ausgangsdatum

Das Ausgangsdatum ist das Datum, ab dem der Computer nachfolgende Daten berechnet. Beim Apple (02.01.1904) und bei den IBM-kompatiblen PCs (01.01.1900) werden verschiedene Ausgangsdaten verwendet. Tabellenkalkulationsprogramme rechnen Zahlenwerte in ein Datum um, deswegen hat das Ausgangsdatum eine große Bedeutung.

➭ *Siehe PC; Apple*

Auslagerungsdatei

➭ *Siehe Swap File*

Auslagerungsdatei, permanente

Die Auslagerungsdatei belegt permanent eine bestimmte Menge an Speicherplatz auf der Festplatte.

➭ *Siehe Swap File; Auslagerungsdatei, temporäre*

Auslagerungsdatei, temporäre

Eine Auslagerungsdatei, die je nach Bedarf an Speicherplatz neu angelegt wird.

➭ *Siehe Swap File; Auslagerungsdatei, permanente*

Ausloggen

➭ *Siehe Log Off*

Ausnahme, nicht behandelte

Eine nicht behandelte Ausnahme ist ein Fehler, der innerhalb eines Programms von diesem nicht selbstständig behoben werden kann. Tritt eine nicht behandelte Ausnahme auf, wird das Programm, welches den Fehler verursacht hat, vom Betriebssystem beendet.

➭ *Siehe Programm; Betriebssystem*

Ausnahmebehandlung

1. Eine Ausnahmebehandlung ist die Reaktion auf Fehlersituationen, die während eines Programmablaufes auftreten bzw. auf den Prozess, in dem ein Programmfehler während der Ausführung ermittelt wird.

2. Außerdem bezeichnet Ausnahmebehandlung den Vorgang, bei dem trotz eines Fehlerzustandes weiterhin ausführbare Funktionen, Programme oder Prozeduren entstehen.

➭ *Siehe Fehlerbehandlung*

Ausrichtung

Ausrichtung ist ein Bestandteil der Absatzformatierung. Damit ist die Ausrichtung der Zeilen untereinander gemeint (z.B. linksbündig, rechtsbündig, Blocksatz, zentriert).

➟ *Siehe Blocksatz; Absatzformatierung; Flattersatz*

Ausschluss

Ausschluss bezeichnet den Abstand zwischen einzelnen Textzeichen. Beim Blocksatz wird der Leerraum (spacing) zwischen den einzelnen Zeichen variiert, so dass eine Zeile genauso lang wie alle anderen Zeilen in einem Absatz ist.

➟ *Siehe Blocksatz; Absatz; Absatzformatierung; Kerning; Flattersatz*

Ausschneiden

Mit Ausschneiden (Cut) wird das Verschieben einer Datei z.B. in ein anderes Verzeichnis bezeichnet. Die Datei wird (z.B. im Windows Explorer) mit dem Befehl »Ausschneiden« ausgeschnitten und mit dem Befehl »Einfügen« (Paste) wieder an anderer Stelle eingefügt.

➟ *Siehe Cut & Paste; Explorer; Directory; Datei*

Ausschneiden und Einfügen

➟ *Siehe Cut & Paste*

Ausstattungsmerkmal

➟ *Siehe Feature*

Austastlücke

Das Bild z.B. auf einem Monitor wird zeilenweise von einem Elektronenstrahl erzeugt, der von einer Kathodenstrahlröhre ausgestrahlt wird. Das Bild wird zeilenweise aufgebaut. Der Zeitraum, den der Elektronenstrahl braucht, um von einer Zeile am einen Ende zum Anfang der nächsten Zeile zu springen, wird Austastlücke genannt. Während dieses Zeitraums können andere Daten, wie z.B. Videotext oder über einen speziellen Decoder Daten aus dem Internet empfangen werden.

➟ *Siehe Internet; Monitor; Elektronenstrahlröhre*

Austastung

➟ *Siehe Blanking*

Authentifizierung

Die Anmeldung und Identifizierung eines Benutzers durch Benutzernamen und Kennwort wird als Authentifizierung bezeichnet.

➟ *Siehe Benutzerkennung; Passwort*

Auto Answer

Auto Answer ist eine Modemfunktion, bei der das Modem automatisch bei einem eingehenden Anruf abhebt.

➟ *Siehe Modem*

Auto Dial

Unter Auto Dial wird das automatische Anwählen einer Telefonnummer durch das Modem verstanden.

➠ *Siehe Modem*

AutoCAD

http://www.autodesk.de

AutoCAD ist ein marktführendes, professionelles CAD-Programm der Firma Autodesk. Es wurde 1983 erstmals vorgestellt und dient als Basis für viele branchenspezifische CAD-Lösungen, die von unabhängigen Softwarefirmen entwickelt werden.

➠ *Siehe CAD*

Autodesk

http://www.autodesk.de

Autodesk ist ein amerikanisches Softwareunternehmen, das Anwendungsprogramme im Bereich des CAD und der 3D-Grafik herstellt. Besonders bekannt ist Autodesk für AutoCAD und 3DStudio.

➠ *Siehe 3D-Grafik; AutoCAD; CAD*

Autoexec.bat

Die autoexec.bat ist eine Stapelverarbeitungsdatei, die bei jedem Start des Betriebssystems MS-DOS sowie Windows 95 zusammen mit der config.sys ausgeführt wird. In der autoexec.bat werden unter anderem Umgebungsvariablen definiert oder TSR-Programme gestartet.

➠ *Siehe Stapeldatei; MS-DOS; TSR-Programm; Config.sys*

Autokonfigurierend

➠ *Siehe Plug&Play*

Automapping

Automapping ist bei Action- und Rollenspielen die automatische Kartierung des Spielgebiets.

Automated System Recovery

➠ *Siehe ASR*

Automatic Repeat of Request

➠ *Siehe ARQ*

Automatic Send and Receive

➠ *Siehe ASR*

Automatisches Senden und Empfangen

➠ *Siehe ASR*

Autopark

Autopark ist das automatisches Parken der Leseköpfe einer Festplatte im äußeren Magnetplattenbereich. Dadurch wird die Platte vor einem möglichen Headcrash geschützt.

➠ *Siehe Schreib-Lese-Kopf; Schreib-Lese-Kopf, induktiver; Headcrash; MR-Lesekopf*

AutoPlay

Nachdem eine CD-ROM in das CD-ROM-Laufwerk eingelegt wurde, sucht das Betriebssystem nach der Datei AUTORUN.INF auf der CD-ROM und führt die darin enthaltenen Befehle aus bzw. bei Audio-CDs wird die CD-Wiedergabe gestartet.

➡ *Siehe Windows 98 (SE); Windows 95; Windows NT; CD-ROM-Laufwerk*

Autorensystem

Autorensysteme sind Programme, mit denen sich Multimedia-Anwendungen (z.B Multimedia-CDs) programmieren lassen. Die heute gebräuchlichen Programme arbeiten objektorientiert, während früher wirklich noch programmiert werden musste. Beispiele wären der Macromedia Director, Multimedia Toolbook von Asymetrix, Authorware und Hyperbook bei Apple. Bei der Arbeit mit einem Autorenprogramm wird zwischen Autoren- und Leserebene unterschieden. Auf der Autorenebene ist es möglich, Erscheinungsbild und Ablauf des Programms zu gestalten, während auf der Leserebene lediglich die Interaktion mit dem Programm möglich ist. Die Basis jedes Autorensystems ist eine umfangreiche Datenbank, aus der Texte, Grafiken, Animationen, Sounds usw. zusammengestellt und verwaltet werden. Der Programmierer bindet diese Elemente auf der Autorenebene ein und erstellt Beziehungen und Abhängigkeiten zwischen ihnen.

➡ *Siehe Multimedia-CDs; Toolbook; Macromedia; Multimedia*

AUX
Abk.: Auxiliary

AUX ist im PC- und HiFi-Bereich eine Bezeichnung für einen zusätzlichen Anschluss an Verstärkern oder Erweiterungskarten (Soundkarte).

➡ *Siehe Soundkarte*

Avatar

Eigentlich stammt der Begriff Avatar aus den indischen Heldenepen, wird aber heutzutage als Beschreibung für eine künstliche Person oder eine Verkörperung des Selbst im transzendenten Sinne verwendet. Im Computer-Bereich ist ein Avatar die für andere und für sich selbst sichtbare Verkörperung des Anwenders im virtuellen Raum (Virtual reality, VR).

➡ *Siehe Synthespian; VR; Cyberspace*

AV-Festplatte

Audio-Video-(AV-)Festplatten kommen ohne thermische Kalibrierung aus. Deshalb ist zwischen Festplatte und System eine konstante Übertragungsrate (Datentransferrate) garantiert. Derartige Platten werden meist im Audio- und Video-Bereich eingesetzt, da hier ununterbrochener und konstant schneller Datenfluss benötigt wird. Diese Platten werden als AV-fähig bezeichnet.

➠ *Siehe Datentransferrate; Harddisk*

AVI

Abk.: Audio Video Interleaved

AVI ist ein Animationsformat von Microsoft für Video for Windows (Medienwiedergabe unter Windows). Audio- und Videodaten können kombiniert werden. Das Format ist komprimierbar. Folgende Codecs stehen zur Verfügung: Cinepak, Microsoft Video 1, Intel Indeo, Intel Indeo Interactive.

➠ *Siehe Cinepak Codec; Video for Windows; Indeo*

AVM

http://www.avm.de

AVM ist ein Hersteller von passiven und aktiven ISDN-Karten (Fritz-Card, AVM B1) und ISDN-Software (Fritz32) mit Sitz in Berlin.

➠ *Siehe ISDN-Karte; ISDN-Karte, passive; ISDN-Karte, aktive; ISDN*

awk

Die Tool- und Programmiersprache awk gehört zum Standardumfang von Unix, es gibt sie aber auch als Public Domain für DOS. awk wird hauptsächlich eingesetzt, um Informationen aus Dateien zu extrahieren oder um Dateien systematisch zu verändern. So ermöglichen oft schon kleine awk-Programme die Entwicklung einer Arbeitsroutine, mit der eine große Anzahl von Dateien nach einem festen Schema bearbeitet werden kann.

➠ *Siehe Unix; PD-Software; MS-DOS*

B

B:
»B:« ist die Bezeichnung für das zweite Diskettenlaufwerk in einem PC.

➠ *Siehe PC; A.; Diskettenlaufwerk*

B2B
Abk.: Business to Business

▲ *Übers.: Handel zwischen Unternehmen*

▲ *Ant.: B2C*

B2B (Business to Business) bezeichnet den Handel (Waren, Dienstleistungen) zwischen Unternehmen. Der Kunde (Customer) bleibt außen vor. Im IT-Markt der Teil des elektronischen Handels (E-Commerce), der ausschließlich zwischen Unternehmen stattfindet. So genannte B2B-Handelsplattformen im Internet (oft ASP-basiert) bieten Warenbörsen, Angebote für den Großhandel, virtuelle Auktionen sowie Ausschreibungen.

➠ *Siehe E-Commerce; ASP; B2C*

B2C
Abk.: Business to Consumer

▲ *Übers.: Handel mit Endkunden*

▲ *Ant.: B2B*

Werden im E-Commerce Waren oder Dienstleistungen dem Kunden bzw. Endverbraucher direkt angeboten, so wird von B2C gesprochen.

➠ *Siehe B2B; ASP; E-Commerce*

Babbage, Charles
Charles Babbage war ein englischer Mathematiker (1792 bis 1871). Er war Mitbegründer der Royal Astronomical Association und Professor in Cambridge. Beeinflusst von dem ersten Lochkarten-gesteuerten Webstuhl, den Joseph-Marie Jacquard 1805 konstruiert hatte, begann Babbage 1833 mit seinen Arbeiten zu programmierbaren Rechenmaschinen. Aufgrund fehlender technischer Möglichkeiten war ihm der Erfolg jedoch vergönnt.

➠ *Siehe Jacquard, Joseph-Marie; Punched Card*

Baby-AT-Platine
Eine der ersten PC-Hauptplatinen von Intel. Diese konnten Standard-Hauptplatinen ersetzen. Auf Grund seiner Flexibilität war der Baby-AT-Formfaktor von 1983 bis 1996 der am weitesten verbreitete für Hauptplatinen.

➠ *Siehe LPX*

Back Buffer
Der Back Buffer ist der nicht sichtbare Teil des Bildspeichers (Grafikspeichers) einer Grafikkarte.

➡ *Siehe Grafikspeicher; Double Buffer; Front Buffer; Grafikkarte*

Back Orifice

Back Orifice ist ein von der Hackergruppe »Cult of the Dead Cow Communications« entwickeltes Softwareprogramm, mit dem ohne Wissen des Eigentümers ein PC kontrolliert werden kann. Dieses Trojaner-Programm installiert sich selbstständig und kann durch Word-Dokumente oder E-Mails übertragen werden. Das Programm enthält selbst keine Schadfunktionen, ermöglicht aber einen Angriff durch eine Hintertür, daher auch der Name »Remote Access Tool«. Zumeist ist das auf diese Weise zugänglich gemachte System nicht direkt Ziel einer Attacke, sondern dient vielmehr als Ausgangspunkt für Angriffe, z.B. auf Internet-Server. Spezielle Anti-Trojaner-Software oder gut konfigurierte Firewalls können die Bedrohung durch solche Trojaner stark einschränken.

➡ *Siehe Trojanisches Pferd; Firewall; Hacker*

Backbone

Ein Backbone-Netz (Rückgrat) verbindet mehrere Netzwerke untereinander zu einem großen Netz. Backbones werden sowohl zur Verbindung von LANs als auch von WANs eingesetzt.

➡ *Siehe LAN; Netzwerk; WAN*

Backbone Cabal

Die Backbone Cabal ist der Name einer ehemaligen Gruppe von Netzwerkadministratoren im Internet, die für die Namensvergabe der Hierarchien von Usenet-Newsgroups und die Verfahren beim Anlegen neuer Newsgroups zuständig waren.

➡ *Siehe Internet; Newsgroup; Administrator; Usenet*

BackBone-Ring

➡ *Siehe BBR*

Backdoor

Backdoor ist ein Trojaner-Programm, das eine so genannte Hintertür auf einem System öffnet. Bekanntestes Programm neben Back Orifice ist der Trojaner BackDoor G2, der unbemerkt weitere Programme ins System schleusen kann, die den Transfer von Daten, Dateimanipulationen oder das Ausspionieren von Passwörtern ermöglichen.

➡ *Siehe Back Orifice*

Back-End

1. Back-End ist in der Programmierung der Teil eines Compilers, der für die Umwandlung des Source Code (die für den Menschen verständlichen Befehle) in den Objektcode (den maschinenlesbaren Code) zuständig ist.

2. In einer Client-Server-Anwendung ist Back-End der

Teil eines Programms, der auf dem Server läuft.

→ *Siehe Client-Server-Prinzip; Compiler; Source-Code; Maschinensprache*

Back-End-Prozessor

Ein Slave-Prozessor, der den Hauptprozessor entlastet, indem er Spezialaufgaben übernimmt. Sein Aufgabenbereich wird als »Back-End« (Deutsch: rückwärtige Dienste) bezeichnet, da sie der Hauptfunktion des Computers untergeordnet sind.

→ *Siehe Prozessor*

Backface Culling

Backface Culling ist eine 3D-Grafikfunktion der Geometrie-Engine der 3D-Pipeline einer Grafikkarte. Nicht sichtbare Flächen auf der Rückseite (Backfaces) der 3D-Objekte werden gelöscht. Die Berechnungszeit für die 3D-Szene halbiert sich dadurch nahezu. Für ein konvexes Objekt bestimmt das Backface Culling exakt den sichtbaren Teil. Ist es dagegen nicht konvex, so werden zwar mehr Kanten angezeigt, als wirklich sichtbar sind, die Darstellung ist jedoch schon sehr realistisch.

→ *Siehe Geometrie-Engine; 3D-Funktionen; 3D-Grafikkarte; 3D-Pipeline*

Backface Removal

→ *Siehe Backface Culling*

Backplane

Backplane ist eine Leiterplatte oder ein Basisgerät, das den eingebauten Komponenten eine Stromversorgung und Datensignale zur Verfügung stellt. Sie ermöglicht den Einbau von Erweiterungskarten, Geräten und die Verbindung von Geräten untereinander.

→ *Siehe Platine; Erweiterungskarte*

Backslash

Das Backslash-Sonderzeichen ⦅\⦆ wird recht häufig im anglo-amerikanischen Sprachraum verwendet. Unter MS-DOS, Windows und OS/2 dient der Backslash als Trennzeichen zwischen Verzeichnissen. Unter Unix wird dagegen der einfache Schrägstrich ⦅/⦆ verwendet. Der Backslash wird über die Tastenkombination ⦅Alt Gr⦆+⦅ß⦆ erzeugt.

→ *Siehe MS-DOS; Unix; Windows; Sonderzeichen; Trennzeichen; OS/2*

Backspace

Die ⦅←⦆-Taste (durch einen nach links weisenden Pfeil repräsentiert) rechts oben über der ⦅Enter⦆-Taste dient zum Löschen des zuletzt eingegebenen Zeichens.

→ *Siehe Keyboard*

Backtracking

Backtracking ist eine Methode zur Fehlersuche, beispielsweise in

Programmen. Eine mögliche Lösung wird so lange verfolgt, bis es nicht mehr weiter geht. Sodann wird zur letzten Abzweigung zurückgekehrt und der nächstmögliche Lösungsweg verfolgt.

➞ *Siehe Trial & Error*

Backup

Ein Backup ist eine Sicherheitskopie eines Programms oder allgemein von Daten. Backups werden oft auf speziellen Medien (Streamer, MO-Laufwerke) und nach einer bestimmten Backup-Strategie durchgeführt. Normalerweise werden dazu auch Backup-Programme verwendet, das heißt, entweder die des Betriebssystems oder solche, die eigens für oben genannte Hardware geschrieben wurden.

➞ *Siehe MOD; Streamer; Backup; Backup-Programme; Backup-Strategie*

Backup Domain Controller

➞ *Siehe BDC*

Backup, selektives

Um Datenverluste zu vermeiden, sollten Sie in regelmäßigen Abständen Backups Ihrer Datenbestände durchführen. Bei einem selektiven Backup werden nicht alle vorhandenen Dateien auf Datenträger gesichert, sondern nur die, die ausgewählt wurden.

➞ *Siehe Backup*

Backup-Programme

Mit Backup-Programmen werden Sicherheitskopien (Backups) wichtiger Daten erstellt. Solche Programme zeichnen sich gegenüber dem Standardkopieren durch einige Besonderheiten aus. So kann ein Backup-Programm Daten komprimieren und auf mehrere Datenträger verteilt speichern. Weiterhin werden die meisten Medien (Streamer, MO-Laufwerke) automatisch unterstützt. Professionelle Backup-Programme ermöglichen sogar die zeitlich definierbare, automatische Sicherung bestimmter Dateien und Verzeichnisse. Beim Kauf eines Programms für eines der neuen 32 Bit-Betriebssysteme sollte darauf geachtet werden, dass das Programm ebenfalls mit 32 Bit arbeitet, da ansonsten lange Dateinamen (alle, die über der 8+3-Konvention liegen) auf diese Konvention gekürzt werden.

➞ *Siehe Datenträger; Datenkompression; Backup; Backup-Strategie; 8+3-Konvention*

Backup-Strategie

Generell wird zwischen vollständigem Backup, bei dem alle Daten neu gesichert werden, und dem differentiellen Backup, bei dem lediglich die gegenüber der letzten Sicherheitskopie geänderten Daten gesichert werden, unterschieden. Die Anfertigung von Backups findet meist nach dem Prinzip der Generationsfolge statt, bei dem an einem bestimmten Wochentag jeweils eine neue Kopie angelegt wird und bis zu drei Generationen (Großvater, Vater, Sohn) aufbewahrt werden.

➡ *Siehe Backup; Backup-Programme*

Backus-Naur-Form

➡ *Siehe BNF*

Bad Track Table

➡ *Siehe BTT*

Bajonet Nut Coupling

➡ *Siehe BNC*

Bajonett-Gewinde-Verschluss

➡ *Siehe BNC*

Ballmer, Steve

Steve Balmer, 1956 als Sohn eines Managers bei der Ford Motor Company geboren, übernahm 1980 einen Manager-Posten bei Microsoft, der Firma seines früheren Kommilitonen Bill Gates. 1998 wurde er zum Präsidenten ernannt, 2000 zum CEO. Ballmer ist für seine Energie geladenen Auftritte vor Publikum bekannt.

➡ *Siehe Gates, Bill; Microsoft*

Ballpoint

Ein Ballpoint ähnelt einem Kugelschreiber. Er übernimmt bei diversen Notebooks die Funktionen einer Maus. Die Maustasten befinden sich im Schaft des Stifts.

➡ *Siehe Notebook; Maus*

Band

➡ *Siehe Tape*

Bandbreite

1. Bandbreite ist die Breite eines Frequenzbands in Hertz (Hz). Die Videobandbreite reicht von ungefähr 0 Hz bis zur maximal vom Videosignal darstellbaren Frequenz. Bei einer heute üblichen Bildwiederholrate von 75 Hz bei einer Auflösung von 1024 x 768 Bildpunkten, müssen der RAMDAC der Grafikkarte und die Verstärker im Monitor für eine Videobandbreite von 75 MHz ausgelegt sein, damit das Monitorbild hinreichend scharf wiedergegeben wird.

2. Die so genannte Speicherbandbreite bzw. maximale Datenübertragungsrate in MByte/s steht für die Leistungsfähigkeit von Speicherschnittstellen und Bussystemen. Eine Grafikkarte verfügt z.B. über einen so genannten Bildspeicher (Grafikspeicher). Die Bandbreite dieses Bildspeichers wird zum Teil für die Erzeugung des Video-Signals oder zu einem anderen Teil für Schreibaktionen der CPU benötigt. Bei einer Auflösung von 1024 x 768 Bildpunkten, einer Bildwiederholfrequenz von 75 Hz und einer Farbtiefe von 16 Bit ist eine Bandbreite von 120 MByte/s notwendig, um das Bild auf dem Monitor dar-

zustellen. Die Größe der Bandbreite ist von der Busbreite und der Art der verwendeten Speicherbausteine abhängig. Bei 64 Bit-Busbreite lassen sich so mit EDO-DRAMs bis 400 MByte/s, mit SDRAMs oder MDRAMs sogar 600 MByte/s und mit VRAMs 700 MByte/s erreichen.

➭ *Siehe Grafikspeicher; Bildwiederholfrequenz; Monitor; EDO-DRAM; MDRAM; RAMDAC; SDRAM; VRAM; Grafikkarte; Videobandbreite; Busbreite; Farbtiefe*

Bandlaufwerk

➭ *Siehe Streamer*

Bank

➭ *Siehe Speicherbank*

Bank Switching

Bank Switching ist eine einfache Form der Speicherverwaltung. Früher waren Speicherbänke bereits in 64 KByte großen Schritten aufrüstbar. Bei den heutigen Speichergrößen von mehreren MByte wird der Arbeitsspeicher (Hauptspeicher) in mehrere 64 KByte große Partitionen eingeteilt, die getrennt verwaltet werden. Die physische Adresse der Speicherzellen wird geteilt, wobei der eine Teil die Partition, der andere Teil die Speicherzelle in der Partition adressiert.

➭ *Siehe MB; KByte; Adresse, physische; Hauptspeicher; Speicherverwaltung; Speicherbank*

Bank Switching Memory Interleave

➭ *Siehe Bank Switching*

Banner

Banner sind Werbung im Internet. Meist ein streifenförmiger Bereich, der außer der Werbung auch einen Link enthält.

➭ *Siehe Internet; Werbeblocker*

Banyan Vine

Ein Netzwerkbetriebssystem, welches diverse Plattformen und Kommunikationsverfahren in LAN oder WAN unterstützt.

➭ *Siehe Plattform; LAN; NOS; Netzwerk; WAN*

BAPT

Abk.: Bundesamt für Post und Telekommunikation

Das Bundesamt für Post und Telekommunikation (BAPT) war bis zur Einführung der Regulierungsbehörde für Telekommunikation und Post (RegTP) die deutsche Zulassungsbehörde für Funkanlagen. Dort mussten beispielsweise drahtlose Netze (Wireless LANs) angemeldet werden.

➭ *Siehe Wireless LAN*

Barcode

Mit den Barcodes werden heutzutage im EAN-Format praktisch alle Waren gekennzeichnet. In einer Reihe senkrechter, unterschiedlich dicker Striche sind Zahlen codiert, in denen die Artikelnummer, das Herkunftsland, der Hersteller und eine Prüfsumme oder ISBN-Nummer (Bücher) enthalten sind. Diese Strichcodes sind sehr leicht maschinenlesbar und finden daher eine große Verbreitung.

⇒ *Siehe Barcode-Scanner*

Bild B.1: Ein Barcode, wie er für die meisten Konsumartikel verwendet wird

Barcode-Scanner

Ein Barcode-Scanner (Strichcode-Scanner) wird z.B. an einer Kasse dazu verwendet, einen Strichcode auszulesen. Diese Scanner gibt es als Handscanner oder in festinstallierter Form.

⇒ *Siehe Barcode*

Base Memory

Der konventionelle Speicher (Base Memory) ist der Speicherbereich unter 640 KByte in einem PC. Besonders unter MS-DOS ist die Verwendung des konventionellen und des erweiterten Speichers (UMA) von Bedeutung.

⇒ *Siehe MS-DOS; Hauptspeicher; UMA; Adapter-Segment*

Base resolution

Base resolution wird die Basisauflösung eines Bildes auf einer PhotoCD genannt. Alle anderen Auflösungen im PhotoCD-Format sind ein Vielfaches der Basisauflösung.

⇒ *Siehe Photo-CD*

Basic

Abk.: Beginners All Purpose Symbolic Instruction Code

Basic ist eine leicht zu erlernende Programmiersprache, die auf vielen Plattformen Unterstützung findet. Nachfolger im PC-Bereich ist Visual Basic.

⇒ *Siehe Plattform; VB; Programmiersprache*

Basic Combined Programming Language

⇒ *Siehe BCPL*

Basic Input Output System

⇒ *Siehe BIOS*

Basisanschluss

Basisanschluss ist eine ISDN-Anschlussart.

⇒ *Siehe ISDN-Anschlussarten; ISDN; BRI*

Basisauflösung

⇒ *Siehe Base resolution*

Basisbandübertragung

Unter Basisbandübertragung wird die Übertragung eines (digitalen) Signals auf einem einzigen Kanal verstanden, wodurch die volle Bandbreite genutzt und die maximale Übertragungsgeschwindigkeit erreicht werden.

➠ *Siehe Bandbreite; Digital; Breitbandübertragung*

Batch-Datei

In einer Batch-Datei werden Befehle, Programmaufrufe und Umgebungsvariablen eingetragen, die beim Aufruf der Datei schrittweise abgearbeitet werden. Unter MS-DOS hat eine Batch-Datei die Erweiterung ».bat«.

➠ *Siehe Instruction; Extension; Stapeldatei; MS-DOS; Datei*

Batch-Job

Batch/Job ist die Bezeichnung für das Abarbeiten einer Stapelverarbeitung ohne Mitwirkung des Benutzers.

➠ *Siehe Stapelverarbeitung*

Batterie

In einer Batterie werden mehrerer galvanischer Elemente zusammengschaltet, die chemische Energie in elektrische Energie umwandeln.

➠ *Siehe Akku*

Batteriepufferung

Eine Batteriepuffing ereignet sich, wenn der PC abgeschaltet wird und eine Batterie auf dem Motherboard die Stromversorgung der Systemuhr und die Aufrechterhaltung der im CMOS-RAM gespeicherten Parameter übernimmt.

➠ *Siehe PC; CMOS-RAM; Motherboard*

Baud

Baud ist die nach dem französischen Fernmeldeingenieur Jean Maurice Baudeot (1845 – 1903) benannte Maßeinheit zur Messung der Schrittgeschwindigkeit. Sie gibt die übertragene Datenmenge pro Impuls über eine Leitung pro Zeiteinheit an und wird mit »Bd« abgekürzt. Die Einheit Baud wird für die Angabe der Datentransferrate bei einem Modem verwendet, was jedoch nur für ältere Modems gilt, da diese lediglich einen Kanal zur Übertragung verwenden. Nur dann gilt 1 Bd = 1 Bit/s = 1 bps. Modems neuerer Bauart verwenden zur Übertragung mehrere Kanäle, woraus folgt: Datentransferrate = Anzahl Kanäle x Schrittgeschwindigkeit.

➠ *Siehe Bit/s; Schrittgeschwindigkeit*

Baud-Rate

Baud-Rate ist die Schrittgeschwindigkeit, die in Baud gemessen wird.

➠ *Siehe Baud; Schrittgeschwindigkeit*

Baum, binärer

Ein binärer Baum ist eine spezielle Baumstruktur, bei der jeder Knoten höchstens zwei Unterbäume – einen linken und einen rechten – besitzt. Diese Struktur wird häufig zur Sortierung von Daten eingesetzt, da jeder Knoten in einem binären Suchbaum einen Schlüssel enthält, dessen Wert zwischen dem Wert der beiden dem Unterbaum hinzugefügten Knoten liegt.

Baumstruktur

▪▶ *Siehe Baum-Topologie*

Baum-Topologie

Die Baum-Topologie ist eine besondere Form der Netzwerktopologie. Dabei sind mehrere Sterntopologien in Baumstruktur an einer gemeinsamen Netzleitung angeschlossen. Sie ist die Weiterentwicklung der Bus-Topologie.

▪▶ *Siehe Sterntopologie; Netzwerk; Netzwerktopologie; Bus-Topologie; Directory Tree*

Bayonet Nut Coupling

▪▶ *Siehe BNC*

BBR

Abk.: Backbone-Ring

BBR ist die Bezeichnung der Mailboxstruktur im FidoNet, die der Verteilung von Mails innerhalb der BBS dient.

▪▶ *Siehe Mail; BBS; FidoNet*

BBS

Abk.: Bulletin Board System

Das BBS wird auch Mailbox genannt. Es ist in der Regel ein Rechner, der über ein Modem erreichbar ist. Je nach Ausrichtung der Mailbox werden private oder kommerzielle Inhalte angeboten. Der englische Begriff »bulletin board« (schwarzes Brett) weist dabei schon auf eine wichtige Funktion eines BBS hin. Mitglieder tauschen Nachrichten (Mails) und Dateien aus, chatten (Chat) oder bieten diverse Dinge zum Verkauf an. Auf kommerziellen BBS von Software- und Hardwareherstellern finden sich oft Treiber-Patches und Updates. Darüber hinaus können meist Fragen an das technische Personal oder direkt an den Sysop gestellt werden. Ein BBS verlangt normalerweise Namen, Adresse und oft weitergehende Angaben zur Person bevor alle Angebote uneingeschränkt zur Verfügung stehen. Dabei muss es aber nicht unbedingt kostenpflichtig sein. In der Regel kann ein User ein bisschen in die Mailbox hineinschnuppern, wenn er als Name und Kennwort »guest« oder »Gast« eingibt. Manche Mailboxen beschränken zudem die tägliche Nutzungsdauer für die einzelnen Mitglieder.

▪▶ *Siehe Patch; Mail; Sysop; Chatten; Update; BBS*

BCC

Abk.: Blind Carbon Copy

BBC ist die Kopie einer E-Mail, von der der eigentliche Empfänger nicht sieht, an wen sie gesendet wurde.

→ *Siehe E-Mail; CC*

BCD

Abk.: Binary Code Decimals

Der BCD kodiert Dezimalziffern (0-9) in einem 4 Bit-Code, den man Nibble oder Tetrade nennt. Beispiel: 0000 = 0, 0001 = 1, 0010 = 2, 0011 = 3, 0100 = 4, usw.

→ *Siehe Half-Byte; Dezimalsystem; Bit*

BCD	Dezimal
0000	0
0001	1
0010	2
0011	3
0100	4
0101	5
0110	6
0111	7
1000	8
1001	9

Tabelle B.1: Umrechnungstabelle für BCD-Werte

BCPL

Abk.: Basic Combined Programming Language

Programmiersprache, die Anfang der 1960er Jahre an der Universität Cambridge entwickelt wurde. Sie ist der Vorläufer von C.

→ *Siehe C; Programmiersprache*

Bd

Abk.: Baud

Baud ist die Maßeinheit für die Schrittgeschwindigkeit pro Zeiteinheit.

→ *Siehe Baud*

BDC

Abk.: Backup Domain Controller

▲ *Übers.: Sicherungsdomänencontroller*

Der BDC ist unter Windows NT Server ein Computer, der eine Kopie der Verzeichnisdatenbank der Domäne verwaltet. In dieser Verzeichnisdatenbank sind alle Informationen über Konten und Sicherheitsrichtlinien in einer Domäne enthalten. Die Kopie wird automatisch mit der Hauptkopie auf dem PDC (Primary Domain Controller = Primärer Domänencontroller) synchronisiert.

→ *Siehe PDC; Domain Controller; Windows NT; Windows 2000*

BD-R

Die beschreibbare Version der Blu-ray-Disc (BD), ein Nachfolgeformat der DVD. Die BD-R fasst bis zu 25 Gbyte, die fünffache Datenmenge einer DVD-R.

➠ *Siehe: Blu-ray-Disc, DVD*

BD-RE

Die wieder beschreibbare Version der Blu-ray-Disc (BD), ein Nachfolgeformat der DVD. Die BD-RE fasst bis zu 27 Gbyte, die fünffache Datenmenge einer DVD-RW.

➠ *Siehe: Blu-ray-Disc, DVD*

BD-ROM

Die nicht wieder beschreibbare Version der Blu-ray-Disc (BD), ein Nachfolgeformat der DVD. Die BD-ROM fasst bis zu 23,3 Gbyte, die fünffache Datenmenge einer DVD-ROM.

➠ *Siehe: Blu-ray-Disc, DVD*

Beamer

Ein Beamer ist ein Projektor, der anstelle des Monitors an den Ausgang der Grafikkarte angeschlossen wird und das Bild z.B. auf eine Leinwand wirft. Ideal für Multimedia-Präsentationen.

➠ *Siehe Monitor; Grafikkarte; Multimedia; PowerPoint*

BeBox

BeBox wird ein Hochleistungs-Mehrprozessor-Computer (RISC-basierte PowerPC-Prozessoren) der Firma Be genannt.

➠ *Siehe Multiprocessing; RISC-Prozessor; PowerPC-Chip*

Because it's time network

➠ *Siehe Bitnet*

Bedieneroberfläche

➠ *Siehe Benutzeroberfläche*

Bedienungsfehler

Bedienungsfehler werden die durch falsche Benutzung des Anwenders, auftretenden Fehler in Hardware oder Software genannt.

➠ *Siehe Software; Hardware*

Bedingung

Eine Bedingung bezeichnet einen logischen Ausdruck, der als Anweisung in einem Programm vorkommt. Ein Beispiel wäre die IF-THEN-(Wenn-Dann-Beziehung): IF a > b THEN...springe zu nächster Schleife usw.

➠ *Siehe Schleife; Programm*

BEDO-DRAM

Abk.: Burst Extended Data Output DRAM

BEDO-DRAM ist eine Form eines Speicherbausteins, die während des Auslesens und Versendens eines Speicherblocks an den Computer den nächsten auszulesenden Bereich bereits verarbeiten kann. Der Betrieb ist sowohl mit 66 MHz als auch mit 100 MHz möglich.

➠ *Siehe DRAM; EDO-DRAM; RAM; Speicherbank*

Beenden
➠ *Siehe Quit*

Beep Code
Der Beep Code ist eine akustische Fehlermeldung des BIOS im Rahmen eines Power-On-Self-Tests (Selbsttest nach dem Einschalten). Da bei vielen Hardwarefehlern bzw. -konflikten (fatal error, fataler Fehler) oft auch die Bildschirmdarstellung ausfällt, gibt der Computer über den PC-Lautsprecher einen akustischen Fehlercode aus.

➠ *Siehe Fatal Error; P.O.S.T.; BIOS*

Befehl
➠ *Siehe Instruction*

Befehl, externer
Ein externer Befehl ist ein zu einem Betriebssystem gehörendes Programm, das genau genommen ein selbstständiges Programm darstellt, aber als externer Befehl bezeichnet wird, um die Zugehörigkeit zum Betriebssystem hervorzuheben. Dieses Programm wird nur dann in den Speicher geladen und ausgeführt, wenn der entsprechende Name an der Systemaufforderung eingegeben wird.

➠ *Siehe Instruction; Betriebssystem*

Befehlsaufbau
Der Befehlsaufbau beschreibt die innere Struktur eines Programms oder einer Befehlskette in einer Programmiersprache oder in einem Betriebssystem.

➠ *Siehe Programmiersprache; Betriebssystem*

Befehlscode
Der Teil eines Maschinensprache- oder eines Assembler-Befehls, der den Befehlstyp und die Struktur der Daten festlegt, wird Befehlscode genannt.

➠ *Siehe Instruction; Assembler*

Befehlsfeld
Ein Befehlsfeld ist Bestandteil einer grafischen Benutzeroberfläche. Beim Anklicken löst es eine bestimmte Aktion aus. Befehlsfelder sind oft eine Art Schalter oder Knopf, ein Bedienelement einer Applikation oder eines Betriebssystems.

➠ *Siehe Anklicken; Applikation; GUI*

Befehlsfenster
In einem Befehlsfenster geben Sie Befehle an ein Programm entweder manuell oder durch Auswahl mit der Maus ein.

➠ *Siehe Instruction; Programm; Maus*

Befehls-Interpreter
Ein Befehls-Interpreter ist wichtiger Bestandteil eines Betriebssystems. Er interpretiert einer vorgegebenen Syntax folgend die Befehlseingaben des Anwenders (z.B. an der Eingabeaufforderung

von MS-DOS). Ein Beispiel wäre das Programm command.com, der Befehls-Interpreter von MS-DOS. Dieses Programm wird beim Booten automatisch in den Hauptspeicher geladen und verbleibt dort resident (siehe TSR-Programm). Es wird auch als Kommandoprozessor, Befehlsprozessor oder Shell bezeichnet.

➠ *Siehe Hauptspeicher; Resident; TSR-Programm; Shell; Betriebssystem*

Befehlsmix

Befehlsmix wird der Mix der in einem Programm vorkommenden Befehle, z.B. Zuweisungen, Steueranweisungen, Indexanweisungen, mathematische (Gleitkomma- oder Integer-) Anweisungen usw., genannt. Die Kenntnis des Befehlsmix kann unter anderem Entwicklern Hinweise auf Verbesserungsmöglichkeiten des Codes durch Befehlsverkürzung geben.

➠ *Siehe FLOPS; Integer; Code*

Befehlsmodus

Befehlsmodus ist der Betriebsstatus, in dem ein Programm oder Gerät auf die Eingabe eines Befehls wartet.

Befehlsorientierte Benutzeroberfläche

➠ *Siehe Benutzeroberfläche, befehlsorientierte*

Befehlsprozessor

➠ *Siehe Befehls-Interpreter*

Befehlspuffer

Der Befehlspuffer ist ein Speicherbereich, in dem die von den Benutzern eingegebenen Befehle zwischengespeichert werden und mit dessen Hilfe bereits gesendete Befehle erneut abgeschickt werden können, ohne sie ein weiteres Mal eingeben zu müssen. Außerdem können bereits gesendete Befehle editiert werden, um Parameter zu ändern oder Eingabefehler zu korrigieren. Des Weiteren kann eine Liste der zuletzt eingegebenen Befehle angefordert werden und es können Befehle zurückgenommen werden (Undo-Funktion).

Befehlssatz

➠ *Siehe Instruction Set*

Befehlszeilenorientiert

Eigenschaft eines Systems, das Befehle in Form von Codewörtern oder Buchstaben erwartet.

Beginners All Purpose Symbolic Instruction Code

➠ *Siehe Basic*

Begrenzer

Ein Begrenzer ist ein automatischer Lautstärkeregler, der abhängig von der Höhe des Eingangssignals den Verstärkungsfaktor selbstständig so einstellt, dass am Ausgang ein bestimmter Pegel nicht überschritten wird. Somit verhindert ein Begrenzer das Übersteuern von nachfolgenden Geräten.

Beleuchtung, anisotropische

Die anisotropische Beleuchtung ist eine 3D-Grafikfunktion zur Darstellung von komplexen Objekten, die aus vielen Einzelobjekten bestehen, z.B. Haare, Gras oder Sand. Diese Objekte reflektieren Licht anders als flache Objekte. Eine in der Praxis angewandte mathematische Beschreibung lautet Bidirectional Reflectance Distribution Functions (BRDFs). Bei Verschiebung der Lichtquelle ändern sich die die reflektierten Zonen bei anisotropischer Beleuchtung realistisch.

➠ *Siehe 3D-Grafik; 3D-Funktionen*

Beleuchtungsstärke

Beleuchtungsstärke ist das Maß für die auf eine Oberfläche einfallende oder eine ausgehende Lichtenergie. Sie wird z.B. in der Einheit Watt pro Quadratmeter angegeben.

Belichter

Ein Belichter dient der Erstellung von Print-Medien, wie z.B. Zeitschriften, Katalogen, Büchern usw. Dabei werden der Text und eventuelle Grafiken oder Bilder direkt auf einem Film für die Ausgabe auf der Druckmaschine belichtet. Die Auflösung von Belichtern liegt entsprechend hoch. Für Text wird eine Auflösung von 1270 dpi und für Bilder 2540 dpi erreicht. Zum Vergleich: Ein guter (Farb-) Tintenstrahldrucker erreicht 1440 dpi, ein gängiger Laserdrucker 600 dpi.

➠ *Siehe dpi; Ink-Jet Printer; Laserprinter*

Bell Laboratories

Die Bell Laboratories sind ein Forschungsinstitut des amerikanischen Konzerns AT&T. Einige wichtige Entwicklungen im Computerbereich sind aus den Bell Laboratories hervorgegangen, so z.B. der erste Transistor, Unix oder die heute am häufigsten verwendete Programmiersprache C.

➠ *Siehe Transistor; AT&T; Unix; C*

Bemaßung

Die Bemaßung ist eine Hilfsfunktion in vielen Vektorgrafik- oder CAD-Programmen. Sie gibt über Pfeile und einen Zahlenwert die Maße einer Vektorgrafik oder einer CAD-Konstruktion aus.

➠ *Siehe Vektorgrafik; CAD*

Benchmark

Mit einem Benchmark-Programm werden Hardwarekomponenten meist auf Geschwindigkeit getestet, wie z.B. die CPU, das Motherboard, die Festplatte

Benutzermodus

(Schreib-Lese-Geschwindigkeit), die Grafikkarte (Frames/s) usw. Verschiedene Benchmark-Programme liefern oft unterschiedliche Ergebnisse, so dass ein direkter Vergleich zwischen den erreichten Werten kaum aussagekräftig ist. Computerzeitschriften verwenden zum Vergleich der getesteten Hardware entweder genormte Benchmark-Tests (z.B. SPECint95 und SPECfp95 für Integer-/Floating Point-Leistung einer CPU oder BAPco32 für 32 Bit-Applikationsgeschwindigkeit) oder selbstentwickelte Programme.

⇒ *Siehe BAPCo32; CPU; Harddisk; Frame; Grafikkarte; Integer; Floating Point Representation*

Benutzerdefinierter Datentyp

⇒ *Siehe Datentyp, benutzerdefinierter*

Benutzerfreundlichkeit

⇒ *Siehe Usability*

Benutzergruppe

Eine Benutzergruppe ist eine Gruppe von Benutzern, die sich aufgrund derselben Interessen an Hard- und Software zusammengeschlossen haben. Häufig in Form eines Online-Forums. Nicht zu verwechseln mit Workgroup.

Benutzergruppe, geschlossene

Eine Benutzergruppe in einem Netzwerk wird als geschlossen bezeichnet, wenn Nachrichten und Dateien nur innerhalb der Gruppe ausgetauscht werden können und andere Nutzer keinen Zugriff darauf haben.

⇒ *Siehe Netzwerk; Workgroup*

Benutzerinterface

⇒ *Siehe Benutzeroberfläche*

Benutzerkennung

Die Benutzerkennung identifiziert einen Teilnehmer an einem Netzwerk oder einem Online-Dienst eindeutig. Die Kennung wird meist vom Systemadministrator bzw. Sysop zusammen mit einem Passwort vergeben. Jedes Mal wenn der Benutzer das Netzwerk oder den Online-Dienst nutzen will, muss er Kennung und Passwort angeben. Die Kennung muss oder wird sehr wahrscheinlich nicht mit dem wirklichen Namen des Benutzers übereinstimmen. Sie wird auch als User-ID, selten als Benutzername bezeichnet.

⇒ *Siehe Online-Dienst; Sysop; Netzwerk; Account; Passwort*

Benutzerkonto

⇒ *Siehe Account*

Benutzermodus

⇒ *Siehe User Mode*

Benutzername
➠ Siehe Benutzerkennung

Benutzeroberfläche
Die Benutzeroberfläche soll dem Anwender den Umgang mit dem Computer erleichtern. Bereits Befehls-Interpreter wie die »command.com« von MS-DOS oder die »cmd.exe« von OS/2 bieten dem Anwender die Möglichkeit mit einer – damals noch textorientierten Oberfläche – zu arbeiten. Heutzutage werden hauptsächlich grafische (objektorientierte) Benutzeroberflächen wie z.B. Windows, die Workplace Shell von OS/2 oder MacOS verwendet.

➠ Siehe CLI; command.com; Befehls-Interpreter; Icon; Anklicken; Apple; UI; Xerox; MacOS; Menütechnik; Betriebssystem; OS/2; GUI

Benutzeroberfläche, befehlsorientierte
Im Unterschied zu einer grafischen Benutzeroberfläche können bei einer befehlsorientierten Benutzeroberfläche die Befehle ausschließlich über eine Kommandozeile eingegeben werden. Sie sind meist kryptisch und dadurch schwer lesbar. Beispiele für eine befehlsorientierte Benutzerschnittstelle sind Unix und MS-DOS.

➠ Siehe MS-DOS; Unix; Benutzeroberfläche

Benutzeroberfläche, grafische
➠ Siehe GUI

Benutzeroberfläche, textorientierte
➠ Siehe CLI

Benutzerschnittstelle
➠ Siehe Benutzeroberfläche

Beowulf
Mit Beowulf bezeichnet man eine alternative Bauweise für Supercomputer. Dahinter steckt die Idee, dass sich durch den Zusammenschluss vieler handelsüblicher PCs Computer aufbauen lassen, die im Gigaflop-Bereich operieren. Der original Beowulf-Cluster wurde 1994 im »Center of Excellence in Space Data and Information Sciences« (CESDIS) in Maryland (USA) entwickelt. Er war mit 16 Prozessoren bestückt, die Entwicklung reichte bis zum Cluster Avalon, der mit 140 Alpha-Prozessoren ausgestattet war.

➠ Siehe Alpha-Chip; GFlops; Superrechner

Bereich
Speicherbereiche des Arbeitsspeichers, die sich hinsichtlich ihrer Verwendungsmöglichkeiten voneinander unterscheiden (z.B. oberer und unterer Speicherbereich). Siehe auch EMS, XMS, HMA, UMB. Auch auf Datenträgern

gibt es unterschiedliche Bereiche, z.B. die FAT.

→ *Siehe EMS; Hauptspeicher; UMB; XMS; FAT*

Bereichskennzahl

→ *Siehe BKZ*

Bericht

Bei vielen Tabellenkalkulationsprogrammen (z.B. Access) ist es möglich, sich einen Bericht des bestehenden Datenbestands bzw. von Teilen des Datenbestands zusammenstellen und ausgeben (drucken) zu lassen. Mit Hilfe so genannter Filter kann der Anwender per Abfrage angeben, welche der in Tabellen organisierten Daten ermittelt werden sollen. Weiterhin besteht die Möglichkeit den Bericht zu gestalten bzw. weiter zu überarbeiten.

→ *Siehe Tabellenkalkulation; Access; Filter*

Bernes-Lee, Tim

Tim Bernes-Lee ist Forscher am Genfer CERN-Zentrum. Bernes-Lee gilt als Vater des World Wide Web (WWW). Er schlug vor Dokumente im Internet über so genannte Hyperlinks miteinander zu verbinden. 1989 realisierte er diesen Vorschlag mit seinem selbstentwickelten Programm Enquire.

→ *Siehe Internet; URL; WWW; Hypertext; HTML; Hyperlink; CERN*

Bernoulli-Box

Bernoulli-Box ist die Bezeichnung für ein heute kaum mehr gebräuchliches Massenspeichergerät der Firma Iomega. Als Datenträger dient eine gekapselte Wechselplatte in der ein flexibles Medium (Magnetfolie) auf einer Platte angebracht ist. Das Medium rotiert mit ca. 3000 U/s (Umdrehungen pro Sekunde) und schwebt aufgrund des entstehenden Luftpolsters in einer relativ stabilen Lage. (Bernoulli-Effekt, benannt nach J.B.Bernoulli, 1738) Der Schreib-Lese-Kopf fliegt in einem Abstand von ca. 0,001 mm über die Folie. Die Zugriffszeit liegt bei ca. 10 ms, die Datenkapazität bei ungefähr 200 MByte.

→ *Siehe Datenträger; Bernoulli-Prozess; Schreib-Lese-Kopf; MB; Wechselplatte; Massenspeicher; Bernoulli-Sampling-Prozess*

Bernoulli-Prozess

Der Bernoulli-Prozess ist ein mathematisches Verfahren, das in der statistischen Analyse eingesetzt wird und auf dem Bernoulli-Versuch basiert – eine Wiederholung eines Experiments, bei dem es nur zwei mögliche Ergebnisse gibt, z.B. »Erfolg« und »Misserfolg«.

→ *Siehe Bernoulli-Box; Bernoulli-Sampling-Prozess*

Bernoulli-Sampling-Prozess

Der Bernoulli-Sampling-Prozess ist in der Statistik eine Folge von »n« unabhängigen und identischen Versuchen eines Zufallsexperiments, bei dem jeder Versuch eines von zwei möglichen Ergebnissen hat.

Beschleuniger-Chip

➞ *Siehe Accelerator-Chip*

Beschleuniger-Karte

➞ *Siehe Accelerator-Karte*

Betatest

Die Phase in der Programmentwicklung bei der das fast fertige Programm in der so genannten Betaversion von Betatestern getestet wird, wird Betatest genannt.

➞ *Siehe Betatester; Betaversion; Bug; Alphaversion; Programm*

Betatester

Ein Betatester ist eine Person, die ein Programm, welches sich in der Betaversion befindet, auf Bugs (Fehler) testet.

➞ *Siehe Betaversion; Bug; Alphaversion; Programm; Betatest*

Betaversion

Betaversion ist die Bezeichnung für ein lauffähiges, aber noch nicht vollständiges oder noch mit Bugs (Fehlern) behaftetes Programm, welches noch nicht im Handel erhältlich ist. Es wird von so genannten Betatestern auf Fehler untersucht.

➞ *Siehe Betatester; Bug; Alphaversion; Programm; Betatest*

Betriebsmittel

Mit Betriebsmitteln werden im Allgemeinen diejenigen Hardware- und Softwarekomponenten bezeichnet, die während des Betriebs vom Computer verwendet werden. Je nach Aufgabe und Umfang des gerade durchgeführten Prozesses werden unterschiedliche Betriebsmittel beansprucht. Dabei werden zwischen solchen Betriebsmitteln unterschieden, die ständig wieder verwendbar sind (CPU, Hauptspeicher, Programme) und solchen die sich verbrauchen (Signale und Nachrichten). Betriebsmittel werden vom System an einzelne Prozesse verteilt. Das System überwacht die vorhandenen Betriebsmittel und die gerade ablaufenden Prozesse (Programme, Berechnungen usw.) und vergibt diese je nach Priorität des einzelnen Prozesses. Je nach Betriebssystem gibt es unterschiedliche Methoden der Betriebsmittelvergabe.

➞ *Siehe Betriebsmittelvergabe; CPU; Priorität; Hauptspeicher; Resources; Programm; Prozess*

Betriebsmittelvergabe

Grundsätzlich gibt es zwei gebräuchliche Methoden der Betriebsmittelvergabe: kooperatives Multitasking und preemptives Multitasking. Welche Methode eingesetzt wird, hängt vom jeweiligen Betriebssystem ab. Heutige 32 Bit-Betriebssysteme benutzen ausnahmslos preemptives Multitasking.

▥ *Siehe Betriebsmittel; Multitasking, preemptives; Multitasking, kooperatives; Multitasking; Thread; Multithreading*

Betriebssystem

Abk.: OS, BS

▲ *Übers.: Operating System*

Das Betriebssystem ist die Software, die die Basis für das Arbeiten mit dem Computer bildet. Das Betriebssystem definiert und verwaltet alle Geräte, Laufwerke, Partitionen, Befehls- und Verzeichnisstrukturen und Programme. Es steuert die Betriebsmittelvergabe (Ressourcenverwaltung), die Prozessverwaltung, interne Geräte, Peripheriegeräte und ist für die Kommunikation (Ein-/Ausgabesteuerung) mit diesen verantwortlich. Zudem stellt es ein Dateisystem und eine (grafische) Benutzeroberfläche zur Verfügung. Gleichzeitig sollte es über ein Sicherheitssystem und eine Auftrags- und Sitzungsverwaltung einschließlich deren Protokollierung verfügen. Je nach Leistungsmerkmalen wird zwischen Single-, Multiuser- und Multitask-Betriebssystemen unterschieden.

▥ *Siehe Betriebsmittelvergabe; Dateisystem; Software; Sicherheitssystem; Auftrags-/Sitzungsverwaltung; Partition; Betriebssystem; Multiuser-System; GUI; Benutzeroberfläche; Prozessverwaltung*

Bézier-Kurve

Die Bézier-Kurve ist eine 1960 von dem französischen Mathematiker P. Bézier entwickelte mathematische Kurve, die durch Stützpunkte und Tangenten geformt wird. Durch Unterteilung lassen sich alle Kurven als Bézier-Kurven darstellen. Moderne Spiele und CAD-Anwendungen verwenden NURBS (Non-Uniform Rational B-Splines), mit denen sich im Gegensatz zu anderen Kurventypen exakte Kreise konstruieren lassen. Die Kontrollpunkte, mit denen NURBS-Kurven und -Flächen gesteuert werden, besitzen einen Gewichtsfaktor. Er regelt, welchen Einfluss der Kontrollpunkt auf die Form hat.

▥ *Siehe CAD; 3D-Grafik; 3D-Grafikkarte*

Bezüge

In Tabellenkalkulationsprogrammen (z.B. Excel) wird zwischen absoluten und relativen Bezügen zwischen den Zellen unterschieden. Bei einem absoluten Bezug wird die Zelle über eine feste Zelladresse verwaltet. Kopieren oder verschieben Sie in diesem Fall den Inhalt einer Zelle (z.b. eine Formel, die auf andere Zellen verweist), so bleibt der Bezug (z.b. auf die Zelle »A1«) erhalten. Bei einer Zelle mit relativem Bezug dagegen wird nur die relative Position der Zellen untereinander verwaltet. Kopieren Sie z.b. den Inhalt der Zelle »A2«, der auf »A1« verweist, nach »B2«, so wird der relative Bezug »A2-A1« in »B2-B1« umgewandelt.

➠ *Siehe Excel; Tabellenkalkulation*

BFS

BFS ist das Dateisystem des Betriebssystems BeOS.

➠ *Siehe Dateisystem; Betriebssystem*

BGP

Abk.: Border Gateway Protocol

BGP ist ein Protokoll, das im NSFNET verwendet wird und auf dem External Gateway Protocol (EGP) basiert.

➠ *Siehe NSFNET; EGP; Protokoll*

Bibliothek

➠ *Siehe Library*

Bibliothek, dynamische

Abk.: DLL

▲ *Übers.: Dynamic Link Library*

Eine dynamische Bibliothek erlaubt, dass ausführbare Routinen als separate Datei (mit der Erweiterung DLL) gespeichert und bei Bedarf von einem Programm entsprechend geladen werden können. Sie bietet mehrere Vorteile: Eine DLL stellt eine separate Datei dar und ermöglicht es daher dem Programmierer, Korrekturen oder Verbesserungen nur an dem betreffenden Modul vorzunehmen, ohne die Operationen des aufrufenden Programms oder einer anderen DLL zu beeinflussen. Sie muss nur bei Bedarf geladen werden, und verbraucht bis zu diesem Zeitpunkt keinen Speicher. Ein Programmierer kann dieselbe DLL für weitere Programme einsetzen. Sie ist ein Merkmal der Betriebssystemfamilie Microsoft Windows und des Betriebssystems OS/2.

➠ *Siehe DLL; Routine*

Bibliotheksdatei

Eine Bibliotheksdatei enthält standardisierte Routinen, Funktionen und Prozeduren, auf die verschiedene Programme zurückgreifen können.

➠ *Siehe DLL; Funktion; Routine; Prozedur*

Bidirektional

Ein Kanal oder eine Leitung wird bidirektional genannt, wenn die Übertragung von Daten in beide Richtungen möglich ist.

➡ *Siehe Duplex-Betrieb*

Bidirektionaler Druck

➡ *Siehe Druck, bidirektionaler*

Bi-endian

Ein Prozessor oder ein Chip, der wahlweise im Modus »big endian« bzw. »little endian« arbeiten kann, wird »bi-endian« genannt. Ein Beispiel für einen solchen Prozessor ist der PowerPC von Apple, der für WindowsNT im Modus »little endian« und für MacOS im Modus »big endian« arbeitet.

➡ *Siehe Chip; PowerPC-Chip; Windows NT; MacOS; Big endian; Little endian*

Big Blue

The Big Blue ist eine umgangssprachliche Bezeichnung für die Firma IBM. Der Name ist auf eine firmeninterne Vorliebe für die Farbe Blau zurückzuführen (z.B. im Firmenlogo).

➡ *Siehe IBM*

Big endian

Bezeichnet eine Speichermethode, bei der das höchstwertige Byte einer Zahl an die erste Stelle gesetzt wird. Der Wert »C13D« wird z.B. in der Reihenfolge »C1 3D« im Speicher abgelegt. Diese Speichermethode wird von Prozessoren der Firma Motorola eingesetzt. Intel-Prozessoren hingegen verwenden die Methode »little endian«, bei der der Beispielwert in der Form »3D C1«, das heißt, mit dem höchstwertigen Byte zuletzt gespeichert wird. Der Begriff stammt aus dem Roman »Gullivers Reisen« von Jonathan Swift. »Big endians« ist die Bezeichnung für das Aufschlagen von Eiern am dicken (= breiten) Ende, um sie zu verzehren. Dies war den Rebellen vorbehalten, während der Liliputanerkönig die Eier immer am »little endian«, dem dünnen (=schmalen) Ende aufschlug.

➡ *Siehe Bi-endian; Little endian; Intel; Motorola*

Big Red Switch

➡ *Siehe BRS*

BIGFON

Abk.: Breitbandiges Integriertes Glasfaser-Fernmelde-Ortsnetz

Aufgrund des stark wachsenden Telekommunikationsmarkts experimentiert die Deutsche Telekom bereits seit geraumer Zeit mit dem Einsatz von Glasfaserkabeln (BIGFON) als Ersatz für die heute noch üblichen Kupferkabel. Die Telekom verspricht sich durch diese Technologie eine weitaus höhere Übertragungsgeschwindigkeit und niedrigere Störanfälligkeit.

⮕ *Siehe Glasfaserkabel*

BI-Index

Abk.: Breitbardt-Index

In den Newsgroups des Usenet regelt der von Seth Breitbardt erfundene so genannte Breitbardt-Index ab, wann eine Serien-E-Mail als Spam-Mail (Werbe-E-Mail) zu gelten hat. Dazu werden alle Beiträge – egal ob als Crossposting oder als EMP versandt – addiert und die Quadratwurzel gezogen. Ab welchem BI-Index eine Serien-E-Mail nun als Werbe-E-Mail gilt, hängt von der regionalen Reichweite der jeweiligen Newsgroup ab. Je größer der Regionalbezug, desto kleiner muss der BI-Index ausfallen, damit aus E-Mail Spam-Mail wird.

⮕ *Siehe EMP; Newsgroup; Crossposting; Usenet; Spam-Mail*

Bildbearbeitung

Mit Bildbearbeitung ist die Manipulation und Veränderung von Grafiken und Bilddateien verschiedenster Formate mithilfe eines Bildbearbeitungsprogramms wie Adobe Photoshop, Soap, Paint Shop Pro oder Corel Photopaint gemeint. Je nach Leistungsumfang erlauben derartige Programme Farbanpassung, Tonwert- und Helligkeitskorrekturen, Bildmontagen, verschiedenste Effekte und stellen oft sogar komplexe Algorithmen in Form von so genannte Filtern zur Verfügung, die Bilder (z.B eingescannte Fotos) automatisch aufbereiten und verändern.

⮕ *Siehe Scanner; Algorithmus; Bildbearbeitungsprogramm*

Bildbearbeitungsprogramm

Ein Bildbearbeitungsprogramm ist ein Programm, das die Bearbeitung, Manipulation und Veränderung von (eingescannten) Bildern ermöglicht. Beispiele sind Adobe Photoshop, Corel Photopaint sowie Paint Shop Pro.

⮕ *Siehe Bildbearbeitung; Scanner*

Bilder pro Sekunde

⮕ *Siehe FPS*

Bildkompression

Bestimmte Grafikformate wie z.B. Tiff und JPEG, aber auch MPEG und MJPEG (beide für Filmsequenzen) benutzen spezielle Algorithmen, um die Dateigröße zu minimieren. Die Komprimierung von Grafiken und Videosequenzen mit Hilfe eines dieser Formate bzw. spezieller Software oder Erweiterungskarten wird Bildkompression genannt.

⮕ *Siehe JPEG; Harddisk-Recording; TIFF; MPEG; MJPEG; Algorithmus; Kompression*

Bildkompression, fraktale

Bei der fraktalen Bildkomprimierung wird über mathematische Verfahren aus der Fraktalgeometrie versucht Ähnlichkeiten in Bitmap-Bildern zu finden und diese als Bausteine für das Bild zu verwenden. Damit kann der Speicherplatz für eine Bitmap stark vermindert werden. Die Kompression ist zum einen verlustbehaftet und zum anderen benötigt sie sehr viel Zeit. Die Dekomprimierung ist dagegen relativ schnell. Im Vergleich zu JPEG ist die Qualität der fraktal komprimierten Bilder bei gleicher Kompressionsrate höher.

➨ *Siehe JPEG; Datenkompression; Fraktal; Komprimierungsprogramm; Bitmap; Kompression*

Bildlaufleiste

Sofern der Inhalt eines Fensters einer grafischen Benutzeroberfläche nicht vollständig angezeigt wird, kann mit Hilfe der Bildlaufleisten am unteren und am rechten Rand des Fensters der Inhalt verschoben und der vorher nicht sichtbare Teil sichtbar gemacht werden.

➨ *Siehe GUI*

Bildplatte

Die Bildplatte ist der Vorläufer der heutigen CD-ROM. Analoge und digitale Signale werden in Form winziger Löcher spiralförmig auf die 30 cm große Platte gebracht und mit Hilfe eines Laserstrahls ausgelesen. Bildplatten werden hauptsächlich für die Speicherung von Video- und Audiodaten eingesetzt.

➨ *Siehe Analog; Digital; CD-ROM*

Bildröhre

Die Bildröhre ist eine Elektronenstrahlröhre, die Elektronen in Richtung Bildschirminnenseite aussendet. Die Elektronen werden durch zwei Ablenkspulen elektromagnetisch abgelenkt und erzeugen so ein Bild auf dem Bildschirm.

➨ *Siehe Elektronenstrahlröhre; Bildschirm*

Bildschirm

Der Bildschirm oder Monitor ist das Bildausgabegerät des Computers. Die nötigen Signale zur Bilddarstellung kommen dabei von der Grafikkarte (Videokarte) des Computers. Es gibt herkömmliche Monitore, die mit einer Elektronenstrahlröhre arbeiten, Flüssigkristall-Displays (LCD) und Plasma-Bildschirme. Wichtige Qualitätsmerkmale sind Röhrengröße und die Feinheit und Art der verwendeten Maske (auch als dot-pitch-Abstand bezeichnet). Bei der Größe wird zwischen 14-23 Zoll Bildschirmdiagonale (35,5 cm bis 58,4 cm) und bei der Art der Maske zwischen

Lochmaske, Streifenmaske (Trinitron, Diamondtron) und Schlitzmaske (CromaClear von NEC, elliptische Schlitze) unterschieden. Der pitch-Abstand variiert je nach Hersteller und Bauform zwischen 0,31 und 0,25 dotpitch. Weitere wichtige Kriterien sind Horizontalfrequenz und Videobandbreite, die über die maximale Bildwiederholfrequenz bestimmen sowie über die Schärfe der Darstellung auf dem Bildschirm entscheiden. Über diese wichtigen Eckdaten hinaus müssen die vom Monitor eingehaltene Strahlungsnorm (TCO, MPR, NUTEK usw.) und eventuelles Power-Managment (DPMS) beachtet werden.

➡ *Siehe Power-Management; Bildschirm; Bildwiederholfrequenz; Elektronenstrahlröhre; Grafikkarte; Videobandbreite; TCO-Norm; DPMS; Horizontalfrequenz; LCD; Streifenmaske; Lochmaske; MPR-Norm*

Bildschirm, monochromer

Bei einem monochromen (einfarbigen) Bildschirm werden Text und Grafik in einer Farbe auf einem andersfarbigen Hintergrund dargestellt (z.B. Weiß auf Schwarz oder Grün). Monochrom-Bildschirme waren in den Anfängen des Computerzeitalters gebräuchlich. Heute werden sie nur noch an Orten eingesetzt, die keine Grafikdarstellung benötigen (z.B. Kassenterminals). Ähnlich wie bei LCD-Bildschirmen war es auf einigen Monochrom-Bildschirmen möglich, Farben als Graustufen darzustellen.

➡ *Siehe LCD; Bildschirm; Graustufendarstellung*

Bildschirmschoner
➡ *Siehe Screensaver*

Bildschirmtelefon

Das Bildschirmtelefon ist ein Gerät aus einer Kombination von Telefon, LCD-Bildschirm, digitalem Faxmodem und Tastatur. Außerdem ist es mit Anschlüssen für Maus, Drucker und weiteren Peripheriegeräten versehen. Bildschirmtelefone können als Terminals für den Zugang zum Internet und anderen Online-Diensten, aber auch wie übliche Telefone zur Sprachübertragung verwendet werden.

➡ *Siehe Bildtelefonie; LCD; Faxmodem; Peripherie*

Bildschirmtext
➡ *Siehe Btx; Btx plus*

Bildschirmtreiber
➡ *Siehe Grafiktreiber*

Bildspeicher
➡ *Siehe Grafikspeicher*

Bildtelefonie

Mit Bildtelefonie ist die gleichzeitige Übertragung von Bild- und

Tondaten während eines Telefongesprächs gemeint. Aufgrund der nötigen hohen Übertragungsrate und der bisher noch recht geringen Bandbreite (außer ISDN) des Telefonnetzes konnte sich die Bildtelefonie noch nicht durchsetzen. Bisher wurde das Bild lediglich alle paar Sekunden aktualisiert. Mit Hilfe von ISDN und neueren Übertragungstechniken ist es nun sogar möglich, richtige Videokonferenzen abzuhalten, bei denen mehrere Teilnehmer an einem Gespräch teilnehmen und sich dabei live beobachten können. Um mit dem heimischen PC Bildtelefonie zu betreiben, benötigen Sie eine ISDN-Karte oder einen a/b-Wandler, eine Kamera zur Bildaufzeichnung (am besten digital, z.B. Apple QuickCam) und eine Software, die Bild- und Tonausgabe und den Datenaustausch mit der Gegenstelle während des Telefongesprächs koordiniert.

➠ *Siehe ISDN-Karte; Bandbreite; A/b-Wandler; Videokonferenz; ISDN*

Bildtrommel

Die Bildtrommel wird auch Drucktrommel genannt. Sie wird bei Laser- und LED-Druckern für die Übertragung des Bilds auf das Druckmedium verwendet. Dabei wird auf der Trommel durch einen photoelektrischen Effekt ein Ladungsbild erzeugt, welches dann die Farbstoffteilchen vom Toner aufnimmt und auf das Druckmedium aufträgt. Die Farbe wird durch Erwärmung auf dem Medium fixiert.

➠ *Siehe Laserprinter*

Bildwiederholfrequenz

Die Bildwiederholfrequenz besagt, wie oft das gesamte Bild pro Sekunde auf dem Bildschirm neu aufgebaut wird. Die meisten Menschen nehmen ab 75 Hz kein Flimmern mehr wahr. Um diese Bildwiederholfrequenz zu erreichen, muss der Elektronenstrahl bei 768 Zeilen (1024x768 Auflösung) 768 x 75 = 57600mal pro Sekunde die Bildzeile wechseln. Daraus resultiert eine benötigte Horizontalfrequenz (Zeilenfrequenz) von 58 kHz. In Wirklichkeit braucht der Elektronenstrahl aber eine gewisse Zeit, um das jeweilige Bildende zu erkennen, was durch 36 so genannten Synchronisationszeilen ausgeglichen wird. Die benötigte Horizontalfrequenz beträgt demnach 60 kHz.

➠ *Siehe Elektronenstrahlröhre; Horizontalfrequenz*

Bildwiederholrate

➠ *Siehe Bildwiederholfrequenz*

Bilineare Filterung

➠ *Siehe Texturfilterung, bilineare*

Bilineare Texturfilterung

➡ *Siehe Texturfilterung, bilineare*

Binär

In einem binären System sind genau zwei Zustände möglich, »0« und »1«, unwahr und wahr. Der Binärcode dient als fundamentale Computersprache. So kann z.b. eine Speicherzelle nur durch zwei Zustände ausgedrückt werden: »0« und »1«. Alle anderen Zeichen, Sonderzeichen sowie alle Dezimalzahlen müssen auf das Binärsystem reduziert werden.

➡ *Siehe Dualsystem; Dualzahl; ASCII; Byte; Bit; Sonderzeichen*

Binäre Dateiübertragung

➡ *Siehe Dateiübertragung, binäre*

Binäre Übertragung

➡ *Siehe Binary transfer*

Binärer Baum

➡ *Siehe Baum, binärer*

Binäres Gerät

➡ *Siehe Gerät, binäres*

Binary Chop

Binary Chop ist ein Suchalgorithmus, der auf einer sortierten Liste basiert, die das gesuchte Element enthält.

➡ *Siehe Algorithmus*

Binary Code Decimals

➡ *Siehe BCD*

Binary Digit

➡ *Siehe Dualsystem*

Binary Large Object

➡ *Siehe BLOB*

Binary Synchronous Communication

➡ *Siehe BISYNC*

Binary term

Binary term bedeutet in der Regel eine aus 8 Bit bestehende Informationseinheit, die für ein Zeichen (Ziffer/Buchstabe/Satzzeichen) steht.

➡ *Siehe Dualsystem*

Binary transfer

Binary transfer ist ein Modus zum Austausch beliebiger Daten.

Binärzahl

➡ *Siehe Dualsystem*

Binärziffer

➡ *Siehe Dualsystem*

Bindung, dynamische

Eine dynamische Bindung bezeichnet die Konvertierung symbolischer Adressen im Programm auf speicherbezogene Adressen während der Programmausführung.

➠ Siehe *Adresse, symbolische; Bindung, statische; Konvertierung*

Bindung, frühe

➠ Siehe *Bindung, statische*

Bindung, späte

➠ Siehe *Bindung, dynamische*

Bindung, statische

Statische Bindung ist die Umwandlung symbolischer Adressen im Programm in speicherbezogene Adressen während der Kompilierung oder des Bindens des Programms.

➠ Siehe *Adresse, symbolische; Kompilieren*

Bindungszeit

Bindungszeit bezeichnet den Zeitpunkt im Programmablauf, an dem das Binden von Informationen erfolgt, gewöhnlich in Bezug auf Programmelemente, die an ihre Speicherorte und Werte zu binden sind.

➠ Siehe *Bindung, dynamische; Bindung, statische*

BinHex

BinHex ist ein Programm zum Konvertieren von Macintosh-Dateien, die sich nachher ohne Probleme über das Netzwerk verschicken lassen. Wie das Windows-Pendant UUencode, codiert BinHex ein File von seiner binären Form in einen 7 Bit-ASCII-String.

➠ Siehe *ASCII; UUEncode; Konvertierung; Macintosh*

Biometrie

Biometrie bezeichnet das Verfahren zur Identifikation von Personen anhand biometrischer Informationen. Dies sind unter anderem: Fingerabdruck, Gesichtsform, Iris des Auges.

Biometrisches System

Mit biometrischen Systemen kann sich ein Benutzer in einem System anmelden, indem bestimmte Körpermerkmale als Identifikation gelten. Dabei kann es sich um Fingerabdruck, Stimme oder die Iris des Auges handeln.

Bionik

Bionik ist die Simulation oder die Nachbildung der Aktivitäten eines biologischen Systems durch die Untersuchung der Funktionsweisen und Eigenschaften lebender Organismen.

BIOS

Abk.: Basic Input Output System

Das BIOS ist in einem auf dem Motherboard befindlichen ROM-Speicher gespeichert. Es wird unmittelbar nach dem Starten des Computers geladen und ist dabei dem Betriebssystem – egal welches Betriebssystem verwendet wird – vorgelagert. Im Wesentlichen hat das BIOS zwei Aufgabenbereiche:

▶ Zum einen testet es alle installierten Hardwarekomponenten und initialisiert sie gegebenenfalls. Treten dabei Fehler auf, gibt es eine Fehlermeldung aus (siehe auch Power On Self Test, P.O.S.T.). Das BIOS wertet Speicherbereiche des CMOS-RAM aus, erstellt im Hauptspeicher eine Liste der Hardware und übergibt die weitere Kontrolle abschließend an den Urlader. Bei einer Diskette als Boot-Medium befindet sich der Urlader im ersten Sektor des Mediums, dem so genannten Boot-Sektor. Bei einer Festplatte befindet er sich im ersten Sektor (Master Boot Sektor) der so genannte Master Boot Record zusammen mit einer Partitionstabelle und einem Programm, welches diese auswerten kann. Wurde die Tabelle ausgewertet, sucht das Programm die aktive Partition und übergibt dann die Kontrolle an den dort befindlichen Urlader.

▶ Zum anderen finden sich im BIOS alle erforderlichen Parameter zur Konfiguration des Mainboards, der CPU und des Hauptspeichers. Weiterhin lassen sich grundlegende Einstellungen zu Plug&Play, Power-Management und der Kommunikation mit den Ein-/Ausgabegeräten vornehmen.

➡ *Siehe Power-Management; Beep Code; CMOS-RAM; P.O.S.T.; Hauptspeicher; Urlader; ROM; Plug&Play; Partition; Betriebssystem; Boot-Sektor; Motherboard*

BISDN

Abk.: Broadband Integrated Services Digital Network

BISDN ist ein Set von Diensten und Entwicklungsstandards für einen integrierten digitalen Übertragungsdienst in einem Breitband-Netzwerk. BISDN beinhaltet sowohl das Fiber-Distributed-Data Interface (FDDI) als auch das Synchronous Optical Network (SONET). BISDN unterstützt Übertragungsraten von 2 MBits/s und mehr.

➡ *Siehe FDDI; MBit; Breitbandübertragung; SONET; Datentransferrate*

B-ISDN

Abk.: Breitband-ISDN

B-ISDN ist die Weiterentwicklung von ISDN.

➡ *Siehe ISDN*

Bistabil

Bistabil bezeichnet die Eigenschaft eines Systems oder Bauelements, zwei mögliche Zustände – an und aus – einnehmen zu können.

➠ *Siehe Multivibrator, bistabiler*

Bistabiler Multivibrator

➠ *Siehe Multivibrator, bistabiler*

Bistabiler Schaltkreis

➠ *Siehe Schaltkreis, bistabiler*

BISYNC

Abk.: Binary Synchronous Communication

BISYNC ist ein Übertragungsprotokoll, welches der synchronen Datenübertragung (hier: Binärkommunikation) dient.

➠ *Siehe Übertragung, synchrone; Datenübertragung*

Bit

Abk.: Binary Digit

Ein Bit ist die kleinste Informationseinheit in einem Computersystem. Ein Bit kann zwei Werte (Zustände) annehmen: »0« und »1«. Durch Kombination und Aneinanderreihung dieser Zahlen kann jedwede Information dargestellt werden.

➠ *Siehe Dualsystem; Binär*

Bit Flipping

Bit Flipping ist das Vertauschen von Bit-Zuständen, d.h. aus einer »0« wird eine »1« und umgekehrt.

➠ *Siehe Bit*

Bit, niederwertigstes

➠ *Siehe LSB*

Bit/s

Bit/s ist die Maßeinheit für die Datentransferrate in Bit pro Sekunde.

➠ *Siehe Bps; Bit*

Bitbild

Bitbild ist eine sequentielle Sammlung von Bits, die im Speicher ein Bild für die Anzeige auf dem Bildschirm repräsentieren.

➠ *Siehe Bildschirm; Bit*

Bit-Block

Eine Gruppe von Pixeln, die in der Computergrafik die Anzeige-Eigenschaften wie Farbe und Intensität beschreiben, und als Einheit behandelt wird, wird Bit-Block genannt.

➠ *Siehe Pixel*

Bit-Blocktransfer

Bit-Blocktransfer ist eine Programmiertechnik zur Manipulation von zu Blöcken zusammengefassten Pixeln. Sie wird in der Animation und grafischer Darstellung eingesetzt, da dadurch nicht mehr jedes einzelne Pixel, sondern ganze Bit-Blocks verändert werden können. Die Vorteile dieses Verfahrens liegen in der Reduzierung des benötigten Speicherbedarfs und der schnelleren Darstellung, z.B. von Animationen.

➭ *Siehe Bit-Block; Animation; Pixel*

BitBlt

➭ *Siehe Bit-Blocktransfer*

Bitdichte

Die Bitdichte gibt die Dichte an, mit der Bits dargestellt bzw. verarbeitet werden. Die Dichte wird bei der Kommunikation z.B. in Zeiteinheiten angegeben.

Bit-Ebene

Der Ausdruck Bit-Ebene dient zur Darstellung der Farbtiefe. Je mehr Bit-Ebenen, desto mehr Farben können dargestellt werden. Eine Bit-Ebene erlaubt dabei die Darstellung von 2 Farben, 2 Bit-Ebenen $2^2 = 4$ Farben, 3 Bit-Ebenen $2^3 = 8$ Farben usw.

➭ *Siehe Farbtiefe; Bit*

Bit-Manipulation

Bei der Bit-Manipulation werden einzelne Bits verändert. Im Gegensatz dazu werden gewöhnlich wegen der einfacheren Durchführbarkeit ganze Bytes manipuliert.

➭ *Siehe Byte; Bit*

Bitmap

1. Bitmap ist allgemein auch die Bezeichnung für eine Grafik, z.B. ein Bild oder Photo als Textur.

2. Bitmap ist ein Grafikformat (.bmp). Das Bitmap-Format speichert Bilddaten unkomprimiert (d.h. volle Information) ab. Bitmaps können schwarzweiß, in Graustufen und mit 1 Bit-, 4 Bit-, 8 Bit-, oder 24 Bit-Farbinformation gespeichert werden.

➭ *Siehe Grafik; Textur; Farbtiefe*

Bitmap-Grafik

Eine Bitmap-Grafik ist aus einzelnen Pixeln aufgebaut, die alle über Helligkeits- und Farbinformationen verfügen. Da die Bildinformation nur aus den tatsächlich vorhandenen Bildpunkten besteht, kann eine Bitmap-Grafik im Gegensatz zu einer Vektorgrafik nicht beliebig skaliert werden, ohne starke Qualitätsverluste zu erleiden. Jedes eingescannte Bild und jede Grafik, die mit einem anderen Malprogramm als einem Vektorgrafikprogramm gezeichnet wurde, ist eine Bitmap-Grafik.

➭ *Siehe Scanner; Vektorgrafik; Pixel; Pixelgrafik*

Bitnet

Abk.: Because it's time network

Das 1981 gegründete BITNET wird von der CREN (Corporation for Research and Educational Networking) in Washington D.C. betrieben. Es ist ein Weitbereichsnetz, welches für den Versand von E-Mails und Dateien zwischen Großrechnern von Universitäten in Nordamerika, Japan und Europa verwendet wird. Das BITNET ist neben dem Internet und CSNET eines der weltweit größten Netzwerke. Anstelle des TCP/IP-Protokolls des Internets verwendet es das NJE-Protokoll, das allerdings auch einen E-Mail-Austausch mit dem Internet erlaubt. Für das BITNET wurde im Jahre 1986 das Programm LISTERV geschrieben, das erstmals den Einsatz von Mailing-Listen ermöglichte. Die aktuelle Spezifikation des BITNET lautet BITNET-II. Im Gegensatz zu seinem Vorgänger setzt das BITNET-II auf der Technologie des Internets auf.

➠ *Siehe Netzwerk; IBM; Internet; TCP/IP*

Bitorientiertes Protokoll

➠ *Siehe Protokoll, bitorientiertes*

Bitrate

Die Bitrate ist die Übertragungsgeschwindigkeit, mit der binäre Informationen übertragen werden.

➠ *Siehe Datentransferrate; Binär*

Bits per Inch

➠ *Siehe Bpi*

Bits per Second

➠ *Siehe Bps*

Bits pro Sekunde

➠ *Siehe Bps*

Bits pro Zoll

➠ *Siehe Bpi*

Bit-Slice-Prozessor

Ein Bit-Slice-Prozessor ist ein für Spezialzwecke entwickelter Logikchip für Mikroprozessoren. Einzelne Bit-Slice-Prozessoren werden oft für die Verarbeitung größerer Datenwörter zu Prozessoreinheiten zusammengeschlossen.

➠ *Siehe Mikroprozessor; Datenwort*

Bit-Strom

Eine Folge von über ein Medium übertragenen, binären Zeichen, die den Fluss von Informationen repräsentiert, wird Bit-Strom genannt.

➠ *Siehe Bit*

Bit-Tiefe

Die Bit-Tiefe gibt die Anzahl der darstellbaren Farben an. 16 Bit-Farbtiefe steht z. B. für 65536 darstellbare Farben.

➠ *Siehe Farbtiefe; Bit*

Bit-Übertragungsrate

Die Bit-Übertragungsrate gibt die Geschwindigkeit an, mit der einzelne Bits von einer Quelle zu einem Ziel übertragen werden.

➠ *Siehe Bit*

Bit-Verdreher

Bit-Verdreher ist die Bezeichnung für einen leidenschaftlichen Assembler-Programmierer bzw. jemanden, der sich den Computern verschrieben hat.

➧ *Siehe Assembler; Programmierer*

Bitweise Invertierung

➧ *Siehe Bit Flipping*

Bitweise parallel

Bitweise parallel wird eine Datenübertragung genannt, bei der mehrere Bits, typischerweise ein Byte, parallel übertragen wird. Dabei wird normalerweise jedem Bit beispielsweise eine eigene Leitung in einem Kabelstrang zugewiesen.

➧ *Siehe Byte; Bit*

Bitweise seriell

Bitweise seriell ist eine Form der Datenübertragung, bei der die Bits nacheinander über eine Leitung übertragen werden.

➧ *Siehe Bit; Datenübertragung*

B-Kanal

Ein ISDN-Anschluss verfügt über zwei Nutzkanäle (die B-Kanäle, B steht für Englisch »bearer« = Träger). Die digitale Sprachübertragung erfolgt im B-Kanal mit 64 KBit/s (56 KBit/s in den USA) auf Basis der Pulse Code Modulation. Als Übertragungsprotokolle dienen die Protokolle der Verbindungsschicht, ITV-T, X.75, HDLC, V.110 sowie V.120. HDLC und X.75 (beide basieren auf SDLC und arbeiten synchron und paketorientiert) nutzen die volle Bandbreite des Kanals mit 64 KBit/s, während das asynchrone V.110 und V.120 höchstens 9600 – 38400 KBit/s übertragen können. Obwohl es theoretisch möglich wäre, mehrere V.110 Leitungen auf einem Kanal zu eröffnen, wird dies in der Realität kaum genutzt. Weiterhin ist es möglich die beiden B-Kanäle zu bündeln (Kanalbündelung oder 2-Kanal-Transfer), wodurch 128 KBit/s übertragen werden können. Neben den beiden B-Kanälen gibt es noch einen dritten Kanal, den D-Kanal, der mit 16 KBit/s arbeitet und als Steuerkanal dient.

➧ *Siehe HDLC; Sprachübertragung, digitale; V.110; V.120-Standard; X.75; KBit/s; Packet; ISDN*

BKZ

Abk.: Bereichskennzahl

Die Bereichskennzahl kennzeichnet verschiedene Regionalbereiche innerhalb des Btx-Dienstes der Telekom. Möchte ein Anwender Btx-Seiten aus einem anderen Bereich abrufen, muss er dafür ein gesondertes Entgelt bezahlen.

➧ *Siehe Btx-Leitseite; Btx; Btx plus*

Blackberry

Ein PDA-ähnliches Mobilgerät mit Telefonfunktion des Unternehmens Research In Motion (RIM) zum standortunabhängigen Abruf und Versenden von E-Mails. Das Gerät verwendet die Funknetze GPRS, GSM oder CDMA, die E-Mail-Funktionalität wird über einen Push-Service realisiert. Der Anwender kann seine gewohnte E-Mail-Adresse verwenden und auch Anhänge bestimmter Formate auf dem Gerät anzeigen/lesen.

➨ *Siehe: GPRS, E-Mail, Push*

Blackbox

Blackbox wird eine Einheit mit unbekannten inneren Abläufen genannt. Der Input und der erwarteten Output sind bekannt, aber der Ablauf innerhalb dieser Blackbox (Hard- oder Software) ist unbekannt.

Blanking

Beim Blanking werden bei der Eingabe von Passwörtern etc. aus Sicherheitsgründen die Textzeichen durch Leer- oder Sternzeichen dargestellt.

➨ *Siehe Passwort*

Blasenspeicher

Blasenspeicher sind die Vorgänger der heute üblichen Flash-Speicher zur Datenerhaltung bei Stromausfall. Dabei wurden die Daten durch magnetische Blasen, die in einem Filmsubstrat gebildet wurden, gesichert.

➨ *Siehe Flashmemory*

Blind Carbon Copy

➨ *Siehe BCC*

Blindfarbe

Eine Blindfarbe ist allgemein die Farbe, die von einem Lichtsensor nicht wahrgenommen werden kann. Besonders beim Scannen kommt der Blindfarbe eine Bedeutung zu. Schwarzweiß-Scanner arbeiten in der Regel mit Sensoren, die im grünen Spektralbereich ihre größte Empfindlichkeit haben. Deswegen haben derartige Scanner starke Schwierigkeiten Vorlagendetails mit purpurner Farbe korrekt einzuscannen. Die Farbe Purpur wäre in diesem Fall die Blindfarbe des Scanners. Bei hochwertigen Geräten kann der Spektralbereich der Sensoren in eine bestimmte Richtung – meist nach Rot – verschoben werden (Blindfarbe: Blau/Grün), wodurch sich auch solche Textteile oder Grafiken einscannen lassen, die bei billigeren Geräten normalerweise kaum zu erkennen wären.

➨ *Siehe Sensor; Scanner*

Blip

Eine optisch erkennbare, kleine Markierung auf einem Aufzeichnungsmedium.

BLOB
Abk.: Binary Large Object

Ein BLOB ist ein großes File, normalerweise ein Bild oder eine Sounddatei, das aufgrund seiner Größe beispielsweise beim Download, Upload oder der Speicherung in eine Datenbank besonders behandelt werden muss. Diese Aufgaben werden z.B. an den Datenbank-Manager einer Multimedia-Datenbank weitergegeben.

➠ *Siehe Download; Upload; Datenbank*

Block
➠ *Siehe Datenblock*

Blocksatz
Blocksatz ist ein Bestandteil der Absatzformatierung, bei dem, die einzelnen Zeilen so ausgerichtet werden, dass sie bündig zum rechten und linken Rand abschließen. Dabei wird sowohl der Abstand zwischen den Worten in einer Zeile als auch zwischen den einzelnen Buchstaben (Spationierung) variiert.

➠ *Siehe Absatzformatierung; Ausschluss*

Blockweise Verschlüsselung
➠ *Siehe Verschlüsselung, blockweise*

Blog
Abk.: Web log
▲ *Übers.: Internet-Journal*

Blog ist eine öffentlich zugängliche Website, auf der eine einzelne Person oder eine Personengruppe ein Journal mit persönlichen Eindrücken, Beiträgen, Meinungen und Ausschnitten aus dem Internet zu einem bestimmten oder mehreren Themen führt.

Blogging
Blogging meint das Führen eines Web logs, eines persönlichen, öffentlich zugänglichen Internet-Journals.

➠ *Siehe Blog*

Blowfish
Blowfish ist ein Verschlüsselungsalgorithmus, der als Ersatz für DES und IDEA Verwendung findet. Blowfish ist ein symmetrischer Schlüssel mit variablen Schlüssellängen von 32 bis 448 Bit. Der Algorithmus wurde 1993 von Bruce Schneider entwickelt und ist frei im Internet erhältlich. Für 32 Bit-Systeme optimiert, ist er schneller als DES.

➠ *Siehe Schlüssel; Algorithmus; Kryptografie; Verschlüsselung; DES*

Blue book
Blue boook ist ein von Sony und Philips 1995 definierter CD-ROM-Standard für die so genannte CD-Extra. Eine CD-ROM im CD-Extra-Format vermag neben eines Daten-Tracks auch mehrere Audiospuren (Audio-Tracks) zu speichern. Ein

ähnlicher Standard bestand schon mit der CD-Plus. Auch hier wurde neben mehreren Audiospuren eine Datenspur gespeichert. Der Unterschied zwischen den beiden Standards liegt darin, dass bei der CD-Extra der Daten-Track hinter den Audiospuren in einer eigenen Session aufgenommen wird, wodurch die CD in einem normalen CD-Player wie eine Audio-CD gelesen werden kann. Der Daten-Track wird nicht angezeigt. Beim CD-Plus-Format kam es (sowohl für den Menschen als auch für die Boxen) zu sehr unangenehmen Geräuschen, wenn die CD in einem CD-Player ausgelesen werden sollte. Mit einem multisession-fähigen CD-ROM-Laufwerk können sowohl Daten als auch Audio-Tracks gelesen werden.

➡ *Siehe CD-ROM-Laufwerk; Multisession; CD-ROM; Session*

Blue Ribbon Campaign

Am 8. Februar 1996 verabschiedete der amerikanische Senat das so genannte Communications Decency Act (CDA-Gesetz), das die Verbreitung von »unzüchtigen« Inhalten im Internet verbietet. Wie man »unzüchtig« nun definiert, hängt ganz vom Gesetzgeber ab. Generell gilt die Verbreitung von pornografischen, rassistischen und diskriminierenden Inhalten als Verstoß gegen dieses Gesetz. Der Gesetzesvorschlag schießt aber weit über diese Zielsetzung hinaus. Gleichzeitig wird die freie Meinungsäußerung im Internet stark eingeschränkt (so gilt z.B eine Diskussion über Abtreibung oder Sterbehilfe ebenfalls als Verstoß), was zu einer Protestkampagne der Internet-Gemeinde, der Blue Ribbon Campaign, führte. Das Symbol des Protestes ist eine blaue Schleife, die an die rote Schleife der AIDS-Bewegung angelehnt ist.

➡ *Siehe Internet; Website*

Blueboxing

Blueboxing ist die Bezeichnung für ein Verfahren zur illegalen, kostenlosen Nutzung des amerikanischen Telefonnetzes. Der Name geht auf ein Gerät in einem blauen Gehäuse zurück (wicked blue box), welches in den 1960er Jahren von John Draper – unter Hackern auch als Captain Crunch bekannt – gebaut wurde und die Gebührenzähler der amerikanischen Telefongesellschaften durch Simulation des Geräusches fallender Münzen überlistete.

➡ *Siehe Captain Crunch; Hacker*

Bluetooth

http://www.bluetooth.com

Der Bluetooth-Standard ist eine Spezifikation, nach der die Kommunikation portabler Geräte über kurze Entfernungen erfolgt. Die Daten werden auf einer Trägerfrequenz von 2,45 GHz mit max. 2 Mbps von einem Adapter zum anderen geschickt, dabei besitzen die Signale keine Vorzugsrichtung und können somit von jedem Gerät empfangen werden. Eine eindeutige, dem Gerät zugeordnete ID sowie eine Verschlüsselung der Daten soll dafür sorgen, dass nur Geräte kommunizieren können, die dazu berechtigt sind.

➥ *Siehe IBM; Toshiba; Verschlüsselung; Intel; WLAN*

Blu-ray-Disc

Ein DVD-Nachfolgeformat, bei dem ein blauvioletter Laser mit 450 nm Wellenlänge zum Einsatz kommt. Eine Blu-ray-Disc (BD) fasst bis zu 27 Gbyte (einlagig) bzw. 50 Gbyte (zweilagig). Wie bei der DVD gibt es auch bei der BD beschreibbare und wieder beschreibbare Formate. Hauptkonkurrent zur BD ist die HD-DVD.

➥ *Siehe: BD-ROM, BD-R, BD-RE, DVD, HD-DVD, PDD*

BMP

Das Bildformat BMP (Windows Bitmap) ist ein Standardbildformat auf Windows- und OS/2-kompatiblen Computern. Eine BMP-Datei kann von 1 Bit bis 24 Bit-Farbinformationen enthalten und RLE-komprimiert werden. Die maximale Bildgröße beträgt 65536 x 65536 Pixel.

➥ *Siehe Bitmap; TIFF; GIF; PNG; JPEG*

BNC

Abk.: Bayonet Nut Coupling

▲ *Übers.: Bajonett-Gewinde-Verschluss*

Der BNC-Stecker ist ein besonderer Anschlusstyp, der bei hochwertigen Monitoren zum Einsatz kommt. Aufgrund der Verschlusstechnik ist er in besonderem Maße für die Übertragung störempfindlicher Signale geeignet. Der BNC-Stecker hat einen konzentrischen Innenleiter, der bis in die Bajonettverriegelung hinein von einer Außenabschirmung ummantelt ist.

➥ *Siehe Monitor*

Bild B.2: Von links nach rechts: BNC-Stecker, BNC-T-Stück, BNC-Abschlusswiderstand und unten eine BNC-Kupplung

B-Netz

1972 löste das B-Netz das A-Netz als Mobilfunknetz in Deutschland ab. Da das Netz noch nicht aus Zellen aufgebaut war, musste der Anrufer den Standort der Ziel-Mobilstation nennen. Die Verbindung konnte er jedoch bereits selbst aufbauen. Als technische Weiterentwicklungen folgten das B1-und B2-Netz, die aber dann bald vom C-, D- und E-Netz abgelöst wurden.

➠ *Siehe E-Netz; D-Netz; C-Netz*

BNF

Abk.: Backus-Naur-Form

BNF ist eine Beschreibungsform für die Syntax einer Programmiersprache. Sie wird bei allen Programmiersprachen verwendet und wurde von John Backus (*1921) und Peter Naur (*1928) entwickelt (eigentlich für die Syntaxbeschreibung von ALGOL). Ein Beispiel für eine Definition mit der EBNF (Extended Backus-Naur-Form):

Namen ::= Buchstabe {Buchstabe}

Buchstabe ::= (A|B|C|...|Y|Z) | (a|b|c|...|y|z)

➠ *Siehe Syntax; Programmiersprache*

Board

Mit dem Begriff Board werden im Computerbereich generell alle Platinen und Erweiterungskarten bezeichnet.

➠ *Siehe Motherboard*

Bodyscanning

Bodyscanning ist die englische Bezeichnung für das Scannen eines menschlichen Körpers bzw. eines Körperteils.

➠ *Siehe Scanner; 3D-Scanner; Virtual Humans; Motion-Capture*

BogoMips

BogoMips ist ein Benchmark-Programm, das mit einigen Linux-Distributionen ausgeliefert wird. Geschrieben wurde es von Linus Torvalds, dem Begründer von Linux. BogoMips indiziert beim Bootvorgang die Geschwindigkeit des Prozessors. BogoMips misst, wie oft der Prozessor eine bestimmte Programmschleife in einer Sekunde durchläuft. Der ungewöhnliche Name des Programms stammt von den Begriffen bogus=falsch und MIPs=million instructions per second.

➠ *Siehe Benchmark; Linux*

Bold

Bold ist die englische Bezeichnung für das Schriftbildformat »Fett«.

➠ *Siehe Font; Schriften*

Bookmark

Bookmarks dienen vor allem in Web-Browsern zur Archivierung von URLs (Internet-Adressen). Anstatt die URL jedes Mal umständlich einzutippen, wird einfach das entsprechende Bookmark angeklickt, um zur gewünschten Website oder einer Web-Seite zu gelangen.

➠ *Siehe URL; Webbrowser; Website; Webseite*

Bookware

Bookware ist ein Kunstwort aus Book (Buch) und Software. Gemeint ist die Kombination eines Buchs mit Disketten oder einer CD-ROM, auf der sich ein Programm und Beispieldateien oder Übungen befinden. Im Gegensatz zu den den Büchern, die lediglich mit einer Diskette ausgeliefert werden, ist das Hauptaugenmerk bei der Bookware auf die Software gerichtet.

➟ *Siehe CD-ROM*

Boole, George

George Boole war ein britischer Mathematiker (1815-1864) und Erfinder der zweiwertigen Booleschen Algebra.

➟ *Siehe Boolesche Operatoren*

Boolesche Operatoren

Als Boolesche Operatoren werden die Operatoren der Booleschen Algebra bezeichnet. Diese Operatoren werden ausschließlich auf binäre Werte angewendet. Mit diesen Operatoren werden normalerweise zwei Werte miteinander zu einem neuen Wert verknüpft. Einzig der NICHT-Operator wird nur auf einen einzigen Operanden angewendet.

➟ *Siehe AND-Verknüpfung; XOR-Verknüpfung; NOR-Verknüpfung; NOT-Verknüpfung*

Bootable CD

Wie der Name schon sagt, kann von bootable CDs das System gebootet werden. Diese CDs werden nach dem so genannten »El Torito«-Standard hergestellt. Damit das System gebootet werden kann, braucht der PC ein »El Torito«-kompatibles BIOS oder bei einem SCSI-CD-ROM-Laufwerk einen entsprechenden SCSI-Adapter, dessen BIOS den entsprechenden Standard unterstützt.

➟ *Siehe CD; SCSI*

Boot-Diskette

Mit Boot-Diskette wird die Diskette bezeichnet, von der das Betriebssystem geladen werden kann. Der erste Sektor der Diskette – der Boot-Sektor – enthält den Urlader, der nach dem Start vom BIOS aufgerufen wird. Der Urlader wiederum sucht nach weiteren essentiellen Programmen des Betriebssystems. Im Falle von MS-DOS wären dies die Dateien msdos.sys, io.sys und der Befehls-Interpreter command.com. Weiterhin sollten sich auf einer Boot-Diskette die Dateien config.sys und autoexec.bat befinden, die für das Laden von Treibern und für das Setzen von Umgebungsvariablen zuständig sind.

➟ *Siehe Booten; Befehls-Interpreter; Autoexec.bat; Urlader; BIOS; Betriebssystem; Boot-Sektor; Config.sys; Gerätetreiber*

Booten

Booten heißt der Startvorgang des Betriebssystems.

➠ Siehe Boot-Manager;
P.O.S.T.; Betriebssystem;
Boot-Sektor

Bootblock

Der Bootblock liegt im ersten Block (Block 0) des Dateisystems. Er enthält ein Programm zum Starten und Initialisieren des gesamten Systems. Meistens enthält nur das erste Dateisystem einen Bootblock. Beim ext2-Dateisystem ist der Bootblock 1024 Zeichen groß.

➠ Siehe Partition

Boot-Manager

Mit Hilfe eines Boot-Managers ist es möglich, während des Hochfahrens des Systems über ein Menü zu entscheiden, welches der installierten Betriebssysteme geladen werden soll. Eine leicht abgespeckte Version eines Boot-Managers ist die Dual-Boot-Option von Windows 95/98. Windows NT, OS/2 und Linux installieren automatisch einen Boot-Manager in eine eigene Boot-Partition am Anfang der Festplatte oder schreiben entsprechende Informationen in den Boot-Sektor.

➠ Siehe Boot-Sektor-Virus; Booten; Partition; Betriebssystem; Boot-Sektor

BOOTP

Abk.: Bootstrap Protocol

Der BOOTP ist im Boot-Sektor des Startmediums enthalten und wird benötigt, um das Betriebssystem zu laden.

➠ Siehe Betriebssystem; Boot-Sektor

Boot-Sektor

Der Boot-Sektor ist ein Bereich auf einer Festplatte, der beim Formatieren in den ersten Sektor jeder Diskette oder Festplatte geschrieben wird. Er enthält unter anderem den Urlader, der für das Laden systemwichtiger Dateien zuständig ist.

➠ Siehe Boot-Sektor-Virus; Formatierung; Harddisk; Sektor; Urlader; Diskette

Boot-Sektor-Virus

Boot-Sektor-Viren sind eine sehr heimtückische Virenart. Sie befallen die Ladeprogramme im Master-Boot- bzw. Boot-Sektor der Festplatte bzw. Diskette. Da diese Programme auf jeden Fall geladen werden müssen, ist ihre Verbreitung (das Hauptziel der meisten Viren) garantiert. Neben den normalen Dateiviren, die sich in die ausführbaren Standardprogramme einschleusen, gibt es zudem so genannte Hybridviren, die sowohl den Boot-Sektor als auch normale Dateien befallen.

➠ Siehe Computervirus; Boot-Sektor; Hybridvirus

Bootstrap Protocol
➠ Siehe BOOTP

Border Gateway Protocol
➠ Siehe BGP

Borland
www.borland.com

Borland ist eine amerikanische Softwareschmiede, die hauptsächlich Entwicklungsumgebungen für Programmiersprachen und Tools produziert. Nach dem erfolglosen Versuch, in der von Microsoft dominierten Office-Sparte mit Programmen wie dBASE, Paradox und Quattro Pro Fuß zu fassen, erlitt die Firma herbe finanzielle Rückschläge. Zu den wichtigsten Applikationen zählen eine Entwicklungsumgebung für Turbo Pascal und Delphi. Borland wurde inzwischen in Inprise und dann wieder in Borland umbenannt.

➠ Siehe Office-Paket; Entwicklungssystem; Programmiersprache; Turbo Pascal; Tool; dBase

BossNode

Der BossNode ist für die Speicherung von Nachrichten in einem Fido-Netzwerk zuständig. Ein Point (ein Nutzer), der die Minimalinstallation für ein Fido-Netz (einen Mailer) eingerichtet hat, kann die Nachrichten auf dem Bossnode abrufen (pollen) und offline lesen.

➠ Siehe Offline; FidoNet; Point; Pollen

Bouncen

Bouncen ist ein in Verbindung mit unzustellbarer E-Mail verwendeter Ausdruck, der das Zurücksenden an den Absender meint.

➠ Siehe E-Mail

Box-Mapping
➠ Siehe Texture-Mapping

Bozo

Bozo ist eine im Internet gebräuchliche Bezeichnung für dumme, alberne oder exzentrische Personen in Anlehnung an den in den USA bekannten TV-Clown »Bozo«.

➠ Siehe Internet

Bozo-Filter

Bozo-Filter ist eine Filterfunktion in einigen E-Mail-Clients und Newsgroup-Readern, mit der unerwünschte Benutzer ausgefiltert werden können.

➠ Siehe Newsgroup; E-Mail

Bpi

Abk.: Bits per inch

▲ Übers.: Bits pro Zoll

Bpi ist die Maßeinheit für die Speicherdichte bei magnetischen und anderen Datenträgern.

➠ Siehe Datenträger

Bps

Abk.: *Bits per second*

▲ Übers.: *Bit pro Sekunde*

▲ Syn.: *Bit/s*

Bps ist die Maßeinheit für die Datentransferrate.

➠ *Siehe Datentransferrate; Modem*

Brain Dump

Brain Dump ist die Bezeichnung für eine große, unstrukturierte Menge an Informationen, die schwierig zu verarbeiten oder zu interpretieren ist. Meist eine Reaktion auf eine Anfrage per E-Mail oder auf einen Newsgroup-Beitrag.

➠ *Siehe Newsgroup; E-Mail*

Breakout-Box

Die Breakout-Box ist eine Hardware, die zwischen zwei Geräte gesteckt wird, um die übertragenen Signale zu überprüfen, und bei Bedarf einzelne Verbindungen des Kabels umzuleiten.

Breakpoint

An einem Breakpoint (Haltepunkt) wird der normale Ablauf in einem Programm gestoppt bzw. er kann hier gestoppt werden. Besonders wichtig sind Breakpoints bei der Entwicklung von Programmen, da sie dem Entwickler sozusagen als Stationen in seinem Code dienen, zu denen er springen und sich Informationen über den Programmstatus einholen kann.

➠ *Siehe Programm; Code*

Breitbandiges Integriertes Glasfaser-Fernmelde-Ortsnetz

➠ *Siehe BIGFON*

Breitbandübertragung

Bei einer Breitbandübertragung werden die Daten mehrerer Datenkanäle auf einem Band gemeinsam übertragen, weshalb keiner der Kanäle die volle Bandbreite des Übertragungsmediums nutzen kann. Die Übertragung erfolgt analog. Die Bündelung und Aufspaltung der Kanäle erfolgt über einen so genannten Multiplexer, der nach dem Frequenzmultiplex-Verfahren arbeitet.

➠ *Siehe Frequency-Division-Multiplexing; Bandbreite; Analog; Multiplexer*

Breitbardt-Index

➠ *Siehe BI-Index*

BRI

Abk.: *Basic Rate Interface*

▲ Syn.: *Basisanschluss*

BRI ist die Bezeichnung für den ISDN-Basisanschluss. Er stellt zwei B-Kanäle mit je 64 KBit/s und einen D-Kanal mit 16 KBit/s zur Übertragung von Sprache, Videos und Daten zur Verfügung.

➠ *Siehe Basisanschluss; ISDN; ISDN-Leistungsmerkmale*

Bridge

Eine Bridge ähnelt einem Router. Das Gerät verbindet zwei gleiche oder ungleiche LANs miteinander. Anders als der Router ist eine Bridge protokoll-unabhängig. Sie leitet die Datenpakete einfach von einem LAN in das andere, ohne sich um die Datenanalyse oder das Re-Routing zu kümmern. Dadurch ist eine Bridge zwar schneller als ein Router, aber auch weniger vielseitig einsetzbar.

➭ *Siehe Node; OSI-Schichtenmodell; Netzwerkprotokoll; Netzwerk; Packet; Verbindungsschicht; Segment; LAN*

Bridge Disc

Eine Bridge Disc ist eine CD-ROM, die sowohl in einem CD-ROM-Laufwerk als auch in einem CD-I-Player ausgelesen werden kann. Ein Beispiel wäre die Photo-CD.

➭ *Siehe CD-I; Photo-CD; CD-ROM-Laufwerk; CD-ROM*

Bridge/Router

Abk.: Brouter

Ein Brouter ist ein um die Brücken-Funktion erweiterter Multiprotokoll-Router. Datenpakete, die nicht normal geroutet werden können (sei es, weil das verwendete Protokoll oder die Zieladresse des Datenpakets nicht bekannt sind), werden nach Art einer Bridge weitervermittelt. Ob das geschieht, wird nach Analyse der Kontrollinformationen entschieden. Der Router arbeitet dann wieder im so genannten Promiscious Mode, bei dem alle Pakete vermittelt werden, ob bekannt oder nicht.

➭ *Siehe LAN; WAN; Bridge; Router; Multiprotokoll-Router*

Bridgeware

Eine Bridgeware kann sowohl eine Hardware als auch eine Software sein, die Daten so konvertiert, dass diese in Verbindung mit verschiedenen Rechnerplattformen und Computersystemen verwendet werden können.

➭ *Siehe Plattform; Software; Hardware*

Broadband Integrated Services Digital Network

➭ *Siehe BISDN*

Broadcast

Broadcast ist eine Form der Datenübertragung, bei der die Nachricht an alle Stationen (Computer) und nicht an einen speziellen Empfänger gesendet wird. Vergleichbar mit einer Radiosendung.

➭ *Siehe Datenübertragung*

Broadcast Storm

Als Broadcast Storm wird die Netzwerküberlastung durch das Antworten mehrerer Host-Computer auf eine Netzwerkübertragung bezeichnet. Die Ursache liegt meist in der Verwendung verschiedener Protokolle beim Router.

➠ *Siehe Router; Protokoll; Host*

Broadcasting

Mit Broadcasting wird die Übertragung und Verbreitung von Nachrichten oder allgemein Informationen in einem Netzwerk an alle oder viele angeschlossene Netzwerkknoten bezeichnet.

➠ *Siehe Node; Netzwerk*

Brotschrift

Der Ausdruck Brotschrift stammt aus der Frühzeit des Druckens. Er bezeichnet den Schrifttyp, mit dem der Fließtext eines Dokuments formatiert wird. Setzer wurden im Akkord nach Textmenge bezahlt und verdienten gewissermaßen mit dem Fließtext ihr Brot, da das Setzen von Überschriften länger dauerte.

Brouter

➠ *Siehe Bridge/Router*

Brownout

Beim Anlaufen schwerer Maschinen sinkt oft kurzzeitig die Netzspannung. Eine derartige Spannungsabsenkung wird auch Brownout genannt. Bei Computern kann ein solcher Spannungsabfall zu Schäden an Bauteilen führen, wenn diese nicht mit der für sie vorgesehenen Spannung betrieben werden. In Netzwerken kann ein Brownout zu einer Kettenreaktion führen, bei der mehrere Server abstürzen, während sie versuchen die Kommunikation im Netz aufrecht zu erhalten. Beim verwandten »Blackout« bricht die Stromversorgung komplett zusammen.

➠ *Siehe Spannung; Netzwerk; UPS*

Browser

Browser, auch Web-Browser, sind Programme, mit deren Hilfe die Fortbewegung (»surfen«) im Internet (WWW – World Wide Web) möglich ist. Bekannte Programme sind der »Netscape Navigator« bzw. »Netscape Communicator« und der »Internet Explorer« von Microsoft.

➠ *Siehe Internet; Internet Explorer; Webbrowser; WWW*

BRS

Abk.: Big Red Switch

Die Bezeichnung BRS geht auf die in roten Netzschalter der ersten IBM-Rechner zurück.

➠ *Siehe IBM*

Brücke

➠ *Siehe Bridge*

Bruttoübertragungsrate

➠ *Siehe Datentransferrate*

BSD
http://www.bsd.com

Abk.: Berkley Software Distribution

BSD geht auf eine Unix-Implementierung der Universität Berkeley zurück, welche im Jahre 1977 entwickelt und vertrieben wurde. Viele Unix-Derivate benutzen BSD-Codesegmente als Teile ihres Betriebssystems. Einer der bekanntesten Nachfolger ist FreeBSD.

➠ *Siehe Unix; Betriebssystem*

Btree
Abk.: Binary Tree

▲ *Übers.: Binärbaum*

Ein Standard-Datenbaum in der Programmierung ist der BTree. Er besteht aus einem Wurzelelement, wobei jedes Element (Knoten) maximal 2 Nachfolger (Blätter) hat. Btree wird in verschiedenen Sortieralgorithmen eingesetzt, z.B. bei Quicksort.

➠ *Siehe Quicksort; Tree*

BTT
Abk.: Bad Track Table

BTT ist eine Liste (table) defekter Spuren (bad tracks) auf den Magnetplatten einer Festplatte. Solche Spuren werden nicht mehr für die Speicherung von Daten verwendet. Bad Track Table (BTT) wird intern von der Festplatte verwaltet.

➠ *Siehe Harddisk; Magnetplattenspeicher; Track(s)*

Btx
Abk.: Bildschirmtext

Btx ist ein Online-Dienst der Deutschen Telekom, heute T-Online, und eine erweiterte Version von Btx, die einen Zugang zum Internet bietet und das Versenden von E-Mails ermöglicht. Die früheren Btx-Angebote finden sich heute im über Datex-J erreichbaren Teil von T-Online. Btx-Seiten basieren auf dem KIT-Standard, der eine grafische Benutzeroberfläche bietet. Sein Vorgänger – der CEPT-Standard – bot lediglich eine textorientierte Oberfläche. Die internationale Bezeichnung für BTX ist Videotext.

➠ *Siehe Online-Dienst; Internet; Minitel; KIT; Prestel; Datex-J; E-Mail; CEPT*

Btx plus

Btx-Premium-Dienst des Telekom-Partners 1&1.

➠ *Siehe Btx*

Btx-Decoder

Früher wurde mit Btx-Decoder ein Gerät bezeichnet, welches zur Nutzung des Btx-Dienstes notwendig war und an das Fernsehgerät angeschlossen wurde. Heutzutage ist mit Btx-Decoder ausnahmslos die Zugangssoftware gemeint, da die Einwahl mit einem PC bzw. Modem erfolgt. Nach der Umstellung von CEPT auf den KIT-Standard wird der Btx-Decoder auch als KIT-Decoder bezeichnet.

➭ *Siehe Btx; KIT; Modem; CEPT*

Btx-Leitseite

Die erste Seite des Btx-Dienstes wird Leitseite genannt. Auf ihr finden sich die Seitennummern der diversen Anbieter, ein Informationsdienst sowie ein Hilfemenü. Je nach Btx-Zugangsnummer lassen sich regionale (beginnend mit den Ziffern 8 oder 9 bei sechsstelligen Nummern) und überregionale (beginnend mit den Ziffern 2 bis 6 bei fünfstelligen Nummern) Seriennummern unterscheiden.

➭ *Siehe Btx*

Bubble-Jet

Bubble-Jet ist ein Druckverfahren bei Tintenstrahldruckern. Die einzelnen Düsen des Druckkopfs werden erhitzt, so dass die darin enthaltene Tinte kleine Blasen bildet (Bubbles), die dann unter Druck auf das Druckmedium aufgetragen werden. Das Erhitzen stellt besondere Anforderungen an die Tinte, deshalb sollte immer Tinte des Originalherstellers für den Drucker verwendet werden. Ein Beispiel wären die weit verbreiteten Deskjet-Drucker der Firma Hewlett Packard.

➭ *Siehe Hewlett Packard; Ink-Jet Printer; Druckkopf; Piezo-Drucker*

Buffer

Der Buffer ist ein Zwischenspeicher für Daten, z.B. bei der Datenfernübertragung oder allgemein bei der Datenübertragung aus dem Hauptspeicher. Bei der Datenfernübertragung werden die vom Sender eingehenden Daten im Puffer zwischengespeichert. Ist der Puffer zu einem bestimmten Prozentsatz gefüllt, sendet er ein Signal an den Sender, der daraufhin die Übertragung solange unterbricht, bis der Puffer wieder frei ist. Der Puffer sendet wiederum ein Signal und es folgt das nächste Datenpaket usw. Dieser Puffer ist vor allen Dingen bei Systemen mit einer unterschiedlichen Datentransferrate unerlässlich. Oft steuert ein Controller-Chip die Datenübertragung und die Flusssteuerung, wodurch die CPU entlastet wird.

➭ *Siehe Controller; Flusssteuerung; CPU; Hauptspeicher; Datenübertragung; Datenpuffer*

Buffer overflow

Ein »Überlauf« des Datenpuffers (Buffer) im Speicher wird »buffer overflow« genannt.

➠ *Siehe Buffer*

Bug

Ein Bug ist ein Programmfehler. Normalerweise sollten Bugs während des Betatests korrigiert werden. Der Name Bug geht auf die durch Insekten verursachten Fehler in Rechenmaschinen zurück, in denen noch Relais als Bauelemente dienten.

➠ *Siehe Rechenmaschine; Betatest*

Bugfix

Mit Bugfix wird die erfolgreiche Korrektur eines Programmfehlers bezeichnet.

➠ *Siehe Bug*

Bulletin Board

➠ *Siehe BBS*

Bulletin Board System

➠ *Siehe BBS*

Bump-Mapping

Bump-Mapping ist eine besondere Form des Texture-Mapping. Zusätzlich zu den Farbinformationen einer ersten Bitmap, die das eigentliche für den Betrachter sichtbare Oberflächenbild des Objekts darstellt, wird eine zweite, monochrome (schwarzweiß oder Graustufen) Bitmap auf den 3D-Körper projiziert. Wie bei einer Landkarte interpretiert der Computer die Farb- bzw. Helligkeitsunterschiede dieser Map als Höheninformationen (z.B. Weiß 20% höher als Schwarz). Auf diese Weise können mit einer einfachen Textur so komplexe Objekte wie z.B. die Mondoberfläche, eine Orangenhaut oder eine Ziegelmauer erzeugt werden.

➠ *Siehe 3D-Modell; Textur; Texture-Mapping; Bitmap*

Bundesamt für Zulassungen in der Telekommunikation

➠ *Siehe BZT*

Burn-In-Test

In so genannten Burn-in-Tests testet der Hersteller eine Hardware oder ein PC-System auf Zuverlässigkeit und Funktionsfähigkeit. Dabei wird die Komponente oder das System in einem Dauerlauftest über eine längere Zeit stark beansprucht. Fällt keine der Komponenten aus, so hat das System den Test bestanden.

➠ *Siehe PC; Hardware*

Burst

Burst bezeichnet die impulsweise Übertragung eines oder mehrerer

Datenpakete ohne Unterbrechung über eine Netzleitung.

⇒ Siehe *Burst Transmission; Burst-Cache; Burst-Mode*

Burst Extended Data Output DRAM

⇒ Siehe *BEDO-DRAM*

Burst Transmission

Anstatt jedesmal die Zieladresse bei einer Datenübertragung über den Bus abzufragen, wird bei der so genannten Burst Transmission (Schnellübertragung) lediglich einmal die Anfangsadresse und die Anzahl der Datenpakete angegeben. Die sendende Einheit schickt die Datenpakete über den Bus und zählt die Adresse selbstständig im Speicher hoch. Das Burst-Verfahren wird in heutigen Systemen oft eingesetzt, z.B. beim DMA oder beim Pipelined-Burst-Cache.

⇒ Siehe *DMA; Bus; Packet; Adresse; PB-Cache*

Burst Cache

Mit Burst Cache wird das heutzutage standardmäßig eingesetzte Second-Level Cache (L2-Cache) bezeichnet, das im Burst Modus und nach dem Prinzip der Burst Transmission arbeitet.

⇒ Siehe *Burst Transmission; L2-Cache; Burst-Mode*

Burst Mode

Das heute gebräuchliche Second-Level-Cache (L2-Cache) arbeitet generell im Burst Mode. Der bekannteste Modus ist der PB-Modus (Pipelined Burst). Der normale Burst Modus erlaubt die Übertragung vieler Datenpakete über den Bus, ohne für jedes Datenpaket die Zieladresse abfragen zu müssen. Der Pipelined Burst Mode erlaubt zusätzlich die Übertragung mehrerer Bursts hintereinander.

⇒ Siehe *Bus; Packet; Adresse; L2-Cache; PB-Cache*

Bus

Ein Bus (in der Regel Adressbus, Datenbus und Steuerbus) ist eine Verbindungseinheit, an die verschiedene Komponenten eines Computers angeschlossen sind. Der Bus dient der Kommunikation zwischen den einzelnen Geräten und dem System. Über den Bus werden Daten sowie Steuersignale ausgetauscht. Oft wird der Bus auch für die Übertragung der Versorgungsspannung verwendet. Es wird zwischen einem internen Bus, der z.B. der Kommunikation einzelner Elemente des Motherboards mit der CPU (auch innerhalb der CPU) oder untereinander erlaubt, und den peripheren Bus-Systemen, die für den Anschluss peripherer Geräte zuständig sind (z.B. IEC-Bus oder

SCSI-Bus usw.), unterschieden. Der so genannte Erweiterungsbus wurde mit dem ersten IBM-PC eingeführt. Er verfügte über 62 Leitungen (20 davon Adressleitungen) und wurde für die Verbindung mit entsprechenden Erweiterungskarten (z.B. Grafikkarten) eingesetzt. Bei der Einführung des IBM-PC/AT wurde der Erweiterungsbus um 36 Leitungen (acht Datenleitungen) erweitert und konnte neben den Standard-8-Bit-Karten nun auch 16 Bit-Karten aufnehmen. Damit war der ISA-Bus (AT-Bus) geboren, der auch in heutigen Rechnern noch zum Einsatz kommt. Mit der nächsten Rechnergeneration – dem IBM-PS/2 – kam auch ein neues Bussystem – der Microchannel mit 32 Datenleitungen. Der ISA-Bus wurde um 16 Datenleitungen ergänzt und zum EISA-Bus, der sich aber nie recht durchsetzen konnte. Die nächste Entwicklungsstufe war der 32 Bit-Bus Vesa Local Bus (VLB), der vom 32 Bit breiten PCI-Bus abgelöst wurde. Der PCI-Bus ist in der weiteren Entwicklung auf 64 Bit erweitert worden. In heutigen Systemen wird für Erweiterungskarten wie Grafikkarte, SCSI-Kontroller, Netzwerkkarte usw. generell der PCI-Bus genutzt.

➠ *Siehe Netzwerkkarte; PCI; CPU; Datenbus; Adressbus; Grafikkarte; EISA; Erweiterungsbus; Steuerbus; SCSI; ISA; Motherboard; IEC-Bus; VLB*

Busbreite

Die Busbreite gibt die Anzahl der Übertragungsleitungen im Bus an. Sie bestimmt, wie viel Bit parallel übertragen werden können. Die Geschwindigkeit des Computers ist sehr stark von der Busbreite abhängig. Beispiele: ISA-Bus: 16 Bit, VLB- und PCI-Bus: 32 bzw. bis 64 Bit.

➠ *Siehe Bus; PCI; Bit; ISA; VLB*

Business Graphics

Als Business Graphics wird im Allgemein die Zusammenstellung von Tabellen, Diagrammen, Texten und Grafiken zur Veranschaulichung geschäftlicher, finanzieller oder wirtschaftlicher Inhalte, oft mit Hilfe eines so genannte Präsentationsprogramms wie Microsoft PowerPoint oder Harvard Graphics, bezeichnet. Derartige Programme arbeiten meist nach dem Container-Prinzip, d.h., in ihnen werden nur die vorher in anderen Applikationen hergestellten Elemente der Präsentation importiert und zusammengestellt.

➠ *Siehe Containerdatei; Tabelle; Diagramme; Präsentationsprogramme; PowerPoint*

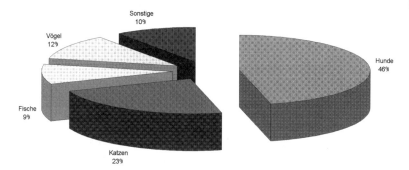

Bild B.3: Ein Tortendiagramm ist eine der vielen Formen einer Geschäftsgrafik.

Bus-Maus

Die Bus-Maus wird im Gegensatz zur seriellen Maus nicht an die serielle Schnittstelle (COM1 oder COM2) angeschlossen, sondern über eine eigene Schnittstellenkarte. Dadurch bleiben die seriellen Ports für andere Geräte (z.B. Modem) frei. Die Bus-Maus ist veraltet. Ersetzt wurde sie von der PS/2-Maus, die statt der Schnittstellenkarte einen eigenen Bus auf dem Motherboard hat.

➠ *Siehe Interrupt; Schnittstelle, serielle; Motherboard*

Bus-Topologie

Bei der Bus-Topologie handelt es sich um eine Netzwerktopologie, bei der alle Computer im Netzwerk (Netzknoten) über ein gemeinsames Netzwerkkabel miteinander verbunden sind. Das Kabel wird an den Enden mit einem Terminator (einem Widerstand) geschlossen.

➠ *Siehe Node; Netzwerk; Terminator; Netzwerktopologie*

Button

Ein Button ist ein Bedienelement einer grafischen Benutzeroberfläche.

➠ *Siehe Applikation; GUI; Betriebssystem*

Bypass

Ein Bypass ersetzt eine Verbindung durch einen anderen, alternativen Verbindungsweg.

Bypass, kompletter

Ein kompletter Bypass bezeichnet ein Kommunikationsnetzwerk, welches die Verbindung über das Telefonnetz unter Nutzung von Satellitenübertragung umgeht.

Bypass, lokaler

Ein lokaler Bypass ist die Verbindung von Gebäuden eines Unternehmens durch Umgehung des öffentlichen Telefonnetzes.

Byte

Ursprünglich als Bite (Happen) bezeichnet; um jedoch eine Verwechslung mit Bit zu vermeiden, wurde das »i« durch ein »y« ausgetauscht. Maßeinheit für Informationsmenge und Speicherkapazität. Ein Byte besteht aus 8 Bit. In einem Byte können 256 (2 hoch 8) Zeichen dargestellt werden. Ein Zeichen aus dem ASCII-Zeichensatz wird z.B. mit einem Byte dargestellt.

➟ *Siehe ASCII; Bit*

Byte, niederwertiges

➟ *Siehe Low Byte*

BZT

Abk.: Bundesamt für Zulassungen in der Telekommunikation

Nur solche Geräte (z.B. ein Modem), die ein Siegel der BZT tragen, sind für den Einsatz im Netzwerk der Telekom zugelassen.

➟ *Siehe Netzwerk; Modem*

C

C

Die Programmiersprache C ist sehr flexibel und wird heutzutage bei den meisten Programmprojekten eingesetzt. Da C zwar fast eine Hardwarenähe wie ein Assembler erreicht, aber trotzdem die Funktionalität einer höher stehenden Programmiersprache bietet, stellt es nahezu eine perfekte Kombination dieser beiden Extreme dar. Speziell das Betriebssystem Unix geht eine starke Symbiose mit C ein. Große Teile dieses Systems sind in C geschrieben und Unix unterstützt daher im Gegenzug die Möglichkeiten von C sehr gut. C++ ist die Fortentwicklung von C und beinhaltet vor allem objektorientierte Programmiertechniken. C# ist die .NET-Version von C.

⇒ *Siehe Programmierung, objektorientierte; Assembler; Unix; Programmiersprache; C++; C#*

C#

C# ist Microsofts Antwort auf Java von Sun Microsystems. Als Hybrid aus C und C++ ist C# insbesondere auf den Einsatz mit XML-basierten Web Services ausgelegt. Zu den wesentlichen Merkmalen dieser Programmiersprache gehören Typsicherheit, Garbage Collection, vereinfachte Typdeklarationen, Versionierung und Skalierbarkeit sowie zahlreiche weitere Funktionen, welche die Softwareentwicklung erleichtern.

⇒ *Siehe Java; Sun Microsystems; C; C++; Web Service; Garbage Collection; XML; .NET*

C:

»C:« ist der Name der ersten Partition einer Festplatte, auf der in der Regel das (Haupt-) Betriebssystem installiert ist.

⇒ *Siehe Harddisk; A:; B:; Partition; Betriebssystem*

C++

C++ ist die Weiterentwicklung der Programmiersprache C und unterstützt nun auch objektorientierte Programmiertechniken. Es wurde von Dr. Bjarne Stroustrup entwickelt.

⇒ *Siehe Programmierung, objektorientierte; C; Programmiersprache*

C128

Der C128 ist die Weiterentwicklung des legendären C64, der bereits 128 KByte Arbeitsspeicher besaß und außerdem ein um viele Funktionen erweitertes BASIC. Er erreichte aber nie auch nur annähernd die Beliebtheit und Verbreitung seines kleinen Bruders.

➨ *Siehe C64; KByte; Commodore; Basic*

C2-Sicherheitsstandard

Der C2-Sicherheitsstandard wurde von der amerikanischen Behörde NCSC (National Computer Security Center = Nationales Computersicherheitszentrum) ins Leben gerufen. Dieser Standard muss sowohl von der Hard- als auch von der Software erfüllt werden, wenn sie in irgendeiner amerikanischen Behörde eingesetzt werden soll. Über C2 gehen die beiden Standards A und B noch hinaus und stellen noch größere Ansprüche. Für PCs ist zurzeit Windows NT das einzige Betriebssystem, das wenigstens unter bestimmten Umständen die C2-Norm erfüllt. So muss die Berechtigung eines jeden Benutzers, der sich am System anmelden will, durch entsprechende Anfragen überprüft werden. Weiterhin muss verhindert werden, dass ein Programm vor der Passwortabfrage gestartet werden kann und diese in irgendeiner Weise beeinflussen oder die Eingaben mitprotokollieren kann. Dies ist der Grund, warum bei Windows NT die Tastenkombination [Alt]+[Strg]+[Entf] gedrückt werden muss, um überhaupt zur Passwortabfrage zu gelangen, denn normalerweise würde diese Kombination den Computer neu starten. Der C2-Standard verlangt allerdings noch die Einhaltung einer ganzen Reihe anderer Vorgaben. Seine Einhaltung muss für ein komplettes System aus Hard- und Software geprüft werden. Windows NT erfüllt die Kriterien nur auf sehr wenigen Rechnern, denn der Rechner muss ein Einzelplatzsystem sein und darf sich nicht in einem Netzwerk befinden. Die Diskettenlaufwerke des Computers müssen alle deaktiviert sein. Jedes Ereignis muss protokolliert werden und dem auslösenden Benutzer zugeordnet werden können. Jeder Benutzer darf sich nur einmal anmelden können. Der Datenschutz der vorhandenen Daten muss auf Arbeitsspeicher-, Datei und Verzeichnisebene erfüllt sein. Bei Windows NT ist dies nur bei Verwendung eines NTFS-Dateisystems (NTFS) sichergestellt.

➨ *Siehe Software; Netzwerk; Passwort; NTFS; Einzelplatzsystem; Hardware; Datenschutz*

C64

Der C64 war der wohl am weitesten verbreitete Homecomputer der 1980er Jahre. Er wurde von der Firma Commodore entwickelt und über 1,7 Millionen Mal verkauft. Er bot lediglich 64 KByte Arbeitsspeicher und davon standen für Programme sogar nur 38 KByte zur Verfügung. Der Rest wurde für das Betriebssystem BASIC benötigt. BASIC stellte sowohl die Benutzeroberfläche als auch die Programmiersprache. Der C128 löste den C64 ab, konnte jedoch an dessen Beliebtheit und Verbreitung nicht heranreichen.

➭ *Siehe C128; KByte; Commodore; Basic; Betriebssystem*

CA

Eine Person oder Organisation, welche die Echtheit eines digitalen Schlüssels – eines so genannte Zertifikats – bestätigen kann, wird Certificate Authority genannt. CAs bilden die oberste Stufe in der Zertifizierungskette digitaler Unterschriften. Sie stellen Zertifikate aus, erstellen Einzugslisten für gestohlene oder ungültig gewordene Zertifikate und kontrollieren die Echtheit bestehender Zertifikate. Ein CA bürgt mit seiner eigenen digitalen Unterschrift für die Echtheit aller Zertifikate, die er ausgestellt hat. Zertifikate bilden die Grundlage eines weltumspannenden Vertrauensnetzes zwischen allen Teilnehmern des Internets. Besonders im Hinblick auf den stetig wachsenden E-Commerce spielen sie eine immer wichtigere Rolle. Eine der am meisten anerkannten CAs ist die Firma VeriSign.

➭ *Siehe digitale Signatur; E-Commerce*

Cache

Cache ist die Bezeichnung für eine besondere Art von Speicher, der den Zugriff auf Daten beschleunigen soll. Dabei werden gelesene Daten in diesen Speicher abgelegt. Erfolgt nun ein erneuter Lesezugriff, so wird zunächst nachgesehen, ob sich die Daten im Cache befinden. Ist dies der Fall, werden sie aus diesem und nicht aus dem Medium gelesen, an das sich der Lesezugriff gerichtet hat. Der Cache-Speicher verfügt über eine wesentlich kürzere Zugriffszeit als dies bei dem gecachten Medium der Fall ist, wodurch sich der Beschleunigungseffekt ergibt.

➭ *Siehe Hauptspeicher; Zugriff; Burst-Mode; PB-Cache; Burst-Cache; SCSI; Prozessor*

Cache On A Stick

➭ *Siehe COAST*

Cache, asynchroner

Der asynchrone Cache ist die Standardausführung des Second-Level-Cache (L2-Cache). Heutzutage wird allerdings die schnellere Variante, der Pipelined-Burst-Cache oder auch synchrone Cache, verwendet.

➭ *Siehe Cache; L2-Cache; PB-Cache*

Cache, synchroner

➭ *Siehe Burst-Cache*

Cache-Controller

Ein Cache-Controller ist eine Hardwarekomponente, die einen Cache steuert. Auf jedem Motherboard befindet sich ein derartiger Cache-Controller, der den Second-Level-Cache steuert, in dem die für die CPU bestimmten Daten organisiert werden.

➠ Siehe Controller; CPU; Cache; L2-Cache; Hardware; Motherboard

Caching, dynamisches

Dynamisches Caching ist eine Technik für das Speichern der zuletzt verwendeten Daten. Die Größe des Cache-Speichers hängt dabei nicht davon ab, wie viel Speicher der aktuell ausgeführten Anwendung zugeordnet ist, sondern davon, wie viel Speicher insgesamt verfügbar ist.

CAD

Abk.: Computer Aided Design

▲ Übers.: computergestütztes Konstruieren

▲ Syn.: CADD

Mit CAD-Programmen werden überwiegend technische Zeichnungen entworfen, die möglichst präzise sein müssen. Solche Zeichnungen müssen nicht mehr am Reißbrett entworfen werden und können am Computer im Nachhinein ohne Probleme abgeändert werden. Programme wie AutoCAD unterstützen den Benutzer auch durch eine Vielzahl von Funktionen, die einen Großteil der anfallenden Aufgaben automatisieren können. Es gibt auch Bibliotheken, die eine Vielzahl Konstruktionselementen beinhalten und die deshalb extrem einfach in jede Zeichnung eingesetzt werden können.

➠ Siehe 3D-Standards; 3D-API; AutoCAD; Autodesk

CADD

Abk.: Computer Aided Design und Drafting

➠ Siehe CAD

Caddy

Bei einer bestimmten Klasse von CD-ROM-Laufwerken muss die CD-ROM in eine spezielle Schutzhülle gelegt werden, den Caddy, die dann in das CD-ROM-Laufwerk geschoben wird. Dadurch sind die CDs vor äußeren Einflüssen geschützt. Caddy-CD-ROM-Laufwerke sind meistens teurer als normale Laufwerke.

➠ Siehe CD-ROM-Laufwerk; CD-ROM

CAD-Programm

Mit einem CAD-Programm (CAD) werden technische Zeichnungen auf sehr einfache Art und Weise erstellt und bearbeitet. Sie werden vor allem in der Architektur, in der Elektrotechnik und im Fahrzeug- und Maschinenbau verwendet. Die bekanntesten

Vertreter sind AutoCAD und ProEngineer.

➡ *Siehe AutoCAD; CAD*

CAE

Abk.: Computer Aided Engineering

CAE ist der Oberbegriff für Fertigungen und Konstruktionen, die mit Hilfe eines Computers erstellt werden. Darunter fallen z.B. CAD und CAM.

➡ *Siehe CAD; CAM*

CALL

Mit einem CALL-Kommando, das in fast allen Programmiersprachen vorkommt, wird von der aktuellen Programmposition zu einem Unterprogramm verzweigt. Die dort befindlichen Befehle werden ausgeführt, bis das Ende des Unterprogramms erreicht ist und der Anwender mit einem RETURN-Befehl wieder zu dem aufrufenden Programm zurückkehrt. Die dazu nötige Adresse legt CALL auf einem Stapelspeicher ab. CALL wird allgemein als Unterprogrammaufruf bezeichnet.

➡ *Siehe Instruction; Programmiersprache*

Callback

1. Callback bezeichnet eine **TECHNIK**, mit der die Sicherheit einer Verbindung überprüft wird. Will ein Anwender Daten von einem Server abfragen, ruft er diesen normalerweise einfach an und überträgt die gewünschten Daten. Der Server verlangt dabei zwar eine Autorisierung, kann aber dennoch nicht feststellen, ob der Anrufer wirklich die Person ist, die er vorgibt zu sein. Beim Callback-Verfahren ruft der Anwender den Server an und autorisiert sich. Dann legt er aber auf und wartet, bis ihn der Server zurückruft. Erst dann kann er über die Daten verfügen. Trotz dieses Verfahrens kann der Server dennoch nie ganz sicher sein, ob der Anrufer zugriffsberechtigt ist.

2. CallBack ist auch ein Verfahren, mit dem die hohen Kosten von Fernverbindungen umgangen werden können. Hierzu ruft der Benutzer eine spezielle Nummer eines beliebigen Telekommunikationsunternehmens an und autorisiert sich. Dann legt er auf und wartet auf den Rückruf des Vermittlungscomputers, der dann die Leitung für die Anwahl einer beliebigen Nummer freischaltet. Das ergibt z.B. Sinn, um die günstigeren Tarife der US-Telekommunikationskonzerne zu nutzen oder um die teuren Tarife von Handys zu umgehen. Dabei werden die Gebühren über

den eigenen Telefonanschluss abgerechnet, so dass es möglich ist auf der ganzen Welt ohne Bargeld zu telefonieren.

➔ *Siehe Server; Zugriffsrechte*

Callback-Modem

Ein Callback-Modem ist ein Modem, das ankommende Rufe nicht sofort beantwortet, sondern darauf wartet, dass der Anrufer einen Mehrfrequenzcode übermittelt. Nachdem das Modem diesen erhalten hat, legt es auf und vergleicht den Code mit den gespeicherten Telefonnummern. Wenn der Code mit einer autorisierten Nummer übereinstimmt, wählt das Modem die entsprechende Nummer und stellt die Verbindung zum ursprünglichen Anrufer wieder her. Vorteil dieser Methode ist die damit verbundene Sicherheit, dass nur berechtigte Nutzer eine Verbindung aufbauen können.

➔ *Siehe Modem*

Call-by-Call

Bei Call-by-Call kann sich der Kunde durch eine bestimmte Vorwahl in ein anderes günstigeres Telefonnetz einwählen. Die Abrechnung erfolgt je nach Anbieter über die normale Telefonrechnung oder der Anbieter stellt nach vorheriger Anmeldung eine eigene Rechnung.

Caller

Caller ist die Bezeichnung für einen User in einer Mailbox oder in einem Netzwerkknoten.

➔ *Siehe Node; Netzwerk; User; BBS*

Calling-Ton

Ein Calling-Ton ist ein analoges Erkennungssignal, mit dem sich ein Fax meldet. Sehr gebräuchlich ist auch die Bezeichnung CNG-Signal oder CNG-Ton.

➔ *Siehe CNG-Signal; Analog; Fax*

Callthrough

Beim Callthrough-Verfahren wählt sich der Kunde zunächst über eine gebührenfreie Rufnummer in das Netz einer Telefongesellschaft ein. Dann geht es per Tonwahl weiter und es kommt eventuell zur einer PIN-Abfrage. Danach wählt der Kunde die gewünschte Zielnummer.

➔ *Siehe PIN*

CAM

Abk.: Computer Aided Manufacturing

▲ *Übers.: computerunterstützte Fertigung*

Unter CAM wird die Verwendung von Computern zur Steuerung von Maschinen verstanden. Neben einem sehr leistungsfähigen Rechner und einer hochspezialisierten Software werden auch eine Reihe von speziellen Schnittstellen benötigt, die Maschinen ansteuern können.

➠ *Siehe Schnittstelle; Prozessrechner; Echtzeitverarbeitung*

Camcorder

Ein Camcorder ist eine Videokamera und ein Videorecorder in einem Gerät. Ein moderner Camcorder kann aufgezeichnete Szenen selbst auf einem kleinen Farb-LCD-Bildschirm wiedergeben.

➠ *Siehe LCD*

Camino

Camino ist die interne Bezeichnung der Firma Intel für den i820-Chipsatz. Der i820 unterstützt RAMbus-Speichermodule. Der FSB wird mit 133 MHz betrieben und dank der Busbreite von 64 Bit erreicht er eine Übertragungsrate von bis zu 1064 MByte/s zwischen Prozessor und dem Grafik-Memory-Controller-Hub (GMCH). Wie schon beim i810 verwendet der i820 die Daten-Hubs GMCH, ICH und FWH. Des Weiteren führt Intel mit dem Camino das Bussystem AGP 2.0 ein, das jetzt mit 133 MHz Taktfrequenz betrieben wird. ISA-Steckplätze sind nur noch optional erhältlich, es können bis zu sechs PCI-Karten eingesetzt werden.

➠ *Siehe Intel; AGP; Rambus; Busbreite; Taktfrequenz; Bus*

Cancelbot

Cancelbot ist ein im Internet gebräuchliches Programm, das automatisch Nachrichten, die einer bestimmten Struktur folgen (z.B. Werbe-E-Mails, Spam-Mail) löscht. Cancelbots sind aber nicht vor Fehlern gefeit, so dass manchmal auch »richtige« E-Mails gelöscht werden.

➠ *Siehe Internet; E-Mail; Werbeblocker; Spam-Mail*

CAP

Abk.: Computer Aided Planning

CAP wird die computergestützte Planungen zur Arbeitsvorbereitung und Fertigungsplanung genannt.

➠ *Siehe CAD; CAM*

CAPI

Abk.: Common ISDN API

CAPI steht für Common ISDN API und ist die für jede ISDN-Karte erforderliche Treibersoftware. Sie wird benötigt, um unter Windows auf eine derartige Karte zugreifen zu können. Es existieren zwei verschiedene Versionen des CAPI, die recht verbreitet sind. Die 1.1 Version ist inzwischen veraltet und basiert auf nationalen ISDN. Viele alte Programme, die ISDN benutzen, setzen allerdings noch auf CAPI 1.1 auf. Die 2.0 Version ist neu und einfacher zu konfigurieren und unterstützt das neue Euro-

ISDN. Da CAPI 1.1 und 2.0 leider nicht kompatibel sind, die Programme aber entweder das eine oder das andere Protokoll nutzen, sollte beim Kauf einer ISDN-Karte darauf geachtet werden, ob diese eine duale CAPI unterstützt, die beide CAPI-Protokolle anbietet.

➡ *Siehe ISDN-Karte; Software; Euro-ISDN; API; AVM; MSN; Protokoll; ISDN; Gerätetreiber; ISDN, nationales*

CAPI-Port-Treiber

CAPI-Port-Treiber wurden von der Firma AVM für die ISDN-Karten FritzCard und B1 entwickelt, um diese unter Windows 95 als virtuelle Modems ansprechen zu können. Da die Windows-Funktionen wie das DFÜ-Netzwerk nicht direkt auf ISDN-Karten zugreifen können, benötigen sie ein virtuelles Modem. Der CAPI-Port-Treiber stellt verschiedene Modem-Protokolle in der Systemsteuerung zur Verfügung, mit denen die Programme auf die ISDN-Karte zugreifen können. Wichtige Protokolle sind HDLC, V.110 und X.75.

➡ *Siehe HDLC; CAPI; DFÜ-Netzwerk; ISDN-Karte; AVM; V.110; X.75; Modem; ISDN*

Caps-Lock-Taste

Wenn die Caps-Lock-Taste gedrückt wird, werden alle Buchstaben, die danach eingegeben werden, groß geschrieben. Diesen Zustand zeigt in der Regel eine Leuchtdiode auf der Tastatur an.

➡ *Siehe Keyboard; Shift (Instructions); LED*

Captain Crunch

Der Nickname (Alias) des Ur-Hackers John Draper ist Captain Crunch. Draper fand in den 1960er Jahren heraus, dass eine kleine Trillerpfeife, die den »Captain Crunch«-Frühstücksflocken beilag, genau den Ton (2600 Hz) erzeugte, der die Fernleitungen der amerikanischen Telefongesellschaft AT&T freischaltete. Außerdem erfand er ein Gerät, das das Geräusch fallender Münzen nachahmte und so kostenloses Telefonieren ermöglichte (Wicked Blue Box oder einfach Blue Box).

➡ *Siehe Wicked Blue Box; AT&T; Blueboxing; Hacker*

Carbon Copy

➡ *Siehe CC*

CardBus

CardBus ist eine 32 Bit-Erweiterung des PC-Card-Standard, die im Februar 1995 vom PCMCIA-Gremium beschlossen wurde.

➡ *Siehe PCMCIA*

Cardware

Cardware ist die Bezeichnung einer Software, die wie Freeware kostenlos bezogen und verbreitet werden darf. Der Autor bittet lediglich um die Zusendung einer netten und/oder originellen Postkarte als Dank, wenn sein Programm gefällt.

➨ *Siehe Freeware; Software*

Carriage Return

Abk.: CR

Carriage Return ist ursprünglich die Bezeichnung für den Wagenrücklauf bei Schreibmaschinen. Im Computerbereich bezeichnet Carriage Return den Zeilenumbruch. Geläufiger ist allerdings die verkürzte Bezeichnung Return.

➨ *Siehe Return*

Carrier

Der Carrier ist das Trägersignal, mit dem Modems sich untereinander verständigen. Am Anfang der Verbindung wird zuerst der Carrier aufgebaut, auf den dann im Lauf der Verbindung die Daten aufmoduliert werden. Ist der Carrier erfolgreich aufgebaut worden, so gibt das Modem eine CONNECT-Meldung zurück. Wird die Leitung und damit auch der Carrier getrennt, so wird eine NO-CARRIER-Meldung ausgegeben.

➨ *Siehe Modulation; Modem*

Carrier Sense Multiple Access/ Collision Detection

➨ *Siehe CSMA/CD*

Cartridge

➨ *Siehe Memory Cartridge*

CAS

1. Abk.: Code Access Security

In .NET-Anwendungsprogrammen wird jeder Anwendung bei deren Ausführung ein bestimmter Berechtigungssatz (Permission Set) zugewiesen, um die Codezugriffsicherheit (CAS) zu gewährleisten. Der Berechtigungssatz legt fest, ob und welche Funktionen von einer Anwendung ausgeführt werden dürfen.

➨ *Siehe .NET*

2. Abk.: Column Access Strobe

Ein Signal, das vom Prozessor an ein DRAM gesendet wird, um eine Spaltenadresse zu aktivieren. DRAMs speichern Daten in einer Matrixstruktur aus Spalten und Zeilen. In jeder Zelle, die daraus entsteht, wird ein Bit gespeichert. Um dieses Bit auszulesen, sendet der Prozessor zuerst ein RAS-Signal, um die Zeile zu bestimmen, und dann ein CAS-Signal für die Spalte. Kombiniert ermitteln diese beiden Signale die Speicherzelle.

➨ *Siehe: DRAM*

Cascading Style Sheets
➡ Siehe CSS

CASE
Abk.: Computer Aided Systems Engineering

▲ Übers.: computerunterstützte Systementwicklung

Mit CASE werden Softwaresysteme (Software) bezeichnet, die Entwicklern bei der Erstellung und der Wartung von Software zur Hand gehen. Integrierte CASE-Werkzeuge helfen bei dem gesamten Prozess der Softwareentwicklung, beginnend bei der Analyse der Anforderungen an die Software, über die Programmierung bis hin zur Testphase des (fast) fertigen Produkts.

➡ Siehe Software; Softwareentwicklungssystem; Softwareentwicklung

Case Modding
Case Modding bezeichnet die Modifizierung des PC-Gehäuses mit funktionell unerheblichen Bauteilen (Dioden, Glasfenster, leuchtende Kühler/Lüfter, Kabeln) bzw. funktionellen Komponenten wie Wasserkühlung, Dämmmatten, Kühlersteuerung.

Cat-5
Abk.: Category 5

▲ Übers.: (Kabel der) Kategorie 5

▲ Syn.: Twisted-Pair-Kabel

Cat-5 ist eine Bezeichnung für eine Kabelkategorie verdrillter Zweidrahtleiter (twisted-pair), die bei der strukturierten Verkabelung in den Bereichen Netzwerktechnik und Telekommunikation verwendet werden. Die internationale Norm für Kabelkategorien und Anwendungsklassen von verdrillten Zweidrahtleitern kennt sieben Kategorien (1-7), wobei in den meisten Unternehmen die Kabel der Kategorie 5 mit einer Bandbreite von 100 MHz zur Anbindung von Arbeitsplätzen eingesetzt werden.

➡ Siehe Twisted-Pair-Kabel; Netzwerk

Cathode Ray Tube
➡ Siehe CRT

CAUCE
Abk.: Coalition Against Unsolicited Commercial Email

CAUCE ist eine amerikanische Vereinigung, die sich das Verbot von Spam-Mail zum Ziel gesetzt hat.

➡ Siehe BI-Index; Spam-Mail; IEMMC

CAV-Verfahren
Abk.: Constant Angular Velocity

▲ Übers.: konstante Rotationsgeschwindigkeit

Das CAV-Verfahren wird bei Diskettenlaufwerken, CD-ROM-Laufwerken und Festplatten eingesetzt. Dabei dreht sich der Datenträger mit einer konstanten Geschwindigkeit (Disketten 360 Upm, Festplatten 3600-10.000 Upm). Da die Datendichte vom Radius der jeweiligen Spur abhängig ist, steigt die Datentransferrate zum äußeren Rand kontinuierlich an. Um trotzdem eine möglichst konstante Rate zu erhalten, packt der Controller die Sektoren auf den inneren Spuren dichter. CD-ROM-Laufwerke arbeiten oft zusätzlich mit dem CLV-Verfahren.

➠ *Siehe Umdrehungsgeschwindigkeit; CD-ROM-Laufwerk; Diskettenlaufwerk; Datentransferrate; CLV-Verfahren; Controller; Track(s); Harddisk; Sektor; Aufzeichnungsdichte*

CB

Abk.: Cell Broadcast

▲ *Übers.: Zellenrundfunk*

▲ *Syn.: Zelleninfo, Zellenrundfunk, Regionalinfo, Infodienst, Rundsendung*

Über CB wird eine bestimmte Nachricht eines Absenders an alle empfangsbereiten Mobiltelefone eines Netzbetreibers gesendet, die sich in einem bestimmten Ausstrahlungsgebiet befinden und einen bestimmten Kanal zum Empfang dieser Nachrichten aktiviert haben. Genutzt wird diese Technik unter anderem, um Vorwahlbereiche bestimmter Services (z.B. D2-BestCitySpecial) auf den Displays dafür geeigneter Mobiltelefone anzuzeigen. Die maximale Nachrichtenlänge einer CB beträgt 93 Zeichen (82 Bytes), 15 einzelne Nachrichten lassen sich zu einer so genannten Makronachricht verbinden. CBs werden im Hintergrundmodus (Idle-Modus) empfangen. Es gibt nur die Wahlmöglichkeit keine oder alle Infos eines Kanals zu empfangen. Denkbar sind Empfangsintervalle von bis zu 2 Sekunden. Je nach Anbieter werden für Cellbroadcast z.B. folgende Bezeichnungen verwendet: Zelleninfo, Zellenrundfunk, Regionalinfo, Infodienst, Rundsendung, usw.

➠ *Siehe Mobilfunk; Zelle*

CBR

Abk.: Constant Bit Rate

▲ *Übers.: Konstante Bitrate*

CBR bedeutet, dass beim VCD-Videoformat die Videodaten konstant mit derselben Bitrate und damit in derselben Qualität aufgezeichnet werden. Eine bessere Bildqualität wird jedoch erreicht, wenn die Höhe der Bitraten von der Häufigkeit der Bildänderungen abhängig gemacht werden. Diesen Vorteil bietet das SVCD-Format mit seiner variablen Bitrate (VBR).

➠ *Siehe Bitrate; VCD; SVCD*

CBT

Abk.: Computer Based Training

▲ *Übers.: computergestütztes Lehren*

Auf CBT basierende Konzepte sollen das Lernen durch den Einsatz von Computern vereinfachen und den Lernerfolg durch anschauliche Darstellung erhöhen. Gerade die Möglichkeiten von Multimedia bieten dazu ein optimales Umfeld.

➠ *Siehe Multimedia-CDs; Multimedia*

CC

Abk.: Carbon Copy

Eine Carbon Copy (CC) ist eigentlich ein Kohlepapierdurchschlag. Erstaunlicherweise wird diese Bezeichnung genutzt, um einen zusätzlichen Adressaten einer E-Mail anzugeben. Wird im CC-Feld einer E-Mail eine weitere E-Mail-Adresse angegeben, so erhält der Hauptempfänger neben der Nachricht im Header der E-Mail die Adresse des anderen Empfängers. Wünschen Sie dies nicht, so sollten Sie eine BCC für Blind Carbon Copy verwenden. Diese unterscheidet sich in der Funktion nicht von der Carbon Copy, übermittelt aber die E-Mail-Adresse nicht. Nicht alle E-Mail-Programme haben eine BCC-Funktion.

➠ *Siehe Exchange; Header; E-Mail; BCC*

CCDA

Abk.: Cisco Certified Design Associate

CCDA ist ein Zertifikat von Cisco aus dem Bereich Netzwerkdesign (unterste Stufe). Der Träger des Zertifikats hat nachweislich die Fähigkeit zum Design eines einfachen Netzwerks erworben.

➠ *Siehe CCNA; CCDP*

CCD-Elemente

Abk.: Charge Coupled Device

▲ *Übers.: ladungsgekoppeltes Gerät*

CCD-Elemente werden Ansammlungen von lichtempfindlichen Fotodioden genannt, die zur Digitalisierung von Vorlagen benutzt werden. Bei einem Scanner gibt es z.B. eine Zeile solcher CCD-Elemente, mit denen die Vorlage gescannt (abgelesen) wird. Die CCD-Elemente registrieren dabei das von der Vorlage reflektierte Licht und wandeln es in eine für den Computer verständliche Spannung um. Auch Digital-Kameras und digitale Videokameras benutzen solche CCD-Elemente.

➠ *Siehe Scanner; Digitale Kamera*

CCDP

Abk.: Cisco Certified Design Professional

Zertifikat von Cisco aus dem Zertifizierungsbereich Netzwerkdesign (höchste Stufe). Der Träger des Zertifikats hat nachweislich die Fähigkeit zum Design eines mittleren Netzwerks erworben.

➥ *Siehe CCNA; CCDA*

CCIE

Abk.: Cisco Certified Internetwork Expert

CCIE ist ein Zertifikat von Cisco aus den Bereichen Netzwerkunterstützung (höchste Stufe) und Internet-Netzwerksupport (höchste Stufe). Der Träger des Zertifikats hat nachweislich die Fähigkeit zur Implementierung und Wartung eines komplexen Netzwerks mit Internet-Anbindung erworben.

➥ *Siehe CCNA; CCNP; CCIP*

CCIP

Abk.: Cisco Certified Internetwork Professional

CCIP ist ein Zertifikat von Cisco aus dem Bereich Internet-Netzwerksupport (mittlere Stufe). Der Träger des Zertifikats hat nachweislich die Fähigkeit zur Implementierung von Internet-Zugangslösungen erworben.

➥ *Siehe CCIE; CCNA*

CCITT

Abk.: Comité Consultatif International Téléphonique et Télégraphique

Das CCITT ist ein internationales Komitee, das Standards für die Telekommunikation erarbeitet. Dieses Komitee besteht aus den nationalen Telefongesellschaften der vertretenen Länder und ist ein Teil der UNO. Die modernere Bezeichnung ist ITU-T.

➥ *Siehe Telekommunikation*

CCNA

Abk.: Cisco Certified Network Associate

CCNA ist ein Zertifikat von Cisco aus den Bereichen Netzwerkunterstützung (unterste Stufe), Netzwerkdesign (mittlere Stufe) und Internet-Netzwerksupport (unterste Stufe). Der Träger des Zertifikats hat nachweislich die Fähigkeit zum Design und zur Implementierung eines einfachen Netzwerks mit Internetanbindung erworben.

➥ *Siehe CCDA; CCDP; CCIE; CCNP; CCIP*

CCNP

Abk.: Cisco Certified Network Professional

CCNP ist ein Zertifikat von Cisco aus dem Bereich Netzwerkunterstützung (mittlere Stufe). Der Träger des Zertifikats hat nachweislich die Fähigkeit zur Implementierung eines mittleren Netzwerks erworben.

➥ *Siehe CCNA; CCIE*

CCP

Abk.: Certificate in Computer Programming

Ein in der Industrie angesehenes Zertifikat ist das CCP, es wird vom US-amerikanischen Verband ICCP (Institute for Certification of Computer Professionals) an Entwickler und Programmierer vergeben.

CD

Abk.: Compact Disc

Die CD ist eines der am weitesten verbreiteten Speichermedien überhaupt. Nach dem Siegeszug der CDs im Musikbereich haben sie nun auch den Computerbereich erobert. CD-Writer und CD-Rs (Recordable CDs, beschreibbare CDs) sind inzwischen bezahlbar geworden. Der Nachfolger der CDs, die DVD, ist schon auf dem Markt. Es wird wohl aber noch eine Zeit dauern, bis diese Medien die CDs verdrängen. Audio-CDs (CD-DA) werden im Red-Book-Format abgespeichert, Daten-CDs (CD-ROM) jedoch im Yellow-Book-Format. CDs enthalten alle Daten im digitalen Format und werden mit einem Laser ausgelesen.

➠ *Siehe CD-Writer; Laser; DVD; Laserdisc; Yellow Book; Red Book; CD-R; Digital; CD-ROM*

CD+G

Eine Audio-CD (CD-DA), die nicht nur Musikdaten sondern auch Grafiken, Programme oder Texte enthält, wird CD+G genannt.

➠ *Siehe CD*

CD+Midi

Eine Audio-CD (CD-DA), die Midi-Dateien enthält, wird CD+Midi genannt.

➠ *Siehe CD; MIDI*

CD32

CD32 ist der Nachfolger von CDTV, einer 32 Bit-Spielekonsole der Firma Commodore. Die Grundlage dieser Konsolen ist der Amiga.

➠ *Siehe Konsole; Amiga; CDTV; Commodore*

CD-Brenner

➠ *Siehe CD-Writer*

CDDI

Abk.: Copper Distributed Data Interface

CDDI ist der Name einer FDDI-Variante, die mit Twisted-Pair-Kabeln anstatt der normalerweise verwendeten Glasfaserkabel arbeitet. CDDI konnte sich aber nicht durchsetzen.

➠ *Siehe FDDI; Twisted-Pair-Kabel; Glasfaserkabel*

CD-EB

CD-EBs sind spezielle CD-ROMs, die einen Durchmesser von nur 8 cm haben und nicht zu normalen CD-ROMs kompatibel sind. Sie lassen sich lediglich in einem bestimmten tragbaren Gerät auslesen und enthalten hauptsächlich Lexika, Wörterbücher, etc.

➡ *Siehe CD; CD-ROM*

CD-Extra

Der CD-Extra-Standard beschreibt spezielle CD-ROMs, die sowohl Audio- als auch Datenspuren enthalten können. So wäre es beispielsweise möglich, Titel und Interpreter in vollem Umfang zu jeder Audio-Spur anzuzeigen. CD-Extras sind in normalen CD-ROM-Laufwerken lesbar und erfordern lediglich eine bestimmte Software, um gelesen werden zu können. Der CD-Extra-Standard ist im Blue Book-Standard (Blue Book) festgelegt worden und hat namhafte Unterstützung gefunden, etwa durch Apple und Microsoft. Durch die Vereinigung von Audio- und Datenelementen ergibt sich eine Vielzahl neuer Möglichkeiten vor allem im Multimediabereich (Multimedia). Der Vorgänger der CD-Extra, die CD-Plus, verursachte eine Reihe von Problemen, da die meisten Audio-CD-Player den Datentrack als Audio-Track missinterpretiert haben. Wird jedoch ein Daten-Track abgespielt, so ist das Resultat weder für die Ohren noch für die Boxen sehr zuträglich. Aus diesen Gründen wurde die CD-Extra geschaffen, die den Datentrack in einer weiteren Session hinter den Audio-Spuren ablegt. Normale Audio-CD-Player können diese weitere Session nicht sehen und haben deshalb auch keine Probleme damit. Jedes multisessionfähige CD-ROM-Laufwerk kann die Datenspur jedoch problemlos finden und auslesen.

➡ *Siehe CD; CD-Plus; Track(s); Multisession; Blue book; CD-ROM; Session; Multimedia*

CDF

Abk.: Channel Definition Format

CDF ist ein Dateiformat von Microsoft, mit dem Webchannel definiert werden. Um den Channel zu erreichen, benötigt der User den Internet Explorer ab Version 4.0. Das CDF-File identifiziert die Webseite und deren Unterstrukturen, nachdem der Benutzer einen Channel im Browser ausgewählt hat. Das CDF-Format ist eine spezielle Weiterentwicklung der Extensible Markup Language (XML), die Microsoft als Quasi-Standard für die Beschreibung eines Webchannels benutzt.

➡ *Siehe Dateiformat; XML*

CD-I

Die CD-I ist ein Standard der Firma Philips für Multimedia-

CDs. Solche CDs sind vor allem für Computerspiele, Musik und Videos vorgesehen und können diese Elemente in sehr hoher Qualität aufnehmen. Das »I« im Namen steht für interaktiv und meint, dass der Benutzer in den Ablauf der Elemente eingreifen kann. Beispielsweise kann er auswählen, welche Audio-Tracks er in welcher Reihenfolge abspielen möchte. CD-I basiert auf dem CD-ROM-Mode 2 und wurde von Philips Green Book genannt. Später diente er als Grundlage für den CD-ROM/XA-Standard (CD-ROM/XA). Mit einem CD-I-Player ist es möglich auch Photo-CDs auszulesen.

➡ *Siehe CD; CD-ROM/XA; Photo-CD; Multimedia*

CDMA

Abk.: Code Division Multiple Access

DMA ist eine von drei Technologien zur Übertragung von Signalen in Mobilfunknetze. Im Gegensatz zu GSM oder TDMA werden die Daten über die gesamte zur Verfügung stehende Bandbreite verbreitet. Mehrfachanrufe werden auf einem Kanal überlagert und mit einem eindeutigen Codesegment gekennzeichnet.

➡ *Siehe Bandbreite; GSM; Mobilfunk*

CDPD

Abk.: Cellular Digital Packet Data

CDPD ist ein Standard für die drahtlose Übertragung von Daten mit einer Übertragungsgeschwindigkeit von 19,2 Kbps auf den bereits vorhandenen Mobiltelefon-Kanälen.

➡ *Siehe bps*

CD-Plus

Die CD-Plus ist der Vorgänger der CD-Extra (Blue Book).

➡ *Siehe CD-Extra; Blue book*

CD-R

Eine CD-R, auch CD-Rohling genannt, ist eine CD-ROM, die einmal mit einem CD-Writer (CD-WORM) beschrieben werden kann.

➡ *Siehe CD-Writer; CD-ROM*

CD-R-FS

Das CD-R-FS beschreibt einen Standard für CD-Rs, mit dem sich diese wie eine Festplatte beschreiben lassen. Das FS steht für File System und bezeichnet ein Dateisystem, welches das Kopieren und sogar Löschen von Dateien auf einer CD-R möglich macht. Wirklich gelöscht können die Dateien natürlich nicht werden, vielmehr wird ihre Eintragung in der

Dateizuordnungstabelle getilgt. Da Sony dieses Verfahren entwickelt hat, wird es bis jetzt auch nur von CD-Writern von Sony unterstützt. Die CD-Rs, die mit diesem System beschrieben wurden, lassen sich erst wenn sie abgeschlossen (fixiert) wurden, wie gewöhnlich in normalen CD-ROM-Laufwerken lesen. Technisch wird das angewandte Verfahren Packet Writing genannt.

➠ *Siehe CD; Dateisystem; CD-Writer; CD-ROM-Laufwerk; CD-ROM*

CD-ROM

Abk.: Compact Disk Read Only Memory

Die CD-ROM ist ein 1985 von Philips und Sony vorgestellter Datenträger, der typischerweise ca. 650 MByte aufnehmen kann. Die Sektoren auf einer CD sind zwar 2352 Byte groß, das verwendete Yellow Book-Format (Yellow Book) nutzt davon aber nur 2048 Byte für Daten. Der Rest wird zur Fehlererkennung und Fehlerkorrektur benutzt. Dies gilt allerdings nur für den CD-ROM-Mode 1, der Mode 2 verwendet 2336 Byte für Daten. Da Audio-Tracks keine Fehlerkorrektur benötigen, nutzen sie die vollen 2352 Byte. Die verschiedenen Sektortypen können auf einer CD beliebig angeordnet und so die unterschiedlichen Typen von Daten miteinander kombiniert werden.

Die Nachfolge der CD-ROM soll die DVD antreten, die bis zu 17 GByte an Daten speichern kann. CD-ROMs werden mit einem CD-ROM-Laufwerk ausgelesen.

➠ *Siehe Datenträger; CD; DVD; Sektor; Yellow Book; ROM; CD-ROM-Laufwerk; Byte; Fehlererkennung*

CD-ROM/XA

Bei Der CD-ROM/XA steht das XA für eXtended Architecture und bedeutet soviel wie erweiterte Architektur. Dieses über die normalen CD-ROMs hinausgehende Format unterstützt ebenso die von der CD-I übernommenen Sektorformate 1 und 2. Das Format 1 speichert 2024 Byte, das Format 2 2324 Byte. Wie bei den CD-ROMs können auch hier die Sektorformate beliebig variieren.

➠ *Siehe CD; CD-I; Sektor; CD-ROM*

CD-ROM-Laufwerk

CD-ROM-Laufwerke gehören heutzutage zur Standardausrüstung eines jeden modernen PCs. Fast alle Programme werden auf CDs geliefert, da diese bis zu 650 MByte speichern können und so eine Menge Disketten eingespart werden können. Die Daten selbst werden dabei als Abfolge von Vertiefungen, so genannten Pits, und den flachen Stellen, den Lands, binär kodiert. Ein Laserstrahl tastet die Oberfläche der

CD ab und ein Sensor erfasst das reflektierte Licht. Da das Reflexionsverhalten der Pits und Lands sehr unterschiedlich ist, kann so mittels des Sensors die Bit-Folge gelesen werden. Der Laser eines CD-ROM-Laufwerks kann die Daten nur lesen. Ein CD-Writer hat zusätzlich einen deutlich stärkeren Laser, mit dem er die Pits und Lands selbst erzeugen und eine CD-R brennen kann. Die Herstellung von CDs kostet heute in der Massenherstellung nur noch etwa 50 Cent pro Stück und so erfreuen sie sich auch als Werbemedien wachsender Beliebtheit. CD-ROM-Laufwerke unterscheiden sich hauptsächlich in ihrer Zugriffszeit und der Geschwindigkeit, mit der sie die CD-ROMs drehen. Angefangen bei Singlespeed (150 KByte/s) über Doublespeed (300 KByte/s) bis zu mittlerweile 50-fach-Speed (7500 KByte/s) hat sich diese Geschwindigkeit immer weiter gesteigert. Die Zugriffszeit ist wichtig bei vielen kleinen Zugriffen, wohingegen die Drehrate die maximale Datentransferrate festlegt. Eine höhere Drehgeschwindigkeit hat aber nicht nur positive Seiten. Die hohe Datentransferrate erfordert enorm schnelle und damit teure Bausteine für die Fehlerkorrektur. Sind diese nicht vorhanden, kann die Fehlerkorrektur stark leiden und die Geschwindigkeit muss gesenkt werden, um die Daten fehlerfrei lesen zu können. Außerdem haben sehr schnell drehende CD-ROM-Laufwerke oft Probleme mit unsymmetrischen CDs, denn diese bringen das Laufwerk stark zum Vibrieren. Für die CDs ist diese Tortur auch nicht ganz ungefährlich. Sie können sehr leicht Kratzer abbekommen und sich weiter verformen und damit unlesbar werden. Das Laufwerk benötigt aus der Ruhephase heraus weiterhin eine immer längere Zeit, um die CDs auf ihre Umdrehungsgeschwindigkeit zu bringen, was eine sehr lästige Verzögerung bei Zugriffen nach Pausen hervorruft. Eine besondere Laufwerkart stellen die CD-Wechsler dar, die in der Lage sind, mehrere CDs auf einmal aufzunehmen und automatisch zur gewünschten zu wechseln und mit dieser zu arbeiten.

➥ *Siehe Sensor; CD; Datentransferrate; CD-Writer; Laser; Zugriff; CD-R; CD-ROM*

Bild C.1: Ein CD-ROM-Laufwerk

CD-RW

Abk.: Compact Disc ReWriteable

▲ *Übers.:* Wiederbeschreibbare CD

CD-RW steht für CD-Rewriteable (CD-ROM) und meint eine wiederbeschreibbare CD.

➠ *Siehe CD; CD-ROM*

CDSL

Abk.: Consumer Description Subsriber Line

CDSL ist eine Variante von DSL, die etwas langsamer ist als ADSL. Die Bandbreite beträgt etwa 1 MBit/s. CDSL hat den Vorteil, dass auf der Client-Seite kein so genannter »Splitter« installiert sein muss. CDSL benutzt nicht, wie ADSL, die Technologien DMT oder CAP, sondern seine eigene Übertragungstechnologie.

➠ *Siehe Bandbreite; ADSL*

CD-Text

Der CD-Text speichert im Subcode der Audio-CD Informationen zur Disc oder zu den vorhandenen Tracks. Diese Ergänzung wurde 1997 von Philips und Sony vorgeschlagen, die dafür entsprechenden Geräte anbieten, die diese Informationen auf dem Display des Players wiedergeben.

➠ *Siehe Track(s)*

CDTV

Abk.: Commodore Dynamic Total Vision

CDTV stellt einen von der Firma Commodore weiterentwickelten Amiga mit eingebautem CD-ROM-Laufwerk dar. Er sollte später als Set-Top-Box eingesetzt werden.

➠ *Siehe Konsole; Amiga; Set-Top-Box; CD32; Commodore*

CD-V

Abk.: CD-Video

CD-V ist das Kürzel von CD-Video und darf nicht mit Video-CDs verwechselt werden. Sie wurden schon 1987 auf den Markt gebracht und enthielten neben den digitalen Audiodaten analoge Bildinformationen. Eine CD-V ist damit mehr eine Abart der Bildplatten.

➠ *Siehe CD; Bildplatte; Video-CD*

CD-Wechsler

➠ *Siehe CD-ROM-Laufwerk*

CD-Writer

Ein CD-Writer ist ein Gerät, das in der Lage ist, bestimmte CD-ROMs, nämlich CD-Rs und CD-RWs, mit beliebigen Daten zu beschreiben. Die deutsche Bezeichnung ist CD-Brenner, da die Daten im Prinzip wirklich auf eine Trägerschicht auf der CD gebrannt werden.

➥ Siehe ISO 9660; CD; Datentransferrate; DVD; CD-R-FS; Cache; 8+3-Konvention; IDE; CD-R; CD-ROM; SCSI; Joliet-Format

CeBIT

Abk.: Centrum der Büro- und Informationstechnik

Die CEBIT ist eine jährlich in Hannover stattfindende Messe. Sie ist die weltweit größte Fachmesse für Computer- und Informationstechnologie und das Pendant zur Comdex in den USA. Parallel zur CeBIT wurde die CeBIT-Home eingeführt, die sich an den Bereich der Endanwender richtet. Die CeBIT selbst wurde stark auf die Bedürfnisse des Handels und der Industrie ausgerichtet.

➥ Siehe Comdex

Celeron

Der Celeron ist die Low-Cost-Version des Intel Pentium II. Neben dem typischen PII-Gehäuse, ist auch der teure L2-Cache weggefallen, was sich sehr stark auf die Leistung des Prozessors auswirkt. Der Celeron, der in den so genannten Slot1 gesteckt wird, ist Intels Antwort auf Chiphersteller wie AMD, die weiterhin Prozessoren für den billigen Socket 7 produzieren. Die neueste Version des Celeron, der Mendocino, enthält einen 128 KByte großen L2-Cache und ist dadurch um einiges leistungsfähiger als sein Vorgänger.

➥ Siehe AMD; L2-Cache; Pentium II; Slot1; Mendocino

Cell Broadcast

➥ Siehe CB

Cell Relay Service

➥ Siehe CRS

Cellular Digital Packet Data

➥ Siehe CDPD

CEN

Abk.: Comité Européen de Normalisation

Das CEN stellt das in Brüssel befindliche Normierungsinstitut dar, das für ganz Europa die Normen für die Gebiete Elektronik und Elektrotechnik festlegt. Um eine weltweite Normung zu erreichen, ist es Mitglied in der IEC (International Electronical Comission) und in der ISO (International Standardization Organization). Die IEC besteht aus nationalen Kommissionen, wie etwa dem deutschen DKE und VDE. Das europäische Gegenstück zur IEC ist die CENELEC. Die ISO ist dem CENELEC übergeordnet, besteht aber auch aus nationalen Normierungsgesellschaften, z.B. dem deutschen DIN.

➥ Siehe DIN; ISO; CENELEC

CENELEC

Abk.: Comité Européen de Normalisation ELECtronique

CENELEC ist der Name des europäischen Komitees für Normierung im Bereich der Elektrotechnik. Als Unterausschuss des CEN befindet sich die CENELEC ebenfalls in Brüssel.

➭ *Siehe CEN; DIN; ISO*

Centre Européen pour la Recherche Nucléaire

Abk.: CERN

➭ *Siehe CERN*

CERT

Abk.: Computer Emergency Response Team

Computer Notfallteam für Rechnersicherheit und zur Schließung von IT-Sicherheitslücken

➭ *Siehe FIRST*

Centrino-Technologie

Die Centrino-Technologie ist eine spezielle Technologie für Mobilgeräte. Die zeichnet sich durch geringere Stromaufnahme, integrierte Wireless-LAN-Funktion (802.11b) und geringere Wärmeabgabe aus. Sie besteht aus den Komponenten Pentium M, Intel 855-Chipsatz und Intel Pro/Wireless 2100.

➭ *Siehe Wireless LAN; Pentium M; Intel 855 Chipsatz; Intel Pro/Wireless 2100; IEEE-802.11*

Centronics

Die amerikanische Firma Centronics war in den 1970er und 1980er Jahren ein Pionier auf dem Gebiet der Drucker. Geblieben ist davon hauptsächlich der Name des Standards für die parallele Schnittstelle, der auch heute noch gültig ist (Centronics-Schnittstelle).

➭ *Siehe Centronics-Schnittstelle; Drucker; Schnittstelle, parallele*

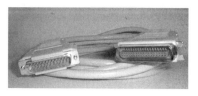

Bild C.2: Ein Centronics-Kabel

Centronics-Schnittstelle

Die Centronics-Schnittstelle ist eine von der amerikanischen Firma Centronics entwickelte 36-polige parallele Schnittstelle, die auch heute noch gültig ist. Sie wurde für die Verbindung zwischen einem Computer und einem Drucker designt und später dann um die bidirektionale Kommunikation erweitert. Dadurch kann die Schnittstelle auch zum Anschluss von anderen Geräten genutzt werden, etwa CD-ROM-Laufwerken, Diskettenlaufwerken, Festplatten sowie Netzwerkkarten.

➠ *Siehe Bidirektional; Drucker; Schnittstelle, parallele*

CE-Prüfzeichen/Norm

Am 1.1.1996 wurde in der EU ein Prüfverfahren über elektromagnetische Störsicherheit und Verträglichkeit verabschiedet, dem sich alle elektrischen Geräte, die in einem Haushalt vorkommen, unterziehen müssen. Der Hersteller muss vor der Markteinführung des Gerätes umfangreiche Tests ausführen lassen, bis das Gerät das CE-Zeichen erhält und somit verkauft werden darf. Das CE-Zeichen bestätigt, dass das Gerät nur geringe Emissionen ins Stromnetz abgibt und andere Geräte nicht durch Abstrahlungen stört bzw. sich durch diese nicht selbst stören lässt. Es haben sich jedoch zwei Probleme nach der Einführung von CE ergeben. Da jeder Eingriff in ein Gerät eigentlich dessen Neubewertung erforderlich macht, müsste jeder PC bei jedem noch so kleinen Eingriff wieder der CE-Prozedur unterworfen werden. Da alle Firmen, die Computer integrieren, nach diesem Gesetz als Hersteller gelten, müssten diese auch für jeden Computer einen CE-Test machen lassen, der einige tausend Mark kostet. Aus diesen Gründen gilt inzwischen, dass ein Computer aus CE-zertifizierten Komponenten selbst automatisch das CE-Prüfzeichen erhält. Für jedes alte Gerät, das vor dem 1.1.96 gekauft wurde, müsste der Benutzer sicherstellen, dass es die Normen einhält. Solange aber keine erkennbaren Störungen durch ein Gerät erzeugt werden, ist der Betrieb risikolos.

CEPT

Abk.: Conférence Européenne des Administrations des Postes et des Télécommunications

CEPT ist der Name der europäischen Konferenz zur Koordinierung des Post- und Telefonwesens. Diese legt europaweit gültige Normen für Post- und Telefonangelegenheiten fest. Beispielsweise ist der CEPT-Standard für die Bildschirmdarstellung Btx recht bekannt, aber auch die Normierung der schnurlosen Telefone hat die CEPT in den CT-Standards durchgeführt.

➠ *Siehe Btx; KIT; CT-Standards*

CERN

http://www.cern.ch

Abk.: Centre Européen pour la Recherche Nucléaire

CERN ist ein großes europäisches Forschungszentrum für Teilchenphysik in Genf in der Schweiz. Das CERN gilt als der Entstehungsort des World Wide Web (WWW).

➠ *Siehe Internet; WWW; Bernes-Lee, Tim*

Certification Authority
⇒ *Siehe CA*

Certified Technical Education Center
⇒ *Siehe CTEC*

CFS
Abk.: Cryptographic File System

Das Cryptographic File System (CFS) ist ein verschlüsseltes Dateisystem unter Linux, welches von Matt Blaze bei AT&T Bell-Labs entwickelt wurde. Es beruht auf dem Network Filesystem (NFS). Dabei werden bestimmte Bereiche des Dateisystems für andere User unzugänglich gemacht, indem das Dateisystem verschlüsselt wird und nur noch als kryptische Zeichenfolgen erscheint.

⇒ *Siehe Dateisystem; AT&T; Bell Laboratories; Linux; NFS*

CGA
Abk.: Color Graphics Adapter

CGA war der erste Standard für farbige Bildschirmdarstellung. Er ist inzwischen hoffnungslos veraltet, wird aber noch von jeder modernen Grafikkarte aus Kompatibilitätsgründen unterstützt.

⇒ *Siehe Grafikstandard; Grafik; Kompatibilität; Grafikkarte*

CGI
Abk.: Common Gateway Interface

CGI ist eine Spezifikation, die den Informationsaustausch zwischen einem Server (z.B. einem HTTP-Server) und einer Ressource (z.B. einem Programm oder einer Datenbank) regelt. Die Bezeichnung CGI-Programm trifft auf jedes Programm zu, das Daten gemäß der CGI-Spezifikation empfangen und verarbeiten kann. Es kann dabei in jeder beliebigen Programmiersprache geschrieben sein, wie C, Perl, Java oder Visual Basic, wobei Perl am häufigsten verwendet wird. CGI-Programme werden hauptsächlich für die Realisierung dynamischer Webseiten eingesetzt. Viele Webseiten mit Formularen verwenden z.B. ein CGI-Programm auf dem Server, um die vom Benutzer eingegebenen Daten zu bearbeiten, sobald diese an den Server geschickt (submitted) wurden. Oft werden auch so genannte CGI-Skripte in Webseiten eingebunden, um den Inhalt dynamischer zu gestalten. Solche Skripte laufen dann nicht auf dem Server (server-side, serverseitig), sondern auf dem Client (client-side, clientseitig) des Benutzers. Die Skripte können Java Applets, Java-Skripts oder ActiveX-Steuerelemente sein. Ein Problem bei CGI-Programmen besteht darin, dass bei jedem Start eines CGI-Skripts ein neuer Prozess gestartet wird, was stark frequentierte Webseiten deutlich verlangsamen kann. Eine mögliche Lösung besteht darin die API des Servers zu verwenden, z.B. die ISAPI bzw. die NSAPI. Auch der

Einsatz von Java-Servlets ist weitaus effizienter als ein CGI-Skript.

➠ Siehe *Plattform; Server; Animation; Script; Java; Webseite, dynamische; ActiveX; ISAPI; NSAPI*

CGI-Skript

Ein CGI-Skript ist ein Programm, das als Reaktion auf die Anfrage eines Clients (Webbrowser) auf einem HTTP-Server aufgerufen wird. Es wird entsprechend der CGI-Spezifikation programmiert. Eine typische Anwendung eines CGI-Skripts ist z.B. die Bearbeitung von Daten aus einem Web-Formular oder die Reaktion auf einen Klick auf einen Link oder eine Grafik auf der Webseite. Ein CGI-Skript kann in jeder Programmiersprache ausgeführt sein, meist ist dies aber Perl, was auf den geringen Ressourcenverbrauch und die Stabilität der mit dieser Sprache geschriebenen Skripten zurückzuführen ist. Ähnliche Funktionen lassen sich auch mit AciveX-Steuerelementen, Java Applets oder Java Servlets realisieren.

➠ Siehe *CGI; HTTP; Java; Applet; Servlet*

CGM

Abk.: Computer Graphics Metafile

CGM wird ein Softwarestandard genannt, der Anwendungsprogrammierern ein genormtes Werkzeug zur Verfügung stellt, mit dessen Hilfe sich eine Grafik als Satz von Befehlen darstellen lässt. Die CGM-Datei, welche auf Datenträgern gespeichert oder aber auch direkt an geeignete Ausgabegeräte geleitet werden kann, bietet einen direkten Bezug zum bekannten Grafikstandard GKS (Graphical Kernel System).

Chalkware

➠ Siehe *Vaporware*

Challenge Handshake Authentification Protocol

➠ Siehe *CHAP*

Channel Definition Format

➠ Siehe *CDF*

Channel Service Unit/Data [or Digital] Service Unit

➠ Siehe *CSU/DSU*

Channel-Bits

Die einzelnen Bits, aus denen die Daten auf einer CD-ROM bestehen, werden Channel-Bits genannt. Ein Byte hat immer acht Bit, aber für die Fehlererkennung und Fehlerkorrektur werden weitere sechs Bit gebraucht. So besteht jedes Byte auf einer CD aus 14 und nicht 8 Bits. Diese Redundanz ist notwendig, um die Integrität der Daten sicherzustellen.

➠ Siehe *CD; Redundanz; CD-ROM; Byte; Bit*

Chaos Computer Club

http://www.ccc.de

Abk.: CCC

Der bekannte Hamburger Chaos Computerclub (CCC) hat sich als Ziel gesetzt, möglichst viele Fehler in einer Software zu finden und diese zu veröffentlichen. Dazu erscheint vierteljährlich ein eigenes Magazin namens »Datenschleuder«, im Internet unter »http://www.ccc.de«. Da der CCC viele Systeme sehr kritisch begutachtet und auch öffentlich Kritik geäußert hat, bekommt er häufig rechtliche Probleme. Viele Mitglieder des CCC sind Hacker, die sich das Auffinden und eventuell auch das Ausnutzen solcher Bugs zur Lebensaufgabe gemacht haben. In Amerika existiert eine ähnliche Vereinigung, die die gleichen Ziele verfolgt. Diese Vereinigung nennt sich »2600« und ist im Internet unter »http://www.2600.com« zu finden.

➡ *Siehe Captain Crunch; Bug; Hacker*

CHAP

Abk.: Challenge Handshake Authentification Protocol

CHAP ist ein von PPP-Servern verwendetes, sicheres Protokoll für den Verbindungsaufbau zu einem System. Das CHAP-Protokoll ersetzt das veraltete PAP-Protokoll. Der Verbindungsaufbau geschieht in 3 Schritten. Nach Verbindungsaufnahme sendet der Server eine Nachricht zum anfragenden Rechner (1). Dieser antwortet mit einem Wert, der aus einer Einweg-Hash-Funktion stammt (2). Der Server kontrolliert die Antwort mit einer von ihm selbst bestimmten Hash-Zahl (3). Stimmen die Werte überein, wird die Authentifizierung zugelassen, im anderen Fall abgelehnt. Der Server kann den Client zu jeder Zeit veranlassen eine neue Anfrage zu beantworten. Das erhöht die Sicherheit der Übertragung beträchtlich. Im RFC1334 werden sowohl PAP als auch CHAP beschrieben.

➡ *Siehe RFC; PPP; Protokoll*

Char

Ein Integerwert mit 8 Bit wird Char genannt. Sein Wertebereich reicht von -128 bis +127.

➡ *Siehe Integer; Long; Short; Long long*

Character

Ein Charakter ist ein Zeichen, ein Teil eines Zeichensatzes, wie etwa ASCII.

➡ *Siehe ASCII; Character Set*

Character Set

Bei einem Character Set (Zeichensatz) handelt es sich um eine Tabelle, die Zeichen einer Position bzw. einer Zahl zuordnet. Es gibt verschiedene Möglichkeiten, einen Zeichensatz zu speichern, entweder direkt in einem Font (Schrift) oder in einer eigenen Datei oder im Drucker- bzw. Rechner-ROM. Allerdings sagt der Zeichensatz nichts über das Erscheinungsbild der Zeichen aus. Hierfür ist die Schrift bzw. der Font zuständig. Der Zeichensatz sorgt dafür, dass die Zeichencodes, die aus den Tastaturanschlägen erzeugt werden, in konkrete Zeichen umgesetzt werden, die dann unter Verwendung einer Schrift dargestellt werden. Bekannte Zeichensätze sind z.B. der ASCII-Zeichensatz oder unter Windows der ANSI-Zeichensatz. Eine wichtige Rolle spielen Zeichensätze im Zusammenhang mit der Anpassung an verschiedene Länder. So kann z.B. durch einen Wechsel des Zeichensatzes das Betriebssystem auf eine amerikanische Tastatur korrekt reagieren und die richtigen Zeichen am Bildschirm darstellen.

➡ *Siehe Font; ANSI; ASCII; ROM; Codepage*

Characters per inch
➡ *Siehe Cpi*

Characters Per Second
➡ *Siehe Cps*

Chat- und Hacker-Slang

Im Internet oder bei Online-Diensten gibt es die Möglichkeit, wie bei einer Telefonkonferenz mit anderen Leuten zu kommunizieren (=chatten). Im Internet ist das bekannteste Chat-Protokoll IRC. Chat-Slang sind umgangssprachliche Abkürzungen und Bezeichnungen, sowie grafische Symbole aus Textzeichen, mit denen Gefühle ausdrückt werden (Emoticons). Ein Beispiel für ein Emoticon, ein so genannter Smiley, der Heiterkeit ausdrücken soll, ist die Zeichenfolge :-), wohingegen :-(einen negativen Smiley ausdrückt. Als Hacker-Slang (auch Computer-Lingo) werden bestimmte Abkürzungen, die angeblich in Hacker-Kreisen verwendet werden, bezeichnet.

➡ *Siehe Online-Dienst; Internet; Computer-Lingo; Chatten; Emoticon; Hacker-Slang; IRC; Hacker*

Begriff	Bedeutung
afaik	Abkürzung für as far as I know (soweit ich weiß)
asap	Abkürzung für as soon as possible (so bald wie möglich)
b4	Abkürzung für before (zuvor, vorher)

Tabelle C.1: Beim Chat gibt es eine eigene Sprache – hier einige Abkürzungen.

Begriff	Bedeutung
bang	Kann in einer Mail statt eines Ausrufezeichens zur Unterstreichung einer Aussage verwendet werden.
bbl	Abkürzung für be back later (komme später wieder)
bc	Abkürzung für before Christ (v. Chr.), Attribut für veraltete Hard- und Software
bcnu	Abkürzung für be seeing you! (Wir sehen uns!)
bfn	Abkürzung für bye for now (Tschüss für heute)
bion	Abkürzung für believe it or not (glaube es oder nicht)
bit bucket	Englisch für Biteimer. Daten, die bei einer Übertragung verloren gehen, landen hier.
bit decay	Englisch für Bitfäule. Programme, die plötzlich abstürzen oder nicht mehr richtig funktionieren, leiden im Chat-Slang an dieser Krankheit.
bot	Abkürzung für back on topic (zurück zum Thema)
brb	Abkürzung für be right back (bin gleich wieder da)
brs	Abkürzung für big red switch (großer roter Schalter). Hierbei handelt es sich um einen dezenten Hinweis, den Computer doch besser auszuschalten. Dies geht auf die Gehäuse der ersten PCs von IBM zurück. Diese hatten einen auffälligen, etwas plumpen roten Netzschalter.
brute force	Englisch für rohe Gewalt. Damit werden Programme oder auch Methoden bezeichnet, die bestimmte Aufgaben, wie z. B. das Knacken eines Passworts, durch reines Ausprobieren lösen.
btw	Abkürzung für: by the way (übrigens, nebenbei gesagt)
cfd	Abkürzung für call for discussion (Aufruf zur Diskussion)
cfv	Abkürzung für call for vote (Aufruf zur Abstimmung)
creeping featurism	Mit diesem Ausdruck werden Verbesserungen bezeichnet, die etwas schlechter gemacht haben, als es vor der Verbesserung war. Oftmals ist dies bei Softwareupdates der Fall. Zu gut Deutsch: »verschlimmbessern«.
crock	Programme, Systeme oder Geräte, die komplizierter sind, als sie eigentlich sein müssten (der Entwickler hat sich wohl nicht genügend Mühe gegeben), werden so bezeichnet.
crufty	Englisch für unsinnig, kompliziert, umständlich, alles, was unangenehm ist
cu	Abkürzung für see you (wir sehen uns)

Tabelle C.1: Beim Chat gibt es eine eigene Sprache – hier einige Abkürzungen. (Forts.)

Begriff	Bedeutung
cul8r	Abkürzung für see you later (wir sehen uns später)
fake	Englisch für Lug, Betrug, Täuschung
faq	Abkürzung für frequently asked questions (häufig gestellte Fragen)
foaf	Abkürzung für friend of a friend (der Freund eines Freundes)
fyi	Abkürzung für for your information (zu Ihrer Information)
g, d & r	Abkürzung für grin, duck and run (grinsen, ducken und wegrennen)
ga	Abkürzung für go ahead (mach weiter)
gigo	Abkürzung für garbage in garbage out (Müll rein, Müll raus)
Gotisch	Laienhafte Programme werden so bezeichnet.
imho	Abkürzung für in my humble opinion (meiner bescheidenen Meinung nach)
Kluge	Ein gewitzter Programmiertrick, mit dem sich Bugs beseitigen lassen, wird so bezeichnet.
Knacken	Mit Knacken wird das Umgehen eines Schutzsystems z. B. Kopierschutz bei einem Programm oder Zugangsschutz bei einem Netzwerk, bezeichnet.
Labatyd	Abkürzung für life's a bitch and then you die (das Leben ist beschissen und man stirbt daran)
Lametta	Deutscher Slang-Ausdruck. Damit ist nicht notwendiges Drumherum gemeint.
Löhn	Deutscher Slang-Ausdruck, womit kommerzielle Software gemeint ist. Leitet sich von löhnen ab.
lol	Abkürzung für laughing out loud (lautes Gelächter) und lots of luck (viel Glück)
luser	Zusammengesetzter Begriff (Looser und User). Steht für die Sorte Anwender, die die berühmten beiden linken Hände besitzen und alles, was sie anfassen, falsch machen und auf Grund dieser Eigenschaft zu den Lieblingen des SysOp gehören.
mbg	Abkürzung für money back guarantee (Geld-Zurück-Garantie)
merc	Abkürzung für merci (französisch: Danke)
mhoty	Abkürzung für my hat's off to you (ich ziehe meinen Hut vor dir, alle Achtung)
Minzig	Deutscher Slang-Ausdruck. Kombination aus minimal und winzig

Tabelle C.1: Beim Chat gibt es eine eigene Sprache – hier einige Abkürzungen. (Forts.)

Chat- und Hacker-Slang

Begriff	Bedeutung
moby	Ausdruck für etwas sehr Großes
mof	Abkürzung für matter of fact (Tatsache)
mompls	Abkürzung für moment please (einen Moment bitte)
Mung	Abkürzung für mung until no good. Bedeutet so viel wie mutwillig zerstören. Mung gehört zu den rekursiven Akronymen, da es ausgeschrieben die Abkürzung wieder enthält.
myob	Abkürzung für mind your own business (kümmere dich um deine eigenen Angelegenheiten)
n.d.	Abkürzung für no date (ohne Datum)
nbd	Abkürzung für no big deal (keine große Sache)
nqa	Abkürzung für no questions asked (keine Fragen)
nrn	Abkürzung für no reply necessary (keine Antwort nötig)
ntim	Abkürzung für not that it matters (nicht dass es wichtig wäre)
number cruncher	Wörtlich Zahlenfresser, Bezeichnung für einen Supercomputer
o.r.	Abkürzung für owner's risk (bedeutet so viel wie auf eigene Gefahr)
obscure	Englisch für unverständlich, unbegreiflich, unbekannt usw. In Deutschland ist statt obscure auch tiefschwarz gebräuchlich.
ohdh	Abkürzung für old habits die hard (alte Gewohnheiten sterben langsam)
oic	Abkürzung für oh, I see (oh, ich verstehe)
oo	Abkürzung für ordentlicher Onliner. Bezeichnung für normale Online-Teilnehmer.
ootb	Abkürzung für out of the box (gerade erst aus der Kiste, brandneu).
Ostgotisch	Steigerung von Gotisch. Extrem laienhafte Programme werden so bezeichnet. Die englische Bezeichnung ist rude.
otoh	Abkürzung für on the other hand (andererseits)
ottomh	Abkürzung für on the top of my head (zuallererst)
pessimal	Bedeutet so viel wie maximal schlecht.
pessimize	Heißt die schlechteste Lösung für ein Problem auswählen.
phantom	Phantome sind Programme, die im Hintergrund arbeiten bzw. TSR-Programme

Tabelle C.1: Beim Chat gibt es eine eigene Sprache – hier einige Abkürzungen. (Forts.)

Begriff	Bedeutung
phrog	Als Phrogs werden unangenehme Personen bezeichnet.
plz	Abkürzung für please (bitte)
pmfbi	Abkürzung für pardon me for butting in (Entschuldigung, dass ich mich einmische)
post-mortem dump	Ein post-mortem dump ist ein Speicherauszug, der nach dem Absturz eines Computers erstellt wird.
pov	Abkürzung für point of view (Standpunkt)
ptmm	Abkürzung für please tell me more (erzähl mir mehr darüber)
ques	Abkürzung für question (Frage)
quetschen	Deutscher Slang-Ausdruck. Steht für das Komprimieren einer Datei oder generell von Daten.
quick and dirty	Bezeichnung für Produkte (insb. Software) deren Entwicklungszeit zu kurz war, um einwandfrei funktionieren zu können
raka	Rationalisierung auf Kosten anderer
random	Englisch für zufällig, allerdings ist die konkrete Bedeutung kontextabhängig (z. B. beliebig, schlecht organisiert, unberechenbar, ungeordnet, uninteressant, unproduktiv, wahlfrei, wild, ziellos)
rape	Ein Programm unwiederbringlich zerstören
räuspern	Deutscher Slang-Ausdruck. In Programmen, die sich »räuspern«, werden Probleme umständlich gelöst. Im Englischen wird buzz verwendet.
rave	Mit rave ist gemeint, dass zu einem Thema mehr gesagt wird, als erträglich ist (auch schwallen, nerven etc.).
rcvd	Abkürzung für received (empfangen)
rfc	Abkürzung für request for comments. Dies ist eine Aufforderung in einem Netz bzw. im Internet Vorschläge bzw. Kommentare zu einem Thema zu machen. Als RFC werden im Internet auch die Standards für die im Internet verwendeten Technologien bezeichnet.
rfd	Abkürzung für request for discussion (Aufforderung zur Diskussion)
rfq	Abkürzung für request for quotes (Aufforderung zur Weiterverbreitung einer Meinung)
rifa	Abkürzung für retry, ignore, fail, abort? (Neu versuchen, übergehen, versagen, abbrechen?)

Tabelle C.1: Beim Chat gibt es eine eigene Sprache – hier einige Abkürzungen. (Forts.)

Chat- und Hacker-Slang

Begriff	Bedeutung
rofl	Abkürzung für rolling on the floor laughing (sich auf dem Boden wälzen vor Lachen)
rsn	Abkürzung für really soon now (wirklich bald).
rtfm	Abkürzung für read the fucking manual (lies das scheiß Handbuch). Diese Abkürzung bekommt der Anwender immer dann zu sehen, wenn er eine dumme Frage stellt, die durch einen Blick in das Handbuch zu beantworten wäre.
rude	Englisch für laienhaft, roh, unelegant. Deutsche Äquivalente sind gotisch und in ganz schlimmen Fällen ostgotisch.
Rumpelstilzchen	Deutscher Slang-Ausdruck für Programme, die im Hintergrund arbeiten (z. B. TSR-Programme).
sacred	Englisch für heilig. Bedeutet hier, für einen bestimmten Personen- oder Themenkreis reserviert.
saugen	Deutscher Slang-Ausdruck. Steht für das Herunterladen von Daten aus Mailboxen oder dem Internet.
siso	Abkürzung für shit in, shit out (Scheiße rein, Scheiße raus)
sitd	Abkürzung für still in the dark (immer noch im Dunkeln; soll so viel heißen wie noch nicht klar).
smop	Abkürzung für small matter of programming. Programme, die diesem Attribut genügen, waren es eigentlich nicht Wert, dass sie programmiert wurden.
snafu	Abkürzung für situation normal, all fouled up (Operation gelungen, Patient tot)
social engineering	Dieser Begriff bezieht sich darauf, durch das Studieren des Umfeldes eines Users Informationen zu erlangen, die es ermöglichen, ein Passwort herauszufinden.
softwarely	Ein Kunstwort für »die Software betreffend«
sos	Abkürzung für subtract one and do not skip (eins abziehen und nichts dabei auslassen)
spazz	Steht für einen großen Fehler machen, etwas richtig in den Sand setzen
talk	Englisch für Gespräch. Wird für einen chat mit genau zwei Teilnehmern verwendet.
tba	Abkürzung für to be announced (wird bald angekündigt).

Tabelle C.1: Beim Chat gibt es eine eigene Sprache – hier einige Abkürzungen. (Forts.)

Begriff	Bedeutung
tbd	Abkürzung für to be determined (wird demnächst entschieden)
tbyb	Abkürzung für try before you buy (vor Kauf zu prüfen)
ttft	Abkürzung für thanks for the thought (danke für die Idee)
tia	Abkürzung für thanks in advance (danke im Voraus)
tiefschwarz	Deutscher Slang-Ausdruck. Bedeutet so viel wie unverständlich, unbegreiflich, unbekannt usw. Im Englischen wird obscure verwendet.
ttf	Abkürzung für time to flash (Zeit, Schluss zu machen)
tnx	Abkürzung für thanks (Danke)
total loss	Englisch für total daneben gelaufen
tourists	Steht für Hacker, die sich in einem System nur umschauen wollen – ohne feindliche oder zerstörerische Absichten.
twit	Bezeichnung für einen User, der in Ungnade gefallen ist. Bedeutet so viel wie Idiot, Stümper, Anfänger etc.
tyvm	Abkürzung für thank you very much (vielen Dank)
u2?	Abkürzung für you too? (du auch?)
ug	Abkürzung für user group (Benutzergruppe)
vanilla	Ein allgemein gültiger Ausdruck – kann für alle Bereiche des Lebens verwendet werden. Bedeutet so viel wie bieder, langweilig etc.
wacky	Bedeutet so viel wie verrückt, komisch, seltsam.
wedged	Bezeichnung für ein Programm, das sich festgefahren hat.
wow	Wird anstelle des Ausrufungszeichens verwendet.
wrt	Abkürzung für with regards to (in Bezug auf)
yoyo	Programme, die yoyo spielen bzw. yoyo sind, sind instabil, laufen wackelig.

Tabelle C.1: Beim Chat gibt es eine eigene Sprache – hier einige Abkürzungen. (Forts.)

Chat-Area

Der Bereich in einem Online-Dienst, der dem »Chatten« vorbehalten ist.

➡ *Siehe CompuServe; Chatten; Chat- und Hacker-Slang*

Chat-Room

Ein abgegrenzter Bereich in einer BBS, in dem Leute miteinander »chatten«, sich miteinander unterhalten. Dabei ist es oft auch möglich, seine »Emotionen« gegenüber anderen Teilnehmern zu zeigen. Diverse Tastenkombinationen erlauben z.b. das umarmen oder auch küssen, aber auch das »flüstern« ist möglich, so dass nur der Teilnehmer die Nachricht lesen kann, der angegeben wurde. Außerdem ist es möglich in einem Chat-Room sein eigenes »Zimmer« aufmachen, das nur vorher eingeladene Teilnehmer betreten dürfen. Meist benutzen die Teilnehmer in einem Chat-Room nicht ihren eigenen Namen, sondern frei erfundene Namen, so genannte Nicknames.

➠ *Siehe BBS; Chatten; Emoticon; Chat- und Hacker-Slang; Nickname*

Chatten

Chatten ist der Name für online, über Tastatureingabe geführte Gespräche im Internet, in einer Mailbox (BBS), in einem Online-Dienst, oder einem Netzwerk. Spezielle Diskussionsforen in Online-Diensten oder der Dienst IRC im Internet bieten die Möglichkeit, sich mit anderen Teilnehmern live über alle möglichen Themen zu unterhalten.

➠ *Siehe Online-Dienst; Internet; Mail; IRC; BBS*

Cheapernet

➠ *Siehe 10Base2*

Cheat-Modus

Ein Cheat ist eine spezielle, undokumentierte Tastenkombination bei Computerspielen, der quasi das »betrügen« ermöglicht. Das Spiel schaltet nach der Eingabe in den so genannten Cheat-Modus, in dem der Spieler Items (Waffen, Sonderausrüstungen oder mehr Geld) »umsonst« erhält.

Checkbox

Checkboxen sind grafische Elemente einer grafischen Benutzeroberfläche, die die Auswahl bestimmter Objekte oder Optionen, z.b. bei der Installation von Programmen, ermöglichen. Wurde ein Objekt ausgewählt, wird dies meist durch ein kleines Häkchen im Kontrollkästchen angezeigt.

➠ *Siehe GUI; Checkmarke*

Checkmarke

Wenn der Anwender in Dialogfenstern einer grafischen Benutzeroberfläche Optionen in Kontrollkästchen mit der Maus anoder abwählen kann, so wird bei den Häkchen, die die Aktivierung der Option anzeigen, von Checkmarken gesprochen.

➠ *Siehe Checkbox; GUI*

Child Online Protection Act

➠ *Siehe COPA*

Chip

Ein Chip ist ein Plättchen aus dotiertem Halbleitermaterial, in das durch komplizierte Prozesse integrierte Schaltkreise (IC) eingebracht werden. Am Anfang der

Entwicklung konnten lediglich sehr wenige Elemente auf einem Chip vereint werden. Heutzutage werden Millionen von Transistoren auf einem Chip integriert. Bei einem Pentium II (dem Nachfolger des Pentiums) sind es derzeit etwa 5,5 Millionen. Die einzelnen Elemente sind dabei nur 0,6 Mikrometer breit.

➡ *Siehe Transistor; Pentium II; IC*

Chip-Karte

Chip-Karten sind kleine, auf einer Plastikkarte aufgebrachte computerlesbare Datenträger. Im Gegensatz zu den Magnetkarten werden die Daten nicht passiv in einem Magnetstreifen gespeichert, sondern aktiv in einem kleinen Mikroprozessor. Dieser Chip ist auch der Grund für den Namen der Karte. Solche Chip-Karten werden auch Smartcards genannt, weil der Prozessor viele neue Möglichkeiten bietet. So können auf solchen Karten mit Hilfe einer Bankstation Geldbeträge geladen werden und der Kunde kann bargeldlos bezahlen. Solche Karten werden auch von modernen Handys verwendet, weil sie nicht nur die Autorisation des Benutzers, sondern auch Daten wie Telefonnummern enthalten können. Auch sind die Verfahren zur Autorisation deutlich vielfältiger, da ein Prozessor zur Verfügung steht, mit dem ein richtiges Programm ausgeführt werden kann. Die SIM-Karten (Subscriber Identification Module) haben einzig und allein den Zweck, den Besitzer zu identifizieren.

➡ *Siehe Datenträger; Mikroprozessor; SIM-Karte; Magnetkarte*

Chipsatz

Das zentrale Element auf einem Motherboard ist der Chipsatz. In ihm sind alle wichtigen Funktionen vereint. Er steuert den Datenfluss zum Prozessor und das Bussystem, mit dem die Erweiterungskarten angesprochen werden. Neben der CPU ist er wesentlich für die Rechenleistung des Computers zuständig, da er hauptsächlich für die Verwaltung des Hauptspeichers verantwortlich ist.

➡ *Siehe Bus; Hauptspeicher; Prozessor; Motherboard; Intel*

CHRP

Abk.: Common Hardware Reference Plattform

CHRP, auch PowerPC-Plattform genannt, ist eine von Apple, Motorola und IBM gemeinsam entwickelte Systemarchitektur, die als Basis für den PowerPC dienen sollte. CHRP sollte garantieren, dass auf dem PowerPC alle gängigen Betriebssysteme laufen. Weiterhin sollte PC-typische Hardware unterstützt werden. So gehören ISA- und PCI-Bus genauso zur CHRP-Spezifikation wie der obligatorische SCSI -Bus, ein Adapter für IDE-Platten, eine Centronics -Schnittstelle, PS/2-Ports und je zwei RS422- und RS232-Schnittstellen. Zu den Betriebssystemen, die unterstützt werden sollten, gehörten MacOS, OS/2, WindowsNT, Novell (Netware), Sun (Solaris), IBM AIX und Linux. Der erste PowerPC mit CHRP-Architektur wurde im November 1996 mit dem Motorola Viper vorgestellt.

➠ *Siehe Plattform; PCI; PowerMac; Apple; Architektur; SCSI; ISA; Centronics-Schnittstelle; PowerPC-Chip*

CICS

Abk.: Customer Information Control System

CICS ist ein Online-Transaktions-Programm (OLTP) von IBM, welches zusammen mit der Programmiersprache COBOL die am meisten verwendeten Tools für die Entwicklung von Benutzer-Transaktions-Anwendungen geliefert hat. Mit CICS kann ein Programmierer Anwendungen entwickeln, welche den Datenaustausch zwischen Benutzer und Datenbank koordinieren.

➠ *Siehe IBM; Datenbank; Cobol; Transaktion*

CIDF

Abk.: Common Intrusion Detection Framework

Das Common Intrusion Detection Framework (CDIF) soll einen allgemeinen Architekturstandard für Intrusion Detection Systeme darstellen.

➠ *Siehe Architektur; IDS*

CIDR

Abk.: Classless Inter-Domain Routing

CIDR ist eine alternative Möglichkeit Internetadressen zu spezifizieren. Mit diesem Verfahren lassen sich Adressen weitaus exakter behandeln als beim klassischen Internetprotokoll. Beim traditionellen IP gab es recht bald Probleme mit der Vergabe der Domains. Daraus resultierte die Entwicklung von CDIR. Bei dieser Spezifikation hat jede IP-Nummer eines Netzwerkes ein Prefix, das den Gateway beschreibt. Eine Adresse kann dann z.B. wie folgt aussehen: 192.30.250.00/18. Die 192.30.250.00 ist die eigentliche Netzwerkadresse, die 18 zeigt an, dass die ersten 18 Bit für die Beschreibung des Netzwerkanteils benötigt werden, und somit 14 Bit (32 Bit − 18 Bit = 14 Bit) zur Beschreibung eines speziellen Host zur Verfügung stehen.

➠ *Siehe IP-Adresse; Gateway; Protokoll; Host; Class A-Netz; Class B-Netz; Class C-Netz; Class D-Netz*

CIFS

Abk.: Common Internet File System

Das Common Internet File System (CIFS) ist ein Protokoll, das die gemeinsame Benutzung von Internet- oder Intranet-Dateien regelt. Es ist der Nachfolger des SMB-Protokolls.

➡ *Siehe Protokoll; SMB*

Cinch-Kabel/-Stecker

Die Cinch-Kabel haben sich als Quasi-Standard im Hi-Fi-Bereich herausgebildet. Jeder der beiden Stereokanäle hat dabei ein 2-poliges Kabel. Soundkarten bieten aus Platzgründen nur Mini-Cinch-Anschlüsse, bei denen die beiden Kanäle in einen dünnen Stecker integriert sind. Um einen Computer über die Soundkarte z.B. mit einer Stereoanlage zu verbinden, wird ein Adapter, der normalerweise bei der Soundkarte mitgeliefert wird benötigt. Dieser Adapter ist in der Regel in ein Kabel integriert.

➡ *Siehe Soundkarte*

Bild C.3: Cinch ist ein Standard im Hi-Fi-Bereich. Soundkarten haben meist Klinkenanschlüsse. Mit diesem Kabel kann eine Verbindung zur Soundkarte hergestellt werden.

Cinepak Codec

Codec ist das Kürzel von compressor/decompressor (Komprimierer bzw. Dekomprimierer). Der Cinepak Codec ist ein Verfahren, das in der Lage ist, digitale Videos mitsamt der Tonspur zu komprimieren. Die Videos durften früher nur eine Farbtiefe von 8 Bit oder 16 Bit aufweisen, inzwischen sind auch 24 Bit möglich. Videos, die im Cinepak Codec-Format vorliegen, sind an der Endung ».avi« (avi) oder ».mov« (Quicktime) zu erkennen.

➡ *Siehe Harddisk-Recording; MPEG; MJPEG; AVI; Farbtiefe; Indeo; Kompression*

CIO

Abk.: Chief Information Officer

CIO ist ein Titel, der in der Industrie, die für Informationstechnologie sowie Computersysteme hauptverantwortliche Person bezeichnet. Der CIO ist dabei für die Gestaltung, Entwicklung sowie die technische Durchführung von Systemänderungen zuständig. Die Gestaltung der Infrastruktur gehört ebenfalls zu seinen Aufgabengebieten.

Circuit Switching

Circuit Switching ermöglicht es, zwei Netzwerkknoten in einem großen Netzwerk über den Aufbau einer Kommunikationsleitung Daten auszutauschen.

➡ *Siehe Node; Netzwerk*

CIS

Abk.: CompuServe Information Service

CIS ist die offizielle Abkürzung von CompuServe Information Service, dem vollen Namen des amerikanischen Online-Dienstanbieters CompuServe.

➭ *Siehe CompuServe; Online-Dienst; CIM*

CISC

Abk.: Complex Instruction Set Compute

CISC ist die Bezeichnung für einen CPU-Typ mit komplexem Befehlssatz. Beispiele für CISC-Prozessoren sind die CPUs von Intel. Durch den großen Befehlssatz soll die Verarbeitungsgeschwindigkeit gesteigert werden. Da aber meist nur 20% des CISC-Befehlssatzes von Programmen genutzt werden, geht die Entwicklung immer weiter in Richtung RISC-Prozessor mit reduziertem Befehlssatz. Heutzutage erhalten die CISC-Prozessoren immer größere RISC-Kerne, um ihre Rechengeschwindigkeit zu steigern. RISC-Kerne können einfacher entwickelt werden und verkraften höhere Taktfrequenzen.

➭ *Siehe CPU; Instruction Set; RISC-Prozessor; Intel*

Cisco Certified Design Associate

➭ *Siehe CCDA*

Cisco Certified Design Professional

➭ *Siehe CCDP*

Cisco Certified Network Associate

➭ *Siehe CCNA*

Cisco Certified Network Professional

➭ *Siehe CCNP*

CityWeb

CityWebs sind kleine Äquivalente des Internets. Innerhalb größerer Städte bilden sie ein Netzwerk, auf das zu lokalen Telefonkosten zugegriffen werden kann. Ein derartiges Netzwerk kann entweder ein abgeschlossenes Intranet sein oder Zugang zum Internet bieten. Auf ein CityWeb wird wie auf das Internet mit einem Browser zugegriffen, da beide die gleichen Protokolle (HTTP, PPP) benutzen. CityWebs bieten große Vorteile, falls Sie Informationen über lokale Firmen, Termine oder Ähnliches suchen, da diese im globalen Internet zwar wahrscheinlich ebenso vorhanden, aber deutlich schwieriger zu finden sind, da diese Informationen im Überangebot untergehen.

➭ *Siehe Internet; HTTP; Netzwerk; PPP; Browser; Internet-Provider; Intranet*

CL

Abk.: Computernetzwerk Linksysteme

CL ist die Bezeichnung für ein semiprofessionelles Netzwerk im deutschsprachigen Raum. Es wird manchmal auch als CL-Netz bezeichnet.

➠ *Siehe Netzwerk*

Class A-Netz

Eine IP-Adresse hat die allgemeine Struktur aaa.bbb.ccc.ddd, wobei jeder Platzhalter den Wertebereich 0 bis 255 annehmen kann. Ein Class-A-Netz reicht von 0.0.0.0 bis 126.255.255.255. Für Geräte und Computer stehen bbb.ccc.ddd zur Verfügung. In jedem der 126 Klasse A-Netze können also fast 17 Millionen Geräte angeschlossen sein. Nur die größten Organisationen oder Länder erhalten ein Klasse A-Netz.

➠ *Siehe IP-Adresse*

Class B-Netz

Eine IP-Adresse hat die allgemeine Struktur aaa.bbb.ccc.ddd, wobei jeder Platzhalter den Wertebereich 0 bis 255 annehmen kann. Ein Class-B-Netz reicht von 128.0.0.0 bis 191.255.255.255. Für Geräte und Computer stehen also ccc.ddd zur Verfügung, das bedeutet 16384 Netzwerken mit jeweils 65536 möglichen Geräten.

Class C-Netz

Eine IP-Adresse hat die allgemeine Struktur aaa.bbb.ccc.ddd, wobei jeder Platzhalter den Wertebereich 0 bis 255 annehmen kann. Ein Class-C-Netz reicht von 192.0.0.0 bis 223.255.255.255. Für Geräte und Computer steht also ccc zur Verfügung, was 2097152 verschiedene Netzwerke mit je 256 Geräten möglich macht.

Class D-Netz

Die Adressen der Klasse D sind für zukünftige Anwendungen reserviert, so z.B. für Multicast. Der Adressbereich reicht von 240.0.0.0 bis 247.255.255.255.

Classless Inter-Domain Routing

➠ *Siehe CIDR*

Clean Boot

Clean Boot ist das Booten oder Starten eines Computers mit einem Minimum an Treibern und Systemdateien des Betriebssystems, um Probleme eingrenzen zu können, die Systemabstürze, Speicherkonflikte oder Leistungseinbußen verursachen.

➠ *Siehe Booten; Systemdateien; Gerätetreiber*

Clean Room

Ein Clean Room ist ein Raum, in dem durch Luftfilterung dafür gesorgt wird, dass keine Staub- und Schmutzpartikel mehr vorhanden sind. In staubfreien Räumen muss spezielle Schutzkleidung getragen werden. Ein staubfreier Raum ist z.b. bei der Herstellung von elektronischen Bauelementen vonnöten, da selbst kleinste Schmutzpartikel diese zerstören oder unbrauchbar machen könnten.

Cleveland Freenet

Das Cleveland Freenet ist ein kostenlos zugängliches Netzwerk in den USA.

➡ *Siehe Netzwerk*

CLI

Abk.: Command Line Interface, Common Language Interface

▲ *Übers.: befehlsorientierte Benutzeroberfläche, textorientierte Benutzeroberfläche*

▲ *Ant.: GUI*

1. Bei einem CLI, einer textorientierten Benutzeroberfläche, steuert der Anwender das System über Texteingaben. Ein Beispiel ist die Oberfläche von MS-DOS mit dem dazugehörigen Kommando-Interpreter command.com oder auch cmd.exe unter OS/2. Gegenteil der CLI ist die GUI, die grafische oder objektorientierte Benutzeroberfläche.

2. CLI bedeutet auch Common Language Interface. CLI ist demnach auch eine der Grundlagen der .NET-Technologie von Microsoft, durch die Programme, die in verschiedenen Hochsprachen geschrieben wurden, auf verschiedenen Systemplattformen ausgeführt werden können. Alle CLI-konformen Programmiersprachen nutzen dieselben Klassenbibliotheken, die in denselben Zwischencode (Intermediate Language, IL) und Metadaten kompiliert werden. Die IL wird entsprechend der jeweiligen Architektur anschließend in den nativen Code umgewandelt.

➡ *Siehe Benutzeroberfläche; GUI; .NET; Metadaten; Native Code*

Client

Eine Hardware- oder Softwarekomponente, die Dienste von einem Server in Anspruch nehmen kann (Client-Server-Prinzip), wird Client (Kunde) genannt. Ein Client ist z.B. ein Computer, der nur Dienste anderer Rechner nutzt, aber selbst keine zur Verfügung stellt. Bei Programmen werden praktisch alle Programme mit Netzwerk-Funktionalität als Client bezeichnet. Darunter fallen z.B. E-Mail-, FTP- und News-Programme.

➡ *Siehe News; Server; Client-Server-Prinzip; Software; E-Mail; FTP; Hardware*

Client-Server-Prinzip

Bei einem Client-Server-Prinzip stellen bestimmte Computer, die Server, eine Reihe verschiedener

Dienste bereit, die von anderen Computern, den Clients, genutzt werden können. Die Computer müssen dazu in einem Netzwerk angeordnet sein. Die Daten des Systems werden zentral auf den Servern gespeichert und lassen sich so besser verwalten und überwachen. Außerdem lässt sich mit diesem Verfahren ein System sehr flexibel vergrößern oder verkleinern, mittels Standleitungen sogar landes- oder gar weltweit. Da die einzelnen Rechner autarke Einheiten darstellen, kann der Ausfall eines Rechners oder eines Teils des Netzes leichter kompensiert werden. Heutzutage werden immer mehr Funktionen in die Server ausgelagert. Es sind sogar schon Terminals vorhanden, die nicht einmal lokale Festplatten besitzen, sondern alle Daten sowie das Betriebssystem von den Servern laden. Rein äußerlich lassen sich diese Rechner aber nicht mehr von normalen Systemen unterscheiden, sie bieten volle Funktionalität. Die Clients sollen hauptsächlich eine optimale Schnittstelle für den Benutzer schaffen. Bei kleineren Netzwerken sind auf der immer mehr Rechner anzutreffen, die sowohl die Funktionalität eines Client als auch eines Servers haben. So kann beispielsweise ein Client einen Drucker im Netz freigeben und ist damit ein Druck-Server aber auch ein Datei-Client. Das Client-Server-Prinzip findet sich nicht nur bei Netzwerken. Viele große Softwareprojekte werden inzwischen auf dieser Basis programmiert, da sie so einfacher zu handhaben sind. Verschiede Programmkomponenten (Server) bieten anderen Teilen des Programms (Clients) wiederum eine Anzahl von Diensten an, die diese nutzen können.

➠ *Siehe Server; Netzwerk; Client; NC; Druck-Server; Terminal*

Clipart

Ein Clipart ist ein kleines Bild, das in Texten oder Präsentationen Verwendung findet. Meist zeigt ein Clipart daher oft benötigte Dinge, wie Autos, Telefone und Ähnliches. Sie stehen oft in großen Bibliotheken zur Verfügung, so dass zu jedem Zweck ein passendes Exemplar gefunden werden kann.

➠ *Siehe Präsentationsprogramme*

Clipboard

Das Clipboard ist ein reservierter Speicherbereich unter Windows und OS/2. In der Zwischenablage können Daten, beispielsweise Bilder oder Texte, abgelegt und später wieder ausgelesen werden. Auch der Datenaustausch zwischen verschiedenen Programmen ist möglich. Alle größeren Windows-Programme unterstützen die Zwischenablage.

➠ *Siehe Windows; OS/2*

Clipper

Clipper war ursprünglich ein Interpreter für dBase, im Lauf der Zeit wuchs das Paket immer mehr an und erreichte Eigenständigkeit. Inzwischen ist es zu einem kompletten Datenbank-Entwicklungssystem herangereift.

➠ *Siehe Entwicklungssystem; Datenbank; Interpreter; dBase*

Clipperchip

Der Clipperchip ist ein integrierter Schaltkreis, der den SkipJack-Algorithmus verwendet. SkipJack ist ein von der US-amerikanischen Sicherheitsbehörde (NSA) entwickelter Verschlüsselungsalgorithmus, der 64 Bit große Datenblöcke mit einem Schlüssel der Länge 80 Bit verschlüsselt. Eingesetzt wird der von der US-amerikanischen Regierung hergestellte Clipperchip vor allem im Bereich der Verschlüsselung von Telefongesprächen, da er eine Entschlüsselung der Daten von Seiten der Regierung jederzeit ermöglicht. Der Einsatz des Clipperchips konnte, entgegen dem ursprünglichen Vorhaben der US-Regierung, nicht gesetzlich vorgeschrieben werden.

➠ *Siehe Verschlüsselung*

Clipping

Mittels Clipping ist es möglich, den Zeichenbereich der Grafikkarte rechteckig zu begrenzen. Beim Hardware-Clipping müssen dem Grafik-Chip lediglich die Fensterkoordinaten übergeben werden, innerhalb derer die Grafik dargestellt werden soll. Objekte, die den OpenGL-Fensterbereich schneiden, erscheinen dann nicht außerhalb des festgelegten Fensters.

➠ *Siehe 3D-Grafik; 3D-Funktionen; 3D-Standards; OpenGL*

CLK

Abk.: Clock

CLK ist die Bezeichnung für ein Taktsignal. Damit kann z.B. der Takt des Busses oder der CPU gemeint sein. Mit einer 80486er (oder niedriger) CPU muss im CMOS-Setup des BIOS oft der Takt für den ISA-Bus eingestellt werden. Dazu müssen Sie den Takt, mit dem Sie Ihre CPU extern betreiben, z.B. 33 MHz für 33, 66, 100 und 133 MHz CPU-Takt, durch den Faktor vier teilen um auf die 8 MHz zu kommen, die der ISA-Bus benötigt. In diesem Fall würden Sie CLK/4 im CMOS-Setup einstellen.

➠ *Siehe Bus; CPU; Schnittstelle, serielle; Takt*

Clock

➠ *Siehe CLK*

Clock doubler

Als Clock doubler werden die DX2-Typen der 80486er Prozessoren von Intel bezeichnet. Diese verdoppeln intern den externen Takt. So arbeitet der 80386DX2-66 nur intern mit 66 MHz, außen liegen wie üblich nur 33 MHz an. Der Vorteil solcher CPUs ist, dass sie nach außen ein identisches Verhalten wie ein 80486DX-33 haben. So können sie in einem Motherboard betrieben werden, das eigentlich nur für die 33 MHz ausgelegt ist. Moderne CPUs arbeiten heutzutage mit einem internen Takt, der bis zu 4,5fach höher ist als der externe Takt (bei 66 MHz, wie etwa bei einem Pentium, können damit 300 MHz erreicht werden).

➧ *Siehe CPU; Pentium; Motherboard; Takt*

Clone

Der Begriff Clone bzw. Klon stammt aus der Genetik und bezeichnet u.a. die identische Kopie einer Zelle bzw. eines Lebewesens. Im Computerbereich werden darunter Kopien von Markengeräten verstanden, die von anderen Herstellern deutlich billiger angeboten werden können, da sie die Originale einfach kopieren und damit die Entwicklungskosten sparen. Der IBM-PC und der IBM-AT wurden weltweit geklont.

➧ *Siehe IBM-kompatibel; IBM; Apple; IBM-PC*

CLR

Abk.: Common Language Runtime

Die Laufzeitumgebung CLR (Common Runtime Language) ist das Herzstück und die zentrale Architektur der .NET-Entwicklungsumgebung von Microsoft. Sie ermöglicht, dass Code unabhängig von der Plattform und der Sprache, in der er geschrieben wurde, ausgeführt werden kann. Die CLR funktioniert demnach analog zur Java-VM von Sun Microsystems. Die Hauptziele der CLR sind die Folgenden:

▶ Vereinfachen der Anwendungsentwicklung

▶ eine stabile und sichere Ausführungsumgebung

▶ die Unterstützung mehrerer Programmiersprachen

▶ Vereinfachen von Installation und Verwaltung

▶ Die CLR ist eine Implementierung der Common Language Infrastructure (CLI) und nutzt einen gemeinsamen Standard für objektorientierte Programmiersprachen (CLS) sowie ein gemeinsames Typsystem (CTS). Jedweder Code wird unabhängig von der verwendeten Programmiersprache vor der Ausführung in eine Zwischensprache umgewandelt (MSIL) und erst zur

Laufzeit von einem JIT-Compiler (Just-in-time) kompiliert.

➠ Siehe .NET; CLS; CTS; VM; JIT-Compiler; MSIL

CLS

Abk.: Clear Screen, Common Language Specification

1. Clear Screen bedeutet soviel wie »Bildschirm löschen«. In manchen Programmiersprachen und an der Eingabeaufforderung vieler Betriebssysteme kann damit der Bildschirminhalt gelöscht werden. Danach erscheint wie gewohnt der Cursor, allerdings wieder am Bildschirmanfang bzw. an der Eingabeaufforderung (Prompt).

2. Common Language Specification ist der gemeinsame Standard für objektorientierte Sprachen von Microsoft. Sie ist Grundlage für die CLR in der .NET-Entwicklungsumgebung.

➠ *Siehe Cursor; Eingabeaufforderung; Programmiersprache; Betriebssystem; .NET; CLR*

Cluster

Das Betriebssystem MS-DOS verwendet Cluster als kleinste nicht mehr teilbare logische Einheit für ihre Datenträger. Ein Cluster ist eine Gruppe von Sektoren. Da das FAT-System schon in den Anfängen des PCs existiert hat, ist es für die heute gebräuchlichen Datenträger mit hoher Speicherkapazität im Gigabyte-Bereich nicht geschaffen. Durch die Formatierung von Sektoren zu Clustern konnte die maximale Größe einer Partition von 32 MByte auf 2048 MByte (2 GByte) gesteigert werden, das heißt, auf die 64fache Geschwindigkeit. Der Grund ist, dass maximal 64 Sektoren zu einem 32 KByte-Cluster vereinigt werden können. Das Problem bei dieser Cluster-Bildung ist, dass die Größe jeder Datei nur aus Vielfachen dieser Clustergröße bestehen kann. So benötigt eine Datei, die lediglich 200 Bytes groß ist, auf einer Festplatte mit einer 2-GByte-Partition 32,768 Bytes. Der Rest wird praktisch verschwendet. Auch eine Datei, die 33 KByte groß ist, belegt auf der Platte 64 KByte und verschwendet damit ebenso fast einen ganzen Cluster. Sind auf der Festplatte hauptsächlich viele kleine Dateien gespeichert, so wird jede Menge Platz vergeudet. Aus diesem Grund sollte die Cluster-Größe möglichst klein gehalten werden. Dadurch ist aber auch die Größe der Partition festgelegt und die sollte natürlich maximal sein. Ein guter Kompromiss ist eine 1-GByte-Partition, das heißt, die Größe der Partition muss unter 1024 MByte bleiben. Diese Probleme treten aber nur unter FAT-basierten Dateisystemen auf. Moderne Dateisysteme wie HPFS (OS/2) und NTFS (Windows NT) haben diese Probleme nicht.

➡ *Siehe Datenträger; FAT32; Dateisystem; PC; MS-DOS; Sektor; Partition; NTFS; Betriebssystem; HPFS; FAT*

CLV-Verfahren

Abk.: Constant Linear Velocity

▲ *Übers.: konstante lineare Geschwindigkeit*

Das CLV-Verfahren ist das bei CD-ROMs eingesetzte Ableseverfahren, das selbst bei unterschiedlichen Umdrehungsgeschwindigkeiten eine konstante Datentransferrate garantiert. Da eine CD wie eine Schallplatte über eine einzige durchgehende Spur verfügt, muss sie für eine konstante Spurgeschwindigkeit ihre Rotationsgeschwindigkeit variieren, da sich die CD außen schneller dreht als innen. Mit dem von Festplatten übernommenen CAV-Verfahren muss der Antriebsmotor die Umdrehungsgeschwindigkeit ständig anpassen, was einen hohen Leistungsverlust durch das ständige Beschleunigen und Abbremsen bedingt. 1996 brachte Pioneer das erste CD-ROM-Laufwerk auf den Markt, das eine Mischung aus CAV- und CLV-Verfahren benutzt.

➡ *Siehe CD; Datentransferrate; CAV-Verfahren; CD-ROM*

CMail

Abk.: Compuserve Mail

CMail ist der Name des E-Mail-Dienstes des Online-Dienstes CompuServe.

➡ *Siehe CompuServe; Online-Dienst; E-Mail*

CMOS

Abk.: Complementary Metal Oxide Semiconductor

Mit der CMOS-Technologie werden integrierte Schaltkreise hergestellt, die eine Vielzahl von Halbleiterkomponenten beinhalten und sich vor allem durch eine geringe Leistungsaufnahme und große Störungsfestigkeit auszeichnen.

➡ *Siehe MOS; IC*

CMOS-RAM

In dem batteriegepufferten CMOS-RAM werden unter anderem die Einstellungen im CMOS-Setup des BIOS gespeichert. Dort werden zudem die IDE-Festplatten angemeldet und konfiguriert. Außerdem enthält dieser Speicherbereich das aktuelle Datum sowie die aktuelle Zeit. Der Speicher befindet sich auf jedem Motherboard und ist notwendig, um diese Angaben auch dann zu erhalten, wenn der Computer ausgeschaltet oder ganz von Stromnetz getrennt ist.

➡ *Siehe CMOS; Harddisk; RAM; BIOS; IDE*

CMOS-Setup

➡ Siehe Setup

CMS

Das CMS ist ein System mit dem versucht wird, die Farbdarstellung unabhängig von Gerät, Medium oder z.B. Druckverfahren zu vereinheitlichen.

CMYK-Farbsystem

CMY steht für Cyan, Magenta und Yellow und bezeichnet die drei Grundfarben, die zusammen die so genannte subtraktive Farbmischung ergeben. Bei diesem Farbsystem werden diese drei Farben durch Farbfilter realisiert, die jeweils nur zwei Drittel des sichtbaren Lichtspektrums durchlassen.

➡ Siehe RGB; Farbmodell

CNA

Abk.: Certified Novell Administrator

▲ Übers.: Zertifizierter Novell-Administrator

CNA ist eine weltweit anerkannte Basisqualifikation, auf die weitere Zertifizierungen der Firma Novell aufbauen. Der durch eine Prüfung erreichte Titel bescheinigt die Fähigkeit, ein einzelnes Novell-Produkt zu administrieren. CNAs sind für den reibungslosen Ablauf des Netzwerkalltags in einem Unternehmen verantwortlich. Sie sind dabei erste Anlaufstelle für Anwender und binden Arbeitsplätze ins Netz ein, pflegen Benutzerdaten, regeln den Zugriff auf das Dateisystem und führen eine regelmäßige Datensicherung durch, um nur einige Arbeitsbereiche zu nennen.

CNE

Abk.: Certified Novell Engineer

▲ Übers.: Zertifizierter Novell-Techniker

Der CNE ist ein durch die Firma Novell zertifizierter Netzwerkspezialist. Die CNEs werden in Netzwerktechnologien, der Netzwerkhardware sowie im Einsatz der Novell Directory Services (NDS) geschult. Zumeist handelt es sich um EDV-Fachleute mit bereits abgeschlossener Ausbildung, die durch Bestehen der sieben notwendigen Prüfungen den CNE-Status erreichen. Zu ihren Aufgaben gehört Planung, Systemdesign, Serverinstallation, -konfiguration und -optimierung, die Erstellung eines Sicherheitskonzepts, Systemupgrades, Wartung, Support und Fehlerbehebung. Sie sind für das Gesamtnetzwerk verantwortlich und geben die Richtlinien vor, nach denen im Betrieb beschäftigte CNAs vorgehen, denen sie im übrigen als Ansprechpartner bei Problemen dienen.

C-Netz

Das C-Netz ist das dritte analoge Funknetz der Telekom (A-Netz, B-Netz) das 1985 eingeführt wurde. Die analogen Netze verlieren immer mehr an Bedeutung, weil die digitalen Netze, wie das D1-Netz, das D2-Netz und das E-Netz, auf dem Vormarsch sind. Da die analogen Netze bundesweit flächendeckend arbeiten und sehr störungsunempfindlich sind, sind für Autotelefone besonders geeignet.

⇒ *Siehe B-Netz; E-Netz; D-Netz*

CNG-Signal

Das CNG-Signal ist ein 0,5 Sekunden langer Pfeifton von 1.100 Hz, an den sich drei Sekunden Pause anschließen. Dieser analoge Signalton wird von Faxgeräten ausgesandt, um sich zu identifizieren. So kann die Zielstelle feststellen, dass ein Fax anruft. Fax-Weichen benutzen diese Erkennung, um den Anruf an das richtige Gerät weiterzuleiten. Bei einem ISDN-Anschluss ist dieses Erkennungssignal in die Dienstekennung integriert worden. Gleichzeitig mit dem Anruf wird die Anforderung des Fax übermittelt. Verfügt der angerufene Teilnehmer über kein Fax oder ist es ausgeschaltet, so klingelt nicht einmal das Telefon. Vielmehr wird eine Fehlermeldung zurückgegeben, die besagt, dass kein Faxgerät erreicht wurde. Analoge Endgeräte an einer Telefonanlage erhalten das CNG-Signal von der Anlage, um einen reibungslosen Ablauf zu gewährleisten.

⇒ *Siehe Fax-Weiche; Analog; Service Indicator; Fax; ISDN*

Coalition Against Unsolicited Commercial Email

⇒ *Siehe CAUCE*

COAST

Abk.: Cache On A Stick

Diese Cache-Module (COAST) können auf manchen Motherboards eingesetzt werden, um den Second-Level-Cache zur Verfügung zu stellen oder den bestehenden Cache aufzurüsten. COAST-Module gibt es mit asynchronem Cache oder Pipelined-Burst-Cache, wobei letztere Ausführung deutlich schneller und damit zu bevorzugen ist.

⇒ *Siehe Cache; Cache, asynchroner; PB-Cache; L2-Cache; Motherboard*

Cobol

Abk.: Common Business Oriented Language

Cobol ist eine alte Programmiersprache, die vorwiegend in den 1960er Jahren für die Programmierung von Software im kaufmännischen Bereich benutzt wurde.

⇒ *Siehe Software; Programmiersprache; Kaufmännische Software*

Cobweb Site

Cobweb Site ist die Bezeichnung für eine veraltete, unmoderne Website.

➡ *Siehe Website*

Cocoon

Das Cocoon ist ein XML-basiertes Web Publishing Framework der Apache Foundation zur Entwicklung von Web-Anwendungen. Neben Struts und Espresso eines der Frameworks, das auf das Konzept eines Model-View-Controllers (MVC) setzt.

➡ *Siehe Struts; XML; J2EE; MVC*

CODASYL

Abk.: Conference on Data Systems Languages

CODASYL ist ein vom US-amerikanischen Verteidigungsministerium gegründeter Verband, der sich im Datenverwaltungsbereich die Entwicklung von Systemen und Programmiersprachen zur Aufgabe gemacht hat und an der Entwicklung der Programmiersprache COBOL maßgeblich beteiligt war.

➡ *Siehe Cobol; DARPA*

Code

Unter einem Code wird im Computerbereich eine Vorschrift verstanden, wie bestimmte Daten, Buchstaben oder Befehle dargestellt werden. Sämtliche Buchstaben, Sonderzeichen und Zahlen müssen für die Verwendung mit einem Computer kodiert werden. Ein Beispiel für eine Kodierung ist der ASCII-Standard, der 256 verschiedene Zeichen kennt und diese von 0 bis 255 durchnummeriert. Für den Computer ist jede Taste, die auf einer Tastatur betätigt wird, nur eine Zahl. Bei Programmiersprachen werden die eindeutigen Namen der Befehle und die Regeln, die festlegen, wie Befehle angeordnet werden, als Code bezeichnet. Der Compiler oder Interpreter der Programmiersprache kann nämlich nur diesen Code verstehen. Daher wird das Anreihen der Befehle zu einem Programm auch Kodieren oder englisch »coden« genannt. Der fertige Programmtext wird äquivalenterweise Quellcode oder Quelltext genannt.

➡ *Siehe Instruction; ASCII; Programmiersprache; Source-Code; Sonderzeichen*

Code Access Security

➡ *Siehe CAS*

Code Division Multiple Access

➡ *Siehe CDMA*

Code, mnemonischer

➡ *Siehe Adresse, mnemonische; Mnemonik*

Code, reentranter

Reentranter Code ist ein Programmcode, der sich von mehreren Anwendungen gleichzeitig verwenden lässt. Eine Anwendung kann bei der Ausführung eines Codes von einem anderen Programm unterbrochen werden, welches dann den Code seinerseits ausführt. Reentranter Code wird vor allem bei der Programmierung von Betriebssystemen verwendet.

➠ Siehe Code; Betriebssystem

Codepage

Um das Betriebssystem MS-DOS an verschiedene Tastaturbelegungen und Sprachen anzupassen, dienen die so genannte Codepages, die in der autoexec.bat oder config.sys eingetragen werden. Diese ladbaren Zeichensatz-Tabellen unterstützen jeweils eine bestimmte Tastaturbelegung.

➠ Siehe Keyboard; MS-DOS; ANSI; ASCII; Autoexec.bat; Character Set; Bit; Betriebssystem; Config.sys

Color Graphics Adapter
➠ Siehe CGA

Color Management System
➠ Siehe CMS

Color-Key-Transparenz

Color-Key-Transparenz ist ein bei der Erzeugung von 3D-Grafik eingesetztes Verfahren zur Realisierung komplexer Objekte mit Hilfe einfacher Texturen. Beispielsweise wird bei der Erstellung eines Gitterzauns eine bestimmte Farbe als transparent (Color-Key) definiert. Die Gitter des Zauns werden in einer gewünschten Farbe gezeichnet und die Zwischenräume mit der Color-Key-Farbe ausgefüllt, wodurch diese transparent erscheinen.

➠ Siehe 3D-Grafik; 3D-Funktionen; Textur; Texture-Mapping

COM

Abk.: Component Objects Model; Communication

1. COM ist die Bezeichnung für serielle Schnittstellen, die von den meisten Betriebssystemen verwendet wird. Mit der Zahl hinter COM werden die COM-Ports durchnummeriert. Vom BIOS eines Computers werden normalerweise nur die Schnittstellen COM1, COM2, COM3 und COM4 unterstützt. An die seriellen Schnittstellen werden z.B. serielle Mäuse and Modems angeschlossen.

2. COM ist aber auch eine Spezifikation für die Entwicklung modularer Softwarekomponenten, die von jeder COM-kompatiblen Anwendung verwendet werden können. COM-Komponenten

lassen sich ohne Probleme in solche Anwendungen integrieren und können gar während der Laufzeit aus einer Anwendung entfernt werden. Jede COM-Komponente erhält eine eindeutige Nummer, die nach Registrierung bei Microsoft sogar weltweit einzigartig ist. COM-Komponenten können in einer Vielzahl unterschiedlicher Sprachen programmiert werden, wenngleich dafür meist C++ zum Einsatz kommt. Die Spezifikationen OLE, ActiveX und DirectX basieren auf der COM-Technologie.

➠ *Siehe BIOS; Modem; Betriebssystem; Schnittstelle, serielle*

COM+

COM+ ist ein Zusatz der COM (Component Object Model) Microsofts und Grundlage für die Entwicklung von Anwendungen. COM+ ist zweierlei:

1. eine objektorientierte Programm-Architektur

2. eine Sammlung von Betriebssystemelementen

➠ *Siehe Objektorientiert; Architektur; COM; Betriebssystem*

Comdex

Abk.: Computer Dealers Exposition

Die Comdex ist eine große Messe für den Computerfachhandel. Sie findet zweimal jährlich statt, im Frühling und im Herbst, und ist zurzeit die weltweit bedeutendste Computermesse. Das europäische Pendant ist die CeBit.

➠ *Siehe CeBIT*

Comma Separated Value

➠ *Siehe CSV*

Command.com

Die Datei command.com ist der Befehls-Interpreter des Betriebssystems MS-DOS. Ein Befehls-Interpreter ist eine textbasierte Shell, in die der Benutzer mit der Tastatur seine Befehle an der Eingabeaufforderung eingeben kann. Beim Booten des Computers wird er in den Hauptspeicher geladen und bleibt dort resident (TSR-Programm). Dort überwacht er alle Tastatureingaben. Falls er einen Befehl erkennt, führt er ihn aus. Befehle wie »dir« oder »copy« werden von der command.com direkt zur Verfügung gestellt. Andere wie etwa »xcopy« werden als externe Programme ausgeführt. Erkennt command.com einen Befehl nicht, so versucht er, ein externes Programm zu finden, auf das der Name passt, und führt dieses anschließend aus. Je mehr Befehle in command.com integriert werden, desto größer wird diese Datei. Da sie allerdings zu jeder Zeit im Speicher vorkommt (resident), verringert sie den maximal freien Arbeitsspeicher durch ihre Größe. Daher ist lediglich eine unbedingt notwendige Funktionalität in command.com integriert.

➟ *Siehe Booten; MS-DOS; Befehls-Interpreter; Hauptspeicher; Resident; Eingabeaufforderung; TSR-Programm; Shell; Systemdateien*

Commercial a

Commercial a ist eine andere Bezeichnung für das Sonderzeichen »@« (Alt Gr + Q).

➟ *Siehe @; Sonderzeichen*

Commodore

Die Firma Commodore war Hersteller der berühmten Homecomputer C64, C128 und Amiga.

➟ *Siehe C64; C128; Amiga; Atari; Set-Top-Box; CDTV*

Common Hardware Reference Plattform

➟ *Siehe CHRP*

Common Internet File System

➟ *Siehe CIFS*

Common Intrusion Detection Framework

➟ *Siehe CIDF*

Common ISDN API

➟ *Siehe CAPI*

Common Language Runtime

➟ *Siehe CLR*

Common Language Specification

➟ *Siehe CLS*

Common Object Request Broker Architecture

➟ *Siehe CORBA*

Common Type System

➟ *Siehe CTS*

Communications Decency Act

Abk.: CDA

CDA ist das 1996 in den USA verabschiedete Gesetz zur Schutz von Jugendlichen vor unmoralischen Inhalten im Internet. Es löse heftige Kritik bei vielen Anwendern aus. Es erlaubt die Zensur von fragwürdigen Inhalten innerhalb des Internets. Da diese Zensur in einem so flexiblen und anarchistischen Gebilde wie dem Internet schwer einzuführen und noch schwerer aufrecht zu halten ist, werden von solchen Zensurversuchen meist nur Benutzer betroffen, die eigentlich nicht das Ziel der Aktion sind. Denn die, die es wirklich betreffen soll, finden immer irgendeinen Weg, die Vorgaben zu umgehen. Vielleicht nicht ohne Probleme, aber solange Geld damit verdient werden kann, werden sie Möglichkeiten finden. Die Anwender und Anbieter, die deshalb mit diesem Gesetz nicht einverstanden waren, formierten sich unter der Blue Ribbon Campaign.

➡ *Siehe Internet; Blue Ribbon Campaign*

Compact .NET-Framework

Compact .NET-Framework ist die abgespeckte Version des .NET-Framework für Mobilgeräte (PDAs, Handys, Pocket PCs usw.).

➡ *Siehe .NET; PDA; Pocket PC; .NET-Framework*

Compact Disc

➡ *Siehe CD*

CompactFlash

Ein CompactFlash ist ein auswechselbares, wieder beschreibbares, nichtflüchtiges Speichermedium im Kartenformat (PCMCIA I und II) und Flash-Speicher oder Festplatte (IBM Microdrive). Es wird häufig in Digitalkameras und MP3-Playern verwendet.

➡ *Siehe Speichermedium; Microdrive; PCMCIA*

Bild C.4: Eine CompactFlash-Karte

Compaq

http://www.hewlett-packard.de

Der Name der Firma Compaq setzt sich aus den zwei Worten Compatibility (Kompabilität) und Quality (Qualität) zusammen. Compaq baut seit 1982 Computer und brachte sogar vor IBM den ersten PC mit einem Intel 386er auf den Markt. Compaq ist neben Dell einer der führenden Computerhersteller der Welt. Im Jahr 2002 fusionierte Compaq mit Hewlett-Packard.

➡ *Siehe IBM-kompatibel; PC; IBM; IBM-PC; Intel; Hewlett Packard*

Compatible

Programme oder Hardwarekomponenten werden kompatibel (compatible) genannt, wenn sie miteinander verträglich sind. Kompatible Komponenten funktionieren auch in leicht abweichenden Systemkonfigurationen. Grundbedingung ist allerdings, dass alle die Spezifikationen derselben Plattform (IBM-PC, Apple Macintosh, usw.) erfüllen bzw. auf demselben Betriebssystem lauffähig sind.

➡ *Siehe Plattform; Kompatibilität; Betriebssystem*

Compiler

Ein Compiler ist ein Programm, das einen Quelltext aus einer Quelldatei (Datei) ausliest und in ein lauffähiges Programm übersetzt. Der Quelltext (auch Quellcode genannt, Code) ist zumeist in einer höheren Programmiersprache, wie C oder PASCAL geschrieben, kann aber auch aus vielen miteinander verknüpften Dateien bestehen. Verknüpfte Dateien einer Programmiersprache werden Module genannt. Die Kompilierung geschieht hauptsächlich in drei Phasen:

▶ Die lexikalische Analyse durchsucht den Quelltext auf zulässige Schlüsselwörter und Formulierungen. Weiterhin entfernt sie überflüssige Kommentare und Zeichen.

▶ In der semantischen und syntaktischen Analyse wird die Gültigkeit der einzelnen Befehle, der Variablen, die korrekte Verwendung der Datentypen und der korrekte Zusammenhang zwischen den einzelnen Befehlen überprüft.

▶ In der Codegenerierung werden die von der semantischen und syntaktischen Analyse erzeugten Datenstrukturen ausgewertet und daraus die Abfolge der richtigen Maschinenbefehle erstellt.

▶ Zwischen diesen Phasen liegt je nach Compiler immer wieder eine Phase der Optimierung. Diese kann nach verschiedenen Kriterien wie Größe des erzeugten Programms oder Geschwindigkeit der Ausführung variiert werden. Nach diesen

Schritten ist der ausführbare Code allerdings erst in so genannten Objektmodulen vorhanden. Jede Quelldatei entspricht dabei einem Modul. Erst ein Linker fasst die Module zu einem gesamten lauffähigen Programm zusammen.

➡ *Siehe Instruction; Linker; Quelldatei; Modul; Variable; Objektmodul; C; Programmiersprache; Pascal; Source-Code; Datei; Maschinensprache*

Component Object Model

➡ *Siehe COM*

COM-Port

Ein COM-Port ist eine serielle Schnittstelle, über die der Computer Daten mit anderen Computern oder Peripheriegeräten austauscht. An COM-Ports werden z.B. die Maus oder ein Modem angeschlossen. Ein Computer (PC) verfügt mindestens über zwei COM-Ports (COM1 und COM2). Die Datentransferrate, die ein COM-Port erreicht, hängt davon ab, welchen Baustein die Schnittstelle verwendet. Normalerweise liegt sie im Bereich zwischen 75 und 115.200 Byte/s. Es gibt spezielle Erweiterungskarten, die höhere Raten erreichen und meist für extrem schnelle Modems oder Modem-Pools eingesetzt werden.

➥ *Siehe Datentransferrate; Schnittstelle, serielle; FIFO; UART; Modem; Peripherie; COM*

Bild C.5: In der Mitte befinden sich die beiden seriellen Anschlüsse und darüber der parallele Anschluss.

Composite-Videosignal

Das Composite-Videosignal ist ein recht preiswertes und daher oft von Homecomputern verwendetes Verfahren zur Bildschirmdarstellung. Bei diesem Verfahren werden die einzelnen Farbinformationen zu einem Signal zusammengefasst (composite) und mit einer einzigen Leitung zum Bildschirm übertragen. Dort werden sie dann wieder in die drei Farbanteile Rot, Grün und Blau (RGB) aufgespalten. Dieses Verfahren verursacht leichte Farbverfälschungen, wodurch die Bildqualität ein wenig leidet.

➥ *Siehe RGB; Bildschirm*

Compressed Serial Line Internet Protocol

➥ *Siehe CSLIP*

Compunications

Compunications ist ein Kunstwort aus Computer und Kommunikation und bezeichnet den Datenaustausch zwischen verschiedenen Computern.

➥ *Siehe Internet; Datenaustausch*

CompuServe

http://www.compuserve.de

CompuServe ist einer der großen Online-Dienste. Er bietet neben dem Zugang zum Internet auch viele andere interne Angebote aus allen möglichen Bereichen, z.B. Diskussionsforen und Serviceangebote von Firmen. Im September 1997 wurde der Kundenstamm von CompuServe von AOL übernommen.

➥ *Siehe Online-Dienst; Internet; AOL; Homepage; Forum*

CompuServe Information Service

➥ *Siehe CIS*

CompuServe Mail

➥ *Siehe CMail*

Computer

Der Begriff Computer ist von englisch »compute« für berechnen abgeleitet. Computer sind aus den Rechenmaschinen hervorgegangen, die wirklich nichts anderes als Formeln berechnen konnten. Aber auch moderne Computer arbeiten letztendlich immer noch nach demselben Prinzip. Daten müssen in den Computer eingegeben werden, um dort weiterverarbeitet werden zu können. Nach der Berechnung werden die Ergebnisse ausgegeben. Jede noch so umfangreiche Software besteht im Prinzip aus relativ einfachen Befehlen wie Addieren und Multiplizieren. Diese Aufgaben werden heutzutage durch Programme realisiert.

➡ *Siehe Daten; Software; Babbage, Charles; Programm*

Computer Aided Design
➡ *Siehe CAD*

Computer Aided Manufacturing
➡ *Siehe CAM*

Computer Aided Planning
➡ *Siehe CAP*

Computer and Science NETwork
➡ *Siehe CSNET*

Computer Associates
www.ca.com
Abk.: CA

Computer Associates (CA) ist ein Softwareunternehmen mit Spezialisierung auf unternehmenskritische Lösungen, Software, Support und Services. Die Firma wurde 1976 von C.B. Wang und R. Artzt gegründet und ging nach der Entwicklung von Software für IBM-Großrechner im Jahre 1981 an die Börse. Neben Client/Server-Produkten (z.B. Arcserve) bietet CA Lösungen und Know-how, um komplexe Infrastrukturen für E-Business und E-Commerce aufzubauen. Für die professionelle Softwareentwicklung bietet CA ein komplettes Spektrum an Entwicklungsumgebungen, Reportgeneratoren, Integrationstools und Testwerkzeugen. Unicenter TNG ist eine integrierte, unternehmensweite Managementlösung für heterogene IT-Umgebungen. Sämtliche IT-Ressourcen eines Unternehmens – Netzwerke, Rechner, Betriebssysteme, Datenbanken, Benutzeroberflächen, Anwendungen – und darüber hinaus Non-IT-Geräte können von einem Punkt aus gesteuert, verwaltet und überwacht werden. Seit Bestehen hat CA mehr als 70 Unternehmen erworben und erfolgreich integriert. Mit der im Juni 1999 erfolgreich abgeschlossenen Übernahme des US-amerikanischen Service-Anbieters Platinum, mit einer Tochtergesellschaft in Deutschland, hat CA eine der größten Transaktionen in der Geschichte der Softwarebranche getätigt.

Computer Based Training
➡ *Siehe CBT*

Computer Press Association
➡ *Siehe CPA*

Computer Supported Cooperative Work

➡ Siehe CSCW

Computerfreak

Der Begriff Computerfreak ist Synonym für einen Computerspezialisten oder einen Hacker.

➡ Siehe Hacker

Computer-Lingo

Computer-Lingo heißt die Umgangssprache, die Computerfreaks und Hacker verwenden, wenn sie miteinander kommunizieren. Dieser legendäre Chat- und Hacker-Slang soll vor allem beim Chatten im Internet verwendet werden.

➡ Siehe Chatten; Computerfreak; Hacker-Slang; Chat- und Hacker-Slang; Hacker

Computervirus

Computerviren sind kleine Programme, die versuchen, ihren Code möglichst vielen anderen Programmen und Dateien anzufügen, sich zu verbreiten und manchmal auch willentlich Daten zu zerstören. Computerviren arbeiten mit ganz verschiedenen Methoden:

▶ Überschreibende Viren sind die einfachsten Vertreter ihrer Art. Sie überschreiben und zerstören so das Programm, das sie infizieren. Leider können solche Viren nicht beseitigt werden. Infizierte Programme können nur gelöscht werden.

▶ Eine andere Art von Viren arbeitet wie ihre biologischen Pendants und infiziert praktisch alle Bereiche eines Computers, die ausführbaren Code besitzen. Dazu zählen die Partitionstabelle, der Boot-Sektor (Boot-Sektor-Virus) und die ausführbaren Dateien. Die Viren infizieren diese Teile, ohne sie zu zerstören, indem sie sie um ihren eigenen Code erweitern. Wird ein virulenter Code ausgeführt, macht sich der Virus entweder resident oder infiziert alle erreichbaren Dateien. Residente Viren arbeiten wie ein TSR-Programm und können alle Programme, die nach der Aktivierung des Virus ausgeführt werden, wiederum anstecken. Das Ziel solcher Viren besteht darin, möglichst viele Programme zu infizieren ohne aufzufallen. Viele enthalten Routinen, die nach gewissen Zeitperioden oder an bestimmten Zeitpunkten aktiviert werden. Diese Routinen können harmlos sein, aber auch versuchen, alle Daten zu zerstören. Nachdem inzwischen Virenscanner sehr verbreitet sind, versuchen moderne Viren sogar diese auszutricksen, indem sie infizierte Programme temporär wieder in ihren ursprünglichen Zu-

- stand zurückversetzen, um den Virenscanner zu täuschen (Tarnkappenvirus).
- So genannte trojanische Pferde geben nach außen eine gewisse Funktionalität, dienen aber oft als Startplattform für andere Viren. Ein beliebter Trick zur garantierten Verbreitung neuer Viren besteht darin, den Virus an ein weit verbreitetes Programm (z.B. PD-Software oder Freeware) zu hängen und dann die Versionsnummer zu erhöhen. Auf diese Weise wird das Programm mit sehr hoher Wahrscheinlichkeit von vielen Benutzern heruntergeladen.
- Einen speziellen Platz nehmen die Makro-Viren ein. Diese infizieren keine Programme, sondern Dokumente, die Makros enthalten (z.B. die Dokumentvorlagen von WinWord). Alle modernen Office-Pakete können mit Makros umgehen, um dem Benutzer eine möglichst flexible Anpassung des Programms an seine Bedürfnisse zu erlauben. Makros starten beim Öffnen normalerweise eine Funktionalität und initialisieren sich. Makro-Viren schreiben ihren Code in diese Auto-Start-Funktion und werden so beim Öffnen automatisch ausgeführt. Als Nächstes infizieren sie dann alle anderen Dokumente, mit denen gearbeitet wird. Moderne Virenscanner suchen, finden und beseitigen auch solche Viren.

➠ Siehe Boot-Sektor-Virus; Cruising-Virus; McAfee; Antivirenprogramm; Virenscanner; Resident; TSR-Programm; Stealth-Virus; Boot-Sektor; Trojanisches Pferd; Hybridvirus

Conference on Data Systems Languages
➠ Siehe CODASYL

Config.sys
Die Datei config.sys enthält Einstellungen und Befehle im Textformat. Diese werden beim Booten des Betriebssystems MS-DOS (und damit auch Windows 3.1, 3.11 und 95) geladen und ausgewertet. Zusammen mit der autoexec.bat stellt dieses Duo das gesamte Konfigurationssystem von MS-DOS. Die Dateien müssen sich im Hauptverzeichnis des Laufwerks »C:« befinden und werden bei jedem Start ausgeführt. In der config.sys können weitergehende Einstellungen als in der autoexec.bat vorgenommen werden. Dort kann z.B. der Befehls-Interpreter festgelegt und Treiber geladen werden, die die Endung ».sys« besitzen. Diese ladbaren Gerätetreiber passen DOS an das System an. Seit MS-DOS 6.0 kann in der config.sys auch eine Reihe verschiedener Konfigurationen angeben werden. Diese werden

beim Booten angezeigt und der Anwender kann wählen, welche Konfiguration er benutzen möchte. Weitere Informationen können Sie mit dem Befehl »help« unter MS-DOS erhalten.

➠ *Siehe Command.com; Booten; MS-DOS; Befehls-Interpreter; Autoexec.bat; C:; Systemdateien; Betriebssystem; Gerätetreiber*

Connect

Ein Modem gibt die Meldung »connect« zurück, wenn es ihm bei einem Verbindungsaufbau gelungen ist, den Carrier zu etablieren.

➠ *Siehe Carrier; Modem*

Connect Time

Mit Connect Time wird die Zeitdauer bezeichnet, die der Anwender bei einer Verbindung per Modem online war. Sie erstreckt sich von dem Zeitpunkt, an dem sich der Anwender in das Internet oder eine Mailbox eingewählt oder die Verbindung mit einem anderem Modem hergestellt hat (Datenfernübertragung), bis zu dem Zeitpunkt, an dem die Verbindung beendet wurde.

➠ *Siehe Internet; DFÜ; Online; Modem; BBS*

Connection pooling

Connection pooling ist eine Optimierung von Datenbankverbindungen (pools), wodurch Anwendungen ohne erneutes Schließen und Verbinden immer wieder verwendet werden können. Diese Verbesserung der gemeinsam verwendeten Datenbankverbindungen und deren Objekte für ODBC 3.0 führt zu einer besseren Systemleistung und einer effizienteren Verbindungsnutzung, insbesondere für Webanwendungen.

➠ *Siehe Datenbank; ODBC*

Connectivity

1. Connectivity bezeichnet die Fähigkeit der Zusammenarbeit zwischen Hardwaregeräten, Softwarepaketen oder Computern.

2. Die Connectivity als Maß bezeichnet die Störungsanfälligkeit, Bandbreite oder Qualität von Kommunikationseinrichtungen.

Connector conspiracy

In der Anfangszeit der Computer gab es keine standardisierten Steckverbindungen für einzelne Systemkomponenten. Deshalb wurde den Herstellern vorgeworfen einer »Connector conspiracy« (Steckerverschwörung) anzugehören, die die Festlegung eines gemeinsamen Standards verhindern wollte.

➠ *Siehe Computer*

Constant Bit Rate

➠ *Siehe CBR*

Constructive Solid Geometrie

➠ Siehe CSG

Consumer Description Subscriber Line

➠ Siehe CDSL

Container

1. Ein Container bündelt in sich mehrere Objekte oder weitere Container, in denen wiederum Objekte und Container enthalten sein können. In Verzeichnissen oder bei der Programmierung bildet der Container eine Verwaltungseinheit.

2. Ein Container beschreibt in der OLE-Terminologie eine Datei, welche Objekte enthält, die verlinkt oder eingebettet sind.

3. In SGML beschreibt der Container ein Element, das im Gegensatz zum leeren Element, welches nur aus Tags und Attributen besteht, auch Inhalte (z. B. Text) aufweist.

➠ *Siehe Objekt; Directory Service*

Containerdatei

Containerdateien enthalten Dateien verschiedener Programme und fassen diese zu einem Paket zusammen. Präsentationsprogramme nutzen solche Pakete oft, um Ergebnisse von Datenbanken, Grafikprogrammen, Tabellenkalkulationen und Textverarbeitungsprogrammen miteinander zu verknüpfen und dann anschaulich darzustellen.

➠ *Siehe Tabellenkalkulation; Datenbank; Grafikprogramme; Präsentationsprogramme; Textverarbeitung*

Content Provider

Ein Content Provider ist eine Firma oder eine Person, die Inhalte für die Veröffentlichung im Inter- oder Intranet produziert. Zusätzlich zu Standardinhalten, wie Text und Grafiken, werden Angebote wie Video- und Audiodownloads mit entsprechender Software, Onlinekataloge, Gästebücher und Linksammlungen erarbeitet und angeboten.

➠ *Siehe Internet; Intranet*

Content Syndicator

Eine Firma, die Inhalte (Content) von Content Providern (Inhalteanbietern) sammelt und ähnlich einem Verlag weitervermarktet, wird Content Syndicator genannt.

➠ *Siehe Content Provider*

Contents Directory

Contents Directory ist eine Folge von Warteschlangen, der sich in einem Bereich des Arbeitsspeichers befindlichen Deskriptoren und Adressen der Routinen.

➠ *Siehe Adresse; Hauptspeicher; Routine*

Control Bit

Control Bit (Prüfbits) werden, bestimmten Regeln folgend, Datenpaketen oder Datenblöcken angehängt und dienen der Datensicherheit. Anhand der Überprüfung des Prüfbits kann das System feststellen, ob die Daten fehlerfrei übertragen wurden (z. B. über ein Modem oder vom Hauptspeicher).

➠ *Siehe Packet; Hauptspeicher; Modem; Datenblock; Fehlerkorrektur; Fehlererkennung; Parity*

Control Panel

Das Control Panel ist ein zentraler Bestandteil von Microsofts Windows 95/98. Über die Systemsteuerung hat der Anwender Zugriff auf die Hard- und Software des Computers. Diese vollständig grafische Oberfläche war unter Windows 3.1 noch als eigenständiges Programm namens control.exe realisiert. Nun ist die Systemsteuerung fest integriert. Mit der Systemsteuerung können Sie sehr komfortabel und übersichtlich die Konfiguration Ihres Computers bearbeiten.

➠ *Siehe Windows 98 (SE); Windows 95; Windows NT*

Control Program for Microcomputers

➠ *Siehe CP/M*

Control Sequence

Eine Control Sequence ist eine Reihe von Steuerzeichen, mit denen Befehle an einen Drucker übermittelt werden.

➠ *Siehe Steuerzeichen; Drucker*

Controller

1. Ein Controller ist ein Prozessor, der die CPU bei ihrer Arbeit unterstützt. Dazu übernimmt er spezielle Aufgaben von der CPU und führt diese eigenständig aus. Beispiele hierfür sind der Cache-Controller, der DMA-Controller und der Interrupt-Controller.

2. Ein Controller ist ein Gerät, das benötigt wird, um bestimmte Arten von Datenträgern benutzen zu können. Neben dem mittlerweile auf den Motherboards integrierten Floppy-Controller und dem Festplatten-Controller gibt es Controller auch als Erweiterungskarten. Dazu gehören beispielsweise die SCSI-Controller.

➠ *Siehe Datenträger; SCSI-Controller; DMA-Controller; Interrupt-Controller; CPU; Festplatten-Controller; Cache-Controller; Prozessor; Floppy-Controller*

Control-Taste

Die Control-Taste ist die englische Bezeichnung für die Steuerungstaste ([Strg]). Diese Taste befindet sich links und rechts unten auf der Tastatur. Neben [Alt] ist [Strg] eine der Tasten, die in Verbindung mit anderen Tasten Tastenkombinationen bilden. Außerdem können alle Zeichen (auch die Sonderzeichen) des ASCII-Zeichensatzes, durch gleichzeitiges Drücken der [Strg]-Taste und Eintippen des Codes auf dem Nummernblock, erzeugt werden. Nach Loslassen der [Strg]-Taste, erscheint das gewünschte Zeichen.

➠ *Siehe Keyboard; Alt Gr-Taste; Alt-Taste; ASCII; Sonderzeichen*

Cooked Mode

Im Cooked Mode werden die von einem Eingabegerät gelieferten Daten gefiltert. Wagenrücklaufzeichen, Dateiendezeichen, Zeilenvorschub und Tabulatorzeichen werden gesondert behandelt.

➠ *Siehe Zeilenvorschub; Tabulator*

Cookie-Filter

Der Cookie-Filter ist ein Filter, mit dem verhindert wird, dass benutzerspezifische Informationen mit Hilfe von so genannten Cookies an einen Server übertragen werden.

➠ *Siehe Server; Cookies*

Cookies

In der Diskussion um das Internet wird immer wieder von der Gefahr des gläsernen Benutzers gesprochen. Cookies – kleine Protokolldateien – sind ein Teil der Strategie, um die Surf-Gewohnheiten von Anwendern auszuforschen. Viele Server im Internet legen auf der Festplatte des Benutzers Cookies an, sobald dieser auf den Server zugreift, und fragen dabei gleichzeitig ab, ob schon andere Cookies vorliegen. Anhand der Cookies auf dem eigenen Rechner können also Rückschlüsse dazu gezogen werden, welche Server wie oft besucht wurden. Server tauschen diese gewonnenen Informationen miteinander aus und erstellen so Profile über die Benutzer. Diese lassen sich für Werbezwecke gut verkaufen. Die neuen Browser bieten Funktionen, mit denen sich die Annahme eines Cookies verhindern lässt. Das Problem dabei ist, dass Cookies nicht nur negativ sind. Viele vor allem »harmlose« Server legen solche Cookies an, um sich an den Benutzer anzupassen. Manche Internet-Seiten lassen sich ohne Cookies gar nicht in vollem Umfang betrachten.

➠ *Siehe Internet; Server; Protokoll; Shareware*

COPA

Abk.: Child Online Protection Act

Der Child Online Protection Act (COPA) wurde am 21. Oktober 1998 in den USA verabschiedet und sieht darin vor, dass sich prinzipiell jeder strafbar macht, der Minderjährigen über das World Wide Web jugendgefährdendes Material zugänglich macht. Der COPA beruht auf einer Gesetzesinitiative des republikanischen Abgeordneten Mike Oxley. Der COPA ist ein weiterer Versuch, wie schon der Communications Decency Act, die Verantwortlichkeit von Internet-Providern im Hinblick auf jugendgefährdende Inhalte im Internet zu regeln.

➠ *Siehe Communications Decency Act*

Copper Distributed Data Interface

➠ *Siehe CDDI*

Coppermine

Coppermine ist die Bezeichnung für Prozessoren der Firma Intel, die in 0,18-Micron Technologie gefertigt werden. Bekannte Namen sind z.B. der Pentium III oder der Pentium III Xeon. Diese Prozessoren verfügen über einen erweiterten On-Chip Transfer Cache, der für eine Performancesteigerung von bis zu 25 Prozent zu normalen Pentium III sorgen soll. Weitere Zusatzbezeichnungen sind z.B »E« für die 0,18 Micron Technik im Vergleich zu vorhergehenden 0,25 Micron Chips. »B« kennzeichnet Prozessoren mit 133 MHz FSB im Vergleich zu Prozessoren mit 100 MHz FSB.

➠ *Siehe Pentium III; Xeon; Intel; FSB*

Coprozessor

Ein Coprozessor ist ein zusätzlicher Prozessor, der die CPU bei Berechnungen unterstützt. Der Coprozessor, der bei den neuen CPUs von AMD, Cyrix und Intel bereits integriert ist, hat die Funktion eines arithmetischen Coprozessors. Er ist auf die Berechnung von Fließkommazahlen (Gleitkommaoperationen) spezialisiert und erreicht dort eine viel größere Leistung als die eigentliche CPU. Fließkommaarithmetik ist vor allem für CAD-Programme, Rendering und 3D-Spiele wichtig. Bei Grafikkarten spielen Coprozessoren für die Beschleunigung der Grafikdarstellung eine anhaltend wichtigere Rolle.

➠ *Siehe CPU; Floating Point Representation; Accelerator-Karte; ALU; AMD; Rendering; Integer; CAD; Intel*

Coprozessor, arithmetischer

Abk.: FPU

▲ *Übers.: Floating Point Unit*

Ein Mikroprozessor, der die CPU bei der Berechnung so genannter Fließkommaoperationen (Gleitkommaoperationen) unterstützt, wird arithmetischen Coprozessor genannt. Er wird auch als numerischer oder mathematischer Coprozessor bezeichnet oder erscheint unter seiner englischen Bezeichnung »floating point unit« (FPU). Der Prozessor ist in neueren Chips (bei Intel ab dem 486er) in die CPU integriert. Die Fließkommaeinheit muss von entsprechenden Anwendungsprogrammen speziell angesprochen werden. Meist sind es Applikationen aus dem Bereich der CAD oder Computeranimation.

➟ *Siehe Mikroprozessor; CPU; Animation; Floating Point Representation; CAD; Intel*

Coprozessor, mathematischer
➟ *Siehe Coprozessor, arithmetischer*

Coprozessor, numerischer
➟ *Siehe Coprozessor, arithmetischer*

Copy
Der Befehl »copy« ist im Befehls-Interpreter des Betriebssystems MS-DOS enthalten und dient zum Kopieren von Dateien.

➟ *Siehe command.com; Instruction; MS-DOS; Befehls-Interpreter; Betriebssystem*

Copy Protection
▲ *Übers.: Kopierschutz*

1. Bei Disketten kann mit einem mechanischen Schreibschutz (Copy Protection) verhindert werden, dass die Daten auf dieser Diskette geändert oder überschrieben werden können. Bei 3,5-Zoll-Disketten ist der Schreibschutz aktiviert, wenn der kleine Schieber auf der Rückseite offen ist. Bei 5,25-Zoll-Disketten muss dafür die Aussparung an der rechten oberen Seite geschlossen werden. Meist wurden dafür den Diskettenpackungen vom Hersteller kleine Klebeetiketten beigelegt.

2. Ein Kopierschutz (Copy Protection) soll den Hersteller einer Software vor unberechtigtem Kopieren seines rechtlichen Eigentums schützen. Es gibt mehrere Kopierschutzverfahren, die zum einen auf speziellen Hardwarekomponenten (Dongle), zum anderen auf Softwaremaßnahmen beruhen. Dazu gehören Autorisationscodes, Seriennummern, die Überwachung der Anzahl bereits vorgenommener Installationen oder die Überprüfung auf enthaltene Dateien oder Programmteile. Derartige Schutzmaßnahmen sind aber meist nur mäßig erfolgreich. Wenn sie nicht schon durch den einfachen Anwender umgangen werden können, schafft das spätestens ein Cracker.

➟ *Siehe Dongle; Cracker; Diskette*

CORBA

Abk.: Common Object Request Broker Architecture

CORBA ist ein von der OMG 1992 verabschiedete Spezifikation zur Kommunikation zwischen verschiedenen Programmen. Bei CORBA fordert ein Programm Objekte mit Hilfe eines ORB (Object Request Broker) an. Kenntnisse hinsichtlich der Strukturen des Programms, aus dem das Objekt stammt, sind dabei nicht erforderlich. CORBA wurde für den Einsatz in objektorientierten Umgebungen entwickelt. Die bekanntesten Implementierungen von CORBA sind SOM und DSOM von IBM, COM und DCOM von Microsoft und Netscapes ONE.

➡ *Siehe Objektorientiert; SOM; DSOM; DCOM*

Corel

http://www.corel.de

Die kanadische Firma Corel wurde 1985 gegründet und ist einer der führenden Hersteller von Grafiksoftware. Zu den bekannten Produkten gehört die CorelDraw-Suite, in der neben dem Vektorgrafikprogramm CorelDraw! auch die Bildbearbeitungssoftware Corel PhotoPaint und einige andere Programme zur Bild- und Texterfassung und 3D-Berechnung enthalten sind. Zum Lieferumfang gehören außerdem ClipArts und diverse Schriftarten (Fonts). Ein weiteres Softwarepaket von Corel ist die Office-Suite WordPerfect.

➡ *Siehe CorelDRAW; Office-Paket; Vektorgrafik; Ventura Publisher; NC; Java*

CorelDRAW

Die Software CorelDRAW der Firma Corel ist eines der führenden Softwarepakete zur Grafikbearbeitung. Im Paket enthalten sind das Vektorgrafikprogramm CorelDRAW!, die Bildbearbeitungssoftware Corel PhotoPaint und einige andere Programme zur Bild- und Texterfassung (OCR) und 3D-Berechnung. Zum Lieferumfang gehören außerdem Clip-Arts und diverse Schriftarten (Fonts).

➡ *Siehe Font; OCR; Clipart; Vektorgrafik; Corel; Bildbearbeitungsprogramm*

Courier

Courier ist eine schon von der Schreibmaschine bekannte Schriftart, die sich dadurch auszeichnet, dass jeder Buchstabe gleich viel Platz beansprucht. Ein »i« benötigt z.B. genauso viel Raum wie ein »m«. Courier wird bei vielen Druckern als Standardschrift eingesetzt.

➡ *Siehe Font; Schriften; Serifen; Drucker*

Courseware

Courseware ist eine Bezeichnung für Schulungs- und Unterrichtssoftware.

CP/M

Abk.: Control Program for Microcomputers

▲ *Übers.: Kontrollprogramm für Mikrocomputer*

CP/M war eines der ersten Betriebssysteme für den PC. Es existierte bereits Mitte der 1970er Jahre und war etwa 10 Jahre unangefochtener Marktführer. Der Sprung auf den IBM-PC mit einem CP/M-86 gelang allerdings nicht.

➙ *Siehe PC; IBM-PC; Betriebssystem*

CPA

Abk.: Computer Press Association

CPA ist ein Verband, der sich aus Journalisten, Rundfunkmoderatoren und Autoren zusammensetzt, die über Computertechnologien und die Computerindustrie schreiben oder berichten.

Cpi

Abk.: characters per inch

▲ *Übers.: Zeichen pro Zoll*

Cpi ist die Maßeinheit für die Zeichendichte auf Bildschirmen oder bei Druckern.

➙ *Siehe Bildschirm; Drucker*

Cps

Abk.: characters per second

▲ *Übers.: Zeichen pro Sekunde*

Cps ist eine Maßeinheit für die Geschwindigkeit der Zeichenausgabe. Das kann Drucker betreffen, genauso wie die Bildschirmausgabe oder die Höhe der Datentransferrate bei Datenfernübertragungen.

➙ *Siehe Datentransferrate; DFÜ; Bildschirm; Drucker*

CPU

Abk.: Central Processing Unit

▲ *Übers.: Zentralprozessor*

CPU ist die Bezeichnung für den Zentralprozessor eines Computers. Diese Komponente ist der zentrale Baustein des PCs, der alle wichtigen Berechnungen durchführt. Um ihn zu entlasten, werden moderne Computer mit einer steigenden Anzahl von Coprozessoren ausgestattet. Die CPU arbeitet eng mit dem Chipsatz des Motherboards zusammen. Dieses Duo ist maßgeblich für die Rechenleistung der PCs verantwortlich. Die CPU besteht aus mehreren Teilen. Die wichtigsten Teile sind der First-Level-Cache, das Rechenwerk und die Steuereinheit (Steuerwerk).

➙ *Siehe PC; Chipsatz; L1-Cache; Rechenwerk; Steuerwerk; Prozessor; Coprozessor; Motherboard*

CPU-Architektur

Die CPU-Architektur legt einige grundsätzliche Kennzeichen einer CPU, wie die Anzahl der Register und die Wortbreite (Breite der Register) fest. Es gibt zwei grundsätzlich verschiedene Architekturen, CISC und RISC. Für die Schaffung immer leistungsfähigerer Prozessoren wurde dazu übergegangen, diese beiden Architekturen in immer stärkerem Maße kombiniert einzusetzen.

➠ *Siehe CPU; CISC; Architektur; Register; RISC-Prozessor*

Bild C.6: Im Laufe der Zeit wurden immer mehr Transistoren in CPUs integriert – hier im Größenvergleich zu sehen.

CPU-Bus

Der CPU-Bus verbindet einerseits die CPU-Komponenten miteinander, unter anderem den First-Level-Cache, das Rechenwerk und die Steuereinheit. Auf der anderen Seite wird das CPU-externe Leitungssystem, das die CPU mit anderen Komponenten des Chipsatzes auf dem Motherboard verbindet, ebenfalls als CPU-Bus bezeichnet.

➠ *Siehe Bus; Chipsatz; CPU; L1-Cache; Rechenwerk; Steuerwerk; Motherboard*

CPU-Geschwindigkeit

Leistungsfähigkeit der Zentraleinheit, die normalerweise in Megahertz gemessen wird.

➠ *Siehe CPU; MHz*

CPUID

Assemblerbefehl zur Identifizierung von Prozessoren. Mit seiner Hilfe lassen sich Hersteller und Features verschiedener Prozessoren ermitteln, so melden sich z.B. AMD-Prozessoren als »AuthenticAMD«, INTEL-Prozessoren als »GenuineIntel« und Cyrix-Produkte als »CyrixInstead«.

➠ *Siehe CPU; Intel; AMD*

Cracken

Das unrechtmäßige Entfernen eines Kopierschutzes durch eine Drittperson (Cracker) wird Cracken genannt.

➠ *Siehe Dongle; Raubkopie; Hacker*

Cracker

Ein Cracker ist ein Computerfreak, der den Kopierschutz von Programmen entfernen kann und so die Verbreitung von Raubkopien ermöglicht.

➠ *Siehe Cracken; Computerfreak; Raubkopie; Hacker; Copy Protection*

Crash

Unter Absturz (Crash) oder »abstürzen« wird der plötzliche, unerwartete Abbruch eines Programms oder gar des Betriebssystems (Schutzverletzung, blauer Bildschirm, Post-Mortem-Abbild unter Windows NT) verstanden. Ein Absturz kann unangenehme Folgen haben, wenn das Programm oder das Betriebssystem nicht in der Lage war, relevante Daten vor dem Absturz aus den Pufferspeichern auf die Festplatte zurückzuspeichern bzw. wenn Schreiboperationen nicht beendet wurden. Oft führt ein Absturz zu Datenverlusten und Defekten in der Dateistruktur (verlorene Cluster, zusammenhängende Ketten unter MS-DOS). Diverse Softwarepakete unterstützen den Anwender bei der Rettung verloren gegangener Daten.

Crash Dump

Crash Dump ist eine nach einem Systemcrash angelegte Datei, die zur Fehlerdiagnose eingesetzt werden kann. Nach einem Programmabsturz lässt sich z.B. der Inhalt des Arbeitsspeichers zum Zeitpunkt des Absturzes ablesen und daraus eventuelle Fehler analysieren. Crash Dumps liegen meist in schwer zu verstehenden Formaten vor, z.B. binär, oktal oder hexadezimal. Eine Untersuchung des Crash Dump macht nur Sinn, wenn der Nutzer weiß, wonach er genau suchen muss.

➦ *Siehe Crash*

Crashmail

Crashmail ist die Bezeichnung für eine E-Mail im Fido-Netz, die direkt an das Empfangssystem gerichtet ist, an dem der gesuchte Benutzer seinen Account hat.

➦ *Siehe E-Mail; Account; Fido-Net*

Crawler

Crawler ist die andere Bezeichnung für einen Web-Browser.

➦ *Siehe Webbrowser*

Cray-1

Der Cray-1 ist ein von Seymour Cray 1976 entwickelter Supercomputer der 160 Millionen Gleitkommaoperationen pro Sekunde ausführen konnte.

➦ *Siehe Superrechner; Silicon Graphics*

CRC

Abk.: Cyclic Redundancy Check

CRC bezeichnet ein Verfahren zur Fehlererkennung und Fehlerkorrektur. Cyclic (zyklisch) deshalb, weil es regelmäßig angewendet wird. Praktisch alle Datenübertragungen sowohl interne (Festplatte zu Computer) als auch externe (Modem zu Modem) benutzen solche CRC-Verfahren, um sicherzugehen, dass die übermittelten Daten tatsächlich korrekt übertragen worden sind. Das CRC-Verfahren bildet dabei Prüfsummen über eine gewisse Menge von Daten. Diese Datenblöcke werden dann mit der jeweils entsprechenden Prüfsumme übertragen. Der Empfänger verifiziert, ob die Prüfsumme noch mit dem Datenblock übereinstimmt. Ist das nicht der Fall, tritt ein CRC-Fehler auf. Im Normalfall meldet der Empfänger dem Sender diesen Fehler und fordert so das Paket noch einmal an. Nach einer bestimmten Anzahl solcher immer wieder fehlerhaften Wiederholungen wird der Transfer abgebrochen. Derartige Fehler treten bei defekten Disketten, kaputten Festplatten (sehr selten), bei Datenübertragungen mit einem Modem und bei defekten komprimierten Archiven auf.

➡ *Siehe Datenkompression; Datenblock; PKZIP; Prüfsumme; Datenübertragung; Fehlerkorrektur; Fehlererkennung; Packet*

Creative Labs

http://www.creativelabs.com

Creative Labs ist der Hersteller der Soundkarte Soundblaster. Die Soundblaster waren zeitweilig die mit Abstand am häufigsten verkauften Soundkarten und konnten so einen Quasistandard etablieren. Noch heute sind praktisch alle neuen Soundkarten Sound-Blaster-kompatibel.

➡ *Siehe Soundkarte; Soundblaster*

Crippleware

Shareware, die nur als stark verstümmelte Version frei erhältlich ist und nur in dieser Form getestet werden kann, wird Crippleware genannt. Viele Autoren haben die oft berechtigte Angst, dass zwar eine Menge Leute ihre Software nutzen, sich aber nur ein geringer Bruchteil davon registrieren lässt. Aus diesem Grund geben sie solche Crippleware heraus, bei der gerade Druck- und Speicherfunktionen fehlen und so das Programm nicht wirklich verwendet werden kann. Um das Programm vollständig zu erhalten, muss sich der Nutzer registrieren lassen. Da Crippleware eigentlich nicht dem Sharewaregedanken genügt, ist sie nicht gern gesehen.

➡ *Siehe Software; Shareware*

Croft, Lara

Lara Croft ist eine von Eidos Interactive erschaffene Spielfigur, die in den letzten Jahren zur Kultfigur avancierte.

CRON

Ein CRON-Skript ist eine Liste von Befehlen, die ein Computer zu einer bestimmten Zeit ausführen soll. Jedes Kommando wird nur dann ausgeführt, wenn die spezifizierte Zeit erreicht ist. Dabei kann es die unterschiedlichsten Anwendungen ausführen, z.B. kann es alle Cache-Dateien löschen, die älter als 30 Tage sind. Das crontab-Kommando unter Unix bietet ein Nutzerinterface, um die Befehlsketten bequem zu verwalten.

➠ *Siehe Cache; Unix; UI; Script*

Cross Assembler

Ein Cross Assembler ist ein spezieller Assembler, der es erlaubt, Software für eine andere Plattform (cross) zu entwickeln. Mit einem Cross Assembler lassen sich beispielsweise mit einem PC Programme für einen Steuercomputer mit nicht kompatibler CPU entwickeln. Würde mit einem normalen Assembler gearbeitet, so wäre das entwickelte Programm zwar auf dem PC nutzbar, nicht aber auf der designierten Plattform (in diesem Fall dem Steuercomputer). Bei einem Cross Assembler ist es genau anders herum: Das fertige Programm funktioniert nur auf dem Steuerrechner, nicht aber auf dem PC.

➠ *Siehe Plattform; CPU; Assembler; Compatible*

Cross-Compiler

Ein Cross-Compiler ist ein Compiler, der auf einer bestimmten Hardwareplattform läuft, aber Maschinencode für eine andere Plattform erzeugt.

➠ *Siehe Plattform; Compiler; Maschinensprache*

Crossplattform CD

CD-ROMs, die mit verschiedenen Betriebssystemen gelesen werden können, heißen Crossplattform CDs. Die Crossplattform CD ist durch das ISO-9660-Format definiert.

➠ *Siehe ISO 9660; CD-ROM; Betriebssystem*

Crossposting

Mit Crosspostings werden in Newsgroups Nachrichten bezeichnet, die nicht wie gewöhnlich nur in einer Newsgroup erscheinen, sondern in mehreren gleichzeitig. Beim Crossposting wird eine Nachricht an mehrere oder alle bestehenden Newsgroups nur einmal physikalisch auf einem News-Server im Internet abgelegt. Da Crosspostings in den seltensten Fällen sinnvoll sind, werden sie in der Regel geächtet und die Absender solcher Crosspostings dürfen sich normalerweise auf einen Sturm der Entrüstung gefasst machen, denn im Prinzip verstoßen die Crosspostings gegen die Nettiquette.

➠ *Siehe EMP; Internet; Newsgroup; BI-Index; Spam-Mail*

CRS

Abk.: Cell Relay Service

Bei Hochleistungs-Netzwerken werden die zur Verfügung gestellten CRS-Verbindungen nach Kriterien wie Datentransferrate und Leitungsstabilität beurteilt und vergeben. Hochwertige CRS-Verbindungen sind besonders für Videokonferenzen notwendig.

▬▶ *Siehe Datentransferrate; Netzwerk; ATM; Videokonferenz*

CRT

Abk.: Cathode Ray Tube

▲ *Übers.: Elektronenstrahlröhre*

Die CRT wird oft als Bildschirmröhre bezeichnet und ist das zentrale Element für die Bildschirmdarstellung.

▬▶ *Siehe Elektronenstrahlröhre; Bildschirm*

Cruising-Virus

Cruising-Viren pflanzen sich wie normale Computerviren fort. Sie kommen in großen Netzwerken vor und sind auf der Suche nach ganz bestimmten Systemen. Alle anderen Systeme benutzen sie auf ihrem Weg nur als Zwischenstation. Solche Viren haben normalerweise eine ganz genau definierte Aufgabe und kommen vor allem in Buchungs- und Finanzsystemen vor und sollen gezielt bestimmte Daten manipulieren, etwa gefälschte Überweisungen einspeisen.

▬▶ *Siehe Netzwerk; Computervirus*

Crunchen

Crunchen ist der Ausdruck, der für das Verarbeiten von Informationen steht.

Crusoe

Crusoe ist ein Prozessor der US-amerikanischen Firma Transmeta, der sich durch enorm niedrigen Stromverbrauch auszeichnet und darum besonders im Bereich Mobile-Computing Einsatz findet. Der von IBM gefertigte, voll x86-kompatible Prozessor kann sowohl für Windows als auch für Linux eingesetzt werden. Die Crusoe-Architektur bricht dabei mit der traditionellen Mikroprozessortechnologie und lässt viele Funktionen nicht fest verdrahtet im Chip sondern per Software abwickeln (VLIW), wodurch sich Stromverbrauch und Leistung automatisch anpassen. Berühmtester Mitarbeiter bei Transmeta ist Linus Torvalds, der Erfinder von Linux.

▬▶ *Siehe Linux; Prozessor*

Cryptographic File System

▬▶ *Siehe CFS*

CSCW

Abk.: Computer Supported Cooperative Work

CSCW wird in Fachkreisen die computerbasierte Gruppenarbeit bzw. Teamarbeit genannt, die mit Hilfe von Computern stattfindet.

CSG
Abk.: *Constructive Solid Geometrie*

Constructive Solid Geometrie (CSG) ist ein Verfahren, das komplexe Geometrien durch Boolesche Operationen wie Vereinigen, Schneiden und Subtrahieren einfacher, konvexer Grundkörper aufbaut.

➠ Siehe *Boole, George; Boolesche Operatoren*

CSLIP
Abk.: *Compressed Serial Line Internet Protocol*

CSLIP ist ein komprimiert arbeitendes Internetprotokoll für serielle Leitungen.

➠ Siehe *Internet-Protokolle; SLIP*

CSMA/CD
Abk.: *Carrier Sense Multiple Access/Collision Detection*

CSMA/CD ist ein Standardzugriffsverfahren bei Ethernet-Netzwerken. Erst nachdem ein Datenpaket mehrfach erfolglos übertragen wurde, wird eine Fehlermeldung ausgegeben.

➠ Siehe *Ethernet; Packet*

CSNET
Abk.: *Computer and Science NETwork*

Das CSNET ist einer der Vorgänger des Internets. Anders als das militärische MILNET verband das CSNET immer schon amerikanische Universitäten.

➠ Siehe *Internet; ARPAnet*

CSRAM
Abk.: *Clock Synchronous RAM*

CSRAM ist eine Speicherbauform, die im L2-Cache des Intel Xeon zum Einsatz kommt. Im Gegensatz zum Pipeline-Burst-Cache (PBRAM) arbeitet CSRAM nicht mit getakteten Pipeline-Zugriffen, die jeden Zugriff eines Bursts mit dem Takt synchronisieren, sondern verwendet eine semi-synchrone Technik. Dabei wird nur der erste Zugriff eines Bursts synchronisiert, der Rest läuft selbstgesteuert ab. In Kombination mit einigen anderen technischen Neuerungen erreicht CSRAM dadurch erheblich schnellere Burst-Raten als PBRAM.

➠ Siehe *L2-Cache; PB-Cache; Xeon; Pentium II*

CSS
Abk.: *Cascading Style Sheets, Content Scrambling System*

1. Cascading Style Sheets (CSS) sind eine Erweiterung der Möglichkeiten von HTML. CSS bietet für HTML einen Mechanismus, der den Formatvorlagen bei Textverarbeitungsprogrammen ähnelt. Über CSS ist es möglich die gestalterischen Eigenschaften von HTML-Tags zentral festzulegen und zu pflegen. Ohne

CSS müssen sämtliche Formatierungen eigentlich gleicher Elemente innerhalb einer Webseite bzw. einer Website für jedes Element neu definiert werden. Anstatt die Schriftart und -größe für z.b. die Überschrift der ersten Stufe an einer Stelle festzulegen, muss bei Standard-HTML dies bei jeder dieser Überschriften neu vorgenommen werden. Besonders bei komplexeren HTML-Projekten ist dies ein unschätzbarer Vorteil. Leider unterstützen erst die 4.xx-Versionen des Netscape Navigators und des Microsoft Internet Explorers CSS vollständig.

2. Das Content Scrambling System (CSS) ist ein Verschlüsselungsverfahren für DVDs, bei dem ein Viertel der Datenmenge auf dem Datenträger verschlüsselt gespeichert wird. Diese Daten können dann nur über einen speziellen Code zurückverwandelt werden. CSS basiert auf einem Schlüsselaustauschprinzip, bei dem jeder Hersteller eines DVD-Players einen so genannten Player-Key erhält, mit dem sich der Player gegenüber der Disc ausweisen kann. Zurückgegeben werden zwei Schlüssel an den Player, der dann die Daten dekodieren und verarbeiten kann (Disk-Key und Title-Key). Dieses umständliche System wurde im Herbst 1999 von Hackern geknackt und später von Kryptografen analysiert, woraus sich schließlich DECSS ergab. DECSS ermöglicht das Kopieren von DVDs, wurde aber inzwischen von einem US-amerikanischen Gericht verboten. Ein Amerikaner, der den Quellcode von DECSS auf einem T-Shirt abdrucken ließ, wurde empfindlich bestraft.

➠ *Siehe DHTML; Internet Explorer; Website; HTML; Webseite; DVD; Verschlüsselung*

CSU/DSU

Abk.: Channel Service Unit/Data [or Digital] Service Unit

Ein CSU/DSU ist ein Hardwaregerät von der Größe eines externen Modems, welches zur Konvertierung von Datenrahmen aus LANs in Datenrahmen aus WANs und umgekehrt verwendet wird. Anwendung findet diese Technologie bei Webservern. Dabei werden die Signale zwischen den unterschiedlichen Übertragungsarten konvertiert. CSU ist dabei für die Übersetzung, DSU für die Kontrolle verantwortlich.

➠ *Siehe LAN; WAN; Modem*

CSV

Abk.: Comma Separated Value

CSV bezeichnet ein Verfahren, bei dem in Tabellenform gespeicherten Datenbanken (z.B. in einer

Textdatei) eine Abtrennung einzelner Datenfelder durch Kommata vorgenommen wurde. Im Gegensatz dazu besteht die Möglichkeit, diese Abtrennung durch Tabulatoren zu verdeutlichen (tabulatorbegrenzter Wert).

⇒ *Siehe Datenbank; Tabelle; Tabulator*

CTEC

Abk.: Certified Technical Education Center

CTEC sind von der Firma Microsoft zertifizierte Schulungsunternehmen, welche bezüglich didaktischer Kompetenz der Trainer, der Trainingsräume, der technischen Ausstattung und Präsentationsmedien überwacht werden. Das Schulungsangebot umfasst Anforderungen des DV-Alltags und bietet Vorbereitung auf die von Microsoft angebotenen Zertifizierungen wie MCP oder MCSD.

⇒ *Siehe MCP; MCSD*

Ctrl-Taste

»Ctrl« ist die Kurzform von »Control« und ist der englische Name für die Steuerungstaste. Diese Control-Taste hat auf dem PC viele unterschiedliche Funktionen.

⇒ *Siehe Strg-Taste; PC; Keyboard*

CTS

Abk.: Clear To Send, Common Type System

1. Clear To Send ist die Bezeichnung für die Steuerleitung bei seriellen Schnittstellen von PCs. Dieses Signal regelt mit RTS die hardwarekontrollierte Flusssteuerung.

2. Common Type System (CTS) bezeichnet das gemeinsame Typsystem für Programmiersprachen von Microsoft. Bestandteil der .NET-Entwicklungsumgebung und Grundlage der CLR.

⇒ *Siehe PC; Flusssteuerung; Schnittstelle, serielle; CLR; .NET*

CT-Standards

Abk.: Cordless Telephones

▲ *Übers.: schnurlose Telefone*

Die CT-Standards werden von der europäischen Konferenz der Fernmelde- und Postverwaltungen CEPT definiert und liegen bis jetzt als CT1, CT1+ und CT2 vor. Sie regeln die Kommunikation zwischen den Basisstationen und den Mobilteilen. Inzwischen sind sie von dem neueren DECT-Standard abgelöst worden. CT1 und CT1+ basierten noch auf analoger Technologie und konnten daher relativ leicht abgehört werden. Der CT2-Standard ist digital und in Frankreich und den Niederlanden recht verbreitet. In Deutschland ist er hingegen eher unbekannt.

➠ Siehe CEPT

CUI

Abk.: Character User Interface

▲ *Syn.*: CLI, befehlsorientierte Benutzeroberfläche, textorientierte Benutzeroberfläche

▲ *Ant.*: GUI

CUI ist die Bezeichnung für eine textorientierte Benutzeroberfläche, wie sie die Befehls-Interpreter command.com bei MS-DOS und cmd.exe bei OS/2 zur Verfügung stellen.

➠ *Siehe command.com; MS-DOS; Befehls-Interpreter; CLI; OS/2*

Current Location Counter

Abk.: CLC

CLC ist ein kleiner, schneller Speicherbereich innerhalb eines Mikroprozessors, der die Adresse des nächsten auszuführenden Befehls enthält.

➠ *Siehe Instruction; Mikroprozessor*

Cursor

Der Cursor ist normalerweise als blinkende Eingabemarkierung auf dem Bildschirm (unter DOS an der Eingabeaufforderung) zu sehen. Eingaben mit der Tastatur werden an der Cursor-Position angezeigt. Den Cursor können Sie mit der Maus oder den Cursortasten bewegen.

➠ *Siehe Keyboard; Eingabeaufforderung; Maus*

Customer Information Control System

➠ *Siehe CICS*

Cut&Paste

Cut&Paste (Ausschneiden und Einfügen) sind typische »Handgriffe« in heutigen Betriebssystemen. Damit ist das Ausschneiden einer Datei, eines Verzeichnisses, Textes, Tabelleninhalts, einer Grafik usw. gemeint, welche dann an einer anderen Stelle (Partition, Laufwerk, Dokument, Tabelle usw.) wieder eingefügt wird. Unter Windows und allen auf dieser Plattform lauffähigen Applikationen wird für Ausschneiden die Tastenkombination [Strg]+[X] und für Einfügen [Strg]+[V] verwendet. Die ausgeschnittenen Daten werden in der Zwischenablage abgelegt und dann an eine andere Stelle kopiert (eingefügt).

➠ *Siehe Plattform; Laufwerk; Tabelle; Applikation; Partition; Dokument; Betriebssystem*

CVS

Abk.: Current Version System

Mit dem Programmpaket CVS können verschiedene Versionen

eines Source Codes verwaltet werden. Außerdem unterstützt es den Nutzer bei der Koordination größerer Entwicklungsprojekte. CVS wurde unter Unix entwickelt und wird sowohl frei, als auch kommerziell vertrieben. Jeder einzelne Entwickler arbeitet in einem eigenen Verzeichnis. Später werden Zusammenfassungen der verschieden Teile des Programms veröffentlicht, ohne dass sich die Programmierer um die Zusammenstellung kümmern müssen.

⇒ *Siehe Source-Code; Unix; Programmierer*

Cybercafé

Ein Cybercafé ist eine Café oder Restaurant, das den Gästen PCs oder Terminals mit Internetzugang bietet. Die Benutzung der Geräte ist kostenpflichtig und wird stunden- oder minutenweise abgerechnet.

⇒ *Siehe Internet; Cyberspace*

Cybercash

Cybercash ist eine allgemeine Bezeichnung für Geld mit dem im Internet gezahlt werden kann.

⇒ *Siehe Internet; E-Cash; Cyberspace; E-Commerce*

Cyberchat

Cyberchat ist eine Online-Konversation mit anderen Benutzern.

⇒ *Siehe Internet; Chatten; Cyberspace; Chat- und Hacker-Slang*

Cyberdog

Cyberdog ist der Web-Browser von Apple, der E-Mail unterstützt und auf der Objekttechnologie OpenDoc basierend die Integration in andere Anwendungen erleichtert.

⇒ *Siehe Internet; E-Mail; Apple; Webbrowser*

Cybernaut

Cybernaut ist in Anlehnung an »Astronaut« die Bezeichnung für eine Person, die viel Zeit online verbringt und das Internet »erforscht«.

⇒ *Siehe Internet; Cyberspace*

Cyberpolizist

Der Cyberpolizist ist eine Person, die im Internet begangene Betrügereien und Belästigungen aufdeckt.

⇒ *Siehe Cyberspace*

Cyberpunk

Cyberpunk ist eine neue Literaturgattung, deren prototypischer Roman William Gibsons (1982) »Neuromancer« ist, dort wurde der Begriff auch geprägt. Cyberpunk ist gleichzeitig der Oberbegriff für eine populäre, dem Ethos der Cyberpunk-Fiktion ähnelnde Kulturform.

⇒ *Siehe Internet; Neuromancer; Cyberspace*

Cyberspace

Ein Cyberspace (Cybernetic Space) ist eine virtuelle Realität, eine vom Computer geschaffene Welt, die der Anwender mit Hilfe eines Computers besuchen kann. Der Anwender interagiert mit der künstlichen Welt der virtuellen Realität über ein Head-Mounted-Display (HMD oder Datenhelm), eine Data Suit und einem Data Glove. Der Begriff Cyberspace wurde in dem Roman Neuromancer von William Gibson geprägt, die Beschreibung virtueller Realitäten erfolgte aber bereits in den Romanen von Stanislaw Lem (Phantomatik).

⇒ *Siehe Neuromancer; Data Suit; Data Glove; Phantomatik; HMD*

Cybersquatting

Cybersquatting ist die Reservierung einer Internet-Domain mit der Absicht, sie gewinnbringend an den rechtmäßigen Besitzer weiter zu verkaufen. Dieser Fall von Cyber-Hausbesetzung befindet sich immer noch in einer rechtlichen Grauzone und muss von Fall zu Fall von Gerichten entschieden werden. So wird momentan in den USA an einer Gesetzesvorlage, dem »Trademark Cyberpiracy Prevention Act« gearbeitet. Darin ist von der Beeinträchtigung des für die US-Wirtschaft so wichtigen E-Commerce sowie »öffentlicher Verwirrung« der Kunden durch »Cybersquatting« die Rede. Strafbar soll sich danach jeder machen, der in Zukunft aus einem fremden Markennamen im Internet in irgendeiner Weise Profit zu schlagen versucht oder zur »Schwächung« einer Marke beiträgt. Bei Marken- und Firmennamen entschieden die Gerichte zumeist zugunsten der Unternehmen, bei Wörtern aus dem Wörterbuch zumeist anders. Heutzutage sind für die .com-Domain beinahe alle natürlichen, englischen Wörter bereits vergeben.

⇒ *Siehe Domain; Internet; InterNIC*

Cybrarian

Cybrarian ist eine Software, die es erlaubt, Datenbankabfragen mit Hilfe einer interaktiven Suchmaschine durchzuführen. Sie kann an einigen – öffentlichen – Bibliotheken eingesetzt werden.

⇒ *Siehe Datenbank; Search-Engine*

Cyclic Redundancy Check

⇒ *Siehe CRC*

D

D/A-Wandler

Abk.: Digital/Analog-Wandler

▲ Übers.: Digital/Analog-Converter

▲ Syn.: DAC

Ein D/A-Wandler ist ein Bauelement in einem Computer, welches im Gegensatz zu einem Analog-Digital-Wandler digitale in analoge Signale umwandelt. Ein D/A-Wandler wird z.B. für die Umwandlung der digitalen Audiosignale einer CD in analoge, hörbare Signale verwendet. Ein Modem ist z.B. ein kombinierter D/A-A/D-Wandler.

➠ Siehe RAMDAC; A/D-Wandler; Analog; Digital

DAA

Abk.: Digital to Analog Adapter

▲ Übers.: Digital-Analog-Adapter

Der Begriff DAA bezeichnet manchmal den Anschluss eines Computers an das analoge Telefonnetz per Modem.

➠ Siehe Analog; Modem

DAB

Abk.: Digital Audio Broadcasting

DAB ist der 1997 eingeführte Audiostandard für die digitale Rundfunkübertragung.

➠ Siehe Broadcasting; Digital

DAC

➠ Siehe D/A-Wandler

Daisy Chain

Daisy Chain bezeichnet Reihen miteinander verbundener Geräte, denen zur Vermeidung von Konflikten bei der Nutzung des gemeinsamen Busses unterschiedliche Prioritäten zugewiesen werden und Informationen nur bei freier Leitung senden.

➠ Siehe Bus

Dämon

Ein Dämon ist ein im Hintergrund laufendes Programm, das eine nicht vom Benutzer aufgerufene Utility-Funktion ausführt.

Dämpfung

Dämpfung ist die in Dezibel gemessene Abschwächung eines übertragenen Signals mit zunehmender Entfernung vom Entstehungsort.

DAO

Abk.: Data Access Objects

DAO ist eine API mit der ein Programmierer auf Datenbanken zugreifen kann. Microsoft brachte DAO als Ersatz für ODBC heraus. Eine Integration des Objekt-

Modells erfolgte in Access und Visual C++. DAO enthält Access-Jet-Funktionen und kann auch auf andere SQL-unterstützende Datenbanken zugreifen.

⇒ *Siehe ODBC; API; Access; Datenbank; SQL; Microsoft; ADO; RDO; UDA*

DARPA

Abk.: Defense Advanced Research Projects Agency

Die DARPA ist eine in den 1950er Jahren eingerichtete Forschungseinrichtung des amerikanischen Verteidigungsministeriums. Sie entstand aus der ARPA (Advanced Research Projects Agency). Diese beiden Abteilungen entwickelten den Vorgänger des Internet, das ARPAnet.

⇒ *Siehe Internet; ARPAnet*

DASAT

Abk.: Datenkommunikation via Satellit

DASAT ist die Bezeichnung für ein Angebot der Deutschen Telekom zur Übertragung großer Datenmengen über Satellit.

DASD

Abk.: Direct Access Storage Device

DASD ist die generelle Bezeichnung für Speichermedien mit schnellem Datenzugriff. Eine heutige, moderne Form von DASD ist RAID. Direct Access (direkter Zugriff) bedeutet in diesem Fall, dass auf alle Daten zur selben Zeit zugegriffen werden kann.

⇒ *Siehe Speichermedium; RAID*

DAT

Abk.: Digital Audio Tape, Dynamic Address Translation

1. DAT-Laufwerke sind hauptsächlich aus dem Hi-Fi-Bereich bekannt und werden in Form von DAT-Streamern sowie im Computerbereich eingesetzt.

2. DAT beschreibt die Umwandlung von Referenzen auf Speicherstellen von relativen Adressen (zwei Einheiten vom Beginn von Y) auf absolute Adressen (Speicherstelle Nummer 988) bei laufendem Programm.

⇒ *Siehe Adresse, relative; DAT-Streamer*

Data Carrier Detected

⇒ *Siehe DCD*

Data Cartridge

Die Datenkassette arbeitet nach demselben Prinzip wie ihre Schwester, die Audiokassette, und wurde in der Frühzeit des Computerzeitalters zur Speicherung von Daten verwendet. Wie bei der Audiokassette werden auch bei der Datenkassette die Daten mit Hilfe eines speziellen Laufwerks auf einem Magnetband gespeichert. Die heutigen Cartridges in Streamern arbeiten mit einem ähnlichen Prinzip, verfügen aber über eine weit höhere Speicherkapazität, was zum einen auf neue Verfahren zur Erhöhung der Aufzeichnungsdichte, zum anderen auf verbesserter Datenkodierung und -komprimierung zurückzuführen ist. Außerdem hat sich die Übertragungsgeschwindigkeit und die Zugriffszeit der Streamer ebenfalls stark gesteigert. Verschiedene Verfahren werden zur Speicherung der Daten eingesetzt, z.B. QIC oder Travan. Die Kapazität der Cartridges reicht von mehreren MByte bis zu mehreren GByte.

➡ *Siehe Datenkompression; Streamer; Speicherkapazität; Magnetband; Aufzeichnungsdichte*

Data Communications Equipment

➡ *Siehe DCE*

Data Encryption

Data Encryption sind diverse Verfahren, mit denen ein Schutz der persönlichen Daten vor Einsicht durch Dritte garantiert werden. Es gibt zwei Verfahren:

▶ das Versetzungsverfahren, bei dem die Reihenfolge der Zeichen in der Datei verändert wird, und

▶ das Ersetzungsverfahren, bei dem die Zeichen einem bestimmten Algorithmus folgend durch andere Zeichen ersetzt werden. Der Algorithmus wird in diesem Sinne auch als Schlüssel bezeichnet.

➡ *Siehe Algorithmus; Kryptografie*

Data Encryption Standard

➡ *Siehe DES*

Data Glove

Der Datenhandschuh (Data Glove) ist ein Eingabegerät, welches Verwendung im Bereich der Virtual Reality-(Virtuelle Realität-)Anwendungen, der Tele-Robotik und der Echtzeitanimation findet. Der Handschuh wird dabei zur Steuerung der eigenen künstlichen Computer-Person (in diesem Kontext als Avatar bezeichnet) und zur Interaktion mit den sichtbaren Elementen der Virtual-Reality-Darstellung eingesetzt. Die Bewegungen des Anwenders werden über in den Handschuh eingearbeitete Sensoren an den Computer übertragen, der sie dann in Bewegungen im virtuellen Raum umsetzt. Neuere Systeme verfügen über das so genannte taktile Feedback, bei dem der Anwender Objekte im virtuellen Raum berühren und »fühlen« kann. Dazu sind in den Handschuh programmierbare Stimulatoren eingearbeitet.

➠ *Siehe Data Suit; Motion-Capture*

Data Link Control
➠ *Siehe DLC*

Data Link Layer
Im ISO/OSI-Schichtenmodell ist der Data Link Layer die zweite von sieben Schichten. Die Sicherungsschicht ist dafür verantwortlich, die Daten vor der Versendung zu verpacken und zu adressieren sowie den Datenübertragungsfluss zu verwalten. Die Sicherungsschicht ist die niedrigste der drei Schichten, die für das Verschieben von Daten zwischen Geräten zuständig sind.

➠ *Siehe OSI-Schichtenmodell; Verbindungsschicht*

Data Manipulation Language
➠ *Siehe DML*

Data Mart
Data Mart ist eine kleine Version eines Data Warehouse, die nur einer bestimmten Zielgruppe Informationen zur Verfügung stellt.

➠ *Siehe Data Warehouse*

Data Migration
1. Data Migration bezeichnet das Verschieben von Daten aus einem Datenbankverzeichnis oder einer anderen Quelle an ein bestimmtes Ziel durch automatisierte Skripte oder Programme. Insbesondere wird unter Datenmigration die Datenübertragung zwischen unterschiedlichen Computersystemen oder auf ein anderes System verstanden.

2. Im Bereich der Supercomputing-Anwendungen bezeichnet Datenmigration das Simulieren nicht vorhandener Speichermedien.

➠ *Siehe Datenbank; Superrechner; Script; Programm*

Data Sink
1. Data Sink bezeichnet alle Geräte, die für die Aufnahme oder den Empfang von Daten konzipiert wurden. Insbesondere wird bei einem Speichermedium dann von Datensenke gesprochen, wenn die Daten dort bis zum erneuten Zugriff gespeichert werden können.

2. In der Kommunikationstechnik versteht man unter Datensenke den Empfangsteil eines Datenterminals.

Data Suit
Data Suit oder Datenanzug ist ein Ganzkörperanzug, der für die Übertragung menschlicher Bewegungen zum Computer, hauptsächlich im Bereich der Virtual-Reality-Anwendungen und der Echtzeitanimation verwendet wird. In den Anzug sind Sensoren und (bei den teuren Versionen) auch Stimulatoren eingear-

beitet, die die Bewegungen des Trägers in Signale für den Computer umwandeln, der diese dann in entsprechende Bewegungen im virtuellen Raum umsetzt. Die Stimulatoren liefern dem Träger dabei ein Feedback (so genanntes taktiles Feedback), das heißt, er kann seine virtuelle Umgebung bei Berührung »fühlen«.

➥ *Siehe Data Glove; Motion-Capture; Motion Analysis Face Tracker; HMD*

Data Terminal Equipment

➥ *Siehe DCE*

Data Warehouse

Data Warehaus ist ein Datenverwaltungssystem, welches Kontrollmöglichkeiten bei firmeninternen Abläufen und Entscheidungshilfe für Führungskräfte bietet. Ein Data Warehouse umfasst eine Datenbank, in der Daten in einem bestimmten Format aus mehreren internen oder auch externen Datenbanken z. B. eines Unternehmens vereinigt werden. Durch ein Management-Informationssystem können diese Daten auf verschiedenen Verwaltungsebenen verarbeitet werden. Einzelne Mitarbeiter bedienen sich bei ihrer Arbeit grafischer Benutzeroberflächen und benötigen keine speziellen Kenntnisse z. B. in SQL. Der Datenbestand selbst kann einfach nach verschiedenen Kriterien ausgewertet wer-

den. Als Gründer des Data Warehouse gilt Bill Inmon, der das von ihm bei IBM entwickelte System 1992 mit diesem Namen versah.

➥ *Siehe Datenbank; IBM; SQL; GUI; Metaflow; Inflow*

Datasette

Die Datasette war ein Bandlaufwerk für den C64 und in anderer Bauform für den IBM-PC von 1981, der sogar eine eigene Schnittstelle für Kassettenrecorder besaß. Die Kassette wurde schon vor geraumer Zeit durch die Diskette als Speichermedium ersetzt.

➥ *Siehe C64; Data Cartridge; Magnetband; DAT-Streamer; IBM-PC; Diskette*

Datei

Eine Datei (File) stellt eine Einheit zusammengehörender Daten dar, die unter einem eindeutigen Namen vom Betriebssystem verarbeitet und auf Speichermedien (Datenträger, Hauptspeicher) gespeichert werden kann. Dateien enthalten alle möglichen Formen von Daten. Der Begriff wurde in Analogie zu »Kartei« gebildet.

➥ *Siehe Datenträger; Speichermedium; Hauptspeicher; Betriebssystem*

Datei, geschlossene

Eine geschlossene Datei ist eine aktuell nicht benutzte Datei. Die Datei muss zuerst von einer Anwendung geöffnet, dann gelesen oder verändert werden, um schließlich beim Speichern wieder geschlossen zu werden.

➠ *Siehe Datei*

Datei, lineare

Eine lineare Datei ist eine Datei, in der es keine eingebetteten Strukturinformationen gibt, die Beziehungen zwischen den Datensätzen regeln, und die nur aus Datensätzen eines einzigen Datensatztyps besteht.

➠ *Siehe Datensatz; Datei*

Datei, sequenzielle

Aus einer sequenziellen Datei können alle Daten nur der Reihe nach gelesen werden. Wollen Sie also Daten aus der Mitte einer sequenziellen Datei auslesen, müssen Sie alle Daten vom Anfang bis zu dieser gewünschten Position einlesen. Das Gegenstück zu einer sequenziellen Datei ist eine Datei mit wahlfreiem Zugriff.

➠ *Siehe Datei*

Dateiattribut

Jede Datei verfügt über ein oder mehrere Dateiattribute. Dabei handelt es sich um Eigenschaften, die definieren, wie das Betriebssystem die Datei zu behandeln hat. Dazu gehören Archiv, Systemdatei, eventueller Schreibschutz, versteckt sowie die Uhrzeit und das Datum des letzten Zugriffs und die Dateigröße. Einige Betriebssysteme speichern auch noch weitergehende Informationen zu der Datei, wie z. B. Sicherheitsstatus, welche Benutzer Zugriffsberechtigung haben, wer die Datei erzeugt hat, ob die Datei mit einem Passwort geschützt ist usw.

➠ *Siehe Attribut; Datei; Betriebssystem*

Dateien, temporäre

Um soviel Arbeitsspeicher wie möglich zur Verfügung zu haben, lagern sowohl das Betriebssystem als auch viele Programme gerade nicht benötigte Daten auf der Festplatte aus. Viele Programme, z. B. Textverarbeitungen wie Win Word, legen zusätzliche Sicherheitskopien des gerade bearbeiteten Dokuments an. Diese Kopien erlauben die Wiederherstellung des Dokuments, falls dies notwendig sein sollte. Derartige Dateien werden auch als temporäre Dateien bezeichnet. Das Problem temporärer Dateien ist, dass sie zwar bei normaler Beendigung eines Programms oder dem Herunterfahren eines Betriebssystems gelöscht werden. Kommt es aber zu einem Absturz, bleiben sie zurück und können mit der Zeit eine Menge Speicherplatz belegen. Deshalb sollten Sie hin und wieder Ihre Festplatte nach solchen Dateien durchsuchen, vor allem in den diversen TMP- oder TEMP-Verzeichnissen. Temporäre Dateien besitzen meistens die Endung ».tmp« oder beginnen mit einer Tilde »~«.

⇒ *Siehe Harddisk; Hauptspeicher; Betriebssystem; Textverarbeitung*

Dateiende

Es gibt zwei Möglichkeiten für das System, das Ende einer Datei zu erkennen. Zum einen kann das Ende durch eine Marke festgelegt werden (z. B. durch das Steuerzeichen EOF, End of File) oder das Betriebssystem vergleicht die aktuelle Länge der Datei mit der eingetragenen Länge.

⇒ *Siehe Steuerzeichen; Datei; Betriebssystem*

Dateiendezeichen

⇒ *Siehe EOF*

Dateiendung

⇒ *Siehe Extension*

Dateierweiterung

⇒ *Siehe Extension*

Dateiformat

Jede Datei wird in einem bestimmten, durch das Betriebssystem oder Anwenderprogramme vorgegebenen Format, das heißt in einer bestimmten Programmstruktur gespeichert. Das Dateiformat definiert unter anderem Zugehörigkeit, Aufgabe und Klasse der Datei (Betriebssystemdatei, Grafikdatei, Textverarbeitungsdatei usw.). In welchem Dateiformat die Datei gespeichert wurde, lässt sich an ihrer Erweiterung feststellen. Beispiele wären ».doc« für eine Textverarbeitungsdatei, ».exe« für ein ausführbares Programm, ».tif« für eine Grafikdatei im TIFF-Format.

⇒ *Siehe Extension; TIFF; Programm, ausführbares; Datei; Betriebssystem*

Dateikatalog

Der Begriff Dateikatalog wird für untereinander verbundene Dateien in einem Datenbanksystem verwendet.

⇒ *Siehe Directory; Datei; Datenbanksystem*

Dateikonvertierung

Die Dateikonvertierung ist die Bezeichnung für die Umwandlung (Konvertierung) von einem Dateiformat in ein anderes. Dabei müssen die Formate derselben Klasse (z. B. Textverarbeitung, Grafikprogramm) entstammen. Solange vom Anwender nicht anders definiert, speichern Programme Dateien in ihren eigenen Dateiformaten ab. Können andere Programme die Datei nicht lesen, das heißt, unterstützen sie ihr Format nicht, muss die Datei konvertiert werden. Ein Beispiel: eine Textdatei der einen Textverarbeitung soll mit einer anderen Textverarbeitung geöffnet werden. Die Textverarbeitung muss dazu das bestehende Dateiformat in ihr eigenes Format konvertieren. Die Ursprungsdatei wird dabei nicht gelöscht oder überschrieben. Vielmehr wird eine zweite Datei in neuem Format erstellt und abgespeichert. Die Konvertierung wird von vielen Programmen automatisch durchgeführt. Es gibt aber auch spezielle Konvertierungsprogramme (Konverter), die eine Vielzahl unterschiedlichster Formate unterstützen. Leider ist die Konvertierung oft nicht perfekt. So kann es sein, dass programmspezifische Informationen, wie z.B. bestimmte Textformatierungen, bei der Konvertierung verloren gehen.

➡ *Siehe Dateiformat; Konvertierung; Datenexport; Konvertierungsprogramm; Datei; Datenimport; Textverarbeitung*

Datei-Manager

Ein Datei-Manager ist ein Programm, mit dem Dateien und Verzeichnisse verwaltet werden können. Er ist Bestandteil eines Betriebssystems (z.B. Windows Explorer). Dateimanager werden aber auch von Drittherstellern angeboten (z.B. Norton Commander).

➡ *Siehe Explorer; Directory; Norton Utilities; Datei*

Dateiname

Durch den Dateinamen ist eine Datei für das Betriebssystem eindeutig identifizierbar.

➡ *Siehe Datei; Betriebssystem*

Datei-Server

➡ *Siehe Fileserver*

Dateisicherung

➡ *Siehe Backup*

Dateisystem

Das Dateisystem ist Bestandteil des Betriebssystems. Es regelt die Verwaltung und Speicherung von Dateien, stellt dazu eine logische Dateiverwaltungsstruktur (z.B. die Dateizuordnungstabelle FAT oder auch NTFS, HPFS), eine Verzeichnisstruktur und Dateinamen zur Verfügung und steuert auch den Zugriff der Programme auf einzelne Dateien. Das Dateisystem wird dem Speichermedium bei der Formatierung sozusagen »aufgeprägt«.

➡ *Siehe FAT32; Formatierung; NTFS; Datei; Betriebssystem; HPFS; FAT*

Dateisystem, verteiltes

➡ *Siehe DFS*

Dateiübertragung, binäre

Übertragung einer Datei, die aus beliebigen Bytes besteht. In bestimmten älteren Betriebssystemen werden für Binärdateien und Textdateien verschiedene Dateitypen eingesetzt, die von einem Programm entsprechend unterschiedlich verarbeitet werden müssen. Bei modernen Betriebssystemen ist im Prinzip auch eine Textdatei eine Binärdatei, die eben lediglich druckbare Zeichen enthält.

➠ *Siehe Byte; Datei*

Dateiverwaltung

Diverse, meist im Betriebssystem bereits integrierte Programme (sog. Dateimanager) ermöglichen eine Dateiverwaltung, das heißt, das Löschen, Verschieben und Umbenennen von Dateien. Beispiele wären der Explorer unter Windows 95/98 und NT oder der Dateimanager unter Windows 3.x. Es gibt auch Dateimanager von Drittanbietern, wie z.B. den Norton Commander.

➠ *Siehe Explorer; Norton Utilities; Dateimanager*

Dateiverwaltungssystem

➠ *Siehe FAT32; Dateisystem; NTFS; HPFS; FAT*

Dateivirus

Ein Dateivirus befällt Programme, die ausführbaren Code enthalten. Beim Öffnen oder Verschieben der Dateien auf ein anderes System wird der Virus aktiv und breitet sich auf andere Programme und Dateien aus. Zu den Dateiviren gehört auch eine relativ junge Spezies: die Makro-Viren. Diese Viren befallen Makros von Anwendungsprogrammen, z.B. die Dokumentvorlagen von Word.

➠ *Siehe Computervirus; Datei*

Dateizugriff

Als Dateizugriff wird das Lesen oder Schreiben einer Datei auf einem Speichermedium bezeichnet.

➠ *Siehe Speichermedium; Datei*

Dateizuordnungstabelle

Die Dateizuordnungstabelle (File Allocation Table = FAT) ist ein Dateiverwaltungssystem unter MS-DOS und Windows. Die FAT ist eine Art Inhaltsverzeichnis des Speichermediums. Jedes Mal, wenn das Betriebssystem eine Datei lesen oder schreiben will, vergleicht sie dazu die FAT bzw. verzeichnet den neuen Speicherort in ihr.

➠ *Siehe FAT32; Speichermedium; Dateisystem; Betriebssystem; FAT*

DATEL

Abk.: Datentelekommunikation

DATEL ist der Oberbegriff für die Telekommunikationsdienste der Deutschen Telekom.

➠ *Siehe Telekommunikation*

Daten

Als Daten werden im Computerbereich generell alle Formen von Informationen bezeichnet, die vom Computer verarbeitet werden können, dazu gehören Programme, Dateien unterschiedlichsten Inhalts, die Inhalte dieser Dateien (z.B. Text, Tabellen, Grafiken usw.), Ziffern, Zahlen, Zeichen, aber auch Parameter.

➠ *Siehe Parameter; Programm; Computer; Datei*

Daten, numerische

Numerische Daten enthalten ausnahmslos Zahlen und Dezimalkommas. Sie werden hauptsächlich für Rechenoperationen verwendet.

➠ *Siehe FLOPS; Floating Point Representation*

Datenanzug

➠ *Siehe VR; Data Suit; Data Glove; Motion-Capture*

Datenaustausch

Mit Datenaustausch ist allgemein der Austausch von Daten zwischen Computern, Programmen oder Systemkomponenten gemeint. Der Datenaustausch bezeichnet die Kommunikation zwischen den vorher genannten Elementen zum Zwecke der Steuerung eines Computersystems, Netzwerks oder von Programmabläufen. Für die reine Übertragung von Daten von einem Ort zum anderen wird der Begriff Datenübertragung verwendet.

➠ *Siehe Programm; Computer; Datenübertragung; Datei*

Datenaustausch, dynamischer

➠ *Siehe DDE*

Datenautobahn

➠ *Siehe Information-Highway*

Datenbank

Abk.: DB

▲ *Übers.: Database*

Eine Datenbank ist eine strukturierte Sammlung von Daten und wird auch Datenbasis genannt. Aufbau, Verwaltung und Strukturierung werden von einem Datenbank-Verwaltungssystem (DVS) bzw. Datenbank-Managementsystem (DBMS) übernommen. Eine Datenbank kann aus einer Datei bestehen, aber auch auf mehrere verbundene Einzeldateien auf einem Computer oder Netzwerk verteilt sein. Sie ermöglicht die nach Kriterien geordnete Sammlung und Abfrage von Informationen (z.B. Kundenstamm, Lagerbestände usw.). Die Abfrage erfolgt über spezielle Abfragesprachen, wie z.B. SQL oder ODBC. Bei der Verknüpfung der Daten untereinander bzw. bei der Strukturierung der Daten in der Datenbank selbst gibt es verschiedene Ansätze. Zum einen die simple hierarchische Datenbank, in der alle Daten über eine Baumstruktur verwaltet werden, zum anderen die relationale oder die mehrdimensionale Datenbank, die beide komplexere Verknüpfungen der Daten untereinander erlauben. Bei einer relationalen Datenbank stehen die Daten in so genannten Datenfeldern, die in ihrer Gesamtheit einen

Datensatz bilden. Gleichartige Datensätze bilden eine Relation. Zwischen mehreren Relationen können nun logische Bezüge (Verknüpfungen oder Referenzen) erstellt werden. Diese Relationen bilden die relationale Datenbank.

➭ *Siehe Datenbank, relationale; Daten; DBMS; Datenfeld; ODBC; Netzwerk; DVS; Datenbank, mehrdimensionale; Datensatz; SQL; Baum-Topologie*

Datenbank, externe

Auf eine externe Datenbank wird mittels Datenfernübertragung zugegriffen.

➭ *Siehe DFÜ; Datenbank*

Datenbank, lineare

Eine lineare Datenbank ist eine tabellarische Datenbank, die immer nur eine Datei bearbeiten und jeweils nur eine Tabelle verwenden kann.

➭ *Siehe Tabelle; Datenbank*

Datenbank, mehrdimensionale

Bei einer mehrdimensionalen Datenbank werden die Dimensionen eines Attributs stärker berücksichtigt als bei einer relationalen Datenbank, bei der die Attribute eines Datenfelds als Redundanzen in den Hintergrund gerückt werden. Ein Beispiel: Der Absatz eines bestimmten Produkts hat Bezug zu einem bestimmten Zeitraum, einem bestimmten Kundenfeld und einem Verkaufsgebiet. Diese Dimensionen des Attributs »Absatz« werden in einer mehrdimensionalen Datenbank oder einem DBMS viel stärker in den Entscheidungsprozess einbezogen, als dies bei einer relationalen Datenbank der Fall ist.

➭ *Siehe Datenbank, relationale; Datenfeld; DBMS; Datenbank*

Datenbank, objektorientierte

Eine objektorientierte Datenbank ist eine Datenbank, welche es erlaubt, viele verschiedene Datenformate wie Text, Zahlen oder auch Audio, Video und abstrakte Datentypen zu speichern und den Einsatz von Klassen und Objekten zu unterstützen. Einige objektorientierte Datenbanken können sogar anstatt der Daten Algorithmen speichern, die zur Datenrückgewinnung nötig sind. Sinn dieser Vorgehensweise ist es, nur den Rückgewinnungsalgorithmus zu speichern und die Daten selbst außerhalb der Datenbank unterzubringen, was bei großen Datenmengen die Verarbeitung erheblich erleichtern kann.

➭ *Siehe Datenbank; Objekt*

Datenbank, öffentliche

Eine öffentliche Datenbank ist eine Datenbank, die von einem Anbieter öffentlich zugänglich gemacht wird.

➭ *Siehe Datenbank*

Datenbank, relationale

In einer relationalen Datenbank werden alle Daten in Relationen bzw. in Tabellen dargestellt. Die Eigenschaften von Mengen, festgelegt durch ihre Attribute und ihre Domänen, sind ein relationales Schema.

➡ *Siehe Tabelle; Datenbank*

Datenbank-Client

Bezeichnung für ein Programm (Client Software), mit dem in einem Netzwerk von einer Arbeitsstation aus auf einen Datenbank-Server zugegriffen werden kann. Ein derartiges Programm heißt auch Front-End.

➡ *Siehe Server; Client-Server-Prinzip; Netzwerk; Workstation; Client*

Datenbank-Entwicklungssystem

Datenbank-Entwicklungssystem ist die Bezeichnung für ein Datenbankverwaltungssystem, das gleichzeitig Werkzeuge zur Erstellung eigener Datenbanken zur Verfügung stellt. So ist es möglich, maßgeschneiderte Datenbanklösungen zu entwerfen. Die Datenbank-Entwicklungsumgebung bietet in der Regel alle nötigen Werkzeuge zum Erstellen, Testen und Kompilieren der Programme. Ein Beispiel für ein Datenbank-Entwicklungssystem ist Access von Microsoft.

➡ *Siehe Compiler; DVS; Access; Datenbank*

Datenbank-Managementsystem

➡ *Siehe DBMS*

Datenbankprogramm

➡ *Siehe FoxPro; Access; DBMS; DVS; Oracle; dBase*

Datenbank-Server

Ein Datenbank-Server ist ein dedizierter Server in einem Netzwerk, der ausschließlich für die Speicherung einer Datenbank verwendet wird. Alle Arbeitsstationen greifen über einen Client (ein Programm, welches den Zugriff auf die Datenbank erlaubt) auf den Server und die darauf enthaltene Datenbank zu.

➡ *Siehe Server; Client-Server-Prinzip; Datenbank; Datenbank-Client; Dedicated Server*

Datenbanksystem

Datenbanksystem ist die Bezeichnung für die Kombination der eigentlichen Datenbank (Datenbasis) und dem zugehörigen Datenbank-Management- (Datenbank-Verwaltungs-)system. Wie die Datenbank selbst, kann das Datenbanksystem über mehrere Dateien oder Rechner in einem Netzwerk verteilt sein.

➡ *Siehe DBMS; Netzwerk; Datenbank*

Datenbank-Verwaltungssystem

➡ *Siehe DVS*

Datenblock

Ein Datenblock ist eine Zusammenfassung von Daten, die vom Betriebssystem oder einem Programm als zusammengehörende, unteilbare Einheit behandelt werden. Das Dateisystem von MS-DOS teilt den Speicherplatz auf einer Festplatte oder einer Diskette in Datenblöcke auf, in so genannte Cluster.

➠ *Siehe Cluster; Dateisystem; Harddisk; Betriebssystem; Diskette*

Datenbus

Neben Adressbus und Steuerbus ist der Datenbus ein wesentlicher Bestandteil des Busses eines Chips oder einer Platine. Über den Datenbus werden wichtige Daten zwischen den einzelnen Komponenten ausgetauscht. Die Geschwindigkeit des Datenbusses ist durch die Anzahl der maximal gleichzeitig übertragenen Bits pro Sekunde vorgegeben (die so genannte Breite oder Busbreite).

➠ *Siehe Bus; Adressbus; Busbreite; Steuerbus*

Datendichte

➠ *Siehe Aufzeichnungsdichte*

Datendiskette

Datendiskette ist die Bezeichnung für eine Diskette, auf der nur nicht ausführbare Programme, wie z. B. Texte, Bilder, Tabellen usw. gespeichert sind.

➠ *Siehe Programm, ausführbares; Diskette*

Datendurchsatz

Im Gegensatz zur Datentransferrate (auch Bruttodatentransferrate genannt) wird beim Datendurchsatz (Bruttodatendurchsatz) nur die effektive Übertragungsgeschwindigkeit der relevanten Nutzdaten gemessen. Das heißt, dass Daten wie z. B. Start- und Stoppbits zur Definition der Datenpakete oder Prüfbits zur Überprüfung der Prüfsumme keine Berücksichtigung finden. Der Datendurchsatz wird in »cps« (characters per second, Zeichen pro Sekunde) angegeben, die Datentransferrate in »bps« (bits per second).

➠ *Siehe Datentransferrate; Control Bit; Bps; Cps; Prüfsumme; CRC*

Datenendeinrichtung

➠ *Siehe DCE*

Datenexport

Mit Datenexport wird die Konvertierung einer Datei von einem applikationseigenen Dateiformat in ein applikationsfremdes Dateiformat bezeichnet, oft verbunden mit der gleichzeitigen Übergabe der Datei an das andere Anwendungsprogramm. Die meisten Applikationen verfügen über eine Export- und Import-Funktion. Die Anwendung startet einen internen Konverter, der die Dateiinformationen in das gewünschte Format übersetzt. Dabei gehen aber leider oft wichtige Informationen, wie z.b. spezielle Textformatierungen verloren.

➠ *Siehe Dateiformat; Applikation; Konvertierung; Konvertierungsprogramm; Datenimport*

Datenfehler

Datenfehler sind Fehler in der Struktur einer Datei. Sie können bei der Speicherung auf einem Datenträger auftreten, häufiger ist aber ein Übertragungsfehler bei der Daten(fern)übertragung gemeint. Datenfehler werden in der Regel vom Programm anhand einer Prüfsumme erkannt. Das fehlerhafte Paket wird anschließend noch einmal versandt.

➠ *Siehe Datenträger; Packet; Prüfsumme; Datenübertragung; Datei; CRC*

Datenfeld

Das Datenfeld oder kurz einfach Feld ist Bestandteil eines Datensatzes. In gleichen Datenfeldern werden stets Informationen derselben Art gespeichert (z.B. Adressen, Nachnamen). Datenfelder werden vom Datenbank-Verwaltungssystem über einen Feldnamen bzw. ein Attribut angesprochen.

➠ *Siehe DVS; Datenbank; Datensatz*

Datenfernübertragung

➠ *Siehe DFÜ*

Datenflussplan

Der Datenflussplan ist ein wichtiger Schritt bei der Entwicklung eines Programms. Der Plan zeigt die Verarbeitung und Behandlung der Daten durch die Bestandteile des zukünftigen Programms. Außerdem wird hier bereits festgelegt, welche Hardwareelemente (Speichersysteme, Ein-Ausgabe-Geräte usw.) in den Verarbeitungsprozess mit einbezogen werden.

➠ *Siehe Daten; Programm*

Datenformat

Das Datenformat definiert die Struktur der Daten und letztendlich auch den Datentyp (Dateiformat). Im Datenformat sind Informationen zu Aufbau, Inhalt und z.B. Komprimierung der Daten enthalten.

➠ *Siehe Daten; Dateiformat; Kompression*

Datenhandschuh

➠ *Siehe Data Glove*

Datenimport

Datenimport ist das Gegenteil zu Datenexport. Bezeichnung für die Konvertierung applikationsfremder Datenformate in ein applikationseigenes Format. Soll z.B. ein Dokument einer Textverarbeitung in die Textverarbeitung eines zweiten Herstellers geladen werden, muss das fremde Datenformat »importiert« bzw. umgewandelt werden. In den meisten Anwendungsprogrammen gibt es Import- und Export-Funktionen.

➭ *Siehe Applikation; Konvertierung; Datenexport; Datenformat*

Datenintegrität

Mit Datenintegrität ist die Korrektheit der Daten in Bezug auf Struktur, Inhalt und Größe gemeint. Die Datenintegrität wird von diversen Programmen bei der Speicherung und Datenübertragung überwacht.

➭ *Siehe Daten; Datenübertragung*

Datenkassette

➭ *Siehe Data Cartridge*

Datenkompression

Mit Datenkompression ist die Reduzierung des benötigten Platzes für die Speicherung oder Übertragung von Daten gemeint. Verschiedene Verfahren versuchen dabei, redundante Informationen z.B. in einer Tabelle zusammenzufassen. Generell lässt sich zwischen Verfahren mit und ohne Informationsverlust unterscheiden, wobei erstere auf keinen Fall auf Programme angewendet werden. Bei Bildern jedoch ist ein gewisser Informationsverlust zu vertreten, solange der Bildeindruck erhalten bleibt. Ein Beispiel wäre das hochkomprimierbare JPEG-Format oder das MPEG-Format für Videosequenzen, bei dem nur die Bildunterschiede der Frames zu einem Anfangsbild gespeichert werden. Ist der Unterschied zwischen Anfangsbild und nachfolgendem Frame irgendwann zu groß, wird ein neues Anfangsbild gespeichert.

➭ *Siehe Frame; MPEG; MJPEG; Kompression*

Datenmaske

➭ *Siehe Maske*

Datenmigration

➭ *Siehe Data Migration*

Datenmodellierung

Die Datenmodellierung ist ein wichtiger Bestandteil bei der Entwicklung einer Datenbank. Sie hilft, Redundanzen und Inkonsistenzen in der Datenbank zu vermeiden. Außerdem beschleunigt sie den Zugriff auf die Daten. Bei relationalen Datenbanksystemen ist die Datenmodellierung durch eine Art Regelwerk festgelegt, bei dem die so genannten Normalformen eine große Rolle spielen.

➭ *Siehe Datenbank; Datenbank, relationale*

Datenpaket

➭ *Siehe Packet*

Datenpuffer

Der Datenpuffer ist ein Speicherbereich, der zur Zwischenspeicherung (Pufferung) von Daten bei Schreib- und Lesevorgängen dient.

➭ *Siehe Buffer*

Datenquelle

Die Datenquelle ist in einem Netzwerk der Versender von Daten. Der Empfänger wird als Datensenke bezeichnet.

➭ *Siehe Netzwerk, Data Sink*

Datenrate

➭ *Siehe Datentransferrate*

Datenreduktion

➭ *Siehe Datenkompression*

Datensatz

In einem Datensatz sind Informationen diverser Datenfelder zusammengefasst. Datensätze sind durch Schlüssel oder einen Namen eindeutig identifizierbar. Der Datensatz »Maier« enthält z. B. alle Informationen zum Kunden Maier. In den jeweiligen Datenfeldern sind Vorname, Nachname, Adresse usw. gespeichert.

➭ *Siehe Datenfeld; Datenbank*

Datensatzsperrung

Die Datensatzsperrung ist bei der Arbeit mit Datenbanken in Netzwerken ein übliches Verfahren zur Wahrung der Datenintegrität eines Datensatzes. Um zu vermeiden, dass mehrere Benutzer gleichzeitig auf ein und denselben Datensatz zugreifen, wird er gesperrt. Nur ein Benutzer kann ihn bearbeiten, alle anderen können ihn lediglich lesen.

➭ *Siehe Netzwerk; Datenintegrität; Datenbank; Datensatz*

Datenschleuder

Datenschleuder ist der Titel einer deutschen Hacker-Zeitschrift.

➭ *Siehe Chaos Computer Club; Hacker*

Datenschutz

Unter Datenschutz wird der Schutz persönlicher Informationen verstanden, die vor der Kenntnisnahme durch Dritte geschützt werden müssen. Das Recht auf Datenschutz geht auf das im Grundgesetz verankerte Recht auf informationelle Selbstbestimmung jedes Bürgers zurück. Für den Schutz der Daten ist die Stelle, Firma bzw. Behörde verantwortlich, bei der die Daten lagern. Die Rechte des Bürgers und die Verantwortlichkeit der Behörde regelt das Datenschutzgesetz.

Datensenke

➭ *Siehe Data Sink*

Datensicherung

Mit Datensicherung ist die Speicherung von Daten auf Speichermedien im Sinne der Datensicherheit und die dafür gebräuchlichen Verfahren gemeint. Im engeren Sinne bezeichnet Datensicherung auch die Verschlüsselung der Daten oder die Verwendung einer digitalen Unterschrift zum Schutz vor unberechtigtem Zugriff Dritter.

➭ *Siehe Backup; RAID; Data Encryption*

Datentelekommunikation

➭ *Siehe DATEL*

Datenträger

Ein Datenträger ist ein Speichermedium, auf dem Daten gespeichert und wieder ausgelesen werden können. Je nach Verfahren erfolgt die Speicherung, magnetisch (Festplatte, Diskette, Streamer), magneto-optisch (MO-Laufwerk) oder optisch (CD-ROM).

➭ *Siehe Speichermedium; MOD; Streamer; Harddisk; Massenspeicher; CD-ROM; Diskette*

Datentransferrate

1. Die Datentransferrate wird in Bezug auf die Übertragungsgeschwindigkeit von Massenspeichergeräten (Diskettenlaufwerk, Festplatte, CD-ROM-Laufwerk), Bussystemen (PCI, ISA, IDE, SCSI) und RAM-Speichern (DRAM, EDO-DRAM usw.) verwendet. Maßeinheit sind z.B. MByte/s oder GByte/s bzw. MBit/s oder MByte/s.

2. Die Datentransferrate gibt an, wie viele Informationseinheiten pro Sekunde über ein Medium übertragen werden können. Die Einheit hießt »bps« (bits per second, Bits pro Sekunde). Die maximal erreichbare Datentransferrate ist von der Qualität der Leitung, dem verwendeten Übertragungsprotokoll und der zur Verfügung stehenden Bandbreite abhängig. Typische Datentransferraten liegen bei 14.400 bis 56.600 bps; bei ISDN-Übertragung bei 64.000 bps. Die Datentransferrate eines Modems ist das Produkt aus der Schrittgeschwindigkeit mal der Anzahl der zur Übertragung verwendeten Kanäle (= Baud). Es wird zwischen der Nettodatentransferrate, bei der nur die relevanten Nutzdaten gezählt werden, und der Bruttodatentransferrate, die neben den Nutzdaten auch die Adress- und Prüfsummeninformationen (Header, Prüfbit) enthält, unterschieden. Weiterhin muss beachtet werden, dass die Datentransferrate nicht der Übertragungsgeschwindigkeit der Schnittstelle eines Modems entspricht, bei der Datenkompressionsverfahren ebenfalls eine Rolle spielen.

➠ *Siehe Baud; Bus; Datenkompression; Schnittstelle; Bandbreite; Transferprotokoll; Modem; Massenspeicher; ISDN*

Datentyp

Der Datentyp beschreibt die Art der Daten, die in einer Variablen abgelegt werden, und mit denen eine Funktion oder Prozedur arbeiten kann. So haben z.B. Zeichenketten den Datentyp String.

➠ *Siehe Funktion; Variable; Prozedur*

Datentyp, abstrakter

In der Programmierung verwendeter Datentyp, der durch die Informationen, die er aufnehmen kann, und die Operationen, die mit ihm durchgeführt werden können, definiert wird. Abstrakte Datentypen stellen einen Zwischenschritt zwischen konventioneller und objektorientierter Programmierung dar. Ein abstrakter Datentyp ist allgemeiner als ein Datentyp, der durch die Eigenschaften der Objekte festgelegt ist, die er enthalten kann. Beispielsweise ist der Datentyp »Tier« allgemeiner als die Datentypen »Tier Katze«, »Tier Säugetier« oder »Tier Reptil«. Das Standardbeispiel für die Veranschaulichung eines abstrakten Datentyps ist der Stapel, ein kleiner Speicherbereich, der für die temporäre Aufnahme von Informationen benutzt wird. Der Stapel stellt, bezogen auf einen abstrakten Datentyp, eine Struktur dar, in die Werte eingefügt und aus der Werte entfernt werden können, da der Typ des Wertes, z.B. Integer, für die Definition des Datentyps belanglos ist. Die Kapselung ermöglicht es dem Programmierer, die Definition des Datentyps oder dessen Operationen zu ändern, ohne dass Fehler im bestehenden Code entstehen, der den abstrakten Datentyp verwendet.

➠ *Siehe Datentyp*

Datentyp, benutzerdefinierter

Ein benutzerdefinierter Datentyp ist ein Datentyp, der in einem Programm festgelegt wird, und normalerweise eine Kombinationen der in der jeweiligen Programmiersprache definierten Datentypen ist. Er wird häufig für die Erstellung von Datenstrukturen verwendet.

➠ *Siehe Datentyp; Programmiersprache*

Datentyp, ganzzahliger

➠ *Siehe Integer*

Datenübertragung

Bezeichnung für die Übertragung von Daten, das heißt, den Datentransfer mit Hilfe eines Übertragungsmediums, z.B. einer Leitung. Es wird zwischen Offline-Übertragung, dem Austausch von Datenträgern, und Online-Übertragung, der Übertragung über

Telefonleitungen, Glasfaser, Funk oder Satellit unterschieden.

⇒ Siehe *Datenträger; Glasfaserkabel*

Datenübertragung, asynchrone

Bei der asynchronen Datenübertragung muss das Signal zwischen Quelle und Ziel nicht synchronisiert (gleichgetaktet) werden. Um eine fehlerfreie Übertragung zu garantieren, müssen jeweils am Anfang und am Ende der einzelnen Bytes Start- und Stoppbits eingefügt werden.

⇒ Siehe *Byte; Bit*

Datenübertragungseinrichtung

⇒ Siehe *DCE*

Datenübertragungsrate

⇒ Siehe *Datentransferrate*

Datenverarbeitung

⇒ Siehe *DV*

Datenverarbeitung, netzwerkzentrale

Netzwerkzentrale Datenverarbeitung bedeutet, dass die Anwendungssoftware nicht wie üblich auf dem PC installiert ist, sondern bei Bedarf von Netzwerkservern auf den PC geladen wird. Ein Vorteil der netzwerkzentralen Datenverarbeitung ist, dass ein PC mit deutlich weniger Festplattenkapazität auskommt, da die Software ausschließlich zur Benutzung auf den Rechner geladen wird.

⇒ Siehe *Netzwerk; Server*

Datenverarbeitungsanlage

Abk.: DVA

Im heutigen Sinne bezeichnet der Begriff Datenverarbeitungsanlage eine elektronische Datenverarbeitungsanlage, will heißen einen Computer. In Kombination mit der zur Datenverarbeitung notwendigen Software wird von einem Datenverarbeitungssystem gesprochen.

⇒ Siehe *DV; Software*

Datenverarbeitungssystem

Bezeichnung für die Kombination der notwendigen Hardware (Computer) und Software für die elektronische Datenverarbeitung (EDV). Es kann ebenfalls ein Netzwerk, bestehend aus mehreren Datenverarbeitungsanlagen, gemeint sein.

⇒ Siehe *DV; Netzwerk; Datenverarbeitungsanlage*

Datenverschlüsselung

⇒ Siehe *Data Encryption*

Datenwort

Bezeichnung für den Wert, der maximal über einen Datenbus übertragen werden kann. Bei einem 16 Bit-Bus sind das 16 Bit, bei einem 32 Bit-Bus 32 Bit.

⇒ Siehe *Datenbus; Bit*

Datex

Der Begriff wird für die Beschreibung der Online-Dienste der Deutschen Telekom verwendet.

⇒ *Siehe T-Online; Online-Dienst; Btx*

Datex-J

Datex-J ist die Bezeichnung für das Datennetz der Deutschen Telekom, über das der Online-Dienst T-Online erreichbar ist. Einwahlknoten sind flächendeckend über die Bundesrepublik verteilt. Die Einwahl erfolgt mit 14.400 Bit/s bzw. 19.200 Bit/s (V.32bis bzw. V.32terbo). In Großstädten ist die Einwahl mit 28.800 Bit/s (V.34) möglich. Im gesamten Bundesgebiet ist außerdem die Einwahl per ISDN möglich.

⇒ *Siehe T-Online; V.32bis; V.32terbo; V.34; ISDN*

Datex-L

Der Datex-L-Dienst wurde bis zur Einführung von ISDN zur weltweiten Datenkommunikation genutzt. Für die Dialogverarbeitung wurde die so genannte Leitungsvermittlung eingesetzt, bei der wie beim Telefon eine temporäre Verbindung aufgebaut wird.

⇒ *Siehe ISDN*

Datex-M

Datex-M ist ein öffentliches Hochgeschwindigkeitsnetz der Deutschen Telekom mit einer Datentransferrate von bis zu 140 MBit/s.

⇒ *Siehe Datentransferrate*

Datex-P

Datex-P ist ein Dienst der Deutschen Telekom und Teil des Datex-Dienstes. Er wird für die weltweite Übertragung großer Datenmengen mit Hilfe der Paketvermittlung eingesetzt. Dabei werden Daten dem X.25-Standard folgend synchron als Datenpaket übertragen.

⇒ *Siehe Packet; X.25*

DAT-Streamer

Ein DAT-Streamer verwendet DAT-Medien zur Speicherung von Daten. Die Speicherkapazität solcher Geräte liegt zwischen 2 und 8 GByte. Die Übertragungsrate bei 11 bis 44 MByte/s.

⇒ *Siehe Streamer; Speicherkapazität; DAT; Datentransferrate*

DAU

Abk.: Dümmster Anzunehmender User

DAU bezeichnet einen Benutzer mit haarsträubender Unwissenheit in Sachen Computer und Technik allgemein. Abgeleitet vom Begriff GAU (größter atomarer Unfall). In Newsgroups wird oft ein DAU des Tages gewählt, DAU-Witze sind im Internet weit verbreitet. Stoff für

Witze über DAU bieten zumeist (fiktive?) Telefongespräche zwischen DAU und Hotlines von Computerfirmen.

Daylight Saving

Daylight Saving ist eine Option im BIOS neuerer Mainboards des Herstellers AMI. Die Echtzeituhr schaltet bei Aktivierung der Option automatisch in die Sommerzeit um.

➡ *Siehe BIOS; Motherboard*

dBase

dBase ist ein relationales Datenbanksystem der Firma Ashton Tate, welches 1980 erstmals auf den Markt kam, und sich zur Standard-Datenbankapplikation in der PC-Welt entwickelte. dBase ermöglichte die Datenabfrage per SQL und mit Hilfe der query-by-example-Technik, die eine Abfrage durch die Vorgabe eines Beispiels ermöglicht. Heute hat dBase keine Bedeutung mehr.

➡ *Siehe Datenbank; SQL; Datenbank, relationale*

DBMS

Abk.: Datenbank-Managementsystem

▲ *Übers.: Database Management System*

▲ *Syn.: DVS, Datenbankprogramm, Datenbankverwaltungssystem*

DBMS ist die Bezeichnung für ein Programm zum Aufbau, Verwaltung, Strukturierung und Pflege einer Datenbank. Oft wird nur der Begriff Datenbank zur Beschreibung eines Datenbank-Managementsystems verwendet. Ein Beispiel wäre Access, dBase oder FoxPro. Die Aufgabenbereiche eines Datenbank-Managementsystems umfassen die Erstellung, Verknüpfung und Editierung der Datenfelder, komplexe Abfrage der Daten, das heißt, Möglichkeiten der Filterung und Sortierung und schließlich die Ausgabe der Daten. Der am weitesten verbreitete Typ eines Datenbank-Managementsystems ist das relationale Datenbank-Managementsystem (RDBMS), bei dem Datensätze in Form so genannter Relationen gespeichert werden, die dann miteinander verknüpft werden können.

➡ *Siehe FoxPro; Datenbank, relationale; Abfrage; Access; RDBMS; Datenbank; Datensatz; Filter; Oracle; dBase*

DCC

DCC sind Steuerzeichen, die Übertragungsgeräte ein- und ausschalten.

➡ *Siehe Steuerzeichen*

DCD

Abk.: Data Carrier Detected, Document Content Description

1. DCD ist ein in der seriellen Kommunikationstechnologie verwendetes Signal, mit dem ein Modem anzeigt, dass es für die Übertragung bereit ist.
2. DCD ist die Abkürzung für »Data Carrier Detected«. Ein Signal, das ein Modem an den eigenen Computer sendet, um seine Übertragungsbereitschaft zu signalisieren.
3. DCD ist die Abkürzung für »Document Content Description«. Eine Angabe, die den Inhalt und die Struktur eines XML-Dokuments kennzeichnet.

▥➔ *Siehe Modem*

DCE

Mit DCE ist z.B. ein Modem gemeint. Im Gegenzug wird der PC, an den das Modem angeschlossen ist, als DTE (Data Terminal Equipment) oder DEE (Datenendeinrichtung) bezeichnet.

▥➔ *Siehe Modem*

DCOM

DCOM hat den gleichen Zweck wie das Protokoll DSOM von IBM, das die beliebteste Implementierung der CORBA-Spezifikation darstellt. Anders als CORBA ist DCOM allerdings ausschließlich auf der Windows-Plattform verfügbar.

▥➔ *Siehe CORBA; DSOM*

DCS

Abk.: Desktop Color Separations

DCS (Desktop Color Separations) ist eine Erweiterung des EPS-Formats. Es erlaubt die Speicherung von Farbseparationen im CMYK-Format. Eine DCS 1.0-Datei besteht aus fünf Teilen: einer Datei mit niedriger Auflösung, die für die Darstellung am Bildschirm gedacht ist, sowie vier hochauflösenden, farbseparierten Dateien für CMYK. DCS 2.0-Dateien können auch Volltonfarbkanäle speichern. Neben EPS ist DCS das wichtigste Austauschformat für Druckdateien.

▥➔ *Siehe EPS*

DD

Abk.: Double Density

▲ *Übers.: doppelte Dichte*

DD ist eine Bezeichnung für die doppelte Schreibdichte auf Disketten. 3.5 Zoll DD Disketten haben eine Kapazität von 720 KByte. 5.25 Zoll DD Disketten dagegen nur 360 KByte.

▥➔ *Siehe HD; KByte; Aufzeichnungsdichte; Diskette*

DDC

DDC ist die Bezeichnung für eine Interface-Spezifikation der VESA (Video Electronics Standards Association), die es erlaubt, Informationen zu Leistungsmerkmalen und Parametern eines Monitors zum Computer zu übertragen. Die entsprechenden Leitungen sind im VGA-Kabel des Monitors integriert. Dadurch ist eine Plug&Play-Konfiguration des Monitors unter Windows95 möglich. Der Monitor teilt dem Betriebssystem seine Leistungsmerkmale automatisch mit, so dass eine perfekte Abstimmung mit der Grafikkarte möglich wird. Aktuell sind die Versionen 2B und 2AB, wobei es bei letzterer Version möglich ist, Parameter zum Monitor zu übertragen. Über ein entsprechendes Programm ist es dann möglich, den Monitor unter Windows 95 zu konfigurieren.

➭ *Siehe Monitor; DDC 1; VGA; Plug&Play; Grafikkarte*

DDC 1

DDC 1 ist die erste Version des Data Display Channels (DDC). Bei DDC 1 erfolgt der Datenaustausch ausschließlich in eine Richtung. Nur der Monitor sendet. Er überträgt Herstellerangaben, Timings und die Bildschirmgröße. Die Grafikkarte muss DDC unterstützen, damit sie diese Daten auswerten kann.

➭ *Siehe DDC; Monitor; Grafikkarte*

DDC 2AB

➭ *Siehe DDC*

DDE

DDE wurde von der Firma Microsoft entwickelt und ermöglicht den Datenaustausch zwischen Anwendungen. So ist es möglich, Tabellen oder Dokumente eines Quellprogramms (Server) in ein Zielprogramm (Client) einzubinden. Im Zieldokument wird eine verknüpfte Kopie der Quelldatei abgelegt. Bei Änderungen an der Quelldatei wird die Kopie automatisch (dynamisch) aktualisiert. DDE ist der Vorgänger von OLE.

➭ *Siehe Server; Client*

DDNS

Abk.: *Dynamic Domain Name System*

▲ Übers.: *Dynamisches DNS*

Beim dynamischen DNS, das in Windows 2000 zum Einsatz kommt, werden die DNS-Einträge automatisch aktualisiert. Der Administrator muss keine Einträge mehr von Hand vornehmen, was sehr viel Zeit spart. Neue Computer im Netzwerk melden sich und ihre Dienste (z.B. Domänencontroller) selbstständig an und geben dem DNS-Server ihre IP-Adresse bekannt. Dieser offene Standard wird bisher lediglich von Microsoft unterstützt und funktioniert deswegen nur mit dem DNS-Server von Windows 2000.

➭ *Siehe ADS; DNS; Domain Controller; Windows 2000*

DDR2

DDR2 ist die Nachfolgetechnologie von DDR-SDRAM. Wie DDR-Speicher übermittelt auch DDR2-RAM zwei Datenpakete pro Takt (über beide Flanken), lässt sich aber höher takten. Taktfrequenzen bis 1 GHz sind möglich.

➡ *Siehe DDR-SDRAM*

DDR-SDRAM

Abk.: Double Data Rate Synchronous Dynamic Random Access Memory

DDR-SDRAM ist eine Speichertechnologie, die es erlaubt Arbeitsspeicher mit bis zu 466 MHz anzusprechen. Sie erlaubt Zugriffe sowohl bei hohen als auch bei niedrigen Taktfrequenzen. Gegenüber der SDRAM-Technologie wurde die Bandbreite durch Nutzung beider Taktflanken für die Datenübertragung verdoppelt. DDR-SDRAM-Module werden entsprechend ihrer Zugriffsgeschwindigkeit zwischen Prozessor und Hauptspeicher kategorisiert:

▶ PC333 bzw. PC2700 bezeichnen zum Beispiel eine Taktrate von 333 MHz

➡ *Siehe SDRAM; Speicherbank*

Deadlock

Warten zwei Programme oder Geräte gleichzeitig auf eine Antwort des anderen, bevor sie mit ihrer Arbeit fortfahren, so wird von einem Deadlock gesprochen. Dies kann in ähnlicher Form bei Betriebssystemen auftreten, in denen mehrere Prozesse so lange warten, bis Ressourcen durch andere, laufende Prozesse freigegeben werden.

➡ *Siehe Betriebssystem; Resources*

Debian

ist ein freies Betriebssystem (Open Source), welches den Linux Betriebssystem-Kernel verwendet. Debian besteht aus mehr als 2500 Softwarepaketen, darunter notwendige Programme – unter anderem von GNU – für die Textverarbeitung, für Verwaltungsaufgaben, zur Entwicklung von Software und natürlich zum Spielen.

➡ *Siehe Linux; Kernel; Open Source; Betriebssystem; Linux-Distributionen*

Debugger

Ein Debugger ist ein Programm, das zum Auffinden von Fehlern in Programmen verwendet wird. Dazu wird das Programm innerhalb des Debugger ausgeführt. Dabei kann es jederzeit angehalten werden, an zuvor definierten Punkten stoppen (Breakpoints) oder auch in einzelnen Schritten ausgeführt werden. Ein Debugger bietet meistens zudem die Möglichkeit, sich Variableninhalte, Registerinhalte und ähnliche Informationen anzeigen zu lassen. Debugger gehören inzwischen zum Standard-Lieferumfang der meisten Entwicklungsumgebungen.

➡ *Siehe Breakpoint; Debugging*

Debugging

Debugging ist die Bezeichnung für die Korrektur eines fehlerhaften Programmcodes, oft mit Hilfe eines speziellen Programms – einem Debugger.

➡ *Siehe Bug; Update; Bugfix*

DEC

http://www.digital.com

DEC ist ein 1957 gegründetes amerikanisches Unternehmen mit Sitz in Maynard. Zu den Produkten von DEC gehören Workstations und Server auf Basis des RISC-Prozessors Alpha-Chip, einer Eigenentwicklung. Bekannt ist außerdem der Internet-Suchdienst Alta Vista, der unter http://www.altavista.de zu erreichen ist. DEC wurde inzwischen von Compaq übernommen.

➡ *Siehe Server; Alpha-Chip; RISC-Prozessor; Compaq*

Decision Support System

➡ *Siehe DSS*

DECT

Abk.: Digital Enhanced Cordless Telecommunications

DECT ist ein digitaler Standard schnurloser Telefone für die Verbindung zwischen Basisstation und Hörer. Eingesetzt werden kann er z.B. auch bei digitalen Modem-Verbindungen zwischen Computern sowie zwischen einem Computer und einer Basisstation und ermöglicht so drahtlose LANs. Die maximale Reichweite beträgt in Gebäuden 200 Meter.

➡ *Siehe Modem; Digital*

Dedicated Server

Ein dedizierter Server hat in einem Netzwerk nur eine spezielle Aufgabe, sei es als Druck-Server oder LAN-Server usw. Er kann nicht als Arbeitsstation genutzt werden.

➡ *Siehe LAN Server; Workstation; Druck-Server; Netzwerk*

Dedizierter Server

➡ *Siehe dedicated Server*

DEE

➡ *Siehe DCE*

Default

Der Begriff »default« wird in Zusammenhang mit den Standardparametern eines Programms, des BIOS oder einer Hardwarekomponente verwendet. Ein Default-Wert ist ein meist schon voreingestellter Standardwert. Gebräuchliche sprachliche Wendungen sind: »per default ist x auf y eingestellt/konfiguriert« oder »default ist...«.

➡ *Siehe BIOS; Hardware*

Defense Advanced Research Projects Agency

→ Siehe DARPA

Defragmentierung

Die Fragmentierung, d.h. die Zerstückelung von Daten auf der Festplatte ist ein ganz normaler Vorgang bei älteren Betriebssystemen, die z.B. FAT als Dateisystem einsetzen. FAT speichert Dateien oft unzusammenhängend in Datenblöcken, so genannten Clustern, wodurch der allgemeine Zugriff auf die Daten oft leicht verlangsamt wird. Dies geschieht, weil für die Speicherung von Daten immer der erste freie Cluster verwendet wird und nach ihm die nächsten freien Cluster, auch wenn diese nicht direkt hinter dem ersten folgen. Durch ständiges Hin- und Herkopieren von Dateien werden die Daten immer weiter fragmentiert. Die Defragmentierung ist nun der Vorgang, bei dem die Daten in den Clustern ausgelesen werden und zusammenhängend hintereinander wieder auf den Datenträger (die Festplatte) geschrieben werden. Defragmentierungsprogramme sind entweder Bestandteil des Betriebssystems, wie bei Windows 95 oder sie können von Drittanbietern erworben werden. Neuere Betriebssysteme, die auch neue Dateisysteme verwenden, haben kein Fragmentierungsproblem, z.B. NTFS von Windows NT oder FAT32 von Windows 9x.

→ *Siehe Datenträger; FAT32; Cluster; Dateisystem; Betriebssystem; FAT*

Degaussing

Degaussing bedeutet, dass es mit moderne Monitore oft möglich ist, das Monitorbild zu entmagnetisieren, was Farbverschiebungen verhindert. Die Degauss-Funktion wurde nach der Maßeinheit der magnetischen Induktion (Gauß) benannt.

→ *Siehe Monitor; Bildschirm*

Dekrementieren

Dekrementieren ist die Bezeichnung für die schrittweise Verringerung eines Wertes mit definierter Schrittweite (meist 1). Bei der Programmierung werden Variablen, Adressen, Registerinhalte usw. oft in Programmschleifen dekrementiert.

→ *Siehe Schleife; Adresse; Variable; Register*

Delegate

Delegates sind Bestandteil des Common Type System (CTS) der .NET-Entwicklungsumgebung. Ein Delegate ist die objektorientierte Version eines Funktionszeigers. Er leitet bei seiner Instanzierung Methodenaufrufe an eine Objektinstanz weiter. Delegates spielen eine wichtige Rolle in der Common Runtime Language (CLR) von ».NET«, da auf ihnen der gesamte Ereignismechanismus beruht.

➭ *Siehe CTS; .NET; Pointer; CLR*

Dell

http://www.dell.de

Die amerikanische Computerfirma Dell ist der weltweit größte Direktanbieter von Computersystemen. Zu den Produkten des 1984 von Michael Dell gegründeten Unternehmens zählen Notebooks, PCs, Workstations und Serversysteme.

➭ *Siehe Server; Notebook; PC; Workstation*

Delphi

Delphi ist eine visuelle Programmierumgebung zur Erstellung von Windows-Programmen ähnlich Visual Basic. Anders als Visual Basic basiert Delphi auf PASCAL. Hersteller ist Borland.

➭ *Siehe Borland; VB; Pascal*

Delta-Pulse-Code-Modulation, adaptive

➭ *Siehe ADPCM*

Delta-Pulse-Code-Modulation, adaptive differential

➭ *Siehe ADDPCM*

Demilitarized Zone

➭ *Siehe DMZ*

Demultiplexer

Ein Demultiplexer ist ein Gerät, welches die Datenströme nach der Übertragung über mehrere logische Kanäle eines physikalischen Übertragungsmediums wieder zusammenführt. Gegenteil ist der Multiplexer, der einen Datenstrom in mehrere Kanäle aufteilt, bevor er übertragen wird.

➭ *Siehe Frequency-Division-Multiplexing; Zeitmultiplex-Verfahren; Multiplexer*

Denial of Service-Attacke

➭ *Siehe DoS-Attacke*

DE-NIC

DE-NIC verwaltet alle IP-Adressen der Domain Deutschland (».de«) im Internet. Das Institut sitzt in Karlsruhe. Die IP-Adressen werden DE-NIC von der kalifornischen InterNIC, der zentralen Verwaltungsstelle zugeteilt.

➭ *Siehe IP-Adresse; InterNIC; Domain*

Denoisen

Denoisen beschreibt das Verfahren, um unerwünschtes Rauschen bei Aufnahmen automatisch zu entfernen. Dabei wird mit einem Filter gearbeitet, der die hohen, rauschverdächtigen Frequenzbereiche pegelabhängig abschwächt.

Density

Die Density steht für die maximale Informationsmenge, die pro

Flächeneinheit auf einem Datenträger (hier einer Diskette) gespeichert werden kann. Es gibt DD (Double Density, HD (High Density) und ED (Extra High Density).

→ *Siehe HD; Datenträger; DD*

Department of Defense

→ *Siehe DoD*

DES

Von IBM entwickeltes Verfahren für die Verschlüsselung von Daten. Zur Verschlüsselung wird ein 56 Bit-Schlüssel verwendet. Viele der heute in Einsatz befindlichen Verschlüsselungssysteme basieren auf DES.

→ *Siehe Verschlüsselung*

Descender

Descender bedeutet Unterlänge. Der Teil eines Kleinbuchstaben, der unter der Grundlinie liegt. Beispiele sind die Buchstaben »g« oder »y«.

→ *Siehe Ascender; Typografie*

Deschutes

Deschutes bezeichnet den Prozessorkern der neuen Pentium II-Generation, bei dem der externe Systemtakt bei 100 MHz liegt. Deschutes sind in den Pentium II-Prozessoren ab 350 MHz vorhanden.

→ *Siehe Pentium II*

Desktop

1. Desktop ist die Bezeichnung für sichtbare Arbeitsoberfläche der grafischen Benutzeroberfläche von z.B. Windows oder OS/2.

2. Desktop ist die Bezeichnung für eine Gehäuseform und damit für einen Computer, der im Gegensatz zu einem Tower-Gehäuse auf einen Tisch (Desktop) gestellt werden kann.

→ *Siehe Windows; GUI; OS/2*

Desktop Color Separations

→ *Siehe DCS*

Desktop Management Interface

→ *Siehe DMI*

Desktop Publishing

→ *Siehe DTP*

DESX

Abk.: DES Extended

→ *Siehe EFS*

Deutsche Telekom

Die Deutsche Telekom ist das größte Telekommunikationsunternehmen in Deutschland. Die Telekom deckt alle Bereiche moderner Kommunikation ab, Mobilfunk (GSM, UMTS), Internet, Kabel- und Satellitenkommunikation sowie Festnetzkommunikation. Über 49 Millionen Telefonanschlüsse werden von der Deutschen Telekom verwaltet.

➠ *Siehe T-D1; T-DSL; UMTS; GSM; ISDN; T-Online*

Deutsches Institut für Normung
➠ *Siehe DIN*

Developers Toolkit
Developers Toolkit ist eine Sammlung von meist mehreren Bibliotheken, in denen verschiedene Routinen zusammengefasst wurden. Sie vereinfacht Programmierern und Entwicklern das Arbeiten an speziellen Computern, Betriebssystemen oder Benutzeroberflächen.

➠ *Siehe Library; Routine; Programmierer; Betriebssystem; Benutzeroberfläche*

Device
Device ist die Bezeichnung für ein Gerät bzw. einen Gerätetreiber (device driver), der zur Ansteuerung eines anderen Geräts benötigt wird.

➠ *Siehe Gerätetreiber*

Device Control Characters
➠ *Siehe DCC*

Dezentralisierung
Dezentralisierung ist die Bezeichnung für die Auslagerung der von einem Rechenzentrum ausgeführten Aufgaben auf die einzelnen Arbeitsstationen. Dies wird oft auch als Downsizing bezeichnet.

➠ *Siehe Workstation; RZ; Downsizing*

Dezimalsystem
Das Dezimalsystem ist das alltäglich gebräuchliche Zahlensystem. Die Basis ist 10, das System arbeitet mit den Ziffern 0 bis 9. Der Computer verwendet intern das Binär- oder Dualsystem (Basis 2) und das Hexadezimalsystem (Basis 16).

➠ *Siehe Dualsystem; Hexadezimalsystem*

DFS
Abk.: Distributed File System, Dynamic Frequency Selection

▲ *Übers.: Verteiltes Dateisystem, Dynamische Frequenzauswahl*

1. DFS (distributed file system) ist eine Funktion von Windows 2000, NTFS 5.0 und Active Directory. Nutzer können verteilte Daten im Netzwerk in gemeinsamen Verzeichnissen sammeln und zentral darauf zugreifen, so als ob die verteilten Daten auf einem Computer liegen würden.

2. DFS (Dynamic Frequency Selection) ist eine Funktion des WLAN-Standards IEEE 802.11h. Sie ermöglicht einem WLAN-Gerät das automatische Ausweichen auf eine andere Frequenz, wenn Frequenzkollisionen auftreten.

➠ Siehe *ADS; Windows 2000; NTFS; Dateisystem; WLAN; IEEE-802.11*

DFT

DFT ist ein neues, von IBM entwickeltes Tool zur Fehleranalyse von IDE-Festplatten. Es soll das heute übliche S.M.A.R.T-Verfahren (Self Monitoring, Analysis and Reporting Technology) ablösen und ermöglicht die Diagnose selbst bei nicht mehr bootfähigen Rechnern. Dazu wird die erforderliche Software in einem versteckten Bereich der Festplatte gespeichert und bei Bedarf über ein spezielles ATA-Kommando vom BIOS aus aufgerufen. Ziel ist es, den Rücklauf von Festplatten zu minimieren, die fälschlicherweise als defekt bezeichnet wurden.

➠ Siehe *BIOS; IDE;S.M.A.R.T.*

DFÜ

Abk.: Datenfernübertragung

DFÜ bezeichnet die Übertragung von Daten zwischen zwei Computern über Telefonleitungen, Glasfaser, Lichtwellen, Funk oder Satellit. Oft auch in Zusammenhang mit dem Zugriff auf Angebote von Online-Diensten, Internet-Providern oder Mailboxen gebräuchlich. Zur Durchführung wird ein so genanntes Terminalprogramm benötigt, welches den Aufbau der Verbindung und die anschließende Datenübertragung mit Hilfe unterschiedlicher Protokolle steuert.

➠ Siehe *Online-Dienst; Transferprotokoll; Internet-Provider; BBS; Terminalprogramm*

DFÜ-Netzwerk

Das DFÜ-Netzwerk unter Windows 95/98 und Windows NT ermöglicht die Einwahl in ein Netzwerksystem über ein Modem oder eine ISDN-Karte. Das System bietet dem Anwender komfortable und umfangreiche Konfigurationsmöglichkeiten.

➠ Siehe *ISDN-Karte; Windows 98 (SE); Windows 95; Windows NT; Modem; DFÜ*

DGIS

Abk.: Direct Graphics Interface Specification

DGIS ist eine von der Firma GSS (Graphics Software Systems) entwickelte Firmware-Schnittstelle. GSS ermöglicht einer Anwendung Grafiken auf einem Display über die Erweiterung des IBM BIOS-Interrupts 10H anzuzeigen.

➠ Siehe *Interrupt; Schnittstelle; BIOS; Firmware*

DHCP

Abk.: Dynamic Host Configuration Protocol

In einem TCP/IP-Netzwerk hat jede angeschlossene Maschine ihre eigene IP-Adresse. Dies gilt nur, solange sie auch aktiv ist. Beim Neustart und Anmelden am Netzwerk kann sie auch eine andere IP-Adresse erhalten. Genauso arbeitet ein DHCP-Server. Er teilt neu verbundenen Clients IP-Adressen aus einem definierten Pool zu. Damit der Server einem Client eine IP-Adresse dynamisch zuweisen kann, muss auf dem Client eine entsprechende Software installiert sein.

➡ *Siehe IP-Adresse; Netzwerk; TCP/IP; Client*

DHCP-Server

Ein DHCP-Server ist ein Server im Netzwerk, der neu verbundenen Clients dynamisch IP-Adressen zuteilt.

➡ *Siehe IP-Adresse; Server; DHCP*

Dhrystone

Dhrystone ist ein Benchmark-Test zur Ermittlung der Leistungsfähigkeit von CPUs.

➡ *Siehe CPU; Whetstone; Benchmark*

DHTML

Abk.: Dynamic HTML

DHTML ist eine vom W3C spezifizierte Technologie-Erweiterung für HTML, mit der Inhalte von Webseiten beim Aufruf anhand bestimmter Kriterien angepasst werden können. Solche Kriterien sind u. a. die folgenden:

▶ Ort, von dem die Seite aufgerufen wird

▶ Tageszeit

▶ Seiten, die der Leser abgerufen hat

▶ Profil des Lesers

▶ Zur Umsetzung dieser Inhalte stehen verschiedenste Techniken zur Verfügung, wie z.B. Cookies, Java, JavaScript, CGI uvm.

➡ *Siehe JavaScript; CGI; W3C; Cookies; HTML; Java; Webseite*

Diagnoseprogramm

Ein Diagnoseprogramm analysiert die Hardware des Computers und hilft auch bei der Fehlersuche. Es zeigt außerdem die Belegungen der Interrupts, DMA-Kanäle und Port-Adressen an.

➡ *Siehe DMA; Interrupt; Adresse; Port; Hardware*

Diagramme

Diagramme stellen Zahlen und Tabellen in grafischer Form dar. Diagramme können zweidimensional oder dreidimensional dargestellt werden. Es gibt Kreis-, Kurven-, Säulen-, Balken-, Punkt- und Kuchen- bzw. Tortendiagramme.

➡ *Siehe Tortendiagramm; Kurvendiagramm; Tabelle; Kreisdiagramm; Punktdiagramm*

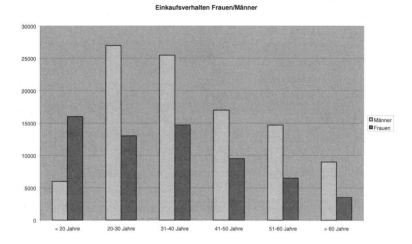

Bild D.1: Ein typisches Balkendiagramm

Dialekt

Mit Dialekt wird eine in Bezug auf ihre Syntax leicht veränderte Programmiersprache bezeichnet.

➠ Siehe Syntax; Programmiersprache

Dialer

➠ Siehe 0190-Dialer

Dialog-Box

Eine Dialog-Box ist Bestandteil jeder grafischen Benutzeroberfläche und dient der Kommunikation mit dem Anwender. Stehen bei einer Operation oder einer Aktion z.B. mehrere Optionen zur Auswahl, wird eine Dialog-Box geöffnet, in der der Anwender gebeten wird, eine Entscheidung zu treffen.

➠ Siehe Dialog-Box; GUI

Dialogfenster

➠ Siehe Dialog-Box

Dialogorientiert

➠ Siehe Interaktiv

Dial-Up Networking

➠ Siehe DFÜ-Netzwerk

Diamondtron

➠ Siehe Streifenmaske

DIANE

Abk.: Direct Information Access Network Europe

DIANE ist eine Vereinigung von Datenbankbetreibern, die über das EuroNet miteinander verbunden sind.

➠ Siehe Datenbank; EuroNet

Dicktenschrift
→ Siehe *Schrift, nicht proportionale*

Didot-Punkt
→ Siehe *Punkt*

Dienstekennung
→ Siehe *Service Indicator*

Dienstintegrierendes digitales Netzwerk
→ Siehe *ISDN*

Difference Engine
Difference Engine ist ein vom britischen Wissenschaftler Charles Babbage um 1820 entwickeltes Gerät, das mit rein mechanischen Vorgängen mathematische Aufgaben mit einer Genauigkeit von 20 Dezimalstellen berechnen konnte. In den folgenden Jahren erweiterte Babbage sein Konzept um die Analytical Engine (1830), die in dieser Form als mechanischer Vorläufer des elektronischen Computers bezeichnet werden kann.

→ Siehe *Babbage, Charles*

Differenzmaschine
→ Siehe *Difference Engine*

Digital
Während analoge Werte durch unendlich viele Zwischenschritte eines Intervalls repräsentiert werden, sind digitale Werte auf konkrete Zwischenwerte, oft in bestimmten zeitlichen Abständen gemessen, beschränkt. Die Umwandlung analoger in digitale Daten wird Digitalisieren genannt. Diese Aufgabe wird von einem Analog-Digital-Wandler übernommen.

→ Siehe *Analog; A/D-Wandler; D/A-Wandler*

Digital Audio Broadcasting
→ Siehe *DAB*

Digital Audio Tape
Abk.: DAT
→ Siehe *DAT; DAT-Streamer; Tape*

Digital Enhanced Cordless Telecommunications
→ Siehe *DECT*

Digital Equipment Corporation
→ Siehe *DEC*

Digital Power Management Signalling
→ Siehe *DPMS*

Digital Rights Management
→ Siehe *DRM*

Digital Simultaneous Voice Data
→ Siehe *DSVD*

Digital Subscriber Line Access Multiplexer
→ Siehe *DSLAM*

Digital Theatre System
→ Siehe DTS

Digital to Analog Adapter
→ Siehe DAA

Digital Versatile Disk
→ Siehe DVD

Digital Video
→ Siehe DV

Digital/Analog-Wandler
→ Siehe D/A-Wandler

Digitale Kamera
Wie der Name schon sagt, speichern digitale Kameras Fotos digital auf einem Speicherchip. Die Bildaufnahme erfolgt grundsätzlich in True-Color über so genannte CCD-Elemente, ganz ähnlich wie bei Scannern. Je nach Kamera und eingestellter Auflösung können bis zu mehreren Hundert Bilder in der Kamera, auf einem Flash-ROM, einer PCMCIA-Karte oder einer anderen Flashmemory-Karte gespeichert werden. Außerdem verfügen alle Kameras über eine Schnittstelle zur USB-Schnittstelle des Computers. Die Fotoausgabe erfolgt über einen Photo-Printer (Fotodrucker) und auf Spezialpapier.

→ *Siehe Flashmemory; PCMCIA; Scanner; CCD-Elemente; Schnittstelle, parallele; SCSI*

Bild D.2: Eine Digitalkamera

Digitale Signatur
Digitale Signaturen sind eigentlich nichts anderes als eine individuelle »Unterschrift« im Internet oder um sich auf anderen Rechnern anzumelden. Dabei werden mehrere Verfahren unterschieden, wie zum Beispiel biometrische Verfahren, bei denen Fingerabdrücke, die wiederum verschlüsselt werden, als Authentifizierung gelten.

→ *Siehe CA; Biometrisches System*

Digitaler Signalprozessor
→ *Siehe DSP; A/D-Wandler; D/A-Wandler*

Digitalisiertablett
Das Digitalisiertablett wird Zeichen- oder Grafiktablett, manchmal auch Art-Pad genannt, was auf die gleichnamige Serie des bekannten Herstellers Wacom zurückgeht. Ein Digitalisiertablett ist ein Eingabegerät, mit dem gezeichnet und konstruiert (CAD) werden kann. Mit Hilfe eines Stifts werden Vorlagen auf einem

flachen Tablett abgezeichnet und mit Hilfe einer Lupe mit Fadenkreuz können Konstruktionsangaben gemacht werden. Unter der Oberfläche des Tabletts befinden sich Sensoren, die die Bewegungen des Stifts erfassen. Gute Digitalisiertabletts erreichen Auflösungen von mehr als 1000 dpi. Neuere Modelle enthalten mehrere auswechselbare Stifte, die das Zeichenverhalten verschiedener Pinsel, Bleistifte und Kohle simulieren. Dadurch können auf dem Computer z.B. auch Aquarelle gemalt werden. Digitalisiertabletts gibt es in den Größen DIN A5 bis DIN A3.

➡ *Siehe Sensor; dpi; Digital; CAD*

Digitalisierung

Die Umwandlung analoger Signale in digitale mit Hilfe eines Analog/Digital-Wandlers wird Digitalisierung genannt.

➡ *Siehe A/D-Wandler; Digital*

DIL

Abk.: Dual Inline

DIL ist die Bezeichnung für eine Chipbauform mit zwei Pinreihen. Derartige Speicherchips werden DIMM (Dual Inline Memory Module) genannt. Im Gegensatz dazu stehen die heute noch hauptsächlich genutzten SIMM-Module (Single Inline Memory Module) mit nur einer Pinkontaktreihe.

DIMMS werden z.B. im Apple Macintosh (PowerMac-Serie) eingesetzt.

➡ *Siehe DIMM; SIMM; Apple; Speicherbank*

DIMM

Abk.: Dual Inline Memory Module

DIMM ist die Bezeichnung für eine Bauform von Speichermodulen, die sich durch zwei Pinkontaktreihen mit 168 Kontaktstiften auszeichnet. Diese Bauweise erlaubt einen 64 Bit-Speicherzugriff, wie er von Pentium-Systemen unterstützt wird. Ein Beispiel für die DIMM-Bauweise wären die SDRAM-Module. Die heute noch meist gebräuchliche SIMM-Bauweise (PS/2-SIMMs) verfügt über nur eine Kontaktreihe mit 72 Anschlussstiften (Pins), was einen 32 Bit-Zugriff ermöglicht. Während bei PS/2-SIMMs deshalb immer zwei Module pro Speicherbank (2x32) eingesetzt werden müssen, genügt bei DIMMs ein Modul (1x64).

➡ *Siehe SDRAM; PS/2-SIMM; Bit; Speicherbank; SIMM*

DIN

Abk.: Deutsches Institut für Normung

Jeder kennt wohl die Normungen zur Definition der Seitenformate DIN A3, DIN A4, DIN A5 usw. Im Computerbereich hat das DIN Ergonomie-Standards für

Arbeitsplätze und Standards für die Nachrichtenübermittlung geschaffen.

➠ Siehe ISO

Diode, lichtemitierende
➠ Siehe LED

DIP
Abk.: Dual Inline Package

DIP ist die Bezeichnung für eine Chip-Bauform, bei der zwei Reihen Pins an den Seiten des Gehäuses angebracht sind. Chips in DIP-Bauweise befinden sich z. B. als Second-Level-Cache-Bausteine auf dem Motherboard, als so genannte SRAM. Im Gegensatz zu DIP steht die SIP-Bauform (single inline package), bei der nur eine Pin-Reihe außerhalb des Gehäuses liegt.

➠ Siehe SIP; Cache; SRAM; L2-Cache; Motherboard

DIP-Schalter

DIP-Schalter befinden sich z. B. auf dem Motherboard oder auf manchen Erweiterungskarten zur Konfiguration einiger Parameter (z. B. CPU-Takt). Im Volksmund werden DIP-Schalter oft als Mäuseklavier bezeichnet. DIP-Schalter sind kleine, in einem DIP-Gehäuse integrierte Schalter.

➠ Siehe DIP; Motherboard

DirecPC

DirecPC ist ein Satellitendienst der Firma Olivetti Hughes, bei dem neben anderen Diensten auch der Zugang zum Internet angeboten wird. Unter der Bezeichnung Turbo Internet liefert er dem Anwender Daten mit bis zu 400 KBit/s. Im Vergleich zu ISDN hat Turbo Internet mehr als die sechsfache Datenfrequenz (400 KBit/s zu 64 KBit/s). Mit ISDN kann eine Übertragungsrate von bis zu 7,8 KByte/s erreicht werden, mit Turbo Internet theoretisch 46,8 KByte/s, praktisch aber nur ca. 30 KByte/s, was hauptsächlich an der begrenzten Übertragungsgeschwindigkeit im Internet selbst liegt.

➠ Siehe Internet; Datentransferrate; ISDN

Direct Access Storage Device
➠ Siehe DASD

Direct Graphics Interface Specification
➠ Siehe DGIS

Direct Information Access Network Europe
➠ Siehe DIANE

Direct LAN

Direct LAN ist eine Technologie zur PC Vernetzung bzw. Verbindung von DSL-Modem oder ISDN-Anschluss mit dem PC über das heimische Stromnetz. Adapter mit Ethernet-Anschlüssen werden in die Steckdose gesteckt. Der PC wird an diese Adapter angeschlossen. Das

Stromnetz ersetzt die Switches und Hubs, die normalerweise zum Aufbau eines Netzwerks nötig wären.

➠ Siehe *LAN; Switch; Hub; Ethernet; ADSL; ISDN*

Direct Memory Access

➠ Siehe *DMA*

Directory

Verzeichnisse haben ihren Ursprung in Unix und werden heutzutage von allen Betriebssystemen verwendet. Sie dienen der Verwaltung von Dateien. Normalerweise existiert eine Verzeichnishierarchie von Verzeichnissen und Unterverzeichnissen. Auf diese Weise entsteht eine Baumstruktur, der so genannte Verzeichnisbaum (Directory). Ein Verzeichnis ist ähnlich wie ein Aktenordner strukturiert, in dem zusammengehörige Dateien logisch gruppiert werden.

➠ Siehe *Directory Tree; Subdirectory; Unix; GUI; Betriebssystem*

Directory Service

Ein Verzeichnisdienst (Directory Service) verwaltet Informationen über Objekte (Computer, Programme, Dienste) und deren Eigenschaften (Attribute) in einem verteilten Computersystem oder dem Internet. Anwender können Objekte mithilfe des Verzeichnisdienstes auffinden und verwenden, Administratoren können die Objekte verwalten. Beispiele für Verzeichnisdienste sind NDS von Novell und ADS von Microsoft. Zu den Funktionen eines modernen Verzeichnisdienstes zählen:

▸ Sicherheit: Der Administrator kann die Zugriffsrechte auf Ressourcen beschränken.

▸ Verteilung: Das Verzeichnis wird über mehrere Computer im Netzwerk verteilt.

▸ Replikation: Das Verzeichnis wird kopiert, um es mehreren Nutzern zugänglich zu machen und Fehler auszuschließen.

▸ Aufteilung: Das Verzeichnis wird auf mehrere Speicher verteilt, um auch sehr große Verzeichnisse mit sehr vielen Objekten zu ermöglichen.

➠ Siehe *Administrator; ADS; Directory*

Directory Tree

Auf einem Datenträger existiert normalerweise ein Hauptverzeichnis mit Unterverzeichnissen, die ihrerseits Unterverzeichnisse enthalten. Es entsteht eine Baumstruktur, die als Verzeichnisbaum bezeichnet wird. Dateien stellen die Blätter dieses Baumes dar.

➠ Siehe *Subdirectory; Directory*

DirectX

DirectX ist eine standardisierte Programmierschnittstelle (API) von Microsoft, die Programmen mit entsprechenden Treibern einen schnellen Zugriff auf die im Rechner enthaltenen Hardwarekomponenten ermöglicht. DirectX ist nur der Sammelbegriff für eine Reihe von APIs wie Direct3D für 3D-Funktionen, DirectSound für Soundwiedergabe, DirectDraw und DirectVideo für die 2D- und Videodarstellung (inkl. Overlay-Funktion) und DirectInput für die Ansteuerung von Eingabegeräten (Joysticks). DirectDraw ersetzt gleichzeitig das DCI-Verfahren von Windows 3.x. Die DirectX-Funktionen werden hauptsächlich für eine optimierte Programmierung von Spielen unter Windows ab Version 95 verwendet.

➦ *Siehe 3D-Funktionen; API; Overlay-Karte*

Disabled

➦ *Siehe Enabled*

Disassembler

Der Disassembler ist ein Programm, mit dem ein Programm aus der Maschinensprache in den Assemblercode zurückübersetzt wird. Dieser Programmcode kann dann zur Analyse des Programms verwendet werden.

➦ *Siehe Assembler; Maschinensprache*

Disconnect

Disconnect bedeutet das Unterbrechen einer Verbindung. Dies kann z.B. die Verbindung eines Rechners zu einem Netzwerklaufwerk, die Verbindung zu einem Online-Dienst sein usw.

➦ *Siehe Connect*

Disk Array

➦ *Siehe Array; RAID*

Disk Mirroring

Disk Mirroring ist eine Methode, Datenverlust durch Festplattenfehler vorzubeugen. Beim Disc Mirroring wird eine Festplatte ganz oder teilweise auf eine oder mehrere andere Festplatten dupliziert, wobei jede Änderung der Daten auf der Quellfestplatte gleichzeitig auch an den gespiegelten Daten auf der Zielfestplatte ausgeführt wird. Dadurch gibt es immer eine aktuelle Sicherheitskopie.

Disk Operating System

➦ *Siehe MS-DOS*

Disk-at-once

Als Disc-at-once wird ein spezielles Schreibverfahren beim Brennen von CDs bezeichnet. Dabei wird die komplette CD in einem Stück geschrieben. Im Gegensatz zu Track-at-once, wo jeder Track einzeln geschrieben wird.

➦ *Siehe CD; CD-Writer; Track-at-once*

Disk-Cache

Disk-Cache ist ein spezieller Speicherbereich, der zum Zwischenspeichern von Daten verwendet wird. Werden nun Daten von einem Laufwerk gelesen, wird zuerst in dem Speicherbereich nachgesehen, ob sich die gewünschten Daten bereits darin befinden. Ist dies der Fall, können diese aus dem schnelleren Speicher gelesen werden. Es gibt einen Hardware und einen Software Cache. Hardware Cache ist ein Speicher, der direkt auf dem Laufwerk integriert ist und von diesem selbstständig verwaltet wird. Software Cache verwendet einen Teil des Arbeitsspeichers des Computers zur Zwischenspeicherung der Daten. Die Verwaltung übernimmt ein spezielles Systemprogramm. Unter MS-DOS ist das z.B. Smartdrive.

➡ *Siehe Hardware Cache; Cache; Software Cache*

Diskette

Eine Diskette ist ein magnetisches, wechselbares Speichermedium. Beim PC ist heute das 3,5"-Format mit einer Kapazität von 1,44 MByte am weitesten verbreitet. Das 2,88 MByte Format konnte sich hingegen nicht durchsetzen. Es gibt auch noch die 5,25"-Disketten mit 1,2 MByte. Dieses Format ist allerdings kaum noch in Gebrauch.

➡ *Siehe HD; Speichermedium; Density; Aufzeichnungsdichte; DD*

Diskettenlaufwerk

Als Diskettenlaufwerk wird das interne oder externe Gerät zum Lesen von bzw. Schreiben auf Disketten bezeichnet.

➡ *Siehe Diskette*

Display Data Channel

➡ *Siehe DDC*

Display-Liste

Eine Display-Liste ist eine Liste von Grafikbefehlen, die ein zu berechnendes Objekt bzw. alle Objekte einer Szene beschreibt. Neuere Grafik-Chips sind in der Lage, eine Display-Liste im DMA-Betrieb selbstständig auszulesen und abzuarbeiten. Der Chip arbeitet dann parallel zur CPU und entlastet diese natürlich erheblich. Während des Aufbaus der Objekte wird so Zeit für die Erstellung einer neuen Display-Liste gespart.

➡ *Siehe DMA; CPU; Grafikkarte*

Distance Vector Multicast Routing Protocol

➡ *Siehe DVMRP*

Distinguished Name

➡ *Siehe DN*

Distributed Component Object Model
➡ Siehe DCOM

Distributed File System
Abk.: DFS

▲ Übers.: Verteiltes Dateisystem
➡ Siehe DFS

Distributed System Object Model
➡ Siehe DSOM

Dithering
Dithering ist ein Verfahren zur Simulation von Farben und Graustufen auf Monitoren bzw. Druckern. Dabei wird jedem Bildpunkt ein Raster von Druckpunkten zugewiesen, das diesen Bildpunkt repräsentiert. Ein solches Raster besteht z.B. aus 3x3 Druckpunkten, womit sich neun verschiedene Grauwerte (Weiß und Schwarz mit eingerechnet) simulieren lassen. Durch das Dithering wird allerdings die effektive Druckauflösung geringer, da ein Bildpunkt zum Druck mehrere Druckpunkte benötigt.

➡ Siehe Monitor; Drucker

DivX
DivX ist ein auf MPEG-4 basierender Video-Codec, der sich durch gute Bildqualität bei vergleichsweise geringer Größe des kompletten Films auszeichnet. Der Ton liegt normalerweise in MP3 bei 128 KBit/s vor. DivX kann von einigen DVD-Playern wiedergegeben werden.

➡ Siehe DVD

D-Kanal
Der D-Kanal ist ein Kanal zur Übertragung von Steuerdaten bei ISDN.

➡ Siehe B-Kanal; ISDN

D-Kanal-Protokoll
Protokoll für die Übertragung von Daten über den D-Kanal im ISDN.

➡ Siehe D-Kanal; ISDN

DLC
Abk.: Data Link Control

DLC ist ein Dienst, der vom Data Link Layer, einer im OSI-Schichtenmodell definierten Funktion, geliefert wird. Der DLC ist für eine zuverlässige Übertragung von Daten über eine physikalische Verbindung verantwortlich. Einige seiner eingebauten Features sind unter anderem Definition der Frames, Fehlerkorrektur, Flusskontrolle (hält einen schnellen Server davon ab einen langsamen Client zu überfordern). Der Data Link Layer enthält eine Vielzahl Point-to-Point-Protokolle wie High-level Data Link Control (HDLC), Synchronous Data Link Control (SDLC), Link Access Procedure Balanced (LAPB) und ebensfalls die Einwahlprotokolle PPP, SLIP und PLIP.

➡ *Siehe HDLC; SLIP; OSI-Schichtenmodell; SDLC; Client-Server-Prinzip; Flusssteuerung; PPP; Protokoll; Fehlerkorrektur*

DLL

Abk.: Dynamic Link Library

Bei DLLs handelt es sich um Objekt-Bibliotheken, die dynamisch (sprich bei Bedarf) geladen werden können. Auf eine solche geladene Bibliothek können mehrere Programme gleichzeitig zugreifen. Diese Technik wurde von Microsoft eingeführt und wird von Windows und OS/2 verwendet.

➡ *Siehe Windows; Library; OS/2*

DLL-Hölle

Bei der Installation neuer Programme werden stets Ressourcendateien wie Bibliotheken mitinstalliert. Da dies für alle Programme gilt, aber oftmals verschiedene DLL-Versionen installiert werden, können dadurch andere Programme beschädigt oder in ihrer Funktion beeinträchtigt werden. Diese Tatsache wird als DLL-Hölle bezeichnet. Einen Ausweg bieten die neuen Entwicklungsumgebungen Sun ONE von Sun Microsystems und ».NET« von Microsoft. Hier sind die Ressourcendateien in den einzelnen Programmeinheiten, den Assemblies, bereits vollständig enthalten, weswegen derartige Programme (bzw. Assemblies) auch einfach kopiert werden können, ohne ihre Ausführbarkeit zu verlieren (XCOPY-Verteilung).

➡ *Siehe DLL; .NET; Sun ONE; Assembly; XCOPY-Deployment; Library*

DLT

Abk.: Digital Linear Tape

▲ *Übers.: Digitales Lineares Tape*

DLT bezeichnet ein magnetisches Speichermedium (TAPE), welches zur Datensicherung (Backup) verwendet wird. Die Besonderheit von digitalen linearen Tapes besteht darin, dass Daten schneller übertragen werden als mit anderen Technologien.

➡ *Siehe Magnetspeicher; Backup; Datensicherung*

DMA

Abk.: Direct Memory Access

Spezielles Verfahren zum Zugriff auf den Arbeitsspeicher eines Computers. Dabei sind Peripheriegeräte in der Lage, große Datenmengen direkt über den so genannten DMA-Controller in den Arbeitsspeicher zu schreiben. Dadurch wird die CPU des Rechners entlastet. Die Übertragung wird dabei über so genannte DMA-Kanäle gesteuert.

➡ *Siehe DMA-Controller; CPU; Adresse; Hauptspeicher; Peripherie; Motherboard; Startadresse; UDMA*

DMA	Funktion
0 (8 Bit)	intern (bei aktuellen PCs frei)
1 (8 Bit)	frei
2 (8 Bit)	Diskettenlaufwerke
3 (8 Bit)	frei
4 (8 Bit)	intern verwendet
5 (16 Bit)	frei
6 (16 Bit)	frei
7 (16 Bit)	frei

Tabelle D.1: Die DMA-Belegung eines PCs

DMA-Controller

Der DMA-Controller ist ein spezieller Chip auf dem Motherboard eines PCs, der die Steuerung der direkten Speicherzugriffe über die einzelnen DMA-Kanäle verwaltet und steuert.

➡ *Siehe DMA; Controller; CPU; Motherboard*

DMI

Abk.: Desktop Management Interface

DMI ist eine DMTF-Spezifikation zur Steuerung und Verwaltung von Hard- und Softwarekomponenten.

➡ *Siehe DMTF*

DMI Service Provider

DMI Service Provider ist eine Software zur Kommunikation zwischen Client und Management-Server.

➡ *Siehe Server; Client; DMI*

DML

Abk.: Data Manipulation Language

▲ *Übers.: Datenmanipulationssprache*

DML ist eine Sprache, die bei der Bearbeitung von Datenbanken eingesetzt wird. Sie ermöglicht das Einfügen und Aktualisieren von Daten und die Abfrage von Datenbanken. Durch mathematische und statistische Berechnungsmöglichkeiten bietet die DML weitreichende Arbeitserleichterungen z. B. beim Erstellen von Analysen oder Berichten.

➡ *Siehe Datenbank*

DMTF

Abk.: Desktop Management Task Force

DBTF ist die Herstellervereinigung zur Entwicklung neuer Standards für das Systemmanagement.

➡ *Siehe DMI*

DMZ

Abk.: Demilitarized Zone

▲ *Übers.: Demilitarisierte Zone*

In Computernetzwerken beschreibt eine DMZ einen Host bzw. ein kleines Netzwerk, welches als eine »neutrale Zone« zwischen dem inneren privaten Netzwerk der Firma und dem äußeren öffentlichen Netzwerk steht. Es schützt File-Server oder Ähnliches vor direktem Zugriff durch Nutzer von außen. Eine DMZ ist eine optionale und sichere Anwendung als Ergänzung einer Firewall.

➠ Siehe Netzwerk; Fileserver; Firewall; Host

DN

Abk.: Distinguished Name

▲ *Übers.: Eindeutiger Name*

Ein Objekt im Active Directory wird über seinen DN (Distinguished Name) identifiziert. Der DN bezeichnet die Domäne, in der das Objekt enthalten ist, sowie den vollständigen Pfad durch die Containerhierarchie des Verzeichnisses. Ein Beispiel für einen DN ist: /O=Internet/DC= de/DC=mut/CN=Benutzer/CN= Hans Dampf. Dieser DN identifiziert das Benutzerobjekt »Hans Dampf« in der Internet-Domäne mut.de, wobei die einzelnen Buchstaben Folgendes bedeuten:

▶ O = Organisation

▶ DC = Domain Component (Domänenkomponente)

▶ CN= Common Name (Gemeinsamer Name)

▶ Da DNs öfter geändert werden (zum Beispiel, wenn die Verzeichnisstruktur verändert wird), gibt es noch zwei weitere Attribute, die Objekte eindeutig identifizieren: die GUID und den UPN.

➠ *Siehe ADS; Domain; Objekt; Container; Directory Service, GUID, UPN*

D-Netz

Das erste voll digitale Mobilfunknetz in Deutschland war das D-Netz. Die Vorläufer, das A-, B- und C-Netz, waren dagegen analog.

➠ *Siehe B-Netz; Analog; C-Netz; Digital; Mobilfunk*

DNS

Abk.: Domain Name System, Domain Name Service

1. Das DNS ist für die Übersetzung von Adressen im Internet bzw. Netzwerken (Windows 2000) zuständig. Bei dieser Übersetzung werden die leichter zu merkenden symbolischen Adressen (www.irgendwas.com) in die zugehörige IP-Adresse übersetzt. Der Datenbestand des DNS ist auf Servern im Internet (oder Netzwerk) verteilt und wird regelmäßig aktualisiert. Bei der Anfrage eines DNS-Clients (= Auflösungsdienst, Resolver) bei dem für seine Domäne bevorzugten DNS-Server, sucht letzterer in seinen lokalen Zonendaten bzw. in seinem Cache nach der gesuchten Adresse. Kann er die Adresse nicht auflösen, leitet er die Anfrage an den nächsten DNS-Server in der

Hierarchie weiter, so lange bis die vollständig aufgelöste Adresse oder eine Fehlermeldung an den Client übermittelt werden kann. Vor der Einführung von DNS im Jahr 1987 erfolgte die Zuordnung von Computernamen zu IP-Adressen über die zentral verwaltete Hosts-Datei, die manuell aktualisiert und auf jedem Server repliziert werden musste.

2. DNS steht zudem für Domain Name Service, das Internetdienstprogramm, welches die Anfragen über das Domain Name System ausführt, indem es auf die Domain Server zugreift.

➠ *Siehe IP-Adresse; Internet; Adresse, symbolische; InterNIC; DDNS; TCP/IP; Domain; DNS*

DNS-Server

Abk.: Domain Name Service Server

▲ *Syn.: Nameserver*

Ein DNS-Server ist ein Computer, der die Anfragen eines Resolvers (Client-Dienstprogramm) beim Domain Name Service beantwortet und eine IP-Adresse zurückgibt. DNS-Server sind hierarchisch strukturiert. Kann ein DNS-Server die symbolische URL nicht in eine IP-Adresse auflösen, gibt er die Anfrage an den nächsthöheren DNS-Server weiter. Der »ranghöchste« DNS-Server steht beim InterNIC in den USA. Die Datentabellen mit den Hosteinträgen im Internet werden ständig aktualisiert und auf die einzelnen DNS-Server repliziert.

➠ *Siehe DNS; Domain; IP-Adresse*

Docking-Station

Als Docking-Station wird ein spezielles Gerät bezeichnet, das es ermöglicht, einen Notebook oder Laptop als Desktop-Computer zu verwenden. Dazu wird der mobile Rechner in die Docking-Station geschoben. Über einen eigens dafür vorgesehenen Steckverbinder wird eine elektrische Verbindung hergestellt. An die Docking-Station sind in der Regel ein Monitor, eine Tastatur und eine Maus angeschlossen. Zusätzlich sorgt diese noch für die Stromversorgung des Mobilcomputers.

➠ *Siehe Laptop; Notebook*

Document Template

Document Templates (Dokumentvorlagen) sind Vorlagen für die Erstellung von Dokumenten in Textverarbeitungsprogrammen. Diese enthalten neben Standardtext vor allem Einstellungen, Formatvorlagen, Textbausteine und Makros. Dokumentvorlagen sind ein sehr praktisches Werkzeug, um sich die Arbeit mit immer wiederkehrenden Dokumenttypen zu vereinfachen und Dokumente einheitlich zu halten.

➠ *Siehe Vorlagen; Makro; Dokument; Textverarbeitung*

DoD

Abk.: Department of Defense

▲ *Übers.: Verteidigungsministerium*

Auf die Initiative des DoD geht die Entwicklung des Internet zurück und damit das TCP/IP-Protokoll. Deshalb ist diese Protokollfamilie auch als DoD-Protokollfamilie bekannt. Aber auch andere Entwicklungen und Standards nahmen hier ihren Anfang.

➠ *Siehe Internet; TCP/IP; ARPAnet*

Dokument

Als Dokument werden die Dateien bezeichnet, die ein Benutzer mit einem Anwendungsprogramm erstellt. Meist wird der Begriff im Zusammenhang mit Textverarbeitungs-, Tabellenkalkulations-, Grafik-, Datenbankprogrammen etc. verwendet.

➠ *Siehe Tabellenkalkulation; Datenbank; Grafikprogramme; Datei; Textverarbeitung*

Dokumentvorlage

➠ *Siehe Document Template*

Dolby Digital

Dolby Digital ist ein von der Firma Dolby Laboratories entwickeltes digitales Aufzeichnungsverfahren für 5 vollständig separate Tonkanäle plus einem Basskanal. Es ermöglicht eine hochwertige Mehrkanal-Tonwiedergabe für den Heimbereich. Digitaler Mehrkanalton findet sich auf DVDs und Laserdiscs, ist aber für die Zukunft auch z.B. bei Fernsehübertragungen denkbar. Die damit erreichbare Klangqualität gleicht der eines Kinos oder eines Konzertsaals. Nachteile des Dolby Surround Verfahrens, wie Rauschen und unvollständige Kanaltrennung werden beim Dolby Digital konsequent vermieden. Die Aufzeichnung großer Datenmengen auf einer Disc wurde erst durch hochkomplizierte Rechenverfahren zur Datenreduktion (AC3) ermöglicht. Der auffallendste Unterschied zu Dolby Surround ist neben der höheren Qualität der Frequenzumfang auf fünf Kanälen von 20 Hz – 20.000 Hz und die Tatsache, dass die hinteren Kanäle ein Stereosignal aufweisen können. Dabei wird der Tieftonkanal vorwiegend für Spezialeffekte im Bass eingesetzt, z.B. Erdbeben und Explosionen, in solchen Fällen kann aber eine zu große Lärmentwicklung durch eine frei konfigurierbare Dynamikbegrenzung vermieden werden. Bestehende Komponenten einer Surround Anlage finden ihren Einsatz auch beim Dolby Digital, notwendig ist hier lediglich die Anschaffung eines Dolby Digital-Verstärkers, Receivers oder Decoders.

➠ Siehe DVD; Laserdisc; AC-3-Surround-Verfahren; Dolby Pro-Logic

Dolby Pro-Logic

Dolby Pro-Logic ist ein Soundsystem der Firma Dolby, das auf der Aufzeichnung von vier Tonkanälen beruht, die von einem Dolby Surround Sound Codierer codiert werden, um auf normalen Stereo-Tonträgern gespeichert werden zu können. Ein Matrixdecoder stellt im Receiver die vier Kanäle wieder her. Zusammen mit den notwendigen Lautsprecherboxen ergibt sich ein räumlicher Klang.

➠ Siehe AC-3-Surround-Verfahren

DOM

Abk.: Document Object Model

Eine Spezifikation, die definiert, wie Objekte in Webseiten (Text, Bilder, Überschriften, Links usw.) repräsentiert werden. DOM beschreibt Attribute jedes Objekts und wie diese Attribute manipuliert werden können. DHTML verwendet zum Beispiel DOM, um Webseiten dynamisch zu machen. Die beiden Browser-Kontrahenten Explorer und Communicator verwenden unterschiedliche DOM-Spezifikationen, weswegen eine dynamische Webseite in dem einen Browser nicht unbedingt auch in dem anderen genau gleich aussehen muss.

➠ Siehe DHTML; JavaScript; XML; Schnittstelle; HTML; Microsoft; COM

Domain

1. Innerhalb von Netzwerken werden logische Subnetze als Domain (Domäne) bezeichnet. Besonders im Internet ist dies ein wesentliches Organisationskonzept. Dabei ist das Internet in eine Hierarchie von Domänen gegliedert. Die Wurzel dieser Hierarchie wird dabei als Top Level Domain bezeichnet. Diese steht für ein Land oder eine Organisationsform. In den Internet-Adressen ist dies an der Endung (z.B. ».de« für Deutschland) erkennbar.

2. Beim Active Directory von Windows 2000 ist die Domäne der Grundbaustein, in dem alle Objekte eines bestimmten administrativen Bereichs zusammengefasst werden. Dieser Bereich kann ein einzelner Netzwerkstandort sein, er kann aber auch eine standortübergreifende Struktur bilden. Alle Benutzer innerhalb einer Domäne verwenden eine gemeinsame Verzeichnisdatenbank, die auf alle Domänencontroller dieser Domäne repliziert wird.

➽ *Siehe Internet; InterNIC; Netzwerk; DE-NIC; Domain; ADS; Domain Controller; Forest; Tree*

Domain Controller

Domänencontroller sind Computer in einem Windows NT/2000-Netzwerk, die für die Speicherung von Verzeichnisdaten und die Verwaltung von Interaktionen zwischen Benutzern und Domänen zuständig sind. Dazu gehören unter anderem Benutzeranmeldungen, Authentifizierungen und Verzeichnissuchen. Windows NT verwendet zum Zweck der Datensicherheit zwei Domänencontroller, den primären (PDC, primary domain controller) und den sekundären (BDC, backup domain controller), zwischen denen die Daten repliziert werden. Nur der PDC verfügt dabei über eine les- und schreibbare Version der Daten. Windows 2000 unterstützt die so genannten Multimasterreplikation, bei der die Daten automatisch auf alle Domain Controller im Netzwerk repliziert werden. Dennoch gibt es noch einen Haupt-Domänencontroller, den so genannten Betriebsmaster, der bestimmte Sonderaufgaben und -rechte wahrnimmt.

➽ *Siehe Domain; Windows NT; Windows 2000; ADS; BDC; PDC*

Domain Name Grabbing

➽ *Siehe Cybersquatting*

Domain Name Service

➽ *Siehe DNS*

Domain Name System

➽ *Siehe DNS*

Domäne

➽ *Siehe Domain*

Domäne, ferromagnetische

➽ *Siehe Domäne, magnetische*

Domäne, magnetische

Eine magnetische Domäne wird auch ferromagnetische Domäne oder Weißscher Bezirk genannt und ist ein mikroskopisch kleiner Bereich in einem ferromagnetischen Material, innerhalb dessen die einzelnen molekularen oder atomaren Magnetpartikel die gleiche Orientierung aufweisen.

Domänencontroller

➽ *Siehe Domain Controller*

Domänen-Netzwerk

Ein Domänen-Netzwerk ist eine Funktion von Windows 2000 Server bzw. Windows Server 2003. Die Netzwerkressourcen werden nach entsprechender Konfiguration zentral in einer gesicherten Datenbank verwaltet, über die Netzwerkanmeldungen und Zugriffe auf freigegebene Netzwerkressourcen authentifiziert werden. Die Einrichtung der Windows-Domäne erfolgt über die Active Directory-Funktionalität.

➡ *Siehe Domain; ADS; Authentifizierung; Datenbank*

Dongle

Ein Dongle oder auch Kopierschutzstecker ist eine Schutzeinrichtung gegen unbefugtes Kopieren bzw. Verwenden von Softwareprodukten. Ein solcher Stecker wird an die parallele Schnittstelle angeschlossen (ein eventuell vorhandener Drucker wird durchgeschleift). Beim Start des geschützten Programms wird das Vorhandensein des richtigen Dongles geprüft. Das Programm wird beendet, wenn das Dongle fehlt.

➡ *Siehe Schnittstelle, parallele; Cracker*

Bild D.3: Unscheinbar, aber wirksam – ohne das Dongle an der parallelen Schnittstelle läuft das geschützte Programm nicht.

Doppelklick

Mit Doppelklick ist das schnell hintereinander folgende, zweimalige Betätigen der linken Maustaste einer Maus gemeint. Mit einem Doppelklick auf ein Symbol auf einer grafischen Benutzeroberfläche werden meist Programme oder andere Aktionen gestartet.

➡ *Siehe Maustasten; Anklicken; Programm; Maus; GUI*

Doppelt verkettete Liste

➡ *Siehe Liste, doppelt verkettete*

DOS

➡ *Siehe MS-DOS*

Dos Protected Mode Interface

➡ *Siehe DPMI*

DoS-Attacke

Abk.: Denial of Service-Attacke

▲ *Übers.: Dienstverweigerungsattacke*

Eine DoS-Attacke ist ein Versuch, einen Internetzugang zu stören, der meist von Hackern unternommen wird. Ein Server wird dabei mit so vielen Verbindungsanforderungen beschäftigt, dass diese nicht ausgeführt und so auch legitime Verbindungen nicht aufgebaut werden können. Es sind verschiedene Typen im Umlauf (SYNFLood, Ping of Death), die einen Server zu einer Dienstverweigerung bringen und so einen Neustart des Servers erzwingen.

➡ *Siehe Hacker; Server; Internet; Back Orifice*

DOS-Box

Die DOS-Box ist ein Computer, der die Betriebssysteme MS-DOS oder PC-DOS verwendet, bzw. unter Windows ein Fenster, in dem DOS-Befehle ablaufen.

➠ *Siehe MS-DOS; Windows*

DOS-Prompt

➠ *Siehe Prompt*

Dot Pitch

Der Lochabstand (Dot Pitch) ist ein Maß für den Abstand zwischen den einzelnen Löchern in der Lochmaske eines Monitors. Je niedriger dieser Wert ist, desto feiner kann der Monitor das Bild auflösen. Deshalb wird in einem Vergleich von zwei Monitore mit sonst gleichen Daten, der mit dem geringeren Lochabstand bei gleicher Auflösung (z.B. 1024 x 768 Punkte im Grafiktreiber eingestellt) das feinere und schärfere Bild erzeugen. Der Lochabstand ist neben einigen anderen Parametern ein Qualitätsmerkmal eines Monitors und sollte beim Kauf mitbeachtet werden.

➠ *Siehe Grafiktreiber; Bildschirm; Lochmaske*

Dots per inch

➠ *Siehe Dpi*

Double

Ein Duble ist ein Floating-Point Datentyp mit doppelter Genauigkeit (64 Bit) eines Single bzw. Float (32 Bit). Der Wertebereich reicht von 1,7E +/- 308 (15 Stellen hinter dem Komma).

➠ *Siehe Floating Point Representation; Float; Long Double*

Double Buffer

Double Buffer bezeichnet ein Verfahren zur Berechnung von 3D-Grafiken. Um zu verhindern, dass der Bildaufbau der 3D-Darstellung am Monitor angezeigt wird, rechnet der Grafik-Chip in einem nicht sichtbaren Bereich des Bildspeichers (Back Buffer). Ist das Bild fertig aufgebaut, werden die Daten in den sichtbaren Teil des Bildspeichers (Front Buffer) übertragen bzw. wird zwischen den beiden Buffern umgeschaltet (Page Flipping). Letzte Störungen (Tearing) werden durch Synchronisation des Bildwechsels beseitigt, wodurch jedoch leider etwas Performance verloren geht.

➠ *Siehe 3D-Grafik; Back Buffer; Front Buffer; Grafikspeicher*

Double Data Rate Synchronous Dynamic Random Access Memory

➠ *Siehe DDR-SDRAM*

Double Density

➠ *Siehe HD; Aufzeichnungsdichte; DD*

Double Sided

Double Sides bedeutet, dass Disketten z.B. zweiseitig beschrieben werden können, Drucke doppelseitig sein können, aber auch SIMMs doppelseitig ausgeführt sein können, etc.

➠ *Siehe SIMM; Diskette*

Double Super Twisted Nematics
➠ *Siehe DSTN-Display*

Downflow
Downflow ist ein Begriff aus dem Bereich Data Warehouse. Er beschreibt den Vorgang der Datenlieferung und -archivierung gespeicherter Dateien im Data Warehouse-System.

➠ *Siehe Data Warehouse; Upflow; Metaflow; Inflow*

Downlink
Downlink bezeichnet die Übertragung von Daten (z.B. Internet) über einen Kommunikationssatelliten zu einer Bodenstation mit entsprechender Empfangseinrichtung.

➠ *Siehe Daten; Internet*

Download
Mit Download wird das Herunterladen von Dateien aus einer Mailbox, einem Online-Dienst oder auch dem Internet bezeichnet.

➠ *Siehe Online-Dienst; Internet; Upload; BBS*

Downsizing
Der Prozess der Dezentralisierung, der in der Unternehmens-DV stattgefunden hat und sich noch weiter fortsetzt, wird als Downsizing bezeichnet. Dabei werden die früheren Großrechnerstrukturen, bei denen Daten zentral von einem Rechenzentrum verarbeitet wurden, durch Netzwerke mit leistungsfähigen Arbeitsstationen ersetzt, wo Daten dann dezentral verarbeitet werden.

➠ *Siehe Netzwerk; Mainframe; Workstation; RZ; DV; Dezentralisierung*

Downstream
Downstream beschreibt einen kontinuierlichen Datenfluss vom Server zum Client (down).

➠ *Siehe Server; Client*

Dpi
Abk.: dots per inch

▲ *Übers.: Punkte pro Zoll*

In dpi wird die Auflösung grafischer Ein- und Ausgabegeräte (Scanner, Drucker, Belichter, etc.) angegeben.

➠ *Siehe Scanner; Belichter; Drucker*

DPMI
Abk.: DOS Protected Mode Interface

Das DPMI ist eine Softwareschnittstelle, die es Programmen erlaubt, im Protected Mode XMS-Speicher zu nutzen.

➠ Siehe *Protected Mode; Schnittstelle; XMS*

DPMS

Abk.: Digital Power Management Signalling

DPMS ist für die schrittweise, betriebsabhängige Abschaltung des Monitors in einen der Energiesparmodi Stand-by, Suspend oder Power-Off zuständig. Eine DPMS-fähige Grafikkarte schaltet hierzu gemäß den VESA-Richtlinien je nach verwendetem Energiesparmodus das vertikale und/oder horizontale Synchronisationssignal ab.

➠ Siehe *Power-Management; Energy Star; Energiesparmaßnahmen; VESA*

Draft-Mode

Beim Draft-Modus handelt es sich um eine spezielle Betriebsart von Druckern (insbesondere Nadeldrucker). Diese Betriebsart setzt die Druckqualität zugunsten der Druckgeschwindigkeit herab.

➠ Siehe *Pinwriter; Drucker*

Drag&Drop

Drag&Drop ist eine spezielle Art mit der Maus umzugehen. Dabei werden Objekte einer grafischen Benutzeroberfläche oder auch eines Programms mit der Maus markiert und anschließend bei gedrückter Maustaste an eine andere Stelle gezogen. Dort werden sie losgelassen, was meist zu einer bestimmten Aktion mit diesen Objekten führt. So können z.B. im Explorer Dateien per Drag&Drop verschoben bzw. kopiert werden.

➠ Siehe *Explorer; Maus; GUI; Datei*

Drahtgitter

➠ Siehe *Wireframe*

Drahtloses LAN

➠ Siehe *Wireless LAN*

DRAM

Abk.: Dynamic Random Access Memory

DRAM-Bausteine sind die Standard-Speicherbausteine für Arbeitsspeicher. Diese bestehen aus hochintegrierten Transistoren und Kondensatoren. Um die Informationen zu erhalten, ist eine ständige Auffrischung des Speicherinhaltes notwendig (Refresh). Die Zugriffszeit liegt bei 60 bis 90 ns, wobei 60 ns heute den Standard darstellen.

➠ Siehe *Transistor; EDO-DRAM; SDRAM; Hauptspeicher; BEDO-DRAM*

DR-DOS

DR-DOS ist ein zu MS-DOS kompatibles Betriebssystem der Firma Digital Research (DR).

➠ Siehe *MS-DOS; Betriebssystem*

Dreamweaver MX

Website-Entwicklungswerkzeug der Firma Macromedia.

Dreierkonferenz

➡ *Siehe ISDN-Leistungsmerkmale*

Drive Fitness Test

➡ *Siehe DFT*

Driver

➡ *Siehe Gerätetreiber*

DRM

Abk.: Digital Rights Management

DRM ist eine Initiative und ein System zum Schutz des geistigen Eigentums an Daten (vornehmlich MP3 und Filme), die zwischen Computern bzw. im Internet übertragen werden. Typische Verfahren verwenden entweder Verschlüsselungsalgorithmen oder ein digitales Wasserzeichen, das von einem zentralen Server abgefragt wird. DRM wird bereits beim RealPlayer von Real Audio verwendet.

➡ *Siehe MP3; Real Audio*

Drop Out

Drop Out ist der Signalausfall während einer Lese-/Schreib-Operation einer Festplatte. Dies kann zu fehlerhaften Daten führen.

➡ *Siehe Harddisk*

Drop-down-Menü

➡ *Siehe Pulldown-Menü*

Druck, bidirektionaler

Bidirektionaler Druck bedeutet, dass ein Drucker, in der Lage ist von links nach rechts und von rechts nach links drucken zu können (bei Nadel- und Tintenstrahldruckern). Dadurch wird die Druckgeschwindigkeit wesentlich erhöht, da die Leerlaufbewegung des Druckkopfes zurück an den Zeilenanfang entfällt. Bidirektionaler Druck kann jedoch Einbußen in der Druckqualität zur Folge haben.

➡ *Siehe Ink-Jet Printer; Pinwriter*

Drucken in Datei

Ein Dokument wird für den Druckvorgang formatiert, aber nicht direkt an den Drucker weitergeleitet, sondern als Datei gespeichert.

➡ *Siehe Drucker*

Drucker

Als Drucker werden Ausgabegeräte bezeichnet, die Daten aus einem Computer in grafischer Form auf ein Medium wie Papier oder Folie ausgeben können.

➡ *Siehe Daten; Impact Printer; Non-Impact Printer*

Drucker, Serieller

Ein serieller Drucker wird an eine serielle Schnittstelle angeschlossen. Bei PCs sind parallele Drucker üblich und auch sehr zu empfehlen, da die parallele Schnittstelle deutlich schneller übertragen kann.

➡ *Siehe Schnittstelle, serielle; Schnittstelle, parallele; Drucker*

Druckeremulation

Im PC-Bereich sind bestimmte Drucker zu einer Art Standard geworden, was die Ansteuerung durch den Computer anbelangt. Drucker des selben Prinzips anderer Hersteller ahmen meistens diese Standarddrucker nach. Diese Fähigkeit des Nachahmens wird Emulation genannt.

➡ *Siehe Drucker*

Druckersprache

Druckersprachen werden verwendet, um zu druckende Daten so aufzubereiten, dass sie durch einen Drucker verarbeitet werden können. Die Druckersprache steuert dabei die einzelnen Funktionen des Druckers. Der Computer sendet die Druckdaten, die er zuvor in die Druckersprache übersetzt hat, an den Drucker. Der Drucker wiederum setzt die einzelnen Befehle in Druckpunkte um.

➡ *Siehe PCL; GDI; Drucker*

Druckertreiber

Ein Druckertreiber ist ein kleines Stück Software, das die Kommunikation zwischen einem Computer und einem Drucker ermöglicht. Der Treiber »sagt« dabei dem Computer, was der Drucker kann und wie er mit diesem umgehen muss.

➡ *Siehe Gerätetreiber; Drucker*

Druckformatvorlage

➡ *Siehe Document Template*

Druckkopf

Der Druckkopf stellt bei Matrix-Druckern (Nadel- und Tintenstrahldruckern) und Typenraddruckern den Teil des Druckers dar, der dafür sorgt, dass Farbe auf das Papier gelangt.

➡ *Siehe Typenraddrucker; Pinwriter; Ink-Jet Printer; Matrixdrucker*

Bild D.4: Der Druckkopf eines Tintenstrahldruckers

Druck-Server

Ein Druck-Server ist ein Computer innerhalb eines Netzwerkes, der zur Verwaltung der Druckaufträge der einzelnen Benutzer im Netz an den oder die Netzwerkdrucker zuständig ist.

➡ *Siehe Server; Netzwerk; Dedicated Server*

DSL

➡ *Siehe ADSL*

DSL lite

➡ *Siehe G.lite*

DSLAM

Abk.: Digital Subscriber Line Access Multiplexer

Um mehrere DSL-Benutzer zu einem high-speed Backbone zu verbinden, benutzt die Telefongesellschaft DSLAMs. Mit dem DSLAM entsteht ein ATM-Netzwerk, das Bandbreiten im Gigabit-Bereich liefert. Am anderen Ende jeder Übertragung entkoppelt ein DSLAM das Signal und leitet es mit einer individuellen DSL-Verbindung an den entsprechenden Benutzer weiter.

➡ *Siehe Bandbreite; ATM; Backbone; CDSL; GBit; VDSL; ADSL*

DSOM

Abk.: Distributed System Object Model

DSOM ist eine erweiterte Funktion von IBMs SOM. DSOM ähnelt im Prinzip Microsofts DCOM. Wie dieses erlaubt es

die Zusammenarbeit modularer Softwarekomponenten über ein Netzwerk.

➡ *Siehe DCOM; CORBA*

DSP

Abk.: Digitaler Signal Prozessor

DSPs sind spezielle Prozessoren, die zur Digitalisierung von analogen Signalen und zur Bearbeitung digitaler Signale verwendet werden. Durch die starke Spezialisierung dieser Chips sind diese bei der Erledigung der Aufgaben extrem schnell. DSPs werden im Computer vor allem auf Soundkarten eingesetzt.

➡ *Siehe Soundkarte; Analog; Digital*

DSS

Abk.: Decision Support System

▲ *Übers.: Expertensystem*

Ein DSS ist ein Programm, welches Geschäftsdaten analysiert und visualisiert. Das kann helfen unternehmensrelevante Entscheidungen schneller und einfacher zu treffen. In den meisten Fällen kommt in diesen Anwendungen eine KI zu tragen, welche Prognosen anhand der zur Verfügung stehenden Daten aufstellt.

➡ *Siehe Expertensystem; KI*

DSS1

DSS1 ist die Bezeichnung für das D-Kanal-Protokoll von Euro-ISDN.

➡ *Siehe Euro-ISDN; D-Kanal-Protokoll; D-Kanal; ISDN*

DSTN-Display

Abk.: Double Super Twisted Nematics

DSTN-Displays werden als Bildschirme für Notebooks verwendet. Sie sind günstiger als TFT-Displays, allerdings von der Bildqualität her auch schlechter.

➡ *Siehe TFT-Display; Notebook; LCD*

DSVD

Abk.: Digital Simultaneous Voice Data

DSVD sind spezielle Modems neuerer Bauart, bei denen es möglich ist, während einer Datenübertragung über dieselbe Leitung mit dem anderen Teilnehmer zu sprechen.

➡ *Siehe Modem*

DTD

Abk.: Document Type Definition

DTD ist eine Beschreibung von Formatparametern für XML-Dokumente und demnach eine Formatvorlage.

➡ *Siehe XML; Formatvorlage*

DTE

Abk.: Data Terminal Equipment

➡ *Siehe DCE*

DTP

Abk.: Desktop Publishing

Als DTP wird das Erstellen von Publikationen mit dem Computer bezeichnet. Für das DTP gibt es entsprechende Software, die den Anwender bei der Erstellung solcher Layouts hilft. Bekannte Vertreter dieser Programme sind z.B. InDesign, QuarkXpress und FrameMaker.

DTS

Abk.: Digital Theatre System

DTS ist ein Tonsystem der Firma Digital Theatre Sound, welches in Kinosälen und auf DVDs eingesetzt wird. Erstmals eingesetzt wurde es im Jahre 1993 im Film Jurrassic Park und hat sich bis heute neben weiteren Tonformaten, wie Dolby Surround oder SDDS (Sony), durchgesetzt.

➡ *Siehe Dolby Digital; Dolby Pro-Logic; SDDS*

Dual Boot

Dual Boot gibt einem Benutzer die Möglichkeit, einen PC mit einem von zwei alternativen Betriebssystemen zu booten.

➡ *Siehe Boot-Manager; Booten; Betriebssystem*

Dual Inline Memory Module
➠ Siehe *DIMM*

Dual Inline Package
➠ Siehe *DIP*

Dual-Boot-System
Auf einem Dual-Boot-System befinden sich zwei oder mehr Betriebssysteme, die alternativ verwendet werden können. Beim Start des Rechners oder auch bei einem Neustart kann der Anwender über einen Boot-Manager entscheiden, welches Betriebssystem er verwenden will.

➠ Siehe *Boot-Manager; Booten; Betriebssystem*

Dual-Ported RAM
➠ Siehe *VRAM*

Dualsystem
Das Dualsystem ist ein Zahlensystem, das nur die Ziffern »0« und »1« kennt. Durch Kombination dieser beiden Ziffern werden die Zahlen des Dualsystems aufgebaut.

➠ Siehe *Dezimalsystem; Hexadezimalsystem*

Dualzahl
Eine Dualzahl ist eine Zahl des Dualsystems.

➠ Siehe *Dualsystem*

Dungeon
Besonders in Rollenspielen und in Adventures begibt sich der Anwender mit seiner Spielfigur oder einer Spielgruppe (der Party) in diverse Höhlensysteme und Verliese (so genannten Dungeons), um sie zu erkunden.

➠ Siehe *MUD*

Duplex-Betrieb
Wenn bei einer Datenübertragung von beiden Teilnehmern gleichzeitig Daten empfangen und gesendet werden, wird dies Duplex-Betrieb genannt.

➠ Siehe *Datenübertragung*

Duplex-Drucker
Als Duplex-Drucker werden Drucker bezeichnet, die in der Lage sind, ohne Eingreifen des Benutzers die Vorder- und Rückseite eines Blatts zu bedrucken.

➠ Siehe *Drucker*

Duplexing
Das Duplexing ist eine Variante der RAID-Technologie. Dabei werden zwei Festplatten-Subsysteme eingerichtet, die jeweils über eigene Controller verfügen. Alle Daten werden auf beiden Systemen gleichermaßen gepflegt. Wenn nun eines der Systeme ausfällt, kann direkt mit dem zweiten weitergearbeitet werden.

➠ Siehe *Controller; Harddisk; RAID*

Duplex-Kanal
Ein Duplex-Kanal ist eine Kommunikationsverbindung, die eine

gleichzeitige Übertragung in beide Richtungen erlaubt.

Duplex-System

Ein Duplex-System ist ein System mit zwei Computern, von denen der eine in Bereitschaft bleibt und nur bei Störungen des aktiven Systems dessen Aufgaben übernimmt.

Durchsatz

→ Siehe Datendurchsatz

Duron

Duron heißt ein Prozessor der Firma AMD, der auf dem Athlon-Prozessor basiert und im Bereich Business und Heimanwender eingesetzt wird. Der Duron unterstützt die 3DNow!-Technologie und verfügt über einen 200 MHz FSB sowie einen neuen 192 KB On-Chip-Cache. Der Prozessor wird im 0,18-Micron-Prozess in AMDs Fab 25 in Austin, Texas produziert.

→ Siehe K6 3DNow!; FSB; AMD; Cache; Prozessor; K7; Sockel A

DV

Abk.: Datenverarbeitung, Digital Video

1. Der Begriff DV bezeichnet allgemein alle Prozesse, die zur Ver- und Aufarbeitung von Daten notwendig sind. Dazu gehören Erfassung, Eingabe, Bearbeitung, Speicherung, Sortierung, Filterung, Katalogisierung, Verknüpfung, Übertragung, Konvertierung, Ausgabe und Löschen von Daten. In Bezug auf das Hilfsmittel Computer wird auch von elektronischer Datenverarbeitung (EDV) gesprochen.

2. DV ist die Abkürzung für Digital Video. Bei dieser Form des Videos werden die Video-Informationen nicht mehr analog, sondern digital gespeichert. Dadurch ist verlustfreies Kopieren und dauerhaftes Abspielen ohne Minderung der Qualität möglich.

→ Siehe Daten; Sortierung; Verknüpfung; Konvertierung; Filter

Bild D.5: Ein typischer digitaler Videoschnittplatz

DVD

Nachfolgeformat der CD. Die DVD zeichnet sich durch eine wesentlich höhere Kapazität bei gleichen Abmessungen aus. Dies wird unter anderem durch die Verwendung von vier Datenschichten erreicht. Maximal bietet DVD die bis zu 25-fache Kapazität einer CD-ROM (zwischen 4,7 und 17 Gbyte). Die DVD wird mit einem roten Laser (650 nm) von innen nach außen geschrieben. Es gibt sechs verschiedene DVD-Formate, für die wiederum Varianten vorliegen können und die untereinander konkurrieren, da von verschiedenen Herstellern unterstützt. Einsatzgebiet der DVD ist digitales Video und Multimedia aller Art.

⇒ *Siehe: DVD-R, DVD-RW, DVD+R, DVD+R9, DVD-RAM, DVD+RW, EVD, PDD, UDO*

DVD-R

Eine DVD-R kann nur einmal beschrieben werden. Die Kapazität entspricht mit 4,7 Gbyte der einer DVD. Es gibt zwei Unterkategorien: DVD-R(G) für den allgemeinen Gebrauch und DVD-R(A) für professionelle Authoring-Zwecke. Die DVD-R(G) wird mit einem roten 650 nm-Laser gebrannt, die DVD-R(A) mit einem 635 nm-Laser. Konkurrenzformat der DVD-R ist die DVD+R. Die DVD-R wird von Panasonic, Toshiba, Apple Computer, Hitachi, NEC, Pioneer, Samsung, Sharp und dem DVD-Forum unterstützt.

DVD+R

Eine DVD+R kann nur einmal beschrieben werden. Die Kapazität entspricht mit 4,7 Gbyte der einer DVD. Konkurrenzformat der DVD+R ist die DVD-R. Die DVD+R wird unter anderem von Philips, Sony, Hewlett-Packard, Dell, Ricoh, Yamaha, nicht aber vom DVD-Forum unterstützt.

DVD+R9

Ein neues DVD+R-Format von Philips, bei dem die Speicherkapazität der Medien durch eine spezielle Beschichtung auf 8,5 Gbyte verdoppelt werden konnte.

DVD-RAM

Ein DVD-Format, das wiederholt beschrieben und gelöscht werden kann. Dieses Format wird nur von bestimmten Herstellern unterstützt. Die DVD-RAM ist außerdem in eine Cartridge eingeschlossen.

DVD-RW

Die wieder beschreibbare Version der DVD-R. Eine DVD-RW ist in der Regel 1000 Mal überschreibbar. Konkurrenzformat ist die DVD+RW.

DVD+RW

Die wieder beschreibbare Version der DVD+R. Eine DVD+RW ist in der Regel 1000 Mal überschreibbar. Konkurrenzformat ist die DVD-RW.

DVI

Abk.: Digital Visual Interface

Ein digitaler Monitor-Schnittstellenstandard zur Umwandlung analoger Signale in digitale. Die Bilddatenübertragung erfolgt mithilfe des TMDS-Protokolls (Transition Minimized Differential Signaling). Der DVI-Standard unterstützt Bandbreiten auch über 160 MHz, unter anderem UXGA und HDTV.

→ *Siehe: HDTV, UXGA*

DVMRP

Abk.: Distance Vector Multicast Routing Protocol

DVMRP ist ein Netzwerk-Leitungsprotokoll, das einen leistungsfähigen Mechanismus für die verbindungslose Datagrammübergabe zur Verfügung stellt. Es handelt sich hierbei um ein verteiltes Protokoll, das IP-Multicast-Leitungsbäume dynamisch generiert.

→ *Siehe Netzwerkprotokoll; IP; Multicasting*

DVS

Abk.: Datenbankverwaltungssystem

▲ *Syn.: DBMS, Datenbankprogramm, Datenbank-Managementsystem*

DVS ist die Bezeichnung für ein Programm zum Aufbau, zur Verwaltung, Strukturierung und Pflege einer Datenbank. Oft wird nur der Begriff Datenbank zur Beschreibung eines Datenbankverwaltungssystems verwendet. Ein Beispiel wäre Access von Microsoft.

→ *Siehe Access; DBMS; Datenbank*

DX-Prozessor

Das Kürzel DX verwendete Intel bei Prozessoren der 386er und 486er Reihe als Kennzeichnung für leistungsstärkere Varianten. Beim 386er unterschieden sich die DX-Varianten von den SX-Varianten darin, dass sie anstelle von 32 nur 16 Adressleitungen boten. Beim 486er hatten die DX-Varianten im Gegensatz zu den SX-Versionen einen integrierten mathematischen Koprozessor.

→ *Siehe SX-Prozessor; Coprozessor, arithmetischer; Coprozessor*

Dye-Diffusion-Drucker

Durch den Dye-Diffusion-Drucker werden beim Grafikdruck weiche, fließende Farb- und Graustufen-Übergänge durch die Mischung der Grundfarben – bei Tintenstrahldruckern meist aus 4 Tintentanks (Cyan, Magenta, Gelb und Schwarz) – nahezu übergangslos erzeugt.

→ *Siehe CMYK-Farbsystem; Ink-Jet Printer; Drucker*

Dynaload-Treiber

Ein Dynaload-Treiber lädt kompatible Gerätetreiber, ohne dabei die Datei config.sys des Betriebssystems zu ändern. Dynaload ist ein Befehl, der in der DOS-Eingabeaufforderung unter PC DOS 7 von IBM ausgeführt werden kann.

→ *Siehe Gerätetreiber; PC-DOS; Betriebssystem; Config.sys*

Dynamic Address Translation
➠ *Siehe DAT*

Dynamic Data Exchange
➠ *Siehe DDE*

Dynamic Frequency Selection
➠ *Siehe IEEE-802.11*

Dynamic Host Configuration Protocol
➠ *Siehe DHCP*

Dynamic HTML
➠ *Siehe DHTML*

Dynamic Link Library
➠ *Siehe DLL*

Dynamic Random Access Memory
➠ *Siehe DRAM*

Dynamic Serial Line Internet Protocol
➠ *Siehe Dynamic SLIP*

Dynamic SLIP

Abk.: Dynamic Serial Line Internet Protocol

Bei dieser Art des Internet-Zugriffs unter SLIP sind die IP-Adressen nicht permanent, sondern werden aus einem Pool bei jedem Verbindungsaufbau neu zugewiesen. Die für Internet-Dienstanbieter erforderliche Anzahl der IP-Adressen muss nicht der Anzahl aller Abonnenten entsprechen, sondern reduziert sich auf die Anzahl der Verbindungen, die gleichzeitig aktiv sein können.

➠ *Siehe IP-Adresse; SLIP*

Dynamische Adressumsetzung
➠ *Siehe DAT*

Dynamische Allozierung
➠ *Siehe Allozierung, dynamische*

Dynamische Arbeitsverteilung
➠ *Siehe Arbeitsverteilung, dynamische*

Dynamische Bibliothek
➠ *Siehe Bibliothek, dynamische*

Dynamische Seite
➠ *Siehe Seite, dynamische*

Dynamische Webseite
➠ *Siehe Webseite, dynamische*

Dynamischer Datenaustausch
➠ *Siehe DDE*

Dynamisches Array
➠ *Siehe Array, dynamisches*

Dynamisches Caching
➠ *Siehe Cache; Caching, dynamisches*

Dynamisches Routing
➠ *Siehe Routing, dynamisches*

E

E/A
→ Siehe I/O

E/A-Adresse
→ Siehe I/O-Adresse

Easter Egg
Ein verborgener Befehl oder eine verborgene Funktion eines Programms heißt Easter Egg. Ein Easter Egg kann zum Beispiel ein Liste der Programmierer anzeigen, die am Programm mitgearbeitet haben oder eine Animation. Um die verborgene Funktion ausführen zu lassen, müssen oft komplizierte Tastenkombinationen benutzt werden. Die Entdeckung einer solchen Funktion ist meist dem Zufall zu verdanken, daher der Name Easter Egg.

EAZ
Abk.: Endgeräte-Auswahl-Ziffer

Im Unterschied zum moderneren Euro-ISDN, bei welchem durch die MSN (Multiple Subscriber Number) jedem Endgerät unterschiedliche Nummern zugeordnet werden können, wird beim nationalen ISDN für jedes Endgerät an das Ende der eigentlichen Rufnummer eine Ziffer (EAZ) angehängt. Um also ein Endgerät direkt zu erreichen, muss nach der Rufnummer noch zusätzlich die Auswahlziffer gewählt werden.

→ Siehe Euro-ISDN; MSN; ISDN, nationales

EBCDIC
Abk.: Extended Binary Coded Decimal Interchange Code

EBCDIC ist ein 8 Bit-Zeichensatz zur Darstellung von 256 Zeichen und wird überwiegend in IBM-Großrechnern eingesetzt.

→ Siehe IBM; 8+3-Konvention; Character Set

EBONE
Abk.: European Backbone

Nationale und internationale Netze einzelner Forschungseinrichtungen werden durch ein europäisches Datennetz (Backbone-Netz) zusammengeschlossen. Dieses Datennetz trägt den Namen EBONE.

→ Siehe Backbone

E-Cash
E-Cash ist die allgemeine Bezeichnung für Geld, mit dem im Internet gezahlt werden kann.

→ Siehe Internet; WWW; E-Commerce

ECC
Abk.: Error Correction Code

ECC ermöglicht die Fehlersuche und -korrektur in übertragenen

Daten. In seiner Arbeitsweise unterscheidet es sich wesentlich vom PC-Verfahren (Parity Check). Wenn Daten in den Speicher oder auf andere Peripherie transferiert werden, erfolgt eine Speicherung der Bit-Sequenz. Für jedes 64 Bit-Wort sind 7 Bit-Error-Check vorgesehen. Ein Abruf der Daten bewirkt den erneuten Aufruf desselben Algorithmus, wobei die erhaltenen Bit-Folgen dann überprüft werden. Fehlerhafte Segmente werden durch die entsprechenden Zeichenfolgen ersetzt.

➡ *Siehe Bit; Fehlerkorrektur; Fehlererkennung; Parity*

ECDL

Abk.: European Computer Driving Licence

Der ECDL ist ein Anwender-Zertifikat, das praktische Fertigkeiten in den gebräuchlichsten Computeranwendungen bescheinigt. Der ECDL ist plattformunabhängig und entspricht internationalen Standards, die in 31 europäischen Staaten gelten. Außerhalb Europas heißt dieses Zertifikat ICDL (International Computer Driving Licence).

Echo

Für die Datenfernübertragung ist Echo ein einfaches Verfahren zur Erkennung von Übermittlungsfehlern. Der Sender bekommt hierbei alle beim Empfänger eingetroffenen Bytes wieder zurück übermittelt.

➡ *Siehe DFÜ; Byte; Fehlererkennung*

Echtfarbdarstellung

Bei der Echtfarbdarstellung können Bilder in insgesamt 16,7 Millionen Farbtönen dargestellt werden. Diese Zahl errechnet sich folgendermaßen: Die Bildschirmausgabe erfolgt mit einer Farbtiefe von 24 Bit, somit ergeben sich aus 2^{24} genau 16.777.216 Farbtöne. Zumeist abgekürzt geschrieben: 16,7 Millionen. Das menschliche Auge ist allerdings lediglich in der Lage, ein paar Millionen Farbtöne zu unterscheiden, so dass dieser Modus vollkommen den Ansprüchen genügt.

➡ *Siehe Farbtiefe; Bit*

Echtzeitbetriebssystem

Ein Echtzeitbetriebssystem ist ein für die Anforderungen der Prozesssteuerung entwickeltes oder optimiertes Betriebssystem.

➡ *Siehe Betriebssystem*

Echtzeitspiel

Im Gegensatz zu so genannten Rundenspielen, in denen der Spieler seine Aktionen immer innerhalb einer Runde (welche auch zeitlich beschränkt sein kann) ausführt, läuft bei einem Echtzeitspiel die Zeit ohne Unterbrechung weiter. Dies bedeutet, es wird eine reale Zeit simuliert. Die Schwierigkeit hierbei ist, dass auch der Computer seine Aktionen ausführen kann, während der Spieler agiert. Diese Art von Spielen gibt es in vielen Bereichen, wobei die Beliebtesten zum Genre der Strategiespiele gehören.

Echtzeituhr

➩ *Siehe RTC*

Echtzeitverarbeitung

Wurde für einen Prozess genau vorgegeben, zu welcher Zeit eine Bearbeitung beendet sein musste, so wird dies als Echtzeitverarbeitung bezeichnet. Echtzeitverarbeitung bezeichnet heute Rechenoperationen bzw. Verarbeitung von verschiedensten Daten ohne größere zeitliche Verzögerung. Als Beispiel wäre hier die Verarbeitung (Realzeitkomprimierung) von Bildmaterial (Video) zu nennen. Bedeutend ist sie vor allem in der Industrie, in welcher hauptsächlich auf Maschinen (Roboter) gesetzt wird. Hier sind die Abläufe zeitlich meist sehr begrenzt, so dass hohe Reaktionszeiten vonnöten sind.

Eclipse

Eclipse ist eine Open Source-Plattform zur Softwareentwicklung, die von einem Konsortium unter Führung von IBM entwickelt wurde. Eclipse zeichnet sich insbesondere durch seine Erweiterungsfähigkeit mit Plug-Ins verschiedener Hersteller aus.

➩ *Siehe IBM; Softwareentwicklung; Plug-In*

ECMAScript

ECMAScript ist eine Standard-Skriptsprache, welche in Zusammenarbeit von Microsoft und Netscape entwickelt wurde. Ein Großteil der Grundlagen stammt aus Netscapes Javascript. Das Microsoft eigene JScript ist die erste Implementierung des ECMAScript Standards. Die offizielle Bezeichnung ist ECMA-262, er wurde unter Aufsicht der Europäischen Standard Organisation (ESO) entwickelt. Dieser Standard soll die Kompatibilität von Microsoft und Netscape-Produkten gewährleisten. ECMAScript ist eine rein objektorientierte Sprache.

➩ *Siehe JScript; JavaScript; Objektorientiert; Netscape Communications; Microsoft*

E-Commerce

Handelsaktivitäten, die über miteinander verbundene Computer erfolgen und zwischen Benutzer und Anbieter über einen Online-Dienst, über das Internet oder über Mailbox abgewickelt werden.

➩ *Siehe Online-Dienst; Internet; Online-Broking; WWW; Homeshopping; BBS; Online-Banking*

ECP

Abk.: Extended Capability Port

Dieser erweiterte Standard für die parallele Schnittstelle (parallelport, LPT) ermöglicht den Anschluss mehrerer Geräte und eine höhere Datentransferrate.

⇒ Siehe *Parallel-Port-Modus; EPP; Schnittstelle, parallele; LPT*

Edge-Anti-Aliasing

Edge-Anti-Aliasing ist ein Anti-Aliasing-Verfahren. Beim Edge-Anti-Aliasing werden die Kanten von einzelnen Polygonen und Linien mit einem Algorithmus geglättet. Dazu wird zwischen den Farbwerten des Polygons und seiner Umgebung interpoliert, um einen weichen Übergang zu erhalten.

⇒ Siehe *Supersampling; Anti-Aliasing*

Edge-connector

Bezeichnet eine spezielle Art von Steckern, die auf die Kante einer Leiterplatte gesteckt werden kann. Ein Beispiel hierfür sind die Stecker für Diskettenlaufwerke.

⇒ Siehe *Diskettenlaufwerk*

EDI

Abk.: Electronic Data Interchange

EDI ist eine durch einen ISO-Standard definierte Norm zum elektronischen Austausch von Daten – im Speziellen von Dokumenten – wie er heute in vielen Industriebereichen verwendet wird.

⇒ Siehe *ISO*

Editor

Der Begriff Editor wird am häufigsten für die Art von Anwendungsprogrammen eingesetzt, mit denen auf einfachste Art Textdateien bearbeitet (editiert) werden können. In diesen Textdateien können veränderte Texte meistens lediglich geladen und gespeichert werden. Spezielle Formatierungen können nicht eingestellt werden. Ein Beispiel wäre der Programm Editor (Notepad) von Windows 95. Allgemein werden mit Editor alle Arten von Programmen gemeint, mit denen sehr einfach Daten bearbeitet werden können (z.B.: Texteditoren, Grafikeditoren etc.).

⇒ Siehe *Notepad; Applikation*

Edlin

Edlin ist ein bis zur Version 5 zum Lieferumfang des Betriebssystems MS-DOS gehörender zeilenorientierter Texteditor. Er wird mit dem Befehl »edlin« gestartet.

⇒ Siehe *MS-DOS*

EDO-DRAM

Abk.: Enhanced Data Out – DRAM

EDO-RAM ist die verbesserte Version des Standard-Speichertyps DRAM. Der nächste Speicherzugriff wird bereits initialisiert, während noch die Daten für die CPU zur Verfügung gestellt werden. Damit wird eine Erhöhung der Bearbeitungsgeschwindigkeit erreicht. Die ohnehin vorhandenen SRAM-Register werden als Zwischenspeicher für die auszugebenden Daten verwendet, wodurch der Prozessor mehr Zeit hat, die Daten abzuholen (Pipeline-Effekt). Auch EDO-DRAMs benötigen einen Refresh-Zyklus, damit die Daten in den als Kondensatoren verwendeten Speicherbausteinen nicht verloren gehen.

➭ *Siehe DRAM; Refresh-Zyklus; Pipeline; BEDO-DRAM; SRAM*

eDonkey

Eine P2P-Software (eDonkey 2000) zum Tausch von in der Regel raubkopierten Daten (MP3, Video-Rips, Computerspiele, Software usw.).

➭ *Siehe P2P; Napster; Kaazaa*

E-DSS 1

E-DDS1 ist die Bezeichnung für das D-Kanal-Protokoll von Euro-ISDN.

➭ *Siehe Euro-ISDN; D-Kanal-Protokoll; D-Kanal; ISDN*

Edutainment

Edutainment ist ein Kunstwort aus Education und Entertainment (Bildung und Unterhaltung) und bezeichnet Anwendungen der auf Unterhaltung basierenden Wissensvermittlung.

➭ *Siehe Infotainment*

EDV

Abk.: Elektronische Datenverarbeitung

➭ *Siehe DV*

EEMS

Abk.: Enhanced Expanded Memory Specification

EEMS ist eine Untermenge der ursprünglichen Expanded Memory Specification (EMS). EEMS erlaubte bis zu 64 Seiten und die Ablage von ausführbarem Code im Erweiterungsspeicher, wobei die EMS-Version 3.0 lediglich die Speicherung von Daten gestattete und nur vier Seitenrahmen unterstützte. In der EMS-Standard-Version 4.0 wurden die im EEMS definierten Fähigkeiten aufgenommen.

➭ *Siehe Speichermanager; EMS; Erweiterungsspeicher; XMS; Code*

EEPROM

Abk.: Electrically Erasable Programmable Read Only Memory

▲ *Syn.: Flash-Memory, Flash-Speicher*

▲ *Ant.: EPROM*

EEPROM ist eine besondere Art von ROM. Das EEPROM kann im Gegensatz zu einem normalen EPROM auch mit einem Computer gelöscht werden. Es sind keine speziellen Geräte erforderlich.

Eingesetzt werden sie heute auf den meisten Motherboards oder auf verschiedenen SCSI-Adaptern als Flash-BIOS. Diese können dann einfach durch eine spezielle Software direkt im Computer neu beschrieben werden.

⇒ *Siehe SCSI-Controller; EPROM; ROM; BIOS; Motherboard*

EFF

Abk.: Electronic Frontier Foundation

John Perry Barlow, Songschreiber für die Rockband Grateful Dead, und Mitch Kapor, Programmierer von Lotus 1-2-3 und inzwischen Millionär, gründeten 1990 die Organisation EFF, die als Lobby für alle Reisenden auf dem wachsenden Information-Super-Highway dienen sollte. Durch den Prozess gegen fünf jugendliche Hacker, der in Amerika zu diesem Zeitpunkt begann und zu einem Präzedenzfall im Bereich der Computerkriminalität werden sollte, waren Barlow und Kapor auf die Missstände im amerikanischen Rechtssystem bezüglich Computerrecht aufmerksam geworden.

⇒ *Siehe Information-Highway; Phiber Optic; Hacker; Lotus 1-2-3*

EFS

Abk.: Encrypting File System

▲ *Übers.: Verschlüsselndes Dateisystem*

Das verschlüsselnde Dateisystem EFS von Windows 2000 ermöglicht es Benutzern, ihre Daten in sicherer Form zu speichern. Die Verschlüsselung kann sowohl auf Datei- als auch auf Verzeichnisebene implementiert werden. Die Dateien werden mit symmetrischer Verschlüsselung blockweise verschlüsselt. Dabei wird je Block ein anderer Schlüssel verwendet. Die Schlüssel für die einzelnen Dateien werden auf dem Dateisystem im Vorspann der Datei im Datenverschlüsselungsfeld »Data Decryption Field« (DDF) und im Datenwiederherstellungsfeld »Data Recovery Field« (DRF) gespeichert. Der automatisch generierte Schlüssel wird für jede Datei individuell ermittelt. Als Kryptoalgorithmus kommt DESX (DES Extended, eine Erweiterung des DES-Algorithmus, um so genannte Brute-Force-Attacken zu erschweren) zum Einsatz, wobei innerhalb der USA die volle Schlüssellänge von 120 Bit, außerhalb jedoch – aufgrund US-amerikanischer Exportbestimmungen – nur 40 Bit angeboten werden. Auf verschlüsselte Dateien hat neben dem Eigentümer nur der so genannte Wiederherstellungs-Agent (Encrypted Data Recovery Agent), der standardmäßig mit dem Administrator der lokalen Domäne übereinstimmt, Zugriff. Er verfügt sozusagen über einen Generalschlüssel. Das »Kopieren« derart geschützter Dateien ist nur dann möglich, wenn das Benutzerkonto des Eigentümers umbenannt wird. Die SID bleibt dann gleich, nur der Name des Eigentümers ändert sich.

➠ Siehe *Windows 2000; NTFS; Dateisystem; Verschlüsselung, blockweise; DES; SID*

EFT

Abk.: Euro-File-Transfer

Mit dem Euro-File-Transfer-Protokoll können Dateien zwischen PCs über Euro-ISDN übertragen werden. Die Übertragung erfolgt mit 64 KBit/s. Mittels Kompression nach V.42bis werden je nach Art der Daten bis zu 300 KBit/s erreicht.

➠ Siehe *Euro-ISDN; V.42bis; Protokoll*

EGA

Abk.: Enhanced Graphics Adapter

Der Grafikmodus EGA, der einige Verbesserungen gegenüber CGA aufwies, wird heute nicht mehr verwendet; allerdings sind fast alle aktuellen Grafikkarten EGA-kompatibel. Mit diesem Modus konnten 16 aus 256 Farben gleichzeitig dargestellt werden. Zudem sprach eine bessere Textdarstellung für EGA. 640x350 Pixel war die maximale Auflösung.

➠ Siehe *SVGA; Hercules; VGA; Pixel; CGA*

EGP

1. Abk.: Exterior Gateway Protocols

Eine Protokollfamilie zur Verbreitung von Routing-Informationen zwischen verschiedenen Router-Gruppen, die sich jeweils unter einer anderen administrativen Kontrolle befinden.

➠ Siehe: *IGP*

2. Abk.: External Gateway Protocol

EGP ist ein Protokoll, mit dem Informationen über die Verfügbarkeit des Netzwerks an die Router und Übergänge, welche die Netzwerke miteinander verbinden, verteilt werden.

➠ Siehe *Netzwerk; Router; Protokoll*

EIA

Abk.: Electronic Industries Association

EIA ist eine Gruppierung, der Mitglieder aus verschiedenen Organisationen sowie Hersteller elektrischer Produkte angehören. Ihr Sitz liegt in Washington (USA). Diese Vereinigung legt Standards für elektronische Komponenten, wie z.B. den RS232-C-Standard zur Verbindung serieller Komponenten fest.

➠ Siehe *Seriell; RS-232-Schnittstelle*

EIDE

Abk.: Enhanced-IDE

EIDE ist eine Weiterentwicklung des IDE-Standards. EIDE wird seit 1994 im PC-Bereich eingesetzt. Seine Entwicklung wurde vor allem durch Western Digital vorangetrieben. EIDE ersetzt den IDE-Standard, allerdings ist es abwärtskompatibel, so dass auch alte IDE(AT-Bus)-Platten betrieben werden können. Zudem können Festplatten, welche den EIDE-Modus unterstützen, an alten IDE-Controllern eingesetzt werden, dann sind aber die erweiterten Möglichkeiten von EIDE nicht nutzbar. Um EIDE nutzen zu können, muss dementsprechend auch ein Controller vorhanden sein. Dieser ist aber schon seit Ende 1995 auf fast allen Motherboards fest integriert. Weiterhin muss das BIOS des Rechners Platten mit mehr als 528 MByte ansprechen können, um entsprechend große EIDE-Festplatten ausnutzen zu können. Nötig wurde die Verbesserung des IDE-Standards auf EIDE durch neue Bussysteme (VLB, PCI) und Prozessoren. Einige Verbesserungen gegenüber IDE:

▶ DMA-Transfer

▶ 2 Steuerkanäle zum Anschluss von bis zu 4 Festplatten oder auch CD-ROM

▶ Höhere Datenübertragungsraten mit bis zu 11 bzw. 16,6 MByte/s

▶ Festplatten bis 8,4 GByte werden unterstützt

▶ Anfang 1997 hielten IDE-Controller mit dem Ultra-DMA/33 Einzug. Mit 33 MByte/s Datentransferrate bietet Ultra-DMA/33 einiges mehr an Performance gegenüber PIO-Mode 4 Platten. Aktuelle Festplatten bieten sogar schon Ultra-DMA/100 mit 100 MByte/s Datenübertragungsrate.

➡ *Siehe DMA; Bus; PCI; Controller; Harddisk; PIO; BIOS; IDE; VLB*

Eiffel

Eiffel ist eine 1988 von Bertrand Meyer entwickelte, objektorientierte Programmiersprache, die unter MS-DOS, OS/2 sowie Unix läuft. Wesentliche Entwurfsmerkmale dieser Sprache sind die Softwareerweiterbarkeit und die Fähigkeit Module in mehreren Programmen zu verwenden.

➡ *Siehe Programmierung, objektorientierte; Programmiersprache*

Ein-/Ausgabesteuerung

Durch die Ein-/Ausgabesteuerung erhalten Nutzerprozesse bestimmte Rechte zum Zugriff auf Ein- und Ausgabebereiche des Adressraumes. Die Ein- und Ausgabesteuerung, welche in einem Betriebssystem des Rechners integriert ist, vergibt und kontrolliert diese Rechte.

➠ *Siehe Adressraum; Betriebssystem*

Ein-/Ausgabe-System
➠ *Siehe IOS*

Einbenutzersystem
Einbenutzersystem ist ein auf die Verwendung durch eine Einzelperson ausgelegter Computer, daher auch der Name »Personal Computer« oder PC.

➠ *Siehe Multiuser-System*

Einfügemarke
➠ *Siehe Cursor*

Eingabe
➠ *Siehe Input*

Eingabe/Ausgabe
➠ *Siehe I/O*

Eingabeaufforderung
Die Eingabeaufforderung dient der Eingabe von Anweisungen, Kommandos und Parameterdaten bei einem textorientierten Betriebssystem, wie z. B. MS-DOS.

➠ *Siehe MS-DOS; CLI*

Eingabemaske
➠ *Siehe Formular*

Einheit
Einzelne Komponenten (Hardware) eines Computers werden als Einheit bezeichnet. Dies sind Diskettenlaufwerk, Festplatten, Tastaturen usw.

➠ *Siehe Harddisk; Diskettenlaufwerk; Hardware*

Einloggen
➠ *Siehe Login*

Einplatinen-Computer
Ein Einplatinen-Computer ist ein auf einer einzigen Leiterplatte aufgebauter Computer, der in der Regel keine Erweiterungskarten aufnehmen kann.

➠ *Siehe Platine; Erweiterungskarte*

Einwahldienst
Der Einwahldienst ist ein Provider, der Telefonverbindungen für ein lokales oder weltweites, öffentlich geschaltetes Telefonnetz, einen Internet- bzw. Intranet-Zugang zur Verfügung stellt und Zugriff auf Nachrichten- oder Börsendienste anbietet.

➠ *Siehe Internet; ISDN-Karte; Modem; Internet-Provider*

Einzelblatteinzug
Einige ältere Druckermodelle und alle neuen Drucker bieten interne oder auch externe Papierfächer, aus denen automatisch einzelne Blätter zum Bedrucken eingezogen werden. Vorwiegend ältere Modelle verarbeiteten Endlospapier und besaßen deshalb einen Einzelblatteinzug, um auch auf Schreibmaschinenpapier drucken

zu können. Moderne Drucker (meist Laserdrucker) besitzen sogar mehrere Fächer für den Einzelblatteinzug für verschiedene Formate oder gar Briefumschläge.

➭ *Siehe Laserprinter; Drucker*

Einzelplatzsystem

An einem Einzelplatzsystem (z. B. PC) kann im Gegensatz zum Mehrplatzsystem zur selben Zeit nur eine Person arbeiten.

➭ *Siehe Multiuser-System*

Einzelprotokoll-Router

Wie der Name schon sagt, versteht ein Einzelprotokoll-Router nur ein Protokoll, z. B. nur X.21.

➭ *Siehe OSI-Schichtenmodell; X.21; Router; Multiprotokoll-Router; Protokoll*

Einzelschrittmodus

➭ *Siehe Single Step Mode*

Einzug-Scanner

Im Unterschied zu einem Hand-Scanner, bei dem der Scanner selbst über die einzulesende Vorlage geführt wird, zieht der Einzug-Scanner die Vorlage (Papier) selbstständig ein und führt sie über die Sensoren. Da im Gegensatz zum Flachbett-Scanner das Blatt nicht vollständig aufliegt, kommt er mit vergleichsweise wenig Platz aus. Da hier aber das Papier selbst geführt wird und dies natürlich nicht absolut präzise geschehen kann, liefert der Einzug-Scanner allgemein schlechtere Resultate als Flachbett-Scanner.

➭ *Siehe Sensor; Scanner; CCD-Elemente; Flachbett-Scanner*

Bild E.1: Klein und praktisch – ein Tischeinzugsscanner

EISA

Abk.: Extended ISA

Der EISA-Bus ist eine Erweiterung des 16 Bit breiten ISA-Busses und bietet im Gegensatz zu diesem einen 32 Bit breiten Bus. Er kam vor allem ab 386-Prozessoren (32 Bit CPU) zum Einsatz. Er kann auch alte ISA-Karten aufnehmen.

➭ *Siehe CPU; Bit; ISA*

EJB

Abk.: Enterprise Java Beans

EJB ist ein Komponentenmodell für die Erstellung plattformneutraler Anwendungen für Client/Server sowie Inter-, Ether- und Intranet unter Java. Die EJB bieten als Anwenderprogrammierschnittstelle wieder verwendbare, serverseitige Komponenten und liefern eine feste Infrastruktur zur Bereitstellung von systemnahen Diensten (Namensvergabe, Transaktionen, Messaging, Sicherheit), die eine einfache Implementierung von Geschäftsprozessen ermöglicht.

➡ *Siehe Java; Client-Server-Prinzip; Internet; Ethernet; Intranet*

ELD

Abk.: Electric Luminescence Display

▲ *Übers.: Elektro-Lumineszenz-Bildschirm*

ELD stellt einen Flüssigkristall-Bildschirm sehr flacher Bauart dar. Als Lumineszenz wird im Gegensatz zur Temperaturstrahlung das Leuchten von Stoffen in kaltem Zustand bezeichnet. Ein solcher Bildschirm enthält eine spezielle Leuchtschicht (und auch vertikale und horizontale Schichten), in welchen durch Anlegen elektrischer Spannungen Bildpunkte ansprechbar sind. An denen wird durch das elektrische Feld in der Leuchtschicht vom menschlichen Auge wahrnehmbares Licht erzeugt, das in der Helligkeit abgestuft werden kann.

➡ *Siehe LCD*

E-Learning

E-Learning bezeichnet elektronisches Lernen am Computer mit Hilfe spezieller Lernsoftware oder speziell entwickelter Internetseiten.

Electric Luminescence Display

➡ *Siehe ELD*

Electrically Erasable Programmable Read Only Memory

➡ *Siehe EEPROM*

Electronic Data Interchange

➡ *Siehe EDI*

Electronic Frontier Foundation

➡ *Siehe EFF*

Electronic Industries Association

➡ *Siehe EIA; RS-232-Schnittstelle*

Electronic Mail Standard Identification

➡ *Siehe EMSI*

Elektromagnetische Felder

➡ *Siehe Felder, elektromagnetische*

Elektronenstrahlröhre

Als Elektronenstrahlröhre wird ein Glaskörper bezeichnet, dessen Inneres nahezu evakuiert ist. Am einen Ende befindet sich eine so genannte Glühkathode, aus der Elektronen austreten. Diese werden durch ein elektrisches Feld beschleunigt und gebündelt und durch Spulen so abgelenkt, dass sie auf eine bestimmte Stelle des Leuchtschirms auftreffen, der sich am anderen Ende des Glaskörpers hinter einer so genannten Lochmaske befindet. So können z.B. bei allen gängigen Monitoren und Fernsehern die Elektronen periodisch den gesamten Bildschirm treffen, wodurch durch unterschiedliche Intensitäten ein Bild entsteht.

➠ *Siehe Bildröhre; Bildschirm; Lochmaske*

Elektronische Datenverarbeitung

➠ *Siehe DV*

Elektronisches Postfach

Das elektronische Postfach bezeichnet den Bereich, in dem ankommende Nachrichten oder Dateien (E-Mail) gespeichert werden.

➠ *Siehe E-Mail*

El-Torito-Spezifikation

Die El-Torito-Spezifikation wurde von IBM und Phoenix festgelegt und soll das Booten von CD-ROM ermöglichen. Sie erweitert den ISO-9660-Standard und mit ihr kann ein Boot-Record auf der CD untergebracht werden. Damit kann von ATAPI oder SCSI-Laufwerken gebootet werden.

➠ *Siehe ISO 9660; Booten; ATAPI; CD-ROM; SCSI*

Emacs

Emacs ist ein populärer Texteditor, der hauptsächlich unter Unix verwendet wird. Wie andere Texteditoren bietet Emacs unterschiedliche Modi, in denen gearbeitet werden kann. Besondere Tastenkombinationen ermöglichen die Bearbeitung der Dateien. Emacs wurde unter Verwendung der Programmiersprache LISP entwickelt. Diese bietet gleichzeitig die Möglichkeit bestimmte Funktionen mit einer Art Makrosprache zu automatisieren. Die Bezeichnung Emacs stammt vom englischen »Editing MACroS«.

➠ *Siehe Editor; Unix; Makro; Lisp*

E-Mail

Abk.: Electronic Mail

Alle Nachrichten, die auf elektronischem Weg über lokale oder auch globale Netze wie das Internet verschickt werden, werden als E-Mail (oder elektronische Post) bezeichnet. Diese Nachrichten beinhalten neben den eigentlichen Daten, dies können beliebige Dateien, wie Texte, Grafiken, Programme, usw. sein, natürlich auch die Adresse des Empfängers (sowie des Absenders). Ein Vorteil gegenüber der herkömmlichen Post ist insbesondere die Geschwindigkeit. So ist es möglich, innerhalb von wenigen Sekunden Nachrichten nach Amerika zu schicken. E-Mails werden am häufigsten über das Internet verschickt. Nach dem großen Aufschwung dieses Netzes Ende 1995, Anfang 1996 haben viele Firmen und Online-Dienste ihre bisherigen E-Mail-Verfahren auf

Internet-Mail umgestellt oder zumindest erweitert. Die wichtigsten Protokolle zum Verschicken von E-Mails via Internet sind SMTP, POP3 und IMAP4. Bei Textversand via E-Mail gibt es das Problem, dass Sonderzeichen, wie z.B. Umlaute, nicht korrekt übertragen werden können, da nur der 7 Bit-ASCII-Zeichensatz (die ersten 128 Zeichen) verschickt wird. Wenn nicht nur Texte, sondern auch andere Dateien verschickt werden, können diese mit Kodierungsprogrammen in Text umgewandelt werden. Diese Programme heißen UUEncode und UUDecode. Dies wird von den meisten neuen Mail-Programmen automatisch übernommen (z.B. MIME). Um seine Mail vor Zugriff Unbefugter zu schützen oder zumindest zu vermeiden, dass diese sie lesen, können Mails komplett verschlüsselt werden. Ein sehr bekanntes und auch oft eingesetztes Verfahren und Programm heißt PGP (Pretty Good Privacy). Um Mails an andere verschicken zu können, muss natürlich die Adresse des Empfängers bekannt sein, die von einem Internet-Provider oder Online-Dienst in Erfahrung gebracht werden kann. Dieser stellt auch den Domain-Server (Domänen-Server) bereit, der alle Mails für den Benutzer speichert, und ihm auf Abruf zur Verfügung stellt. Die Adresse des Benutzers ist somit meist sein eigener Benutzername, gefolgt von einem »@« (Klammeraffe/at-Zeichen) und dem Namen des Domain-Server, also z.B.: name@domain.de. Es können mit E-Mail ausschließlich Computer erreicht werden, die dann auf die Anfrage reagieren. Es gibt beispielsweise die Möglichkeit, sich bei einem Mail-Service einer Firma einzuschreiben, um automatisch Neuigkeiten zu erhalten und eine Vielzahl von E-Mail-Programmen mit verschiedensten Features. Allerdings werden diese Features und zum Teil noch mehr von den gängigsten Browsern, wie Microsoft Internet Explorer oder Netscape Communicator angeboten.

➨ *Siehe Exchange; Internet; IMAP4; @; ASCII; PGP; SMTP; Domain; POP3*

E-Mail-Filter

Mit einem E-Mail-Filter werden eingehende E-Mails automatisch sortiert und in verschiedene Ordner oder Mailboxen entsprechend den Informationen ablegt, die in der Nachricht enthalten sind. So können z.B. alle eingehenden E-Mails nach Betreff, Absender, Header, usw. sortiert und in vordefinierte Ordner verschoben werden.

➨ *Siehe E-Mail; Filter*

Embedded Systems

Eingebettete Systeme (also integrierte, teils spezialisierte Systeme) wickeln komplexe Aufgaben wie

Regelung, Steuerung und Datenverarbeitung innerhalb technischer Systeme ab. Sie werden bei der Produktion elektronischer Konsumgüter, der Telematik und bei der Steuerung von Produktionsabläufen verwendet und werden durch den Einsatz von Embedded-Prozessoren sowie spezieller Hard- und Software ermöglicht.

EMM

Abk.: Expanded Memory Manager

EMM ist ein Speichermanager, der auf Rechnern ab der 386er-Generation unter MS-DOS zur Verwaltung des erweiterten Speichers eingesetzt wird. Er verwaltet diesen nach der EMS-Spezifikation. Ein bekannter Treiber hierfür ist der Emm386.exe unter MS-DOS.

➠ *Siehe Speichermanager; EMS; MS-DOS; EMM386.EXE*

EMM386.EXE

Dieser Speichermanager Emm-386.exe kann den Erweiterungsspeicher auf MS-DOS (oder Windows) basierten Systemen verwalten. Um auf den oberen Speicherbereich zugreifen zu können, ist Emm386.exe allerdings auf himem.sys angewiesen. Emm386.exe kann dann einen Teil des Arbeitsspeichers für Treiber und TSR-Programme verfügbar machen. Er dient auch zur Simulation von EMS.

➠ *Siehe EMM; EMS; Himem.sys; Hauptspeicher; TSR-Programm; UMA; Gerätetreiber*

E-Money

E-Money ist eine allgemeine Bezeichnung für Geld, mit dem im Internet gezahlt werden kann.

➠ *Siehe Internet; WWW; E-Commerce*

Emoticon

Abk.: Emotional Icon

Emoticon ist der Ausdruck für ein Zeichen (besser eine Zeichenfolge), mit der Emotionen mit Hilfe elektronischer Kommunikationsmittel wie z.B. E-Mails ausgedrückt werden können. Sehr bekannt sind die so genannten Smileys. Mit Hilfe unterschiedlicher Aneinanderreihung der Zeichen können die verschiedensten Emotionszustände ausgedrückt werden. Es existieren so viele dieser Zeichen, dass es sogar schon eigene Bücher dazu gibt.

➠ *Siehe E-Mail; Smiley*

Smiley	Aussage
%-}	Blödsinn
(:<)	Klatschmaul
...---...	SOS
:-"	schmollen
:-#	vertrauliche Nachricht

Tabelle E.1: Eine Auswahl von Emoticons

Smiley	Aussage
:-$	der Absender ist krank
:-&	sauer oder sprachlos sein
:'-(	weinen
:-(	traurige Bemerkung
:'-)	zum Weinen glücklich sein
:-)	Ur-Smiley
:-')	Erkältung
:*)	herumblödeln, betrunken sein
:,-(	weinen
:-/	Das finde ich nicht lustig!
:-@	brüllen
:->	sarkastisch
:-7	eine ironische Bemerkung machen
:-C	unglaublich
:-D	etwas mit einem Lächeln sagen
:-e	enttäuscht sein
:-f	Grinsen
:-I	ein anderes Grinsen
:-J	einen Spaß machen
:-O	schreien
:-o	schockierend
:-Q	Raucher
:-r	Zunge rausstrecken
:-t	bitteres Lächeln
:-x	Kuss
:-X	dicker Kuss
;-)	augenzwinkerndes Lächeln
[]	umarmen

Tabelle E.1: Eine Auswahl von Emoticons (Forts.)

Smiley	Aussage
<&&>	nicht ganz ernst gemeinte Nachricht
<:-)	Dummkopf
>:-<	verärgert bzw. ungehalten
>:->	grauenhafte Ansicht
8-)	Brillenträger
I-)	gelangweilt sein
II*(	Versöhnung anbieten
II*)	Versöhnung akzeptieren

Tabelle E.1: Eine Auswahl von Emoticons (Forts.)

EMP

Abk.: Excessive Multi-Posting

Beim EMP wird eine Nachricht an eine Newsgroup nicht wie beim Crossposting üblich einmal physikalisch auf dem News-Server gespeichert, sondern auf jedem Server für jede einzelne Gruppe.

➡ *Siehe Newsgroup; Crossposting; Server; BI-Index; Spam-Mail*

EMS

Abk.: Expanded Memory Specification

EMS ist eine Spezifikation und wurde von Lotus, Intel und Microsoft entwickelt, um den Zugriff auf Speicher über der 1 MByte Grenze für DOS-basierte Anwendungen zu ermöglichen. Dabei wird der erweiterte Speicher in je 64 KByte große

»Frames« (Seitenfenster) aufgeteilt. Es kann nun ein solches Fenster in den unteren Speicher eingeblendet und der Zugriff darauf ermöglicht werden. EMS kann durch den Speichermanager EMM simuliert werden.

➠ *Siehe Speichermanager; Lotus; EMM; MS-DOS; Microsoft; Intel*

EMSI

Abk.: Electronic Mail Standard Identification

EMSI ist ein Protokoll zur Übertragung von Benutzerkennungen mitsamt deren Passwörtern und findet Anwendung im FidoNet.

➠ *Siehe Protokoll; FidoNet*

Emulation

Unter Emulation wird die Nachbildung oder auch Nachahmung verschiedener Eigenschaften eines Gerätes oder einer Software mit Hilfe von anderen Programmen oder Geräten verstanden. So ist es z.B. möglich, Programme eines komplett anderen Systems auf einem Rechner laufen zu lassen. Beispiel wäre eine Art Windows-Emulator unter OS/2. Es werden hierbei alle Windowsfunktionen emuliert. Oder es kann zum Beispiel auch Hardware durch entsprechende Programme in ihrer Funktion emuliert werden.

➠ *Siehe Plattform; Windows; Gerät; Hardware; OS/2*

Emulator

Ein Emulator ist ein System (Soft- oder Hardware), das eine Emulation einer anderen Software oder Hardware erlaubt.

➠ *Siehe Software; Emulation; Hardware*

Emulsions-Laserspeichertechnik

Emulsions-Lasertechnik ist ein Verfahren, das durch selektives Erhitzen mit Hilfe eines Laserstrahls Daten in einer Filmschicht aufzeichnet.

EMV

Abk.: Elektromagnetische Verträglichkeit

Die elektromagnetische Verträglichkeit dient als Maß für die Störeigenschaften elektrischer Geräte. Im Zuge der Vernetzung von Einrichtungen mit störanfälligen Geräten (Krankenhaus, Flughafen) wurde die EMV als Schutz elektrischer Anlagen eingeführt, so dürfen z.B. nur besonders abgeschirmte Servergehäuse verwendet werden.

➠ *Siehe Server*

Enabled

In Programmen können verschiedene Optionen »enabled« (aktivieren) werden. Zum Beispiel können in Windows in der Systemsteuerung verschiedene Komponenteneinstellungen eingese-

Endlosschleife

hen werden, welche dann aktiviert oder auch deaktiviert (disabled) werden können.

⮕ *Siehe Disabled; Control Panel*

Encapsulated PostScript

⮕ *Siehe EPS*

Encrypting File System

⮕ *Siehe EFS*

End of File

⮕ *Siehe EOF*

End of Line

⮕ *Siehe EOL*

End-Around Carry

End-Around Carry ist ein besonderer Typus einer End-Around-Shift-Operation bei einem binären Wert, bei der das Carry-Bit von einem Ende des Werts zum anderen verschoben wird. Dazu wird das Carry-Bit wie ein Extra-Bit behandelt.

⮕ *Siehe Binär; End-Around Shift; Bit*

End-Around Shift

End-Around Shift ist eine Operation, bei der durch das Verschieben eines Bits von einem Ende an das andere Ende ein Binärwert ausgeführt wird. Ein Right-End-Shift des Werts 10010100 ergibt 01001010.

⮕ *Siehe End-Around Carry; Binär; Bit*

Endbenutzer-Lizenzvertrag

⮕ *Siehe EULA*

Endgeräte-Auswahl-Ziffer

⮕ *Siehe EAZ*

Endianism

Endianism ist die Bezeichnung für die Meinungsentscheidung bzw. Bevorzugung bei der Auswahl einer der beiden unterschiedlichen Speichermethoden Big endian und Little endian.

⮕ *Siehe Little endian; Bi-endian; Big endian*

Endlospapier

Ein Endlospapier besteht aus einer großen Anzahl (über 1000) Einzelblättern, welche durch eine Perforation getrennt sind. Sie besitzen an beiden Rändern eine Art Lochstreifen, über den der Drucker das Endlospapier über den so genannten Traktor einziehen und führen kann.

⮕ *Siehe Traktor; Drucker*

Endlosschleife

Bei der Programmierung von verschiedenen Schleifen kann die Abbruchbedingung falsch formuliert worden sein, so dass das Programm diese Schleife nie wieder verlässt, da die Bedingung nie erfüllt wird. Dann befindet sich das Programm in einer Endlosschleife.

⮕ *Siehe Schleife; Programm*

Energiesparmaßnahmen

Energiesparmaßnahmen sollen den Leistungsbedarf von Rechnern heruntersetzen, wenn sie im Augenblick nicht verwendet werden. So kann z.B. nach einer längeren Pause, in der keine Benutzerinteraktion erfolgt, der Monitor abgeschaltet, Festplatten heruntergefahren und Prozessoren heruntergetaktet werden. Sinnvolle Verwendung findet dies vor allem bei Notebooks, welche mit Akkus betrieben werden.

➠ *Siehe Power-Management; Notebook; Akku*

Energy Star

Energy Star ist das Zeichen der amerikanischen Umweltbehörde EPA, welche für die Schaffung und Einhaltung von Stromsparnormen zuständig ist.

➠ *Siehe Power-Management; EPA*

E-Netz

Das E-Netz (E-Plus) steht in Konkurrenz zum D-Netz und arbeitet im Gegensatz zu diesem mit dem so genannten DCS-Verfahren. Dies hat eine Übertragungsfrequenz von 1,8 GByte. Bei E-Netz Handys ist eine geringere Leistung von knapp 0,8 Watt (D-Netz 2 Watt) ausreichend, hiermit wird aber die Reichweite auf ca. 8 km beschränkt.

➠ *Siehe B-Netz; D-Netz; Roaming; C-Netz*

Engine

Ein zentraler Teil eines Programms (oder Programmfragments) wird als Engine bezeichnet. Die Ausgabe und Berechnung der Grafik eines Programms wird deshalb häufig auch Grafik-Engine genannt. Ein anderes Beispiel wäre die Datenbank-Engine von Access (Jet-Engine), welche sich um die allgemeine Verwaltung der Daten kümmert.

➠ *Siehe Access; Datenbank; Programm*

Enhanced Audio CD

➠ *Siehe CD-Extra*

Enhanced Capability Port

➠ *Siehe ECP*

Enhanced Data Out-DRAM

➠ *Siehe EDO-DRAM*

Enhanced Expanded Memory Specification

➠ *Siehe EEMS*

Enhanced Graphics-Adapter

➠ *Siehe EGA*

Enhanced Small Device Interface

➠ *Siehe ESDI*

Enhanced Synchronous Dynamic DRAM

➠ *Siehe ESDRAM*

ENIAC

Abk.: Electronic Numerical Integrator And Computer

▲ *Übers.: elektronischer numerischer Integrator und Computer*

ENIAC war der erste amerikanische, elektronische Rechner. Er wog annähernd 30 Tonnen bei einer benötigten Fläche von 140 Quadratmetern. Dieser von John P.E. Eckert und W. Mauchly 1945 entwickelte Rechner bestand aus fast 18.000 Röhren.

➨ *Siehe Zuse, Konrad*

E-Notation

E-Notation wird auch als Exponential-Schreibweise bezeichnet und ist ein numerisches Format, das sich für die Darstellung sehr großer und sehr kleiner Zahlen eignet. Die Speicherung von Gleitkomma-Zahlen erfolgt in zwei Teilen – Mantisse und Exponent. Die Mantisse legt dabei die einzelnen Ziffern der Zahl fest, und der Exponent gibt deren Größenordnung (d.h. die Position des Dezimalpunkts) an. Beispielsweise lassen sich die Zahlen 314600000 und 0,0000451 in Gleitkomma-Notation als 3146E5 und 451E-7 schreiben. Die meisten Mikroprozessoren können keine Gleitkomma-Arithmetik ausführen, so dass entsprechende Berechnungen entweder per Software nachgebildet werden oder ein spezielle Gleitkomma-Prozessor eingesetzt wird.

➨ *Siehe FLOPS; Coprozessor, arithmetischer*

Enterprise Java Beans

➨ *Siehe EJB*

Enter-Taste

Die Enter-Taste befindet sich zweimal auf einer Tastatur mit Nummernblock. Durch Betätigen der Taste wird das Steuerzeichen CR (Carriage Return) übermittelt. Bei Textverarbeitungen wird der Cursor z.B. an den Anfang der nächsten Zeile bewegt. In textorientierten Betriebssystemen (wie z.B. MS-DOS oder LINUX) dient sie auch als Beendigung einer Befehlseingabe.

➨ *Siehe Carriage Return; MS-DOS; CLI; Linux*

Entity

Entity ist ein Begriff aus der 3D-Spieleprogrammierung und bezeichnet eine für Programmierer und Leveldesigner gleichermaßen zugängliche Datenstruktur. Vom Programmcode gesteuerte Objekte können somit mit bestimmten Eigenschaften in Szene gesetzt werden.

➨ *Siehe Source-Code*

Entscheidungsbaum

Ein Entscheidungsbaum ist eine Baumstruktur zur Darstellung von Entscheidungsprozessen.

➨ *Siehe Baum-Topologie*

Entspiegelung

Fällt Licht auf einen Bildschirm, so können störende Reflexionen auftreten. Entspiegelungstechniken senken die Intensität der Reflexionen und sind ein wesentliches Kriterium bei qualitativ hochwertigen Monitoren. Entspiegelung lässt sich durch Aufrauen der Glasfläche mittels mechanischer oder chemischer Verfahren erreichen. Komplizierte Verfahren arbeiten mit Polarisation; derartige Monitore bieten eine bessere Bildschärfe bei gleicher Entspiegelung. Mit einer Taschenlampe lässt sich die Güte der Entspiegelung beim Monitor testen. Je diffuser das Licht auf dem Bildschirm, desto besser die Entspiegelung.

➡ *Siehe Bildschirm*

Entwicklungssystem

Ein Entwicklungssystem umfasst die Soft- und Hardwarekomponenten, die zur Programmentwicklung benötigt werden. Ein Entwicklungssoftware-Paket enthält unter anderem Compiler, Debugger, Editor und andere Programme.

➡ *Siehe Compiler; Editor; Programm; Debugger*

Entwicklungsumgebung

➡ *Siehe Entwicklungssystem*

Entwicklungsumgebung, integrierte

➡ *Siehe IDE*

Entwicklungszyklus

Der Entwicklungszyklus beschreibt die Entwicklung einer Anwendung von der Definition der Anforderungen bis hin zum fertigen Produkt. Dabei werden folgende Stufen durchlaufen: Analyse, Design und Prototyping, Codieren und Testen von Software und Implementierung.

Entwurfsmodus

➡ *Siehe Draft-Mode*

Environmental Protection Agency

➡ *Siehe EPA*

EOF

Abk.: End of File

▲ *Übers.: Dateiendezeichen*

EOF ist das letzte Zeichen einer Datei, das dem Betriebssystem eines Computers das Ende dieser Datei anzeigt. Im ASCII-Zeichensatz wird das EOF-Zeichen als dezimaler Wert 26, hexadezimal 1A oder durch das Steuerzeichen [Strg]-[Z] dargestellt.

➡ *Siehe Betriebssystem; ASCII; Steuerzeichen; Hexadezimalsystem*

EOL

Abk.: End of Line

EOL ist ein nicht druckbares Steuerzeichen, das das Ende einer Datenzeile signalisiert.

➡ *Siehe Steuerzeichen*

EOT
Abk.: End of Transmission

EOT wird bei der Datenübertragung und speziell über die parallele Schnittstelle, als Endsteuerzeichen verwendet.

➭ *Siehe Steuerzeichen; Schnittstelle, parallele*

EPA
Abk.: Environmental Protection Agency

EPA ist die amerikanische Umweltschutz-Behörde. Die EPA definierte 1993 den Power-Management-Standard, der den Stromsparbetrieb eines Computersystems regelt. Die meisten PCs halten sich an die EPA-Richtlinien und erhalten als Zeichen dafür den so genannten Energy Star.

➭ *Siehe Power-Management; Energy Star; Energiesparmaßnahmen*

EPC
➭ *Siehe: RFID*

Epitaxial-Schicht
Eine Epitaxiaö-Schicht ist eine Halbleiterschicht, die die gleiche Kristallorientierung wie die darunter liegende Schicht aufweist.

E-Plus
E-Plus heißt das deutsche E-Mobilfunknetz.

➭ *Siehe E-Netz*

EPP
Abk.: Enhanced Parallel Port

Der EPP bezeichnet einen erweiterten Standard der parallelen Schnittstelle. Der EPP ermöglicht den Anschluss mehrerer Geräte und höhere Übertragungsraten.

➭ *Siehe Parallel-Port-Modus; ECP; Schnittstelle, parallele*

EPROM
Abk.: Erasable Programmable Read Only Memory

Ein EPROM ist ein elektronischer Baustein, der mit einem EPROM-Brenner mit Daten beschrieben werden kann und diese auch bei Abschalten des Stroms behält. EPROMs können durch die Bestrahlung mit UV-Licht gelöscht und danach erneut beschrieben werden. Das Löschen dauert mehrere Minuten, das Beschreiben meist nur Sekunden. So genannte EEPROMs stellen die modernere Variante des EPROM dar und sind elektronisch löschbar.

➭ *Siehe EEPROM; ROM*

EPROM-Brenner
EPROM-Brenner sind Geräte zum Programmieren von EPROMs. Auch die Geräte zum Beschreiben von EEPROMs und von alten PROMs werden einfach EPROM-Brenner genannt.

➭ *Siehe EEPROM; EPROM; ROM*

EPS

Abk.: Encapsulated PostScript

EPS ist ein spezielles PostScript-Format (Encapsulated PostScript), das sowohl Vektor- als auch Bitmap-Grafiken enthalten kann, wobei Vektordaten beim Anzeigen der Datei gerastert (in Pixel umgewandelt) werden. Bei EPS-Dateien wird der eigentliche PostScript-Code (die PS-Datei) von so genannten DSC-Kommentaren umschlossen (= encapsulated). Diese Kommentare geben weiterführende Strukturinformationen (DSC=Document Structuring Conventions) und beinhalten zumindest eine DSC-Versionsangabe sowie Koordinatenangaben für einen Rahmen (Bounding Box), in den die PostScript-Grafik gerade noch hineinpasst. Das EPS-Format ist neben dem DCS-Format (nicht verwechseln mit DSC!) das Standardformat für den Austausch von Seitenlayoutdateien.

➠ *Siehe PostScript; Adobe; DCS*

Epson

http://www.epson.de

Epson ist ein langjähriger und sehr erfolgreicher Hardwarehersteller. Früher vertrieb Epson hauptsächlich PCs, heutzutage konzentriert sich das Unternehmen auf den Scanner- und vor allem den Druckermarkt. Die Epson-Stylus-Tintenstrahldrucker erreichen auf Spezialpapier beinahe Fotoqualität. Der Name Epson rührt von einem Druckermodell der Firma Xerox her, dem EP, der 1968 anlässlich der Olympiade das erste Mal hergestellt und verwendet wurde. Alle nachfolgenden Modelle verstehen sich als Söhne (Englisch: »son«) des EP, deshalb heißen sie Epson.

➠ *Siehe Hewlett Packard; Ink-Jet Printer; Drucker*

Bild E.2: Ein Fotodrucker von Epson

EPT

Abk.: Electronic Payment Terminal

EPT werden die Terminals in Kaufhäusern, Tankstellen und Hotels genannt, die Kredit- und Scheckkarten überprüfen und erfassen können. Damit wird der elektronische Online-Zahlungsverkehr möglich. Ein derartiger Terminal besteht normalerweise aus Datenanzeige, Tastatur und Einführschlitz für die Karten.

Erben

In der objektorientierten Programmierung lassen sich vererbte Merkmale erweitern, einschränken oder modifizieren. Sie entstehen durch die Übernahme der Merkmale einer Klasse durch eine andere.

➧ *Siehe Programmierung, objektorientierte*

Ereignis

Ereignisse sind Aktionen oder Zustandsänderungen, auf die ein Programm antworten kann. Typische Ereignisse sind z.B. Mausbewegungen, das Drücken einer Taste oder das Klicken auf Schaltflächen.

➧ *Siehe Programmierung, objektorientierte*

Ereignisgesteuert

Bei ereignisgesteuerten Eingabemasken ist es nicht erforderlich, die Eingabe in einer festgelegten Reihenfolge vorzunehmen, sondern die gewünschten Felder können durch einen Mausklick aktiviert werden. Die Software reagiert auf äußere Ereignisse wie auf einen Tastendruck oder einen Mausklick und wird deshalb als ereignisgesteuerte Software bezeichnet.

➧ *Siehe Programmierung, ereignisgesteuerte; Ereignis*

Ereignisgesteuerte Programmierung

➧ *Siehe Programmierung, ereignisgesteuerte*

Ergonomie

Ergonomie bezeichnet die bestmögliche Anpassung von Arbeitsbedingungen und Maschinen an menschliche Bedürfnisse. Es existieren Ergonomie-Richtlinien für alle denkbaren Berufsgruppen. Für Bildschirmarbeitsplätze gibt es eine Reihe von Richtlinien für die Höhe des Stuhls, des Schreibtischs, der Beleuchtung und der Gestaltung von Tastatur und Bildschirm. Seit dem 1.1.1997 sind Arbeitgeber verpflichtet, die EU-Richtlinien bezüglich ergonomischer Gestaltung des Arbeitsplatzes einzuhalten. Auch Eingabegeräte wie Mäuse und Tastaturen werden zunehmend ergonomisch gestaltet, um Überbelastungen der Handmuskulatur vorzubeugen. Ein Beispiel ist das Natural Keyboard von Microsoft, das eine anatomische Haltung der Hände beim Schreiben ermöglichen soll. Auch bei der Software wird ergonomische Gestaltung immer wichtiger. Intuitive Bedienung und eine anwenderfreundliche Oberfläche sind heute meist selbstverständlich.

Bild E.3: *Eine ergonomisch geformte Tastatur*

Erreichbarkeitswahrscheinlichkeit

Mit Erreichbarkeitswahrscheinlichkeit ist die Wahrscheinlichkeit gemeint, dass alle Kanäle belegt sind. Die Erreichbarkeitswahrscheinlichkeit wird als Maßstab für die Fähigkeit eines Netzwerks angesehen und gilt in der Regel für einen bestimmten Zeitraum (z.B. Stoßzeiten). Bei einer Erreichbarkeitswahrscheinlichkeit von 0,002 kann z.B. ein Anruf während des angegebenen Zeitraums mit einer Wahrscheinlichkeit von 99,8 Prozent vermittelt werden. Das heißt, dass ein Benutzer eines freigegebenen Kommunikationsnetzwerks (z.B. ein öffentliches Telefonsystem) mit einer Wahrscheinlichkeit von 0,2% das Signal empfängt, dass alle Kanäle belegt sind.

Error

Error ist die allgemeine Bezeichnung für eine ganze Reihe von Fehlern, die beim Betrieb eines Computersystems auftreten können. Ein Beispiel ist der Leseversuch aus einer nicht existierenden Datei.

➡ Siehe *Datei; Fehlerbehandlung*

Error Code

Der Error Code gibt beim Power On Self Test im Gegensatz zum Beep Code eine lesbare Fehlermeldung auf dem Bildschirm aus. Je nach Situation besteht der Error Code nur aus einer Zahl und/oder auch aus einer kurzen Erklärung.

➡ Siehe *Beep Code; P.O.S.T.*

Error Correction Code

➡ Siehe *ECC*

Erweiterter Speicher

➡ Siehe *UMA; Extended memory*

Erweiterung

➡ Siehe *Extension*

Erweiterungsbus

Der Erweiterungsbus eines PCs wird meist einfach als Bus bezeichnet. Er dient als Schnittstelle zwischen der CPU und anderen Hardwarekomponenten, die normalerweise als Erweiterungskarten in dafür vorgesehene Verbindungsleisten gesteckt werden. Typische Beispiele sind Grafikkarten und Controller. Moderne PCs arbeiten mit dem schnellen PCI-Bus oder AGP-Bus.

➡ *Siehe Bus; PCI; Controller; CPU; Schnittstelle; AGP; Grafikkarte; Hardware*

Erweiterungskarte

Eine Erweiterungsplatte ist eine Leiterplatte, die den Computer mit zusätzlichen Funktionen oder Ressourcen ausstattet. Typische Erweiterungskarten sind Speicher, Laufwerk-Controller, parallele und serielle Ports, Video-Unterstützung sowie interne Modems. Bei Laptops und anderen portablen Computern gibt es Erweiterungskarten in Form von PC-Cards (PCMCIA) in der Größe einer Scheckkarte, die sich von der Seite oder von hinten in den Computer einstecken lassen.

➡ *Siehe PCMCIA; Controller; Modem*

Erweiterungsspeicher

Der Speicherbereich oberhalb 1 MByte wird als Erweiterungsspeicher oder extended memory bezeichnet. PCs mit einem 286er-Prozessor (oder höher) können Erweiterungsspeicher verwenden. Unter MS-DOS werden spezielle Treiber, meist aufbauend auf dem XMS-Standard, benötigt, um Erweiterungsspeicher zu verwenden.

➡ *Siehe PC; EMS; Hauptspeicher; XMS; Extended memory*

ESC

Abk.: Escape

ESC ist eines von 32 Steuerzeichen im ASCII-Zeichensatz.

➡ *Siehe Esc-Taste; Escape-Sequenz; Steuerzeichen; ASCII*

Escape-Sequenz

Die Escape-Sequenz ist eine Folge von Bytes, die einem Drucker einen bestimmten Steuerungsbefehl, beispielsweise das Wechseln des Zeichensatzes, übermitteln. Das erste Byte der Escape-Sequenz ist immer der Code für Esc (Escape), daher der Name.

➡ *Siehe Steuerzeichen; Byte; Drucker*

ESCD

Abk.: Extended System Configuration Data

Die Extended System Configuration Data ist eine Datenstruktur, in der das Plug&Play-BIOS des Rechners Informationen zur erkannten Hardware ablegt. Bei jedem Boot-Vorgang überprüft das BIOS die Hardwarekonfiguration und aktualisiert gegebenenfalls das ESCD.

➡ *Siehe Booten; Plug&Play; BIOS*

Esc-Taste

Die Esc-Taste befindet sich ganz links oben auf der Tastatur und dient in der Regel zum Abbruch von Aktionen in Programmen.

➡ *Siehe Keyboard*

ESDI

Abk.: Enhanced Small Device Interface

ESDI ist eine mittlerweile veraltete Schnittstelle zum Anschluss von Festplatten an den PC. ESDI ermöglichte einen Datendurchsatz von bis zu 3 MByte/s und war damit dem ST-506-Standard von Seagate überlegen. ESDI wurde 1983 von Maxtor vorgestellt.

➨ *Siehe Seagate; Datendurchsatz; MB; Harddisk; Schnittstelle*

ESDRAM

Abk.: Enhanced Synchronous Dynamic DRAM

ESDRAM, von Enhanced Memory Systems entwickelt, beinhaltet einen kleinen Anteil statisches RAM (SRAM) im SDRAM Chip, auf das Daten ausgelagert werden können. Das bewirkt, dass viele Zugriffe auf dem schnelleren SRAM durchgeführt werden. Im Falle, dass das SRAM die geforderten Daten nicht besitzt, wird über den so genannten Wide BUS auf den SDRAM zugegriffen. ESDRAM findet hauptsächlich Anwendung in der L2-Cache Architektur.

➨ *Siehe Bus; SDRAM; L2-Cache; SRAM*

Ethernet

Ethernet stellt einen Standard zum Aufbau lokaler Netzwerke dar und wurde bereits 1973 von Xerox entwickelt und 1980 von Intel, DEC und Xerox auf den Markt gebracht. Ethernet basiert auf dem CSMA/CD-Protokoll. Es existieren zudem zahlreiche zum ursprünglichen Ethernet inkompatible Arten, beispielsweise Ethernet 1.0 und 2.0 sowie IEEE802.3. Neben Koaxialkabeln (Thin Ethernet) werden vor allem Twisted Pair-Leitungen und mittlerweile auch Glasfaserkabel eingesetzt. Standard sind Übertragungsraten bis zu 100 MBit/s. Heutzutage sind darüber hinaus Ethernet-Technologien mit 1 GBit/s verfügbar.

➨ *Siehe LAN; Twisted-Pair-Kabel; MBit; Netzwerk; GBit; Glasfaserkabel; Protokoll; IEEE-802-Modell; Datentransferrate*

Ethernet Frame

Ethernet Frame ist die Bezeichnung für eine Dateneinheit, die sich im Ethernet befindet. Ein Ethernet Frame enthält eine Ziel- und eine Absenderadresse, ein Typfeld und die zu transportierenden Daten. Jedem Gerät wird individuell eine Ethernetadresse zugewiesen, welche aus 6 Byte besteht. Dieses Gerät liest dann nur Ethernet Frames mit dieser Adresse. Möglich ist aber auch die Adresse FF-FF-FF-FF-FF-FF (hexadezimal), die von allen Geräten im Ethernet gelesen wird.

➨ *Siehe Ethernet; Byte*

Ethernet-Karte

Eine Steckkarte, die die Verbindung zu einem Ethernet-Netzwerk ermöglicht, wird Ethernet-Karte genannt.

➠ *Siehe Netzwerk; Ethernet; Erweiterungskarte*

ETSI

Abk.: European Telecommunications Standards Institute

▲ *Übers.: Europäisches Normungsinstitut für Telekommunikationsstandards*

ETX

Abk.: End of Text

Im ASCII-Code wird das ETX-Zeichen durch den dezimalen Wert 3 (hexadezimal 03) dargestellt und markiert das Ende einer Textdatei.

➠ *Siehe ASCII*

Eudora

Eudora ist ein E-Mail-Client-Programm. Es wird sowohl in Freeware- als auch in kommerziellen Versionen von der Qualcomm, Inc. (USA) zur Verfügung gestellt.

➠ *Siehe Freeware; E-Mail; Client*

EULA

Abk.: End-User-License-Agreement

▲ *Übers.: Endbenutzer-Lizenzvertrag*

EULA ist eine gesetzliche Vereinbarung über die Einschränkungen bezüglich Vertrieb und Weiterverkauf zwischen dem Hersteller und dem Käufer einer Software.

EUnet

Abk.: European Unix Network

Die 1985 gegründete EUnet Deutschland GmbH war der erste deutsche Internet-Provider. Ursprünglich war das EUnet ein Zusammenschluss europäischer Unix-Systeme.

➠ *Siehe UUnet; Unix; PoP; MSN; Internet-Provider; ISDN*

Euro-AV

Euro-AV ist ein anderer Name für SCART, einer Steckverbindung zwischen Video- und Fernsehgeräten.

➠ *Siehe SCART*

Euro-File-Transfer

➠ *Siehe EFT*

Euro-ISDN

Euro-ISDN bietet im Vergleich zum deutschen ISDN zusätzliche Funktionen, beispielsweise den Euro-File-Transfer. Das europäische E-DSS1-Protokoll für den D-Kanal ersetzt mittlerweile auch in Deutschland das hierzulande lange Zeit verwendete 1TR6-Protokoll. Beim Euro-ISDN sind jedem Anschluss normalerweise drei beliebige MSN (Mehrfach-

Rufnummern) zugeordnet, die auf 10 MSN erweitert werden können. Beim alten deutschen ISDN geschieht die Endgeräte-Auswahl über 10 EAZ (Endgeräte-Auswahlziffer).

➠ *Siehe E-DSS1; 1TR6; MSN; EAZ; ISDN*

EuroNet
Abk.: European Network
EuroNet ist ein Netzwerk zur Nutzung der DIANE-Datenbanken in der EU.

➠ *Siehe Netzwerk; DIANE*

European BackBONE
➠ *Siehe EBONE*

European Telecommunications Standards Institute
➠ *Siehe ETSI*

EurOSInet
Im EurOSInet sind viele europäische Hersteller vereinigt. Zielsetzung des European OSI-net ist die Förderung der OSI-Standards.

➠ *Siehe OSI-Schichtenmodell; OSI*

EV6
EV6 ist ein von Athlon-Prozessoren der Firma AMD verwendeter Bus, dessen Protokoll auch bei Alpha-Prozessoren eingesetzt wird. Der FSB wird mit 100 bzw. 133 MHz betrieben, durch Verwendung fallender und steigender Signale ergibt sich rechnerisch eine Datenrate von 200 MBit mal Busbreite, also eine Geschwindigkeit von 200 MHz. Der EV6 ist mit einer Übertragungsrate von 1,6 GB/s das schnellste Bussystem in der Klasse der x86er. Wegen seiner ursprünglichen Entwicklung für den Alpha als Server-Prozessor, ist er für einen Multiprozessor-Betrieb ausgelegt und stellt jedem der bis zu 14 gleichberechtigten Prozessoren einen eigenen Datenpfad zur Verfügung und bietet so neben seinem 43 Bit großen Adressraum eine optimale Ausnutzung der Prozessorkapazität.

➠ *Siehe AMD; Athlon; FSB; Alpha-Chip; Multiprozessorsystem; Adressraum; Bit; Busbreite; Server*

EVD
Abk.: Enhanced Versatile Disc
Proprietäres, auf den chinesischen Markt begrenztes Disc-Format, das von China als lizenzfreies Pendant zur DVD entwickelt wurde. Statt des DVD-üblichen Kompressionsverfahrens MPEG-2 kommen bei der EVD VP5 und VP6 zum Einsatz. Als Sound-Codec wird statt PCM, Dolby Digital oder DTS das proprietäre EAC 2.0 verwendet, das auch 5.1-Ton beherrscht. EVDs lassen sich zwar im DVD-Laufwerk jedes PCs lesen, die enthaltenen Daten können aber aufgrund der speziellen Formate nicht genutzt werden.

➠ *Siehe: DVD*

Even Parity

Bei der seriellen Datenübertragung oder bei der Datenspeicherung kann eine Paritätskontrolle durchgeführt werden. An eine bestimmte Anzahl von Daten-Bits wird ein Paritätsbit angehängt. Bei gerader Parität (even Parity) wird die Anzahl der Einsen im übertragenen Datenwort auf eine gerade Zahl ergänzt. Enthält das ursprüngliche Datenwort eine gerade Anzahl von Einsen, wird das Paritätsbit auf »0« gesetzt, bei einer ungeraden Anzahl auf »1«. Auf diese Weise wird eine einfache Fehlerkontrolle möglich.

➠ Siehe No Parity; Datenwort; Seriell; Paritätsbit; Datenübertragung; Parity

Excel

Excel heißt ein bekanntes Tabellenkalkulationsprogramm von Microsoft. Excel ist der derzeitige Marktführer im Bereich Tabellenkalkulation. Zunächst nur für den Macintosh verfügbar, wurde Excel schon bald für Windows angeboten. Bereits seit der Version 4.0 setzt sich Excel gegenüber Lotus 1-2-3 und vergleichbaren Produkten durch.

➠ Siehe Tabellenkalkulation; Office 2000; Office; Microsoft; Lotus 1-2-3

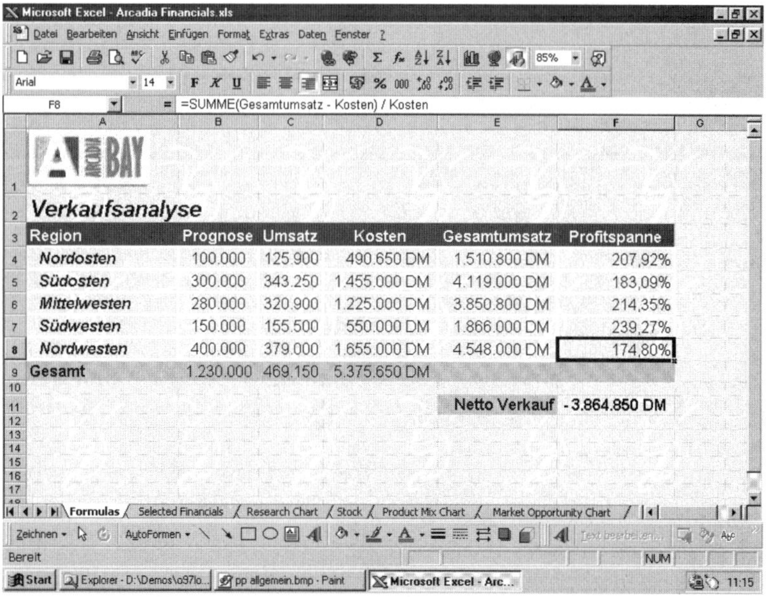

Bild E.4: Das Tabellenkalkulationsprogramm Microsoft Excel

Excessive Multi-Posting

➡ Siehe *EMP*

Exchange Server 2003

Eine Kommunikationssoftware von Microsoft zur Verwaltung persönlicher Daten (Personal Information Management, PIM) und Messaging-Anwendungen. Die Software ermöglicht den Fernzugriff auf E-Mails, Dateien, Informationen und Daten über Festnetze und mit Mobilgeräten. Eine Synchronisierung der Daten zwischen Mobilgerät und Firmenstandort ist ebenfalls möglich.

➡ *Siehe: Messaging*

exit

Mit dem Befehl exit wird unter Windows eine DOS-Box geschlossen. Viele andere Programme werden ebenfalls mit dem Befehl oder dem Menüpunkt exit beendet.

➡ *Siehe Windows 98 (SE); MS-DOS; Windows; Windows 95*

Expanded Memory

➡ Siehe *EMS*

Expanded Memory Manager

➡ Siehe *EMM*

Expanded Memory Specification

➡ Siehe *EMS*

Expansion Box

Eine Expansion Box wird an ein Notebook angeschlossen und kann Hardwareerweiterungen aufnehmen.

➡ *Siehe Docking-Station; Notebook*

Expansion Card

Eine Expansion Card ist eine Leiterplatte, die den Computer mit zusätzlichen Funktionen oder Ressourcen ausstattet. Typische Erweiterungskarten sind Speicher, Laufwerk-Controller, parallele und serielle Ports, Video-Unterstützung sowie interne Modems. Bei Laptops und anderen portablen Computern gibt es Erweiterungskarten in Form von PC-Cards (PCMCIA) in der Größe einer Scheckkarte, die sich von der Seite oder von hinten in den Computer einstecken lassen.

➡ *Siehe PCMCIA; Controller; Modem; Memory*

Expansion Port

Die Steckplätze des PCs für Erweiterungskarten (Expansion Card) werden auch als Expansion Ports bezeichnet.

➡ *Siehe PC; Slot; Expansion Card*

Expansionsspeicher

➡ *Siehe EMS*

Expertensystem

Als Expertensystem wird ein Programm bezeichnet, das mittels künstlicher Intelligenz und dem Zugriff auf eine sehr umfangreiche Datenbank, Entscheidungen trifft. Expertensysteme werden beispielsweise in der Medizin eingesetzt. Mit einem Schlussfolgerungsalgorithmus und einer erweiterbaren Datenbank sollen diese Systeme Diagnosen treffen. Seit 1984 wird in Austin an einem Expertensystem namens Cyc (Abk. für Cyclopedia) gearbeitet. Seine Datenbank umfasst mehr als ein GByte.

⟹ *Siehe Datenbank; DSS; KI*

Explorer

Explorer ist der Datei-Manager von Windows 95/98 und Windows NT.

⟹ *Siehe Windows 98 (SE); Windows 95; Windows NT; Datei-Manager*

EXT2

Abk.: Second Extended Filesystem

EXT2 ist das von Linux verwendete Filesystem. Zu seinen Eigenschaften gehören:

▶ hoher Datendurchsatz

▶ Dateinamen bis 255 Zeichen

▶ Zugriffsrechteverwaltung

▶ Fehlertoleranz

⟹ *Siehe Datendurchsatz; Dateisystem; Zugriffsrechte; Fehlertoleranz; Linux*

Extended Binary Coded Decimal Interchange Code

⟹ *Siehe EBCDIC*

Extended Capability Port

⟹ *Siehe ECP*

Extended Graphics Adapter

⟹ *Siehe EGA*

Extended ISA

⟹ *Siehe EISA*

Extended Memory

Abk.: XMS

▲ *Übers.: erweiterter Speicher*

Extended Memory (XMS) bezeichnet den Speicherbereich oberhalb 1 MByte. Extended Memory wird seit PCs der 286er Klasse eingesetzt und kann unter MS-DOS nur mittels spezieller Treiber adressiert werden.

⟹ *Siehe MS-DOS; UMA; XMS; Erweiterungsspeicher*

Extended Memory Specification

⟹ *Siehe EMS*

Extended System Configuration Data

⟹ *Siehe ESCD*

Extended Technology

⟹ *Siehe XT*

Extensible Hypertext Markup Language

→ Siehe XHTML

Extensible Stylesheet Language

→ Siehe XSL

Extension

Die Erweiterung von Dateinamen stammt ursprünglich aus der DOS-Welt und wird auch als Extension oder Suffix bezeichnet. Neben einem bis zu acht Zeichen langen Dateinamen unterstützt MS-DOS eine bis zu drei Zeichen lange Erweiterung, die aber nicht notwendigerweise vergeben werden muss. An der Erweiterung lässt sich normalerweise der Dateityp erkennen. Windows hat das Konzept der Dateierweiterung übernommen. Dort können bestimmte Erweiterungen mit Anwendungsprogrammen verknüpft werden, so dass beim Anklicken der Datei gleich das entsprechende Programm aufgerufen wird.

→ Siehe MS-DOS; Applikation; 8+3-Konvention; Datei

External Gateway Protocol

→ Siehe EGP

Externe Datenbank

→ Siehe Datenbank, externe

Externe Festplatte

→ Siehe Festplatte, externe

Externe Referenz

→ Siehe Referenz, externe

Externer Befehl

→ Siehe Befehl, externer

Externer Interrupt

→ Siehe Interrupt, externer

Externes Modem

→ Siehe Modem, externes; Modem

Extranet

Extranet ist eine Erweiterung des Intranets, das Kunden und Lieferanten den eingeschränkten Zugriff auf Unternehmensdaten zum Zweck der Optimierung von Geschäftsvorgängen erlaubt.

→ Siehe Intranet

Eye-Tracker

Ein Eye-Tracker ist ein Gerät, welches die Bewegungen des menschlichen Auges verfolgt und die Steuerung eines PCs mit der Funktionalität einer Maus erlaubt. Bisherige Systeme beschränkten sich auf das monookulare Sehen (mit einem Auge), wodurch der Einsatz des Eye-Trackers auf zwei Dimensionen beschränkt war. Mit Hinblick auf neuartige 3D-Monitore (3D-Visualisierung) wurde vom Heinrich-Hertz-Institut im Projekt BLICK ein stereookulares System entwickelt. Neben dem eigentlichen Eye-Tracker sind zudem ein 3D-Display, eine Kamera und ein Head-Tracker zur Messung der Kopfbewegungen zusammen mit dem Visual Operating System (VOS) nötig. Mittels hier nicht näher beschriebener Verfahren ist es dem Anwender mit diesem System möglich, dreidimensional mit der Arbeitsoberfläche (Desktop) des Computers zu arbeiten. In anderen Worten bedeutet das, dass Dokumente, Dateien, Programmsymbole oder geöffnete Anwendungsprogramme dreidimensional über den Desktop verteilt sein können. Der Anwender steuert über Augenbewegungen, welches Objekt in den Vordergrund geholt wird. Er muss lediglich auf das gewünschte Objekt schauen. Mit einem Lidschlag werden Anwendungen aufgerufen oder geschlossen, Menüs geöffnet usw.

➠ *Siehe Maus*

EZine

Mit EZine sind elektronische Zeitschriften (Ezine = Electronic magazine) gemeint, wie sie im Internet und durch Online-Dienste vielfach angeboten werden.

➠ *Siehe Online-Dienst; Internet*

F

Face-down/-up

Face-down/-up heißt wörtlich Gesicht nach unten bzw. Gesicht nach oben. Damit wird bei Druckern, Kopierern, Faxgeräten, Scannern, etc. angegeben, mit welcher Seite die Vorlage bzw. das Papier nach oben bzw. nach unten liegen muss. Bei Face-up liegt die Schriftseite nach oben und bei Face-down entsprechend nach unten.

➡ *Siehe Scanner; Fax; Drucker*

Fakultät

Mathematischer Ausdruck, der als »n!« (n Fakultät) geschrieben wird. $n! = n \times (n-1) \times (n-2) \times ... \times 1$.

FAQ

Abk.: Frequently Asked Questions

▲ *Übers.: häufig gestellte Fragen*

FAQs sind Dokumente, die Fragen zu Programmen, Geräten, Technologien, etc. sowie gleichzeitig auch die Antworten zu diesen Fragen enthalten. Die Fragen, die sich in diesen Dokumenten befinden, wurden entweder schon häufig bei Hotlines oder anderen Supporteinrichtungen gestellt oder lassen dies erwarten. Solche FAQs befinden sich im Internet, in Diskussionsforen und Mailboxen. Viele Hersteller bieten diese auch zu den eigenen Produkten an.

➡ *Siehe Internet; BBS; Forum*

Farbband

In nicht anschlagfreien Druckern (Nadeldruckern, Typenraddruckern, etc,.) dienen Farbbänder als Vorratsmedium für die Druckfarbe. Dabei ist auf ein Band aus Kunststoff bzw. Textil die Farbe aufgebracht. Durch den Anschlag des Druckers wird die Farbe aus dem Band auf das Papier gebracht. Farbbänder befinden sich meistens zum leichteren Austausch in einer Kassette.

➡ *Siehe Impact Printer; Drucker; Farbbandkassette*

Farbbandkassette

In einer Farbbandkassette befindet sich das Farbband für nicht anschlagfreie Drucker. Die Kassetten können meist leicht gewechselt werden.

➡ *Siehe Farbband; Impact Printer*

Farbbildschirm

Farbbildschirme sind in der Lage, durch die Mischung von Grundfarben nahezu alle Farben darzustellen. Inzwischen sind bei Computern Farbbildschirme der Standard. Früher waren so genannte Monochrombildschirme (einfarbiger Monitor) der Standard. Im Normalfall handelt es sich bei Farbbildschirmen um Kathodenstrahlröhren. Diese arbeiten mit drei Elektronenstrahlen zur Erzeugung der drei Grundfarben Rot, Grün und Blau, aus denen die eigentlichen Farben zusammengemischt werden. Wie viele Farben tatsächlich angezeigt werden, hängt wesentlich von der Grafikkarte des Rechners ab, an dem der Bildschirm angeschlossen ist.

➭ *Siehe Elektronenstrahlröhre; RGB; Grafikkarte; Bildschirm; Bildschirm, monochromer*

Farbe-, Bild-, Austast- und Synchronisierungssignal
➭ *Siehe FBAS*

Farbkorrektur
Bedingt durch Unzulänglichkeiten in den einzelnen Geräten, die an der Digitalisierung und der Ausgabe einer Vorlage beteiligt sind, kann die Darstellung auf einem Monitor bzw. der Ausdruck auf einem Farbdrucker vom Original mehr oder weniger stark abweichen. Um diese Abweichung zu beseitigen oder zumindest zu minimieren, sind Farbkorrekturen notwendig. Diese Korrekturen können auf unterschiedliche Art und Weise geschehen. Zum einen kann das Ausgabegerät kalibriert werden, das heißt, es kann auf Referenzfarben geeicht werden, zum anderen kann z.B. über Bildbearbeitungsprogramme die Datei selbst korrigiert werden.

➭ *Siehe Bildbearbeitungsprogramm*

Farb-LCD
Farb-LCD ist eine Farbanzeige, die auf einem LCD basiert.

➭ *Siehe LCD*

Farbmodell
Ein Farbmodell dient zur Beschreibung von Farben. Physikalisch gesehen ist Farbe nichts anderes als Licht einer bestimmten Wellenlänge. Der Mensch ist in der Lage, einen bestimmten Bereich des Lichtspektrums zu sehen. Um Farben technisch und vor allem variabel erzeugen zu können, bedarf es eines Modells. Es existiert eine ganze Reihe von Modellen dieser Art. Zwei Modelle, die sehr häufig im Computerbereich verwendet werden, sind zum einen die additive Farbmischung und zum anderen die subtraktive Farbmischung. Bei der additiven Farbmischung wird von einer ideal weißen Fläche ausgegangen, auf der Licht verschiedener Grundfarben überlagert wird. Durch die Überlagerung entsteht dann ein Gesamtfarbeindruck. Das RGB-Modell arbeitet nach genau diesem Prinzip mit den Grundfarben Rot, Grün und Blau.

➭ *Siehe CMYK-Farbsystem; RGB*

Farbpalette

Eine Farbpalette ist im Computerbereich eine logische Struktur, die einen Indexwert einem Farbwert zuordnet. Über den Indexwert wird dann der Farbwert angesprochen. Viele Computersysteme unterstützen hardwaremäßig eine weitaus größere Anzahl von Farben als manche Darstellungsmodi verwenden können. Den Farbpaletten kommt nun die Aufgabe zu, aus dieser Vielzahl von Farben, die Farben bereitzustellen, die für die aktuelle Anzeige benötigt werden.

⇒ Siehe *Farbmodell; Farbtiefe*

Farbreduktion

Bei der Farbreduktion geht es darum, die Farbtiefe eines Bilds zu reduzieren. Die Farbtiefe wird in Bit pro Pixel angegeben und beschreibt, wie viele Bits für die Farbinformation für die einzelnen Pixel verwendet werden. So werden z.B. 16 Bit pro Pixel benötigt, um True Color zu erreichen. Oftmals ist es aber auf einem Ausgabegerät nicht möglich, den gesamten Farbumfang wiederzugeben oder ein Dateiformat unterstützt nicht die gewünschte Farbtiefe. In diesen Fällen muss die Farbtiefe reduziert werden. Bildbearbeitungsprogramme können eine solche Reduktion vornehmen. Dabei wird versucht, das neue Bild so zu optimieren, dass die fehlenden Farben die Qualität nicht zu stark beeinträchtigen.

⇒ Siehe *Farbtiefe; Bildbearbeitungsprogramm; TrueColor*

Farb-Scanner

Farb-Scanner sind im Gegensatz zu Graustufen-Scannern in der Lage, farbige Vorlagen farbig wiederzugeben. Farb-Scanner zerlegen die Farbinformation der Vorlage in Anteile der drei Grundfarben Rot, Grün und Blau. Es gibt Three-Pass- bzw. Multi-Pass-Scanner und Single-Pass-Scanner. Erstere waren früher der Standard. Die Three-Pass-Scanner benötigen für die Erfassung der Grundfarben drei Durchläufe, wodurch diese enorm viel Zeit für den Scan-Vorgang benötigen.

⇒ Siehe *Single Pass; Scanner; Three-Pass; Multi-Pass; Flachbett-Scanner*

Bild F.1: Ein Farb-Scanner

Farbstoff-Tripel

⇒ Siehe *Farb-Tripel*

Farbtemperatur

Die erreichbare Farbtemperatur ist ein Beurteilungskriterium für die Qualität von Monitoren. Sie wird in Kelvin angegeben (0 K = -273 °C) und stellt den Bezug einer Farbe zur Temperatur von lichtabstrahlenden Körpern her. Leicht erhitzte Materialien (ab ca. 1500 K) leuchten im roten Bereich, stark erhitzte Materialien im blauen Bereich (ca. 10.000 K). Die individuellen Farbeigenschaften leuchtender Körper werden anhand ihrer Farbtemperatur beurteilt und klassifiziert. Sonnenlicht hat ca. 6000 K, weißes Papier 6500 K, blauer Himmel 10.000 K. Wichtig zur Beurteilung von Monitoren ist der so genannte Weißpunkt bei 6500 K. Je näher der Monitor an diesem Wert ist, desto besser ist er.

➡ *Siehe Monitor*

Farbtiefe

Die Farbtiefe gibt an, wie viele Farben gleichzeitig auf dem Bildschirm dargestellt werden können. Sie ist abhängig von der Größe des Grafikkartenspeichers. Es gibt 16 Farben, 256 (8 Bit), 65563 Farben (16 Bit, High-Color) und 16,7 Millionen (24 Bit, True-Color, Echtfarben) Farben. Die True-Color-Darstellung wird meist für Raytracing, Animationen oder auch eingescannte Fotos verwendet, um möglichst realistisch wirkende Ergebnisse zu erhalten. True-Color deswegen, weil das menschliche Auge 16,7 Millionen unterschiedliche RGB-Farbnuancen unterscheiden kann (256x256x256).

➡ *Siehe Grafikspeicher; Scanner; RGB*

Farb-Tripel

Ein Schlitz oder ein Loch in einer Schlitz- bzw. Lochmaske eines Bildschirms wird Farb-Tripel oder Farbstoff-Tripel genannt. Die von der Kathodenstrahlröhre ausgesandten Elektronenstrahlen für Rot, Grün und Blau treffen idealerweise genau in den jeweils für sie vorgesehenen Farb-Tripel, wodurch die darunter liegende, phosphoreszierende Schicht zu Leuchten beginnt. Je nach Bildröhrentyp werden die Farb-Tripel anders zueinander angeordnet. Bei einer Deltaröhre z.B. in einem Dreieck. Ein wichtiges Kriterium zur Beurteilung der Qualität eines Monitors ist neben Form der Farb-Tripel auch deren Abstand untereinander, der mit dem englischen Ausdruck »dot pitch« oder Punktabstand bezeichnet wird. Der Dot Pitch guter Monitore liegt bei 0,28 bis 0,25 mm. Bei der CromaClear-Bildröhre von NEC sind die Farb-Tripel weder schlitz- noch lochförmig, sondern oval.

➡ *Siehe Bildröhre; Elektronenstrahlröhre; Lochmask; Dot Pitch*

Fast Packet Keying

➟ *Siehe WEP*

FastCGI

FastCGI ist ein Programminterface, das die Zugriffe auf CGI-basierte Webprogramme beschleunigt. Mit FastCGI werden gleichzeitige CGI-Aufrufe durch einen einzigen Prozess abgearbeitet. Ohne FastCGI würde jeder vom Benutzer ausgeführte Request einen neuen Prozess starten.

➟ *Siehe Interface; CGI; Request; Script*

Fast-SCSI

➟ *Siehe SCSI*

FAT

Abk.: File Allocation Table

▲ *Übers.: Dateizuordnungstabelle*

Die FAT wird von MS-DOS zur Verwaltung des Dateisystems verwendet. Die FAT stellt das Inhaltsverzeichnis eines Datenträgers dar. Sie speichert Informationen über jeden Cluster eines Datenträgers.

Ein Hauptnachteil der FAT ist die so genannte Fragmentierung. Dabei werden Dateien auf nicht aneinander liegende Cluster verteilt, wodurch sich die Zugriffsgeschwindigkeit auf diese Dateien verringert.

➟ *Siehe Datenträger; FAT32; Cluster; Dateisystem; Norton Utilities; Fragmentierung*

FAT32

FAT32 ist eine neue Version der FAT und wird ab dem so genannten B-Release von Windows 95 (Windows 95B oder OEM-Service Pack 2) verwendet. Der Vorteil des neuen Systems liegt darin, dass Festplatten-Partitionen mit bis zu 2 Terabyte unterstützt werden. Im selben Aufwasch wurde die Cluster-Größe stark verringert.

➟ *Siehe Cluster; Dateisystem; FAT*

Fatal Error

Ein Fehler wird dann als »Fatal« bezeichnet, wenn der Start des Computersystems beim Power On Self Test mit einem Beep Code abgebrochen wird.

➟ *Siehe Error Code; Beep Code; P.O.S.T.*

Fax

Fax ist abgeleitet von Faksimile. Fax-Geräte erlauben es, Papiervorlagen über die Telefonleitung zu übertragen. Dazu wird die Vorlage von der Sendestation gescannt und in elektronische Information umgewandelt. Diese wird an die Empfängerstation gesendet. Dort wird das Ganze wieder auf Papier ausgedruckt. Dadurch entsteht in der Ferne eine Kopie des Originals. Über Faxmodems und ISDN-Karten ist es zudem möglich, Faxe mit dem Computer zu senden und zu empfangen. Inzwischen existieren von vielen Herstellern auch diverse Kombigeräte, die Drucker, Scanner, Kopierer und Fax in sich vereinen, wodurch die Grenzen zwischen klassischen Büromaschinen und Computerperipherie mehr und mehr verwischen.

➠ *Siehe ISDN-Modem; Faxklasse; Modem; Faxgruppe*

Faxgruppe

Für das Fax existieren verschiedene Übertragungsstandards. Diese werden als Faxgruppen bezeichnet. Die meisten momentan verwendeten analogen Faxgeräte verwenden die Faxgruppe 3. Noch wenig verbreitet sind Geräte der Gruppe 4 (ISDN-Fax-Geräte). Die einzelnen Gruppen sind wie folgt definiert:

▶ Faxgruppen 1 und 2: Diese beiden Gruppen werden nicht mehr verwendet, da sie total veraltet sind.

▶ Faxgruppe 3 (G3): Dieser Standard legt eine maximale Übertragungsrate von 14400 bps fest und gilt für analoge Fax-Geräte und Fax-Modems. Damit wird eine A4-Seite in ca. einer Minute übertragen. Der Standard bietet zwei verschiedene Auflösungen (200 x 100 dpi und 200 x 200 dpi) mit maximal 64 Graustufen.

▶ Faxgruppe 4 (G4): Dieser Standard gilt für ISDN-Faxgeräte und nutzt die maximale Übertragungsrate des ISDN von 64000 bps. Damit kann eine A4-Seite mit der maximalen Auflösung von 400 x 400 dpi mit 64 Graustufen in 10 – 20 Sekunden übertragen werden. Um den Standard nutzen zu können, müssen Sender- und Empfängerseite diesen unterstützen. Allerdings sind reine ISDN-Faxgeräte noch selten. Mit ISDN-Karten kann der G4-Standard aber vom PC aus genutzt werden.

➠ *Siehe ISDN-Karte; Fax; Faxmodem; ISDN*

Faxklasse

Die Faxklassen stellen Zusammenfassungen von Befehlssätzen dar, die zur Ansteuerung eines Faxmodems vom PC aus notwendig sind. Die Einteilung der Klassen wurde vom CCITT bzw. ITU vorgenommen. Es werden die folgenden drei Klassen unterschieden:

▶ Faxklasse 1: Ältester Standard. Hier wird die Hauptsteuerung vom PC übernommen.

▶ Faxklasse 2: Dieser Standard ging aus einer Einigung von verschiedenen Herstellern hervor. Später wurde er in der Fax-Klasse 2.0 aufgenommen.

▶ Faxklasse 2.0: Dieser Standard wurde um einige Möglichkeiten, wie z.B. Fehlerkorrektur, erweitert. Außerdem erledigt hier das Modem einen Großteil der Steuerung. Der Standard ist abwärtskompatibel zu Klasse 1.

➠ *Siehe Fax; Faxmodem; CCITT; Fax-Gruppe*

Faxmodem

Ein Faxmodem ist ein Modem, das neben der eigentlichen Modemfunktionalität noch die Möglichkeit bietet, Faxe zu senden und zu empfangen. Anfangs wurden Faxmodems angeboten, die nur Faxe empfangen konnten. Inzwischen gehört die volle Faxfunktionalität zur Standardausstattung. Als Übertragungsprotokolle werden von der CCITT vorgegebenen Protokolle V.29 und V.17 verwendet.

➠ *Siehe V.17; V.29; Modem; Fax; CCITT*

Fax-on-Demand

➠ *Siehe Fax-Polling*

Fax-Polling

Beim Fax-Polling stellt im Gegensatz zu einer normalen Faxübertragung der Empfänger die Verbindung her. Der Sender wartet passiv, bis er angerufen wird. Der Empfänger löst dann den Sendevorgang beim Sender aus.

➠ *Siehe Fax*

Faxvorlage

1. Als Faxvorlagen werden auch Formblätter oder grafisch gestaltete Papierbögen bezeichnet, auf die gedruckt oder geschrieben werden kann. Diese können anschließend per Fax verschickt werden.

2. Die meisten Textverarbeitungsprogramme bieten spezielle Dokumentvorlagen, mit denen es möglich ist, Faxe zu gestalten. Diese Vorlagen enthalten die typischen Elemente eines Faxes.

➠ *Siehe Fax; Document Template*

Faxweiche

Eine Faxweiche wird zum automatischen Umschalten zwischen einem Telefon und einem Faxgerät verwendet. Anhand eines bestimmten Signaltons erkennt die Faxweiche, ob es sich bei einem Anruf um ein Fax oder ein Telefongespräch handelt und schaltet den Anruf auf das entsprechende Gerät.

➠ *Siehe Fax*

FBAS

Abk.: Farbe-, Bild-, Austast- und Synchronisierungssignal

Bei FBAS handelt es sich um das Standardvideosignal zur Ansteuerung von Farbbildschirmen, das auch von Fernsehgeräten verwendet wird. Dabei werden über ein

Kabel alle Informationen (Farb- und Helligkeitsinformationen) übertragen. Die Bildqualität ist allerdings für viele Anwendungen im Computerbereich nicht ausreichend. Computermonitore verwenden dagegen RGB-Signale.

⇒ *Siehe Monitor; RGB*

FDDI

Abk.: Fiber Distributed Data Interface

FDDI ist eine Schnittstelle für Daten, die per Lichtwellenleiter übertragen werden. FDDI ist eine Hochgeschwindigkeitsnetzwerktechnologie, die auf dem Token-Ring-Prinzip von IBM basiert. FDDI bietet eine Übertragungsrate von 100 MBit/s. Mit FDDI lassen sich neben der Token-Ring-Topologie auch die Bus- und Stern-Topologie verwenden.

⇒ *Siehe Sterntopologie; Netzwerk; Bus-Topologie; Token-Ring*

Feature

Wenn im Computerbereich von Ausstattungsdetails bestimmter Hardware- oder Softwareprodukte gesprochen wird, wird meistens statt der deutschen Begriffe Leistungsmerkmal oder Ausstattungsmerkmal, der englische Begriff Feature verwendet. Bei Textverarbeitungsprogrammen ist z.B. die Rechtschreibkorrektur ein Feature.

⇒ *Siehe Software; Hardware*

Feature Connector

Der Feature Connector dient zur Verbindung der Grafikkarte eines Computers mit anderen Karten. Solch eine Karte kann z.b. eine Video-Karte sein, die mit der Grafikkarte zusammenarbeitet. Der Feature Connector wird nur noch selten verwendet, da die Spezifikation den heutigen Ansprüchen in punkto Multimedia nicht mehr gerecht wird.

⇒ *Siehe Grafikkarte*

FED

Abk.: Field Emission Display

Field Emission Displays sind Flachbildschirme, die nicht die Winkelabhängigkeit von LCD-Displays aufweisen und sich deswegen besonders für Videoanwendungen eignen. Das Prinzip der FEDs ist den Röhrenbildschirmen sehr ähnlich, denn es werden elektrische Ladungen auf einzelne pixelgroße Phosphorelemente geschossen, die dann aufleuchten.

⇒ *Siehe Elektronenstrahlröhre; LCD; Flatscreen*

Feeder

Der automatische Einzelblatteinzug eines Druckers wird als Feeder bezeichnet.

⇒ *Siehe Einzelblatteinzug; Drucker*

Fehler, nicht behebbarer

Ein schwerwiegender Fehler, welcher nur durch externe Methoden der Wiederherstellung beseitigt werden kann, wird nicht behebbarer Fahler genannt.

Fehlerbehandlung

Die Fehlerbehandlung sorgt in einem Programm dafür, Laufzeitfehler abzufangen und nach Möglichkeit so zu behandeln, dass die Ursache entweder direkt behoben werden kann oder der Benutzer die Möglichkeit hat, die Fehlerursache zu beheben. Damit soll verhindert werden, dass das Programm beim Auftreten eines Fehlers beendet wird.

➡ *Siehe Runtime Error; Programm*

Fehler-Bit

➡ *Siehe Paritätsbit*

Fehler-Code

➡ *Siehe Error Code*

Fehlererkennung

Die Fehlererkennung dient zur Erkennung von Datenfehlern, die bei der Übertragung von Daten auftreten. Dazu dienen entsprechende Methoden, wie Prüfsummen, Echo-Verfahren etc.

➡ *Siehe Echo; Prüfsumme*

Fehlerhafter Sektor

➡ *Siehe Sektor, fehlerhafter; Sektor*

Fehlerkorrektur

Die Fehlerkorrektur sorgt dafür, dass Fehler nach deren Erkennung beseitigt werden. Bei der Übertragung von Daten werden fehlerhaft empfangene Daten zur Korrektur neu übertragen.

➡ *Siehe Fehlererkennung; CRC*

Fehlertoleranz

Als fehlertolerant werden Systeme bezeichnet, die in der Lage sind, Fehler abzufangen und entsprechend zu behandeln.

Feld

➡ *Siehe Datenfeld; Array*

Felder, elektromagnetische

Alle elektrischen Geräte bilden ein elektromagnetisches Feld. Die Stärke solcher Felder ist zum Teil abhängig von der Frequenz des elektrischen Stroms. Diese Frequenz kann bei bestimmten Elementen in PC-Monitoren, aber auch Fernsehern, mehr als 50 kHz betragen. Die Beeinflussung der Gesundheit konnte zwar bisher nicht eindeutig nachgewiesen werden, dennoch werden gerade für Monitore verschiedene Normen festgelegt, welche Grenzwerte für die elektromagnetische Strahlung definieren. Hierzu gehören z.B. die MPR-Norm oder die TCO-Norm. Nach Richtlinien der EU wurde seit 1.1.1996 eine Norm eingeführt, die durch das CE-Siegel jedes Gerät kennzeichnet. Bei diesen Geräten wurde geprüft, ob die elektromagnetische Verträglichkeit (EMV) erfüllt wird.

↠ *Siehe CE-Prüfzeichen/Norm; TCO-Norm; MPR-Norm*

Feldvariable

↠ *Siehe Array*

Fenster

↠ *Siehe Window*

Fenstertechnik

↠ *Siehe Window*

Fernmeldetechnisches Zentralamt

↠ *Siehe FTZ*

Fernschreiber

↠ *Siehe TTY*

Ferromagnetic Random Access Memory

↠ *Siehe FRAM*

Ferromagnetische Domäne

↠ *Siehe Domäne, magnetische*

Festplatte

↠ *Siehe Harddisk*

Festplatte, externe

Eine externe Festplatte ist eine portable Festplatte, die über eine eigene Stromversorgung verfügt, ein eigenes Gehäuse hat und über ein Schnittstellenkabel mit dem Computer verbunden wird.

↠ *Siehe Harddisk; Schnittstelle*

Festplatten-Cache

↠ *Siehe Laufwerks-Cache*

Festplatten-Controller

Der Festplatten-Controller ist für die Steuerung einer Festplatte und den Datenaustausch mit dem Computer zuständig. Bei heutigen Festplatten befindet sich der eigentliche Controller bereits auf der Festplatte selbst. Die Einsteckkarte bzw. die Elektronik auf dem Motherboard (aktuelle Motherboards haben meistens die Komponenten für den Anschluss von EIDE-Platten direkt integriert) sorgen lediglich für den Anschluss an den Computer. Deshalb ist der weithin benutzte Begriff Controller für diese Elemente nicht ganz richtig, eigentlich handelt es sich mehr um einen Adapter. Früher war der Begriff Controller gerechtfertigt, da damals die Karte den eigentlichen Controller darstellte.

↠ *Siehe Controller; Harddisk; Motherboard*

Festplattenkomprimierung

Programme, wie z.B. Double Space oder Stacker, sorgen dafür, dass alle Daten, die auf die Festplatte geschrieben werden, vor dem Schreiben komprimiert werden. Wenn Daten nun von der

Festplatte gelesen werden, werden diese wieder dekomprimiert. Das Komprimieren und Dekomprimieren der Daten geht in der Regel so schnell, dass kaum Verzögerungen auftreten. Mit solchen Komprimierungsprogrammen kann, je nach Art der Daten, die Festplattenkapazität nahezu verdoppelt werden. Allerdings macht es angesichts der stark gesunkenen Preise für große Festplatten wenig Sinn, das erhöhte Risiko für Probleme und damit Datenverlust einzugehen.

➭ *Siehe Datenkompression*

Festwertspeicher

➭ *Siehe ROM*

Fetch-Zyklus

Bei der Befehlsverarbeitung in einem Prozessor wird der erste Schritt (das Abrufen des Befehls aus dem Arbeitsspeicher) als Fetch-Zyklus bezeichnet.

➭ *Siehe Instruction; Hauptspeicher; Prozessor*

FF

Abk.: Form Feed

▲ *Übers.: Zeilenvorschub*

FF ist ein Steuerzeichen zur Ansteuerung eines Druckers. Ein Zeilenvorschub lässt die Ausgabe in der nächsten Zeile fortfahren. Bei einem Drucker, der das Steuerzeichen LF (Line Feed) empfängt, wird das Papier um eine Zeile weitertransportiert. Auf dem Bildschirm springt der Cursor einfach in die nächste Zeile.

➭ *Siehe Feeder; Steuerzeichen; Drucker*

Fiber Distributed Data Interface

➭ *Siehe FDDI*

Fido/Opus/Seadog

➭ *Siehe Fossil*

FidoNet

Das FidoNet ist ein weltumspannendes privates, nicht kommerzielles Netzwerk. Das FidoNet besteht aus einer Vielzahl – über 35.000 – Mailboxen (auch Node genannt), die miteinander in Verbindung stehen. Über diesen Mailbox-Verbund können die einzelnen Nutzer des FidoNet (auch Point genannt) Nachrichten austauschen. Jeder Teilnehmer erhält eine eindeutige Adresse innerhalb des Netzes. Den Namen erhielt es im Übrigen vom Hund einer der Gründer des FidoNet. Dieser Hund hörte auf den Namen Fido.

➭ *Siehe Netzwerk; BBS*

Field Emission Display

➭ *Siehe FED*

FIFO

Abk.: First In First Out

▲ *Ant.: LIFO*

FIFO bedeutet so viel wie »wer zuerst kommt, mahlt zuerst«. Bei diesem Prinzip werden Daten in der gleichen Reihenfolge ausgegeben, wie sie auch eingelesen wurden. Dies ist genau das Gegenteil vom Stack- bzw. LIFO-Prinzip. Das FIFO-Prinzip wird oft für Pufferspeicher verwendet.

➠ *Siehe Buffer; LIFO*

FIFO-Puffer

Puffer, der nach dem FIFO-Prinzip arbeitet.

➠ *Siehe Buffer; FIFO*

File

➠ *Siehe Datei*

File Access

Lese- bzw. Schreibzugriffe auf Dateien werden als File Access bezeichnet.

➠ *Siehe Datei*

File Allocation Table

➠ *Siehe FAT*

File Sharing

Mit File Sharing ist die parallele Verwendung von Dateien durch mehrere Programme, Prozesse oder auch Anwender gemeint.

➠ *Siehe Programm; Prozess*

File Transfer

➠ *Siehe Dateiübertragung, binäre; Datei*

File Transfer Access and Management

➠ *Siehe FTAM*

File Transfer Protocol

➠ *Siehe FTP*

Fileserver

Ein Fileserver stellt den Arbeitsstationen im Netzwerk seine Speicherkapazität, nicht aber seine sonstigen Ressourcen oder Programme zur Verfügung.

➠ *Siehe Server; Client-Server-Prinzip; Speicherkapazität; Workstation; Resources; Client*

Filesystem

➠ *Siehe Dateisystem*

Filter

1. Filter sind Eigenschaften in Datenbanken, die es erlauben, bestimmte Kriterien anzugeben, nach denen Datensätze ausgewählt werden. Im Gegensatz zu Abfragen werden diese nicht extra gespeichert, sondern sind entweder temporär oder als Eigenschaft einer Tabelle festgehalten.

2. Bildbearbeitungsprogramme verwenden Filter, um Veränderungen an Bildern vorzunehmen. Es gibt Filter für die unterschiedlichsten Aufgaben. Filter, die häufig verwendet werden, sind z. B. Filter zum Schärfen eines Bildes.

3. Filter werden in der Audio-Technik verwendet, um bestimmte Veränderungen an Audio-Signalen vorzunehmen. Z.B. wird vor der Digitalisierung eines Audio-Signals dieses durch einen Filter geschickt, um sicherzugehen, dass die höchste Signalfrequenz maximal die Hälfte der Sampling-Frequenz beträgt.

➧ Siehe *Tabelle; Abfrage; Sampling; Datenbank; Bildbearbeitungsprogramm*

Filterung, bilineare

➧ Siehe *Texturfilterung, bilineare*

Finanzsoftware

In diese Softwarekategorie fallen alle Programme, die es ermöglichen, den Benutzer bei finanziellen Angelegenheiten zu unterstützen. Aufgaben für solche Programme sind z.B. das Abfragen und Verwalten von Konten, Management von Wertpapierdepots, Erstellen von Charts, Abfragen von Kursen, Erfassen von Ausgaben, Unterstützung bei Steuerangelegenheiten etc. Bekannte Vertreter sind Quicken von Intuit und Money von Microsoft.

➧ Siehe *Kaufmännische Software; Quicken*

Finger

Finger ist ein Kommando, das ursprünglich aus Unix-Systemen stammt. Es dient dazu, im Internet Informationen über einen User zu ermitteln.

➧ Siehe *Internet; Unix*

Firewall

Kombiniertes Hard- und Softwaresystem zum Schutz eines lokalen Netzwerkes (LAN) mit Anbindung an das Internet vor Angriffen des LAN aus dem Internet. Die Systeme reichen von sehr einfachen Konfigurationen für kleine Netzwerke bis hin zu sehr großen und komplexen Lösungen, die die Netzwerke großer Unternehmen schützen und ein hohes Maß an finanziellem und administrativem Aufwand mit sich bringen.

➧ Siehe *LAN; Internet; IDS*

FireWire

FireWire ist ein Plug&Play-System, konfiguriert sich also selbst und bindet neue Geräte automatisch ein. Ein PC ist zum Einsatz dieses Systems nicht nötig. So kann z.B. eine Videokamera einen Videorecorder bzw. ein TV-Gerät steuern. Der Standard wurde 1986 von Apple entwickelt, später von Adaptec lizenziert. Das FireWire-Bussystem unterstützt bis zu 63 Geräte. Die Geräte nutzen dabei denselben Bus und kommunizieren sowohl mit dem angeschlossenen PC als auch untereinander. Insofern ähnelt dieses Bussystem dem Universal Serial Bus (USB) von Intel. Derzeitige Übertragungsraten liegen bei 100 Mbps (Megabit per second), künftige Versionen sollen bis zu 400 Mbps erreichen. FireWire wird hauptsächlich in der Video-Bearbeitung, in Netzwerken und bei den neuen DVD-Geräten eingesetzt. FireWire ist Teil der ATX-Spezifikation 2.1.

➠ *Siehe Bus; DVD; Netzwerk; Chipsatz; IBM; Apple; USB; Plug&Play; IEEE*

Firmware

Mit Firmware ist die Software eines Geräts gemeint, die vom Hersteller des Geräts in einem ROM-Baustein untergebracht wurde. Diese Software hat meist sehr elementare Aufgaben in dem jeweiligen Gerät.

➠ *Siehe Software; ROM; Gerät*

Firmware Hub
➠ *Siehe FWH*

FIRST

Abk.: Forum of Incident Response and Security Teams

FIRST ist eine Organisation, die sich in enger Zusammenarbeit mit dem CERT um die Koordination von Reaktionen bei Computersicherheitsproblemen kümmert. Sie ist Bestandteil der Internet Society (ISOC).

➠ *Siehe CERT*

First-Level-Cache
➠ *Siehe L1-Cache*

Fixiereinheit

Fixiereinheit wird bei Laserdruckern das Bauteil bezeichnet, welches dafür sorgt, dass das noch lose Tonerbild mit dem Papier dauerhaft verbunden wird. Meistens wird dies über eine heiße Walze bewerkstelligt, die die Tonerpartikel »einbrennt« und gleichzeitig anpresst.

➠ *Siehe Toner; Laserprinter*

F-Kodierung

Bei TAE-Dosen (Anschlussdosen der Telekom für Analoge Telefonanschlüsse) wird zwischen zwei Kodierungsformen (F- und N-Kodierung) der Buchsen unterschieden. Die F-kodierten Buchsen sind für den Anschluss von Telefonen gedacht. Die N-Kodierung für alle übrigen Endgeräte (Fax, Anrufbeantworter, Modem etc.). Die Kodierung äußert sich in der Belegung der Buchsen und Stecker und in der Gehäuseform (ein Steg verhindert das Einstecken von F-kodierten Steckern in N-kodierte Buchsen und umgekehrt).

➠ *Siehe TAE; Modem; Fax*

Flachbettnadeldrucker
➠ *Siehe Pinwriter*

Flachbett-Plotter

Bei Flachbett-Plottern wird das Druckmedium flach auf das Plotter-Bett gelegt. Der Stift des Plotters wird über eine entsprechende Steuereinrichtung über das Medium geführt. Dabei wird das Medium nicht von einer Trommel weiterbewegt, sondern bleibt auf dem Plotter fixiert.

➡ *Siehe Trommelplotter; Plotter*

Flachbett-Scanner

Flachbett-Scanner ähneln Kopierern in der Art der Bedienung und Verarbeitung von Vorlagen. Wie bei diesen wird die Vorlage flach auf eine Glasplatte gelegt. Anschließend wird die Vorlage eingescannt. Flachbett-Scanner sind in der Regel ein ganzes Stück teurer als Hand-Scanner, ermöglichen aber qualitativ bessere Scans.

➡ *Siehe Farb-Scanner; Scanner; Hand-Scanner*

Flachbildschirm

➡ *Siehe Flatscreen*

Flag

Flags sind Boolesche Variablen, die bestimmte Zustände anzeigen. Innerhalb des Prozessors wird z. B. ein Flag verwendet, um anzuzeigen, ob es bei einer mathematischen Operation einen Übertrag gegeben hat. In Dateisystemen von Netzwerken wird durch das Setzen von Flags die Verteilung von Zugriffsrechten auf Verzeichnisse geregelt. Bei der Softwareprogrammierung kann ein Flag als Variable genutzt werden, um die Existenz oder die Einhaltung einer Bedingung anzuzeigen.

➡ *Siehe Boolesche Operatoren; Prozessor*

Flaming

Innerhalb des Internets existiert ein Verhaltenskodex, auch Netiquette genannt. Besonders in Newsgroups wird auf die Einhaltung solcher Regeln geachtet. Teilnehmer, die gegen diese Regeln verstoßen, müssen mit Aktionen seitens anderer Teilnehmer rechnen. Dies äußert sich oft in Form von zurechtweisenden E-Mails, die an den Schuldigen von vielen Seiten her geschickt werden. Dieses Vorgehen wird als Flaming bezeichnet.

➡ *Siehe Internet; Newsgroup; Netiquette; Mail-Bomb*

Flashmemory

Bei Flashmemory handelt es sich um eine spezielle, von Intel entwickelte Speicherform, die es ermöglicht, ohne mechanische Komponenten Daten dauerhaft (auch nach Abschalten des Stroms) zu speichern. Diese besondere Form eines ROM kann sowohl elektrisch beschrieben als auch ausgelesen werden. Mit Durchsetzung der Digitalkameras und MP3-Player wurden eine

Reihe unterschiedlicher Speicherkarten-Formate entwickelt.

⮕ Siehe *EEPROM; ROM; MMC; CompactFlash; Memory Stick; Secure Digital Card; SmartMedia-Card*

Flash MX

Entwicklungswerkzeug der Firma Macromedia für so genannte Flash-Inhalte (Animationen) auf Webseiten.

Flash-Speicher

⮕ Siehe *Flashmemory*

Flat Filesystem

Ein Flat Filesystem ist ein Dateisystem, in dem jede Datei (File) einen anderen Namen besitzen muss. Neuere Betriebssysteme benutzen ein hierarchisches Dateisystem, das es gestattet, dass mehrere Dateien denselben Namen besitzen, solange sie in anderen Verzeichnissen liegen. Die ersten Versionen von MS-DOS und MacOS verwendeten ein Flat Filesystem.

⮕ Siehe *Dateisystem; MS-DOS; Directory; MacOS*

Flat Thunk

⮕ Siehe *Thunk*

Flat-Panel PC

Ein Flat-Panel PC ist ein Computer, der komplett in ein TFT-Display integriert wurde.

⮕ Siehe *TFT-Display*

Flatrate

Als Flatrate wird ein Preismodell der Internet Service Provider (ISP) bezeichnet. Dabei kann der Kunde für einen gewissen monatlichen Betrag nahezu unbegrenzt online (im Internet) sein. Meist bestehen keine Beschränkungen hinsichtlich der übertragenen Datenmenge.

⮕ Siehe *T-DSL; T-Online; Online; ISP*

Flatscreen

Normale Bildschirme besitzen eine Bildröhre, deren Frontscheibe sich wölbt. Dadurch kann es in den Ecken des Bildes zu Verzerrungen kommen. Flachbildschirme besitzen im Gegensatz dazu eine flache Front, wodurch Verzerrungen vermieden werden.

⮕ Siehe *Bildröhre; Bildschirm*

Flattersatz

Als Flattersatz wird eine Textausrichtung bezeichnet, bei der nur auf einer Seite alle Zeilen bündig auf einer Höhe abschließen. So »flattert« z.B. bei einer linksbündigen Ausrichtung der Text auf der rechten Seiten (also am rechten Ende der einzelnen Zeilen), das heißt, die einzelnen Zeilen sind unterschiedlich lang.

⮕ Siehe *Blocksatz; Absatzformatierung*

Fließkommadarstellung
➡ Siehe Floating Point Representation

Fließkommaeinheit
➡ Siehe FPU

Fließkommaoperationen pro Sekunde
➡ Siehe FLOPS

Fließpunktdarstellung
➡ Siehe Floating Point Representation

Fließtext
Als Fließtext wird ein Textteil bezeichnet, der nicht durch eine Zeilen- oder Absatzschaltung unterbrochen ist. Dieser fließt quasi am Stück durch.

➡ Siehe Absatzformatierung

Flimmerfreiheit
Flimmern entsteht durch periodische Wechsel der Bildhelligkeit beim Bildaufbau. Flimmerfreiheit bezeichnet den Zustand, der erreicht wird, wenn der Bildaufbau bzw. der Bildwechsel so schnell vonstatten gehen, dass das menschliche Auge dies nicht mehr registriert. Dies hängt von der Bildwiederholfrequenz ab. Bei einer Bildwiederholfrequenz von mindestens 72 Hz gelten Monitore als flimmerfrei.

➡ Siehe Hertz; Bildwiederholfrequenz; Monitor; Bildschirm

FlipFlop
➡ Siehe Multivibrator, bistabiler

Float
Ein Float ist ein Floating-Point Datentyp mit einfacher Genauigkeit (32 Bit). Der Wertebereich reicht von 3,4E +/- 38 (7 Stellen hinter dem Komma).

Floating Point Arithmetic
➡ Siehe Floating Point Representation

Floating Point Operations Per Second
➡ Siehe FLOPS

Floating Point Representation
Abk.: FLO

▲ Übers.: Fließpunktdarstellung

▲ Syn.: Fließkommadarstellung, Fließpunktarithmetik, Gleitpunktdarstellung, Gleitkommadarstellung

▲ Ant.: Ganzzahlendarstellung, Integer-Darstellung

Fließkommazahlen werden für die Darstellung gebrochener Zahlen verwendet. Sie weisen drei Bestandteile auf:

▶ die Mantisse »m« gibt die eigentliche gebrochene Zahl an

▶ die Basis »b« zusammen mit dem Exponenten »e« sorgt für die richtige Größenordnung und somit für die richtige Position der Dezimalstelle

▶ daraus resultiert das Format $m \times b^e$

Die Zahl 0,00325 würde in Fließkommanotation so aussehen: 325E-5.

Fließkommaoperationen werden in den Bereichen 3D-Grafik, Animation und Konstruktion eingesetzt. Die Berechnung einer Fließkommazahl ist mit wesentlich mehr Rechenaufwand verbunden als die einer Ganzzahl (Integer-Zahl). Der Grund dafür liegt darin, dass Fließkommazahlen auf Operationen mit Ganzzahlen zurückgeführt werden müssen. Aus diesem Grund werden für Berechnungen, in denen hauptsächlich Fließkommazahlen vorkommen, mathematische Coprozessoren verwendet, die für diese Operationen speziell ausgelegt sind. Die Leistungsfähigkeit eines Coprozessors wird in FLOPS gemessen (Floating Point Operations Per Second).

➠ *Siehe FLOPS; 3D-Grafik; Animation; Mantisse; Integer; Coprozessor*

Floating Point Unit

➠ *Siehe FPU*

Floppy

1. Floppy ist die umgangssprachliche Bezeichnung für Diskette. Statt Floppy wird auch Floppy-Disk verwendet.

2. Floppy kann auch als Synonym für Diskettenlaufwerk verwendet werden.

➠ *Siehe Diskettenlaufwerk; Diskette*

Floppy Optical Disk

➠ *Siehe Floptical*

Floppy-Controller

Der Floppy-Controller steuert die Diskettenlaufwerke und den Datentransfer zwischen den Laufwerken und dem Computer. Im Normalfall ist der Floppy-Controller auf der gleichen Platine zu finden wie der Festplatten-Controller.

➠ *Siehe Floppy; Festplatten-Controller; Diskettenlaufwerk*

FLOPS

Abk.: Floating Point Operations Per Second

▲ *Übers.: Fließkommaoperationen pro Sekunde*

FLOPS ist ein Maß für die Rechengeschwindigkeit eines Computers.

➠ *Siehe Coprozessor, arithmetischer; Floating Point Representation*

Floptical

Floptical ist ein Kunstwort aus den Wörtern Floppy und Optical. Dieser Begriff steht für ein Speichermedium, das in der Lage ist, wesentlich größere Datenmengen

(20,8 MByte) zu speichern, als dies bei normalen Diskettenlaufwerken der Fall ist. Erreicht wird dies durch den Einsatz eines speziellen Servo-Systems, das den Schreib-Lese-Kopf mit Hilfe eines Laserstrahls positioniert. Als Orientierung für den Laser dienen konzentrische Markierungen, die bei der Herstellung der FODs (Floppy Optical Disks) aufgebracht werden. Dadurch kann mit einer wesentlich höheren Schreibdichte gearbeitet werden.

➡ *Siehe Speichermedium; Schreib-Lese-Kopf; Laser; Diskettenlaufwerk*

Flush-Filter

Zusätzlich zu den größeren TLBs verfügt die Architektur der 64-Bit-Prozessoren über einen 32 Einträge umfassenden Flush-Filter. Dies erlaubt ein besseres Management der TLBs bei Task-Wechseln. Mehrere können sich durch den Flush-Filter nun einen TLB teilen, ohne dass die Software dabei Einfluss nehmen muss. Normalerweise setzt der Prozessor bei Task-Wechseln jedes Mal die TLBs neu und stellt sie später wieder her – das kostet Rechenzeit.

➡ *Siehe Opteron, TLB*

Flussdiagramm

Flussdiagramme werden bei der Entwicklung von Programmen als grafisches Hilfsmittel verwendet, um den Ablauf eines Programms, den Programmfluss, zu veranschaulichen.

➡ *Siehe Programm; Diagramme*

Flüssigkristallanzeige

➡ *Siehe LCD*

Flüssigkristall-Blendenverschluss-Drucker

➡ *Siehe Liquid Crystal Display-Drucker*

Flusskontrolle

➡ *Siehe Flusssteuerung*

Flusssteuerung

Die Flusssteuerung dient bei der Übertragung von Daten zur Koordination von Sender und Empfänger. Dabei wird das Senden von Daten unterbrochen, sobald der Empfangspuffer voll ist. Hat der Empfänger die Daten aus dem Puffer verarbeitet, geht der Sender wieder auf Sendung. Die Flusssteuerung ist notwendig, um Datenverlust, insbesondere bei unterschiedlich schnellen Geräten, zu vermeiden.

➡ *Siehe Buffer; CTS; XOn/ XOff*

FM-Synthese

Abk.: Frequenz-Modulations-Synthese

Die FM-Synthese ist ein Verfahren zur künstlichen Erzeugung (Synthese) von Klängen. Spezielle

Synthesizer-Chips auf Soundkarten arbeiten mit diesem Verfahren.

➭ *Siehe Soundkarte*

FOD

➭ *Siehe Floptical*

Fogging

➭ *Siehe 3D-Funktionen*

Foil Keyboard

Folientastaturen besitzen im Gegensatz zu herkömmliche Tastaturen keine mechanischen Tasten. Bei Folientastaturen werden die einzelnen Schalter über zwei leitfähige Folien realisiert, die übereinander liegen. Wird an den dafür vorgesehenen Stellen auf die Tastatur gedrückt, schließt sich der Kontakt. Diese Tastaturart ist meist komplett wasserdicht und unempfindlich gegenüber Schmutz. Ein weiteres Merkmal ist die meist sehr geringe Bauhöhe. Zum Einsatz kommen diese Tastaturen meistens in industriellen Anwendungen, aber auch in Verkaufsterminals.

➭ *Siehe Keyboard*

Folientastatur

➭ *Siehe Foil Keyboard*

Font

Ein Font enthält die Informationen bei einem bestimmten Schnitt (einem Stil) einer ganz bestimmten Schrift. Es gibt Bitmap- und Vektor- bzw. skalierbare Fonts. Bei Bitmap-Fonts liegen die einzelnen Buchstaben als Bitmap in der Font-Datei vor. Um eine optimale Qualität zu erreichen, muss für jede verwendete Schriftgröße eine eigene Font-Datei vorhanden sein. Vektor-Fonts, wie z.B. die TrueType-Fonts von Windows, beinhalten eine mathematische Beschreibung des Umrisses (auch Outline genannt) einer Schrift. Dadurch ist es möglich, nahezu ohne Qualitätsverlust in einem weiten Bereich beliebige Schriftgrößen zu erzeugen. Bevor eine solche Schrift aber angezeigt bzw. ausgedruckt werden kann, muss sie in der gewünschten Größe gerastert werden. Bildlich gesprochen berechnet der Computer anhand der Beschreibung die Umrisslinie in der gewünschten Größe und füllt diese anschließend mit Farbe.

➭ *Siehe Schriften; TrueType; Outline; Schriftfamilie; Rastern; Schriftgrad; Bitmap*

Font-Editor

Mit Font-Editoren können Fonts bearbeitet werden. Meistens können einzelne Zeichen aus der Schrift bearbeitet werden. Dabei ist es in der Regel möglich, die Form oder andere Elemente der Zeichen zu verändern.

➭ *Siehe Font*

Foo

Foo ist ein im Internet gern verwendeter Platzhalter für bestimmte Ausdrücke. Er kann z. B. bei der Erklärung des Aufbaus einer E-Mail-Adresse vorkommen: foo@fooworld.com.

➞ *Siehe E-Mail*

For

For ist die Anweisung einer höheren Programmiersprache zur Erzeugung einer Schleife. Dabei wird ein bestimmter Programmteil wiederholt. Die Anzahl der Wiederholungen (Iterationen) wird in der Schleifendeklaration angegeben.

➞ *Siehe Schleife*

Forest

Ein Forest ist die höchste Ebene einer Active-Directory-Struktur. Er besteht aus mehreren Active-Directory-Trees. Zwischen den Trees werden automatisch Vertrauensstellungen aufgebaut. Somit können alle Active-Directory-Objekte innerhalb des gesamten Forests genutzt werden. Die Global Catalog Server werden Forest-weit gepflegt und enthalten somit alle Objekte des Forests. Die in einem Forest enthaltenen Active-Directory-Trees verfügen über unterschiedliche Namensräume (z. B. mut.de und mut.com). Alle Trees innerhalb eines Forest besitzen das gleiche Active-Directory-Schema. Ein Active Directory enthält immer mindestens einen Forest – auch dann, wenn nur ein Tree vorhanden ist. Es ist allerdings möglich, in einer Organisation mehrere Forests zu haben. Dies wird nicht empfohlen, da zwischen den Forests keinerlei automatische Synchronisation erfolgt. Mehrere Forests können aus Versehen entstehen, wenn z. B. bei der Installation einer neuen Domäne diese nicht in einen bestehenden Tree/Forest hinein installiert wird (das muss angegeben werden), denn so entsteht ein neuer Forest.

➞ *Siehe ADS; Tree*

Form Feed

➞ *Siehe FF*

Formale Logik

➞ *Siehe Logik, formale*

Format

1. Bei Textverarbeitungs- und Satzprogrammen wird die Summe der Attribute eines Absatzes oder eines Zeichens als das Format des Absatzes oder Zeichens bezeichnet. Solche Attribute sind bei Absätzen z. B. Einzug, Zeilenabstand, Tabstopp-Positionen etc.

2. In Bezug auf Massenspeicher wird als Format die logische Struktur bezeichnet, die zur Speicherung von Daten auf

diesem Speichermedium verwendet wird.

3. Das Format von Dateien ist die Vorschrift, nach der die Daten in der Datei abgelegt sind und was diese Daten in bestimmten Bereichen der Datei repräsentieren.

➡ *Siehe Speichermedium; Formatierung; Absatzformatierung; Massenspeicher; Datei*

Formatierung

1. Als Formatierung wird ein Vorgang bezeichnet, der einem Datenträger die logische Grundstruktur (das Format) aufprägt, die zur Organisation der Daten auf dem Datenträger vom Betriebssystem verwendet wird. Zur Formatierung bieten die Betriebssysteme meist spezielle Dienstprogramme an.

2. Als Formatierung wird auch die Ausrichtung und Gestaltung eines Textes in einem Textdokument hinsichtlich Absatze, Schriftart, Schriftgröße, Zeilen- und Zeichenabstand usw. bezeichnet.

➡ *Siehe Datenträger; Format; Absatzformatierung; Betriebssystem*

Formatvorlage

Textverarbeitungsprogramme verwenden Formatvorlagen, um Formatierungen dauerhaft unter einem eindeutigen Namen zu speichern. Bei Formatvorlagen wird zwischen Absatz- und Zeichenformatvorlagen unterschieden. Absatzformatvorlagen beinhalten Formatierungen von Absätzen. Zeichenformatvorlagen enthalten dagegen Formatierungen für Zeichen. Über Formatvorlagen ist es möglich, schnell Formatierungen zuzuweisen und diese auch schnell global zu ändern.

➡ *Siehe Formatierung; Absatzformatierung; Textverarbeitung*

Formel

Formeln kommen häufig in Tabellenkalkulationsprogrammen vor. Sie stellen mathematische Ausdrücke dar, die anhand der Daten in der Tabelle bestimmte Berechnungen ausführen.

➡ *Siehe Tabelle; Tabellenkalkulation*

Forms

Forms sind HTML-Formulare, die aus Eingabefeldern, Auswahllisten und Buttons bestehen, mit denen der Nutzer die Möglichkeit hat, bestimmte Informationen in einer festgelegten Form an den jeweiligen Web-Server zurückzuschicken (z.B. Umfragen, Bestellformulare usw.).

➡ *Siehe Server; WWW; Website; HTML*

Formular

Formulare werden in Datenbankprogrammen verwendet, um die Eingabe, Pflege und Sichtung von Datensätzen möglichst komfortabel zu gestalten. Dazu werden meist die üblichen Steuerelemente grafischer Benutzeroberflächen verwendet.

➭ *Siehe Datenbank; Datensatz; GUI*

Forth

Forth ist eine Programmiersprache, die in den 60er Jahren von Charles Moore entwickelt wurde. Der Name sollte andeuten, dass es sich bei der Sprache um die Programmiersprache der vierten Generation handelte. Forth verwendet sowohl maschinennahe Elemente als auch Elemente höherer Programmiersprachen. Ungewöhnlich ist die Orientierung an der umgekehrten polnischen Notation. Forth hat keine große Verbreitung in der Programmierwelt gefunden.

➭ *Siehe Programmiersprache*

Fortran

Abk.: Formula Translator

▲ *Übers.: Formelübersetzer*

Fortran ist eine Programmiersprache, die 1921 von John Backus entwickelt, allerdings erst 1954 von IBM veröffentlicht wurde. Fortran wurde schnell bei Mathematikern und Ingenieuren sehr beliebt. Fortran wird zwar noch verwendet, gilt aber als schwierig zu erlernen und ist veraltet.

➭ *Siehe IBM; BNF; Programmiersprache*

Forum

Bei Online-Diensten werden öffentliche Diskussionsbereiche als Forum bezeichnet.

➭ *Siehe Online-Dienst*

Forum of Incident Response and Security Teams

➭ *Siehe FIRST*

Fossil

Abk.: Fido/Opus/Seadog

Fossil-Treiber bieten eine leistungsfähige, standardisierte Programmierschnittstelle für die modemartige Kommunikation über die serielle Schnittstelle oder auch andere Kommunikationsadapter. Der Name leitet sich von Mailer- bzw. Mailbox-Programmen aus der FidoNet-Szene ab.

➭ *Siehe Schnittstelle, serielle; Schnittstelle; Modem; FidoNet; BBS*

Foto-Lithografie

Die Foto-Lithografie ist eine Technologie zur Herstellung integrierter Schaltkreise bei der das fotografische Negativ eines Schaltkreismusters auf die erforderlichen Abmessungen verkleinert und dann auf einen Halbleiter-Wafer, der mit einem fotoresistiven Material beschichtet ist, durch Belichtung aufgebracht wird. Der unbelichtete Fotolack wird abgewaschen und eine Ätzlösung wirkt auf die nicht durch Fotolack geschützten Stellen der Oberfläche ein. So wird das gewünschte Schaltkreismuster auf dem Wafer erzeugt.

➠ Siehe *Schaltkreis, bistabiler; IC; Wafer*

Fps

Abk.: Frames per second

▲ *Übers.: Bilder pro Sekunde*

▲ *Syn.: Frame-Rate*

FPS ist die so genannte Frame-Rate und bezeichnet die Abspielgeschwindigkeit eines Films, Videos oder einer Animation in Einzelbildern (Frames = Rahmen) pro Sekunde. Bewegungen erscheinen für das menschliche Auge ab 15 fps flüssig. Kinofilme laufen mit 24 fps. Die PAL-Norm arbeitet mit 25 fps, NTSC mit 30 fps.

➠ Siehe *PAL; Frame; NTSC*

FPU

Abk.: Floating Point Unit

▲ *Übers.: Fließkommaeinheit*

▲ *Syn.: Coprozessor, arithmetischer*

FPU ist ein Mikroprozessor, der die CPU bei der Berechnung so genannter Fließkommaoperationen (auch Gleitkommaoperationen genannt) unterstützt. Dieser Prozessor ist in neueren Chips integriert.

➠ Siehe *Coprozessor, arithmetischer; Prozessor; Floating Point Representation; CPU; Chip*

Fragmentiert

Als fragmentiert wird ein Datenträger bezeichnet, auf dem Dateien in nicht zusammenhängenden Clustern gespeichert sind.

➠ Siehe *Datenträger; Cluster; Fragmentierung*

Fragmentierung

Als Fragmentierung wird der Zustand bezeichnet, bei dem Dateien nicht zusammenhängend auf einem Datenträger gespeichert sind. Unter DOS z.B. werden Dateien immer Clusterweise gespeichert, so dass eine Datei auf freie Cluster auf einem Datenträger aufgeteilt wird. Dabei verweist jeder Cluster auf den nächsten. Der letzte Cluster enthält eine spezielle Markierung für das Dateiende. Sind genügend freie, zusammenhängende Cluster vorhanden, wird eine Datei zusammenhängend gespeichert. Wird diese Datei nun immer wieder bearbeitet, so wird sie auch wieder gespeichert. Dabei verwendet DOS den nächsten freien Cluster. Die Suche beginnt dabei am Anfang des Datenträgers. Dadurch kann es passieren, dass die Datei nicht mehr zusammenhängend gespeichert wird.

⇒ *Siehe Datenträger; Defragmentierung; Cluster*

Fraktal

Fraktale sind geometrische Gebilde, die sich durch ihre Selbstähnlichkeit auszeichnen. Das heißt, ein Fraktal ist aus Strukturen aufgebaut, die wiederum die Basis dieser Strukturen sind. Die fraktale Geometrie wurde in den 70er Jahren von B. Mandelbrot eingeführt. Fraktale Strukturen kommen auch in der Natur vor (z.B. Bäume, Farne, Gebirge etc.). In der Wissenschaft werden Fraktale z.B. zur Beschreibung komplexer Naturerscheinungen verwendet. Aber auch in der Technik haben diese Anwendung gefunden (z.B. zur Erzeugung von Landschaften in Computerspielen oder zur Datenkompression).

⇒ *Siehe Datenkompression; Bildkompression, fraktale*

Fraktale Bildkompression

⇒ *Siehe Bildkompression, fraktale*

FRAM

Abk.: Ferromagnetic Random Access Memory

FRAM ist eine Technologie zu Speicherung von Daten für die semipermanente Aufzeichnung auf kleinen Karten oder Streifen, die mit einer ferromagnetischen Oberfläche beschichtet sind.

⇒ *Siehe RAM*

Frame

1. Beim Film oder bei Computeranimationen ist Frame die Bezeichnung für ein einzelnes Bild. Beim Fernsehgerät stimmt die Bildwiederholrate mit der Anzahl der pro Sekunde angezeigten Bilder überein. Aus Ergonomiegründen verwendet die Grafikkarte im PC jedoch eine höhere Bildwiederholrate. Zur Unterscheidung wird hier ein Frame als einzelnes Videobild einer Filmsequenz definiert. Bewegungsabläufe erscheinen in der Regel ab 15 Frames/s flüssig. In Europa wird die PAL-Norm (25 Bilder pro Sekunde) und in Nordamerika die NTSC (30 Frames pro Sekunde) verwendet.

2. Bei der Datenfernübertragung bezeichnet ein Frame eine zusammenhängende Dateneinheit, einen Datenblock.

3. Im Bereich des Desktop-Publishing (DTP) bezeichnet ein Frame (Rahmen) eine Seite eines Dokuments.

4. Viele Sites im Internet verwenden die So genannte Frame-Technologie zur Darstellung des Inhalts ihrer Webseiten. Frames ermöglichen eine Unterteilung der Webseite. So ist

es z.B. möglich, eine Menüleiste zu erzeugen, die auf jeder Webseite der Homepage verwendet wird.

5. Beim Ethernet bezeichnet der Begriff Frame (Ethernet Frame) eine Dateneinheit, die sich im Ethernet befindet. Ein Ethernet Frame enthält eine Ziel- und eine Absenderadresse, ein Typfeld und die zu transportierenden Daten. Jedem Gerät wird individuell eine Ethernetadresse zugewiesen, welche aus 6 Byte besteht. Dieses Gerät liest dann nur Ethernet Frames mit dieser Adresse. Möglich ist aber auch die Adresse FF-FF-FF-FF-FF-FF (hexadezimal), die von allen Geräten im Ethernet gelesen wird.

➽ *Siehe PAL; FPS; NTSC; Ergonomie; Bildwiederholfrequenz; Datenblock; DTP; Webseite; Ethernet*

Frame-Grabber

Frame-Grabber sind spezielle Hardwareerweiterungen, mit denen einzelne Videobilder, jedoch keine Bildsequenzen, digitalisiert werden können. Der Vorgang wird im Englischen »grabben« (grabschen, greifen) genannt. Auf diesem Weg können Einzelbilder aus einem Film in den Computer übertragen werden. Dort können sie in einem üblichen Grafikformat gespeichert und mit Grafikprogrammen weiterverarbeitet werden.

➽ *Siehe Frame; Video-Grabbing; Grafikprogramme; Video-Capturing*

FrameMaker

Der FrameMaker ist ein DTP-Programm der Firma Adobe. Im Gegensatz zu PageMaker, das ebenfalls von Adobe stammt, ist FrameMaker stark auf den Bereich der technischen Dokumentation ausgerichtet und bietet entsprechend unterstützende Funktionen zur Erstellung umfangreicher Dokumentationen, Bücher und Publikationen. FrameMaker stammt ursprünglich von der Firma Frame Technologies, die von Adobe übernommen wurde.

➽ *Siehe Adobe; DTP*

Frames per second

➽ *Siehe Fps*

Framing

Wird auf einer Webseite ein Link zu einer anderen Internetseite in einem Frame innerhalb der alten Webseite aufgebaut, so heißt das Framing. Die so verknüpfte Seite stammt meist von einem anderen Urheber. Dieses Vorgehen ist nach der momentanen Rechtsprechung weder rechtswidrig noch verstößt es gegen das Urheberrecht.

➽ *Siehe Frame; Webseite*

Fred

1. Fred ist ein Schnittstellen-Dienstprogramm für das X.500-Protokoll.

2. Fred ist ein von Programmierern häufig verwendetes Platzhalterzeichen für eine Variable. Fred ist wie Barney und foo eine gebräuchliche Notation für solche Platzhalter.

⇒ *Siehe Wildcard; Schnittstelle; Variable; Protokoll*

Free Software Foundation
⇒ *Siehe FSF*

FreeBSD

FreeBSD ist eine frei verfügbare Unix-Variante, vergleichbar mit Linux. Kostenlose Updates können nen über einen öffentlichen Server bezogen werden. FreeBSD lässt sich als Serversystem oder Workstation einsetzen.

⇒ *Siehe Linux*

Freecalling

Freecalling ist eine Methode zum kostenlosen Telefonieren.

⇒ *Siehe Blueboxing*

Freeware

Als Freeware werden Programme bezeichnet, die zwar urheberrechtlich geschützt sind, aber kostenlos verwendet und weitergegeben werden dürfen. Oft gilt diese Freiheit nur für Privatpersonen. Firmen müssen für den Einsatz eines solchen Programms eine Lizenzgebühr bezahlen.

⇒ *Siehe PD-Software; Shareware*

Frequency-Division-Multiplexing
Abk.: FDM

▲ *Übers.: Frequenzmultiplex-Verfahren*

Beim Frequenzmultiplex-Verfahren wird ein physikalischer Übertragungskanal in mehrere logische Übertragungskanäle aufgespalten. Dafür wird die gesamte, zur Verfügung stehende Bandbreite in mehrere Subbänder eingeteilt. Jedes dieser Bänder wird einem der parallel zu übertragenden Datenströme zugeordnet.

⇒ *Siehe Multiplex; Bandbreite; Zeitmultiplex-Verfahren; Multiplex-Betriebsart; Multiplexer*

Frequently Asked Questions
⇒ *Siehe FAQ*

Frequenzmultiplex-Verfahren
⇒ *Siehe Frequency-Division-Multiplexing*

Friktionsantrieb

Beim Friktionsantrieb wird mit Gummiwalzen Papier transportiert. Die Reibung der Gummiwalzen wird zum Transport genutzt. Friktions-Antriebe werden in Einzelblatteinzügen eingesetzt.

⇒ *Siehe Einzelblatteinzug*

Front Buffer

Der Front Buffer ist der sichtbare Teil des Bildspeicherinhalts einer Grafikkarte.

→ Siehe *Double Buffer; Back Buffer; Grafikkarte; Grafikspeicher*

Frontend

Als Frontend werden spezielle Programme bezeichnet, die den Zugriff auf bestimmte Server-Dienste erlauben. Häufig werden Frontends für die Arbeit mit Datenbanken verwendet.

→ Siehe *Server; Datenbank*

Frontpage

Die erste Seite (Eingangs- oder Startseite) einer Website wird auch als Frontpage bezeichnet.

→ Siehe *Website; Homepage*

Frontside Bus

→ Siehe *FSB*

Frühe Bindung

→ Siehe *Bindung, statische*

FSAA

Abk.: Full Scene Anti-Aliasing

FSAA bezeichnet das Bildschirm füllende Anti-Aliasing einer 3D-Szene, zum Beispiel in einem Computerspiel. Die Grafikkartenhersteller verwenden hierfür verschiedene Verfahren.

→ Siehe *Anti-Aliasing*

FSB

Abk.: Frontside Bus

▲ *Ant.: Backside Bus*

FSB ist eine Kommunikationsverbindung für Daten und Steuersignale zwischen einer CPU und der Northbridge des Chipsatzes. Der FSB ist mit 133 – 200 MHz getaktet. Aufgrund der bis zu vier gleichzeitig pro Takt übertragenen Datenpakete ergeben sich die Bezeichnungen FSB 533 (bei Pentium IV) bis FSB 800 (bei Itanium).

→ Siehe *Northbridge; CPU; Chipsatz*

FSF

http://www.fsf.org

Abk.: Free Software Foundation

▲ *Übers.: Freie Software Vereinigung*

FSF ist eine gemeinnützige Organisation in den USA, die 1984 von Richard Stallmann gegründet wurde und heute das Kapital für das GNU-Projekt verwaltet. Dieser Interessenverband ist darum bemüht, Software kostenlos für nichtkommerzielle Anwender zur Verfügung zu stellen.

→ Siehe *GNU*

FTAM

Abk.: File Transfer Access and Management

FTAM ist ein Protokoll zur Übertragung von Dateien, das von der OSI standardisiert wurde.

→ Siehe *Protokoll; OSI*

FTP
Abk.: File Transfer Protocol

FTP ist ein Protokoll, das im Internet oder in lokalen Netzen, die das TCP/IP-Protokoll verwenden, zur Übertragung von Dateien verwendet wird.

→ Siehe *Internet; Internet-Protokolle; TCP/IP; LAN*

FTZ
Abk.: Fernmeldetechnisches Zentralamt

FTZ ist eine Institution, die früher für die Zulassung aller Geräte zuständig war, die an das Netz der Deutschen Bundespost angeschlossen werden sollten. Inzwischen hat der Nachfolger, das Bundesamt für Zulassung in der Telekommunikation (BZT), diese Aufgabe übernommen.

→ Siehe *Telekommunikation; BZT*

FTZ-Nummer

Diese Nummer ist das Kennzeichen dafür, dass ein Gerät, das an das Telefonnetz angeschlossen werden soll, vom FTZ geprüft und zugelassen wurde. Die FTZ-Nummer wurde durch die BZT-Nummer abgelöst.

→ Siehe *FTZ; BZT*

Fullduplex-Betrieb

Beim Fullduplex-Betrieb können bei einer Datenübertragung zwischen den beiden Teilnehmern gleichzeitig Daten in beide Richtungen übertragen werden. Das heißt, beide Teilnehmer sind gleichzeitig sowohl Sender als auch Empfänger.

→ Siehe *Halbduplex-Betrieb; Duplex-Betrieb*

Full-Sreen Anti-Aliasing

→ Siehe *FSAA*

Füllzeichen

Füllzeichen werden immer dann verwendet, wenn die vorhandene Anzahl von Zeichen in einem Datenfeld kleiner als die geforderte Anzahl ist. In diesen Fällen werden Füllzeichen (häufig Leerzeichen) zum Auffüllen des Datenfelds verwendet.

→ Siehe *Datenfeld*

Funkmaus

Diese Art Maus verwendet zur Übertragung der Richtungsinformationen kein Kabel sondern einen Funksender. Ein Empfänger wandelt die Signale so um, dass sie denen herkömmlicher Mäuse entsprechen. Der Empfänger kann in gewissen Grenzen frei aufgestellt werden.

→ Siehe *Maus*

Funktion

Funktionen spielen in der Programmierung eine sehr wichtige Rolle. Sie sind abgeschlossene Programmteile, deren wesentliche Eigenschaft es ist, einen Wert zurückzuliefern. Dieser Wert wird durch die Anweisungen ermittelt, die sich in der Funktion befinden. Der Funktion wird ein Wert (oder auch mehrere) übergeben, der zur Ermittlung des Ergebnisses verwendet wird.

➠ *Siehe Programm*

Funktionstaste

Die zwölf F-Tasten am oberen Rand der Tastatur werden auch als Funktionstasten bezeichnet. Diese Tasten können von Anwendungen mit bestimmten Sonderfunktionen belegt werden. Diese Belegung ist spezifisch für die einzelnen Programme. Sie sind oft mehrfach belegt (durch Kombinationen mit Sondertasten – [Alt], [Strg], [⇧]).

➠ *Siehe Strg-Taste; Keyboard; Shift (Instructions); Alt Gr-Taste; Alt-Taste*

Fuse

➠ *Siehe Sicherung*

Fuß-/Endnoten

Über Fuß-/Endnoten ist es möglich, in einem Text Zusatzinformationen zu bestimmten Textstellen an das Ende einer Seite (Fußnote) oder am Ende des Dokuments (Endnote) einzufügen. Die Textstellen, zu denen eine Fuß- oder Endnote existiert, werden in der Regel durch hochgestellte Ziffern gekennzeichnet. Textverarbeitungsprogramme bieten normalerweise Funktionen zur Verwaltung von Fuß- bzw. Endnoten.

➠ *Siehe Textverarbeitung*

Fußzeile

Die Fußzeile befindet sich am untersten Rand einer Dokumentseite. In Fußzeilen sind z.B. die Seitenzahl und der Titel des Buchs enthalten. In Textverarbeitungsprogrammen sind in der Regel umfangreiche Funktionen zur Formatierung von Kopf- und Fußzeilen enthalten.

➠ *Siehe Formatierung; Kopfzeile; Textverarbeitung*

Fuzzy-Logik

Im Gegensatz zur herkömmlichen mathematischen Logik, die nur wahre oder falsche Aussagen kennt, sind in der Fuzzy-Logik auch Aussagen möglich, die zu einem gewissen Grad wahr und gleichzeitig zu einem gewissen Grad falsch sind. Damit entspricht die Fuzzy-Logik dem menschlichen Ansatz, Dinge zu beschreiben. Die Fuzzy-Logik wird vor allem in der Steuerungs- und Regelungstechnik eingesetzt. Viele Innovationen dieser Richtung kommen aus Japan und den

USA, die dieser Technologie aufgeschlossener gegenüberstehen als es z.B. in Deutschland der Fall ist. Konkrete Anwendungen sind z.B. die Steuerung von Klimaanlagen, Autofokussysteme in Kameras etc.

➡ *Siehe Logik*

FWH

Abk.: Firmware Hub

FWH ist eine Komponente des Mainboard-Chipsatzes der Firma Intel, auf dem sich je nach Version das BIOS und ein Zufallsgenerator befinden. Einsatz findet dieses Hub-Konzept, bei dem die einzelnen Komponenten miteinander durch einen 12 Bit breiten Bus kommunizieren, seit dem i810, einem auf den Celeron ausgerichteten Chipsatz mit integrierter Grafik. Der FWH ist neben dem Grafik-Memory-Contoller-Hub (GMCH) und dem I/O-Hub (IOH) Teil des von Intel angebotenen Baukastenprinzips für Mainboards.

➡ *Siehe Motherboard; BIOS; Chipsatz; Intel; Bus; Celeron*

Fyi

Abk.: for your information

▲ *Übers.: Zu Ihrer Information*

In E-Mails und Newsgroups wird der Begriff »fyi« verwendet, um auf informative Inhalte hinzuweisen.

➡ *Siehe E-Mail; Newsgroup*

G

G.lite

G.lite ist eine abgeleitete DSL-Technologie zur Datenübertragung. Sie verwendet kein Datensplitting auf der Gegenseite der Leitung und ist daher langsamer als ADSL. Vornehmlich im Hinblick auf Kostenminimierung entwickelt, findet G.lite weite Verbreitung. G.lite leistet zwischen 128 KBit/s und 6 MBit/s.

⇒ *Siehe MBit; KBit/s; ADSL*

G4

G4 ist die Bezeichnung für einen Rechner/Prozessor der Macintosh-Serie von Apple.

⇒ *Siehe Apple; PowerPC-Chip; PowerMac*

G5

G5 ist die Bezeichnung für einen Rechner/Prozessor der Macintosh-Serie von Apple.

⇒ *Siehe PowerMac; PowerPC-Chip; Apple*

GAC

Abk.: Global Assembly Cache

Im GAC werden alle gemeinsam genutzten Assemblies gespeichert, die von mehr als einer Anwendung auf dem Rechner verwendet werden können (Shared Assemblies). Das GAC ist essentieller Bestandteil der .NET-Entwicklungsumgebung von Microsoft. Ein wesentliches Merkmal des GAC ist seine Fähigkeit, mehrere Versionen derselben Assembly vorhalten zu können. Anwendungen können somit immer die Version nutzen, die sie benötigen.

⇒ *Siehe Assembly; .NET*

Game Cube

Der Game Cube ist eine Spielekonsole von Nintendo. Er ist der Nachfolger des Nintendo64 und Hauptkonkurrent zur Sony Playstation II und Microsofts X-Box.

⇒ *Siehe Nintendo; X-Box*

Gamecard

Eine Gamecard ist generell eine Karte, auf der sich ein Game-Port befindet. Es gibt auch Gamecards als Erweiterungskarten, auf denen sich mehrere Game-Ports befinden, so dass mehrere Spieler gleichzeitig spielen können, sofern das Spiel diese Option unterstützt.

⇒ *Siehe Gameport; Joystick*

Gamepad

Ein Gamepad ist ein dem Joystick ähnliches Eingabegerät, das meist für Actionspiele oder Jump-and-Run-Spiele auf Spielekonsolen verwendet wird. Das Spiel wird in diesem Fall über bewegliche Knöpfe gesteuert.

➠ Siehe Konsole; Joystick

Gameport

Der Gameport ist eine Schnittstelle, die den Anschluss eines Joysticks an den Computer ermöglicht. Die früheren Heimcomputer (C64, Amiga) verfügten standardmäßig über einen Gameport. Heutzutage befindet sich der Gameport an der Soundkarte, einer Game-Karte oder an einem I/O-Controller.

➠ Siehe C64; Soundkarte; Gamecard; I/O-Controller; Amiga; Joystick

Gamma-Korrektur

Die Gamma-Korrektur wird auch Tonwert-Korrektur genannt. Besonders im Grafikbereich ist die korrekte und übereinstimmende Farbwiedergabe auf allen Ausgabegeräten ein Muss. Da aber die meisten Geräte wie z.B. Monitor und Drucker in der Helligkeit der Farbtöne stark voneinander abweichen, muss dieser Unterschied ausgeglichen werden. Der ideale Monitor zeigt einen absolut linearen Übergang zwischen Schwarz (in RGB: 0 0 0) und Weiß (in RGB: 255 255 255). Aufgrund der Unfähigkeit, echte Halbtöne darstellen zu können und einem zweiten Faktor, dem so genannte Tonwertzuwachs, gibt es aber keinen idealen Monitor. Um die Helligkeitsunterschiede in der Farbwiedergabe auszugleichen wird die Gamma-Korrektur eingesetzt. Die dunklen und mittleren Farbtöne werden um einen gewissen Wert – den Gamma – verstärkt bzw. abgeschwächt. Ein Gammawert von 1 entspräche dabei dem idealen Monitor. Kleinere Werte dunkeln das Bild ab, größere hellen es auf. Auf diese Weise wird die Farbwiedergabe von Monitor und z.B. Drucker aufeinander abgestimmt. Die meisten Grafikprogramme sowie manche Grafiktreiber bieten intern die Möglichkeit, das Gamma zu korrigieren.

➠ Siehe Monitor; Halbtonverfahren; RGB; Drucker

Ganzkörper-Scanner

Der Ganzkörper-Scanner ist ein 1995 von der Firma Cyberware auf den Markt gebrachter Scanner, der sehr große Objekte – auch Menschen – dreidimensional scannen kann. Für einen Menschen benötigt der Ganzkörper-Scanner von Cyberware gerade mal 12 Sekunden.

➠ Siehe Scanner; Bodyscanning

Ganzzahl

➠ Siehe Integer

Ganzzahliger Datentyp

➠ Siehe Integer

Garbage

Mit Garbage werden überflüssige Daten, die nur Speicherplatz im Hauptspeicher belegen, bezeichnet.

➡ Siehe *Garbage Collection; Hauptspeicher*

Garbage Collection

Viele Programme, wie z.B. das Betriebssystem oder bestimmte Applikationen, verfügen über eine Funktion, die überflüssigen Datenmüll (Garbage) sammeln (Garbage Collection) und die freigewordenen Speicherbereiche für das Überschreiben mit neuen Daten freigeben.

➡ Siehe *Garbage; Hauptspeicher; Betriebssystem*

Gassenbesetzt

Sind beide B-Kanäle eines ISDN-Anschlusses gleichzeitig belegt, so wird die Leitung als »gassenbesetzt« bezeichnet.

➡ Siehe *B-Kanal; ISDN*

Gastzugang

Ein Anwender, der noch keinen regulären Account bei einer Mailbox, einem Netzwerk oder einem Online-Dienst besitzt, kann über den so genannten Gastzugang dennoch auf das Netzwerk zugreifen. Als Benutzername (und Passwort) wird meist Gast oder englisch »guest« eingegeben. Der Gastnutzer verfügt nur über sehr eingeschränkte Rechte im Netzwerk. Meist kann er nur ein paar unwichtige Foren besuchen, dem Sysop eine E-Mail schicken oder ein Anmeldeformular für den Dienst ausfüllen bzw. anfordern.

➡ Siehe *Online-Dienst; Sysop; Netzwerk; BBS; Forum*

Gates, Bill

William Henry Gates III. (Bill Gates) ist Mitbegründer der Firma Microsoft und ihr derzeitiger Präsident. Zusammen mit seinem älteren Freund Paul Allen entwickelte Bill Gates während seiner Studienzeit eine BASIC-Version auf einem primitiven Computer, dem Altair 8800, der damals noch selbst zusammengebaut werden konnte. Anstatt den Rechner mühsam auf unterster Ebene programmieren zu müssen, bot BASIC die Möglichkeit, den Computer komfortabel über Befehle zu steuern. BASIC vereinte in sich Betriebssystem, Benutzeroberfläche und Programmiersprache. 1974 gründeten die beiden die Firma Microsoft, landeten ihren ersten großen Coup mit der Lizenzvergabe des Betriebssystems DOS an die Firma IBM, welches sie zuvor einem anderen Studenten abgekauft hatten: MS-DOS. In den folgenden Jahren baute Microsoft seine Marktführerschaft mit der Entwicklung von Betriebssystemen der nächsten Generation (Windows/NT), Programmiersprachen (Visual

Basic) und Office-Applikationen (Microsoft Office) aus. Nach dem Ausscheiden von Paul Allen ist Bill Gates Alleinherrscher über die mächtigste Softwarefirma der Welt – und gleichzeitig einer der reichsten Männer der Welt.

⇒ Siehe *Windows 98 (SE); MS-DOS; VB; Windows; Windows 95; Windows NT; Basic; Office; Microsoft*

Gateway

Ein Gateway ist die Bezeichnung für eine Schnittstelle zwischen zwei grundsätzlich voneinander verschiedenen Netzwerksystemen. Die Netzwerke müssen weder im verwendeten Protokoll noch in der Adressierung innerhalb des Netzwerks übereinstimmen. Meist wird ein einzelner PC oder ein Server als Gateway eingesetzt. So ist z.B. für den Übergang von einem Online-Dienst wie AOL oder CompuServe in das Internet ein Gateway notwendig.

⇒ Siehe *Online-Dienst; Internet; PC; Server; Netzwerk; Schnittstelle*

GBit

Abk.: Gigabit

Ein GBit hat 1 Milliarde Bits (1Gbit = 1024 MBit = 1.048.576 KBit = 1.073.741.824 Bit).

⇒ Siehe *Bit*

GByte

Abk.: Gigabyte

Ein GByte hat 1 Milliarde Byte (1Gbyte = 1024 MByte = 1.048.576 KByte = 1.073.741.824 Byte).

⇒ Siehe *Byte*

GC

Abk.: Global Catalogue

▲ *Übers.: globaler Katalog*

Der gobale Katalog (GC) des Active Directory beschleunigt Benutzeranmeldungen und die Suchfunktion und realisiert domänenübergreifende Funktionen.

⇒ Siehe *ADS*

GDI

Abk.: Graphical Device Interface

GDI ist eine Schnittstelle für die Anzeige von grafischen Elementen in Microsoft Windows. Anwendungen benutzten GDI, um Bitmaptext (TrueType-Schriftarten), Bilder oder andere grafische Elemente anzuzeigen. Dabei sorgt das GDI-System für das konsistente Erstellen von Dialogfeldern, Schaltflächen und anderen Elementen auf dem Bildschirm. Alle benötigten Bildschirmtreiber werden aufgerufen und den entsprechenden Informationen zugeordnet. GDI bereitet die grafischen Elemente zudem für den Ausdruck vor, dabei wird das Bild bzw. das Dokument nicht für PostScript oder eine andere Druckersprache neu formatiert.

▶ *Siehe PostScript; TrueType; Grafiktreiber; Schnittstelle; Druckersprache; GDI-Drucker*

GDI+

Abk.: Graphical Device Interface

GDI+ ist eine erweiterte Grafikschnittstelle, die auf GDI aufsetzt und vom .NET-Framework bereitgestellt wird.

▶ *Siehe .NET-Framework; GDI*

GDI-Drucker

Ein GDI-Drucker verarbeitet die ankommenden Daten nicht intern in seinem Druckerspeicher, sondern diese Aufgabe wird von Windows übernommen. Da der Drucker ohne eigenen Prozessor und Speicher auskommt, ist er in der Regel weit billiger als seine betriebssystemunabhängigen Konkurrenten. Der Nachteil dieser Drucker ist, dass sie ausschließlich unter Windows funktionieren. Nicht einmal unter DOS ist der Druck von Texten und Grafiken möglich.

▶ *Siehe Betriebssystem; Prozessor; Drucker*

GDMO

Abk.: Guidelines for Definition of Managed Objects

Die GDMO sind Richtlinien für die Definition von Objekten innerhalb eines Netzwerkes. Mit seiner konsistenten Sprache werden z.B. Workstations, Router, Switches und LAN-Server spezifiziert. Der Hersteller des Netzwerkproduktes richtet sich nach der GDMO, so dass Programmierer Anwendungen für die entsprechenden Geräte entwickeln können. GDMO ist Teil des OSI und des CMIP.

▶ *Siehe LAN Server; Switch; Workstation; Router; OSI*

Gebrochene Zeichen

▶ *Siehe Zeichen, gebrochene*

Geforce

Geforce wird der 3D-Grafikchip der Firma Nvidia genannt. Er war zunächst nur unter dem Codenamen NV-10 bekannt.

▶ *Siehe 3D-Funktionen; 3D-Grafik; 3D-Grafikkarte; 3D-Grafikprozessor; SDRAM; DDR-SDRAM*

Geheimschlüssel-Kryptografie

▶ *Siehe Schlüssel; Kryptografie; SKC*

Gekettete Speicherung

▶ *Siehe Speicherung, gekettete*

GEM

Abk.: Graphics Environment Manager

GEM ist die grafische Benutzeroberfläche für Atari und DOS-basierte Systeme, die sich aber nicht gegen Windows durchsetzen konnte. GEM wurde in den 1980ern von der Firma Digital Research entwickelt.

➔ *Siehe MS-DOS; Atari; GUI*

Gender Changer

Mit Gender Changer sind Adapter gemeint, mit denen sich männliche Stecker (mit Pins) in weibliche – und umgekehrt – umwandeln lassen.

➔ *Siehe Stecker; Adapter*

General Packet Radio Service

➔ *Siehe GPRS*

General Protection Fault

General Protection Fault ist ein Fehler der in Prozessoren ab der Generation 80386 im Protected Mode (z.B. Windows 3.1) auftritt, sobald ein Speicherzugriff außerhalb des zulässigen Speicherbereichs erfolgt oder ein ungültiger Befehl erteilt wird.

➔ *Siehe Protected Mode; Prozessor*

General Purpose Interface Bus

➔ *Siehe GP-IB*

General-MIDI

➔ *Siehe MIDI; GM-MIDI*

GeneralSynth-MIDI

➔ *Siehe GS-MIDI; MIDI*

Generic Thunk

➔ *Siehe Thunk*

GEnie

GEnie ist ein amerikanischer, kommerzieller Online-Dienst von General Electrics.

➔ *Siehe CompuServe; Online-Dienst; AOL*

Geometrie-Engine

Die Geometrie-Engine ist Teil der 3D-Pipeline einer 3D-Grafikkarte. Sie berechnet die Geometriedaten einer 3D-Szene und übergibt diese Daten an die zweite Stufe der 3D-Pipeline, die Rendering-Engine, die für die Berechnung von farbigen Pixeln und Texturen zuständig ist. Aus den geometrischen Grundinformationen, den Punktkoordinaten, berechnet die Geometrie-Engine die 3D-Szene aus dem Blickwinkel des Betrachters. Die Koordinaten des Objekts werden in der Regel zweimal transformiert, vom lokalen Koordinatensystem des Objekts zum Weltsystem und vom Weltsystem zum System des Betrachters. Dazu führt sie folgende Schritte aus:

▶ **Tesselation:** Berechnung der Polygone auf Basis der Punktkoordinaten. Die zu verarbeitende Datenmenge kann dadurch immens ansteigen, da die Anzahl der Polygone ein wesentlicher Faktor für die Darstellungsqualität einer 3D-Szene ist.

▶ **Transformation & Lighting:** Eine nicht programmierbare Engine, welche die dreidimensionalen Daten für die zweidimensionale Darstellung umrechnet (transformiert) und Lichteffekte (Lighting) vorberechnet. Moderne Grafikkarten verwenden anstelle der T&L-Engine den Vertex-Shader.

▶ **Vertex Shader:** Übernimmt ab DirectX 8 die Funktion der T&L-Engine. Hat den Vorteil, dass er frei programmierbar und hardwareunabhängig ist.

▶ **Backface Culling:** Überflüssige Flächeninformationen, die der Betrachter von seinem Blickwinkel auf die 3D-Szene aus nicht sehen kann, werden verworfen, um die Datenmenge zu verringern.

▶ **Clipping:** Die Überschneidungen einzelner 3D-Objekte vom Blickwinkel des Betrachters aus werden berechnet, um realistische Tiefeninformationen für die 2D-Darstellung zu erhalten.

➠ *Siehe 3D-Pipeline; DirectX; 3D-Grafik; 3D-Grafikkarte; 3D-Funktionen; Rendering-Engine*

Geometrieverarbeitung

➠ *Siehe Geometrie-Engine*

Geoport

Der Geoport ist eine serielle Port-Verbindung mit hoher Geschwindigkeit bei PowerMac-Computern und einigen älteren AV-Macs, die Datenübertragungsraten von bis zu 230 Kilobit pro Sekunde ermöglicht.

➠ *Siehe PowerMac; Apple; PowerPC-Chip*

Gerade Parität

➠ *Siehe Even Parity*

Gerät

Periphere Komponenten eines Computers werden allgemein als Geräte bezeichnet (z. B. Drucker, Scanner usw.).

➠ *Siehe Scanner; Peripherie; Drucker*

Gerät, binäres

Jedes Gerät, das Kombinationen der elektrischen Zustände ein/aus oder high/low zur Verarbeitung von Informationen verwendet, wird als binäres Gerät bezeichnet.

➠ *Siehe Binär; Gerät*

Geräteadresse

Über die Geräteadresse ist jedes einzelne periphere Ein-/Ausgabegerät sowie Erweiterungskarten für das Betriebssystem eindeutig ansprechbar. Beispiele unter MS-

DOS wären die COM-Ports COM1 und COM2 für die beiden seriellen Schnittstellen und LPT1 bzw. PRN für den Parallel-Port (parallele Schnittstelle).

⇒ *Siehe Schnittstelle, serielle; Adresse; Schnittstelle, parallele; Peripherie; I/O-Adresse; COM*

Gerätename

⇒ *Siehe Geräteadresse*

Gerätesteuerung

Die Gerätesteuerung wird vom Betriebssystem mit Hilfe individueller Gerätetreiber vorgenommen. Die wichtigste Aufgabe liegt dabei darin, auch den gleichzeitigen, parallelen und dabei konkurrierenden Zugriff auf dieselben Ressourcen bzw. Hardwarekomponenten störungsfrei zu verwalten.

⇒ *Siehe Gerätetreiber; Komponente; Resources; Betriebssystem*

Gerätetreiber

Zur Steuerung eines an den Computer angeschlossenen Geräts bedarf es neben der rein physischen Verbindung auch einer Steuerungssoftware (Gerätetreiber), die entweder vom Betriebssystem oder vom Hersteller des Geräts zur Verfügung gestellt wird. Die Software wird Gerätetreiber oder einfach auch Treiber genannt. Jedes Betriebssystem (Windows, MS-DOS, OS/2, Unix usw.) benötigt einen eigens programmierten Treiber, um das Gerät ansteuern zu können.

⇒ *Siehe Gerät; Betriebssystem*

Geschachtelt

Ein Programm wird als verschachtelt oder geschachtelt bezeichnet, wenn es selbst aus Unterprogrammen besteht, die wiederum aus Unterprogrammen aufgebaut sind usw. Der Verschachtelungsgrad ist beliebig steigerbar.

⇒ *Siehe Programm*

Geschäftsgrafik

⇒ *Siehe Business Graphics*

Geschichtete Schnittstelle

⇒ *Siehe Schnittstelle, geschichtete*

Geschlossene Architektur

⇒ *Siehe Architektur, geschlossene*

Geschlossene Benutzergruppe

⇒ *Siehe Benutzergruppe, geschlossene*

Geschlossene Datei

⇒ *Siehe Datei, geschlossene*

Geschlossenes System

⇒ *Siehe Architektur, geschlossene*

Geschütztes Leerzeichen

➠ *Siehe Leerzeichen, geschütztes*

Get

Get ist eine Skript-Methode, um Daten (z.B. Formulardaten) vom Client (z.B. Webbrowser) an den Server (z.B. HTTP-Server) zu übermitteln. Bei Verwendung der Methode »get« werden die Daten aus dem Formular ausgelesen und in die URL des Zielpfades auf dem Server geschrieben. Die Daten werden aus der URL ausgelesen und von einem CGI-Skript auf dem Server weiter verarbeitet. Die Übergabe der Daten in die URL muss einem bestimmten Schema folgen, dem URL Encoding Format.

➠ *Siehe Formular; URL; HTTP; Server; Post*

Geviert

Geviert ist eine typografische Maßeinheit. Es ist die Fläche, die sich aus der Schriftgröße mal der Schriftgröße des Zeichens ergibt.

➠ *Siehe Schriften*

GFlops

Abk.: Giga-Flops

Flops steht für Floating point operations per second (Fließkommaoperationen pro Sekunde). Anhand der erreichten GFlops kann die Leistungsfähigkeit einer CPU beurteilt werden (was aber nicht alleiniges Kriterium sein sollte. Wichtig ist z.B. auch die Integer-Leistung). Ein GFlop sind 1.073.741.824 Operationen pro Sekunde.

➠ *Siehe FLOPS; CPU*

Giant Large Scale Integration

➠ *Siehe GLSI*

GIF

Abk.: Graphics Interchange Format

GIF (Graphic Interchange Format) wurde 1987 von der Firma Unisys entwickelt, um den ressourcensparenden Austausch von Grafiken über Netzwerke zu ermöglichen. Das GIF-Format reduziert die Farbinformationen eines Bildes auf eine ausgewählte Palette von maximal 256 Farben (indizierte Farben). Es existieren zwei Versionen des GIF-Formats: GIF87a und GIF89a, wobei Letzteres die heute übliche ist, denn sie kann Transparenzinformationen (wichtig für Webgrafiken) speichern. Anstatt 256 Transparenzabstufungen, wie das mit einem Alpha-Kanal möglich ist, wird beim GIF89a eine einzige transparente Farbe festgelegt. Eine weitere Funktion ist das so genannte Interlacing, bei dem ähnlich einem Fernsehbild nicht alle Bildzeilen auf einmal geladen werden, sondern zunächst jede achte Zeile, gefolgt von den mittleren Zeilen der verbleibenden Lücken. Dadurch kann schon während der Ladezeit das Bild angezeigt werden. Wie sein Vorgänger GIF87a erlaubt auch GIF89a das Speichern mehrerer Einzelbilder in einer GIF-Datei (Animated GIF), die als Animation angezeigt werden können. Kurz erwähnt sei hier noch die Möglichkeit des Dithering. Ein farbreduziertes GIF enthält nicht unbedingt alle Farben, mit denen ein Bild erstellt wurde. Beim Dithering werden die in der reduzierten Tabelle vorhandenen Farben so nebeneinander platziert, dass von weitem der Eindruck einer nicht in der Tabelle enthaltenen Farbe entsteht. Schließlich besitzt das GIF-Format noch eine Methode zur verlustfreien Datenkompression (LZW). Wegen seiner farbreduzierenden Eigenschaften wird GIF hauptsächlich für flächige Bilder und nicht für die Darstellung von Fotos verwendet. Dafür gibt es das JPEG-Format.

➠ Siehe CompuServe; JPEG; GIFs, transparente; Datenkompression; Bildkompression; GIFs, animierte

GIFs, animierte

Animierte GIFs sind ein Grafikformat, mit dem 2D-Animationen realisiert werden können. Mit Hilfe spezieller Software ist es möglich aus einer Reihe Einzelbilder Animationen zu erzeugen. Die so entstandenen Filme zeichnen sich durch ihre geringe Größe aus und sind aus diesem Grund besonders im Internet vielseitig einsetzbar.

➠ Siehe GIFs, transparente; GIF; Banner; Animation; AVI; Webseite

GIFs, transparente

Normale GIF-Bilder sind rechteckige Bitmaps. Sie enthalten ein oder mehrere Objekte und der Rest ist mit einer gewissen Farbe gefüllt. Wird ein GIF-Bild nun auf einer Webseite positioniert, so lässt die Füllfarbe das Bild meistens ziemlich hässlich aussehen. Da Bilder auf Vektorbasis von sich aus transparent sind, so dass der Anwender den Hintergrund durch sie hindurch sieht, wären sie die logische Wahl für so eine Aufgabe. Um trotzdem GIFs verwenden zu können, wurden die transparenten GIFs angeführt. Bei ihnen ist die Hintergrundfarbe auf transparent gestellt und so sieht der Anwender nur die Objekte des Bilds, wenn dieses eingefügt wird.

➠ Siehe GIFs, animierte

Giga

Giga bedeutet in der Naturwissenschaft 1 Milliarde (10^9). Im EDV-Bereich bezeichnet Giga aber 1024x1024x1024 Maßeinheiten.

➠ Siehe GBit; GByte

Gigabit

➠ Siehe GBit

Gigabyte
➟ Siehe *GByte*

Giga-Flops
Abk.: GFlops

➟ Siehe *GFlops*

GIMP
http://www.gimp.org

GIMP ist ein kostenloses Bildbearbeitungsprogramm für Linux, das über eine große Anzahl unterschiedlichster Plugins und Filter verfügt. Besonders auf die Gestaltung von WWW-Inhalten ausgerichtet, ist es gerade unter WWW-Designern beliebt. Die eigene Scriptsprache bietet die Möglichkeit, oft wiederholende Arbeitsschritte zu automatisieren.

➟ Siehe *GTK; WWW; Bildbearbeitungsprogramm; Linux*

GIMP Tool Kit
➟ Siehe *GTK*

GKS
Abk.: Graphical Kernel System

Beim GKS handelt es sich um eine genormte 2D-Grafikschnittstelle, die hardwareunabhängige Ein- und Ausgabe ermöglicht. Neben einer Reihe üblicher Ausgabegeräte wird z.B. auch das Metafile-Format CGM unterstützt. Diese von ANSI und ISO angenommene Norm besteht aus einer funktionalen Spezifikation und so genannten »language bindings« (Sprachverknüpfungen), die wiederum beschreiben, wie die jeweilige Funktion in eine Programmiersprache eingebettet werden kann.

➟ Siehe *ISO; ANSI; CGM; Kernel*

Glasfaserkabel
Glasfaserkabel sollen in der Telekommunikation die bisher verwendeten Kupferkabel langsam ablösen. Beim Glasfaserkabel (auch Lichtwellenleiter, LWL genannt) wird das Signal als hochfrequenter, modulierter Lichtimpuls in einer 0,1 mm dünnen Glasfaser übertragen, die von einer totalreflektierenden Mantelschicht umgeben ist. Der Vorteil dieses Kabels ist die erhöhte Bandbreite, verbesserte Sicherheit und das geringere Gewicht. Abzweigungen in den Strängen und die erhöhten Produktionskosten wirken sich dagegen nachteilig aus.

➟ Siehe *Bandbreite; Telekommunikation*

Glasfasernetzwerk
Glasfasernetzwerk ist die Bezeichnung für ein Netzwerk, das mit Glasfaserkabeln als Übertragungsleitungen arbeitet.

➟ Siehe *Netzwerk*

Gleitkommadarstellung
➟ Siehe *FLOPS*

Gleitkommaoperationen

Bestimmte Programme (z. B. Raytracing-Programme) benutzen Gleitkommazahlen zur Berechnung oder für die Ausführung von Befehlen. Diese werden Gleitkommaoperationen genannt.

➠ *Siehe FLOPS; Raytracing*

Gleitpunktdarstellung

➠ *Siehe Floating Point Representation*

GLide

GLide ist ein Grafik-API, die von 3D-Grafikchips der Firma »3dfx« für die Grafikdarstellung verwendet wird (Voodoo, Voodoo2, Voodoo3).

➠ *Siehe 3D-Grafikprozessor; API; OpenGL*

Gliederung

In Textverarbeitungsprogrammen (z. B. Word) kann das Dokument in einer Gliederungsform betrachtet werden. Dabei werden nur die Überschriften angezeigt. Über ein Pluszeichen auf der rechten Seite kann aber auch der zugehörige Text angezeigt werden. Die Gliederungsansicht bietet eine komfortable Möglichkeit, Textelemente innerhalb des Dokuments zu verschieben bzw. zu bearbeiten. Auch die Nummerierung der Kapitel kann leicht geändert und Unterabschnitte können in der Priorität verschoben werden.

➠ *Siehe Textverarbeitung*

Global Assembly Cache

➠ *Siehe GAC*

Global Catalogue

➠ *Siehe GC*

Global Positioning System

➠ *Siehe GPS*

Global System for Mobile Communications

➠ *Siehe GSM*

Globale Operation

➠ *Siehe Operation, globale*

Globally Unique Identifier

➠ *Siehe GUID*

GLSI

Abk.: Giant Large Scale Integration

GLSI stellt eine wesentliche Etappe bei der Integrationsdichte von ICs dar.

Abhängig von der Integrationsdichte existieren:

▶ **LSI** (Large Scale Integration): 1000 bis 10.000 Transistoren pro Chip.

▶ **VLSI** (Very Large Scale Integration): 10.000 bis 1.000.000 Transistoren.

▶ **ULSI** (Ultra Large Scale Integration): 1.000.000 bis 100.000.000 Transistoren.

▶ **GLSI** (Giant Large Scale Integration): mehr als 100.000.000 Transistoren.

➡ *Siehe VLSI; LSI; ULSI; IC*

GM-MIDI

Abk.: General-MIDI

General-MIDI ist eine Erweiterung des ursprünglichen MIDI-Standards, der 18 unterschiedliche synthetische Instrumente und ein Drumkit unterstützt. Die Zuordnung der Instrumente erfolgt über MIDI-Patches (einfach numerische Definitionen). Der Standard enthält Steuerbefehle für Lautstärke, Position, Hall, Ausdruck usw.

➡ *Siehe MIDI*

GNOME

http://www.gnome.org

Abk.: GNU Network Object Modeling Environment

GNOME ist eine GUI, die auf Linux Rechnern eingesetzt wird. Sie verwendet die GTK-Bibliotheken. GNOME wurde als Desktop-Environment entwickelt und verfügt über alle benötigten Features. Als Alternative zu KDE ist GNOME weit verbreitet und arbeitet mit den unterschiedlichsten Window-Managern zusammen.

➡ *Siehe GTK; Desktop; Linux; GUI*

Gnomon

Gnomon ist ein Synonym für das dreidimensionale Achsenkreuz (x, y, z), das im Grafikbereich verwendet wird.

➡ *Siehe 3D-Grafik*

GNU

http://www.gnu.org

Abk.: GNU's not Unix

GNU ist ein Projekt, das 1984 mit der Absicht gegründet wurde, ein vollständig freies Unix-artiges Betriebssystem zu entwickeln. Bekannte Varianten dieses Systems (GNU/Linux-Systeme) sind heute weit verbreitet. Die zahlreiche Software wird von der FSF verwaltet und unterliegt der GPL.

➡ *Siehe Linux; Debian; FSF; GPL*

GNU C/C++ Compiler

Freier Open Source Compiler für die Programmiersprachen C und C++.

GNU Linux

GNU Linux ist das ursprüngliche Linux, wie es von Linus Torwalds entwickelt wurde. Dank der Unterstützung des entstehenden Internet-Netzwerkes und der neu geborenen Gemeinde der Entwickler, aber ebenso dank des bereits vorhandenen GNU-Projektes), das einige Jahre vorher von Richard Stallman ins Leben gerufen wurde, entwickelte sich Linux innerhalb einiger Jahre zu einem kompletten Betriebssystem.

➡ *Siehe GNU, Linux*

Google

www.google.de

Google ist eine sehr beliebte Suchmaschine im Internet. Im Gegensatz zu anderen Suchmaschinen, die eine Portalstrategie verfolgen, ist Google sehr schlicht und einzig und allein auf die Informationssuche ausgelegt. Google hat neben dem WWW auch 330 Millionen Bilder, den Web-Katalog des Open-Directory-Projekts sowie die über 700 Millionen Beiträge der Usenet-Diskussionsforen indiziert.

➡ *Siehe Search-Engine; Usenet*

Gopher

Gopher ist ein Internet-Dienst zum Auffinden von Dateien und Texten. Mit Hilfe eines Gopher-Clients (z.B. aus dem BonusPack von OS/2) kann sich der Anwender in den Gopher-Server einloggen und nach Dateien suchen, die er anschließend über FTP überträgt. Gopher wurde an der Universität von Minnesota entwickelt. Der Name rührt von dem Maskottchen der Universität – einem Gopher (Taschenratte) her.

➡ *Siehe Internet; Login; FTP; OS/2*

GOSIP

Abk.: Government Open Systems Interconnection Profile

GOSIP ist ein Projekt der amerikanischen Regierung zur Umstellung der behördlichen Netzwerke auf das OSI-Protokoll.

➡ *Siehe Netzwerk; OSI*

Go-to-Befehl

▲ *Übers: Gehe zu*

1. In Anwenderprogrammen ein Menübefehl, mit dem man an eine bestimmte Stelle in einem Dokument anspringen kann, z.B. eine Seite in einem Textdokument.

2. Eine Anweisung in einer Programmiersprache, mit der man ein Label oder eine Zeilennummer anspringen kann.

➡ *Siehe Sprung*

Gouraud-Shading

Beim Gouraud-Shading erzeugt der Grafik-Chip einen weichen Verlauf innerhalb der Polygone eines 3D-Objekts, indem er die Farb- und Helligkeitswerte zwischen den Polygoneckpunkten (Vertices) interpoliert. Oberflächen erscheinen gleichmäßig gekrümmt und nicht facettiert wie beim Flat-Shading.

➡ *Siehe 3D-Grafikprozessor; 3D-Funktionen; Vertex; Polygon*

Government Open Systems Interconnection Profile

➥ *Siehe GOSIP*

GPF

Abk.: General Protection Fault

▲ *Übers.: allgemeine Schutzverletzung*

GPF ist ein Fehler, der auftritt, wenn eine Anwendung versucht, außerhalb eines zulässigen Speicherbereichs zuzugreifen oder einen ungültigen Befehl aufruft. Der Fehler kommt bei den Prozessoren im Protected Mode vor, die jünger als der Intel 80386 sind.

➥ *Siehe Protected Mode; Prozessor*

GP-IB

Abk.: General Purpose Interface Bus

GP-IB ist eine nicht mehr gebräuchliche Bezeichnung für IEC-Bus.

➥ *Siehe IEC-Bus*

GPL

Abk.: GNU Public License

▲ *Übers.: GNU öffentliche Lizenz*

GPL ist eine Lizenzvereinbarung für GNU-Software der FSF und anderer Autoren, die ihre Software dieser Lizenz unterstellen. Sie soll ermöglichen, dass die ihr unterliegende Software frei verbreitet werden kann und die Software im Quelltext oder der Quelltext selbst erhältlich sind. Kosten dürfen hierbei nur für Vertriebsgebühren und Support berechnet werden. Die Software darf modifiziert oder teilweise in anderen Programmen eingesetzt werden. Des Weiteren ist festgelegt, dass Empfänger der auf diese Weise neu erstellten Software wiederum die gleichen Rechte besitzen wie der Autor selbst.

➥ *Siehe FSF; GNU; Debian; Source-Code*

GPRS

Abk.: General Packet Radio Service

GPRS ist die Bezeichnung für eine Übertragungstechnik für Mobilfunk, die durch Multislot-Technik eine Datentransferrate von bis zu 115 KBit/s und dadurch Internetzugang mit voller Farbdarstellung ermöglicht. Ähnlich zu TCP/IP werden bei dieser drahtlosen Übertragung nur einzelne Datenpakete transportiert, nach deren Größe sich die zu entrichtende Gebühr errechnet. Durch diesen Signalisierungskanal ist ein ununterbrochener Internetaufenthalt (Always-On-Betrieb) ohne zusätzliche Kosten möglich, da diese ja vom konkreten Datentransfer und nicht vom Zeitraum abhängig sind. Im Gegensatz zu HSCSD bietet GPRS keine Wählverbindungen, so dass der Mobilfunknetzbetreiber gleichzeitig auch als Internetprovider tätig ist.

→ Siehe *UMTS; TCP/IP; WAP; HSCSD*

GPS

Abk.: Global Positioning System

Das GPS ist ein System zur Standortbestimmung. Eigentlich wurde das GPS-System für militärische Zwecke vom US-Verteidigungsministerium entwickelt (z.B. für die Standortbestimmung bestimmter Einheiten usw.). GPS wurde dann aber auch für die zivile Nutzung freigegeben, allerdings mit der Einschränkung, dass die Genauigkeit des Systems auf einige hundert Meter beschränkt bleibt. Möglich wäre eine metergenaue Bestimmung über Satelliten und bodenstationierte Systeme. GPS-Geräte finden in Fahrzeugen Anwendung, sind aber auch als handliche Kompaktgeräte zu beziehen.

→ Siehe *DoD*

GPU

Abk.: Graphics Processing Unit

Der Grafikprozessor auf einer Grafikkarte.

Grabben

→ Siehe *Frame-Grabber; Grabbing*

Grabbing

Mit Grabbing wird allgemein die Aufnahme und Speicherung von Bilddaten auf dem Computer bezeichnet. Es wird dabei zwischen Frame-Grabbing, Motion-Grabbing und Screen-Grabbing unterschieden. Beim Screen-Grabbing wird die gesamte oder Teile der aktuellen Bildschirmanzeige (z.B. der Desktop von Windows) mit Hilfe eines Programms in der Zwischenablage abgelegt oder gleich in einer Bilddatei gespeichert. Die so entstandenen Bildschirmbilder werden Screenshots genannt. Beim Frame- oder Motion-Grabbing werden dagegen Bilder aus Videosequenzen über ein externes Videogerät und eine entsprechende Erweiterungskarte in den Computer eingespielt und abgespeichert. Beim Frame-Grabbing handelt es sich lediglich um einzelne Frames (Einzelbilder) der Videosequenz, weshalb eine recht geringe Datenrate zur Speicherung bereits ausreicht. Die Hardware für Frame-Grabbing ist relativ kostengünstig. Die meisten TV-Tuner-Karten besitzen bereits die Möglichkeit, Einzelbilder aus dem Videosignal zu »greifen«. Ganz anders die Situation beim Motion-Grabbing. Da hier komplette Sequenzen eingespielt werden, ist je nach Aufnahmequalität (verwendeter Kompression) eine recht hohe – vor allen Dingen dauerhafte – Datenübertragungsrate notwendig. Die

Grafikformate, die für die Speicherung solcher Videosequenzen verwendet werden, sind M-JPEG und MPEG.

➠ Siehe Schnitt, nichtlinearer; Frame; MPEG; MJPEG; AV-Festplatte; Video-Grabbing; Clipboard; Frame-Grabber; Desktop; Kompression

Grafik

Grundsätzlich kann jedes grafische Element (Bilddateien, Animationen, Fotos, Symbole usw.) im Computer als Grafik bezeichnet werden. Aber es gibt die Unterscheidungsmöglichkeiten in Pixel-Grafik und Vektorgrafik.

➠ Siehe Image; Vektorgrafik; Pixelgrafik

Grafik, objektorientierte

Eine objektorientierte Grafik ist eine Form der Computergrafik, die im Gegensatz zu Bitmap-Grafiken die Erzeugung von Grafikobjekten durch mathematische Beschreibung benutzt. Grundbausteine sind primitive grafische Formen wie Linien, Kreise, Quadrate und Kurven, welche durch die mathematische Beschreibung relativ einfach modifiziert werden können. Die objektorientierte Grafik findet ihre Verbreitung vor allem in CAD- und Zeichenprogrammen.

➠ Siehe Bitmap-Grafik; Vektorgrafik

Grafikadapter

➠ Siehe Adapter; Grafikkarte

Grafikauflösung

Die Grafikauflösung gibt die Anzahl der Pixel auf dem Monitor an. Die maximal mögliche Auflösung ist von der Größe des Grafikkartenspeichers, von der verwendeten Farbtiefe und letztendlich auch von der Bandbreite und maximalen Horizontalfrequenz des verwendeten Monitors abhängig. Typische Auflösungen wären 640 x 480, 800 x 600 und 1024 x 768 Bildpunkte. Zum Vergleich: Ein PAL-Bild hat 756 x 512 Pixel Auflösung.

➠ Siehe Grafikspeicher; PAL; Monitor; Bandbreite; Pixel; Horizontalfrequenz; Farbtiefe

Grafik-BIOS

In dem Grafik-BIOS einer Grafikkarte sind alle Befehle und Routinen enthalten, die zur Darstellung eines Videosignals auf einem Monitor notwendig sind. Außerdem sind dort auch Befehle für eventuelle Sonderfunktionen der Karte gespeichert.

➠ Siehe Monitor; Routine; Grafikkarte; BIOS

Grafikfarbtiefe

➠ Siehe Farbtiefe

Grafikkarte

Die Grafikkarte ist eine Erweiterungskarte, die für die Berechnung aller für die Bildschirmdarstellung relevanten grafischen Daten zuständig ist. Eine Grafikkarte besteht im Wesentlichen aus einem Grafikprozessor, einem unterschiedlich großen Videospeicher (bis zu 256 MByte schnelles DDR(2)-RAM) und einem RAMDAC. Diese Komponenten bestimmen über Geschwindigkeit, maximal erreichbare Auflösung, Farbtiefe und Bildwiederholfrequenz der Karte. Von einer Beschleunigerkarte bzw. Accelerator-Karte wird gesprochen, wenn der Grafikchip die CPU bei der Berechnung der Bilddaten unterstützt.

Bild G.1: Eine AGP-Grafikkarte

➡ *Siehe Grafikspeicher; Bildwiederholfrequenz; DRAM; EDO-DRAM; MDRAM; RAMDAC; SDRAM; SGRAM; VRAM; WRAM; Farbtiefe; Erweiterungskarte*

Grafikmodus

Im Grafikmodus wird im Gegensatz zum Textmodus jeder einzelne Pixel des Bildschirms angesteuert. Alle Grafikkarten beherrschen unterschiedliche Grafikmodi, die sich durch Auflösung, Farbtiefe und Bildwiederholfrequenz voneinander unterscheiden.

➡ *Siehe Bildwiederholfrequenz; Pixel; Grafikkarte; Farbtiefe; Textmodus*

Grafikprogramme

Mit einem Grafikprogramm erstellen Sie auf dem Computer Zeichnungen und Bilder, retuschieren Fotos oder lassen Bilder bzw. Bildsequenzen berechnen (Raytracing). Mithilfe eines Grafiktabletts können Sie wie gewohnt mit einem Stift auf einer Oberfläche zeichnen. Sogar Druckpunkt und Stiftdicke sind einstellbar. Es gibt zwei grundlegende Arten von Grafikprogrammen, Pixel-orientierte (Bitmap-orientierte) und Vektor-orientierte. Bei Pixel-orientierten Programmen (z.B. Corel Photopaint oder Adobe Photoshop) können Sie jeden einzelnen Bildpunkt verändern. Der Zeichenvorgang ähnelt dem wirklichen Leben, als ob Sie ein Bild malen würden. Bei Vektor-orientierten Programmen (z.B. CorelDraw) konstruieren Sie die Zeichnung mit Hilfe diverser Hilfsmittel wie z.B. Linien, Ellipsen, Kreise usw. Deshalb eignen sich Vektor-orientierte Programme auch mehr für stilisierte oder technische Zeichnungen, aber auf keinen Fall für die Bearbeitung von z.B. Fotos. Eine weitere Abart der Grafikprogramme stammt aus dem CAD-Bereich. Animationsprogramme wie 3D Studio MAX oder Lightwave von Newtek (aber auch die Shareware PovRay) ermöglichen dem Anwender die Konstruktion dreidimensionaler Körper, die – mit bestimmten Eigenschaften wie Oberflächenbeschaffenheit, Farbe und Textur ausgestattet – von dem Programm anschließend berechnet werden. Direktes Zeichnen ist mit diesen Programmen nicht möglich.

➡ *Siehe CorelDRAW; Textur; Animation; Vektorgrafik; Raytracing; Bitmap-Grafik; Pixelgrafik; Bildbearbeitungsprogramm; CAD*

Grafikspeicher

Der Grafikspeicher ist der Bildspeicher oder Arbeitsspeicher der Grafikkarte. Die Größe des Grafikspeichers entscheidet über die maximale Farbtiefe bei einer bestimmten Auflösung. Bei 2 MByte Speicher können bei einer Auflösung von 800 x 600 Bildpunkten z.B. 16,7 Millionen Farben dargestellt werden. Je nach Anwendungszweck der Grafikkarte (2D-/3D-Beschleuniger) wird der Videospeicher anders organisiert und verwaltet.

➡ *Siehe 3D-Grafik; Clipping; Double Buffer; MIP-Mapping; Overlay-Planes; Grafikkarte; Accelerator-Karte; Farbtiefe*

Grafikstandard

Der Grafikstandard liefert eine von allen Herstellern akzeptierte Norm für die Eigenschaften einer Grafikkarte. Nur durch diesen Standard ist es möglich, dass die Karten unterschiedlicher Hersteller am selben Monitor und umgekehrt funktionieren. Heute gängiger Standard ist SVGA (Super VGA), der seine Vorgänger VGA, CGA, EGA und Hercules ablöste.

➡ *Siehe EGA; SVGA; Hercules; VGA; Grafikkarte; CGA*

Grafiktablett

➡ *Siehe Digitalisiertablett*

Grafiktreiber

Grafiktreiber werden von den Herstellern der Grafikkarten mitgeliefert. Sie werden vom Betriebssystem des Computers benötigt, um die Funktionen der jeweiligen Grafikkarte voll ausnutzen zu können. Jedes Betriebssystem benötigt einen eigens angepassten Grafiktreiber.

➡ *Siehe Grafikkarte; Betriebssystem; Gerätetreiber*

Grafische Benutzeroberfläche
➡ *Siehe GUI*

Granularität
Granularität ist die Beschreibung der Aktivität bzw. einer Funktion (z.B. Suchen und Sortieren, Bildschirmauflösung oder Zuordnung von Zeitscheiben) in Bezug auf die entsprechenden Einheiten (Zeitscheiben, Pixel oder Datensätze) eines Computers.

➡ *Siehe Time Slice; Pixel; Datensatz*

Graphical Kernel System
➡ *Siehe GKS*

Graphical User Interface
➡ *Siehe GUI*

Graphics Environment Manager
➡ *Siehe GEM*

Graphics Interchange Format
➡ *Siehe GIF*

Graustufendarstellung
In allen Grafikprogrammen ist es möglich, die Farbtöne von Bildern in (256 Stufen = 8 Bit) Graubstufungen umzuwandeln. Bei Monochrom-Monitoren war die Graustufendarstellung Standard.

➡ *Siehe Grafikprogramme; Farbtiefe; Bildschirm, monochromer; Bit*

Gray-Code
Gray-Code ist eine binäre Zahlendarstellung. Jede Ziffer unterscheidet sich nur in einer Einheit (Bit) von der vorangegangenen und weicht damit von gewöhnlichen Binärzahlen ab.

➡ *Siehe Binär; Bit; Code*

Great Renaming
Bis zum Jahre 1986 gab es im Usenet lediglich zwei internationale Hierarchien (»mod« und »net«), die alle weiteren in sich aufnahmen. Durch die unübersichtlich große Anzahl von Newsgroups wurde eine Neuordnung notwendig. Im Zuge des »Great Renaming« wurden sieben neue Top-Level-Newsgroups eingeführt, denen wie bisher weitere Untergruppen zugewiesen werden konnten. Diese neuen Newsgroups heißen folgendermaßen:

▶ **comp:** für computerorientierte Themen

▶ **news:** für Allgemeines und Hinweise zur jeweiligen Newsgroup

▶ **sci:** für wissenschaftliche Themen

▶ **rec:** für Freizeitthemen

▶ **soc:** für soziale Themen

▶ **misc:** für Verschiedenes

➡ *Siehe Newsgroup; Usenet*

Green Book
➡ *Siehe CD-I*

Green-PC

Green-PC ist ein Gütesiegel für Computer, bei deren Herstellung auf Umweltverträglichkeit geachtet wurde. Ein Green-PC sollte recyclingfähig und die Plastikteile sollten weitgehend lösungsmittelfrei sein. Weiterhin wird beim Green-PC auf Ergonomie geachtet, das heißt, dass der Monitor in einer ausreichenden Auflösung mindestens eine ergonomische Bildwiederholfrequenz von 75 Hz erreichen und eine oder mehrere Strahlungsnormen erfüllen sollte.

➠ *Siehe Hertz; Bildwiederholfrequenz; TCO-Norm; MPR-Norm; Ergonomie*

Grid Computing

Beim Grid Computing wird die Rechenleistung vieler Computer innerhalb eines Netzwerks so zusammengefasst, dass die (parallele) Lösung von hochkomplexen Problemen ermöglicht wird (verteiltes Rechnen, distributed computing). Alle Computer in einem »Gitter« funktionieren quasi wie eine CPU mitsamt Speicher. So kann sowohl die Kapazität als auch die Rechenleistung von heutigen Supercomputern zu deutlich geringeren Kosten übertroffen werden. Grid Computing kommt in der Regel bei der Berechnung von Problemen mit umfangreichen Datenmengen zum Einsatz, zum Beispiel in der medizinischen oder meteorologischen Forschung.

➠ *Siehe: Supercomputer*

Groove

Die Daten auf einer CD-ROM bzw. DVD werden als Abfolge von Vertiefungen, so genannten Pits (CD-ROM) bzw. Grooves (DVD), und den flachen Stellen, den Lands, binär kodiert. Das Reflexionsverhalten der Pits und Lands ist sehr unterschiedlich.

➠ *Siehe: CD-ROM, DVD*

Großrechner

➠ *Siehe Mainframe*

Groupware

Groupware ist ein Kunstwort aus group (Gruppe) und Software. Es ist ein Sammelbegriff für alle Programme, die die Zusammenarbeit von Arbeitsgruppen in einem Netzwerk erlauben und erleichtern. Derartige Software ermöglicht den Datenaustausch innerhalb der Gruppe und zwischen den Arbeitsgruppen. Weiterhin gehört der Versand von E-Mails und eine gemeinsame Dokumentenverwaltung oder ein Terminplaner zum Leistungsumfang einer Groupware. Ein Beispiel wäre die Software Notes von Lotus. Oft ist in diesem Zusammenhang auch von computer aided teamwork oder workgroup computing die Rede.

➠ *Siehe Lotus; Netzwerk; E-Mail; Workgroup*

Grove, Andrew

Mitbegründer der Firma Intel. Er wurde als Andras Grof am 02. September 1936 in Budapest als jüdischer Sohn von Georg (Kaufmann) und Maria (Buchhändlerin) geboren. Schon mit 14 Jahren arbeitete er hauptverantwortlich für eine lokale Budapester Zeitung, nebenbei zeigte er auch Interesse und Begabung für Wissenschaft und Forschung. Im Jahre 1956 verlies er Ungarn 20-jährig in Richtung Amerika und anglisierte dort seinen Namen. 1960 schloss er sein Studium im Fach Chemotechnik mit summa cum laude am New Yorker City College ab. An der University of California in Berkeley machte Grove seinen Doktor und wurde aufgrund hervorragender Leistungen 1967 Assistent des Forschungs- und Entwicklungsleiters bei Fairchild, einem Mann namens Gordon Moore. Moore und Robert Noyce, damaliger Geschäftsführer von Fairchild, gründeten ein eigenständiges Unternehmen, welches Grove komplettierte und somit Mitbegründer der »Intergrated Electronics«, kurz Intel, wurde. 1979 wurde Andy Grove zum Präsidenten von Intel ernannt, 1987 zum CEO. Nach seiner Schlüsselrede zur digitalen Technik wurde er vom Time Magazine 1997 zum »Mann des Jahres« gekürt. Im gleichen Jahr ernannte Intel ihn zum Chairman, ein Jahr später überließ er seinem Nachfolger Craig Barrett den Titel CEO. Andy Grove verfasste über 40 wissenschaftliche Essays und hält mehrere Patente. Grove gilt allgemein als hochintelligent, zielbewusst und diszipliniert, aber auch als zwanghaft ordentlich, was ihm bei Intel den Spitznamen »Mr. Clean« einbrachte.

➭ *Siehe Intel; Mooresches Gesetz*

Gruppe

Gruppe ist eine eher seltene Bezeichnung für ein öffentliches Diskussionsforum in einer Mailbox oder einem Online-Dienst. Häufiger werden in diesem Zusammenhang die Begriffe Forum, Echo, Brett oder (im Internet) Newsgroup verwendet.

➭ *Siehe Internet; Newsgroup; BBS; Forum*

GS

Abk.: Geprüfte Sicherheit

Das GS-Siegel garantiert, dass die Hardwarekomponente, die dieses Siegel trägt, auf Sicherheit und Ergonomie geprüft wurde.

➭ *Siehe Hardware; Ergonomie*

GSM

Abk.: Global System for Mobile Communications

▲ *Übers.: Globales System für mobile Kommunikation*

Das GSM ist ein digitales Funktelefonnetz. GMS-Handys bieten in Verbindung mit entsprechend ausgerüsteten Notebooks die Möglichkeit, sich von jedem Ort der Welt in das Internet oder andere Online-Dienste einzuwählen.

➠ *Siehe Online-Dienst; Internet; Notebook*

GS-MIDI

Abk.: GeneralSynth-MIDI

GeneralSynth-MIDI (GS-MIDI) ist einer der im Synthesizer-Bereich sehr bekannten Firma Roland entwickelten MIDI-Standards, der den GM-Standard (128 Instrumente) um 69 Instrumente und neun Drumkits (bei GM ein Drumkit) erweitert. Bei Musikern ist er sehr beliebt, für Spiele und Multimedia-Anwendungen aber ist diese Erweiterung uninteressant, da sie nicht unterstützt wird.

➠ *Siehe MIDI-Kanal; MIDI*

GTK

http://www.gtk.org

Abk.: GIMP Tool Kit

GTK ist eine Programmbibliothek, mit der grafische Benutzeroberflächen entwickelt werden können. GTK bietet Möglichkeiten zur einfachen Generierung von Benutzerinterfaces. Das professionelle Bildbearbeitungsprogramm GIMP wurde komplett in GTK implementiert. GTK unterliegt der GNU Public License.

➠ *Siehe Library; GNOME; Benutzeroberfläche; Bildbearbeitungsprogramm; GUI; GIMP*

GUI

Abk.: Graphical User Interface

▲ *Übers.: grafische Benutzeroberfläche*

▲ *Syn.: grafische Benutzerschnittstelle, grafisches Benutzerinterface*

▲ *Ant.: CLI, CUI*

Anstatt umständlich Befehle eingeben zu müssen, erlaubt die grafische Benutzeroberfläche (Graphical User Interface bzw. GUI) dem Anwender, Programme über grafische Repräsentationen seiner Befehle zu steuern. Mit Hilfe einer Maus (Mausklick, Anklicken) und zahlreicher Symbole (englisch: Icons) auf der Benutzeroberfläche, navigiert der Benutzer durch die verschiedenen Funktionen des Betriebssystems oder der Applikation. Heutzutage wird sogar die Programmierung durch grafische Hilfsmittel erleichtert, die automatisch Routinefunktionen in den Code einfügen. Die Idee der grafischen Benutzeroberfläche ist wie vieles andere im Computerbereich (z.B. die Maus) eine Erfindung der Forschungsabteilung der amerikanischen Firma Xerox – dem Palo

Alto Research Center – kurz PARC. Der erste Rechner mit grafischer Benutzeroberfläche war der Xerox Star 8010. Der erste kommerziell erfolgreiche Rechner mit grafischer Benutzeroberfläche war der Apple Macintosh. Viele bahnbrechende Entwicklungen im Computerbereich wurden im PARC gemacht, den kommerziellen Erfolg jedoch hatten andere Firmen. Jedes neuere Betriebssystem verwendet eine grafische Benutzeroberfläche.

➞ *Siehe CLI; Xerox; Maus; Benutzeroberfläche*

GUID

Abk.: Globally Unique Identifier

▲ *Übers.: Global eindeutiger Bezeichner*

Bei der Erstellung eines Objekts im Active Directory wird ihm eine eindeutige 128-Bit-Kennzahl zugewiesen, die GUID. Diese Zahl wird nie geändert, selbst wenn das Objekt innerhalb der Verzeichnisstruktur verschoben wird. Anwendungen, die ein bestimmtes Objekt benötigen, können die GUID speichern, um eine eindeutige, immer gültige Referenz zum Objekt innerhalb des Verzeichnisses zu haben.

➞ *Siehe DN; ADS*

Guidelines for Definition of Managed Objects

➞ *Siehe GDMO*

Guru

1. Guru ist die Bezeichnung für einen erfahrenen Computernutzer oder kreativen Programmierer.

2. Beim Commodore Amiga erschien bei Systemabstürzen eine Fehlermeldung, die von einem schwebenden Buddha grafisch präsentiert wurde, sie wurde daher als Guru-Meldung bezeichnet.

Gyricon

Gyricon ist ein von Xerox entwickeltes elektronisches Papier, welches elektronisch wiederbeschreibbar und veränderbar ist. Ein Gyricon-Blatt besteht aus transparentem Plastik und einer dünnen Schicht von Kügelchen, welche auf der einen Seite weiß und auf der anderen Seite schwarz sowie elektrisch polarisiert sind. Durch ein äußeres, elektrisches Feldmuster wird die Schwarzweißoberfläche so gedreht, dass ein dementsprechendes Bild oder auch ein Text entsteht.

H

H.320

H.320 ist ein von ITU (International Telecommunications Union) dokumentierter Standard für die Übertragung von Videokonferenzen mit Hilfe von PCs über ein leitungsvermitteltes Netz wie ISDN.

➡ Siehe Videokonferenz; ISDN

H.323

H.323 ist das Standardprotokoll der ITU zur Unterstützung multimedialer Kommunikation in Netzwerken. Eingesetzt wird es sowohl bei IP-basierten Netzwerken (z.B. Internet) als auch bei IPX, LAN, WAN und weiteren. Dieser plattformunabhängige Standard ermöglicht verschiedene Einstellungen für Audio und/oder Video. Durch eine große Auswahl von Diensten findet er in Verbraucheranwendungen genauso Verwendung, wie auch in Unterhaltungsanwendungen und wird z.B. bei IP-Telefonie und Video-Telefonie eingesetzt.

➡ Siehe IPX; LAN; WAN; Protokoll; IP; Netzwerk

H.324

H.324 ist ein Standard der ITU für das gleichzeitige Übertragen von Video, Daten und Sprache über ein Modem.

➡ Siehe H.320; Modem

Haarlinie

Haarline ist die Bezeichnung für die dünnstmögliche Linie, die von einem Drucker – je nach verwendeter Auflösung – ausgegeben werden kann.

➡ Siehe Aliasing

Hacker

Hacker sind Computerfreaks, die versuchen, in Netzwerke der Telefongesellschaften oder in Firmen einzudringen. Der Begriff geht auf »to hack« zurück, womit das »Hacken« auf der Tastatur gemeint ist. Der Urtypus des Hackers versuchte bereits in den 1960er Jahren, die amerikanischen Telefongesellschaften auszutricksen. Ihm ging es eigentlich nur darum, kostengünstig (d.h. kostenlos) zu telefonieren. In den 1960er Jahren wurde noch einen 2600 Hz-Ton benutzt, um die Fernleitungen zu kontrollieren (eine regelmäßig erscheinende Hackerzeitschrift heißt deswegen 2600). Ein gewiefter Hacker namens »Captain Crunch« fand durch Zufall heraus, dass eine kleine Trillerpfeife, die einer Packung Frühstücksflocken beilag, eben genau diesen Ton erzeugte – ab diesem Zeitpunkt konnte »Captain Crunch« kostenlos über die Fernleitungen telefonieren. Die nachfolgenden Hackergenerationen begnügten sich natürlich nicht mehr mit einem kostenlosen Telefonanschluss. Sie wollten das gesamte Telefonnetz kennen lernen, wie es funktionierte und wie sie es manipulieren konnten. Dabei galt immer der oberste Grundsatz der Hackergemeinde: nur anschauen, es verstehen, aber nie etwas zerstören. Im Laufe der Jahre kam dieser Grundsatz ein wenig ins Wanken. Mit der Verbreitung der Heimcomputer (TSR-80, C64) versuchten die Hacker nun, über ein Modem bzw. einen Akkustikkoppler und die Telefonleitungen direkt in Computer der Telefonzentralen, die daran angeschlossenen Netzwerke und Firmen einzudringen. Die nötigen Passwörter und das Fachwissen über die Telefonnetze besorgten sie sich von anderen Hackern auf so genannten schwarzen Brettern und durch »Kontaktpflege«. Sie riefen einfach bei den Telefongesellschaften an und gaben sich als Außendienstmitarbeiter aus, der gerade ein Passwort oder die Nummer eines Kabelstrangs benötigte. Die in Deutschland bekannteste Hackergruppe ist der Chaos Computer Club. In Amerika waren die bekannteren die MOD (Masters of Deception), LOD (Legion of Doom) und »The Posse«.

➡ *Siehe Captain Crunch; Akustikkoppler; Modem; Cracker*

Hacker-Slang

Mit Hacker-Slang wird eine (zuweilen technische) Abkürzungssprache der Hacker bezeichnet. Viele allgemeine Begriffe finden sich im heutigen Chat-Slang wieder, der im Internet und in Online-Foren verwendet wird.

➡ *Siehe Emoticon; Chat- und Hacker-Slang; Hacker*

Halbaddierer

Ein Halbaddierer ist ein Schaltelement, das zwei binäre Zahlen addiert, die Zahlen hinter dem Komma einer vorangegangenen Operation aber unberücksichtigt lässt.

➡ *Siehe Addierwerk; Volladdierer; Binär*

Halbbildverfahren

➡ *Siehe Interlace*

Halb-Byte

➡ *Siehe Half-Byte*

Halbduplex-Betrieb

In der Datenfernübertragung können Daten im Simplex-, Halbduplex- oder Vollduplex-Betrieb versendet werden. Beim Simplex-Betrieb kann immer nur in eine Richtung gesendet bzw. empfangen werden. Beim Halbduplex-Betrieb werden Daten ebenfalls nur gleichzeitig in eine Richtung gesendet, es besteht allerdings die Möglichkeit, zwischen Sende-

und Empfangsbetrieb zu wechseln. Beim Vollduplex-Betrieb ist es möglich gleichzeitig in beide Richtungen sowohl zu senden als auch zu empfangen.

➟ Siehe DFÜ; Datenübertragung

Halbleiter, n-leitender

Ein Halbleitermaterial, bei dem die elektrische Leitung auf der Elektronenabgabe beruht. N-leitende Halbleiter werden durch Hinzufügen von Dotierungsmaterial mit einem Elektronenüberschuss hergestellt.

Halbleiterspeicher

➟ Siehe Semiconductor Memory

Halbtonverfahren

Durch Variation der Druckdichte können auch reine Schwarzweiß-Drucker (Monochrom-Drucker) (z.B. Tintenstrahl- oder Laserdrucker) Graustufen erzeugen. Dabei werden die einzelnen Druckpunkte unterschiedlich dicht nebeneinander gesetzt. Wichtig für die Erzeugung von Halbtonwerten sind die physikalische Auflösung des Druckers (dpi) und das verwendete Rasterungsverfahren. Echte Graustufen können nur wenige Drucker, wie z.B. ein Thermosublimationsdrucker erzeugen.

➟ Siehe Thermodrucker; Lpi; Ink-Jet Printer

Half-Byte

Ein Halb-Byte ist die Hälfte eines Byte (statt 8 Bit also 4 Bit). Z.B. bei der binären Darstellung von Dezimalzahlen nach dem EBCDIC-Code finden Halb-Bytes ihre Anwendung. Das erste Halb-Byte – der so genannte Zonenteil – stellt das Vorzeichen dar, das zweite den Wert – den so genannten Ziffernteil.

➟ Siehe EBCDIC; Dezimalsystem; Byte

HALO Network

Das HALO Network ist ein Hochgeschwindigkeits-Netzwerk für schnellen Internet-Zugriff der amerikanischen Firma Angel Technologies. Anstatt wie die Firma Teledesic auf ein LEO-Satelliten-Netzwerk aufzubauen, um möglichst breite Abdeckung zu erreichen, setzt Angel Technologies mit dem HALO Network auf eine Flotte High-Altitude-Flugzeuge, die mit Radio-Transceivern ausgestattet sind und über Gegenden mit hoher Bevölkerungsdichte kreisen. Das HALO-Netzwerk arbeitet mit einer höheren Bandbreite (16 GBit) als Teledesic.

➟ Siehe Netzwerk; Bandbreite

Halten einer Verbindung

Bei einem ISDN-Anschluss oder bei einer Telefonanlage ist es möglich, die gerade bestehende

Verbindung durch Eingabe eines Befehls am Telefon zu halten. Währenddessen kann der Anwender einen zweiten Anruf annehmen. Er kann zwischen diesen beiden hin- und herschalten (makeln) oder auch eine Dreier-Konferenz aufbauen.

➡ *Siehe ISDN; ISDN-Leistungsmerkmale*

Ham

Ham ist das Gegenteil von Spam, der unerwünschten E-Mail-Werbung. Mit Ham werden erwünschte E-Mails bezeichnet.

➡ *Siehe Spam-Mail*

Handbuch

➡ *Siehe Manual*

Handheld

Abk.: HPC

▲ *Syn.: Handheld-PC, Palmtop, PDA*

Ein Handheld ist ein Computer ohne Tastatur, der in der Hand gehalten werden kann. Die Eingabe erfolgt meist über einen Stift oder einen Touchscreen (berührungsempfindlichen LCD-Bildschirm). Ein typisches Beispiel für einen Handheld wäre der Apple Newton oder der Psion.

➡ *Siehe Psion; LCD; Apple Newton; PDA*

Bild H.1: Ein Pocket PC von Hewlett-Packard

Handheld Devices Markup Language

➡ *Siehe HDML*

Handle KEY

➡ *Siehe HKEY*

Hand-Scanner

Hand-Scanner sind die kleinere »handliche« Variante der Flachbett-Scanner. Der Hand-Scanner wird manuell über die Vorlage geführt. Dabei muss der Anwender eine konstante Geschwindigkeit einhalten, damit der Scanner die Bilddaten korrekt einlesen kann. Ein weiteres Problem mit Hand-Scannern besteht darin, dass die Ergebnisse oft verzerrt erscheinen, wenn der Scanner nicht vollkommen geradegezogen wurde. Die Auflösung von Hand-Scannern liegt generell unter der von guten Flachbett-Scannern. Es gibt

Harddisk

Graustufen- und Farbvarianten, wobei diese durchaus eine Farbtiefe von 16.7 Millionen Farben erfassen können.

➠ *Siehe Farbtiefe; Flachbett-Scanner*

Handshake

Handshake ist eine Synchronisationsmethode, die den Datentransfer zwischen Geräten einleitet und reguliert. Ein Software Handshake regelt z. B. den Datenfluss zwischen zwei Modems über eine Telefonleitung oder zwischen einem PC und einem Modem. Ein Hardware Handshake liegt vor, wenn sich unterschiedliche Geräte über spezielle Leitungen gegenseitig Transfer- oder Aufnahmebereitschaft signalisieren.

➠ *Siehe Datenübertragung; Modem*

Hangup

Führt ein Programmfehler dazu, dass das System auf keine Eingabe mehr reagiert, wird das auch als Hangup bezeichnet. Wenn ein derartiger Fehler auftritt, wird auch davon gesprochen, dass sich »das System aufgehängt hat«. Ursache kann eine programm- oder betriebssysteminterne Endlosschleife oder eine falsche Hardwarekonfiguration sein.

➠ *Siehe Schleife; Betriebssystem*

Hardcopy

Hardcopy ist die Bezeichnung für den Druck des Bildschirminhalts oder einer Datei auf dem Drucker. Unter MS-DOS und OS/2 genügt ein Druck auf die [Druck]-Taste, um den Bildschirminhalt auszudrucken. Unter Windows würde der Bildschirminhalt in der Zwischenablage abgelegt werden. Dieser kann dann als Grafik in ein Grafikprogramm geladen werden.

➠ *Siehe Windows; Clipboard; Softcopy*

Harddisk

Abk.: HD

▲ *Übers.: Festplatte*

▲ *Syn.: Magnetplatte*

Harddisk ist die Bezeichnung für eine Festplatte. Sie ist ein magnetisches Speichermedium, das die wahlfreie Speicherung von digitalen Daten ermöglicht. In dem Gehäuse der Festplatte befinden sich auf einer Achse meist mehrere Scheiben, die beidseitig mit einer magnetisierbaren Schicht versehen sind. In dem Gehäuse befindet sich außerdem eine Reihe von Schreib-Lese-Köpfen, die für das Schreiben und Lesen der Daten von und auf der Platte zuständig sind. Die Köpfe befinden sich nur wenige Millimeterbruchteile über der Oberfläche der Platten. Sie sind an Armen angebracht, die sich ebenfalls um eine Achse bewegen können. Durch diese Bewegungsmöglichkeit und die Drehung der Scheiben kann jeder Punkt auf den Platten angefahren werden. Zur Steuerung der Festplatte und auch zum Austausch von Daten mit dem Computer verfügt die Festplatte über eine integrierte Controller-Elektronik.

Für diese Elektronik wird heute hauptsächlich IDE, EIDE und SCSI verwendet.

→ *Siehe Speichermedium; IDE-Festplatte; Schreib-Lese-Kopf; Controller; Schreib-Lese-Kopf, induktiver; AT-Bus-Festplatte; RLL; EIDE; MFM; MR-Lesekopf; SCSI*

Bild H.2: Der innere Aufbau einer Festplatte

Harddisk-Recording

Beim Harddisk-Recording werden mithilfe spezieller Hardware Video- und/oder Audiodaten analoger und digitaler Ausgabegeräte (CD-Player, Videorecorder) auf der Festplatte des Computers gespeichert. Je nach Aufnahmequalität sind hohe Speicherkapazitäten (mehrere Gigabyte für wenige Minuten) und vor allen Dingen ein schnelles und gut aufeinander abgestimmtes Computersystem nötig. Für das Harddisk-Recording werden spezielle Erweiterungskarten verwendet, die die eingehenden Daten auf der Festplatte speichern. Beim Aufzeichnen von Video-

Daten müssen diese von der Hardware in Echtzeit komprimiert werden. Als Festplatte eignen sich am besten einzig für diesen Zweck verwendete SCSI-Festplatten entsprechender Größe (einige Gigabyte). Die Daten werden in einem bestimmten Datenformat (AVI, MJ-PEG, MPEG bei Video und meist WAV bei Audio) abgespeichert. Die Video- oder Audiosequenzen können mit Hilfe spezieller Software (z.B. Adobe Premiere bei Video, Steinberg WaveLab bzw. Cubase bei Audio) geschnitten, bearbeitet und zu neuen Sequenzen zusammengefügt werden (nichtlinearer Schnitt).

➡ *Siehe Schnitt, nichtlinearer; Harddisk; Schnitt, linearer; AV-Festplatte*

Hardlock

➡ *Siehe Dongle*

Hardware

Hardware ist die Bezeichnung für alle physischen, »fassbaren« Komponenten des Computers, wie CPU, Motherboard, Festplatten, Monitor, Speichermodule usw.

➡ *Siehe CPU; Monitor; Harddisk; Computer; Motherboard*

Hardware Compatibility List

➡ *Siehe HCL*

Hardware Cache

Es gibt so genannte Cache-Kontroller, Festplatten-Kontroller als Erweiterungskarte, die ihre eigenen Speicherbausteine auf der Platine haben, welche ihnen als Zwischenspeicher (Puffer) für die anfallenden Daten dienen. Der Geschwindigkeitszuwachs für das Gesamtsystem ist bei den heutigen Festplatten und Onboard-Controllerchips auf dem Motherboard aber relativ gering.

➡ *Siehe Cache; Festplatten-Controller; Cache-Controller; Motherboard; Erweiterungskarte*

Hardware Check

Hardware Check ist der beim »Power On Self Test« (P.O.S.T.) während des Starts ausgeführte Test, der automatisch die Funktionsfähigkeit der wichtigsten Komponenten (Motherboard, Festplatte, Videokarte usw.) des Computers prüft.

➡ *Siehe P.O.S.T.; Harddisk; Hardware; Motherboard*

Hardware Interrupt

Hardware Interrupt ist ein Interrupt, der durch eine Hardwarekomponente ausgelöst wird.

➡ *Siehe Interrupt; Hardware*

Hardwarekomponente

➡ *Siehe Hardware*

Hash

1. Hash ist ein Befehl im Zusammenhang mit der FTP Client Software. Der Client wird angewiesen, beim Senden und Empfangen eines Datenblocks ein Nummernzeichen (#) anzuzeigen.
2. Ein Hash ist ein Vorgang, bei dem auf unverschlüsselte Daten mit dem Hashverfahren zugriffen wird und diese Daten als numerische Werte abgebildet werden. Dabei wird ein Komprimat gebildet, welches nichts anderes als eine Prüfsumme (checksum) darstellt. Der Schlüssel wird in diesem Fall nur noch auf die Prüfsumme angewandt und das Ergebnis dieses Vorgangs bildet die digitale Signatur, welche den Daten angehängt wird.

➠ *Siehe Verschlüsselung; Digitale Signatur; Datenblock; FTP; Prüfsumme*

Hash-Suche

Die Hash-Suche ist ein Suchverfahren für einzelne Listenelemente. Durch das Hashing sind schnelle Zugriffe auf einzelne Elemente möglich, was die Hash-Suche zu einem Suchalgorithmus mit hoher Effizienz macht.

➠ *Siehe Hash*

Hash-Zahl

Die Hash-Zahl ist der Kontrollwert bei der Fehlersuche von verarbeiteten oder manipulierten Daten. Primitive Beispiele zur Bildung einer Hash-Zahl sind das Bilden einer Quersumme bei Zahlen oder der Einsatz simpler XOR-Funktionen, die, auf alle Zeichen des Textes nacheinander angewandt, genau ein Zeichen bzw. die Hash-Zahl liefern, unabhängig von der Länge des Textes. Stimmt die neue mit der alten Hash-Zahl überein, so wurden die Daten nicht manipuliert bzw. geändert.

➠ *Siehe Hash; XOR-Verknüpfung*

Hauptmenü

Das Hauptmenü ist das Menü, welches direkt nach dem Programmstart angezeigt wird und von dem der Anwender bestimmte Funktionen des Programms aufrufen oder in Untermenüs wechseln kann.

➠ *Siehe Menü, kontextsensitives; Menü; Menütechnik; Menüleiste*

Hauptplatine

➠ *Siehe Motherboard*

Hauptprogramm

Wird ein Programm gestartet (z.B. eine Applikation), wird zuerst das so genannte Hauptprogramm aufgerufen, welches alle Unterprogramme und deren Funktionen, sowohl einzeln als auch im Verbund, überwacht und steuert.

➠ *Siehe Applikation*

Hauptspeicher

Der Hauptspeicher ist der schnelle Speicher des Computersystems. Das Betriebssystem, seine Komponenten und Applikationen nutzen den Arbeitsspeicher als Zwischenspeicher für Datentransfers und Berechnungen. Die Größe des Hauptspeichers ist essentiell für die Geschwindigkeit des Systems. Windows 95 z.B. braucht mindestens 16 MByte Hauptspeicher, um einigermaßen vernünftig zu laufen. Je nach Anwendung und Anforderung (CAD, 3D-Grafik) kann es nötig sein, den Computer auf ein Vielfaches dieses Speicherbedarfs aufzurüsten. Als Hauptspeicher werden in neueren PCs PS/2-SIMMS, EDO-DRAMS, SDRAMS und selten BEDOs verwendet. Neben vielen ausschließlich für Techniker interessanten Daten ist die Zugriffsgeschwindigkeit von RAM-Bausteinen ein wichtiger Faktor. Generell haben die heutigen Chips eine Zugriffsgeschwindigkeit von 60 ns (Nanosekunden).

➡ *Siehe DIMM; SIMM; DRAM; EDO-DRAM; SDRAM; PS/2-SIMM; BEDO-DRAM; Betriebssystem; Semiconductor Memory*

Hauptverzeichnis

Das Hauptverzeichnis ist das Verzeichnis, von dem der Verzeichnisbaum seinen Ursprung nimmt. Alle weiteren Verzeichnisse sind Unterverzeichnisse des Hauptverzeichnisses.

➡ *Siehe Directory; Directory Tree; Verzeichnisstruktur*

Hayes (-kompatibel)

Hayes ist ein amerikanischer Hersteller von Modems. Auf ihn geht der AT-Standard zurück.

➡ *Siehe AT-Befehle; Modem*

Hayes-Modem

Die heutzutage verwendeten Modems sind alle noch kompatibel zu dem von Hayes entwickelten Standard. Sollte ihr Modem einmal nicht richtig mit den mitgelieferten Treibern funktionieren, stellen Sie es einfach in den Hayes-kompatiblen Modus um.

➡ *Siehe Hayes (-kompatibel); AT-Befehle; Modem*

HCL

Abk.: Hardware Compatibility List

Die Hardwarekompatibilitätsliste (HCL) beinhaltet alle Hardwarekomponenten, die mit dem Betriebssystem erfolgreich getestet wurden.

➡ *Siehe Hardware; Betriebssystem*

HD

Abk.: High Density

▲ *Übers.: hohe Dichte*

HD ist die Bezeichnung für Disketten und Diskettenlaufwerke mit hoher Speicherdichte (high density). 5,25"-Disketten fassen 1,2 MByte bei 96 tpi und 3,5"-Disketten fassen 1,44 MByte bei 135 tpi.

➠ *Siehe Density; Aufzeichnungsdichte; DD; Diskette*

HD-DVD

Ein Nachfolgeformat für die DVD. Sie fasst einlagig bis zu 15 Gbyte (ROM-Version), zweilagig bis zu 32 Gbyte (ROM-Version 30 GB) und damit bis zu dreimal mehr Daten als die DVD. Größter Konkurrent dieses Formats ist die Blu-ray-Disc.

➠ *Siehe: Blu-ray-Disc, DVD*

HDLC

Abk.: High Level Data Link Control

HDLC ist ein Übertragungsprotokoll der Verbindungsschicht (siehe OSI-Schichtenmodell). Es wurde von IBM entwickelt und nach ISO genormt.

➠ *Siehe SDLC; ISDN-Übertragungsstandards; ISO*

HDML

Abk.: Handheld Devices Markup Language

HDML ermöglicht die Darstellung von Textsegmenten einer Webseite auf Handys und PDAs über Mobilfunk.

➠ *Siehe PDA; Mobilfunk; Webseite*

HDSL

Abk.: High-Data-Rate Digital Subscriber Line

HDSL ist ein Protokoll für die digitale Datenübertragung über Kupferleitungen.

➠ *Siehe SDSL; ADSL; CDSL*

Head Mounted Display

➠ *Siehe HMD*

Headcrash

Setzt der Schreib-Lese-Kopf (Head) einer Festplatte auf den Magnetplatten der Platte unbeabsichtigt auf, so wird von einem Headcrash gesprochen. Ein Headcrash kann zu Datenverlusten, aber auch zur totalen Zerstörung der Magnetoberfläche führen. Da die Platten heutiger Festplatten mit 4.500 bis 10.000 Umdrehungen pro Minute (U/min) drehen und der Schreib-Lese-Kopf mit einem durchschnittlichen Abstand von 50 nm über die Platten fliegt, kann sich ein Headcrash trotz aller vorgenommenen Sicherheitsvorkehrungen (Kapselung der Platte, aerodynamische Form des Kopfes, perfekte Ausrichtung des Plattenstapels und des Kamms mit den S-L-Köpfen) besonders bei Schockeinwirkung von außen (z.B. starke Erschütterung) ereignen. Einige Firmen haben sich auf die Rettung von Daten nach derartigen »Unfällen« spezialisiert. Früher konnte leicht beim Transport einer Platte ein Headcrash verursachen werden, weil der Kopf nicht am äußeren Plattenbereich (Landezone, englisch: landing zone) »geparkt« war. Heutzutage verfügen alle Festplatten über eine Autopark-Funktion.

➠ *Siehe Schreib-Lese-Kopf; Harddisk; Autopark; Parken; Stiction*

Header

1. Bei der Datenfernübertragung sind im Header alle Informationen über den Sender, den Empfänger, das Absendedatum und den Weg, den die Datei zurückgelegt hat, enthalten. Datenpakete beim Versand in Netzwerken enthalten ebenfalls Header, die – je nach Protokoll – die Sender- und Empfängeradresse und oft auch andere Informationen enthalten. Der Header wird beim Empfänger von der Schicht im Netzwerkknoten ausgewertet, von der die Nachricht versendet wurde.

2. Ein Header ist der Bereich einer Datenstruktur, in dem alle Informationen über Adressen, Organisationsdaten und Programmablauf enthalten sind. Bei ausführbaren Programmen, wie z.B. einer .exe-Datei, sind im Header alle Informationen enthalten, die das Betriebssystem benötigt, um die einzelnen verschiebbaren (relozierbaren) Programmteile im Arbeitsspeicher zu verwalten. Deshalb wird der Header auch Relokationstabelle genannt.

➠ *Siehe Protokoll; Datenübertragung; Packet*

Head-Set

Ein Head-Set ist ein am Kopf montierbares Mikrofon, das meist in Telefondiensten oder im Firmenservice eingesetzt wird, aber auch zur Spracherkennung oder zur Internet-Telefonie.

➠ *Siehe Internet-Telefonie; Sprachsteuerung; VoiceType*

HealthNet

HealthNet ist eine medizinische Datenbank des Online-Dienstes CompuServe.

➠ *Siehe CompuServe*

Heap

Heap ist ein für ein Programm reserviertes Speicherteil, in das es während der Ausführung temporär Daten ablegen kann, deren Größe vor dem Programmstart noch nicht feststeht.

➠ *Siehe Programm; Memory*

Heatpipe

Heatpipe ist ein lautloses Kühlsystem für PC-Grafikkarten, das die Hitze über eine gasgefüllte

Metallröhre vom Chip zum Kühlkörper oder zum Lüfter transportiert.

➠ *Siehe Lüfter*

Heisenbug

Der Heisenbug wurde nach der Heisenbergschen Unschärferelation in der Quantenphysik genannt. Er bezeichnet das Phänomen bei der Fehlersuche, bei dem ein bekannter (Programm-)Fehler verschwindet oder sein Verhalten ändert, sobald versucht wird ihn zu isolieren oder zu untersuchen.

➠ *Siehe Programmfehler*

Hercules

http://www.hercules.com

Die Firma Hercules ist einer der renommiertesten amerikanischen Grafikkartenhersteller. Bereits recht früh schuf die Firma mit der Hercules-Karte einen eigenen Grafikstandard, der billiger war als CGA und eine erheblich bessere Qualität bot, als der ausschließlich für die Textdarstellung geeignete MDA. Die Hercules-Grafik bot eine Auflösung von 700 x 384 Bildpunkten sowie Monochrom-Darstellung. Hercules wurde im Sommer 1998 von der deutschen Firma ELSA für 8,5 Millionen Dollar übernommen. 1999 wurde Hercules an den französischen Konzern Guillemot veräußert.

➠ *Siehe MDA; Grafik; CGA*

Hercules Graphic Card

➠ *Siehe HGC*

Hertz

Abk.: Hz

Hertz ist die Maßeinheit für die Frequenz eines Signals. 1 Hz = 1 Schwingung pro Sekunde = 1/s. Die Einheit wurde nach dem deutschen Physiker Heinrich Rudolph Hertz (1857 – 1884) benannt.

Heuristik

Die Heuristik ist ein theoretischer Ansatz der Problembehandlung, um durch bisher gewonnene Erfahrungen reproduzierbare Fehler erkennen und diese im Voraus vermeiden zu können. Eingesetzt wird die Heuristik besonders im Bereich der Antivirus-Software, die bisher unbekannte Viren anhand bekannter Verhaltensmuster erkennen soll. Die Komplexität neuer Viren und der Ehrgeiz der Hacker, gerade die Heuristik auszutricksen, gestalten den Versuch, neue Viren problemlos anhand von Software unschädlich zu machen, sehr schwierig. Dies wird belegt durch den enorm hohen Schaden, welchen der ILOVEYOU-Wurm trotz virentypischen Verhaltensmusters anrichten konnte.

➠ *Siehe Antivirenprogramm; Computervirus; ILOVEYOU; Hacker*

Hewlett Packard

http://www.hewlett-packard.de

Hewlett Packard (HP) wurde 1939 gegründet und ist heute einer der führenden Hersteller im Bereich der Drucksysteme, mittlerer Datentechnik (Server, Workstation) und PCs. Die bekanntesten Produkte sind wahrscheinlich ihre Drucker für den Heimbereich und semiprofessionellen Bereich, wie die Deskjet- und Laserjet- oder auch Designjet-(Plotter-)Familie. Im Jahr 2002 hat Compaq mit Hewlett-Packard fusioniert.

➡ *Siehe Server; Scanner; Workstation; Plotter; Drucker*

Hewlett Packard Graphic Language

➡ *Siehe HPGL*

Hewlett Packard Interface Bus

➡ *Siehe HP-IB; IEC-Bus*

Hex

➡ *Siehe Hexadezimalzahl*

Hex dump

Ein Hex dump ist ein Auszug aus dem Hauptspeicher, der alle Daten in hexadezimaler Form anzeigt. Mit einem Hex dump lassen sich z.B. die Steuerzeichen einer Druckdatei einsehen.

➡ *Siehe Steuerzeichen; Hexadezimalsystem*

Hexadezimalsystem

Das im alltäglichen Leben verwendete Zahlensystem ist das Dezimalsystem mit den Ziffern »0« bis »9«. Beim Hexadezimalsystem (griech. sechzehn) werden dagegen sechzehn Ziffern von »0« bis »9« und die Buchstaben »A« bis »F« benutzt. Das Hexadezimalsystem ist ein Basiszahlensystem in der EDV.

➡ *Siehe Oktalsystem; DV; Dualsystem; Dezimalsystem*

Hexadezimalzahl

Hexadezimalzahlen werden in der EDV dazu verwendet Binärzahlen vereinfacht darzustellen. Es wäre recht umständlich, Befehle über Nullen und Einsen einzugeben. Mit einer zweistelligen Hexadezimalzahl ist es jedoch möglich ein komplettes Byte (8 Zeichen) darzustellen. In manchen Fällen ist es aber nicht möglich zu unterscheiden, ob gerade eine Dezimalzahl oder eine Hexadezimalzahl vorliegt (z.B. 14). Deshalb wird der Hexadezimalzahl ein »h« oder ein »x« vorangestellt, z.B. »h14«.

➡ *Siehe Byte; Hexadezimalsystem; Dualsystem; Dualzahl*

HFC

Abk.: Hybrid Fiber Coaxial Cable

HFC ist eine Telekommunikationstechnologie in der Lichtfaserkabel und Koaxialkabel in verschiedenen Bereichen eines

Netzwerkes gemischt verwendet werden. Über diese Verbindungen werden Breitbandinhalte, z.B. Video transportiert. Bei dieser Art der Verbindung werden die Vorteile von Lichtfaserkabeln, wie z.b. schwaches Rauschen und hohe Bandbreite ausgenutzt, ohne bereits bestehende Koaxialverbindungen ersetzen zu müssen.

➠ *Siehe Netzwerk; Koaxialkabel*

HFS

Abk.: Hierarchical File System

▲ *Übers.: hierarchisches Dateisystem*

HFS ist das Dateisystem des MacOS.

➠ *Siehe Apple; MacOS; Macintosh*

HGC

Abk.: Hercules Graphic Card

HGC ist ein Grafikkartenstandard der amerikanischen Firma Hercules. Auch heutige Grafikkarten unterstützen diesen Standard noch.

➠ *Siehe Grafikstandard; Hercules*

HiColor

Abk.: HighColor

HiColor bezeichnet eine Farbtiefe von 32.768 (15 Bit) bzw. 65.563 (16 Bit) Farben.

➠ *Siehe Farbtiefe; TrueColor*

Hidden Files

Hidden Files ist die Bezeichnung für Dateien, die unter MS-DOS und Windows ein bestimmtes Attribut (»h« für »hide«) tragen und bei Benutzung bestimmter Befehle wie z.b. DIR nicht sichtbar sind. Beispiele wären io.sys oder msdos.sys.

➠ *Siehe MS-DOS; Attribut; Datei*

Hierarchical File System

➠ *Siehe HFS*

Hierarchisches Netzwerk

➠ *Siehe Netzwerk, hierarchisches*

Hi-Fi

Abk.: High Fidelity

Hi-Fi ist ein Standard für Soundwiedergabe mit hoher Klangtreue. Obwohl im Musikbereich bereits seit Jahren etabliert, hat sich der Hi-Fi-Standard beim PC bisher noch nicht durchsetzen können. Der Grund dafür lag ganz einfach an der mangelhaften Qualität der Soundkarten bei der digitalen Audioverarbeitung und an dem hohen Speicherplatzbedarf (eine Audio-CD fasst ca. 750 MB). Mit den neuesten auf dem Markt befindlichen Soundkarten hat sich der Zustand aber geändert.

➠ *Siehe Soundkarte; CD-ROM*

High Availability System

High Availability Systeme werden in Bereichen eingesetzt, in denen eine hohe Ausfallsicherheit gewährleistet sein muss (z. B. Banken). Gestützt werden diese Systeme von einem oder mehreren Backup-Systemen, die bei einem Ausfall des Hauptsystems als Sofortreserven einen reibungslosen, verlustfreien Betrieb aufrechterhalten können.

High Density

⮕ *Siehe HD*

High Fidelity

⮕ *Siehe Hi-Fi*

High Memory

Mit High Memory wird ein 64 KByte großes Speichersegment über der ersten 1024 KByte-Grenze des Hauptspeichers bezeichnet, welches ab der MS-DOS-Version 5.0 und einem Prozessor der 80286-Generation durch das System angesprochen werden kann. Dieser Speicherbereich wird von dem Speichermanager himem.sys verwaltet. Teile des Betriebssystems und auch Gerätetreiber können mit den Befehlen DOS=HIGH bzw. DEVICE-HIGH oder LOADHIGH in den oberen Speicher ausgelagert werden, so dass der untere Speicherbereich von 640 KByte (konventioneller Speicher) für andere Programme verfügbar wird.

⮕ *Siehe EMS; KByte; himem.sys; A20-Gate; UMA; XMS*

High Memory Area

⮕ *Siehe High Memory*

High Performance File System

⮕ *Siehe HPFS*

High Performance File System 386

⮕ *Siehe HPFS386*

High Resolution

⮕ *Siehe HiRes; Bildschirm*

High Sierra

High Sierra ist die Bezeichnung für einen 1985 verabschiedeten Standard für die Spezifikation des Dateisystems von CD-ROMs. High Sierra ist inzwischen in ISO 9660 aufgegangen. Neben bestehenden Konventionen zur Benennung von Dateien wurden in High Sierra auch Verfahren zur Fehlerkorrektur spezifiziert. Der Name High Sierra geht auf das Hotel zurück, in dem der Standard von einigen namhaften Herstellern beschlossen wurde, das High-Sierra-Hotel.

⮕ *Siehe ISO 9660*

High Speed Circuit Switched Data

⮕ *Siehe HSCSD*

HighColor

⮕ *Siehe HiColor*

High-Data-Rate Digital Subscriber Line

➡ Siehe HDSL

High-Level Data Link Control

➡ Siehe HDLC

Hilfe, kontextbezogene

Bei vielen Anwendungsprogrammen gibt es die Möglichkeit, zur gerade ausgeführten Aktion eine Hilfefunktion aufzurufen. Meist zeigt die Dialog-Box der jeweiligen Aktion (z.B. Drucken) eine Schaltfläche mit der Aufschrift »Hilfe« oder ein »?«. Klickt der Anwender auf diese Schaltfläche, öffnet sich ein Fenster mit der kontextbezogenen Hilfe (in diesem Beispiel zum Thema Drucken).

➡ Siehe Applikation

Hilfefunktion

Viele Applikationen bieten eine Hilfefunktion, die den Anwender bei der Arbeit mit dem Pogramm unterstützen soll. Meist ist es möglich das Hilfemenü über die Taste F1 zu erreichen. In der Hilfe kann dann nach Stichworten gesucht werden. Der Anwender kann Hilfe zu bestimmten Themen bekommen oder oft auch eine Art Lehrgang für das Programm absolvieren. Die meisten aktuellen Versionen von Programmen (besonders unter Windows 95/NT) enthalten eine interaktive Hilfefunktion, bei der der Anwender durch das Programm befragt und eventuell sogar durch Menüs geführt wird.

➡ Siehe Funktionstaste; Menü; HTML-Help; WinHelp

Hilfslinien

Hilfslinien dienen in Grafikprogrammen, wie z.B. CorelDraw, der korrekten Ausrichtung von Objekten. Die Darstellung von Hilfslinien kann an- und ausgeschaltet werden. Beim Drucken des Dokuments werden die Hilfslinien nicht mitgedruckt.

➡ Siehe CorelDRAW; Grafikprogramme

Himem.sys

Hymem.sys ist ein Speichermanager-Programm, welches den High-Memory-Bereich (HMA) des Arbeitsspeichers verwaltet. Der restliche Speicher wird nach dem XMS-Verfahren (Extended Memory Specification) verwaltet. Für die Arbeit mit Windows ist XMS-Speicher unbedingt notwendig, weshalb himem.sys immer durch die config.sys geladen werden sollte.

➡ Siehe Speichermanager; Hauptspeicher; XMS; Speicherverwaltung; config.sys; High Memory

Hintergrund

1. In Vektor-Grafikprogrammen wird in Bezug darauf, wie

die einzelnen Objekte einer Grafik aufeinander liegen, von Vorder- und Hintergrund gesprochen. Ein Grafikobjekt, das von anderen ganz oder teilweise verdeckt wird, liegt weiter im Hintergrund.

2. Beim Multitasking wird ein Prozess, der abläuft, ohne dass der Benutzer mit diesem arbeitet, als im Hintergrund laufend bezeichnet. Oft werden Druckjobs im Hintergrund abgearbeitet. Das heißt der Benutzer kann, während er druckt, mit einem anderen Programm weiterarbeiten.

3. Der Hintergrund (englisch: background) bezeichnet im Allgemeinen die Farbe bzw. die Gestaltung des Bildschirmhintergrunds bei einer grafischen Benutzeroberfläche.

➡ *Siehe Vektorgrafik; Grafikprogramme; GUI; Multitasking*

Hintergrundbild

Bei grafischen Benutzeroberflächen wie Windows 95 oder OS/2 ist es möglich, eine Bitmap als Hintergrundbild des Desktop zu verwenden.

➡ *Siehe GUI; Desktop; Bitmap*

Hintergrundprogramm

Als Hintergrundprogramm wird ein Programm bezeichnet, welches im Hintergrund (d.h. für den Anwender unsichtbar) arbeitet. Beim Multitasking wird den laufenden Programmen eine Priorität zugeteilt, nach denen auch die zur Verfügung stehende Rechenzeit aufgeteilt wird. Hintergrundprogramme oder Programme, die gerade im Hintergrund ablaufen, haben meist eine geringe Priorität, so dass ihnen nur dann Rechenzeit zukommt, wenn das gerade aktive Vordergrundprogramm z.B. auf eine Benutzereingabe wartet (siehe auch preemptives Multitasking). Eine zweite Gruppe von Hintergrundprogrammen sind die so genannten TSRs unter MS-DOS, die in den Arbeitsspeicher geladen werden und dort aktiv bleiben. Sogar beim Booten des Computers können TSRs resident im Speicher verbleiben. TSRs übernehmen z.B. Aufgaben wie das automatische Sichern von Daten auf einem Streamer oder die Speicherverwaltung.

➡ *Siehe Booten; Multitasking, preemptives; TSR-Programm; Multitasking*

HiperLAN

Abk.: High Performance Radio Local Area Network

HiperLAN ist ein WLAN-Kommunikationsstandard, der vom European Telecommunications Standards Institute (ETSI) als Alternative zum US-amerikanischen Standard IEEE 802.11 entwickelt wurde. Es gibt zwei Versionen von HiperLAN:

▶ **HiperLAN/1:** ermöglicht eine Datentransferrate von 20 Mbps auf dem 5-GHz-Band.

▶ **HiperLAN/2:** ermöglicht eine Datentransferrate von 54 Mbps auf dem 5-GHz-Band.

▶ Wie 802.11 soll HiperLAN die Interoperabilität von Geräten verschiedener Hersteller gewährleisten, die auf diesem Band kommunizieren.

➡ *Siehe IEEE-802.11; WLAN*

HIPPI

Abk.: High-Performance Parallel Interface

HIPPI ist ein Point-to-Point-Protokoll für die Übertragung großer Datenmengen über relativ kurze Entfernungen bis zu 10 km. Das originale HIPPI spezifiziert eine Transferrate von 800 Mbits/s unter Verwendung eines 32 Bit-Datenbusses, bei 64 Bit sind Raten von bis zu 1600 Mbits/s möglich.

➡ *Siehe Datentransferrate; MBit; Datenbus; Protokoll; Bit*

HiRes

Abk.: High Resolution

▲ Ant.: LoRes

HiRes bedeutet »hohe Auflösung«. High Resolution bezeichnet Bildschirmauflösungen über 800x600 Pixel.

➡ *Siehe Pixel*

Hit

1. Einen Hit erzielt ein Cache-Programm, wenn seine Annahme über die als nächstes von der CPU angeforderten Daten richtig war. War die Annahme nicht richtig, und die CPU findet nicht die richtigen Daten im Cache, so wird von einem Miss gesprochen.

2. Als Hit wird auch der Zugriff auf eine Webseite bezeichnet.

➡ *Siehe Cache; Webseite*

HKEY

Abk.: Handle Key

HKEY ist ein Handle zu einem Registrierungsschlüssel, in dem eine Konfiguration gespeichert ist. Jeder Schlüssel führt zu Unterschlüsseln, die die Konfiguration enthalten, die in früheren Versionen von Windows in den .ini-Dateien gespeichert waren. Diese Handles werden in der Registry von Windows 95 / 98 verwendet.

➡ *Siehe Ini-Datei; Registry*

HMA

Abk.: High Memory Area

▲ *Übers.: hoher Speicherbereich*

Mit HMA ist ein 64 KByte großer Speicherbereich des XMS-Speichers (Extended-Memory) über der Grenze von 1024 KByte des Hauptspeichers gemeint.

➡ *Siehe KByte; Hauptspeicher; XMS; High Memory*

HMD
Abk.: Head Mounted Display
Das HMD ähnelt entfernt einer Brille. Zwei vor den Augen angebrachte LCD-Bildschirme dienen der dreidimensionalen Bilddarstellung und Kopfhörer sorgen für das entsprechende Klangerlebnis. Zahlreiche Sensoren registrieren jede Kopfbewegung, die vom Computer in Echtzeit grafisch umgesetzt wird. HMDs werden sowohl für Spiele als auch für Virtual-Reality-Anwendungen verwendet.

➥ *Siehe Data Suit; Data Glove; LCD; VR; LCD-Shutter-Brille*

Hochfahren
➥ *Siehe Booten*

Hochfahren, abgesichertes
➥ *Siehe Clean Boot*

Hochformat
➥ *Siehe Landscape; Portrait*

Hoher Speicher
➥ *Siehe High Memory*

Hollerith, Herrmann
Hermann Hollerith ist der Erfinder des ersten elektromechanischen Sortier- und Zählsystems unter Verwendung von Lochkarten. Das System wurde 1890 zur 11. amerikanischen Volkszählung eingesetzt. 43 Maschinen benötigten damals vier Wochen für diese Aufgabe. Herrmann Hollerith (1860 bis 1929), Sohn deutscher Einwanderer, Bergbauingenieur und berühmter amerikanischer Erfinder, gründete 1924 nach Zusammenschluss mit einigen anderen Firmen das Unternehmen Industrial Business Machines (IBM).

➥ *Siehe IBM*

Hollerith-Code
Hollerith-Code ist die Bezeichnung für den nach Herrmann Hollerith benannten Lochkarten-Code.

➥ *Siehe Punched Card*

Hollerith-System
Hollerith-System ist die Bezeichnung für eine elektromechanische Sortier- und Zählmaschine zur Auswertung von auf Lochkarten eingestanzten Daten, die nach Herrmann Hollerith benannt wurde.

➥ *Siehe Lochkartenleser; Punched Card*

Hol-Zyklus
➥ *Siehe Fetch-Zyklus*

Homebanking
Per Homebanking lassen sich Bankgeschäfte über das Telefon oder den heimischen PC erledigen. Diverse Online-Dienste, Btx oder das Internet ermöglichen den Zugriff auf das eigene Konto. Dabei ist natürlich immer ein Kennwort nötig. Auch der Handel mit Wertpapieren ist möglich (Online-Broking).

➟ Siehe *Online-Dienst; Btx; Online-Broking; Homeshopping*

Homepage

Die Homepage ist die erste Seite (die Leitseite) einer Website im WWW (World Wide Web). Der Anwender erreicht die Homepage einer Firma, einer Privatperson oder einer Vereinigung über deren jeweilige URL. Meist bietet die Homepage grundlegende Informationen über den Anbieter. Über so genannte Hyperlinks (eine Art Querverweis) ist es möglich, zu anderen Homepages zu springen oder tiefer in das Angebot der Website vorzudringen.

➟ Siehe *URL; WWW; Website; Hyperlink; Webseite*

Home-Position

Die Home-Position ist die Position des Cursors, die er nach dem Starten des Betriebssystems einnimmt. In Textverarbeitungsprogrammen ist dies normalerweise links oben in der ersten Zeile auf der ersten Seite des Dokuments. Sie können den Cursor auf die Home-Position setzen, indem Sie auf der deutschen Tastatur die Tasten [Strg] und [Pos1] drücken. Bei der amerikanischen Tastaturbelegung genügt es, wenn Sie nur auf [Pos1] drücken.

➟ Siehe *Keyboard; Cursor; Betriebssystem*

HomeRF

Abk.: Home Radio Frequency

Home RF ist ein Standard für kostengünstige Heim-Funknetzwerke ähnlich 802.11, das auf den industriellen Einsatz ausgelegt ist. Auf Basis von Frequenzwechsel und Funktechnologie hat HomeRF hat eine Reichweite von 50 Metern. Für die Kommunikation verwendet HomeRF das Shared Wireless Access Protocol (SWAP).

➟ Siehe *IEEE-802.11; WLAN; SWAP*

Homeshopping

Homeshopping heißt wörtlich von zu Hause einkaufen. Mit Homeshopping wird das Einkaufen von Waren bestimmter Anbieter über den PC, Btx und das Internet bezeichnet. Beim Teleshopping wird das Telefon genutzt, um Artikel aus dem über einen Fernsehsender angebotenen Sortiment zu bestellen.

➟ Siehe *Internet; Btx; PC; E-Commerce*

Homezone-Prinzip

Homezone-Prinzip ist ein Begriff aus dem Bereich der Telekommunikation. Der Benutzer des Telefonnetzes hat dabei nur ein Endgerät, mit dem er erreichbar ist. Anhand von gespeicherten Koordinaten, die den Home-Bereich angeben, wird ermittelt, ob sich der Nutzer außerhalb oder innerhalb des Homebereichs befindet. Sollte er sich innerhalb des

Homebereichs befinden, dann wird automatisch die Homezone-Tarifierung eingeschaltet. Das heißt, der Kunde kann dann nach Festnetztarifen telefonieren.

Hop

Der Durchlauf eines Datenpaketes durch ein Intermediate System auf dem Weg von der Sende- zur Empfangsstation in einem Netzwerk wird Hop genannt. Die Daten »hüpfen« von einem Router zum nächsten.

➡ *Siehe Router; Packet*

Horizontalfrequenz

Die Horizontalfrequenz eines Monitors sagt aus, wie viele Zeilen pro Sekunde auf dem Bildschirm dargestellt werden. Sie berechnet sich aus der Bildwiederholfrequenz mal der Zeilenanzahl. Neben den eigentlichen sichtbaren Zeilen werden noch einige Synchronisationszeilen benötigt, damit der Rücklauf des Elektronenstrahls zum Anfang der nächsten Zeile ermöglicht wird.

➡ *Siehe Bildwiederholfrequenz; Elektronenstrahlröhre; Bildschirm*

Monitor Horizontalfrequenz	Maximale Bildwiederholfrequenz bei gegebener Auflösung
35 kHz	70 Hz bei 640x480
38 kHz	75 Hz bei 640x480
48 kHz	96 Hz bei 640x480
64 kHz	72 Hz bei 800x600
64 kHz	96 Hz bei 800x600
64 kHz	80 Hz bei 1024x768
82 kHz	98 Hz bei 1024x768
85 kHz	80 Hz bei 1280x1024
112 kHz	100 Hz bei 1280x1024
112 kHz	80 Hz bei 1600x1200

Tabelle H.1: Einige Werte für Horizontalfrequenzen

Host

Mit Host wird ein Rechner (oft ein Großrechner) bezeichnet, der über genügend große Rechen- und Speicherkapazität verfügt und diese anderen Rechnern in einem Netzwerk zur Verfügung stellt.

➡ *Siehe Speicherkapazität; Netzwerk; Mainframe*

Hosts-Datei

Vor der Einführung des DNS im Jahre 1987 wurden symbolische Adressen im Internet noch über eine zentral verwaltete Datei aufgelöst, die so genannte Hosts-Datei. Diese statische Datei musste bei Veränderungen im damals noch recht kleinen Internet manuell aktualisiert und an alle angeschlossenen Server repliziert werden. Dies ist heutzutage bei Millionen von Servern ein undenkbarer Vorgang.

➡ *Siehe DNS*

Hostsprache

➡ *Siehe Native Language*

HotBot

http://www.hotbot.com

HotBot ist eine Suchmaschine, die von den Firmen Inktomi und HotWired, Inc. entwickelt wurde. HotBot verwendet den Webroboter Slurp. Eine hierarchische Struktur wie bei der bekannten Suchmaschine Yahoo! ist ebenfalls vorhanden.

➡ *Siehe Lycos; Yahoo!; Search-Engine*

Hotkey

Mit Hotkey wird eine Taste oder Tastenkombination bezeichnet, die eine bestimmte Aktion eines Programms auslöst oder ein im Hintergrund laufendes Programm aktiviert. Je nach Programm ist es möglich Hotkeys auch selbst zu definieren. Einer der bekanntesten Hotkeys ist die Tastenkombination [Alt]+[F4] zum Beenden von Windows.

➡ *Siehe Funktionstaste*

Hotline

Eine Hotline ist ein Service, der von vielen Software- und Hardwareherstellern, aber auch von Zeitschriften, Online-Diensten usw. angeboten wird. Der Anwender kann unter einer bestimmten Telefonnummer den Anbieter anrufen und z.B. technische Fragen stellen, wenn Probleme bei der Anwendung eines Produkts auftreten sollten.

Hotspot

Ein Hotspot ist ein öffentlicher, drahtloser Zugangspunkt für Mobilgeräte ins Internet. Ein Hotspot bietet Zugang – kostenlos oder gegen Gebühr – zu einem WLAN-Service.

➡ *Siehe Wireless LAN; Centrino-Technologie*

HPC

Abk.: Handheld-PC

HPC bezeichnet handliche Mini-Computer, die häufig als Ersatz für den Terminkalender oder das Filofax dienen. HPCs arbeiten meist mit einem RISC-Prozessor und 2-4 MByte RAM. Viele der aktuellen HPCs verwenden das Betriebssystem Windows CE von Microsoft, einige setzen aber auch auf ein eigenes Betriebssystem (z.B. der Psion). Zur Navigation auf dem Display der HPCs dient ein Eingabestift. Einige verfügen auch über eine Tastatur, generell vorhanden sind jedoch PCM-CIA-Anschlüsse für Modems oder andere Periperhiegeräte. Eine interessante Entwicklung ist z.b. der Nokia Communicator, eine Mischung aus HPC und Telefon, der sogar den Zugriff auf das Internet ermöglicht.

➭ *Siehe Psion; Apple Newton; PDA; Palmtop*

HPFS

Abk.: High Performance File System

HPFS ist ein Dateisystem von OS/2. Wie NTFS von Windows NT arbeitet auch HPFS mit binären Suchbäumen anstatt einer zentralen Datenverwaltungstabelle (FAT) wie MS-DOS und Windows 95. Dadurch wird eine unnötige Fragmentierung der Daten auf der Festplatte verhindert, was auch zur Geschwindigkeit des Betriebssystems beiträgt. Wie unter Windows 95/NT ist es auch unter OS/2 möglich, Dateinamen mit bis zu 256 Zeichen plus drei Erweiterungszeichen zu verwenden.

➭ *Siehe Dateisystem; NTFS; Fragmentierung; FAT*

HPFS386

Abk.: High Performance File System 386

Das HPFS386-Dateisystem wird für LAN-Server mit dem Betriebssystem OS/2 verwendet. Neben den HPFS-typischen Funktionen verfügt HPFS386 auch über Sicherheitsfunktionen für LAN-Netzwerke, ganz ähnlich wie NTFS.

➭ *Siehe LAN; Dateisystem; NTFS; OS/2*

HPGL

Abk.: Hewlett Packard Graphic Language

HPGL ist eine Grafiksprache der Firma Hewlett-Packard zur Beschreibung von Vektorgrafiken. Neben der Ansteuerung von z.B. Druckern oder Plottern wird HPGL außerdem häufig zum Datenaustausch z.B. im CAD-Bereich verwendet.

➭ *Siehe Hewlett Packard; Vektorgrafik; CAD; Plotter; Drucker*

HP-IB

Abk.: Hewlett Packard Interface Bus

HP-IB ist eine nicht mehr gebräuchliche Bezeichnung für IEC-Bus.

➭ *Siehe IEC-Bus*

HSCSD

Abk.: High Speed Circuit Switched Data

HSCSD ist ein Übertragungsverfahren beim Mobilfunk, welches durch Kanalbündelung in den Netzen GSM und GSM2+ einen Datentransfer von bis zu 57,6 MBit/s ermöglicht. Während einer beliebigen Verbindung mit Modem- oder ISDN-Gegenstellen im Festnetz werden alle Kanäle belegt, so dass – im Gegensatz zum GPRS-Verfahren – für jede Sekunde bezahlt werden muss, auch wenn keine Daten übertragen werden. Der Einsatz von HSCSD-Modems über einen seriellen Port ermöglicht einen vom Betriebssystem unabhängigen Einsatz für drahtlose Bildübertragungen, Webcam-Anwendungen oder RAS-Verbindungen.

➡ *Siehe GPRS; GSM; RAS; Schnittstelle, serielle; UMTS; WAP; Webcam*

HTML

Abk.: HyperText Markup Language

HTML ist eine Programmiersprache für die Erstellung von Webseiten für das WWW (World Wide Web) und das Internet. Mit HTML werden das Layout, die verwendeten Schriftarten und Farben der Seite definiert und die Multimedia-Elemente wie z.B. Animationen oder Grafiken in die Webseite eingebunden. Außerdem ist es mit Hilfe spezieller Befehle möglich, so genannte Hyperlinks (Hypertext-Verbindungen) zu anderen Webseiten derselben Website oder zu Homepages an anderer Stelle im Internet herzustellen. Zur Betrachtung von mit HTML gestalteten Webseiten wird ein Web-Browser benötigt. Oft gibt es auch so genannte Plug-Ins (Erweiterungsprogramme), die die Ausgabe von eingebetteten Sound- und Videosequenzen unterstützen (z.B. Shockwave).

➡ *Siehe XML; Shockwave; WWW; SGML; Hyperlink; Browser; Java; Webseite*

HTML-Editor

Mit einem HTML-Editor können Sie ganz leicht eigene Webseiten erstellen. Ohne selbst programmieren zu müssen, können Sie sich ganz auf die Gestaltung des Dokuments konzentrieren, da der Editor über viele bereits vorgefertigte Elemente verfügt. Der Editor zeigt die Webseite genauso an, wie Sie sie später im Web-Browser zu sehen sein wird.

➡ *Siehe HTML; HTML-Konverter; Webseite*

HTML-Help

HTML-Help ist der Nachfolger des Online-Hilfesystems WinHelp, das mit einigen Zusätzen gegenüber Standard-HTML ausgestattet ist, z.B. DHTML.

HTML-Help benötigt Internet Explorer 4.x oder höher.

➠ Siehe *WinHelp; Hilfefunktion*

HTML-Konverter

Haben Sie in einer Textverarbeitung ein formatiertes Dokument für Ihre Webseite erstellt, können Sie es mit Hilfe eines so genannten HTML-Konverters in ein HTML-Dokument umwandeln. Der Konverter übersetzt dabei alle Formatierungen in HTML-Steuerzeichen.

➠ Siehe *HTML-Editor; HTML*

HTTP

Abk.: HyperText Transfer Protocol

Http ist ein Internet-Übertragungsprotokoll, welches zur Übermittlung von HTML-Dokumenten im WWW verwendet wird. Alle URLs im WWW beginnen mit http://...

➠ Siehe *Internet; WWW; HTML; Protokoll; FTP*

Hub

Ein Hub ist ein Gerät in der Netzwerktechnik, welches mehrere Segmente eines LANs miteinander verbindet. Insofern ähnelt ein Hub einem Router oder einem Switch. Im Gegensatz zu den eben genannten Geräten schaltet der Hub aber nicht einzelne Ports zusammen, sondern übermittelt ankommende Pakete an alle anderen Ports, so dass alle Segmente des LANs die Pakete sehen können. Dadurch entsteht im Endeffekt ein großes gemeinsames Netzwerk, in dem alle Segmente dieselbe Netzlast teilen. Es wird zwischen passiven und intelligenten Hubs unterschieden. Ein passiver Hub dient einfach als Durchgang für die Daten zu den einzelnen Segmenten des LANs. Ein intelligenter Hub ermöglicht es dem Administrator zusätzlich den Datenverkehr zu überwachen und die Ports zu konfigurieren. Es gibt zudem hybride Hubs. Der so genannte Switching Hub liest die Zieladresse jedes Pakets aus und leitet dieses dann an den korrekten Port weiter.

➠ Siehe *Netzwerk; Segment; Switch; Port; Administrator*

Bild H.3: Eine Verteilerstation im Netzwerk – der Hub

Huffmann-Kompression

Huffmann-Kompression ist ein Verfahren zur Datenkompression. Es wird in der Datenfernübertragung im Protokoll MNP 5 eingesetzt.

➡ *Siehe MNP; DFÜ; Kompression*

Hybrid

Hybrid ist im Allgemeinen die Bezeichnung für eine Mischung aus zwei Teilen unterschiedlicher Herkunft oder Zusammensetzung.

➡ *Siehe Hybrid-Computer; Hybridsprache; Hybridvirus*

Hybrid Fiber Coaxial Cable

➡ *Siehe HFC*

Hybrid-CD

Hybrid-CDs können sowohl das HFS des MacOS als auch das ISO 9660 Format auf einer CD enthalten. Jedes System wird automatisch das jeweilige eigene Dateisystem erkennen. Auf den Standard-Hybrid-CDs liegen die ISO und die HFS-Partition getrennt vor.

➡ *Siehe ISO 9660; Dateisystem; Partition; HFS*

Hybrid-Computer

Neben den Analog- und Digitalrechnern gab es auch eine Mischung aus diesen beiden, einen kombinierten Analog-Digital-Rechner, der aber nur für die Simulation komplexer wissenschaftlicher Zusammenhänge verwendet wurde und mit dem Siegeszug der Digitaltechnik genauso wie der reine Analogrechner verschwand.

➡ *Siehe Hybrid; Analog; Digital*

Hybrider Router

➡ *Siehe Router, hybrider*

Hybridsprache

Mit Hybridsprache wird eine Programmiersprache bezeichnet, die mehrere Programmiertechniken unterstützt. Mit C++ z.B. kann sowohl prozedural, als auch objektorientiert programmiert werden.

➡ *Siehe Hybrid; Programmierung, objektorientierte; Programmiersprache; Prozedur; C++*

Hybridvirus

Ein Hybridvirus befällt sowohl normale Dateien als auch den Master-Boot-Sektor bzw. den Boot-Sektor eines Datenträgers. So ist eine maximale Verbreitung des Virus gewährleistet.

➡ *Siehe Boot-Sektor-Virus; Hybrid; Computervirus; Boot-Sektor*

Hyper Pipeline

Die Hyper Pipeline ist eine technische Neuerung am Pentium-IV-Prozessor von Intel. Sie ermöglicht die hohen Taktraten des Prozessors. Mit 20 Stufen ist sie doppelt so lang wie beim P6-Kern und kann bis zu 128 MicroOps gleichzeitig verarbeiten. Sie ist Bestandteil der so genannten Netburst-Architektur.

Hyperlink

Ein Hyperlink (oder einfach Link) ist ein Querverweis in einem HyperText- oder Hypermedia-Dokument. Durch einen Mausklick auf das speziell markierte Textelement kann der Anwender an eine andere Adresse im Internet oder an eine andere Stelle der aktuellen Website springen. Die Navigation durch das Internet wird auf diese Weise stark erleichtert und beschleunigt. Befinden Sie sich mit dem Mauszeiger über einem Hyperlink, so wird dies durch eine kleine Hand als Mauszeigersymbol angezeigt.

➡ *Siehe Internet; WWW; Hypertext; Hypermedia*

Hypermedia

Neben reinen Textelementen wie bei Hypertext enthält Hypermedia auch Tabellen, Grafiken, Sounds, Videosequenzen, Datenbanken usw.

➡ *Siehe Hypertext*

Hypertext

Mit Hypertext werden allgemein Textelemente eines Dokuments bezeichnet, die gleichzeitig einen Querverweis zu anderen Stellen im selben Dokument oder gar in anderen Dokumenten herstellen. Ohne wirklich den gesamten Text lesen zu müssen, kann sich der Anwender auf diese Weise einen schnellen Überblick über die vorhandenen Informationen verschaffen. Hypertext ist meist vom übrigen Fließtext hervorgehoben (Farbe, Änderung des Mauszeigers usw.). Neben reinem Text kann Hypertext auch auf Grafiken, Tabellen, eine Datenbank usw. verweisen. Wichtig dabei ist, dass das angeforderte Dokument weder unbedingt in derselben Datei noch auf demselben Computer vorhanden sein muss. Der Browser lädt das angeforderte Dokument auf den lokalen Rechner über das Netzwerk oder per Datenfernübertragung. Ohne Hypertext wäre das WWW des Internets nicht denkbar.

➡ *Siehe Internet; WWW; HTML; Browser*

HyperText Markup Language

➡ *Siehe HTML*

HyperText Transfer Protocol

➡ *Siehe HTTP*

Hyperthreading

Abk.: HT

Hyperthreading ist eine Prozessortechnologie von Intel (ab Pentium IV). In einem Prozessor arbeiten zwei virtuelle Prozessoren, die sich Cache und FSB teilen. Speziell darauf ausgelegte Anwendungen können von paralleler Verarbeitung profitieren. Aufgrund gemeinsamer Ressourcennutzung arbeitet ein HT-System langsamer als ein echtes Multiprozessorsystem.

➠ *Siehe Pentium IV; Multiprozessorsystem; HyperTransport; Cache; FSB*

HyperTransport

HyperTransport ist eine Datenübertragungstechnologie von AMD, entwickelt für den Opteron-Prozessor (64 Bit), die eine skalierbare Bandbreitenverbindung zwischen Prozessoren, I/O-Subsystemen und Chipsätzen ermöglicht. Zu den Schlüsselmerkmalen der Technologie zählen:

▶ Unterstützung von bis zu drei kohärenten HyperTransport Links, dadurch werden Spitzenbandbreiten von bis zu 19,2 GB/s pro Prozessor möglich

▶ Bis zu 6,4 GB/s Bandbreite pro Link, dadurch wird genügend Bandbreite zur Unterstützung neuester Verbindungen wie PCI-X, DDR, InfiniBand und 10 GBit-Ethernet geschaffen

➠ *Siehe Opteron; AMD*

Hz

➠ *Siehe Hertz*

I

I/O

Abk.: Input/Output

▲ *Übers.: Eingabe/Ausgabe*

▲ *Syn.: E/A*

Allgemein steht die Abkürzung »I/O« für Software- und Hardwarekomponenten, die mit der Ein- und Ausgabe von Daten zu tun haben. So fallen z.B. alle Peripheriegeräte eines Rechners und deren Treiber in diesen Bereich.

⇒ *Siehe Software; Schnittstelle, serielle; Schnittstelle; Schnittstelle, parallele; Peripherie; Hardware; Gerätetreiber*

I/O-Adresse

Abk.: Input/Output-Adresse

▲ *Übers.: Eingabe/Ausgabe-Adresse*

Die I/O-Adresse ist die Adresse eines speziellen Registers in Peripheriegeräten, die zum Austausch von Daten zwischen Computer und Gerät verwendet wird. Ein häufig auftretendes Problem bei der Installation von neuen Hardwarekomponenten sind Adresskonflikte. Dabei wurde der neuen Komponente eine I/O-Adresse zugewiesen, die bereits von einer vorhandenen verwendet wird. Um dem vorzubeugen, sollte vor dem Einbau nach freien I/O-Adressen gesucht werden. Die folgende Tabelle zeigt die Standard-I/O-Adressen in einem normalen PC.

⇒ *Siehe Adresse; Register; Peripherie; I/O*

I/O-Adresse	Funktion
000H-1FFH	reserviert
200H-20FH	Gameport
210H-217H	frei
220H-24FH	reserviert
250H-277H	frei
278H-27FH	LPT2
280H-2EFH	frei
2F8H-2FFH	COM2
320H-32FH	Festplatte XT
330H-35FH	frei
360H-36FH	Netzwerkkarte
370H-377H	frei
378H-37FH	LPT1
380H-38FH	SLDC-Adapter
390H-39FH	frei
3A0H-3AFH	reserviert
3B0H-3BFH	MDA,EGA,VGA
3C0H-3CFH	EGA,VGA
3D0H-3DFH	CGA,EGA,VGA
3E0H-3EFH	frei
3F0H-3F7H	Diskettenlaufwerke
3F8H-3FFH	COM1

Tabelle I.1: Die I/O-Adressen eines normalen PCs

I/O-Controller

Bei einem I/O-Controller handelt es sich meist um einen speziellen Chip, der für die Steuerung bestimmter I/O-Aufgaben verwendet wird. Der Tastatur-Controller auf dem Motherboard sorgt z.B. für die Kommunikation mit der Tastatur.

➠ *Siehe Controller; I/O; Motherboard*

I/O-Port

➠ *Siehe I/O-Adresse*

i80x86

Intel nannte die Prozessorfamilie, die von IBM für den PC verwendet wurde, i80x86. Dabei steht das »x« für eine fortlaufende Nummer. Der erste Prozessor der Familie war der i8086. Es folgten i80186, i80286 usw. Als dann vermehrt Hersteller mit Clone-Prozessoren auf dem Markt erschienen, die ihren Produkten auch diese Zahlenkombination als Namen gaben, änderte Intel seine Namensgebung, da in einem Rechtsstreit die Richter befunden hatten, dass Zahlenkombinationen als Namen nicht geschützt werden können. Aus diesem Grund wurde der Nachfolgeprozessor des i80486 Pentium genannt.

➠ *Siehe IBM-PC; Pentium; Intel*

IAK

Abk.: Internet Access Kit

Das Internet Access Kit ist ein Kommunikationsprogramm, welches im BonusPack von OS/2 enthalten ist und einen Zugang zum Internet bietet.

➠ *Siehe Internet; OS/2*

IANA

Abk.: Internet Assigned Numbers Authority

Die Organisation IANA ist unter anderem für die weltweite Vergabe der offiziellen IP-Adressen im Internet verantwortlich.

➠ *Siehe IP-Adresse; Internet*

IBFN

Abk.: Integriertes Breit-Band-Fernmeldenetz

Das IBFN ist ein Projekt der Telekom und soll langfristig die Konzentration aller Kabeldienste auf ein einziges Glasfasermedium ermöglichen. Geplant ist die Zusammenlegung von Datenübertragung, Bildtelefon, Telefon, Radio und Fernsehen.

➠ *Siehe Glasfaserkabel; Bandbreite*

IBM

http://www.ibm.de

Abk.: International Business Machines

▲ *Syn.: Big Blue*

IBM ist der größte Hersteller von Büromaschinen, EDV-Systemen, Computer Hardware und Software. IBM wurde 1911 in den USA gegründet. Zunächst wurden mechanische Rechen- und Sortiermaschinen entwickelt und gebaut. Bei IBM wurde das Potential der Elektronenrechner frühzeitig erkannt und so stellte die IBM bereits 1952 den ersten Computer vor. IBM war dann viele Jahre unangefochtene Nummer eins bei Großrechneranlagen. Ein neues Kapitel in der Computer-Branche begann mit der Entwicklung des PCs. Diese sollte auch zum kometenhaften Aufstieg der beiden Firmen Microsoft und Intel führen. Allerdings konnte IBM die Vormachtstellung, die das Unternehmen im Großrechnerbereich besaß, nicht in den PC-Bereich hinüberretten. Großes Aufsehen erregte IBM durch die Übernahme der Software Firma Lotus 1995.

➠ *Siehe Lotus; Hollerith, Herrmann; Microsoft; Intel; AS400; ALDC*

IBM-kompatibel

Als IBM-kompatibel wird ein PC bezeichnet, der weitestgehend den Spezifikationen der IBM-PCs entspricht. Dies ist wichtig, damit auf diesen Rechnern dieselbe Software und auch dieselben Hardwarekomponenten verwendet werden können. Früher war dieses Attribut ein wichtiges Merkmal bei den Nachbauten. Heute (IBM ist nur noch einer von vielen Herstellern und setzt auch nicht mehr die Standards fest) hat es an Bedeutung verloren.

➠ *Siehe PC; IBM-PC*

IBM-kompatible PC

➠ *Siehe IBM-kompatibel*

IBM-PC

Der IBM-PC ist der Urvater des heutigen PCs (Personalcomputer). Er wurde 1981 vorgestellt und mit dem Betriebssystem MS-DOS, der damals noch nicht sehr bekannten Firma Microsoft, ausgeliefert. Da IBM das Klonen des PC zuließ (das Bauen von kompatiblen Geräten durch andere Hersteller) und auch die Softwarehersteller schnell auf diesen Zug aufsprangen, entwickelte sich aus diesen Anfängen die heutige PC-Industrie.

➠ *Siehe IBM-kompatibel; MS-DOS; Microsoft*

IBM-PS/2

1987 stellte IBM den Nachfolger des AT vor, den PS/2 (Abkürzung für Personal System/2). Dieser Rechner zeichnete sich vor allem durch einen neuen Bus (Microchannel), VGA als Grafiksystem und das Betriebssystem OS/2 aus.

➠ *Siehe MCA; AT; VGA; IBM-PC; OS/2*

IC

Abk.: Integrated Circuit

▲ *Übers.: integrierter Schaltkreis*

ICs sind elektronische Halbleiterbauelemente, auf denen durch ein aufwändiges Verfahren viele Bauelemente zu einer funktionalen Einheit integriert werden. ICs bestehen aus einem Halbleitermaterial (meist Silizium, aber auch Gallium-Arsenid und andere sind möglich), in dem durch eine Kombination von vielen Einzelschritten die Bauelemente des IC erzeugt werden. Sehr gut lassen sich mit dieser Methode Transistoren, resistive (ohmsche Widerstände) und kapazitive (Kondensatoren) Elemente realisieren. Ohne die Möglichkeit der Integration wären die heutigen elektronischen Geräte überhaupt nicht möglich.

➡ *Siehe Kondensator; Chip; Transistor*

Icecap

Mit Aufkommen des 486er-Prozessors wurde ein Problem der Chips immer deutlicher – ihre enorme Hitzeentwicklung. Jedes elektronische Bauelement hat eine gewisse Verlustleistung, die in Form von Wärme abgegeben wird. So kam es vor, dass Prozessoren aufgrund von Überhitzung ausfielen oder zu Fehlverhalten neigten. Das Icecap ist ein aktives Kühlelement, das über ein so genanntes Peltier-Element Kälte erzeugt. Dieser Kühler wurde direkt auf den Prozessor geklebt und wirkte der Überhitzung erfolgreich entgegen. Heutige Prozessorkühler arbeiten in der Regel nicht mehr mit den teuren Peltier-Elementen, sondern nur noch mit günstigen kleinen Lüftern auf einem Kühlblech.

➡ *Siehe Lüfter; Intel*

ICM

Abk.: Image Color Matching

Eine ICM-Datei enthält unter Windows 95/98 ein Farbprofil für eine spezielle Anwendung oder ein Peripheriegerät wie z.B. einen Scanner oder Drucker. Dadurch ist gewährleistet, dass die Farbanzeige in den Programmen mit den Farben beim Scannen oder Drucken übereinstimmt. Das bekannteste Profil ist das von Kodak entwickelte Professional Color System Profile.

➡ *Siehe Scanner; Drucker*

ICMP

Abk.: Internet Control Message Protocol

ICMP ist eine Erweiterung des IP-Protokolls. Es unterstützt Fehlerkontrolle und Nachrichten. Der Befehl Ping nutzt zum Beispiel ICMP zum Testen einer Internetverbindung. Router im Internet kommunizieren über ICMP.

➡ *Siehe IP; Router; Internet; Ping*

Icon

Als Icons werden kleine Bildchen in einer grafischen Benutzeroberfläche bezeichnet, die für bestimmte Aktionen oder Elemente stehen. Ein derartiges Symbol kann z.B. für ein Programm, eine Datei, ein Laufwerk oder aber eine bestimmte Funktion in einem Programm stehen. Durch Anklicken (einfach, doppelt oder auch Drag&Drop) dieser Symbole kann meistens eine Aktion ausgelöst werden.

➡ *Siehe GUI*

ICQ

Abk.: I seek you

▲ *Übers.: Ich suche Dich*

ICQ ist ein Programm, mit dem der Anwender sich über das Internet mit anderen Personen unterhalten kann. Einmal installiert, meldet es sich bei mehreren Servern an. Der User erhält eine eindeutige Identifikationsnummer (UIN), die ihn bei anderen ICQ-Nutzern identifiziert. Sobald andere ICQ-Nutzer, die der Anwender als »Freunde« definiert hat, mit ICQ online gehen, erhält er automatisch eine Benachrichtigung. Die Unterhaltung kann beginnen.

➡ *Siehe Chatten; Forum*

ICS

Abk.: Internet Connection Sharing

Mit ICS können sich mehrere Rechner in einem Netzwerk einen Internetzugang über DSL-, ISDN- oder analoges Modem teilen. Möglich wird dies zum Beispiel über einen zentralen Router, an den alle Rechner angeschlossen sind.

➡ *Siehe Router; Internet*

ID

Abk.: Identification

▲ *Übers.: Identifizierung*

IDs sind Zahlen, Namen oder andere eindeutige Schlüssel, die verwendet werden, um bestimmte Geräte, Benutzer, Personen allgemein, Vorgänge oder andere Elemente in einem Computer oder einem Programm zu erkennen. Beispiele für den Einsatz von IDs wären der SCSI-Bus, bei dem jedes Gerät eine ID bekommt, unter der es angesprochen wird, der Primärschlüssel der Datensätze in einer Datenbank oder die Benutzerkennung eines Anwenders in einem Netzwerk.

➡ *Siehe Primärschlüssel; Benutzerkennung; SCSI-ID*

IDE

Abk.: Integrated Device Electronics

▲ *Übers.: Integrierte Laufwerkselektronik*

▲ *Syn.: ATA*

1. IDE ist ein Standard für PC-Festplatten. IDE-Festplatten zeichnen sich dadurch aus, dass sich der größte Teil der Controller-Elektronik auf der Platte selbst befindet. Der Controller im Rechner hat eigentlich nur die Aufgabe, die Festplatte an das Bussystem des Rechners anzukoppeln. Eine andere Bezeichnung für IDE-Festplatten ist AT-Bus-Festplatten oder ATA-Festplatten.

2. IDE ist aber auch die Abkürzung für Intergrated Development Environment, zu Deutsch integrierte Entwicklungsumgebung. Dabei handelt es sich um ein Entwicklungssystem, das alle Bestandteile, wie Editor, Compiler, Linker, Debugger etc. unter einer gemeinsamen Oberfläche integriert.

⇒ *Siehe Bus; Harddisk; AT-Bus-Festplatte; Festplatten-Controller; AT-Bus; Entwicklungssystem*

IDE, Enhanced
⇒ *Siehe EIDE*

IDEA
Abk.: International Data Encryption Algorithm

IDEA ist Nachfolger des 1990 vorgeschlagenen Verschlüsselungsstandards PES. Es handelt sich genau wie bei DES um ein 64-Bit-Blockchiffre, welches mit einer Schlüssellänge von 128 Bit arbeitet. Da nur die halbe Anzahl von Iterationen wie bei DES und auch keine Permutationsoperation verwandt werden, erhöht sich die Rechenzeit bei höherer Sicherheit nicht. Mittlerweile sind IDEA-Chips mit einer Verschlüsselungsrate von mehr als 55 MBit/s auf dem Markt. Für nichtkommerzielle Anwendungen darf der patentierte Standard kostenlos verwendet werden.

⇒ *Siehe DES; Verschlüsselung*

IDE-Festplatte

Im Gegensatz zu den Vorläufern der IDE-Festplatten, den RLL- und MFM- Festplatten, benötigt diese Generation keinen externen Festplatten-Controller mehr zu ihrer Steuerung. Vielmehr werden sie mit einem Kabel direkt an das Motherboard angeschlossen. AT-Bus-Festplatten verfügen über einen eigenen Controller auf ihrer Platine.

⇒ *Siehe AT-Bus-Festplatte; IDE; AT-Bus; RLL; MFM; Controller; Platine*

Identification
⇒ *Siehe ID*

Identifizierung
⇒ *Siehe ID*

IDRP

Abk.: ICMP Router Discovery Protocol

Ein Protokoll zur IP-Adresskonfiguration. Endsysteme in einem Netzwerk können IDRP-Meldungen an alle anderen Systeme im Netz senden und erhalten von jedem Router eine Antwort. Dadurch kann sich das Endsystem selbst die ideale Route durch das Netzwerk suchen und ein Standard-Gateway festlegen.

➡ *Siehe: Gateway, IP-Adresse, Netzwerk, Routing*

IDS

Abk.: Intrusion Detection System

Das Intrusion Detection System (IDS) ist ein Überwachungsprogramm, welches das System vor Fremdangriffen schützt. Es überprüft sämtliche Veränderungen im System, die verdächtig erscheinen, wie z.B. Veränderungen von Systemdateien. Dadurch ermöglicht IDS rechtzeitige Gegenmaßnahmen. Intrusion Detections Systems werden meist zusätzlich zur Firewall eingesetzt.

➡ *Siehe Sicherheitssystem; Firewall*

IEC-Bus

Abk.: International Electronical Commission Bus

▲ *Syn.: IEEE-408-Bus*

Der IEC-Bus ist ein Bus, der den Anschluss von bis zu 15 Peripheriegeräten an einen Computer erlaubt. Der Anschluss erfolgt über ein einziges Kabel. Der Bus wurde von Hewlett-Packard entwickelt und wird vor allem bei medizinischen Geräten zur Ansteuerung und Übertragung von Daten verwendet. Ursprünglich wurde das System HP-IB (Abkürzung für Hewlett Packard Interface Bus) und GP-IB (Abkürzung für General Purpose Interface Bus) genannt, bis es dann durch das IEC bzw. das IEEE (Abkürzung für Institute of Electrical and Electronic Engineers) international standardisiert wurde.

➡ *Siehe GP-IB; Bus; Hewlett Packard; Peripherie; IEEE*

IEEE

Abk.: Institute of Electrical and Electronic Engineers

▲ *Übers.: Institut der Elektro- und Elektronikingenieure*

Das IEEE ist eine internationale Ingenieurvereinigung, die eine sehr wichtige Rolle bei der Etablierung von Standards spielt. Speziell im Bereich der EDV gehen viele internationale Standards auf das IEEE zurück. Des Weiteren ist das IEEE auch in der Förderung der Forschung sehr aktiv.

IEEE-1394-Standard

➡ *Siehe FireWire*

IEEE-408-Bus

➠ *Siehe IEC-Bus*

IEEE-802.11

IEEE-802.11 bezeichnet einige von der IEEE entwickelte Standards für drahtlose Netzwerke (Wireless LAN).

▶ 802.11 ermöglicht Datenraten von 1 bis 2 Mbps auf dem 2,4 GHz-Band unter Verwendung der Verfahren FHSS (Frequency Hopping Spread Spectrum) oder DSSS (Direct Sequence Spread Spectrum)

▶ 802.11a bietet eine Datentransferrate von bis zu 54 Mbps auf dem 50 GHz-Band

▶ 802.11b bietet 11 Mbps auf dem 2,4 GHz-Band

▶ 802.11g bietet über 20 Mbps auf dem 2,4 GHz-Band

▶ 802.11h bietet zusätzlich Dynamic Frequency Selection (automatisches Ausweichen bei Frequenzkollisionen) und Transmit Power Control (flexible Regelung der Sendeleistung auf das nötige Minimum), was eine Steigerung der Sendeleistung ermöglicht

➠ *Siehe IEEE; Wireless LAN*

IEEE-802-Modell

Bei dem IEEE-802-Modell handelt es sich um ein Netzwerkmodell, das vom IEEE geschaffen wurde. Es ist konform zum OSI-Schichtenmodell, legt allerdings nur für die Schichten 1 und 2 (physikalische und Verbindungsschicht) verbindliche Standards fest. Die Verbindungsschicht wurde in diesem Modell in zwei Teilschichten gegliedert. Die MAC-Teilschicht (Media Access Control Sublayer, deutsch: Medienzugriffskontrollschicht) ermöglicht den Zugriff der Computer eines Netzwerks auf das Netzwerkkabel. Die LLC-Teilschicht (Logical Link Control Sublayer, deutsch: Kontrollschicht für logische Verbindungen) dagegen definiert den sicheren Datenaustausch.

➠ *Siehe OSI-Schichtenmodell*

IEMMC

Abk.: Internet E-Mail Marketing Council

Das IEMMC ist eine vom amerikanischen Provider AGIS ins Leben gerufene Vereinigung für Firmen oder Anbieter, die im Internet per E-Mail Werbung betreiben wollen. Mitglieder verpflichten sich zur Einhaltung einiger Regeln, die den Internet-User vor unerwünschten Mails schützen sollen. Auf Wunsch muss ein Mitglied einen Empfänger sofort aus der Verteilerliste löschen. Außerdem dürfen nicht Mail-Server anderer Provider als Werbeversender missbraucht werden.

➠ *Siehe E-Mail; Mailserver*

IETF

Abk.: Internet Engineering Task Force

Die IETF ist eine internationale Organisation, die Standards für Internetprotokolle wie z. B. TCP/IP definiert. Die von der IETF festgeschriebenen Standards werden in so genannten RFCs (Request for Comments) veröffentlicht.

⇒ *Siehe RFC; TCP/IP; Protokoll*

If

If ist ein Standard-Befehl zur Erzeugung von Verzweigungen in Programmen, die in einer Hochsprache geschrieben werden. Die If-Anweisung ermöglicht es, einen bestimmten Programmteil in Abhängigkeit von einer Bedingung ausführen zu lassen. Diese Anweisung gehört zu den Grundelementen höherer Programmiersprachen.

⇒ *Siehe Programmiersprache*

IGP

Abk.: Interior Gateway Protocols

Eine Protokollfamilie zur Verbreitung von Routing-Informationen innerhalb einer Gruppe von Routern, die sich unter derselben administrativen Kontrolle befinden.

⇒ *Siehe: EGP*

IGRP

Abk.: Interior Gateway Routing Protocol

Proprietäres Routing-Protokoll von Cisco mit Link State Routing.

⇒ *Siehe: Link State Routing*

IL

⇒ *Siehe MSIL*

ilink

Ilink ist die Bezeichnung für die Fire-Wire-(IEEE 1394)-Schnittstelle bei firmeneigenen DV-Produkten der Firma Sony. Der genaue Grund dieses Namenswechsels ist nicht bekannt, möglich sind Lizenzprobleme mit Apple, die den Markennamen schützen lassen, oder aber – wie Sony selbst angibt – eine freundlichere Namensgebung, weg von der symbolischen Bedeutung »Gefahr« und »brennende Computer«.

⇒ *Siehe FireWire; Sony; DV; Apple*

ILOVEYOU

Seit dem 04.05.2000 ist der Begriff »ILOVEYOU« als Synonym für den Loveletter-Virus bekannt. In der Betreffzeile der E-Mail stand ILOVEYOU.

⇒ *Siehe Loveletter; Computervirus*

iMac

http://www.apple.de

Der iMac ist ein von Apple entwickelter Macintosh Computer, der besonders durch sein Design und seine innovative Architektur auffällt. Ausgerichtet auf Neueinsteiger wurde er besonders anwenderfreundlich konzipiert.

▰▸ *Siehe Apple; Macintosh*

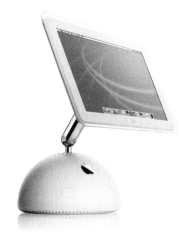

Bild I.1: Der iMac von Apple

Image

Grundsätzlich kann jedes grafische Element (Bilddateien, Animationen, Fotos, Symbole usw.) im Computer als Grafik (englisch: Image) bezeichnet werden. Aber es gibt doch Unterscheidungsmöglichkeiten wie Pixelgrafik und Vektorgrafik.

▰▸ *Siehe Vektorgrafik; Pixelgrafik*

Image-Maps

Als Image-Maps werden Grafiken innerhalb von Webseiten bezeichnet, die als so genannte Hot-Spots bzw. Hot-Areas dienen. Diese Stellen bzw. Bereiche sind mit Hyperlinks verknüpft und können mit der Maus angeklickt werden. Durch einen Klick wird der entsprechende Hyperlink angesteuert. Image-Maps erlauben es, eine für den Benutzer einfache und aussagekräftige Navigationsmöglichkeit zu schaffen, die sehr intuitiv zu bedienen ist. Die Erzeugung von Image-Maps aus Bitmaps mit HTML ist verhältnismäßig einfach.

▰▸ *Siehe Internet; HTML; Hyperlink; Bitmap*

IMAP4

Abk.: Internet Mail Access Protocol Version 4

IMAP4 ist ein neuartiges Protokoll, mit dem sich E-Mail-Postfächer verwalten lassen. Noch wird hauptsächlich das POP3-Protokoll für diesen Zweck eingesetzt, wobei IMAP4 im Gegensatz zu POP3 das Lesen und die Ablage von E-Mails in Ordnern des Servers erlaubt. Das ist besonders in Hinblick auf die kommenden Internet-Terminals (NC oder Internet-PC) nützlich, die über keine Festplatte verfügen.

▰▸ *Siehe E-Mail; Webbrowser; NC; POP3; IPC*

i-mode

i-mode ist ein bereits in Japan seit langer Zeit sehr erfolgreicher

Handy-Dienst auf GPRS-Basis, der jetzt auch flächendeckend in Deutschland angeboten wird.

➡ *Siehe GPRS*

Impact Printer

Bei diesem sehr lautstarken Druckertyp wird die Druckertinte mechanisch (durch Nadeln oder ein Typenrad) auf das Papier gebracht. Zu den Anschlagdruckern gehören Nadeldrucker und Typenraddrucker.

➡ *Siehe Typenraddrucker; Pinwriter; Impact Printer*

Importieren

Unter Importieren wird das Einlesen von Daten aus einem Programm in ein anderes Programm verstanden, das diese Daten nicht standardmäßig verwendet. Dazu werden in der Regel spezielle Importfilter zur Konvertierung der Daten verwendet.

➡ *Siehe Konvertierung; Filter*

Impuls

In der Physik sowie im technischen Bereich hat das Wort Impuls zwei Bedeutungen. Zum einen wird das Produkt aus Masse und Geschwindigkeit als der Impuls eines Körpers bezeichnet. Des Weiteren wird das Auftreten einer Größe in einem kleinen Zeitintervall mit einem von Null verschiedenen Wert als Impuls bezeichnet. Eine solche Größe kann z.B. die Spannung (Spannungsimpuls) oder auch das Licht sein (Lichtimpuls). In der Technik spielen Impulse eine sehr große Rolle, z.B. bei der Datenübertragung in einem Lichtwellenleiter.

➡ *Siehe Datenübertragung*

Impulswahl-Verfahren

➡ *Siehe IWV*

IN

Abk.: Individual Network e.V

IN ist ein deutscher Verein, der für seine Mitglieder günstige Internet-Zugänge zur Verfügung stellt.

➡ *Siehe Internet*

Inch

Inch ist in den USA die Standard-Längenmaßeinheit. Ein Inch entspricht 2,54 cm. Im Computerbereich werden häufig Inch-Angaben verwendet, wie z.B. bei Monitoren oder Disketten.

➡ *Siehe Tpi; Dpi; Lpi; Bpi*

Indeo

Abk.: Intel Video

Indeo ist ein Video-Kompressions-Standard von Intel. Das Verfahren ermöglicht es, Video- und die dazugehörigen Toninformationen auf Softwarebasis zu verarbeiten. Indeo arbeitet mit einer Farbtiefe von 24 Bit und einer maximalen Auflösung von 320x240 Pixeln. Indeo-Dateien erhalten die Endung AVI und können mit Video for Windows bzw. der Medienwiedergabe von Windows abgespielt werden.

➠ *Siehe AVI; Video for Windows; Pixel; Kompression*

Index

1. Alle professionellen Textverarbeitungs- und Satzprogramme bieten die Möglichkeit, Indizes zu erzeugen.
2. In einem Array wird die Nummer, unter der ein Element in dem Array abgelegt ist, als Index bezeichnet.
3. In Datenbanken werden Indizes verwendet, um Datensätze nach bestimmten Kriterien (z.B. dem Namen einer Person oder dem Primärschlüssel) zu sortieren und schnell auf die einzelnen Datensätze zugreifen zu können. Dabei wird in dem Index die Position der einzelnen Datensätze gespeichert. Da bei einem Wechsel des Index nicht der gesamte Datenbestand umgeordnet wird, sondern nur die Abfolge der Positionseinträge im Index, geht eine solche Umsortierung verhältnismäßig schnell.

➠ *Siehe Array; Datenbank; Datensatz*

Indexed Sequential Access

➠ *Siehe ISAM*

Indextabelle

In einer Indextabelle wird ein Schlüssel einer Adresse zugeordnet. Über die Adresse kann auf die Basisobjekte, die indiziert werden sollen, zugegriffen werden. Sollen nun bestimmte Sortierungen vorgenommen werden, so muss nur die Indextabelle sortiert werden. Dadurch ist es nicht notwendig, große Datenmengen z.B. auf der Festplatte zu verschieben, was viel Zeit in Anspruch nehmen würde.

➠ *Siehe Sortierung; Schlüssel; Adresse; Index*

Individual Network e.V.

➠ *Siehe IN*

Indizierte Adressierung

➠ *Siehe Adressierung*

Indizierung

Die Erstellung eines Indexes wird Indizierung genannt.

➠ *Siehe Index*

Industry Standard Architecture

➠ *Siehe ISA*

Inflow

Inflow ist ein Begriff aus dem Bereich Data Warehouse. Er beschreibt den Vorgang der Datenerfassung und -übertragung externer oder interner Daten in das Data Warehouse-System. Vor dem Inflow wird eine Analyse der Daten bezüglich Formatierung und Aufbau vorgenommen.

➠ *Siehe Metaflow; Upflow; Downflow; Data Warehouse*

InfoPath
Software von Microsoft zur Erstellung von elektronischen Formularen und für den papierlosen Austausch und die Bearbeitung von Daten.

➠ *Siehe: Office 2003*

Informatik
Das Wort Informatik ist ein Kunstwort aus den Begriffen Information und Technik. Als Wissenschaft hat die Informatik die Aufgabe, die Informationsverarbeitung zu erforschen. Vor allem mit der Verarbeitung in Bezug auf Computer. Ferner werden theoretische Grundlagen für die Entwicklung von Hard- und Software erarbeitet. Die Informatik ist zwischen der Mathematik und der Elektrotechnik anzusiedeln. Die Informatik ist seit den 1960er Jahren ein eigenes Studienfach.

➠ *Siehe Software*

Informatiker
Ein Informatiker hat das Studium der Informatik absolviert.

➠ *Siehe Informatik*

Information Broker
Information Broker sind Personen, die in Datennetzen wie z.B. dem Internet, gegen Gebühr auf die Suche nach bestimmten Informationen gehen. Die Kunden sind in der Regel an Informationen zu einem bestimmten Gebiet interessiert, haben aber selbst meist weder die Zeit Informationen zu suchen, noch genaue Kenntnis, wie bzw. wo sie dies erledigen sollen. Der Begriff Information Broker oder auch Info Broker rührt von dem Wort Broker her – im Englischen die Bezeichnung für Börsenmakler.

➠ *Siehe Online-Dienst; Internet*

Information-Highway
Der Information-Highway oder auch Information-Superhighway ist die Vision eines Hochgeschwindigkeits-Weitverkehrsnetzes, das zum Datenaustausch zwischen Schulen, Universitäten, Regierungseinrichtungen etc. dienen soll. In letzter Konsequenz soll dieses Medium viele neue Möglichkeiten für die Telekommunikation schaffen, wie z.B. interaktives Fernsehen, Video on Demand etc. Das Internet ist ein Medium, das der Grundidee der Vision gerecht wird, allerdings von der Geschwindigkeit her noch weit von einer Autobahn entfernt ist.

➠ *Siehe Internet; WAN*

Infotainment
Infotainment ist ein Kunstwort aus Information und Entertainment. Infotainment soll auf unterhaltende Weise Informationen vermitteln. Meistens werden mit Infotainment Multimedia-Titel bezeichnet.

➠ *Siehe Edutainment; Multimedia*

Infrarot-Maus

Im Gegensatz zu normalen Mäusen, die ihre Position über ein Kabel an den Computer übermitteln, verwenden Infrarot-Mäuse dazu eine Kombination aus Infrarot-Sender und -Empfänger. Der Empfänger wird wie eine normale Maus an den Rechner angeschlossen und wandelt die empfangenen Informationen so um, dass sie denen einer kabelgebundenen Maus entsprechen.

➡ *Siehe Maus*

Bild I.2: Eine Maus ganz ohne Kabel

Ini-Datei

Abk.: Initialisierungsdatei

Die Ini-Dateien werden von Programmen dazu verwendet, Einstellungen des Benutzers bzw. sonstige Parameter zu speichern. Aus diesen Dateien werden die verschiedenen Einstellungen dann beim Start des Programms geladen.

➡ *Siehe Windows; Registry*

Initiale

Als Initiale wird der erste Buchstabe eines Absatzes bezeichnet, wenn er wesentlich größer als die übrigen Buchstaben in diesem Absatz formatiert ist. Initiale sind Textgestaltungselemente. Viele DTP-Programme bieten Funktionen, mit denen sich Initiale automatisch erzeugen lassen.

➡ *Siehe Typografie; DTP*

Initialisieren

Mit Initialisieren wird der Vorgang bezeichnet, der ein Programm oder eine Hardwarekomponente in einen betriebsbereiten Zustand versetzt. Bei Festplatten wird z.B. das Formatieren auch als Initialisieren bezeichnet.

➡ *Siehe Formatierung*

Init-String

Abk.: Initialisierungs-String

Der Begriff Init-String wird in Bezug auf Modems verwendet. Er entspricht eine Sequenz von AT-Befehlen, die das Modem initialisieren. Meist wird der Init-String beim Start eines Terminalprogramms gesendet.

➡ *Siehe AT-Befehle; Modem; Terminalprogramm*

Ink-Jet Printer

Tintenstrahldrucker basieren auf dem Prinzip der Matrixdrucker, da sie die Grafiken aus einzelnen Pixeln aufbauen. Dazu spritzen sie die Tinte aus den Düsen des Druckkopfs auf das Papier. Schwarzweißdrucker besitzen nur schwarze Tinte, farbige meistens die drei Grundfarben Cyan, Gelb und Magenta. Bessere Drucker besitzen zusätzlich noch schwarze Tinte, um diese nicht mischen zu müssen, was einen satteren Schwarzton bringt und Kosten spart, da farbige Tinte teurer als schwarze ist. Inzwischen gibt es sogar Drucker, die sechs Grundfarben verwenden, was hauptsächlich bei Farbübergängen, Haut- und Pastelltönen Vorteile bringt. Die beiden verschiedenen Druckverfahren Bubble-Jet und Piezo-Drucker sind sich mittlerweile von der Qualität her ebenbürtig und liefern eine Auflösung zwischen 600 und 1.440 dpi.

➠ Siehe Dpi; CMYK-Farbsystem; Non-Impact Printer; Pixel; Matrixdrucker; Bubble-Jet; Druckkopf; Piezo-Drucker; Drucker

Bild I.3: Ein Tintenstrahldrucker

Inkompatibel

Hardware- oder Softwareprodukte werden als inkompatibel zueinander bezeichnet, wenn sie nicht in der Lage sind, zusammenzuarbeiten – sie sind unverträglich. Ein Beispiel hierfür wäre eine Grafikkarte für den PCI-Bus. Diese kann nicht in einem ISA-Steckplatz betrieben werden. Der ISA-Bus und der PCI-Bus sind nicht kompatibel, sondern inkompatibel.

➠ Siehe PCI; Kompatibilität; ISA

Inkrementieren

Als Inkrementieren wird das Erhöhen des Werts einer Variablen um einen festen Betrag bezeichnet. Dieser Betrag wird auch Inkrement genannt. Besonders bei Schleifen-Konstrukten in Programmiersprachen ist dies wichtig. Hier wird die Laufvariable bei jeder Iteration inkrementiert.

➠ Siehe For; Schleife; Iteration; Variable

Inner Join

Inner Join ist ein Operator der relationalen Algebra, der eine Tabelle mit allen möglichen Verkettungen von Elementen zweier anderer Tabellen enthält, die bestimmten angegebenen Kriterien der Datenwerte entsprechen. Dieser Operator wird oft zur Verwaltung von Datenbanken verwendet.

➠ Siehe Datenbank; Operator; Outer Join

Innovationsrate

Die Geschwindigkeit, mit der eine Firma, eine Branche oder ein

Land in der Lage ist, technische Neuerungen auf den Markt zu bringen, wird als Innovationsrate bezeichnet. Besonders hoch ist diese im Computerbereich. So wird davon ausgegangen, dass ein PC spätestens nach zwei Jahren im Vergleich zu einem dann aktuellen Gerät »zum alten Eisen gehört«.

Input

Verschiedene Vorgänge, über die Daten in den Rechner gelangen, werden als Input (Eingabe) bezeichnet. Dies kann entweder über eine Tastatur oder eine Maus geschehen, aber auch durch externe Speichermedien wie Disketten oder CD-ROMs (oder Scanner). Die Ausgabe von Daten erfolgt im Gegensatz hierzu durch Geräte wie den Monitor oder Drucker.

→ *Siehe Keyboard; Scanner; Maus; I/O; CD-ROM; Diskette; Output*

Input Device

Peripheriegeräte, die zur Eingabe von Daten (z.B. Tastatur, Maus, Scanner etc.) dienen, werden als Input Devices bezeichnet. Das Gegenteil sind Output Devices – Ausgabegeräte.

→ *Siehe Input; Maus; I/O; Output; Keyboard; Scanner*

Input/Output

→ *Siehe I/O*

Input/Output-System

→ *Siehe IOS*

Installation

Bevor Hard- oder Software auf einem Rechner verwendet werden kann, muss diese installiert werden. Bei Software werden in der Regel die notwendigen Programm- und Datendateien von einer CD oder einem Diskettensatz auf die Festplatte kopiert und anschließend die notwendigen Umgebungseinstellungen vorgenommen. Bei Hardware ist die Installation meistens zweigeteilt. Zunächst muss die Hardware in den Computer eingebaut bzw. an diesen angeschlossen werden. Dabei müssen auch eventuelle Einstellungen an dieser Hardwarekomponente vorgenommen werden. Der zweite Teil ist die Softwareseite. Im Normalfall benötigt ein Computer eine Software (meist einen Treiber), die ihm »sagt«, wie er mit der Hardware umzugehen hat. Nach einer erfolgreichen Installation kann die neue Komponente verwendet werden.

→ *Siehe Software; Hardware; Gerätetreiber*

Institute of Electrical and Electronic Engineers

→ *Siehe IEEE*

Instruction

Instruction ist eine Anweisung an den Computer eine bestimmte Operation auszuführen. Dazu gehört das Laden, Verschieben und Löschen von Daten oder die logische und arithmetische Verknüpfung verschiedener Abschnitte in einem Programm.

Instruction Set

Der Befehlssatz (Instruction Set) ist die Gesamtheit aller Befehle eines Prozessors (CISC, RISC) oder einer Programmiersprache (Pascal, Basic).

➠ *Siehe Instruction; CISC; RISC-Prozessor; Pascal; Basic*

Int 16

➠ *Siehe Short*

Int 32

➠ *Siehe Long*

Int 64

➠ *Siehe Long long*

Int 8

➠ *Siehe Char*

Integer

Integer ist ein Oberbegriff für ganzzahlige Datentypen, wie z.B. bei Standarddatentypen der Intel-Prozessoren. Im Gegensatz zu Fließkommazahlen gibt es keinen gebrochenen Anteil. Integer-Operationen werden von der CPU am schnellsten ausgeführt. Integer können vorzeichenlos oder vorzeichenbehaftet sein. Subtypen (byte, long usw.) unterscheiden sich im benötigten Speicherplatz und damit in ihrem Wertebereich. Zum Beispiel ein vorzeichenloser 16 Bit-Integer hat einen Wertebereich von 0 – 65.535.

➠ *Siehe CPU; Datentyp; Byte; Bit; Floating Point Representation; Long; Short; Long long*

Integrated Circuit

➠ *Siehe IC*

Integrated Device Electronics

➠ *Siehe IDE*

Integrated Services Digital Network

➠ *Siehe ISDN*

Integrierte Pakete

➠ *Siehe Pakete, integrierte*

Integriertes Breit-Band-Fernmeldenetz

➠ *Siehe IBFN*

Integrität

Integrität bedeutet, dass die Komponenten (Hard- und Software) eines Computersystems einwandfrei arbeiten. Gleichzeitig müssen die Daten korrekt sein. Durch die Bearbeitung der Daten darf sich an diesem Zustand nichts ändern. Korrekt heißt, dass die Daten das geforderte Format aufweisen und konsistent sind. So ist eine Datei eines Textverarbeitungsprogramms durchaus in diesem Sinne korrekt, wenn sie Rechtschreibfehler aufweist. Allerdings ist sie nicht mehr korrekt, wenn sie durch Beschädigung der Textverarbeitung nicht mehr geladen werden kann. In diesem Fall liegt ein Verstoß gegen die Integrität vor.

➭ *Siehe Datenformat*

Intel

http://www.intel.de

Abk.: Intergrated Electronics

Intel ist eines der erfolgreichsten Unternehmen der Mikroelektronik und mit das profitabelste Unternehmen überhaupt. Intel wurde 1968 von A. Grove, G. Moore und B. Noyce gegründet. Auf Intel gehen einige große Innovationen im Bereich der Mikroelektronik zurück. Heute ist Intel vor allem für seine Prozessoren bekannt. Hier hat Intel einen Marktanteil von fast 80% und damit ein Quasi-Monopol. Neben Prozessoren ist Intel aber auch in vielen anderen Bereichen aktiv, wie z. B. Netzwerktechnik, Multimedia etc.

➭ *Siehe Pentium Pro; MMX; AMD; Pentium II; Pentium; Grove, Andrew; Pentium III; Pentium IV; Pentium M; Itanium; Itanium 2*

Intel 855 Chipsatz

Der Intel 855 Chipsatz ist ein speziell auf den Einsatz in Mobilgeräten ausgelegter Chipsatz von Intel und Teil der Centrino-Technologie. Wesentliche Merkmale:

▶ Unterstützung für bis zu 2 GB DDR-266/200-Speicher

▶ USB-2.0-Unterstützung; Rückwärtskompatibilität für die Unterstützung von USB-1.0-Geräten

▶ Optional integrierte Grafiklösung mit Intel Extreme-Graphics-2-Technologie

➭ *Siehe Pentium M; Centrino-Technologie*

Intel Pro/Wireless 2100

Intel Pro/Wireless 2100 ist eine speziell auf den Einsatz in Mobilgeräten abgestimmte Netzwerkschnittstelle für WLAN-Verbindungen. Teil der Centrino-Technologie von Intel. Wesentliche Merkmale:

▶ Unterstützt 802.11b-Funknetzwerke

▶ Unterstützung von Wireless-LAN-Sicherheit gemäß Branchenstandard (802.1X, WEP, WPA)

▶ Intelligent-Scanning-Technologie verringert den Stromverbrauch durch Steuerung der Häufigkeit des Scannens nach Zugriffspunkten (Hotspots).

➭ *Siehe Centrino-Technologie; Wireless LAN; Hotspot; IEEE-802.11*

Intelligent Peripheral Interface

➭ *Siehe IPI*

IntelliSense

IntelliSense ist ein von Microsoft geprägtes Kunstwort aus Intelligence (Intelligenz) und Sensitivity (Sensibilität). Den Begriff führte Microsoft mit Office 95 ein. Der Begriff steht für Funktionen innerhalb eines Programms, die eine gewisse »Intelligenz besitzen«, wie z.B. die diversen Auto-Funktionen von Word. Aber auch Funktionen, die Verhaltensweisen des Benutzers analysieren, um daraus die zukünftigen Schritte ableiten zu können. Allerdings sind alle diese Möglichkeiten noch weit von wirklichen Intelligenzleistungen entfernt – das denkende Programm ist damit noch nicht erfunden!

➡ Siehe Microsoft

Bild I.4: Die IntelliMouse hat IntelliSense

Interaktion

Als Interaktion wird das aufeinander bezogene Handeln und Verhalten von Benutzer und Programm bezeichnet. Dabei reagiert der Benutzer auf die Anfragen eines Programms mit der Eingabe von Daten. Auf diese Daten reagiert dann das Programm usw.

➡ Siehe Benutzeroberfläche; Dialog-Box

Interaktiv

Interaktiv wird ein System genannt, das die Interaktion mit dem Benutzer erlaubt. Alle grafischen Benutzeroberflächen arbeiten interaktiv, da sie mit dem Benutzer in Dialog treten und auf dessen Eingaben reagieren.

➡ Siehe GUI; Interaktion

Interconnection-Vertrag

Damit ein Nutzer über das Netz eines Anbieters einen Anschluss anrufen kann, den ein anderer Anbieter betreibt, muss zwischen beiden Anbietern ein Interconnection-Vertrag bestehen. Sollte kein Vertrag bestehen, erscheint bei der gewählten Nummer ein Besetztzeichen.

Interface

Eine Schnittstelle (englisch: Interface) ist eine genormte Plattform, die die Kommunikation zwischen verschiedenen Hardware- bzw. Softwarekomponenten ermöglicht. Hardwareschnittstellen sind z.B. die Anschlüsse für Drucker und Maus. Diese setzen sich aus einer mechanischen und einer elektrischen/elektronischen Komponente zusammen. Softwareschnittstellen sind notwendig, damit Programme Daten untereinander austauschen können. Programmierschnittstellen erlauben schließlich den genormten Zugriff auf Funktionen zur Programmierung eines Systems.

➭ Siehe *Plattform; Interface-Karte; API; GUI*

Interface-Karte

Eine Interface-Karte schafft die Voraussetzung für den Anschluss von Hardwarekomponenten an den Computer. Manche Scanner werden z.B. mit einer speziellen Schnittstellenkarte ausgeliefert, über die sie mit dem Computer kommunizieren.

➭ Siehe *Interface*

Intergrated Development Environment

➭ Siehe *IDE*

Interlace

Beim Interlace-Verfahren wird zum Aufbau eines Bildes jede zweite Zeile übersprungen. Bilder werden so in zwei Halbbilder aufgeteilt und in zwei Schritten übertragen. Das eine Halbbild enthält alle geraden Zeilen und das zweite alle ungeraden. Das Interlace-Verfahren wurde früher verwendet, um höhere Auflösungen zu realisieren, als es rein technisch vorgesehen war. Allerdings hat dieses Verfahren einen ganz gewaltigen Nachteil: Interlace flimmert. Dies führte bei vielen Anwendern zu Kopfschmerzen und Augenbrennen. Heute wird das Zeilensprungverfahren nicht mehr verwendet. Durch den technischen Fortschritt werden die gewünschten Auflösungen mit Vollbildern erreicht.

➭ Siehe *Frame*

Interleave

Das Interleaving wurde früher verwendet, um den Zugriff auf Festplatten zu beschleunigen. Damals herrschte eine sehr große Diskrepanz zwischen der Umdrehungsgeschwindigkeit der Festplatte und der Möglichkeit, die Daten zwischen Festplatte und Rechner auszutauschen. Wurden nun die einzelnen Sektoren auf der Platte direkt nebeneinander angelegt, so traten immer wieder Wartezeiten beim Lesen bzw. Schreiben von Daten auf. Sollten Daten in aneinander liegende Sektoren geschrieben bzw. aus solchen gelesen werden, kam es häufig vor, dass die Daten nicht schnell genug an- bzw. abtransportiert werden konnten, um das Schreiben bzw. Lesen in angrenzenden Sektoren fortzusetzen. Nun musste eine volle Umdrehung gewartet werden, bis die Köpfe wieder an der richtigen Position waren. Dadurch wurde natürlich die Gesamt-Performance beeinträchtigt. Aus diesem Grund wurde das Interleaving eingeführt. Dabei liegen die logisch nebeneinander liegenden Sektoren auf der Platte nicht physisch auf der Platte nebeneinander. Zwischen den einzelnen Sektoren wird eine bestimmte Anzahl von Sektoren freigelassen. Nun musste nicht mehr eine ganze Umdrehung gewartet werden, bis die Köpfe wieder richtig positioniert waren. In der Zeit, die die Platte benötigte, um sich zum logisch nächsten Sektor weiterzudrehen, konnten die Daten herantransportiert bzw. abtransportiert werden. Heutige Platten kommen ohne Interleaving aus.

➠ *Siehe Harddisk; Sektor; Interleave-Faktor*

Interleave-Faktor

Der Interleave-Faktor gibt an, wie viele Umdrehungen der Magnetscheibe einer Festplatte notwendig sind, um eine Spur mit all ihren Sektoren einzulesen. Der optimale Interleave-Faktor liegt bei 1:1, was bedeutet, dass genau eine Umdrehung dafür notwendig ist. Idealerweise werden zusammengehörende Daten hintereinander in die Sektoren geschrieben (Sektor 1, Sektor 2, Sektor 3...). Diese Idealsituation setzt voraus, dass Controller und Festplatte ausreichend schnell zusammenarbeiten, damit sich der Schreib-/Lesekopf der Festplatte kurz vor dem als nächsten zu lesenden Sektor befindet, um die Daten dann kontinuierlich an den Bus übertragen zu können. Ist dies nicht der Fall, so muss bis zur nächsten Umdrehung der Magnetscheibe gewartet werden, damit gelesen werden kann. Dadurch sinkt natürlich die effektive Datenübertragungsgeschwindigkeit. Die Hersteller von Festplatten arbeiten daher mit dem so genannten Sektorversatz, bei dem die Sektoren auf der Scheibe versetzt angeordnet werden, um der geringeren Lesegeschwindigkeit der Kombination Controller/Festplatte gerecht zu werden. Sind z.B. drei Umdrehungen notwendig, um eine komplette Spur auszulesen, wird von einem Interleave-Faktor 3 gesprochen. Beim Interleave-Faktor 3 werden immer zwei Sektoren übersprungen.

➠ *Siehe Harddisk; Sektor; Interleave*

Intermediate Language

➠ *Siehe MSIL*

Intermediate System

➠ *Siehe Router*

International Data Encryption Algorithm

➠ *Siehe IDEA*

International Organization for Standardization

➠ *Siehe ISO*

International Telegraph and Telephone

➠ *Siehe ITT*

International X.25 Infrastructure
➠ Siehe IXI

Internet
Abk.: International Network

Das Internet ist ein weltweites Rechnernetz. Es besteht aus einer Reihe von Teilnetzen (Subnets). Als Netzwerkprotokoll wird einheitlich TCP/IP verwendet. Das Internet entwickelte sich aus einem Projekt des Pentagons in den USA. Dabei ging es darum, ein Rechnernetz zur Kommunikation zwischen Forschungseinrichtungen und Regierung zu schaffen. Dieses Netzwerk sollte so beschaffen sein, das es sogar im Falle eines Atomkriegs funktionsfähig bleibt. Aus diesem Projekt entwickelte sich im Laufe der Jahre ein Netzwerk mit heute mehr als 30 Millionen Nutzern. Die extreme Aufmerksamkeit und Euphorie für dieses neue alte Medium kam aber erst in den letzten zwei bis drei Jahren auf. Das Internet bietet eine Reihe von Diensten. Die folgende Liste nennt die wichtigsten:

▶ **E-Mail:** Dieser Dienst ist wohl der am häufigsten genutzte. Er erlaubt es, elektronische Briefe über das Netz an andere Teilnehmer zu verschicken.

▶ **Usenet:** Dieser Dienst stellt Diskussionsforen zur Verfügung (Newsgroups). In diesen können sich die Teilnehmer über die unterschiedlichsten Themen austauschen.

▶ **FTP:** Mit diesem Dienst ist es möglich, Dateien von einem FTP-Server auf den eigenen Rechner über das Internet zu übertragen.

▶ **WWW;** Das World Wide Web ist inzwischen der wohl bekannteste Dienst. Er machte das Internet bunt und multimedial. Die meisten Menschen, die heute von Internet sprechen, denken dabei an das WWW. Über Hypertextdokumente, die miteinander über Links verknüpft sind, kann der Anwender sich durch ein schier unerschöpfliches Angebot an Informationen navigieren.

➠ Siehe DoD; Netzwerkprotokoll; TCP/IP; E-Mail; ARPAnet; Usenet; WWW; FTP

Internet Access Kit
➠ Siehe IAK

Internet Assigned Numbers Authority
➠ Siehe IANA

Internet Connection Sharing
➠ Siehe ICS

Internet Control Message Protocol
➠ Siehe ICMP

Internet E-Mail Marketing Council

➡ Siehe *IEMMC*

Internet Engineering Task Force

➡ Siehe *IETF*

Internet Explorer

Abk.: IE

Der Internet Explorer ist Microsofts Web-Browser. Dieser ist kostenlos auf der Microsoft Homepage erhältlich. Er ist nach dem Netscape Navigator der am weitesten verbreitete Browser und ein zentraler Punkt der Internet-Strategie von Microsoft.

➡ Siehe *Webbrowser; Microsoft*

Internet Packet Exchange

➡ Siehe *IPX/SPX; IPX*

Internet Presence Provider

➡ Siehe *IPP*

Internet Protocol

➡ Siehe *Internet; IP*

Internet Protocol Security

➡ Siehe *IPsec*

Internet Publishing

Unter Internet Publishing wird die Erstellung von Dokumenten für das Internet bzw. das WWW sowie das anschließende Bereitstellen dieser Dokumente verstanden. Zur Erstellung wird die Seitenbeschreibungssprache HTML verwendet. Neben reinem Text kann auf solchen auch Homepages oder Webseiten genannten Dokumenten auch Multimediales enthalten sein – Grafiken, Videos, Sound, Animationen etc.

➡ Siehe *Internet; WWW; HTML*

Internet Relay Chat

➡ Siehe *IRC*

Internet Server Application Programming Interface

➡ Siehe *ISAPI*

Internet Service Provider

➡ Siehe *ISP*

Internet2

115 US-amerikanische Universitäten und Krankenhäuser haben sich 1996 unter der Schirmherrschaft der University Corporation for Advanced Internet Development (UCAID) zusammengetan und das Internet2-Projekt ins Leben gerufen. Diese Weiterentwicklung des Internets verfügt über ein Glasfasernetz, dessen Einwahlknoten auf 2,4 GBit/s ausgelegt sind. Es soll die Entwicklung zukunftsorientierter Technologien und Anwendungen unterstützen. Bisher laufen Testversuche in Washington, USA.

➡ Siehe *Glasfasernetzwerk*

Internet-PC

➡ Siehe *IPC*

Internet-Protokolle
Der Begriff Internet-Protokolle steht für die Familie der Protokolle, die den Datenaustausch im Internet steuert. Normalerweise wird dafür die Abkürzung TCP/IP (Transmission Control Protocol/Internet Protocol) verwendet.

➡ *Siehe Internet; HTTP; TCP/IP; Protokoll; FTP*

Internet-Provider
➡ *Siehe ISP*

Internet-Standards
➡ *Siehe TCP/IP*

Internet-Suchdienst
➡ *Siehe Search-Engine*

Internet-Telefonie
Der Begriff Internet-Telefonie steht für die Möglichkeit, über das Internet eine Sprachverbindung mit einem anderen Teilnehmer herzustellen. Dabei werden die digitalisierten Sprachdaten über das Internet übertragen. Der große Vorteil der Internet-Telefonie ist der günstige Preis – so kann der Nutzer nach Amerika zum Ortstarif telefonieren, da nur die Telefongebühren bis zum Einwahlknoten anfallen. Die Voraussetzung dafür sind eine Verbindung zum Internet, eine spezielle Software und entsprechende Sound Hardware im Computer (Soundkarte, Mikrofon und Lautsprecher/Kopfhörer).

➡ *Siehe Internet; Soundkarte*

Internet-Terminal
➡ *Siehe NC; NetPC; IPC*

Internetworking
Als Internetworking wird die Verbindung räumlich getrennter Netze sowie die über diese Netze erfolgende Kommunikation bezeichnet.

➡ *Siehe Internet*

InterNIC
Abk.: International Network Information Center

Das InterNIC ist für die Zuteilung und Verwaltung aller IP-Adressen der Welt zuständig. Dies ist wichtig, um zu gewährleisten, dass jede IP-Adresse eindeutig ist. Die Verwaltung der deutschen Domäne (Endung ».de«) übernimmt das DE-NIC in Karlsruhe. Das InterNIC ist als privatwirtschaftlicher Verein organisiert.

➡ *Siehe IP-Adresse; DE-NIC; Domain*

Interpolation
Interpolation ist eine Technik, welche insbesondere bei der Bildbearbeitung und der Erstellung von komplexen 3D-Grafiken eingesetzt wird. Bei der Interpolation wird aus zwei bekannten Werten in einer Folge ein Mittelwert ermittelt. So wird z.B. bei einem Scanner eine optische Auflösung von 300 dpi angegeben, wohingegen die interpolierte Auflösung dieses Gerätes bei bis

zu 4.800 dpi liegen kann. Durch Einfügen interpolierter Pixel wird eine wesentlich höhere Auflösung erreicht. Bei der Darstellung animierter 3D-Grafiken werden einzelne Schlüsselszenen vorgegeben. Die bewegten Sequenzen, die zwischen diesen Schlüsselszenen liegen, werden durch Interpolation berechnet.

➠ *Siehe Scanner; 3D-Grafik*

Interpreter

Ein Interpreter ist ein Programm, das den Quellcode einer höheren Programmiersprache Anweisung für Anweisung in Maschinencode übersetzt. Ein großer Nachteil des Interpreters liegt darin, dass Anweisungen in Schleifen bei jeder Iteration von neuem übersetzt werden müssen. Eine der bekanntesten interpretierten Sprachen ist BASIC.

➠ *Siehe Source-Code; Schleife; Iteration; Maschinensprache; Programmiersprache; Basic*

Interprozess-Kommunikation

Von Interprozess-Kommunikation wird gesprochen, wenn einzelne Prozesse untereinander Daten austauschen. Dies kann notwendig sein, um z.B. den Zugriff auf Betriebsmittel abzustimmen. Ein anderes Beispiel wäre der Austausch von Daten zwischen zwei Prozessen, damit die Daten des einen Prozesses im anderen weiterverarbeitet werden können.

➠ *Siehe Betriebsmittel; Prozess*

Interrupt

Interrupts werden verwendet, um die aktuelle Arbeit des Prozessors zu unterbrechen und so die Aufmerksamkeit der CPU zu erhalten. Solche Interrupts können durch Hardware (Hardware Interrupts) und durch Software (Software Interrupts) ausgelöst werden.

➠ *Siehe Software; CPU; Hardware*

Interrupt Request

➠ *Siehe IRQ*

Interrupt, externer

Ein externer Interrupt ist ein von Systembausteinen des Computers ausgelöster Interrupt. Hierbei sind die Systembausteine bezüglich des Mikroprozessors als extern anzusehen sind.

➠ *Siehe Mikroprozessor; Interrupt*

Interrupt, nicht maskierbarer

➠ *Siehe NMI*

Interrupt-Controller

Der Interrupt-Controller ist für die Verwaltung und Weiterleitung der Interrupts zuständig, die von der Peripherie kommen. Der Controller bewertet die IRQs hinsichtlich ihrer Priorität und leitet sie entsprechend an die CPU weiter.

➠ *Siehe Interrupt; CPU; IRQ*

Interrupt-Ebene

Die verschiedenen Prioritäten, die Unterbrechungsanforderungen haben können, werden auch als Interrupt-Ebene bezeichnet.

➡ *Siehe Interrupt; Interrupt-Controller*

Interrupt-Konflikt

➡ *Siehe IRQ-Konflikt*

Interrupt-Maskierung

Eine Interrupt-Maskierung kann über ein bestimmtes Flag innerhalb der CPU verhindern, dass sie von Interrupts unterbrochen wird. Dieses Flag wird gesetzt, wenn die CPU mit wichtigen Aufgaben beschäftigt ist. Dieses Abschalten der Reaktion auf Interrupts wird als Maskieren bezeichnet.

➡ *Siehe Interrupt; NMI; Flag*

Intranet

Intranets sind private Netzwerke, die sich die Technologie und das Konzept des Internet zunutze machen. Sie werden inzwischen vermehrt in Firmen eingesetzt. Intranets müssen nicht zwangsläufig mit dem Internet verbunden sein. Dazu wird häufig eine Firewall zum Schutz vor Eindringlingen verwendet. Intranets bieten gegenüber herkömmlichen Netzwerksystemen einige Vorteile, die diesem Konzept zu einer weiten Verbreitung verhelfen werden.

➡ *Siehe Internet; Netzwerk; Firewall*

IntranetWare

Netzwerkbetriebssystem von Novell zum Betrieb eines Intranets. Nachfolger von Novell NetWare.

➡ *Siehe Novell; Intranet*

Intrusion Detection System

➡ *Siehe IDS*

Invertieren

Die invertierte Darstellung sorgt dafür, dass Schriftzeichen, Symbole und Grafikelemente umgekehrt in Bezug auf Vordergrund- und Hintergrundfarbe angezeigt werden. So wird z.B. eine normalerweise schwarze Linie auf weißem Grund invertiert als weiße Linie auf schwarzem Grund angezeigt.

Invertierung, bitweise

➡ *Siehe Bit Flipping*

IOS

Abk.: Input-/Output-System

▲ *Übers.: Ein-/Ausgabe-System*

Bei dem IOS handelt es sich um einen Teil des Windows-Betriebssystems, der sich um die Steuerung von I/O-Vorgängen kümmert. Ohne diesen Bestandteil kann Windows nicht starten.

➡ *Siehe I/O; Betriebssystem*

IOTP

Abk.: Internet Open Trading Protocol

IOTP bezeichnet mehrere Standards, welche dafür sorgen, dass elektronische Transaktionen im Internet für alle Beteiligten nachvollziehbar bleiben. Dabei werden unterschiedlichste Zahlungssysteme berücksichtigt, z.B. DigiCash und SET. XML. Sie bilden die Grundlage für die Darstellung der Daten. Das besondere Augenmerk bei IOTP liegt auf der Zusammenarbeit verschiedener in die Zahlung involvierter Gruppen: Käufer, Verkäufer, Kreditkartenunternehmen, Bank und Zusteller.

➡ *Siehe XML; SET; E-Commerce*

IP

Abk.: Internet Protocol

Das Internet Protocol (IP) ist eines der Basis-Protokolle des Internets. Es gehört zu den verbindungslosen Protokollen, das heißt, zwischen dem Sender und Empfänger der Daten muss keine direkte Verbindung bestehen. Das IP ist innerhalb der TCP/IP-Protokollfamilie für die Aufteilung der Daten in Pakete und den späteren Zusammenbau dieser Pakete zu den ursprünglichen Daten zuständig sowie für die Adressierung verantwortlich.

➡ *Siehe Internet; TCP/IP; Adressierung; Protokoll; Packet*

IP-Adresse

Zur besseren Strukturierung der verfügbaren Adressen wurde der IP-Adressbereich in Teilnetze, so genannte Klassen, unterteilt. Es werden die Klasse »A-«, Klasse »B-«, Klasse »C-«, und Klasse »D-Netze« unterschieden, wobei letztere dem Multicasting vorbehalten sind. Einige IP-Adressen sind für besondere Dienste reserviert und können oder sollten deswegen nicht für das eigene Netzwerk verwendet werden. Die IP-Adresse besteht aus den beiden Elementen Netzwerkadresse und Host-Adresse, wobei die Netzwerkadresse die Kennung des Netzwerks angibt, und die Host-Adresse die Kennung eines bestimmten Geräts im Netzwerk. Bei der Adresse 192.116.234.12 (ein Class-C-Netz) definiert die Zahlenfolge 192.116.234 das Netzwerk und die Ziffer 12 den Host.

➡ *Siehe CIDR; Subnet-Mask; IP; Bit; Domain; Multicasting; Class A-Netz; Class B-Netz; Class C-Netz; Class D-Netz*

IPC

Abk.: Internet PC

▲ *Syn.: Network Computer, NC, Netzwerk PC, NPC*

Die Idee hinter den Internet-PC (IPC) ist einfach. Kostengünstige Rechner mit dem Nötigsten ausgestattet (Prozessor, Arbeitsspeicher, Hardware zum Netzanschluss oder Telekommunikationseinrichtung, Massenspeicher wie Disketten- oder Festplattenlaufwerke) sollen den Zugang zum Internet oder einem Intranet ermöglichen. Alle Arbeiten sollen im bzw. über das Netz erledigt werden mit immer aktueller Software, die jedes Mal aus dem Netz geladen wird. Die Ergebnisse der Arbeit sollen auch wieder im Netz gespeichert werden. Die Meinungen über diese Computer-Gattung gehen sehr stark auseinander. Die einen feiern den neuen Ansatz als Revolution in der Art, mit dem Medium Internet und dem Computer umzugehen und die anderen sehen es als Rückfall in die Steinzeit der Computertechnik, als dumme Terminals an Großrechner angeschlossen wurden. Die Wahrheit und damit auch die Produkte, die es geben wird, werden irgendwo dazwischen liegen. Abzusehen ist aber, dass der IPC in den immer mehr aufkeimenden Intranets eine wichtige Rolle spielen wird.

➟ *Siehe Internet; NetPC; Intranet*

IPI

Abk.: Intelligent Peripheral Interface

IPI ist eine Schnittstelle (Interface) zwischen Computer und Festplatte bzw. Tape, die sich durch eine hohe Bandbreite für Übertragungen auszeichnet. Geräte die IPI benutzen, können zwischen 3 und 26 MByte/s transferieren. IPI ist in den Normen ANSI/ISO 9318-3 bzw. 9318-4 definiert.

➟ *Siehe Interface; MB; Harddisk; ANSI; Tape; ISO*

IP-Multicast

IP-Multicast ist die Bezeichnung für ein Verfahren, bei dem Daten im Internet von einer gemeinsamen Quelle aus an viele Rezipienten gleichzeitig übermittelt werden können. Beim Standardverfahren des Internet (TCP/IP) werden die Daten in kleinere Pakete zerlegt und an den Empfänger übermittelt. Für jede Sender-Empfänger-Konstellation ist dabei ein Datenkanal notwendig. Beim Multicasting werden die Daten einmal von einem Sender (MBone-Server) als nicht zerteiltes Paket an zahlreiche Empfänger versendet. Dadurch ist gewährleistet, dass die Daten bei allen Rezipienten gleichzeitig ankommen.

➟ *Siehe MBone; TCP/IP; Packet*

IPng (IP Next Generation)

➟ *Siehe IPv6*

iPod

Tragbarer Player von Apple mit bis zu 30 GByte Speicherplatz. Der iPod unterstützt die Formate AAC, MP3 und WAV.

➟ *Siehe Wav; MP3; Apple; iTunes*

IPP

Abk.: Internet Presence Provider

IPP ist eine Firma, die Plattenplatz, Internet-Präsenz und möglicherweise auch WWW-Design bzw. weitere Internet-Dienstleistungen anbietet. Ein IPP ist kein ISP (Internet Service Provider), der seinen Kunden zusätzlich zur Präsenz mit der eigenen Homepage auch noch privaten Zugang ins Internet ermöglicht. Ein ISP bietet beide Dienste an, sowohl Internet Access (IA) als auch Internet Presence (IP).

➠ *Siehe Internet; ISP*

Bild I.5: Der Apple iPod

IPsec

Abk.: Internet Protocol Security

IPsec ist ein Protokoll, das IP-Adressen mittels PPP-Frames (Point-to-Point Protocol) über Punkt-zu-Punkt-Verbindungen verschlüsselt überträgt.

➠ *Siehe IP-Adresse; PPP*

IP-Spoofing

➠ *Siehe Spoofing*

IPv4

IPv4 ist ein Internetprotokoll der Version 4, das mit 32 Bit-Adressen arbeitet.

➠ *Siehe IPv6*

IPv6

IPv6 ist eine Weiterentwicklung des Internet Protokolls (IP) und bereits Bestandteil vieler Betriebssysteme. IPv6 besteht aus einer Zusammenfassung von Standards die von der IETF spezifiziert wurden. Es bietet gegenüber dem alten IPv4 Erweiterungen für die Host-Adressierung. Die Ausweitung des Adressbereichs von 32 Bit auf 128 Bit ermöglicht es, eine weitaus größere Anzahl Rechner mit IP-Nummern auszustatten. Weitere Features sind:

▶ Optionen, die im Header gesetzt sind, werden nur noch vom Zielrechner untersucht. Das erhöht die Netzwerk-Perfomance.

▶ Die Einführung der »anycast«-Option erlaubt die schnellere Übertragung von Multimedia-Daten.

▶ Der Header beinhaltet nun Optionen, die es erlauben die Eindeutigkeit eines Paketes zu untersuchen. Das erhöht die Datenintegrität und somit die Datensicherheit.

➡ *Siehe Header; TCP/IP; Datenintegrität; IP; IETF; Packet; Host*

IPX

Abk.: Internet Packet Exchange

IPX ist das von Novell Netware verwendete Übertragungsprotokoll. Das Protokoll kümmert sich um die Aufteilung der Daten in einzelne Pakete und den späteren Zusammenbau am Ziel der Übertragung. Zusätzlich sorgt das Protokoll für den optimalen Übertragungsweg.

➡ *Siehe Novell; IPX/SPX; Packet; Protokoll; SPX; NetWare*

IPX/SPX

Erweiterung des IPX-Protokolls um das SPX-Protokoll zur Sicherung der korrekten Übertragung von Nachrichten.

➡ *Siehe Protokoll; IPX; SPX*

IRC

Abk.: Internet Relay Chat

IRC ist ein Chat-System, welches in den späten 1980ern von dem Finnen Jarkko Oikarinen entwickelt wurde. Im Gegensatz zu den bis dahin gebräuchlichen Chat-Systemen ist IRC nicht auf zwei Teilnehmer begrenzt. Um einer Diskussion beizutreten, benötigt ein Anwender einen IRC-Client, der auf dem eigenen Computer installiert wird und mit einem IRC-Server kommuniziert. Der Server wiederum sorgt für die Weiterleitung (Channel) der Nachrichten an alle Teilnehmer der Diskussion. Im Gegensatz zur Kommunikation über eine Mailing-Liste findet IRC in Echtzeit statt. Einer der bekannteren großen Zusammenschlüsse von IRC-Servern ist das Undernet.

➡ *Siehe Internet; Chatten; Protokoll; Mailing-List; Undernet*

IrDA

Als IrDA wird die spezielle Schnittstelle zum Datenaustausch zwischen verschiedenen Geräten bezeichnet. Diese Schnittstelle arbeitet mit Infrarot-Sendern und -Empfängern, um Daten zu übertragen. Auf diesem Weg können Daten kabellos zwischen z.B. einem Arbeitsplatzrechner und einem Notebook übertragen werden. Aber auch die Kommunikation mit anderen Peripheriegeräten ist möglich, z.B. Drucker, sofern diese über die notwendige Ausstattung verfügen. Notebooks sind meist von Haus aus mit einer solchen Schnittstelle ausgerüstet.

➡ *Siehe Notebook*

IRQ

Abk.: Interrupt Request

Ein Signal, das von einer Hardwarekomponente über den Interrupt Controller an die CPU geschickt wird, um die Arbeit der CPU zu unterbrechen und die Aufmerksamkeit auf die Hardwarekomponete zu lenken, wird Interrupt Request (IRQ) genannt.

➡ Siehe Interrupt; NMI

Interrupt	Funktion
IRQ 0	System-Zeitgeber
IRQ 1	Tastatur
IRQ 2	intern (bei aktuellen PCs frei)
IRQ 3	frei bzw. serielle Schnittstelle (COM 2, COM 4)
IRQ 4	frei bzw. serielle Schnittstelle (COM 1, COM 3)
IRQ 5	frei bzw. LPT 2 (Drucker)
IRQ 6	Diskettenlaufwerke
IRQ 7	frei bzw. LPT 1 (Drucker)
IRQ 8	CMOS Echtzeituhr
IRQ 9	intern (bei aktuellen PCs frei)
IRQ 10	frei bzw. COM 3
IRQ 11	frei bzw. COM 4
IRQ 12	frei bzw. PS/2_Maus
IRQ 13	Numerischer Coprozessor
IRQ 14	frei bzw. IDE-Port 2
IRQ 15	frei bzw. IDE Port 1

Tabelle I.2: IRQ-Tabelle

IRQ-Konflikt

IRQ-Konflikte (Interrupt-Konflikte) entstehen, wenn zwei oder mehr Geräte denselben Interrupt verwenden. Die Folgen sind im harmlosesten Fall Fehlfunktionen, im schlimmsten Fall der Absturz des Systems.

➡ Siehe Interrupt

ISA

Abk.: Industry Standard Architecture

Als ISA wird das Bussystem bezeichnet, das seit dem AT von IBM in PCs verwendet wird. Dieses System war mit ein Grund für den Erfolg des PCs. Da die Spezifikation für viele Hersteller zugänglich war, gab es rasch ein großes Angebot an Erweiterungskarten für den PC. Technisch gesehen ist der Bus gemessen an den heutigen Anforderungen nicht sehr aufregend. Er ist 16 Bit breit und wird mit einer Taktfrequenz von etwas über 8 MHz betrieben. Da sich dieser Bus im Laufe der Zeit immer mehr zum Engpass beim Austausch von Daten zwischen CPU und Peripherie herauskristallisierte, wurden immer wieder neue Konzepte ersonnen, um dieses Problem zu lösen. So brachte IBM den Microchannel auf den Markt, der sich allerdings nicht durchsetzen konnte. EISA stellte eine Erweiterung des ISA-Standards dar, aber auch hier kam nie der richtige Durchbruch. Beim Vesa Local Bus (VLB) sah es einige Zeit so aus, als ob er sich langfristig durchsetzen könnte, allerdings machte dann der PCI-Bus von Intel das Rennen. Dieser stellt neben den ISA-Steckplätzen, die auch heute noch auf allen PC-Motherboards vorhanden sind, den Standard-Bus für Komponenten dar, die große Datenmengen zu übertragen haben (Grafikkarten, SCSI-Controller etc.).

➠ *Siehe Bus; PCI; AT; EISA; Motherboard; VLB*

ISAM

Abk.: Indexed Sequential Access

▲ *Übers.: Indexsequentieller Zugriff*

ISAM ist ein Datenbankzugriffsverfahren, das einen eindeutigen Schlüssel für effektive Suchvorgänge benutzt. Es werden zunächst die Informationsfelder gewählt, über die der Nutzer schnell auf weitere Informationen zugreifen können soll. Die so ausgesuchten Felder werden vorsortiert, mit einem Index versehen und in einer separaten Datei abgelegt. Wird nun nach einer Information aus einem indexierten Feld gesucht, so durchsucht das Programm zunächst die wesentlich kleinere Indexdatei und greift dann über einen Zeiger auf die Tabelle in der Hauptdatei zu.

➠ *Siehe Datenbank*

ISAPI

Abk.: Internet Server Application Programming Interface

ISAP ist eine vom IIS (Internet Information Server) verwendete Schnittstelle für Back-End-Anwendungen, bei der besonderes Augenmerk auf die Benutzerfreundlichkeit gelegt wurde. ISAPI verwendet eine eigene dynamische Bibliothek (DLL), die im Vergleich mit der CGI-Spezifikation deutliche Leistungsvorteile besitzt.

➠ *Siehe DLL; Library; CGI; Schnittstelle; Back-End*

iSCSI

Abk.: Internet SCSI

Von der IETF entwickelter Datenübertragungsstandard auf IP-Basis, bei dem SCSI-Befehle über ein IP-Netzwerk übermittelt und mehrere Speichersysteme verbunden werden können. Schlüsseltechnologie für den Aufbau weiträumiger Storage Area Networks (SAN). iSCSI unterstützt die direkte Anbindung an Gigabit-Ethernet-Switches und IP-Router. Durch die Nutzung von Internet-Standardtechnologien kann iSCSI zum Aufbau kostengünstiger SAN-Lösungen verwendet werden.

➠ *Siehe: Ethernet, IP, SAN, SCSI*

ISDN

Abk.: Integrated Services Digital Network

▲ *Übers.: dienstintegrierendes digitales Netzwerk*

Das ISDN ist ein Standard für das Telekommunikationsnetz der Telekom. Es integriert sämtliche Telekommunikationsdienste, die früher über getrennte Netze ausgeführt wurden (Sprach- und Datenübertragung). Großer Unterschied zum früheren analogen Netz ist die komplette Digitalisierung des Netzes. Dies *BRINGT* einige neue Möglichkeiten und Vorteile mit sich:

▶ Die Sprachqualität steigt, da die Bandbreite im ISDN statt 3,1 kHz 7 kHz beträgt.

▶ Die Fehlersicherheit ist größer, da sich Fehlererkennungs- und Korrekturmechanismen gut integrieren lassen.

▶ Die Übertragungsrate von Daten ist wesentlich höher, wodurch sich zum einen Kosten sparen lassen und zum anderen auch neue Anwendungen möglich werden.

▶ Es kommen neue Funktionalitäten wie z. B. Anklopfen, Rufnummerweiterleitung, Konferenzschaltung etc. hinzu.

▶ Bei der Datenübertragung mit ISDN wird zwischen Nutz- und Steuerdaten unterschieden. Diese werden in speziellen Kanälen übertragen. Die so genannten B-Kanäle sind für die Übertragung der Nutzdaten zuständig. Sie verfügen einheitlich über eine Transferrate von 64 KBit/s. Ein ISDN-Anschluss verfügt entweder über zwei (Basisanschluss) oder 30 (Primärmultiplex-Anschluss) Kanäle. Um die Steuerdaten kümmern sich die D-Kanäle. Bei diesen ist die Transferrate von der Anzahl der B-Kanäle abhängig. Bei einem Anschluss mit zwei B-Kanälen kann der D-Kanal 16 KBit/s, bei 30 B-Kanälen 64 KBit/s übertragen. Der D-Kanal ist unter anderem zur Steuerung des Auf- und Abbaus, zur Übertragung der Dienstekennung und der Rufnummer des Anrufers zuständig. Beim Teilnehmer erfolgt der Anschluss der Endgeräte über den so genannten Network Terminal (NTBA), der die Zweidraht-Leitung des Telekomnetzes in die Vierdraht-Leitung für die Installation der Endgeräte umsetzt. An diesem wird entweder eine TK-Anlage, ein oder zwei ISDN-Geräte oder eine Bus-Installation angeschlossen. Für das ISDN sind spezielle digitale Endgeräte notwendig. Die alten analogen Endgeräte können nur über spezielle Adapter oder eine TK-Anlage weiterverwendet werden. Um Computer an das ISDN anzuschließen, wird eine ISDN-Karte benötigt.

➠ *Siehe ISDN-Anschlussarten; ISDN-Übertragungsstandards; ISDN-Leistungsmerkmale*

ISDN, nationales

Nationales ISDN (1TR6) ist ein von der Deutschen Telekom seit 1985 verwendeter ISDN-Standard, der dem auf dem D-Kanal zur Steuerung der Datenübermittlung eingesetzten Protokoll entspricht. 1TR6 wird seit der Einigung auf den europäischen D-Kanal-Standard E-DSS1 von der Telekom nicht mehr angeboten.

➠ *Siehe Euro-ISDN; D-Kanal; ISDN*

ISDN-Adapter

Als ISDN-Adapter werden externe Geräte bezeichnet, mit deren Hilfe es möglich ist, einen Computer an das ISDN anzuschließen. Diese Geräte werden ähnlich einem externen Modem an die serielle Schnittstelle des Rechners angesteckt. Einige dieser Geräte bieten zudem noch die Funktionalität eines analogen Modems.

➠ *Siehe Schnittstelle, serielle; Modem; ISDN*

ISDN-Anschlussarten

Die verschiedenen Anschlussarten des ISDN erfolgen auf drei Ebenen. Die erste Ebene ist dabei die Art der Schnittstelle zum ISDN und damit die Leistungsfähigkeit des Anschlusses. Die zweite Ebene beschreibt die Art der Nutzung des Anschlusses bzw. wie die Endgeräte an die Schnittstelle zum ISDN angeschlossen werden. Auf der dritten Ebene geht es darum, welche Leistungsmerkmale von der Telekom für den Anschluss bereitgestellt werden und damit, wie hoch die Grundgebühr ist. Die einzelnen Anschlussarten:

▶ Auf der ersten Ebene ist zwischen Basis- und Primärmultiplex-Anschluss zu unterscheiden. Der Basisanschluss verfügt über 2 B-Kanäle mit je 64 KBit/s und einen D-Kanal mit 16 KBit/s. Er ist für private Haushalte und kleinere Firmen geeignet. Der Primärmultiplex-Anschluss verfügt dagegen über 30 B-Kanäle mit je 64 KBit/s, eine D-Kanal mit 64

KBit/s und einen Synchronisationskanal mit 64 KBit/s. Diese Anschlussart ist für Firmen mit einem höheren Kommunikationsaufkommen gedacht.

▶ Die zweite Ebene ist nur beim Basisanschluss relevant, da es den Primärmultiplex-Anschluss nur als Anlagenanschluss gibt. Es wird hier zwischen dem Anlagen- und dem Mehrgeräteanschluss unterschieden. Beim Anlagenanschluss wird davon ausgegangen, dass am Netzabschluss eine TK-Anlage angehängt wird. An diese werden dann die Endgeräte angeschlossen. Der Anlagenanschluss hat den Vorteil, dass er Durchwahlnummern bietet. Beim Mehrgeräteanschluss werden die Endgeräte direkt über einen Bus an den Netzabschluss angeschlossen. An diesem Bus können bis zu 12 IAE-Dosen hängen, an die maximal 8 Endgeräte gleichzeitig angeschlossen werden dürfen. Beim Mehrgeräteanschluss sind maximal 10 Rufnummern (MSNs) möglich. Allerdings müssen Rufnummern, die extra bestellt werden, auch extra bezahlt werden.

▶ Auf der dritten Ebene, die nur für den Basisanschluss relevant ist, wird zwischen Einfach-, Standard- und Komfortanschluss unterschieden. Dabei hat die Telekom aus dem Pool der zur Verfügung stehenden Leistungsmerkmale jeweils ein Paket geschnürt, das bestimmten Kommunikationsbedürfnissen gerecht werden soll. Diese Pakete unterscheiden sich neben der Leistung auch in der monatlichen Grundgebühr. Die Bandbreite reicht dabei vom Einfachanschluss mit einer Rufnummer bis zum Komfortanschluss mit drei Rufnummern und allen Leistungsmerkmalen.

➡ *Siehe ISDN*

ISDN-Karte

Als ISDN-Karte wird eine Erweiterungskarte für einen Computer bezeichnet, die es ermöglicht, diesen Computer mit dem ISDN zu verbinden und so die Möglichkeiten des ISDN zu nutzen.

Es wird zwischen zwei Grundtypen unterschieden:

▶ **Passive ISDN-Karte:** Dieser Typ nutzt den Prozessor des Rechners, um die zu übertragenden Daten so aufzubereiten, dass sie dem Protokoll des ISDN entsprechen. Die Karte selbst sorgt für den Übergang zwischen Rechner und ISDN. Diese Kartenart reicht in der Regel für normale Anwendungen aus.

▶ **Aktive ISDN-Karten:** Diese Karten besitzen einen eigenen

Prozessor und auch eigenen Speicher. Die Aufbereitung der Daten erfolgt direkt auf der Karte (vorausgesetzt, die eingesetzte Software nutzt diese Möglichkeit). Dadurch wird der Prozessor des Rechners entlastet.

➮ Siehe *ISDN; Erweiterungskarte*

Bild I.6: Die FritzCard ist ein weit verbreiteter Vertreter der passiven ISDN-Karten.

ISDN-Karte, aktive

Im Gegensatz zu den passiven ISDN-Karten verfügen aktive ISDN-Karten über einen Prozessor, der für die Datenübertragung zuständig ist. Dadurch wird die CPU des PC-Systems entlastet. Aktive ISDN-Karten benötigen eine spezielle Software, die ihren Prozessor ansteuern kann, ansonsten erreichen sie nur die Leistung passiver Karten.

➮ Siehe *ISDN-Karte; CPU; ISDN-Karte, passive; AVM; Datenübertragung; ISDN*

ISDN-Karte, passive

Passive ISDN-Karten besitzen keinen Speicher oder Prozessor. Ein Beispiel wären die FritzCard von AVM oder S0 von Teles. Sie sind meist um einige hundert Mark billiger als aktive ISDN-Karten.

➮ Siehe *ISDN-Karte; ISDN*

ISDN-Leistungsmerkmale

Im ISDN gibt es diverse Leistungsmerkmale, die im Folgenden beschrieben werden:

▶ **Rufnummernübermittlung:** Bei einem Anruf wird die Rufnummer des Anrufers im Display des Telefons angezeigt. Allerdings muss dies das Telefon des Angerufenen unterstützen, der Anrufer darf dieses Leistungsmerkmal nicht gesperrt haben und der Anrufer muss aus einem digitalen Netz heraus anrufen.

▶ **Geschlossene Benutzergruppe:** Dieses Merkmal erlaubt es, sowohl den Personenkreis, der anrufen kann, als auch den, der angerufen werden kann, einzuschränken.

▶ **Rückfragen/Makeln:** Während eines Gesprächs kann dieses in der Vermittlungsstelle geparkt werden, um einen anderen Teilnehmer anzurufen. Zwischen diesen beiden Gesprächen kann hin- und hergeschaltet (gemakelt) werden.

- **Anklopfen:** Versucht jemand auf einer Nummer anzurufen, die gerade besetzt ist, so hört er kein Besetztzeichen, sondern den Rufton. Der Angerufene, der gerade telefoniert, hört seinerseits einen Signalton, der anzeigt, dass ein weiterer Anruf ansteht. Zu diesem kann umgeschaltet werden.

- **Dreierkonferenz:** Im ISDN ist es möglich, gleichzeitig zu zwei weiteren Teilnehmern eine Verbindung aufzubauen. Alle drei können miteinander sprechen und hören auch das Gesagte der anderen.

- **Anrufweiterschaltung (Rufumleitung):** ISDN-Endgeräte können so eingestellt werden, dass ein Anruf auf einen beliebigen anderen Anschluss weitergeschaltet wird. Für die Weiterschaltung können noch Bedingungen angegeben werden, z.B. dass nur bei einem Besetztzeichen weitergeschaltet wird.

- **Rückruf bei Besetzt:** Sollte ein Anschluss besetzt sein, so kann dieses Leistungsmerkmal »Rückruf« genutzt werden. Dabei wird von der Vermittlungsstelle eine Verbindung vom glücklosen Anrufer zum zuvor besetzten Angerufenen hergestellt, sobald der angerufene Anschluss nicht mehr besetzt ist.

- **Umstecken am Bus:** Bei der Bus-Installation eines Mehrgeräteanschlusses ist es möglich, während eines Gesprächs das Telefon aus der Dose zu ziehen und an einer anderen Dose anzuschließen, ohne dass dadurch die Verbindung unterbrochen wird.

- **Übermittlung der Verbindungsentgelte:** Im ISDN gibt es keinen Gebühren-Impuls, wie das bei analogen Anschlüssen der Fall war. Hier werden die Verbindungskosten entweder am Ende der Verbindung oder während und nach der Verbindung angezeigt. Allerdings ist dies nur möglich, wenn die Hardware dies unterstützt.

- **Übermittlung der Uhrzeit und des Datums:** Ein Standardmerkmal des ISDN ist es, sofern die Hardware dies unterstützt, dass bei jeder Verbindung die aktuelle Uhrzeit und das aktuelle Datum übermittelt werden. Die Quelle dafür ist die Atom-Uhr in Braunschweig.

- Welche Leistungsmerkmale nutzbar sind, hängt von der gewählten Anschlussart ab. Viele Merkmale lassen sich aber auch noch nachträglich beantragen.

➡ *Siehe ISDN*

ISDN-Modem

Ein ISDN-Modem ist ein ISDN-Adapter mit zusätzlicher Modem-Funktionalität.

➠ *Siehe ISDN-Adapter*

ISDN-Software

Damit Sie mit einer ISDN-Karte Daten übertragen oder anderweitig arbeiten können, benötigen Sie eine entsprechende Software. Den meisten ISDN-Karten liegt ein Softwarepaket bei. Darin sind meistens Programme zur Datenübertragung, zum Faxen und eventuell zum Einwählen in Mailboxen enthalten. Daneben gibt es aber auch Programme, die die ISDN-Karte als Anrufbeantworter oder auch als Telefon nutzen. Neben kommerziellen Programmen gibt es im Shareware-Bereich ebenfalls eine Vielzahl von Programmen für den Umgang mit ISDN und ISDN-Karten.

➠ *Siehe ISDN-Karte; ISDN*

ISDN-Terminaladapter

Um analoge Endgeräte im ISDN weiterverwenden zu können, ist ein so genannter Terminaladapter oder a/b-Wandler notwendig. Dieser wandelt die analogen Informationen des analogen Geräts in digitale, ISDN-konforme Daten um und umgekehrt.

➠ *Siehe ISDN*

ISDN-Übertragungsstandards

Um Daten sicher übertragen zu können, werden Protokolle benötigt. Auch im ISDN ist das nicht anders. Im Folgenden werden die wichtigsten genannt:

▶ **X.75:** International standardisiertes Protokoll zur Übertragung von Daten mit den vollen 64 KBit/s je B-Kanal.

▶ **V.110:** Dieses Protokoll stammt aus Amerika und kennt zwei Übertragungsgeschwindigkeiten: Bei der synchronen Übertragung wird mit 19,2 KBit/s und bei der asynchronen Übertragung mit bis zu 56 KBit/s gearbeitet. Dieses Protokoll wird z.B. von Compuserve verwendet.

▶ **V.120:** Entspricht V.110, arbeitet aber mit Kompression und Fehlerkorrektur, wodurch die Übertragungsrate bis auf 38,4 KBit/s im synchronen Modus steigt. Wird auch von Compuserve verwendet.

▶ **HDLC** (Abkürzung für High-level Data Link Control): Bit-orientiertes Protokoll, das mit Fehlerkorrektur und Paketvermittlung arbeitet. Die Daten werden als einzelne Pakete übertragen.

➠ *Siehe X.75; Protokoll; KBit/s; Packet; HDLC; B-Kanal; V.110; V.120-Standard*

ISO

Abk.: International Organization for Standardization

Die ISO wurde nach 1946 gegründet. Heute gehören dieser Organisation ca. 90 nationale und internationale Normungsgremien an. In Europa ist die ISO durch das CEN vertreten. Auch das Deutsche Institut für Normung e.V. (DIN) gehört der ISO an. Viele Standards im Computerbereich gehen auf diese Organisation zurück.

▬▶ *Siehe CEN; DIN*

ISO 9660

Die ISO 9660 ist ein internationaler Standard der ISO für die Speicherung von Daten auf CD-ROMs.

▬▶ *Siehe Yellow Book; High Sierra; CD-ROM*

ISONET

Abk.: ISO Network

▲ *Syn.: World Wide Information Network on Standards, WWINS*

Bei ISONET handelt es sich um ein weltumspannendes Netzwerk für Normungen.

▬▶ *Siehe ISO*

ISO-Referenzmodell

▬▶ *Siehe OSI-Schichtenmodell*

ISP

Abk.: Internet Service Provider

▲ *Syn.: Provider, Service Provider*

Der Internet-Provider (auch als Internet Service Provider, ISP oder Provider bezeichnet) ist ein Dienstleister, der in der Regel gegen eine Gebühr einen Zugang zum Internet zur Verfügung stellt. Im Normalfall wählt sich der Kunde über ein Modem oder eine ISDN-Karte in das System des Providers ein und kann so im Internet surfen. Große Provider sind in Deutschland z.B. T-Online, Compuserve, AOL etc.

▬▶ *Siehe T-Online; CompuServe; AOL; Internet*

ISRC

Abk.: International Standard Recording Code

ISRC ist der International Standard Recording Code der International Federation of the Phonographic Industry (IFPI). ISRC ist Teil des Subcode jeder digitalen Audioaufzeichnung und kennzeichnet Audio-Tracks eindeutig.

▬▶ *Siehe Track(s); CD-ROM*

Italic

▬▶ *Siehe Kursiv*

Itanium

Itanium ist ein 64 Bit-Serverprozessor der Firma Intel. Er wurde zusammen mit Hewlett-Packard unter dem Codenamen Merced Ende 1998 erstmals gefertigt. Auf dem Microprocessor Forum 1999 wurde der Merced unter dem Namen Itanium vorgestellt. Der Itanium-Prozessor besitzt 128 Universalregister mit 64 Bit Breite, 128 Floating-Point-Register und unterstützt den IA 64 Instruction Set sowie VLIW. Der Itanium ist in Taktfrequenzen bis 800 MHz erhältlich. Er kann auf bis zu 512 Prozessoren skaliert werden. Wesentliches Merkmal des Prozessors ist die EPIC-Architektur (Explicitly Parallel Instruction Computing). Sie ermöglicht eine parallele Datenverarbeitung und daher eine Beschleunigung bei technischen und Enterprise-Anwendungen. Weitere Merkmale des Prozessors:

▶ 64 Bit-Architektur (EPIC)
▶ 266 MHz FSB
▶ Level 3-Cache bis 4 MB

⟹ *Siehe Intel; Opteron; Skalieren; 64 Bit-Computer; FSB; Cache; Register; FPU*

Itanium 2

Der Itanium2 ist der Nachfolger des 64 Bit-Itanium-Prozessors von Intel. Die wesentlichen Neuerungen sind ein höherer CPU- und FSB-Takt (bis 1,3 GHz bzw. 400 MHz), ein größerer Level 3-Cache (bis 6 MB) und eine verbesserte Machine Check Architecture mit umfassender Error Correcting Code-Techno-

logie (ECC). Wie sein Vorgänger basiert der Itanium auf der EPIC-Architektur.

⟹ *Siehe Itanium; Intel; Opteron; 64 Bit-Computer*

Bild I.7: Der IItanium-2 von Intel

Iteration

Als Iteration wird eine Wiederholung einer Schleife in einem Computerprogramm bezeichnet.

⟹ *Siehe Schleife*

ITT

Abk.: International Telegraph and Telephone

ITT ist ein amerikanischer Hardwarehersteller aus dem Bereich Systeme für den Telefonverkehr und die Datenfernübertragung.

iTunes

Der Software- und Online-Musikladen von Apple zum Verwalten und Herunterladen bzw. Kaufen von MP3-Musikstücken heißt iTunes.

⟹ *Siehe Apple; iPod*

IWV

Abk.: Impulswahl-Verfahren

▲ *Syn.: Pulswahl*

▲ *Ant.: Mehrfrequenzwahl-Verfahren*

Das Impulswahlverfahren (IWV) stellte früher das Standardverfahren zur Kodierung von Rufnummern im Postnetz dar. Dabei wurden zu Anfang über die Wählscheibe eines Telefons die einzelnen Ziffern einer Rufnummer in eine Folge von Kurzschlussimpulsen übersetzt. Die Anzahl der Impulse entsprach dabei der Ziffer. Heute wird fast ausschließlich das Mehrfrequenzwahl-Verfahren eingesetzt.

➠ *Siehe MFV*

IXI

Abk.: International X.25 Infrastructure

IXI bezeichnet die Infrastruktur für die Kommunikation über Datennetze nach dem X.25-Standard.

➠ *Siehe X.25*

J

J2EE
Abk.: Java 2 Platform Enterprise Edition

J2EE ist eine Entwicklungsumgebung für Java. Sie enthält APIs, Dienste und Protokolle zur Entwicklung mehrschichtiger, verteilter Webanwendungen.

➭ *Siehe Java; Protokoll; Sun Microsystems*

J2ME
Abk.: Java 2 Platform Micro Edition

J2ME ist eine Plattform von Sun Microsystems zur Realisierung drahtloser Anwendungen. Sie besteht aus Konfigurationen und Profilen, die Funktionalität bzw. eine Laufzeitumgebung für bestimmte Geräte bereitstellen.

➭ *Siehe Sun Microsystems*

Jacquard, Joseph-Marie
Im Jahre 1805 erfand der Franzose Joseph-Marie Jacquard (1752-1834) den ersten lochkartengesteuerten Webstuhl. Die mit Hilfe einer Klaviatur auf der so genannten Jacquard-Karte eingestanzten Löcher, repräsentierten Muster und Webtechniken für das Gewebe.

➭ *Siehe Babbage, Charles; Punched Card*

Jam
1. Jam bzw. Paper Jam ist die englische Bezeichnung für einen Papierstau in einem Drucker oder Kopierer.

2. Mit Jam wird ein bestimmtes Kontrollsignal bezeichnet, welches in Netzwerken den gleichzeitigen Zugriff zweier Teilnehmer auf eine Komponente (z.B. einen Drucker) verhindert. Stellt das Gerät einen gleichzeitigen Zugriff und damit eine so genannte Kollision fest, sendet es ein bestimmtes Signalmuster, den Jam, der dem Netzwerk die Kollision mitteilt.

➭ *Siehe Netzwerk; Drucker*

JANET
Abk.: Joint Academic Network

JANET ist ein universitäres Netzwerk in Großbritannien.

➭ *Siehe Netzwerk*

JAR
Abk.: Java Archive File

Eine JAR-Datei enthält in komprimierter Form alle für ein Java-Applet benötigten Klassen, Bilder und Sounddaten, wodurch ein schnellerer Download gewährleistet ist. Die Basis für JAR lieferte das bekannte Kompressionsformat ZIP.

➠ *Siehe Applet; Java; Kompression*

Java

Java ist eine Programmiersprache. Ursprünglich wurde Java von Sun Microsystems als Sprache zur Steuerung von Geräten der Konsumelektronik entwickelt. Allerdings war der Sprache in diesem Bereich kein großer Erfolg beschieden. Bei Sun wurde jedoch die Bedeutung des Internets erkannt sowie die Möglichkeiten von Java in diesem aufstrebenden Medium. Java ist heute eine Sprache, die als die Programmiersprache der Zukunft gehandelt wird. Die Gründe dafür sind vielfältig. Besonders zeichnet sich Java allerdings durch die Plattformunabhängigkeit aus. Plattformunabhängigkeit bedeutet, dass ein Java-Programm, einmal geschrieben, auf allen Rechnerplattformen ausgeführt werden kann, auf denen eine Implementation der Java Virtual Machine existiert. Java basiert auf der Sprache C++. Die Syntax ist in vielen Belangen die gleiche und ist ebenfalls objektorientiert. Allerdings wurden verschiedene Elemente von C++ weggelassen. So gibt es in Java z. B. keine Zeiger und damit keine Zeigerarithmetik, wodurch dem Programmierer viele Kopfschmerzen erspart bleiben. Mit Java lassen sich zwei Grundtypen von Programmen erzeugen, Applets und Applikationen. Applets sind Programme, die über das Internet geladen werden und in einem Java-fähigen Browser ablaufen. Applikationen sind dagegen Programme, die in einem Interpreter laufen.

➠ *Siehe JVM; Plattform; JavaSoft; JavaScript; Applet; Pointer; Interpreter; C++; JavaBeans*

Java 2 Platform Enterprise Edition

➠ *Siehe J2EE*

Java 2 Platform Micro Edition

➠ *Siehe J2ME*

Java Archive File

➠ *Siehe JAR*

Java Data Base Connectivity

➠ *Siehe JDBC*

Java Development Kit

➠ *Siehe JDK*

Java Server Page

➠ *Siehe JSP*

Java Swing

Swing ist ein Bestandteil der Java Foundation Classes (JFC), mit dem sich einfach und bequem grafische Benutzeroberflächen programmieren lassen.

➠ *Siehe Java; J2EE; Sun Microsystems*

Java Virtual Machine

➟ Siehe *JVM*

Java-Applet

➟ Siehe *Applet*

JavaBeans

Technologie zur Schaffung von wieder verwendbaren Softwarekomponenten mit Java. Sie ist ActiveX ähnlich.

➟ Siehe *ActiveX; Java*

JavaScript

JavaScript ist eine Skriptsprache, die es ermöglicht, interaktive Webseiten zu erstellen. Die Programme in JavaScript werden direkt in den HTML-Quelltext der Webseite eingegeben und von einem Interpreter innerhalb des Browsers ausgeführt. Es ist z.B. möglich, die Eingaben in Formularen direkt im Browser zu prüfen, bevor sie an den Server geschickt werden. JavaScript wurde von Netscape entwickelt und darf nicht mit Java verwechselt werden.

➟ Siehe *Webbrowser; Script; HTML; Netscape Communications; Java; Webseite*

Java-Servlet

Ein Java-Applet, welches auf einem Webserver ausgeführt wird, wird Java-Servlet genannt. Es stellt eine Alternative zu CGI-Programmen dar. Der Vorteil eines Java-Servlet besteht darin,

dass es, einmal geladen, persistent im Speicher verbleibt und somit mehrere Anfragen gleichzeitig bearbeiten kann, während ein CGI-Programm jedes Mal einen neuen Prozess auf dem Server startet.

➟ Siehe *CGI; Server; Servlet*

JDBC

Abk.: Java Data Base Connectivity

Mit JDBC kann mit Java direkt auf ODBC-Datenbanken zugegriffen und mit diesen gearbeitet werden. Dies erlaubt es, plattformunabhängige Programme zu schreiben, die auf Standarddatenbanken zugreifen können.

➟ Siehe *Plattform; ODBC; Datenbank; Java*

JDK

Abk.: Java Development Kit

JDK ist eine von JavaSoft kostenlos zur Verfügung gestellte Entwicklungsumgebung für Java und kann von der JavaSoft Homepage heruntergeladen werden. Die enthält die Java-Bibliothek, einen Java-Compiler, einen Interpreter, einen Applet-Viewer, einen Debugger und anderes mehr.

➟ Siehe *JavaSoft; Entwicklungssystem; Compiler; Applet; Debugger; Interpreter; Java*

Jet-Engine

➟ Siehe *Engine*

Jini

Jini ist ein neues plattformunabhängiges Betriebssystem von Sun Microsystems, den Erfindern der Programmiersprache Java. Jini besteht aus mehreren Software Layern, die zusammengenommen eine plattformübergreifende Architektur für distribuierte Netzwerke bilden. Jini ist nicht mehr an die Dienste und Features eines Betriebssystems, einer Hardware oder eines Computers gebunden, sondern kann vielmehr alle Geräte und Computer in einem Netzwerk (z.B. dem Internet) benutzen. Möglich wird dies durch die besondere Schichten-Struktur auf der Jini basiert. Die unterste Schicht ist das eigene Betriebssystem, wobei es nicht von Bedeutung ist, um welches es sich handelt. Die Befehle des Betriebssystems werden von einer Java Virtual Machine, die die zweite Schicht bildet, übertragen. Die dritte Schicht besteht aus einem Protokoll, welches es allen Jinikompatiblen Geräten, Benutzern und Anwendungen erlaubt, sich im Netzwerk oder einem Verzeichnis anzumelden. Die drei letzten Schichten (Java Remote Method Invocation, Java Spaces und der Directory Service) dienen der Verwaltung und Kommunikation der im Jini-Netzwerk angemeldeten Benutzer, Geräte und Applikationen. Mit Jini ist erstmals ein unabhängiges, globales Netzwerk denkbar.

➠ *Siehe JVM; Sun Microsystems; Java*

JIT-Compiler

Abk.: Just-in-time-Compiler

In der .NET-Entwicklungsumgebung übersetzt ein JIT-Compiler den in der Zwischensprache MSIL vorliegenden Code zur Laufzeit in nativen Maschinencode. Dies gewährleistet Plattform- und Sprachunabhängigkeit.

➠ *Siehe .NET; MSIL; Runtime; Maschinensprache*

Jitter

Mit Jitter werden Schwankungen in der horizontalen Ablenkung des Elektronenstrahls bei einem Monitor bezeichnet.

➠ *Siehe Konvergenz; Bildschirm*

Job

Bezeichnung für einen Arbeitsauftrag an einen Rechner. Es wird heutzutage z.B. noch von einem Druckjob gesprochen, wenn der Rechner ein Dokument an den Drucker schickt. Bei früheren Großrechnern mussten alle Programme (dazu gehörten alle Daten, Dienstprogramme usw.), die zur Abarbeitung einer bestimmten Aufgabe nötig waren, zu einem so genannten Job zusammengestellt werden. Nur dann führte der Rechner die Berechnung durch.

➠ *Siehe Mainframe*

Jobs, Steve

Steve Jobs (* 1955) gründete 1976 zusammen mit seinem Freund Stephen Wozniak in einer Garage die Firma Apple Computer und damit eine der erfolgreichsten und innovativsten Computerfirmen der Welt. 1985 verließ Jobs nach einem Streit mit dem damaligen CEO die Firma und gründete NeXT-Software, eine mäßig erfolgreiche Firma, die 1997 ironischerweise von Apple aufgekauft wurde. Nach dem Ausscheiden des letzten CEO Gil Amelio wurde intensiv nach einem passenden Nachfolger gesucht. Für eine Überraschung sorgte im August 1997 die Ankündigung, dass Apple beinahe das gesamte Board of Directors austauschen wollte. Obwohl er kursierende Gerüchte kurz vorher noch dementiert hatte, übernahm Jobs zusammen mit Larry Ellison – dem CEO von Oracle – und dem ehemaligen Finanzchef von Chrysler und IBM, Jerry York, einen Posten im neuen Board of Directors. Gleichzeitig bleibt Jobs weiterhin CEO seiner zweiten – erfolgreichen – Firma, dem Grafikspezialisten Pixar.

➠ *Siehe NeXTStep; NeXT-Computer; Apple; Microsoft*

Joint Academic Network

Abk.: JANET

➠ *Siehe JANET*

Joker-Zeichen

➠ *Siehe Wildcard*

Joliet-Format

Das Joliet-Format ist ein gebräuchliches CD-ROM-Format. Das Joliet-Format stellt eine Erweiterung der ISO-9660-Norm dar. Namensbezeichnungen von Dateien und Verzeichnissen, die mit der ISO-Norm auf CD gebrannt werden sollten, durften nur aus Großbuchstaben und 8 Zeichen bestehen (8+3-Konvention). Das Joliet-Format erlaubt bis zu 64 Zeichen und auch Kleinbuchstaben. Leider sind solche CDs nur unter Windows95/98/NT lesbar.

➠ *Siehe ISO 9660; CD-Writer; CD-ROM*

Joystick

Ein Joystick ist ein Eingabegerät wie eine Maus, wird aber nur zur Steuerung in Spielen verwendet (Action-Spiele, Jump-and-Run-Spiele oder Simulationen). Der Joystick wird an den Gameport der Soundkarte oder einer I/O-Karte angeschlossen. Neuere Geräte bieten sogar eine Art Rückkopplung auf die Aktionen des Spielers bzw. auf die Situation im Spiel (z.B. erzeugt der Sidewinder ForcePro einen Gegendruck, um z.B. Fliehkräfte zu simulieren).

➠ *Siehe Soundkarte; Gameport; Maus; I/O*

Bild J.1: *Joystick und Gamepads*

JPEG

Abk.: Joint Photographic Experts Group

Im Gegensatz zum GIF-Format kann das von der Joint Photographic Expert Group entwickelte JPEG-Format 24 Bit-Farbinformationen darstellen und ist somit zur Anzeige von Fotos und Halbtonbildern geeignet. Es reduziert nicht die Farbtabelle, sondern verwendet eine verlustbehaftete Kompressionsmethode (Discrete Cosinus Transformation), die Bilddaten löscht. JPEG bietet eine Qualitätseinstellung, mit der die Stärke der Kompression gesteuert werden kann. Sehr niedrige Werte führen zur Bildung wellenartiger und blockähnlicher Artefakte. JPEG unterstützt keine Transparenz.

➡ *Siehe Datenkompression; MJPEG; GIF; TIFF*

JScript

JScript ist Microsofts erweiterte Implementierung von ECMA-Script (ECMA262), einem internationalen Standard, der auf JavaScript von Netscape und den JScript-Sprachen von Microsoft basiert. JScript ist als Windows Script-Engine implementiert, das heißt, dass JScript überall dort eingesetzt werden kann, wo Windows Script unterstützt wird, also z.B. im Internet Explorer, ASP oder im Windows Script Host (WSH). JScript kann für einfache Anwendungen (z.B. Mouseover in einer Webseite), aber auch für komplexere Aufgaben wie die Aktualisierung einer Datenbank oder Ähnlichem verwendet werden. JScript arbeitet mit Objekten, wie sie z.B. die DOM von Microsofts Internet Explorer zur Verfügung stellt.

➡ *Siehe JavaScript; Microsoft; Java; DOM; ASP; ECMA-Script*

JSP

Abk.: Java Server Page

JSP ist eine Erweiterung der Servlet-Technologie von Sun Microsystems zur Realisierung dynamischer Skripte (z.B. für Datenbankabfragen) und Trennung von Darstellung und Funktion einer Webseite. Sie ist eine Alternative zu Microsofts ASP.

➡ *Siehe ASP; Script; Webseite, dynamische; Servlet*

Jump-and-Run-Spiele

Jump-and-Run-Spiele sind eine schon relativ alte Form der Computerspiele. Der Name geht darauf zurück, dass bei einem solchen Spiel meistens mit einer Spielfigur (dem Helden des Spiels) durch die einzelnen Level des Spiels gerannt wird (Run). In jedem Level gilt es, den Übergang zum nächsten zu erreichen, um beim letzten die Hauptmission des Spiels auszuführen (z.B. eine Prinzessin aus den Klauen eines Ungeheuers zu befreien). Während des Rennens durch die einzelnen Level muss zudem gepunktet werden. Dafür muss auf Gegenständen gesprungen werden (Jump), die dann Punkte geben, wenn sie erreicht werden. Das Springen ist aber auch zur Rettung des eigenen Lebens nötig, da überall Gefahren lauern, z.B. rollende Felsbrocken, über die gesprungen werden muss.

➠ *Siehe Konsole*

Jumper

Jumper sind von einer Plastikisolierung umgebene, zweipolige Steckkontakte, die auf dem Motherboard oder auf Erweiterungskarten auf zwei Pins (Stecker) gesteckt werden und so den Stromkreis schließen. Jumper werden für die Aktivierung und Deaktivierung bestimmter Funktionen oder auch für die Konfiguration verwendet. So wird z.B. auf dem Motherboard mit Hilfe von Jumpern der für die CPU benötigten Takt eingestellt oder mit einem Jumper auf älteren SCSI-Controllern die SCSI-ID des Geräts ausgewählt.

➠ *Siehe SCSI-ID; Steckkarte; Motherboard; Takt; Erweiterungskarte*

Junk-Mail

➠ *Siehe E-Mail; Spam-Mail*

Justierung

Mit Justierung wird die Ausrichtung von Textzeilen in einem Dokument bezeichnet.

➠ *Siehe Dokument; Textverarbeitung*

JVM

Abk.: Java Virtual Machine

Bei der JVM handelt es sich um einen virtuellen Prozessor, der in der Lage ist, den Java-Byte-Code zu interpretieren und in Befehle für den Prozessor des Rechners umzusetzen, auf dem die VM läuft. Durch die Verwendung der VM wird bei Java die Plattformunabhängigkeit erreicht, da für eine beliebige Plattform nur die VM vorhanden sein muss, damit sämtliche in Java geschriebenen Programme auf dieser ausgeführt werden können.

➠ *Siehe Prozessor; Java*

K

K
Abk.: Kilo

Im EDV-Bereich entspricht 1 K 1024 Einheiten.

➭ *Siehe KByte; KBit*

K Desktop Environment
➭ *Siehe KDE*

K56+-Standard

Der K56+-Standard ist ein Modemstandard des Herstellers Rockwell und ermöglicht die Datenübertragung mit 56 KBit/s in eine Richtung.

➭ *Siehe U.S. Robotics; X2-Standard; Modem; KBit/s*

K6

Der K6 ist ein Pentium-kompatibler Prozessor der Firma AMD. Hinsichtlich eines Leistungsvergleichs ist ein K6 gleichen CPU-Takts im Integerbereich leicht schneller als der Pentium MMX, im Floating-Point-Bereich allerdings langsamer. Der K6 unterstützt MMX, wie sein Pendant, der Cyrix M2.

➭ *Siehe MMX; M2; AMD; Integer; Pentium; Floating Point Representation; Compatible*

K6 3DNow!

Der K6 3DNow! enthält eine um 21 Befehle erweiterte MMX-Einheit namens 3DNow!, welche die bisherige Schwäche dieser Prozessoren bei Gleitkommaoperationen ausgleichen soll. Der K6 3DNow! benötigt DirectX der Version 6.0. Mit Hilfe dieser neuen Einheit erreicht der AMD-Prozessor in bestimmten Bereichen (vor allem Spiele) die fünffache Geschwindigkeit seines Pentium II-Pendants. Der Pentium III und alle Nachfolger enthalten eine ähnliche MMX-Einheit.

➭ *Siehe MMX; AMD; Pentium III; K7; Pentium II; K6; Duron*

K7

Der K7 Athlon ist ein Prozessor der Firma AMD und der Nachfolger des K6 (II) 3DNow! Die Leistungsdaten entsprechen einem Pentium III.

➭ *Siehe AMD; K6 3DNow!; Pentium III; K6*

Kaazaa

Kaazaa ist eine beliebte MP3-Tauschbörse im Internet. Wie Napster befand sich Kaazaa in einem kostspieligen Rechtsstreit mit der Musikindustrie.

➭ *Siehe P2P; Napster; eDonkey; MP3*

Kabelbaum

In einem Kabelbaum sind viele Kabel gebündelt, deren Enden (Kabeläste) sich verzweigen. Ein Kabelbaum befindet sich z.B. am Netzteil eines Computergehäuses.

➡ *Siehe Netzteil*

Kalibrierung, thermische

Die Schreib-Lese-Köpfe vieler Festplatten benötigen in regelmäßigen Abständen eine Kalibrierung (Neu-Positionierung) durch die Laufwerkelektronik, um Fehler auszuschließen. Dies ist notwendig, um auf Veränderungen der Temperatur zu reagieren, durch die sich die Platten in der Festplatte zusammenziehen bzw. ausdehnen. Die Kalibrierung macht sich durch einen Abfall der Übertragungsrate für einen kurzen Zeitraum bemerkbar.

➡ *Siehe Schreib-Lese-Kopf; Harddisk*

Kaltgerätekabel

Standardisiertes Kabel, über das viele Computer, Monitore und Peripheriegeräte mit dem Stromnetz verbunden werden.

➡ *Siehe Monitor; Peripherie; Computer*

Kaltstart

Das Einschalten des Computers oder das Neu-Booten des Rechners über einen Druck auf die Reset-Taste wird Kaltstart genannt. Dabei wird das BIOS neu geladen und der Power On Self Test (P.O.S.T.) durchgeführt. Das Betätigen der Reset-Taste ist oft der letzte Ausweg, wenn sich der Computer aufgehängt hat und auch kein Warmstart mehr funktioniert.

➡ *Siehe P.O.S.T.; Booten; Warmstart; Reset; BIOS*

Kanalbündelung

Die gleichzeitige Nutzung zweier B-Kanäle eines ISDN-Basisanschlusses wird als Kanalbündelung bezeichnet. Daten können mit 128 KBit/s (bei aktivierter Datenkompression sogar mit 300 KBit/s) übertragen werden, was besonders für Videokonferenzen und Bildtelefonie interessant ist. Dabei werden allerdings auch die doppelten Gebühren berechnet.

➡ *Siehe Bildtelefonie; DFÜ-Netzwerk; B-Kanal; Videokonferenz; ISDN*

Kantenglättung

➡ *Siehe Edge-Anti-Aliasing*

Kapazität

Mit Kapazität ist meist die dem Computersystem zur Verfügung stehende Speicherkapazität (Hauptspeicher, Arbeitsspeicher) gemeint.

➡ *Siehe Speicherkapazität; Hauptspeicher*

Karbonfarbband

Ein Karbonband ist ein Farbband für Nadel- und Typendrucker sowie Schreibmaschinen. Es besteht aus einer beschichteten Kunststofffolie und überträgt die Kohlefarbschicht an den benutzten Stellen vollständig. Daher kann es an jeder Stelle nur einmal benutzt werden, bringt dafür aber eine sehr hohe Druckqualität.

➩ *Siehe Farbband; Typenraddrucker; Pinwriter; Drucker*

Karte

Karte ist die Kurzform für Lochkarte, Speicherkarte, Erweiterungskarte, PCMCIA-Karte, Platine, Steckkarte usw.

➩ *Siehe PCMCIA; Speicherkarte; Steckkarte; Platine; Erweiterungskarte; Punched Card*

Katalog, globaler

Der globale Katalog von Active Directory ist das zentrale Verzeichnis, in dem die Speicherorte, Adressen und Zugriffsberechtigungen aller Objekte verzeichnet sind. Der globale Katalog wird von einem oder mehreren globalen Katalogservern gespeist. Der erste im Active Directory erstellte Domänencontroller wird automatisch zum globalen Katalogserver.

➩ *Siehe ADS*

Kategorie 5

➩ *Siehe Cat-5*

Katmai

Katmai war der Codename für den Intel Pentium III, der im Frühjahr 1999 erschienen ist. Der Katmai enthält 70 neue MMX-Instruktionen (MMX2), die insbesondere parallele Gleitkommaverarbeitung betreffen (SIMD, Single Instruction Stream Multiple Data Stream). Weiterhin unterstützt der Katmai 4x AGP und die nächste Speichergeneration namens DirectRAMBus.

➩ *Siehe MMX; AGP; Pentium II; Floating Point Representation*

Kaufmännische Software

Kaufmännische Software ist eine Software, die die Führung eines Kassenbuchs, einfacher oder doppelter Buchführung sowie die Bilanzierung für kleinere, mittelständische bis große Unternehmen ermöglicht. Zu den Funktionen gehört meist auch eine umfangreiche Lager-, Kunden- und Auftragsverwaltung. Software für sehr große Unternehmen wird meist speziell an die Bedürfnisse der einzelnen Firmen angepasst. Ein Beispiel sind die Programme von KHK (z.B. der PC-Kaufmann) oder in kleinerem Umfang das Programm Quicken von Intuit.

➩ *Siehe Finanzsoftware; Quicken*

KBit
Abk.: Kilobit

KBit ist eine Maßeinheit für Informationsmenge und Speicherkapazität (1 KBit = 1024 Bit).

➭ *Siehe Speicherkapazität; Bit*

KBit/s

Wie bps (bits per second, Bits pro Sekunde) ist KBit/s eine Maßeinheit für die Datentransferrate (1 KBit/s = 1024 Bit/s).

➭ *Siehe Datentransferrate; Bit*

KByte
Abk.: Kilobyte

KByte ist eine Maßeinheit für Informationsmenge und Speicherkapazität (1 KByte = 1024 Byte).

➭ *Siehe Speicherkapazität; Byte*

KDE

http://www.kde.org

Abk.: K Desktop Environment

KDE ist eine netzwerktransparente Desktopumgebung für Unix-Workstations. Entwickelt wurde es von einem weltweiten Verbund von Softwareentwicklern. KDE erfüllt die Anforderungen nach einem einfach zu bedienenden Desktop (wie MacOs oder Windows), der aber auf die Besonderheiten von Unix Workstations abgestimmt ist. KDE enthält viele Standardanwendungen, wie z.B.

▶ Texteditor
▶ CD-Player
▶ Filemanager

➭ *Siehe Library; Unix; Desktop; Linux*

Kennsatz

➭ *Siehe Label*

Kennwort

➭ *Siehe Passwort*

Kerberos

Kerberos ist eine sichere Methode für die Identitätsprüfung einer Dienstanfrage in einem Netzwerk. Entwickelt wurde dieses Verfahren am MIT. Der Name Kerberos stammt aus der griechischen Sagenwelt und bezeichnet den dreiköpfigen Hund am Eingang zum Hades, der Unterwelt der Toten. Bei der Überprüfung der Gültigkeit einer Nutzeranfrage werden keine Passwörter über das Netz geschickt, so ist es potentiellen Angreifern nicht möglich diese abzufangen. Das Kerberos-System der Version 5 kommt unter anderem in Windows 2000 zum Einsatz. Der Vorteil von Kerberos gegenüber dem zuvor in Windows NT gebräuchlichen LAN-Manager besteht darin, dass beidseitige Authentifizierungen möglich sind, das heißt, der Client kann den Server und der Server kann den Client auf seine Identität hin überprüfen. Dadurch entfällt die langwierige Einrichtung von Vertrauensbeziehungen zwischen Domänen-Controllern. Windows 2000 greift nur dann auf den LAN-Manager zurück, wenn das Gegenüber kein Windows-2000-System verwendet.

➭ Siehe *Netzwerk; Firewall; ADS*

Kermit

Kermit ist eines der ältesten Übertragungsprotokolle mit geringer Datentransferrate. Es wurde nach dem Frosch in der Muppet-Show benannt und ist heute noch bei einigen Großrechnern und Taschenrechnern in Gebrauch.

➭ Siehe *Datentransferrate; Mainframe; Transferprotokoll*

Kernel

Der Kernel ist der zentraler Teil des Betriebssystems, der für grundlegende Funktionen zuständig ist. Während der Laufzeit muss sich der Kernel immer im Hauptspeicher des Computers befinden. Neben den Hauptaufgaben lädt er bei Bedarf externe Routinen nach, die für spezielle Aufgaben notwendig sind.

➭ Siehe *Hauptspeicher; Runtime; Betriebssystem*

Kernel Mode

Der Kernel-Mode ist ein mit umfassenden Rechten ausgestatteter Betriebsmodus der NT-Betriebssysteme. Jede Komponente und jeder Dienst, der im Kernel-Mode ausgeführt wird, kann auf die Hardware sowie den gesamten Speicher zugreifen sowie auf den Speicher der im Benutzermodus ausgeführten Anwendungen.

➭ Siehe *Windows NT; Kernel; User Mode*

Kerning

Bei vielen Schriftzeichen wird der Abstand zwischen den einzelnen Schriftzeichen in einem Text in Abhängigkeit vom Folgezeichen geregelt. Dabei kann es vorkommen, dass die Zeichenzelle (das gedachte Rechteck um ein Zeichen) des einen in die des vorigen hereinragt bzw. unterschneidet. Die verschiedenen Werte für den Abstand werden der so genannten Kerning-Tabelle entnommen, die die einzelnen Kerning-Paare bzw. die Abstände für die einzelnen Zeichenpaare, enthält.

➭ Siehe *Schriften*

Kernspeicher

Der Kernspeicher ist eine Speicherbauform, die früher für den Hauptspeicher von Großrechnern verwendet wurde, bis in den 1970er Jahren die Halbleiterspeicher aufkamen.

➭ Siehe *Mainframe; Hauptspeicher; Semiconductor Memory*

Kernsystem Intelligenter Terminals

➭ Siehe *KIT*

Kettfeld

➭ Siehe *Kettung*

Kettung

Um die Geschwindigkeit der Datenverarbeitung zu steigern, wird bei der Kettung von z.B. Datensätzen oder Befehlen die physische Adresse anderer Datensätze (bzw. Befehle) im so genannten Kettfeld des Datensatzes (Befehls) hinterlegt. Dieser Verweis wird auf einen anderen Datensatz (Befehl) auch als Pointer (Zeiger) bezeichnet. Es gibt Vorwärts-, Rückwärts- und Mehrfachkettung, je nachdem, ob zwei oder mehrere Datensätze miteinander verknüpft sind.

➭ *Siehe DV; Instruction; Pointer; Datensatz*

Key, private

➭ *Siehe PKC*

Key, public

➭ *Siehe PKC*

Keyboard

Die Tastatur (englisch: Keyboard) ist das primäre Eingabegerät eines Computers. Normale Tastaturen beinhalten eine alphanumerische Tastatur, wie bei einer Schreibmaschine, eine numerische Tastatur, die nur aus einem Zahlenblock besteht, die Tasten für die Cursorsteuerung und die für den PC üblichen zwölf Funktionstasten. Moderne Tastaturen haben oft ergonomische Aspekte und bieten Polster oder andere Designs, um Vielschreibern ihre Aufgabe zu erleichtern.

➭ *Siehe Funktionstaste; Alphanumerisch; Ergonomie*

Bild K.1: Das Natural Keyboard von Microsoft

Keylock

Abk.: Keyboard Lock

▲ *Übers.: Tastatur-Schloss*

Das Keylock befindet sich an der Gehäusevorderseite. Mit einem kleinen Schlüssel kann die Tastatur elektrisch vom Computer abgetrennt werden, um so einen Fremdzugriff zu verhindern. Leider verwenden die meisten Gehäusehersteller das gleiche Schloss, so dass kein Schutz mehr gegeben ist. Außerdem wird das Schloss über ein Kabel mit einem Steckplatz auf dem Motherboard verbunden. Demnach müsste lediglich das Gehäuse des Computers geöffnet und das Kabel abgezogen werden und schon ist die Tastatur wieder einsatzbereit.

➭ *Siehe Keyboard; Motherboard*

Keyword

Ein Keyword darf nicht in Variablennamen einer Programmiersprache vorkommen. Zu derartigen reservierten Wörtern zählen z.B. Befehle und die Namen der Standardgerätetreiber.

➟ *Siehe Gerätetreiber; Instruction; Variable; Programmiersprache*

KI

Abk.: Künstliche Intelligenz

▲ *Übers.: AI, Artificial Intelligence*

Das Forschungsgebiet Künstliche Intelligenz (KI) zielt auf die Entwicklung intelligenter Soft- und Hardware ab. Ausgehend von der Erforschung der menschlichen Intelligenz und der Funktion menschlicher Gehirnprozesse sollen intelligente Computersysteme geschaffen werden. Bis auf recht geringe Erfolge in Form so genannter Expertensysteme war der KI bisher nur bescheidener Erfolg beschieden. Die Intelligenz dieser Programme beschränkt sich bis jetzt auf gigantische Datenbanken, zwischen denen erst von Programmierern logische Bezüge hergestellt werden müssen. Manche Programme haben zwar schon die Fähigkeit zu »lernen«, aber auch hier muss dem Programm bzw. dem Computer erst eine logische Syntax beigebracht werden, die kaum variiert werden kann.

➟ *Siehe Software; Expertensystem; A-Life; Datenbank; Hardware*

Kilobaud

Kilobaud ist die Maßeinheit für die Schrittgeschwindigkeit (1 Kilobaud = 1000 Baud).

➟ *Siehe Baud*

Kilobit

Abk.: KBit

➟ *Siehe KBit*

Kilobyte

Abk.: KByte

➟ *Siehe KByte*

KIT

KIT ist der neue Bildschirmdarstellungsstandard für Btx der Deutschen Telekom. KIT ergänzt dabei den alten CEPT-Standard. Der neue Service T-Online ist nun endlich grafisch ansprechend gestaltet und alle Angebote sind menügesteuert per Maus erreichbar. Die Decoder-Programme – wie z.B. der T-Online-Decoder – werden auch als KIT-Decoder bezeichnet.

➟ *Siehe T-Online; Btx; CEPT*

KIT-Decoder

➟ *Siehe KIT*

Klamath

Klamath ist die Intel-interne Bezeichnung für den Pentium-II-

Prozessor, Er wurde nach einem kleinen Fluss in Kalifornien benannt.

➭ Siehe Pentium II; Intel

Klammeraffe

Klammeraffe ist eine andere Bezeichnung für das Sonderzeichen @ (`Alt Gr`+`Q`).

➭ Siehe @; Sonderzeichen

Klasse A-Netz
➭ Siehe Class A-Netz

Klasse B-Netz
➭ Siehe Class B-Netz

Klasse C-Netz
➭ Siehe Class C-Netz

Klasse D-Netz
➭ Siehe Class D-Netz

Klicken

Das Betätigen einer Maustaste wird als Klicken oder Klick bezeichnet. Mit der linken Maustaste werden auf einer grafischen Benutzeroberfläche z.B. Programme gestartet (Doppelklick auf das Programmsymbol), bestimmte Programmfunktionen ausgelöst, Dateien kopiert usw. Mit der rechten Maustaste werden programm- oder kontextbezogene Menüs geöffnet, die weiterführende Optionen anbieten.

➭ Siehe Menü, kontextsensitives; Maustasten; Maus; Menü

Klick-Spamming

Eine Form des Spamming. Dabei wird durch (skriptgesteuertes) Anklicken von Pay-per-Click-Werbeanzeigen (Anzeigen, die nach Anzahl Klicks abgerechnet werden) der Werbetreibende bewusst geschädigt, finanziell, durch Positionierungsmanipulation oder beides. Durch geschickte Kombination von eigenen Pay-per-Click-Anzeigen und provisionsbasierter Online-Werbung können Klick-Spammer auf diese Weise sogar Geld verdienen.

➭ Siehe: AdWord, Pay-per-Click, Spam

Klon
➭ Siehe Clone

Knoppix

www.knopper.net

Knoppix ist eine komplett von CD lauffähige Zusammenstellung von GNU/Linux-Software mit automatischer Hardwareerkennung und Unterstützung für viele Grafikkarten, Soundkarten, SCSI- und USB-Geräte und sonstige Peripherie. Knoppix kann als Linux-Demo, Schulungs-CD, Notfallsystem oder als Plattform für kommerzielle Softwareproduktdemos angepasst und eingesetzt werden. Es ist keinerlei Installation auf der Festplatte notwendig. Auf der CD können durch transparente Dekompression bis zu 2 Gigabyte lauffähige Software installiert sein.

Knoppix wurde von Dipl. Ing. Klaus Knopper entwickelt.

▶ Siehe GNU; Linux; Linux-Distributionen

Knoten

Ein Knoten ist ein einzelner Rechner oder ein Peripheriegerät in einem Netzwerk. Im Fido-Netz werden Knoten auch Nodes genannt.

▶ Siehe Peripherie; FidoNet; Point

Knotenrechner

Ein Knotenrechner ist ein besonderer, sehr leistungsfähiger Rechner innerhalb eines weit verzweigten Netzwerks, der administrative Aufgaben übernimmt.

▶ Siehe Netzwerk

Koaxialkabel

Bei einem Koaxialkabel ist der innere Leiter (die Seele) von einem schlauchartigen äußeren Leiter umgeben, wobei beide durch ein Dielektrikum voneinander abgetrennt und nach außen durch eine Kunststoffummantelung abgeschirmt sind. Koaxialkabel sind deswegen sehr störunempfindlich und weisen selbst nur eine geringe elektromagnetische Abstrahlung auf. Sie werden meist für die Datenübertragung in Netzwerken oder im Telekommunikationsbereich eingesetzt. Auch beim Fernsehgerät wird ein Koaxialkabel als Verbindung zwischen Antennenanschluss und Fernsehgerät benutzt.

▶ Siehe Twisted-Pair-Kabel; Netzwerk; Datenübertragung

Kollision

Würde jeder Netzwerkknoten in einem Netzwerk unkoordiniert und gleichzeitig mit allen anderen Knoten seine Datenpakete losschicken, würde es zur Kollision dieser Datenpakete kommen. Es gibt unterschiedliche Ansätze, eine Kollision zu vermeiden. Zum einen gibt es spezielle Netzwerktopologien, die es den Netzwerkknoten erlauben, nur in einer bestimmten Reihenfolge zu senden, zum anderen besteht die Möglichkeit, dass der zu sendende Knoten die Leitung abhört und bei einer gemeldeten Kollision erst nach einer bestimmten Zeitspanne wieder zu senden beginnt.

▶ Siehe Node; Token; Netzwerk; Packet; Netzwerktopologie

Bild K.2: Ein Koaxialkabel für Ethernet-Netzwerke

Kombi-Controller

Wie der Name schon sagt, werden auf einem Kombi-Controller mehrere Hardwareelemente kombiniert. Neben dem Floppy-Controller und dem Festplatten-Controller befinden sich auf ihm auch die I/O-Schnittstellen (COM-Ports, LPT, Gameport).

➭ *Siehe Gameport; Controller; I/O-Controller; Festplatten-Controller; COM; LPT; Floppy-Controller*

Komfortanschluss

Der Komfortanschluss ist eine ISDN-Anschlussart an das digitale Telefonnetz der Deutschen Telekom.

➭ *Siehe ISDN-Anschlussarten; ISDN*

Kommando

Ein Kommando, auch Anweisung oder Befehl genannt, veranlasst ein Betriebssystem oder eine Anwendung zur Ausführung einer bestimmten Aktion. Bei grafischen Benutzeroberflächen werden Kommandos durch das Anklicken von Symbolen (Icons) oder das Wählen von Menüoptionen mit der Maus ausgelöst.

➭ *Siehe Instruction; Icon; Maus; GUI; Menü*

Kommando-Interpreter

Ein Beispiel für einen Kommando-Interpreter (auch Befehls-Interpreter) wäre die MS-DOS-Datei command.com. Diese Datei interpretiert jeden vom Benutzer an der Eingabeaufforderung eingegebenen Befehl und vergleicht ihn mit einer intern gespeicherten Befehlssyntax. Ist die Eingabe korrekt, wird der Befehl ausgeführt. Ansonsten erhält der Anwender eine Fehlermeldung.

➭ *Siehe Command.com; MS-DOS; Befehls-Interpreter*

Kommandoprozessor

➭ *Siehe Befehls-Interpreter*

Kommunikation

Mit Kommunikation wird allgemein der Austausch von Informationen bezeichnet. Im EDV-Bereich ist mit Kommunikation der Austausch von Daten zwischen zwei oder mehreren Systemen, Geräten oder Ähnlichem gemeint. Eingeschlossen sind dabei die Datenübermittlung per Datenfernübertragung, Datenübertragung per Netzwerk, Bus, Kabel usw. Natürlich wird auch im EDV-Bereich die Kommunikation nicht nur auf simple Zahlen beschränkt, sondern sie beinhaltet natürlich auch den Austausch bzw. die Übertragung von Bild, Ton und Video.

➭ *Siehe DFÜ; Bus; Netzwerk; DV; Datenübertragung*

Kommunikationsnetz

Ein Kommunikationsnetz ist ein Netzwerk, welches den Anwendern die Kommunikation untereinander erlaubt. Dabei ist nicht nur reine Datenübertragung gemeint, sondern auch die Übermittlung von Sprache, Ton, Bild und Video.

⇒ *Siehe Netzwerk; Kommunikationsnetz*

Kommunikationsprogramm

Ein Programm, welches die Kommunikation zwischen zwei oder mehr Computern über ein lokales oder globales Netzwerk abwickelt, wird Kommunikationsprogramm genannt. Es baut die Verbindung zu anderen Rechnern auf und bietet eine Oberfläche zur Kommunikation mit dem Gegenüber. Diverse Übertragungsprotokolle (Kermit, X-Modem, Y-Modem, Z-Modem) sorgen bei der Datenübertragung für Kompatibilität zwischen den beiden Partnern. Beispiele wären Teles für Windows oder die Shareware ZOC. Ein so genanntes Terminalprogramm baut z.B. die Verbindung zu einem Host auf und emuliert die Oberfläche eines angeschlossenen Host-Rechners. Oft wird unter dem Oberbegriff Kommunikationsprogramm auch ein ganzes Paket von Einzelprogrammen zusammengefasst (so z.B. das Internet Access Kit im BonusPack von OS/2 oder das Internet Kit von Windows 95/NT).

⇒ *Siehe Kermit; Kompatibilität; Transferprotokoll; Xmodem; Kommunikation; Datenübertragung; Terminalprogramm; Host*

Kompatibel

⇒ *Siehe Compatible*

Kompatibilität

Mit Kompatibilität wird im Allgemeinen die Verträglichkeit mehrerer Hardware- bzw. Softwarekomponenten untereinander bezeichnet. Oft wird der Begriff Kompatibilität oder kompatibel auch verwendet, um eine Hardware bzw. Software als einem Standard, einer bestimmten Spezifikation oder Norm entsprechend zu kennzeichnen. Zur Definition dieser Normen gibt es verschiedene Gremien (z.B. ISO, ANSI, IEEE, DIN). Ebenso haben sich mit der Zeit einige Quasi-Standards entwickelt, die nicht auf die Beschreibung durch ein Gremium zurückgehen. Eine Soundkarte ist beispielsweise Soundblaster-kompatibel, wenn sie die Soundstandards der weit verbreiteten Soundblaster-Karte der Firma Creative Labs unterstützt. Grundbedingung ist, dass die Komponente die Spezifikationen derselben Plattform (IBM-PC, Apple Macintosh, usw.) erfüllt bzw. auf demselben Betriebssystem lauffähig ist.

⇒ *Siehe Plattform; Hardware; DIN; ANSI; Komponente; ISO; Betriebssystem; IEEE; Compatible*

Kompilieren

Die Übersetzung eines Quellcodes mit Hilfe eines (Compiler) wird Kompilieren genannt. Im Normalfall wird der Quelltext in Maschinencode übersetzt. Dieser kann dann auf einer bestimmten Rechnerplattform ausgeführt werden. Im Falle von Java wird der Quelltext in den so genannten Bytecode übersetzt, der von einer Implementation der Java Virtual Machine ausgeführt wird.

⇒ *Siehe JVM; Plattform; Compiler; Maschinensprache; Source-Code; Java*

Komplement

Das Komplement wird verwendet, um negative Zahlen im Computer darzustellen. Dabei dient das höchstwertige Bit einer Zahl zur Festlegung des Vorzeichens. Dies hat zur Folge, dass nun ein Bit weniger für den Wertebereich zur Verfügung steht. Allerdings umfasst der Wertebereich nun auch negative Zahlen. Zum Vergleich soll ein 16 Bit-Integer-Wert dienen. In der unsigned Variante (also der Variante ohne Vorzeichen) erstreckt sich der Wertebereich von 0 bis 65.535. Die vorzeichenbehaftete Version dagegen besitzt einen Wertebereich von -32.768 bis +32.767.

⇒ *Siehe Integer; Bit*

Komplementäre Operation

⇒ *Siehe Operation, komplementäre*

Kompletter Bypass

⇒ *Siehe Bypass, kompletter*

Komponente

Es gibt Software- und Hardwarekomponenten. Eine Komponente ist ein Bestandteil eines funktionierenden (Computer-)Systems. Im Computerbereich kann eine Komponente Teil einer Software sein, meist jedoch wird der Begriff im Hinblick auf die enthaltene Hardware (Erweiterungskarten, CPU, Motherboard usw.) verwendet.

⇒ *Siehe Software; CPU; Hardware; Motherboard*

Kompression

Mit Kompression wird im Allgemeinen die Kompression von Daten (Datenkompression) gemeint. Dabei wird die Größe einer Datei mit Hilfe komplexer Algorithmen verringert (»die Datei wird gepackt«). Um die Dateigröße zu verringern, werden z. B. sich wiederholende Zeichenfolgen in einer Tabelle zusammengefasst. Es gibt verschiedene Programme, die diese Aufgabe übernehmen. Bekannte Vertreter sind WinZip (.zip) und WinRar (.rar). Mithilfe dieser Programme werden die Daten dann auch wieder »entpackt«. Viele Dateien, besonders Grafikformate, enthalten in sich selbst bereits eine Kompression (z.B. TIFF oder JPEG). Beim Speichern von Grafiken in einem dieser Formate kann die Stärke der Kompression angegeben werden. Wie bei der Echtzeitkompression von Videosequenzen mit Hilfe spezieller Erweiterungskarten kann es auch bei der Bildkompression zu Qualitätsverlusten kommen. Auch bei der Datenfernübertragung gibt es Kompressionsverfahren, z.B. direkt vom Modem (MPR-Norm).

➠ *Siehe JPEG; Datenkompression; Harddisk-Recording; TIFF; Algorithmus; Modem; PKZIP; MPR-Norm*

Komprimierungsprogramm

Mit einem Komprimierungsprogramm werden Daten komprimiert. Es können viele Einzeldateien zusammen komprimiert und in einem so genannten Archiv ablegt werden (packen). Wird z.B. unter Windows eines dieser Archive angeklickt, wird der Packer (das Komprimierungsprogramm) automatisch gestartet und bietet verschiedene Optionen zur Bearbeitung der gepackten Daten.

➠ *Siehe Datenkompression; LHArc; ARJ; UUDecode; UUEncode; PKZIP; Kompression; ZIP*

Kondensator

Ein Kondensator ist ein elektronisches Bauelement, das in der Lage ist, elektrische Ladungen zu speichern. In einem Computer kommen sie in den verschiedensten Bauformen vor und erfüllen die unterschiedlichsten Aufgaben. Im Netzteil eines Computers werden Kondensatoren z.B. zur Glättung der Ausgangsspannung verwendet. Wichtigste Kennzahl für einen Kondensator ist die Kapazität. Sie gibt an, wie viel Ladung gespeichert werden kann und wird in Farad angegeben.

➠ *Siehe Netzteil*

Konfiguration

Konfiguration ist die hardware- und softwaremäßige Ausstattung eines Computersystems. Es ist aber auch die Bezeichnung für die durch den Anwender vorgenommenen Einstellungen an einer Hardware oder Software, z.B. die Konfiguration des CMOS, die verwendeten Interrupts einer Erweiterungskarte, oder dass eine Applikation z.B. automatisch startet usw.

➠ *Siehe Interrupt; CMOS; Software; Applikation; Hardware*

Konjunktion

Eine Konjunktion ist eine Operation der Booleschen Algebra. Besser bekannt ist sie unter der Bezeichnung AND-Verknüpfung.

➠ Siehe *AND-Verknüpfung;*
Boolesche Operatoren

Konsole

Früher wurde der Begriff Konsole für das Bedienfeld, die Tastatur und den Monitor eines Großrechners verwendet. Heutzutage sind mit Konsole Spielekonsolen gemeint, wie z.B. die Sony Playstation oder der Nintendo 64. Spielekonsolen sind Computer, die an das Fernsehgerät angeschlossen werden und nur Eingänge für Joysticks oder Game-Pads besitzen. Wird eine Spiele-CD in die Konsole eingelegt, startet das Spiel automatisch.

➠ Siehe *Gamepad; Sony; Mainframe; Joystick; Nintendo*

Konstante

Eine Konstante ist ein Wert (z.B. eine Zahl), der unveränderbar ist. Im EDV-Bereich bezeichnet der Begriff Konstante im Allgemeinen eine Variable, die per Definition auf einen bestimmten Wert festgelegt wird und danach nicht mehr verändert werden kann.

➠ Siehe *DV; Variable*

Kontextbezogene Hilfe

➠ Siehe *Hilfe, kontextbezogene; Dialog-Box*

Konto

➠ Siehe *Account*

Kontrast

Die Stärke des Kontrasts gibt an, wie stark sich schwarze und weiße Flächen auf einem Bildschirm oder einem Druckmedium voneinander unterscheiden. Beim Monitor ist der Kontrast regelbar, während sich der Kontrast beim Drucken durch die variable Punktdichte bzw. durch die Farbdeckung ergibt.

➠ Siehe *Monitor; Drucker*

Kontroll-Bit

Ein Kontroll-Bit ist ein Bit an einer bestimmten Stelle in einem Register oder einem Datenpaket, welches jederzeit durch ein Programm oder das Betriebssystem abgefragt werden kann und Auskunft darüber gibt, ob die Funktion ausgeführt wurde oder nicht.

➠ Siehe *Control Bit; Packet; Register; Bit; Betriebssystem*

Kontrollkästchen

➠ Siehe *Checkbox; GUI*

Kontrollschicht für logische Verbindungen

➠ Siehe *IEEE-802-Modell*

Konventioneller Speicher

➠ Siehe *Base Memory*

Konvergenz

Mit Konvergenz wird die korrekte Fokussierung der Elektronenstrahlen für die Farben Rot, Grün und Blau bei der Farbbildröhre eines Monitors bezeichnet. Weicht die Konvergenz eines Strahls stark ab, so wird dieser z.B. hinter der Darstellung einer weißen Linie sichtbar. Idealerweise bedecken sich die Strahlen perfekt. Die Einhaltung der Konvergenz ist ein wichtiges Kriterium bei der Wahl des Monitors.

➟ *Siehe Bildröhre; Monitor; Elektronenstrahlröhre; RGB; Bildschirm*

Konverter

In der Radio- und Fernsehtechnik ist ein Konverter ein Frequenzwandler. Im Computerbereich ist mit Konverter ein Konvertierungsprogramm gemeint.

➟ *Siehe Konvertierungsprogramm*

Konvertierung

Die Umwandlung von Daten in ein anderes Datenformat – oft auch in das einer anderen Plattform, z.B. Apple Macintosh – wird Konvertierung genannt. Die Konvertierung kann mit einem speziellen, externen Konvertierungsprogramm erfolgen oder direkt über eine Anwendung (z.B. Winword für Textformate). Dabei wird das jeweilige applikationsfremde Datenformat »importiert« (Datenimport). Applikationseigene Formate können in Fremdformate umgewandelt werden. Dies geschieht über den »Export« (Datenexport) der Datei. Die Optionen Import (importieren) und Export (exportieren) finden sich in fast jeder Applikation.

➟ *Siehe Plattform; Datenexport; Konvertierungsprogramm; Datenformat; Datenimport*

Konvertierungsprogramm

Ein Programm, mit dem Daten in andere – auch plattformfremde – Datenformate umgewandelt werden können, wird Konvertierungsprogramm genannt.

➟ *Siehe Plattform; Konvertierung*

Konvexe Polygone

➟ *Siehe Polygone, konvexe*

Konzeptmodus

➟ *Siehe Draft-Mode*

Kooperatives Multitasking

➟ *Siehe Multitasking, kooperatives*

Koordinate

Koordinaten sind Bezugseinheiten, mit deren Hilfe Positionen im zwei- und dreidimensionalen Raum bestimmt werden können. Ein dreidimensionales Koordinatensystem besteht aus drei Achsen (x, y, z), die einen gemeinsamen Ursprung haben und senkrecht aufeinander stehen. Koordinaten und Koordinatensysteme werden bei Diagrammen, CAD-Programmen und Animationsprogrammen verwendet.

➠ *Siehe CAD-Programm; Diagramme*

Kopfzeile

Eine Kopfzeile ist eine Zeile, die sich am obersten Rand einer Dokumentseite befindet. In der Kopfzeilen sind z.B. die Seitenzahl, der Titel des Buchs oder andere Angaben enthalten. In Textverarbeitungsprogrammen sind in der Regel umfangreiche Funktionen zur Formatierung von Kopf- und Fußzeilen enthalten.

➠ *Siehe Fußzeile; Formatierung; Textverarbeitung*

Kopieren

Mit Kopieren ist die Vervielfältigung von Daten, Dateien und Datenträgern gemeint.

➠ *Siehe Datenträger; Daten; Copy; Datei*

Kopierprogramm

Ein Kopierprogramm wird zum Kopieren von Daten, Dateien und Datenträgern verwendet. In der Regel ist ein Kopierprogramm Bestandteil eines jeden Betriebssystems. Besonders im Shareware-Bereich gibt es aber auch externe Kopierprogramme als so genannte Utilities (Werkzeuge). Derartige Programme bieten oft mehr Funktionalität und unterstützen mehrere Dateiformate.

➠ *Siehe Kopieren; Dateiformat; Utility; Betriebsmittel; Shareware*

Kopierschutz

➠ *Siehe Copy Protection*

Kopierschutzstecker

➠ *Siehe Dongle*

Koprozessor

➠ *Siehe Coprozessor*

Koprozessor, arithmetischer

➠ *Siehe Coprozessor, arithmetischer*

Korrekturverfahren

Das Korrekturverfahren dient zur Vermeidung und Korrektur von Fehlern bei der Daten(fern-)übertragung, der Speicherung von Daten im Hauptspeicher bzw. auf einem Magnet. Datenträgern werden die unterschiedlichsten Korrekturverfahren eingesetzt. Zum Beispiel werden Daten bei fehlerhafter Parität oder CRC neu eingelesen und übertragen. Erst wenn mehrere Übertragungs- oder Speicherungsversuche fehlgeschlagen sind, meldet das Gerät, das Programm oder das Betriebssystem einen nichtbehebbaren Fehler und bricht die Aktion ab.

➠ *Siehe CRC; Parity*

Korrespondenzdrucker

Früher reichte das Schriftbild vieler Drucker nicht für die Erledigung der Korrespondenz aus. Sie erreichten nicht die Druckqualität (Letter Quality) einer herkömmlichen Schreibmaschine. Deshalb musste bei der Wahl des Druckers auf die Korrespondenzfähigkeit geachtet werden. Heutige Drucker (Nadeldrucker, Tintenstrahldrucker, Laserdrucker usw.) liefern in der Regel ein ausreichend gutes bis viel besseres Schriftbild als eine Schreibmaschine, solange nicht im Entwurfsmodus (Draft- oder Economy-Modus) gedruckt wird, bei dem durch Einsparung von Tinte, Toner oder Farbband nur eine geringe Druckdichte erreicht wird.

➠ *Siehe Farbband; Toner; Draft-Mode; Drucker*

Krause, Kai

Mitte der 70er Jahre setzte sich Kai Krause kurz vor dem Abitur zusammen mit seiner Freundin Barbara und seinem Freund Martin nach Santa Barbara/Kalifornien ab. Nach längerem »kreativen Treiben« in der Hippiewelt der Westküste erstand Kai einen Synthesizer und produzierte ab diesem Zeitpunkt Soundeffekte für Stars wie Stevie Wonder oder Frank Zappa. Nachdem er für die CIA die Anleitung für ein Stimmenverfremdungssystem geschrieben hatte, bekam er zur Entlohnung ein Exemplar der 20.000 Dollar-Maschine. Damit erzeugte der Soundfreak Töne für Dracula-Filme und die Disneys Sound-Bibliothek. Schon immer träumte Kai davon, Klänge zu visualisieren und als die ersten brauchbaren Heimcomputer auf den Markt kamen, verkaufte er seine Soundausrüstung an Neil Young und lernte programmieren. 1982 gründete Kai zusammen mit seiner Frau Barbara und seinem Freund Martin die Firma 3D. Mit der Erstellung von Geschäftsgrafiken verdiente Krause seine erste Million, die er in die Gründung der Firma MetaTools steckte. MetaTools wurde in der Folgezeit zu einer der innovativsten Firmen im Computergrafikbereich. Zu ihren Entwicklungen zählen so bekannte Programme wie Kai's Power Tools, KPT Bryce, Kai's Power GOO und Soap.

Kreisdiagramm

Ein Diagramm, bei dem die darzustellenden Werte durch Segmente eines Kreises repräsentiert werden, wird Kreisdiagramm genannt. Diese Sorte Diagramm wird meist verwendet, um den Anteil einzelner Teile an einem Ganzen darzustellen. Die Segmente können durch Farbgebung und Muster hervorgehoben werden. Oft können sie aus dem Kreis auch herausgerückt werden. Eine weitere Form des Kreisdiagramms ist das so genannte Torten- oder Kuchendiagramm, bei dem das Diagramm dreidimensional dargestellt wird und die einzelnen Segmente wie Tortenstücke aussehen.

➠ *Siehe Tortendiagramm; Diagramme*

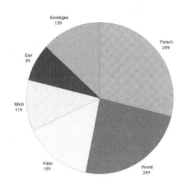

Bild K.3: Ein Kreisdiagramm

Kryptoanalyse

Die Analyse chiffrierter Daten zum Zweck ihrer Dechiffrierung wird Krypotanalyse genannt. Umgangssprachlich heißt es jedoch »Knacken eines Codes«.

➠ *Siehe Kryptografie*

Kryptografie

Unter Kryptografie wird die Verschlüsselung von Daten (Datenverschlüsselung) unter Verwendung komplexer Algorithmen verstanden, um sie vor unberechtigter Einsicht durch Dritte zu schützen. Gängige Verschlüsselungsmethoden sind das Vertauschen oder Ersetzen von Zeichen. Oft wird zudem ein Passwort als zusätzlicher Schutz eingesetzt. Die Sicherheit der Daten hängt vor allem von der Länge des verwendeten Schlüssels ab. Gängig ist heute ein 128 Bit-Schlüssel, den Hochleistungsrechensysteme erst nach mehreren Jahren Berechnungszeit knacken könnten.

Verschlüsselungsverfahren können auch hardwaremäßig realisiert sein. Ein Beispiel wäre ein so genannter Clipper-Chip, der die Verschlüsselung von Daten z.b. bei der Datenfernübertragung realisiert. Im Internet hat die Verschlüsselung persönlicher Daten (E-Mails) in letzter Zeit immer mehr an Bedeutung gewonnen. Ein gängiges Programm für diesen Zweck ist PGP (Pretty Good Privacy).

➠ *Siehe E-Mail; PGP; Datenschutz; Data Encryption*

Kuchendiagramm

Ein Kuchendiagramm ist die dreidimensionale Darstellung eines Kreisdiagramms und wird auch als Tortendiagramm bezeichnet.

➠ *Siehe Kreisdiagramm; Diagramme*

Künstliche Intelligenz

➠ *Siehe KI*

Kurrent

Kurrent ist eine Schriftart (Font), die stark an eine flüssige Handschrift erinnert.

➠ *Siehe Font; Schriften*

Kursiv

Kursiv (Italic) ist ein neben Fett (Bold) und Unterstrichen (Underlined) eine weitere Möglichkeit des Schriftbildformats. Bei kursiver Schrift sind die Zeichen nach rechts geneigt. Sie wird meist für die Hervorhebung von Text (z.B. Fremdwörter und Fachbegriffe) benutzt.

→ *Siehe Schriften; Schriftschnitt; Bold; Underlined*

Kurvendiagramm

Bei einem Kurvendiagramm werden die darzustellenden Werte durch Kurvenzüge repräsentiert. Die einzelnen Wertepunkte werden dabei miteinander verbunden. Kurvendiagramme werden z.B. für die Darstellung mathematischer Funktionen sowie für das Aufzeigen von Trends, z.B. in Aktienkursen verwendet.

→ *Siehe Tortendiagramm; Kurvendiagramm; Diagramme*

Kybernetik

Die Kybernetik ist ein wissenschaftlicher Zweig, der Themen der unterschiedlichsten Fachgebiete (Biologie, Physik, Informatik, Soziologie und Wirtschaft) in sich vereint. Die Kybernetik untersucht die Zusammenhänge zwischen biologischen und technischen Vorgängen und versucht, biologische und technische Prozesse letztendlich auf dieselben Grundprinzipien zurückzuführen. Zu diesen Prinzipien gehören die Informationstheorie, die sich mit der Wahrnehmung und Verarbeitung von Signalen und die Regeltechnik, die sich mit der Steuerung von Prozessen beschäftigt. Der Begriff Kybernetik wurde 1948 durch Norbert Wiener geprägt, der damit Steuer- und Regelfunktionen beschrieb.

L

L1-Cache

Der First-Level-Cache oder auch L1-Cache wird als Cache-Speicher bezeichnet, der direkt in einen Prozessor integriert ist. Intel hat mit dem 486er-Prozessor begonnen L1-Cache zu verwenden. Dieser Cache sorgt für eine deutliche Geschwindigkeitssteigerung.

➠ *Siehe Cache; L2-Cache; Prozessor*

L2-Cache

Second-Level-Cache (L2-Cache) ist ein spezieller Cache-Speicher zwischen Hauptspeicher und CPU. Er dient wie auch der First-Level-Cache der Zwischenlagerung von Hauptspeicherdaten, befindet sich aber auf dem Motherboard und ist ein ganzes Stück größer als der First-Level-Cache. Der First-Level-Cache umfasst zwischen 16 und 32 KByte. Der Second-Level-Cache ist mindestens 256 KByte groß. Bis 64 MByte Hauptspeicher reichen 256 KByte aus, nur bei noch größerem Speicher ist eine Aufrüstung des Caches auf 512 KByte oder gar 1 MByte sinnvoll. Hierbei ist noch zu beachten, dass bei einer Aufrüstung des Caches auch das Tag-RAM vergrößert werden muss. Bei älteren Boards wurden für den Cache noch asynchrone DRAMS benutzt, heutzutage sollten Sie nur Boards erstehen, die mit den deutlich schnelleren Pipeline-Burst-Chips bestückt sind.

➠ *Siehe KByte; Cache; L1-Cache; DRAM; PB-Cache; Tag-RAM; Motherboard*

L2TP

Abk.: Layer-2-Tunneling-Protocol

L2TP ist ein proprietäres Protokoll von Microsoft für die gesicherte Koppelung lokaler Netzwerke (LAN) bzw. von Personal-Computern mit einem lokalen Netzwerk über ein öffentliches Netzwerk (WAN), wie dem Internet. Diese Art von Verbindung ist auch bekannt als VPN (Virtual Private Network). Im Gegensatz zu PPTP ist die Implementierung von L2TP nicht von händlerspezifischen Verschlüsselungstechniken abhängig. Wahrscheinlich wird sich L2TP deswegen zum Standard für die Sicherung von VPN-Verbindungen im gesamten Internet durchsetzen.

➠ *Siehe PPTP; Protokoll; Windows 2000; RAS*

Label

1. Ein Label enthält die Verwaltungs- und Strukturinformationen eines Datenträgers oder einer Datei.

2. Bei grafischen Benutzeroberflächen werden Beschriftungsfelder, die statischen Text (Text, der vom Benutzer nicht unmittelbar geändert werden kann) beinhalten, als Label bezeichnet.

3. Bei Programmiersprachen wird in Bezug auf eine besonders gekennzeichnete Stelle im Quellcode von einem Label oder einer Sprungmarke gesprochen. Diese Stellen können durch so genannte Sprungbefehle direkt angesprungen werden. In Basic und vielen anderen Sprachen dient dafür der Befehl »goto«. Neben dem Befehl muss auch noch der Name des Labels, das angesprungen werden soll, angegeben werden.

➠ *Siehe Datenträger; Programmiersprache; Basic*

Ladbare Schrift
➠ *Siehe Codepage*

Ladbarer Zeichensatz
➠ *Siehe Codepage*

Laden
Unter Laden wird der Vorgang des Schreibens von Daten in den Arbeitsspeicher eines Computers verstanden. Dies ist immer notwendig, bevor ein Programm ausgeführt oder mit bestimmten Daten gearbeitet werden kann. In diesem Zusammenhang wird auch davon gesprochen, dass eine Datei oder ein Programm geladen wird. Bei Programmen ist der Begriff meist noch etwas weiter gefasst. So werden beim Laden von Programmen meistens auch Vorbereitungen auf die Arbeit mit dem Programm getroffen, z. B. die Einstellungen, die der Benutzer vorgenommen hat, werden wiederhergestellt.

➠ *Siehe Daten; Hauptspeicher*

LAN
Abk.: Local Area Network

▲ *Übers.: lokales Netzwerk*

Ein LAN ist ein software- und hardwaremäßiger Verbund mehrerer Computer. Der Zweck dieses Verbundes ist es, Daten zwischen den einzelnen Benutzern auszutauschen und Hardware-Ressourcen gemeinsam zu nutzen. Dadurch erhöht sich zum einen die Auslastung der einzelnen Geräte und zum anderen werden neue Möglichkeiten der Zusammenarbeit geschaffen, wodurch sich insgesamt Kosten reduzieren lassen. Gleichzeitig steigert sich die Produktivität. Ein lokales Netzwerk ist, wie der Name schon sagt, auf ein kleines Gebiet beschränkt, was allerdings in den Dimensionen eines Unternehmens oder einer Organisation gesehen durchaus beachtlichen Umfang haben kann (1000 Arbeitsstationen und mehr sind nicht ungewöhnlich). Oft werden solche lokalen Netzwerke zu größeren Netzen verbunden.

➭ *Siehe Netzwerkkarte; NOS; Peer-to-Peer; Client-Server-Prinzip; Netzwerk; Netzwerktopologie; Resources; Netzwerkkabel; Ethernet; Token-Ring; Intranet*

LAN Server

1. LAN Server ist ein Netzwerkbetriebssystem, das von IBM auf Basis des LAN Manager entwickelt wurde. LAN Manager wurde von Microsoft und 3Com entwickelt. LAN Server läuft unter OS/2. Es werden aber auch Arbeitsstationen, die unter DOS und Windows laufen, unterstützt. Die aktuelle Version des LAN Server heißt Warp Server.

2. Ein LAN-Server oder auch nur Server ist ein Rechner in einem Netzwerk, der den Clients im LAN bestimmte Dienste zur Verfügung stellt. Dabei kann es sich z.B. um das Bereitstellen von Dateien, von Applikationen oder auch Kommunikationsdiensten handeln. Entsprechend der Dienste werden diese Server benannt, wie z.B. Datei-, Applikations- oder Kommunikations-Server.
Dabei muss es sich bei den einzelnen Servern nicht zwangsläufig um einzelne Computer handeln. Bei kleineren Netzen ist es durchaus üblich, mehrere oder auch alle gewünschten

Server-Dienste auf einen physikalischen Server zu konzentrieren.

➭ *Siehe LAN; Server; Fileserver; Netzwerk; Druck-Server*

LAN, drahtloses

➭ *Siehe Wireless LAN*

Land

Die Daten auf einer CD-ROM bzw. DVD werden als Abfolge von Vertiefungen, so genannten Pits (CD-ROM) bzw. Grooves (DVD), und den flachen Stellen, den Lands, binär kodiert. Das Reflexionsverhalten der Pits und Lands ist sehr unterschiedlich.

➭ *Siehe: CD-ROM, DVD*

LANDesk Client Manager

➭ *Siehe LDCM*

Landezone

➭ *Siehe Landing Zone*

Landing Zone

Die Landingzone oder Landzone ist der Bereich der Festplatte, in dem die Schreib-Lese-Köpfe geparkt werden, um so genannte Headcrashs, also das Aufschlagen der Köpfe auf die Oberfläche der Festplatte, zu verhindern. Bei neueren Platten erfolgt das Parken der Köpfe automatisch. Früher musste dies durch einen speziellen Befehl explizit ausgelöst werden.

➠ *Siehe Schreib-Lese-Kopf; Harddisk; Headcrash; Parken*

Landmark-Benchmark-Test

Der Landmark-Benchmark-Test gehört zu den so genannte Benchmarks. Benchmarks sind Tests, die die Leistung eines Rechnersystems beurteilen lassen und vor allem auch den Vergleich zu anderen Rechnern zulassen. Der Landmark-Test erhielt seinen Namen von seiner Herstellerfirma. Er verwendet einen Referenz-PC, mit dem die Leistung des geprüften PC verglichen wird. Das Ergebnis wird in Relation zu diesem Referenz-PC ausgegeben. Da für die Leistung eines PCs neben dem Prozessor noch eine ganze Reihe anderer Faktoren eine wesentliche Rolle spielen, hat der Landmark-Test aufgrund seiner Prozessorlastigkeit heute an Bedeutung verloren.

➠ *Siehe Benchmark*

Landscape

Die horizontale Ausrichtung eines Dokuments bzw. einer Seite wird als Querformat bezeichnet. Im Gegensatz dazu steht das Hochformat. Der englische Ausdruck für Querformat lautet »landscape« (zu Deutsch Landschaft, Panorama).

➠ *Siehe Portrait*

LapLINK

LapLINK ist der Name eines speziellen Programms zum Datenaustausch zwischen zwei PCs über eine serielle oder parallele Schnittstelle oder auch via ISDN-Karte.

➠ *Siehe ISDN-Karte; Schnittstelle, serielle; Datenaustausch; Schnittstelle, parallele*

Laptop

Mit Laptop werden mobile Computer bezeichnet, die mit Akku oder einem externen Netzteil betrieben werden. Im zugeklappten Zustand sind Laptops nur wenige Zentimeter hoch. Um mit einem Laptop arbeiten zu können, muss der Bildschirm hochgeklappt werden. Bei diesem handelt es sich in der Regel um ein Flüssigkristall-Display. Laptops lösten die Portables ab, die noch ziemlich unhandlich waren. Laptops haben ein Gewicht zwischen 4 und 7 kg und eine Grundfläche, die etwa einer A4-Seite bzw. etwas mehr entspricht. Inzwischen wurden diese ihrerseits von den noch leichteren Notebooks verdrängt. Heutige mobile Computer stehen in punkto Leistungsfähigkeit und Ausstattungsmöglichkeiten den stationären kaum noch nach.

➠ *Siehe Portable; Notebook; Akku; LCD*

Lara Croft

➡ Siehe *Croft, Lara*

Large Scale Integration

➡ Siehe *LSI*

Laser

Mit einem Laser ist es möglich, einen stark gebündelten, monochromatischen Lichtstrahl zu erzeugen. Laser werden heute in sehr vielen Bereichen der Technik angewendet. Im Computerbereich werden sie vor allem in optischen Speichermedien eingesetzt (CD-ROM, MO-Laufwerke etc.). Aber auch in Laserdruckern kommen sie zum Einsatz.

➡ Siehe *MOD; CD-ROM-Laufwerk; Laserprinter*

Laserdisc

Laserdiscs werden zur Speicherung von Videodaten verwendet. Das Prinzip der Datenspeicherung ähnelt dem der CD-ROM.

➡ Siehe *Bildplatte; CD-ROM*

Laserdrucker

➡ Siehe *Laserprinter*

LaserJet

LaserJet ist der Name der Laserdruckerfamilie von Hewlett Packard. Der LaserJet I war der erste Laserdrucker, der für den Massenmarkt entwickelt wurde. Der LaserJet wurde mit der Druckersprache PCL (Printer Command Language) zum Standard. Die Kompatibilität zu diesem Standard bzw. den Nachfolgemodellen galt und gilt als wichtiges Detail für Laserdrucker. Heute bietet HP eine große Bandbreite an Laserdruckern, von kleinen Tischdruckern bis zu großen, sehr leistungsfähigen Abteilungsdruckern, in der LaserJet Familie an.

➡ Siehe *PCL; Hewlett Packard; Laserprinter*

Bild L.1: Ein LaserJet-Drucker

Laserprinter

Der Laserdrucker (englisch: Laserprinter) gehört zur Klasse der Non-impact-Drucker bzw. anschlagfreien Drucker. Dieses Druckverfahren überträgt das Druckmittel (Toner) auf das Druckmedium ohne dieses zu berühren. In einem Laserdrucker befindet sich eine lichtempfindliche Trommel – die so genannte Bildtrommel. Sie besteht aus einem Halbleitermaterial. Dieses Material reagiert auf die Bestrahlung mit Licht. Vor dem Belichten der Trommel wird diese negativ elektrisch aufgeladen. Anschließend wird die Trommel belichtet. Dazu diente früher ein Laser, der über einen Polygon-Spiegel horizontal über die Trommel geführt wurde. Dabei kommt es an den belichteten Stellen zu einer Neutralisierung der Ladung, wodurch ein Ladungsbild entsteht. Da der Laser so gesteuert wird, dass er die zu druckenden Daten als Punktmuster auf die Trommel schreibt, entspricht das entstehende Ladungsbild dem Druckbild. Auf einer Walze, an der sich die Bildtrommel vorbeibewegt, befindet sich eine dünne Schicht negativ geladener Toner-Partikel. Diese werden von den negativ geladenen Stellen auf der Bildtrommel abgestoßen und können nur auf den neutralen Stellen haften. Dadurch entsteht aus dem Ladungsbild ein Toner-Bild. Das Papier wird positiv aufgeladen und an der Bildtrommel mit dem Toner vorbeigeführt. Aufgrund der entgegengesetzten Polung der Ladung wird der Toner auf das Papier gezogen. Nun befindet sich das Tonerbild auf dem Papier. Allerdings ist es in diesem Stadium noch nicht fest, das heißt, es ist noch verwischbar. Um dauerhaft auf dem Papier zu bleiben, muss der Toner fixiert werden. Dies geschieht in der Regel durch Hitze und Druck. Dabei wird das Papier über eine heiße Walze bewegt, die den Toner auf das Papier drückt und gleichzeitig erhitzt. Heute arbeiten die meisten Laserdrucker mit LED-Zeilen statt mit Lasern. Dabei werden kleine LEDs (lichtemittierende Dioden) in einer Zeile angeordnet. Diese Zeile entspricht einer Druckzeile und jede einzelne LED einem Bildpunkt dieser Zeile. LED-Drucker verfügen über einige Vorteile, wie z.B. weniger bewegte mechanische Teile, einfacherer Aufbau, günstigerer Preis.

Laserdrucker gehören zu den Seitendruckern. Das heißt, es muss eine komplette Druckseite im Drucker für den Druck aufbereitet werden, bevor diese gedruckt werden kann.

Laserdrucker zeichnen sich durch eine sehr gute Druckqualität (zwischen 300 und 1.200 dpi, wobei 600 dpi heute als Standard gesehen werden kann) und hohe Geschwindigkeit (zwischen 4 und 30 Seiten pro Minute sind möglich) aus. Früher lohnten sich Laserdrucker aufgrund der hohen Anschaffungskosten nur für kommerzielle Anwender. Im Laufe der Zeit sind Laserdrucker sehr günstig geworden, so dass sie auch für private Anwender interessant geworden sind und dort auch die entsprechende Verbreitung gefunden haben. Eine Entwicklung, die hier im Zusammenhang mit Windows steht, sind die so genannte GDI-Drucker (GDI – Graphic Device Interface). Diese Drucker verwenden das GDI von Windows und Ressourcen (Speicher etc.) des Rechners. Dadurch kann auf diese Elemente im Drucker verzichtet werden, wodurch sich der Preis verringert. Allerdings können diese Drucker nur unter Windows verwendet werden.

➡ *Siehe PostScript; Dpi; PCL; Non-Impact Printer; LED; Toner; Druckersprache; Drucker*

Laserwriter

Laserwriter ist die Modellbezeichnung für einen Laserdrucker von Apple. Dieser wurde einige Zeit nach dem LaserJet I vorgestellt. Im Gegensatz zum LaserJet verwendete er als Druckersprache die Seitenbeschreibungssprache PostScript. Er war im Wesentlichen für den Anschluss an den Apple Macintosh ausgelegt (AppleTalk-Schnittstelle). An andere Rechner konnte er über eine serielle Schnittstelle angeschlossen werden.

➡ *Siehe PostScript; Apple; AppleTalk; LaserJet*

Last In First Out

➡ *Siehe LIFO*

LaTeX

http://www.dante.de

LaTeX ist ein professionelles Textsatzsystem für jede Art von Dokumenten. Es ist besonders für wissenschaftliche Dokumente mit vielen mathematischen Formeln geeignet, aber auch für Briefe, Faxe, CD-Cover uvm. LaTeX ist eine Weiterentwicklung des von Donald Knuth eingeführten und entwickelten Textsatzsystems TeX und kann als »low level«-Programmsprache bezeichnet werden. Es beschreibt in einem Textfile, wie das Layout des Dokumentes auszusehen hat. LaTeX gibt es auf den unterschiedlichsten Betriebssystemen (Linux, Windows, DOS, Solaris).

➡ *Siehe Linux; Textverarbeitung; TeX; Solaris; MS-DOS; Textsatzsystem*

Laufwerk

Laufwerk wird als Sammelbegriff für alle möglichen Massenspeichermedien verwendet. Dabei wird zwischen internen und externen Laufwerken unterschieden. Interne Laufwerke befinden sich innerhalb des Gehäuses des Rechners. Externe Laufwerke werden über Kabel mit dem Rechner verbunden. Oftmals wird dafür die parallele Schnittstelle oder SCSI verwendet. Beispiele für Laufwerke sind Festplattenlaufwerke, Diskettenlaufwerke, CD-ROM-Laufwerke etc.

➡ *Siehe Harddisk; CD-ROM-Laufwerk; Schnittstelle, parallele; Massenspeicher; SCSI; Diskettenlaufwerk*

Laufwerk, logisches

Ein logisches Laufwerk ist Teil eines physikalischen Laufwerks.

Das physikalische Laufwerk wird dabei in Partitionen mit logischen Laufwerken eingeteilt. Das logische Laufwerk wird allerdings dem Benutzer genau wie ein physikalisches Laufwerk präsentiert. Die Aufteilung eines physikalischen Laufwerks in logische Laufwerke wird mit Hilfe des Betriebssystems vorgenommen. Logische Laufwerke bieten die Möglichkeit, eine große Festplatte in mehrere Einheiten zu gliedern.

➠ *Siehe Laufwerk; Partition*

Laufwerk, magneto-optisches

Bei einem magneto-optisches Laufwerk (Wechselplattenlaufwerk) werden die Daten durch ein kombiniertes magnetisches und optisches Aufzeichnungsverfahren gespeichert. Die Laufwerke garantieren hohe Datensicherheit.

➠ *Siehe MOD; Wechselplattenlaufwerke*

Laufwerk, virtuelles

Ein virtuelles Laufwerk ist ein Laufwerk, das nicht physikalisch existiert, sondern nur virtuell vorhanden ist. Trotzdem kann es aber wie ein physikalisches Laufwerk angesprochen werden. Das virtuelle Laufwerk existiert im Arbeitsspeicher des Computers als so genannte RAM-Disk. Da dem Laufwerk der Arbeitsspeicher zugrunde liegt, erfolgen der Datentransfer und der Zugriff wesentlich schneller als auf eine Festplatte. In gewissem Sinne stellt ein virtuelles Laufwerk das Gegenteil von virtuellem Speicher dar. Allerdings gehen diese Daten beim Abschalten des PCs verloren.

➠ *Siehe Harddisk; Hauptspeicher; Speicher, virtueller; RAM-Disk*

Laufwerkelektronik, integrierte

➠ *Siehe IDE*

Laufwerks-Cache

Der Laufwerks-Cache oder auch Disk-Cache ist ein spezieller Speicher, der verwendet wird, um Daten zwischenzuspeichern. Bevor nun Daten von der Festplatte geladen werden, wird geprüft, ob sich die betreffenden Daten schon im Cache befinden und ggf. aus diesem gelesen werden. Da dies wesentlich schneller vonstatten geht als der direkte Zugriff auf die Festplatte, wird damit die gesamte Performance des Systems gesteigert. Der Laufwerks-Cache kann sich direkt in der Festplattenelektronik befinden (bei den meisten neuen Festplatten ist dies der Fall). Zusätzlich bieten einige Festplatten-Controller die Möglichkeit, Cache-Speicher darauf zu installieren. Eine weitere Möglichkeit besteht darin, einen Teil des Arbeitsspeichers des Computers zu verwenden, um den Laufwerks-Cache zu realisieren.

➭ Siehe Laufwerk; Harddisk; Cache; Hauptspeicher; Festplatten-Controller

Laufwerkskennbuchstabe

Laufwerkskennbuchstaben werden von Betriebssystemen wie DOS, Windows oder auch OS/2 verwendet, um Laufwerke eindeutig zu identifizieren. Unter diesen Buchstaben kann auf ein Laufwerk zugegriffen werden. So bezeichnet z.B. »B:« das zweite Diskettenlaufwerk und »C:« das erste Festplattenlaufwerk.

➭ Siehe Laufwerk; Laufwerkskennung

Laufwerkskennung

Über die Laufwerkskennung werden in einem Betriebssystem die Laufwerke eindeutig gekennzeichnet. Die Laufwerkskennung wird verwendet, um auf Laufwerke zugreifen zu können. Windows verwendet z.B. Buchstaben als Laufwerkskennung (»A:« oder »C:«).

➭ Siehe Laufwerk; Betriebssystem

Laufzeit

➭ Siehe Runtime

Laufzeitfehler

➭ Siehe Runtime Error

Laufzeitsystem

Als Laufzeitsystem werden Minimalversionen von Programmen bezeichnet, die von Softwarefirmen bei bestimmten Produkten mitgeliefert werden. Diese Minimalversionen sind meist notwendig, um entweder bestimmte Voraussetzungen für die Ausführung des eigentlichen Produkts zu schaffen, oder um die Ergebnisse, die mit dem Produkt erzeugt wurden, auf anderen Rechnern, auf denen das eigentliche Programm nicht zur Verfügung steht, betrachten bzw. verwenden zu können. So wird z.B. bei Visual Basic ein Laufzeitsystem mitgeliefert, mit dem der Visual-Basic-Code in kompilierter Form auf anderen Rechnern ausgeführt werden kann. Ein anderes Beispiel ist Excel. In seiner ersten Version wurde eine Laufzeitversion von Windows mitgeliefert, da Windows noch nicht so stark verbreitet war.

➭ Siehe Excel; VB; Windows; Programm

Lautsprecher

Ein Lautsprecher ist ein technisches Gerät, das dazu dient, auf elektromechanischem Weg elektrische Signale in Schall umzuwandeln. Er stellt das Gegenstück zu einem Mikrofon dar. Es gibt diverse Möglichkeiten der technischen Umsetzung. Am meisten verbreitet ist wohl die Variante mit einer beweglich aufgehängten Membran, die über eine Spule verfügt. Diese Spule befindet sich im magnetischen Feld eines Permanent-

Magneten. Wird die Spule von einem Strom durchflossen, entsteht in dieser ebenfalls ein Magnetfeld, allerdings in diesem Fall ein Wechselfeld. Aufgrund dieses Wechselfelds wird die Spule samt Membran von dem Permanent-Magneten mal angezogen und mal abgestoßen. Dadurch wird Luft verdrängt, was sich letzten Endes als Schallwellen äußert.

Im Computerbereich werden Lautsprecher meistens im Zusammenhang mit Soundkarten verwendet, um die Signale der Soundkarte hörbar zu machen. Grundsätzlich werden bei diesen auch Boxen genannten Lautsprechern zwei Arten unterschieden:

▶ **Passive Boxen** verfügen über keinerlei Verstärker für die eingehenden Signale. Diese sind darauf angewiesen, dass das eingehende Signal bereits ausreichend verstärkt ist. Diese Art der Boxen ist meist billiger.

▶ **Aktive Boxen** verfügen über einen integrierten Verstärker. Dies ist immer dann von Vorteil, wenn der Verstärker der Soundkarte nicht ausreicht, um die Boxen der gewünschten Größe zu treiben, und die Soundkarte nicht an eine Stereoanlage angeschlossen werden soll. Nachteil dieser Boxen ist der meist höhere Preis und die Tatsache, dass diese eine eigene Stromversorgung benötigen.

Neben diesen Grundformen haben sich diverse Hersteller von Lautsprechern viele Sonderformen einfallen lassen, um sich von der Konkurrenz abzuheben. So verfügen manche Boxen noch über Klangregeleinrichtungen, besondere Effektmöglichkeiten oder einfach nur spezielle Gehäusebauformen, um einen besonders hochwertigen Klang zu erzeugen.

➭ *Siehe Soundkarte*

Layer
1. Im Zusammenhang mit Grafik- oder CAD-Programmen wird mit Layer (Schicht) eine Zeichnungsebene bezeichnet. Programme, die mit der Layer-Technik arbeiten, erlauben es dem Benutzer, auf mehreren übereinander liegenden Ebenen unabhängig voneinander zu zeichnen. Der große Vorteil dieser Technik ist, dass zum einen eine logische Gliederung von komplexen Grafiken vorgenommen werden kann, wodurch sich ein komplexes Problem in weniger komplexe Detailprobleme aufspalten lässt. Zum anderen können mit Layern Bereiche einer Zeichnung, die nicht mehr geändert werden sollen, vor Bearbeitung geschützt werden. Die Anzeige erfolgt als Gesamtheit. Das

heißt, es werden alle Ebenen übereinander liegend, ähnlich übereinander liegender Folien auf einem Zeichentisch, angezeigt. Auf diese Weise ergibt sich ein Gesamtbild aus den Teilbildern der einzelnen Ebenen.

2. Im Bereich der Elektronik wird im Zusammenhang mit Leiterplatten von Layern gesprochen. Die ersten Leiterplatten hatten nur eine einzige Seite, die mit leitfähigen Bahnen versehen war. Später wurden Vorder- und Rückseite zur Platzierung von Leiterbahnen genutzt. Heute bestehen Platinen aus mehreren Schichten, die alle Leiterbahnen enthalten. Dadurch ist es möglich, wesentlich komplexere Verbindungen zwischen den einzelnen Bauteilen auf engerem Raum unterzubringen. Allerdings ist dies schon lange nicht mehr ohne die Hilfe rechnergestützter Entwurfsverfahren möglich. Ein ganz konkretes Beispiel für eine solche Multilayer-Platine ist das Motherboard in einem PC.

➧ *Siehe Multilayer; Grafikprogramme; CAD; Platine; Motherboard*

Layer-2-Tunneling-Protocol

➧ *Siehe L2TP*

Layer-3-Switch

➧ *Siehe Routing Switch*

Layout

1. Im Bereich des Desktop-Publishing und der Grafik wird unter Layout der Entwurf bzw. die Gestaltung einer einzelnen Seite bzw. eines ganzen Dokuments verstanden. Dazu gehören Textelemente, wie Fließtext, Überschriften, Kopf- und Fußzeilen etc., aber auch Grafikelemente, wie Bilder, Zeichnungen, grafischer Text etc. Solche Layouts lassen sich über spezielle Grafik-, Layout- und Desktop-Publishing-Programme erzeugen. Selbst Textverarbeitungsprogramme sind inzwischen in der Lage, eine Vielzahl von Gestaltungsaufgaben zu erfüllen.

2. In der Software- und Hardwareentwicklung wird von Layout in Bezug auf den Entwurf eines Entwicklungsprojekts gesprochen. So hat z.B. ein Programm wie auch eine elektronische Schaltung ein Layout. Gemeint ist damit das Gerüst des Programms bzw. der Schaltung. Nach diesem Gerüst wird dann das Programm bzw. die Schaltung entwickelt.

➧ *Siehe Fußzeile; Fließtext; DTP; Kopfzeile; Textverarbeitung*

LBA

Abk.: Logical Block Addressing

Die LBA-Technologie für Festplatten erlaubt einem Computer mehr als 528 MB Festplattenplatz zu verwalten. Eine LBA ist ein 28 Bit großer Wert, der auf einen spezifischen Zylindersektor einer Platte verweist. Mit diesen 28 Bit lassen sich Platten bis zu einer Größe von 8.4 GB verwalten.

➧ *Siehe Harddisk; Adresse; Zylinder; Bit; MB*

LCD

Abk.: Liquid Crystal Display

▲ *Übers.: Flüssigkristallanzeige*

LCDs werden zur Anzeige von Informationen in elektronischen Geräten verwendet. Sie eignen sich sowohl zur Anzeige von numerischen als auch von grafischen Daten – je nach Bauform. In sehr einfachen Formen werden sie in Uhren oder Taschenrechnern verwendet. Sehr komplexe Bauformen stellen die Bildschirme von Laptops und Notebooks dar. Hier sind inzwischen qualitativ sehr hochwertige Anzeigen in High-Color möglich. Aber auch im Desktop-Bereich halten Flüssigkristallbildschirme Einzug und werden irgendwann mit Sicherheit die Kathodenstrahlröhren verdrängen.

➧ *Siehe Laptop; Notebook; Elektronenstrahlröhre; Bildschirm*

LCD-Shutter-Brille

Eine LCD-Shutter-Brille erzeugt durch bestimmte Verfahren ein dreidimensionales Bild in den Augen des Trägers. Spezielle Software reduziert dabei die Bildschirmauflösung und stellt die Bilder aus unterschiedlichen Perspektiven abwechselnd für das rechte und das linke Auge dar. Die LCD-Displays in den Brillenfassungen schalten nun in einem von der Software vorgegebenen Takt zwischen transparentem und nicht transparentem Bild hin und her, so dass ein Auge jeweils nur ein Bild sieht. Dies wird als Shutter bezeichnet. Die Einzelbilder werden vom Gehirn wieder zu einem einzigen Bild zusammengesetzt, so dass ein Tiefeneindruck entsteht.

➧ *Siehe LCD*

LDAP

Abk.: Light-Weight Directory Access Protocol

LDAP ist eine Benutzer- und Ressourcenverwaltung zum Aufbau einheitlicher Directory-Dienste, die dann von unterschiedlichen Nutzern (z.B. einem Web-Server und einem Netzwerkbetriebssystem) gemeinsam verwendet werden können.

➧ *Siehe NOS; Server; Ressourcenverwaltung; Directory; ADS*

LDCM

Abk.: LANDesk Client Manager

LDCM ist eine Software, mit der ein Systemadministrator den Zustand und die Konfiguration jedes beliebigen PCs in einem LAN kontrollieren kann. So kann ein LDCM z.B. CPU- und Motherboard-Temperaturen abfragen, aber auch Bootviren erkennen. Der LDCM ist eine Implementation des DMI.

➟ *Siehe LAN; Boot-Sektor-Virus; Systemadministrator; CPU; Motherboard; DMI*

Lead-In

Das Lead-In ist auf einer CD der Bereich, der den eigentlichen Daten vorgelagert ist. Es befindet sich ganz am Anfang der Datenspur bzw. am Zentrum der CD. Dieser Bereich hat eine fest definierte Breite und enthält Informationen, die für die Verwaltung der Daten auf der CD erforderlich sind, wie z.B. die TOC (Table of Contents, Inhaltsverzeichnis), das Label der CD etc. Das Gegenstück dazu ist das Lead-Out. Bei Multisession-CDs, wie z.B. selbstgebrannten CDs oder PhotoCDs, hat jede Session ein Lead-In, einen Datenbereich und ein Lead-Out.

➟ *Siehe CD; CD-Writer; Multisession; CD-R; CD-ROM; Session*

Lead-Out

Das Lead-Out ist dem Datenbereich auf einer CD angehängt. Es kennzeichnet das Ende der CD bzw. einer Session und ist damit das Gegenstück zum Lead-In.

➟ *Siehe CD; CD-Writer; Multisession; CD-ROM; Session; Lead-In*

Lease Time

Die Lease Time bezeichnet die Gültigkeitsdauer einer dynamischen IP-Adresse, die ein Client von einem DHCP-Server erhalten hat.

➟ *Siehe DHCP-Server; IP-Adresse; Client*

Least Significant Bit

➟ *Siehe LSB*

LED

Leuchtdioden (LED) sind elektronische Bauelemente, die Licht erzeugen. Zur Lichterzeugung nutzen diese den so genannten Lumineszenzeffekt bei Halbleitern aus. Bei diesem Effekt wird Energie frei, wenn Elektronen von einem energetisch höheren Niveau auf ein niedrigeres fallen. Diese Energie wird unter anderem in Form von Licht frei. Das freiwerdende Licht ist nahezu monochromatisch (einfarbig). Je nach verwendetem Halbleitermaterial lassen sich Wellenlängen von 480 nm (Blau) bis 3.400 nm (Infrarot) erzeugen. Leuchtdioden zeichnen sich besonders durch ihren geringen Preis und die hohe Lebensdauer aus. Ein weiterer Vorteil ist die große Flexibilität bei der Gestaltung des Gehäuses der Leuchtdiode. Deshalb existieren eine extrem große Anzahl unterschiedlichster Leuchtdioden. Zum Einsatz kommen sie z.B. als Statusanzeige (Monitore, Diskettenlaufwerke etc.) oder auch in Form von Infrarot-Leuchtdioden zur Übertragung von Information (schnurlose Mäuse, Infrarot-Schnittstelle bei Notebooks etc.).

▥➔ *Siehe Notebook; IrDA*

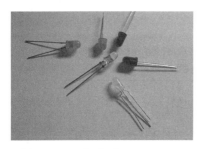

Bild L.2: Leuchtdioden

LED-Drucker

▥➔ *Siehe Laserprinter; LED*

Leer-String

Der Leer-String ist ein String, der kein Zeichen enthält. Gekennzeichnet werden solche Strings z.B. in Quelltexten für Programme durch zwei direkt aufeinander folgende Anführungszeichen. Bei der Programmierung weisen manche Sprachen bzw. Compiler String-Variablen bei der Deklaration automatisch einen Leer-String zu.

▥➔ *Siehe String; Compiler; Programmiersprache; Source-Code*

Leerzeichen, geschütztes

Das geschützte Leerzeichen ist eine spezielle Form des Leerzeichens. Das Besondere daran ist, dass an diesem Leerzeichen kein Zeilenumbruch erfolgt. Geschützte Leerzeichen werden immer dann verwendet, wenn bestimmte hintereinander stehende Wörter oder Zeichen nicht durch einen Zeilenumbruch auseinander gerissen werden sollen. Um geschützte Leerzeichen verwenden zu können, muss das verwendete Programm diese auch unterstützen, was nicht immer der Fall ist.

Legacy

Legacy bezeichnet die vor einem bestimmten Zeitpunkt bereits vorhandenen Dokumente oder Daten. Das gilt vor allem dann, wenn alte Datenbestände in ein neues Format, z.B. aufgrund einer Systemänderung, umgewandelt werden müssen.

▥➔ *Siehe Daten; Format; Dokument*

Legal

Legal ist die Bezeichnung für ein Papierformat, das hauptsächlich in den USA verwendet wird. Es ist mit einer Höhe von 35,56 cm und einer Breite von 21,59 cm etwas größer als das in Deutschland verwendete DIN-A4-Format.

➠ *Siehe DIN*

Leistungsmerkmal

➠ *Siehe ISDN-Leistungsmerkmale*

Leiterplatte

➠ *Siehe Platine*

Leitseite

Die Leitseite wird im BTX präsentiert, wenn in den Bereich eines Anbieters gewechselt wird. Diese Seite bietet Informationen über den Inhalt des Bereichs sowie über den Anbieter.

➠ *Siehe Btx-Leitseite; Btx*

Leitungsvermittlung

➠ *Siehe Circuit Switching*

Lempel-Ziv-Algorithmus

Lempel-Ziv-Algorithmus ist ein mathematischer Algorithmus, der die Größe von Datendateien verringert ohne deren Integrität zu vermindern.

➠ *Siehe Algorithmus; Integrität; Kompression*

LEO

http://www.leo.org

Abk.: Link Everything Online

LEO ist ein Online-Such- und Archivsystem im Internet. Über LEO lässt sich auf FTP-Server, in Newsgroups und im World Wide Web nach Informationen suchen. Zusätzlich bietet LEO viele Links, ein Archiv und ein hervorragendes Deutsch/Englisch-Wörterbuch.

➠ *Siehe Internet; Newsgroup; Server; WWW; Link; FTP*

Lernprogramm

1. Manche Programme werden mit einem Lernprogramm ausgeliefert. Dieses Lernprogramm ermöglicht es dem Benutzer, das eigentliche Programm zu erlernen. Dafür werden meistens konkrete Beispiele am Bildschirm vorgeführt oder interaktiv bearbeitet.

2. Eine andere Form von Lernprogrammen sind Programme, mit denen bestimmtes Wissen oder bestimmte Fähigkeiten mit der Hilfe eines Rechners erlernt werden können. Beispiel hierfür wären Vokabel-Trainer oder Mathematik-Lernprogramme. Heutige Lernprogramme sind oft multimedial ausgeführt. Das heißt, der Benutzer kann zusätzlich Text anzeigen, neben Bildern und Interaktionsmöglichkeiten auch Videos, Animationen und Sound (Sprache und Töne) verwenden. So bieten moderne Sprachlernprogramme neben

den Videos über Land und Leute und Klangdateien zur Aussprache der Übungen oft auch die Möglichkeit, die eigene Aussprache zu kontrollieren.

➠ Siehe Edutainment

Lernsoftware

➠ Siehe Lernprogramm

Lesefehler

➠ Siehe Read Error

Lesestift

Lesestifte sind stiftartige Scanner, mit denen Strichcodes erfasst werden. Beim Ziehen des Stiftes über den Strichcode wird das Licht, das von der im Stift integrierten Lichtquelle ausgesendet wird, von den Leeräumen des Strichcodes reflektiert. Das reflektierte Licht wird von einem Sensor im Stift aufgenommen. Über eine Elektronik wird diese Information in Signale umgesetzt, die an den Computer übertragen werden. Dort werden diese Signale in die Information des Strichcodes umgesetzt.

➠ Siehe Scanner; Barcode

Letter

Letter ist die Bezeichnung für ein Papierformat, das hauptsächlich in den USA verwendet wird. Es ist mit einer Höhe von 27,94 cm und einer Breite von 21,59 cm etwas kleiner als das in Deutschland verwendete DIN-A4-Format.

➠ Siehe DIN

Letter Quality

➠ Siehe Korrespondenzdrucker

Leuchtdichteabfall

➠ Siehe Luminanzabfall

Leuchtdiode

➠ Siehe LED

Level

1. In manchen Applikationen existieren Level, um einen bestimmten Schwierigkeitsgrad für den Benutzer zu kennzeichnen. Oft werden Level in Lernprogrammen verwendet.

2. Zudem werden in vielen Spiele Level verwendet. Allerdings wird hier der Begriff in unterschiedlichen Zusammenhängen benutzt. Zum einen werden die Schwierigkeitsgrade als Level bezeichnet, zum anderen werden in Action-Spielen häufig die einzelnen Abschnitte des Spiels Level genannt. Diese können in manchen Spielen mit einem so genannten Level-Editor bearbeitet werden oder es können ganz neue erzeugt werden. Bei Rollenspielen wird der aktuelle Entwicklungsstand bzw.

Status eines Charakters mit Level bezeichnet.

3. In Netzwerken sowie Mailboxen werden bestimmte Zugriffs- und Zugangsrechte als Level bezeichnet. Benutzer mit einem höheren Level haben mehr Rechte als solche mit einem niedrigeren Level. Die höchste Stufe ist im Netzwerk der Administrator, in einer Mailbox der Sysop. Am niedrigsten sind meistens so genannte Gastzugänge bewertet.

➠ *Siehe Lernprogramm*

Level-Editor

Mit einem Level-Editor oder Missions-Editor ist es möglich, neue Level oder Missionen für ein Spiel zu erzeugen bzw. bestehende zu verändern. Manche Spiele bieten von Haus aus einem Level-Editor. Für andere hingegen existieren Level-Editoren im Sharewarebzw. Public-Domain-Bereich.

➠ *Siehe PD-Software; Shareware*

Lexmark

http://www.lexmark.de

Lexmark ist Hersteller von Laser- und auch Tintenstrahldruckern. Zunächst entwickelte und vertrieb die Firma vor allem Drucker für den Bürobereich. Diese Drucker zeichneten sich durch eine hohe Qualität in Verarbeitung und Druck aus. Inzwischen ist Lexmark aber auch mit Druckern für den Consumer-Bereich auf dem Markt und macht damit Firmen wie Hewlett Packard, Epson und Canon Konkurrenz.

➠ *Siehe Epson; Hewlett Packard; Ink-Jet Printer; Laserprinter*

LF

Abk.: Line Feed

▲ *Übers.: Zeilenvorschub*

Ein Zeilenvorschub lässt die Ausgabe in der nächsten Zeile fortfahren. Bei einem Drucker, der das Steuerzeichen »LF« (Line Feed) empfängt, wird das Papier um eine Zeile weitertransportiert. Auf dem Bildschirm springt der Cursor einfach in die nächste Zeile.

➠ *Siehe Cursor; Steuerzeichen; Bildschirm; Drucker*

LHArc

Bei LHArc handelt es sich um ein weit verbreitetes Komprimierungsprogramm, das für eine Vielzahl von Plattformen existiert. LHArc ist in der Lage, einzelne Dateien oder mehrere Dateien zu einem Archiv zu verarbeiten. Die Kompressionsrate, die erreicht wird, hängt stark von der Art der Daten bzw. deren Redundanz ab. Mit LHArc lassen sich auch EXE-Archive erzeugen, das bedeutet, dass der Algorithmus zum Entpacken der Daten wird mit den gepackten Daten zusammen in eine

Datei geschrieben. Diese kann sich auf dem Zielrechner selbstständig entpacken. Die Dateiendung von LHArc ist ».lha«.

➨ *Siehe Plattform; Archiv; ARJ; PKZIP; Datei; Komprimierungsprogramm; Kompression*

Library

Library ist eine Sammlung von Befehlen, Befehlsklassen, Makros und fertigen Programmteilen in einer Entwicklungsumgebung, die die Programmierung von immer wiederkehrenden und routinemäßigen Programmsequenzen erleichtert.

➨ *Siehe Instruction; DLL; Makro; Entwicklungssystem*

Lichtemitierende Diode

➨ *Siehe LED*

Lichtgriffel

➨ *Siehe Light Pen*

Lichtwellenleiter

➨ *Siehe Glasfaserkabel*

Lies-Mich-Dateien

➨ *Siehe Installation; ReadMe-Dateien*

LIFO

Abk.: Last In First Out

▲ *Ant.: FIFO*

LIFO ist eine Datenstruktur, die Daten nach dem Stapel-Prinzip speichert. Dabei werden die Elemente, die als letzte auf dem Stapel abgelegt werden, als erste wieder ausgelesen. Der Stack (englisch für Stapel) des Rechners ist ein Beispiel für diese Datenstruktur.

➨ *Siehe Stack*

Ligatur

Buchstabenpaare, die zu einem einzelnen Buchstaben zusammengezogen wurden und auch im Zeichensatz bzw. in der Schrift als einzelnes Zeichen behandelt werden, werden als Ligaturen bezeichnet. Ligaturen werden verwendet, um das optische Erscheinungsbild eines Textes zu verbessern. Im Normalfall werden im Computerbereich keine Ligaturen angeboten. Es gibt aber spezielle Schriften mit Ligaturen.

➨ *Siehe Schriften*

Light Amplification by Stimulated Emission of Radiation

➨ *Siehe Laser*

Light Pen

Lichtgriffel werden verwendet, um Positionen auf dem Bildschirm zu erfassen. Dabei werden die Punkte am Bildschirm über ein lichtempfindliches Element im Griffel erfasst. Über einen Treiber im Rechner werden diese Informationen in Bildschirmkoordinaten umgesetzt. Dadurch lässt sich der Cursor steuern.

➠ *Siehe Cursor; Bildschirm;*
Gerätetreiber

Light-Weight Directory Access Protocol
➠ *Siehe LDAP*

Li-Ion
Abk.: Lithium-Ionen (-Akkumulator)

Li-Ion Akkus haben die höchste Ladekapazität und längste Lebensdauer. Sie weisen keinen Memory-Effekt auf, sind umweltfreundlich, aber teuer in der Herstellung.

➠ *Siehe Akku; Ni-Cd*

LILO
Abk.: Linux Loader

LILO ist der Standard-Bootmanager des Betriebssystems Linux. Er ist unabhängig vom Dateisystem und kann den Linux-Kernel von Disketten bzw. Festplatten laden. Er kann ebenfalls zum Booten anderer Betriebssysteme (PC/MS-DOS, DR DOS, OS/2, Windows 98, Windows NT, 386BSD, SCO Unix) verwendet werden. Mit LILO ist es möglich bis zu 16 verschiedene Betriebssysteme zu booten.

➠ *Siehe Kernel; Dateisystem; Boot-Manager; Linux; Betriebssystem*

LIM/EMS-Standard
➠ *Siehe EMS*

Line Chart
➠ *Siehe Liniendiagramm*

Line Feed
➠ *Siehe LF*

Line Printer
➠ *Siehe LPT*

Linear Inferences Per Second
➠ *Siehe LIPS*

Lineare Adressierung
➠ *Siehe Adressierung, lineare*

Lineare Datei
➠ *Siehe Datei, lineare*

Lineare Datenbank
➠ *Siehe Datenbank, lineare*

Lineare Inferenzen pro Sekunde
➠ *Siehe LIPS*

Lineare Liste
➠ *Siehe Liste, lineare*

Lineare Programmierung
➠ *Siehe Programmierung, lineare*

Linearer Adressraum
➠ *Siehe Adressraum, linearer*

Lineares Verzeichnis
➠ *Siehe Verzeichnis, lineares*

Lines per inch
➠ *Siehe Lpi*

Liniendiagramm

In einem Liniendiagramm werden die einzelnen Werte, aus denen das Diagramm gebildet wird, mit durch Linien verbundenen Punkten dargestellt. Mit dieser Diagrammart lassen sich besonders gut Trendrichtungen verdeutlichen. Die Zwischenwerte, das sind die Werte zwischen den tatsächlich eingezeichneten Werten, können aus dem Diagramm nicht entnommen werden.

➭ *Siehe Tortendiagramm; Kurvendiagramm; Diagramme*

Link

Als Link wird der Verweis auf eine andere Stelle in einem Hypertext-Dokument oder auf ein anderes Hypertext-Dokument bezeichnet. Ein solcher Verweis kann angeklickt werden, um sofort zu der Stelle oder Seite zu gelangen, auf die verwiesen wird. Große Bedeutung haben solche auch Hyperlink genannten Verweise in Bezug auf HTML und das Internet bzw. das WWW.

➭ *Siehe Internet; WWW; Hypertext; HTML; Hyperlink*

Link State Routing

Wenn ein Routing-Protokoll im Netzwerk Routing-Entscheidungen anhand von Hops, Paketlaufzeit, Bandbreite, Verfügbarkeit und Auslastung einer Verbindung trifft, spricht man vom Link State Routing.

➭ *Siehe: Routing*

Linker

Der Linker ist ein Programm, das in der Erstellung von ablauffähigen Programmen aus Programmcode eine wesentliche Rolle spielt. Nachdem aus Quelltext mit dem Compiler Objektcode erzeugt wurde, werden die Einzelteile (die gerade kompilierten Module und Teile aus Bibliotheken) über den Linker gebunden.

➭ *Siehe Maschinensprache; Library; Compiler; Modul; Source-Code*

Linkswert

Eine Variable wird auch Linkswert genannt, da der Bezeichner der Variablen links vom Gleichheitszeichen steht.

➭ *Siehe Rechtswert*

Linotype-Hell

http://www.linotype.com

Linotype-Hell ist eine Firma, die sich mit professionellen Produkten aus der Druckvorstufe und dem Desktop Publishing einen Namen gemacht hat. Besonders bekannt sind die Laserbelichter von Linotype (Linotronic). Aber auch Scanner, Schriften und Projektierungen gehören zum Geschäft. Das in Eschborn bei Frankfurt ansässige Unternehmen hat von sich reden gemacht, weil es – bedingt durch finanzielle Schwierigkeiten – von der Heidelberger Druckmaschinen AG übernommen wurde.

➽ *Siehe DTP; Scanner; Belichter*

Linus Torvalds Unix

➽ *Siehe Linux*

Linux

Linux ist ein auf Unix basierendes Betriebssystem für alle gängigen Plattformen. Die Besonderheit von Linux ist seine Entstehungsgeschichte. Linus Torvalds, ein Informatik-Student aus Finnland, begann 1991 mit der Entwicklung dieses Betriebssystems. Im Laufe der Zeit wanderte das Projekt ins Internet und fand dort eine stetig wachsende Fan-Gemeinde, die das System weiter entwickelte. Heute bietet Linux alle von Unix her bekannten Merkmale wie z.B. preemptives Multitasking, virtuellen Arbeitsspeicher, gemeinsam genützte Bibliotheken und die direkte Unterstützung des TCP/IP-Protokolls.

Mittlerweile wird Linux von mehr als zehn Millionen Anwendern weltweit erfolgreich eingesetzt. Die Benutzergruppe reicht von Privatleuten über Schulungsunternehmen, Universitäten, Forschungszentren bis hin zu Behörden und Firmen, die in Linux eine echte Alternative zu anderen Betriebssystemen sehen. Derzeit erfährt Linux seine größten Zuwachsraten im gesamten Internet Server-Bereich, in dem es inzwischen aufgrund seiner überragenden Netzwerkperformance und Sicherheitsfeatures eine Spitzenposition eingenommen hat.

Weitere Besonderheiten von Linux gegenüber Windows sind u. a., dass der Datenträger, auf dem Linux laufen soll, zuerst partitioniert werden muss. Dies ist wichtig, um eine optimale Koexistenz zwischen Linux und anderen Betriebssystemen zu ermöglichen. Im Gegensatz zu früheren Linux-Distributionen läuft der Installationsprozess bei Linux heute auch menügesteuert. Außerdem hat der Linux-Anwender die Möglichkeit, durch den offenen Source-Code des Kernel sich sein Linux-Betriebssystem nach eigenen Bedürfnissen zu gestalten, ja sogar umzuprogrammieren. Der Linux-Kernel steht für alle Entwickler im Internet frei zur Verfügung. Zu beachten ist dabei, dass sich der Kernel von den verschiedenen Distributionen durchaus unterscheidet.

Linux ist über das Internet frei erhältlich. Von einigen FTP-Servern kann man sich immer die aktuellsten Kernel-Versionen herunterladen. Außerdem gibt es eine ganze Reihe von Firmen, die die so genannten Linux-Distributionen auf CD vertreiben. Eine solche Distribution enthält neben dem Kernel auch noch zahlreiche Systemprogramme für alle nur denkbaren Anwendungen. Zusätzlich sind meistens auch eine ganze Reihe von Applikationen für Linux enthalten oder können über das Internet bezogen werden. Im Shareware- und Public-Domain-Bereich gibt es zum Beispiel Textverarbeitungs-, Satz-, CAD- und Grafikprogramme sowie Entwicklungsumgebungen. Neben der hauptsächlich für den Desktopeinsatz geeigneten Distributionen gibt es auch zahlreiche spezialisierte Linux-Pakete für Server, Router oder wissenschaftliche Anwendungen, komprimierte Mini-Linux-Pakete für den Einsatz in embedded Systemen oder bootfähige »autarke« Linux-Distributionen wie Knoppix.

▬▶ *Siehe Kernel; Multitasking, preemptives; PD-Software; TCP/IP; Unix; Linux-Distributionen; FTP; Shareware; Betriebssyste*

Linux Loader

▬▶ *Siehe LILO*

Linux-Distributionen

Linux-Distributionen sind Firmenentwicklungen auf Basis des freien Betriebssystems Linux. Die Distributionen zeichnen sich durch einfache Installationstools aus, die es auch dem Einsteiger ermöglichen Linux zu benutzen. Außerdem sind die wichtigsten LinuxAnwendungen meistens Bestandteil der Distributionen. Die bekanntesten Linux-Distributionen sind:

▶ SuSE
▶ RedHat
▶ Debian
▶ Mandrake
▶ Knoppix

Die Distributionen sind zudem für die unterschiedlichsten Rechnerarchitekturen erhältlich.

▬▶ *Siehe Linux; SuSE; RedHat; SCO; Debian; Mandrake; Knoppix*

LIPS

Abk.: Linear Inferences Per Second

▲ *Übers.: Lineare Inferenzen pro Sekunde*

LIPS ist in der künstlichen Intelligenz ein Maß für die Geschwindigkeit bestimmter Arten von Expertensystemen und Maschinen.

▬▶ *Siehe Expertensystem; KI*

Liquid Crystal Display

▬▶ *Siehe LCD*

Liquid Crystal Display-Drucker

Liquid Crystal Display-Drucker ist ein dem Laserdrucker sehr ähnlicher und zu unrecht oft auch so bezeichneter, elektro-fotografischer Drucker, der eine helle Lichtquelle, in der Regel eine Halogenlampe, zur Belichtung verwendet.

▬▶ *Siehe Laserprinter; LCD; Drucker*

Lisp

Abk.: List Processing Language

Lisp ist eine funktionale Programmiersprache, die in den 1950er Jahren entwickelt wurde. Später wurde sie dann am MIT implementiert. Sie wird vornehmlich im Bereich der künstlichen Intelligenz angewendet und dient dabei zur Erzeugung von Programmen, die in der Lage sind, sich selbst zu verändern und selbst Programme zu erzeugen. Pate bei der Entwicklung von Lisp standen die Sprachen Forth und Logo, aus denen gewisse Elemente übernommen wurden.

➡ *Siehe MIT; Forth; Logo; Programmiersprache; KI*

List Processing Language
➡ *Siehe Lisp*

Listbox
➡ *Siehe Listenfeld*

Liste defekter Spuren
➡ *Siehe BTT*

Liste, doppelt verkettete

Eine doppelt verkettete Liste ist eine Knotenfolge, bei der jeder Knoten sowohl auf den Nachfolger als auch auf den Vorgänger verweist. Bei einer doppelt verketteten Liste ist es daher, im Gegensatz zu einer einfach verketteten Liste möglich, sie sowohl vorwärts als auch rückwärts zu durchlaufen.

Liste, einfach verkettete
➡ *Siehe Liste, doppelt verkettete*

Liste, lineare

Eine lineare Liste ist dadurch gekennzeichnet, dass jedes Element einen Nachfolger bzw. Vorgänger hat, natürlich mit Ausnahme des ersten bzw. letzten Elements. Außerdem besteht diese Liste aus einer einfachen, geordneten Reihenfolge.

Listenfeld

Listenfelder sind Standardelemente grafischer Benutzeroberflächen. Sie dienen dazu, einzelne Begriffe oder Worte in Form einer Liste zu präsentieren, aus der der Benutzer sehr leicht mit der Maus einen oder mehrere Einträge auswählen kann.

➡ *Siehe Maus; GUI*

Bild L.3: Ein Listenfeld zur Auswahl von Namen

Listing

Als Listing wird in der Programmierung der Quelltext von Programmen bezeichnet. In den frühen Tagen der Computerprogrammierung bestanden Programme aus einer Auflistung von Anweisungen, die wie auf einer Liste nacheinander abgearbeitet wurden, wovon sich der Begriff Listing (Auflistung) ableiten lässt. Auch heute noch wird dieser Begriff verwendet, allerdings sind die Strukturen heutiger Programme ungleich komplexer.

➭ *Siehe Programm; Source-Code*

LISTSERV

LISTSERV ist ein Server-Programm zur Verwaltung von Mailing-Listen. Es wurde 1986 von Eric Thomas für das BITNET entwickelt. Wenn eine E-Mail an LISTSERV geschickt wird, versendet das Programm diese Mail automatisch an alle in der Mailing-Liste eingetragenen Adressaten. LISTSERV ist ein kommerzielles Produkt der Firma L-Soft International. Es gibt zudem kostenlose Server für Mailing-Listen, wie das oft verwendete Majordomo.

➭ *Siehe Bitnet; E-Mail; Mailing-List*

Lithium-Ionen-Akku

➭ *Siehe Li-Ion; Akku*

Little endian

Little endian bezeichnet eine Speichermethode, bei der das niederwertige Byte einer Zahl an die erste Stelle gesetzt wird. Der Wert C13D wird z.B. in der Reihenfolge 3D C1 im Speicher abgelegt. Diese Speichermethode wird von Prozessoren der Firma Intel eingesetzt, Motorola-Prozessoren hingegen verwenden die Methode »big endian«, bei der der Beispielwert in der Form C1 3D gespeichert wird, also mit dem höchstwertigen Byte zuerst. Der Begriff stammt aus dem Roman »Gullivers Reisen« von Jonathan Swift. »Little endian« ist die Bezeichnung für das Öffnen von Eiern am dünnen (=schmalen) Ende, um sie zu verzehren. Dies machte ausschließlich der Liliputanerkönig. Alle anderen öffneten die Eier am dicken (=breiten) Ende, dem »big endian«.

➭ *Siehe Big endian; Bi-endian; Intel; Motorola*

Lizenz

Im Softwarebereich wird unter Lizenz das Recht verstanden, eine Kopie eines Programms zu verwenden. Im Normalfall ist es lediglich möglich, eine Kopie auf einem Rechner zu installieren und sich für eigene Zwecke eine Sicherheitskopie anzulegen. In der so genannten Lizenzvereinbarung legt der Softwarehersteller fest, was der Anwender in Bezug auf das Kopieren und Verwenden der Software darf und was nicht. Grundlage dafür ist das Urheberrecht. Verstöße gegen diese Vereinbarung sind insbesondere die

Anfertigung und Weitergabe von Raubkopien. Dies ist strafbar. Allerdings ist die Überwachung sehr schwer und so arbeiten viele Anwender mit Raubkopien.

➠ *Siehe Software; EULA; Backup; Raubkopie; Cracker*

LLC

Abk.: Logical Link Control

▲ *Übers.: logische Verbindungssteuerung*

LLC ist eine Schnittstelle, die sich mit der Verbindung zwischen zwei Stationen, der Erzeugung von Nachrichtenrahmen und der Fehlersteuerung befasst und für alle IEEE 802-Standards gültig ist.

➠ *Siehe IEEE-802-Modell*

Lobe-Kabel

Ein Lobe-Kabel ist ein Netzwerkkabel, in dem zwei in einem gemeinsamen Kabelmantel vereinigte Doppelleitungen liegen. Das eine Leitungspaar dient dem Datenempfang, das andere dem Senden von Daten.

➠ *Siehe Netzwerkkabel*

Local Area Network

➠ *Siehe LAN*

LocalTalk

LocalTalk ist der Netzwerkstandard von Apple. Die Basis dafür wurde bereits im ersten Mac von 1984 verwendet. LocalTalk wurde für eine einfache Vernetzung von Macs in kleineren Netzen konzipiert. Die Daten werden über einen seriellen Bus mit einer recht niedrigen Geschwindigkeit von 230,4 KBit/s übertragen (im Vergleich dazu: Ethernet schafft 10 MBit/s und TokenRing 16 MBit/s). Die Adresszuweisung an die einzelnen Rechner im Netz erfolgt dynamisch beim Start der Rechner. Zur Verkabelung wird ein Twisted-Pair-Kabel verwendet, dessen Gesamtlänge 300m nicht überschreiten darf. Insgesamt dürfen bis zu 32 Rechner in Serie geschaltet werden.

➠ *Siehe Twisted-Pair-Kabel; Apple; AppleTalk; Ethernet; Token-Ring*

Lochabstand

➠ *Siehe Dot Pitch*

Lochkarte

➠ *Siehe Punched Card; Jacquard, Joseph-Marie*

Lochkartenleser

Um die Informationen, die auf Lochkarten gespeichert sind, wieder auslesen zu können, wird ein spezielles Gerät, der Lochkartenleser benötigt. Dieser verfügt über ein Magazin, in das die Lochkartenstapel eingelegt werden. In der Maschine werden die Lochkarten entweder auf mechanischem oder auf optischem Weg ausgewertet. Gelesene Lochkarten werden in ein zweites Magazin transportiert. Für fehlerhafte Lochkarten existiert ein spezielles Fach, in das sie zur späteren Ansicht abgelegt werden.

➡ *Siehe Jacquard, Joseph-Marie; Punched Card; Stapelverarbeitung*

Lochmaske

Bei Monitoren, die zur Bilderzeugung Kathodenstrahlröhren verwenden, befindet sich auf der Innenseite der Frontglasscheibe eine Leuchtschicht. Jeder Bildpunkt ist auf dieser Schicht in drei Leuchtpunkte aufgeteilt – je einer für die drei Grundfarben Rot, Grün und Blau. Damit die drei Elektronenstrahlen den richtigen Leuchtpunkt treffen, befindet sich hinter dieser Schicht die so genannte Lochmaske. In dieser Maske befindet sich vor jedem Leuchtpunkt ein Loch, durch das der Elektronenstrahl hindurchtreten kann. Mit der Lochmaske wird verhindert, dass bei Beschuss eines Leuchtpunktes durch eine Elektronenkanone auch benachbarte Leuchtpunkte mitleuchten. Dies hätte starke Farbverfälschungen zur Folge. Neben Lochmasken, die tatsächlich kreisrunde Löcher aufweisen, gibt es auch Lochmasken, die über rechteckige Schlitze (Streifenmaske) oder elliptische Löcher (CromaClear von NEC) verfügen.

➡ *Siehe Elektronenstrahlröhre; RGB; Bildschirm; Streifenmaske*

Lochstreifen

Lochstreifen dienten als Speichermedium für Daten bei Computern und Fernschreibern. Lochstreifen sind dünne Endlospapierstreifen, in die Löcher gestanzt wurden. Über diese gestanzten Löcher wurden die Daten in dem Papierstreifen gespeichert. Über Lochstreifen konnten Daten ausgetauscht werden. Allerdings war die Speicherkapazität gering, das Speichern und Einlesen langsam und das Medium nicht besonders haltbar.

➡ *Siehe Speichermedium; Speicherkapazität*

Log Off

Der Log Off-Vorgang bezeichnet allgemein das Trennen einer Netzwerkverbindung (bzw. einer DFÜ-Verbindung) oder das Abmelden des Users von einem lokalen oder globalen Netzwerk. Im Gegensatz dazu steht das so genannte Anmelden oder auch Log On, Log In oder umgangssprachlich »Einloggen«.

➡ *Siehe Netzwerk; Login; DFÜ*

Log On

➡ *Siehe Login*

Log-Datei

Mit Log-Dateien werden bestimmte Vorgänge im Computer protokolliert. Die Idee ist immer, anhand der Informationen in einer solchen Datei nachzuvollziehen, was während des überwachten Vorgangs geschehen ist. Solche Log-Dateien werden in vielerlei Situationen eingesetzt, z.B. werden in Netzwerken häufig die Zugriffe auf Server protokolliert.

➠ *Siehe Server; Netzwerk; Protokoll*

Logic Array

Ein logisches Gatter (englisch: Logic Array) ist eine elektronische Schaltung oder ein Teil einer solchen, die eine Operation der Booleschen Algebra, wie z.B. NOT oder AND, ausführen kann. Diese Gatter spielen in der Digitalelektronik die zentrale Rolle. Besonders gut lassen sich diese Gatter auf integrierten Schaltungen (ICs) unterbringen.

➠ *Siehe Boole, George; Array; Boolesche Operatoren; IC*

Logical Block Addressing

➠ *Siehe LBA*

Logical Link Control

➠ *Siehe LLC*

Logical Unit

➠ *Siehe LU*

Logik

Logik ist die Lehre des widerspruchsfreien und folgerichtigen Denkens. Als Teilgebiet der Informatik hat sie im Computerbereich eine große Bedeutung. Die Logik ist bemüht Strukturen und Gesetzmäßigkeiten formal richtig zu beschreiben und diese in Algorithmen zu fassen. Dafür werden Aussagen gebildet. Durch die Verknüpfung von Aussagen entstehen dann neue Aussagen. Die Logik kennt nur wahre und falsche Aussagen. Dies ist natürlich eine sehr gute Ausgangsbasis für die Umsetzung in einem Computersystem, da die einzelnen Bits genau diese Werte repräsentieren.

Logik, formale

Die formale Logik wird z.B. bei der Überprüfung der Fehlerfreiheit von Programmen eingesetzt und untersucht ohne Beachtung der Wahrheit des Arguments logische Ausdrücke, Verkettungen und die Gesamtkonstruktion eines gültigen Arguments.

➠ *Siehe Logik*

Logik, geteilte

Der Begriff geteilte Logik wird für von verschiedenen Programmen gemeinsam verwendete Programm-Module benutzt. Der Begriff steht auch analog für logische Schaltkreise, bei denen bestimmte Operation mehrerer anderer Schaltkreisen implementiert werden sollen.

➠ *Siehe Logik*

Logik, negative

Bei der Entwicklung der Logik eines Schaltkreises kann der Wert

WAHR durch eine negative Spannung (z.B. -5V) dargestellt werden. In diesem Zusammenhang wird von negativer Logik gesprochen.

➔ Siehe Logik; Logik, positive

Logik, positive

Bei der Entwicklung eines Schaltkreises wird dieser auch als logischer Schaltkreis oder kurz als Logik bezeichnet. Werden WAHRE Werte (1) durch eine positive Spannung dargestellt, wird von positiver Logik gesprochen.

➔ Siehe Logik

Logik, stromgesteuerte

Transistoren arbeiten bei diesem Schaltkreistyp der stromgesteuerten Logik in einem ungesättigten (verstärkenden) Modus.

➔ Siehe Logik

Logik, symbolische

Anstatt sprachlicher Ausdrücke für die Formulierung von Behauptungen und Beziehungen verwendet die symbolische Logik Symbole zur Darstellung kausaler Beziehungen und Folgen.

➔ Siehe Logik

Logik, unscharfe

➔ Siehe Fuzzy-Logik

Logik, wiederprogrammierbare

Wiederprogrammierbare Logik bezeichnet einen integrierten Schaltkreis mit einem Array logischer Schaltkreise, der erst nach der Herstellung programmiert wird. Erst dadurch werden Verbindungen zwischen den einzelnen Schaltkreisen bzw. die logischen Funktionen des Array, festgelegt. Dies erfolgt in der Regel zum Zeitpunkt der Installation und kann lediglich einmal ausgeführt werden. Die Programmierung erfolgt, indem ein stärkerer Strom durch so genannte fusible links auf den Chip geleitet wird.

➔ Siehe Logik; Array

Logikeinheit, arithmetische

➔ Siehe Logik; ALU

Logikfehler

Ein Logikfehler ist ein Fehler in der Programmlogik, durch den in der Regel der eigentliche Ablauf eines Programms nicht verhindert wird. Das Programm funktioniert zwar, liefert aber z.B. durch die Verwendung eines fehlerhaften Algorithmus falsche Ergebnisse. Der Fehler ist aus diesem Grund oft schwer zu finden.

➔ Siehe Logik; Algorithmus

Login

Der Login-Vorgang bezeichnet den Aufbau einer Verbindung zu einem lokalen oder globalen

Netzwerk, damit einem Anwender Zugriff auf Daten in einem Netzwerk, einem einzelnen Computer oder einem Online-Dienst gewährt wird. Dabei werden meistens eine Benutzerkennung und ein Benutzerkennwort abgefragt.

➡ *Siehe Log Off*

Logische Adresse

➡ *Siehe Adresse, logische*

Logische Bombe

Logische Bomben sind normalerweise Sabotageprogramme, die eine Art Zeitzünder enthalten. Dadurch entfalten sie ihre zerstörerische Wirkung erst nach einer zuvor festgelegten Zeitspanne oder zu einem bestimmten Zeitpunkt.

Logische Einheit

➡ *Siehe ALU; LU*

Logische Operation

➡ *Siehe Operation, logische*

Logische Verbindungssteuerung

➡ *Siehe LLC*

Logische Verknüpfung

Als logische Verknüpfung werden alle Operationen der Booleschen Algebra bezeichnet, die zwei binäre Werte miteinander verknüpfen. Unter diesen Sammelbegriff fallen die Operationen AND, OR, XOR.

➡ *Siehe OR-Verknüpfung; AND-Verknüpfung; XOR-Verknüpfung; Binär; Boolesche Operatoren*

Logisches Gatter

➡ *Siehe Logic Array; Boolesche Operatoren; IC*

Logisches Laufwerk

Ein logisches Laufwerk ist ein Laufwerk, das kein einzelnes physikalisches Laufwerk ist, sondern ein Teil eines anderen physikalischen Laufwerks. Das logische Laufwerk wird dem Benutzer allerdings genauso wie ein physikalisches Laufwerk präsentiert. Die Aufteilung eines physikalischen Laufwerks in logische Laufwerke wird mit Hilfe des Betriebssystems vorgenommen. Logische Laufwerke bieten die Möglichkeit, eine große Festplatte in mehrere Einheiten zu gliedern.

➡ *Siehe Laufwerk; Harddisk*

Logisches Nicht

➡ *Siehe NOT-Verknüpfung*

Logisches Oder

➡ *Siehe OR-Verknüpfung*

Logisches Und

➡ *Siehe AND-Verknüpfung*

Logitech

http://www.logitech.de

Logitech wurde 1981 in der Schweiz gegründet und hat heute

seinen Hauptsitz in Kalifornien. Die Firma, die sich auf Computerperipherieprodukte, insbesondere Mäuse, Joysticks, Hand- und Einzug-Scanner spezialisiert hat, bot ursprünglich die Programmiersprache Modula 2 für PCs an. Logitech (oder kurz Logi) bietet immer wieder sehr innovative Produkte, die über Mäuse und Scanner hinausgehen. Die eigentliche Bekanntheit hat das Unternehmen aber durch seine Mäuse erlangt – die Logi-Maus ist ein feststehender Begriff.

➠ *Siehe MODULA2; Scanner; Joystick; Maus*

Logo

Logo ist eine Programmiersprache, die sich stark an der englischen Sprache orientiert. Aus diesem Grund ist sie leicht zu erlernen. Sie wurde in den 1960er Jahren am MIT entwickelt und sollte den einfachen Einstieg in die Welt der Programmierung von Computern ermöglichen und damit Basic ablösen. Einige Elemente wurden von der Sprache Lisp übernommen. Logo hat heute so gut wie keine Bedeutung mehr.

➠ *Siehe MIT; Lisp; Programmiersprache; Basic*

Logoff Note

Bei manchen Mailboxen ist es möglich, eine Nachricht beim Verlassen der Mailbox zu schreiben. Diese sieht der nächste User. Solche Nachrichten werden »logoff note« genannt.

➠ *Siehe Log Off; BBS*

Lokale Station

➠ *Siehe Station, lokale*

Lokale Variable

➠ *Siehe Variable, lokale*

Lokaler Bypass

➠ *Siehe Bypass, lokaler*

Lokales Netzwerk

➠ *Siehe LAN*

Long

Long ist ein Wert mit doppeltem Wertebereich eines Integers (16 Bit). Der Wertebereich reicht demnach von -2.147.483.648 bis +2.147.483.648.

➠ *Siehe Integer; Short; Long long*

Long Double

Long Double ist ein Floating-Point Datentyp mit erweiterter Genauigkeit (80 Bit) eines Double (64 Bit). Der Wertebereich reicht von 1,2E +/- 4932 (19 Stellen hinter dem Komma).

➠ *Siehe Floating Point Representation; Double*

Long long

Long long ist ein Wert mit doppeltem Wertebereich eines Longs.

Der Wertebereich reicht demnach von -9.223.372.036.854.775.808 bis +9.223.372.036.854.775.807.

➠ *Siehe Short; Long; Integer*

LONworks

Technologie der US-amerikanischen Firma Echelon zur Gebäudeautomation. Wesentliches Merkmal ist die stark dezentrale Struktur der Netzwerkelemente. So genannte Sensoren und Aktoren kommunizieren selbständig und steuern die Gebäudetechnik (Klima, Lifte, Beleuchtung) anhand vordefinierter Regeln, wobei die Verbindung über alle möglichen Leitungsformen (Twisted-Pair, Stromleitung, Infrarot usw.) realisiert werden kann. Zentraleinheit der einzelnen Knoten ist der eigens entwickelte Neuron-Chip. Die Kommunikation läuft über das proprietäre Protokoll LONTalk. Größter Konkurrent dieses Systems ist EIB (European Installation Bus).

Look and Feel

Als Look and Feel wird die Kombination aus dem Aussehen und der spezifischen Bedienung eines Programms bezeichnet. Der Begriff geht auf Lotus zurück. Lotus sah das Look and Feel ihrer Tabellenkalkulation durch Programme anderer Firmen nachgeahmt und strengte daraufhin einen Prozess an.

➠ *Siehe Lotus; Lotus 1-2-3*

Loop

➠ *Siehe Schleife*

LoRes

Abk.: Low Resolution

▲ *Ant.: HiRes*

LoRes bedeutet »niedrige Auflösung«. Damit werden alle Bildschirmauflösungen unter 800x600 Bildpunkten bezeichnet.

➠ *Siehe HiRes*

Löschen

Beim Löschen werden Daten von einem Speichermedium entfernt. Dabei wird zwischen logischem und physikalischem Löschen unterschieden. Beim logischen Löschen werden die zu löschenden Daten lediglich so gekennzeichnet, dass diese durch andere Daten überschrieben werden können. Solange die Daten noch nicht überschrieben sind, ist diese Art des Löschens reversibel. Beim physikalischen Löschen werden Daten tatsächlich überschrieben. Überschrieben werden diese entweder mit neuen Daten oder mit einem beliebigen Bit-Muster. Nach dem physikalischen Löschen sind Daten unwiederbringlich verloren.

➠ *Siehe Daten; Speichermedium; Formatierung; Bit*

Lotus

http://www.lotus.com

Lotus ist eine amerikanische Softwarefirma, die inzwischen von IBM übernommen und als selbstständiger Geschäftsbereich eingegliedert wurde. 1982 gegründet, wurde Lotus zunächst mit der Tabellenkalkulation 1-2-3 bekannt. Später folgten die Textverarbeitung AmiPro (heute Lotus WordPro) und das E-Mail-Programm cc:Mail. Mit Symphony präsentierte Lotus das erste integrierte Programmpaket. Sehr bekannt ist heute das Groupware-System Lotus Notes bzw. Lotus Domino.

➠ *Siehe Lotus Organizer; Lotus SmartSuite; Lotus Notes; IBM; EFF; Lotus 1-2-3*

Lotus 1-2-3

Lotus 1-2-3 ist ein Tabellenkalkulationsprogramm. Dieses Programm war der erste große Erfolg der Firma Lotus. Seit der Vorstellung 1982 hat sich das Programm natürlich stark weiterentwickelt und entspricht dem Stand der Technik. Mit 1-2-3 lassen sich Daten in Tabellen berechnen, verwalten und auswerten. Diese Daten können dann über entsprechende Funktionen grafisch in Form von Diagrammen präsentiert werden. Eine Eigenschaft, auf die bei der Entwicklung großer Wert gelegt wurde, gibt mehreren Benutzern die Möglichkeit Daten zu bearbeiten.

➠ *Siehe Lotus; Tabellenkalkulation; Diagramme; EFF*

Lotus Notes

Lotus Notes ist eine so genannte Groupware. Wesentliche Elemente von Notes sind eine netzwerkfähige und dokumentenorientierte Datenbank und eine leistungsfähige Mail-Funktion. Damit wird es möglich, die unternehmensweite Datenhaltung und den Zugriff darauf, speziell die gemeinsame Bearbeitung, wesentlich effizienter zu machen. Eine besondere Stärke von Notes ist die Plattformunabhängigkeit. Notes gibt es für DOS, Windows, OS/2, Unix und Mac. Die Oberfläche ist im Rahmen der Eigenheiten der einzelnen Betriebssysteme nahezu identisch. Als weiteres Merkmal können Anwendungen für die Notes-Umgebung erstellt werden.

➠ *Siehe Plattform; Lotus; Groupware; Datenbank*

Lotus Organizer

Lotus Organizer ist ein weiteres Programm aus dem Hause Lotus. Der Organizer stellt einen Terminplaner dar. Mit dem Organizer können Termine und Adressen leicht und komfortabel verwaltet werden. Die Oberfläche ist im Stil eines echten Terminkalenders gehalten, was eine sehr intuitive Bedienung ermöglicht.

➠ *Siehe Lotus; Lotus SmartSuite; Organizer*

Lotus SmartSuite

Lotus SmarteSuite ist das Konkurrenzprodukt zu Microsoft Office. Es enthält die Textverarbeitung WordPro, das Präsentationsprogramm Freelance, die Datenbank Approach, die Tabellenkalkulation 1-2-3 und die Termin- und Adressverwaltungssoftware Organizer.

➠ *Siehe Lotus Organizer; Lotus; Lotus Notes; Office; Lotus 1-2-3*

Loveletter

Loveletter ist ein E-Mail-Wurm (Virus), der am 04.05.2000 weltweit großen Schaden anrichtete. Das Virus, das mit der Betreffzeile ILOVEYOU im Briefkasten zahlreicher User landete, ähnelte vom Prinzip her dem Wurm Melissa. Beide Viren nutzen sicherheitsbedenkliche Einstellungen des E-Mail-Programms Microsoft Outlook, um sich zu verbreiten und Schaden anzurichten. So kann es sein, dass ein Loveletter auch ohne Zutun des Anwenders ausgeführt wird. Loveletter an sich ist ein VB-Skript, welches vom Windows Script Host (WSH) auf dem Rechner des Benutzers ausgeführt wird. Loveletter überschreibt daraufhin alle Dateien der Formate MP2, MP3, JPG und JPEG mit seinem eigenen Code und hängt die Dateiendung ».vbs« an. Wenn möglich versendet sich das Virus über einen eventuell offenen IRC-Channel. Außerdem versendet es sich an alle Personen im Adressbuch von Outlook.

➠ *Siehe Computervirus; Wurm; MP3; JPEG; IRC; WSH; ILOVEYOU*

Low Byte

Bei Computern mit einer Datenbreite von 16 Bit wird ein 16 Bit-Datenwort in zwei Byte, zwei 8 Bit große Teile, zerlegt. Das rechte Byte wird dabei als niederwertiges oder »low byte« bezeichnet.

➠ *Siehe Datenwort; Byte; Bit*

Low Resolution

➠ *Siehe LoRes*

Low-Level-Formatierung

Bei der Low-Level-Formatierung wird die magnetische Oberfläche eines Datenträgers mit Spuren und Sektoren versehen. Bei Disketten gibt es zwischen dem Low-Level-Formatieren und dem Formatieren keinen Unterschied. Bei Festplatten wird hingegen sehr wohl unterschieden. Im Normalfall wird die Low-Level-Formatierung einer Festplatte vom Hersteller übernommen, das heißt, sie wird vorformatiert ausgeliefert. Das Formatieren, so dass eine Platte mit einem bestimmten Betriebssystem verwendet werden kann, ist dagegen ein separater

Vorgang, den der Anwender über das Betriebssystem ausführen muss.

➡ *Siehe Datenträger; Formatierung; Track(s); Harddisk; Sektor; Betriebssystem*

Lpi

Abk.: lines per inch

▲ *Übers.: Zeilen pro Zoll*

Lpi ist ein Maß in Bezug auf die Rasterung beim Druck von Graustufen auf einem monochromen Drucker. Anstelle von lpi wird auch der Begriff Rasterfrequenz verwendet. Im Gegensatz zu der Einheit dpi, die die physikalische Auflösung eines Gerätes beschreibt, trifft die Rasterfrequenz eine Aussage über die Art der Rasterung bzw. der Umsetzung von Graustufen in eine Verteilung von schwarzen Druckpunkten. Bei monochromen Druckern, die mit Rasterverfahren arbeiten (z.B. Laserdrucker, Laserbelichter), besteht eine eindeutige Beziehung zwischen der physikalischen Auflösung, der Rasterfrequenz und der Anzahl der darstellbaren Graustufen. Zunächst muss aber noch der Begriff der Halbtonzelle erklärt werden. Um Graustufen darzustellen, werden diese Graustufen auf Geräten, die diese nicht direkt drucken können, durch eine Verteilung (Rasterung) von schwarzen (bedruckte Stellen) und weißen (unbedruckte Stellen) Punkten simuliert. Die kleinste logische Einheit bei dieser Rasterung wird als Halbtonzelle bezeichnet. Diese besteht aus einer bestimmten Anzahl von Druckpunkten und kann damit eine bestimmte Anzahl von Graustufen erzeugen. So beinhaltet z.B. eine Halbtonzelle mit einer Kantenlänge von 10 Pixeln 10 x 10 Druckpunkte, sprich 100 Druckpunkte, was gleichzeitig auch die Anzahl der simulierbaren Graustufen ist. Das heißt, zwischen den Werten 100% schwarz (100 schwarze Punkte) und 0% schwarz (entspricht 100% weiß bzw. 100 nicht bedruckte Punkte) sind noch 98 Zwischenstufen möglich. Um z.B. ein 50%iges Grau zu erzeugen, werden 50 Punkte gedruckt und die restlichen 50 nicht. Nun zu der oben angesprochenen Beziehung dpi/lpi = Kantenlänge der Halbtonzelle. Wenn Sie diesen Wert quadrieren, erhalten Sie die Anzahl der darstellbaren Graustufen. Ein Beispiel soll dies verdeutlichen. Wenn Sie auf einem Laserdrucker mit 600 dpi eine Rasterfrequenz von 60 verwenden, ergibt das eine Kantenlänge von 10 für die Halbtonzelle und damit 100 darstellbare Graustufen. Die gleiche Rasterfrequenz auf einem Laserbelichter mit 1.200 dpi ergibt eine Kantenlänge von 20 und damit 400 darstellbare Graustufen. Allerdings muss beachtet werden, dass mit dem Anwachsen der Kantenlänge der Halbtonzelle die effektive Auflösung sinkt, da die Halbtonzelle die kleinste Einheit darstellt, aus der das Bild aufgebaut wird. Das heißt, mehr Graustufen erzeugen grobere Bilder und umgekehrt. Es gilt einen guten Kompromiss zwischen Graustufen und Detailschärfe zu finden. Dieser ist für die meisten Laserdrucker bei 100 lpi erreicht (dies ist normalerweise auch die Voreinstellung).

➥ *Siehe Dpi; Halbtonverfahren; Rasterverfahren; Pixel; Punkt; Drucker*

LPT

Abk.: Line Printer

▲ *Syn.: PRN*

LPT ist unter den Betriebssystemen DOS, Windows und OS/2 der Gerätename für die parallelen Schnittstellen. Die LPT1 wird auch als PRN bezeichnet.

➥ *Siehe Parallel-Port-Modus; Geräteadresse; Schnittstelle, parallele; Drucker*

LPX

Der LPX-Formfaktor, ein Layout für Hauptplatinen (Motherboard) von PCs, wird in sehr flachen Desktop-Gehäusen eingesetzt. ISA- und PCI-Slots befinden sich bei LPX nicht, wie von Baby-AT oder ATX gewohnt, auf dem Motherboard, sondern auf einer so genannten Riser-Karte, die auf der Hauptplatine aufgesteckt ist. Riser-Karte und Board müssen perfekt aufeinander abgestimmt sein, um funktionieren zu können, weshalb sie meist vom selben Hersteller kommen. Das LPX-Format wird den heutigen Anforderungen kaum mehr gerecht. So gibt es Schwierigkeiten, die Wärme, die von Prozessoren neuerer Bauart (z.B. den Pentium II) erzeugt wird, abzuführen. Zudem gibt es keinen Platz mehr für neue Schnittstellen bzw. den AGP-Bus. LPX wird deshalb langsam durch den neuen NLX-Formfaktor abgelöst werden.

➥ *Siehe AGP; ATX; NLX; Riser-Karte; Motherboard, Baby-AT*

LQ

➥ *Siehe Korrespondenzdrucker*

LS-120 Diskette

Die LS-120 Diskette soll der Nachfolgestandard für die bekannte 3,5-Zoll-Diskette werden. Bei dieser Diskette handelt es sich um eine Gemeinschaftsentwicklung der Firmen 3M, Compaq und Matsushita. Die Diskette bietet eine Kapazität von 120 MByte.

➥ *Siehe IBM; Diskette*

LSB

http://www.linuxbase.org

Abk.: Least Significant Bit; Linux Standard Base

▲ *Übers.: niederwertigstes Bit*

1. LSB ist das Bit »0« in einem Byte.

2. Die LSB (Linux Standard Base) ist ein Zusammenschluss verschiedener Firmen, deren Ziel es ist, einen Standard zu entwickeln, der die Kompatibilität zwischen den unterschiedlichsten Linux-Distributionen fördern soll. Dadurch soll es Softwareentwicklern erleichtert werden, Anwendungen zu portieren, die dann auch auf allen Linux-Distributionen laufen. Mitglieder dieser Organisation sind z. B.:

- Caldera Inc.
- Corel Corp.
- Debian Projekt
- IBM
- RedHat
- SuSE

▰▶ *Siehe IBM; Kompatibilität; Corel; Byte; Bit; Linux*

LSI

Abk.: Large Scale Integration

LSI stellt eine wesentliche Etappe bei der Integrationsdichte von ICs dar.

Abhängig von der Integrationsdichte existieren:

▶ LSI (Large Scale Integration): 1000 bis 10.000 Transistoren pro Chip

▶ VLSI (Very Large Scale Integration): 10.000 bis 1.000.000 Transistoren

▶ ULSI (Ultra Large Scale Integration): 1.000.000 bis 100.000.000 Transistoren

▶ GLSI (Giant Large Scale Integration): mehr als 100.000.000 Transistoren

▰▶ *Siehe VLSI; ULSI; GLSI; IC*

LU

Abk.: logical unit

▲ *Übers.: logische Einheit*

Die LU ist ein Element in der Netzwerkarchitektur von IBM (SNA).

▰▶ *Siehe IBM*

Lüfter

Ein Lüfter ist eine Art Ventilator bzw. Gebläse, der dafür sorgt, dass in einem elektronischen Gerät ein konstanter Luftstrom herrscht. Dieser Luftstrom soll helfen, die beim Betrieb des Geräts entstehende Wärme abführen und damit das Gerät kühlen. Die Kühlung ist notwendig, da durch übermäßige Erhitzung Komponenten Schaden nehmen können. In einem normalen PC sind meistens zwei Lüfter. Der eine befindet sich direkt auf dem Prozessor, da der Prozessor sich im Betrieb sehr stark aufheizt. Der andere ist im Netzteil untergebracht. Dieser sorgt zum einen für die Kühlung der Komponenten des Netzteils und zum anderen für einen Luftstrom im Gehäuse des PCs. In vielen anderen Geräten wie z. B.

Druckern befinden sich ebenfalls Lüfter. Obwohl heutige Lüfter sehr leise sind, sorgen sie dennoch für einen Großteil des Geräuschpegels eines PCs.

↠ *Siehe PC; Netzteil; Prozessor; Drucker*

Bild L.4: *Ein Prozessorlüfter*

Luftspalt

Als Luftspalt wird der Abstand zwischen einem Schreib-Lese-Kopf und der Oberfläche einer Magnetplatte, einer Festplatte bzw. einer Diskette bezeichnet. Dieser Abstand ist bei einer Festplatte kleiner als 1 µm (1/1000 mm).

↠ *Siehe Schreib-Lese-Kopf; Harddisk; Diskettenlaufwerk*

Luminanzabfall

Der Luminanzabfall beschreibt die Eigenschaft von Leuchtstoffen wie z.B. dem in Kathodenstrahlröhren eingesetzten Phosphor, durch die ein Bild für kurze Dauer, nachdem der Stoff angestrahlt wurde, auf dem Bildschirm erhalten bleibt.

↠ *Siehe Elektronenstrahlröhre; Bildschirm*

LVD

Abk.: Low Voltage Differential

LVD ist eine Untergruppe der SCSI-Geräte, die aufgrund ihrer elektrischen Bauart klassifiziert wurden. LVD SCSI (Ultra 2 SCSI) kommt besonders im PC-Bereich zum Einsatz. LVD beherrscht aus Kompatibilitätsgründen zudem den Single-Ended-SCSI-Standard.

↠ *Siehe Kompatibilität; SCSI*

LWDRM

Abk.: Light Weight Digital Rights Management

Eine sanftere Form des DRM, das die Weiterverbreitung digitalen geistigen Eigentums weniger stark beschränkt und auf MPEG-4 aufsetzt. Dabei werden die zu schützenden Daten vom Nutzer digital signiert und somit nachweisbar an ihn gebunden. Anschließend kann der Nutzer die Daten annähernd frei von Beschränkungen weiterverteilen. LWDRM nutzt wie DRM verschiedene Verschlüsselungsverfahren (RSA, AES, ISMACryp) und zusätzlich digitale Wasserzeichen.

↠ *Siehe: DRM, RSA*

LWL

➠ *Siehe Glasfaserkabel*

Lycos

http://www.lycos.de

Lycos ist eine der bekannten Suchmaschinen im Internet. Mit Lycos kann das Internet (WWW, FTP-Sites, Newsgroups, Gopher-Server) nach Informationen abgesucht werden. Dazu können bestimmte Begriffe eingegeben werden. Nach diesen Begriffen sucht Lycos und präsentiert das Ergebnis als Hypertextdokument. In diesem befinden sich Links zu den einzelnen Fundstellen. Diese werden in der Reihenfolge der Relevanz präsentiert. Die Relevanz ermittelt Lycos aus der Häufigkeit mit der sie auftreten und der Position im Dokument. Je früher ein Begriff auftaucht und je häufiger dieser im Dokument vorhanden ist, desto höher ist die Relevanz.

➠ *Siehe Newsgroup; Gopher; WWW; Search-Engine; Hypertext; Link; FTP*

M

M
Abk.: Mega

Normalerweise steht Mega für 1.000.000 Einheiten. Im Computerbereich steht Mega für 1.048.576 Einheiten. Beispiele wären MByte oder MBit.

➠ *Siehe MB; MBit*

M2

Der Cyrix M2 oder 6x86MX ist ein Pentium-kompatibler Prozessor mit MMX-Unterstützung. Der M2 verfügt gegenüber seinem Vorgänger, dem M1, über einen größeren L1-Cache (64 KByte statt 16 KByte) und verbesserte Sprungvorhersage-Technik. Hinsichtlich seiner Leistungsfähigkeit siedelt er sich zwischen einem Pentium MMX und einem Pentium II gleichen CPU-Takts an.

➠ *Siehe MMX; L1-Cache; Pentium II; Pentium; K6*

MAC

➠ *Siehe IEEE-802-Modell; Macintosh*

MAC-Adresse

MAC-Adresse ist eine auf das EPROM der Netzwerkkarte gebrannte Adresse. Der Adapter ist durch die weltweite Eindeutigkeit der Adresse immer identifizierbar.

➠ *Siehe Netzwerkkarte; EPROM*

MacBinary

MacBinary ist ein File-Transfer-Protokoll zur Konvertierung und Übertragung von Dateien anderer Systeme auf das Macintosh-System.

➠ *Siehe Konvertierung; Protokoll; Macintosh*

Macintosh

Die Macintosh-Familie von Apple gibt es seit 1984. Der Mac – wie er liebevoll von seinen Fans genannt wird – glänzte als einer der ersten Heimcomputer mit einer grafischen Benutzeroberfläche (MacOS). Nachdem jahrelang die 680x0-Prozessorfamilie als CPU eingesetzt wurde, läuft seit 1994 der PowerPC-Chip (eine gemeinsame Entwicklung von IBM, Apple und Motorola) in den Gehäusen der Mac-Familie, die nun durch die PowerPC-Serie ersetzt wurde. Im August 1997 stellte Apple den schnellsten Heimcomputer der Welt vor, einen PowerPC Modell 9600 mit 350 MHz. Während Apple mit seinen Computern in den USA einen Marktanteil von über 40% hat, arbeiten in Deutschland nur 5% mit einem Mac – hauptsächlich Grafiker, Werbeagenturen und DTP-Spezialisten.

➭ *Siehe IBM; Apple; Motorola; GUI; PowerPC-Chip*

Bild M.1: Der PowerMacintosh G5, ein 64 Bit-Computer

Macintosh-Oberfläche

Die Macintosh-Oberfläche (MacOS) ist die grafische Benutzeroberfläche der Apple-Macintosh- und PowerPC-Serie. Das MacOS war eines der ersten Betriebssysteme, das mit der Maus bedient werden konnte und heute längst selbstverständliche Techniken wie Drag&Drop und die Menütechnik beherrschte.

➭ *Siehe Drag&Drop; Benutzeroberfläche; System 8;*

Menütechnik; Clone; Betriebssystem

MacOS

Abk.: Macintosh Operating System

MacOS ist die grafische Benutzeroberfläche der Apple-Computer.

➭ *Siehe GUI; System 8; Apple*

MacOS Server X

http://www.apple.de

MacOS Server X ist das neue Server-Betriebssystem der Firma Apple mit Features wie Speicherschutz, preemptives Multitasking, Prozessverwaltung. Apple setzte auf offene Standards wie Mach, BSD und Java. Das Betriebssystem ist vollkommen POSIX-konform und verwendet eine BSD 4.4 ähnliche Umgebung. Die Verbindung eines Unix-Systems und einer intuitiven Apple-Oberfläche stellt eine weitere Besonderheit dieses Serversystems dar.

➭ *Siehe Apple; MacOS; Multitasking, preemptives; Betriebssystem; Java; Prozessverwaltung; BSD*

Macromedia

http://www.macromedia.com

Die amerikanische Firma Macromedia ist eines der führenden Unternehmen im Bereich Multimedia und Web-Publishing. Neben dem Autorensystem Macromedia Director und der Grafiksoftware Freehand entwickelt die Firma Schriftverwaltungs- und Bildbearbeitungssoftware. Im Bereich Web-Publishing ist Macromedia mit der Shockwave-Technologie eine wichtige Innovation gelungen. Shockwave erlaubt die Darstellung von mit dem Director erstellten Animationen und Videosequenzen. Da hierbei bei hoher Kompression (woraus schnelle Ladezeiten folgen) gleichzeitig eine hohe Qualität erreicht wurde, ist Shockwave ein wichtiges Element im Design von Webseiten (Web-Publishing) geworden.

➭ *Siehe Shockwave; Shockwave-Technologie; Bildbearbeitungsprogramm; Schriftverwaltung; Webseite; Multimedia; Kompression*

MacroOps

Aktuelle PC-Prozessoren zerlegen die x86-Befehle in einfach zu handhabende Kommandos fester Länge. AMD nennt diese RISC-ähnlichen Befehle MacroOps, bei Intel heißen sie MicroOps.

➭ *Siehe AMD; Intel; RISC-Prozessor*

MacTCP

MacTCP ist eine Erweiterung, die Macintosh-Computer TCP/IP-fähig macht.

➭ *Siehe TCP/IP; Apple; Macintosh*

Magazin

Ein Magazin ist eine Vorrichtung, die der Aufnahme z.B. mehrerer CDs oder MDs in einem CD- oder MD-Wechsler dient.

➭ *Siehe MD; CD*

Magic Lantern

Magic Lantern ist ein Spionageprogramm des FBI, welches Tastatureingaben protokolliert und nach verdächtigen Daten sucht. Dies bedeutete einen möglichen Bruch der Privatsphäre durch Umgehung eines Durchsuchungsbefehls und war bisher stark umstritten. Der Einsatz solcher Programme wurde jedoch vom US-amerikanischen Bundesgericht als rechtmäßig anerkannt.

Magic Packet

Magic Packet ist ein spezielles Datenpaket, bei dessen Empfang über eine Netzwerkkarte der PC automatisch gebootet wird. Es wurde von AMD spezifiziert.

➭ *Siehe Netzwerkkarte; Booten; Packet; AMD*

Magnetband

Ein Magnetband ist ein mit einer magnetisierbaren Schicht ausgestattetes Kunststoffband, welches früher – besonders bei Großrechnern – für die Datensicherung eingesetzt wurde. Heutzutage haben nur noch die Magnetbandkassetten von Streamern Magnetbänder, wobei auf einem Band bis zu 72 Spuren parallel beschrieben werden können.

→ *Siehe Streamer; Track(s); Mainframe; DAT-Streamer*

Magnetblasenspeicher

Bei einem Magnetblasenspeicher werden die Daten in mikroskopisch kleinen, magnetisierbaren Domänen, so genannten »Blasen«, gespeichert. Bereits Mitte der 1960er Jahre wurde dieses nichtflüchtige Speichermedium erfunden, jedoch wegen seiner komplizierten und teuren Herstellung bald wieder fallen gelassen.

→ *Siehe Speichermedium; Magnetspeicher*

Magnetische Domäne

→ *Siehe Domäne, magnetische*

Magnetkarte

Eine Magnetkarte ist eine kleine Plastikkarte, auf der ein kurzes Magnetband aufgetragen ist. In dem Magnetband werden Informationen über den Besitzer der Karte gespeichert, wie z.B. Name, Kreditkartennummern, Identifikationsnummern usw. Magnetkarten werden über einen Magnetkartenleser ausgelesen und können mit einem speziellen Gerät und einem Computer beschrieben werden. Magnetkarten gibt es in vielen Bereichen. Die bekannteste Form ist wahrscheinlich die Eurocheque-Karte.

→ *Siehe Magnetband; Magnetkartenleser*

Magnetkartenleser

Mit einem Magnetkartenleser können die auf einer Magnetkarte gespeicherten Daten ausgelesen werden. Diese Geräte finden in Banken (Geldautomat), Supermärkten oder Warenhäusern usw. Anwendung.

→ *Siehe Magnetkarte*

Magnetkopf

→ *Siehe Schreib-Lese-Kopf; Schreib-Lese-Kopf, induktiver; MR-Lesekopf*

Magneto-Optical-Drive

→ *Siehe MOD*

Magneto-resistiver Lesekopf

→ *Siehe MR-Lesekopf*

Magnetplattenspeicher

Magnetplattenspeicher ist der Oberbegriff für Massenspeicher, welche Daten auf einer magnetisierbaren Schicht speichern, die auf eine oder mehrere sich drehende Platten aufgebracht wurde. Beispiele sind die Festplatte oder die Diskette.

→ *Siehe Harddisk; Massenspeicher; Diskette*

Magnetspeicher

Magnetspeicher ist der Oberbegriff für Massenspeicher, welche Daten auf einer magnetisierbar beschichteten Oberfläche speichern. Beispiele sind die Festplatte, Diskette, Magnetband oder Magnetkarte.

➡ *Siehe Magnetband; Harddisk; Magnetkarte; Massenspeicher; Diskette*

Mail

Mail ist allgemein die Bezeichnung für Briefe, Mitteilungen und Nachrichten, welche per Computer über ein Modem, ISDN, ein Netzwerk oder einen Online-Dienst verschickt und empfangen werden.

➡ *Siehe Online-Dienst; Internet; E-Mail; BBS*

Mail-Bomb

Die Mail-Bomb oder das Mail-Bombing ist eine gängige »Bestrafung« für User oder Provider, die bei der kompletten oder einem Teil der Internet-Gemeinde in Ungnade gefallen sind. Beim Mail-Bombing werden diesem User Tausende E-Mails von anderen (verärgerten) Usern oder von Mail-Servern aus zugeschickt. Da diese Datenfülle selbst mit den leistungsfähigsten Mail-Servern nur schwer zu bewältigen ist, kann es bestenfalls zur Stillegung des Briefkastens der betreffenden Person, schlimmstenfalls zum Zusammenbruch seines eigenen Providers kommen, wie es 1996 schon einmal beim T-Online-Dienst der Deutschen Telekom der Fall war, als ein User Tausende von E-Mails gleichzeitig losschickte.

➡ *Siehe Mail; E-Mail; User; Mailserver; Spam-Mail; Flaming; ISP*

Mailbot

Mailbot bezeichnet ein Programm, das E-Mail-Nachrichten automatisch beantwortet (z.B. der Mailing-List-Manager) oder Aktionen ausführt, die auf Befehle innerhalb der Nachrichten basieren.

➡ *Siehe Mail*

Mailbox

➡ *Siehe BBS*

Mailing-List

Mailing-Listen sind eine Form von zeitversetztem Diskussionsforum im Internet. Ein User kann per E-Mail eine Mailing-Liste zu einem bestimmten Thema abonnieren. Neue Nachrichten von anderen Abonnenten werden ihm dann von einem zentralen Verteiler zugeschickt. Seine eigenen Nachrichten schickt der Abonnent ebenfalls an den Verteiler. Insofern ähnelt eine Mailing-List einer Newsgroup im Usenet. Der Vorteil einer Mailing-List ist, dass der Anwender nicht erst umständlich nach einem bestimmten Thema suchen muss, sondern neue Nachrichten mit seiner übrigen Mail in seinem Postfach findet.

➦ *Siehe Internet; Newsgroup; E-Mail; Usenet; Forum*

Mailmerge

Mailmerge ist eine Funktion eines Textverarbeitungsprogramms, mit deren Hilfe aus einer Tabelle (z.B. aus einer Datenbank) mit Adressen automatisch Serienbriefe erstellt werden können.

➦ *Siehe Serienbrief; Tabelle; Datenbank; Textverarbeitung*

Mail-Reader

Ein Mail-Reader ist eine Software, mit der E-Mails gelesen, verfasst und abschickt werden können. Oft arbeiten Mail-Reader offline, das bedeutet, dass das Programm sich in das Netzwerk einwählt, neue Post holt und sich wieder ausloggt. Der User kann die neue Post dann offline lesen (ohne Verbindung zum Netzwerk).

➦ *Siehe Netzwerk; Offline-Reader; E-Mail; Log Off*

Mailserver

Ein Mailserver ist ein Server in einem Netzwerk oder bei einem Online-Dienst (Provider), der nur für den Empfang und die Zustellung von E-Mails zuständig ist. Der Mailserver verfügt über einzelne Speicherbereiche für jedes Mitglied, in denen die Post abgelegt wird (wie ein Postfach). Mailserver haben meist eigene Adressen, z.B. bei CompuServe: mail.compuserve.com.

➦ *Siehe CompuServe; Online-Dienst; Mail; Server; Netzwerk*

Main Menu

➦ *Siehe Hauptmenü*

Main Program

➦ *Siehe Hauptprogramm*

Mainboard

➦ *Siehe Motherboard*

Mainframe

Früher waren Großrechner, auch Mainframe genannt, die gängigsten Computersysteme. Sie füllten und füllen ganze Räume und verfügen über sehr große Rechenkapazitäten. Ihr Hauptspeicher ist mehrere GByte groß, der Festplattenspeicher mehrere TByte (Terabyte). Die großen Telefongesellschaften, Universitäten und wissenschaftliche Einrichtungen setzen Großrechner zur Bearbeitung von gigantischen Datenmengen ein. Mehrere hundert bis tausend Terminals oder Workstations können an einen Großrechner angeschlossen sein. Heutzutage werden Großrechner entweder zur Verwaltung eines großen Netzwerks oder für Spezialaufgaben verwendet.

➠ *Siehe Netzwerk; Harddisk; Hauptspeicher; Workstation; Byte; Terminal*

Main-Task

Der Main-Task ist der Task (das Programm oder die Programmfunktion) mit der derzeit höchsten Priorität. Der Main-Task ist das gerade aktive Programm im Vordergrund.

➠ *Siehe Task; Priorität; Programm; Multitasking*

Majordomo

Kostenloser Server für Mailing-Listen

➠ *Siehe LISTSERV*

Majuskel

Majuskel ist die Bezeichnung für Großbuchstaben (von lat. major = größer). Im Gegensatz dazu stehen die Minuskel (Kleinbuchstaben).

➠ *Siehe Minuskel*

Makeln

Makeln ist ein Leistungsmerkmal von ISDN und besseren Telefonanlagen und steht seit einiger Zeit auch analogen Nutzern im T-Net zur Verfügung. Mit Makeln wird das Umschalten zwischen zwei Gesprächspartnern bezeichnet. Einer der Gesprächspartner wird in der Leitung geparkt und wartet, bis er von der Wartemusik erlöst wird.

➠ *Siehe ISDN; ISDN-Leistungsmerkmale*

Makro

Makros sind eine Zusammenfassung mehrerer Programmfunktionen einer Applikation, die automatisch ausgeführt werden und umständliche Routinearbeiten, wie z.B. die Formatierung eines Textes oder die Berechnung bestimmter Werte, erledigen. Makros können zum einen über eine spezielle Makrosprache programmiert werden oder sie werden über eine Lernfunktion der jeweiligen Applikation aufgezeichnet. Der Anwender aktiviert dabei den Lernmodus und führt alle gewünschten Aktionen, die das Makro beherrschen soll, einmal durch. Makros gibt es aber auch bei der Arbeit mit z.B. einem Assembler. Bei der Assemblierung (Erzeugung) des endgültigen Programms identifiziert der Assembler die jeweiligen Makros über ihre Namen und fügt sie an einer vorher definierten Stelle im Quellcode ein.

➠ *Siehe Source-Code; Assembler*

Makrobibliothek

In einer Makrobibliothek werden Makros abgespeichert und gesammelt.

➠ *Siehe Makro*

Makrofunktion

Eine Applikation hat eine Makrofunktion, wenn im Programm die Möglichkeit besteht, ein Makro zu erzeugen und von diesem Routineaufgaben erledigen zu lassen.

➟ *Siehe Applikation; Makro*

Makrotypographie

Der Begriff Makrotypographie bezeichnet das Gesamterscheinungsbild eines Dokuments. Darin eingeschlossen sind Text- und Grafikarrangements, das Verhältnis von Schwarz- zu Farbdruck, die verwendeten Schriftarten und das Layout.

➟ *Siehe Schriften; Mikrotypographie; Layout; Dokument*

Makro-Virus

➟ *Siehe Computervirus*

Malware

Als Malware (aus engl. *malicious* = boshaft und *Software*) werden Computerprogramme bezeichnet, die eine Schadfunktion aufweisen. Schadfunktionen können zum Beispiel die Manipulation oder Löschung von Dateien oder die Kompromittierung der Sicherheitseinrichtungen eines Computers sein. Beispiele für Malware sind Computerviren, Würmer, Trojaner, Spyware und Dialer.

➟ *Siehe: Computervirus, Dialer, Trojanisches Pferd, Spyware, Wurm*

MAN

Abk.: Metropolitan Area Network

MAN ist ein Netzwerk, das in der Größe zwischen LAN und WAN angesiedelt ist.

➟ *Siehe LAN; Netzwerk; WAN*

Managed Service Provider

➟ *Siehe MSP*

Mandrake Linux

Mandrake Linux ist eine auf RedHat basierende Linux-Distribution mit grafischem Installationsprozess. Sie wird von der Firma Mandrake Soft angeboten.

➟ *Siehe RedHat, Linux-Distributionen*

Manifest

Manifest ist ein Dokument, das wesentliche Informationen zu einer Assembly der .NET-Entwicklungsumgebung enthält. Damit die Assembly selbstbeschreibend sein kann, muss sie einige Metadaten enthalten, die über alle Elemente in der Assembly Auskunft geben. Darin muss festgehalten sein, ob die Elemente von außerhalb der Assembly angesprochen werden können. Ebenso gehört eine Sammlung aller Referenzen auf andere Assemblies dazu. Zusammen bilden diese Informationen das Manifest der Assembly.

➠ Siehe .NET; Assembly; Metadaten

Mantisse

Mantisse ist der Teil einer Fließkommazahl, der Ziffernfolge und Vorzeichen der dargestellten Zahl enthält.

➠ Siehe Floating Point Representation

Manual

Als Manual wird das Handbuch (Anleitung) bezeichnet. Es liegt (meist) jeder Soft- und Hardware bei.

➠ Siehe Software; Hardware

Map

➠ Siehe Textur; Texture-Mapping

MAPI

Abk.: Messaging Application Programming Interface

Die MAPI-Schnittstellen-Spezifikation von Microsoft ermöglicht es, verschiedene Arbeitsgruppen-Anwendungen und Mail-Applikationen, inklusive E-Mail, Voice-Mail und Fax, auf einem einzigen Client laufen zu lassen.

➠ Siehe E-Mail; Voice-Mail; Client; Fax

Mapping

Unter Mapping wird allgemein die Zuordnung zweier Werte zueinander verstanden. Beispiele:

▶ Die Zuordnung zweier Werte in zwei Datenreihen einer Tabelle oder in zwei Speicherbereichen.

▶ Die Zuordnung eines Laufwerknamens zu einem Netzwerkverzeichnis unter NetWare, so dass der Computer auf das Laufwerk zugreifen kann.

▶ Die Zuordnung einer MSN zu einer EAZ (Endgeräteauswahlziffer) bei ISDN.

▶ Die Vergabe einer Textur (einer Grafik) an einen dreidimensionalen Körper bei Konstruktions- und Animationsprogrammen und das damit verbundene Mapping-Verfahren (Projektionsverfahren; Texture-Mapping).

➠ Siehe Textur; Texture-Mapping; MSN; EAZ; NetWare

Marke

Eine Marke dient als Zielstelle in einem Programm oder einem Textdokument. Bei umfangreichen Dokumenten kann eine Marke an eine Stelle gesetzt werden, an die dann jederzeit zurückgesprungen werden kann. In einem Programm werden Marken meist als Ziele für Sprungbefehle benutzt.

➠ Siehe Programm; Sprunganweisung

Markieren

Texte, Felder, Grafiken usw. können in den entsprechenden Applikationen markiert werden. Markierte Stellen können dann mit verschiedenen Funktionen bearbeitet werden (Kopieren, Ausschneiden, Löschen, Drucken usw.).

➠ *Siehe Applikation*

Markt+Technik

Markt+Technik ist ein Verlag der Pearson Education Deutschland GmbH, einem Tochterunternehmen der global operierenden Medien- und Verlagsgruppe Pearson PLC. Seit mehr als 25 Jahren hilft Markt+Technik seinen Lesern, den Computer zu beherrschen. Unter dem bekannten Regenbogenlogo von Markt+Technik erscheinen jährlich mehr als 100 Fachbücher. Als einer der führenden Computerbuchverlage im deutschsprachigen Raum bietet Markt+Technik Fachwissen in einzigartiger Bandbreite, vom Einsteiger bis zum Experten.

Maschinencode

➠ *Siehe Maschinensprache*

Maschinenprogramm

Ein Maschinenprogramm ist ein in Maschinensprache vorliegendes Programm, das in dieser Form durch den Prozessor eines Computers ausgeführt werden kann. Die Maschinensprache wird erst durch die Übersetzung eines in einer Programmiersprache oder in Assemblercode (Maschinencode) vorliegenden Quellcodes durch einen Compiler oder Assembler erzeugt.

➠ *Siehe Programmiersprache; Source-Code; Prozessor; Maschinensprache; Compiler; Assemblercode*

Maschinensprache

Die Maschinensprache ist das in binärer Form vorliegende Programm, das direkt von einem Prozessor ausgeführt werden kann. Jeder Prozessortyp hat seine eigene Variante der Maschinensprache. Ein Programm, welches in einer Programmiersprache oder in Assemblercode geschrieben wurde, muss erst durch einen Compiler oder einen Assembler in die vom Prozessor verwendete Maschinensprache übersetzt werden, bevor es ausgeführt werden kann. Ein Interpreter übersetzt das Programm ebenfalls, führt aber jede einzelne Zeile direkt nach der Übersetzung sofort aus.

➠ *Siehe Compiler; Assemblercode; Binär; Programm; Interpreter; Prozessor*

Maske

1. In Grafikprogrammen sind Masken Bereiche, die bearbeitbare und geschützte Bildbereiche voneinander abtrennen. Der Anwender definiert

über ein Hilfswerkzeug (Maske) den Bildbereich, der veränderbar sein soll. Der übrige Bildbereich ist vor Änderungen geschützt.

2. Eine Maske ist ein vorgefertigtes Dialogfenster (Dialog-Box) innerhalb einer Applikation, in das Daten eingegeben werden können (Datenmaske). Beschreibungs- und Eingabefelder sind meist unterschiedlich markiert bzw. formatiert.

➡ *Siehe Daten; Applikation; Grafikprogramme; Dialog-Box*

Maskenlayout

Das Maskenlayout ist eine der drei Darstellungsarten einer Tabelle. Im Maskenlayout wird immer nur ein Datensatz (der aktuelle) dargestellt, wobei die Datenfelder je nach Bedarf angeordnet sein können.

➡ *Siehe Datenfeld; Tabelle; Datensatz*

Maskentyp

➡ *Siehe Streifenmaske; Lochmaske*

Massachusetts Institute of Technology

➡ *Siehe MIT*

Massachusetts Utility MultiProgramming System

➡ *Siehe MUMPS*

Massenspeicher

Unter Massenspeicher wird ein Speichergerät mit relativ hoher Speicherkapazität verstanden, auf dem die Daten auch im stromlosen Zustand nicht verloren gehen. Beispiele sind die Festplatte, Diskette, CD-ROM, das MO-Laufwerk und das Magnetband.

➡ *Siehe MOD; Speicherkapazität; Magnetband; Harddisk; CD-ROM; Diskette*

Massiv-parallele Verarbeitung

➡ *Siehe Verarbeitung, massivparallele*

Master

Als Master wird ein Gerät (z.B. eine Festplatte oder ein Computersystem) bezeichnet, welches die Steuerung über ein untergeordnetes Gerät übernehmen kann. Bei AT-Bus-Festplatten (IDE, EIDE) wird eine der Platten als Master konfiguriert, während die zweite Festplatte desselben IDE-Channels (beide Platten befinden sich an einem gemeinsamen Kabel) als Slave konfiguriert wird. Der Controller der Master-Platte übernimmt dann die Datenweiterleitung vom Bus zur zweiten Slave-Festplatte. Ein Computer, der einen anderen Computer über eine Direkt- oder

Telefonverbindung steuert, wird ebenfalls als Master bezeichnet.

➠ *Siehe Harddisk; AT-Bus-Festplatte; EIDE; Festplatten-Controller; IDE; Slave*

Master-User

Master-User ist ein anderer Begriff für Systemadministrator eines Netzwerks. Der Master-User ist der »ranghöchste« Sysop in einem Netzwerk.

➠ *Siehe Systemadministrator; Sysop; Netzwerk*

Mathematischer Coprozessor

➠ *Siehe Coprozessor, arithmetischer*

Matrix

Neben der mathematischen Bedeutung ist mit dem Begriff Matrix im Computerbereich die regelmäßige Anordnung von Elementen gemeint. Im Zusammenhang mit Druckern, Scannern oder der Ausgabe auf dem Bildschirm wird oft von einer Matrix gesprochen (z.B. Punktmatrix). Bei einem Matrixdrucker (z.B. Tintenstrahldrucker, Nadeldrucker, Laserdrucker) werden Text und Grafik durch in Zeilen und Spalten angeordnete Punkte dargestellt.

➠ *Siehe Scanner; Matrixdrucker; Drucker*

Matrix-Display, passives

➠ *Siehe Passiv-Display*

Matrixdrucker

Text und Grafik werden bei dieser Art von Drucker über in einer Matrix angeordnete Punkte dargestellt. Die neueren Matrixdrucker (z.B. Tintenstrahldrucker, Laserdrucker) haben eine derart hohe Auflösung, dass einzelne Punkte oft gar nicht mehr unterscheidbar sind.

➠ *Siehe Ink-Jet Printer; Matrix; Laserprinter*

Matrixmail

Eine Matrixmail ist eine persönliche Nachricht an einen User im FidoNet.

➠ *Siehe Mail; FidoNet*

MAU

Abk.: MultiStation Access Unit

MAU ist die Bezeichnung für einen zentralen Steuerungscomputer im Zentrum eines in Sternstruktur aufgebauten Token-Ring-Netzwerks. Je nachdem, ob der Computer eine Verstärkung des elektrischen Signals im Netzwerk durchführt oder nicht, wird er als aktiver oder passiver MAU bezeichnet. Alle anderen Computer werden über ein so genanntes Lobe-Kabel mit dem MAU verbunden. Fällt einer der Computer aus, so schließt der MAU selbst die Ringstruktur. Es können über zwei Ring-Interfaces (Schnittstellen) auch weitere MAUs angeschlossen werden. Um jedoch bei Ausfall einzelner Leitungen oder eines kompletten MAUs die Funktionalität des Netzwerks zu garantieren, muss an das eine Interface ein aktiver Ring, an das andere Interface über ein Kabel mit doppelten Leitersträngen, ein so genannter Sicherungsring, angeschlossen werden. Der Netzwerk-Ring kann bei einem eventuellen Ausfall dann auf jeden Fall über den Sicherungsring geschlossen werden.

➠ Siehe Sterntopologie; Lobe-Kabel; Interface; Netzwerk; Token-Ring

Maus

Eine Maus ist ein Eingabegerät für einen Computer. Der Anwender bewegt die Maus auf einer Unterlage (Mauspad, Mousepad) und steuert über diese Bewegungen den Mauszeiger einer grafischen Benutzeroberfläche auf dem Bildschirm. Die Maus selbst ist auf einer Kunststoffkugel gelagert, deren Bewegungen von mehreren Sensoren mechanisch oder optisch aufgenommen und vom Maustreiber für den Computer umgesetzt werden. Die Übertragung der Daten kann über ein Kabel (Mauskabel), per Infrarotschnittstelle, aber auch per Funk erfolgen. Auf der Maus befinden sich je nach Bauform eine (Apple) bis drei Tasten, die mit unterschiedlichen Funktionen ausgestattet sind und zur Steuerung des Geschehens auf der grafischen Benutzeroberfläche dienen.

➠ Siehe Maustasten; Anklicken; Klicken; GUI; Doppelklick

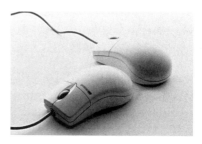

Bild M.2: Zwei Rad-Mäuse

Mausbus

➠ Siehe PS/2-Maus

Mäuseklavier

Mäuseklavier ist die scherzhafte Bezeichnung für einen DIP-Schalter.

➠ Siehe DIP-Schalter

Mausgeschwindigkeit

Die Mausgeschwindigkeit bezeichnet die Stärke der Umsetzung der Mausbewegung in Mauszeigerbewegung. Sie lässt sich normalerweise über den Maustreiber einstellen. Bei einer dynamischen Mausgeschwindigkeit kann der Mauszeiger bei langsamen Bewegungen sehr exakt positioniert werden, bei schnellen Bewegungen wird der Mauszeiger dagegen stark beschleunigt.

➠ Siehe Maus; Mauszeiger

Mausklick, rechter

➠ Siehe Klicken

Mausmatte

⇒ *Siehe Mousepad*

MausNet

Abk.: Münster Apple User Service

MausNET ist ein deutsches Mailbox-Netz, welches 1985 erstmals in Münster eingerichtet wurde.

⇒ *Siehe BBS*

Mauspad

⇒ *Siehe Mousepad*

Maustasten

Je nach Ausführung befinden sich auf einer Maus eine (Apple) bis drei Maustasten, die unterschiedliche Funktionen übernehmen. Die linke Maustaste wird zum Aufruf von Programmen und Programmfunktionen verwendet. Die rechte Maustaste öffnet Kontextmenüs mit weitergehenden Optionen zur Bearbeitung des gerade gewählten Objekts (Datei, Verzeichnis usw.). Die mittlere Maustaste ist über den Maustreiber mit Sonderfunktionen programmierbar. Die mittlere Maustaste kann auch durch ein Rad ersetzt sein, die das Scrollen in Dokumenten ermöglicht und das Navigieren in Dokumenten dadurch stark vereinfacht.

⇒ *Siehe Scrollen; Maustreiber; Menü, kontextsensitives; Maus; Menü; Dokument; Office*

Maustausch

Maustausch ist die Bezeichnung für die schnelle Übertragung von Nachrichten im MausNet, die dann offline gelesen werden können.

⇒ *Siehe MausNet; Offline*

Maustreiber

Der Maustreiber ist der Treiber, der die eingehenden Signale der Maus in Steuerbefehle für das Betriebssystem umwandelt. Er gehört zum Lieferumfang der Maus, ist aber oft bereits in das Betriebssystem integriert. Mit dem Maustreiber lässt sich die Maus auch konfigurieren (Mausgeschwindigkeit, Geschwindigkeit des Doppelklicks usw.). Unter MS-DOS wird der Maustreiber entweder als TSR-Programm in der autoexec.bat oder als Gerätetreiber in der config.sys geladen.

⇒ *Siehe Autoexec.bat; TSR-Programm; Maus; Betriebssystem; Mausgeschwindigkeit; Config.sys; Doppelklick; Gerätetreiber*

Mauszeiger

Der Mauszeiger ist ein Symbol auf dem Bildschirm, das durch die Bewegungen der Maus auf dem Bildschirm hin- und herbewegt werden kann. Der Mauszeiger repräsentiert sozusagen die Maus auf dem Bildschirm.

⇒ *Siehe Cursor; Bildschirm; Maus; GUI*

Maximum Transmission Unit

➭ *Siehe MTU*

MB

Abk.: Megabyte

Maßeinheit für die Informationsmenge und Speicherkapazität (1MByte = 1024 KByte = 1.048.576 Byte).

➭ *Siehe Speicherkapazität; Byte*

MBit

Abk.: Megabit

Maßeinheit für die Informationsmenge und Speicherkapazität (1Mbit = 1024 KBit = 1.048.576 Bit).

➭ *Siehe Speicherkapazität; Bit*

MBone

Abk.: Multicast Backbone

MBOne ist eine Erweiterung des IP-Protokolls zur Unterstützung von Multicasting – der effizienten Zweiwege-Übertragung von Daten zwischen mehreren Websites und zu vielen unterschiedlichen Nutzern. Das im Internet verwendete Protokoll TCP/IP teilt Daten in Pakete ein, die Ihren Weg unabhängig zum Zielort finden und dort wieder zur Ausgangsinformation zusammengesetzt werden. Diese Übertragungsmethode ist sehr gut für statische Informationen geeignet, weniger aber für Multimediadaten wie Video oder Audio. MBone vermeidet es so lange wie möglich, solche Daten in kleine Pakete zu unterteilen, damit die Daten alle Rezipienten möglichst gleichzeitig erreichen. MBone-Server erhalten eine spezielle IP-Adresse der Klasse D. Ist der Server nicht Multicast-fähig, erscheinen die ankommenden Multicast-IP-Pakete wie normale IP-Pakete. Eine typische Anwendung für MBone sind Videokonferenzen über das Internet.

➭ *Siehe Server; Protokoll; IP; Multicasting; TCP/IP*

Mbps

Abk.: Megabit per second

▲ *Übers.: Megabit pro Sekunde*

Mbps ist eine Maßeinheit für die Datentransferrate (1Mbps = 1024 Kbps = 1.048.576 bps).

➭ *Siehe Datentransferrate; Bps*

MByte

MByte auch MB oder Megabyte genannt, ist die Maßeinheit für die Informationsmenge und Speicherkapazität (1MByte = 1024 KByte = 1.048.576 Byte).

➭ *Siehe MB; Speicherkapazität; Byte*

MCA

Abk.: Microchannel Architecture

▲ *Übers.: Mikrokanal-Architektur*

MCA ist eine Bus-Architektur von IBM. Sie wurde erstmals

beim IBM-PS/2-System eingesetzt.

▬► Siehe Bus; IBM; IBM-PS/2

McAfee

http://www.mcafee.com

McAfee ist Hersteller eines der bekanntesten Antivirenprogramme. Die Software kann für einen gewissen Zeitraum getestet werden. Sie finden sie auf der Homepage von McAfee oder bei anderen Online-Diensten (z.B. CompuServe), wo auch regelmäßig Updates des Programms zu finden sind. Seit 1998 ist McAfee Teil der Firma Network Associates, die durch den Zukauf von Network General seitens McAfee entstand. Zu Network Associates gehören außerdem PGP und Magic Solutions.

▬► Siehe CompuServe; Antivirenprogramm; Update; Computervirus; PGP

MCDBA

Abk.: Microsoft Certified Database Administrator

Diese Bescheinigung garantiert, dass Personen, die die MCDBA erworben haben, die Entwicklung und Implementierung (Administration) des Microsoft SQL-Servers beherrschen. Besonderes Augenmerk wird in diesem Fall auf Datenbank-Management, Security-Management und Optimierung gelegt.

▬► Siehe MCSD; SQL-Server; Security; SQL; Microsoft; MCP

MCGA

Abk.: Multicolor Graphic Array

MCGA ist ein nicht mehr gebräuchlicher Grafikstandard, der eine Auflösung von maximal 640x480 Punkten bei 16 Farben und 320x200 Punkten bei 256 Farben unterstützte. Insofern hat der MCGA-Standard als eine mögliche Betriebsart heutiger Grafikkarten überlebt.

▬► Siehe Grafikstandard; EGA; SVGA; Hercules; VGA; CGA

MCI

Abk.: Media Control Interface

MCI ist eine von Microsoft und IBM entwickelte, standardisierte Softwareschnittstelle für Multimedia-Hardware, wie z.B. Soundkarten, CD-ROM-Laufwerke, Video-Overlay-Karten usw. Die Schnittstelle arbeitet systemübergreifend und ist herstellerunabhängig.

▬► Siehe Soundkarte; Schnittstelle; Overlay-Karte; CD-ROM; Multimedia

MCP

Abk.: Microsoft Certified Professional

Der Träger des MCP-Zertifikats ist nachweislich ein Spezialist für eines oder mehrere Microsoft-Produkte.

➠ Siehe *MCDBA; MCSD; Microsoft*

MCSA

Abk.: Microsoft Certified Systems Administrator

MCSA ist eine Zertifizierung von Microsoft für Netzwerkadministratoren unter Windows 2000 und XP. Die Prüfung umfasst drei Pflichtprüfungen und eine Wahlprüfung.

➠ Siehe *Windows 2000; Windows XP; Administrator*

MCSD

Abk.: Microsoft Certified Solution Developer

MCSD ist eine von der Industrie anerkannte und von Microsoft eingeführte Zertifikation. Dem Absolventen wird bescheinigt, dass er in der Lage ist, WWW-basierte Anwendungen zu entwickeln. Als Produktgrundlage werden in diesem Fall Microsoft Transaction Server, Microsoft SQL-Server und Microsoft Visual Studio verwendet.

➠ Siehe *MCDBA; MCP; MCSE; MCSA*

MCSE

Abk.: Microsoft Certified Systems Engineer

MCSE ist eine Zertifizierung von Microsoft für Netzwerkadministratoren unter Windows NT, Windows 2000 und XP. Die Prüfung umfasst fünf Pflichtprüfungen und zwei Wahlprüfungen.

➠ Siehe *MCDBA; MCSD; MCP; MCSA*

MD

Abk.: Make Directory, Mini-Disk

1. MD ist ein DOS-Befehl und steht für Make Directory (Verzeichnis erstellen). Die Eingabe »md test« an der MS-DOS-Eingabeaufforderung erzeugt das Verzeichnis »test« im gerade gewählten Verzeichnis.

2. 1992 wurde von Sony die Mini Disc (MD) vorgestellt, ein Speichermedium für die Aufzeichnung digitaler Audiodaten. Die Mini Disc ist wiederbeschreibbar und mit 2,5" kleiner als die CD, obwohl ebenfalls 650 MB Daten auf die MD passen. Die Aufzeichnung und Wiedergabe erfolgt magneto-optisch. Die hohe Datendichte wird durch ein spezielles, verlustreiches Kompressionsverfahren, das so genannte ATRAC, erreicht.

➠ Siehe *Datenträger; CD; Laufwerk, magneto-optisches; Sony; MS-DOS; Directory; Eingabeaufforderung; Kompression*

MD4

Abk.: Message Digest 4

MD4 ist eine genormte Verschlüsselungsmethode für das

An- und Abmelden unter Windows/NT.

➧ *Siehe MD5; Windows NT*

MD5

Abk.: Message Digest 5

MD5 ist eine genormte Verschlüsselungsmethode für das An- und Abmelden unter PPP oder SNMP.

➧ *Siehe MD4; Windows NT; PPP; SNMP*

MDA

Abk.: Monochrome Display Adapter

MDA ist ein veralteter Grafikstandard für PCs, der mit 80 Zeichen in insgesamt 25 Zeilen nur für die Textdarstellung geeignet war.

➧ *Siehe Grafikstandard; SVGA; Hercules; VGA; MCGA; CGA; EGA*

MDRAM

Abk.: Multibank-RAM

Der MDRAM-Speichertyp wurde von der Firma MoSys entwickelt. Der Baustein arbeitet synchron und besteht aus mehreren 256 KBit großen Speichereinheiten, welche überlappend arbeiten. Datensequenzen werden bei 100 MHz Takt ausgegeben. Durch das verwendete Interleaving wird der Datentransfer stark beschleunigt.

➧ *Siehe Hercules; DRAM; Bit; Takt*

Mean Time Between Failures

➧ *Siehe MTBF*

Mean Time to Repair

➧ *Siehe MTTR*

Media Access Control

➧ *Siehe IEEE-802-Modell*

Media Control Interface

➧ *Siehe MCI*

Medienzugriffskontrollschicht

➧ *Siehe IEEE-802-Modell*

Megabit

➧ *Siehe MBit; Speicherkapazität; Bit*

Megabit per second

➧ *Siehe Mbps*

Megabit pro Sekunde

➧ *Siehe Mbps*

Megabyte

➧ *Siehe Speicherkapazität; Byte; MB*

Megahertz

➧ *Siehe Hertz*

Megapel-Display

Megapel-Display wird ein Videodisplay genannt, das mindestens eine Million Pixel anzeigen kann,

z. B. eine Bildschirmgröße von 1280x1024 Pixel.

➠ Siehe Pixel; Bildschirm

Megapixel-Display

➠ Siehe Megapel-Display

Megazyklen

Megazyklen ist eine im angloamerikanischen Sprachgebrauch übliche Bezeichnung für 1 Million Schwingungen oder Umdrehungen, gewöhnlich in Millionen Einheiten pro Sekunde.

Mehrdimensionale Datenbank

➠ Siehe Datenbank, mehrdimensionale

Mehrfachkettung

➠ Siehe Kettung

Mehrfachrufnummer

➠ Siehe MSN

Mehrfrequenzbildschirm

➠ Siehe Horizontalfrequenz; Multisync; Multiscan-Monitor

Mehrfrequenzwahl-Verfahren

➠ Siehe MFV

Mehrfunktionstastatur Typ2

➠ Siehe MF2-Tastatur

Mehrgeräteanschluss

➠ Siehe ISDN-Anschlussarten

Mehrplatzbetrieb

Beim Mehrplatzbetrieb arbeiten mehrere User an einem gemeinsamen Computer mit verschiedenen Programmen. Jeder Anwender hat eine eigene Tastatur und einen Monitor. Computer mit Mehrplatzbetrieb kommen meist bei Unix-Systemen vor.

➠ Siehe Unix; Multiuser-System; Einzelplatzsystem

Mehrplatzsystem

➠ Siehe Multiuser-System

Mehrprozessorsystem

➠ Siehe Multiprozessorsystem

Mehrzweckregister

Im Gegensatz zu den Standard-Registern in einem Prozessor oder im Hauptspeicher kann ein Mehrzweckregister unterschiedliche Aufgaben übernehmen. Für jede Aufgabe wird es neu konfiguriert.

➠ Siehe Hauptspeicher; Register; Prozessor

Member Server

Mitgliedsserver einer Domäne, der anders als ein Domänencontroller keine lokale Kopie der Active-Directory-Datenbank verwaltet und die Rolle einer herkömmlichen Workstation übernimmt.

Memory

Der Speicher (englisch: memory) ist eine der wesentlichen Komponenten eines Computers. Es wird zwischen folgenden Speichern unterschieden:

▶ Der flüchtige Speicher, wie der Arbeitsspeicher, der aus Halbleiterspeichern besteht, ist sehr schnell, aber verliert ohne Strom seinen Inhalt.

▶ Die permanenten Speicher, wie Disketten, CD-ROMs oder Festplatten, die Daten entweder auf magnetischer, optischer oder magneto-optischer Basis speichern, sind viel langsamer als flüchtige Speicher, dafür können sie aber ihre Daten auch ohne Stromzufuhr fast unbegrenzte Zeit speichern.

➡ *Siehe Magnetblasenspeicher; Magnetspeicher; Hauptspeicher; Semiconductor Memory*

Memory Address Register

Ein Memory Address Register ist ein Register in einer CPU, das jeweils die Adresse für den nachfolgenden Speicherzugriff enthält.

➡ *Siehe CPU; Register*

Memory Cartridge

Speichermodule oder Memory Cartridges bestehen aus flüchtigen oder batteriegestützten RAM-Modulen und können zur Speicherung von Daten zumeist auf transportablen Geräten wie Laptops verwendet werden.

➡ *Siehe RAM-Card; ROM-Steckmodul; RAM; Laptop*

Memory Management Unit

➡ *Siehe MMU*

Memory Protection

Die Memory Protection ist ein wichtiger Aufgabenbereich eines Speicherverwaltungsprogramms bzw. des Betriebssystems, das bereits belegte Speicherbereiche vor unbeabsichtigtem Überschreiben mit anderen Daten schützt.

➡ *Siehe Speicherverwaltung; Betriebssystem*

Memory Stick

Memory Stick ist ein auswechselbares, wiederbeschreibbares, nichtflüchtiges Speichermedium (Flash-Speicher) mit einer Kapazität von mehreren Hundert MB, speziell für Geräte von Sony.

➡ *Siehe Flashmemory; Speichermedium*

Bild M.3: Memory-Sticks unterschiedlicher Speicherkapazität

Memory-Effekt

Der Memory-Effekt tritt bei Nickel-Cadmium-Akkus (Ni-Cd)

auf, wenn diese bereits vor vollständiger Entladung wieder neu aufgeladen werden. An der Elektrode des Akkus bilden sich in diesem Fall winzige Kristalle, die bei wiederholter unvollständiger Entleerung Schichten bilden und so einen nicht unerheblichen Leistungsabfall des Akkus bewirken. Der Akku erreicht einfach immer schneller die so genannte Abschaltspannung, was nur durch vollständige Entladung vor dem Neuaufladen verhindert werden kann.

➠ *Siehe Ni-Cd; Akku*

Mendocino

Der Mendocino ist eine Version des Low-Cost-PII Intel Celeron. Er ist mit 128 KByte L2-Cache ausgestattet.

➠ *Siehe L2-Cache; Celeron; Pentium II*

Menü

In einem Menü sind wichtige Befehle und Optionen eines Anwendungsprogramms oder des Betriebssystems unter einem themenbezogenen Oberbegriff zusammengefasst. Die einzelnen Menüs (z.B. Datei, Bearbeiten, Ansicht, Format usw.) sind in einer so genannte Menüleiste untergebracht. Durch Anklicken mit der Maus oder einem Tastaturbefehl (Shortcut) klappt das Menü herunter und seine Optionen werden sichtbar. Derartig strukturierte Menüs werden Pulldown- oder auch Dropdown-Menüs (von englisch herunterfallen) genannt. Zunehmend werden auch die so genannten kontextsensitiven Menüs eingesetzt, bei denen sich beim Anklicken eines Objekts (Text, Grafik, Dateisymbol) mit der rechten Maustaste ein Menü mit speziellen, objektbezogenen Optionen öffnet.

➠ *Siehe Popup-Menü; Menü, kontextsensitives; Anklicken; GUI; Pulldown-Menü; Menütechnik; Betriebssystem; Menüleiste; Shortcut*

Menü, kontextsensitives

Ein kontextsensitives Menü wird durch einen Klick mit der rechten Maustaste auf ein Objekt geöffnet und enthält besondere Befehle, die speziell auf das ausgewählte Objekt (ein Text, eine Grafik, ein Dateisymbol) bezogen sind.

➠ *Siehe Maustasten; Klicken; Menü*

Menüleiste

In einer Menüleiste sind themenbezogene Menüs zusammengefasst. Meist befinden sich Menüleisten am oberen Bildschirmrand; in den neueren Anwendungsprogrammen ist ihre Position auf dem Desktop aber frei wählbar (z.B. Office 97). Die einzelnen Pulldown- oder Popup-Menüs werden durch das Anklicken einer Menübezeichnung (z.B. Datei, Bearbeiten, Ansicht, Format usw.) oder mittels einer Tastenkombination (z.B. [Alt]+[D] für das Menü Datei) geöffnet. Wichtige Befehle werden oft in einer so genannten Symbolleiste – sozusagen als Abkürzung – grafisch repräsentiert, die sich unter oder neben der Menüleiste befindet. Anstatt sich umständlich durch mehrere Menüs wählen zu müssen, erreicht der Anwender den gewünschten Befehl auch über sein Symbol auf der Symbolleiste. Menü- und Symbolleisten finden sich in jeder grafischen Benutzeroberfläche.

➡ *Siehe Popup-Menü; Symbolleiste; GUI; Pulldown-Menü; Menü; Office*

Menütechnik

Die Verwendung von Menüs in Kombination mit einer Maus bei heutigen grafischen Benutzeroberflächen zur Durchführung aller notwendigen Befehle eines Anwendungsprogramms oder des Betriebssystems werden Menütechnik genannt. Viele Menüs sind SAA-konform strukturiert.

➡ *Siehe Applikation; SAA; Maus; GUI; Menü; Betriebssystem*

Merge

Mit Merge ist das Zusammenfügen von Daten oder Dateien zu einer Datei gemeint.

➡ *Siehe Daten; Datei*

Merkmalanalyse

Neben der Mustererkennung ist die Merkmalanalyse eines der wichtigsten Verfahren zur optischen Erkennung von Zeichen durch einen Computer (OCR = Optical Character Recognition). Bei der Merkmalanalyse erfolgt die Identifizierung einzelner Zeichen (Character) schrittweise über folgende Prozesse: Zuerst werden offene (C,E,F), geschlossene (B,D,O) und Mischformen (A,P,R) aussortiert. Als Nächstes erfolgt die Feinerkennung einzelner charakteristischer Merkmale. Die Erfolgsquote der verschiedenen OCR-Programme ist stark von der Eindeutigkeit dieser Merkmale und der Anfälligkeit der Buchstaben und deren Elemente gegenüber Qualitätseinbußen bei der Vorlagenerfassung abhängig. So kann aus einem »n« schnell ein »a« oder »o« werden oder aus einem »e« ein »c«, wenn die Serifen einander berühren.

➡ *Siehe OCR; OCR-Schrift*

Merlin

Merlin ist eine IBM-interne Bezeichnung für deren Betriebssystem OS/2 in der Version 4.

➡ *Siehe IBM*

Mesa

Mesa ist der bei Ätzprozessen mit Hilfe der Fotolithografie zur Herstellung von Chips geschützte und daher nach dem Ätzen höhere Bereich.

➠ *Siehe Chip*

Mesh

1. In 3D-Konstruktions- und Animationsprogrammen ist ein Mesh ein dreidimensionales Drahtgittermodell (Wireframe-Modell) eines 3D-Körpers, welches nach seiner Fertigstellung mit Texturen bzw. Farben belegt (»gemappt«) werden kann.

2. Mesh ist ein Synonym für das Sonderzeichen Raute [#]. Im Amerikanisch wird die Raute als Symbol für Nummer (No.) verwendet.

➠ *Siehe Textur; Wireframe; Texture-Mapping; Sonderzeichen*

Message

➠ *Siehe Msg*

Message Reflection

Message Reflection ist eine Funktion, welche die Steuerung der Verwaltung eigener Nachrichten in objektorientierten Programmierumgebungen, z.B. Visual C++, OLE und ActiveX, ermöglicht.

➠ *Siehe Programmierung, objektorientierte; OLE; ActiveX*

Message Security Protocol

Abk.: MSP

Das Message Security Protocol ist ein Protokoll, das die Sicherheit für Internet-Nachrichten mit Hilfe des Prinzips der Verschlüsselung und Überprüfung gewährleistet. Beim Message Security Protocol können zudem Berechtigungen für die Zustellung oder Verweigerung von E-Mails auf Serverebene vergeben werden.

➠ *Siehe E-Mail; Protokoll; Verschlüsselung*

Message Switching

Das Speichern von Nachrichten durch schrittweises Senden und Empfangen zwischen zwei Netzwerkknoten in einem Netzwerk wird als Nachrichtenvermittlung (englisch: Message Switching) bezeichnet.

➠ *Siehe Node*

Messagebase

Der Gesamtbestand an Messages (Nachrichten) in einer Mailbox wird als Messagebase bezeichnet.

➠ *Siehe BBS*

Messaging

Der Einsatz von Computern und Datenkommunikationseinheiten z.B. für E-Mail, Voice-Mail oder Fax für den Austausch von Nachrichten auf Benutzerebene wird als Messaging bezeichnet.

➠ *Siehe E-Mail; Voice-Mail; Fax*

Messaging Application Programming Interface
➞ *Siehe MAPI*

Messfühler
➞ *Siehe Sensor*

Messwerterfassung
Die Messwerterfassung ist Bestandteil der technischen Datenerfassung und Analyse durch einen Computer. Über Sensoren werden physikalische Messwerte analog erfasst und über einen Analog-Digital-Wandler digital in den Computer eingespeist, der diese Daten dann auswerten kann.

➞ *Siehe Sensor; Analog; A/D-Wandler; Digital*

Metabetriebssystem
Ein Metabetriebssystem ist ein Betriebssystem, unter dem mehrere andere Betriebssysteme aktiv sind.

➞ *Siehe Betriebssystem*

Metadaten
Daten, die selbst wieder andere Daten beschreiben, werden Metadaten genannt.

➞ *Siehe Daten*

Metaflow
Metaflow ist ein Begriff aus dem Bereich Data Warehouse. Er beschreibt den Vorgang der Datensuche und -verwaltung. Beim Metaflow wird die Betriebsumgebung in die Data Warehouse-Umgebung mit aufgenommen.

➞ *Siehe Metadaten; Data Warehouse; Upflow; Downflow; Inflow*

Metainformationen
Metainformationen sind Informationen über Daten, wie z.B. das Erzeugungsdatum einer Datei, das Datum der letzten Änderung, das Verzeichnis auf der Festplatte usw.

Metal-Oxide-Semiconductor
➞ *Siehe MOS*

Metal-Oxide-Semiconductor-Field-Effect-Transistor
➞ *Siehe MOSFET*

Metasprache
Eine Metasprache ist eine künstliche Sprache, die zur Beschreibung von Programmiersprachen dient. Ein Beispiel wäre die Backus-Naur-Form, eine Sprache, mit der sich die Syntax jeder beliebigen Programmiersprache beschreiben lässt.

➞ *Siehe BNF; Syntax; Programmiersprache*

MetaStream
MetaStream ist ein von MetaCreations und IBM entwickeltes 3D-Fileformat. Ausgerichtet auf die Übertragung von 3D-Objekten über das Internet, verfügt es über eine besonders spezialisierte

Kompressionstechnologie. Mit MetaStream ist das Bewegen und Manipulieren von 3D-Objekten im Browser in Echtzeit möglich.

➠ *Siehe 3D-Modell; IBM; Kompression*

Meta-Tag

Meta-Tags sind Schlüsselwörter in HTML-Dokumenten, die der Auffindung durch Suchmaschinen dienen.

➠ *Siehe Search-Engine; HTML; Tag*

Metrik

Die Metrik bestimmt innerhalb des Betriebssystems die ideale Route von Datenpaketen aus dem Netzwerk. Eine geringe Metrik bedeutet hohe Routenpriorität.

➠ *Siehe: Datenpaket, Netzwerk, Routing*

Metropolitan Area Network
➠ *Siehe MAN*

MF2-Tastatur

Abk.: Mehrfunktionstastatur Typ2

Die ursprüngliche PC-Tastatur verfügte lediglich über 83 Tasten. Der heute verwendete Typ2 (MF2-Tastur) ist in mehrere Elemente unterteilt, einen zentralen alphanumerischen Tastenblock mit Steuertasten ([Strg], [Alt], [Enter] usw.), einen rechts daneben angeordneten numerischen Ziffernblock, der über die [Num ⇧]-Taste aktiviert werden kann und eine über dem zentralen Block liegende Tastenreihe mit zwölf Funktionstasten ([F1] bis [F12]), mit denen spezielle Funktionen verschiedener Anwendungsprogramme oder des Betriebssystems aufgerufen werden können (z.B. [Alt]+[F4] für das Beenden von Windows). Schließlich befinden sich oberhalb des Ziffernblocks noch drei Kontroll-LEDs, die Auskunft über den Zustand der Tasten [⇧], [Num ⇧] und [Rollen] geben.

➠ *Siehe Keyboard; Funktionstaste; LED; Betriebssystem*

MFlops

Abk.: Million Floating Point Operations per second

MFlops ist die Maßeinheit für die Fließkomma-Rechenleistung einer CPU.

➠ *Siehe FLOPS; CPU; Floating Point Representation*

MFM

Abk.: Modified Frequency Modulation

MFM ist die Bezeichnung für ein veraltetes Aufzeichnungsverfahren bei Festplatten. Es wurde bei Festplatten durch mehrere Varianten des RLL-Verfahrens abgelöst, wird aber heute noch als Aufzeichnungsverfahren bei Disketten eingesetzt.

➡ *Siehe Harddisk; Aufzeichnungsverfahren; RLL; Diskette*

MFV

Abk.: Mehrfrequenzwahl-Verfahren

▲ *Syn.: Tonwahl-Verfahren*

▲ *Ant.: Impulswahl-Verfahren*

MFV ist ein Wahlverfahren, bei dem die einzelnen Nummern über Töne unterschiedlicher Frequenz gewählt werden. Das Tonwahl-Verfahren hat das Impulswahl-Verfahren abgelöst. Bei der Tonwahl, auch Mehrfrequenzwahl-Verfahren genannt, hat jede Zahl eine andere Tonfrequenz. Damit kann extrem schnell gewählt werden und es erlaubt eine sehr große Anzahl von Steuersequenzen. Der Code, den Anrufbeantworter benutzen, um den Anrufer bei einer Fernabfrage zu verifizieren, basiert auf dem Tonwahl-Verfahren. Bei Modems muss mit ATDT statt ATDP gewählt werden, wenn diese an eine Leitung mit Tonwahl angeschlossen sind. Das Tonwahl-Verfahren sollte inzwischen in ganz Deutschland verfügbar sein, da die Voraussetzung einer digitalen Vermittlungsstelle eigentlich überall erfüllt sein sollte.

➡ *Siehe IWV*

MHz

Abk.: Megahertz

1 MHz = 1 Million Hz = 1.000.000/s (Schwingungen pro Sekunde)

➡ *Siehe Hertz*

MIB

Abk.: Management Information Base

MIB ist eine formale Beschreibung einer Anzahl Objekte, welche mit Hilfe des SNMP administriert werden. Das Format der MIBs ist definiert als Bestandteil von SNMP. Auf der Grundlage einer MIB können Firmen andere Spezifikationen hinzufügen und ergänzen. Sie bilden dann ein Gegenstück zu den allgemeinen RFCs.

➡ *Siehe RFC; SNMP*

Michelangelo-Virus

Der Michelangelo-Virus ist ein Computervirus, der den Boot-Sektor von Festplatten und Disketten infiziert. Die erste Version dieses Virus sollte am Geburtstag von Michelangelo – dem 6. März – jedes Jahres aktiv werden und die Daten des Datenträgers zerstören. Inzwischen gibt es zahlreiche Varianten, die nicht unbedingt an diesem Datum aktiv werden.

➡ *Siehe Datenträger; Computervirus; Boot-Sektor*

Micro Code

Mikrobefehle (Micro Code) sind die elementaren Befehle der CPU, die sie intern für die Abarbeitung eines Prozessorbefehls verwendet.

➡ *Siehe Instruction; CPU*

Micro Instruction

➡ *Siehe Micro Code*

Microchannel

➡ *Siehe MCA*

Microcom Network Protocol

➡ *Siehe MNP*

Microdrive

Microdrive ist ein Speichermedium von IBM in PCMCIA-II-Bauform. Eigentlich ist es eine Minifestplatte mit bis zu 1GB Speicherplatz. Sie wird häufig in Digitalkameras verwendet.

➡ *Siehe Speichermedium; Harddisk; PCMCIA; Compact-Flash*

MicroOps

Aktuelle PC-Prozessoren zerlegen die x86-Befehle in einfach zu handhabende Kommandos fester Länge. Intel nennt diese RISC-ähnlichen Befehle MicroOps, bei AMD heißen sie MacroOps.

➡ *Siehe RISC-Prozessor; Intel; AMD*

Microsoft

http://www.microsoft.de

Microsoft wurde 1974 von Paul Allen und Bill Gates gegründet. Erste Erfolge konnte die Firma mit dem Betriebssystem MS-DOS verzeichnen, das 1981 an IBM lizenziert und mit den IBM PS/2-Computern unter dem Namen PC-DOS ausgeliefert wurde. Microsoft setzte mit diesem Coup einen Standard für Betriebssystem-Software, den die Firma mit den grafischen Betriebssystemen Windows 3.x, Windows 9x, Windows NT und Windows XP bis zum heutigen Zeitpunkt immer weiter ausgebaut hat.

➡ *Siehe Microsoft Network; MS-DOS; IBM; ActiveX; Apple; Windows; Windows 95; Windows NT; NetPC; Gates, Bill; Office*

Microsoft Certified Systems Administrator

➡ *Siehe MCSA*

Microsoft Diagnostics

➡ *Siehe MSD*

Microsoft Intermediate Language

➡ *Siehe MSIL*

Microsoft Network

Abk.: MSN

Microsoft Network ist der Internet-Providing-Dienst von Microsoft.

➡ *Siehe MSN; Internet-Provider; Microsoft*

Mid Scale Integration

➡ Siehe MSI

Middleware

1. Middleware ist Software, die für die Anwendungsprogrammierung (API) eine Schnittstelle enthält. Anwendungen für API können in den selben Computersystemen ausgeführt werden, in denen auch Middleware ausgeführt werden kann. Ein Beispiel für Middleware ist ODBC, das eine API-Schnittstelle für viele Datenbanktypen ist.

2. Middleware kann ein breites Softwarespektrum abdecken und konvertiert Informationen mehrerer Softwaretypen. Sie befindet sich in der Regel zwischen einem Betriebssystem, einem Netzwerkbetriebssystem oder einem Datenbank-Managementsystem. Beispiele für Middleware sind Netzwerk-Kontrollprogramme, CORBA und andere Object Broker-Programme.

3. Mittleware ist zudem eine Kategorie von Software-Entwicklungswerkzeugen, die es dem Benutzer ermöglichen, einfache Programme zu erstellen, indem vorhandene Dienste ausgewählt und mit einer Skriptsprache verknüpft werden.

➡ Siehe ODBC; API; CORBA

MIDI

Abk.: Music Instruments Digital Interface

MIDI ist eine Softwareschnittstelle, die dem Austausch von Daten zwischen einem elektronischen Musikinstrument (z.B. Synthesizer, Keyboard) und dem Computer dient. Voraussetzung für die Übertragung digitaler MIDI-Daten an den Computer und umgekehrt ist ein MIDI-Anschluss (Midi-In, Midi-Out) an der Soundkarte und dem Instrument. Der Anschluss selbst erfolgt über genormte MIDI-Kabel (MIDI-Adapter). Zur Übertragung der digitalen Steuerdaten zwischen Synthesizer und Computer wurden mehrere Softwarestandards entwickelt. Dazu zählen General-MIDI (GM-MIDI) und General-Synth-MIDI (GS-MIDI). Auf einer so genannten Wavetable-Erweiterungskarte, die auf die Soundkarte aufgesteckt wird, sind die MIDI-Klänge bereits fest in Speichermodulen gespeichert, was vor allen Dingen von Spielen unterstützt wird. Allerdings wird zur Ansteuerung dieser MIDI-Klänge eine zusätzliche genormte Schnittstelle auf der Soundkarte benötigt, die so genannte MPU-401, die auf allen heute gängigen Karten vorhanden ist.

➡ Siehe Soundkarte; Wavetable; GS-MIDI; MPU-401; GM-MIDI

Bild M.4: Mit diesem Kabel werden MIDI-Geräte an den Gameport einer Soundkarte angeschlossen.

MIDI-Kanal

Der MIDI-Standard unterstützt bis zu 16 Datenkanäle. An jeden dieser Kanäle kann ein MIDI-taugliches Gerät angeschlossen werden.

➡ *Siehe MIDI*

Mikrobefehl

➡ *Siehe Micro Code*

Mikrocomputer

Mikrocomputer ist ein gängiger Begriff für alle Rechner kompakter Bauweise, die für den Heimanwender oder als Workstation gedacht sind. Das Gegenteil ist der Großrechner, der z.B. in Firmen oder universitären Rechenzentren eingesetzt wird.

➡ *Siehe Mainframe; Workstation; RZ*

Mikrokanal

➡ *Siehe MCA*

Mikroprozessor

Ein Mikroprozessor ist ein hochintegrierter Schaltkreis (IC), der die Funktion eines Prozessors übernimmt. Mit Mikroprozessor ist oft die CPU eines Computers gemeint. Im Computerbereich wichtige Mikroprozessoren stammen von den Firmen Intel (80x86-Familie), AMD (K5, K6, K7), Cyrix (M1, M2), Motorola (680x0-Familie) und Digital Equipment (Alpha).

➡ *Siehe CPU; AMD; Motorola; DEC; Intel; IC*

Mikrotypographie

Mikrotypographie ist ein Begriff aus der Sprache der Designer und Schriftsetzer und bezeichnet die Detailarbeit an einem Dokument, wie Zeilenabstände, Spationierung der Buchstaben, Wortabstände, Leerzeilen, Farben usw.

➡ *Siehe Makrotypographie; Dokument*

Million Floating Point Operations per second

➡ *Siehe MFlops*

Million Instructions per second

➡ *Siehe MIPS*

Millisekunde

Eine Millisekunde ist eine tausendstel Sekunde. Die Zugriffszeit von z.B. Festplatten wird in Millisekunden angegeben.

➡ *Siehe Harddisk*

MIME

Abk.: Multipurpose Internet Mail Extensions

MIME ist ein Internet-Standard für den Versand und Empfang von E-Mails. Mit ihm können E-Mails frei gestaltet werden. Beliebige Binär-Dateien können in die Mail eingefügt werden, so dass es z.B. möglich wird, in der Mail Grafiken oder Ton- und Videosequenzen abzulegen, die der Empfänger dann mit einem Mail-Reader »lesen« kann.

➯ *Siehe S/MIME; E-Mail; Binär; Mail-Reader*

Mimic-Tracker

Mimic-Tracker ist eine Bezeichnung für ein (kopfmontiertes) Gerät, welches zur Erfassung des menschlichen Mienenspiels eingesetzt wird. Ein mögliches Verfahren besteht darin, an bestimmten Stellen im Gesicht der Person Markierungen anzubringen, die von Sensoren erfasst, vom Computer ausgewertet und anschließend auf die Bewegungen einer virtuellen Person umgesetzt werden.

➯ *Siehe Synthespian; Virtual Humans; Motion-Capture; Motion Analysis Face Tracker*

Mini Disc

➯ *Siehe MD*

Mini-Port-Treiber

Mini-Port-Treiber sind Treiber, die mit geräteunabhängigen Port-Treibern kommunizieren, welche wiederum mit dem System kommunizieren und geräteabhängige Informationen enthalten.

➯ *Siehe Port; Gerätetreiber*

Minitel

Minitel ist das französische Pendant zum deutschen Btx. Minitel ist in Frankreich sehr stark verbreitet, was sich durch niedrigere Preise, öffentliche Terminals und sehr leichte Bedienung äußert.

➯ *Siehe Btx*

Minitreiber

Die verhältnismäßig kleinen und einfachen Minitreiber enthalten alle zusätzlichen Befehle, die für ein bestimmtes Hardwaregerät erforderlich sind, um mit dem universalen Treiber für die Geräteklasse zu kommunizieren.

➯ *Siehe Gerät; Gerätetreiber*

Minuskel

Minuskel ist die Bezeichnung für Kleinbuchstaben (von lat. minor = kleiner). Im Gegensatz dazu stehen die Majuskel (Großbuchstaben).

➯ *Siehe Majuskel*

MIP-Banding

Ein Artefakt, das beim MIP-Mapping-Verfahren häufig auftritt, wenn zwei unterschiedlich große MIP-Maps (größenvariable Texturen) aneinander grenzen, was vor allem bei Boden- und Wandtexturen der Fall ist. Die Übergänge zwischen den einzelnen Texturen sind deutlich sichtbar. Als Gegenmaßnahme zu diesem Effekt wurde die trilineare Texturfilterung entwickelt.

➡ *Siehe MIP-Mapping; Texturfilterung, bilineare; Texturfilterung, trilineare; Textur*

MIP-Mapping

MIP steht für »multum in parvo« (Viele unter Gleichen). Eine Textur wird bei diesem Verfahren in mehreren Größenabstufungen gespeichert. Hochauflösende Bitmaps werden für sehr nahe Objekte, niedrigauflösende Texturen für weiter entfernte, kleinere Objekte verwendet. Beim trilinearen MIP-Mapping wird zuerst zwischen der jeweils nächstkleineren und nächstgrößeren Textur bilinear gefiltert, bevor dann zwischen diesen beiden Texeln noch einmal gemittelt wird. Klötzcheneffekte im Nahbereich und Aliasing bei weit entfernten Objekten lassen sich auf diese Weise unterdrücken.

➡ *Siehe Texturfilterung, bilineare; Texel; 3D-Funktionen; Textur; Aliasing; Texture-Mapping; Bitmap*

MIP-Mapping, trilineares

➡ *Siehe 3D-Funktionen; MIP-Mapping*

MIPS

Abk.: Million Instructions Per Second

MIPS ist die Maßeinheit eines Benchmarktests, der die Leistung der CPU in Millionen ausgeführter Befehle pro Sekunde misst. Da die Geschwindigkeit der CPU auch stark vom verwendeten Befehlssatz abhängig ist, ist der Test für den Vergleich unterschiedlicher CPU-Typen nicht geeignet.

➡ *Siehe Instruction; CPU; Instruction Set; Benchmark*

Mirroring

Unter Mirroring wird die parallele Speicherung von Daten auf zwei Festplatten verstanden, die vom selben Controller verwaltet werden. Das bedeutet, die Daten werden gespiegelt. Diese Technik – eine Variante der RAID-Technologie – wird zur Sicherung von Daten bei Server-Systemen oder bei Computern, auf denen sehr wichtige Daten gespeichert werden, verwendet. Beim so genannten Duplexing wird das gleiche Verfahren angewendet, mit dem Unterschied, dass die Festplatten von zwei separaten Controllern verwaltet werden.

➡ *Siehe Server; Controller; Harddisk; RAID; Duplexing*

MIT

Abk.: Massachusetts Institute of Technology

Das MIT ist die renommierteste technische Universität der USA. Im MIT wurden bahnbrechende Erfindungen auf dem Gebiet der Hardware und Software (KI, Multimedia) gemacht. Ein Grund für diese außergewöhnliche Innovationskraft ist das Verhältnis zwischen Professoren und Studenten, von denen jeder an eigenen – selbst erdachten – Projekten arbeiten kann. Zu den kuriosesten Erfindungen zählen ein elektronisches Blatt Papier, bei dem die Daten über eine Schnittstelle z. B. aus dem Internet geladen und dann gelesen werden können, spezielle 3D-Scanner und ein KI-Programm in Form eines elektronischen Hundes, das den Standort seines »Herrchens« im Raum feststellen kann und wie ein echter Hund auf Befehle reagiert. Einer der kuriosesten Studenten (nach Selbstauskunft der erste Cyborg) trägt den ganzen Tag ein Interface mit sich herum, welches ständig eine Verbindung zum Internet hält. Die Daten werden über eine Brille direkt in sein Auge projiziert, und seine täglichen Aktivitäten sind auf einer Website im Internet verfolgbar. Der Direktor des MIT ist eine nicht minder schillernde Persönlichkeit: Nicholas Negroponte.

➠ *Siehe Internet; Interface; KI; Website; Multimedia*

Mitbenutzer

Beim Online-Dienst der Telekom – T-Online – ist es möglich, eine oder mehrere Personen als Mitbenutzer für den eigenen Account anzugeben. Dadurch erhöhen sich jedoch die Gebühren.

➠ *Siehe T-Online; Account*

Mixed-mode CD

Eine Mixed-mode CD kann sowohl Audio- als auch Datenspuren enthalten.

➠ *Siehe CD*

MJPEG

Motion-JPEG verwendet das für Standbilder entwickelte JPEG-Kompressionsverfahren (JPEG-Datenformat) für die Speicherung von Bildfolgen bzw. Videosequenzen. MJPEG wird für die digitale Videobearbeitung verwendet, da hier im Gegensatz zu MPEG jedes Bild erhalten bleibt. Bei MPEG ist das nicht möglich, da bei diesem Verfahren nur die Unterschiede zwischen den Einzelbildern gespeichert werden. Nur jedes achte Bild, der so genannte I-Frame, wird unverändert gespeichert und enthält somit die komplette Bildinformation. Daraus resultiert natürlich ein erheblich größeres Datenaufkommen beim MJPEG-Verfahren. Videoschnitt in guter Qualität (d. h.

niedrige Kompressionsrate) stellt daher sehr hohe Anforderungen an das System (CPU- und Festplattengeschwindigkeit).

⇒ *Siehe JPEG; Frame; Bildkompression; Kompression*

MMC

Abk.: MultiMedia-Card, Microsoft Management Console

1. Die MultiMedia-Card (MMC) ist ein auswechselbares, wiederbeschreibbares, nichtflüchtiges Flash-Speichermedium. Besonders für tragbare Geräte (MP3-Player oder Digitalkameras) mit niedrigem Stromverbrauch sind MultiMedia-Cards geeignet.

2. Die Microsoft Management-Konsole (MCC) ist ein Werkzeug zur Verwaltung der Betriebssysteme Windows 2000, Windows XP und Windows Server 2003.

⇒ *Siehe Speichermedium; MP3; Flashmemory*

Bild M.5: Eine Multimedia-Card

MMIX

MMIX ist ein von Professor Donald Erwin Knuth entwickelter 64 Bit RISC-Prozessor, der lediglich 32 Bit – die halbe für RISC übliche Wortbreite – nutzt. Das oberste Byte ist der Opcode.

⇒ *Siehe RISC-Prozessor*

MMS

Abk.: Multimedia Message Service

Eine um den Versand von Multimedia-Dateien erweiterte Version von SMS heißt MMS. Neben Textbotschaften können MMS-Mitteilungen auch Sprache, Fotos, Musikaufzeichnungen und Videos enthalten.

⇒ *Siehe SMS*

MMU

Abk.: Memory Management Unit

▲ *Übers.: Speichermanagementeinheit*

Die MMU ist Bestandteil von Mikroprozessoren (bei Intel ab dem 386er) und ist für die Speicherverwaltung mittels Paging-Verfahren zuständig.

⇒ *Siehe Mikroprozessor; Paging; Intel*

MMX

Abk.: MultiMedia Extensions

MMX ist eine Erweiterung des Befehlssatzes der Intel-Prozessoren um 57 zusätzliche Befehle, die die bei Sound- und Bilddateien oft auftretenden 8 bzw. 16 Bit langen Daten über acht neue MMX-Register mit je 64 Bit Breite verarbeiten können. Eine der wichtigsten

Neuerungen ist die SIMD-Technik (Single Plane Multiple Data), die die parallele Anwendung eines Befehls auf mehrere Daten ermöglicht, wodurch sich die Verarbeitungsgeschwindigkeit stark erhöht. Zusätzlich zur MMX-Befehlserweiterung hat Intel auch den AGP-Bus definiert, der für eine schnelle Bildausgabe sorgen soll. Damit MMX genutzt werden kann, muss natürlich die Software entsprechend programmiert sein. Eines der ersten Programme, die MMX unterstützt, ist die Version 4.0 des Bildbearbeitungsprogramms Adobe Photoshop. Microsoft unterstützt MMX ab Version 3.0 seiner Grafikschnittstelle DirectX. Vor allen Dingen die grafikaufwändigen Spiele und Raytracing- bzw. Animationsprogramme ziehen einen Geschwindigkeitsvorteil aus der MMX-Technologie. Da die Behandlung der MMX-Befehle über die Fließkommaeinheit der CPU abgewickelt wird, muss der Programmierer allerdings abwägen, ob er diese Einheit oder den MMX-Code zur Berechnung einsetzen soll. Der MMX-Befehlssatz ist Bestandteil der Intel-Pentium-MMX-Familie (P55C), der Pentium II-Generation und soll auch in den neuen Pentium Pro integriert werden. Die Konkurrenz von Intel – AMD (K6) und Cyrix (M2) – unterstützen ebenfalls MMX, obwohl sie nicht mit diesem Kürzel werben dürfen. Intel hat sich die Bezeichnung rechtlich schützen lassen.

→ *Siehe K6 3DNow!; Pentium Pro; CPU; Instruction Set; M2; AGP; Raytracing; Register; K7; Pentium II; Bit; K6; DirectX; Intel; FPU; SIMD*

MMX2

→ *Siehe Katmai; Pentium III*

Mnemonik

Mnemonik stammt von griech. »mneme« = Gedächtnis. Die Mnemonik bezeichnet eine in Programmiersprachen angewendete Technik, bei der der Programmierer Befehle so benennt, dass sie sich das menschliche Gedächtnis leicht merken kann. So wird z.B. der Befehl »MOVE« dazu verwendet, Werte von einem Register zum anderen oder auf einen anderen Speicherplatz usw. zu verschieben. »ADD« dient der Addition usw.

→ *Siehe Instruction; Register; Programmiersprache; Programmierer*

Mnemonische Adresse

→ *Siehe Adresse, mnemonische*

Mnemonischer Code

→ *Siehe Adresse, mnemonische; Mnemonik*

MNP

Abk.: Microcom Network Protocol

MNP ist die Bezeichnung für eine ganze Übertragungsprotokollfamilie für Modems, die von der

Firma Microcom entwickelt und von der CCITT empfohlen wurde. Aktuell sind MNP 4, welches eine automatische Fehlerkorrektur enthält, und MNP 5 mit zusätzlicher Datenkompression, wodurch die Übertragungsgeschwindigkeit stark erhöht wird.

➠ *Siehe Datenkompression; Transferprotokoll; Modem; CCITT; Fehlerkorrektur*

Mobilfunk

Mobilfunk ist die Bezeichnung für schnurloses, mobiles Telefonieren, meist über Funk. Das erste deutsche Mobilfunknetz war das A-Netz, gefolgt vom B- und C-Netz (alle analog). Letzteres war das erste flächendeckende Mobilfunknetz in Deutschland. Die Nachfolger dieser analogen Netze sind das digitale D- und E-Netz.

➠ *Siehe B-Netz; E-Netz; D-Netz; C-Netz; GSM*

MOD

Abk.: Magneto-Optical Drive

▲ *Übers.: Magneto-optisches Laufwerk*

MOD ist ein externer Massenspeicher mit auswechselbaren, gekapselten Medien. Die Speicherung erfolgt magneto-optisch. Auf dem Trägermedium ist unter einer transparenten Schutzschicht eine MO-Schicht aufgedampft, die bei Beeinflussung durch ein Magnetfeld ihre optischen Eigenschaften verändert. Beim Schreibvorgang erhitzt ein Laser diese Schicht auf ca. 200°C, während sie durch ein konstantes Magnetfeld beeinflusst wird. Das Schreiben erfolgt dann in drei Phasen: Zuerst wird der eine Teil der binären Information (z.B. die Nullen) geschrieben, dann – bei umgepoltem Magnetfeld – der zweite Teil (die Einsen). Abschließend wird die Aufzeichnung noch einmal auf Fehler überprüft. Der Schreibvorgang dauert bei MO-Laufwerken aus diesem Grund rund dreimal so lange wie der Lesevorgang. Neuere MO-Laufwerke, die die so genannte LIMDOW-Technik einsetzen, können in einem Schritt schreiben. Die Speicherkapazität der 3,5"-Medien liegt bei 230 bis 640 MByte, die der 5,25"-Medien bei 1,3 bis 2,6 GB. Trotz der gegenüber einer Festplatte recht geringen Geschwindigkeit sind MO-Laufwerke ein beliebtes Backup-Medium, da sie im Gegensatz zu Magnetbändern einen wahlfreien Zugriff auf die gespeicherten Daten ermöglichen und auch relativ stabil gegen äußere Einflüsse wie Temperaturschwankungen und Magnetfelder sind.

➠ *Siehe Laser; Speicherkapazität; Magnetband; Backup; Binär; Massenspeicher*

Mode

Mode wird in Bezug auf die unterschiedlichen Betriebsarten von

(Peripherie-) Geräten (Drucker, Scanner, Monitor, Modem) verwendet. Ein Beispiel wäre bei Tintenstrahldruckern der Econo- oder Draft-Mode (spart Tinte).

➡ Siehe Scanner; Ink-Jet Printer; Peripherie; Draft-Mode; Drucker

Mode 1

Beim ursprünglichen CD-ROM-Standard wurde zwischen Mode1- und Mode2-Sektoren unterschieden. Der Mode1 ist für fehleranfällige Daten (z.B. Programme) gedacht, weshalb auch 280 MByte Speicherkapazität für Fehlerkorrektur verloren gehen.

➡ Siehe Speicherkapazität; Sektor; CD-ROM; Mode2

Mode 2

Beim ursprünglichen CD-ROM-Standard wurde zwischen Mode1- und Mode2-Sektoren unterschieden. Der Mode2 wurde für weniger empfindliche Daten verwendet, weswegen dort keine Fehlerkorrektur zum Einsatz kommt.

➡ Siehe Sektor; Mode1; CD-ROM

Modem

Abk.: Modulator-Demodulator

Ein Modem moduliert und demoduliert analoge und digitale elektrische Spannungen. Bei der Übertragung von Daten über ein Modem wird das digitale elektrische Signal (eine Folge von Spannungsänderungen) in ein analoges elektrisches Signal (eine Folge von Amplitudenschwankungen) umgewandelt. Moderne Modems modulieren zusätzlich die Signalphase, um mehr Informationen über denselben »Carrier« (die Leitung) zu übertragen. Die Modulation/Demodulation erfolgt an der seriellen Schnittstelle (RS-232) des PCs. Die analogen Schwingungen werden über das Telefonnetz an ein Empfängermodem (oder ein Fax) gesendet und auf der anderen Seite in digitale Signale zurückverwandelt. Modems gibt es als interne Erweiterungskarten oder auch als externe Geräte. Für Notebooks werden Modems in PCMCIA-Karten integriert. Modems unterscheiden sich im Funktionsumfang und Leistung. Hier einige wichtige Parameter und Funktionen:

▶ **Datentransferrate:** Sie wird in bps (Bit pro Sekunde) gemessen und gibt an, wie viele Informationen vom Modem pro Sekunde übertragen werden können. Ein typisches Modem mit 56.000 bps kann 2.240 Zeichen pro Sekunde (cps) übertragen.

▶ **Voice/Daten:** Modems können neben Daten auch Sprachinformationen (Voice) übertragen. Das Modem kann wie ein Telefon oder als Anrufbeantworter genutzt werden.

- **Auto-Answer:** Wenn Ihr Modem diese Funktion unterstützt, kann es automatisch Anrufe beantworten. Das ist wichtig, wenn Sie z.B. eine Mailbox betreiben.

- **Datenkompression:** Alle Modems verwenden Kompressionsalgorithmen, um mehr Daten in derselben Zeit über die Leitung zu schicken.

- **Faxmoden:** Das Modem kann Faxe empfangen und senden. Alle modernen Modems sind Faxmodems.

➠ *Siehe PCMCIA; Notebook; Analog; Faxmodem; Digital; Spannung; Amplitude; RS-232-Schnittstelle*

Bild M.6: Ein Modem

Modem, externes

Ein externes Modem ist ein Modem, das über den seriellen Kommunikations-Port oder dem USB-Port mit dem Computer verbunden ist.

➠ *Siehe COM*

Modified Frequency Modulation

➠ *Siehe MFM*

Modul

1. Modul wird ein eigenständiges Programm bzw. Programmteil genannt, welches besondere Aufgaben (Routinen oder Prozeduren) übernimmt.

2. Modul kann aber auch ein Hardwarebauteil sein, welches zur Integration eines Computersystems unbedingt notwendig ist und essentielle Funktionen übernimmt, z.B. Motherboard, CPU, Festplatte, Hauptspeicher, Grafikkarte. Module verschiedener Hersteller sind aufgrund genormter Anschlüsse und Bauform jederzeit untereinander austauschbar. Grundbedingung bei manchen Modulen (Motherboard, CPU, Grafikkarte) ist allerdings eine bestehende Kompatibilität zu der Plattform (Apple, Sun, IBM-kompatible usw.), auf der sie eingesetzt werden sollen.

➠ *Siehe Plattform; CPU; Harddisk; Hauptspeicher; Routine; Grafikkarte; Prozedur; Motherboard; Programmierung, modulare*

MODULA2

MODULA2 ist eine aus Pascal weiterentwickelte Programmiersprache, die einige Erweiterungen enthält, die speziell auf die Arbeit mit Modulen ausgelegt sind. So können Variablen, Prozeduren und Routinen in einem Modul zusammengefasst und als eigenständiges Programm kompiliert werden, welches dann in anderen Programmen wieder verwendet werden kann. MODULA2 gibt es für die Betriebssysteme MS-DOS, OS/2 und MacOS.

→ *Siehe MS-DOS; Modul; Variable; Routine; MacOS; Prozedur; Pascal; Kompilieren; OS/2*

Modulare Programmierung

→ *Siehe Programmierung, modulare*

Modulation

Das Aufprägen eines Signals auf eine hochfrequente Trägerschwingung durch Veränderung der Amplitude, Frequenz oder Phase wird Modulation genannt (Amplitudenmodulation, Phasenmodulation, Frequenzmodulation). Beim Empfänger muss das Signal wieder zurückgewandelt (demoduliert) werden.

→ *Siehe Modem*

Modus, abgesicherter

→ *Siehe Safe Mode*

MO-Laufwerk

→ *Siehe MOD*

Molekularstrahlepitaxie

Molekularstrahlepitaxie ist ein bei der Herstellung von Halbleiterbauelementen verwendetes Verfahren. Es ermöglicht die Herstellung sehr dünner und präziser Epitaxialschichten, welche durch Verdampfen des Materials und Weiterleitung des Molekularstrahls auf ein Substrat, auf dem die Schicht abzuscheiden ist, entstehen.

→ *Siehe Halbleiter, n-leitender*

Monadisch

→ *Siehe Unär*

Monitor

1. Der Monitor ist im Prinzip ein Fernseher ohne Empfangsteil, den es in einfarbiger (monochromer) und mehrfarbiger (polychromer) Ausführung gibt. Die Bildqualität des Monitors ist abhängig von der verwendeten Lochmaske, der Bandbreite und der erreichbaren Horizontal- bzw. Vertikalfrequenz, und liegt in der Regel weit über der eines modernen Fernsehgeräts. Computermonitore werden in verschiedenen Größen angeboten: mit 14"-, 15"- (38,5 cm) 17"- (43,18 cm), 19"-, 20"-, 21"- (53,3 cm) und 23"-Bilddiagonale. Beim Kauf sollte auch auf die vom Monitor erfüllten Strahlungsnormen und die Unterstützung von Power-Ma-

nagement geachtet werden. Die meisten Monitore werden heutzutage nach den schwedischen Normen MPR II oder TCO 01 hergestellt.

2. Mit dem Begriff Monitor wird auch eine Software bezeichnet, die für die Überwachung bestimmter Prozesse im Netzwerk, in Anwendungsprogrammen oder im Betriebssystem zuständig ist. Ein Beispiel wäre der System-Monitor unter Windows 95 und NT.

➠ *Siehe Power-Management; Bildwiederholfrequenz; Netzwerk; Bandbreite; TCO-Norm; Bildschirm; Horizontalfrequenz; Bildschirm, monochromer; Lochmaske; MPR-Norm*

Bild M.7: Ein Monitor

Monitorabschaltung

Zur Einsparung von Strom bei längerer Inaktivität unterstützen die neueren Monitore unterschiedliche Systeme des Power-Managements (auch als Power-Saving bezeichnet), z.B. das weit verbreitete DPMS. Dabei schaltet der Monitor nach einem – z.B. im BIOS oder Betriebssystem – vorgegebenen Zeitraum in einen Stromsparmodus (Stand-by), anschließend in den Suspend- oder Sleep-Modus, gefolgt von der letzten Stufe, dem Power-off-Modus. Bei jedem Schritt wird die Stromaufnahme weiter von anfangs ca. 30 Watt auf 5 – 10 Watt reduziert.

➠ *Siehe Power-Management; Energiesparmaßnahmen; BIOS; DPMS; Betriebssystem*

Monitorfrequenz

➠ *Siehe Bildwiederholfrequenz*

Monitorstrahlung

Monitore erzeugen ein elektrostatisches und ein elektromagnetisches Feld. Zur Begrenzung dieser schädlichen Felder wurden mehrere Normen definiert, z.B. die schwedische MPR-II- und die TCO-92/95-Norm.

➠ *Siehe Monitor; TCO-Norm; MPR-Norm*

Mono

Eine von der spanischen Firma Ximian unterstützte Initiative zur Entwicklung einer Open Source Unix-Version von Microsofts .NET-Entwicklungsplattform. Mono zielt dabei nur auf die Entwicklungskomponenten (eine Laufzeit für die Common Language Infrastructure, einen

Compiler für C# und Klassenbibliotheken) ab, nicht auf Endanwendungen.

➭ *Siehe .NET; CLI; Open Source; Unix; Compiler; C#; Library*

Monochrome Display Adapter

➭ *Siehe MDA*

Monochromer Bildschirm

➭ *Siehe Bildschirm, monochromer*

Monte-Carlo-Methode

Die Monte-Carlo-Methode ist ein mathematisches Verfahren, das durch Verwendung von Zufallszahlen und mehrmalig ausgeführten Berechnungen eine angenäherte Lösung für ein Problem ermittelt. Sie wird in Situationen verwendet, in denen ein bestimmter Einflussfaktor berechnet werden kann, andere jedoch unbekannt sind. Der Name entstand aufgrund der Zufallszahlen, die ebenfalls bei Glücksspielen eine große Rolle spielen.

MOO

Abk.: MUD, object-oriented

Eine Form des Multiuser Dungeon (MUD), in der ein Benutzer mittels einer objektorientierten Sprache Objekte und Bereiche innerhalb der MOO erstellen kann. MOOs werden vor allem bei der Kommunikation und der Programmierung eingesetzt.

➭ *Siehe MUD; Programmierung, objektorientierte*

Mooresches Gesetz

»Gesetz« von Gordon Moore, einem der Mitbegründer des Unternehmens Intel aus dem Jahre 1968. Er prophezeite, dass sich die Transistordichte eines Prozessors jedes Jahr verdoppeln würde. Inzwischen hat sich diese Voraussage auf 18 Monate relativiert. Experten vermuten, dass sich dieser Trend mindestens noch zwei weitere Jahrzehnte fortsetzen wird.

➭ *Siehe Transistor; Prozessor; Intel*

Morphing

Morphing bezeichnet im Computergrafikbereich ein Verfahren, mit dem sich eine Grafik stufenlos in eine andere umwandeln lässt. Ein Beispiel wäre die Verwandlung eines Menschenkopfes in den Kopf eines Tieres. Dieser Effekt wird vor allen Dingen in Filmen und Computeranimationen eingesetzt. Der Computer erstellt zwischen dem Ausgangsbild und dem Zielbild angenäherte Zwischenschritte, die dann, als Animationssequenz abgespielt, den Anschein einer nahtlosen Umwandlung vermitteln. Morphing gehört zur Grundausstattung heutiger Animationspakete. Bei 3D-Programmen (z.B. 3D Studio

MAX oder Lightwave von Newtek) muss allerdings eine Grundbedingung erfüllt sein: Das Ausgangs- und das Zielobjekt müssen aus der gleichen Anzahl Punkten bestehen, da der Computer intern die Punkte des Ausgangs-Drahtgittermodells zum Ziel-Drahtgittermodell einfach verschiebt. Würden Punkte fehlen oder überzählig sein, kann der Computer deren neue Position im dreidimensionalen Raum nicht ermitteln und würde die Berechnung abbrechen.

➠ *Siehe Wireframe; Animation; Vertex; Grafikprogramme*

MOS

Abk.: Metal-Oxide-Semiconductor

MOS ist die Bezeichnung für einen Metalloxid-Halbleiter, der in diversen Bauformen bei Halbleiter-Schaltelementen zum Einsatz kommt. Bei einem MOS wird eine Metall- bzw. Metalloxidschicht auf einen Träger aufgedampft, wobei Chips mit mittlerer bis höchster Integrationsdichte möglich sind. Eine der bekanntesten Bauformen ist das so genannte CMOS, der Chip, auf dem die BIOS-Informationen des Motherboards gespeichert sind. Weitere Varianten sind NMOS, PMOS.

➠ *Siehe Chip; CMOS; NMOS; BIOS; Molekularstrahlepitaxie*

Mosaic

http://www.ncsa.uiuc.edu

Mosaic ist ein Webbrowser, der 1993 vom National Center for Supercomputing Applications (NCSA) im Internet vorgestellt wurde und für die Plattformen Windows, Macintosh und X-Window System verfügbar ist. Mosaic war der erste Browser mit grafischer Oberfläche. Die Weiterentwicklung des Browsers wurde eingestellt.

➠ *Siehe Webbrowser; NCSA; X-Windows; Internet Explorer*

MOSFET

Der Metal-Oxide-Semiconductor-Field-Effect-Transistor (MOS-Transistor) ist ein Transistor bei dem hochintegrierte Metalloxid-Halbleiter (MOS) eingesetzt werden. Die Leitfähigkeit wird bei dieser Transistorart über ein elektrisches Feld gesteuert.

➠ *Siehe MOS; Transistor*

Most Significant Bit

➠ *Siehe MSB*

MOT

Abk.: Multimedia Object Transfer Protocol

MOT ist die Bezeichnung für ein genormtes Übertragungsprotokoll im digitalen Rundfunk (Digitales Radio, DAB), mit dem zusätzlich zu den Audioinformationen auch Texte und Bilder übertragen werden und im Display des entsprechend ausgerüsteten Empfängers dargestellt werden können.

➠ Siehe Transferprotokoll; DAB

Motherboard

Das Motherboard ist die zentrale Platine eines Computers, auf der sich alle Elemente zur Steuerung der angeschlossenen Hardware, der Peripheriegeräte sowie für deren Datenaustausch untereinander befinden. Dazu gehören CPU und CPU-Sockel, Controller-Chipsatz (DMA-Controller, Interrupt-Controller und Cache-Controller), Bussysteme (ISA, PCI, selten noch EISA, VESA Local, Microchannel). Daneben befindet sich auf dem Motherboard noch die Systemuhr, das BIOS und das CMOS-RAM, die Stecksleisten für die Speichermodule (DRAM, EDO, SDRAM), das Second-Level(L2)-Cache (SRAM-Modul), der Festplatten-Controller, der Floppy-Controller und die parallelen und seriellen Schnittstellen. Oft findet sich auch noch eine Stecksleiste für ein so genannte COAST-Modul, mit dem sich das L2-Cache meist auf 512 KB aufrüsten lässt. Bei manchen Motherboards sind sogar Grafikkarte und Soundkarte auf der Platine integriert.

➠ Siehe COAST; MCA; Bus; CMOS-RAM; PCI; DMA-Controller; Controller; Interrupt-Controller; CPU; Slot; ZIF-Sockel; Cache-Controller; EISA; ISA; L2-Cache;

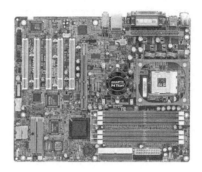

Bild M.8: Ein Motherboard (die zentrale Komponente eines PCs)

Motif

Motif ist ein grafisches Benutzerinterface sowie eine Entwicklungsumgebung für das X-Windows System. Es hat sich zum Quasistandard unter Unix-Systemen etabliert. Viele Systeme klonen Look und Feel von Motif-Anwendungen. Die Open Software Foundation entwickelte Motif im Jahr 1989. Das CDE (Common Desktop Environment) verwendet Motif-Bibliotheken zur Darstellung.

➠ Siehe Unix; GUI; X-Windows; OSF

Motion Analysis Face Tracker

Motion Analysis Face Tracker ist ein Gerät, welches mit Hilfe von Sensoren die Bewegungen der Gesichtsmuskeln eines Menschen in digitale Informationen für das Mienenspiel eines Synthespians umsetzt.

➠ Siehe Data Suit; Data Glove; Synthespian; Virtual Humans; Mimic-Tracker

Motion-Capture

Der Begriff Motion-Capture bezeichnet diverse Verfahren zur Erfassung (capture) und Aufzeichnung von Bewegungen (motion) durch den Computer im Bereich der professionellen Computeranimation (z.B. Filmproduktionen), der Forschung (z.B. zur Erforschung von Bewegungsabläufen) und nicht zuletzt der virtuellen Realität. Für die Erfassung z.B. menschlicher Bewegungen dienen mit Sensoren ausgestattete Geräte, (3D-) Scanner oder Kameras mit speziell entwickelter Steuerungssoftware.

⮕ *Siehe Data Suit; Data Glove; Synthespian; Virtual Humans; Animation; Motion Analysis Face Tracker; HMD; Cyberspace; Mimic-Tracker*

Motion-JPEG

⮕ *Siehe MJPEG*

Motorola

Der amerikanische Prozessor- und Chiphersteller Motorola wurde im Jahr 1928 gegründet. Bekannte Entwicklungen sind die Mikroprozessoren der 680x0er-Familie und der in Kooperation mit IBM und Apple entwickelte PowerPC-Chip, der heute in allen Apple-Computern verbaut wird. Weiterhin ist Motorola einer der führenden Hersteller von Prozessoren in RISC- und CISC-Architektur.

⮕ *Siehe Mikroprozessor; CISC; IBM; Apple; RISC-Prozessor; PowerPC-Chip*

Mouse

⮕ *Siehe Maus*

Mouseover

Als Mouseover-Effekt wird die Änderung eines Elements auf einer Webseite bezeichnet, die entsteht, sobald der Anwender das Element mit der Maus (mouse) überfährt (over).

⮕ *Siehe Webseite; Maus*

Mousepad

Das Mousepad ist eine griffige Unterlage aus Kunststoff für eine Maus. Bei einer Maus, deren Bewegungen über optische Sensoren aufgenommen werden, befindet sich auf der Oberfläche des Mousepads ein Raster.

⮕ *Siehe Maus*

Mozilla

http://www.mozilla.org

Mozilla ist der firmeninterne Spitzname für den Netscape-Browser. Im Rahmen seiner Open Source-Politik gab Netscape Communications den Quellcode des Browsers frei. Programmierer können den Browser somit weiterentwickeln. In Beibehaltung der Tradition heißt dieses Projekt Mozilla.

⇒ Siehe *Open Source; Netscape Communications; Browser*

MP3
Abk.: MPEG-1 Audio Layer-3

MP3 ist ein Standardverfahren zur Kompression von Klangdateien. Die dabei resultierenden Dateien weisen bei nahezu gleichem Klangverhalten nur ein Zwölftel der ursprünglichen Größe auf. Um MP3-Files abzuspielen, wird ein entsprechenden Player benötigt. MP3 reduziert die Datenmenge, indem es Frequenzen, die das menschliche Gehör nicht auflösen kann, herausfiltert. Da MP3 die widerrechtliche Weitergabe von urheberrechtlich geschützten Musikstücken ermöglicht, hat das Format in der Spieleindustrie keinen guten Ruf. Konkurrent zu MP3 ist das Audioformat ASF von Microsoft, welches über eine Kodierung zur Wahrung der Urheberrechte verfügt.

⇒ Siehe *MPEG; ASF; MPEG-1; MPEG-2; MPEG-3; MPEG-4; DRM*

MPC
Abk.: Multimedia Personal Computer

Der MPC-Standard wurde 1991 von führenden Unternehmen der Computerindustrie festgelegt und definiert die Mindestanforderungen, die ein PC für die heutigen Multimedia-Anwendungen erfüllen muss. Der MPC-Level 2 schreibt als Mindestanforderung einen 486er SX mit 25 MHz, eine VGA-Grafikkarte mit High-Color, eine 16 Bit-Soundkarte, mindestens 4, besser 8 MByte Hauptspeicher und 160 MByte Festplattenspeicher vor. Außerdem ein multisessionfähiges CD-ROM-Laufwerk mit 300 KByte/s Übertragungsrate (Doublespeed-Laufwerk). Der Begriff MPC wurde in diesem Sinn hauptsächlich mit einem Doublespeed-CD-ROM in Verbindung gebracht.

⇒ Siehe *Soundkarte; Harddisk; Hauptspeicher; VGA-Karte; CD-ROM; Multisessionfähigkeit*

MPEG
Abk.: Moving Pictures Experts Group

MPEG ist ein Kompressionsverfahren und ein als Bitstrom definiertes Videoformat. Je nach Einsatzbereich ist das Format unterschiedlich spezifiziert (MPEG-1 bis 4). Bei CD-ROMs ist MPEG für eine Videoauflösung von 352 x 288 Bildpunkten bei 25 Frames/s und einer daraus resultierenden Datenrate von 150 KByte/s ausgelegt (»Viertel-PAL«, SIF-Format). MPEG-2 ist der Kompressionsstandard für digitales Fernsehen. Die Spezifikation für MPEG-2 deckt dabei einen weiten Bereich von PAL bis zum 1024-zeiligen HDTV-Format ab. Typische Datenraten liegen in diesem Bereich zwischen 2,5 und

6 MBit/s. Die Kompression kann sowohl über einen Software-Decoder (z.B. XIng) als auch über einen Hardware-Decoder durchgeführt werden. Kompression in Echtzeit kann nur über einen Hardware-Decoder erfolgen, da Veränderungen zwischen aufeinander folgenden Bildern nicht als Differenz kodiert werden, sondern per »Motion Compensation«. Dieses Verfahren sucht nach Bildteilen, die in Folgebildern an anderer Stelle wieder auftauchen, und kodiert diese dann mittels so genannter Bewegungsvektoren. Selbst bei Kameraschwenks wird so die notwendige Datenmenge stark reduziert. Motion Compensation ist ein sehr aufwändiges Verfahren, da zum Vergleich von Bewegungen jeder Pixelblock mit jedem Pixelblock des nachfolgenden Bilds verglichen werden muss. Neben der Bildkompression dient MPEG auch als Verfahren zur Kompression von Audiodaten. Da bei MPEG keine Vollbilder gespeichert werden, eignet sich dieses Verfahren nicht zur Videobearbeitung. Dafür wird in der Regel MJPEG verwendet.

➭ *Siehe PAL; Harddisk-Recording; Frame; MJPEG; Pixel; Bildkompression; CD-ROM; Kompression*

MPEG-1

Abk.: Moving Pictures Experts Group

MPEG-1 ist der ursprüngliche MPEG-Standard, der für das Speichern und Abrufen von Audio- und Videoinformationen auf CD-ROM entwickelt wurde. MPEG-1 definiert eine mittlere Bandbreite von bis zu 1,5 Megabit pro Sekunde (Mbps), zeilensprungfreies Video und zwei Audiokanäle.

➭ *Siehe MPEG-2; MPEG-3; MPEG-4; MPEG*

MPEG-1 Audio Layer-3

➭ *Siehe MP3*

MPEG-2

Abk.: Moving Pictures Experts Group

MPEG-2 ist eine Weiterentwicklung des MPEG-1-Standards für die Verwendung im Fernsehübertragungs- und HDTV-Bereich (High Definition Television). MPEG-2 definiert eine höhere Bandbreite von bis zu 40 Megabit pro Sekunde (Mbps), mehrere Bildgrößen, Video mit Zeilensprung und fünf Audiokanäle.

➭ *Siehe MPEG-1; MPEG-3; MPEG-4; MPEG*

MPEG-3

Abk.: Moving Pictures Experts Group

Entwickelt wurde der MPEG-3-Standard ursprünglich für HDTV (High Definition Television). Da jedoch der HDTV auch vom MPEG-2-Standard abgedeckt wird, wurde der MPEG-3-Standard wieder verworfen. Der MPEG-3-Standard ist nicht zu verwechseln mit dem MPEG-1 Audio Layer-3 (MP3) für die Komprimierung von Audiodaten.

➡ *Siehe MPEG-1; MPEG-2; MPEG-4; MP3; MPEG*

MPEG-4

Abk.: Moving Pictures Experts Group

MPEG-4 ist ein verlustbehafteter Kompressionsalgorithmus, der auf MPEG-1, MPEG-2 und Apple QuickTime basiert. Zur Kompression kommt ein Wavelet-Algorithmus zum Einsatz, der Kompressionsraten zwischen 1:20 bis 1:300 erlaubt. Die maximale Auflösung liegt bei 720x576 Bildpunkten, was voller PAL-Qualität entspricht. Bekanntester Vertreter des MPEG-4-Formats ist das Video-Encoding-Format DivX.

➡ *Siehe MPEG-1; MPEG-2; MPEG-3; MPEG; MP3; QuickTime*

MPOA

Abk.: Multi-Protocol Over ATM

Um ATM (Asynchronous Transfer Mode) in die Netzwerke Ethernet, Token-Ring und TCP/IP zu integrieren, wurde die Spezifikation MPOA vom ATM-Forum begründet.

➡ *Siehe ATM*

MPR-Norm

Mit der MPR-I-Norm definierte der schwedische Rat für Messtechnik und Prüfung (heute SWEDAC) den ersten Standard für die Strahlungsgrenzwertbestimmung bei PC-Monitoren. 1990 folgte die MPR-II-Norm, die Grenzwerte für elektrostatische und elektromagnetische Abstrahlung in 50 cm Entfernung vom Monitor festlegte. Die Grenzwerte sind an 16 in drei Ebenen um den Monitor angeordneten Messpunkten zu erfassen. Die meisten heutigen Monitore erfüllen mindestens die MPR-II-Norm, meist aber auch noch die TCO-92- oder TCO-95-Norm.

➡ *Siehe Monitorstrahlung; Monitor; TCO-Norm; Bildschirm*

MPU-401

Abk.: Micro Processing Unit

Der MPU-401 ist eine von der Firma Roland geschaffene Schnittstelle auf Soundkarten für die Übertragung von MIDI-Daten. Der MPU-401 ist Grundbedingung für den Anschluss MIDI-fähiger Hardware (z.B. Synthesizer) und für das Betreiben von MIDI-Software (z.B. Spiele mit MIDI-Unterstützung). Auch für den Betrieb einer Wavetable-Erweiterungskarte (auf einem Wavetable sind MIDI-Klangdaten fest gespeichert) für ältere Soundkarten ist der MPU-401 nötig. Ist er nicht vorhanden, besteht die Möglichkeit, seine Funktionen über einen Treiber zu emulieren. Jedoch ist dann die Kompatibilität mit diversen MIDI-Standards oft stark eingeschränkt.

➠ *Siehe Soundkarte; Kompatibilität; Wavetable; MIDI; Gerätetreiber*

Mr. Clean

➠ *Siehe Grove, Andrew*

MR-Lesekopf

Abk.: Magnetoresistiver Lesekopf

Die meisten Festplatten sind mit einem MR(magnetoresistiven)-Lesekopf ausgestattet. Konventionelle Leseköpfe arbeiten induktiv. Dabei wird in einer kleinen Spule durch die auf der Magnetplatte gespeicherten Informationen und die dadurch entstehenden Magnetfeldänderungen ein Strom induziert. MR-Köpfe dagegen machen sich einen anderen physikalischen Effekt zunutze. Der Widerstand eines Leiters ändert sich in Abhängigkeit von einem äußeren Magnetfeld. Auf dem Lesekopf befindet sich nun ein solcher Leiter (ein stromdurchflossener MR-Sensor), dessen Widerstandsänderungen die Elektronik der Festplatte auswertet. Bei Festplatten mit dieser Technik besteht der Schreibkopf immer noch aus einer Spule und arbeitet induktiv. Die beiden Köpfe sind aus technischen Gründen sogar leicht voneinander versetzt angebracht. Die Flughöhe heutiger Schreib-Lese-Köpfe über der Magnetscheibe liegt bei ca. 50 nm.

➠ *Siehe Schreib-Lese-Kopf; Harddisk; Schreib-Lese-Kopf, induktiver*

MSAU

Abk.: Multistation Access Unit

MSAU ist die Bezeichnung für einen zentralen Steuerungscomputer im Zentrum eines in Sternstruktur aufgebauten Token-Ring-Netzwerks.

➠ *Siehe Sterntopologie; Netzwerk; Token-Ring; MAU*

MSB

Abk.: Most Significant Bit

Das MSB ist das Bit mit höchster Priorität in einem Byte. Bei der binären Darstellung von vorzeichenbehafteten Zahlen enthält das MSB die Information eines negativen oder positiven Vorzeichens.

➠ *Siehe Binär; Byte; Bit*

MSCDEX

Abk.: Microsoft CD Extension

MSCDEX ist die Erweiterung des Betriebssystems MS-DOS, um CD-ROM-Laufwerke als »normale« Laufwerke in das System zu integrieren. Das Programm mscdex.exe ist ein Treiber und ist Bestandteil von MS-DOS. Der

Treiber wird in der autoexec.bat eingetragen.

◗ *Siehe MS-DOS; Autoexec.bat; CD-ROM-Laufwerk; Betriebssystem; Gerätetreiber*

MSD

Abk.: Microsoft Diagnostics

MSD ist ein Systemtest-Programm von Microsoft. Es ist Bestandteil von MS-DOS und Windows 3.11. Das Programm ermöglicht es, Informationen über das gesamte System abzufragen, darunter die Belegung des Speichers, Verwendung der Interrupts, Ausstattungsdetails des Rechners und Informationen zum Betriebssystem.

◗ *Siehe Interrupt; MS-DOS; Windows for Workgroups; Betriebssystem; Microsoft*

MS-DOS

Abk.: Microsoft Disk Operating System

▲ *Syn.: DOS*

MS-DOS (DOS = Disk Operating System) ist das von Microsoft im Jahr 1981 entwickelte PC-Betriebssystem, welches in den Folgejahren weltweite Verbreitung erlangen sollte. MS-DOS wurde von IBM für die PS/2-PC-Serie lizenziert und als PC-DOS ausgeliefert. Später vertrieb Microsoft das Betriebssystem für die IBM-kompatiblen PCs. Heute ist MS-DOS immer noch Bestandteil der grafischen Betriebssysteme Windows 95/98 und NT (als so genannte DOS-Box).

◗ *Siehe PC; Windows 98 (SE); IBM; Windows 95; Windows NT; IBM-PS/2; Betriebssystem; Microsoft*

Msg

Abk.: Message

▲ *Übers.: Nachricht, Meldung*

Msg ist im Computerbereich ein Synonym für eine Meldung (Fehlermeldung = error message) des Computers oder eine Nachricht (E-Mail, Mail) eines anderen Benutzers.

◗ *Siehe E-Mail*

MSI

Abk.: Mid Scale Integration

MSI ist die Bezeichnung für einen Integrationsgrad mittlerer Dichte von integrierten Schaltkreisen. Mehrere hundert Elemente werden zu einem MSI-Baustein zusammengeschaltet.

◗ *Siehe VLSI*

MSIL

Abk.: Microsoft Intermediate Language

Die mit der CLR von ».NET« verwendeten, verwalteten Compiler erzeugen nicht sofort nativen Code, sondern einen Zwischencode, den so genannten MSIL, der in einer Datei mit der

Endung ».exe« oder ».dll« abgelegt wird. Dieser Zwischencode wird erst zur Laufzeit von einem JIT-Compiler in Echtzeit in nativen Code umgewandelt. Auf diese Weise ist die Sprach- und Plattformunabhängigkeit des Codes gewährleistet.

▬▶ *Siehe CLR; .NET; JIT-Compiler*

MSN

Abk.: Multiple Subscriber Number, Microsoft Network

▲ *Übers.: Mehrfachrufnummer*

1. Eine MSN ist eine der drei dem Benutzer zugewiesenen Telefonnummern im Euro-ISDN-Anschluss, die er frei auf seine Endgeräte (Telefon, Fax, PC) verteilen kann. Die MSN ersetzt die EAZ (Endgeräteauswahlziffer) des alten nationalen ISDN. Während sich bei EAZ nur die drei letzten Ziffern unterscheiden durften, können bei MSN die Nummern vollkommen unterschiedlich sein.

2. MSN (Microsoft Network) ist ein Online-Dienst der Firma Microsoft. Der Client für MSN ist Bestandteil des Betriebssystems Windows 95. Der E-Mail-Versand erfolgt über das Windows-95-Programm Exchange, die Einwahl per ISDN oder Modem über das DFÜ-Netzwerk von Windows 95.

▬▶ *Siehe Exchange; Online-Dienst; DFÜ-Netzwerk; Euro-ISDN; E-Mail; Client; Modem; EAZ; Microsoft; ISDN*

MSP

Abk.: Managed Service Provider, Message Security Protocol

1. MSP ist eine Abkürzung für Managed Service Provider. Ein Unternehmen, das für Firmen und Privatpersonen Fernverbindungen, Netzwerkverwaltung, Benutzerunterstützung, Anwendungen und Sicherheitsfunktionen bereitstellt.

2. MSP ist auch eine Abkürzung für Message Security Protocol. Ein Protokoll, das die Sicherheit von Internetnachrichten mit Hilfe von Verschlüsselung und Überprüfung gewährleistet. Beim Message Security Protocol können zudem Berechtigungen auf Serverebene für die Zustellung via E-Mail vergeben werden.

▬▶ *Siehe Protokoll; E-Mail*

MTBF

Abk.: Mean Time Between Failures

▲ *Übers.: Mittlere Betriebszeit bis zum Auftreten eines Fehlers*

MTBF ist eine bei Laufwerken (Festplatte, CD-ROM, Wechsellaufwerke) gebräuchliche Kenngröße, die die durchschnittliche Betriebsdauer angibt, bevor ein Fehler oder Ausfall des Geräts auftritt. Besonders im Hinblick auf die Datensicherheit ist die MTBF von Speichergeräten wichtig. Heutige Festplatten haben eine MTBF von ca. 300.000 Betriebsstunden. Zum Vergleich: Bei der MPC-Spezifikation muss ein CD-ROM-Laufwerk eine MTBF von 10.000 Stunden aufweisen.

➠ *Siehe Laufwerk; MPC*

MTTR

Abk.: Mean Time to Repair

MTTR ist die bis zu einer erforderlichen Hardwarereparatur durchschnittlich vergangene Zeit, die gewöhnlich in tausenden Stunden ausgedrückt wird.

➠ *Siehe MTBF*

MTU

Abk.: Maximum Transmission Unit

▲ *Übers.: Maximale Übertragungseinheit*

Eine MTU bezeichnet in einem paketbasierten Netzwerk (z.B. TCP/IP), die Größe des Pakets, welches gerade noch übertragen werden kann. TCP/IP benutzt die MTU zur Bestimmung der Größe eines Pakets bei jeder Übertragung. Tritt ein zu großes Paket auf – eines das der Router nicht mehr transferieren kann – wird es zum entsprechenden Rechner zurückgesendet. Windows 95 z.B. verwendet eine MTU von 1.500 Byte, die MTU des Internet liegt bei 576 Byte. Windows 98 legt die Größe automatisch je nach Bedarf fest. (576, 1.000, 1.500 Byte).

➠ *Siehe Netzwerk; TCP/IP; Router; Byte; Packet*

MUD

http://www.mud.de

Abk.: Multi-User Dungeon

Ein MUD ist ein sozialer Treffpunkt im Internet oder einem Netzwerk. In den meisten Fällen wird ein MUD um eine virtuelle Welt zu einem bestimmten Thema aufgebaut, z.B. Fantasy oder Science Fiction. Die Besucher oder Mitglieder eines MUDs übernehmen nach bestimmten Regeln selbst geschaffene Rollen und agieren miteinander. Ein MUD ähnelt somit einem brettbasierten Rollenspiel in der echten Welt. Unter der Kontrolle von Göttern oder so genannter Wizards erfolgt die Programmierung derartiger Spiele im Rahmen des gesetzten Themas. Eines der bekanntesten deutschen MUDs ist Unitopia.

MUD, object-oriented

➠ *Siehe MOO*

Multibank-DRAM

➠ *Siehe MDRAM*

Multibus

Multibus ist ein von Intel entwickelter, vor allem beim Aufbau von Hochleistungs-Arbeitsstationen zum Einsatz kommender Computer-Erweiterungsbus, der mit hoher Bandbreite (besonders für extrem schnelle Datenübertragungen geeignet) arbeitet und mehrere Busmaster zulässt.

➠ *Siehe Bus; Bandbreite; Intel*

Multicast Bone

➠ *Siehe MBone; Backbone*

Multicasting

Multicasting ist das Senden einer Nachricht, die an mehrere Ziele in einem Netzwerk gleichzeitig gerichtet ist.

Multi-CD-ROM

Die Multi-CD-ROM ist eine von Sony entwickelte Crossplattform-CD-ROM, die sowohl auf Apple als auch auf MS-DOS-Rechnern lauffähig ist.

➠ *Siehe Plattform; Crossplattform CD; CD; Sony; MS-DOS; Apple*

Multicolor Graphic Array

➠ *Siehe MCA*

Multielement

Ein Multielement besteht aus mehreren Datenelementen, die den gleichen Datentyp enthalten. Ein einfaches Multielement ist z.B. ein Array mit Ganzzahlvariablen. Es kann sich aber auch um komplexere Datenstrukturen handeln, wie z.B. ein Array mit Datensätzen von Kunden, wobei für jeden Kunden einzelne Felder für den Namen, die Kundennummer usw. enthalten sind.

➠ *Siehe Daten; Array; Integer*

Multi-I/O-Karte

Eine Multi-I/O-Karte ist eine Erweiterungskarte (meist für den ISA-Bus), auf der zusätzliche serielle und parallele Schnittstellen und ein Gameport vorhanden sind. Bei manchen Karten sind auch ein Floppy- und ein Festplatten-Controller integriert.

➠ *Siehe Schnittstelle, serielle; Festplatten-Controller; Schnittstelle, parallele; ISA; Erweiterungskarte; Floppy-Controller; Gameport*

Multilayer

Multilayer ist eine Bezeichnung für ein heute gebräuchliches Verfahren zur Herstellung von Leiterplatten. In einem so genannten Sandwich-Verfahren werden Leiterbahnen übereinander angeordnet, was eine höhere Integration der Schaltkreise ermöglicht. Diese Technik ist Grundlage für die Herstellung moderner Elektronik. Ein Motherboard besteht z.B. aus vier bis fünf Leiterbahnebenen.

➠ *Siehe Layer; Platine; Motherboard*

Multilink Point-to-Point Protocol

Multilink Point-to-Point Protocol ist ein Datenverbindungsprotokoll, das es dem Computer ermöglicht, durch Erstellen einer virtuellen Verknüpfung mehrere physikalische Verknüpfungen für die Kombination der Bandbreiten einzurichten. Dies weist eine höhere Kapazität als eine einzelne physikalische Verknüpfung auf.

➠ *Siehe Protokoll; Bandbreite*

Multimedia

Mit Multimedia wird die Darbietung von Inhalten unter kombinierter Verwendung diverser Medien bezeichnet (Text, Grafik, Audio, Video, Computeranimationen usw.). Da der Modebegriff Multimedia (genauso wie »interaktiv«) nicht nur im Computerbereich für alle möglichen Anwendungen verwendet wird, ist eine genaue Definition nur schwer möglich. Manche Hersteller bezeichnen bereits Hardwarekomponenten (Soundkarten, Grafikkarten) oder die Kombination von Bild und Ton (Fernsehen) als multimedial, obwohl Multimediales erst im Verbund aller Medien und bei entsprechender Präsentation entsteht. Wenigstens im Hardwarebereich haben sich die Hersteller mittlerweile auf die Mindestanforderungen für einen echten Multimedia-PC geeinigt.

➠ *Siehe Soundkarte; MPC; Grafikkarte*

MultiMedia Card

➠ *Siehe MMC*

Multimedia Extensions

➠ *Siehe MMX*

Multimedia Message Service

➠ *Siehe MMS*

Multimedia Object Transfer Protocol

➠ *Siehe MOT*

Multimedia Personal Computer

➠ *Siehe MPC*

Multimedia-CDs

Unter Einsatz von Audio, Video, Grafik und Computeranimationen sollen dem Anwender mit Hilfe von Multimedia-CDs Informationen und Unterhaltung am PC näher gebracht werden. Aufgrund ihrer hohen Speicherkapazität und der möglichen Verbindung von Audio und Grafik ist die CD-ROM das Medium der Wahl. Ein wichtiges Merkmal von Multimedia-CDs soll die Interaktivität mit dem Anwender sein. Mit Interaktivität ist in diesem Fall gemeint, dass der Anwender durch das Programm steuern kann.

➠ *Siehe CD; PC; Speicherkapazität*

Multimedia-Lernprogramme

➠ *Siehe Edutainment; Multimedia-CDs; Infotainment*

Multimedia-PC
➠ *Siehe MPC*

Multi-Pass
Multi-Pass ist ein Betriebsmodus eines Scanners, bei dem die Scanleiste mehrmals über die Vorlage scannen muss, um sie zu erfassen.

➠ *Siehe Farb-Scanner; Single Pass; Scanner*

Multipass Texture Mapping
Multipass Texture Mapping ist die Bezeichnung für ein besonderes Speicherzugriffsverfahren bei modernen 3D-Grafikchips, das zur Erzeugung besonderer Effekte durchgeführt werden muss. Beim Alpha-Blending muss der Chip z.B. zusätzlich zu den Zugriffen auf den Z-Buffer und den Textur-Cache auf den Bildspeicher zugreifen, um den Transparenzeffekt berechnen zu können.

➠ *Siehe Alpha-Blending; 3D-Grafik; 3D-Funktionen; Z-Buffer; Grafikspeicher; Textur-Cache*

Multiple Regression
➠ *Siehe Regression, multiple*

Multiple Subscriber Number
➠ *Siehe MSN*

Multiplex
Unter Multiplexing wird die Übertragung von Daten über mehrere logische Kanäle unter Verwendung eines einzigen physischen Übertragungsmediums verstanden.

➠ *Siehe Frequency-Division-Multiplexing; Zeitmultiplex-Verfahren; Multiplexer*

Multiplex-Betriebsart
In der Multiplex-Betriebsart wird ein physisches Übertragungsmedium durch diverse Verfahren in mehrere logische Kanäle aufgeteilt, wodurch die parallele Übertragung von Daten möglich ist. Zu diesen Verfahren gehören das Frequenzmultiplex-Verfahren, bei dem die Kanäle durch mehrere Trägerfrequenzen gebildet werden, und das Zeitmultiplex-Verfahren, bei dem die parallele Übertragung durch unterschiedliche Zeitfenster für die einzelnen Kanäle erreicht wird.

➠ *Siehe Frequency-Division-Multiplexing; Zeitmultiplex-Verfahren; Multiplexer*

Multiplexer
Ein Multiplexer ist ein Gerät, das für die Zusammenführung von mehreren Datenströmen eines Senders auf logische Kanäle eines einzigen physischen Übertragungsmediums zuständig ist. Beim Empfänger teilt er entsprechend die übertragenen Datenströme wieder auf. Für die Breitbandübertragung der Daten wird sowohl auf Sender- als auch auf Empfängerseite je ein Multiplexer gebraucht. Es wird oft auch zwi-

schen einem Multiplexer für die Zusammenführung der Datenströme auf Senderseite und einem Demultiplexer für die Trennung auf Empfängerseite unterschieden. Es gibt zwei Verfahren, mit denen die Aufteilung von Datenströmen in parallele Kanäle eines Übertragungsmediums realisiert werden kann – das Frequenzmultiplex-Verfahren und das Zeitmultiplex-Verfahren.

➡ *Siehe Frequency-Division-Multiplexing; Multiplex; Zeitmultiplex-Verfahren; Demultiplexer*

Multiprocessing

Mit Multiprocessing wird die Fähigkeit eines Programms bzw. des Betriebssystems bezeichnet, mehrere CPUs in einem Rechner anzusprechen. Das Betriebssystem ist dabei für die Verteilung der Aufgaben an die einzelnen CPUs zuständig. Beim symmetrischen Multiprocessing arbeiten die CPUs parallel und unabhängig voneinander, während beim asymmetrischen Multiprocessing eine Zentral-CPU die anderen CPUs steuert. Ein Betriebssystem, das Multiprocessing unterstützt, ist Windows NT.

➡ *Siehe CPU; Windows NT; Betriebssystem*

Multiprocessing, symmetric

➡ *Siehe SMP*

Multi-Protocol Over ATM

➡ *Siehe MPOA*

Multiprotokoll-Router

Im Gegensatz zu einem Einzelprotokoll-Router versteht ein Multiprotokoll-Router mehrere Protokolle. Er kann sie parallel bearbeiten und so zwischen unterschiedlichen Subnetzen vermitteln. Dies ist notwendig, weil die Vermittlungsschicht bei den heute üblichen Industriestandards nicht einheitlich ausgelegt ist.

➡ *Siehe Router; Protokoll; OSI-Schichtenmodell; Einzelprotokoll-Router*

Multiprozessorsystem

In einem Multiprozessor- oder Mehrprozessorsystem arbeiten mehrere CPUs entweder unabhängig voneinander (symmetrisch) oder werden von einer Zentral-CPU gesteuert (asymmetrisches Multiprozessorsystem). Die Prozessoren greifen auf denselben Hauptspeicher zu und kommunizieren über einen gemeinsamen Bus. Zur Ausnutzung eines Multiprozessorsystems ist ein Betriebssystem nötig, das die Prozessoren ansteuern kann, z.B. Windows NT. Die Systemleistung steigt allerdings nicht linear mit der Anzahl der eingesetzten CPUs.

➡ *Siehe Bus; Multiprocessing; CPU; Hauptspeicher; Windows NT*

Multipunktkonfiguration

Multipunktkonfiguration ist eine Kommunikationsverbindung, bei der mehrere Geräte sequenziell an eine einzige Kommunikationsleitung angeschlossen sind. Voraussetzung ist, dass ein Gerät die zentrale Steuerung übernimmt, während die anderen Stationen untergeordnet sind.

➡ *Siehe Multilink Point-to-Point Protocol*

Multipurpose Internet Mail Extensions

➡ *Siehe MIME*

Multiscan-Monitor

Ein Multiscan-Monitor kann mehrere Horizontal- und Vertikalfrequenzen erzeugen und damit auch verschiedene Grafikstandards wiedergeben. Zu den Leistungsmerkmalen eines Multiscan-Monitors gehört auch die Umschaltung zwischen analogem und digitalem Eingangssignal.

➡ *Siehe Grafikstandard; Bildwiederholfrequenz; Monitor; Multisync; Analog; Horizontalfrequenz; Digital*

Multisession

Multisession ist eine Bezeichnung für das Beschreiben einer CD-ROM in mehreren Sitzungen (Sessions). Nach der Aufzeichnung einer Session wird die CD-ROM nicht fixiert, wodurch so lange weitere Sitzungen aufgezeichnet werden können, bis der Speicherplatz der CD (ca. 650 MByte) aufgebraucht ist.

➡ *Siehe Lead-Out; CD-Writer; CD-ROM; Session*

Multisession-Betrieb

Ein CD-ROM-Laufwerk muss fähig sein so genannte Multisession-CDs (z. B. Photo-CDs) lesen zu können. Das Laufwerk muss den in Einzelsitzungen geschriebenen und deshalb auf der CD-ROM verteilten Verzeichnisbaum lesen können. Der entsprechende Betriebsmodus wird Multisession-Betrieb genannt.

➡ *Siehe Directory Tree; Photo-CD; CD-ROM-Laufwerk; Multisession; CD-ROM*

Multisessionfähigkeit

Ein CD-ROM-Laufwerk, das Multisession-CDs lesen kann, ist multisessionfähig.

➡ *Siehe CD-ROM-Laufwerk; Multisession*

MultiStation Access Unit

➡ *Siehe Netzwerk; MSAU; Token-Ring*

Multisync

Die Bezeichnung Multisync wurde von der Firma NEC für eine bestimmte Monitor-Baureihe verwendet. Die Leistungsmerkmale von Multiscan- und Multisync-Monitoren stimmen überein, weshalb die Begriffe Multisync und Multiscan zur Beschreibung derselben Technik verwendet werden.

➭ Siehe Multiscan-Monitor; NEC

Multitasking

Multitasking beschreibt die Fähigkeit eines Betriebssystems, mehrere (Multi-) Aufgaben (englisch: tasks) gleichzeitig zu erledigen. Da die CPU bei der Ausführung von Befehlen immer wieder auf Antwort von z.B. Programmen oder Peripheriegeräten warten muss, kann sie wertvolle Rechenzeit an andere Prozesse vergeben. Die Abarbeitung einzelner Befehle der verschiedenen Programme erfolgt dabei aber nicht parallel (die CPU kann lediglich einen Befehl nach dem anderen ausführen), sondern in so genannte Zeitfenstern oder auch Zeitscheiben. Die Festlegung der Reihenfolge der Abarbeitung übernimmt der so genannte Scheduler, ein Bestandteil des Betriebssystems, der den einzelnen Prozessen (tasks) Prioritäten zuteilt. In Bezug auf die Behandlung der Prioritäten ist es möglich, zwischen der kooperativen Methode und der preemptiven Methode zu unterscheiden. Betriebssysteme, die Multitasking unterstützen, sind Windows, OS/2, System 7.5 und System 8 und Unix.

➭ Siehe Scheduler; Task; Multitasking, preemptives; CPU; Priorität; Time Slice; Betriebssystem; Prozess; Multitasking, kooperatives

Multitasking, kooperatives

Jeder gerade laufenden Applikation wird vom Betriebssystem eine Priorität zugeteilt. Das Programm mit der höchsten Priorität kann für sich die gesamte Rechenzeit und -leistung beanspruchen. Beim Gegenteil des kooperativen Multitaskings – dem preemptiven Multitasking – werden zwar auch Prioritäten vergeben, aber die Programme teilen sich die Rechenzeit und -leistung des Systems.

➭ Siehe Betriebsmittelvergabe; Priorität; Multitasking, preemptives; Programm; Multitasking

Multitasking, preemptives

Beim preemptiven Multitasking werden wie beim kooperativen Multitasking Prioritäten an die einzelnen aktiven Anwendungsprogramme durch das Betriebssystem vergeben. Während beim kooperativen Multitasking das Programm mit der höchsten Priorität allerdings die gesamte Rechenleistung für sich beanspruchen kann, wird beim preemptiven Multitasking die Rechenleistung, nach Priorität gegliedert und unter den aktiven Programmen aufgeteilt, wodurch eine effektivere Nutzung des Systems möglich ist.

➭ Siehe Betriebsmittelvergabe; Priorität; Multitasking, kooperatives; Multitasking

Multitaskingfähig

Ein Betriebssystem wird multitaskingfähig genannt, wenn es Multitasking unterstützt.

➞ Siehe *Multitasking*

Multithreading

Beim Multithreading werden die einzelnen Tasks in Threads aufgeteilt.

➞ Siehe *Task; Multitasking; Thread*

Multi-User Dungeon

➞ Siehe *MUD*

Multiuser-System

Unter einem Multiuser-System wird ein Rechnersystem verstanden, das gemeinsam von mehreren Benutzern gleichzeitig genutzt werden kann. Wichtige Voraussetzung ist, dass das verwendete Betriebssystem Multitasking unterstützt. Jeder einzelne Benutzer verfügt über ein eigenes Terminal, bestehend aus Monitor und Ein- und Ausgabegeräten. Alle Benutzer greifen jedoch auf die gemeinsamen Ressourcen (Speicher, CPU usw.) des Rechnersystems zurück.

➞ Siehe *Resources; Multitasking; Betriebssystem; Terminal*

Multivibrator, bistabiler

Ein bistabiler Multivibrator ist eine elektronische Schaltung, die zwischen zwei möglichen Zuständen umschaltet, wenn ein Impuls am Eingang eintrifft.

➞ Siehe *Binär*

MUMPS

Abk.: Massachusetts Utility MultiProgramming System

MUMPS ist eine fortgeschrittene Programmiersprache, welche in der Lage ist, in der integrierten Datenbank sowohl Daten als auch Programmcode zu speichern. MUMPS wird vor allem im amerikanischen Gesundheitswesen eingesetzt.

Murphy's Law

Der Ausdruck »Murphy's Law« bezeichnet einen Lehrsatz von der fundamentalen Tücke des Objekts: »Wenn irgend etwas schief gehen kann, dann geht es auch schief.« Dieser Ausspruch wurde 1949 von Edward Aloysius Murphy, einem US-Air-Force-Ingenieur, anlässlich eines missglückten Testversuchs geprägt. In einem Versuch, der die Belastungsfähigkeit des Menschen bei hohen Beschleunigungen testen sollte, wurden an der Testperson alle 16 (unbeschrifteten) Messelektroden falsch herum angebracht, was einer Wahrscheinlichkeit von 1 zu 65.536 entspricht. Bekannt ist auch das so genannte Toastbrot-Problem, das besagt, dass ein gebuttertes Toastbrot immer auf die Butterseite fällt (butter-side-down). Inzwischen wurde diese Hypothese von einem britischen Physiker mathematisch bewiesen.

Music Instruments Digital Interface

➡ Siehe MIDI

Mustererkennung

Unter Mustererkennung wird die Erkennung von Zeichen, Ziffern, Photos, Bildern, Handschrift und Sprache durch einen Computer verstanden. Die Mustererkennung von alphanumerischen Zeichen und Sonderzeichen wird durch diverse so genannte OCR-Verfahren (optical character recognition, optische Zeichenerkennung) realisiert. Die Genauigkeit entsprechender Software liegt meist zwischen 95% und 98%. Die Erkennung komplexerer Muster, wie Photos oder Sprache, ist den so genannte Expertensystemen vorbehalten. Dies sind Programme, die speziell für diese Aufgabe konzipiert wurden und oft auch KI-Verfahren zur Bearbeitung einsetzen.

➡ Siehe OCR; Expertensystem; KI; Alphanumerisch; Sonderzeichen

Mustervorlagen

Tabellen, Grafiken, Texte und Diagramme, die als Vorlagen für zukünftige Dokumente in einer Textverarbeitung dienen, werden Mustervorlagen genannt.

➡ Siehe Tabelle; Diagramme; Document Template; Dokument; Textverarbeitung

MVC

Abk.: Model-View-Controller

MVC ist ein Programmierkonzept bei einigen Web Publishing Frameworks wie Apache Struts, Apache Cocoon und Espresso. Der gesamte Datenfluss wird an einen zentralen Controller geleitet. Dieser Controller reicht die Anforderungen an einen geeigneten Handler weiter. Der Handler ist wiederum an die Geschäftslogik des Systems gebunden. Auf dem Rückweg wird der Fluss wieder über den zentralen Controller an die geeignete Darstellung geleitet. Die Erstellung und Verwaltung von Systemen ist mit MVC wesentlich einfacher.

➡ Siehe Struts; Cocoon; XML; Apache

Mylar

Mylar ist ein Polyesterfilm, der häufig für die Herstellung von magnetischen Speichermedien wie Magnetbändern und Disketten und für Karbonbänder (zur Verwendung in Anschlagdruckern) eingesetzt wird. Mylar wurde von der Firma DuPont entwickelt.

➡ Siehe Diskette; Magnetband; Impact Printer; Speichermedium

N

Nachladen

Steht im Hauptspeicher nicht genügend freier Speicherplatz zum Laden aller benötigten Dateien oder Daten eines Programms zur Verfügung, werden diese Programmteile nach Ausführung eines Prozesses und dem Löschen nicht mehr benötigter Daten in den Speicher nachgeladen.

→ Siehe *Hauptspeicher; Swap*

Nachleuchtdauer

Die Nachleuchtdauer beschreibt die Eigenschaft von Leuchtstoffen wie z.B. dem in Kathodenstrahlröhren eingesetzten Phosphor, durch die ein Bild für kurze Dauer nachdem der Stoff angestrahlt wurde auf dem Bildschirm erhalten bleibt.

→ Siehe *Elektronenstrahlröhre; Bildschirm*

Nachleuchtzeit

Die Nachleuchtzeit ist die Zeitspanne, die die fluoreszierende Schicht auf der Bildschirminnenseite eines Monitors nach der Anregung durch einen Elektronenstrahl nachleuchtet. Die von der Kathodenstrahlröhre eines Bildschirms ausgesendeten Elektronen treffen auf eine Schicht fluoreszierender Stoffe auf der Bildschirminnenseite und regen diese zum Leuchten an. Ein farbiger Bildpunkt (Pixel) entsteht durch das Auftreffen der Elektronenstrahlen für Rot, Grün, und Blau (RGB) auf jeweils einen Farbtripel in der Lochmaske. Ein Farbtripel setzt sich zusammen aus drei logisch gruppierten Löchern oder Schlitzen in der Lochmaske. Die Farbtripel sind je nach Lochmaskentyp unterschiedlich angeordnet (z.B. als Dreieck bei Deltaröhren). Die Nachleuchtzeit beträgt ca. 0,1 Sekunde. Wäre sie länger, würde das Bild verschwommen aussehen.

→ Siehe *Elektronenstrahlröhre; RGB; Pixel; Bildschirm; Lochmaske*

Nachrichtenvermittlung

→ Siehe *Message Switching*

Nadeldrucker

→ Siehe *Pinwriter*

NAK

Abk.: Negative Acknowledge

▲ *Übers.: negative Bestätigung*

NAK ist ein Steuerzeichen, das für den Quittungsbetrieb einer Schnittstelle verwendet werden kann.

→ Siehe *Schnittstelle; Quittung*

Name Binding Protocol

→ Siehe *NBP*

Named Pipes

Named Pipes sind Bereiche im Arbeitsspeicher, die von einem Serverprozess angelegt werden, um Daten temporär zu speichern. Diese Bereiche können von mehreren Clientprozessen genutzt werden. Named Pipes sind Verbindungen, mit denen Daten zwischen verschiedenen Prozessen übertragen werden. Dies kann entweder nur in eine Richtung (Simplex) oder in beide Richtungen (Duplex) geschehen.

➯ *Siehe Hauptspeicher; Server; Client; Daten*

Nameserver

Nameserver ist ein Computer, der die Anfragen eines Resolvers (Client-Dienstprogramm) beim Domain Name Service beantwortet und eine IP-Adresse zurückgibt. Die DNS-Server sind hierarchisch strukturiert. Der »ranghöchste« DNS-Server steht beim InterNIC in den USA.

➯ *Siehe Server; DNS; InterNIC*

Namespace

1. Ein Namespace (Namensraum) ist ein begrenzter Bereich, in dem ein vorgegebener Name aufgelöst werden kann. Ein Telefonbuch ist z.B. ein simpler Namespace. Im Internet wird der so genannte Domain Name Space (DNS) verwendet, um IP-Adressen aufzulösen. Auch das Dateisystem von Windows oder Verzeichnisdienste wie NDS oder ADS bilden einen eigenen Namespace, um die in ihnen verzeichneten Objekte exakt zuordnen zu können.

2. Namensräume werden auch zur logischen Organisation von Code verwendet, unter anderem bei der .NET-Entwicklungsumgebung. In ».NET« sind sie im so genannten Services Framework zusammengefasst, das 80 übergeordnete Namensräume enthält, in denen wiederum 1.200 Klassen enthalten sind. Eine derartige Organisation erleichtert die Programmierung. Die Namensräume nutzen zur hierarchischen Gliederung die Punktnotation, z.B.: System.Security.Cryptography.AsymmetricAlgorithm.

➯ *Siehe ADS; Directory Service; Dateisystem; DNS; IP-Adresse; .NET; Services Framework*

NAND-Verknüpfung

NAND-Verknüpfung ist eine Operation der Booleschen Algebra. Sie ist die Kombination einer NOT-Verknüpfung (Negation) und einer AND-Verknüpfung (Konjunktion).

➯ *Siehe AND-Verknüpfung; Boolesche Operatoren; NOT-Verknüpfung*

Nano

Kurzzeichen für Nano ist »n«. Es ist ein Maßeinheitenpräfix, der den Faktor 10-9 darstellt (z.B. ein Nanometer ist ein Milliardstel Meter oder 0,000000001 Meter).

Nanosekunde

Eine Nanosekunde ist eine milliardstel Sekunde (10E-9). Diese Maßeinheit wird z.B. bei der Angabe für die Zugriffszeit von DRAMs verwendet.

➠ *Siehe DRAM*

Napster

Napster ist eine ehemals beliebte MP3-Tauschbörse im Internet. Sie wurde von Bertelsmann aufgekauft, um als Grundlage für einen MP3-Bezahldienst zu dienen. Aufgrund zahlreicher von der Musikindustrie angestrengter gerichtlicher Verfahren wurde der Dienst inzwischen eingestellt.

➠ *Siehe P2P; Kaazaa; eDonkey*

Narrow SCSI

Die Narrow SCSI ist eine SCSI- oder SCSI-2 Schnittstelle, an welcher Daten jeweils nur mit 8 Bit übertragen werden können.

➠ *Siehe SCSI; Bit*

Narrowcasting

Narrowcasting ist die gezielte Übertragung von Daten, Information und Programmen an einen ausgewählten Benutzerkreis. Es wird oft im WWW mit Hilfe der Push-Technologie (unaufgefordertes Senden von Inhalten von einem Server) genutzt.

➠ *Siehe Push-Technologie; Server*

NAT

Abk.: Network Address Translation

Über NAT ist es möglich in einem lokalen Netzwerk (LAN) mit inoffiziellen IP-Adressen (IP-Adressen, die nicht im Internet gültig sind) zu arbeiten und trotzdem vom LAN aus auf das Internet zuzugreifen. Dazu werden die inoffiziellen IP-Adressen von einem entsprechenden Gerät oder einer Software in offizielle IP-Adressen übersetzt. Dies spart zum einen offizielle IP-Adressen, die nicht in unbegrenzter Anzahl zur Verfügung stehen, zum anderen wird dadurch ein gewisser Schutz (Firewall) für das lokale Netzwerk gegen Zugriffe von außen aufgebaut.

➠ *Siehe LAN; IP-Adresse; Internet; Firewall*

National Center for Supercomputing Applications

➠ *Siehe NCSA*

National Computer Security Association

➠ *Siehe NCSA*

National Information Infrastructure
→ Siehe NII

National Research and Education Network
→ Siehe NREN

National Science Foundation
→ Siehe NSF

National Science Foundation Network
→ Siehe NSFNET

National Television System Committee
→ Siehe NTSC

Nationales ISDN
→ Siehe ISDN, nationales

Native
Native bedeutet in der ursprünglichen Form. Das interne Datenformat einer Anwendung wird als natives Datenformat bezeichnet. Um eine Datei im Programm zu bearbeiten, muss sie erst in das native Datenformat umgewandelt werden.

→ Siehe Native Code; Native Application; Native Compiler; Native File Format; Native Language

Native Application
Native Application ist ein Programm, das speziell für einen bestimmten Prozessor konzipiert ist. Da solche Programme den Befehlssatz des Prozessors benutzen, werden sie sehr viel schneller ausgeführt als Programme, die mit Hilfe eines Emulators ausgeführt werden.

→ Siehe Programm; Prozessor; Emulator; Instruction Set

Native Code
Native Code ist ein Code, der speziell für einen bestimmten Prozessor geschrieben wurde.

→ Siehe Code; Prozessor

Native Compiler
Ein Native Compiler ist ein Compiler, der ausführbaren Code für das System erzeugt, auf dem er abläuft, im Gegensatz zum Cross-Compiler, der Code für einen anderen Computertyp liefert. Die meisten Compiler sind Native Compiler.

→ Siehe Cross-Compiler; Compiler; Code

Native File Format
Das Native File Format ist das Dateiformat, das eine Anwendung intern benutzt. Um Dateien zu bearbeiten, muss sie das Programm erst in das native Dateiformat umwandeln.

→ Siehe Native; Dateiformat

Native Language
1. Native Language ist die Maschinensprache eines Prozessors.

2. Native Language ist auch eine höhere Programmiersprache, die durch ein Betriebssystem mit seinen nativen Entwicklungssystemen unterstützt wird.

➠ *Siehe Prozessor; Maschinensprache; Programmiersprache; Betriebssystem*

Native Sprache

➠ *Siehe Native Language*

NBP

Abk.: Name Binding Protocol

NBP ist ein Protokoll, das bei AppleTalk-Netzwerken die Konvertierung der Knoten und der numerischen AppleTalk-Adressen übernimmt.

➠ *Siehe AppleTalk; Netzwerkkarte; Protokoll; Adresse*

NC

Abk.: Network Computer

▲ *Übers.: Netz-Computer*

Der Netz-Computer (NC) ist eine abgespeckte Version eines PCs, der die Arbeit in einem Netzwerk (Internet, Intranet) mit möglichst geringem Kosten- und Administrationsaufwand ermöglichen soll. Der NC verfügt weder über eine Festplatte noch über ein Floppy-Laufwerk. Der Computer nutzt die Ressourcen des Netzwerks, an das er angeschlossen ist. Auch alle nötigen Programme lädt er aus dem Netz. Daten werden ebenfalls im Netz (auf einem Hauptserver im Intranet) gespeichert. Diverse Firmen bemühen sich um die Entwicklung eines Standards für den NC. Vorreiter ist der eigentliche Entwickler dieses Konzepts, Sun Microsystems, die den NC mit einem speziellen Java-Prozessor und einem auf der Programmiersprache Java basierenden Betriebssystem ausstatten wollen. Weiterhin bemühen sich Oracle, IBM, Microsoft und Apple um ihren eigenen NC.

➠ *Siehe Internet; Sun Microsystems; NetPC; Java; Intranet*

N-channel Metal-Oxide Semiconductor

➠ *Siehe NMOS*

NCP

NCP ist ein Protokoll, das IP, IPX und Apple-Talk über PPP-Verbindungen transportiert. Es ist ein frühes Datenübertragungsprotokoll im Internet.

➠ *Siehe IP; IPX; AppleTalk; PPP; Protokoll*

NCQ

Abk.: Native Command Queuing

Eine Form des Tagged Command Queuing bei SATA-II. Dabei werden der Festplatte mehrere Befehle geschickt, die sie dann in beliebiger Reihenfolge abarbeiten kann. Durch das Umsortieren der Befehle kann die Platte den

Durchsatz optimieren. Damit der Host weiß, welchen Befehl die Platte gerade abgearbeitet hat, wird jeder Befehl mit einem Kennzeichen (Tag) versehen.

NCSA

Abk.: National Center for Supercomputing Applications, National Computer Security Association

1. NCSA ist die Abkürzung für »National Center for Supercomputing Applications«. Ein Forschungszentrum, das an der Universität Illinois an Problemen der Visualisierungstechnik arbeitet. Dort wurde unter anderem der erste grafische Webbrowser Mosaic entwickelt.

2. NCSA ist auch die »Abkürzung für National Computer Security Association«. Eine Organisation für das Bildungs- und Informationswesen in Bezug auf Fragen zur Sicherheit, die 1989 in Pennsylvania gegründet wurde.

➠ *Siehe Webbrowser; Mosaic*

NCSA Mosaic

➠ *Siehe Mosaic*

NCSA Server

NCSA Server ist der erste HTTP-Server, der für das WWW entwickelt wurde. Die Nutzung dieses Servers ist kostenlos.

➠ *Siehe NCSA; Server; HTTP; WWW*

NC-Steuerung

Abk.: Numeric Control

NC-Steuerung ist ein am MIT entwickeltes Verfahren zur Steuerung von Produktionsmaschinen. Die NC-Steuerung beruht auf der Umsetzung aller produktionstechnisch relevanten Daten (Geräte, Werkzeuge, Rohstoffe, Energieverteilung usw.) in alphanumerische Nummerncodes. Diese Daten werden von einem zentralen Rechensystem analysiert und zur Steuerung der gesamten Anlage und deren peripheren Komponenten verwendet. Die NC-Steuerung wurde als DIN 66025 normiert.

➠ *Siehe MIT; DIN; Alphanumerisch*

NDA

Abk.: Non-Disclosure-Agreement

Das NDA ist eine international anerkannte Vereinbarung zur Wahrung betriebsinterner (geheimer) Daten.

NDIS

Abk.: Network Driver Interface Specification

NDIS ist eine Softwareschnittstelle, die es ermöglicht, dass einerseits mehrere Netzwerkprotokolle mir einer Netzwerkkarte, andererseits ein Protokoll mit Netzwerkkarten verschiedener Hersteller kommunizieren kann.

➠ *Siehe Schnittstelle; Netzwerkkarte; Protokoll; Netzwerkprotokoll*

NDMP

Abk.: Network Data Management Protocol

NDMP ist ein Protokoll für netzwerkbasierte Sicherungskopien von Dateiservern, die eine plattformunabhängige Datenspeicherung ermöglichen.

➠ *Siehe Protokoll; Sicherungskopie; Fileserver; Plattform*

NDS

Abk.: Novell Directory Service

Der NDS-Verzeichnisdienst von Novell ähnelt der ADS von Microsoft. Er dient in NetWare-Netzwerken als zentraler Informationsknoten. Anwendungsprogramme und Benutzer können selbst entfernte Ressourcen finden und darauf zugreifen, z.B. Drucker, Benutzer, Server, Volumen.

➠ *Siehe ADS; Novell; Directory Service; NetWare*

Near Letter Quality

➠ *Siehe NLQ*

Nearline-System

Ein Nearline-System verbindet die Festplatten im Netzwerk transparent mit einem Roboterbandarchiv, welche in den 1980er Jahren eingesetzt wurden, um die Datentapes über Roboterarme einlegen zu lassen. Im Nearline-System kann der Systemverwalter dann bestimmen, welche Daten im schnellen Festplattenzugriff vorgehalten werden und welche nach kurzer Wartezeit vom Band eingelesen werden.

➠ *Siehe Netzwerk; Harddisk*

NEAT

Abk.: Newly Enhanced Advanced Technology

NEAT ist die Bezeichnung für einen 286er-Chipsatz der amerikanischen Firma Chips and Technologies. In dem Chipsatz waren die Schaltkreise für wichtige Komponenten des Motherboards in Form von ASICs zusammengefasst. Durch einen optimierten Speicherzugriff wurde die Verarbeitungsgeschwindigkeit des Motherboards stark erhöht.

➠ *Siehe Chipsatz; ASIC; Motherboard*

NEC

http://www.nec.com

Abk.: Nippon Electronic Company

Das japanische Unternehmen NEC (Nippon Electronic Company) wurde bereits im Jahr 1900 gegründet. NEC ist in allen Bereichen der heutigen Consumer-Electronics vertreten. Zu ihren Produkten gehören Drucker,

Computer, CD-ROM-Laufwerke, Floppy-Laufwerke, ICs, Mobiltelefone, Satellitenanlagen usw.

Negation

Negation ist eine andere Bezeichnung für die NOT-Verknüpfung, eine Operation der Booleschen Algebra.

➡ *Siehe Boolesche Operatoren; NOT-Verknüpfung*

Negative Acknowledge

➡ *Siehe NAK*

Negative Logik

➡ *Siehe Logik, negative*

NetBEUI

Abk.: NetBios Extended User Interface

NetBEUI ist ein Mitte der 1980er Jahre entwickeltes schnelles Netzwerkprotokoll, das von allen netzwerkfähigen Betriebssystemen der Firma Microsoft unterstützt wird. Ein Nachteil von NetBEUI, der in heterogener Netzwerkumgebung zum Vorschein kommt, ist die fehlende Unterstützung von Routing.

➡ *Siehe Netzwerkprotokoll; Netzwerk; Routing; Protokoll*

NetBIOS

NetBIOS ist eine weitverbreitete Softwareschnittstelle in lokalen Netzwerken. NetBIOS führt beim Datentransfer eine automatische Fehlerkontrolle durch und unterstützt sowohl die Netzwerktechnologien ARCnet, Ethernet und Token-Ring als auch die Netzwerkbetriebssysteme NetWare, LAN Manager, Windows NT und OS/2 LAN Server.

➡ *Siehe Netzwerk; ARCnet; Windows NT; OS/2-LAN-Server; LAN Manager; Ethernet; Token-Ring; NetWare*

NetBios Extended User Interface

➡ *Siehe NetBEUI*

NetBSD

http://www.netbsd.org

Abk.: Net Berkley Software Distribution

NetBSD ist eine Freewareversion des Betriebssystems BSD Unix, das aus dem Betriebssystem 386 BSD entwickelt wurde. NetBSD kann auf zahlreichen Hardwareplattformen ausgeführt werden.

➡ *Siehe BSD; Freeware; Betriebssystem; Unix; Plattform*

Netburst-Architektur

Netburst-Architektur ist die Bezeichnung für die funktionellen Neuerungen des Pentium-IV-Prozessors von Intel. Darunter zusammengefasst sind Änderungen am Cache, an der Ausführungspipeline, der SSE-Architektur und einiges mehr.

➟ *Siehe Pentium IV; Hyper Pipeline; Trace Cache; Rapid Execution Engine*

NetFind

NetFind ist ein Dienst im Internet, mit dem es möglich ist, anhand von Namen und anderen Angaben die E-Mail-Adresse anderer Nutzer herauszufinden oder Listen von Hosts in einem bestimmten Gebiet abzufragen. Der Dienst findet sich auf einer Reihe spezieller Net-Find-Server im Internet, die via Telnet, Gopher oder mit einem Browser zu erreichen sind.

➟ *Siehe Internet; Gopher; E-Mail; Browser; Telnet; Host*

Nethack

Nethack ist der Name eines Rollenspiels, welches auch heute noch in vielen Mailboxen zu finden ist. Nethack ist das Mailbox-Pendant des Spieleklassikers Hack.

➟ *Siehe MUD; BBS*

Netiquette

Netiquette ist ein Kunstwort aus Net(-work) und Etiquette. Der Begriff bezeichnet bestimmte Verhaltensregeln, an die sich alle Nutzer im Internet, in Mailboxen, Online-Diensten oder Netzwerken gebunden fühlen sollten. Im Prinzip ist die Netiquette der Knigge der Online-Gemeinde. Verstöße gegen die Netiquette können zum Ausschluss aus dem Netzwerk oder zu Bestrafungsaktionen durch die Usergemeinde führen.

➟ *Siehe Mail-Bomb; Flaming*

Netmeeting

Die Software Netmeeting von Microsoft ermöglicht die Internet-Telefonie. Sie ist kostenlos. Mit dem Programm ist es möglich ein Telefongespräch über das Internet mit mehreren Teilnehmern führen.

➟ *Siehe Internet-Telefonie; Microsoft*

NetPC

Der NetPC ist die Spezifikation der Firma Microsoft für den Netzcomputer (NC). Im Gegensatz zu anderen Firmen (Sun, Oracle, IBM, Apple) verfügt der NetPC über eine Festplatte und ein Floppy-Laufwerk.

➟ *Siehe NC*

Netscape Communications

http://www.netscape.de

Netscape Communications ist eine 1994 von Marc Andreesen und Jim Clark (ehemaliger CEO von Silicon Graphics) gegründete Softwarefirma, die sich mit Entwicklungen rund um das Internet beschäftigt. Zu den bekanntesten Produkten zählen die Web-Browser Netscape Navigator und sein Nachfolger, der Netscape Communicator. Beide Browser unterstützen FTP, E-Mail, Newsgroups und in den neueren Versionen auch Java-Applets. Das Unternehmen wurde 1998 von AOL aufgekauft.

➠ Siehe JavaScript; AOL; Java

Nettokapazität

Denjenigen Teil der Ressourcen des Computers, den der Anwender tatsächlich nutzen kann, wird Nettokapazität genannt. Ein Teil des Arbeitsspeichers und der Festplatte wird immer durch Verwaltungsinformationen des Betriebssystems oder der aktiven Programme belegt, so dass nur ein bestimmter Prozentsatz der Gesamtkapazität zur Verfügung steht.

➠ Siehe Harddisk; Hauptspeicher; Resources; Betriebssystem

Net-Top Box

Net-Top Box ist ein PC, dessen Hauptfunktion darin besteht, als kostengünstiges Zugriffsterminal für die verschiedenen Internet-Dienste, z.B. E-Mail, Web-Zugriff und Telnet-Anschlussmöglichkeit zu fungieren, und der nur mit einer verringerten Anzahl von Komponenten ausgestattet ist. Diese Maschinen, die sich noch in der Entwicklungsphase befinden, stellen das erforderliche Material für die Benutzer des Netzwerks zur Verfügung, mit dem die Net-Top Box verbunden ist, verfügen aber nicht über lokal adressierbare Festplatten. Zudem können keine Programme installiert werden.

➠ Siehe E-Mail; Set-Top-Box; Telnet

NetWare

NetWare ist ein Netzwerkbetriebssystem für PC-basierte LANs der Firma Novell. Es wurde 1983 auf dem Markt eingeführt und wird weltweit auf ca. 500.000 Novell-Fileservern eingesetzt. NetWare ist ein Fileserver-Betriebssystem und auf Multiuserbetrieb ausgerichtet. In letzter Zeit verliert NetWare bzw. dessen Nachfolger Novell IntranetWare allerdings Marktanteile an Windows NT. NetWare unterstützt neben dem Novell-eigenen IPX/SPX-Netzwerkprotokoll auch alle gängigen Protokolle anderer Hersteller. NetWare gibt es als Fileserver-Version für dedizierte Server und auch für Peer-to-Peer-Netzwerke mit einem nicht dedizierten Server.

➠ Siehe LAN; Novell; IntranetWare; NOS; Peer-to-Peer; IPX/SPX; Dedicated Server

Network Address Translation

➠ Siehe NAT

Network Associates

http://www.nai.com

Network Associates ist ein Softwarehersteller, der 1997 aus

McAfee durch Akquisition der Firma Network General entstand. Network Associates umfasst inzwischen noch die Firmen PGP und Magic Solutions. Kerngeschäft der Firma sind Softwaretools für die Sicherheit und die Verwaltung unternehmensweiter Netzwerke.

➭ *Siehe McAfee*

Network Computer

➭ *Siehe NC; IPC*

Network Data Management Protocol

➭ *Siehe NDMP*

Network Driver Interface Specification

➭ *Siehe NDIS*

Network File System

➭ *Siehe NFS*

Network Information Center für Deutschland

➭ *Siehe DE-NIC*

Network Layer

Network Layer bezeichnet die dritte Schicht des OSI-Schichtenmodells. Zu ihren Aufgaben zählen die Umwandlung logischer Adressen bzw. Namen der höheren Netzwerkschichten in physische Adressen, außerdem das Routing und Switching im Netzwerk. Auch die Trennung und Wiedervereinigung von Daten

(-paketen) übernimmt die Netzwerkschicht.

➭ *Siehe Adresse, logische; OSI-Schichtenmodell; Packet; Adresse, physische; Routing; Switching; OSI*

Network News Transfer Protocol

➭ *Siehe NNTP*

Network Operating System

➭ *Siehe NOS*

Network Time Protocol

➭ *Siehe NTP*

Network User Address

➭ *Siehe NUA*

Network User Identity

➭ *Siehe NUI*

Netz

Netz ist umgangssprachlich für Internet oder ein anderes Netzwerk.

➭ *Siehe Internet; Netzwerk*

Netzausfall

Netzausfall ist die Bezeichnung für den Ausfall oder die Störung eines Teils oder des gesamten Netzwerks. Wie viele Arbeitsstationen von dem Ausfall betroffen sind, hängt stark von der verwendeten Netzwerktopologie ab.

➭ *Siehe Netzwerk; Netzwerktopologie*

Netzknoten

➡ Siehe Node; Netzwerk

Netzstruktur

➡ Siehe Netzwerktopologie

Netzteil

Das Netzteil ist Bestandteil des Computergehäuses, eines Druckers oder eines anderen Peripheriegeräts und wandelt die vom Stromnetz gelieferte Wechselspannung in Gleichspannung um. Das Netzteil wird an das Motherboard angeschlossen und versorgt neben diesem auch andere Hardwarekomponenten, wie Diskettenlaufwerke, Festplatten, CD-ROM, Streamer, Maus, Tastatur usw., mit Strom.

➡ Siehe Motherboard

Netz-Terminator-Basisanschluss

➡ Siehe NTBA

Netzwerk

Ein Netzwerk ist die Verbindung von mindestens zwei Computern über eine oder mehrere Leitungen (Netzwerkkabel) und daran angeschlossene Erweiterungskarten der Computer (Netzwerkkarten). Der Vorteil eines Netzwerks besteht darin, dass die Nutzer (User) des Netzwerks miteinander kommunizieren können (Versand von E-Mails) und sich die Ressourcen der Arbeitsstationen (Workstations) oder des zentralen Servers teilen können. Die Übertragung der Daten erfolgt über ein so genanntes Netzwerkprotokoll. In Bezug auf die Größe des Netzwerks wird zwischen LAN (Local Area Network, ein Netzwerk zwischen Computern in einem Raum oder Gebäude), MAN (Metropolitan Area Network, Netzwerk in einem Großstadtgebiet) oder WAN (Wide Area Network, globales Netzwerk) unterschieden.

➡ Siehe Netzwerkkarte; Node; LAN; Netzwerkprotokoll; Netzwerktopologie; WAN; Netzwerkkabel; MAN

Netzwerk, heterogenes

In einem heterogenen Netzwerk sind im Gegensatz zu einem homogenen Netzwerk unterschiedliche Computerplattformen (z.B. SGI, Alpha, PowerPC, PC) miteinander verbunden. Sie können sich in Betriebssystem, verwendetem Übertragungsprotokoll usw. unterscheiden.

➡ Siehe Gateway; Netzwerk; Switch; Router; Bridge

Netzwerk, hierarchisches

1. Ein hierarchisches Netzwerk hat hierarchisch strukturierte Steuerfunktionen, in dem unter Umständen Tasks für die Datenverarbeitung verteilt werden können.

2. Außerdem wird ein Netzwerk als hierarchisch Netzwerk bezeichnet, wenn ein Host-Com-

puter mehrere Client-Computer steuert, wobei diese wiederum bei einer Gruppe von PC-Arbeitsstationen die Host-Funktion übernehmen können.

➡ *Siehe Netzwerk, homogenes; Task; Netzwerk; Client; Host*

Netzwerk, homogenes

Die Hosts in einem homogenen Netzwerk sind vergleichbar und verwenden nur ein Protokoll.

➡ *Siehe Netzwerk, hierarchisches; Netzwerkprotokoll; Netzwerk; Host*

Netzwerk, lokales

➡ *Siehe LAN*

Netzwerk, paketvermitteltes

Bei einem paketvermittelten Netzwerk wird die Verbindung zwischen zwei Teilnehmern über eine Vermittlung hergestellt, z.B. die Wählvermittlungsstellen des Telefonnetzes.

➡ *Siehe Netzwerk*

Netzwerkadapter

➡ *Siehe Netzwerkkarte*

Netzwerk-Administrator

Der Netzwerk-Administrator ist für die Verwaltung der Netzwerkressourcen, die Zuteilung und Verwaltung der Netzwerk-Accounts der einzelnen User, für die Datensicherung und oft auch für die Wartung und Installation neuer Komponenten im Netzwerk zuständig. Im Rahmen der Account-Vergabe (Einrichtung eines Benutzerkontos) vergibt der Administrator Benutzerrechte unterschiedlicher Sicherheitseinstufungen an die einzelnen User. Der Administrator selbst hat alle Rechte im System.

➡ *Siehe Sysop; Netzwerk; Policies; Account; Administrator; Master-User*

Netzwerkadresse

Die Netzwerkadresse ist die physische Adresse, unter der ein Computer im Netzwerk zu finden ist. Die Adresse kann von der Netzwerkkarte fest vorgegeben sein oder kann auch vom Benutzer über einen Jumper eingestellt werden. Die physische Adresse dient der Identifizierung des Computers in der so genannten MAC-Schicht, weshalb sie auch MAC-Adresse genannt wird. In höheren Schichten jedoch werden anstelle der numerischen Adresse symbolische Adressen (z.B. Namen) verwendet.

➡ *Siehe Adresse, symbolische; OSI-Schichtenmodell; Adresse, physische; Verbindungsschicht; Jumper; MAC-Adresse*

Netzwerkbetriebssystem

➡ *Siehe NOS*

Netzwerkdrucker

Ein Netzwerkdrucker kann im Netzwerk von mehreren Nutzern auf verschiedenen Arbeitsstationen angesprochen werden. Dies kann auf mehrere Arten geschehen:

▶ Ein dedizierter Rechner arbeitet ausschließlich als Druckserver und verwaltet alle eingehenden Druckaufträge.

▶ Die Arbeitsstation, an die der Drucker angeschlossen ist, stellt außerdem ihre Dienste als Druck-Server zur Verfügung.

▶ Der im Drucker enthaltene Prozessor fungiert als Druckserver. Moderne Drucker können auf diese Weise direkt als Netzknoten in das Netzwerk eingebunden werden.

➠ *Siehe Node; Netzwerk*

Netzwerkkabel

Ein Netzwerkkabel verbindet die Netzwerkknoten in einem Netzwerk. Bei LANs haben sich drei Typen von Netzwerkkabeln durchsetzen können

▶ **Koaxialkabel:** Im LAN werden zwei Arten dieses Kabeltyps verwendet, das dickere Thicknet-Koaxialkabel und das dünnere Thinnet-Koaxialkabel.

▶ **Twisted-Pair-Kabel:** bestehend aus vier isolierten Kupferleitungen, die paarweise verdrillt sind. Es wird zwischen dem unabgeschirmten UTP-Typ und dem abgeschirmten STP-Typ, bei dem jedes Leitungspaar von einem Metallmantel umgeben ist, unterschieden.

▶ **Glasfaserkabel**

➠ *Siehe Twisted-Pair-Kabel; Glasfaserkabel; Yellow Cable; Koaxialkabel*

Netzwerkkarte

Eine Netzwerkkarte ist eine Erweiterungskarte für den Computer, die den Anschluss des Rechners an ein Netzwerk ermöglicht. Wichtige Bestandteile der Karte sind die Anschlüsse für die Netzwerkkabel, Jumper für die Konfiguration der Karte und ein Pufferspeicher, der die eingehenden bzw. zu sendenden Daten in Paketen aufnimmt. Mit Hilfe der mitgelieferten Software lassen sich die unterschiedlichen Netzwerktechnologien realisieren (z.B. Token-Ring, ARCnet, Ethernet usw.). Damit die Netzwerkkarte angesprochen werden kann, muss zumindest unter MS-DOS ein bzw. mehrere Treiber und Programme in den Hauptspeicher des Rechners geladen werden.

➠ *Siehe Ethernet; Token-Ring; Erweiterungskarte; Gerätetreiber; Netzwerk; ARCnet*

Bild N.1: Eine Ethernet-Netzwerkkarte

Netzwerkknoten
➠ *Siehe Node*

Netzwerklatenz
Die für die Übertragung von Daten zwischen Computern in einem Netzwerk beanspruchte Zeit wird Netzwerklatenz genannt.

➠ *Siehe Netzwerk*

Netzwerkmanagement
Unter Netzwerkmanagement werden die vom Netzwerk-Administrator durchgeführten Verwaltungsaufgaben verstanden, wie z.B. die Installation und Wartung von Netzwerkknoten, die Vergabe und Einrichtung neuer Benutzerkonten (Accounts) und die zeitweise Sicherung der Daten.

➠ *Siehe Node; Account; Netzwerk-Administrator*

Netzwerkmodus
Viele neuere Spiele enthalten einen Netzwerkmodus, der es ermöglicht, mit mehreren Teilnehmern über ein Netzwerk zu spielen.

➠ *Siehe Netzwerk*

Netzwerk-PC
➠ *Siehe NC*

Netzwerkprotokoll
Ein Netzwerkprotokoll ist eine genormte Regelsprache, die für die Kommunikation (Datenübertragung) zwischen Rechnern in einem Netzwerk zuständig ist. Alle Rechner in dem Netzwerk benötigen ein gemeinsames Protokoll, um miteinander Daten austauschen zu können. Beispiele wären IPX/SPX, NetBEUI und das im Internet und in Intranets gebräuchliche TCP/IP. Netzwerkprotokolle sind in der 3. (Netzwerk) und 4. (Transport) Schicht des OSI-Schichtenmodells angesiedelt. Sie regeln das Routing über das Netzwerk, die Aufnahme und Weitergabe von Daten(-paketen) in die höheren Netzwerkschichten, haben für die Datensicherheit Sorge zu tragen und fügen eingehende Datenpakete beim Empfänger wieder zusammen.

➠ *Siehe OSI-Schichtenmodell; Netzwerk; TCP/IP; IPX/SPX; Packet; Routing; NetBEUI*

Netzwerkschicht
➠ *Siehe OSI-Schichtenmodell; OSI; Network Layer*

Netzwerksegment
Ein Netzwerksegment ist derjenige Teil eines Netzwerks, der nicht durch andere Netzwerkkompo-

nenten, wie Repeater, Router, Switches oder Bridges unterbrochen ist.

→ *Siehe Gateway; Netzwerk; Repeater; Router; Bridge*

Netzwerksoftware

Abk.: NOS

▲ *Übers.: Network Software, Network Operating System*

▲ *Syn.: Netzwerkbetriebssystem*

Die Netzwerksoftware ermöglicht die Wartung, Überwachung und Konfiguration der Netzkomponenten bzw. Netzwerkknoten. Der Netzwerk-Administrator hat über diese Software die Möglichkeit, Verwaltungsaufgaben zu erledigen, neue Benutzerkonten einzurichten, Benutzerrechte zu vergeben, Daten zu sichern und Ressourcen an Arbeitsstationen zu vergeben. Beispiele für Netzwerksoftware wären LANtastic, Novell NetWare, Novell IntranetWare, aber auch Betriebssysteme wie Unix oder Windows NT, die die wichtigsten Komponenten zum Betrieb eines Netzwerks enthalten.

→ *Siehe Node; Account; Netzwerk; NOS; Netzwerk-Administrator*

Netzwerktopologie

Die einzelnen Netzwerkknoten (auch Node oder Knoten) in einem Netzwerk können in unterschiedlicher räumlicher Anordnung aufgebaut sein. Die daraus resultierende Netzwerkstruktur wird Netzwerktopologie genannt. In einem LAN werden drei mögliche Topologien unterschieden:

▶ **Bus-Topologie.** Alle Knoten sind über ein gemeinsames Netzwerkkabel miteinander verbunden. Die Enden des Kabels werden über Widerstände – so genannte Terminatoren – abgeschlossen.

▶ **Stern-Topologie.** Die Netzwerkknoten werden sternförmig über Netzwerkkabel an ein zentrales Gerät – einen Hub – angeschlossen. Ein passiver Hub sorgt einfach für die Verbindung, ein aktiver Hub verstärkt und filtert die eingehenden Signale.

▶ **Ring-Topologie.** Hier werden die Knoten über einen gemeinsamen Kabelstrang verbunden. Beim so genannten Token-Ring-Verfahren kreisen die Informationen im Netz. Dabei wandert ein so genannter Token von Netzknoten zu Netzknoten. Derjenige, der gerade das Token besitzt, kann Daten senden, empfangen oder anderweitige Aufgaben übernehmen. Im Zentrum der Ring-Struktur befindet sich wie bei der Stern-Topologie ein zentrales Steuergerät – ein so genannter MAU (Multistation Access

Unit). Neben diesen Haupttopologien gibt es natürlich auch Mischformen, zu denen auch die Baum-Struktur gezählt wird.

➠ *Siehe Node; LAN; MAU; Netzwerk; Baum-Topologie; Token-Ring*

Netzwerkverzeichnis

Ein Netzwerkverzeichnis ist ein auf Festplatte, Diskette oder CD-ROM enthaltenes Verzeichnis, das sich nicht in dem Computer befindet, an dem der Anwender gerade arbeitet, aber auf das er über Netzwerk (remote) Zugriff hat. Der Zugriff bezieht sich hierbei nur auf das Verzeichnis, das ihm vom Netzwerkadministrator aufgrund seiner Berechtigungen zugewiesen wird, nicht auf den Rest der Daten auf der Diskette oder CD-ROM.

➠ *Siehe Netzwerk; Directory; Harddisk; CD-ROM-Laufwerk; Diskette*

Netzwerkzentrale Datenverarbeitung

➠ *Siehe Datenverarbeitung, netzwerkzentrale*

Netzwerkzugang

Über den Netzwerkzugang hat der Anwender die Möglichkeit auf ein Netzwerk, einen Online-Dienst oder das Internet zuzugreifen. Dafür müssen folgende Voraussetzungen gegeben sein:

Der Anwender benötigt einen Account (ein Benutzerkonto) beim jeweiligen Anbieter, er benötigt ein Modem, eine ISDN-Karte oder direkt einen Terminal am Netzwerk, und ein Programm, das ihm den Zugang zum Netz vermittelt. Zur Anmeldung benötigt er außerdem einen Benutzernamen und ein Kennwort/Passwort.

➠ *Siehe Online-Dienst; Netzwerk; Account; Passwort; Modem; ISDN*

Neumann, John von

Johann Baron von Neumann, Ungarn und Mathematiker (1903 bis 1957), entwarf 1944 den ersten Rechner – EDVAC (Electronic Discrete Variable Automatic Computer), den er 1952 fertig stellte. Die von ihm entwickelten Grundlagen der Computerarchitektur sind auch heute noch bei den meisten Rechnerplattformen gültig.

➠ *Siehe Von-Neumann-Rechner; Zuse, Konrad; ENIAC*

Neuromancer

Neuromancer ist der Titel eines Science-Fiction-Buchs von William Gibson. Kunstwort aus Neuronal und Necromancer (Zauberer). Gibson prägte in diesem Buch die Begriffe Cyberspace und Matrix.

➠ *Siehe Cyberspace*

Neuronales Netz

Wissenschaftler versuchen angestrengt, mit Hilfe von Mikroprozessoren bzw. Software die Struktur des menschlichen Gehirns, die Vernetzung der Neuronen – und damit auch, wenn möglich, die menschliche Intelligenz – nachzubilden. Bisher waren die Versuche aber noch nicht von großem Erfolg gekrönt. Während im menschlichen Gehirn ungefähr 100 Milliarden Neuronen miteinander vernetzt sind, bringen es gute neuronale Netze gerade mal auf ein paar hundert Prozessoren. Neuronale Netze finden Anwendung in so genannten Expertensystemen, der Mustererkennung und der Steuer- und Regelungstechnik.

→ *Siehe KI*

Neustart

Das erneute Starten des Rechners und das damit verbundene Neuladen des Betriebssystems wird als Neustart bezeichnet.

→ *Siehe Kaltstart; Booten; Warmstart*

New Technology File System
→ *Siehe NTFS*

Newbie

Newbie ist ein unerfahrener Benutzer im Internet oder im Usenet. Der Begriff setzt sich zusammen aus den Wörtern »new« (neu) und »baby«.

→ *Siehe Usenet; Internet; User*

News

Im Internet gibt es so genannte Newsgroups. Das sind Foren zu bestimmten Themen, bei denen jeder seine Meinung oder seine Informationen per E-Mail kundtun und die Nachrichten anderer Teilnehmer lesen kann. News (Nachrichten) sind einfach die neuesten E-Mails zum jeweiligen Thema. Insgesamt gibt es ca. 20.000 Newsgroups im Internet, die alle möglichen Themen behandeln.

→ *Siehe Newsgroup; E-Mail; Usenet*

Newsgroup

Newsgroup ist die Bezeichnung für ein Forum zu einem bestimmten Thema im Internet. Web-Browser (z.B. Internet Explorer von Microsoft oder Netscape Navigator/Communicator) unterstützen Newsgroups. Der Anwender kann sich eine Liste mit allen im Netz vorhandenen Newsgroups und Themen zusammenstellen lassen. Über einen Mausklick auf die Group kann er aktuelle Nachrichten zum in der Group behandelten Thema lesen und eigene E-Mails als Antwort schreiben. Insgesamt gibt es ca. 20.000 Newsgroups im Internet. Auch bei Mailboxen oder Online-Diensten gibt es derartige Foren, die hier allerdings »schwarzes Brett«, Gruppe, Forum oder Echo genannt werden.

➠ *Siehe Internet; BBS; Usenet; Webbrowser*

Newsmaster

Der Newsmaster ist die Person, welche die Internetnews (Nachrichten, Meldungen) auf einem bestimmten Host verwaltet.

➠ *Siehe Internet; Host*

Newsreader

Ein Newsreader ist ein Programm, mit dem Nachrichten in Newsgroups gelesen werden können. Newsreader sind in den neueren Web-Browsern (Internet Explorer von Microsoft oder Netscape Navigator/Communicator) bereits integriert.

➠ *Siehe Newsgroup; Usenet; Webbrowser*

Newsserver

Ein Newsserver ist ein Server im Internet, auf dem die Nachrichten (News) einer Newsgroup verwaltet und verteilt werden.

➠ *Siehe Server; Newsgroup; Internet*

NexGen

NexGen ist ein amerikanisches Unternehmen, das in der ersten Hälfte 1995 Intel-Pentium-kompatible Prozessoren auf den Markt brachte, inzwischen aber von AMD übernommen wurde. Die Prozessoren NexGen 586/80 und 586/90 waren befehls-, aber nicht Pin-kompatibel zum Pentium, weswegen ein eigenes Motherboard zum Betrieb des Prozessors nötig war. Rein von der Leistungsfähigkeit waren sie aber bei weitem nicht so schnell wie die direkten Konkurrenten Pentium 75 und Pentium 90.

➠ *Siehe AMD; Pentium*

Next Generation Windows Services

➠ *Siehe .NET*

NeXT-Computer

Die Firma NeXT-Computer wurde 1985 von dem Apple-Mitbegründer Steve Jobs gegründet. Das Unternehmen entwickelte Computer, die mit dem ebenfalls selbst entwickelten und auf Unix basierenden, objektorientierten Betriebssystem NextStep laufen sollten. Aufgrund der plattformunabhängigen Architektur des Betriebssystems eignet es sich hervorragend für den Einsatz in heterogenen Netzwerken und für zukünftige Intranets. Version 4.0 arbeitet sowohl auf Intel-Prozessoren, der 680x0-Familie von Motorola, Sun-SPARC-Workstations und auf RISC-PCs. Trotz innovativer Produkte war der Firma leider kein finanzieller Erfolg beschieden. Im Dezember 1996 kaufte Apple überraschend NeXT-Computer auf.

➠ *Siehe Plattform; Netzwerk, heterogenes; Jobs, Steve; Apple; MacOS Server X*

NeXTStep

NeXTStep ist ein Betriebssystem der Firma NeXT-Computer, das speziell für die eigene Rechnerfamilie entwickelt wurde, aber dennoch plattformübergreifend eingesetzt werden kann.

➠ *Siehe Plattform; NeXT-Computer*

NFS

http://www.sun-microsystems.de

Abk.: Network File System

NFS ist das klassische und von allen anderen Unix-Systemen gleichfalls genutzte Netzwerkdateisystem, mit dem Dateisysteme von verschiedenen Rechnern zu einem logischen Baum zusammengehängt werden können. Das Network File System ist eine Client/Server Anwendung, die es einem Computerbenutzer ermöglicht, mit einem Remote-Dateisystem so zu arbeiten, als wäre es lokal vorhanden. Das eigentliche Speichermedium befindet sich dabei auf einem entfernten Rechner. Der eine Rechner ist ein NFS-Client, der andere ein NFS-Server. Dieses Prinzip wird vor allem bei so genannten Fileservern angewendet. So sind Daten an jeder Stelle im Netz nutz- und bearbeitbar. NFS wurde von Sun entwickelt, als Protokoll benutzt es den RPC (Remote Procedure Call).

➠ *Siehe Dateisystem; Sun Microsystems; Client-Server-Prinzip; Fileserver; Unix*

NGSBC

Abk.: Next Generation Computing Base

Sicherheitssystem von Microsoft zur eindeutigen Identifizierung von Computersystemen und Software. NGSBC erfordert einen speziellen Kryptochip auf dem Mainboard bzw. es wird mit dem TPM der TCPA-Initiative integriert.

➠ *Siehe: DRM, Kryptographie, TCPA*

Nibble

➠ *Siehe Half-Byte*

Ni-Cd

Abk.: Nickel-Cadmium (-Akkumulator)

Ni-Cd ist die Bezeichnung für einen Akkutyp, der aus den Materialien Nickel und Cadmium zusammengesetzt ist. Der Ni-Cd-Akku hat eine geringere Leistungsfähigkeit als der Lithium-Ionen(Li-)Akku.

➠ *Siehe Akku; Li-Ion*

Nicht ausführbare Anweisung

➠ *Siehe Anweisung, nicht ausführbare*

Nicht behandelte Ausnahme
➠ Siehe *Ausnahme, nicht behandelte*

Nicht behebbarer Fehler
➠ Siehe *Fehler, nicht behebbarer*

Nicht dedizierter Server
➠ Siehe *Netzwerk; Non-dedicated Server*

Nicht flüchtiger Speicher
➠ Siehe *Non-volatile memory*

Nicht maskierbarer Interrupt
➠ Siehe *NMI*

Nicht proportionale Schrift
➠ Siehe *Schrift, nicht proportionale*

Nicht prozedurale Sprache
➠ Siehe *Sprache, nichtprozedurale*

Nicht, logisches
➠ Siehe *NOT-Verknüpfung*

Nichtlinearer Schnitt
➠ Siehe *Schnitt, nichtlinearer*

Nickel-Cadmium-Akku
➠ Siehe *Ni-Cd; Akku*

Nickel-Metallhydrid-Akku
➠ Siehe *Akku; NiMH*

Nickname
Nickname ist ein frei erfundener Name, unter dem der Teilnehmer einer Mailbox (BBS) oder in der Chat-Area eines Online-Dienstes bekannt ist.

➠ Siehe *BBS; Chatten*

Niederwertiges Byte
➠ Siehe *Low Byte*

Niederwertigstes Bit
➠ Siehe *LSB*

NII
Abk.: National Information Infrastructure

NII ist die zukünftige »Datenautobahn«, welche durch hohe Bandbreite z.B. die Übertragung von Filmen erlauben wird. Das Netzwerk wird hauptsächlich von privaten Organisationen entwickelt.

➠ Siehe *Information-Highway; Bandbreite; Internet; Netzwerk*

NIL
Abk.: Not In List

NIL ist ein in einigen Programmiersprachen vorkommender Variablentyp, der anderen Variablen (mit existierenden Speicherbereichen) zugewiesen werden kann. Die zugewiesene Variable weist zukünftig auf NIL und deren nicht existierenden Speicherbereich (z.B. 0). Über eine Abfrage von NIL kann die Gültigkeit aller in einem Programmcode zugewiesenen Variablen überprüft werden.

➥ Siehe Variable; Programmiersprache

NiMH

Abk.: Nickel-Metallhydrid (-Akkumulator)

Der Nickel-Metallhydrid-Akku (NiMH) besitzt eine positive Elektrode aus Nickel und eine negative Elektrode aus einer wasserstoffspeichernden Metalllegierung. NiMH-Akkus haben die doppelte Ladekapazität von NiCd-Akkus und leiden nicht unter dem Memory-Effekt.

➥ Siehe Li-Ion; Ni-Cd; Akku; Memory-Effekt

Nintendo

Nintendo ist ein japanischer Hersteller von Spielekonsolen. Zu den bekannten Produkten zählen die Super-NES-Konsole, die Handheld-Konsole Gameboy und der Game Cube. Nintendo hat auch so berühmte Spielefiguren wie Donkey Kong oder die (Super) Mario Brothers hervorgebracht. Zu den stärksten Konkurrenten zählt Sony mit seiner Playstation und Microsoft mit der X-Box.

➥ Siehe Sony; X-Box

NIS

Abk.: Network Information System

NIS und NIS+ sind Dienstsysteme zur Administration von Netzwerken. Rechner, die diesen Dienst benutzen, haben Kenntnis von jedem anderem Rechner im Netz. Benutzer dieses Netzwerkes können Anwendungen und Dateien auf jedem Rechner des Netzwerkes starten, indem sie ein netzwerkweites Passwort zur Identifikation benutzen. Ein Rechner, der als NIS-Server fungiert, enthält dabei eine Datenbank, mit der jeder Client die Benutzerangaben abgleicht. NIS benutzt als Protokoll das RPC (Remote Procedure Call). Die Weiterentwicklung NIS+ verfügt über zusätzliche Security- und Management-Möglichkeiten.

➥ Siehe Sun Microsystems; Client-Server-Prinzip; Netzwerk; Administrator; Unix; Security

Nixdorf

Die Firma Nixdorf wurde von dem ehemaligen Siemens-Mitarbeiter Heinz Nixdorf im Jahr 1972 gegründet und war einer der erfolgreichsten Computerhersteller in Deutschland. Nixdorf vertrieb Großrechner, Mikrocomputer und Kassensysteme. Im Jahr 1990 wurde das finanziell stark angeschlagene Untenehmen von Siemens (Siemens-Nixdorf) übernommen.

N-leitender Halbleiter

➥ Siehe Halbleiter, n-leitender

NLQ

Abk.: Near Letter Quality

NLQ ist die Bezeichnung für ein Text-Druckverfahren bei Matrixdruckern (z.B. 9-Nadeldrucker). Jedes einzelne Zeichen wird mit einem leichten Versatz nach oben noch einmal gedruckt, wodurch sich die Qualität des Schriftbilds verbessert.

→ Siehe Matrixdrucker

NLX

NLX ist der Nachfolger des LPX-Formfaktors, eines Layoutformats für Hauptplatinen (Motherboard). Wie LPX wird auch NLX in flachen Desktop-Gehäusen verbaut. Im Gegensatz zu LPX ist die Verbindung zwischen Riser-Karte und Hauptplatine exakt spezifiziert worden, wodurch NLX-Riser-Karten und Motherboards anderer Hersteller untereinander verträglich (kompatibel) sein sollten. Ebenfalls wurden die Signalleitungen für PCI, AGP usw. und die Abdeckung des I/O-Bereichs neu spezifiziert.

→ Siehe ATX; LPX; Riser-Karte; Motherboard

NMI

Abk.: Non Maskable Interrupt

▲ *Übers.: nicht-maskierbarer Interrupt*

NMI ist ein spezieller Interrupt-Eingang, der nicht maskiert werden kann. Das heißt, die CPU kann diesen Interrupt nicht ignorieren. Das NMI-Signal wird für Ereignisse höchster Priorität wie z.B. den drohenden Ausfall der Stromversorgung oder Paritätsfehler im Arbeitsspeicher verwendet.

→ *Siehe Interrupt; Interrupt-Maskierung; Hauptspeicher; Parity*

NMOS

Abk.: N-channel Metal-Oxide Semiconductor

NMOS ist eine Halbleitertechnologie, bei der der leitende Kanal auf der Bewegung schneller Elektronen anstatt langsamer Löcher (von Elektronen hinterlassenen »Lücken« im Kristallgitter) basiert. Dadurch wird eine höhere Geschwindigkeit erreicht. Die Herstellung der NMOS-Technologie ist allerdings teurer und komplizierter.

→ *Siehe Semiconductor Memory*

NNTP

Abk.: Network News Transfer Protocol

Das Protokoll NNTP wird zur Übertragung der Usenet-Newsgroups im Internet verwendet. NNTP verdrängte seinen Vorläufer, das Usenet Protocol (UUCP). NNTP übernimmt die Verwaltung und Selektion der zu übertragenden Newsknoten. Die genaue Spezifikation kann im RFC 997 nachgelesen werden.

→ *Siehe Internet; RFC; Newsgroup; Usenet; UUCP*

No Parity

Die Paritätserkennung ist eine einfache Methode zur Erkennung von Fehlern, die bei der Übertragung von Daten über eine serielle Schnittstelle oder bei der Speicherung von Daten im Hauptspeicher eingesetzt werden kann. Dabei wird jedem aus 7 bis 8 Datenbits bestehenden Datenblock ein zusätzliches Prüfbit (Paritätsbit) angehängt. No Parity bedeutet, dass keine Paritätsprüfung durchgeführt wird. Die Paritätsprüfung ist durch neue, sichere Übertragungsverfahren und Protokolle eigentlich überflüssig geworden.

➠ *Siehe Parity*

Node

1. Node ist allgemein die Bezeichnung für ein Gerät (einen Router, einen Drucker oder einen Computer) in einem Netzwerk.

2. Der Begriff Node ist besonders im Fido-Netz gebräuchlich, da hier eine Mailbox innerhalb des FidoNet so bezeichnet wird.

➠ *Siehe Netzwerk; Workstation; Router; FidoNet; Drucker*

Node Address

Die Node Address ist die Adresse eines Netzwerkknotens im Netzwerk, die ihn eindeutig identifiziert.

➠ *Siehe Node; Netzwerk*

Non Maskable Interrupt

➠ *Siehe NMI*

No-name-System

Ein No-name-System ist ein Computersystem, das nicht von einem namhaften Distributor bzw. Hersteller vertrieben bzw. hergestellt wurde.

➠ *Siehe Computer*

Non-dedicated Server

Non-dedicated Server ist die Bezeichnung für einen Server im Netzwerk, der nicht nur für die Verwaltung des Netzwerks zuständig ist, sondern auch als reguläre Arbeitsstation verwendet werden kann.

➠ *Siehe Netzwerk; Workstation*

Non-Disclosure-Agreement

➠ *Siehe NDA*

Non-Impact Printer

Bei einem Non-Impact Printer wird die Tinte ohne Kontakt mit dem Papier übertragen. Typische Vertreter sind Tintenstrahldrucker, Piezo-Drucker, Bubble-Jet-Drucker und Laserdrucker.

➠ *Siehe Laserprinter; Ink-Jet Printer*

Non-interlaced

Wird ein Bild nicht im Interlaced-Verfahren auf dem Bildschirm angezeigt, wird von non-interlaced gesprochen. Moderne Grafikkarten arbeiten alle non-interlaced.

→ *Siehe Interlace; Grafikkarte*

Non-Player Character

→ *Siehe NPC*

Nonreturn to Zero

1. Nonreturn to Zero ist ein Verfahren zur Datencodierung von Binärwerten in der Datenübertragung. Ändert sich der Wert der Binärziffer von »0« auf »1« oder umgekehrt, findet auch ein Wechsel zwischen positiver bzw. negativer Spannung statt. Nach der Übertragung eines Bits kehrt das Signal nicht zum Nullpegel zurück. Zur Unterscheidung zwischen einzelnen Bits wird ein Timing verwendet.

2. Der Begriff Nonreturn to Zero bezieht sich auch auf die Aufzeichnung von Daten auf einer Magnetoberfläche. Nonreturn to Zero bezeichnet dabei einen Zustand, bei dem eine »1« Magnetisierung bedeutet, und eine »0« Nicht-Magnetisierung.

→ *Siehe Magnetspeicher; Binär; Datenübertragung*

Non-Uniform Rational B-Spline

→ *Siehe NURBS*

Non-volatile memory

Non-volatile memory ist ein Speicher, der seinen Inhalt auch bei ausgeschalteter Stromzufuhr nicht verliert. Beispiele hierfür sind ROM (Read only Memory) und Flash.

→ *Siehe Memory; Flashmemory; ROM*

NOP

Abk.: No Operation

⚠ *Übers.: keine Operation*

Der spezielle Maschinen-Befehl NOP hat keinerlei Funktion und auch sonst keine Auswirkungen auf z.B. die Register der CPU.

→ *Siehe Instruction; CPU; Register*

Normalform

1. Normalform ist eine Methode zur Strukturierung der Daten in einer relationalen Datenbank. Normalformen verhindern Redundanz und Inkonsistenz und tragen dazu bei, die Aktualisierung der Daten zu vereinfachen.

2. In der Programmierung wird unter Normalform eine Metasprache verstanden, die für die Syntaxbeschreibung einer anderen Sprache verwendet wird.

→ *Siehe Datenbank, relationale; Metasprache; Programmiersprache; Syntax*

Normalisieren

1. Normalisieren bezeichnet die Anwendung von bestimmten Methoden auf eine relationale Datenbank, um z.b. doppelt vorhandene Einträge zu verhindern. Normalisieren vereinfacht in starkem Maße die Behandlung von Datenbankabfragen und Aktualisierungen.

2. Normalisieren bedeutet in der Programmierung die Anpassung der Festkomma- und Exponentialbestandteile von Gleitkommazahlen, um den Festkommateil in einen festgelegten Bereich zu bringen.

➠ *Siehe Floating Point Representation; Datenbank, relationale; Integer*

Northbridge

Northbridge ist Bestandteil des Chipsatzes auf dem Mainboard und ist direkt mit dem Prozessor verbunden und enthält Funktionen zur Systemsteuerung. Sie überwacht die Kommunikation zwischen CPU, dem Arbeitsspeicher, dem AGP- und dem PCI-Bus.

➠ *Siehe Motherboard; Chipsatz; Southbridge; CPU; AGP; PCI*

Norton Utilities

Die von Peter Norton entwickelte Software Norton Utilities ist eine Sammlung von Hilfs- und Wartungsprogrammen (Tools) für den PC.

➠ *Siehe Symantec*

NOR-Verknüpfung

NOR-Verknüpfung ist eine Operation der Booleschen Algebra, die eine Kombination aus einer NOT-Verknüpfung (Negation) und einer OR-Verknüpfung (Disjunktion) darstellt.

➠ *Siehe OR-Verknüpfung; Boolesche Operatoren; NOT-Verknüpfung*

NOS

Abk.: Network Operating System

▲ *Übers.: Netzwerkbetriebssystem*

▲ *Syn.: Netzwerksoftware*

Ein Netzwerkbetriebssystem (NOS) sorgt für die Kommunikation zwischen dem eigentlichen Betriebssystem der einzelnen Arbeitsstationen und den im Netz laufenden Programmen. Es ist für die Verwaltung des Netzwerks zuständig. Ein Beispiel wären die Programme NetWare oder IntranetWare von Novell. Ein Netzwerkbetriebssystem wird meist auf einem Server installiert. Der Netzwerkadministrator steuert und überwacht von dieser Stelle aus (oder auch von einer Arbeitsstation aus) den gesamten Netzwerkbetrieb. Den Anwendern des Netzwerks ermöglicht das Netzwerkbetriebssystem den (vom Administrator in Stufen beschränkten) Zugriff auf Ressourcen, Programme und Daten im Netz.

➥ *Siehe LAN Server; Netzwerk; Administrator; Vines; Windows NT; LAN Manager; NetWare*

Not In List

➥ *Siehe NIL*

Notation

Notation ist eine Menge von Symbolen und Formaten, die in der Programmierung für die Beschreibung von Elementen verwendet werden. Sie macht einen Teil der Syntax einer Sprache aus.

➥ *Siehe Notation, positionale; Notation, ungarische; Notation, wissenschaftliche; Syntax; Programmiersprache*

Notation, positionale

Die positionale Notation ist eine mathematische Notationsform, bei der sich die Wertigkeit eines Elementes auf seine Position stützt. Die gebräuchliche numerische Notation ist z.B. die positionale Notation. Bei der Dezimalzahl 69 bezeichnet die Ziffer »6« sechs Zehnen und die Ziffer »9« neun Einsen.

➥ *Siehe Notation; Notation, wissenschaftliche; Notation, positionale*

Notation, ungarische

Bei der ungarischen Notation wird einer Variablen gleichzeitig ein Kürzel für den Datentyp angehängt, damit der Programmierer sofort weiß, welchen Datentyp die Variable erwartet. Ein Beispiel: Der Bezeichner »Variable1« steht z.B. für eine Variable, die als Datentyp ein Long (l) erwartet.

➥ *Siehe Datentyp; Variable; Notation, positionale; Notation, wissenschaftliche; Notation*

Notation, wissenschaftliche

Die wissenschaftliche Notation ist eine mathematische Notationsform, bei der eine Zahl als Produkt einer Zahl zwischen »1« und »10« und einer Zehnerpotenz dargestellt wird. Sie eignet sich besonders zur Darstellung von sehr großen oder kleinen Zahlen.

➥ *Siehe Notation; Notation, positionale; Notation, ungarische*

Notebook

Ein Notebook ist ein transportabler PC, der über einen Akku oder ein Netzteil betrieben werden kann. Ein Notebook zeichnet sich durch relativ geringes Gewicht (2-4 kg), einen LCD-Bildschirm (siehe TFT, DSTN) und ein in das

Gehäuse integriertes Eingabegerät (GlidePoint, Trackball oder Touchpad) aus. Der größere Bruder des Notebooks ist der Laptop. Die beiden Begriffe werden heutzutage allerdings synonym verwendet. Auch Apple bietet Notebooks in seinem Programm an. Hier heißen sie jedoch PowerBook.

➠ *Siehe TFT-Display; Laptop; DSTN-Display; Apple*

Bild N.2: Ein Notebook

Notepad

1. Bezeichnung für einen tragbaren PC ohne Tastatur. Die Dateneingabe erfolgt meist über einen Eingabestift, mit dem direkt auf den Bildschirm getippt wird.

2. Notepad ist der Name eines Texteditors in Windows.

➠ *Siehe Windows; PDA*

NOT-Verknüpfung

NOT-Verknüpfung ist eine Operation der Booleschen Algebra, die einen Wert in sein Gegenteil umwandelt (0 zu 1 und 1 zu 0).

➠ *Siehe Boolesche Operatoren*

Novell

http://www.novell.de

Die Firma Novell wurde 1983 in Provo (Utah, USA) gegründet. In den ersten Geschäftsjahren entwickelte Novell sowohl Hard- als auch Software. Das Hauptaugenmerk von Novell lag jedoch in der Entwicklung eines Systems für die Kontrolle und Verwaltung der gemeinsamen Nutzung von Ressourcen in einem LAN (Local Area Network). Mit der Einführung des NDS (Novell Directory Service) lieferte Novell die Grundlage für eine einfache und zentrale Administration. Dabei weitete Novell sein Management-System auch auf andere Betriebssysteme aus. So ist NDS seit Dezember 1997 auch für Windows NT-Netze verfügbar. Seit 1999 ist durch eine Zusammenarbeit von Sun und Novell die Implementation der NDS-Dienste auf Solaris 7 erfolgt. Zu den wichtigsten Produkten zählen Novell NetWare und Novell GroupWise.

➠ *Siehe LAN; Solaris; Sun Microsystems; NOS; NetWare*

Novell Directory Service

➠ *Siehe NDS*

Novell NetWare

➠ *Siehe Novell; NetWare*

Novell-DOS

Novell-DOS wurde urspünglich von Digital Research als DR-DOS-Betriebssystem entwickelt und ist Nachfolger von DR-DOS. Novell übernahm von Digital Research DR-DOS, um es unter eigenem Namen weiterzuentwickeln und zu vermarkten. Die Software erschien im Jahr 1994, war fast vollständig kompatibel zu MS-DOS, bot aber zusätzlich Multitasking, die Möglichkeit zum Aufbau eines Peer-to-Peer-Netzwerks. Außerdem gibt es bei Novell-DOS keine 1-MByte-Speicherbegrenzung mehr. Dennoch hatte Novell-DOS keine Chance gegen MS-DOS, so dass Novell schon im gleichen Jahr die Weiterentwicklung für das Betriebssystem einstellte.

➠ *Siehe Peer-to-Peer; DR-DOS; MS-DOS; Multitasking*

NPC

Abk.: Non-Player Character

▲ *Übers.: Nicht-Spieler-Charakter*

Bezeichnung für einen vom Computer gespielten Charakter in Rollen-, Actionspielen und Adventures, der nicht vom Anwender übernommen werden kann.

NREN

Abk.: National Research and Education Network

NREN ist ein amerikanisches Netzwerk, das sich auf NSFNET stützt. NREN verbindet Universitäten und Forschungseinrichtungen miteinander.

➠ *Siehe NSFNET*

NSAPI

http://www.netscape.com

Abk.: Netscape Server Application Programming Interface

NSAPI ist eine Schnittstelle zwischen dem HTTP-Server von Netscape und anderen Anwendungen (Webbrowser). Dabei kann der Client über den Webserver auf Programme zugreifen.

➠ *Siehe HTTP; Server; Browser*

NSF

http://www.nsf.gov

Abk.: National Science Foundation

NSF ist eine US-amerikanische Regierungsbehörde, welche gegründet wurde, um die wissenschaftliche Forschung zu fördern. Weiterhin soll durch die National Science Foundation auch die Erweiterung der wissenschaftlichen Kommunikation wie z.B. das NSFNET (früheres Backbone des Internets) finanziert werden.

➠ *Siehe NSFNET; Internet; Backbone*

NSFNET

In den 1980er Jahren baute die amerikanische NSF (National Science Foundation) an fünf großen Universitäten ein Netzwerk auf der Basis von Supercomputern auf. Eigentlich sollten diese über das ARPAnet verbunden werden, was aber aufgrund des großen bürokratischen und technischen Aufwands scheiterte. Stattdessen wurde ein eigenes Netzwerk eingerichtet, das NSFNET.

➠ *Siehe ARPAnet; NREN; NSF*

NTBA

Abk.: Netz-Terminator-Basisanschluss

▲ *Übers.: Network Terminator Basic Access*

Der NTBA ist das Verbindungselement zwischen der ISDN-Leitung und dem Hausanschluss. Der NTBA verfügt über einen so genannten S0-Bus, an den sich insgesamt bis zu acht Endgeräte anschließen lassen. Außerdem liefert der NTBA die nötige Versorgungsspannung und ist gleichzeitig der Abschlusswiderstand für den ISDN-Bus.

➠ *Siehe S0-Bus; ISDN*

NTFS

Abk.: New Technology File System

NTFS ist das Dateisystem von Windows NT/2000. Zu den Besonderheiten von NTFS zählen eine erhöhte Datensicherheit, Verwendung langer Dateinamen, unfragmentierte Speicherung von Daten auf der Festplatte (bei Windows 9x ab FAT32) und die Verwendung binärer Suchbäume als Hauptmerkmal der Dateiverwaltung. NTFS kann nicht von FAT-Partitionen aus angesprochen werden, jedoch kann NTFS auf FAT und FAT32 (ab Windows 2000) zugreifen. NTFS ist eine auf dem von IBM und Microsoft in Kooperation entwickelten HPFS-Dateisystem basierende Entwicklung. NTFS 5.0 (Windows 2000) unterstützt neben FAT32 die Verschlüsselung von Daten in Echtzeit (EFS, Encrypting File System), die Benutzer-individuelle Zuteilung von Speicherplatz auf Festplatten, die Remote-Speicherung von Daten (für Backup-Systeme) sowie die zentrale Nutzung verteilter Daten z.B. in einem gemeinsamen Verzeichnis mithilfe des DFS (Distributed File System, verteiltes Dateisystem).

➠ *Siehe Dateisystem; Windows 98 (SE); Windows 95; Windows NT; HPFS; DFS; EFS; Windows 2000; FAT*

NTP

Abk.: Network Time Protocol

Das NTP ist ein Protokoll, das die Zeitsynchronisation der Systemzeit eines Computers mit einem Server oder einer anderen Quelle reguliert. Es ermöglicht eine sehr hohe Zeitgenauigkeit.

→ *Siehe Protokoll; Server*

NTSC

Abk.: National Television System Committee

NTSC ist die Bezeichnung für die amerikanische Fernsehnorm, die mit 525 Zeilen und 30 Bildern (Frames) pro Sekunde arbeitet. Das europäische PAL und das franz. SECAM arbeiten hingegen mit 625 Zeilen und 25 Vollbildern pro Sekunde.

→ *Siehe PAL; Frame*

NUA

Abk.: Network User Address

NUA ist der Zugangscode für den Datex-P-Dienst der Deutschen Telekom.

→ *Siehe Datex-P*

NuBus

Der NuBus wurde am MIT (Massachusetts Institute of Technology) entwickelt. Er stellt einen leistungsstarken Erweiterungsbus für Apple Macintosh-Computer dar, und bietet eine hohe Bandbreite und mehrere Bus-Controller. Er wurde von Texas Instruments und anderen Unternehmen lizenziert.

→ *Siehe Bus; MIT; Macintosh*

NUI

Abk.: Network User Identity

▲ *Syn.: Benutzerkennung*

Die NUI ist der Name, unter dem der Benutzer im und vom Netzwerk identifiziert werden kann. Der Benutzer meldet sich über einen Benutzernamen und ein Kennwort im Netz an.

→ *Siehe Benutzerkennung; Netzwerk; Account*

Nuken

Nuken steht für das »Abschießen« eines Systemprozesses bzw. des Systems an sich in einem Netzwerk (Internet) durch einen anderen User mittels eines falschen Datenpakets. Im Internet (in IRC-Channels) brechen teilweise regelrechte »Nuke-Wars« aus, bei denen sich verfeindete Gruppen gegenseitig »nuken«.

→ *Siehe Internet; Netiquette; Packet; IRC*

NUL

Ein Zeichencode mit dem Wert Null. NUL wird z.B. zur Bezeichnung der letzten Adresse in einer binären Liste verwendet.

→ *Siehe Binär*

Nullmodem

→ *Siehe Nullmodemkabel*

Nullmodemkabel

Ein Nullmodemkabel stellt die einfachste Möglichkeit zur Verbindung zweier Rechner und zum Aufbau eines Netzwerks dar. Das Kabel verbindet einfach die beiden seriellen Schnittstellen der Rechner. Für den korrekten Anschluss sind kabelintern die Leitungen für Senden und Empfangen vertauscht. Der Nachteil liegt darin, dass die Datentransferrate äußerst gering ist.

➠ *Siehe Datentransferrate; Netzwerk; Schnittstelle, serielle; Modem*

Null-Operation

➠ *Siehe NOP*

Nullunterdrückung

Die Nullunterdrückung ist eine automatische Funktion in vielen Anwenderprogrammen, die dafür sorgt, dass die so genannten »führenden Nullen«, die bei der Speicherung von Zahlen immer der eigentlichen Zahl hinzugefügt werden, um so die ganze Länge des Datenfelds zu belegen, nicht angezeigt werden.

Nullzeiger

Nullzeiger ist in der Programmierung ein Zeiger (Pointer), der auf »nichts« zeigt.

➠ *Siehe Pointer*

Nullzyklus

Nullzyklus ist die kürzeste erforderliche Zeitspanne, um ein Programm ohne neue Daten zu verarbeiten und Anweisungsschleifen zu durchlaufen.

➠ *Siehe Schleife; Programm; Daten*

Number Crunching

Number Crunching (umgsprachlich) kann periodisch, mathematisch komplex oder beides sein und steht für die Verarbeitung großer Mengen numerischer Daten. Dabei ist in der Regel ein höherer Aufwand für die interne Verarbeitung erforderlich als bei Eingabe- oder Ausgabefunktionen. Die Leistungsstärke des Computers zur Ausführung dieser Aufgaben kann durch numerische Coprozessoren beträchtlich erhöht werden.

➠ *Siehe CPU; Coprozessor*

Numeric Control

➠ *Siehe NC-Steuerung*

Numerische Daten

➠ *Siehe Daten, numerische*

Numerischer Coprozessor

➠ *Siehe Coprozessor, arithmetischer*

NURBS

Abk.: Non-Uniform Rational B-Spline

NURBS sind mathematische Kurven, die beliebige Formen von einfachen 2D-Linien und Bögen bis zu organischen 3D-Freiformflächen und Volumenkörpern darstellen können. NURBS-Modelle werden wegen ihrer Genauigkeit im Grafik- und Industriedesign, in der mechanischen Konstruktion, bei Animationsprojekten und bei Computerspielen eingesetzt.

➠ *Siehe Bézier-Kurve*

Nutzkanal

Der Nutzkanal ist derjenige Kanal einer Übertragungsleitung (z.B. Telefon), der für die Übertragung und den Empfang von Daten genutzt werden kann. Beim ISDN-Basisanschluss stehen zwei Nutzkanäle mit je 64 Kbit/s (die B-Kanäle) und ein Steuerkanal mit 16 Kbit/s (der D-Kanal) zur Verfügung.

➠ *Siehe B-Kanal; ISDN*

O

Oberer Speicher
➥ *Siehe UMA*

Oberflächenmontage
Oberflächenmontage ist ein Bestückungsverfahren für Leiterplatten. Bei der Oberflächenmontage werden die Bauteile nicht mehr in vorgebohrte Löcher eingelötet, sondern direkt auf der Leiterplatte befestigt. Die Vorteile liegen in der kompakteren Bauweise, der höheren Vibrationsfestigkeit und der dichteren Leiterbahnen.
➥ *Siehe Platine*

Oberlänge
➥ *Siehe Typografie; Ascender*

Object Database Management Group
➥ *Siehe ODBMG*

Object Management Group
➥ *Siehe OMG*

Object Management Architecture
➥ *Siehe OMA*

Object Request Broker
➥ *Siehe ORB; CORBA*

Object Wrapper
Ein Object Wrapper ist ein Hilfsmittel, das in objektorientierten Anwendungen die Daten, die von einer nicht objektorientierten Anwendung geliefert werden so kapselt, dass sie als Objekte behandelt werden können.
➥ *Siehe Programmierung, objektorientierte; Objekt*

Objekt
1. Unter Windows wird unter einem Objekt eine Dateneinheit verstanden, die in einem Programm erstellt und in ein anderes Programm verschoben bzw. kopiert wird.

2. Bei der Programmierung ist ein Objekt eine Programmcode-Einheit.

3. Im Zusammenhang mit Verzeichnisdiensten in verteilten Netzwerken, wie ADS oder NDS, ist ein Objekt ein Teil oder Teilnehmer des Netzwerkes, z.B. ein Computer, Drucker, Benutzer oder ein Programm. Objekte können Attribute haben, die sie genauer identifizieren. Ein Benutzerobjekt kann z.B. die Attribute »Familienname«, »Vorname« und »E-Mail-Adresse« aufweisen.

➥ *Siehe Programmierung, objektorientierte; OLE; Objektorientiert; ActiveX*

Objekt Linking and Embedding

➠ *Siehe OLE*

Objektbibliothek

Eine Objektbibliothek ist eine Sammlung vorgefertigter Objektmodule für die Programmierung. Ein Objektmodul enthält alle Prozeduren und Routinen, die zur Ausführung einer bestimmten Funktion notwendig sind. Objektmodule werden in den übrigen Programmcode während der Assemblierung oder Kompilierung eingebaut (»gelinkt«).

➠ *Siehe Library; Linker; Compiler; Modul*

Objektcode

➠ *Siehe Maschinensprache*

Objektmodul

Ein Objektmodul ist eine vorgefertigte Dateneinheit, die in einen Programmcode eingefügt werden kann und die Prozeduren und Routinen für eine bestimmte Programmfunktion enthält. Objektmodule an sich sind nicht lauffähig. Erst durch die Integration in den Programmcode eines Programms und dessen Kompilierung bzw. Assemblierung werden sie lauffähig.

➠ *Siehe Objektbibliothek; Compiler; Assemblieren; Routine; Prozedur*

Objektorientiert

Beim normalen Programmiervorgang – dem linearen Programmieren – schreibt der Programmierer Funktionen, die dann Daten bearbeiten. Dadurch werden Programme schnell sehr groß und komplex. Beim objektorientierten Programmieren liegen Datenpakete (Objekte) vor, denen der Programmierer Funktionen zuweist. Dadurch ist Modularität gewährleistet. Die objektorientierte Programmierung ist die heute übliche Form der Programmierung. Der objektorientierte Ansatz findet unter anderem auch in Datenbanken Anwendung.

➠ *Siehe Programmierung, lineare; Programmierung, objektorientierte; Programm; Source-Code; Programmierer*

Objektorientierte Datenbank

➠ *Siehe Datenbank, objektorientierte*

Objektorientierte Grafik

➠ *Siehe Grafik, objektorientierte*

Objektprogramm

➠ *Siehe Maschinenprogramm*

Objektrelationaler Server

➠ *Siehe Server, objektrelationaler*

OC3

Abk.: Optical Carrier 3

▲ *Übers.: Optischer Signal-schaltkreis, Optische Träger*

Beim optischen Signalschaltkreis OC3 (er ist 3-mal schneller als OC1) wird das Signal mit einer Geschwindigkeit von 155,52 Megabit pro Sekunde transportiert.

➡ *Siehe OC-x*

OCR

Abk.: Optical Character Recognition

OCR ist die Bezeichnung für ein Verfahren zur Erkennung von alphanumerischen Zeichen und Sonderzeichen einer Vorlage durch den Computer. Die gedruckte Vorlage wird mit Hilfe eines Scanners als Grafikdatei eingescannt, anschließend von einer OCR-Software analysiert und in eine Textdatei umgewandelt.

➡ *Siehe Scanner; alphanumerisch; Sonderzeichen*

OCR-Schrift

Eine OCR-Schrift ist eine durch DIN genormte Schriftart, die leicht von einer OCR-Software analysiert werden kann. Drei Formen existieren: OCR-A, OCR-B und OCR-H. Die beiden ersteren werden für gedruckte Zeichen (in so genannter Maschinenschrift) verwendet, letztere als Vergleichsmuster zur Erkennung handgeschriebener Blockschrift.

➡ *Siehe OCR; DIN*

OC-x

Abk.: Optical Carrier Levels

Das Synchronous Optical Network (SONET) beinhaltet ein Set von Signalraten, welche auf einem Lichtleiterkabel Signale übertragen. Die Basisrate OC-1 beträgt 51,84 MBits/s, OC-2 ist zweimal so schnell, OC-3 dreimal usw.

➡ *Siehe MBit; Glasfaserkabel; SONET*

ODAPI

Abk.: Open Database Application Programming Interface

ODAPI ist eine Softwareschnittstelle, die für den Datenaustausch zwischen Datenbanken und anderen Applikationen zuständig ist.

➡ *Siehe Schnittstelle; API; Applikation; Datenbank*

ODBC

Abk.: Open Database Connectivity

ODBC ist eine Softwareschnittstelle, die den Datenaustausch zwischen einem Anwendungsprogramm und Datenbanken regeln soll. Die meisten Standarddatenbanken, wie z.B. Access, unterstützen ODBC.

➡ *Siehe API; Access; Datenbank*

ODBMG

http://www.odbmg.org

Abk.: Object Database Management Group

ODBMG ist ein Verband, der Standards und Schnittstellen für objektorientierte Datenbanken definiert.

➠ *Siehe OMG*

Odd Parity

Die Paritätserkennung ist eine einfache Methode zur Erkennung von Fehlern, die bei der Übertragung von Daten über eine serielle Schnittstelle oder bei der Speicherung von Daten im Hauptspeicher eingesetzt werden kann. Dabei wird jedem aus 7 bis 8 Datenbit bestehenden Datenblock ein zusätzliches Prüfbit (Paritätsbit) angehängt. Werden diese Paritätsbits so angeordnet, dass die Summe der Bits in einem Byte immer eine ungerade Zahl ergibt, wird dies Odd Parity genannt.

➠ *Siehe No Parity; Even Parity; Paritätsbit; Paritätskontrolle; Parity*

ODER-Verknüpfung

➠ *Siehe OR-Verknüpfung*

ODI

Abk.: Open Datalink Interface

Eine von Novell entwickelte Spezifikation für Netzwerkkarten. Mittels ODI ist es möglich, dass Netzwerkkarten mit verschiedenen Protokollen wie TCP/IP oder IPX/SPX arbeiten.

➠ *Siehe Novell; Netzwerkkarte; Protokoll; TCP/IP; IPX/SPX*

OEM

Abk.: Original Equipment Manufacturer

Ursprünglich die Bezeichnung für die Originalhersteller von Komponenten oder Computersystemen. Heute ist OEM die Bezeichnung für Markenkomponenten, die eigentlich für die Integration in Computersysteme anderer Distributoren (z.B. Vobis) gedacht sind, oft aber in den freien Handel gelangen. Im Volksmund hat sich für OEM auch die Bezeichnung »Ohne eingetragenes Markenzeichen« durchgesetzt, was darauf zurückzuführen ist, dass auf OEM-Ware meist der Herstellername unkenntlich gemacht bzw. gar nicht erst angebracht wird.

OFC

Abk.: Open Financial Connectivity

OFC ist eine Schnittstelle zwischen elektronischen Bankdiensten und der Finanzsoftware Microsoft Money, die von Microsoft entwickelt und spezifiziert wurde.

➠ *Siehe Finanzsoftware*

Offene Architektur

➠ *Siehe Architektur, offene*

Öffentliche Datenbank

➠ *Siehe Datenbank, öffentliche; Datenbank*

Öffentlicher Schlüssel

➭ *Siehe PKC; Schlüssel; PGP*

Öffentlicher-Schlüssel-Kryptografie

➭ *Siehe PKC*

Office

Die Microsoft Office Suite oder einfach Office ist ein Programmpaket der Firma Microsoft, das alle wichtigen, im Büro benötigten Anwendungsprogramme enthält. Dazu gehören je nach Version das Textverarbeitungsprogramm Word, die Tabellenkalkulation Excel, das Präsentationsprogramm PowerPoint, die Datenbankanwendung Access, das Webdesignprogramm FrontPage und das Organisationsprogramm Outlook. Direkte Konkurrenzprodukte sind das StarOffice der deutschen Firma Star Division, Lotus SmartSuite und PerfectOffice der Firma Corel.

➭ *Siehe Lotus SmartSuite; Microsoft; PerfectOffice*

Office 2003

Der Nachfolger von Office XP wartet mit einigen Neuerungen bezüglich Teamarbeit (➭ Infopath) und noch einfacherem Datenaustausch zwischen den einzelnen Anwendungen auf.

Office-Paket

In einem Office-Paket sind alle für Büroanwendungen erforderlichen Programme enthalten. Dazu gehören Textverarbeitungsprogramm, Tabellenkalkulation, Präsentationsprogramm, Terminplaner und oft auch eine Datenbankanwendung. Zu den bekanntesten Vertretern zählen das Office-Paket der Firma Microsoft, das StarOffice der deutschen Firma Star Division, Lotus SmartSuite und das PerfectOffice der Firma Corel.

➭ *Siehe PerfectOffice; Lotus SmartSuite; Office*

Offline

Besteht zwischen einem Computer und einem Netzwerk keine Verbindung mehr (z.B. durch Trennen der Modem- oder Kabelverbindung), so ist der Computer oder der Benutzer »offline«. Relativ selten wird der Begriff auch für den Austausch von Daten über einen geeigneten Datenträger (z.B. Diskette) anstatt über das Netzwerk verwendet.

➭ *Siehe Netzwerk; Modem*

Offline-Reader

Ein Offline-Reader gestattet den Empfang von Daten (E-Mails, Nachrichten) von einem Online-Dienst oder Provider und das anschließende Lesen dieser Daten, ohne die Verbindung zum Netzwerk bzw. Anbieter halten zu müssen (offline).

➭ *Siehe Online-Dienst; E-Mail; Offline*

Offloading

Offloading ist das Bearbeiten von Teilen der Verarbeitungsdienste von anderen Computern oder Geräten. Dadurch wird die Datenverarbeitungskapazität der abgebenden Rechner erhöht.

Offset

Offset ist eine Zahl, die im relativen Adressierungsmodus die Entfernung eines bestimmten Elements von einem Startpunkt angibt.

➠ *Siehe Adressierung*

Oktal

Oktal ist die Bezeichnung für Oktalzahlen oder das Oktalsystem. Zugrunde liegende Basis ist »8«. Das Oktalsystem arbeitet mit den Ziffern »0« bis »7«.

➠ *Siehe Oktalsystem*

Oktalsystem

Während das Dezimalsystem mit zehn Ziffern von »0« bis »9« und der Basis »10« arbeitet, verwendet das Oktalsystem die Basis »8« mit den Ziffern »0« bis »7«. Computer arbeiten mit dem Dual- oder Binärsystem, bei dem alle Zahlen durch eine Kombination von »0« und »1« dargestellt werden. Das Oktalsystem kann für die Vereinfachung der Zahlenangabe für Speicheradressen verwendet werden, meist wird für diesen Zweck jedoch das Hexadezimalsystem verwendet (Basis »16«).

➠ *Siehe Binär; Dezimalsystem; Hexadezimalsystem*

OLE

Abk.: Object Linking and Embedding

Die von Microsoft entwickelte Softwareschnittstelle OLE erlaubt die Einbindung applikationsfremder, OLE-fähiger Objekte (z.B. Texte, Tabellen, Grafiken) in eine fremde, aber ebenfalls OLE-fähige Applikation, so dass ein Mischdokument entsteht. Das Objekt bleibt dabei mit der Ursprungsapplikation verbunden; insofern baut OLE auf DDE auf. Beim Linking (Verknüpfen) wird die Datei (das Objekt) als Kopie im Zieldokument abgelegt, die Ursprungsdatei bleibt erhalten. Beim Embedding (Einbetten) dagegen wird die Datei (das Objekt) komplett in das Zieldokument eingebunden und es bleibt keine Kopie erhalten. Dieses Verfahren hat den Nachteil, dass der Speicherplatzbedarf des Zieldokuments sehr stark ansteigen kann. In der neuesten Version OLE 2.0 kann der Anwender eingebettete Objekte direkt im Zieldokument bearbeiten (in place editing), wobei die Symbolleisten der Anwendung durch die der Quellanwendung ausgetauscht werden. Außerdem ist die Erstellung eines solchen Mischdokuments durch den Einsatz von Drag&Drop stark vereinfacht worden.

➠ *Siehe DDE; Drag&Drop*

OLTP

Abk.: Online Transaction Processing

OLTP ist ein System, das Transaktionen in einem Datenbanksystem unmittelbar, nachdem die entsprechenden Daten eingetroffen sind, durchführt, und die Stammdatei ebenfalls sofort aktualisiert. Der Einsatz von OLTP ist z.B. in Lagerverwaltungssystemen und Finanzsystemen sinnvoll.

OMA

Abk.: Object Management Architecture

OMA ist eine Definition für objektorientierte Verarbeitung in verteilten Umgebungen. Sie wurde von der OMG (Object Management Group) entwickelt.

➡ *Siehe OMG; Objektorientiert*

OMG

http://www.omg.org

Abk.: Object Management Group

OMG ist ein internationaler Verband, der offene Standards für objektorientierte Anwendungen fördert. Die Object Data Management Group wurde 1989 gegründet.

➡ *Siehe OMA; ODBMG*

Onboard

Onboard ist die Bezeichnung für zusätzliche Hardwarekomponenten, die normalerweise als Erweiterungskarten vorliegen, hier aber auf dem Motherboard integriert sind, z.B. eine Grafikkarte oder eine Soundkarte. Es wird von einer »Grafikkarte onboard« gesprochen.

➡ *Siehe Grafikkarte; Motherboard*

Online

1. Besteht eine Datenverbindung zwischen dem Anwender und einem Anbieter, sei es ein Netzwerk, ein Online-Dienst oder ein Internet-Provider, so ist der Anwender online (in der Leitung). Das Gegenteil ist offline, bei dem keine Verbindung (mehr) zwischen Anwender und Anbieter besteht.

2. Allgemein bezeichnet der Begriff »online« aber auch eine bestehende Verbindung zwischen einem Peripheriegerät (z.B. Drucker) und einem Computersystem, aber auch bestimmte Programme, die im Hintergrund ausgeführt werden können (z.B. ein Online-Komprimierungsprogramm).

➡ *Siehe Peripherie; Komprimierungsprogramm*

Online Transaction Processing

➡ *Siehe OLTP*

Online-Banking

Online-Banking ist die Bezeichnung für die Kontoführung per

Online-Dienst bzw. per Internet. Je nach Anbieter unterscheiden sich die Verfahren zur Sicherung der persönlichen Angaben. Bei T-Online werden alle Daten unverschlüsselt übertragen, lediglich TAN bzw. PIN dienen zur Identifizierung des Anwenders. Bei Online-Banken im Internet werden die Daten verschlüsselt. Bei der Sparda-Bank wird sogar ein Dongle mit dem Me-Chip an die serielle Schnittstelle angeschlossen, der die Daten beim Durchgang in Echtzeit ver- und entschlüsselt.

➠ *Siehe Internet; TAN; Online-Broking; Me-Chip; Online; SET; Verschlüsselung; SSL; PIN*

Online-Broking

Verschiedene Banken bieten die Möglichkeit, per Internet sein eigenes Wertpapierdepot zu verwalten. Dabei ist der Kauf und Verkauf von Wertpapieren und Optionen möglich. Diverse Anbieter ermöglichen Online-Broking, z.B. Bank24, ComDirekt usw.

➠ *Siehe Internet; Online; Online-Banking*

Online-Datenbank

Eine Online-Datenbank ist eine Datenbank, die per Datenfernübertragung (DFÜ) von mehreren Anwendern gleichzeitig nutzbar ist.

➠ *Siehe DFÜ; Online; Datenbank*

Online-Dienst

Ein Online-Dienst ist ein kommerzieller Anbieter von Informationen und Daten, der für seine zahlenden Mitglieder per Modem, ISDN oder DSL erreichbar ist. Zu den bekannten Online-Diensten zählen AOL, CompuServe, T-Online. Bei den Online-Diensten wird zwischen denjenigen unterschieden, die in ihrem eigenen Netzwerk Inhalte anbieten und denjenigen, die lediglich einen Internet-Zugang bereitstellen (die so genannten Provider oder Internet-Provider). Alle oben genannten Online-Dienste bieten neben einem Internet-Zugang auch eigene Inhalte an. Zu den Angeboten der Dienste gehören E-Mail-Versand mit eigener E-Mail-Adresse (z.B. maier@compuserve.com), diverse Diskussionsforen mit Inhalten zu allen möglichen Themen und kommerzielle Angebote, wie Wirtschaftsdienste, Datenbanken usw.

➠ *Siehe CompuServe; E-Mail; AOL; MSN; ISDN; ISP*

Online-Hilfe

➠ *Siehe Hilfefunktion*

Online-Komprimierungsprogramm

Ein Online-Komprimierungsprogramm komprimiert und dekomprimiert alle auf der Festplatte gespeicherten Daten während des Zugriffs automatisch und für den Anwender unbemerkbar (im Hintergrund). Ein Beispiel wäre das Programm DoubleSpace, welches Bestandteil des Betriebssystems MS-DOS ab Version 6.0 ist. DoubleSpace reduziert mit Hilfe der Datenkompression den benötigten Speicherplatzbedarf aller Daten. Der Nachteil ist, dass bereits ein einziger Fehler in der Datenstruktur ausreichen kann, um alle Daten zu zerstören. Außerdem sinkt die Zugriffsgeschwindigkeit auf die Daten leicht.

➥ *Siehe Harddisk; Kompression*

Online-Shopping

➥ *Siehe Homeshopping*

OOP

Abk.: Object Oriented Programming

▲ *Übers.: objektorientierte Programmierung*

Bei der objektorientierten Programmierung handelt es sich um einen modernen und inzwischen weit verbreiteten Programmieransatz. Dabei stehen als Organisationsstruktur Objekte im Vordergrund. Diese zeichnen sich durch Eigenschaften und Methoden aus. Methoden sind die Fähigkeiten eines Objekts. Dieses Prinzip, dass ein Objekt sowohl die Daten als auch die zur Bearbeitung dieser Daten notwendigen Prozeduren beinhaltet, wird Kapselung genannt. Der Objektansatz kommt der natürlichen Art des Denkens näher als frühere Programmieransätze und ermöglicht es, Programmcodes leichter zu pflegen. Ein wesentliches Ziel der objektorientierten Programmierung ist die Wiederverwendung von Programmcodes und dadurch Kosteneinsparungen bei der Entwicklung. Eine Standard-Programmiersprache für die objektorientierte Programmierung ist C++.

➥ *Siehe Objektorientiert; C++*

OPAC

Online-Publikumskataloge von Universitätsbibliotheken.

Opcode

➥ *Siehe Maschinensprache*

Open Database Application Programming Interface

➥ *Siehe ODAPI*

Open Database Connectivity

➥ *Siehe ODBC*

Open Datalink Interface

➥ *Siehe ODI*

Open Financial Connectivity

➥ *Siehe OFC*

Open Linux

http://www.caldera.com

Open Linux ist eine von der Firma Caldera entwickelte und vertriebene Linux-Distribution. Besonders unter Firmen findet diese Distribution Verbreitung, da Caldera Wert darauf legt, dass Programme enthalten sind, die besonders für Firmen von Bedeutung sind. Die Installation von Linux ist durch das eigene Tool LISA besonders einfach.

⇒ *Siehe Linux-Distributionen; Linux*

OpenOffice

Open-Source-Pendant zu Microsofts Office-Paket. Kann kostenlos für zahlreiche Plattformen bezogen werden und enthält typische Office-Anwendungen zur Textverarbeitung (Writer), Tabellenkalkulation (Calc), Präsentationserstellung (Impress) und Grafikbearbeitung (Draw).

Open Profiling Standard

⇒ *Siehe OPS*

Open Shop

Open Shop ist eine Computereinrichtung, die für Benutzer zur Verfügung steht und nicht auf Programmierer oder anderes Personal beschränkt ist. In einer derartigen Einrichtung können Benutzer eigenverantwortlich an der Lösung von Computerproblemen arbeiten und müssen diese nicht einem Spezialisten überlassen.

Open Shortest Path First

⇒ *Siehe OSPF*

Open Software Foundation

⇒ *Siehe OSF*

Open Source

http://www.opensource.org

Open Source ist eine von der Open Source Initiative (OSI) eingeführte Zertifikation, die besagt, dass die so gekennzeichnete Software frei zugänglich ist, verändert werden darf und weitergegeben werden kann. Im Wesentlichen besteht die OSI Open Source Definition aus 2 Punkten:

▶ Die Software unter dieser Zertifikation muss ohne Einschränkungen veröffentlicht werden.

▶ Der Quellcode muss zugänglich gemacht werden, so dass jeder ihn lesen und verändern kann. Als eines der erfolgreichsten Open Source Projekte ist Linux zu nennen, aber auch der am meisten eingesetzte Webserver Apache entstand unter dieser Initiative.

⇒ *Siehe Apache; Linux*

Open Systems Interconnection

⇒ *Siehe OSI*

Open Virtual Memory System

⇒ *Siehe OpenVMS*

OpenDoc

OpenDoc ist mit OLE vergleichbar und erlaubt es, Sounds, Videos, Grafiken, andere Dokumente und andere Dateien in ein Dokument einzubetten oder diese mit ihm zu verknüpfen. Unterstützt wird OpenDoc von einer Allianz, in der unter anderen auch Apple, IBM, OMG (Object Management Group) und das X Konsortium vertreten sind. Es stellt ein objektorientiertes API (Application Programming Interface) dar, das es mehreren, auf verschiedenen Plattformen laufenden, voneinander unabhängigen Programmen ermöglicht, ein und dasselbe Dokument (das zusammengesetzte Dokument) gemeinsam und gleichzeitig zu bearbeiten.

➠ *Siehe Plattform; OLE; API*

OpenGL

Abk.: Open Graphics Language

Die OpenGL ist eine von SGI (Silicon Graphics) entwickelte High-end-3D-API. Sie ist Bestandteil von Windows NT. Es gibt inzwischen aber auch eine Windows-9x-Version. Spezielle 3D-Grafikprozessoren beschleunigen die OpenGL-Darstellung. OpenGL wird hauptsächlich für CAD-, Simulations- und Raytracing-Applikationen verwendet.

➠ *Siehe 3D-Grafikprozessor; 3D-API; 3D-Grafikkarte; API; VRML; Raytracing; CAD*

OpenVMS

Abk.: Open Virtual Memory System

OpenVMS ist ein 64 Bit-Multitasking- und Multiprocessing-Betriebssystem der Firma DEC für VAX und Alpha-Systeme. Es basiert auf VMS.

➠ *Siehe Multiprocessing; Alpha-Chip; VAX; Multitasking; Betriebssystem*

Operand

Mit dem Begriff Operand werden alle Daten bezeichnet, die durch Operationen verknüpft werden sollen.

➠ *Siehe Operator; Operation*

Operating System

➠ *Siehe Betriebssystem*

Operation

Eine Operation ist eigentlich die Ausführung eines Befehls.

➠ *Siehe Instruction; Operator; Operation, arithmetische; Operation, asynchrone; Operation, globale; Operation, komplementäre; Operation, logische; Operation, parallele; Operation, synchrone; Operation, unteilbare; Operation, verschachtelte*

Operation Code

➠ *Siehe Maschinensprache*

Operation, arithmetische

Eine arithmetische Operation bezieht sich auf eine der Grundrechenarten (Addition, Subtraktion, Multiplikation oder Division).

→ Siehe Operation

Operation, asynchrone

Eine asynchrone Operation wird außerhalb des Taktes eines externen Taktgebers durchgeführt.

→ Siehe Operation; Operation, synchrone

Operation, globale

Eine globale Operation bezieht sich auf die Gesamtheit der Daten. Das Suchen nach einem Wort in einem Dokument ist z.B. eine globale Operation, die sich auf das gesamte Dokument bezieht.

→ Siehe Operation

Operation, komplementäre

Eine komplementäre Operation liefert in der Booleschen Logik das entgegengesetzte Ergebnis des Operators zurück (wenn X = »WAHR« ist, so ist not X das Komplement von X und liefert »FALSCH«).

→ Siehe Operation

Operation, logische

Eine logische Operation ist ein Ausdruck, der logische Werte und Operatoren verwendet.

→ Siehe Operation

Operation, parallele

Ein gleichzeitiges Arbeiten von zwei oder mehr Anwendungen auf einem Prozessor wird parallele Operation genannt. Die Anwendungen greifen dabei nicht wirklich gleichzeitig auf den Prozessor zu, die Zeiten zwischen dem Wechsel sind aber so kurz, dass von paralleler Arbeitsweise gesprochen werden kann (Multitasking).

→ Siehe Multitasking

Operation, synchrone

Eine synchrone Operation wird vom Zeittakt eines Taktgebers gesteuert. Die Taktimpulse werden entweder über eine separate Datenleitung bereitgestellt oder im Datenstrom mit übertragen.

Operation, unteilbare

Eine unteilbare Operation kann entweder gar nicht unterbrochen werden oder sie verfügt über Mechanismen, die das System bei Unterbrechung der Operation wieder in einen definierten Ausgangszustand versetzen.

Operation, verschachtelte

Eine verschachtelte Operation befindet sich innerhalb einer anderen Operation. In der Programmierung werden verschachtelte Operationen verwendet, um verschiedene Bedingungen zu überprüfen, und innerhalb dieser wieder eine Überprüfung vorzunehmen. Eine verschachtelte Operation kann abgebrochen werden, ohne dass die ihr übergeordnete Operation abgebrochen wird.

➡ *Siehe Operation*

Operator

1. Operator ist die Bezeichnung für eine Rechenvorschrift, die auf mehrere Operanten (Zahlen, Funktionen) angewandt wird und als Ergebnis der Operation ein gleichgeartetes Ergebnis ausgibt. Es gibt arithmetische Operatoren (z.B. »+« für Addition, »-« für Subtraktion), logische Operatoren bzw. Verknüpfungen, die durch die Symbole AND, NOT, NOR, XOR usw. repräsentiert werden und Vergleichsoperatoren, die durch die Zeichen »>« (größer als), »<« (kleiner als), ungleich usw. bezeichnet werden.

2. Operator ist auch die Kurzform für Systemoperator (Sysop).

➡ *Siehe Sysop; Logische Verknüpfung; Boolesche Operatoren*

OPL

OPL ist die Bezeichnung für einen Soundchip der Firma Yamaha. Der OPL2-Chip wurde bereits in den 1980er Jahren für die Klangerzeugung nach dem AdLib-Standard eingesetzt. Sein Nachfolger, der OPL3, unterstützt im Gegensatz zum OPL2 Stereoklang und erzeugt Klänge nach dem FM-Syntheseverfahren. Er wurde und wird hauptsächlich auf Soundblaster-kompatiblen Soundkarten eingesetzt. Der neue OPL4 unterstützt zudem die Wavetable-Synthese, bei der der Chip nicht mehr selbst die Klänge erzeugt, sondern auf digitalisierte, auf einem ROM gespeicherte Instrumente zurückgreift.

➡ *Siehe Soundkarte; AdLib; Wavetable; ROM; Soundblaster; FM-Synthese*

OPS

Abk.: Open Profiling Standard

OPS ist eine Spezifikation, die es dem Benutzer erlaubt, im Internet seine Identifikation ganz oder auszugsweise an bestimmte Webserver zu senden. Die Informationen sind auf dem Rechner des Benutzers gespeichert und unterliegen somit seiner Kontrolle.

➡ *Siehe Internet; Server*

Opteron

Opteron ist ein 64 Bit-Prozessor der Firma AMD, der abwärtskompatibel zur x86-Architektur (32 Bit) ist. Der Opteron ist für den Server-Einsatz ausgelegt. Zu seinen Eigenschaften zählen:

▶ 64 Bit breite Daten- und Adresspfade, die einen virtuellen 48 Bit-Adressraum bzw. einen physischen 40 Bit-Adressraum ermöglichen

▶ ECC (Error Correcting Code) des L1- und L2 Cache und DRAM mit Hardware Scrubbing aller ECC-gesicherten Module

- 0,13 Mikrometer SOI-Prozesstechnologie für niedrige Temperaturlevel und verbesserte Frequenzskalierung
- Kompatibel zur SSE2-Technologie
- Im Vergleich zum K7 (Duron, Athlon) besitzt Opterom zwei zusätzliche Pipelinestufen zur Performance-Steigerung und Frequenzskalierung
- Parallele Verarbeitung mehrerer Befehle pro Taktzyklus dank TLBs (Translation Lookaside Buffers), Flush-Filter und verbesserten Sprungvorhersage-Algorithmen
- HyperTransport-Technologie
- Integrierter DDR-DRAM-Speichercontroller

➡ *Siehe Athlon; Duron; 64 Bit-Computer; SSE (2); ECC; HyperTransport; Sockel 940*

Optical Carrier 3
➡ *Siehe OC3*

Optical Carrier Levels
➡ *Siehe OC-x; OC3*

Optical Disk
➡ *Siehe MOD; CD-ROM*

Optical Read Only Memory
Abk.: OROM

➡ *Siehe CD-ROM*

Optoelektronik

Optoelektronik ist die Bezeichnung für den kombinierten Einsatz von elektronischen und optischen Komponenten. Optoelektronische Bauelemente werden z. B. bei der Datenfernübertragung über ein Glasfaserkabel (Lichtwellenleiter) verwendet, um optische Signale in elektronische und umgekehrt zu verwandeln. Leuchtdioden sind z. B. optoelektronische Bauelemente.

➡ *Siehe Glasfaserkabel; LED*

Oracle
http://www.oracle.de

Oracle ist ein 1977 von Larry Ellison und Bob Miner in Kalifornien gegründetes Softwareunternehmen. Die Kernkompetenz des Unternehmens liegt in der Entwicklung von Software zur Vereinfachung und Verbesserung von Geschäftsprozessen. Bekannteste Softwarelösung ist die relationale Datenbank Oracle. Oracle ist heute der führende Anbieter von universellen Informations-Management-Lösungen und das zweitgrößte Softwarehaus der Welt (nach Microsoft).

➡ *Siehe Datenbank, relationale; Datenbank; Microsoft*

Orange Book

Orange Book ist der Standard für die beschreibbare CD-ROM (CD-R, CD-recordable).

➠ *Siehe CD-Writer; CD-R*

ORB

Abk.: Object Request Broker

ORB ist eine Schnittstelle in Client-Server-Anwendungen, die die Objektanforderung der Clients an den Server, der das Objekt enthält, weiterleitet und anschließend die Ergebniswerte an den Client zurückgibt.

➠ *Siehe Client-Server-Prinzip; Objekt; Schnittstelle*

Organization Unit

Abk.: OU

▲ *Übers.: Organisationseinheit*

➠ *Siehe OU*

Organizer

1. Organizer ist die Bezeichnung für Software, die den Anwender bei der Planung von Terminen, ähnlich einem Filofax, unterstützt. Komplexere Pendants in Netzwerken erlauben den Vergleich und Abgleich von Terminen ganzer Arbeitsgruppen einer Firma.

2. Organizer ist auch die Bezeichnung für einen Handheld-Computer, der ausschließlich die Funktion eines Filofax übernimmt. Die Organizer-Funktion ist aber oft auch in PDAs oder HPCs, wie dem Palm oder dem Psion Serie 5, enthalten.

➠ *Siehe PDA*

Origin

Mit Origin ist eine Art persönliche Unterschrift des Absenders unter einer E-Mail gemeint. Neben der Adresse und dem richtigen oder erfundenen Namen des Absenders steht dort meist eine mehr oder weniger witzige Nachricht.

➠ *Siehe Emoticon; E-Mail*

Original Equipment Manufacturer

➠ *Siehe OEM*

OROM

➠ *Siehe CD-ROM*

OR-Verknüpfung

Abk.: Disjunktion

Die OR-Verknüpfung ist eine Operation der Booleschen Algebra. Die Operation gibt dann den Wert »1« (WAHR) aus, wenn einer oder beide Operanden den Wert »1« (WAHR) liefern. Geben beide den Wert »0« aus (FALSCH), liefert die Operation das Ergebnis »0« (FALSCH).

➠ *Siehe Boolesche Operatoren*

OS

➠ *Siehe Betriebssystem*

OS/2

Abk.: Operating System 2

OS/2 ist ein von IBM entwickeltes 32 Bit-Betriebssystem, das inzwischen in der Version 4.0 vorliegt (OS/2-Warp 4 oder Merlin). OS/2 verfügt über eine grafische Benutzeroberfläche und unterstützt Multitasking. 1988 noch in Kooperation mit Microsoft entwickelt und zusammen mit dem IBM-PS/2 auf den Markt gebracht, stellt OS/2 nach dem Ausstieg von Microsoft heute das einzige Konkurrenzprodukt zu Windows 9x/NT dar. Ab Version 3.0 wurde der Name mit dem Zusatz »Warp« versehen.

➠ *Siehe IBM; Windows NT; IBM-PS/2; Multitasking; Betriebssystem; HPFS*

OS/2-LAN-Server

OS/2-LAN-Server ist das Netzwerkbetriebssystem des Betriebssystems OS/2 von IBM und direktes Konkurrenzprodukt von Microsoft LAN-Manager/Windows NT, Novell IntranetWare und Banyan Vines. OS/2-LAN-Server unterstützt eine Vielzahl von Clients. So kann von PCs unter DOS, Windows 3.x, Windows 9x/NT, Apple Macintosh und natürlich von OS/2-basierten Systemen (OS/2 Warp Connect) aus auf das Netzwerk zugegriffen werden.

➠ *Siehe Vines; LAN Manager; NOS; OS/2; NetWare*

OSF

Abk.: Open Software Foundation

▲ *Übers.: Stiftung für offene Software*

OSF ist ein 1988 gegründetes Konsortium von Unternehmen, welches Standards und Spezifikationen von Programmen für das Betriebssystem Unix fördert und an seine Mitglieder als Quellcode lizenziert. Zu den OSF-Produkten gehören unter anderem DCE (Distributed Computing Environment), die grafische Benutzeroberfläche Motif und das Unix-Derivat OSF/1. Zur OSF gehören unter anderem Hewlett Packard, DEC und IBM.

➠ *Siehe Unix; Motif; Source-Code*

OSI

Abk.: Open Systems Interconnection, Open Source Initiative

1. Die OSI (Open Systems Interconnection) ist eine 1977 gegründete Arbeitsgruppe der ISO, die sich mit der Schaffung allgemeiner Standards für offene Systeme befasst.

2. Die Open Source Initiative (OSI) ist eine Vereinigung, die sich zum Ziel gesetzt hat, die unter Ihrem Dach entwickelte Software frei zugänglich zu machen. Jeder kann an der Software mitentwickeln. Die Software darf frei weitergegeben werden. Unter der OSI sind unter anderem der Apache Server und Linux entstanden.

➠ *Siehe OSI-Schichtenmodell; Apache; Linux; ISO*

OSI-Schichtenmodell

Abk.: OSI-Referenzmodell

▲ *Syn.: ISO-Referenzmodell*

Das OSI-Schichtenmodell legt die Behandlung und Verwaltung der Datenübertragung in einem Netzwerk fest. Das Netzwerk wird dabei in unterschiedliche Ebenen, die so genannten Schichten oder Layer, gegliedert. Es gibt insgesamt sieben Schichten, drei anwendungsorientierte, zwei transportorientierte und zwei hardwareorientierte.

▶ Die **anwendungsorientierten Schichten** sorgen für den Auf- und Abbau einer Sitzung, die Datenübertragung und für die Präsentation der Daten für den Benutzer. Es gibt die Applikationsschicht (Application Layer) als 7. oder oberste Schicht, die Präsentationsschicht (Presentation Layer) als 6. Schicht und die Sitzungsschicht (Session Layer) als 5. Schicht.

▶ Bei den **transportorientierten Schichten** wird zwischen der Transportschicht (Transportation Layer) und der Netzwerkschicht (Network Layer) als 4. und 3. Schicht unterschieden. Sie regeln den Transport und die Verteilung der Daten (Routing, Switching).

▶ Die **hardwareorientierten Schichten** sind für die physische Weiterleitung der Daten, die Datensicherung und Datensynchronisation im Netzwerk zuständig. Es gibt die Verbindungsschicht (Data Link Layer) und die physikalische Schicht (Physical Layer) als 2. und 1. Schicht des OSI-Schichtenmodells.

Die wichtigsten Grundprinzipien, nach denen das OSI-Schichtenmodell funktioniert, sind, dass die oberen Schichten nur auf Dienste der unteren Schichten zugreifen können, und dass jede Schicht eines Computers immer mit der entsprechenden Schicht eines zweiten Computers kommuniziert. Gleiche Schichten kommunizieren über ein so genanntes Protokoll miteinander, eine Art Regelwerk, das angibt, wie Daten zu versenden sind. Ein Beispiel für ein solches Protokoll wäre das IEEE-802-Modell des IEEE. Daten werden zwischen den Schichten in so genannte Datenpakete aufgeteilt, kleine Einheiten, die beim Empfänger wieder zusammengefügt werden. Die eigentliche, physische Datenübertragung erfolgt aber immer über die unterste, die physikalische Schicht. Die beiden untersten Schichten werden über Netzwerktechnologien wie Ethernet, Token-Ring, ARCNet usw. realisiert, die nächsthöheren Schichten 3 und 4 kommunizieren über die Protokolle IPX/SPX, NetBEUI oder TCP/IP miteinander.

Die Schichten 5, 6 und 7 sind eng an betriebssysteminterne Komponenten gebunden. Diese Aufteilung von den unteren, offenen Schichten bis zu den oberen, geschlossenen Schichten erlaubt eine weitgehend offene Systemarchitektur und so den Einsatz heterogener Netzwerke.

➡ *Siehe Header; Netzwerk, heterogenes; TCP/IP; System, offenes; IPX/SPX; Trailer; ARCnet; OSI; IEEE-802-Modell; ISO; NetBEUI; Ethernet; Token-Ring*

ISO/OSI-Schichtenmodell		
Schicht	ISO/OSI-Schicht	Funktion
7.	Application Layer (Anwendungsschicht)	Datenübertragung von Programm zu Programm
6.	Presentation Layer (Darstellungsschicht)	Textformatierung und -anzeige, Codeumwandlung
5.	Session Layer (Kommunikationssteuerungsschicht)	Aufnahme, Durchführung und Koordinierung der Kommunikation
4.	Transport Layer (Transportschicht)	korrekte Bereitstellung, Qualitätssicherung
3.	Network Layer (Netzwerkschicht)	Transportwegsteuerung, Nachrichtenverarbeitung und -übertragung
2.	Data Link Layer (Sicherungsschicht)	Codierung, Adressierung und Datenübertragung
1.	Physical Layer (physikalische Schicht)	Hardwareverbindung

Tabelle O.1: Das OSI-Schichtenmodell

OSPF

Abk.: Open Shortest Path First

OSPF ist ein Routing-Protokoll für IP-Netzwerke, wie z.B. das Internet. Es erlaubt einem Router, den kürzesten Weg zum Empfänger einer Nachricht zu berechnen. Ein Router überträgt dabei Informationen über die Knoten, mit denen er verbunden ist, an andere Router im Netzwerk. Diese Informationen werden in jedem einzelnen Router in einer Tabelle, mit deren Hilfe er die Berechnungen durchführt, entsprechend aktualisiert und gespeichert.

➡ *Siehe Netzwerk; Routing; Protokoll; IP*

OU

Abk.: Organization Unit

▲ *Übers.: Organisationseinheit*

Eine OU ist ein Containerobjekt in Active Directory, mit der eine Active-Directory-Domäne weiter unterteilt werden kann. Auf diese Weise ist es möglich z.B. bestimmte Objekttypen zu gruppieren oder eine Untergliederung nach der firmeninternen Organisationsstruktur vorzunehmen.

➭ *Siehe Tree; Forest; ADS; Domain*

Outer Join

Outer Join ist ein Operator aus der relationalen Algebra, der eine erweiterte Verbindungsoperation durchführt, wobei die Zeilen einer Tabelle, die keine Entsprechungen in der zweiten Tabelle aufweisen, in der Ergebnistabelle mit Nullwerten verknüpft werden.

➭ *Siehe Inner Join; Operation; Tabelle*

Outline

1. Als Outline wird generell der Umriss einer grafischen Darstellung bezeichnet (z.B. Outline-Schriften, werden nur als Umrisse gespeichert, in Vektorgrafik-Programmen gibt es oft einen Outline-Modus, bei dem nur die Umrisse der einzelnen Grafikelemente angezeigt werden).

2. Bei Texten und auch bei Programmen wird die Gliederung als Outline bezeichnet.

➭ *Siehe Schriften; Vektorgrafik; Programm; Textverarbeitung*

Output

Mit Output ist die Ausgabe von Daten aus einem Computersystem gemeint.

➭ *Siehe Input; I/O*

Output Device

Output Devices sind z.B. der Drucker und andere Peripheriegeräte.

➭ *Siehe Input Device; I/O*

Output Port

➭ *Siehe I/O-Adresse*

Outsourcing

Outsourcing ist das Übertragen von bestimmten Aufträgen an unabhängige Unternehmer. Programmieraufträge werden beispielsweise häufig als Outsourcing-Aufträge ausgeführt.

Overflow

Overflow ist ein in der Computertechnik sehr häufig verwendeter Begriff. Es kommt zu einem Überlauf (Overflow), wenn beispielsweise ein vorgegebener Speicherbereich überschritten oder der zulässige Zahlenraum bei Fließkommaberechnungen nicht eingehalten wird. Ganz allgemein gesprochen ist damit die Überschreitung einer definierten Grenze gemeint. Programme neigen zum Absturz, wenn es zu einem Überlauf kommt. Im Idealfall ist eine entsprechende Fehlerbehandlung vorgesehen.

➠ *Siehe Crash; Floating Point Representation; Fehlerbehandlung*

Overhead

Overhead sind Prozesse, die im Zusammenhang mit anderen Operationen durchgeführt werden, aber nicht Bestandteil dieser Operationen sind. Ein Overhead erfordert oft längere Rechenzeiten oder mehr Ressourcen, lässt sich jedoch im Allgemeinen nicht vermeiden.

➠ *Siehe Prozess; Operation; Resources*

Overlay

Overlay ist die Bezeichnung für eine Speicherverwaltungstechnik, die vor allem von den DLLs (Dynamic Link Libraries) genutzt wird. Anstatt für jedes Programm einen neuen Speicherbereich zu definieren, greifen gerade aktive Programme auf den Speicherbereich eines inaktiven Programms zurück.

➠ *Siehe DLL; Speicherverwaltung*

Overlay-Karte

Eine Overlay-Karte überlagert das VGA-Videobild der Grafikkarte mit einem eigenen Signal, das meist von einer externen Videoquelle (Fernseher, Videorekorder, Videokamera) kommt. So ist es möglich, auf dem Computermonitor in einem Fenster z.B. fernzusehen. Viele Videoschnittkarten verfügen über eine Overlay-Funktion.

➠ *Siehe VGA; Videobearbeitung; Grafikkarte*

Overlay-Planes

Overlay-Planes sind zusätzliche Speicherbereiche auf High-End-Grafikkarten, in denen bestimmte Grafikelemente, wie Schaltflächen, Fadenkreuze und Cursor, verwaltet werden. Bei Low-Cost-Karten gibt es eine ähnliche Funktionseinheit – den Hardware Cursor. Der Unterschied liegt darin, dass High-End-Karten die Grafikelemente frei skalieren können.

➠ *Siehe Grafikkarte*

Overscan

Overscan ist bei Bildschirmen der Teil des Signals, der an den Bereich außerhalb des sichtbaren Bildschirmfensters gesendet wird. Dieser Bereich ist in der Regel schwarz eingefärbt und bildet einen Rahmen um das eigentliche Bild.

P

P2P

Abk.: Peer-to-Peer, Point-to-Point

P2P bezeichnet ein Netzwerk, in dem jeder Rechner gleiche Rechte und Fähigkeiten hat. Jeder Rechner kann die Funktion des Servers oder des Clients übernehmen. P2P wird vor allem für Netzwerke ohne dedizierte Server verwendet. Gegenüber einer Client/Server-Architektur bietet P2P geringere Leistung und weitaus weniger komplex. P2P-Netzwerke sind die Grundlage von Internet-Tauschbörsen wie Napster, Kaazaa etc.

➟ *Siehe eDonkey; Napster; Kaazaa; Client-Server-Prinzip; Server; Netzwerk; Client; P2P*

P3P

Abk.: Platform for Privacy Preferences

P3P ist eine Spezifikation zur automatischen Erkennung von Datenschutzeinstellungen auf einer Website. Webseiten, deren Code P3P-Informationen enthält, teilen dem Browser automatisch ihre Datenschutzrichtlinien mit. Anhand der Benutzereinstellungen stellt der Browser anschließend selbstständig bestimmte Informationen, z.B. die Lieferadresse bei einer Bestellung, bereit.

➟ *Siehe Datenschutz*

P5

➟ *Siehe Pentium*

P6

P6 ist der Codename für den Pentium Pro. P6 steht inzwischen für alle Intelprozessoren, die auf dieser Technologie (insbesondere dem Bussystem) basieren. Das sind der Pentium Pro, Pentium II, Pentium III, Celeron und die Xeon-Reihe.

➟ *Siehe Pentium; Pentium Pro; Pentium III; Pentium II; Celeron; Xeon*

Paarigkeitsvergleich

Als Paarigkeitsvergleich wird sowohl das Testen von zwei Datenelementen auf Gleichheit, als auch das Suchen nach einem Element, das mit dem Suchschlüssel identisch ist, verstanden.

Pac Man

Pac Man ist eines der bekanntesten Videospiele überhaupt. Der Spieler versucht bei diesem Spiel, kleinen Geistern in einem Labyrinth zu entkommen, und gleichzeitig Punktsymbole einzusammeln.

Packen

Mit »Packen« wird die Komprimierung von Daten (in ein Archiv) bezeichnet.

➡ *Siehe Archiv; Komprimierungsprogramm; Kompression*

Packer

Ein Packer ist eine Software zur Datenkompression. Ein bekannter Packer ist PKZIP oder sein Windows-Pendant WinZIP.

➡ *Siehe Komprimierungsprogramm*

Packet

Ein Datenpaket (Packet) ist eine Einheit von Daten, die bei der Datenübertragung in einem Netzwerk oder bei der Datenfernübertragung von einer Quelle zum Empfänger übertragen wird. Die Gesamtheit der zu übertragenen Daten wird dabei in kleine Pakete unterteilt, die aus einem so genannten Header (dem Kopf) mit Adresse des Versenders und Empfängers, der Dateneinheit und der Prüfsumme, die zur Kontrolle der Datenintegrität dient, besteht.

➡ *Siehe DFÜ; Header; Netzwerk; Datenintegrität; Adresse; Prüfsumme; Parity; CRC*

Packet Filtering

Beim Packet Filtering wird jedes einzelne Netzpaket daraufhin überprüft, ob es bestimmten, vom Administrator festgelegten Regeln genügt. Erst dann wird es von der Firewall weitergeleitet. Dabei können Pakete auf IP-Nummern überprüft werden.

➡ *Siehe IP-Adresse; Packet Filtering Firewall; Firewall*

Packet Filtering Firewall

Bei einer Packet Filtering Firewall entscheiden Regeln auf IP-Ebene, ob Daten durchgelassen werden. Dabei wird nicht auf den Inhalt der Netzpakete geachtet. Kontrolliert werden die IP-Adressen der Rechner, die Daten untereinander austauschen.

➡ *Siehe IP-Adresse; Packet; Firewall; Packet Filtering*

Packet Internet Groper

➡ *Siehe Ping*

Packet Sniffer

Ein Packet Sniffer ist ein Programm oder Gerät, das die über ein Netzwerk versendeten Datenpakete untersucht. Packet Sniffer wurden ursprünglich entwickelt, um den Netzwerkverkehr auf Engpässe in der Datenübertragung zu überwachen. Inzwischen nutzen aber auch Personen wie Cracker die Funktionalität von Packet Sniffern, um unverschlüsselt über das Netzwerk gesendete Passwörter und andere vertrauliche Daten auszuspähen.

➡ *Siehe Packet; Cracker; Netzwerk*

Packet Writing

➡ *Siehe CD-R-FS*

Paddle

Ein Paddle ist ein dem Joystick ähnliches Eingabegerät, das meist für Actionspiele oder Jump-and-Run-Spiele auf Spielekonsolen verwendet wird. Das Spiel wird in diesem Fall über bewegliche Knöpfe gesteuert.

➯ *Siehe Joystick*

Page

Der Begriff Page wird im Allgemeinen für alle Arten von Seiten (Bildschirmseiten, Druckerseiten, Dokumentseiten usw.) verwendet. Im speziellen bezeichnet Page einen Speicherbereich im Hauptspeicher.

➯ *Siehe Hauptspeicher*

Page Fault

Page Fault ist ein Interrupt, der ausgelöst wird, wenn ein Lese- oder Schreibzugriff an eine Speicherstelle, die als »nicht vorhanden« markiert ist, gesendet wird.

➯ *Siehe Interrupt; Adresse; Page*

Page Mode RAM

Ein Page Mode RAM ist ein speziell konzipiertes dynamisches RAM, das vor allem beim Video-RAM Vorteile bringt, da hier die Bildinformationen in aufsteigender Folge abgelegt sind. Das wird dadurch erreicht, dass der Zugriff auf aufeinander folgende Speicherzellen mit einer verringerten Zykluszeit unterstützt wird. Außerdem kann der Einsatz von Page Mode RAM sich auch positiv auf die Ausführungsgeschwindigkeit von anderen Codes auswirken, da ein relativ großer Anteil der Programmcodes aus aufeinander folgenden Speicherstellen gelesen wird.

➯ *Siehe VRAM; RAM*

Page per minute

➯ *Siehe Ppm*

Paged Address

Eine Paged Address ist eine Adresse im Speicher einer seitenadressierten Speicherarchitektur. Die Paged Address entsteht aus einer Kombination von Segmentübersetzung und Seitenübersetzung.

➯ *Siehe Page; Adresse; Segment*

Paged Memory Management Unit

➯ *Siehe PMMU*

Pagefile

Pagefile ist die Bezeichnung für die Windows-Auslagerungsdatei.

Page-Flipping

Page-Flipping wird das Umschalten zwischen dem nicht sichtbaren Teil des Bildspeichers einer Grafikkarte (Back Buffer) und dem sichtbaren Teil (Front Buffer) genannt.

➯ *Siehe Grafikkarte; Grafikspeicher*

Page-Frame

Der Begriff Page-Frame wird in Bezug auf die Speicherverwaltung bei EMS verwendet.

➠ *Siehe EMS; Paging*

Paging

Unter Paging wird ein Speicherverwaltungsverfahren verstanden, das den gesamten Adressraum bzw. den logischen Adressraum eines Prozesses in Bereiche unterteilt. Im logischen Adressraum heißen diese Bereiche Pages (Seiten), im physikalischen Adressraum Frames (Kacheln). Mittels einer Seitennummer und einem Offset kann jede Speicheradresse angesprochen werden. Mittels einer Tabelle werden die Frames den Pages zugeordnet. Die Intel-Prozessoren der Reihe 80x86 verwenden dieses Verfahren, seine praktische Realisierung ist jedoch komplizierter als hier beschrieben. Beinahe alle modernen Betriebssysteme verwenden das Paging-Verfahren bei der Adressierung von virtuellem Speicher.

➠ *Siehe MMU; Adressraum; Speicher, virtueller; Speicherverwaltung*

Paintbrush

Paintbrush ist ein Zeichenprogramm, das kostenlos mit Windows mitgeliefert wird. Das Programm ist sehr einfach gestaltet und im Leistungsumfang stark beschränkt. Unter Windows 9x heißt es Paint.

➠ *Siehe Grafikprogramme*

Paket

➠ *Siehe Packet*

Pakete, integrierte

Als integrierte Pakete werden Software- oder auch Programmpakete bezeichnet, die verschiedene Programme zu einer Einheit verbinden. Diese Pakete beinhalten meist Programme für Standardaufgaben in Büroumgebungen (Textverarbeitung, Datenbank, Tabellenkalkulation etc.). Durch die Integration können die einzelnen Programme relativ einfach Daten untereinander austauschen. Früher war MS Works ein bekannter Vertreter. Unter Windows wird diese Softwaregattung von den Office-Paketen abgelöst.

➠ *Siehe Tabellenkalkulation; Datenbank; Office; Textverarbeitung*

Paketvermitteltes Netzwerk

➠ *Siehe Netzwerk, paketvermitteltes*

Paketvermittlung

➠ *Siehe Switching*

PAL

Abk.: Phase Alternation Line

PAL bezeichnet die deutsche Farbfernsehnorm. PAL existiert

schon seit den 1960er Jahren und wurde von der Firma Telefunken entwickelt. In den meisten europäischen Ländern ist PAL heutzutage Standard. Das PAL-Bild besteht aus 625 Zeilen mit 833 Bildpunkten pro Zeile, was einem Verhältnis von 4:3 entspricht. Angezeigt werden 25 Vollbilder in der Sekunde. Um das Flackern zu verringern, wird das Zeilensprungverfahren mit 50 Halbbildern pro Sekunde eingesetzt. Diese Bildwiederholfrequenz von 50 Hz erscheint immer noch sehr gering, jedoch besitzen alle Fernseher im Gegensatz zu Computermonitoren eine leicht nachleuchtende Beschichtung auf der Bildröhre, so dass kein Flackern sichtbar ist. PAL ist eine Farbfernsehnorm, die allerdings abwärtskompatibel zu den in den 1950er und 1960er Jahren sehr verbreiteten Schwarzweiß-Geräten ist. Aus diesem Grund werden Helligkeits- und Farbinformationen auf das Bildsignal aufmoduliert.

➭ *Siehe Interlace; Frame; NTSC*

Palmtop

Ein Palmtop ist ein kleiner, gerade mal handflächengroßer Computer. Er dient meist als Terminplaner und als Datenbank. Da die Eingabe oft sehr umständlich ist, kann eine Tastatur angeschlossen werden. Palmtops besitzen normalerweise eine Schnittstelle zu richtigen PCs.

PAM-Verfahren

➭ *Siehe PCM-Verfahren*

Panning

Panning ist eine Methode, um auf einem Bildschirm die Ansicht zeilen- oder spaltenweise so zu verschieben, dass außerhalb des Sichtfensters liegende Bereiche langsam im Anzeigebereich erscheinen.

➭ *Siehe 3D-Funktionen*

Pantonesystem

Pantonesystem ist eine Spezifikation zur Farbdarstellung, bei der etwa 500 Farben einer Zahl zugeordnet sind. Das Pantonesystem wird unter anderem in der Drucktechnik (und somit auch im DTP- oder Grafikbereich) verwendet.

➭ *Siehe DTP*

PAP

Abk.: Password Authentification Protocol, Printer Access Protocol

1. PAP ist ein Verfahren, das die Identifikation eines Benutzers, der sich an einem PPP-Server (Point-to-Point) anmeldet, durch Authentifizierung bestätigt.

2. PAP ist auch die Abkürzung für Printer Access Protocol. Das AppleTalk-Protokoll gewährleistet die Kommunikation zwischen Computern und Druckern.

➭ *Siehe PPP; Server; Protokoll; AppleTalk*

Papierführung

Als Papierführung wird die Einrichtung zum Führen des Papiers in einem Drucker bezeichnet.

➨ *Siehe Drucker*

Papiervorschub

Der Vorschub des Papiers im Drucker wird als Papiervorschub bezeichnet. Bei zeilenorientierten Druckern, wie beispielsweise Tintenstrahldruckern, erfolgt der Vorschub schrittweise im Gegensatz zu Laserdruckern, die mit einem kontinuierlichen Vorschub arbeiten.

➨ *Siehe Einzelblatteinzug; Ink-Jet Printer; Laserprinter; Drucker*

Parallel

Bei einer parallelen Datenübertragung werden im Gegensatz zur seriellen Übertragung mehrere Daten gleichzeitig übertragen.

➨ *Siehe Schnittstelle, serielle; Schnittstelle, parallele; Datenübertragung*

Parallele Operation

➨ *Siehe Operation, parallele*

Parallele Schnittstelle

➨ *Siehe Schnittstelle, parallele*

Paralleler Server

➨ *Siehe Server, paralleler*

Parallel-Port-Modus

Abgesehen vom Drucker verwenden heutzutage auch spezielle Laufwerke (ZIP-Laufwerke), Scanner und andere Geräte die parallele Schnittstelle. Deshalb wird auch eine wesentlich höhere Geschwindigkeit benötigt, als der ursprüngliche Centronics-Standard oder der heutzutage verbreitete LPT-Modus (etwa 300 Kbyte/s) vorsieht.

1992 entstanden daher zwei weitere Standards für die parallele Schnittstelle. Der von Intel, Xircom und Zenith entwickelte EPP (Enhanced Parallel Port)-Standard ermöglicht Übertragungsraten von 2 MByte/s und den Anschluss von 64 Geräten an eine Schnittstelle.

➨ *Siehe DMA; Datenkompression; FIFO; EPP; ECP; BIOS; Motherboard; LPT; Centronics-Schnittstelle; Drucker*

Parameter

Verschiedene Einstellmöglichkeiten in Programmen werden als Parameter bezeichnet, ebenso an Funktionen übergebene Variablen bei Programmiersprachen. Allgemein gesprochen repräsentieren Parameter verschiedene Optionen. Ein Beispiel sind Kommandozeilenparameter, die beim Programmaufruf übergeben werden.

➨ *Siehe Funktion; Variable; Programmiersprache*

Parameter RAM
➠ Siehe PRAM

PARC
Abk.: Palo Alto Research Center

PARC heißt das Forschungszentrum der Firma Xerox. Zahlreiche Entwicklungen des PARC sind heute nicht mehr wegzudenken, wie beispielweise das Ethernet, die Maus oder der Laserdrucker, um nur einige zu nennen.

➠ *Siehe Laserprinter; Xerox; Maus; Ethernet*

Parität
➠ *Siehe Paritätsbit; Paritätskontrolle; Parity*

Parität, gerade
➠ *Siehe Even Parity*

Parität, ungerade
➠ *Siehe Odd Parity*

Paritätsbit

Das Paritätsbit wird einem Datenwort hinzugefügt, so dass die Parität bei jedem Datenwort »0« oder »1« ergibt. Es gibt die gerade Parität mit einer Quersumme von »0« und die ungerade Parität mit einer Quersumme von »1«. Demnach enthalten die Datenworte mit Paritätsbit bei gerader Parität immer eine gerade Anzahl von Einsen, bei ungerader Parität eine ungerade Anzahl. Das Hinzufügen eines Paritätsbit dient der Fehlerkontrolle bei der Datenübertragung und Speicherung. Bekannt sind beispielsweise die SIMM-Bausteine, die es mit oder ohne Parity gibt. Heutige SIMMs sind zuverlässig genug, dass auf die Paritätsprüfung verzichtet werden kann. Da bis auf den Pentium Pro ohnehin kein Prozessor Fehlerkorrekturverfahren aufgrund von Parität unterstützt, stürzt der Rechner bei einem Speicherfehler sowieso ab. Daher kann auf SIMMs mit Parity meist verzichtet werden.

➠ *Siehe Odd Parity; SIMM; Datenwort; Even Parity; Parity*

Paritätsfehler

Ein Paritätsfehler bezeichnet einen Fehler im Speicher oder während der Datenübertragung. Dabei wird die Parität (Übereinstimmung, Richtigkeit) der Daten geprüft.

➠ *Siehe Parity*

Paritätskontrolle

Die Paritätskontrolle arbeitet mit Paritätsbits, um Fehler bei der Datenübertragung zu erkennen. Bei diesem einfachen Verfahren können allerdings nur 1 Bit-Fehler erkannt werden, da 2 falsche Bits wieder die richtige Parität ergeben würden.

➠ *Siehe Paritätsbit; Bit; Fehlererkennung*

Parity

Die Parität (englisch: parity) stellt die Quersumme der Bits in einem

Datenwort dar. Je nachdem, ob das Datenwort eine gerade oder eine ungerade Anzahl von Einsen enthält, ist die Parität »0« oder »1«. Ein an das Datenwort angehängtes Bit ergänzt die Quersumme auf gerade oder ungerade Parität.

➭ Siehe *Odd Parity; Datenwort; Even Parity; Bit; Paritätsbit*

Parken

1. Parken ist ein Leistungsmerkmal von ISDN. Es ist möglich ein Gespräch zu »parken«, um einen anderen, »anklopfenden« Teilnehmer entgegenzunehmen.

2. Beim Abschalten einer Festplatte werden die Schreib-Lese-Köpfe automatisch in eine Position am Rand der Platten gefahren. Dieser als Parken bezeichnete Vorgang verhindert einen Headcrash beim Transport der Platte. Im ungeparkten Zustand sollten Festplatten generell keinen Erschütterungen ausgesetzt werden, da die Köpfe nur Mikrometerbruchteile über der Platte schweben und diese bei Berührung leicht beschädigen können.

➭ Siehe *Schreib-Lese-Kopf; Headcrash; Autopark; ISDN; ISDN-Leistungsmerkmale*

Parser

Ein Parser analysiert die Syntax einer Sprache. Solche Sprachanalysatoren werden u.a. als Programmteile von Compilern eingesetzt.

➭ Siehe *Compiler; Syntax*

Partionieren

Das Einteilen einer Festplatte in Partitionen wird Partionieren genannt. Zum Partionieren gibt es verschiedene Programme. Bekannt sind beispielsweise FDISK von MS-DOS oder der Festplattenmanager von Windows NT.

➭ Siehe *Harddisk; Laufwerk, logisches*

Partition

Eine Festplatte wird in verschiedene Bereiche unterteilt, so genannte Partitionen. MS-DOS unterstützt nur zwei Partitionen pro Festplatte, die primäre und die erweiterte Partition. Beim Hochfahren sucht der Rechner den Bootblock auf der primären Partition, um das Betriebssystem zu starten. Die erweiterte Partition kann in logische Laufwerke unterteilt werden. Unter DOS erhält die primäre Partition der ersten Festplatte generell den Buchstaben »C:«. Danach folgen die primären Partitionen der anderen Platten und dann die erweiterten Partitionen aller Platten. Sind Partitionen nicht mit dem Dateisystem FAT formatiert, erkennt DOS sie nicht und ordnet ihnen auch keinen Buchstaben zu.

➠ *Siehe Dateisystem; Partionieren; Laufwerk, logisches; FAT*

Partition Boot Sector

Der Partition Boot Sector ist der erste Sektor auf einer bootfähigen Festplatte oder Diskette, der beim Startvorgang in den Arbeitsspeicher geladen wird.

➠ *Siehe Sektor; Harddisk; Partition; Booten; Hauptspeicher; Diskette*

Partition Table

Die Partition Table ist eine Einheit im ersten Abschnitt der Festplatte, die in tabellarischer Übersicht Angaben über Beginn und Ende der verschiedenen Partitionen der Festplatte macht. Es sind jeweils die Kopf-, Sektor- und Zylindernummer angegeben. Die Partitionstabelle enthält außerdem Hinweise über die Bootfähigkeit der Partitionen und über das zu Grunde liegende Dateisystem der verschiedenen Partitionen. Die Daten der Partitionstabelle sind für ein fehlerfreies Arbeiten des Computers unabdinglich.

➠ *Siehe Harddisk; Partition; Booten; Sektor; Zylinder; Schreib-Lese-Kopf*

Partition, aktive

Auf der aktiven Partition befindet sich das Betriebssystem, welches beim Booten gestartet werden soll. Beim Booten wird der Boot-Sektor geladen und der Urlader ausgeführt. Mit Hilfe so genannter Boot-Manager ist es möglich, unter mehreren Betriebssystemen eins auszuwählen, das dann gestartet wird (z.B Windows NT und Windows 95 oder OS/2). Dabei müssen sich die Betriebssysteme nicht unbedingt alle auf der aktiven Partition befinden.

➠ *Siehe Boot-Manager; Booten; Urlader; Betriebssystem; Boot-Sektor*

Partition, erweiterte

➠ *Siehe Partition*

Partition, primäre

➠ *Siehe Partition*

Partitionsbootsektor

➠ *Siehe Partition Boot Sector*

Partitionstabelle

➠ *Siehe Partition Table*

Party

Bei Rollenspielen übernimmt der Spieler meist die Rolle mehrerer Personen. Diese Gruppe wird als Party bezeichnet.

Pascal

Pascal ist eine von Nikolaus Wirth entwickelte Hochsprache. Wirth veröffentlichte seine Programmiersprache 1970 als Weiterentwicklung von Algol. Benannt wurde Pascal nach dem Mathematiker Blaise Pascal. Pascal ist eine sehr strenge Sprache mit klarer Strukturierung.

➡ *Siehe ALGOL; Programmiersprache; Pascal, Blaise*

Pascal, Blaise

Blaise Pascal lebte von 1623 bis 1662 und war Mathematiker, Physiker und Philosoph. Ab 1642 arbeitete Pascal an seiner mechanischen Rechenmaschine Pascaline. Außerdem entdeckte Pascal das Prinzip der kommunizierenden Röhren und das Barometer. Bereits im Alter von 16 Jahren veröffentlichte er seine Forschungsarbeit über Kegelschnitte.

Pass

Pass bezeichnet allgemein einen Durchlauf. Am meisten wird es bei Compilern und den zugehörigen Linkern verwendet. Sie durchlaufen während der Übersetzung und dem Linken eines Programms mehrere Phasen, jede wird Pass genannt.

➡ *Siehe Linker; Compiler*

Passer

Als Passer oder auch Passermarken werden kleine Hilfsaufdrucke bezeichnet, mit deren Hilfe es möglich ist, beim Drucken von Farbbildern den Versatz der einzelnen Auszüge leichter zu bestimmen. Mit Drucken ist die technische Herstellung der Bilder gemeint. Es wird dabei eine bestimmte Anzahl von Auszügen unterschiedlicher Farbe übereinander gedruckt. Das Original kann nur bei genauer Positionierung all dieser Farbauszüge erreicht werden. Mit den Passermarken kann dann auf eine geringe Fehlpositionierung geprüft werden.

Passivboxen

➡ *Siehe Lautsprecher*

Passiv-Display

Passiv-Display ist die Bezeichnung für eine LCD-Variante. Es ist ein recht langsames Verfahren gegenüber den neueren Transistor-LCDs. Durch transparente Leiterbahnen wird die Polarisierung der Flüssigkristalle auf dem Glasschirm erreicht.

➡ *Siehe TFT-Display; LCD*

Passive ISDN-Karte

➡ *Siehe ISDN-Karte, passive*

Passives Matrix-Display

➡ *Siehe Passiv-Display*

Passives Routing

➡ *Siehe Routing, statisches*

Passkreuz

Das Passkreuz ist eine beim Drucken mit dem eigentlichen Druckergebnis ausgegebene Markierungen, die eine korrekte Ausrichtung der Elemente auf einer Seite anzeigen. Mittels Passkreuzen ist es z.B. möglich, auf einem Ausdruck von

Visitenkarten die genauen Schneidelinien zu bestimmen.

Passphrase

Passphrase bezeichnet die Kombination mehrerer Passwörter.

➠ *Siehe Passwort*

Passport

Ein Anmeldedienst von Microsoft basierend auf seiner .NET-Umgebung. Der Passport ist Grundvoraussetzung für die Nutzung der .NET myServices. Eine einmalige Anmeldung ermöglicht die Nutzung aller kennwortgeschützten Sites, die ebenfalls Passport anbieten, ohne das Kennwort neu eingeben zu müssen (Single Sign-On). Die Benutzerdaten werden zentral auf Microsoft-Servern gespeichert.

➠ *Siehe .NET myServices*

Password Authentification Protocol

➠ *Siehe PAP*

Passwort

Als Passwort wird eine Kombination von einzelnen Zeichen benannt, durch welche der Anwender Zugriff zu Programmen, Netzwerken oder einzelnen Rechnern erhält. Der Benutzer kann sich sein Passwort meist selbst aussuchen. Dies steht vor allem bei Anmeldungen an externen Rechnern immer in Zusammenhang mit einem speziellen Login-Namen (Benutzernamen). Es ist sinnvoll, das Passwort so zu wählen, dass es nicht sofort von anderen erraten werden kann. Deshalb sollte der Anwender keine Wörter wählen, die in direktem Bezug zu ihm selbst stehen. Des Weiteren können Sonderzeichen eingefügt werden. Ist die Eingabe nicht korrekt, erfolgt kein Zugriff auf die gewünschte Ressource.

➠ *Siehe Benutzerkennung; Login; Account; Sonderzeichen*

Patch

Fast jede Software enthält auch nach ihrer Herausgabe noch Fehler (so genannte Bugs), welche dann durch Zusatzprogramme behoben werden sollten. Solche Zusätze werden als Patch bezeichnet, der Vorgang selbst als Patchen. Beispiel hierfür sind die so genannten Service-Packs für Windows NT. Diese enthalten aber meist zusätzlich noch neue Funktionen für das System.

➠ *Siehe Bug*

PATH

Path bezeichnet in den meisten Betriebssystemen eine Umgebungsvariable, mit deren Hilfe das System Programme auffinden kann. Bei MS-DOS z.B. wird die Variable in der Datei autoexec.bat definiert (Path = C:\MSDOS; C:\WINDOWS). Wird nun ein Programm ohne Pfadangabe aufgerufen und das System kann dieses nicht im aktuellen Verzeichnis finden, so sucht das Betriebssystem in den bei der Variablen PATH angegebenen Verzeichnissen.

➡ *Siehe MS-DOS; Variable; Pfad*

PATOS

Abk.: Patent Online System

PATOS bezeichnet eine spezielle Datenbank, welche Informationen über Patente enthält.

➡ *Siehe Online-Datenbank*

Pattern

Ein Pattern wird insbesondere für verschiedene Verfahren zur Bilderkennung verwendet (Mustererkennung: Pattern Recognition).

➡ *Siehe Mustererkennung*

Pay-per-Click

Eine Online-Werbeanzeige, die der Werbeplatzanbieter nach Anzahl Klicks auf eine weiterleitende URL abrechnet. Ein Beispiel ist das AdWord-Programm von Google.

➡ *Siehe: AdWord*

PB-Cache

Abk.: Pipelined-Burst-Cache

Der Pipelined-Burst-Cache (PB-Cache) ist schneller als der früher verwendete synchrone Cache. Der Level-2-Cache der modernen Pentium-Systeme arbeitet generell nach dem Pipelined-Burst-Prinzip, bei dem auf die Übertragung der einzelnen Adressen verzichtet wird. Übertragen werden lediglich die Anfangsadresse und die Zahl der Datenelemente, die von dieser Adresse ab gelesen werden sollen.

➡ *Siehe Adresse; Burst-Cache; L2-Cache*

PBX

Abk.: Private Branch Exchange

PBX ist eine integrierte Telefonanlage, mit der innerhalb einer Firma telefoniert werden kann. Das öffentliche Netz wird dabei nicht benutzt.

➡ *Siehe TK-Anlage*

PC

Abk.: Program Counter, Personal Computer

1. Der Program Counter (PC) ist ein spezielles Register der CPU, welches die Speicheradresse des nächsten auszuführenden Befehls enthält.

2. Für einzelne Benutzer vorgesehene Microcomputer wurden früher PC (Personal Computer) genannt. Als IBM 1981 den IBM-PC vorstellte, wurde PC für dazu kompatible Rechner verwendet. Sie werden heutzutage (natürlich weitaus leistungsfähiger als der damalige IBM-PC) in vielen Unternehmen verwendet und miteinander vernetzt vereinfachen sie den Datenaustausch zwischen Firmen er-

heblich. Es gibt eine breite Palette von PCs, von Heimcomputern, über Multimedia-PCs bis hin zu sehr leistungsstarken Maschinen, welche in allen erdenklichen Bereichen eingesetzt werden können.

➡ *Siehe CPU; IBM; Register*

PC-Betriebssystem

Um Programme auf einem PC betreiben zu können, muss erst ein Betriebssystem geladen werden, welches den Zugriff auf die Hardware (Grafikkarten, Laufwerke usw.) regelt. Das System überwacht dabei die Ausführung der einzelnen Programme und ermöglicht ihnen durch Speichermanagement, Treiber und geeignete Softwareschnittstellen erst den reibungslosen Ablauf. Bei miteinander vernetzten Systemen kümmern sie sich auch noch um gegenseitige Datensicherheit. Beispiele für Systeme sind das wohl bekannteste MS-DOS, Windows 9x, Windows NT oder Linux.

➡ *Siehe MS-DOS; Windows; Windows 95; Windows NT; Linux; Betriebssystem*

PC-Card

PC-Card ist der neue Name für die Spezifikations-Erweiterung der PCMCIA-Karten aus dem Jahr 1994. Diese umfasste z.B. den neuen 32 Bit breiten Datenbus.

➡ *Siehe PCMCIA; Datenbus*

PC-DOS

PC-DOS ist das gemeinsam von Microsoft und IBM für die damaligen IBM-PCs entwickelte Betriebssystem. Für die folgenden IBM-kompatiblen PCs wurde dann von Microsoft das fast identische MS-DOS entwickelt.

➡ *Siehe DR-DOS; MS-DOS; IBM; IBM-PC; Betriebssystem*

PCI

Abk.: Peripheral Component Interconnect

PCI ist ein von Intel entwickeltes Bussystem. Es ist weit leistungsfähiger als der ISA oder VESA Local Bus. Es ist möglich, PCI in anderen Systemen, wie z.B. Macintosh, einzusetzen. Die Busbreite liegt bei 32 Bit bzw. 64 Bit und er erreicht knapp 132 MByte/s. Der Takt kann zwischen 25 und 33 MHz liegen.

➡ *Siehe Bus; AGP; Busbreite; ISA; VLB*

PCI-Express

Hochgeschwindigkeitsbus für Grafikkarten. Die bis zu 32 seriellen Datenkanäle des Busses arbeiten bidirektional im Vollduplex-Betrieb. Jeder Datenkanal kann bis zu 2,5 GBit/s übertragen. Bei der PCIe x16-Version des PCI Express mit 16 Datenkanälen, die für Grafikkarten zum Einsatz kommt, wird somit eine Nettotransferrate von 4 Gbyte/s erreicht, was doppelt so schnell ist wie AGB 8x. Vom PCI Express, der den PCI-Bus vollständig ersetzt, wird es mehrere Ausführungen (PCIe x1, PCIe x4 usw.) für andere Steckkarten wie Ethernet-Controller, RAID-Controller u.Ä. geben.

⇒ *Siehe: AGP, PCI*

PCL

Abk.: Printer Command Language, Personal Computer Language

1. PCL (Printer Command Language) ist eine Art Beschreibungssprache, welche von Hewlett-Packard entwickelt wurde. Sie erweitert den auszudruckenden Text um Informationen für Randabstand, Schriftgrad usw. und übernimmt die Steuerung der Druckaufträge. Für normale Nutzung im Büro oder privat wird PostScript vorgezogen.

2. PCL ist auch eine Abkürzung für Personal Computer Language. Dies war eine Programmiersprache für PCs, konnte sich allerdings nie recht durchsetzen. Programme, welche in PCL geschrieben wurden, hatten die unangenehme Eigenschaft, sich selbst zu verändern.

⇒ *Siehe PostScript; Hewlett Packard; Druckersprache*

PCMCIA

Abk.: Personal Computer Memory Card International Association

▲ *Syn.: PC-Card*

PCMCIA sind Steckkarten, die mit einer Länge von 8,5 cm, einer Breite von 5.4 cm und einer variablen Höhe von 3, 3,5 oder 10 mm kaum größer als Scheckkarten sind. Diese Karten werden vorwiegend bei Notebooks eingesetzt. Dies können z.B. Festplatten, Soundkarten oder Modems sein. Die PCMCIA-Norm regelt die Funktionen und Kontaktbelegungen der Karten.

⇒ *Siehe Notebook; PC-Card*

Bild P.1: Eine PCMCIA-Karte

PCM-Verfahren

Abk.: Pulse Code Modulation

▲ *Ant.: PAM*

Das PCM-Verfahren ist ein Verfahren zur Wandlung von analogen Signalen in digitale Informationen. Es wird z.B. bei der Digitalisierung von Audiosignalen für den PC eingesetzt. Dabei wird die analoge Information mit einer bestimmten Taktfrequenz und einer vorgegebenen Datenbreite abgetastet. Das Ergebnis wird dabei je als Datenwort (bei Audio-CDs 16 Bit) gespeichert. Neuere Verfahren speichern je Abtastung nur noch Unterschiede zur vorhergehenden Information ab. Die analogen Signale werden in einen kontinuierlichen Bitstrom gewandelt. Während bei PAM (Puls Amplitude Modulation) die Amplituden stetig veränderbar sind, schränkt PCM die möglichen Impulsamplituden auf vordefinierte Werte ein. Die Störanfälligkeit ist geringer, weil es sich um ein digitales Signal handelt.

➠ *Siehe Soundkarte; Datenwort; Wav; Digitalisierung*

P-Code

Der für virtuelle Prozessoren erzeugte Zwischencode nennt sich P-Code. Dieser muss dann nicht mehr mit einem Compiler in den Code realer Prozessoren umgesetzt werden. Es genügt ein Interpreter, welcher den Zwischencode für verschiedene Rechner adaptiert.

➠ *Siehe P-System; Compiler; Interpreter*

PCS

Abk.: Personal Communications Service

PCS ist eine Gruppe von drahtlosen, digitalen Kommunikationsdiensten und -Technologien. Dazu gehören drahtlose Telefone, Paging, Voice-Mail und andere.

➠ *Siehe Voice-Mail; Paging*

PCX

PCX ist die herkömmliche Endung für Dateinamen von in einem speziellen Format gespeicherten Pixeldateien. Diese Endung wird z.B. vom Grafikprogramm Paintbrush verwendet. Das PCX-Format wurde von der Firma Z-Soft entwickelt.

➠ *Siehe Extension; Grafikprogramme; Pixelgrafik*

PDA

Abk.: Personal Digital Assistent

▲ *Übers.: Persönlicher Digitaler Assistent*

▲ *Syn.: Handheld, Palmtop, Subnotebook*

PDAs sind kleine, tragbare Computer, die neben der Terminplanung eines Organizers auch in eingeschränkter Weise Textverarbeitung, Tabellenkalkulation und die Arbeit mit Datenbanken ermöglichen. Beispiele wären Apple Newton Message Pad 2000 oder der Psion.

➠ *Siehe Psion; Apple Newton; HPC*

PDC

Abk.: Primary Domain Controller

▲ *Übers.: Primärer Domänencontroller*

Der PDC ist unter Windows NT Server ein Computer, der die Hauptkopie der Verzeichnisdatenbank der Domäne verwaltet. In dieser Verzeichnisdatenbank sind alle Informationen über Konten und Sicherheitsrichtlinien in einer Domäne enthalten. Die Kopie wird automatisch mit der Sicherheitskopie auf dem BDC (Backup Domain Controller = Reserve-Domänen-Controller) synchronisiert.

➡ *Siehe BDC; Domain Controller; Windows 2000; Windows NT*

PDD

Abk.: Professional Disc for Data

Mögliches DVD-Nachfolgeformat von der Firma Sony, das der Blu-ray-Disc hinsichtlich des verwendeten optischen Systems und Disc-Aufbaus entspricht, aber nicht kompatibel ist. Die PDD hat dieselbe Größe wie eine DVD und wird auch wie diese von innen nach außen geschrieben, allerdings mit einem blauen Laser (405 nm). Die Speicherkapazität der PDD beträgt 20,5 Gbyte mit einem Defekt-Management-Bereich von 1,1 Gbyte, eine Funktion, die der DVD vollkommen fehlt. Da die PDD weitaus empfindlicher ist als die DVD, steckt sie in einer Cartridge.

➡ *Siehe: Blu-ray-Disc, DVD, UDO*

PDF

http://www.adobe.de

Abk.: Portable Document Format

PDF ist ein Dateiformat, welches alle Bestandteile eines zu druckenden Dokumentes enthält. PDF-Dateien werden mit Hilfe von Adobe-Produkten generiert (Adobe Acrobat, Adobe Capture). Um die Dateien betrachten zu können, wird der kostenlose Acrobat Reader benötigt. Die Besonderheit bei diesem Format ist, dass alle benötigten Informationen in der Datei selbst enthalten sind. Eine Einbindung von Sound, QuickTime und AVI ist ebenfalls implementiert.

➡ *Siehe Adobe; AVI; QuickTime*

PDH

➡ *Siehe SDH*

PD-Laufwerke

Abk.: Phase-Change-Laufwerke

PD-Laufwerke sind im Wesentlichen Laufwerke mit wechselbaren Medien. Diese Datenträger besitzen ein Material aus einer Tellur-Selen-Verbindung, welches durch einen Laser (Erhitzung) von einem geordneten in einen ungeordneten Zustand versetzen werden kann. Dieser Wechsel der Zustände bewirkt einen Unterschied in der Reflexion (Phasenverschiebung). So ist es möglich Daten auf diesen Medien zu speichern. Panasonic entwickelte diese Systeme und brachte sie 1996 auf den Markt. Die Medien speichern max. 650 MByte. Die Laufwerke können sogar normale CD-ROMs lesen.

➠ *Siehe DVD; CD-RW; Panasonic; CD-ROM*

PDN

Abk.: Public Data Network

▲ *Übers.: Öffentliches Datennetz*

➠ *Siehe Netzwerk*

PDS

Abk.: Processor Direct Slot, Parallel Data Structure

1. PDS ist die Abkürzung für »Processor Direct Slot«. In Macintosh-Computern ist PDS ein weiterer Steckplatz, der unmittelbar mit den Prozessor-Signalen verbunden ist. Die verschiedenen PDS-Steckplätze unterscheiden sich durch eine unterschiedliche Anzahl der Pins und der Signalsätze. Die Verwendung muss auf die CPU abgestimmt werden, die im Computer vorhanden ist.

2. PDS ist auch die Abkürzung für »Parallel Data Structure«. Eine Datei, die Hinweise über Zugriffsvorrechte für Ordner enthält. Sie ist im Stammverzeichnis eines Datenträgers abgelegt, das unter AppleShare freigegeben wird.

PD-Software

Abk.: Public Domain Software

PD-Software ist für jedermann zugänglich und darf frei kopiert und benutzt werden. Sie stammt weitgehend aus den Universitäten (meist aus den USA) und ihre Entwicklung wird aus staatlichen Mitteln finanziert. Aber auch Privatleute und Firmen erstellen Software, welche als PD-Software zur Verfügung steht.

➠ *Siehe Freeware; Shareware*

Peer-to-Peer

➠ *Siehe P2P*

Pen-Computer

Pen-Computer werden mit einem Pen (Stift) als Eingabegerät bedient. Mit dem Stift berührt der Anwender die einzelnen Elemente der Anzeigefläche, welche die Bedienelemente darstellen. Ein Beispiel wäre der Apple Newton.

➠ *Siehe Apple Newton*

Penetrationstest

Penetrationstest bezeichnet einen systematischen Einbruchversuch in ein Datennetzwerk, meist von einem professionellen Dienstleister durchgeführt. Externe Penetrationstests werden von außerhalb des Netzwerks (LAN, Wireless-LAN) gestartet, interne von innerhalb. Auch direkte, von der Geschäftsleitung sanktionierte, Einbruchversuche in ein Firmengebäude können zu einem Penetrationstest gehören, oder der Versuch, Mitarbeiter zur unbefugten Preisgabe geheimer Daten zu bewegen (Social Engineering).

➠ *Siehe Social Engineering*

Pentium

Der Pentium-Prozessor ist der Nachfolger der 486er-Prozessoren von Intel. Um zu verhindern, dass andere Firmen ihre Prozessoren diesem Prozessor namentlich anpassen (486), wollte Intel auf den Namen »586« verzichten, da dieser nicht geschützt werden kann (eine Zahl läst sich nicht schützen). So wurde der Name Pentium gewählt. Dieser Prozessor wurde 1993 eingeführt und besaß im Gegensatz zum 486 z. B. einen größeren Cache und eine Sprungvorhersage. Nachfolger wurde der so genannte Pentium-Pro-Prozessor. Zu Beginn 1997 kam dessen Nachfolger Pentium II auf den Markt. Dieser übernahm Teile der Leistungsmerkmale eines Pentium Pro und wurde in vielen Bereichen noch verbessert. Der Pentium Pro hatte gegenüber dem Pentium bereits eine andere Bauform. Der Pentium II befindet sich auf einer extra Platine, welche auf ein passendes Motherboard in den so genannte Slot 1 gesteckt werden muss. Nachfolger ist der 1999 auf den Markt gebrachte Pentium III.

➠ *Siehe Pentium Pro; Pentium III; Xeon; Pentium II; Slot1; Prozessor; Motherboard; Intel*

Pentium II

Der Pentium II ist der Nachfolger des Pentium. Er unterstützt den MMX-Befehlssatz und ist mit der neuen Dual-Independent-Bus-Technologie von Intel ausgestattet. Diese Architektur verwendet zwei unabhängige Bus-Strukturen. Die eine ist direkt mit dem L2-Cache des Prozessormoduls verbunden, die andere ist für den Hauptspeicher zuständig. Da die CPU auf diese Weise Daten parallel statt bisher seriell abarbeiten kann, erhöht sich die Verarbeitungsgeschwindigkeit. Der Pentium wird nicht mehr auf einen Sockel (z.B. Sockel 7 wie Cyrix M2 oder AMD K6) gesteckt, sondern er ist in einem eigenen Gehäuse verbaut, welches direkt auf einen Slot (Slot 1) des Motherboards gesteckt wird.

➠ *Siehe MMX; Celeron; Xeon; L2-Cache; Prozessor; Mendocino; Motherboard; Intel; Slot1*

Bild P.2: Der Pentium-II

Pentium III

Der Pentium III ist ein Prozessor von Intel, auch bekannt unter dem Codenamen Katmai. Er wurde besonders für Multimedia- Anwendungen optimiert. Durch die Implementation von 70 neuen Prozessor-Befehlen wurde eine Leistungssteigerung in der 3D-Darstellung und bei Streaming Audio und Video erreicht. Besonders Spiele und Grafikanwendungen profitieren von diesen Erweiterungen. Die neuen SIMD-Befehle (Single Instruction Stream Multiple Data Stream) bilden die Grundlage vieler Multimedia-Anwendungen, z.B. life MPEG2 encoding. Mit dem neuen Prozessor ist es möglich, bis zu 4 GB Arbeitsspeicher zu adressieren, des Weiteren verfügt er über einen integrierten L2-Cache von 512 KByte. Entwickelt wurde der Pentium III in 0,25 Mikrometer-Technologie.

➽ *Siehe Pentium Pro; MPEG; L2-Cache; Katmai; Pentium II; Pentium; Intel; Sockel 370; SIMD*

Pentium 4

Der Pentium IV basiert im Gegensatz zu seinen Vorgängern nicht mehr auf dem P6-Kern. Er kommt mit zahlreichen Neuerungen daher, die unter dem Begriff Netburst-Architektur zusammengefasst werden.

➽ *Siehe Pentium II; Pentium III; Pentium; Pentium Pro; P6; Intel; Netburst-Architektur; Sockel 478*

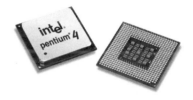

Bild P.3: Der Pentium 4

Pentium M

Der Pentium M ist ein speziell auf den Einsatz in Mobilgeräten ausgerichteter Pentium-Prozessor von Intel und Teil der Centrino-Technologie. Wesentliche Merkmale:

▶ Unterstützung für Intel Mobile Voltage Positioning, einer Technologie, mit der auf Basis der Prozessoraktivität dynamisch die Spannung und damit auch die maximale Verlustleistung (Thermal Design Power, TDP) verringert wird – so werden kleinere Notebooks möglich.

▶ Neue Mikroarchitektur mit energieoptimiertem 400-MHz-Prozessor-Systembus, Micro-Ops-Fusion und dediziertem Stack-Manager für die schnellere Ausführung von Befehlen bei geringerem Energieverbrauch. Die erweiterte Befehlsvorhersage verringert Wiederholungen und steigert so die Leistung.

▶ Unterstützung für erweiterte Intel SpeedStep-Technologie mit mehreren Spannungs- und Taktfrequenzstufen, so dass die Leistung besser auf die Anwendungsanforderungen abgestimmt werden kann.

▶ 1 MB L2-Cache mit Power-Management erhöht die Systemleistung.

➠ *Siehe Centrino-Technologie; Intel*

Pentium Pro

Der Pentium Pro ist ein auf 32 Bit-Anwendungen optimierter Prozessor aus der 80x86er-Reihe von Intel. Unterschiede zum normalen Pentium bestehen in der Integration des Level-2-Caches in das Prozessorgehäuse, dem Out-of-order-Pipelining und dem Register Naming. Die langsamsten Exemplare des Pentium Pro waren mit 133 MHz getaktet, allerdings lohnt sich unter 200 MHz der neue Prozessor kaum. Seine volle Leistung kann er nur unter einem reinen 32 Bit-Betriebssystem wie Windows NT ausspielen. Bei 16 Bit-Routinen ist der Pentium Pro langsamer als ein vergleichbarer Pentium. Inoffizieller Nachfolger des Pentium Pro ist der Xeon.

➠ *Siehe L2-Cache; Pentium III; Xeon; Pentium II; Pentium; Prozessor; Intel*

Bild P.4: Der Pentium Pro

PerfectOffice

PerfectOffice war als Konkurrenzprodukt zu Microsoft Office gedacht, allerdings war dem von der Firma Novell vertriebenen Paket der Erfolg vergönnt. Das Softwarepaket bestand aus dem Textverarbeitungsprogramm WordPerfect, dem Präsentationsprogramm Presentations, dem Organizer InfoCentral und der Tabellenkalkulation QuattroPro. 1996 wurde das Paket an Corel verkauft. Die Grafikfirma überarbeitete PerfectOffice und präsentierte bald die Corel-WordPerfect-Suite bzw. Corel Perfect-Office Professional. In der Professional-Version sind im Gegensatz zur Standard-Version InfoCentral und die Datenbank Paradox enthalten. Paradox gab es bereits in einer Professional-Version von PerfectOffice.

➠ *Siehe Novell; Office-Paket; WordPerfect; WordPerfect-Suite; Corel*

Performance

Die Leistungsfähigkeit eines Computersystems wird gerne mit dem Begriff Performance umschrieben.

Performance-Test

Der Performance-Test ist ein Test zur Ermittlung der Performance eines Computers. Dazu existieren zahlreiche mehr oder weniger aussagekräftige Programme.

➠ *Siehe Benchmark*

Peripherie

Alle Komponenten, die nicht zur Zentraleinheit eines Computersystems gehören, wie beispielsweise Festplatten, Diskettenlaufwerke, Bildschirm, Tastatur und Drucker, werden Peripherie genannt.

➠ *Siehe Keyboard; CPU; Bildschirm; Diskettenlaufwerk; Drucker*

Perl

http://www.perl.org

Abk.: Practical Extraction and Report Language

Perl ist eine Programmiersprache. Ursprünglich wurde Perl für Unix-Systeme entwickelt, inzwischen gibt es Perl jedoch auch auf anderen Betriebssystemen. Als Interpretersprache benötigt Perl keinen Compiler und eignet sich so besonders gut für CGI-Skripte. Perl verfügt über leistungsfähige Routinefunktionen für Zeichenfolgen und ist somit prädestiniert für die Extraktion von Informationen aus Textdateien. Perl wurde von Larry Wall im Jet Propulsion Laboratory der NASA entwickelt.

➠ *Siehe Compiler; Unix; Routine; Programmiersprache; Interpreter*

Permanente Auslagerungsdatei

➠ *Siehe Auslagerungsdatei, permanente*

Permanenter Speicher

➠ *Siehe Non-volatile memory*

Permanentspeicher

Der Permanentspeicher bietet eine Aufzeichnungsmöglichkeit, bei der gespeicherte Daten dauerhaft erhalten bleiben und ohne Stromversorgung abgelagert werden können. Zum Einsatz kommen vorwiegend magnetische Medien, wie Disketten oder Magnetband und CD-ROM.

➠ *Siehe Diskette; Magnetband; CD-ROM; ZIP-Laufwerk*

Personal Communications Service
➠ Siehe PCS

Personal Computer Language
➠ Siehe PCL

Personal Digital Assistant
➠ Siehe PDA

Personal Electronics Transactor
➠ Siehe PET

Personal Home Page Tools
➠ Siehe PHP

Personal Identification Number
➠ Siehe PIN

Personal System/2
➠ Siehe IBM-PS/2; PS/2

Personalcomputer
➠ Siehe PC

PET
PET (Personal Electronics Transactor) ist ein alter, von Commodore vertriebener PC. Er war einer der ersten PCs und wurde vom C64 abgelöst. Der PET war mit 8 Kbyte RAM, einem integrierten Monitor und einem Kassettenlaufwerk ausgerüstet.

➠ Siehe C64; RAM; Commodore

Pfad
Der Pfad ist eine exakte Positionsangabe für eine Datei in einem Verzeichnisbaum. Ein Beispiel ist C:\windows\system\system.ini. Dieser Pfad beschreibt alle Verzeichnisse zum Erreichen der Datei system.ini, ausgehend vom Hauptverzeichnis »C:«.

➠ Siehe Directory; Directory Tree; Pfad, relativer; Pfad, absoluter; Pfad, vollständiger

Pfad, absoluter
Der absolute Pfad ist eine Pfadangabe zu einer Datei, die vom Stammverzeichnis ausgeht, der höchsten Ebene der Verzeichnisstruktur. Ein Beispiel für einen absoluten Pfad ist C:\Programme\Eigene Dateien\Lexikon.txt.

➠ Siehe Pfad; Pfad, relativer; Pfad, vollständiger

Pfad, relativer
Der relative Pfad schließt das aktuelle Arbeitsverzeichnis ein. Wenn ein Befehl ohne vollständigen Pfad eingegeben wird, wird das aktuelle Arbeitsverzeichnis als Bezugspunkt für den Pfad angenommen. Ein Beispiel ist ..\Programme\Eigene Dateien\Lexikon.txt.

➠ Siehe Pfad, vollständiger; Pfad; Pfad, absoluter

Pfad, vollständiger
Ein vollständiger Pfadname enthält alle Komponenten, vom Wurzelverzeichnis bis zur jeweiligen Datei. Das können Laufwerke (auch Netzlaufwerke), Verzeichnisse, Unterverzeichnisse und Dateinamen sein. Der vollständige

Pfad beschreibt den »Weg« vom Stammverzeichnis bis zur gesuchten Datei.

⟹ *Siehe Pfad, absoluter; Pfad, relativer; Pfad*

PGP

http://www.pgp.com

Abk.: Pretty Good Privacy

PGP ist ein bekanntes und sehr leistungsfähiges Verschlüsselungsprogramm, das hauptsächlich für E-Mails verwendet wird. Eine Entschlüsselung ist der Zielstelle nur möglich, wenn sie über den privaten Schlüssel verfügt. PGP wurde von Philip Zimmermann entwickelt. Aufgrund seines starken Verschlüsselungs-Algorithmus fällt PGP unter das Waffenexport-Verbot der Vereinigten Staaten.

⟹ *Siehe E-Mail; Algorithmus; Kryptografie; Verschlüsselung; Network Associates; PKC*

Phantomatik

Der Begriff Phantomatik wurde bereits in den 1960er Jahren von dem berühmten polnischen Autor Stanislaw Lem geprägt. Lem beschrieb in seinen Romanen recht früh die Auswirkungen von Virtual-Reality-Techniken auf das menschliche Leben. Das, was heute als Cyberspace oder Virtual Reality bezeichnet wird, nannte Lem Phantomatik.

⟹ *Siehe Neuromancer*

Phase Alternation Line

⟹ *Siehe PAL*

Phiber Optic

Phiber Optic ist der Nickname des Hackers Mark Abene. Er legte am 15. Januar 1990 einen Großteil des Telefonnetzes der amerikanischen Telefongesellschaft AT&T lahm. Mehr als 75 Millionen Gespräche konnten nicht durchgestellt werden. Abene wurde nach seinem Geständnis zu einem Jahr Gefängnisstrafe verurteilt.

⟹ *Siehe AT&T; EFF; Hacker*

Phon

Phon ist eine Lautstärkeeinheit, die in den 1920er Jahren von Barkhausen definiert wurde. Dabei werden die Sinustöne verschiedener Frequenzen beurteilt, die zur so genannten A-Bewertung von Dezibelangaben gehören. 1 Phon entspricht ungefähr der Hörschwelle des Ohres bei der Frequenz n = 1000 Hz und einer Schallstärke von 10^2-16 Watt/cm^2. Lautstärkeunterschiede werden in Dezibel (dB) angegeben, 1 phon = 1 dB(A).

⟹ *Siehe Sone*

Phonem

Sprache wird in so genannte Phoneme zerlegt, um sie für den Computer verständlich zu machen. Die Erkennung des gesprochenen Worts durch Softwareprogramme ist der Mittelpunkt zahlreicher Forschungsprojekte. Mittlerweile existieren einige Programme, die den Rechner mittels Mikrofon und Soundkarte auf mündliche Anweisungen reagieren lassen. Die Leistungsfähigkeit dieser Programme lässt aber noch zu wünschen übrig.

➭ *Siehe VoiceType*

Photo-CD

Die von Kodak entwickelte Photo-CD kann bis zu 100 Bilder in ausgezeichneter Qualität speichern. Der Anwender kann die goldfarbene CD beschreiben und die Fotos mit entsprechender Software in den PC laden und bearbeiten. Voraussetzung ist ein Multisession-fähiges CD-ROM-Laufwerk nach dem XA-Standard. Alle modernen CD-ROM-Laufwerke genügen diesen Anforderungen.

➭ *Siehe Multisession; CD-ROM*

PHP

http://www.php3.org

Abk.: Personal Home Page Tools

PHP ist eine mit Javascript vergleichbare Programmiersprache. Die PHP-Sprachbestandteile werden direkt in den HTML-Code eingebettet. Der Server liest diese dann aus und interpretiert sie. PHP ist eine unter der Open Source License vertriebene Sprache. Sie wird vor allem auf Linux-basierten Webservern eingesetzt, der verwendete Webserver Apache kann PHP als ladbares Modul beinhalten.

➭ *Siehe Server; Open Source; HTML; Apache; Linux*

Phreaker

Phreaker sind Personen, die Telefonsysteme und andere Systeme anzapfen, indem sie die Signale der Systeme durch eigene Hardware simulieren und somit sozusagen kostenfrei telefonieren können. Heute ist Phreaken allerdings nicht mehr aktuell, da es durch die Öffnung des Telefonmarktes einfachere Varianten gibt, kostenlos zu telefonieren, z.B. durch Card-Systeme, die mit computergenerierten Accountnummern gesteuert werden oder durch gefälschte Kreditkarten bei Call-Through-Diensten.

➭ *Siehe Hacker*

Physical Layer

Der Physical Layer ist die erste Schicht des OSI-Schichtenmodells.

➭ *Siehe OSI-Schichtenmodell; OSI*

Physikalische Adresse

➭ *Siehe Adresse, physische*

Physische Adresse

➭ *Siehe Adresse, physische*

Pica

1. Die typografische Maßeinheit Pica entspricht 4,233 mm.

2. Pica ist eine Schriftart mit 10 Zeichen pro Zoll mit nichtproportionaler Anordnung.

PID

Abk.: Process Identification Number

PID ist eine eindeutige Prozesskennung, die jedem Prozess, der unter Windows Server 2003 gestartet wird, vom System zugewiesen wird. Systemintern wird über diese Kennung auf den Prozess zugegriffen.

➭ *Siehe Prozess*

Piezo-Drucker

Der Piezo-Drucker ist ein Tintenstrahldrucker, der den Piezo-Effekt ausnützt, um die Tinte aus den Düsen zu treiben. Beim Piezo-Effekt verformen sich spezielle Kristalle unter der Einwirkung elektrischer Spannung. Im Gegensatz dazu stehen die Bubble-Jet-Drucker, die die Tinte erhitzen und so auf das Papier schleudern. Beide Verfahren sind gebräuchlich und haben ihre Vor- und Nachteile. Die Druckqualität ist vergleichbar.

➭ *Siehe Non-Impact Printer; Ink-Jet Printer; Bubble-Jet; Drucker*

Piktogramm

➭ *Siehe Icon; GUI*

PIN

Abk.: Personal Identification Number

1. Die PIN ist eine geheime Zugangsnummer, die vor allem beim Homebanking verwendet wird. PIN dient der Identifizierung.

2. PIN ist auch der Kontaktstift an einem elektronischen Bauelement. Er befindet sich oftmals an Steckverbindungen wie z.B. an einem RS-232-Stecker (serieller Stecker). Auch die kleinen »Beine« an einem Chip werden als Pins bezeichnet.

➭ *Siehe TAN; Homebanking; Chip; RS-232-Schnittstelle*

Ping

Abk.: Packet Internet Groper

Ping ist ein Protokoll, das überprüft, ob ein bestimmter Computer mit dem Internet verbunden ist, indem es ein Paket an die IP-Adresse des Computers sendet. Wenn der Computer mit dem Internet verbunden ist, reagiert er darauf.

➭ *Siehe TTL; IP-Adresse; Internet; Protokoll*

PingPong

1. Bei der Übertragung von Daten wird durch die PingPong-

Technik der Sender zum Empfänger und umgekehrt.

2. In der Datenverarbeitung wird die Benutzung von zwei Puffern statt einem zur Zwischenspeicherung von Ein- und Ausgaben als PingPong bezeichnet.

➡ *Siehe Buffer; Datenübertragung*

Pin-kompatibel

Zwei elektronische Bauelemente, deren Pins (Steckverbindungen) die gleiche Belegung aufweisen, werden als Pin-kompatibel bezeichnet, unabhängig von ihrer inneren Schaltung.

➡ *Siehe PIN; Compatible*

Pinwriter

Nadeldrucker gehören zur Gruppe der Anschlagdrucker (Impact Printer). 9 bis 24 Nadeln übertragen dabei die Tinte von einem Druckerband auf das Druckmedium. Nadeldrucker eignen sich zur Erstellung von bis zu sieben Durchschlägen. Nachteilig wirken sich die starke Geräuschentwicklung, die schlechte Qualität bei Grafikdruck (Streifenbildung durch zeilenweisen Vorschub) und die blasse Farbwiedergabe aus. Außerdem ist die Auflösung durch den Druckkopf und die Nadeldicke begrenzt. Neben Normalpapier verarbeiten Nadeldrucker hauptsächlich Endlospapier, welches über einen Traktor durch den Drucker gezogen wird. Für das Bedrucken anderer Medien (z. B. Ausweise) werden so genannte Flachbettnadeldrucker verwendet. Bei diesem Typ sitzt der Druckkopf direkt über dem Medium, was eine sehr präzise Bedruckung ermöglicht und eine Beschädigung des Mediums durch die Walzen verhindert.

➡ *Siehe Traktor; Impact Printer; Non-Impact Printer*

PIO

Abk.: Parallel Input/Output

1. PIO ist ein Chip, der den Datenverkehr der parallelen Schnittstelle regelt.

2. PIO (Programmed Input/Output) ist auch ein Modus, über den der Rechner mit Hardwarekomponenten kommuniziert. Im Gegensatz zum Direktzugriff mittels DMA sorgt beim PIO-Modus die CPU für den Datentransfer. Moderne Festplatten arbeiten mit dem schnellsten PIO-Mode 4, ältere Laufwerke benötigen PIO-Mode 1.

➡ *Siehe DMA; Schnittstelle, parallele*

Pipeline

Pipelines dienen der Kommunikation von Prozessen nach dem FIFO-Prinzip (First In First Out) und wurden erstmals unter Unix verwendet. Eine Anwendung ist die Ausgabeumleitung. Ein Serverprozess stellt seine Ausgabedaten in eine Pipe und ein Clientprozess verwendet sie als Eingabe.

➭ *Siehe Client-Server-Prinzip; FIFO; Unix*

Pipelined-Burst-Cache

➭ *Siehe PB-Cache*

Pit

➭ *Siehe CD-ROM-Laufwerk*

Pivot-Tabelle

Pivot-Tabellen teilen Daten in Gruppen ein, um sie übersichtlich darzustellen. So können verschiedene, voneinander abhängige Datengruppen in verschiedenen Perspektiven betrachtet werden. Tabellenkalkulationsprogramme verwenden Pivot-Tabellen.

➭ *Siehe Tabellenkalkulation*

Pixel

Abk.: Picture Element

▲ *Syn.: Pel*

Ein Pixel ist das kleinstmögliche Bildelement in einer digitalen Grafik. Ein Pixel kann abhängig von der Farbtiefe nur 2 (bei 1 Bit Farbtiefe) oder eine von 16 Millionen Farben (bei 24 Bit) annehmen.

➭ *Siehe Grafik; Pixelgrafik; Farbtiefe*

Pixel Shader

Pixel Shader sind seit »DirectX 8« programmierbare 3D,-Funktionen. Der Pixel Shader gehört zur Render-Engine eines 3D-Chipsatzes. Zusammen mit dem Vertex Shader und anderen Funktionen bildet der Pixel Shader die 3D-Pipeline, die dreidimensionale Ausgangsdaten in zweidimensionale Bilder umrechnet. Der Pixel Shader kann sechs Texturen in einem Durchlauf untersuchen, um die Farbe eines Pixels festzustellen und neu zu berechnen. Dabei können die Texturen in einem dreidimensionalen Array abgespeichert werden. Vorteil des Pixel Shaders ist das schnelle Per-Pixel-Rendering mit vielen Lichtquellen. Darüber hinaus beschleunigt er Funktionen zur Berechnung des Lichtes an Oberflächen wie das Phong Shading, Advanced Bump Mapping sowie prozedurale Texturen. Der Pixel Shader ist eine wesentliche Funktion aktueller 3D-Grafikkarten. Mit seiner Hilfe können zahllose Effekte unter Verwendung zahlreicher Lichtquellen in Echtzeit berechnet werden. Der Pixel Shader ersetzt das Multitexturing früherer DirectX-Versionen.

➭ *Siehe DirectX; Vertex Shader; T&L*

Pixelabstand

Mit Pixelabstand wird auch der Punktabstand eines Monitors

bzw. der Abstand der Löcher in der Lochmaske bezeichnet.

⇒ *Siehe Lochmaske; Dot Pitch*

Pixelgrafik

Eine Pixelgrafik wird im Gegensatz zur Vektorgrafik als Fläche gespeichert (auch Bitmap genannt), die aus lauter farbigen Punkten (den Pixeln) aufgebaut ist. Der benötigte Speicherplatz einer solchen Grafik wächst mit zunehmender Fläche, Auflösung und Farbtiefe.

⇒ *Siehe Vektorgrafik; Pixel; Bitmap-Grafik; Farbtiefe*

Pixeltakt

Der Pixeltakt steht für die Geschwindigkeit, mit der die Signale für die Erzeugung der einzelnen Bildpunkte (Pixel) aufeinander folgen. Er berechnet sich aus der Zeilenfrequenz multipliziert mit der horizontalen Auflösung des Bildes. Zusätzliche Synchronisationspixel sind notwendig, damit der Monitor beim Zeilenwechsel den nächsten Zeilenanfang erkennen kann.

⇒ *Siehe Pixel; Horizontalfrequenz*

PKC

Abk.: Public Key Cryptography

▲ *Übers.: Öffentlicher-Schlüssel-Kryptographie*

Die Verschlüsselungart PKC arbeitet nach dem Prinzip öffentlicher Schlüssel – privater Schlüssel. Beide Schlüssel sind voneinander abhängig. Der öffentliche Schlüssel kann frei verteilt werden, während der private Schlüssel stets beim Nutzer verbleibt und geheim gehalten werden muss. Absender können Inhalte mit dem öffentlichen Schlüssel verschlüsseln. Für die Entschlüsselung wird aber der private Schlüssel benötigt. Durch die Trennung des Schlüsselpaars ist eine relativ hohe Sicherheit gegeben, solange der Nutzer den privaten Schlüssel nicht Dritten zugänglich macht. Das Programm PGP arbeitet nach diesem Prinzip.

⇒ *Siehe Schlüssel; PGP; Kryptografie; SKC; DES*

PKI

Abk.: Public Key Infrastructure

PKI erlaubt es Nutzern eines normalerweise unsicheren Netzwerkes (z.B. Internet), Daten und Informationen sicher auszutauschen. Das geschieht unter Verwendung eines privaten und eines öffentlichen Schlüssels. Beide Schlüssel werden mit demselben Algorithmus erschaffen, wobei der öffentliche nur zum Verschlüsseln geeignet ist. Mit dem privaten Schlüssel wird die Nachricht wieder entschlüsselt. Das bekannteste PKI ist das PGP.

⇒ *Siehe Algorithmus; PGP; Verschlüsselung*

PKZIP

PKZIP ist ein sehr bekanntes Kompressionsprogramm, das beliebige Daten mittels bestimmter Algorithmen in Archive packen kann, die weniger Speicherplatz benötigen als das Original. Speziell bei der Datenübertragung ist diese Kompression enorm wichtig.

⇒ *Siehe Kompression*

PL/1

Abk.: Programming Language 1

PL/1 ist eine Programmiersprache, die die Vorzüge von Fortran und Cobol verbindet. PL/1 wurde 1965 von IBM als Sprache für Großrechner eingeführt und findet keine weite Verbreitung.

⇒ *Siehe Fortran; IBM; Mainframe; Cobol*

PL/M

PL/M ist eine von Intel geschaffene Weiterentwicklung von PL/1 und dient zur maschinennahen Programmierung Intel-kompatibler PCs.

⇒ *Siehe PL/1; Intel*

Place Editing

Place Editing ist ein bei OLE gebräuchliches Verfahren zur Bearbeitung von in einem Zieldokument eingebetteten Objekten.

⇒ *Siehe OLE*

Plasmabildschirm

Plasmabildschirme bestehen aus Glasplatten, die ein Drahtgitter in einer Edelgasatmosphäre einschließen. An jedem Kreuzungspunkt kann durch Anlegen einer Spannung das Gas zum Leuchten angeregt werden. Auf diese Weise entsteht ein scharfes und flimmerfreies Bild. Im Gegensatz zu Monitoren auf Röhrenbasis sind Plasmaschirme sehr flach und haben einen relativ hohen Stromverbrauch.

⇒ *Siehe Elektronenstrahlröhre; LCD; Bildschirm*

Platform for Privacy Preferences

⇒ *Siehe P3P*

Platine

Eine Platine besteht aus einem Kunststoffmaterial, das in mehreren Schichten angeordnet ist. Platinen verbinden elektronische Bauelemente mittels dünner Leiterbahnen und stellen die Grundlage jeder elektronischen Schaltung dar und sind damit natürlich auch die Basis moderner PCs. Hergestellt werden Platinen oft mittels chemischer Ätzverfahren.

Plattenspiegelung

⇒ *Siehe Disk Mirroring*

Platter

Als Platter wird eine Magnetplatte bezeichnet, die Bestandteil einer Festplatte ist, die oft wiederum aus mehreren Platten besteht. Jede Seite der Platte ist mit einem Schreib-Lesekopf zum Schreiben und Auslesen von Daten versehen.

➠ *Siehe Harddisk; Schreib-Lese-Kopf*

Plattform

Mit Plattform oder Systemplattform werden in Bezug auf die Systemarchitektur unterschiedliche Computersysteme bezeichnet. Plattformen unterscheiden sich hinsichtlich der verwendeten CPU, der Hardwarekomponenten, oft auch hinsichtlich des Betriebssystems und der verfügbaren Softwareversion. So gibt es z.B. Anwenderprogramme wie WinWord, die sowohl für die PC-Plattform unter Windows und OS/2, aber auch für die Mac-Plattform, Alpha-Plattform oder Unix verfügbar sind. Hardwarekomponenten liegen ebenfalls in unterschiedlichen Versionen für die einzelnen Plattformen vor, z.B. Grafikkarten.

➠ *Siehe CPU; Alpha-Chip; Windows; Macintosh; Betriebssystem; OS/2*

Platzhalterzeichen
➠ *Siehe Wildcard*

Plotter

Ein Plotter ist ein Ausgabegerät ähnlich einem Drucker. Plotter werden vor allen Dingen im CAD-Bereich zur Ausgabe großer (DIN A4 bis DIN A0) Konstruktionszeichnungen verwendet. Es werden generell drei Plottertypen unterschieden, die herkömmlichen Stiftplotter sowie Walzen- und Trommelplotter, als Abkömmlinge des Stiftplotters. Die Übertragung der Zeichnung auf das Druckmedium erfolgt beim Stiftplotter über einen oder mehrere (verschiedenfarbige) Stifte, die zweidimensional senkrecht stehend über das Druckmedium bewegt werden. Beim Flachbettplotter ist das Medium auf dem Plotter fixiert, bei den Trommel- oder Walzenplottern wird es über eine Trommel (Walze) weiterbewegt. Neben diesen Plottertypen gibt es Schneideplotter, bei denen statt des Stifts ein Messer eingesetzt wird, und elektrostatische bzw. Tintenstrahlplotter (z.B. HP DesignJet), die ähnlich arbeiten wie Laser- und Tintenstrahldrucker.

➠ *Siehe Ink-Jet Printer; Laserprinter; Drucker*

Bild P.5: Plotter

Plug&Play

Frei übersetzt bedeutet Plug&Play »Einstecken und Loslegen«. Die Plug&Play-Technologie soll die problemlose Erweiterung des PCs mit Peripheriegeräten und Erweiterungskarten ermöglichen. Die Hardwarekomponenten müssen einer bestimmten Spezifikation folgend gebaut werden, damit sie als Plug&Play-fähig gelten. Die Komponenten sollen sich idealerweise bei Anschluss z.B. unter Windows 9x selbst konfigurieren, was aber oft nicht möglich ist, da sowohl das Betriebssystem, als auch das BIOS ihre eigenen Einstellungen (in Bezug auf z.B. Interrupts, DMA-Kanäle usw.) vorschreiben.

➡ *Siehe DMA; Interrupt; Peripherie; Betriebssystem; Erweiterungskarte*

Plug-In

Ein Plug-In ist eine Erweiterung für Hardwarekomponenten oder Software, welche neue Funktionen bietet.

PM

Abk.: Personal Mail

▲ *Übers.: persönliche Nachricht*

PM ist die seltene Bezeichnung für eine E-Mail.

➡ *Siehe E-Mail*

PMMU

Abk.: Paged Memory Management Unit

PMMU ist eine Hardwareeinheit zur Realisierung von Aufgaben, die im Zusammenhang mit dem Zugriff auf und der Verwaltung von virtuellem Speicher stehen.

➡ *Siehe Speicher, virtueller*

PMOS

Abk.: P-Channel Metal Oxide Semiconductor

PMOS ist eine Technologie bei Halbleitern, bei der der leitende Kanal aus P-leitendem Halbleitermaterial hergestellt ist. PMOS beruht auf der Bewegung von »Lücken« im Kristallgitter anstelle von Elektronen und ist daher langsamer als N-Kanal-MOS.

PNG

Abk.: Portable Network Graphics

PNG (Portable Network Graphics) wurde als Reaktion auf Lizenzforderungen der Firma Unisys für deren Grafikformat GIF entwickelt (Unisys hatte das GIF-Format bis dato lizenzfrei zur Verfügung gestellt). Als Alternative zum GIF-Format weist PNG einige Verbesserungen auf, die besonders für den Einsatz im Internet Vorteile bringen. Zum einen unterstützt es 24 Bit-Farbinformationen und bietet eine verlustfreie Kompression, was es zum Quasikonkurrenten von JPEG macht. Zum anderen erlaubt es die Definition von Hintergrundtransparenz und stellt transparente Teile sogar ohne die lästigen gezackten Bildkanten dar. Wie GIF erlaubt es Interlacing und unterstützt auch Streaming (serielles Lesen der Bildinformationen). Leider wird das PNG-Format bisher nur von wenigen Browsern unterstützt. Internet Explorer unterstützt PNG in der Version 5.5 noch nicht vollständig, Netscape dagegen schon.

➠ *Siehe GIF; TIFF; JPEG*

Pocket PC

Ein Pocket-PC ist ein Handheld-PC, der einen Intel-Prozessor und eine spezielle Windows-Version verwendet. Microsoft bietet auch eine spezielle Version seiner Office-Suite an (Pocket Office).

➠ *Siehe Windows CE; Intel*

PoE

Abk.: Power-over-Ethernet

Ein Standard entsprechend der Spezifikation IEEE 802.3af zur Übertragung von Strom über Twisted-Pair-Netzwerkkabel.

Point

1. Point oder Didot-Punkt ist eine Maßeinheit im Satz- und DTP-Bereich. Ein Didot-Punkt entspricht 0,375 mm.
2. Point ist die Bezeichnung für Druckpunkt, Bildpunkt usw.
3. Point ist die kleinste Einheit im Fido-Netz, Teilnehmer an einem Node.
4. Point ist auch eine typographische Maßeinheit. Ein Point entspricht 0,35277 mm oder 1/72 Zoll.

➠ *Siehe Node; Typografie; Pixel*

Point Sampling

Point Sampling ist die Methode zur Skalierung von Texturen auf 3D-Objekten. Beim ihr wird zur Berechnung des Farbwertes der Texel benutzt, der dem berechneten Punkt auf der skalierten Textur am Nächsten ist. Dies führt jedoch zu sehr pixeligen Grafiken. Bessere Qualität liefert die bilineare bzw. trilineare Texturfilterung.

➠ *Siehe 3D-Funktionen; 3D-Grafik; Texturfilterung, bilineare; Textur; Texel*

Point to Point Tunneling Protocol

➠ *Siehe PPTP*

Pointer

Pointer ist die Bezeichnung für eine Variable, die auf die Adresse einer anderen Variablen verweist.

➠ *Siehe Variable; Programmiersprache*

Policies

Policies oder auch Systemrichtlinien sind Vorgaben für Werte in den Schlüsseln der Systemregistrierung. Damit werden vom Administrator des Systems den einzelnen Benutzern ganz genaue Anwendungen oder auch Rechte vorgegeben. Die Systemrichtlinien werden von einem Policy-Editor bearbeitet, welcher unter dem Betriebssystem Windows 9x oder NT läuft.

➠ *Siehe Administrator*

Policy

Policy ist die Bezeichnung für die Verhaltensregeln in einem Fido-Netz.

➠ *Siehe FidoNet; Policies*

Pollen

1. Beim Polling wird der gegenwärtige Funktionsstatus von Peripheriegeräten durch den Computer abgefragt.

2. Pollen ist die Bezeichnung für die Fernabfrage von Faxdokumenten (auch Fax-On-Demand genannt).

➠ *Siehe Peripherie; Fax-Polling*

Polygon

Ein Polygon ist ein Vieleck. Der Begriff bezeichnet im 3D-Grafikbereich die Grundelemente, aus denen jedes 3D-Objekt aufgebaut ist – Dreiecke.

➠ *Siehe 3D-Grafik*

Polygone, konvexe

Polygone sind konvex, wenn keine zwischen beliebigen Punkten ihres Randes oder ihrer Hülle gezogene Linie das Objekt verlässt. Das heißt, wenn keine Aushöhlungen existieren. Konvexe Polygone sind z.B. ein Quader, Kegel oder eine Kugel.

➠ *Siehe 3D-Grafik*

Polyhedron

Ein Polyhedron ist ein aus Polygonen zusammengesetzter Körper.

➠ *Siehe Polygon*

Polymorpher Virus

➠ *Siehe Computervirus; Virus, polymorpher*

PoP

Abk.: Point of Presence

Der Point of Presence (PoP) ist der Einwahlknoten eines Providers.

➠ *Siehe ISP*

POP3

Abk.: Post Office Protocol 3

POP3 ist die Bezeichnung für ein im Internet gebräuchliches Übertragungsprotokoll, das die Übertragung von E-Mails vom Mailserver zum Empfänger regelt. Die Übertragung erfolgt, sobald der Anwender die Mail über eine POP3-fähige Software abfragt.

POP3 wird langsam von IMAP4 abgelöst.

⇒ *Siehe Internet; IMAP4; E-Mail; Mailserver*

Popup-Menü

Popup-Menüs öffnen sich z.B., wenn der Anwender mit der rechten Maustaste auf den Desktop oder in ein Anwendungsprogramm klickt. In ihnen findet er erweiterte Optionen zur Behandlung eines Objekts (z.B. einer Datei oder eines Dokuments), wie Kopieren, Einfügen, Löschen usw.

⇒ *Siehe Klicken; GUI*

Port

Port ist die englische Bezeichnung für eine Stelle innerhalb eines Computersystems, an der Daten übergeben werden, z.B. Adressen. Port ist aber auch die Bezeichnung für eine Schnittstelle, z.B. Serial Port für serielle Schnittstelle, Parallel Port für die parallele Schnittstelle oder Game-Port für den Anschluss eines Joysticks.

⇒ *Siehe Parallel-Port-Modus; Gameport; Schnittstelle; Adresse*

Port Replicator

Im Gegensatz zur Docking-Station hat ein Port Replicator keine weiteren Bus-Steckplätze, sondern lediglich Peripherie-Anschlüsse.

⇒ *Siehe Docking-Station; Bus; Peripherie*

Port Switching Hub

⇒ *Siehe Switching Hub*

Portabilität

Die Möglichkeit zur Übertragung von Software auf eine andere Systemplattform wird Portabilität genannt. Ein Programm, welches für eine andere Systemplattform neu geschrieben wurde, wurde auf die Systemplattform »portiert«.

⇒ *Siehe Plattform*

Portable

Portable ist die Bezeichnung für einen tragbaren PC (portable PC). Portables sind größer als Notebooks oder Laptops, da sie mit Erweiterungskarten aufrüstbar sind. Als Bildschirm wird aber wie beim Notebook oder Laptop ebenfalls ein LCD-Display eingesetzt.

⇒ *Siehe Laptop; Notebook; LCD; Bildschirm; PDA; Erweiterungskarte*

Portable Document Format

⇒ *Siehe PDF*

Portable Network Graphics

⇒ *Siehe PNG*

Portable Operating System Interface

⇒ *Siehe POSIX*

Portal

Ein Portal ist eine stark frequentierte Site im Internet, die meist von einer der großen High-Tech-Firmen betrieben wird. Diese Site heißt deshalb Portal, weil die Site zum einen für viele Surfer als Eintrittspunkt in das Internet dient, zum anderen einen gebündelten Ausgangspunkt zu anderen Sites bietet. Da ein Portal sozusagen einen Knotenpunkt im Internet darstellt, finden hier zahlreiche Firmen potentielle Zielgruppen und Kunden. Eine der Haupteinnahmequellen eines Portals ist aus diesem Grund der Verkauf von Werbefläche auf der Site.

➠ *Siehe Internet; Netscape Communications; Site*

Portieren

Der Begriff »Portieren« bezeichnet die Übertragung einer Software von einer Systemplattform auf eine andere. Dabei ist es notwendig, den Programmcode der Systemarchitektur der neuen Plattform (z.B. OS/2 oder MacOS) anzupassen. Ein Beispiel wäre die Portierung von Windows NT auf DEC-Alpha-Workstations, die nicht die Intel-kompatible Architektur, sondern die eigene Alpha-Architektur verwenden.

➠ *Siehe Plattform; Architektur*

Portnummer

Portnummern werden dazu verwendet, um IP-Pakete an einen bestimmten Dienst oder Prozess eines Computers zu senden. So genannte wellknown (bekannte) Port-Nummern sind fest vergeben, wie z.B. Port-Nummer 25, welche dem E-Mail-Dienst SMTP zugeordnet ist. Neben den wellknown Port-Nummern gibt es Nummern, die nur vorübergehend vergeben werden, wie z.B. die Port-Nummer einer Telnet-Sitzung, die erlischt, sobald die Sitzung beendet wird. Das Internetprotokoll HTTP verwendet z.B. Port 80.

➠ *Siehe IP; HTTP; Prozess; SMTP; Telnet*

Portrait

Die vertikale Ausrichtung eines Dokuments oder einer Seite in einer Textverarbeitung wird als Hochformat (Portrait) bezeichnet.

➠ *Siehe Landscape*

Positionale Notation

➠ *Siehe Notation, positionale*

Positionieren

Die Ausrichtung der Schreib-Lese-Köpfe oder die Bewegung der Köpfe auf einem Zylinder einer Festplatte wird Positionierung genannt.

➥ *Siehe Schreib-Lese-Kopf; Harddisk; Zylinder*

Positive Logik

➥ *Siehe Logik, positive*

POSIX

Abk.: Portable Operating System Interface for Computer Environments

POSIX ist ein Set von Schnittstellen für Unix-basierende Betriebssysteme. Durch diese Standardschnittstellen funktionieren POSIX-konform geschriebene Programme auf unterschiedlichsten Betriebssystemen. Betriebssysteme, die POSIX-konform sind, werden von der Open-Group mit dem Unix-Zeichen versehen, z.B. IBMs OS/390.

➥ *Siehe Schnittstelle; Unix; Betriebssystem*

POST

Abk.: Power On Self Test

Beim Booten des Computers führt der Computer bzw. das BIOS eine Selbstdiagnose durch, den Power-On-Self-Test (P.O.S.T.). Dabei testet er alle wichtigen angeschlossenen Hardwarekomponenten (z.B. Festplatte, Diskettenlaufwerk, Grafikkarte) usw. Eventuelle Fehler werden durch den so genannten Beep Code ausgegeben.

➥ *Siehe Beep Code; Hardware; Harddisk; Grafikkarte; BIOS; Diskettenlaufwerk*

Post

Post ist eine Skript-Methode, um Daten (z.B. Formulardaten) vom Client (z.B. Webbrowser) an den Server (z.B. HTTP-Server) zu übermitteln. Im Gegensatz zur Methode »get«, bei der die Daten in die Ziel-URL geschrieben und somit an den Server übermittelt werden, öffnet der Client bei »post« einen direkten Kanal zum Server und übermittelt die Daten an ein CGI-Skript. Der Vorteil der Methode »post« ist, dass Daten unsichtbar und nicht in der URL übermittelt werden, und dass es nicht vorkommen kann, dass die Daten abgeschnitten werden, wenn sie zu lang sind.

➥ *Siehe Get; CGI-Skript; Webbrowser*

Post Office Protocol 3

➥ *Siehe POP3*

Post, elektronische

➥ *Siehe E-Mail*

Posten

Von englisch »to post« = (eine Nachricht) anschlagen. Es ist z.B. üblich zu sagen: »der Anwender hat eine Nachricht (message) gepostet«. Dieser Ausdruck wird in Mailboxen, Foren und Newsgroups verwendet.

⇒ *Siehe Newsgroup; BBS; Forum; Msg*

Posting

⇒ *Siehe Posten*

PostScript

PostScript ist eine von der Firma Adobe entwickelte Programmiersprache zur Beschreibung von Seiten und grafischen Elementen innerhalb eines Dokuments. Um PostScript nutzen zu können, muss das Ausgabegerät (z.B. der Drucker) PostScript-fähig sein.

⇒ *Siehe Adobe; Belichter; PDF; Druckersprache; Laserprinter*

Power Down

Power Down bezeichnet das Ausschalten des Computers oder die Deaktivierung des Systems aufgrund eines Stromausfalls.

Power Glitch

Power Glitch ist die Bezeichnung für einen Stromausfall. Spezielle Geräte – USVs, unterbrechungsfreie Stromversorgung – versorgen das Computersystem nach dem Stromausfall weiterhin mit Strom.

⇒ *Siehe UPS*

Power On Diagnosis

⇒ *Siehe P.O.S.T.*

Power On Password

Beim Einschalten des Computers kann vom BIOS ein Passwort verlangt werden, ohne das das System nicht freigegeben wird, dies wird Power On Password genannt..

⇒ *Siehe Passwort; BIOS*

Power On Self Test

⇒ *Siehe POST*

Power-over-Ethernet

⇒ *Siehe: PoE*

Power Supply

Power Supply ist die englische Bezeichnung für die Stromversorgung eines Computers bzw. das Netzteil.

⇒ *Siehe Netzteil*

Power Switch

Power Switch ist die Bezeichnung für den Netzschalter am Computergehäuse.

PowerBook

PowerBook ist eine Notebook-Serie von Apple mit dem PowerPC-Prozessor.

⇒ *Siehe Notebook; Apple; PowerPC-Chip*

PowerMac

1994 wurde der PowerPC als Nachfolger der Performa-Serie von Apple vorgestellt. Anstatt der bisher verwendeten 680x0er-Prozessoren der Firma Motorola kommt im PowerMac eine Chipeigenentwicklung der Firmen Apple, Motorola und IBM – der PowerPC – zum Einsatz.

➡ *Siehe Apple; PowerPC-Chip*

Power-Management

Power-Management ist die Bezeichnung für diverse Verfahren zum Einsparen von Strom bei zeitweiliger Inaktivität des Systems oder der Systemkomponenten (Stromspar-Modus). Zu diesen Verfahren gehören DPMS oder APM. Ebenso verfügt das BIOS über integrierte Power-Management-Funktionen, die nach einiger Zeit z.B. den Monitor oder die Festplatte abschalten.

➡ *Siehe APM; BIOS; DPMS*

PowerPC-Chip

Der PowerPC-Chip basiert auf der RISC-Architektur und ist eine gemeinsame Entwicklung der Firmen Apple, IBM und Motorola. Die Bezeichnung Power steht für Performance Optimisation With Enhanced Risc. Der PowerPC ersetzt die Prozessoren der 680x0er-Familie von Motorola und wird in der PowerMac-Serie eingesetzt.

➡ *Siehe PowerMac; IBM; Apple; RISC-Prozessor; Motorola; Prozessor*

Bild P.6: Ein PowerPC-Chip

PowerPoint

PowerPoint ist ein Präsentationsprogramm von Microsoft. Es ist Bestandteil der Microsoft Office-Suite und ermöglicht die Erstellung von Business-Grafiken und Präsentationen.

➡ *Siehe Präsentationsprogramme; Microsoft*

Power-Saving

➡ *Siehe Power-Management*

Ppm

Abk.: page per minute

Ppm steht für die Druckgeschwindigkeit eines Druckers in Seiten pro Minute.

➡ *Siehe Drucker*

PPP

Abk.: Point to Point Protocol

PPP ist ein serielles Übertragungsprotokoll für Punkt-zu-Punkt-Verbindungen, das unter anderem den Zugang zum Internet ermöglicht. PPP erlaubt das Einwählen in das Internet über ein Modem und ist im Vergleich zum zuvor eingesetzten SLIP variabler, sicherer und schneller.

➠ Siehe Internet; SLIP; Modem; Protokoll

PPTP

Abk.: Point to Point Tunneling Protocol

PPTP ist ein proprietäres Protokoll von Microsoft für die Koppelung lokaler Netzwerke (LAN) bzw. von Personal-Computern mit einem lokalen Netzwerk über ein öffentliches Netzwerk (WAN), wie dem Internet. Diese Art von Verbindung ist auch bekannt als VPN (Virtual Private Network). PPTP ist eine Erweiterung des PPP-Protokolls.

➠ Siehe LAN; Internet; VPN; Netzwerk; PPP; WAN; Protokoll

Practical Extraction and Report Language

➠ Siehe Perl

PRAM

Abk.: Parameter RAM

PRAM ist ein spezielles RAM, welches durch eine Batterie mit Strom versorgt wird. Anwendung findet es in einigen Macintosh-Computern. Dort speichert es sich verändernde Daten, z.B. Uhrzeit oder Datum. Im PRAM werden aber auch Informationen über angeschlossene Geräte gespeichert. Aufgrund der eigenen Batterie gehen Informationen, die im PRAM gesichert sind, beim Ausschalten des Rechners nicht verloren.

➠ Siehe RAM; Macintosh

Präprozessor

Der Präprozessor ist ein spezielles Programm bzw. ein Programmteil, das für eine Vorkompilierung eines Programms sorgt. Dabei ersetzt der Präprozessor bestimmte Teile im Quelltext, die über so genannte Direktiven gekennzeichnet sind.

➠ Siehe Compiler; Programmiersprache; C++

Präsentationschicht

➠ Siehe OSI-Schichtenmodell; OSI; Presentation Layer

Präsentationsgrafik

➠ Siehe Business Graphics

Präsentationsprogramme

Präsentationsprogramm ist im Allgemeinen die Bezeichnung für Business-Applikationen, die die Erstellung von Geschäftsgrafiken und Präsentationen erlauben. Beispiele sind Microsoft PowerPoint,

Harvard Graphics, Corel Presentations oder Lotus Freelance.

➡ Siehe Lotus; Business Graphics; Corel; PowerPoint

Precompensation

Der Wert der Precompensation war früher ein Parameter für Festplatten im BIOS, der sich auf die Vormagnetisierung der Platte bezog.

➡ Siehe Harddisk; BIOS

Preemptives Multitasking

➡ Siehe Multitasking, preemptives

Prellen

Als Prellen wird das Nachschwingen einer Taste beim Betätigen bezeichnet. Dadurch kann es zu unerwünschtem mehrfachen Schließen des Kontakts kommen.

Preprozessor

➡ Siehe Präprozessor

Preselection

Preselection heißt Vorauswahl und ist ein Verfahren, bei dem der Kunde einer Telefongesellschaft bei der Wahl einer Fernverbindung in ein anderes Anbieternetz wechselt, welches eventuell günstiger ist. Dafür ist ein entsprechender Vertrag nötig. Danach werden automatisch alle Nummern, die über das Ortsnetz hinausgehen, über diesen Anbieter geleitet.

➡ Siehe Call-by-Call

Presentation Layer

Der Presentation Layer ist die sechste Schicht des OSI-Schichtenmodells.

➡ Siehe OSI-Schichtenmodell; OSI

Preset

Als Preset werden bei Programmen oder Geräten die Voreinstellungen des Herstellers bezeichnete.

➡ Siehe Programm; Gerät

Prestel

1. Prestel ist der Name des BTX-Equivalents in England.

2. Prestel ist eine Abkürzung für Press Telephon Button, zu Deutsch Telefontaste drücken.

➡ Siehe Minitel; Btx

Pretty Good Privacy

➡ Siehe PGP

Preview

Viele Anwendungsprogramme (Textverarbeitungs-, Grafik-, DTP-Programme etc.) bieten die Möglichkeit an, eine Vorschau auf das gedruckte Ergebnis am Bildschirm zu erhalten. Dies wird als Preview oder auch Seitenvorschau bezeichnet.

Primärer Domänen-Controller

➡ Siehe PDC

Primärmultiplex-Anschluss

➡ Siehe ISDN-Anschlussarten

Primärschlüssel

Der Primärschlüssel dient in einer Tabelle einer relationalen Datenbank zur eindeutigen Kennzeichnung der einzelnen Datensätze. Der Primärschlüssel kann aus einem Feld oder einer Kombination von Feldern gebildet werden. Oft ist er eine laufende Nummer, die vom Datenbankprogramm automatisch vergeben wird.

➭ *Siehe Datenbank, relationale; Tabelle; Datenfeld*

Primary Domain Controller

➭ *Siehe PDC*

Printer Access Protocol

➭ *Siehe PAP*

Priorität

Die Priorität dient im Allgemeinen bei einer Reihe von anstehenden Aufgaben zur Festlegung der Reihenfolge, in der diese abgearbeitet werden sollen. Beim Multitasking können z.B. den einzelnen Tasks unterschiedliche Prioritäten zugeordnet werden. In Abhängigkeit von der Priorität wird sowohl die Menge der Zeit festgelegt, die einem Task zugewiesen wird, als auch wie häufig die Zuweisung geschieht.

➭ *Siehe Task; Multitasking; Multithreading*

Private Branch Exchange

➭ *Siehe PBX*

Privater Schlüssel

➭ *Siehe PKC; Schlüssel; PGP*

PRN

Abk.: Printer

PRN ist eine alternative Bezeichnung unter DOS und OS/2 für die erste parallele Schnittstelle (LPT1).

➭ *Siehe Schnittstelle, parallele; LPT*

Process Identification Number

➭ *Siehe PID*

Procomm

Procomm ist ein weit verbreitetes Terminalprogramm unter DOS und Windows.

➭ *Siehe Terminalprogramm*

Profiler

Als Profiler werden Programme bezeichnet, die es erlauben, Programme auf ihr Laufzeitverhalten hin zu untersuchen. Dabei wird gemessen, welche Programmteile wie oft ausgeführt werden und wie viel Zeit dafür notwendig ist. Damit ist es möglich, Stellen in einem Programm zu finden, die das Programm ausbremsen, und geeignete Optimierungsmaßnahmen zu ergreifen.

➭ *Siehe Programm; Programmiersprache*

Program Counter

➭ *Siehe PC*

Programm

Ein Programm ist eine Folge von Anweisungen und Befehlen, welche von einem Computer verarbeitet werden kann. Diese Befehle und Anweisungen können in Maschinensprache oder einer höheren Programmiersprache eingegeben werden.

➥ *Siehe Programmiersprache; Maschinensprache*

Programm, ausführbares

Ein ausführbares Programm enthält gespeicherte Folgen von Prozessorbefehlen mit den entsprechenden Datenbereichen. Das Programm kann durch das Betriebssystem in den Hauptspeicher des Systems geladen und durch Übergabe der Startadresse an den Befehlszähler der CPU ausgeführt werden. Unter MS-DOS haben ausführbare Programme die Erweiterung ».exe« oder ».com«. Auch das Betriebssystem und das BIOS bestehen aus ausführbaren Programmen.

➥ *Siehe CPU; Hauptspeicher; Betriebssystem; Startadresse*

Programm, rekursives

Ein rekursives Programm ist ein Programm, das rekursive Programmteile beinhaltet.

➥ *Siehe Programm*

Programmablauf

Als Programmablauf wird die Abfolge der einzelnen Schritte bezeichnet, die ein Programm ausführt.

➥ *Siehe Programm*

Programmabsturz

➥ *Siehe Crash*

Programmcode

➥ *Siehe Source-Code*

Programmdatei

Eine Datei, in der ein ausführbares Programm gespeichert ist, wird Programmdatei genannt.

➥ *Siehe Programm*

Programmfehler

Unter Programmfehler werden Fehler innerhalb eines Programms verstanden, die dafür sorgen, dass ein Programm entweder gar nicht erst übersetzt werden kann oder aber nicht richtig funktioniert. Es wird zwischen Syntaxfehlern und logischen Fehlern unterschieden. Bei Syntaxfehlern verstößt eine eingegebene Anweisung gegen die von der Programmiersprache geforderte Syntax. Diese wird meist beim Kompilieren vom Compiler beanstandet. Schwerwiegender sind logische Fehler bzw. Fehler, die in der logischen Struktur des Programms stecken, da sich diese oftmals erst in ganz bestimmten Anwendungssituationen offenbaren.

➥ *Siehe Syntaxfehler; Betaversion; Bug; Syntax; Programm; Debugger; Debugging*

Programmgenerator

→ Siehe *Application Generator*

Programmierer

Ein Programmierer erstellt mit Hilfe einer Programmiersprache und entsprechender Werkzeuge Programme für einen Computer.

→ Siehe *Programmierumgebung; Programm; Programmiersprache*

Programmiersprache

Bei einer Programmiersprache handelt es sich um eine formale Sprache, die zur Programmierung von Computern verwendet wird. Es wird zwischen Assembler- und Hochsprachen unterschieden. Assemblersprachen sind extrem hardwarenah, so dass direkt mit dem Befehlssatz des Prozessors gearbeitet wird. Hochsprachen verwenden dagegen eine Syntax, die eher der natürlichen Sprache angelehnt ist.

→ Siehe *ALGOL; Assembler; VB; Syntax; Programm; Pascal; Perl; Basic; C++; Java; Maschinensprache*

Programmierumgebung

Als Programmierumgebung wird eine Kombination aus Programmen und Tools zur Erstellung von Programmen mit einer Programmiersprache bezeichnet. Im Normalfall wird ein Editor, ein Compiler oder ein Interpreter und eventuell ein Linker benötigt. Zum Aufspüren von Fehlern ist meistens noch ein Debugger vorhanden.

→ Siehe *Linker; Compiler; Editor; Programm; Debugger; Programmiersprache; Interpreter; Tool*

Programmierung, ereignisgesteuerte

Eine ereignisgesteuerte Programmierung ist ein Programmierkonzept, bei dem ein Programm ständig auf das Drücken einer Taste oder auf Mausbewegungen wartet, um diese Menge von Ereignissen zu prüfen und entsprechend darauf zu antworten.

→ Siehe *Programm; Ereignis*

Programmierung, lineare

Die lineare Programmierung bezeichnet die Erstellung von Programmen zur Ermittlung optimaler Lösungen für Gleichungssysteme aus linearen Funktionen, ohne dass ausreichend Terme für eine direkte Lösung vorhanden sind.

→ Siehe *Programm*

Programmierung, modulare

Modulare Programmierung bezeichnet eine Programmiertechnik, bei der häufig benutzte Routinen als eigenständige Module oder Prozeduren formuliert und kompiliert werden. Diese Programmteile können dann in anderen Programmen immer wieder verwendet werden. Der leicht höhere Aufwand beim Programmieren wird durch die Flexibilität, die diese Module bieten, wieder aufgewogen.

➭ *Siehe Modul*

Programmierung, objektorientierte

Bei der objektorientierten Programmierung handelt es sich um einen modernen und inzwischen weit verbreiteten Programmieransatz. Dabei stehen als Organisationsstruktur Objekte im Vordergrund. Diese zeichnen sich durch Eigenschaften und Methoden aus. Methoden können als die Fähigkeiten eines Objekts gesehen werden. Dieses Prinzip, dass ein Objekt sowohl die Daten als auch die zur Bearbeitung dieser Daten notwendigen Prozeduren beinhaltet, wird Kapselung genannt. Der Objektansatz kommt der natürlichen Art des Denkens näher als frühere Programmieransätze und ermöglicht es, Programmcodes leichter zu pflegen. Ein wesentliches Ziel der objektorientierten Programmierung ist die Wiederverwendung von Programmcodes und dadurch Kosteneinsparungen bei der Entwicklung. Eine Standard-Programmiersprache für die objektorientierte Programmierung ist C++.

➭ *Siehe Objektorientiert; Programmiersprache; C++*

Programmierung, strukturierte

Bei größeren Projekten wird bei einem linearen Programmaufbau das Programm sehr schnell sehr unübersichtlich und erhöht damit den Programmieraufwand bei Änderungen extrem. Gerade die Beseitigung von Fehlern wird unverhältnismäßig kompliziert. Aus diesen Gründen wurde die strukturierte Programmierung ersonnen. Hier wird jedes Problem in kleinere aufgeteilt und dann werden diese Teilprobleme ausprogrammiert, wobei diese wiederum durchaus noch einmal aufgeteilt werden können usw. Diese Gliederung erhöht die Übersicht, lässt die Verifikation einzelner Teile zu und damit die Möglichkeit der Fehlerfindung. Diese hierarchische Struktur enthält zudem möglichst keine Sprünge, sondern nur Module, die oft in Schichten gegliedert werden (Schichtenmodell). Verwendet wird dieser Stil vor allem in den sehr gebräuchlichen Programmiersprachen C und Pascal. Bei objektorientierten Programmiersprachen, wie z.B. C++, ist dieser Stil bereits voll im Konzept integriert und wird praktisch automatisch angewendet.

➭ *Siehe Objektorientiert; C; Programmiersprache; Pascal; C++*

Programming in Logic

➭ *Siehe Prolog*

Programm-Manager

Der Programm-Manager war unter Windows 3.x die zentrale Benutzeroberfläche. Aus dieser heraus wurden andere Programme gestartet. Der Programm-Manager ist ein eigenständiges Programm, das beim Start von Windows geladen wurde. Durch das Beenden des Programm-Managers wurde auch Windows beendet.

⇒ *Siehe Windows; Windows for Workgroups*

Projekt Gutenberg

http://www.promo.net/pg

Das Projekt Gutenberg ist ein Projekt, das es ermöglicht, vollständige Texte von Werken der Weltliteratur über das Internet abzurufen. Die Texte sind dabei im ASCII-Format gespeichert, um sie einem breiten Kreis an Benutzern zugänglich zu machen.

⇒ *Siehe ASCII; Internet*

Prolog

Abk.: Programming in Logic

Prolog ist eine Programmiersprache für die logische Programmierung. Sie wurde in den siebziger Jahren entwickelt und erlangte auf dem Gebiet der Künstlichen Intelligenz weite Verbreitung. Prolog ist eine kompilierte Sprache, die anstatt mit mathematischen mit logischen Beziehungen arbeitet. Der erste Prolog Compiler wurde 1972 durch Phillippe Roussel entwickelt.

⇒ *Siehe Programmiersprache; AI*

Prompt

Prompt wird die Eingabeaufforderung eines textorientierten Betriebssystems genannt.

⇒ *Siehe Eingabeaufforderung*

Proportionale Schrift

⇒ *Siehe Schrift, proportionale*

Protected Mode

Der Protected Mode ist ein spezieller Modus bei Intel-CPUs ab dem 286er-Prozessor. Dieser Modus erlaubt die direkte Adressierung des maximal adressierbaren Speichers. Dieser hängt von der Anzahl der Adressleitungen der CPU ab. Der 286er verfügte über 24 Adressleitungen, womit 16 MByte Arbeitsspeicher adressiert werden konnten. Ab dem 386er waren es dann 32 MByte, womit 4 GByte adressierbar sind.

⇒ *Siehe CPU; A20-Gate; Adressierung; Real Mode*

Protection

Protection ist ein Schutzmechanismus, der in Netzen eingesetzt wird, wenn einzelne Komponenten ausfallen sollten, um die Daten zu schützen. Dabei müssen zusätzlich zu den Arbeitskapazitäten Reservekapazitäten im Netz vorhanden sein. Beim Protection-Verfahren werden schon bei der Netzkonfiguration Reservekapazitäten definiert, auf die im Falle eines Fehlers zurückgegriffen wird.

➟ *Siehe Netzwerk*

Protokoll

1. Bei der Datenübertragung wird eine Vorschrift zum Austausch von Daten als Protokoll bezeichnet. Protokolle sollen die sichere und effiziente Übertragung der Daten gewährleisten.
2. Das Protokoll ist eine spezielle Datei zur Aufzeichnung von Vorgängen. Protokolle werden häufig von Netzwerkservern verwendet, um die einzelnen Zugriffe aufzuzeichnen.

➟ *Siehe Log-Datei; Internet-Protokolle; Netzwerkprotokoll*

Protokoll, binäres synchrones

Das binäre synchrone Protokoll ist ein von IBM entwickelter Kommunikationsstandard.

➟ *Siehe IBM; Protokoll*

Protokoll, bitorientiertes

Ein bitorientiertes Protokoll ist ein Kommunikationsprotokoll, das die Übertragung von Daten in Form eines kontinuierlichen Bitstroms definiert, und nicht als Folge von Einzelzeichen.

➟ *Siehe Bitstrom; Protokoll*

Prototyping

Prototyping ist eine Methode, um neue Computersysteme, Programme oder Informationsverwaltungssysteme zu testen oder zu verfeinern. Dazu wird ein Modell des zu testenden Systems erstellt, an dem Tests durchgeführt werden. Es wird vom so genannten »rapid prototyping« gesprochen wenn schnell hintereinander immer wieder leicht verbesserte Prototypen entwickelt werden, ohne lange an einem »perfekten« Prototypen zu planen.

➟ *Siehe Programm; Computer; Prototyping, virtuelles*

Prototyping, virtuelles

Bauteile von Fahrzeugen und Flugzeugen werden heute unabhängig voneinander entwickelt und gefertigt. Um die Zusammenarbeit der oft von verschiedenen Herstellern stammenden Teile zu überprüfen, werden sie mit einem CAD-System virtuell zusammengebaut. Dieses Verfahren wird als virtuelles Prototyping bezeichnet.

➟ *Siehe CAD; Prototyping*

Provider

➟ *Siehe ISP; Internet-Provider; Online-Dienst*

Proxy

Proxys sind spezielle Server im Internet oder einem Netzwerk, die zur Zwischenspeicherung von Daten dienen. Das Prinzip ist ähnlich dem des Cache. Sobald eine Webseite aus dem Internet geladen wird, wird diese auch auf dem Proxy-Server abgelegt. Erfolgt zu einem späteren Zeitpunkt ein erneuter Zugriff auf diese Seite, muss diese nicht mehr aus dem Internet übertragen werden, sondern kann vom Proxy-Server geladen werden. Dieses Vorgehen spart in der Regel viel Zeit. Proxies werden häufig von Internet-Providern verwendet.

➡ *Siehe Internet; Server; Cache; Internet-Provider; Intranet*

Proxy-Server

➡ *Siehe Proxy*

Prozedur

Als Prozedur wird eine Folge von Anweisungen in einem Programm bezeichnet, welche zu einer Einheit zusammengefasst ist. Diese Einheit erhält einen eindeutigen Namen, über den dieser Programmteil von einer anderen Stelle im Programm aus aufgerufen werden kann. Prozeduren dienen dazu, Programme übersichtlicher zu gestalten und gleichzeitig die Pflege einfacher zu machen.

➡ *Siehe Programm; Programmiersprache*

Prozess

Vorgänge, bei denen Daten verarbeitet werden, werden als Prozesse bezeichnet. Diese Vorgänge, die von Programmen ausgeführt werden, sind in sich geschlossen. Beispiele hierfür sind das Drucken eines Dokuments, das Kopieren einer Datei etc. In einem Multitasking-Betriebssystem können mehrere Prozesse gleichzeitig ablaufen. Prozesse sind hier in der Lage miteinander zu kommunizieren, Daten untereinander auszutauschen, sich abzustimmen usw. Laufen Prozesse in gegenseitiger Abstimmung ab, so wird gesagt, dass diese synchron arbeiten. Sind sie dagegen völlig unabhängig voneinander, laufen sie asynchron.

➡ *Siehe Multitasking; Betriebssystem; Multithreading*

Prozessmanagement

➡ *Siehe Prozessverwaltung*

Prozessor

Ein Prozessor ist eine hochintegrierte elektronische Schaltung, die dazu dient, programmgesteuert logische Funktionen und arithmetische Berechnungen auszuführen.

➡ *Siehe DSP; CPU; Coprozessor*

Prozessor-Cache

➡ *Siehe L1-Cache*

Prozessor-Clone

Als Prozessor-Clone wird der Prozessor eines Herstellers bezeichnet, der Pin- und befehlskompatibel zu einem Prozessor eines anderen Herstellers ist. Mit

Klonen versuchen Halbleiterhersteller am Erfolg beliebter Prozessoren teilzuhaben. Beispiele dafür sind die Nachbauten (Klone) der 386er- und 486er-Intel-Prozessoren von AMD bzw. Cyrix.

➟ *Siehe AMD; NexGen; K6; Compatible*

Prozessorsockel

Der Prozessorsockel ist eine Fassung für den Prozessor. Der Sockel befindet sich auf dem Motherboard und erlaubt es in der Regel, den Prozessor mit wenig Aufwand ein- bzw. auszubauen.

➟ *Siehe Slot; ZIF-Sockel; Slot1; Motherboard*

Bild P.7: Ein ZIF-Sockel

Prozessor-Upgrade

Als Prozessor-Upgrade wird der Austausch eines Prozessors gegen eine neuere und damit schnellere Variante bezeichnet.

➟ *Siehe Prozessor*

Prozessrechner

Prozessrechner sind für die Steuerung industrieller Prozesse verantwortlich und für diese Aufgabe hinsichtlich Hardware und Betriebssystem (Echtzeitverarbeitung) optimiert. Über Sensoren an wichtigen Produktionsstellen erfolgt die Datenaufnahme. Der Prozessrechner analysiert diese Daten und steuert anhand der Ergebnisse die Produktion.

➟ *Siehe Sensor; Betriebssystem*

Prozessverwaltung

Die Prozessverwaltung fällt in den Aufgabenbereich eines Betriebssystems. Sie verwaltet die einzelnen Prozesse innerhalb eines Computersystems.

➟ *Siehe Betriebssystem; Prozess*

Prüfbit

➟ *Siehe Control Bit*

Prüfsumme

Die Bildung einer Prüfsumme ist ein gebräuchliches Verfahren zur Wahrung der Datensicherheit, z.B. bei der Datenfernübertragung oder der Datenübertragung aus dem Hauptspeicher. Die gängigste Methode ist das CRC-Verfahren. Eine andere Möglichkeit ist die Bildung eines Paritätsbit, bei dem alle Bits in einem Datenpaket aufsummiert werden. Das Paritätsbit wird dann, bestimmten Regeln folgend, in das Datenpaket aufgenommen. Eine weitere Möglichkeit ist die Aufsummierung aller Bytes in einem Datenblock. Das entstandene Byte wird als Prüfsumme verwendet.

➭ *Siehe DFÜ; Paritätsbit; Packet; Datenblock; Integrität; CRC*

PS/2

Abk.: Personal System/2

PS/2 war eigentlich die Bezeichnung für eine PC-Serie von IBM, den IBM-PS/2. Obwohl der Computer kein großer kommerzieller Erfolg war, blieb die Bezeichnung für andere Hardwarekomponenten – ehemals Bestandteil dieses Systems – erhalten. Dazu gehört die PS/2-Maus, die nicht über eine serielle Schnittstelle, sondern über einen eigenen Bus, den PS/2-Bus (auch Mausbus), angesprochen wird, sowie die PS/2-SIMMS, die eine 72-polige anstatt 30-polige Kontaktleiste haben und deswegen einen 32 Bit-Speicherzugriff erlauben.

➭ *Siehe SIMM; Schnittstelle, serielle; IBM; IBM-PC*

PS/2-Maus

Die PS/2-Maus nutzt statt der COM-Ports (serielle Maus) oder einer Schnittstellenkarte (Bus-Maus) einen speziellen, von IBM entwickelten Bus auf dem Motherboard. Die PS/2-Maus wird vom Computer erkannt, sobald sie eingesteckt wird. Der geringfügige Nachteil der PS/2-Maus besteht darin, dass sie einen eigenen Interrupt (meist IRQ 12) benötigt.

➭ *Siehe PS/2; USB; Maus; IBM*

PS/2-SIMM

Das PS/2-SIMM ist eine Bauform für einen Speicherbaustein. Das Modul hat 72 Kontaktstifte, weswegen ein 32 Bit-Speicherzugriff möglich ist. Pentium-kompatible Prozessoren arbeiten mit 64 Bit-Speicherzugriff. Daher müssen pro Speicherbank zwei PS/2-Module eingebaut sein.

➭ *Siehe SIMM; PS/2; Pentium*

Pseudocode

1. Pseudocode ist eine Maschinensprache einer so genannten Pseudomaschine. Ein Pseudocode wird durch einen Softwareinterpreter ausgeführt. Sein Vorteil liegt in der einfachen Portierbarkeit auf andere Plattformen.

2. Pseudocode ist eine formlose Notation eines Algorithmus. Er wird verwendet, um in einer frühen Entwicklungsphase einer Anwendung einen transparenten, gut lesbaren, aber nicht zu programmiersprachenfremden Code zu erhalten und diesen Schritt für Schritt in eine tatsächliche Programmiersprache umzusetzen.

➠ *Siehe Notation; Maschinensprache; Pseudomaschine; Interpreter; Portieren; Plattform*

Pseudocompiler

Pseudocompiler ist ein Compiler, welcher eine Pseudosprache erzeugt.

➠ *Siehe Pseudosprache; Compiler*

Pseudocomputer

➠ *Siehe Pseudomaschine*

Pseudomaschine

Pseudomaschine ist ein durch eine Software realisierter Prozessor. Eine für einen solchen Prozessor geschriebene Applikation kann ohne erneute Kompilierung auf verschiedenen Plattformen angewandt werden.

➠ *Siehe Prozessor; Applikation; Kompilieren; Plattform; Pseudocode*

Pseudooperation

Pseudooperation ist eine Programmieranweisung, die im Programmcode enthalten ist, aber nicht in Maschinencode übersetzt wird, weil sie einen Assembler oder einen Compiler steuert. Beispiel für eine Pseudooperation ist die Konstantendefinition.

➠ *Siehe Code; Assembler; Maschinensprache; Compiler*

Pseudosprache

Pseudosprache ist eine Programmiersprache, für die keine Implementierung existiert, das heißt, sie ist eine hypothetische Programmiersprache.

➠ *Siehe Programmiersprache*

Pseudostreaming

Pseudostreaming ist ein Verfahren für die Wiedergabe von Audio- und Videodaten im Internet. Beim Pseudostreaming kann die Wiedergabe – anders als beim echten Streaming – beginnen, sobald ein Puffer mit genügend Datenmaterial gefüllt ist. Der Teil, der bereits heruntergeladen ist, kann bereits angesehen bzw. angehört werden, ohne dass die gesamte Datei auf dem lokalen Rechner vorhanden sein muss.

➠ *Siehe Buffer*

P-System

Das P-System ist ein Programmiertool-Paket, das Compiler für Pascal, Turbo-Pascal und USCD-Pascal enthält. Diese Compiler erzeugen alle Module in der Zwischensprache des P-Codes.

➠ *Siehe Compiler; P-Code; Pascal; Turbo Pascal*

Public Domain

➠ *Siehe PD-Software*

Public Key Cryptography

➠ *Siehe PKC*

Puck

Puck ist ein mausähnliches Zeigegerät für Grafiktabletts mit einer Lupe und aufgedrucktem Fadenkreuz. Die Position auf dem Grafiktablett wird auf dem Bildschirm abgebildet. Ein Puck wird vor allem in technischen Anwendungen eingesetzt, da durch die Lupe und das Fadenkreuz eine genauere und einfachere Positionsbestimmung z.B. auf einer Zeichnung möglich ist.

⇒ *Siehe Maus; Digitalisiertablett, CAD*

Puffer
⇒ *Siehe Buffer*

Pufferung, doppelte
⇒ *Siehe Double Buffer*

Pulldown-Menü
Ein Pulldown-Menü ist Element einer grafischen Benutzeroberfläche und dient der Menüführung. Es klappt von der Menüleiste eines Anwendungsprogramms herunter und bietet dem Anwender diverse Optionen zur Steuerung des Programms oder zum Ausführen bestimmter Aktionen (z.B. Dateien bearbeiten usw.).

⇒ *Siehe GUI; Menütechnik; Menüleiste*

Pull-Technologie
Pull-Technologie ist eine Technologie zur Datenübertragung im WWW. Bei ihr reagiert der (HTTP-) Server auf Anfragen des Clients (Webbrowser) und schickt die angeforderten Daten an den Client. Bei der neueren Push-Technologie schickt der Server aktiv Daten an den Client, ohne dass dieser jedes Mal eine neue Anfrage starten muss. Beim normalen Surfen kommt die Pull-Technologie zum Einsatz.

⇒ *Siehe PointCast; Webbrowser; Server; Client; Push-Technologie*

Pulse-Code-Modulation-Verfahren
⇒ *Siehe PCM-Verfahren*

Pulswahl
⇒ *Siehe IWV*

Punched Card
Lochkarten sind in Bezug auf die Computerzeitrechnung ein antikes Speichermedium. Es wurden dabei Karten aus Karton verwendet, in die Löcher gestanzt wurden. Die Entwicklung geht bis in das 19. Jahrhundert zurück, in dem mechanische Webstühle mit Lochkarten gesteuert wurden. Später wurden Lochkarten in Tabelliermaschinen verwendet. Im Computerbereich gab es genormte Lochkarten, die nach einem standardisierten Verfahren Informationen auf den Lochkarten kodierten. Der Aufwand war immens und die Speicherkapazität eher gering. Mit zunehmendem Aufkommen von magnetischen Speichermedien verloren die Lochkarten immer mehr an Boden. Heute spielen sie keine Rolle mehr.

⇒ *Siehe Jacquard, Joseph-Marie; Lochkartenleser; Lochstreifen*

Punkt
Ein Punkt ist die typographische Maßeinheit von 0,375 mm.

➟ *Siehe Typografie*

Punktabstand
➟ *Siehe Dot Pitch; Lochmaske*

Punktdiagramm
In einem Punktdiagramm werden Werte (z.B. Zahlen) als Punkte in einem zweidimensionalen Koordinatensystem eingetragen.

➟ *Siehe Diagramme*

Push-Technologie
Im Gegensatz zur bisher gebräuchlichen Pull-Technologie, bei der der Anwender selbst alle Websites besuchen musste, welche die für ihn relevanten Daten enthielten, übernimmt bei der so genannten Push-Technologie der Browser diese Aufgabe.

➟ *Siehe PointCast*

PXE
Abk.: Preboot Execution Environment

PXE ist eine Umgebung zum Empfangen und Ausführen von Programmen vor dem eigentlichen Booten und Starten des Betriebssystems. Die Programme werden mit Hilfe von PXE von einem Server an den jeweiligen Client geschickt.

➟ *Siehe Server; Booten; WMI; Client; Betriebssystem*

Python
Python ist eine objektorientierte Interpretersprache, vergleichbar mit Perl und Tcl. Python ist leicht erlernbar und auf einer Vielzahl von Betriebssystemen vorhanden, z.B. Unix, MacOS, Windows, OS/2. Entwickelt wurde Python von Guido van Rossusi, einem Niederländer, der den Namen der Programmiersprache von der Komikertruppe Monty Python ableitete. Der Source-Code von Python ist frei erhältlich und kann von jedem verändert werden. Teile von Python findet sich auch in der ASP-Technologie von Microsoft wieder.

➟ *Siehe MacOS; Programmiersprache; Perl; Interpreter; Tcl/Tk; Microsoft; OS/2; Objektorientiert; ASP; Source-Code; Unix; Windows*

Q

QEMM

Abk.: Quarterdeck Expanded Memory Manager

Der Speichermanager der Firma Quarterdeck für MS-DOS, »QEMM«, übernimmt die gleichen Funktionen wie himem.sys und EMM386.exe.

➟ *Siehe Speichermanager; Himem.sys; EMM386.EXE*

QIC

Abk.: Quarter Inch Cartridge

QIC ist ein Standard für Magnetbandkassetten für Streamer. Der mittlerweile veraltete Standard wurde für Kapazitäten von 40, 80 und 250 MByte verwendet, wurde aber von seinem Nachfolger, dem Travan-Standard, abgelöst. Travan ist abwärtskompatibel zu QIC, so dass auch die alten QIC-Streamer-Bänder gelesen werden können.

➟ *Siehe Streamer; Travan*

QMS

QMS ist Hersteller von High-end-Drucksystemen. Die Produktpalette reicht von (Farb-)Laserdruckern bis zum DIN-A3-Format über Tintenstrahldrucker und zu Thermotransferdruckern. Drucksysteme von QMS sind für die Arbeit in Netzwerken prädestiniert, da sie über Anschlussmöglichkeiten für alle gängigen Netzwerke, automatische Protokollidentifizierung und Druckersprachenerkennung verfügen.

➟ *Siehe Thermodrucker; Netzwerk; Ink-Jet Printer; Protokoll; Druckersprache; Laserprinter*

QoS

Abk.: Quality of Service

Mit Quality of Service (QoS) beschreiben Nachrichtentechniker die Qualität eines Kommunikationsnetzes anhand von Parametern. Es gibt drei Arten, einen vereinbarten Quality of Service bereitzustellen.

▶ **Best Effort:** Das Netz behandelt alle Verbindungen gleich, deshalb gibt es keine Reservierungen (z.B. Internet).

▶ **Statistical:** Jede Verbindung wird bis zu einem Grenzwert Bandbreite nach Bedarf zugewiesen.

▶ **Guaranteed:** Jede einzelne Verbindung wird unabhängig vom aktuellen Bedarf durchgehend die vereinbarte Bandbreite zugeteilt.

➟ *Siehe Kommunikationsnetz*

Qt

Qt ist eine C++ GUI-Entwicklungsumgebung. Qt erlaubt es,

dieselbe Anwendung unter unterschiedlichsten Betriebssystemen zu verwenden und sorgt somit für eine einheitliche Benutzerorientierung. Qt wird unter Unix als Open-Source vertrieben, KDE (K-Desktop Enviroment) wurde auf Grundlage von Qt entwickelt.

➟ *Siehe Open Source; KDE; C++; Linux; Betriebssystem; GUI*

Quadbit

Ein Satz von vier Bit, der zur Darstellung von 16 möglichen Kombinationen benutzt wird, wird Quadbit genannt. In der Kommunikationstechnik werden Quadbits verwendet, um anstelle von nur 1 oder 2 Bit gleich 4 Bit zu kodieren, wodurch eine höhere Datenübertragungsrate erreicht wird.

➟ *Siehe Bit*

Quadraturcodierung

Quadraturcodierung ist eine Methode, um die Mausbewegung zu bestimmen. Ausgehend von der Bewegung der Mauskugel, die durch zwei drehbare Scheiben in eine horizontale und eine vertikale Bewegung umgewandelt wird, erkennt die Mauselektronik, in welche Richtung die Maus bewegt worden ist.

➟ *Siehe Maus*

Quality of Service

➟ *Siehe QoS*

QuantiSpeed-Architektur

QuantiSpeed-Architektur ist ein Schlüsselmerkmal der AMD Athlon XP-Prozessorarchitektur. Sie ermöglicht die parallele Ausführung mehrerer Befehle pro Taktzyklus. Details:

▶ neunfache, pipelinegestützte, superskalare x86-Prozessor-Mikroarchitektur

▶ mehrere parallele x86 Befehlsdecoder

▶ drei pipelinegestützte, superskalare Fließkomma-Ausführungseinheiten, die x87- (Fließkomma), MMX- und 3DNow!-Befehle ausführen

▶ drei pipelinegestützte, superskalare Integer-Einheiten

▶ drei pipelinegestützte, superskalare Adresskalkulationseinheiten

▶ 72-Wege-Befehlssteuerungseinheit

▶ innovativer, hardwareseitiger, präemptiver Datenzugriff

▶ exklusive und spekulative Translation Look-aside Buffers

▶ verbesserte dynamische Sprung-Voraussage

➟ *Siehe Athlon; Pipeline; K6 3DNow!; MMX; Integer; FPU; Multitasking, preemptives*

Quarter Inch Cartridge
➡ *Siehe QIC*

Quarterdeck Expanded Memory Manager
➡ *Siehe QEMM*

Quellcode
➡ *Siehe Source-Code*

Quelldatei
In der Quelldatei ist der Quellcode (Source-Code, Programmcode) in Textform enthalten. Soll die Quelldatei in Maschinencode übersetzt werden, so wird von einem Quellprogramm gesprochen. Je nach Programmiersprache wird der Quellcode mit einem Compiler oder Assembler komplett übersetzt (kompiliert oder assembliert) oder mit einem Interpreter Zeile für Zeile übersetzt und ausgeführt.

➡ *Siehe Compiler; Administrator; Programmiersprache; Interpreter*

Quellprogramm
➡ *Siehe Source-Code*

Quellsprache
Die Quellsprache ist die Programmiersprache, in der der Quellcode (Source-Code) geschrieben wurde.

➡ *Siehe Source-Code; Programmiersprache*

Quelltext
➡ *Siehe Source-Code*

Querformat
➡ *Siehe Landscape*

Querverweisliste
Während der Übersetzung eines Programms wird von allen im Quellprogramm enthaltenen symbolischen Namen (Sprungmarken, Variablennamen usw.) eine Querverweisliste angelegt, die die genaue Position der Namen im Programm angibt.

➡ *Siehe Compiler; Variable; Source-Code; Marke*

Query
Query bezeichnet das Extrahieren von Daten aus einer Datenbank. Auch ein spezifischer Satz von Befehlen für das wiederholte Extrahieren bestimmter Daten wird als Query bezeichnet.

➡ *Siehe Daten; Datenbank*

Queue
Die Warteschlange (englisch: queue) ist ein Puffer, der eingehende Daten nach dem FIFO-Prinzip zwischenspeichert und an das Ausgabegerät (z.B. einen Drucker) schickt, sobald dieser wieder verfügbar ist. Innerhalb eines Netzwerks wird ein Druck-Server für diese Aufgabe eingesetzt. Da hier mehrere Computer gleichzeitig auf einen Drucker zugreifen können, muss die War-

teschlange zentral von einem Computer – dem Druck-Server – verwaltet werden.

➟ *Siehe Netzwerk; FIFO; Druck-Server*

Quicken

Quicken ist ein Finanzverwaltungssoftware der Firma Intuit. Es übernimmt Buchführung und Kontoverwaltung sowohl für Privatpersonen als auch für kleinere Unternehmen (Bilanz-Überschuss-Rechnung, doppelte Buchführung usw.). Bestandteil ist das so genannte »Quicken Live«, das dem Anwender einen Internet-Zugang zur Verfügung stellt, über den er sein Bankkonto und die aktuellen Kurse von 30.000 an der deutschen Börse gehandelten Wertpapieren abfragen kann. Mit Hilfe der Zusatzprogramme Quicken-Steuer und Quicken-Rechnung kann der Anwender bequem seine Steuer erledigen. Firmen steht eine Rechnungsverwaltung zur Verfügung. Microsoft Money ist für Quicken ein starker Konkurrent.

➟ *Siehe Intuit; Btx; Finanzsoftware*

Quicksort

Quicksort ist ein Sortierverfahren für Daten. Quicksort arbeitet iterativ und rekursiv. Dabei werden gleiche Operationen so lange auf Teilergebnisse angewandt, bis die zu sortierende Menge sortiert ist. Quicksort gilt als das schnellste Sortierverfahren für Datenmengen, die während des Sortierens komplett im Arbeitsspeicher gehalten werden. Es kann mit jeder Programmiersprache implementiert werden.

➟ *Siehe Daten; Hauptspeicher; Programmiersprache; Sortierverfahren*

QuickTime

Die für Macintosh und Windows verfügbare Software zur Multimediaerweiterung QuickTime kann bis zu 32 Spuren für Audio- und Videodaten, MIDI oder ein anderes Ausgabegerät synchronisieren.

➟ *Siehe MIDI; Real Audio; MPEG*

Quiet Mode

Bei Nadeldruckern ist es möglich den Geräuschpegel beim Drucken zu senken, indem der Drucker in den Quiet Mode geschaltet wird. Der Druckvorgang wird verlangsamt, so dass die Geräuschentwicklung nachlässt.

➟ *Siehe Pinwriter*

Quit

Mit dem Befehl Quit werden System- und Anwendungsprogramme beendet.

Quittung

Mit der so genannten Quittung wird bei der Datenfernübertragung die erfolgreiche Übermittlung eines Datenpakets von der Zielseite bestätigt.

➠ *Siehe Packet; Protokoll; Datenübertragung*

Quote

Fügt der Anwender in eine E-Mail den Text einer E-Mail eines anderen Teilnehmers ein (ein Zitat), so wird das als Quote bezeichnet.

➠ *Siehe E-Mail*

QWERTY-Tastatur

QWERTY ist die Bezeichnung für die amerikanische Tastaturbelegung, da hier im Gegensatz zur deutschen QWERTZ die ersten sechs Buchstaben der obersten Buchstabenreihe in dieser Reihenfolge angeordnet sind. In der amerikanischen Tastaturbelegung fehlt »ß«.

➠ *Siehe Keyboard; Sonderzeichen; QWERTZ-Tastatur*

QWERTZ-Tastatur

QWERTZ ist die deutsche Tastaturbelegung. Im Vergleich zur amerikanischen Tastaturbelegung sind »y« und »z« vertauscht, das »ß« ist zusätzlich vorhanden und einige Sonderzeichen, wie »/«, »?«, »=«, »*«, »#« usw., haben eine andere Position.

➠ *Siehe Keyboard; QWERTY-Tastatur; Sonderzeichen*

R

R/W

Abk.: Read/Write

R/W lässt im Gegensatz zu RO (Read Only) sowohl Lese- als auch Schreibzugriffe zu. Das Kürzel wird zur allgemeinen Kennzeichnung von Vorgängen und Geräten verwendet.

RA

Abk.: Random Access

▲ *Übers.: Wahlfreier Zugriff*

Wahlfreier Zugriff oder Random Access (RA) erlaubt wahlweise Schreib- oder Lesezugriff auf die Einheiten eines Speichers mittels direkter Adressierung. Die Arbeitsspeicher und magnetischen Massenspeicher eines Computersystems erlauben wahlfreien Zugriff.

➯ *Siehe Hauptspeicher; RA; Massenspeicher*

RAD

Abk.: Rapid Application Development

▲ *Übers.: Schnelle Anwendungsentwicklung*

RAD ist ein Verfahren zur Erstellung von Informationssystemen, bei dem die Fertigstellung des gesamten Systems nicht bedingend für die Implementierung ist, da die Programmierung und Implementierung abschnittsweise erfolgen. RAD basiert auf objektorientierter Programmierung und CASE-Werkzeugen. Es wurde von James Martin entwickelt.

➯ *Siehe CASE; Programmierung, objektorientierte; .NET; Sun ONE*

Radio Data System

➯ *Siehe RDS*

Radio Frequency Interference

➯ *Siehe RFI*

Radio LAN

Radio LAN ist ein (W)LAN, das auf Funktechnologie basiert. Beispiele sind der europäische HiperLAN-Standard und der US-amerikanische Standard 802.11.

➯ *Siehe WLAN; HiperLAN; IEEE-802.11*

Radiosity

Radiosity ist ein Verfahren in der Computergrafik, um fotorealistische Bilder zu erhalten. Radiosity beruht auf der Aufteilung des Bildes in kleine Vielecke, um die Wirkung einer Lichtquelle auf die Bildobjekte wie Reflektion von Farbe und Absorption zu berücksichtigen.

➯ *Siehe Raytracing; 3D-Grafik*

RADIUS

Abk.: Remote Authorization Dial In User

RADIUS ist ein Protokoll, das den Aufbau zu einem Server regelt, der für die Verwaltung von Benutzernamen und Kennwörtern verantwortlich ist.

➭ *Siehe Protokoll*

RADSL

Abk.: Rate-Adaptive DSL

RADSL ist eine von der Firma Westell entwickelte ADSL-Technologie. Integrierte Software sorgt für eine Feststellung der maximalen Übertragungsrate auf Benutzerseite und passt die Zustellraten entsprechend an. Das FlexCap2-System benutzt RADSL und erreicht damit Raten von 272 Kbit/s bis 2,2 MBit/s.

➭ *Siehe HDSL; MBit; CDSL; Kbit/s; ADSL; Datentransferrate*

Rahmen

1. Fast alle Datenübertragungen, die mit Datenpaketen arbeiten, benötigen zusätzlich zu den Nutzdaten Informationen über das Paket, z.B. über das verwendete Protokoll und/oder eine Prüfsumme. Diese Informationen werden als Rahmen bezeichnet.
2. Ein Rahmen ist ein wichtiger Bestandteil von Grafik- und DTP-Programmen. Er umgibt andere Elemente oder fungiert als Platzhalter, in den Elemente eingefügt werden können.

➭ *Siehe Frame; HTML; Datenübertragung*

RAID

Abk.: Redundant Array of Inexpensive Disks

1987 legte die Berkeley Universität in einer Untersuchung fünf verschieden gewichtete Standards vor, um die Datensicherheit beschreiben zu können. RAID steht dabei für Redundant Array of Inexpensive Disks, was soviel wie redundante Anordnung billiger Festplatten bedeutet. Da RAID in Wirklichkeit nicht billig ist, wird nun eher von unabhängigen (independent) statt billigen Festplatten gesprochen. Die Steigerung der Sicherheit wird durch redundante Speicherung der Daten auf verschiedene Festplatten erreicht. Von den fünf definierten Standards sind hauptsächlich Level 1 und 5 verbreitet.

▶ **Level 0:** Eigentlich ist RAID 0 kein RAID. Zwei oder mehr Festplatten werden zu einer logischen Festplatte zusammengefasst, wobei die Daten im Idealfall auf alle Platten verteilt werden (Stripe Set). Der Zugriff auf die Daten ist zwar schnell, aber sobald eine Festplatte ausfällt, sind alle Daten verloren.

▶ **Level 1:** Dieser Level wird auch Mirroring oder Duplexing genannt und speichert alle Daten parallel auf zwei verschiedene Festplatten. Der Schreibzugriff ist sehr langsam.

▶ **Level 2:** Diese höchst seltene RAID-Form verwendet Hamming-Codes zur Steigerung der Fehlertoleranz.

▶ **Level 3:** Bei RAID 3, 4 und 5 werden unter Verwendung von XOR-Operationen Prüfsummen (Parity-Informationen) der Daten gespeichert. Fällt eine Platte aus, können die verlorenen Daten aus diesen Prüfsummen wiederhergestellt werden. Fallen zwei Platten aus, sind die Daten dennoch verloren. Bei RAID 3 werden die Parity-Daten auf eine separate Festplatte geschrieben.

▶ **Level 4:** Dieser Level unterscheidet sich von RAID 3 nur dadurch, dass mehrere Schreib-/Lesevorgänge gleichzeitig ausgeführt werden können.

▶ **Level 5:** Dieser Level benötigt fünf Festplatten. Jeder Sektor, der geschrieben werden soll, wird um eine Prüfsumme erweitert und auf die fünf Platten verteilt. Fällt nun eine Platte aus, kann aus den vorhandenen Informationen alles rekonstruiert werden. Dieses System ist durch die Verteilung der Daten auch in der Lage, die Geschwindigkeit der Zugriffe und damit die Verfügbarkeit enorm zu erhöhen.

➠ *Siehe Harddisk; Sektor; Duplexing; Mirroring; Prüfsumme; SCSI*

Bild R.1: Ein RAID-Controller

RAM

Abk.: Random Access Memory

▲ *Übers.: Speicher mit wahlfreiem Zugriff*

▲ *Syn.: Arbeitsspeicher, Hauptspeicher, Primärspeicher*

RAM ist der Hauptspeicher eines Computers. Random Access heißt »wahlfreier Zugriff«. RAM-Bausteine sind Halbleiterspeicher, die in den Varianten DRAM, SRAM, VRAM, WRAM, MDRAM, PRAM und SDRAM vorkommen.

➠ *Siehe PRAM; DRAM; MDRAM; SDRAM; VRAM; WRAM; SRAM*

Rambus

Der Datendurchsatz des Arbeitsspeichers erweist sich oft als Flaschenhals. Eine der neuen Entwicklungen, die dies beheben will, ist die Rambus-Technologie (RDRAM). Der Bus ist zwar lediglich 8 Bit breit, kann aber mit bis zu 400 MHz betrieben werden. Die Rambus-Architektur verwendet so genannte RIMM-Module (Rambus Inline Memory Modul).

➡ *Siehe Bus; RAM; Takt; SDRAM; ECC; IC*

RAM-Card

Soll der Hauptspeicher eines Notebooks oder Laptops erweitert werden und ist dies physikalisch nicht mehr möglich, so kann dies mit einer RAM-Card ermöglicht werden, die als PCMCIA-Karte extern angeschlossen wird.

➡ *Siehe Laptop; PCMCIA; Notebook*

RAMDAC

Abk.: Random Access Memory Digital Analog Converter

RAMDAC ist ein Digital/Analog-Konverter (D/A-Wandler). Er ist Bestandteil moderner Grafikkarten und setzt den digitalen Speicherinhalt in analoge RGB-Farbwerte um. Der RAMDAC ist hauptsächlich für die Bildwiederholfrequenz sowie für die Bildqualität einer Grafikkarte verantwortlich. Ergonomische Grafikkarten besitzen zumeist einen besseren bzw. schnelleren RAMDAC. Je nach Grafikkarte ist der RAM-DAC als separater Baustein ausgeführt bzw. bereits in den Grafik-Chip integriert. Der Pixeltakt hängt nicht von der Farbtiefe, sondern von der Bildschirmauflösung und der Bildwiederholrate ab. So erfordern 1024x768 bei 75 Hz einen 75-MHz-RAMDAC. 220-MHz-RAMDACs sind erst ab einer Auflösung von 1600x1200 Bildpunkten bei 75 Hz notwendig.

➡ *Siehe Bildwiederholfrequenz; RGB; Grafikkarte; Bildschirm; Farbtiefe; D/A-Wandler*

RAM-Disk

Eine RAM-Disk ist eine virtuelle Festplatte, die im Hauptspeicher angelegt wird und auf der temporäre Dateien gespeichert werden. Dieses virtuelle Laufwerk bietet praktisch den gleichen Durchsatz wie der verwendete Hauptspeicher, so dass er erheblich schneller ist als jede Festplatte. Beim Neustart oder Absturz eines Computers sind allerdings alle auf der RAM-Disk gespeicherten Daten unwiederbringlich verloren. Daran sollte der Anwender immer denken, wenn er eine RAM-Disk verwendet.

➡ *Siehe Harddisk; Hauptspeicher*

RAM-Refresh

Bei RAM und DRAM ist es unbedingt erforderlich, die Kondensatoren des Speichers in bestimmten

Abständen aufzufrischen (Refresh), um den Inhalt zu bewahren.

→ *Siehe DRAM; RAM*

Random Access

→ *Siehe RA*

Random Access Memory

→ *Siehe RAM*

Random Access Memory Digital Analog Converter

→ *Siehe RAMDAC*

Random-Datei

Eine Random-Datei ist eine Datei, auf die wahlfrei zugegriffen werden kann (es kann ebenfalls sequenziell und binäre auf diese Datei zugegriffen werden). Hierbei kann der Anwender auf jede beliebige Stelle der Datei zugreifen, so dass er sie nicht von Anfang an lesen oder schreiben muss.

→ *Siehe Zugriff, sequenzieller; Datei*

Rapid Application Development

→ *Siehe RAD*

Rapid Execution Engine

Rapid Execution Engine (REE) ist eine technische Neuerung am Pentium 4-Prozessor von Intel. Die ALUs des Pentium IV sind mit doppelter Kernfrequenz getaktet. Integer-Befehle bearbeitet der Pentium IV damit in der 1,4 GHz-Version mit 2,8 GHz. Die REE ist Bestandteil der Netburst-Architektur von Intel.

→ *Siehe Netburst-Architektur; Intel; Pentium IV; ALU; Integer*

RARE

Abk.: Réseaux Associés pour la Recherche Européenne

RARE bezeichnet einen Zusammenschluss von europäischen Forschungsstätten mit dem Ziel, nationale Grenzen zu überwinden.

RAS

Abk.: Remote Access Service

1. Der Remote Access Service (RAS) von Windows NT bietet die Möglichkeit, auf einzelne Computer oder ganze Netzwerke per Fernverbindung zuzugreifen.

2. RAS bedeutet auch Reliability, Availability, Security (Zuverlässigkeit, Verfügbarkeit und Sicherheit). Dies beschreibt die drei Grundsätze der Datensicherheit:

   – Daten müssen korrekt sein

   – Daten müssen verfügbar sein

→ *Siehe Netzwerk; Windows NT*

3. *Abk.: Row Access Strobe*

Ein Signal, das vom Prozessor an ein DRAM gesendet wird, um eine Zeilenadresse zu aktivieren.

DRAMs speichern Daten in einer Matrixstruktur aus Spalten und Zeilen. In jeder Zelle, die daraus entsteht, wird ein Bit gespeichert. Um dieses Bit auszulesen, sendet der Prozessor zuerst ein RAS-Signal, um die Zeile zu bestimmen, und dann ein CAS-Signal für die Spalte. Kombiniert ermitteln diese beiden Signale die Speicherzelle.

➠ *Siehe: DRAM*

Raster Image Processor
➠ *Siehe RIP*

Rasterbildschirm

Ein Rasterbildschirm besitzt die zurzeit üblicherweise verwendete Darstellungstechnik, bei der die Anzeige Punkt für Punkt aus Pixeln aufgebaut wird.

➠ *Siehe Pixel*

Rasterfrequenz
➠ *Siehe Lpi*

Rastergrafik
➠ *Siehe Bitmap-Grafik*

Rastern

Um ein Bild oder Foto auf einem Computer bearbeiten zu können, muss das Bild in seine einzelnen Pixel zerlegt werden. Dieser Vorgang wird Rastern genannt. Dazu benötigt der Anwender ein Rasterverfahren, das meistens mit Hilfe eines Scanners durchgeführt wird. Je höher dabei die Auflösung des Scanners ist, desto besser ist die erreichte Qualität. Die Auflösung wird üblicherweise in dpi angegeben.

➠ *Siehe Dpi; Scanner; Rasterverfahren; Pixel*

Rasterverfahren

Mit dem Rasterverfahren werden Bilder Punkt für Punkt in ein für einen Computer lesbares Format umgewandelt (Digitalisierung, Rastern). Die Qualität des Verfahrens wird in lpi (lines per inch) gemessen.

➠ *Siehe Lpi; Digitalisierung*

Rate-Adaptive DSL
➠ *Siehe RADSL*

Ratio

Bei Mailboxen ist mit Ratio das Verhältnis zwischen Uploads und Downloads eines Benutzers gemeint. Durch die Verwendung der Ratio wird es diesem unmöglich, nur Programme abzuholen (Download) und keine neuen zur Verfügung zu stellen (Upload). Eine Ratio von 1:3 bedeutet also, dass der Benutzer bei Uploads von einem Megabyte drei Megabyte downloaden kann.

➠ *Siehe BBS; Download; Upload*

Raubkopie

Jede Kopie des Originalprodukts, die nicht der Datensicherung dient, ist illegal (eine Raubkopie) und kann nach dem Urheberschutzgesetz bestraft werden.

➠ Siehe Freeware; PD-Software; Shareware

Raw Data

Raw Data sind unformatierte und unbearbeitete Daten, z.B. ein Datenstrom, der noch nicht nach Sonderzeichen oder Befehlen gefiltert wurde.

➠ Siehe Daten; Sonderzeichen; Instruction

Raw Mode

Der Raw Mode ist eine Art der Abwicklung des Datenverkehrs ohne Filterung der Eingabedaten und ohne Sonderbehandlung von Zeilenende- und Dateiendemarken oder Wagenrücklauf- oder Tabulatorzeichen. Er kommt z.B. bei den Betriebssystemen Unix oder MS-DOS zum Einsatz.

➠ Siehe Tabulator; Dateiende; Unix; MS-DOS

Raytracing

Um Lichteffekte bei Computergrafiken möglichst realistisch darstellen zu können, wird bei dem Raytracing-Verfahren der Gang eines jeden Lichtstrahls berechnet und damit die Farbe des jeweiligen Bildpunkts bestimmt. Damit können Licht- und Schatteneffekte sehr wirklichkeitsgetreu berechnet werden. Dies ist jedoch extrem rechenintensiv und kann selbst auf sehr schnellen Rechnern mehrere Stunden pro Bild dauern.

➠ Siehe 3D-Grafik

RCTC-Timecode

Abk.: Rewritable Consumer Timecode

Der RCTC-Timecode ist für die Videobearbeitung speziell für den linearen Videoschnitt gedacht. Um einen bildgenauen Schnitt zu gewährleisten, wird jedes Bild bei der Aufnahme durchnummeriert. Alte Aufnahmen können jedoch auch nachträglich mit dem Timecode ausgestattet werden. Für diesen wieder beschreibbaren Timecode im Hi8-Format (auch Video-8) ist natürlich ein Videorekorder notwendig, der RCTC unterstützt.

➠ Siehe Videobearbeitung; Videoschnittgerät

RD

Abk.: Read

1. Die Abkürzung »RD« für englisch »read«, deutsch »lesen« wird vor allem in Anleitungen verwendet.

2. RD ist eine Abkürzung für die Relationale Datenbank.

➠ Siehe Datenbank, relationale; Manual

RDA

Abk.: Remote Database Access

Der Begriff »RDA« steht für Fernzugriffe auf Datenbanken.

Dabei ist die Datenbank, auf die zugegriffen wird, nicht auf dem Rechner gespeichert, von dem aus der Zugriff vorgenommen wird. Diese Methode ist in Netzwerken mit Client-Server-Anwendungen üblich. Microsoft bietet z.B. Mit den Remote Data Objects (RDO) von Microsoft ist z.B. ein derartiger Zugriff möglich. Fernzugriffe auf Datenbanken sind aber auch über das Internet möglich. Dafür gibt es diverse Technologien.

➦ *Siehe Client-Server-Prinzip; Netzwerk; Datenbank*

RDBMS

Abk.: Relationales Datenbank-Managementsystem

RDBMS umfasst ein Datenbank-Managementsystem (DBMS) und ein Datenbank-Verwaltungssystem (DVS) zum Erstellen, zur Pflege und zur Verarbeitung von relationalen Datenbanken. In der Windows-Welt ist Access von Microsoft ein weit verbreiteter Vertreter dieser Softwaregattung.

➦ *Siehe Datenbank, relationale; Access; DBMS*

RDO

Abk.: Remote Data Objects

RDO ist ein Bestandteil von Visual Basic 4.0 Enterprise Edition und ist ein objektorientiertes Datenzugriffsverfahren. Remote Data Objects müssen stets im Zusammenhang mit Datenbanken verwendet werden, die dem neusten ODBC-Standard entsprechen, da sie kein eigenes Dateiformat besitzen.

➦ *Siehe VB; ODBC; Datenbank; Dateiformat; ADO; UDA; DAO*

RDRAM

Abk.: Rambus Dynamic Random Access Memory

➦ *Siehe Rambus*

RDS

Abk.: Radio Data System

RDS steht für einen europäischen Standard zur Identifizierung von UKW-Radiosendern. Mit RDS ist es möglich, neben dem Audiosignal weitere Informationen zu übertragen. Damit kann z.B. ein Text zur Sendererkennung und zu Informationen über Titel und Interpreten und die Empfangsfrequenzen übermittelt werden.

Re:

Abk.: Reply

▲ *Übers.: Aw:, Antwort*

»Re:« ist ein bei der E-Mail-Kommunikation gebräuchliches Kürzel für eine Antwort. In deutschsprachigen Browsern steht »Aw:«. Das Kürzel findet sich in der Betreffzeile der Mail.

➦ *Siehe E-Mail*

Read

Mit Read ist das Lesen von Daten aus einem Speichermedium gemeint. Der Begriff bezieht sich auf alle Arten von Speichermedien, wie z.B. RAM, CD-ROMs, Festplatten, DVDs, MOs. Manche Speichermedien erlauben es, nur Daten zu lesen, verweigern aber das Schreiben von Daten. Diese werden als Nur-Lese-Speicher oder auch Read Only Memory bezeichnet.

➠ *Siehe Speichermedium; MOD; DVD; Harddisk; RAM; ROM; CD-ROM*

Read after Write

Manche Systeme bieten das Attribut »Read after Write«. Es bewirkt, dass alle Daten, die auf einen Datenträger geschrieben werden, nochmals gelesen werden, um sicherzugehen, dass sie dort korrekt gespeichert wurden.

➠ *Siehe Datenträger*

Read Error

Lesefehler (Read Error) sind Fehler, die beim Lesen von Daten von einem Speichermedium und der anschließenden Übertragung der Daten in den Arbeitsspeicher des Computers auftreten können. Die Ursachen für diese Art der Fehler sind sehr vielfältig. Es kann sich z.B. um einen Defekt in der Oberfläche des Speichermediums handeln oder ein Störsignal dafür verantwortlich sein. Viele Speichermedien bieten Verfahren zur Erkennung und Beseitigung von Fehlern an. Allerdings gibt es auch Situationen, in denen dies nicht möglich ist. Hier droht Datenverlust. Programme wie ScanDisk bieten Möglichkeiten zur Fehlerkennung.

➠ *Siehe Speichermedium; Hauptspeicher; ScanDisk; Fehlererkennung; Fehlerbehandlung*

Read Only

Abk.: RO

Read Only steht für lediglich lesbare Daten, das heißt, dass die Daten, die sich auf einem Speichermedium mit dieser Kennzeichnung befinden oder Dateien, die dieses Attribut aufweisen, können nur gelesen werden. Die CD-ROM ist ein Vertreter dieser Speichermedien. Es gibt aber auch Zwischenformen von Nur-Lese-Speichern und Schreib-Lese-Speichern. Vertreter dieser Gattung sind z.B. WORM (Write Once Read Many) und CDR (CD Recordable). Diese lassen sich einmal beschreiben. Beschriebene Bereiche lassen sich anschließend nur noch lesen.

➠ *Siehe WORM-Platte; ROM; CD-R; RO; CD-ROM; Speichermedium*

Read Only Memory

Abk.: ROM

➠ *Siehe ROM*

Read/Write Head

Der Schreib-Lese-Kopf ist der existenzielle Bestandteil jedes Disketten- und Festplattenlaufwerks, der in minimaler Höhe über der Magnetoberfläche auf einem Luftpolster schwebt und die Daten als magnetische Information auf diese schreibt bzw. liest. Beim Schreiben wird ein Strom durch den Schreib-Lese-Kopf geleitet, welcher ein Magnetfeld aufbaut. Dieses magnetisiert einen winzigen Teil der Plattenoberfläche. Beim Lesen wird der Kopf nur über den Teil der Oberfläche positioniert und durch die Drehung der Platte wird je nach Magnetisierung im Kopf eine winzige Spannung induziert, die für die Information an der jeweiligen Stelle steht.

ReadMe-Dateien

Bei den ReadMe-Dateien handelt es sich meistens um reine Textdateien, die zu einem Programm, Treibern, Daten etc. Informationen enthalten. Diese Informationen erklären meistens kurz die Installation, weisen auf bestimmte vorbereitende Maßnahmen für den Einsatz hin oder enthalten Änderungen der Dokumentation, die nach dem Druck der eigentlichen Handbücher entstanden. Es empfiehlt sich, diese Dateien zumindest zu überfliegen.

Real Audio

http://www.realaudio.com

Real Audio dient zur Übertragung von Musik über das Internet. Mit Real Audio können sogar richtige Radiosendungen übertragen werden, wenn auch lediglich in mäßiger Qualität. Das hierfür notwendige Programm kann unter http://www.realaudio.com kostenlos heruntergeladen werden. Das Programm muss dann als Plug-In in einen Browser integriert werden.

➠ *Siehe WWW; Webseite*

Real Mode

Alle Intel-Prozessoren bis zum 80286 kannten lediglich diesen Modus, alle späteren kennen zusätzlich den Protected Mode. Im Real Mode kann von jedem Anwendungsprogramm aus auf alle Ressourcen, im speziellen den ganzen Arbeitsspeicher, der aus maximal einem Megabyte bestehen kann, zugegriffen werden. Um die Beschränkung auf ein Megabyte zu umgehen, wurden die Konzepte von EMS und XMS erfunden, die das eigentliche Problem auch nicht beheben können.

➠ *Siehe Protected Mode; EMS; A20-Gate; XMS*

Real Time

➠ *Siehe Echtzeitverarbeitung*

Real Time Clock

➠ *Siehe RTC*

Real Time Processing

➠ *Siehe Echtzeitverarbeitung*

Real World

Real World ist das Gegenteil des Cyberspace und demnach die Realität.

➠ *Siehe Cyberspace*

Reallocate

Reallocate ist eine Funktion in der Programmiersprache C, mit der es möglich ist, dem Zeiger einen umfangreicheren Heapspeicherbereich zuzuordnen, als die zu Grunde liegende Speicherstelle.

➠ *Siehe C; Pointer; Heap*

Realname

Im Internet und in Mailboxen ist es üblich, dass Anwender sich einen Phantasienamen zulegen, ein Pseudonym oder Nickname, um eine gewisse Anonymität zu wahren. Der Realname hingegen ist der richtige Name des Anwenders.

➠ *Siehe Internet; Nickname*

Real-Time Protocol

➠ *Siehe RTP*

Real-Time Streaming Protocol

➠ *Siehe RTSP*

Real-Time-Verfahren

Beim Real-Time-Verfahren ist es möglich, dass verschiedene Audio- oder Videosignale in Echtzeit übermittelt werden. Dies spielt vor allem im Multimediabereich eine sehr wichtige Rolle.

➠ *Siehe Real Audio*

Reassembler

➠ *Siehe Disassembler; Assembler*

Received Line Signal Detect

➠ *Siehe RLSD*

Rechengeschwindigkeit

Das Tempo, mit dem ein Computer seine Berechnungen ausführt, ist seine Rechengeschwindigkeit. Diese hängt von der verwendeten CPU, deren Taktfrequenz, dem auszuführenden Programm und allerlei anderen Faktoren ab. Das Messen der Rechengeschwindigkeit, das aufgrund der vielen Faktoren recht komplex ist, erledigen so genannte Benchmarktests.

➠ *Siehe CPU; Benchmark; Takt*

Rechenmaschine

Seit der Mensch gelernt hat, die Mathematik zu beherrschen, hat er versucht, Maschinen zu konstruieren, die ihm vor allem bestimmte, zwar sehr aufwändige, aber im Prinzip einfache Berechnungen abnehmen. Schon 300 v. Chr. benutzten die Römer einfache Rechenbretter. Im Jahr 1623 erfand William Oughtred den ersten Rechenschieber und Wilhelm Schickard die erste mechanische Rechenmaschine. Diese wurde ständig weiterentwickelt, bis Charles Babbage 1833 den 1805 von Joseph-Marie Jacquard erdachten, mit Lochkarten programmierbaren Webstuhl weiterentwickelte. Daraus entstand 1890 die von Hermann Hollerith erbaute Rechenmaschine, mit der die in jenem Jahr stattfindende 11. Volkszählung durchgeführt wurde. Konrad Zuse und Howard H. Haiken entwickelten in den Jahren 1941 und 1944 unabhängig voneinander die ersten elektromechanischen Rechenmaschinen. Bis zur Entstehung heutiger Computer war es allerdings noch ein weiter Weg. Jedoch ist das Ende dieses Wegs noch lange nicht in Sicht.

➠ *Siehe Jacquard, Joseph-Marie; Babbage, Charles; Zuse, Konrad; Hollerith, Herrmann*

Rechenwerk

Die in heutigen PCs enthaltene CPU besteht aus mehreren Teilen. Einer davon ist das Rechenwerk, auch ALU genannt, welches alle logischen und auf Integerwerte (ganzzahlige Werte) beruhenden mathematischen Funktionen ausführt.

➠ *Siehe CPU; ALU*

Rechenzeit

1. Rechenzeit ist die Zeit, die ein Computer benötigt, um ein Programm abzuarbeiten. Diese hängt vor allem von der Rechengeschwindigkeit des Computers ab.
2. Rechenzeit ist die Zeit, die eine CPU für die Ausführung eines Befehls benötigt. Sie wird in Takten gemessen und von der Taktfrequenz und der Anzahl der für den Befehl benötigten Takte beeinflusst.

➠ *Siehe CPU; Rechengeschwindigkeit; Takt*

Rechenzentrum

➠ *Siehe RZ*

Recherche

Bei den riesigen Datenmengen, die z.B. gerade das Internet, aber auch viele andere Datenbanken heute innehaben, heißt die Frage oft nicht, ob eine Datenbank die gewünschten Daten enthält, sondern wo diese darin zu finden sind. Deshalb existieren in jeder Datenbank Programme, die versuchen, dem Benutzer eine Recherche so einfach wie möglich zu machen.

➠ *Siehe Datenbank*

Recherchesoftware

Recherchesoftware sind Programme, die bei der Recherche in Datenbanken unterstützen. Im Internet erledigen dies die so genannten Search-Engines (Suchmaschinen).

➡ *Siehe Search-Engine; Recherche*

Rechnerkomponente

Rechnerkomponenten sind die einzelnen Bestandteile eines Computers, wie die CPU, das Mainboard, der Hauptspeicher, die Grafikkarte, eine Soundkarte, Festplatten, Diskettenlaufwerke, CD-ROM-Laufwerke usw.

➡ *Siehe Soundkarte; CPU; Harddisk; Hauptspeicher; Grafikkarte; CD-ROM-Laufwerk; Diskettenlaufwerk; Motherboard*

Rechnernetz

➡ *Siehe Netzwerk*

Rechnernetzwerk

➡ *Siehe Netzwerk*

Rechnerplattform

Als Rechnerplattform wird die Arbeitsumgebung bzw. das Betriebssystem bezeichnet, in der sich der Anwender bewegt.

➡ *Siehe Plattform; Applikation; Betriebssystem*

Rechtschreibhilfe

Praktisch jede moderne Textverarbeitungssoftware besitzt inzwischen die Fähigkeit, die Rechtschreibung eines gegebenen Textes in bestimmten Grenzen zu überprüfen. Dies geschieht teilweise sogar schon in Echtzeit während des Schreibens. Diese Sofware benötigt dazu ein Wörterbuch, mit dem sie die eingegebenen Wörter abgleichen kann. Dieses ist natürlich nie vollständig und lässt sich daher individuell erweitern. Glaubt die Rechtschreibhilfe, einen Fehler gefunden zu haben, zeigt sie das betreffende Wort an und bietet dann Korrekturbeispiele an oder erlaubt die Aufnahme ins Wörterbuch.

➡ *Siehe Textverarbeitung*

Rechtswert

Der Wert einer Variablen wird auch Rechtswert genannt, da er rechts vom Gleichheitszeichen steht.

➡ *Siehe Linkswert*

Record

➡ *Siehe Datensatz*

Record Key

Record Key ist der Schlüssel, der bei einer Recherche als Suchkriterium dient und damit das Auffinden von Daten erleichtert.

➡ *Siehe Primärschlüssel; Recherche; Datenbank*

Record Locking

Da viele Benutzer gleichzeitig auf Datenbanken zugreifen können, ist es notwendig, bei der Änderung von Datensätzen diese für andere zu sperren, um Inkonsistenzen zu verhindern. Dieses Verfahren wird Record Locking genannt; es ist dem File Locking (Dateisperrung) sehr ähnlich, bei dem die ganze Datei, auf die geschrieben wird, gesperrt wird.

➠ *Siehe Datensatzsperrung*

Recycling

Die immer kürzere Lebensdauer eines Computer und der daraus entstehende Müll machen es notwendig, möglichst viele Teile der Wiederverwertung zuzuführen. Die immens hohe Integration der Bauteile macht dies aber sehr komplex und teuer, da die Bauteile in einem sehr hohen Maße zerlegt werden müssen, bevor dies geschehen kann.

Red Book

Der Red Book-Standard legt fest, wie Audiodaten auf CD-Rs geschrieben werden müssen.

➠ *Siehe CD-R*

Red Hat Linux

Die weltweit bekannteste Linux-Distribution. Sie wird im privaten und geschäftlichen Umfeld sehr gerne eingesetzt und ist sehr benutzerfreundlich.

➠ *Siehe Linux, Linux-Distributionen*

Redundant Array of Inexpensive Disks

➠ *Siehe RAID*

Redundanz

1. Redundanz bedeutet, dass etwas öfter vorhanden ist als eigentlich nötig. In Bezug auf Daten bedeutet dies, dass mehr Daten vorhanden sind, als zur Übermittelung bzw. Speicherung der eigentlichen Information notwendig sind. Bei CDs werden redundante Daten z.B. zur Fehlerkorrektur verwendet. In Bezug auf Hardware heißt Redundanz, dass bestimmte Komponenten doppelt oder öfter vorhanden sind, wobei jede für sich genommen für die volle Funktionsfähigkeit des Systems ausreichen würde.

2. Redundant sind zusätzliche Informationen, die absichtlich eingefügt werden, um etwa Verfahren zur Fehlererkennung zu implementieren, wie z.B. die Paritäts- sowie die CRC-Kontrolle.

3. Das mehrfache Vorhandensein von Hardware, um Ausfälle abzufangen und somit die Stabilität und Sicherheit zu steigern (beispielsweise RAID) wird als redundant bezeichnet.

➠ *Siehe RAID; Fehlerkorrektur; CRC; Parity*

Reengineering

1. Reengineering ist die umfangreiche Veränderung und Umgestaltung von Arbeitsprozessen durch umfassen-

den Einsatz von Informationstechnologie.

2. Reengineering ist auch die Veränderung und Umgestaltung von Softwareprogrammen, um eine Verbesserung in der Nutzung und eine Weiterentwicklung vorhandener Programme auf aktuellsten Stand zu erreichen.

➠ *Siehe Software*

Reentranter Code

➠ *Siehe Code, reentranter*

Refactoring

Refactoring ist ein Optimierungsvorgang bei objektorientierter Programmierung mit der Absicht, das Programm hinsichtlich Klassenhierarchien, Transparenz und Nutzung des vorhandenen Codes zu verbessern. Dadurch soll die Arbeit mit dem Programm erleichtert werden ohne die Funktionen zu verändern.

Referenz

1. Programmierer nennen die Möglichkeit, einem Unterprogramm nicht einen Wert selbst, sondern nur dessen Adresse zu übergeben, Referenz. Dadurch kann das Unterprogramm nicht nur lesend, sondern auch schreibend auf den Wert des übergebenen Parameters zugreifen.

2. Bei der Datenmodellierung von relationalen Datenbanken werden die Datensätze aufgespalten, gemäß der dritten Normalform, oft in mehrere Tabellen, um Datenredundanz zu vermeiden. Verbunden werden diese Tabellen dann durch Referenzen bzw. Relationen, von denen es drei verschiedene Typen gibt:

– Bei den **1:1-Referenzen** hat jeder Datensatz der Haupttabelle nur eine einzige Verknüpfung zu einem anderen der Nebentabelle. Daher ist diese Art der Verknüpfung sehr selten, weil eine Aufspaltung eigentlich gar nicht nötig ist.

– Die **1:n-Referenzen** sind die am meisten verbreiteten. Hier besitzt jeder Eintrag der Haupttabelle mehrere Verweise auf andere Nebentabellen. Bei einer Bestelldatenbank würde damit z.B. jeder Rechnung dem Kunden zugeordnet, der diese Rechnung zahlen muss.

– Bei den **m:n-Referenzen** besitzt nicht nur die Haupttabelle Verweise auf die Nebentabellen, sondern diese erstrecken sich auch in die andere Richtung. Es können also jedem Datensatz in der Haupttabelle beliebig viele Datensätze in der Nebentabelle zugeordnet werden und umgekehrt. Ein Beispiel wären hierfür die einzelnen Posten, sprich Artikel in einer Rechnung. Jedem Artikel können beliebig viele Rechnungen zugeordnet werden und in jeder Rechnung können sich beliebig viele Artikel (Posten) befinden. Oft werden diese Referenzen nicht direkt von der RDBMS-Software unterstützt, so dass sie über eine Zwischentabelle in zwei 1:n-Referenzen aufgespaltet werden müssen.

➡ *Siehe Datenbank, relationale; Tabelle; Adresse; RDBMS; Datensatz*

Referenz, externe

Eine externe Referenz ist ein Bezug innerhalb eines Programms oder einer Routine auf einen Bezeichner (für Code oder Daten), dessen Deklaration in einem separat kompilierten Codeabschnitt steht und nicht innerhalb des Programms oder der Routine deklariert ist.

➡ *Siehe Routine; Programm; Code; Kompilieren*

Referenzmodell

➡ *Siehe OSI-Schichtenmodell*

Reflektierendes Routing

➡ *Siehe Routing, reflektierendes*

Reflektor

Ein Programm, welches Daten an viele Nutzer sendet, sobald es eine Nachricht von einem Nutzer in Netzwerk erhält, wird als Reflektor bezeichnet. Ein Beispiel wäre ein reflektierendes E-Mail-System, welches eine E-Mail von einem Sender an viele Empfänger weitervermittelt.

➡ *Siehe E-Mail; Routing, reflektierendes; Programm*

Refresh

➡ *Siehe RAM-Refresh*

Refresh-Rate

1. Mit Refresh-Rate wird die Häufigkeit bezeichnet, mit der die Kondensatoren im RAM geladen (refreshed) werden.

2. Refresh-Rate bezeichnet auch die Bildwiederholfrequenz oder einfach Bildfrequenz. Die Angabe erfolgt in Hz. Ein Monitorbild sollte mindestens mit 75 Hz, das heißt, 75mal pro Sekunde neu aufgebaut werden, um unter ergonomischen Gesichtspunkten als verträglich zu gelten. Ansonsten nimmt der Anwender ein störendes (gesundheitsschädliches) Flimmern war.

➡ *Siehe Bildwiederholfrequenz; RAM-Refresh; Bildschirm*

Refresh-Zyklus

Bei Speicherbausteinen der DRAM-Bauart gehen die Informationen verloren, wenn sie nicht in einem bestimmten Intervall wieder aufgefrischt werden. Dieses ständige Auslesen und Wiederzurückschreiben wird Refresh-Zyklus genannt.

➠ *Siehe RAM-Refresh*

Regedit

Regedit ist ein Programm von Windows 9x zur Bearbeitung von Einträgen in der Systemregistrierung (Registry).

➠ *Siehe Windows; Registry*

Region

Im Fido-Netz ist eine Region ein geographisch festgelegter Bereich, in dem eine bestimmte Anzahl von Nodes zusammengefasst ist.

➠ *Siehe Node; FidoNet; Point*

Register

Register sind spezielle Speicherzellen, die innerhalb einer CPU zum Speichern von Werten verwendet werden, die für die Arbeit der CPU wichtig sind (Werte, Operanden etc.).

➠ *Siehe CPU*

Registerdirekte Adressierung

➠ *Siehe Adressierung*

Registerindirekte Adressierung

➠ *Siehe Adressierung*

Registerkarte

Eine Registrierkarte ist ein Bestandteil der Programmoberfläche zur Eingabe, Speicherung und Verwaltung von Informationen.

➠ *Siehe Benutzeroberfläche*

Registry

Ab Windows 9x und seit Version 4.0 auch in Windows NT stellt die Registry die Datenbank dar, in der alle systemrelevanten Informationen gespeichert werden. Sie ersetzt die von Windows 3.1 bekannten Konfigurationsdateien system.ini und win.ini, wenn diese auch aus Kompatibilitätsgründen weiterhin unter Windows 95 existieren. Die Registry ist komplex aufgebaut und enthält alle Daten in Gruppen gegliedert, die fast immer wiederum selbst untergliedert sind. Alle diese Gruppen sind in so genannten Schlüsseln gespeichert und können mit dem mitgelieferten Programm REGEDIT.EXE bearbeitet werden. Die gesammelten Daten der Registry werden in den Dateien system.dat und user.dat gespeichert. Von diesen legt Windows bei einem erfolgreichen Start Backups namens system.da0 und user.da0 an. Stellt Windows bei einem Start nun fest, dass die Registry beschädigt ist, versucht es, erst einmal mit diesen beiden Sicherungskopien zu starten.

➠ *Siehe Ini-Datei; Windows 98 (SE); Win.ini; Windows 95;*

Windows NT; System.ini; HKEY

Regression, multiple

Multiple Regression ist ein statistisches Verfahren, das das Verhalten einer abhängigen Variablen in Bezug auf das Verhalten mehrerer anderer unabhängigen Variablen beschreibt. Damit kann für jede unabhängige Variable der Korrelationskoeffizient der abhängigen Variable bestimmt werden.

➡ *Siehe Variable*

RegTP

Abk.: Regulierungsbehörde für Telekommunikation und Post

Die Regulierungsbehörde für Telekommunikation und Post, die zum 1. Januar 1998 ihre Arbeit aufnahm, hat die Aufgabe, durch Liberalisierung und Deregulierung für die weitere Entwicklung auf dem Post- und Telekommunikationsmarkt zu sorgen. Nach den Regelungen des Telekommunikationsgesetzes (TKG), seit dem 1. August 1996 in Kraft, wurde die Regulierungsbehörde für Telekommunikation und Post als Bundesoberbehörde im Geschäftsbereich des Bundesministeriums für Wirtschaft errichtet. Sie ging aus dem Bundesministerium für Post und Telekommunikation (BMPT) und dem Bundesamt für Post und Telekommunikation (BAPT) hervor. Durch die Versteigerung der UMTS-Lizenzen an deutsche und ausländische Unternehmen stand sie unter anderem im Licht der Öffentlichkeit.

Reinraum

➡ *Siehe Clean Room*

Rekompilieren

Ein Programm wird nochmals kompiliert (rekompiliert), das heißt, der gesamte Quellcode eines Programms wird nochmals von einer Hochsprache in den Objektcode übersetzt. Diese wiederholte Kompilierung wird erforderlich, wenn der Quellcode verändert wurde.

➡ *Siehe Programm; Source-Code; Kompilieren*

Rekursion

Als Rekursion wird allgemein der Aufruf einer Funktion durch sich selbst zur Berechnung eines Teilergebnisses bezeichnet. Bei der Berechnung einer rekursiven Funktion wird der berechnete Wert eines Schleifendurchlaufs (Iteration) als Eingabe für den nächsten Durchlauf benötigt. Charakteristisch dabei ist, dass die Funktion sich selbst aufruft. Die meisten Programmiersprachen unterstützen heute rekursive Funktionen. Es wird im Normalfall versucht, rekursive Funktionen zu vermeiden, da diese bei großer Rekursionstiefe viel Speicher auf dem Stack benötigen, was im Extremfall zu einem Überlauf führen kann. Es gibt allerdings Problemstellungen, die sich mit Hilfe der Rekursion sehr elegant lösen lassen. Ein rekursiver Algorithmus lässt sich immer in einen nichtrekursiven umschreiben. Häufig zitierte Beispiele für die Rekursion sind die Berechnung der Fakultät, des größten gemeinsamen Teilers, aber auch die Türme von Hanoi oder Quicksort als Sortierverfahren.

⇒ *Siehe Schleife; Funktion; Fakultät; Programmiersprache; Stack; Quicksort*

Rekursives Programm

⇒ *Siehe Rekursion; Programm, rekursives*

Relais

Relais ist ein Schalter, der durch elektrische Steuerimpulse von geringer Leistung aktiviert wird, und andere Signale von höherer Leistung unmittelbar an der Schaltung reguliert.

⇒ *Siehe Transistor*

Relation

1. Relation bezeichnet alle Arten von Beziehungen oder Abhängigkeiten von Objekten und Daten.
2. Bei relationalen Datenbanken ist eine Relation eine Menge identisch aufgebauter Datensätze (Tupel). Sie fassen die Daten bestimmter Zusammenhänge zu Gruppen zusammen, den Diskursbereichen. Diese Gruppen sind im Prinzip wieder Tabellen.

⇒ *Siehe Datenbank, relationale; Tabelle*

Relational Calculus

Relational Calculus (Relationskalkül) ist eine nicht prozedurale Methode zur Manipulierung von Relationen.

⇒ *Siehe Prozedur; Relation*

Relationale Datenbank

⇒ *Siehe Datenbank, relationale*

Relationales Datenbank-Managementsystem

⇒ *Siehe RDBMS*

Relationskalkül

⇒ *Siehe Relational Calculus*

Relative Adresse

⇒ *Siehe Adresse, relative*

Relative Adressierung

⇒ *Siehe Adressierung*

Relativer Pfad

⇒ *Siehe Pfad, relativer*

Reliability, Availability, Security

⇒ *Siehe RAS*

Relozieren

Relozieren ist das Verschieben von Programmen im Hauptspeicher. Relozierbare Programme sind nicht für einen bestimmten

Adressplatz vorgesehen, dadurch kann das Betriebssystem diese Programme in einem beliebigen Speicherteil einlesen.

➠ *Siehe Programm; Hauptspeicher; Adresse; Betriebssystem*

Relozierung, dynamische

Die dynamische Relozierung ermöglicht die effizientere Nutzung des Computerspeichers durch die Verschiebung von Daten oder Code eines momentan laufenden Programms im Speicher.

➠ *Siehe Programm; Hauptspeicher; Daten; Code*

REM

Abk.: Remark

▲ *Übers.: Bemerkung*

In diversen Kommandosprachen ermöglicht der Befehl »rem« das Einfügen von Kommentaren, da alles, was nach diesem Befehl folgt, vom Interpreter der Kommandosprache ignoriert wird.

➠ *Siehe Interpreter*

Remailer, anonymer

Ein anonymer Remailer ist ein E-Mail-Server, der die Identität der Absender von Nachrichten geheim hält. Er verändert den Kopf der Nachricht, der Rückschlüsse auf den Urheber zulassen würde und sendet die Nachrichten anonym weiter an den Empfänger.

Remote

Remote bedeutet, dass etwas ferngesteuert werden kann. Es wird von einem »Remote-Zugriff« gesprochen, wenn der Anwender z.B. über eine Fernverbindung auf einen anderen Computer zugreift.

Remote Access Service

➠ *Siehe RAS*

Remote Authorization Dial In User

➠ *Siehe RADIUS*

Remote Data Objects

➠ *Siehe RDO*

Remote Database Access

➠ *Siehe RDA*

Remote Imaging Protocol

➠ *Siehe RIP*

Remote Mail

Mit Remote Mail kann mit Exchange, dem Mailprogramm von Windows 95 oder NT, festgelegt werden, von welchem Mail-Server (POP3 für Internet-Mail) die E-Mails bezogen werden. Das Besondere ist, dass das Programm die Betreff-Zeilen der Mails ohne den eigentlichen Text herunterladen kann, wodurch der Anwender in der Lage ist, nur diejenigen E-Mails zu laden, die er wirklich lesen möchte.

➡ *Siehe Exchange; E-Mail; POP3*

Remote Method Invocation
Abk.: RMI

➡ *Siehe RMI*

Remote Network Access

➡ *Siehe RNA*

Remote Phrase Authentification

➡ *Siehe RPA*

Remote Procedure Call

➡ *Siehe RPC*

Remote-Control

Remote-Control-Programme werden dazu benutzt, Computer über ein Netzwerk oder über eine Datenfernübertragung fernzusteuern.

➡ *Siehe DFÜ; Netzwerk; Remote*

Rendering

Durch Rendering werden dreidimensionale Drahtkörpermodelle durch Hinzufügen von Oberflächenmustern und Licht- bzw. Schatteneffekten in möglichst echt wirkende dreidimensionale Darstellungen umgewandelt. Diese Berechnungen können je nach Aufwand viele Stunden bis zu Tagen an Rechenzeit dauern.

➡ *Siehe Raytracing; 3D-Grafik*

Rendering-Engine

Die Rendering-Engine ist Teil der 3D-Pipeline einer 3D-Grafikkarte. Sie berechnet auf Grundlage der Geometriedaten, die sie von der Geometrie-Engine erhält, die Farbinformationen der Pixel und Texturen für die endgültige 2D-Grafik. Die Rendering-Engine besteht unter anderem aus folgenden Teilschritten:

▶ **Triangle Setup:** Vorbereitung der Flächen zur Pixelberechnung

▶ **Multitexturing:** Berechnung von Farbwerten für die Pixel und Texturen anhand von Positions- und Lichtinformationen. Die möglichen Effekte sind vorgegeben. Erst ab DirectX 8 können mit dem Pixel Shader frei programmierbare Effekte erzeugt werden.

▶ **Pixel Shader:** Alternative zum Multitexturing bei modernen Grafikkarten. Effekte können auf Basis eines beschränkten Befehlssatzes frei programmiert werden.

▶ **Fog Blending:** Berechnung von Nebel- und Distanzeffekten

▶ **Sichtbarkeitstest**

Die berechneten Daten werden anschließend an den Frame Buffer übergeben.

➡ *Siehe Geometrie-Engine; 3D-Pipeline; 3D-Grafik; 3D-Funktionen; 3D-Grafikkarte; Pixel Shader*

Rendern

Ein Stencil(Schablone)-Buffer maskiert einen bestimmten Bereich der darstellbaren Zeichenfläche. Nur im unmaskierten Bereich werden Grafiken (meist 3D-Objekte) dargestellt. Der Grafik-Chip berechnet 3D-Objekte z.B. nur innerhalb einer Fensterscheibe, ohne sich um die Lage der Objekte außerhalb dieses Bereichs kümmern zu müssen.

➠ *Siehe 3D-Modell; 3D-Funktionen; Stencil Buffer*

Repeater

Da die Länge eines Netzwerksegments durch Verluste in den Leitungen begrenzt ist, sind für größere Netzwerke Repeater nötig, da diese die Signale verstärken. Ein Repeater kann nur zwei Netzwerksegmente verbinden, wenn beide das selbe Netzwerkprotokoll benutzen, denn es arbeitet lediglich auf der physikalischen Ebene des OSI-Schichtenmodells.

➠ *Siehe OSI-Schichtenmodell; Netzwerksegment*

Replikation

Das Kopieren der Datenbank oder von Datenbankteilen auf andere Stationen des Netzwerks bei einer verteilten Datenbank heißt Replikation. Die Replikation gewährleistet, dass die Datenbanksysteme identisch sind.

➠ *Siehe Datenbank; Netzwerk*

Reply

➠ *Siehe Re:*

Report

Berichte (Reports) werden in Datenbanken erstellt, um über bestimmte Sachverhalte Auskunft zu geben. So kann z.B. eine Rechnung oder ein Katalog eine Form von Report sein. Meistens bieten Datenbankprogramme Funktionen zur Unterstützung bei der Erstellung von Reporten an.

➠ *Siehe Datenbank; DBMS*

Repository

1. Repository ist der Überblick von Informationen über ein Computersystem.

2. Die übergeordnete Menge eines Datenbankverzeichnisses wird als Repository bezeichnet.

➠ *Siehe Datenbank; Computer; Datenbank, objektorientierte*

Reprotechnik

Mit Reprotechnik werden die Geräte sowie auch das Verfahren zur Herstellung professioneller Kopien von Bildern auf drucktechnische Art und Weise bezeichnet.

Request

1. Ein Request wird für jede Art von Anfrage verwendet.

2. Ist im FidoNet eine gewünschte Datei oder ein gewünschtes Programm nicht

auf dem aktuellen Knoten (Node), muss es mit Hilfe eines Requests von einem anderen Knoten geholt werden.

➧ *Siehe Node; Query; FidoNet*

Request for Comment

➧ *Siehe RFC*

Request To Send

➧ *Siehe RTS*

Research Interagency Backbone

➧ *Siehe RIB*

Réseau Numérique à Intégration de Services

➧ *Siehe RNIS*

Réseaux Associés pour la Recherche Européenne

➧ *Siehe RARE*

Réseaux IP Européens

➧ *Siehe RIPE*

Reservedomänencontroller

➧ *Siehe BDC*

Reset

1. Bei einem Debugger ist mit Reset gemeint, dass ein Programm neu geladen werden soll.

2. Meistens ist mit einem Reset der komplette Neustart eines Computers gemeint. Hier wird zwischen zwei verschiedenen Methoden unterschieden:

- **Kaltstart:** Dieser wird durch Drücken der Reset-Taste an der Frontseite eines Computers ausgelöst. Ein Kaltstart hat in etwa die gleiche Funktion wie das Aus- und wieder Einschalten des Computers, ist allerdings schonender und sollte deshalb bevorzugt werden.

- **Warmstart:** Dieser wird durch das gleichzeitige Niederdrücken der [STRG]-, [ALT]- und [ENTF]-Tasten betätigt. Im Unterschied zu einem Kaltstart lässt dieser einen Teil der Initialisierungsprozesse des BIOS aus. Beide aber löschen den gesamten Speicher und starten anschließend ein Betriebssystem, falls vorhanden.

➧ *Siehe Neustart; Booten; Reset; Debugger*

Resident

Normalerweise werden Programme beim Beenden komplett aus dem Hauptspeicher entfernt. Bei residenten Programmen trifft genau das nicht zu, und so ist es diesen möglich, eine bestimmte Funktionalität auch nach deren Beendigung aufrechtzuerhalten. Maustreiber sind Beispiele für residente Programme.

▩▶ *Siehe TSR-Programm*

Resource Description Framework

Das Resource Description Framework ist ein spezifisches Gerüst, das vom World Wide Web Consortium (W3C) erarbeitet wurde, um eine geeignete Infrastruktur für die Strukturierung und Verwaltung von Metadaten über das Web und Internet anzubieten. Einsatzmöglichkeiten sind Suchmaschinen, gebührenpflichtige Serversysteme und Bereiche des Informationsaustausches über Daten.

▩▶ *Siehe W3C; Metadaten; Internet*

Resource Reservation Protocol

Das Resource Reservation Protocol ist ein Kommunikationsprotokoll für die Bereitstellung einer angeforderten Bandbreite zur Übertragung eines Datenstroms. Die Reservierungsanforderung für eine bestimmte Bandbreite erfolgt von einem entfernten Empfänger an einen Server und dieser meldet mit einer Nachricht die Entscheidung (Annahme oder Ablehnung) an den Empfänger zurück.

▩▶ *Siehe Protokoll; Bandbreite; Server*

Resource-ID

Resource-ID bezeichnet eine konkrete Ressource innerhalb eines Ressourcentyps des Betriebssystems von Apple (MacOS). Die Resource-ID wird mit einer Zahl gekennzeichnet.

▩▶ *Siehe Apple; MacOS; Betriebssystem; Resources*

Resources

Alle einem Computer zur Verfügung stehenden Mittel, egal ob Hardware oder Software, werden als Ressourcen oder auch Betriebsmittel bezeichnet. Darunter fallen etwa Komponenten wie Drucker, Anwendungsprogramme, aber auch Cache oder der Stack innerhalb des laufenden Betriebssystems.

▩▶ *Siehe Cache; Betriebsmittel; Stack; Betriebssystem*

Response

Gibt der Benutzer ein Kommando ein, so wird die Antwort darauf als Response bezeichnet.

Response Time

Mit Response Time ist die Zeit gemeint, die zwischen der Eingabe eines Kommandos durch den Anwender und dem Ende der Ausführung des Kommandos vergeht.

▩▶ *Siehe Response*

Ressourcen

▩▶ *Siehe Resources*

Ressourcenverwaltung

Da beispielsweise bei einem normalen Drucker nur jeweils ein Benutzer auf diesen zugreifen kann, muss das Betriebssystem dafür sorgen, dass keine Kollisionen entstehen. Der Teil des Betriebssystems, der sich um die Verteilung der Ressourcen kümmert, heißt Ressourcenverwaltung.

➯ *Siehe Resources; Betriebssystem*

Restoration

Restoration ist ein Schutzmechanismus, der in Netzen eingesetzt wird, um die Daten zu schützen, wenn einzelne Komponenten ausfallen sollten. Dabei müssen zusätzlich zu den Arbeitskapazitäten Reservekapazitäten im Netz vorhanden sein. Beim Restoration-Verfahren werden diese nicht schon bei der Konfiguration des Netzes definiert, sondern erst beim Eintreten eines Fehlers wird nach momentan freien Ressourcen gesucht.

➯ *Siehe Netzwerk; Resources*

Restore

Daten, die mit Hilfe eines Backups gesichert wurden, können mit einem Restore wiederhergestellt werden.

➯ *Siehe Daten; Backup; Datensicherung*

Restructured Extended Executor

➯ *Siehe REXX*

RET

Abk.: Resolution Enhancement Technology

RET ist ein von der Firma Hewlett-Packard (HP) erfundenes Verfahren, das die Qualität von Ausdrucken bei Laserdruckern steigern soll. Jeder hat wahrscheinlich schon einmal einen Ausdruck gesehen, auf dem bei schrägen Linien der Treppeneffekt sichtbar war. RET passt die Größe einzelner Druckpunkte an den Rändern schräger Strukturen so an, dass dieser Treppeneffekt stark abgeschwächt wird. Ähnliche Verfahren existieren auch bei anderen Herstellern, natürlich unter anderem Namen.

➯ *Siehe Hewlett Packard; Aliasing*

Retardation Sheets

Retardation Sheets sind optisch anisotrope Folien in TFT-Displays, die den Kontrast und auch den Blickwinkel verbessern.

➯ *Siehe TFT-Display*

Retrieval

Die Suche von Daten mit einer dafür geeigneten Sprache in einer Datenbank wird Retrieval genannt.

➯ *Siehe Datenbank*

Retrieval-Software

Retrieval-Software sind Programme, mit denen Daten innerhalb einer Datenbank gefunden werden können (Retrieval).

→ *Siehe Retrieval; Datenbank*

Return

Return, eigentlich carriage return, bezeichnete bei Schreibmaschinen die Taste für den Wagenrücklauf. Bei Computern ist davon die Kurzform Return übrig geblieben, die nun den Zeilenumbruch bezeichnet. Die dafür ebenso geläufige Bezeichnung Enter stammt daher, dass bei kommandozeilenorientierten Betriebssystemen diese Taste zur Bestätigung von eingegebenen Befehlen benutzt wird.

→ *Siehe Zeilenumbruch; Betriebssystem*

Return-Anweisung

Der Befehl, der ein Programm anweist, aus einer Funktion oder Prozedur zur aufrufenden Funktion, Prozedur oder dem aufrufenden Programm zurückzukehren, wird Return-Anweisung (Rücksprung) genannt.

→ *Siehe Funktion; Programm; Prozedur*

REXX

Abk.: Restructured Extended Executor

REXX ist eine von IBM entwickelte Interpretersprache. Sie wurde so konzipiert, dass es besonders Nichtprogrammierern leicht ge-

macht wird, Anwendungen zu schreiben. Vergleichbar ist die Skriptsprache mit Microsoft Visual Basic, JavaScript, Perl oder Tcl.

→ *Siehe JavaScript; IBM; VB; Perl; Interpreter; Tcl*

RFC

Abk.: Request for Comment

RFCs sind Dokumente, die Vorschläge, Definitionen, allgemeine Beschreibungen, Diskussionsgrundlagen, usw. zu verschiedenen Themen, zu neuen und alten Standards im Internet beinhalten.

→ *Siehe Internet; MIB*

RFI

Abk.: Radio Frequency Interference

▲ *Übers.: Hochfrequenzeinstrahlungen*

RFI ist ein Störsignal, das durch die elektromagnetische Strahlung eines elektronischen Gerätes (z.B. Mobiltelefon) hervorgerufen wird und ein in der Nähe befindliches anderes elektronisches Gerät (z.B. Monitor) stört.

RFID

Abk.: Radio Frequency Identification

Per Funk auslesbare Etiketten. Eine Technologie, welche die Nachfolge der Strichcode-Etiketten antritt. Die RFID-Etiketten bestehen aus einem kleinen Senderchip auf der Etikette und einem Funkempfänger, der die Daten des Chips ausliest. Diese Etiketten werden unter anderem zur Produktionssteuerung (z.B. im Automobilbau) eingesetzt, denkbar und geplant ist aber auch der Einsatz bei typischen Verbraucherprodukten und im Einzelhandel (elektronische Artikelnummer, EPC = electronic product code). Der Vorteil der Etiketten ist, dass sie aus der Entfernung ausgelesen werden können. Als Nachteil wird insbesondere von Datenschützern die Gefahr eines gläsernen Kunden genannt, die besteht, wenn die mit RFID-Etiketten gekennzeichneten Artikel mit Kundendaten in Verbindung gebracht werden können. Die RFDI-Etiketten werden auch Smart Labels oder Smart Tags genannt.

RGB

Abk.: Rot, Grün, Blau

Bei den meisten technischen Geräten wird eine Farbdarstellungen durch Addition der drei Grundfarben Rot, Grün und Blau, kurz RGB, erreicht. Durch Veränderung der jeweiligen Farbanteile kann fast jede beliebige Farbe erzeugt werden.

➔ *Siehe CMYK-Farbsystem; Farbmodell*

RGB-Monitor

Die RGB-Monitore verwenden das RGB-Verfahren zur Farbdarstellung.

➔ *Siehe RGB*

RIB

Abk.: Research Interagency Backbone

Ein RIB (Research Interagency Backbone) ist eine Art Rückgrat in einem Netzwerk. Bei größeren Netzwerken ist es aus Geschwindigkeitsgründen üblich, einen Teil des Netzes schneller als den Rest zu betreiben, wobei dieser schnellere Teil dann die langsameren verbindet. Daher kommt auch der Name Backbone.

➔ *Siehe Netzwerk; Backbone*

Rich Internet

Rich Internet ist ein von der Firma Macromedia propagierter Ansatz für grafikintensive, komfortable und vor allem dynamische Webseiten. Zur Entwicklung solcher Webseiten bietet Macromedia eine überarbeitete integrierte Produktpalette unter dem Label »MX« an.

➔ *Siehe Macromedia*

Rich Text Format

➔ *Siehe RTF*

Richtlinien

➔ *Siehe Policies*

RIMM

Abk.: Rambus Inline Memory Module

RIMM ist das Speichermodul für die Rambus-Architektur. Ein RIMM hat 184 Kontakte auf beiden Seiten und kann 16 ICs aufnehmen. Die Datenbreite beträgt 16 Bit (18 mit ECC).

➠ *Siehe Rambus; RAM; ECC*

Ringtopologie

Es existieren mehrere Arten von Netzwerktopologien (Vorschriften zur Art der Vernetzung von einzelnen Rechnern). Bei der Ringtopologie besteht das Netzwerk aus einem Leitungsring, an den die Knoten, sprich Arbeitsstationen angeschlossen sind. Diese innere Ringstruktur wird jedoch oft durch einen zentralen Server, auch MAU (Multistation Access Unit) genannt, ersetzt. Im Normalfall werden die Daten auf der einen Seite empfangen und auf der anderen Seite gesendet. Das heißt, ausgehend vom Sender der Daten werden diese durch das Netz ringförmig von einer Arbeitsstation zur nächsten weitergegeben, bis der Empfänger der Daten erreicht ist. Dabei werden die Daten immer wieder aufgefrischt. Ein Nachteil der Ringtopologie ist, dass bei einem Ausfall einer einzelnen Arbeitsstation das ganze Netz ausfällt. Ein MAU behebt diesen Nachteil.

➠ *Siehe MAU; Netzwerk; Netzwerktopologie*

RIP

Abk.: Routing Information Protocol, Remote Imaging Protocol, Raster Image Processor

1. Routing Information Protocol (RIP) ist ein veraltetes Routing-Protokoll in privaten Netzwerken.

2. RIP (Remote Imaging Protocol) ist ein Standard für die Übermittlung von Grafiken per Datenfernübertragung aus Mailboxen. Vor RIP war dies lediglich mit sehr limitierenden ANSI-Grafiken möglich, wohingegen RIP auch die Übertragung hochwertiger Bilder zulässt. Diese sind allerdings recht umfangreich, vor allem, wenn sie als Bitmap-Grafik abgespeichert sind. Daher werden für RIP hauptsächlich Vektorgrafiken verwendet und lediglich die notwendigen Befehle zur Darstellung werden übermittelt. Damit das überhaupt funktioniert, müssen beide Seiten RIP unterstützen. Obwohl sich so eigentlich sehr einfach grafische Oberflächen in Mailboxen integrieren' lassen, ist die Anzahl der RIP-unterstützenden Programme recht gering.

3. Die RIP-Prozessoren (Raster Image Processor) befinden sich in jedem modernen La-

serdrucker und verarbeiten dort die zu druckenden Daten, die sie von einem Computer empfangen. Speziell bei Ausdrucken im PostScript-Format ist hierfür eine Menge Rechenleistung nötig, so dass inzwischen sogar RISC-Prozessoren verwendet werden, die oft mehr Leistung als ein Pentium-Prozessor haben.

➠ *Siehe PostScript; BBS; ANSI; Vektorgrafik; Rastern; RISC-Prozessor; Prozessor; Bitmap; Laserprinter; IGRP, EIGRP*

4. Veraltetes Routing-Protokoll zur Verteilung von dynamischen Routing-Informationen per Multicast. Jeder Rechner in der Multicast-Domäne teilt den anderen mit, wie viele Hops (Knoten) es bis zum Zielrechner sind.

➠ *Siehe IGRP, EIGRP*

RIPE

Abk.: Réseaux IP Européens

RIPE bezeichnet das TCP/IP-Netzwerk innerhalb Europas, das von der EUnet verwaltet wird.

➠ *Siehe EUnet; Netzwerk; TCP/IP*

Rippen

Rippen ist die Bezeichnung für das Kopieren von DVD-Filmen ohne Menü- und Kapitelstruktur. Nur der Datenstrom für den Film wird ausgelesen, anschließend meist in eines der Formate DivX, VCD oder SVCD umgewandelt und auf CD gebrannt. Diese CDs können von vielen modernen DVD-Playern gelesen werden. Die Zusatzfunktionen der DVD sind aber dann nicht mehr verwendbar.

➠ *Siehe DVD*

RISC-Prozessor

Abk.: Reduced Instruction Set Computer

Im Gegensatz zu CISC-Prozessoren besteht der Befehlssatz eines RISC-Prozessors aus wenigeren und einfacheren Befehlen, als dies bei CISC-Prozessoren, wie z. B. allen Intel-CPUs bis zum Pentium Pro, der Fall ist. Am Anfang der Entwicklung kamen bei jedem neuen Prozessor ein paar neue Befehle hinzu und so wuchs der gesamte Befehlssatz weiter und weiter. Verschiedene Experten haben schon vor geraumer Zeit nachgewiesen, dass rund 80% aller normalerweise verwendeten Kommandos nur rund 20% des gesamten vorhandenen Umfangs ausmachen. Darauf gründet sich die Entwicklung der RISC-Prozessoren. RISC steht hierbei für Reduced Instruction Set Computer. Viele komplexe Befehle der CISC-Prozessoren, die bei RISC nicht mehr vorhanden sind, müssen in Folgen einfacherer Befehle aufgelöst werden. Die durch die Reduzierung erfolgte Optimierung ermöglicht aber eine erheblich beschleunigte Berechnung einiger Aufgaben. Da sich die Steigerung des Leistungspotentials von CISC-Prozessoren immer schwieriger gestaltet, wird inzwischen oft eine Mischung aus beiden konstruiert, wie etwa beim Pentium geschehen.

➠ *Siehe CISC; Instruction Set; Prozessor*

Riser-Karte

Die Riser-Karte ist eine Platine, auf der sich ISA- und PCI-Slots und der AGP-Bus befinden. Die Riser-Karte kommt auf Motherboards zum Einsatz, die das LPX- bzw. NLX-Layout benutzen. Boards dieser Bauart werden meist in sehr flachen Desktop-Gehäusen eingesetzt, in denen eine normale Anordnung der Erweiterungskarten (senkrecht auf das Board aufgesteckt, z.B. Baby-AT, ATX) nicht möglich ist. Stattdessen werden die Erweiterungskarten (z.B. Grafikkarte) auf die Riser-Karte gesteckt, so dass sie parallel über der Hauptplatine liegen.

➠ *Siehe PCI; Slot; AGP; ATX; LPX; NLX; ISA; Motherboard; Erweiterungskarte*

Rivest-Shamir-Adleman

➠ *Siehe RSA*

RJ-11-Stecker

Der kleine, 4-polige Westernstecker (RJ-11) wird in den USA als Telefon-Verbindungsstecker eingesetzt. Auch in Deutschland verdrängt der Westernstecker allmählich den TAE-Stecker, da er kleiner und günstiger ist. ISDN verwendet ein ähnliches Patent, den 8-poligen RJ-45. Auch in lokalen Netzwerken (LAN) ist der RJ-45 gebräuchlich (10BaseT).

➠ *Siehe RJ-45-Stecker; TAE; ISDN; LAN*

RJ-45-Stecker

Der RJ-45-Stecker ist Teil eines »genormten Steckersystems«, das aus RJ-45-Buchse und RJ-45-Stecker besteht. Es ist ein 8-adriges Steckersystem, mit dem der Netzwerkadapter eines Computers im lokalen Netzwerk an den Netzwerkbus angeschlossen wird (10BaseT). Außerdem wird es bei ISDN eingesetzt, um Telefonapparate und ISDN-Adapter an den S0-Bus anzuschließen.

➠ *Siehe Netzwerkkarte; S0-Bus; ISDN; Modem*

RLL

Abk.: Run Length Limited

RLL ist ein Verfahren zur Aufzeichnung von Daten auf eine Festplatte. Die ersten Festplatten, die in PCs verwendet wurden, waren MFM-kodiert und wurden dann von RLL-kodierten Platten abgelöst. Durch eine um etwa 50% gesteigerte Aufzeichnungsdichte konnten auf einer RLL-Platte pro Spur 26 Sektoren zusammengefasst werden, während bei MFM nur 17 Platz fanden. Dadurch erhöhte sich die Kapazität entsprechend.

➭ *Siehe Harddisk; Sektor; MFM*

Rlogin

1. Rlogin ist ein Protokoll, das automatisch den Anmeldenamen beim Einloggen in einen anderen Computer über ein Netzwerk angibt.

2. Rlogin ist ein Unix-Befehl (BSD-Version) zur Anmeldung an einem entfernten Computer mit Hilfe des rlogin-Protokolls.

3. Rlogin ist die Bezeichnung für den Anmeldevorgang mittels »rlogin«.

➭ *Siehe Unix; BSD; Protokoll; Netzwerk*

RLSD

Abk.: Received Line Signal Detect

RLSD ist ein Signal, das ein Modem an den Computer sendet, um seine Bereitschaft für die Datenübertragung zu signalisieren.

➭ *Siehe Modem; Datenübertragung; AT-Befehle; Hayes (-kompatibel)*

RMI

Abk.: Remote Method Invocation

Eine Java-API, mit dem verteilte Systeme realisiert werden können, wird RMI genannt. Objektmethoden, die auf verschiedenen Rechner laufen, können aufgerufen werden, als wären sie auf dem lokalen Rechner. Alle kommunizierenden Objekte müssen aber dafür in Java realisiert sein. RMI ist eine simple Alternative zu CORBA.

➭ *Siehe Java; API; CORBA; RPC; Sun Microsystems*

RNA

Abk.: Remote Network Access

RNA ist die englische Bezeichnung für das DFÜ-Netzwerk unter Windows 9x.

➭ *Siehe DFÜ-Netzwerk*

RND

Abk.: Random

▲ *Übers.: Zufall*

RND ist der Name einer Funktion. In manchen Programmiersprachen können damit Pseudo-Zufallszahlen erzeugt werden.

➭ *Siehe Funktion; Zufallszahlengenerator; Programmiersprache*

RNIS

Abk.: Réseau Numérique à Intégration de Services

RNIS ist die europäische Bezeichnung für das Integrated Services Digital Network (ISDN).

➭ *Siehe ISDN*

RO

Abk.: Read Only

▲ *Übers.: Nur Lesen*

➡ *Siehe Read Only*

Roaming

Roaming bedeutet übersetzt soviel wie herumstreunen. In der Mobilfunktechnik wird damit die Möglichkeit bezeichnet, sich frei zwischen verschiedenen Gebieten zu bewegen und trotzdem telefonieren zu können. Dafür ist es natürlich unumgänglich, dass alle durchquerten Gebiete eine zu dem jeweiligen Mobiltelefon kompatible Empfangsstation besitzen. Da dies bei den D1- und D2-Netzen in Deutschland größtenteils flächendeckend zutrifft, wird, wenn Ländergrenzen überquert werden, von Roaming gesprochen. Damit ein Mobiltelefon auch hier benutzt werden kann, muss der heimische Provider mit den Betreibern des dortigen Netzes einen Kooperationsvertrag bzw. Roaming-Vertrag geschlossen haben. Zusätzlich muss der Benutzer meistens bei seinem Provider einen zusätzlichen Vertrag über Roaming im Ausland abschließen. Für Benutzer des E-Netzes gestaltet sich dies noch schwieriger, da das verwendete DCS-System im Ausland fast nirgends unterstützt wird.

Roboposten

Roboposten ist eine Art von Posting, bei der Artikel automatisch an einen Newsserver weitergeleitet werden. Dies wird in der Regel von einem so genannten Roboter (Robot) erledigt.

➡ *Siehe News; Robot; Posten*

Robot

1. Ein Gerät oder eine Maschine, die mit Hilfe von Eingangsinformationen in der Lage ist, ihre Umgebung zu verändern. Die Grenze setzt hierbei die beschränkte Intelligenz der Maschine. Roboter werden bei sich wiederholenden Arbeitsabläufen eingesetzt, wie z.B. bei der Lackierung eines Autos. Obwohl Roboter häufig in einer menschenähnlichen Form dargestellt werden, entspricht ihre wirkliche Form eher den Ansprüchen, die an sie gestellt werden.

2. Im Internet ist ein Roboter ein Programm, das eingesetzt wird, um zeitintensive Arbeiten zu erledigen, wie z.B. das Durchsuchen von Newsgroups und das Speichern der gefundenen Informationen in einer Datenbank. Auch bei Suchmaschinen werden oft solche Programme eingesetzt, die hier Spider (Spinnen) genannt werden und in der Lage sind, selbstständig WWW-Seiten zu besuchen und die In-

halte dieser Seiten nach bestimmten Mustern zu durchsuchen.

→ Siehe Newsgroup; Datenbank; WWW

Robotik

Ein Teilgebiet des Maschinenbaus, das sich mit der Planung und dem Bau von Robotern beschäftigt und verschiedene Fachgebiete einschließt, wie z.B. Elektronik, Mechanik, Bionik, Kybernetik und Künstliche Intelligenz. Ziel der Robotik ist es, Maschinen zu entwickeln, die im Hinblick auf mechanische Beweglichkeit, sensorische Wahrnehmung, Flexibilität und Unabhängigkeit einen hohen Standard erreichen

→ Siehe AI; Robot; Kybernetik; Bionik

Rogue Site

Rogue Site bezeichnet eine Domain im Internet, von der aus Spam-Mail (Werbe-E-Mail) verschickt wird.

→ Siehe Spam-Mail; Domain

Rohdaten

→ Siehe Raw Data

Rohmodus

→ Siehe Raw Mode

Rollbalken

→ Siehe Scrollbar

ROM

Abk.: Read Only Memory

▲ Übers.: Nur-Lesen-Speicher

ROM ist ein Speicher, auf dessen Inhalt nur lesend zugegriffen werden kann (z.B. CD-ROM, EPROM). Im ROM-BIOS eines Computers sind viele Befehle verankert, die eine grundsätzliche Benutzung von Tastatur, Monitor, Festplatten und allen verbreiteten Komponenten möglich machen. Diese sind unveränderlich und damit vor jedem Absturz sicher.

→ Siehe EPROM; BIOS; RO; CD-ROM

ROM-Basic

Ein Basic-Interpreter, der vollständig in einem ROM-Modul untergebracht ist, heißt ROM-Basic. Der Benutzer kann sofort nach dem Einschalten der Maschine mit dem Programmieren beginnen, ohne dass Daten erst von Diskette oder Magnetband geladen werden müssen.

→ Siehe Basic; Interpreter; ROM; Daten; Diskette; Magnetband

ROM-BIOS

→ Siehe BIOS

ROM-Emulator

Ein ROM-Emulator ist eine Schaltung, bei der die ROM-Chips eines Computers durch

RAM-Speicher ersetzt werden können. Den Speicherinhalt liefert hierbei ein anderer Computer. Vorteil dieses Verfahrens ist der Umstand, dass sich ein ROM-Emulator schnell umprogrammieren lässt, was billiger und schneller ist, als einen ROM-Chip herzustellen.

➠ *Siehe ROM; RAM*

ROM-Karte

ROM-Karten sind Bauteile, die bestimmte Informationen fest gespeichert haben. Sie haben meist das Format einer dickeren Scheckkarte. ROM-Karten werden benutzt, um z.B. einem Drucker zusätzliche Zeichensätze zur Verfügung zu stellen oder einem Synthesizer andere Sounds als die intern gespeicherten.

➠ *Siehe ROM; Font*

ROM-Steckmodul

Auf einem ROM-Steckmodul sind bestimmte Informationen wie Spiele oder Programme fest gespeichert. Das Modul ist meist mit einem Plastikgehäuse umgeben, wobei sich an einer Seite eine Steckverbindung befindet, mit der das Modul leicht mit einem Drucker, Computer oder einer Spielkonsole verbunden werden kann.

➠ *Siehe Computer; Konsole; ROM*

Root Directory

➠ *Siehe Hauptverzeichnis*

Rootserver

Der Rootserver ermittelt im Internet Nameserver mit Informationen über Internetdomänen der obersten Ebene (».com«, ».de«, ».org« usw.). Weltweit existieren 13 Rootserver.

➠ *Siehe Server; DNS; Domain; .com; .de; .org*

ROT 13-Verschlüsselung

Bei der ROT 13-Verschlüsselung wird ein Buchstabe durch den darauf folgenden 13. Buchstaben ersetzt, z.B. wird bei ROT 13 das B durch das O ersetzt. Weil das deutsche Alphabet 26 Buchstaben enthält, entsteht durch die Verschlüsselung eines schon verschlüsselten Textes wieder der Klartext. Der Verschlüsselungsalgorithmus geht auf Cäsar zurück, der ihn erstmals einsetzte, um Depeschen zu schützen. ROT 13-Verschlüsselung stellt im heutigen Zeitalter der Rechentechnik keine sichere Verschlüsselung mehr dar, da es möglich ist, ROT 13 in Echtzeit zu entschlüsseln.

➠ *Siehe Verschlüsselung; Algorithmus*

RO-Terminal

Abk.: Read Only Terminal

▲ *Übers.: Nur Lesen-Terminal*

Ein Terminal, das nur Daten empfangen, aber nicht senden kann (Read-Only-Terminal), heißt RO-

Terminal (z.B. fast alle Drucker sind RO-Terminals).

➞ *Siehe RO; Terminal*

Rotieren

Rotation ist die drehende Bewegung eines Objekts um eine oder mehrere seiner und/oder beliebiger Achsen.

Round Robin

Round Robin ist eine umlaufende, aufeinander folgende Belegung von Ressourcen durch mehrere Geräte oder Prozesse.

➞ *Siehe Resources; Prozess; Gerät*

Route

Die Route ist der Weg, den ein Datenpaket von seinem Startpunkt zu seinem Zielpunkt zurücklegt.

➞ *Siehe Packet; Router*

Router

Ein Router ist ein Verknüpfungsgerät zwischen LAN-Segmenten. Er arbeitet auf der dritten Schicht des OSI-Referenzmodells (Vermittlungsschicht, Network Layer) und regelt den Datenpaketverkehr zwischen einzelnen Subnetzen, meistens über die Protokolle X.21 oder X.25. Es wird zwischen Einzelprotokoll-Router, Multiprotokoll-Router und Hybride Router unterschieden. Anhand verschiedener Kriterien, wie Auslastung, Durchsatz, Gebühren oder Wartezeit, bestimmen Router den optimalen Weg für ein Paket durch das Netzwerk zur Zieladresse. Zur Ermittlung des Weges orientieren sich Router an einer so genannten Routing-Tabelle, in der alle Daten über die Struktur des Netzwerks festgehalten sind. Auf diese Weise sorgen Sie untereinander für einen Lastausgleich (Load-Balancing) des Datenverkehrs. Bei den Verfahren zur Paketvermittlung wird generell statisches und dynamisches Routing unterschieden. Folgende grundlegende Eigenschaften muss ein Router aufweisen, ein Verfahren zur Identifikation anderer Stationen, einen Algorithmus zur Bearbeitung nicht lokaler Pakete zur Weiterleitung an einen anderen Router (Routing) und einen Header mit Informationen zur Zieladresse, Lebenszeit des Pakets, Fragmentierung und Reassemblierung. Im Gegensatz zu einer Bridge leitet ein Router nur Datenpakete weiter, deren Zieladresse ihm bekannt sind. Aufgrund dieser analysierenden Eigenschaft eignen sich Router sehr gut zur Verbindung von LANs über Weitbereichsnetze (WAN).

➞ *Siehe LAN; OSI-Schichtenmodell; Packet; X.21; X.25; WAN; Einzelprotokoll-Router; Multiprotokoll-Router; Bridge/Router; Routing-Tabelle; Segment*

Bild R.2: Ein Router

Router, hybrider

Ein hybrider Router kombiniert Funktionen anderer Vermittlungsgeräte mit den Eigenschaften eines Routers. Ein Beispiel wäre der Bridge/Router, der auch die Funktionen einer Bridge (Brücke) übernehmen kann.

➠ *Siehe Router*

Routine

In Programmen fasst der Programmierer Teile, die einem bestimmten Zweck dienen, oft zu einer Einheit zusammen, um das Programm übersichtlich zu halten. Eine Routine enthält demnach meistens mehrere Funktionen und Prozeduren, die eine gemeinsame Aufgabe beschreiben.

➠ *Siehe Funktion; Programm; Prozedur*

Routing

Im Internet und in großen Netzwerken (LANs) leiten die Router die Datenpakete weiter. Dieses Weiterleiten entlang einer gewissen Route wird Routing genannt. Es gibt passives Routing, bei dem die gesamte Route eines Pakets in dessen Header vorgegeben ist. Beim aktiven Routing versuchen die Router selbst den kürzesten Weg zu finden.

➠ *Siehe Internet; Header; Netzwerk; Router*

Routing Switch

Wie ein Router arbeitet ein Routing Switch in der dritten Ebene des OSI-Schichtenmodells (Vermittlungsschicht). Im Gegensatz zum Router leitet der Routing Switch die ankommenden Datenpakete aber nicht softwaremäßig weiter, sondern hardwaremäßig, was zu einer starken Beschleunigung des gesamten Vermittlungsvorgangs führt. Aus diesem Grund werden Routing Switches für Netzwerke mit hohen Anforderungen an die Vermittlungsgeschwindigkeit eingesetzt.

➠ *Siehe Router; Switch; OSI-Schichtenmodell*

Routing Table

➠ *Siehe Routing-Tabelle*

Routing, adaptives

➠ *Siehe Routing, dynamisches*

Routing, aktives

➠ *Siehe Routing, dynamisches*

Routing, dynamisches

Um einzelne Pakete über Netzwerke zu übertragen, müssen diese den Weg über den Router nehmen. Dafür gibt das statische Routing und das dynamische Routing. Beim dynamischen Routing ermittelt der Router den optimalen Weg für ein Datenpaket zur Zieladresse automatisch. Dazu analysiert er den Status des Netzwerks in regelmäßigen Abständen. Der Vorteil dieser Methode liegt darin, dass Änderungen am Netzwerk sofort erkannt werden. Der Nachteil liegt aber genau im Vorteil begründet. Bei großen Netzwerken ändert sich der Status ständig, weshalb sich der Router auch ständig anpassen muss. Da hierzu eine andauernde Kommunikation mit den anderen Routern im Netz notwendig ist, entsteht ein Kommunikations-Overhead, der sich auf die gesamte Netzlast niederschlägt.

⇒ *Siehe Routing, statisches; Router; Netzwerk*

Routing, passives

⇒ *Siehe Routing, statisches*

Routing, reflektierendes

Reflektierendes Routing ist eine Art der Datenverteilung in Weitbereichsnetzen (WAN), bei der die Verteilung der Daten über einen Reflektor läuft. Vorteil des reflektierenden Routings ist die Reduzierung der Auslastung des Netzwerkservers.

⇒ *Siehe WAN; Routing; Reflektor*

Routing, statisches

Beim statischen Routing ermittelt der Router einmalig die Verbindungen im Netzwerk und schreibt diese Informationen in die so genannte Routing-Tabelle. Anhand dieser Tabelle ermittelt er nun den optimalen Weg für ein Datenpaket durch ein Netzwerk. Fällt ein Weg aus, schaltet er auf den nächstbesseren um. Der Nachteil des statischen Routings liegt darin, dass die Routing-Tabelle eventuelle Änderungen an der Netzwerkstruktur nicht abbilden kann.

⇒ *Siehe Router; Packet; Netzwerk; Routing, dynamisches; Routing-Tabelle*

Routing-Tabelle

Router, die zur Ermittlung des optimalen Vermittlungsweges durch das Netzwerk die statische Methode verwenden, benötigen eine Routing-Tabelle, um diesen Weg zu ermitteln. Die Routing-Tabelle wird einmalig ermittelt und beschreibt die unterschiedlichen Wege zu Zielstationen durch das Netzwerk. Sobald aufgrund äußerer Änderungen (z.B. der Auslastung oder der Wartezeit) die Leistungsfähigkeit des bisher verwendeten Vermittlungsweges vermindert wird, ermittelt der Router den nächstbesten Weg für die Datenpakete anhand der Routing-Tabelle. Der Nachteil dieses Verfahrens liegt darin, dass eventuelle

Änderungen an der Netzwerkstruktur nicht beachtet werden.

➠ *Siehe Routing, statisches; Router; Netzwerk*

RPA

Abk.: Remote Phrase Authentification

RPA ist ein Sicherheitsprotokoll von CompuServe, das dafür sorgt, dass nur CompuServe-Mitglieder die Angebote des Online-Dienstes wahrnehmen können. Ein spezielles Plug-In sorgt dafür, dass dies auch aus regulären Browsern möglich ist. Das benötigte Login und Passwort werden dabei sicher über das Netz transportiert.

➠ *Siehe CompuServe; Login; Passwort*

RPC

Abk.: Remote Procedure Call

RPC ist ein Netzwerkprotokoll. Programme verwenden RPC, wenn sie einen Dienst benötigen, der auf einem anderen Rechner im Netzwerk läuft. Das dabei zugrunde liegende Modell setzt auf dem Client-Server-Prinzip auf. Ein Beispiel für eine RPC-Anfrage ist der Login-Vorgang in einem NIS-Netzwerk. Dabei fragt der Client die Zugangsberechtigung auf dem NIS-Server ab, ohne selbst über den Benutzer etwas zu wissen.

➠ *Siehe Netzwerkprotokoll; Client-Server-Prinzip; Netzwerk; Login; NIS*

RPM

RPM ein Programm der Linux-Distribution RedHat, ermöglicht die einfache Installation und Deinstallation von Software unter Linux.

➠ *Siehe Linux-Distributionen; Linux*

RS-232-Schnittstelle

Jeder Computer besitzt im Allgemeinen mindestens eine serielle Schnittstelle, an der vor allem Mäuse und Modems betrieben werden. Sie wird auch RS-232-Schnittstelle genannt und grenzt sie damit auf 9- und 25-polige Verbindungen ein, die der V.24-Norm genügen müssen.

➠ *Siehe Schnittstelle, serielle; V.24*

RS-422/423/449

RS-422/423/449 sind Standards für die Datenübertragung über die serielle Schnittstelle über eine Entfernung von mehr als 15 Metern. RS-422 und RS-423 werden in RS-449 vereinigt. Bei einem Apple-Macintosh-Rechner entsprechen die seriellen Schnittstellen dem Standard RS-422.

➠ *Siehe Datenübertragung; Schnittstelle, serielle; RS-232-Schnittstelle*

RSA

Abk.: Rivest-Shamir-Adleman

RSA ist ein Verschlüsselungsalgorithmus, der von den drei Wissenschaftlern Ronald Rivest, Adi Shamir und Leonard Adleman entwickelt wurde. RSA gehört zu den asymmetrischen Verschlüsselungsverfahren, das heißt, es existieren zwei Schlüssel, wovon einer veröffentlicht (öffentlicher Schlüssel, Public Key) und der andere geheim gehalten wird (privater Schlüssel, Private Key). Informationen, die mit dem öffentlichen Schlüssel verschlüsselt wurden, können nur mit dem privaten Schlüssel wieder entschlüsselt werden. Das weit verbreitete Programm PGP basiert auf RSA.

➡ *Siehe PKC; Algorithmus; PGP; Kryptografie; Verschlüsselung*

RTC

Abk.: Real Time Clock

▲ *Übers.: Echtzeituhr*

RTC ist die auf dem Motherboard integrierte Echtzeituhr, die dem Computer die aktuelle Zeit bereitstellt. Sie läuft auch weiter, wenn der Rechner ausgeschaltet oder ganz vom Netz getrennt wird, da sie von einer Batterie ihren Strom bezieht. Echtzeituhr und CMOS-RAM bilden auf dem Motherboard meist eine Einheit. Die Uhrzeit kann natürlich softwaremäßig umgestellt werden.

Neuere Betriebssysteme wie Windows 95/98, stellen auf Sommer- und Winterzeit um. In einem Netzwerk können die Client-Rechner ihre Zeit durch einen bestimmten Dienst mit der des Servers synchronisieren.

➡ *Siehe CMOS-RAM; Client; Betriebssystem; Motherboard*

RTF

Abk.: Rich Text Format

RTF ist die Bezeichnung für ein sehr einfaches Dateiformat, das von vielen Microsoft-Programmen unterstützt wird und so ein Austauschen von Texten zwischen verschiedenen Programmen ermöglicht. Dazu exportieren Sie erst den Text in einem Programm und importieren diesen dann in den anderen. So bleibt sogar die Formatierung des Textes bei einem Plattformwechsel erhalten.

➡ *Siehe Plattform; Dateiformat; Textverarbeitung*

RTP

Abk.: Real-Time Protocol

▲ *Übers.: Echtzeit-Protokoll*

RTP ist ein Internetprotokoll für die Echtzeitübertragung von Audio- und Videodaten, welches mit Unicasting-Diensten (ein Sender, ein Empfänger) und mit Multicasting-Diensten (ein Sender, mehrere Empfänger) arbeitet. Es wird oft in Verbindung mit RTCP (Real-Time Control Protocol) eingesetzt, welches die Übertragung in IPv6-Netzwerken überwacht.

➠ *Siehe Multicasting; Protokoll; IPv6*

RTS

Abk.: Request To Send

RTS ist ein Signal in der seriellen Datenübertragung, das eine Sendeerlaubnis anfordert. Es wird z.B. von einem Computer an ein angeschlossenes Modem ausgegeben. Dem Signal RTS ist nach der Norm RS-232-C der Anschluss 4 zugeordnet.

➠ *Siehe RS-232-Schnittstelle; Modem; Datenübertragung; AT-Befehle*

RTSP

Abk.: Real-Time Streaming Protocol

RTPS ist ein Protokoll, welches Multimedia-Datenströme mit hoher Effizienz in Echtzeit über IP-Netzwerke überträgt. Es kann für einzelne Empfänger oder Empfängergruppen eingesetzt werden. RTSP wurde von der Columbia University und den Firmen Progressive Network und Netscape Communications entwickelt.

➠ *Siehe Protokoll; IP; Netscape Communications*

Rückgabewert

Der Rückgabewert ist der Wert, den eine Prozedur beim Programmieren zurückgibt, nachdem sie ausgeführt wurde. Anhand des Rückgabewertes kann entschieden werden, welche Schritte als Nächstes auszuführen sind. Rückgabewerte können auch angeben, ob eine Prozedur erfolgreich ausgeführt wurde oder nicht.

➠ *Siehe Prozedur*

Rückgängig-Funktion

➠ *Siehe Undo-Funktion*

Rückkopplungsschaltung

Eine Schaltung, die einen Teil des Ausgabesignals als Eingangssignal nutzt, wird als Rückkopplungsschaltung bezeichnet. Es gibt negative und positive Rückkopplungen, z.B. ist das »Pfeifen« einer Verstärkeranlage, wenn das Mikrofon zu nahe an einem Lautsprecher steht, eine positive Rückkopplung.

➠ *Siehe Lautsprecher*

Rückrufmodem

➠ *Siehe Callback-Modem*

Rückverkettung

Rückverkettung ist eine Form der Problemlösung, bei der als Erstes eine Behauptung unter Beachtung von bestimmten Regeln aufgestellt wird. Anschließend werden diese Regeln mit Informationen aus einer Wissensdatenbank verglichen, worauf sich die Behauptung als richtig oder falsch herausstellt.

➠ *Siehe Expertensystem*

Rückwärtskettung
➠ Siehe Kettung

Rufnummer-Anzeige
Bei einem ISDN-Anschluss kann mit Hilfe eines ISDN-Telefons oder einer ISDN-Karte die Rufnummer eines Anrufers angezeigt werden.

➠ Siehe ISDN; ISDN-Leistungsmerkmale

Rufnummer-Übermittlung
Bei einem ISDN-Anschluss wird standardmäßig die Rufnummer vom Anrufer an den Angerufenen übermittelt. Dies lässt sich mit der Rufnummer-Unterdrückung abstellen.

➠ Siehe Rufnummer-Unterdrückung; ISDN; ISDN-Leistungsmerkmale

Rufnummer-Unterdrückung
Über die Funktion Rufnummer-Unterdrückung kann die Rufnummer-Übermittlung abgeschaltet werden. Dies ist permanent möglich, sie lässt sich jedoch auch wahlweise bei einzelnen Anrufen einschalten.

➠ Siehe Rufnummer-Übermittlung; ISDN; ISDN-Leistungsmerkmale

Rufumleitung
Die Rufumleitungsfunktion erlaubt es bei einem ISDN- oder T-Net-Anschluss, einen Anrufer an eine andere Rufnummer weiterzureichen. Mögliche Zielnummern können sich sowohl im Festnetz als auch im Mobilfunknetz befinden. So können z.B. Anrufe an ein Handy weitergeleitet werden, wenn der Handybesitzer nicht am Platz ist.

➠ Siehe ISDN; ISDN-Leistungsmerkmale

Rules
In jeder Mailbox gibt es üblicherweise gewisse Regeln (»Rules«), die beachtet werden sollten. Verstöße gegen diese Regeln werden meistens geahndet. Je nach Art der Mailbox und Art des Verstoßes kann das sehr unterschiedlich aussehen. Auf heftige Verstöße folgt im Normalfall der Ausschluss aus der Mailbox.

➠ Siehe BBS; Netiquette

Run Length Limited
Abk.: RLL

➠ Siehe RLL

➠ Siehe Echtzeitspiel

Runtime
Als Laufzeit (englisch: Runtime) wird der Zeitraum bezeichnet, in dem ein Programm aktiv ist bzw. »läuft«. In dieser Zeit führt es Aufgaben aus bzw. ist es bereit, Anweisungen vom Benutzer entgegenzunehmen. Gleiches gilt auch für Computersysteme oder einzelne Komponenten.

➠ Siehe Programm

Runtime Error

Ein Laufzeitfehler (englisch: Runtime Error) ist ein Fehler, der während der Laufzeit eines Programms auftritt. Harmlosere Fehler, wie z. B. der Versuch, eine Datei zu öffnen, die nicht vorhanden ist, werden in der Regel von der Fehlerbehandlung der Programme abgefangen und sorgen nicht für einen Abbruch des Programms. Schwerwiegende Fehler können aber ein Programm zum Absturz bringen. In ganz extremen Situationen kann ein Laufzeitfehler in einem Programm sogar den Computer zum Absturz bringen. Beispiele für schwerwiegendere Laufzeitfehler sind Division durch 0, Stack-Überlauf und der Zugriff auf Speicherbereiche, die bereits anderweitig genutzt werden. Mit letzterer Methode kann Windows 95 zum Totalabsturz gebracht werden.

➠ *Siehe Crash; Overflow; Runtime; Stack; Fehlerbehandlung*

Runtime-Lizenz
➠ *Siehe Laufzeitsystem*

Runtime-Version
➠ *Siehe Laufzeitsystem*

RZ

Abk.: Rechenzentrum

Rechenzentren (RZs) sind mit leistungsfähigen Datenverarbeitungsanlagen, wie Großrechnern bzw. Mainframes, ausgestattet. Sie sind hauptsächlich auf die Verarbeitung großer und größter Datenmengen und damit zur Bewältigung umfangreichster Berechnungen ausgelegt. Da die Rechenleistung einzelner PCs heute schon zur Berechnung vieler Probleme ausreicht, sind Rechenzentren seltener geworden. Sie werden heutzutage oft durch Vernetzung vieler einzelner Rechner ersetzt (Dezentralisierung). Doch vor allem in Universitäten und großen Unternehmen kommen Rechenzentren wegen ihrer enormen Stabilität (Ausfallsicherheit) auch weiterhin vor.

➠ *Siehe Mainframe*

S

S/MIME

Abk.: Secure Multipurpose Internet Mail Extensions

S/MIME ist eine Erweiterung des MIME-Standards, mit dem verschlüsselte E-Mails gesendet werden können. S/MIME erledigt die Schlüsselverwaltung für den Benutzer völlig transparent. Es ist Bestandteil der Webbrowser Netscape Communicator und Microsoft Internet Explorer 4.0 und könnte PGP als Verschlüsselungsverfahren ersetzen.

➨ *Siehe MIME; E-Mail; PGP; Verschlüsselung*

S/PDIF

Abk.: Sony/Philips Digital Interface

Bei S/PDIF handelt es sich um spezielle digitale Audio-Schnittstellen. Manche Soundkarten bieten solche S/PDIF-Anschlüsse, die mit einem digitalen Audio-Gerät, wie z.B. einem DAT-Recorder, verbunden werden und so praktisch verlustlose digitale Kopien ermöglichen. Diese Anschlüsse gibt es in koaxialer und optischer Ausführung.

➨ *Siehe Soundkarte; DAT*

S0-Bus

An die S0-Schnittstelle eines ISDN-Basisanschlusses können bis zu acht Geräte an zwölf ISDN-Dosen angeschlossen werden. Der S0-Bus besteht aus zwei Datenkanälen (B-Kanäle), die mit je 64 KBit/s arbeiten, und einem Signalkanal (D-Kanal), der mit 16 KBit/s betrieben wird.

➨ *Siehe ISDN-Anschlussarten; ISDN*

S2M-Schnittstelle

S2M-Schnittstelle wird die größere Version des ISDN-Basisanschlusses genannt, auch als Primärmultiplex-Anschluss bekannt. Dieser zeichnet sich durch 30 Nutzkanäle (B-Kanäle) mit jeweils 64 KBit/s, einen Steuerkanal (D-Kanal) und einen Synchronisationskanal mit je 64 KBit/s aus – insgesamt 32 Kanäle, von denen 30 zum »Telefonieren« zur Verfügung stehen. Diese Anschlüsse sind nur für Firmen mit größerem Kommunikationsaufkommen interessant. Da die Kanäle gebündelt werden können, können sehr hohe Datentransferraten erreicht werden.

➨ *Siehe ISDN-Anschlussarten; ISDN*

SATA

Abk.: Serial ATA

Weiterentwicklung der parallelen ATA-Schnittstelle (IDE), die eine serielle Punkt-zu-Punkt-Verbindung zwischen den angeschlossenen Geräten herstellt. Die Hauptvorteile dieser Technologie sind neben des geringeren Platzbedarfs (ein dünnes Kabel und kleine Stecker) und der längeren Kabel (1 m statt 40 cm bei ATA) auch die höhere Datentransferrate mit 150 Mbyte/s. Geplant sind bis zu 600 Mbyte/s.

SATA-II

Abk.: Serial ATA-II

Eine Weiterentwicklung der SATA-Schnittstelle. Wichtigste Neuerungen: Native Command Queuing (NCQ), abgestuftes Beschleunigen, Hot-Plug-Fähigkeit, Signalwiederaufnahme und eine höhere Datentransferrate von 300 Mbyte/s.

SCO

Abk.: Santa Cruz Operation

SCO ist eine Firma, die ein Derivat von Unix für PCs anbietet. Sie ist seit 2003 auch im Linux-Markt tätig, aber wenig bekannt.

➭ *Siehe Linux; Unix*

SAA

Abk.: System Application Architecture

SAA ist ein von IBM entwickeltes Konzept für die Mensch-Maschine-Kommunikation. Oft wird damit aber lediglich ein Konzept zur Anordnung von grafischen Elementen bei Anwenderprogrammen bezeichnet, beispielsweise wie Menüzeilen oder die dazugehörigen Pulldown-Menüs angeordnet werden sollen.

➭ *Siehe IBM; GUI; Pulldown-Menü*

Sabotageprogramm

Sabotageprogramm ist ein Programm, das eine schädigende Wirkung auf einen Computer hat. Es kann sowohl Hard- als auch Softwareschäden verursachen. Derartige Programme werden aus ähnlichen Gründen entwickelt wie Virenprogramme. Angefangen bei Frust, reiner Neugier, einfacher Zerstörungslust oder dem Streben nach Ruhm, falls so ein Virus berühmt wird, sind alle möglichen Gründe ausschlaggebend. Am bekanntesten sind die Computerviren, aber in Wahrheit tummelt sich ein ganzer Zoo solcher Programme auf manchen Computern. In Computernetzen sind immer wieder so genannte Würmer zu finden, die zwar keine richtigen Schäden verursachen, dafür aber eine enorme Netzbelastung durch ihre Vervielfältigung erzeugen. Gerade bei Programmen aus Mailboxen kommen Trojanische Pferde vor, die eine sinnvolle Funktion vorspiegeln oder tatsächlich besitzen, aber unter dieser Tarnung schädigende Programme verbergen. Früher waren in Texten manchmal ANSI-Viren versteckt, in der letzten Zeit gibt es vermehrt Makroviren. Das Problem bei vielen dieser Programme ist, dass ihre zerstörerische Funktion oft erst nach einer gewissen Zeit, zu einem bestimmten Datum oder unter anderen Umständen zutage tritt.

➠ *Siehe ANSI-Virus; Computervirus*

Sad Mac

Sad Mac ist eine Fehlermeldung des Apple-Macintosh, wenn der nach dem Einschalten durchgeführte Selbsttest fehlgeschlagen ist. Es ist ein Symbol mit Kreuzchen statt Augen und einem finsteren Gesicht, unter dem dann der Fehlercode steht.

➠ *Siehe Guru; Macintosh; Apple; Error Code*

Safe Mode

Es wird vom abgesicherten Modus (Safe Mode) gesprochen, wenn beim Starten des Betriebssystems Treiber deaktiviert werden, um Soft- und Hardwarekonflikte lösen zu können. Windows 95/98 schlägt den abgesicherten Modus automatisch vor, wenn der Computer bei der letzten Sitzung nicht ordnungsgemäß gestartet oder heruntergefahren werden konnte.

➠ *Siehe Betriebssystem; Hardware; Gerätetreiber*

SAMBA

http://www.samba.org

SAMBA ist ein freier CIFS-Client und Server für Unix und andere Betriebssysteme. Samba benutzt das SMB-Protokoll, welches in LANs dazu dient, Netzwerkressourcen allgemein zugänglich zu machen. Drucker, Festplatten, CD-ROM-Server etc. können auf diese Weise mit geringen Kosten netzwerkweit genutzt werden. SAMBA, mittlerweile eines der bekanntesten Open-Source-Projekte, wird aufgrund seiner Performance von vielen Firmen eingesetzt.

➠ *Siehe LAN; Client-Server-Prinzip; Performance; Unix; Resources; Open Source; Protokoll; CIFS*

Sampler

Ein Sampler ist ein Gerät, das analoge Signale in digitale Daten umwandelt, die ein Computer dann weiterverarbeiten kann. Von Sampler wird hauptsächlich in Bezug auf die Digitalisierung von Audio-Signalen gesprochen.

➠ *Siehe A/D-Wandler; D/A-Wandler; Digitalisierung*

Sampling

Die Digitalisierung von analogen Vorlagen wird als Sampling bezeichnet, wie etwa Grafiken oder Musikstücken. Bilder werden von einem Scanner und Lieder mit einer Soundkarte in das von einem

Computer benötigte Format gebracht. Die Qualität der Samples wird von der Abtastrate, z.B. bei CD-Qualität 44.100 Hz, und der Abtasttiefe, bei CD-Qualität 16 Bit mit zwei Kanälen (Stereo), bestimmt.

⇒ *Siehe Soundkarte; Scanner; A/D-Wandler; Sampling-Rate; Abtasttiefe; Hertz; D/A-Wandler*

Sampling-Rate

Die Sampling-Rate gibt die Häufigkeit an, mit der eine Messung in einem bestimmten Zeitraum oder einer räumlichen Dimension durchgeführt wird (Sampling). Üblicherweise wird die Abtastrate bei der Sound-Digitalisierung und beim Scannen (2D, 3D) angegeben.

⇒ *Siehe Sampling*

SAN

Abk.: Storage Area Network

SAN sind Speichersysteme (Festplatten oder Ähnliches), die über ein Hochgeschwindigkeitsnetz verbunden sind. Jeder Server im LAN oder WAN hat Zugriff auf das SAN. Die Auslagerung der Speichersysteme entlastet Server und Desktop-PCs.

⇒ *Siehe WAN; LAN*

Sandbox

Sandbox ist ein Konzept, das Programmen einen abgeschlossenen Bereich zur Verfügung stellt, in dem sie beliebig agieren können, ohne dabei den Rest des Systems zu beeinflussen.

Santa Cruz Operation

⇒ *Siehe SCO*

SAP

www.sap.de

Gegründet im Jahr 1972 ist SAP heute der weltweit führende Anbieter von E-Business-Softwarelösungen, die Prozesse in Unternehmen und über Unternehmensgrenzen hinweg integrieren. Weltweit ist das Unternehmen SAP mit Hauptsitz in Walldorf, Baden, der drittgrößte unabhängige Softwarelieferant. SAP beschäftigt mehr als 29.000 Menschen in mehr als 50 Ländern. Größter Konkurrent von SAP ist Oracle.

⇒ *Siehe Oracle; Microsoft*

SAX

Abk.: Simple API for XML

Die API SAX ermöglicht die Interpretation einer auf XML basierenden Datei. SAX ist eine Alternative zu DOM. SAX bietet ein weitaus einfacheres Interface als DOM und findet besonders dann Anwendung, wenn sehr viele oder sehr große Dateien interpretiert werden müssen.

⇒ *Siehe Interface; DOM; API*

SBC

Abk.: Single Board Computer

Bei einem SBC-Computer befinden sich alle wichtigen Komponenten auf einer einzigen Platine, wie das z.B. bei allen Videospielkonsolen der Fall ist.

➭ *Siehe Konsole; Komponente; Platine*

Scalable Prozessor ARChitecture

➭ *Siehe SPARC*

Scalable Vector Graphics

➭ *Siehe SVG*

Scan Code

Wenn Sie eine Taste der Tastatur drücken, sendet diese den Scan Code an den Tastatur-Controller Ihres Motherboards. Der Scan Code ist eine Zahl und identifiziert die Tasten anhand ihrer Position auf der Tastatur. Dadurch kann auch zwischen den beiden Enter-/Return-Tasten unterschieden werden. Wie der Tastendruck letztendlich im Rechner interpretiert wird, legt das BIOS oder Ihr verwendetes Betriebssystem fest.

➭ *Siehe Keyboard; Controller; BIOS; Betriebssystem*

Scanner

Ein Scanner ist ein Peripheriegerät zur Erfassung von Bild- und Dokumentvorlagen.

➭ *Siehe Farb-Scanner; Peripherie; Flachbett-Scanner; Trommelscanner*

Bild S.1: Ein Scanner

SCART

SCART-Stecker verbinden Videorecorder und Fernseher. Es handelt sich hierbei um eine 20-polige Steckverbindung, die qualitativ hochwertige Signale liefert, da diese direkt übertragen werden und nicht umgewandelt werden müssen.

➭ *Siehe Stecker*

Schalenmodell

➭ *Siehe Schichtenmodell*

Schaltalgebra

Um digitale Schaltungen aufbauen und beschreiben zu können, ist es notwendig sich der Booleschen Algebra zu bedienen, bei der nur die Werte »1« und »0« für »ein« bzw. »aus« erlaubt sind.

➭ *Siehe Boolesche Operatoren*

Schaltfläche

Schaltflächen sind allgegenwärtige Bedienelemente bei jeder grafischen Benutzeroberfläche, wie Windows oder der Workplace Shell von OS/2. Schaltflächen sind Knöpfe bzw. Buttons und werden vor allem durch Mausklicks, aber auch durch Tastatureingaben ausgelöst. Meistens enthalten sie einen kurzen Text oder ein Symbol, das ihren Zweck beschreibt. Ein typisches Beispiel ist der »OK«- und der »Abbrechen«-Button.

➭ *Siehe GUI; Button*

Schaltkreis, bistabiler

Ein bistabiler Schaltkreis kann nur zwei stabile Zustände annehmen und genau eine Informationseinheit, 1 Bit, speichern.

➭ *Siehe Bistabil; Bit*

Schaltkreis, integrierter

➭ *Siehe IC*

Scheduler

In modernen Multitasking-Betriebssystemen können mehrere Prozesse (Programme etc.) gleichzeitig ablaufen. In jedem normalen Computer ist jedoch nur eine CPU eingebaut, die die einzelnen Prozesse bearbeiten kann – immer einen zur gleichen Zeit. Dieser Widerspruch löst sich, wenn Sie sich klarmachen, dass zu jeder Zeit bei einem Ein-Prozessor-System wirklich nur ein Prozess bearbeitet wird, jedoch über ein Zeitscheibenverfahren die CPU sehr oft zwischen den verschiedenen Tasks hin- und herschaltet. Die Verteilung der Rechenzeit des Prozessors auf die jeweiligen Prozesse erledigt ein Scheduler. Um die Leistung der CPU zu maximieren, kennen moderne Betriebssysteme unterschiedliche Strategien des Schedulings und wählen je nach Situation die geeignetste aus.

➭ *Siehe Time Slice; Scheduling; Multitasking; Betriebssystem; Prozess*

Scheduling

Die Strategie, die ein Scheduler verwendet, um verschiedene Tasks auf eine CPU zu verteilen, wird als Scheduling bezeichnet. Folgende Strategien sind recht verbreitet:

▶ Bei der **Round-Robin-Strategie** werden die Prozesse in der Reihenfolge abgearbeitet, in der sie Rechenzeit angefordert haben.

▶ Bei der **Zeitscheiben-Strategie** erhält jeder zu bearbeitende Prozess einen Prozentsatz der verfügbaren Prozessorzeit und damit der Rechenleistung.

▶ Das **Prioritäts-Scheduling** ordnet jedem Task eine Priorität zu und führt jeweils den Task mit der höchsten Priorität aus. Damit auch Prozesse mit niedrigerer Priorität zum Zug kommen, erhöht sich diese bei wartenden Prozessen im Laufe der Zeit.

▶ Das **Zeitschranken-Scheduling** wird fast nur in der Echtzeitverarbeitung benutzt und setzt dort jedem teilnehmenden Prozess eine obere Schranke (Deadline) für die diesem zur Verfügung stehende Rechenzeit.

Moderne Betriebssysteme verwenden meistens eine Kombination aus den oben vorgestellten Strategien.

➠ *Siehe Scheduler; Priorität; Multitasking; Echtzeitverarbeitung*

Schicht, physikalische

Die niedrigste Schicht des OSI-Schichtenmodells heißt physikalische Schicht. Alle Daten werden als Bitstrom dargestellt, der durch Spannungspegel kodiert wird.

➠ *Siehe OSI-Schichtenmodell*

Schichtenmodell

Große Softwareprojekte sind als Ganzes weder zu überblicken, noch ist es möglich dort Fehler zu finden, und Erweiterungen würden oft zu Fehlern an anderen Stellen führen. Daher werden solche Projekte möglichst modular programmiert und werden dazu in Schichten eingeteilt, um die Verbindungen zwischen den einzelnen Modulen möglichst gering zu halten. In einem Schichtenmodell werden eng zusammenarbeitende Funktionen jeweils zu einer Schicht zusammengefasst und diese Schichten kommunizieren untereinander über fest definierte Schnittstellen. Daraus ergibt sich eine hierarchische Struktur, an deren oberen Ende sich das Anwenderfrontend befindet und die nach unten immer technischer wird. Diese Struktur hat sich im Besonderen bei Netzwerken und Betriebssystemen sowohl bewährt als auch durchgesetzt.

Schieberegister

➠ *Siehe Shift Register*

Schlafmodus

➠ *Siehe Sleep-Mode*

Schleife

Nehmen wir einmal an, *SIE* wollten ein Programm schreiben, das die Zahlen »1« bis »3« ausgibt. Dazu würden Sie wohl einfach drei Befehle schreiben, die jeweils eine Zahl ausgeben würden. Wollten Sie aber nun die Zahlen »1« bis »1000« ausgeben, so wäre diese Art des Vorgehens einfach inakzeptabel. Hier würde eine Schleife verwendet, die eine Variable von »1« bis »1000« zählt und jeweils den Wert dieser Variablen ausgibt. Schleifen sind ein zentrales Konzept jeder Programmiersprache. Wichtige Arten von Schleifen sind:

▶ Mit **FOR ... NEXT**-Schleifen können Sie Variablen von einem Start- bis zu einem Endwert hinauf- oder hinunterzählen lassen. Meistens lässt sich auch der Wert (das Inkrement) festsetzen, der dem Wert der Variablen je Durchgang hinzugezählt bzw. davon abgezogen werden soll.

▶ Bei einer **WHILE**-Schleife wird am Anfang jedes Durchlaufs überprüft, ob die so genannte Abbruchbedingung erfüllt ist. Ist dies nicht der Fall, erfolgt ein weiterer Schleifendurchlauf.

▶ Wohingegen bei einer **DO-WHILE**-Schleife die Abbruchbedingung erst am Ende eines Durchlaufs getestet wird. Hier findet demnach immer zumindest ein Schleifendurchlauf statt.

Besonders wichtig bei Schleifen ist die Beachtung der Abbruchbedingung. Kann diese aus irgendeinem Grund nicht erreicht werden oder wird diese überschritten und dies nicht berücksichtigt, gelangt das Programm in eine Endlosschleife, die es nicht mehr verlassen kann.

➡ *Siehe For; While; Programmiersprache*

Schließen

Sschließen wird z.B. das Beenden von Programmen genannt.

Schlüssel

Ein Schlüssel im Computerkontext ist eine Zeichenkette, mit der eine vorhandene Nachricht oder ein Programm verschlüsselt oder entschlüsselt wird. Bei der üblichen Art der Kryptographie, der Geheimschlüssel-Kryptographie (Secret Key Cryptography), benutzt der Absender einen geheimen Schlüssel, um seine Information zu verschlüsseln. Der Absender muss dann beides, den geheimen Schlüssel und die verschlüsselte Botschaft, sicher dem Empfänger übermitteln. Das Problem bei der Geheimschlüssel-Kryptographie ist, dass jeder, der sich beides verschafft – geheimen Schlüssel und verschlüsselte Botschaft – die Information entschlüsseln und lesen kann. Aufgrund der offenen Struktur des Internets empfiehlt sich diese Methode der Verschlüsselung nicht. Für diesen Zweck wurde eine andere Methode entwickelt, die einen öffentlichen und einen privaten Schlüssel verwendet. Dabei wird der öffentliche Schlüssel frei nach außen verteilt. Dokumente können mit dem öffentlichen Schlüssel verschlüsselt werden, aber nur mit dem privaten Schlüssel wieder entschlüsselt. Da der private Schlüssel niemals nach außen gelangt, ist dieses Verfahren (Public Key Cryptograpy) relativ sicher.

➡ *Siehe PKC; PGP; Kryptografie; DES*

Schlüssel, dynamische

Die Verschlüsselung mit einem dynamische Schlüssel ist eine Verschlüsselungstechnik, bei der die jeweilige Verschlüsselung auf verschiedenen Schlüsseln basiert, und ein Schlüssel nicht mehr eingesetzt werden kann, sobald dieser übernommen und entschlüsselt wurde. Nachrichten werden durch diese Verschlüsselungstechnik bei jeder Übertragung anders verschlüsselt.

➠ *Siehe Verschlüsselung*

Schlüssel, öffentlicher

➠ *Siehe PKC; Schlüssel; PGP*

Schlüssel, privater

➠ *Siehe PKC; Schlüssel; PGP*

Schnitt, linearer

Im Gegensatz zum nichtlinearen Schnitt werden beim linearen Schnitt die Daten von zwei Videorecordern, die die beiden zu bearbeitenden Videosequenzen enthalten, in die Videobearbeitungskarte eingespielt, dort bearbeitet und auf einem dritten Videorecorder ausgegeben.

➠ *Siehe Schnitt, nichtlinearer; Videobearbeitung; Videokarte; Videoschnittgerät*

Schnitt, nichtlinearer

Spezielle Videobearbeitungskarten arbeiten nichtlinear, das heißt, die Videodaten werden auf die Festplatte aufgespielt, dann auf der (oder mehreren) Platte(n) bearbeitet, geschnitten, zu einer neuen Filmsequenz zusammengefügt und wieder auf Video ausgespielt. Im Gegensatz zum linearen Schnitt sind dazu nur ein Videorekorder und ein Computer (mit schnellen Festplatten) notwendig.

➠ *Siehe Harddisk-Recording; AV-Festplatte; Videobearbeitung; Videokarte; Videoschnittgerät*

Schnittstelle

Eine Schnittstelle oder Interface ist die Bezeichnung für den Ort, an dem verschiedene Hard- und/oder Softwarekomponenten miteinander kommunizieren. Es wird zwischen Benutzer-, Hardware-, Software- und Programmierschnittstellen unterschieden:

▸ **Hardwareschnittstellen** stellen ein Verbindungsglied zwischen verschiedenartigen Hardwarekomponenten dar. Jede Peripherie eines Computers benötigt eine bestimmte Schnittstelle, um nutzbar zu sein.

▸ **Softwareschnittstellen** dienen dem Datenaustausch zwischen Programmen und Programmteilen.

▸ Die **Benutzerschnittstelle** ermöglicht Eingaben des Benutzers und legt fest, wie Daten dargestellt werden können.

▶ **Programmierschnittstellen** (APIs) bieten beim Programmieren eines Programms für ein Hard- oder Softwaresystem einen standardisierten Zugriff auf die Funktionalität des Systems und erlauben es meist, diese Funktionalität mehr oder weniger einfach zu nutzen.

➠ *Siehe Interface; Software; API; Benutzeroberfläche; Hardware*

Schnittstelle, geschichtete

In der Programmierung werden unter geschichteten Schnittstellen die Ebenen der Routinen zwischen einer Anwendung und der Hardware verstanden bzw. das Trennen der ausführenden Aktivitäten entsprechend ihrer Aufgabenart (Task). Diese Schnittstelle vereinfacht die Anpassung eines Programms an verschiedene Umgebungen.

➠ *Siehe Task; Schnittstelle; Routine*

Schnittstelle, parallele

Entwickelt hat die parallele Schnittstelle für PCs die Firma Centronics, daher auch der Name Centronics-Schnittstelle. Sie diente ursprünglich ausschließlich zur Druckeransteuerung. Heutzutage wird sie auch für andere Geräte verwendet. PCs können theoretisch drei parallele Schnittstellen besitzen, meistens haben sie aber nur eine (LPT1).

➠ *Siehe LPT*

Schnittstelle, serielle

Eine serielle Schnittstelle dient als Ein- und Ausgabeport, an dem externe Geräte, wie Maus oder Modem, an einen Computer angeschlossen werden können. Wie bei allen seriellen Datenübertragungen werden hier die Daten Bit für Bit übertragen. Bei PCs dienen UART-Bausteine als Controller für diese Art von Transfers. Das BIOS eines normalen Computers reserviert Platz für bis zu vier serielle Schnittstellen.

➠ *Siehe Baud; FIFO; UART; I/O-Adresse; BIOS; I/O*

Bild S.2: Die parallele Schnittstelle befindet sich oben, die seriellen Schnittstellen in der Mitte.

Schnittstellenkarte

➠ *Siehe Interface-Karte*

Schnittstellenreplikator

➠ *Siehe Port Replicator*

Schnittverfahren

Das Schnittverfahren ist ein Verfahren, das bei der Schrifterkennung (OCR) benutzt wird und welches die Merkmale eines jeden Zeichens aus den Schnittpunkten des Zeichens mit einer Reihe von parallelen Geraden erzeugt.

➠ *Siehe OCR*

Schockwert

Der Schockwert gibt z.B. bei Festplatten an, welchen mechanischen Belastungen diese standhält. Der Schockwert wird als Vielfaches der Erdbeschleunigung »g« (= 9,81 kg m / s^2) angegeben. Ein Schockwert von 70-90 g scheint zwar enorm, dies entspricht jedoch lediglich einem Fall aus fünf bis sechs Zentimetern Höhe auf eine Schaumgummimatte.

➠ *Siehe Harddisk*

Schottky-Diode

Bei der Schottky-Diode wird der Übergang aus einer Halbleiterschicht und einer Metallschicht gebildet. Sie ist eine Halbleiterdiode, die sich durch sehr kurze Schaltzeiten auszeichnet.

Schreib-Lese-Kopf

Der Schreib-Lese-Kopf ist jener existenzielle Bestandteil jedes Disketten- und Festplattenlaufwerks, der in minimaler Höhe über der Magnetoberfläche auf einem Luftpolster schwebt und die Daten als magnetische Information auf diese schreibt bzw. von dieser liest. Beim Schreiben wird ein Strom durch den Schreib-Lese-Kopf geleitet, welcher ein Magnetfeld aufbaut. Dieses magnetisiert einen winzigen Teil der Plattenoberfläche. Beim Lesen wird der Kopf lediglich über einen Teil der Oberfläche positioniert und durch die Drehung der Platte wird je nach Magnetisierung im Kopf eine winzige Spannung induziert, die für die Information an der jeweiligen Stelle steht.

➠ *Siehe Harddisk; Schreib-Lese-Kopf, induktiver; Luftspalt; MR-Lesekopf; Diskettenlaufwerk*

Schreib-Lese-Kopf, induktiver

Festplatten benutzen einen Schreib-Lese-Kopf zum Schreiben und Lesen von Informationen auf der Magnetplatte. Eine kleine Spule dient beim induktiven Schreib-Lese-Kopf als Lese- und Schreibelement. Beim Überfliegen der Magnetplatte wird in der Spule durch die gespeicherten Informationen und die dadurch bedingten Magnetfeldänderungen eine Spannung induziert, die von der Festplattenelektronik ausgewertet werden kann. Die Flughöhe heutiger Schreib-Lese-Köpfe über der Magnetscheibe liegt bei ca. 50 nm.

➠ *Siehe Schreib-Lese-Kopf; Harddisk; MR-Lesekopf*

Schreibschutz

➠ *Siehe Copy Protection*

Schrift, ladbare

→ Siehe *Codepage*

Schrift, nicht proportionale

Bei einer nicht proportionale Schriftart nimmt jedes Zeichen unabhängig von seiner Breite den gleichen Platz ein, z. B. nimmt das Zeichen »I« den gleichen Platz ein wie das Zeichen »M«.

→ Siehe *Schrift, proportionale; Courier*

Schrift, proportionale

Bei der Klasse der proportionalen Schriftarten wird den Buchstaben ihr horizontaler Platz nach ihrer Breite eingeräumt, z. B. verbraucht das »I«, weil es schmaler ist, weniger Platz als das »M«,.

→ Siehe *Schrift, nicht proportionale*

Schriften

Schriften sind ein elementarer Bestandteil in jeder Computerumgebung. Denn wo Text ausgegeben werden soll, muss in irgendeiner Form auch eine Schrift vorhanden sein. Es wird zwischen zwei grundlegend unterschiedlich aufgebaute Schrifttypen unterschieden:

▶ Bitmapschriften müssen für jede Größe extra als Datei vorhanden sein.

▶ Vektorschriften werden aus Kurven gebildet und können dadurch fast ohne Verluste auf jede beliebige Größe verändert und sogar gedreht werden. Zwei sehr weit verbreitete Versionen dieses Typs sind die TrueType-Schriften von Windows und und die PostScript-Schriften.

→ Siehe *PostScript; TrueType; Schrift, proportionale; Schrift, nicht proportionale*

Schriftfamilie

Schriften eines bestimmten Stils, die sich nur in den unterschiedlichen Größen und Variationen von Fein über Fett, Kursiv etc. unterscheiden, werden als Schriftfamilie bezeichnet. In der Typographie werden folgende Schriftfamilien unterschieden: Antiqua-Varianten, Barock-Antiqua, Klassizistische Antiqua, Renaissance-Antiqua, Serifenbetonte Linear-Antiqua, Serifenlose Linear-Antiqua, gebrochene Schriften und Schreibschriften.

→ Siehe *Schriften; Typografie; Schriftschnitt*

Schriftgrad

Die Größe einer Schrift wird als Schriftgrad bezeichnet. Sie wird in Punkten gemessen, was noch auf die alte Bleisatz-Buchdrucktechnik zurückgeht. Ein Punkt entspricht 0,376 mm. Eine Schriftgröße von zehn Punkten ist bei den meisten Texten üblich. Sie lässt sich aber ohne Probleme in Ein-Punkt-Schritten anpassen, in professionelleren Programmen, vor allem DTP, sogar in 0,5-Punkt-Schritten.

➠ *Siehe Schriften; DTP; Punkt*

Schriftschnitt

Schriftschnitt ist die Bezeichnung für die verschiedenen Variationen einer Schrift. Damit sind ihre Attribute wie Fett, Kursiv, Unterstrichen etc. gemeint. Diese Variationen liegen meist als eigenständige Schriftdateien vor.

➠ *Siehe Schriften; Schriftfamilie*

Schriftverwaltung

Mit der Anzahl installierter Schriften in einem Rechner wächst nicht nur die Unübersichtlichkeit, der Computer startet auch langsamer. Das liegt daran, dass jede installierte Schrift beim Start von Windows gesucht wird. Um die Verwaltung der Schriften zu vereinfachen und übersichtlicher zu machen, gibt es eine ganze Reihe von Programmen, die sich ausschließlich dieser Aufgabe widmen. Die z.B. mit Windows bereits mitgelieferte Schriftverwaltung ist sehr einfach und gestattet gerade das Hinzufügen bzw. Entfernen von Schriften. Andere Programme können Schriften zu Gruppen zusammenfassen, um die Übersicht zu erleichtern und festzulegen, welche Schriften beim Start geladen werden.

➠ *Siehe Schriften; TrueType; ATM*

Schrittgeschwindigkeit

Alle Daten, mit denen Sie auf Ihrem Computer arbeiten, sind digitale Daten. Mit einem Modem lassen sich diese Daten aber über einen analogen Kanal von einem Computer zu einem anderen transportieren. Die Geschwindigkeit dieses Transports wird in Baud (nach Jean Maurice Baudot) gemessen. Die Schrittgeschwindigkeit gibt dabei die Anzahl der Änderungen des analogen Signals pro Zeiteinheit bzw. die Anzahl der transportierbaren Baud an. Das analoge Telefonnetz bietet nach internationalen Vereinbarungen gerade einmal die Möglichkeit bis zu 3.400 Baud zu übertragen. Heutzutage werden aber Modems bis zu 55.600 Baud verkauft. Dies wird durch viele technische Tricks ermöglicht.

➠ *Siehe Baud; Modem*

Schubtraktor

Mit einem Traktor lassen sich Endlospapier oder -formulare in einen Drucker transportieren. Es existieren Schub- und Zugtraktoren, wobei Schubtraktoren weiter verbreitet sind. Der Schubtraktor schiebt, wie der Name bereits sagt, das Papier durch den Papierweg des Druckers hindurch.

➠ *Siehe Traktor; Drucker*

Schulsoftware

Viele Hersteller von Softwareprodukten bieten für Schüler, Studenten, Lehrer und Dozenten sowie entsprechende Institutionen spezielle und sehr günstige Lizenzen ihrer Produkte an. Diese Software wird als Schulsoftware oder auch Schulversionen bezeichnet und darf nicht kommerziell eingesetzt werden. Um solche Versionen kaufen zu können, ist meist ein Nachweis der Berechtigung nötig (Schülerausweis, Studentenausweis etc.). Diese Versionen werden sehr günstig abgegeben, weil die Hersteller der Software hoffen, dass die Benutzer nach ihrer Schul- bzw. Studienzeit die Vollversionen erstehen. Für die Besitzer der Schulversionen gibt es dafür die Möglichkeit eines Updates.

Schutzverletzung, allgemeine
➟ *Siehe General Protection Fault*

Schweinegatter
Das Zeichen »#« wird auch als Schweinegatter bezeichnet.

➟ *Siehe Sonderzeichen*

Scientific and Technical Information Network
➟ *Siehe STN*

SCM
Abk.: Security Configuration Manager

SCM ist ein Konfigurationstool, um Sicherheitsrichtlinien von Windows NT zu bearbeiten. Der SCM ist als Add-On zur Version 4 des Service-Packs erhältlich.

➟ *Siehe Add-On; Windows NT; Policies*

SCO
Abk.: Santa Cruz Operation

SCO ist eine Firma, die ein Derivat des Betriebssystems Unix für PCs anbietet, das SCO-Unix.

➟ *Siehe Unix*

Screen
➟ *Siehe Bildschirm*

Screensaver
Ein Bildschirmschoner (englisch: Screensaver) soll – wie der Name schon sagt – den Computerbildschirm schonen. Bei den früheren Monochrommonitoren konnte es vorkommen, dass sich das Monitorbild in die Beschichtung des Monitors einbrannte, wenn es sich lange Zeit nicht veränderte. Bildschirmschoner verhindern diesen unliebsamen Effekt, indem Sie sich bei längerer Inaktivität (sie überwachen die Tastatur- und Mausaktivität) des Computers einschalten und z.B. den Bildschirm abdunkeln oder kleine Animationen ablaufen lassen. Der wohl bekannteste Bildschirmschoner heißt After Dark.

➟ *Siehe After Dark; Bildschirm*

Screenshot

Mit Screenshot wird allgemein ein Bild (eine Grafik oder ein Foto) von der aktuellen Bildschirmanzeige des Computers bezeichnet. Mit Hilfe bestimmter Programme ist es möglich, den gesamten Bildschirminhalt oder Teile davon in einer Datei als Grafik abzuspeichern. Unter Windows ist es sogar möglich, durch einen Tastendruck auf die Taste [Druck] den Bildschirminhalt in der Zwischenablage abzulegen und sich in einem Grafikprogramm über den Befehl »Einfügen« anzeigen zu lassen.

Script

1. Ein Script/Skript ist ein Programm oder eine Sequenz von Befehlen, die von einem anderen Programm ausgeführt werden können. So werden z.B. JavaScripts vom Browser gelesen, interpretiert und ausgeführt. Im Gegensatz zu »normalen« Programmen benötigen Scripts keinen Compiler und sind somit ideal für schnelle Programmierlösungen, sowohl im Internet als auch im Systembereich. Ein Großteil der interaktiven Elemente auf Webseiten wird z.B. über Scripts realisiert.

2. Wenn Sie sich in eine Mailbox oder in das Internet einwählen, müssen Sie jedes Mal Ihr Login und Ihr Passwort eingeben. Ein Script automatisiert dieses Anmelden, indem es diese Eingaben für Sie vornimmt. Dafür muss es natürlich Ihr Login und Passwort sowie die Reihenfolge und die Strings, die beim Anmelden erscheinen, kennen.

➡ *Siehe JavaScript; CGI; Compiler; Login; Passwort; Perl; Browser*

Scripting Host

Der Scripting Host ist ein freier Interpreter, der es erlaubt, VB und Microsoft Java-Skripte auf einem Windows bzw. Windows NT-Rechner auszuführen. Ein Scripting Host ist somit eine Neuentwicklung der unter MS-DOS bekannten Batch-Datei. Mit diesen Skripten können z.B. sich wiederholende Arbeitsabläufe automatisiert werden.

➡ *Siehe JavaScript; VB; Windows; Windows NT; Interpreter; Batch-Datei*

Scriptlet

Sciptlets sind ein Teil einer Webseite, der in eine andere Webseite integriert werden kann. Sie werden mit Hilfe von HTML und einer Scriptsprache erstellt und stellen eine relativ einfache Methode dar Animationen, Farbveränderungen, Buttons, Popup-Menüs usw. zu verwirklichen. Außerdem wird verhindert, dass die Daten mehrmalig zwischen dem Computer und dem Webserver gesendet werden müssen, was den Webserver entlastet und die Geschwindigkeit erhöht.

→ Siehe Webseite; HTML; Skriptsprache, Button

Scrollbalken
→ Siehe Scrollbar

Scrollbar
Element der grafischen Benutzeroberfläche, mit dessen Hilfe der Inhalt von Dialogfenstern oder Dokumenten nach oben, unten, rechts und links verschoben (gescrollt) werden kann, werden Scrollbar genannt.

→ Siehe GUI

Scrollen
Scrollen ist die englische Bezeichnung für das Rollen von Fenstern und ähnlichen Bestandteilen grafischer Benutzeroberflächen.

→ Siehe GUI

Bild S.3: Eine horizontale und eine vertikale Bildlaufleiste an einem Textfeld

SCSI
Abk.: Small Computer System Interface

▲ *Übers.: Schnittstelle für kleine Computersysteme*

SCSI wurde 1986 von der ANSI als I/O-Bus der Stufe SCSI 1 definiert (damals 8 Bit breit). Inzwischen gibt es eine ganze Reihe von Ausbaustufen, die diesen Standard erweitert haben. Jeder SCSI-Bus unterstützt bis zu acht Geräte pro Kanal, wobei bei jedem Kanal der SCSI-Controller bzw. Hostadapter ein Gerät darstellt und so nur sieben nutzbar sind. Diese Controller nehmen die SCSI-Befehle entgegen und leiten sie an die angeschlossenen Geräte weiter. Normale Controller besitzen nur einen Kanal. Es gibt allerdings gerade für Server spezielle Controller, die mehrere Kanäle besitzen und so auch mehr Geräte bedienen können. Jedes Gerät erhält eine eindeutige SCSI-ID zwischen »0« und »7«. Die Controller belegen im Allgemeinen die ID »7«, die daher nicht genutzt werden kann. Diese IDs gelten nur für den Kanal, an den das Gerät angeschlossen ist. Bei mehreren Kanälen kann es auch mehrere Geräte mit gleichen IDs geben, aber eben nie an einem Kanal allein. SCSI unterscheidet sich von anderen I/O-Bussen z.B. dadurch, dass es keine feste Rollenverteilung am Bus gibt. Im Gegensatz

SCSI

zu ATAPI-Festplatten kann bei SCSI jedes Gerät Master oder Slave sein. Mit Hilfe der Busmastering-Technologie kann jedes Gerät an der CPU vorbei Daten in den Hauptspeicher schreiben oder von dort lesen. Dadurch muss die CPU nicht auf die Daten warten, wenn diese nicht sofort benötigt werden, sondern kann bereits weitere Befehle bearbeiten. Werden viele Dateien gelöscht, muss nicht gewartet werden, bis dies geschehen ist, sondern es kann ganz normal weitergearbeitet werden, während der SCSI-Controller eigenständig die Dateien löscht. Ein weiteres Feature von SCSI, das viele Probleme der Ansteuerung aus der Welt schafft, ist die sehr starke Abstraktion der Geräte. Eine Festplatte ist unter SCSI lediglich ein Gerät mit einer bestimmten Anzahl von Datenblöcken. Dadurch gibt es z.B. keine Obergrenze, wie etwa bei ATAPI, die dort ständig für Probleme sorgt.

SCSI 1 beherrscht zwei Datenübertragungsarten, die synchrone mit 5 MByte/s und die asynchrone mit 3,3 MByte/s.

Bei SCSI 2 wurde die Geschwindigkeit auf 10 MByte/s erhöht und der schnellere synchrone Transfer Pflicht. Dieser Transfermodus ist unter dem Namen Fast-SCSI bekannt geworden. Einer der bekanntesten Fast-SCSI-2-Controller ist immer noch der Adaptec 2940. Da erst allmählich Festplatten auf den Markt kommen, die mehr als 10 MByte/s leisten können, ist diese Art von Controllern für normale Systeme bis zu zwei Festplatten völlig ausreichend.

Als Nächstes kam Wide-SCSI. Es arbeitete als erstes mit 16 Bit Datenbreite. Die Anzahl der Pole des Anschlusskabels stieg dadurch von 50 auf 68. Durch die Verdoppelung der Busbreite verdoppelt sich auch die Transferrate auf 20 MByte/s. Außerdem ermöglichte die Verdoppelung den Anschluss von fünfzehn statt sieben Geräten pro Kanal. Da es, wie bereits weiter oben erwähnt, erst wenige SCSI-Komponenten gibt, die die 10 MByte/s-Grenze überschreiten, wozu sollen dann 20 MByte gut sein? Manche Betriebssysteme sind in der Lage, auf verschiedene SCSI-Festplatten praktisch gleichzeitig zuzugreifen. Wird beispielsweise eine Datei geschrieben, so wird diese auf mehrere Platten verteilt und dadurch können die Transferraten der beteiligten Platten fast addiert werden (RAID, Level 5) und so durchaus die 20 MByte/s-Grenze erreichen.

Die derzeit aktuelle SCSI-Version ist Ultra-SCSI. Sie wird doppelt so schnell getaktet wie Fast-SCSI. Aufgrund dessen erfolgt ebenso eine Verdoppelung der Übertragungsgeschwindigkeit auf 20 MByte/s. Die Kombination von Ultra- und Wide-SCSI wird Ultra-Wide-SCSI genannt und erreicht 40 MByte/s, was meist nur in Servern genutzt werden kann. Die Verdoppelung des Takts erzwingt aber sehr teure Kabel, die noch dazu sehr kurz sein müssen, um die Sicherheit der übertragenen Daten zu gewährleisten. Ultra-SCSI ist eigentlich schon ein Teil des, bisher allerdings noch nicht verabschiedeten, SCSI-3-Standards. Dieser zukünftige Standard wird aus mehreren Teilen bestehen, wovon die folgenden die wichtigsten sind:

▶ Normierung der SCSI-Befehle, die alle beteiligten Komponenten beherrschen müssen

▶ Regelung der herstellerspezifischen Befehle

▶ Beschreibung der Hardware. Hier sollen neue Technologien, wie Glasfaser, höhere Taktraten bei günstigeren und auch längeren Kabeln möglich machen. Es sind Datentransferraten bis 100 MByte/s bei bis zu 100 Metern Kabellänge geplant.

➠ *Siehe SCSI-Controller; SCSI-ID; Bus; Glasfaserkabel; ANSI; ATAPI; RAID; EIDE; IDE; Busbreite; I/O; Takt*

Bild S.4: Ein SCSI-Adapter

SCSI-Controller

Der SCSI-Controller ist ein Chip, den es auf jedem SCSI-Gerät, wie Festplatten, CD-ROM-Laufwerken etc. gibt. Er verarbeitet die ankommenden SCSI-Kommandos und leitet Daten zwischen dem kontrollierten Gerät und dem SCSI-Hostadapter hin und her. Viele Anwender meinen aber eigentlich den SCSI-Hostadapter, wenn sie von einem SCSI-Controller sprechen.

➠ *Siehe SCSI*

Bild S.5: Ein SCSI-Adapter im PCMCIA-Format

SCSI-ID

Jedes SCSI-Gerät muss am SCSI-Hostadapter mit einer eindeutigen

Nummer identifiziert werden. Bei SCSI, Fast- und Ultra-SCSI sind die Zahlen »0« bis »7« gültig, bei Wide- und Ultra-Wide-SCSI »0« bis »15«. An jedem Gerät befindet sich eine Reihe Schalter, Jumper oder Ähnliches, mit denen die ID festgelegt wird. Die höchste ID eines jeden Kanals wird von dem Hostadapter belegt. Die unteren sind für die bootfähigen vorgesehen, inzwischen können Sie aber die ID, von der gebootet werden soll, einstellen. Bei der Vergabe von IDs sollten Sie unbedingt darauf achten, keine mehrfach zu belegen und weiterhin bedenken, dass mit steigender ID auch die Priorität der Datenübertragung des Geräts auf dem Bus steigt.

➠ *Siehe SCSI; ID*

SCSI-Terminierung

Bei den hohen Frequenzen, die auf einem SCSI-Bus vorkommen, ist es unerlässlich, beide Enden des Busses zu terminieren bzw. mit einem Widerstand abzuschließen, um Echos der Signale an den Enden zu verhindern. Dies ist sehr wichtig, da jedes Echo die Übertragungen stören würde. Bei den dafür verwendeten Terminatoren wird zwischen aktiven und passiven unterschieden, wobei die aktiven klar zu bevorzugen sind. Sind nur interne oder nur externe Geräte an einen SCSI-Bus angeschlossen, so ist es erforderlich, dass der SCSI-Hostadapter die fehlende Terminierung vornimmt. Sind sowohl interne als auch externe Geräte vorhanden, so werden nur die beiden äußersten terminiert, nicht der Hostadapter.

➠ *Siehe Bus; Terminator; SCSI*

SD-Card

➠ *Siehe Secure Digital Card*

SDDS

Abk.: Sony Dynamic Digital Sound

SDDS ist ein digitales Audioformat der Firma Sony, das bei Kinofilmen und deren Umsetzung auf DVDs auch für den Heimgebrauch eingesetzt werden kann. Das hier eingesetzte Datenreduktionsverfahren heißt ATRAC und unterstützt eine maximale Datenrate von 1,280 MBit/s. Es wurde zunächst für den Einsatz in Kinos entwickelt und hat sich – ähnlich wie Tonformate der Firma Dolby – auch bei DVDs durchgesetzt.

➠ *Siehe Dolby Digital; Dolby Pro-Logic; DTS; Sony*

SDH

Abk.: Synchronous Digital Hierarchy

SDH ist die Standardtechnologie für synchrone Datenübertragung über optische Medien. Es ist das internationale Äquivalent zu SONET. SDH bietet schnellere Übertragungsmöglichkeiten als das traditionelle PDH (Plesiochronous Digital Hierarchy).

➠ Siehe *Datenübertragung; SONET*

SDK

Abk.: Software Development Kit

SDK ist die Bezeichnung für eine sehr umfangreiche Dokumentation, die oft zusammen mit einer Testplattform bzw. speziellen Tools und Bibliotheken für große Programmiersysteme ausgeliefert wird. Damit soll Programmierern der Einstieg in ein solches System erleichtert werden.

➠ Siehe *Entwicklungssystem*

SDLC

Abk.: Synchronous Data Link Control

SDLC ist eine Weiterentwicklung des von IBM entwickelten BSC-Protokolls. Entwickelt wurde es 1970 und ist äquivalent zum Layer 2 des OSI (Open Systems Interconnection) Modells. SDLC wird hauptsächlich als Point-to-Point Protokoll in WANs (Wide Area Networks) eingesetzt. IBM konzipierte es speziell zur Kommunikation unter Mainframes.

➠ Siehe *Mainframe; OSI-Schichtenmodell; IBM; WAN*

SDRAM

Abk.: Synchronous Dynamic Random Access Memory

SDRAM ist ein neuerer Speichertyp, der meist in DIMM-Bauweise ausgeführt ist und den Speicherzugriff ohne zusätzliche Wartezyklen (Waitstates) bzw. synchron zum Systemtakt des Computers, erlaubt. SDRAMs besitzen 16 Datenleitungen (x 16 Organisation). Zusätzlich erfolgt der Speicherzugriff mit 64 Bit pro Modul. Die Bausteine sind mit 168 Kontakten ausgestattet, weshalb ein SDRAM-Modul gegenüber den in Pentium-Systemen notwendigen zwei SIMM-Modulen (32 Bit) als Bestückung ausreicht.

➠ Siehe *DIMM; SIMM; SGRAM; Waitstate; Rambus*

Bild S.6: Ein Speichermodul in SDRAM-Bauform

SDSL

Abk.: Single-line DSL

SDSL ähnelt der HDSL-Technologie, benötigt jedoch nur eine Leitung. Mit SDSL lassen sich Übertragungsraten von 1,544 MBits/s in den USA und 2,048 MBits/s in Europa erreichen.

➠ *Siehe HDSL; MBit; RADSL; ADSL; CDSL; Datentransferrate*

Seagate

Seagate ist nach seiner Fusion mit Conner im Jahr 1996 der größte Hersteller von Festplatten für PCs und Workstations.

➠ *Siehe Harddisk*

Search

Das Suchen (englisch: search) nach Daten oder Objekten ist in vielen Programmen und Systemen eine wichtige Funktion. In Textverarbeitungsprogrammen ist es z.B. möglich, nach Textteilen und komplexen Mustern innerhalb des Textes zu suchen. Datenbanken erlauben es, nach bestimmten Datensätzen zu suchen. Unter Windows ist es möglich, bestimmte Dateien oder auch Computer zu suchen. Das Internet bietet für diesen Zweck die Suchmaschinen (Search Engines).

➠ *Siehe Search-Engine*

Search and Replace

Die Funktion Search and Replace (Suchen und Ersetzen) erweitert die Suchen-Funktion um die Möglichkeit, das Ergebnis einer erfolgreichen Suche durch etwas anderes zu ersetzen. In Textverarbeitungen ist es auf diesem Weg z.B. relativ einfach möglich, Worte, die in einem langen Dokument generell falsch geschrieben wurden, komplett durch die korrekte Version zu ersetzen.

➠ *Siehe Textverarbeitung*

Search Engine

Als Suchmaschinen (englisch: Search Engine) werden im Internet Websites bezeichnet, die es ermöglichen, das Internet nach Informationen zu durchsuchen. In der Regel gibt der Anwender in den Homepages der Suchmaschinen den oder die Begriffe ein, nach dem/denen gesucht werden soll. Die Suchmaschine verfügt über einen umfangreichen Index des Internets und durchsucht diesen nach passenden Einträgen. Das Ergebnis dieser Suche wird in Form von Hyperlinks zu den einzelnen passenden Homepages zurückgegeben. Manche Suchmaschinen sind auch darauf spezialisiert, E-Mail-Adressen zu suchen oder FTP-Server nach bestimmten Programmen zu durchforsten.

➠ *Siehe E-Mail; Website; Hyperlink; FTP*

Second Level Domain

➠ *Siehe SLD*

Second-Level-Cache
➥ Siehe L2-Cache

Secret Key Cryptography
➥ Siehe SKC

Secure Digital Card
Abk.: SD-Card

Die SD-Card ist ein auswechselbares, wieder beschreibbares, nichtflüchtiges Flash-Speichermedium und geeignet für Digitalkameras. Sie ist mit passendem Adapter auch im PC oder Notebook lesbar. Im Unterschied zu Multimedia-Karten (MMC) sind SecureDigital-Karten (SD-Card) etwas dicker, verfügen über zwei zusätzliche Anschlüsse für einen schnelleren Datentransfer und besitzen zusätzliche Sicherheitsfunktionen, die zur Verschlüsselung von Daten für die Hardwareunterstützung des Digital Right Managements verwendet werden (z.B. Rechte an geschützten Daten wie MP3). SD-Karten sind abwärtskompatibel zur MMC.

➥ Siehe MMC; Flashmemory; MP3

Bild S.7: Eine SD-Karte

Secure Electronic Transaction
Abk.: SET

➥ Siehe SET

Secure HyperText Transfer Protocol
➥ Siehe S-HTTP

Secure Sockets Layer
Abk.: SSL

➥ Siehe SSL

Security

Security bezeichnet die Absicherung gegen innere oder äußere Angriffe sowohl in kleinen als auch in großen Bereichen, bei Computern genauso wie in Netzwerken.

➥ Siehe Netzwerk; IDS; Firewall; Hacker

Security Configuration Manager
➥ Siehe SCM

Security ID
➥ Siehe SID

Segment

1. Ein Segment oder Subnetz ist ein abgetrennter Teil eines Netzwerks, welches über eine Bridge, einen Router, Hub oder einen Switch mit den anderen Segmenten des Netzes verbunden wird. Durch die Aufteilung des Netzwerks in Segmente kann die Bandbreite insgesamt gesehen erhöht wer-

den. Bei einem segmentierten Ethernet können so die vollen 10 Mbps bzw. 100 Mbps ausgeschöpft werden.

2. Beim virtuellen Speichermanagement ist ein Segment eine variabel große Datenportion, die aus dem Hauptspeicher und in den Hauptspeicher eingelesen werden kann. Im Gegensatz dazu steht eine Page, bei der die Datenportion eine feste Größe hat.

3. Segment ist ein Synonym für Datensätze in einer Datenbank.

➟ *Siehe Datenbank; Datensatz; Router; Hub; Switch; Bridge; Ethernet; Netzwerk; Speicher, virtueller; Page; Hauptspeicher*

Segmentierung

Die Segmentierung ist eine Art der Speicherverwaltung, bei der die physische Speicheradresse in zwei Teile aufgespalten wird. Jeder Prozess erhält einen eigenen Speicherbereich bzw. ein eigenes Speichersegment. Wo sich dieses Segment im Arbeitsspeicher befindet, weiß der Prozess nicht. Er benutzt seinen Speicher, basierend auf dem logischen Offset Null. Diese Speicheradressierung wird logische Adresse genannt. Das Betriebssystem erstellt die physische Adresse aus der Kombination der Basisadresse des Speichersegments und der logi-

schen Adresse des Prozesses. Die obere Schranke des Speichersegments wird durch einen so genannten Limit-Zeiger bestimmt. Den Limit-Zeiger überwacht wiederum das Betriebssystem. Stellt dieses fest, dass der Prozess seine Speichergrenze überschreitet, stellt er diesem mehr Speicher zur Verfügung. Durch diese Segmentverwaltung wird der Speicher sehr schnell zerstückelt, was zu einer sehr ineffizienten Speicherausnutzung führt. Daher verwenden moderne Betriebssysteme das deutlich verbesserte Paging.

➟ *Siehe Adresse; Speicherverwaltung; Betriebssystem; Paging*

Seite, dynamische

Eine dynamische Seite ist ein mit animierten GIFs, Java Applets oder ActiveX-Steuerelementen versehenes HTML-Dokument.

Seitenadresse

➟ *Siehe Paged Address*

Seitenansicht

➟ *Siehe Preview*

Seitenbeschreibungssprache

Eine Seitenbeschreibungssprache dient der Beschreibung des Inhalts einer Seite. Mit Seite ist hier ganz allgemein die Seite als Organisationsstruktur von Dokumenten gemeint. Der Quellcode, der den Seiteninhalt beschreibt, kann von einem Gerät, das diese Sprache unterstützt, interpretiert werden. Dieses Gerät ist dann in der Lage, den Seiteninhalt darzustellen. Für die Erstellung eines solchen Quellcodes gibt es verschiedene Möglichkeiten:

▶ Ein Programm, das seine Dokumente in dieser Sprache speichert.

▶ Ein Umwandlungsprogramm, das in der Lage ist, Dateien in dieser Sprache zu erzeugen.

Ein Beispiel soll dies verdeutlichen:

Die Seitenbeschreibungssprache PostScript der Firma Adobe ist im DTP- und Druckbereich Standard. Mit den meisten Grafik- und DTP-Programmen lassen sich Dateien im PostScript-Format erzeugen. Diese Dateien enthalten dann fertige Dokument oder die Grafik in Form von PostScript-Befehlen. Diese Dateien können dann von einem PostScript-fähigen Drucker oder einem Belichter interpretiert und ausgegeben werden. Anstatt dass ein Programm PostScript-Dateien erzeugt, kann die Ausgabe auch direkt über einen entsprechenden Treiber auf ein PostScript-fähiges Gerät erfolgen. Der Treiber wandelt dabei die Informationen aus dem Programm in PostScript-Quelltext um, der dann von dem Gerät verarbeitet wird. Ein anderes Beispiel für eine Seitenbeschreibungssprache sind HTML oder XML.

▥ *Siehe PostScript; Adobe; Source-Code; DTP; HTML; Druckersprache; XML*

Seitenfehler

▥ *Siehe Page Fault*

Seitennummer

Alle Btx-Seiten haben eine Nummer, durch die sie identifiziert werden können. Diese Nummern können maximal 16 Stellen lang sein und heißen auch Seitennummern.

▥ *Siehe Btx*

Seitenumbruch

Als Seitenumbruch wird in Texten der Wechsel zwischen zwei Seiten bezeichnet. Die meisten Textverarbeitungsprogramme setzen diesen automatisch, lassen aber auch benutzerdefinierte Seitenumbrüche zu.

▥ *Siehe Zeilenumbruch; Textverarbeitung*

Seitenvorschub

Durch Auslösen des Seitenvorschubs wird bei einem Drucker das Papier weiter geschoben, bis die nächste Seite erreicht ist. Dies kann z.B. durch das Senden des Steuerzeichens FF (Form Feed) an den Drucker oder das Betätigen der entsprechenden Taste am Drucker geschehen.

⇒ *Siehe Traktor; Steuerzeichen; Drucker*

Sektor

Bei magnetischen und optischen Datenträgern ist ein Sektor die kleinste Einheit. Durch eine Formatierung wird ihre Oberfläche in konzentrische Kreise zerlegt (Spuren) und diese wiederum in Sektoren. Ein Sektor ist ein Winkelbereich ähnlich einem Tortenstück.

⇒ *Siehe Harddisk; Formatierung; Track(s)*

Sektor, fehlerhafter

Als fehlerhafter Sektor wird ein Sektor auf einem Datenträger bezeichnet, der einen »Hardwarefehler« enthält. Ein derartiger Hardwarefehler kann z.B. eine fehlerhafte magnetische Oberfläche, ein Fehler in der Formatierung etc. sein. Meistens bewirkt dieser Fehler, dass von diesem Sektor nicht gelesen bzw. dort nicht geschrieben werden kann.

⇒ *Siehe Datenträger; Formatierung; Sektor*

Sekundärschlüssel

Bei einer Suche in einer Datenbank können mehrere Suchkriterien angegeben werden. Diese werden in diesem Zusammenhang auch Sortierschlüssel genannt. Das eigentliche Kriterium ist der Primärschlüssel, ein weiteres ein Sekundärschlüssel. Wird beispielsweise in einer Adressdatenbank nach einer Straße gesucht und wird dann nach der Hausnummer sortiert, so stellt der Straßenname den Primärschlüssel und die Hausnummer den Sekundärschlüssel dar.

⇒ *Siehe Primärschlüssel; Datenbank*

Selbsttest

⇒ *Siehe POST*

Selektion

Eine Selektion ist eine ausgewählte Teilmenge einer Menge von Daten oder Objekten. Bei Datenbanken sind dies Datensätze, die unter bestimmten Kriterien ausgewählt worden sind, in einem Grafikprogramm die markierten Elemente oder eine gewählte Fläche. Im Explorer sind es die ausgewählten Dateien etc.

⇒ *Siehe Datenbank; Datensatz*

Selektives Backup

⇒ *Siehe Backup, selektives*

Self Monitoring, Analysis and Reporting Technology

⇒ *Siehe SMART*

Semantic Web

Semantic Web ist ein von Tim Berners-Lee erdachter Ansatz für ein intelligenteres Internet. Die Grundlage für das Semantic Web bilden XML, das so genannte Resource Description Framework

(RDF), das die Bedeutung der maschinenlesbaren Sprachkonstrukte definiert, sowie Ontologien (ein begrenztes Vokabular als Träger mehrerer gleichbedeutender Definitionen). Ein Sprachkonstrukt in RDF wird aus Subjekt, Prädikat und Objekt gebildet und in Form von URIs ausgedrückt.

➠ Siehe Bernes-Lee, Tim; URI; XML

Semantik

Aufbauend auf der Syntax umfasst die Semantik die Bedeutung der Zusammenhänge von Wörtern in einem Text. Damit der Computer einen Befehl versteht, ist es bis jetzt nötig, sowohl eine sehr präzise Syntax als auch Semantik einzuhalten. So kann ein Computer heute schon mit klar definierten Wörtern wie Gegenständen, Farben etc. umgehen, abstrakte Begriffe wie Freiheit, Liebe usw. entziehen sich seinem Verständnis aber dafür völlig. Das liegt daran, dass der Computer alle Begriffe in ein Schema zwängt, um sie einzuordnen; bei Gegenständen also z. B. seine Größe und seine Farbe. Den Begriff Freiheit auf diese Weise einzuordnen, ist offensichtlich unmöglich. Auch mit zweideutigen Begriffen funktioniert dies nicht, falls sich deren Bedeutungen deutlich unterscheiden. Der Mensch kompensiert dies, indem er sich zusätzliche Informationen aus dem Rest des Kontexts holt. An dieser Aufgabe scheitert der Computer, da sich hierfür keine eindeutigen Regeln finden lassen.

➠ Siehe Syntax

Semaphore

Mit Semaphoren werden viele Ressourcen eines Computers verwaltet. Wollen beispielsweise viele Prozesse gleichzeitig auf einen Drucker zugreifen, so ist dies nicht möglich. Ein Prozess wird dann mit dem Drucken anfangen und das System setzt die Semaphore, die den Status des Druckers beschreibt, auf besetzt. Dadurch werden die Anforderungen der anderen Prozesse in eine Warteschlange eingereiht. Ist der Drucker wieder bereit, wird seine Semaphore wieder auf verfügbar gesetzt. Falls sich noch eine weitere Prozessanfrage in der Warteschlange befindet, kann nun diese bearbeitet werden usw. Es wird zwischen Prozess- und Systemsemaphoren unterschieden. Prozesssemaphoren legen einen Prozess selbst an und haben darauf vollen Zugriff. Die Druckersemaphore von oben ist aber eine Systemsemaphore, auf die ein Prozess keinen Einfluss hat. Solche Systemsemaphoren werden z.B. für die Ablaufsteuerung bei Multitasking-fähigen Betriebssystemen und auch in den meisten Netzwerkbetriebssystemen eingesetzt.

➠ *Siehe Resources; Multitasking; Betriebssystem; Prozess*

Semiconductor Memory

Halbleiterspeicher (englisch: Semiconductor Memory) werden heutzutage als Arbeitsspeicher (Hauptspeicher) in Computersystemen verwendet. Sie sind in verschiedenen Formen auf dem Markt, z.B. als DRAM, EDO-DRAM, SDRAM usw. Sie zeichnen sich durch hohe Durchsatzgeschwindigkeit und fortschreitende Miniaturisierung bei gleichzeitigem Anstieg der Kapazität aus. Grundsätzlich wird zwischen ROM-Bausteinen (Read-Only-Memory, Nur-Lesen-Speicher) und RAM-Bausteinen (Random Access Memory, freier Zugriffsspeicher bzw. Lesen und Schreiben) unterschieden. RAM-Bausteine werden weiter in SRAM (Static RAM, statisches RAM) unterteilt, welches nicht dauernd in einem so genannten Refresh-Zyklus neu aufgeladen wird, und DRAM (Dynamic RAM, dynamischer Speicher), das einen Refresh – eine Stromaufladung – benötigt, damit die Daten im Speicher gehalten werden können.

➠ *Siehe DRAM; EDO-DRAM; SDRAM; RAM; Refresh-Zyklus; ROM; BEDO-DRAM; SRAM*

Senke

Ein beliebiger Empfänger von Daten wird auch Senke genannt.

Sensor

Ein Sensor misst eine physikalische Größe und liefert die Werte dieser Messungen als analoges Signal. Um dieses für einen Computer lesbar zu machen, muss es mit Hilfe eines Analog/Digital-Wandlers in ein digitales Signal umgewandelt werden.

➠ *Siehe A/D-Wandler; Digitalisierung*

Sensorbildschirm

Ein Sensorbildschirm ist ein Bildschirm mit einer Sensorik auf der Bildschirmoberfläche. Diese erfasst Berührungen des Bildschirms und benutzt diese Eingabedaten, um grafische Oberflächen zu bedienen, wie sonst mit einer Maus.

➠ *Siehe Bildschirm; Maus; GUI*

Sequenced Packet Exchange

➠ *Siehe SPX*

Sequenzer

Mit einem Sequenzer lassen sich mehrere Stimmen, z.B. Samples, gleichzeitig zu einem Lied verbinden. Dazu verwendet der Sequenzer mehrere Spuren, auf die die unterschiedlichen Informationen aufgenommen werden.

Diese Spuren können gemeinsam abgespielt werden.

➠ *Siehe Sampling*

Sequenzielle Datei

➠ *Siehe RA; Datei, sequenzielle*

Serial ATA

Serial ATA ist die Nachfolgetechnologie für die ATA-Schnittstelle von Festplatten. Das Interface bietet höhere Übertragungsraten als der bisherige Ultra-DMA/133-Standard (150 statt 133 MByte/s). Die Anschlusskabel sind dünner und eine Jumperung zur Festplattenkonfiguration ist nicht mehr notwendig.

➠ *Siehe ATA; DMA*

Serial Infrared

Serial Infrared ist eine Art der Datenübertragung mittels eines Infrarotstrahls über eine Entfernung von bis zu einem Meter. Serial Infrared wird vor allem bei Laptops und Notebooks verwendet, um z.B. einen Drucker anzusteuern, ohne ein Kabel anschließen zu müssen. Die Infrarotsensoren müssen dabei aufeinander ausgerichtet sein.

➠ *Siehe IrDA; Datenübertragung; Notebook; Drucker*

Serial Input Output

➠ *Siehe SIO*

Serial Line Internet Protocol

➠ *Siehe SLIP*

Seriell

Seriell bedeutet zeitlich nacheinander. Bei seriellen Datenübertragungen werden Daten immer nacheinander und nie parallel übertragen.

➠ *Siehe parallel; Schnittstelle, serielle*

Serielle Schnittstelle

➠ *Siehe Schnittstelle, serielle*

Serienbrief

Hat der Anwender beispielsweise einen umfangreichen Kundenstamm und will in regelmäßigen Abständen Rundschreiben verschicken, so lässt sich der dafür notwendige Aufwand durch Verwendung von Serienbriefen stark verringern. Der Anwender erstellt das Rundschreiben und lässt die Textverarbeitung die persönlichen Daten der Kunden aus einer Datenbank ergänzen. Durch individuelle Gestaltung der Anrede und der restlichen Daten (Personalisierung) lässt sich vermeiden, dass der entstehende Brief nach einer Massensendung aussieht.

➠ *Siehe Datenbank; Textverarbeitung*

Serienbrieffunktion

Mit einer Serienbrieffunktion einer Textverarbeitung lassen sich Serienbriefe erstellen. Dabei wird meistens mit zwei Dokumenten gearbeitet. Während das eine den unveränderlichen Text enthält, beinhaltet das andere die persönlichen Daten. Aus der Verbindung der beiden entsteht dann ein Serienbrief.

➠ *Siehe Serienbrief*

Seriennummer

Um die verschiedenen Exemplare eines Softwareprodukts unterscheiden zu können, hat jedes eine Seriennummer. Diese muss meistens bei der Installation sowie der Registrierung des Anwenders eingegeben werden.

➠ *Siehe Installation; Software*

Serifen

Mit Serifen werden kleine Schmuckelemente an Buchstaben und anderen Druckzeichen bezeichnet, die den Text besser lesbar machen. Dazu wird jeder auslaufende Balken mit einem kleinen Querstrich versehen und manchmal noch durch eine Hohlkehle verstärkt. Es gibt Schriften mit und ohne Serifen.

➠ *Siehe Schriften*

Bild S.8: Schriftarten mit und ohne Serifen

Server

Ein Server ist entweder ein spezieller Computer in einem Netzwerk, der anderen Teilnehmern Dienste zur Verfügung stellt oder ein Programm auf einem Servercomputer, der bestimmte Dienste bereitstellt. Der LAN-Server ist der Rechner in einem LAN-Netzwerk, der alle für das Netzwerkbetriebssystem notwendigen Daten verwaltet. Ein Dateiserver stellt Programme, Daten und Festplattenkapazität zur Speicherung von Daten bereit, Druckserver hingegen die Möglichkeit zu drucken und Applikationsserver Rechenleistung für Programme. Ein Rechner, der Dienste eines Servers in Anspruch nimmt, wird Client genannt.

➠ *Siehe LAN; Client-Server-Prinzip; Netzwerk*

Server Error

Server Error ist ein Fehler bei einer Informationsanfrage auf der Serverseite. Serverfehler werden bei HTTP durch den Fehlercode beginnend mit einer »5« angegeben.

➠ *Siehe Server; HTTP; Error Code*

Server Message Block Protocol

➠ *Siehe SMB*

Server Push-Pull

Server Push-Pull ist eine Kombination aus Client-Server-Konzepten, die sich aus Server-Push und Client-Pull zusammensetzt. Beim Server-Push bleibt die Datenverbindung nach dem Senden von Daten vom Server an die Clients offen. Dies ermöglicht dem Server, das Senden von Daten an den Client auf Browseranforderung fortzusetzen. Beim Client-Pull wird nach dem Senden die Datenverbindung geschlossen. Der Server sendet eine HTML-Anweisung an den Client, um die Verbindung nach einer bestimmten Zeit wieder zu öffnen und weitere Dateien zu übertragen oder eine neue URL-Adresse zu öffnen.

➽ *Siehe Client-Server-Prinzip; Push-Technologie; Pull-Technologie; HTML; URL*

Server, objektrelationaler

Ein objektrelationaler Server unterstützt die objektorientierte Verwaltung von komplexen Datentypen in einer relationalen Datenbank.

➽ *Siehe Server; Datenbank, relationale; Datentyp; Objektorientiert*

Server, paralleler

Ein paralleler Server führt seine Tätigkeit mittels SMP (Symmetric Multi-Processing) aus, um sein Leistungsvermögen zu erhöhen.

➽ *Siehe SMP; Server*

Servercluster

Ein Servercluster ist eine Gruppe von Computern, die als System zusammenarbeiten. Das Servercluster erscheint dem Client als einzelner Server.

Serverfehler

➽ *Siehe Server Error*

Serverside Include

Serverside Include ist ein spezieller Befehlssatz, der vom Server erkannt und interpretiert wird. Das Ergebnis wird vor dem Versenden der Datei an den Browser in die Datei eingebaut. Serverside Include wird verwendet, um z.B. Datum und Uhrzeit in ein HTML-Dokument einzufügen, bevor es an den Client gesendet wird.

➽ *Siehe Server; Client; HTML; Browser*

Service Boot

Service Boot bezeichnet das Booten eines Computers ohne installiertes oder aktives Betriebssystem zur Verwaltung und Steuerung über ein Netzwerk. Dabei werden Agenten von einem entfernten Server auf den Client geladen.

➽ *Siehe Server; Booten; Client; Betriebssystem; NetPC*

Service Indicator

Abk.: SI

▲ *Übers.: Dienstekennung*

Die Dienstekennung (Service Indicator) ermöglicht die freie Mehrfachbelegung der Rufnummern bei ISDN. Bei Aufbau einer Verbindung wird über den D-Kanal die so genannte Dienstekennung (auch SI, Service Indicator) gesendet, die den gewünschten Dienst (Telefon, ISDN-Fax, Bildtelefonie, Fax oder Datenfernübertragung) eindeutig identifiziert. Das jeweilige Empfangsgerät erkennt seine Dienstekennung und wird aktiviert.

➭ *Siehe Bildtelefonie; Fax; D-Kanal; DFÜ; ISDN*

Kennung (Hexadezimal)	Dienst
01h	Telefon (Sprachdienst)
02h	Telefax Gruppe 2/3 (a/b-Dienste, analoges Telefax und Modem-DFÜ)
03h	X.21-Terminaladapter
04h	Telefax Gruppe 4 (digital)
05h	BTX (mit 64 KBit/s)
07h	Datenübertragung (64 KBit/s bzw. V.110)
08h	X.25-Terminaladapter (Datex-P)
09h	Teletex (64 Kbit/s)
0Ah	Textfax (ASCII Text und Grafiken)
0Dh	Fernwirken
0Eh	Grafiktelefon, Fernzeichen
0Fh	BTX
10h	Bildtelefone

Tabelle S.1: Dienstekennungen des ISDN-Protokolls

Serviceprovider

Um Zugang zum Internet zu erlangen, benötigen Sie die Dienste eines Serviceproviders. Haben Sie bei einem solchen Provider ein Konto eingerichtet oder sogar einen Server angemeldet, so können Sie über diesen dann jederzeit eine Verbindung zum Internet herstellen. Außerdem stellt der Provider Ihnen eine E-Mail-Adresse und üblicherweise auch Platz für eine Homepage zur Verfügung. Einer der größten Provider ist EUnet. Oft lohnt es sich aber, kleinere lokale Provider ausfindig zu machen, da diese oft günstigere Konditionen und auch schnellere Verbindungen anbieten.

➠ *Siehe T-Online; CompuServe; EUnet; Internet; Account; AOL*

Services Framework

Im Services Framework sind die über 1.000 Basisklassen des .NET-Frameworks in logisch untergliederten Namensräumen (Namespaces) zusammengefasst. Insgesamt handelt es sich um 80 übergeordnete Namensräume und über 1.200 Klassen. Sie ermöglichen ein einheitliches Programmiermodell und das in modernen Entwicklungsumgebungen übliche Rapid Application Development (RAD) bzw. die effiziente Entwicklung von Anwendungen durch vorgefertigte Komponenten.

➠ *Siehe .NET; Namespace; RAD; .NET-Framework*

Servlet

Ein Servlet ist ein kleines Java-Programm, das auf einem Webserver läuft. Es ist das Gegenstück zu einem auf dem Client ausgeführten Java-Applet. Servlets können Aufgaben von CGI-Scripten übernehmen, z.B. das Redirecting. Dabei werden User, die eine nicht mehr gültige Webadresse angewählt haben, automatisch zur neuen URL weitergeleitet. Die Ausführung auf dem Server bringt auch einen Geschwindigkeitsvorteil.

➠ *Siehe CGI; Client-Server-Prinzip; Applet; URL; Script; Java*

Session

Eine Session bezeichnet eine in sich abgeschlossene Aufzeichnungssitzung beim Erstellen einer CD-ROM. Dabei werden Lead-In und Lead-Out geschrieben. Der geschriebene Track wird allerdings nicht fixiert, so dass noch weitere Sessions auf die CD-ROM aufgezeichnet werden können, solange genug Platz vorhanden ist.

➠ *Siehe Lead-Out; CD-Writer; Lead-In; Multisession*

Session Layer

Der Session Layer ist die fünfte Schicht des OSI-Schichtenmodells.

➠ *Siehe OSI-Schichtenmodell*

SET

Abk.: Secure Electronic Transaction

SET ist ein von VISA und MASTERCARD entwickelter Standard zur sicheren Übertragung von ausschließlich Kreditkarteninformationen über das Internet, der sich nach jahrelanger Versuchsphase nicht durchsetzen konnte. Voraussetzung für den Einsatz von SET ist, dass sowohl der Händler als auch der Kunde über ein gültiges Zertifikat des Kreditkarteninstituts verfügen. Zertifikate sind bei einem der beteiligten Kreditkartenunternehmen zu beantragen (VISA oder MASTERCARD) und sind an die Kreditkarte des Benutzers gebunden. SET kann als Weiterentwicklung des SSL-Prinzips angesehen werden.

⇒ *Siehe SSL; CA*

Set-Top-Box

Eine Set-Top-Box verbindet in den USA die meisten Fernseher mit dem Kabelnetz, damit der Anwender die dort angebotenen multimedialen Dienste nutzen kann. In Deutschland gibt es solche Set-Top-Boxen erst seit der Einführung des digitalen Fernsehens. Sie dienen der Entschlüsselung der Signale.

⇒ *Siehe Net-Top Box; .NET*

Setup

1. Mit Hilfe eines Setup-Programms werden z.B. unter Windows die meisten Programme auf einen Computer installiert.

2. Mit dem Setup wird aber auch der Teil des BIOS bezeichnet, der eine Konfiguration des Computers durch den Anwender ermöglicht. Noch bevor der Computer zu booten beginnt, muss bei den meisten Rechnern die Entf -Taste oder auch die F1 -Taste gedrückt werden, um in das BIOS zu gelangen. Dort lassen sich die Zeit und das Datum der Echtzeituhr genauso einstellen wie die Parameter der lokalen Disketten- und Festplattenlaufwerke sowie teilweise sehr tief greifende Einstellungen über Speichergeschwindigkeiten und Ähnliches. Bei Änderungen an diesen Parametern ist große Vorsicht geboten, da diese die Stabilität Ihres Rechners und die Verfügbarkeit von Hardwarekomponenten beeinträchtigen können. Bei den meisten Zahleneinstellungen sind kleine Zahlen für die Rechenleistung günstig und für die Stabilität abträglich, für große Zahlen gilt das Gegenteil. Bei vielen anderen Einstellungen können Sie zwischen disabled (ausgeschaltet) und enabled (eingeschaltet) wählen. Sind Sie mit Ihren Einstellungen zufrieden, können Sie diese im Hauptmenü abspeichern und das Setup verlassen. Ihre Einstellungen werden dann in einem batteriegepufferten Speicherbereich eingetragen, der diese Einstellungen auch in ausgeschaltetem Zustand nicht verliert. Bei Benutzung des Setups, speziell beim Speichern, ist zu beachten, dass innerhalb des Setups die amerikanische Tastaturbele-

gung gültig ist, das heißt im Speziellen, dass die Tasten »Y« und »Z« vertauscht sind.

→ Siehe *Installation; Setup; BIOS*

Setup-Engine

Die Setup-Engine ist Teil eines modernen 3D-Grafikprozessors. Sie folgt direkt nach der Geometry-Engine, die für die Berechnung der 3D-Koordinaten eines Objekts zuständig ist. Die Setup-Engine sorgt, ausgehend von den Koordinaten der Geometry-Engine, für die Berechnung wichtiger Parameter für die Darstellung der einzelnen Objektdreiecke (Polygone). Dazu gehören die Texturkoordinaten, Perspektiveparameter, der Winkel der Dreieckskanten und die Anzahl der von dem Dreieck bedeckten Bildschirmzeilen. Das so genannte Triangle-Setup (Triangle = Dreieck) wird hardwaremäßig vom 3D-Prozessor durchgeführt.

→ Siehe *Geometrieverarbeitung; 3D-Grafikprozessor*

S-förmige Papierführung

Bei der s-förmigen Papierführung werden alle Vorlagen durch zwei Walzen eines Druckers gezogen. Diese Form der Papierzuführung ist für alle Arten von festeren Kartons, Folien und Vorlagen mit Klebeetiketten ungeeignet.

→ Siehe *Papiervorschub; Papierführung*

SFP

Abk.: System File Protection

SFP ist ein Schutzmechanismus von Windows 2000, Windows XP, Windows Server 2003 sowie Windows ME. Er verhindert mithilfe zertifizierter Systemdateien das unzulässige Löschen, Ändern und Austauschen von Systemdateien.

→ Siehe *ASR; Systemdateien; Windows 2000; Windows NT; Windows XP; Windows ME*

SFT

→ Siehe *System Fault Tolerance*

SFX

Abk.: SelF eXtracting

SFX bedeuted selbst entpackend. Bei den meisten Programmen für die Datenkomprimierung ist es nötig, sowohl für das Packen als auch das Entpacken das entsprechende Packprogramm zur Hand zu haben. Bei einem selbst entpackenden Archiv ist der Code, der zum Entpacken notwendig ist, im Archiv selbst enthalten.

→ Siehe *Packen; Komprimierungsprogramm*

SGI

→ Siehe *Silicon Graphics*

SGML

Abk.: Standard Generalized Markup Language

SGML ist ein System für die Definition von Vorschriften zur Formatierung von Dokumenten. Die Entwicklung von SGML geht auf IBM zurück. Der Standard selbst wurde von der ISO definiert. SGML wird im Wesentlichen nur in umfangreichen Dokumentationsprojekten verwendet, bei denen sehr große Informationsmengen organisiert werden müssen, wie das z.B. bei Wartungsanleitungen von Flugzeugen der Fall ist. Da im Normalfall die logische Struktur der Texte vom Erscheinungsbild getrennt wird, ist die Ausgabe der Inhalte in unterschiedlichen Formen und auf unterschiedlichen Medien verhältnismäßig einfach. Aufgrund der hohen Komplexität von SGML hat es im Bereich der PC noch keine große Verbreitung gefunden. Sehr bekannte Derivate von SGML sind HTML und XML.

➡ *Siehe XML; IBM; HTML; ISO*

SGRAM

Abk.: Synchrones Grafik-RAM

SDRAMs sind ähnlich wie SDRAMs. Im Gegensatz zu SDRAMs verfügen sie jedoch über 32 Datenleitungen (x32-Organisation) und beherrschen besondere Schreibbefehle (Block-, Mask-Write).

➡ *Siehe SDRAM; RAM*

Shadow Password File

Auf Linux-basierten Betriebssystemen ist das Shadow Password File eine Datei, die verschlüsselte Passwörter der User enthält. Diese Datei ist für den normalen Benutzer nicht lesbar, ein potenzieller Angreifer kann so die Datei nicht einfach einsehen. Die Passwörter werden mit einem Einweg-Algorithmus verschlüsselt und können nicht wieder entschlüsselt werden. Linux prüft die Korrektheit des Benutzers, indem es die Eingabe ebenfalls verschlüsselt und diese dann mit der Datei vergleicht.

➡ *Siehe Algorithmus; Passwort; Verschlüsselung; Linux*

Shadow-RAM

Der in einem PC enthaltene ROM-Speicher ist ein ganzes Stück langsamer als der RAM-Speicher. Aus diesem Grund gibt es bei den meisten BIOS-Versionen eine Funktion, um den ROM-Speicher in den RAM-Speicher auszulagern. Hardwarekomponenten wie Grafikkarten und SCSI-Controller besitzen einen eigenen ROM-Speicher, der Routinen enthält, die für die Ansteuerung dieser Geräte notwendig sind. Auch der Zugriff auf diese Geräte kann durch das Auslagern ihrer ROM-Speicher in das RAM gesteigert werden. Die daraus resultierende Geschwindigkeitssteigerung speziell der Grafikausgabe kommt allerdings nur Betriebssystemen wie DOS zugute, denn modernere benutzen die BIOS-Funktionen nicht mehr, sondern verwenden eigene optimierte Funktionen.

→ Siehe RAM; ROM; BIOS

Shadow-ROM

Shadow-ROM ist ein Verfahren, bei dem die BIOS-Routinen beim Systemstart aus dem System-ROM in einen reservierten Bereich des Arbeitsspeichers kopiert werden. Aufrufe der BIOS-Systemroutinen werden dann auf diese Kopie umgeleitet, um die Ausführungsgeschwindigkeit zu erhöhen.

→ Siehe Shadow-RAM; BIOS; Hauptspeicher; ROM

Shareware

Kleinere Betriebe und Softwarehersteller geben ihre Softwareerzeugnisse oft als Shareware heraus, welche frei kopiert werden, aber im Gegensatz zu PD-Software nicht beliebig genutzt werden darf. Nach Ablauf einer gewissen Testphase soll der Benutzer das Programm registrieren lassen, womit eine Gebühr verbunden ist. Um den Anwender zur Registrierung zu bewegen, winken meist Besonderheiten der registrierten Version, wie z.B. zusätzliche Programme, Erweiterungen oder ein gedrucktes Handbuch. Viele Sharewareprogramme schränken auch die Anzahl der Funktionen oder die Nutzungsdauer des Programms ein. Shareware wird vor allem über Mailboxen, das Internet oder über CD-ROMs vertrieben.

→ Siehe Freeware; PD-Software

Shell

Unter der Shell wird die meist grafische Oberfläche eines Betriebssystems oder eines Programms verstanden. Die bekannteste Shell ist sicherlich die des Betriebssystems DOS. Über lange Jahre war diese textorientierte, äußerst einfache Shell der Standard für den PC. Windows erweiterte DOS später um eine grafische Benutzeroberfläche bzw. einer grafischen Shell.

→ Siehe MS-DOS; GUI; Benutzeroberfläche

Shielded Twisted Pair

→ Siehe STP

Shift (Instructions)

1. Jede CPU bietet bestimmte Befehle, mit denen die Bitmuster in ihren Registern entweder nach links oder rechts verschoben werden können. Diese werden Shift Instructions (Schiebebefehle) genannt. Ein Shift um eine Position nach links entspricht dabei einer Multiplikation mit »2«. Entsprechend ist ein Rechtsshift um eine Stelle mit einer Division durch »2« gleichzusetzen.

2. Die Shift-Taste bezeichnet die Taste, mit der Sie zwischen der Klein- bzw. Großschreibung umschalten.

➠ *Siehe CPU; Register*

Shift Register

Shift Register ist ein Schaltkreis, bei dem die Bits mit jedem angelegten Taktimpuls um eine Position verschoben werden. Die Verschiebung kann entweder linear (am Ende wird ein Bit eingefügt, während am Anfang ein Bit verloren geht) oder zyklisch (das verlorene Bit wird am Anfang wieder eingefügt) vonstatten gehen.

➠ *Siehe Register; Bit*

Shockwave

http://www.shockwave.com

Shockwave ist ein Plugin für Webbrowser bzw. ein Programm, das die Funktionalität dieses Browsers erweitert. In diesem Fall handelt es sich um die Darstellung von Grafiken, Sounds und Videofilmen. Dieses Plug-In kann wie die meisten anderen kostenlos, in diesem Fall von Macromedias Homepage, heruntergeladen werden.

➠ *Siehe Macromedia*

Shockwave-Technologie

Die Shockwave-Technologie erschloss eine neue Generation von Internet-Seiten. Dieses von Macromedia entwickelte Autorensystem ermöglicht es, komplette, mit Macromedia Director und Freehand designte Seiten direkt ins Internet zu übernehmen. Da diese komprimiert sind, können lange Wartezeiten bei Uploads einigermaßen in Grenzen gehalten werden. So können sogar Animationen realisiert und implementiert werden. Da mit Macromedia Freehand erstellte Grafiken auf dem Vektorformat basieren, lassen sie sich ohne Qualitätsverlust vergrößern oder verkleinern.

➠ *Siehe Shockwave; Autorensystem; Macromedia*

Shopbot

Ein Shopbot ist eine Agentensoftware, die im Internet automatisch Angebote verschiedener Firmen anhand definierbarer Kriterien (Preis, Leistung usw.) vergleicht.

➠ *Siehe Robot*

Short

Short ist ein Wert mit dem Wertebereich eines Integers (16 Bit). Der Wertebereich reicht demnach von -32,768 – +32.768

➠ *Siehe long; Integer; long long*

Short int

➠ *Siehe short*

Short Message Service

➠ *Siehe SMS*

Shortcut

1. Als Shortcut wird ein Tastaturkürzel bzw. eine Tastenkombination in einem Programm bezeichnet, das/die eine bestimmte Aktion auslöst.

2. Das bei vielen Betriebssystemen verwendete Prinzip von Shortcuts oder auch Links wird meist mit Verknüpfung übersetzt. Auf dem Desktop von Windows 95 ist damit die Erzeugung von Icons gemeint, die eine virtuelle Verbindung zu einem Programm oder einer anderen Datei darstellen.

➡ *Siehe Hotkey; Icon*

SHTML

Abk.: Server-parsed HyperText Markup Language

SHTML ist ein HTML-Dokument, welches Befehle für Serverside Includes enthält und vom Server vor der Weitergabe an den Browser vollständig gelesen, ausgewertet und modifiziert wird.

➡ *Siehe Serverside Include; HTML; Server; Browser*

S-HTTP

Abk.: Secure HyperText Transfer Protocol

S-HTTP ist eine Erweiterung des HTTP (HyperText Transfer Protocol), welche durch verschiedene Verschlüsselungs- und Authentifizierungsverfahren den Datenübertragungsweg absichern soll.

➡ *Siehe HTTP*

Shugart Bus

Der Shugart Bus ist seit dem Aufkommen von PCs der Bus, mit dem die Diskettenlaufwerke angesteuert werden. Benannt nach dem Erfinder des Busses und Gründer der Firma Seagate, Al Shugart.

➡ *Siehe Bus; Diskettenlaufwerk*

Sicherheit, geprüfte

➡ *Siehe GS*

Sicherheitskopie

➡ *Siehe Backup*

Sicherheitsrichtlinien

➡ *Siehe Policies*

Sicherheitssystem

Das Sicherheitssystem ist ein Teil des Betriebssystems und soll dessen Datensicherheit gewährleisten. Dazu gehört die Abwehr von Angriffen durch Menschen, z.B. Hacker, aber auch unsichere oder ungeübte User, genauso wie die von fehlerhafter Hardware oder Software hervorgerufenen Fehler oder gar Abstürze.

➡ *Siehe Crash; Betriebssystem; Hacker*

Sicherung

1. Eine Sicherung ist ein elektrisches Bauelement, das dem

Schutz elektrischer Geräte vor zu großen Stromflüssen dient. Häufig werden Schmelzsicherungen verwendet. Hier wird der Stromkreis über einen Draht in einem Gehäuse geschlossen. Dieser Draht schmilzt bei einer bestimmten Stromstärke und unterbricht dadurch den Stromkreis, wenn diese überschritten wird.

2. Sicherung ist ein anderes Wort für Sicherungskopie.

➞ *Siehe Sicherung; Sicherungskopie*

Sicherungsdatei
Werden Texte oder Daten abgespeichert, legen die meisten Programme, mit denen diese bearbeitet wurden, von der ursprünglichen Version eine Sicherheitskopie an. Diese bekommt neben dem ursprünglichen Namen noch die Extension ».bak«, um deutlich zu machen, dass es sich um eine Kopie handelt.

➞ *Siehe Extension*

Sicherungskopie
Eine Sicherungskopie ist eine Kopie einer Datei oder des Inhalts einer Festplatte auf einem Datenträger oder einer anderen Festplatte. Im Fall, dass nun die Daten auf der einen Platte verloren gehen, hat der Anwender diese noch auf der anderen Platte und ist so vor Datenverlust gut geschützt.

➞ *Siehe Datenträger; Harddisk; Backup*

Sicherungsprogramm
Mit einem Sicherungsprogramm werden Sicherungskopien (Backup) von Datenträgern angelegt. Sollen nicht alle, sondern nur ein Teil der Dateien eines Datenträgers gesichert werden, so wird ein selektives Backup angelegt.

➞ *Siehe Backup, selektives; Backup*

Sicherungsschicht
➞ *Siehe Data Link Layer*

Sichtgerät
Ein Sichtgerät oder auch Datensichtstation wurde früher Terminal genannt.

➞ *Siehe Terminal*

SID
Abk.: Security ID

▲ *Übers.: Sicherheitskennung*

Windows NT und Windows 2000 verwenden zur internen Identifikation von Benutzern und Gruppen so genannte Security IDs (SIDs). Bei der Rechtevergabe unter Windows NT/2000 wird nicht der Name des Benutzers, sondern immer seine ID verwendet. Die SID wird beim Anmelden des Benutzers automatisch erstellt. Wird der Benutzer gelöscht, wird auch die SID gelöscht. Wird anschließend ein Benutzer mit gleichem Namen angelegt, erhält er eine neue SID. SIDs werden nicht nur von NTFS verwendet, sondern auch von Applikationen, z. B. von

Microsoft Exchange Server. Ein dort angelegtes Postfach wird nicht anhand des Benutzernamens, sondern anhand der SID zugeordnet. Die SID setzt sich aus fünf Komponenten zusammen: SID-Typbezeichnung, Revisionsnummer (bei NT/2000 immer »1«), Identifier Authority (bei NT immer »5«), Domain ID (ein Hex-Wert, er identifiziert die Domäne, in der sich der Benutzer befindet, wichtig beim Active Directory von Windows 2000) und Relative ID (die Benutzerkennung, ein Hex-Wert).

➠ Siehe Windows 2000; EFS; NTFS; Domain; ADS

Siemens

www.siemens.de

Seit über 150 Jahren – die Gründung erfolgte im Jahre 1847 durch Werner von Siemens und Georg Halske – ist die Siemens AG der Innovationsmotor der deutschen Wirtschaft. Mit rund 420.000 Mitarbeitern in über 190 Ländern, davon fast 50.000 Mitarbeiter in der Forschung und Entwicklung, ist Siemens eines der größten Unternehmen überhaupt.

➠ Siehe Siemens Nixdorf

Siemens Nixdorf

Siemens Nixdorf war eine eigenständige Gesellschaft innerhalb der Siemens AG und der in Europa größte Anbieter von Informationstechnik. Siemens Nixdorf wurde in die Wincor Nixdorf AG umgewandelt, die Computersysteme für Banken herstellt. Nixdorf wurde von Heinz Nixdorf 1952 gegründet.

➠ Siehe Nixdorf

SIG

Abk.: Special Interest Group

SIG ist ein Zusammenschluss internationaler Forschungs- und Computerinteressenten. Die SIGs sind in spezielle Interessengruppierungen unterteilt, jede von ihnen hat eine eigene Vertretung, Vorstand usw.:

▶ SIGACT (Algorithms and Computability Theory)

▶ SIGART (Artificial Intelligence)

▶ SIGBIO (Biomedical Computing)

▶ SIGCAPH (Computers and the Physically Handicapped)

▶ SIGGRAPH (Computer Graphics)

▶ SIGOIS (Office Information Systems)

▶ SIGSOFT (Software Engineering)

▶ SIGSOUND (Sound and Computation)

▶ SIGUCCS (University and College Computer Services)

▶ SIGSAM (Symbolic and Algebraic Manipulation)

Es gibt über 35 verschiedene Interessengruppen, die bekannteste dürfte die SIGGRAPH sein, welche auch eine der wichtigsten Grafik-Messen in Kalifornien veranstaltet.

Signal, analoges

➭ *Siehe Analoganschluss*

Signalwandler

➭ *Siehe Wandler*

Signatur, digitale

➭ *Siehe Digitale Signatur*

Signature

Signature bezeichnet eine kurze ASCII-Grafik mit entsprechendem Text am Ende von E-Mails. Damit identifiziert sich der Autor der E-Mail und fügt meistens noch einen Spruch oder ein Gedicht hinzu. Da diese natürlich nicht fälschungssicher ist und keinen Sinn hat, aber Übertragungsbandbreite verbraucht, ist sie nicht überall gern gesehen. Nichtsdestotrotz unterstützen praktisch alle E-Mail-Programme die Möglichkeit, solche Signatures an E-Mails anzuhängen.

➭ *Siehe E-Mail; ASCII*

Signed

➭ *Siehe Long*

Signed char

➭ *Siehe Char*

Signed int

➭ *Siehe Long*

Signed short int

➭ *Siehe Short*

Silicon Graphics

http://www.sgi.com

Silicon Graphics ist eine Firma, die Hochleistungsworkstations herstellt, die hauptsächlich für die Erzeugung und Bearbeitung von Grafiken benutzt werden. Beispielsweise werden die Computersequenzen der Firma ILM (Industrial Light and Magic von George Lucas), welche die Computereffekte von Filmen wie »Star Wars« oder »Jurassic Park« erzeugt hat, fast alle mit solchen Workstations hergestellt. Doch auch im Bereich des DTP finden diese Geräte Verwendung.

➭ *Siehe DTP; VRML; Workstation*

Silicon Valley

In dem legendären Tal Silicon Valley, siedelte sich Anfang der 1960er Jahre eine große Zahl von Elektronikkonzernen an, die die Entwicklung der PC-Branche maßgeblich beeinflusst haben. Da diese Firmen fast alle mit Silizium (englisch: silicon), dem wichtigsten Halbleitergrundstoff, arbeiten, wurde dieses Tal bald danach benannt.

SIMD

Abk.: *Single Instruction Multiple Data*

▲ Übers.: *Datenverarbeitung mit singulärem Befehls- und parallelem Datenstrang*

▲ Syn.: *SIMDFP*

SIMD ist eine Strategie von Parallelrechnern, bei der die Befehle von einem Befehlsprozessor gelesen und an weitere Prozessoren zur Bearbeitung weitergeleitet werden.

➠ Siehe *Katmai; Pentium III; Intel*

SIM-Karte

Abk.: *Subscriber Indentification Module*

▲ Übers.: *Teilnehmer-Identifikations-Modul*

Eine SIM-Karte ist für ein Handy notwendig, da hier alle benutzerrelevanten Daten, wie Rufnummer, Geheimzahl und Ähnliches, gespeichert sind sowie das persönliche Telefonbuch des Benutzers. Ohne diese Chipkarte lässt sich ein Handy nur für einen Notruf aktivieren.

SIMM

Abk.: *Single Inline Memory Module*

Auf den SIMM-Speichermodulen sind die eigentlichen Speicherchips zu Gruppen zusammengefasst. Dadurch benötigt der Speicher weniger Platz auf einem Motherboard. Ältere SIMMs besitzen 30 Kontakte und müssen in Vierergruppen eingebaut werden, wohingegen die neueren PS/2-Module 72 Kontakte aufweisen und in Zweiergruppen eingebaut werden. Es existieren allerdings Adapter, so dass auch alte SIMM-Module in Boards verwendet werden können, die nur Sockel für neue Adapter zur Verfügung stellen.

➠ Siehe *DIMM; RAM; PS/2-SIMM; SIMM-Adapter; Motherboard*

Bild S.9: Ein EDO-SIMM

SIMM-Adapter

Mit Hilfe dieser SIMM-Adapter können Sie vier 30-polige SIMMs in ein 72-poliges SIMM-Modul umwandeln. Die Kapazität der SIMMs bleibt dabei erhalten, vier 1 MByte-Module ergeben also ein 4 MByte-Modul. Die verlängerten Signalwege, die durch den Adapter entstehen, betragen zwischen 5 und 10 Nanosekunden. Diese führen dazu, dass die im BIOS eingetragenen Waitstates, welche die Geschwindigkeit der Speicherzugriffe der CPU regeln, erhöht werden müssen, was die Rechenleistung des Computers verringert. Da bei den neueren Chipsätzen für hohe Leistung immer zwei gleiche PS/2-Module pro Speicherbank vorkommen müssen, gibt es diese Adapter seitenverkehrt, so dass sich acht 30-polige SIMMs in zwei 72-polige umwandeln lassen, die sogar in eine Bank passen. Allerdings wird je nach Art der verwendeten Adapter und SIMMs der vorhandene Platz sehr schnell zu klein, was die Verwendung mehrerer Adapter extrem erschwert. Eine weitere Zusammenfassung von Speicherbausteinen hat mit den DIMMs stattgefunden, die zwei PS/2-SIMMs in sich vereinigen.

➡ *Siehe DIMM; SIMM; PS/2-SIMM; Waitstate*

Simple API for XML

➡ *Siehe SAX*

Simple Mail Transfer Protocol

➡ *Siehe SMTP*

Simple Network Management Protocol

➡ *Siehe SNMP*

Simplex-Betrieb

Bei einer Datenübertragung im Simplex-Betrieb können die Daten nur in einer Richtung übertragen werden.

➡ *Siehe Duplex-Betrieb*

Simulation

Unter einer Simulation wird Folgendes verstanden:

▶ Die möglichst genaue Nachbildung realer naturwissenschaftlicher oder technischer Vorgänge durch ein Modell. Simulationen werden für alle denkbaren Sachverhalte, wie Staus, das Wetter, die Vorgänge innerhalb des Gehirns etc., angewandt.

▶ Computerspiele, welche Sportarten und die Fliegerei zum Thema haben. Dabei wird zwischen möglichst realistischen und eher actionreichen Computerspielen unterschieden.

Simulator

Ein Simulator ist ein Gerät, das durch die Verbindung von Hard- und Software eine Simulation so realistisch wie nur möglich nachzubilden versucht.

➡ *Siehe Simulation*

Single

➡ *Siehe Float*

Single Board Computer

➡ *Siehe SBC*

Single Inline Memory Module

➡ *Siehe SIMM*

Single Inline Package

➡ *Siehe SIP*

Single Inline Pinned Package

➨ Siehe SIPP

Single Instruction Multiple Data Floating Point

➨ Siehe SIMD

Single Pass

Single Pass ist ein Betriebsmodus eines Scanners, bei dem die Scanleiste nur einmal über die Vorlage scannen muss, um sie zu erfassen. Im Gegensatz dazu stehen Multi-Pass- bzw. Three-Pass-Scanner, die mehrmals über die Vorlage scannen müssen.

➨ Siehe Farb-Scanner; Scanner; Multi-Pass

Single Step Mode

Auf Wunsch kann der Benutzer im Debugger Programme im Einzelschrittmodus (englisch: Single Step Mode) ausführen lassen. Hierbei wird jeder Prozessorbefehl Schritt für Schritt bearbeitet. Debugger können hierbei nach jedem Befehl Speicher und Registerinhalte anzeigen. In Verbindung mit einem Compiler kann dies direkt im Source Code geschehen. Hierdurch wird die Fehlersuche stark erleichtert.

➨ Siehe Compiler; Source-Code; Debugger; Memory

Single-line DSL

➨ Siehe SDSL

Singlesession

Ältere CD-ROM-Laufwerke konnten teilweise nur eine einzige Session (Singlesession) lesen, wohingegen moderne Laufwerke mehrere Sessions verarbeiten können (Multisession).

➨ Siehe CD-ROM-Laufwerk; Multisession

SIO

Abk.: Serial Input Ouput

SIO steht für den Controller, der die Datenübertragung bei einer seriellen Schnittstelle realisiert.

➨ Siehe Schnittstelle, serielle; Prozessor

SIP

Abk.: Single Inline Package

Wie SIMMs beinhalten auch SIPs mehrere DRAM-Bausteine, um Arbeitsspeicher für einen PC bereitzustellen. Sie verfügten nicht über eine Kontaktleiste wie die aktuellen SIMMs, sondern über eine Reihe von Kontaktstiften. Diese Bauart konnte sich nicht durchsetzen.

➨ Siehe SIMM; DRAM

SIPP

Abk.: Single Inline Pinned Package

▲ *Übers.: Gehäuseform mit einseitiger Anschlussreihe*

Eine Chip-Bauform integrierter Schaltkreise, bei der die Pins auf einer Seite in Reihe angeordnet sind, werden als SIPP bezeichnet.

➡ *Siehe DIP; Chip; PIN*

Site

Im Internet werden die Server oder auch die Hosts, auf die zugegriffen werden kann, als Sites bezeichnet. Dies gilt sowohl für WWW- als auch für FTP-Server.

➡ *Siehe Internet; WWW; Website; FTP; Host*

Sitzungsschicht

➡ *Siehe Session Layer*

Skalieren

▶ Als Skalieren wird das Vergrößern eines Grafikobjekts unter Beibehaltung des Seitenverhältnisses bezeichnet.

SKC

Abk.: Secret Key Cryptography

▲ *Übers.: Geheimschlüssel-Kryptographie*

SKG bezeichnet die Verschlüsselung eines Dokuments, einer Nachricht oder eines Programms mit einem Schlüssel. Nur dieser Schlüssel ist notwendig, um den Inhalt wieder zu entschlüsseln. SKG ist daher ein relativ unsicheres Verfahren.

➡ *Siehe Schlüssel; PGP; Kryptografie*

Skript

➡ *Siehe Script*

Skriptsprache

Skriptsprachen sind einfache Programmiersprachen zur Ausführung eingeschränkter und einfacher Aufgaben. Sie werden meist im Internet zur Erstellung dynamischer Inhalte und damit zur Kommunikation zwischen Client und Server eingesetzt. Eine sehr häufig verwendete Skriptsprache ist Perl. Weitere Beispiele sind JavaScript, JScript, ASP, PHP.

➡ *Siehe JavaScript; JScript; ASP; PHP; Client; Server; Programmiersprache*

Slash

Als Slash wird der Schrägstrich von links unten nach rechts oben ⎣/⎦ bezeichnet. Der Slash wird durch Drücken der Shift-Taste ⎣⇧⎦ und der Taste ⎣7⎦ eingegeben.

➡ *Siehe Backslash*

Slave

Slave ist die Bezeichnung für ein Gerät, das von einem anderen Gerät (Master) gesteuert wird.

➡ *Siehe Master; Gerät*

Slave-Prozessor

Der Slave-Prozessor entlastet den Hauptprozessor, indem er Spezialaufgaben wie z.B. die Realisierung eines schnellen Datenbankzugriffs übernimmt. Eine derartige Aufgabe wird, da sie der Hauptfunktion des Computers untergeordnet ist, als »rückwärtiger Dienst« bezeichnet.

➭ *Siehe Back-End-Prozessor; Prozessor*

SLD

Abk.: Second Level Domain

SLD bezeichnet einen im Uniform Resource Locator (URL) gekennzeichneten String. Die URL setzt sich aus einer TLD (Top-Level Domain) und einer SLD zusammen. So gehört der Rechner www.microsoft.de zur TLD Deutschland und zur SLD Microsoft.

➭ *Siehe String; TLD; URL*

Sleep-Mode

Ist bei einem Computer oder Notebook das Power-Management aktiviert und wird eine dort festgelegte Zeit der Inaktivität erreicht, schaltet dieser Computer in den Sleep-Mode. Dabei handelt es sich um einen Zustand extremer Energieeinsparung. Nur der Hauptspeicher wird noch voll mit Strom versorgt, so dass der Zustand des Rechners auch während dieser Phase vollständig erhalten bleibt. Sobald eine Taste gedrückt oder die Maus bewegt wird, wird der Rechner wieder in den Normalzustand geschaltet.

➭ *Siehe Power-Management; Hauptspeicher*

Slimline

Mit Slimline wird eine Gehäusebauweise bezeichnet, die wie ein Desktop-Gehäuse aufgebaut, aber flacher ist. Slimline-Gehäuse sind so flach, dass alle Erweiterungskarten horizontal installiert werden müssen, was spezielle Motherboards erforderlich macht.

➭ *Siehe LPX; Riser-Karte; Desktop; Motherboard*

SLIP

Abk.: Serial Line Internet Protocol

SLIP ist ein einfaches Protokoll, mit dem Daten per Modem z.B. mit dem Internet ausgetauscht werden können. Das darauf aufsetzende Protokoll ist TCP/IP. Mit Hilfe des SLIP-Protokolls wählt sich der Anwender beim Host seines Internet-Providers ein.

➭ *Siehe Internet; TCP/IP; PPP; Protokoll; Internet-Provider; Host*

Slot

Jedes Motherboard besitzt eine Reihe von Erweiterungssteckplätzen. Diese werden Slots genannt. In den meisten PCs gibt es verschiedene Slotarten, heutzutage meistens ISA-, PCI-, und AGP-Slots. ISA und PCI sind hierbei unterschiedliche Erweiterungsbusse.

➭ *Siehe Bus; PCI; AGP; ISA; Slot1; Motherboard*

Bild S.10: Ein ISA-Slot (schwarz) und mehrere PCI-Slots (weiß)

Slot1

Der Slot1 ist der Standard-CPU-Slot der aktuellen Intel Pentium II-Generation (Deschutes, Celeron, Mendocino, Katmai).

⇒ *Siehe Katmai; Deschutes; Celeron; Mendocino*

Slotted-Ringnetzwerk

Bei einem Slotted-Ringnetzwerk können die Daten ringförmig in nur eine Richtung bewegt werden. Es überträgt Daten in festgelegten Zeitscheiben (Slots) im Sendedatenstrom.

⇒ *Siehe Netzwerk; Time Slice*

SLSI

Abk.: Super Large Scale Integration

Besteht ein Computer-Chip aus mehr als 100.000 Transistoren, wird dieser Integrationsgrad SLSI für Super Large Scale Integration genannt. SLSI ist die Steigerung von LSI.

⇒ *Siehe LSI; VLSI*

Small Computer System Interface

⇒ *Siehe SCSI*

Small Office Home Office

⇒ *Siehe SOHO*

Small Scale Integration

⇒ *Siehe SSI*

Small Web Format

⇒ *Siehe SWF*

Smalltalk

Smalltalk ist eine Programmiersprache, welche die Vorteile objektorientierter Programmierung nutzt. 1970, von Alan Kay (Mitarbeiter von Xerox) entwickelt, wurde Smalltalk bald sehr beliebt. Im Gegensatz zu C++ verwendet Smalltalk eine reine objektorientierte Struktur.

⇒ *Siehe Objektorientiert; Xerox; C++*

S.M.A.R.T.

Abk.: Self Monitoring, Analysis and Reporting Technology

▲ *Übers.: Selbstüberwachendes Analyse- und Berichtssystem*

S.M.A.R.T. ist ein Verfahren zur Fehleranalyse bei Festplatten. Es werden verschiedene Tests durchgeführt, die Hardwareprobleme erkennen sollen, um somit die Produktivität des Gerätes und die Datensicherheit zu erhöhen.

⇒ *Siehe DFT; IDE; Harddisk*

Smartcard

Eine Smartcard ist eine Chipkarte mit eigenem Prozessor, die als Identifizierungskarte im Internet eingesetzt wird. Smartcards kapseln geheime Daten in ihrem internen Speicher. Die Karten kommunizieren nur mit anderen Rechnern über definierte Befehle.

➡ *Siehe E-Commerce; Windows 2000*

Smart Label

➡ *Siehe: RFID*

SmartMedia-Card

SmartMedia-Cards sind auswechselbare, wieder beschreibbare, nichtflüchtige Flash-Speichermedien. Sie eignen sich für Digitalkameras und MP3-Player. Mit einem passende Adapter sind sie auch im PC oder Notebook lesbar. Ihre besonderen Vorzüge liegen insbesondere im geringen Stromverbrauch und dem schnellen Datenhandling.

➡ *Siehe Flashmemory; Speichermedium; MP3*

Bild S.11: Eine SmartMedia-Karte

Smart Tag

➡ *Siehe: RFID*

SMB

Abk.: Server Message Block Protocol

Das SMB-Protokoll ermöglicht einem Client die Benutzung von Dateien oder Geräten auf anderen Rechnern in einem Netzwerk. SMB ist ein Aufsatz für TCP/IP oder andere Netzwerkprotokolle, wie z.B. IPX oder NetBEUI. Microsoft Windows für Workgroups, Windows 95, Windows 98 und Windows NT verfügen alle über einen SMB-Client bzw. SMB-Server. Unter Unix gibt es das Programm SAMBA als freie Alternative zu den kommerziellen Produkten. Eine Weiterentwicklung von SMB ist das CIFS.

➡ *Siehe SAMBA; Netzwerkprotokoll; TCP/IP; IPX/SPX; Client; CIFS; NetBEUI*

SMDS

Abk.: Switched Multimegabit Data Service

▲ *Übers.: Vermittelter Datenübertragungsdienst im Megabitbereich*

SMDS ist ein Datenübertragungsdienst, der lokale Netzwerke und WANs miteinander verbindet. Es vermittelt Verbindungen höchster Übertragungsraten.

➡ *Siehe LAN; WAN; Datentransferrate*

Smiley

Ein Smiley ist eine Zeichenfolge, die besonders bei E-Mail-Nachrichten emotionale Gesichtszüge darstellen soll. Smileys müssen um 90 Grad verdreht betrachtet werden. Smileys sind z.B. die Zeichenfolgen ;-) (stellt ein Lächeln dar) oder :-((stellt ein trauriges Gesicht dar). Es gibt sehr viele verschiedene Smileys.

⇒ *Siehe Emoticon; Chat- und Hacker-Slang*

SMP

Abk.: Symmetric Multiprocessing

▲ *Übers.: symmetrisches Multiprocessing*

SMP ist eine Form der Prozessverteilung bei Rechnern mit mehr als einem Prozessor. Besonders bei Anwendungen, in denen mehrere User auf eine Datenbank zugreifen, ist die Lastenverteilung ausschlaggebend.

⇒ *Siehe Multiprocessing; Datenbank; Prozess*

SMS

Abk.: Short Message Service

Der SMS-Standard regelt die Übertragung von Textnachrichten bis zu 160 Zeichen an Handys. Eine gesendete Nachricht wird von dem für das Funktelefon zuständigen Provider normalerweise drei Tage im Netz gehalten. In dieser Zeit kann die Nachricht vom Empfänger gelesen werden und wird dazu auf seinem Display angezeigt. Der Empfänger kann sogar eine Empfangsbestätigung zurücksenden.

⇒ *Siehe ISP*

SMTP

Abk.: Simple Mail Transfer Protocol

SMTP ist ein Protokoll, mit dem E-Mails zwischen Internetservern ausgetauscht werden. Für das Herunterladen der E-Mails von einem Mailserver wird fast immer das POP3-Protokoll verwendet. Für dieses Protokoll muss der Name des POP3-Servers angegeben werden. Bei AOL wäre dies z.B. mail.aol.com, bei CompuServe mail.compuserve.com, bei MSN mail.msn.com und bei T-Online mailto.btx.dtag.de oder mail.btx.dtag.de.

⇒ *Siehe Mailserver; Protokoll; POP3*

SNA

Abk.: Systems Network Architecture

▲ *Übers.: Netzwerksystemarchitektur*

SNA ist ein Konzept für Datenkommunikationssysteme. Es definiert Netzwerkfunktionen und legt Standards für den Datenaustausch und die Datenverarbeitung fest.

⇒ *Siehe Netzwerk*

SNI
→ *Siehe Siemens Nixdorf*

Sniffer
→ *Siehe Packet Sniffer*

SNMP
Abk.: Simple Network Management Protocol

SNMP ist ein Protokoll, das den Datenaustausch in Netzwerken mit TCP/IP organisiert. SNMP steuert und verwaltet Netzwerkgeräte und speichert deren Aktivitäten in den Management Information Block. SNMP ist ein Standard-Internetprotokoll.

→ *Siehe Internet-Protokolle; Protokoll; TCP/IP*

SOAP
Abk.: Simple Object Access Protocol

SOAP ist eine XML-Grammatik, welche die plattformunabhängige Kommunikation von Anwendungen über das Internet ermöglicht.

→ *Siehe XML; Web Service*

Social Engineering
Social Engineering ist ein aus der Sicherheitsbranche stammender Begriff und bezeichnet die bewusste Manipulation von Mitarbeitern eines Unternehmens, um diese zur unbefugten Preisgabe von geheimen Informationen (z.B. Kennwörtern) zu bewegen. Wird oft in Zusammenhang mit Penetrationstests angewendet.

→ *Siehe Penetrationstest*

Sockel
Die Fassung eines ICs wird Sockel genannt. Er dient zur Fixierung und elektrischen Verbindung eines ICs (z.B. CPU) mit der Leiterplatte, ohne diesen einlöten zu müssen. Dadurch ist ein leichter Ein- und Ausbau (Tausch) möglich.

→ *Siehe CPU; ZIF-Sockel*

Sockel 370
Der Sockel (CPU-Halterung) für die Intel Pentium III CPU.

→ *Siehe Pentium III*

Sockel 478
Der Sockel 478 ist der Sockel (CPU-Halterung) für die Intel Pentium IV CPU.

→ *Siehe Pentium IV*

Sockel 603
Der Sockel 603 ist der Sockel (CPU-Halterung) für den Intel Xeon-Prozessor (Single CPU).

→ *Siehe Xeon*

Sockel 604
Der Sockel 604 ist der Sockel (CPU-Halterung) für den Intel Xeon-Prozessor (Dual CPU).

→ *Siehe Xeon*

Sockel 7
→ *Siehe ZIF-Sockel; Sockel*

Sockel 940

Der Sockel 940 ist der Sockel (CPU-Halterung) für den AMD Opteron-Prozessor.

⇒ *Siehe Opteron*

Sockel A

Der Sockel A ist der Sockel (CPU-Halterung) für die AMD Athlon/Duron-Prozessorfamilie.

⇒ *Siehe Athlon; Duron*

Soft Error

Der Alptraum jedes Computer-Technikers sind Soft Errors. Diese »weichen« Fehler treten nicht vorhersehbar auf und werden meist von Temperatureinflüssen oder unzuverlässigen Kabelleitungen verursacht. Gerade die berühmten Fehler, die nicht reproduzierbar sind, wenn ein Techniker auftaucht, aber dann sofort wieder auftreten, wenn dieser wieder gegangen ist, fallen in diese Kategorie.

Soft Sectored

Bei Disketten wurden die Sektoren früher durch eine Reihe Löcher in der Oberfläche des Datenträgers voneinander unterschieden. Diese Methode des Low-Level-Formats wird Hard Sectored genannt, wobei der Name von der physischen Grundlage dieser Methode herrührt. Bei der heute üblichen Soft-Sectored-Low-Level-Formatierung ist davon nur das Indexloch erhalten geblieben.

⇒ *Siehe Sektor; Low-Level-Formatierung; Diskette*

Softcopy

Softcopy ist eine nicht permanente Anzeige von Informationen, z.B. auf dem Bildschirm.

⇒ *Siehe Hardcopy*

Soft-off-Status

⇒ *Siehe Wake on LAN*

Software

Eine Software ist ein Programm mit seinen dazugehörigen Daten. Software gliedert sich hauptsächlich in beiden Gruppen Betriebssysteme und die Anwenderprogramme, die auf diesen aufsetzen.

⇒ *Siehe Applikation; Betriebssystem; Hardware*

Software Bundle

Unter Software-Bundling wird die Zusammenfassung diverser, auch einzeln erhältlicher Hard- und Softwarekomponenten zu einem Paket verstanden. Dieses Paket kann dann zu einem günstigeren Preis erstanden werden. Kaufen Sie sich heute einen Computer, so erhalten Sie meistens ein Betriebssystem und ein Office-Paket dazu. So können Sie ohne Erwerb zusätzlicher Software gleich mit vielen Dingen beginnen. Beim Erwerb eines Modems erhalten Sie zugleich die zum Betrieb notwendige Software, wie ein Terminalprogramm und Software zum Faxen etc. Bei einem Scanner ist praktisch immer ein Bildverarbeitungsprogramm und vielleicht sogar noch ein OCR-Programm mit enthalten.

➡ *Siehe OCR; Office-Paket; Scanner; Modem; Betriebssystem*

Software Development Kit

➡ *Siehe SDK*

Software-Cache

Der Software-Cache benutzt einen Teil des Arbeitsspeichers eines PCs, um den Zugriff auf die Festplatten dieses PCs zu beschleunigen. Dazu werden die häufig benutzten Daten von den Platten in den viel schnelleren Hauptspeicher ausgelagert. Dies gilt sowohl für Lese- als auch für Schreibzugriffe. Letzteres meistens nur auf Wunsch, da beim Cachen von Schreibzugriffen die Daten nicht sofort geschrieben werden können und bei einem Absturz oder etwa Stromausfall verloren gehen. Das bekannteste Programm zum Cachen ist Microsofts Smartdrive. Bei modernen Betriebssystemen ist ein derartiger Cache voll integriert, um maximale Leistungssteigerungen und Sicherheit zu erreichen. Was hier mit Software und einem Teil des Speichers erledigt wird, erledigen Hardware-Caches mit dafür eigens entwickelter Hardware und eigenem Speicher. Trotzdem sind sie von der Leistung her kaum schneller, aber sehr teuer. Darum lohnt sich die Anschaffung solcher Hardware-Caches nur bei absoluten Hochleistungsrechnern.

➡ *Siehe Hardware-Cache; Cache; Hauptspeicher*

Softwareentwicklung

Die Entstehung von Software kann im Wesentlichen in vier Phasen aufgesplittet werden:

▶ In der **Problemanalyse** wird die Aufgabe, die die Software zu erfüllen hat, genau analysiert, um eine möglichst präzise Lösung zu erhalten.

▶ In der **Definitionsphase** wird das daraus resultierende Gesamtproblem in kleinere handlichere Teilprobleme aufgegliedert.

▶ In der **Implementierungsphase** werden zuerst die Teilprobleme gelöst, dann kodiert und als Letztes werden diese zur Gesamtlösung vereint.

▶ In der **Testphase** wird das soweit fertige Produkt von möglichst vielen Testern so vielen verschiedenen Tests wie durchführbar unterzogen, um möglichst viele Fehler zu finden und auszumerzen. Um viele Tester mit unterschiedlichen Konfigurationen zu erhalten, wird oft eine Betaversion der Software frei verteilt und als Antwort lediglich erwartet wird, dass Fehler oder Anregungen zurückgemeldet werden.

➟ *Siehe Betatester; Betaversion; Entwicklungssystem; Betatest*

Softwareentwicklungssystem

Um eine Software so effizient wie möglich programmieren zu können, fasst ein Softwareentwicklungssystem die zum Programmieren nötigen Werkzeuge, wie Editor, Compiler, Linker, Interpreter, Funktionsbibliotheken und Debugger, zu einer einzigen Oberfläche zusammen, von der sich alle diese Funktionen bequem bedienen lassen. Diese Art einer Entwicklungsumgebung wurde von Borland mit Produkten wie Turbo C und Turbo Pascal eingeführt. Dieses Konzept wurde seitdem von allen anderen Herstellern übernommen.

➟ *Siehe Library; Linker; Compiler; Debugger; Entwicklungssystem; Interpreter; Turbo Pascal; Turbo C*

Software Interrupt

➟ *Siehe Interrupt*

Softwarekomponente

➟ *Siehe Komponente*

Softwarepaket

Ein Softwarepaket ist eine Zusammenstellung aufeinander abgestimmter Anwendungsprogramme, die von einem Hersteller kommen und daher »ohne Probleme« Daten austauschen können. Bekannte Vertreter dieser Art sind die Smartsuite von Lotus, StarOffice von StarDivision und das Office-Paket von Microsoft.

SOHO

http://www.soho.org

Abk.: Small Office Home Office

SOHO bezeichnet eine Person, die einen Kleinbetrieb betreibt bzw. ihre Arbeit von zu Hause erledigt. Ein Zusammenschluss mehrerer solcher Arbeitsumgebungen (Office Enviroments) wird auch als Virtual Office bezeichnet.

Solaris

http://www.sun.de

Solaris ist ein von Sun Microsystems entwickeltes Betriebssystem, das sich im Laufe der Jahre zu einer der beliebtesten Implementierungen von Unix entwickelt hat. Der Aufschwung von Solaris begann in den 1980er Jahren mit der Einführung von NFS. Die Skalierbarkeit des Betriebssystems, sowohl im Server- als auch im Workstation-Bereich, macht es besonders für die Industrie interessant. In der Version 7 ist Solaris auch für Intel-Systeme erhältlich.

➠ Siehe *Sun Microsystems; Server; Unix; Workstation; Betriebssystem; NFS; Skalieren*

SOM

Abk.: System Object Model

SOM ist eine Spezifikation von IBM, welche die gemeinsame Benutzung binärer, modularer Softwarekomponenten durch unterschiedliche Programme ermöglicht. SOM ist eine vollständige Implementierung des CORBA-Modells und ähnelt vom Prinzip her der COM-Architektur von Microsoft.

➠ Siehe *IBM; DSOM; DCOM; CORBA*

Sonderzeichen

Sonderzeichen sind alle Zeichen eines Zeichensatzes, die keine Zahlen, Buchstaben oder Steuerzeichen sind. Ein großer Teil der 256-ASCII-Zeichen besteht aus Sonderzeichen, da sogar alle Satzzeichen (»;«, »!«, »?« etc.) und Rechenoperatoren (»+«, »-«, »*« etc.) als Sonderzeichen gewertet werden. Da dies, insgesamt verglichen mit der Zahl aller existierenden Sonderzeichen, trotzdem nicht viele sind, wurden besondere Sonderzeichen-Sätze, die sich nachladen lassen oder spezielle Schriften (Symbolschriften) wie unter Windows definiert.

➠ Siehe *ASCII; Character Set*

Sone

Sone ist eine Lautstärkeeinheit, die von Psychoakustikern entwickelt wurde und in die Lautheitsskala einging. Sone gibt die Lautheitsempfindung bei Menschen an.

➠ Siehe *Phon*

SONET

Abk.: Synchronous Optical Network

SONET ist ein ANSI-Standard für die synchrone Datenübertragung mit optischen Medien. Im nicht amerikanischen Raum wird die Bezeichnung SDH (Synchronous Digital Hierarchy) verwendet. SONET beschreibt Standards für eine Reihe von Bandbreiten bis zu einer maximalen Übertragungsrate von 9.953 Gigabits pro Sekunde.

➠ Siehe *SDH; Bandbreite; GBit; Datentransferrate*

Sony

http://www.sony.com

Sony ist ein weltweit operierendes japanisches Unternehmen der Elektronikindustrie. Der Sony-Konzern ist ein großer Hersteller im Bereich PC und PC-Zubehör. Sehr bekannt sind auch die Trinitron-Bildröhren von Sony, die mit zu den besten auf dem Markt gehören. Im Bereich der Unterhaltungselektronik hat sich Sony

Soundblaster

mit vielen Entwicklungen, wie z.B. der Mini Disc, hervorgetan.

➡ *Siehe MD*

Sony Dynamic Digital Sound

➡ *Siehe SDDS*

Sortierung

Um in einer Datenmenge oder Datenbank Daten zu gliedern, werden diese mit Hilfe eines Sortierschlüssels sortiert (z.B. alphabetisch oder numerisch).

➡ *Siehe Datenbank*

Sortierverfahren

Als Sortierverfahren wird ein Algorithmus bezeichnet, der in der Lage ist, eine Datenmenge nach bestimmten Kriterien zu sortieren. Je mehr Daten sortiert werden sollen, desto wichtiger ist es, ein schnelles Sortierverfahren zu benutzen, da der Aufwand und damit die benötigte Sortierzeit nicht linear mit dem Umfang der Daten wächst, sondern meist wesentlich stärker, was vom verwendeten Sortierverfahren abhängt.

➡ *Siehe Algorithmus; Quicksort*

Sound Retrieval System

➡ *Siehe SRS*

Soundblaster

Die Soundkarte »Soundblaster« der Firma Creative Labs ist schon vor einiger Zeit zu einem Standard bei der Klangwiedergabe geworden. Selbst heute noch sind die meisten neuen Soundkarten Soundblaster-kompatibel. Deswegen wird der Begriff Soundblaster auch allgemein für die Beschreibung einer Soundkarte verwendet. Der Soundblaster erzeugt Klänge mittels des OPL3-Soundchips von Yamaha, der diese, auf dem Prinzip der FM-Synthese basierend, mit Hilfe mathematischer Formeln erzeugt. Neue Soundkarten arbeiten nach dem Wavetable-Verfahren, bei dem die Klänge von echten Instrumenten digitalisiert und komprimiert auf einem ROM gespeichert sind und daher sehr echt klingen. Je größer der auf der Wavetable befindliche Speicher – üblich sind »2« oder »4« MByte – desto besser ist der Klang. Der Zusatz AWE bei den neueren Soundblastern bedeutet, dass bei diesen Karten eine zusätzliche Bestückung mit RAM-Speicher möglich ist, in den dann neue Klänge geladen werden können. Dies ist vor allem für Musiker, die auch mit GeneralMidi oder GeneralSynth arbeiten wollen, interessant. Für User, welche eine Soundkarte nur für Spiele oder unter Windows benutzen, ist die AWE-Version allerdings uninteressant, da sie für diese Anwendungen keine Vorteile bietet.

➡ *Siehe Soundkarte; Wavetable; FM-Synthese; GM-MIDI; GS-MIDI*

Soundkarte

Eine Soundkarte erzeugt alle möglichen Klangarten, um auf Ereignisse akustisch hinzuweisen, Spiele realistischer zu machen oder Multimedia-Anwendungen mit Klängen zu unterstützen. Sie wird als Steckkarte in den PC integriert und belegt einen IRQ und mindestens einen DMA-Kanal. Sie kann meistens auch analoge Signale digitalisieren und weiterbearbeiten.

⟶ *Siehe DMA; Interrupt; Wavetable; Digitalisierung; FM-Synthese*

Source

In einer Programmierumgebung wird unter Source-Code den eigentlichen Code verstanden, der dann von einem Compiler oder Interpreter in ein lauffähiges Programm übersetzt wird. Bei Datenübertragungen ist damit die Quelle der Daten gemeint.

Source-Code

Source-Code ist die Bezeichnung für einen Quellcode, der in einer Assembler- oder höheren Programmiersprache geschrieben wurde. Je nach Programmiersprache wird der Quellcode mit einem Compiler oder Assembler komplett übersetzt (kompiliert oder assembliert) oder mit einem Interpreter Zeile für Zeile übersetzt und ausgeführt.

⟶ *Siehe Assembler; Interpreter; Kompilieren*

Southbridge

Southbridge ist eine Komponente des Chipsatzes auf dem Mainboard, die mit der Northbridge verbunden ist und zum großen Teil die Peripherieeinheiten wie IDE-Controller und Schnittstellen enthält.

⟶ *Siehe Northbridge; Chipsatz; Motherboard; IDE*

Space Suppression

In Texten und Tabellen nehmen die Leerzeichen oft einen großen Teil des benötigten Platzes ein. Gerade bei Datenübertragungen ist es daher üblich, diese Leerzeichen zu unterdrücken (Space Suppression), um den Platz der zu transferierenden Datei zu minimieren und damit die Übertragung zu beschleunigen.

⟶ *Siehe Datenübertragung*

Spacing

⟶ *Siehe Ausschluss; Kerning*

Spagetti-Code

Spagetti-Code ist die Bezeichnung für einen Code, der anstatt aus möglichst modularen Funktionen aus verschachtelten Schleifen aufgebaut ist. Spagetti steht dabei für die Unübersichtlichkeit eines solchen Codes.

⟶ *Siehe Code*

Spam

→ Siehe Spam-Mail

Spambot

Spambot ist ein Programm, das große Mengen sich wiederholendes oder anderweitig unangebrachtes Material an News- oder Mailserver versendet oder weiterleitet.

→ Siehe Spam-Mail; Robot; Mailserver; Newsserver

Spam-Mail

Spam ist die Kurzform für Spiced Pork and Ham und bezeichnet im anglophonen Sprachraum eigentlich eine Dose mit rechteckig geformtem und gepresstem Frühstücksfleisch. Der Begriff erlangte in einem Sketch der englischen Komikertruppe Monty Python Berühmtheit, in dem die Besucher eines Restaurants einsehen müssen, dass es vor Spam einfach kein Entrinnen gibt. Im Computerbereich, insbesondere im Internet, steht der Begriff allerdings für eine nicht minder lästige Angelegenheit: Werbe-E-Mails. Spam hat hier folgende Bedeutung: Send Phenomenal Amounts of Mail. Spam-Mail bzw. Junk-Mail wird von vielen Firmen als legitimes Mittel zur Werbung für ihre Produkte angesehen. Durch so sinnige Programme wie Cyber-Bomber oder Web-Collector werden an Hunderttausende »unbedarfter« Internet-Benutzer gleichzeitig Werbe-E-Mails versandt bzw. neue E-Mail-Adressen gesammelt. Einer der bekanntesten Fälle von Spamming ist der Fall der amerikanischen Anwaltskanzlei Canter & Siegel, die im Frühjahr 1994 ein Green-Card-Lotterieangebot an mehr als 8.000 Newsgroups versandte. Dabei wurde die Datei aber nicht nur einmal auf einem News-Server abgelegt (Crossposting), sondern für jede Newsgroup und jeden Server einmal (Excessive Multi-Posting). Die Strafe der Internet-Gemeinde folgte auf dem Fuße: Der Provider von Canter & Siegel brach angesichts der eingehenden Mail-Bomben zusammen. Ab wann eine Serien-E-Mail als Spam gilt, regelt der so genannte Breitbardt-Index.

→ Siehe EMP; Newsgroup; Crossposting; BI-Index; E-Mail; Mail-Bomb

Spannung

Die Spannung ist eine der elementaren elektrischen Größen und wird in Volt (V) gemessen. Sie sorgt für das Fließen des elektrischen Stroms und kann zwischen den Polen einer Spannungsquelle gemessen werden. Am negativen Pol der Quelle herrscht Elektronenüberschuss und am positiven Elektronenmangel.

SPARC

Abk.: Scalable Processor Architecture

SPARC ist ein von der Firma Sun entwickelter RISC-Prozessor.

➠ *Siehe Sun Microsystems;*
RISC-Prozessor

SPARC-Station

Eine SPARC-Station ist eine Workstation der Firma Sun Microsystems auf der Basis einer SPARC-CPU.

➠ *Siehe Sun Microsystems;*
SPARC

Spationierung

➠ *Siehe Ausschluss*

Special Interest Group

➠ *Siehe SIG*

Special Move

Ein Special Move ist ein besonders spektakulärer Schlag bei einem Actionspiel. Da diese Moves sehr intensiv sind, ist ihre Ausführung oft sehr komplex und schwierig auszuführen.

Specular Highlight

Bei der Darstellung von 3D-Grafik durch moderne 3D-Grafikprozessoren werden vom Prozessor Lichteffekte, so genannte Glanzlichter, die auf glatten Oberflächen entstehen, simuliert. Dadurch soll der Realismus der Grafikdarstellung erhöht werden. Die meisten Grafik-Prozessoren berechnen Highlights hardwaremäßig.

➠ *Siehe 3D-Grafikprozessor;*
3D-Funktionen

Speedstor

Alte Festplatten mit ST-506-Schnittstelle benötigten ein Programm, um sie Low-Level-Formatieren vornehmen zu können. Dies geschah mithilfe von Speedstor. Speedstor konnte außerdem eine Festplatten-Diagnose erstellen.

➠ *Siehe Harddisk; Low-Level-*
Formatierung

Speicher

➠ *Siehe Memory*

Speicher, dynamischer

Ein dynamischer Speicher ist ein Informationsspeicher, dessen Inhalt beim Abschalten der Stromversorgung verloren geht. Die bekanntesten Formen stellen die RAM-Systeme (Random Access Memory) dar, zu denen sowohl die dynamischen RAMs (DRAMs) als auch die statischen RAMs (SRAMs) zählen.

➠ *Siehe DRAM; RAM; SRAM*

Speicher, erweiterter

➠ *Siehe UMA*

Speicher, hoher

➠ *Siehe High Memory*

Speicher, konventioneller

➠ *Siehe Base Memory*

Speicher, linearer

Der lineare Speicher stellt einen großen adressierbaren Bereich für ein Programm zur Verfügung. Hierbei kann es sich um einen virtuellen Speicher oder RAM handeln. Die Prozessoren 68000 und VAX haben einen linearen Speicher, 80x86-Prozessoren arbeiten dagegen mit einem segmentierten Speicher.

➭ *Siehe VAX; Speicher, virtueller; RAM*

Speicher, magnetischer

Magnetischer Speicher ist der Oberbegriff für Datenspeichereinheiten, z.B. Disketten oder Magnetbänder, die als externe Einheiten auf der Basis eines magnetischen Mediums arbeiten.

➭ *Siehe Magnetband; Magnetplattenspeicher; Diskette*

Speicher, nicht flüchtiger

➭ *Siehe Non-volatile memory*

Speicher, oberer

➭ *Siehe UMA*

Speicher, permanenter

➭ *Siehe Non-volatile memory*

Speicher, unterer

➭ *Siehe Base Memory*

Speicher, virtueller

Das Verfahren des virtuellen Speichers wird in der PC-Welt erst seit dem 386er-Prozessor verwendet, ist aber schon wesentlich älter. Großrechnerbetriebssysteme verwenden schon sehr lange virtuellen Speicher. Bei diesem Verfahren wird der Arbeitsspeicher virtuell vergrößert, indem Teile der Daten auf einen Massenspeicher, üblicherweise die Festplatte, ausgelagert werden. Wird der Arbeitsspeicher knapp, so schreibt das Betriebssystem lange Zeit nicht benötigte Programmteile in eine Auslagerungsdatei und holt sie bei Bedarf wieder in den Speicher. Dieser Vorgang wird als Swapping bezeichnet. Es können Anwendungen verwendet werden, die mehr Speicher benötigen als real zur Verfügung steht. Allerdings sinkt die Systemperformance drastisch. Windows und OS/2 unterstützen virtuellen Speicher und erzeugen eine permanente oder temporäre Auslagerungsdatei. Die Größe der Auslagerungsdatei ist frei wählbar. Üblicherweise ist sie dreimal so groß wie der zur Verfügung stehende Arbeitsspeicher.

➭ *Siehe Hauptspeicher; Swap File; Auslagerungsdatei, temporäre; Auslagerungsdatei, permanente; Swap; Betriebssystem*

Speicheradressregister

➭ *Siehe Memory Address Register*

Speicherallozierung, dynamische

Der dynamische Speicher wird vom Betriebssystem auf Abfrage des Programms zum Zeitpunkt der Laufzeit einem Prozess oder einem Programm zugeteilt (alloziert).

➠ *Siehe Speicher, dynamischer; Betriebssystem*

Speicherausdruck

Bei einem Speicherausdruck wird ein Speicherbereich in hexadezimaler Form (Hex Dump) kodiert auf einem Drucker ausgegeben.

➠ *Siehe Hex dump; Drucker*

Speicherauszug, dynamischer

Ein dynamischer Speicherauszug ist ein während einer Programmunterbrechung erzeugtes Listing des Speicherinhalts, das entweder auf Diskette abgelegt oder auf einem Drucker ausgegeben wird. Für den Programmierer stellt es ein Hilfsmittel bei der Untersuchung der Vorgänge an einem bestimmten Punkt in der Ausführung eines Programms dar.

➠ *Siehe Hex dump*

Speicherbank

Der Arbeitsspeicher auf dem Motherboard eines PCs ist in Bänke aufgeteilt. Je nach verwendeter Bauart der DRAM-Bausteine besteht eine Bank aus einem (DIMMs), aus zwei (aktuelle PS/2-SIMMs) oder vier (alte 30-polige SIMMs) Sockeln. Damit der Speicher korrekt angesprochen werden kann, muss eine Bank mit gleichen Modulen vollständig gefüllt werden. Die meisten Pentiumsysteme verwenden heutzutage PS/2-SIMMs und müssen daher immer mit zwei gleichartigen Modulen aufgerüstet werden.

➠ *Siehe DIMM; SIMM; PS/2-SIMM*

Speicherdirekte Adressierung

➠ *Siehe Adressierung*

Speichererweiterung

Das Aufrüsten des Speichers eines Computers oder eines anderen Geräts wird Speichererweiterung genannt. Der Begriff bezieht sich sowohl auf die zusätzlichen Speicherbausteine als auch auf den Vorgang des Erweiterns bzw. Einbauens.

➠ *Siehe Memory*

Speicherindirekte Adressierung

➠ *Siehe Adressierung*

Speicherkapazität

Die Speicherkapazität gibt die Größe eines Speichers an. Die Einheit dafür ist Byte.

➠ *Siehe Byte*

Speicherkarte

Bei Laptops und Notebooks erfüllen Speicherkarten, die aus gepuffertem SRAM oder aus EE-PROMS bestehen, manchmal die Funktion einer Festplatte.

→ *Siehe EEPROM; PCMCIA; PC-Card; SRAM*

Speichermanager

Da DOS ein sehr altes Betriebssystem ist, aber noch immer auf vielen Rechnern läuft, die sehr viele neue Funktionen gerade der Speicherverwaltung haben, gibt es Speichermanager, die diese Funktionen auch für DOS nutzbar machen. Sie stellen z.B. den Arbeitsspeicher über 1 MByte DOS-Programmen als EMS- oder XMS-Speicher zur Verfügung oder bieten Protected-Mode-Funktionen an.

→ *Siehe Protected Mode; EMM; XMS; Speicherverwaltung*

Speichermedium

Ein Speichermedium wird benutzt, um Daten permanent zu speichern. Medien, die zum Speichern solcher Daten verwendet werden, sind Disketten, Festplatten und CD-Rs.

→ *Siehe MOD; Harddisk; CD-R; Diskette; USB-Stick; Microdrive; CompactFlash; Memory Stick; DVD-R; DVD-RW*

Speichermodul

→ *Siehe Memory Cartridge*

Speichern

Jeder Text, jede Grafik und jede Datei ist, während sie bearbeitet wird, zunächst nur im Arbeitsspeicher vorhanden. Das Speichern ist der Teil der Datenverarbeitung, der sicherstellt, dass die Arbeit auch beim nächsten Einschalten des Computers noch vorhanden ist.

→ *Siehe Speichermedium*

Speicherung, gekettete

Die gekettete Speicherung ist ein Datenverwaltungsverfahren, bei dem jedes Datenelement einen Pointer (Zeiger) auf die Adresse des nächstzugehörigen Datenelements enthält. Der Vorteil dieses Verfahrens liegt darin, dass die Datenelemente nicht zwingend hintereinander, sondern über den gesamten Speicher verteilt, vorliegen können. Damit ist es möglich, neue Datenelemente einzufügen oder alte herauszuschneiden, zu verändern oder gar zu löschen.

→ *Siehe Adresse; Pointer*

Speichervariable

Eine Speichervariable ist eine Variable irgendeiner Software, die im Arbeitsspeicher temporär einen gewissen Platz alloziert hat und dort Daten der Software speichert.

→ *Siehe Variable*

Speicherverwaltung

Die mitunter wichtigste Funktion eines Betriebssystems ist die Speicherverwaltung. Gleich von Anfang an muss der Speicher verwaltet werden, um überhaupt ein Betriebssystem laden zu können. Bis ein Betriebssystem diese Funktion übernehmen kann, sorgt das BIOS für einen reibungslosen Ablauf. Einfache Systeme wie MS-DOS verwalten den Speicher nicht sehr effizient. Moderne Betriebssysteme verfügen über sehr komplexe Systeme zur Verwaltung des Speichers, um die Leistung des Rechners zu maximieren. Das Betriebssystem muss sicherstellen, dass immer genug Speicher zur Verfügung steht. Dafür wurden z. B. der virtuelle Speicher und das dazugehörige Paging entwickelt.

➡ *Siehe Speicher, virtueller; BIOS; Betriebssystem; Paging*

Speicherzugriff, direkter

➡ *Siehe DMA*

Sperrung

Um gleichzeitige Zugriffe und damit eventuelle Datenverluste zu vermeiden, werden Dateien oder Datensätze gesperrt, wenn ein Benutzer auf diese zugreift. Würden zwei Benutzer gleichzeitig auf eine Datei zugreifen dürfen und würden beide etwas anderes ändern, so würden die Änderungen des ersten verloren gehen, sobald der zweite speichert.

➡ *Siehe Datensatz; Datei*

Sperrung, gegenseitige

Wollen zwei Netzwerkbenutzer, die dieselbe Datei bearbeiten und diese nach durchgeführter Änderung abspeichern, so erhält einer der beiden eine Fehlermeldung, die ihm mitteilt, dass die Datei gerade von einem anderen Anwender bearbeitet wird, und der Zugriff auf die Datei deshalb gesperrt ist. Der Anwender muss solange warten, bis der Zugriff auf die Datei beendet ist. Die gegenseitige Sperrung wird auch als Interlock bezeichnet.

➡ *Siehe Sperrung; Netzwerk; Datei*

SPF

Abk.: Sender Policy Framework

Ein Verfahren zum Abblocken von Spam-Mails, die von einer gefälschten IP-Adresse stammen. Dabei wird der DNS-Eintrag um ein neues Datenfeld, den SPF-Record, erweitert. Der empfangende Server kann eine Rückfrage an den versendenden Server stellen und anhand des SPF-Records prüfen, ob die IP-Adresse wirklich stimmt. Liegt für die Adresse kein SPF-Record vor, ist die Wahrscheinlichkeit sehr hoch, dass es sich um eine gefälschte IP-Adresse handelt. Ähnliche Verfahren sind RMX und DMP.

➡ *Siehe: DNS, Spam*

Spider

Spider ist ein Synonym für einen Robot. Es ist ein Programm, welches selbstständig im WWW nach Informationen sucht und diese an den Anwender übermittelt. Suchmaschinen setzen Spider ein, um z.B. ihren Seitenindex zusammenzustellen.

➟ *Siehe Robot; WWW; Search-Engine*

Spiegeln

1. Spiegeln bedeutet, dass Server im Internet, die sehr stark frequentiert werden und daher Geschwindigkeitsprobleme haben, Teile ihrer Daten auf anderen Servern ablegen und Verweise auf diese anbieten, um ihre Last zu verteilen.

2. Spiegeln kann dazu benutzt werden, alle Daten, die auf eine Festplatte geschrieben werden, zeitgleich auf eine andere zu schreiben, um die Datensicherheit zu erhöhen. Denn gehen bei einer Platte Informationen verloren, so sind diese noch auf der anderen vorhanden.

➟ *Siehe Internet; Server; RAID*

Spielekonsole

Spielekonsolen sind Computer, die an das Fernsehgerät angeschlossen werden und nur Eingänge für Joysticks oder GamePads besitzen. Wird eine Spiele-CD in die Konsole eingelegt, wird das Spiel automatisch gestartet.

➟ *Siehe Konsole; Atari; Nintendo*

Splitterless ADSL

➟ *Siehe G.lite*

Spoofing

Spoofing ist der Begriff für das Vortäuschen eines falschen Absenders eines IP-Paketes (IP-Spoofing), eines anderen Internetnamens (DNS-Spoofing) oder des gesamten WWW durch Umleitung von Anfragen über einen Zwischenrechner (Web-Spoofing).

➟ *Siehe DNS; WWW; IP*

Spooler

Abk.: Simultaneous Peripheral Operations OnLine

Spooler ermöglicht mehreren Programmen gleichzeitigen Zugriff auf einen Drucker. Dazu richtet es eine Warteschlange für jeden Drucker ein und hängt jeden neuen Auftrag dort an. Sind Aufträge in dieser Warteschlange, schickt der Spooler den ersten an den Drucker. Dies geschieht sogar parallel zur Ausführung anderer Anwendungen, da der Spooler jede Pause nutzt, um seiner Aufgabe nachzukommen.

➟ *Siehe Queue; Drucker*

Sprache, native

➡ Siehe Native Language

Sprache, nicht prozedurale

Eine nicht prozedurale Sprache ist eine Programmiersprache, die einen Satz von Fakten und Regeln beschreibt und nach bestimmten Ergebnissen abgefragt wird. Sie folgt nicht dem prozeduralen Paradigma der sequenziellen Ausführung von Anweisungen, Unterprogrammaufrufen und Steuerungsstrukturen.

➡ Siehe Programmiersprache

Sprachsteuerung

Eine Sprachsteuerung dient dazu, gesprochene Sprache zu erkennen und sie in entsprechende Befehle oder Daten für einen Computer umzuwandeln. Diese Art der Befehlseingabe wird als Sprachsteuerung bezeichnet.

➡ Siehe VoiceType

Sprachübertragung, digitale

Die digitale Sprachübertragung wird unter anderem bei ISDN zur Verbesserung der Übertragungsqualität eingesetzt. Analoge Signale werden dabei mit Hilfe des Pulse-Code-Modulation-Verfahrens in digitale Signale umgesetzt.

➡ Siehe PCM-Verfahren; Analog; Digital; ISDN

Sprite

Ein Sprite (wörtlich übersetzt Elfe, Geist oder Kobold) ist eine Menge von grafischen Punkten, die zusammengenommen verarbeitet werden können. Ein typischer Sprite ist der Mauszeiger. Normalerweise wird die Bewegung von Sprites vom Prozessor eines Computers errechnet, aber moderne Grafikkarten nehmen der CPU diese Arbeit oft ab.

Sprung

Unter einem Sprung wird der Wechsel von einer Programmstelle zu einer anderen verstanden, ausgelöst durch einen expliziten Befehl – Sprungbefehl. Im Assembler werden z.B. über Sprünge Schleifen realisiert. Ein Sprung kann unbedingt oder bedingt, das heißt, von einer bestimmten Beziehung abhängig sein. Schleifen besitzen bedingte Sprünge, um in der Lage zu sein, die Schleife beim Erreichen einer vorgegebenen Bedingung verlassen zu können. Höhere Programmiersprachen ersetzen solche Sprungbefehle durch fest definierte Schleifenkonstrukte mit wechselnden Bedingungen. Die Goto-Anweisung, die in höheren Programmiersprachen Sprünge auslöst, wird in der Regel nur selten verwendet, da sie in dem Ruf steht, für unübersichtlichen Quellcode zu sorgen (auch Spagetti-Code genannt). Allerdings kann eine Goto-Anweisung im richtigen Moment auch sinnvoll sein.

➠ *Siehe Goto-Anweisung, Source-Code; Schleife; Assembler*

Sprungadresse

Sprungadresse ist die Adresse, an die ein Programm bei einem Sprungbefehl springt und von der mit der Ausführung weitergearbeitet wird.

➠ *Siehe Sprung; Adresse*

Sprunganweisung

Den Befehl, der einen Sprung auslöst, wird Sprunganweisung genannt.

➠ *Siehe Instruction; Sprung*

Sprungbedingung

Bei einem bedingten Sprung wird die Bedingung, die den Sprung auslöst, als Sprungbedingung bezeichnet.

➠ *Siehe Sprung*

Sprungbefehl

➠ *Siehe Sprunganweisung*

Spur

➠ *Siehe Track(s)*

SPX

Abk.: Sequenced Packet eXchange

SPX ist ein Protokoll, mit dem das Netzwerkbetriebssystem Novell NetWare Übertragungen als Ergänzung zu IPX/SPX tätigt. SPX stellt abgesicherte und verbindungsorientierte Paketübertragungen her.

➠ *Siehe IPX/SPX; NetWare*

Spyware

Als Spyware bezeichnet man Programme, die Informationen über die Tätigkeiten eines Benutzers sammeln und an Dritte weiterleiten. Die Verbreitung erfolgt meist als Trojaner.

➠ *Siehe: Malware, Trojanisches Pferd*

SQL

Abk.: Structured Query Language

SQL ist eine von der Firma IBM entwickelte Abfragesprache für relationale Datenbanken. Besonderes Augenmerk wurde dabei auf die Verwendbarkeit von SQL in Client-Server-Umgebungen gerichtet.

➠ *Siehe Datenbank, relationale; Client-Server-Prinzip*

SQL-Server

Die Firma Sybase hat ein Verwaltungssystem für relationale Datenbanken entwickelt, das SQL als Abfragesprache nutzt.

➠ *Siehe Datenbank, relationale; SQL*

Squeezing

Squeezing ist eine Methode der Datenkompression. Um Platz in Texten zu sparen, weist Squeezing sehr häufig vorkommenden Zeichen einen sehr kurzen Code zu, also etwa 3 Bit statt wie gewohnt 8 Bit. Sehr seltenen Zeichen müssen dabei allerdings Codes von mehr als 8 Bit zugewiesen werden. Insgesamt ergibt sich aber meistens eine gute Komprimierung.

➭ *Siehe Kompression*

SRAM

Abk.: statisches RAM

Die SRAM-Bausteine benötigen im Gegensatz zu DRAM-Bausteinen keinen Refresh. Dadurch sind sie schneller, aber auch deutlich teurer als DRAM-Bausteine und werden eigentlich nur als Cache-Bausteine verwendet. SRAM-Bausteine erreichen eine Zugriffszeit von nur 5 bis 15 Nanosekunden.

➭ *Siehe DRAM; Refresh-Zyklus*

SRS

Abk.: Sound Retrieval System

SRS ist die englische Bezeichnung für eine Technik, die einen künstlichen Raumklang (3D-Audio) erzeugen soll. Dieses Verfahren ist günstiger als die echten 3D-Audiosysteme und Surround-Sound-Verfahren wie AC-3, Dolby Pro Logic und THX. Ein Chip, der dieses Verfahren beherrscht, kann irgendwo in der Kette zwischen Verstärker und Boxen in die vorhandenen Stereosignale eingebaut werden. So lässt SRS sich sehr einfach in jedes beliebige System integrieren und benötigt auch nur die zwei normalen Stereolautsprecher.

➭ *Siehe AC-3-Surround-Verfahren; Lautsprecher*

SSE (2)

Abk.: Streaming SIMD Extensions

Der Pentium IV unterstützt die so genannten Streaming SIMD Extensions 2 (SSE2). Die Weiterentwicklung der SSE-Einheit des Pentium III besteht aus 144 neuen Befehlen. Der Pentium IV hat aber keine neuen Register erhalten und verwendet deshalb die acht 128 Bit breiten MMX-Register.

➭ *Siehe Pentium IV; SIMD; MMX; Pentium III*

SSI

Abk.: Small Scale Integration, Statens Stralskydds Institut

1. SSI ist der Name einer Firma, die eine Reihe sehr erfolgreicher Rollenspiele auf den Markt gebracht hat.
2. SSI bezeichnet die Integration von maximal 10 Transistorfunktionen pro Chip. SSI liegt noch unter MSI.
3. SSI ist die Abkürzung für Statens Stralskydds Institut, welches das Staatliche Institut für Strahlenschutz in Schweden ist. SSI bezeichnet eine Empfehlung für die Grenzwerte der elektrischen, der magneti-

schen und der Röntgenstrahlung, die ein Monitor abstrahlen darf. SSI war die erste Empfehlung dieser Art, danach folgte der MPR-Standard.

→ *Siehe Transistor; MSI; MPR-Norm; IC*

SSL

Abk.: Secure Sockets Layer

Das von Netscape eingeführte SSL-Protokoll ist das meist verwendete Übertragungsprotokoll für sichere Transaktionen im Internet. Es sichert die Datenkommunikation anhand von Serverauthentifizierung über ein Zertifikat einer CA, Datenverschlüsselung (40 Bit oder 128 Bit) und Datenintegrität. SSL wird allgemein als sicher anerkannt und von allen Banken akzeptiert. Eine sichere Verbindung wird über das Public/Private-Key-Verfahren hergestellt. Dabei sendet der Server sein eigenes Zertifikat zusammen mit seinem öffentlichen Schlüssel an den PC. Dieser erstellt mit Hilfe des öffentlichen Server-Schlüssels und seines eigenen privaten Schlüssels einen einmaligen Sitzungsschlüssel. Mit diesem werden fortan alle Nachrichten verschlüsselt. Der Server kann die Nachrichten mit seinem eigenen privaten Schlüssel decodieren.

→ *Siehe PKC; Schlüssel; SET; Netscape Communications; Kryptografie; CA*

Stack

Da ein Prozessor nur eine begrenzte Zahl von Registern zur Verfügung stellt, benötigen praktisch alle Programme zusätzliche Speichermöglichkeiten. Eine davon sind die Stapelspeicher (englisch: stacks). Auf jedem PC werden in einem Stapelspeicher die Rücksprungadressen bei Funktionsaufrufen gespeichert, damit die CPU nach einem Funktionsaufruf wieder zur richtigen Stelle zurückkehren kann. Auch die Parameter, die Funktionen beim Aufruf übergeben werden, werden auf den Stapelspeicher gesammelt. Ein Stapelspeicher wird wie eine In-Out-Box auf einem Schreibtisch organisiert. Jeder Auftrag, der als Letztes in die In-Box gekommen ist, wird als erster bearbeitet und dann in der Out-Box abgelegt. Dieses Prinzip wird LIFO genannt, was für Last In First Out steht.

→ *Siehe CPU; LIFO; Register*

Stack Pointer

Ein Stack Pointer wird benötigt, um einen als Stapelspeicher aufgebauten Speicherbereich zu verwalten. Dieser Zeiger verweist dabei jederzeit auf das oberste Element in dem Stapel.

→ *Siehe Stack*

Stack Walk

Stack Walk ist ein Verfahren zur Überprüfung der Berechtigungen neuer Methoden bei der Ausführung einer Assembly in einem .NET-Programm. Sie ist Teil der CAS-Funktionalität (Codezugriffssicherheit), die sicherstellt, dass ausgeführte Assemblies und darüber nachgeladene Assemblies nur die Funktionen ausführen, zu denen sie auch berechtigt sind. Beim gegenseitigen Aufruf von Assemblies erfolgt eine Sicherheitsanforderung. Dadurch wird sichergestellt, dass jede im Stapelspeicher verwaltete Assembly gleiche Berechtigungen besitzt. Nur unter dieser Voraussetzung wird der Aufruf der jeweiligen Methode ausgeführt.

➠ *Siehe .NET; CAS; Assembly; Stack*

Stamm-Verzeichnis

➠ *Siehe Hauptverzeichnis*

Stand-alone-Computer

Jeder Computer, der in kein Netzwerk eingebunden ist, ist ein Stand-alone-Computer.

➠ *Siehe Netzwerk*

Standard Generalized Markup Language

➠ *Siehe SGML*

Standardanschluss

Standardanschluss ist die am weitesten verbreitete Anschlussart eines ISDN-Anschlusses.

➠ *Siehe ISDN-Anschlussarten*

Standardsoftware

Viele Firmen verwenden Software, die speziell auf ihre Bedürfnisse zugeschnitten worden ist. Im Gegensatz dazu ist eine Standardsoftware eine Software, die sehr allgemein gehalten ist, um einen möglichst großen Kundenkreis anzusprechen. Vor allem Textverarbeitungen und Tabellenkalkulationen gehören zu dieser Klasse.

➠ *Siehe Tabellenkalkulation; Textverarbeitung*

Stand-by

Der Stand-by-Modus, den viele moderne Geräte wie Monitore, Laserdrucker, Notebooks und Laptops unterstützen, sorgt dafür, dass diese bei Nichtbenutzung in eine Art Schlafzustand übergehen, in dem sie nur noch wenig Strom brauchen, aber aus dem sie jederzeit wieder aufgeweckt werden können. Einen Schritt weiter geht der Sleep-Modus, der den Stromverbrauch sehr stark reduziert, indem er definierte Komponenten zeitweilig ausschaltet.

➠ *Siehe Sleep-Mode*

Standleitung

Eine Standleitung ist eine spezielle Telefon- oder sonstige Telekommunikationsleitung, bei der die Verbindung ständig aktiv ist. Deshalb muss zum Austausch von Daten nicht erst eine Verbindung aufgebaut werden. Solche Leitungen werden von vielen Firmen zwischen ihren Filialen eingesetzt. Da diese eigentlich dauernd Daten austauschen, lohnt sich diese Art der Verbindung. Eine normale Leitung ist hier aufgrund ihres zeitlichen Aufwands zum Aufbau von Nachteil. Standleitungen sind mit hohen Gebühren verbunden und lohnen sich deshalb ausschließlich für Firmen mit entsprechendem Kommunikationsaufkommen.

➡ *Siehe Datenübertragung*

Stapeldatei

Eine Stapeldatei (Batch-Datei) enthält eine Reihe von DOS-Befehlen, die von dem DOS-Kommandointerpreter command.com ausgewertet werden. Dazu können alle Befehle, die unter DOS gültig sind, verwenden werden sowie ein paar zusätzliche, die nur in Batch-Dateien gültig sind und z.B. Schleifen erlauben. Sie können einfache Batch-Dateien wie Makros aufbauen und einfach eine Befehlsfolge, die Sie beispielsweise oft benötigen, als Klartext in eine Datei schreiben und dieser die Endung ».bat« geben. Die autoexec.bat, die bei jedem Start von DOS und Windows ausgeführt wird, ist ein Beispiel für eine Stapeldatei.

➡ *Siehe Command.com; Schleife; Autoexec.bat; Makro*

Stapelspeicher

➡ *Siehe Stack*

Stapelverarbeitung

1. Als Stapelverarbeitung wird die sequenzielle Abarbeitung von Befehlen beispielsweise bei Stapeldateien bezeichnet.

2. Bei Lochkartenrechnern wurden die auszuführenden Programme von einem Operator in die richtige Reihenfolge gebracht und deren Lochkarten in dieser Ordnung in das Lesegerät eingelegt. Daraufhin wurde der Rechner gestartet.

➡ *Siehe Lochkartenleser; Stack*

Stapelverarbeitungsdatei

➡ *Siehe Stapeldatei*

Stapelzeiger

➡ *Siehe Stack Pointer*

Startadresse

Wird ein Programm in den Arbeitsspeicher geladen, entspricht die Startadresse jener physischen Adresse, bei der das Programm beginnt.

➡ *Siehe Adresse; Hauptspeicher*

Startdiskette

Auf einer Startdiskette befinden sich alle notwendigen Dateien, um einen Computer zu starten. Eine solche Diskette ist z.B. notwendig, wenn sich ein Virus auf der Festplatte befindet. Dann ist es möglich den Rechner über die Startdiskette hochzufahren und den Virus mit einem Antivirenprogramm beseitigen oder andere Maßnahmen treffen.

➧ *Siehe Boot-Diskette; Antivirenprogramm; Virus*

Startmenü

Mit Hilfe des Startmenüs kann der Anwender unter Windows 9x/NT die meisten installierten Programme sehr komfortabel erreichen. Das Startmenü befindet sich unter dem Button links auf der Taskleiste am unteren Bildschirmrand. Auf den Windows-Tastaturen befinden sich zwei neue Tasten, eine links und eine rechts neben der Leertaste, mit denen sich das Startmenü öffnen lässt. Bei älteren Tastaturen kann dies durch Drücken der Strg- und der Esc-Taste ausgelöst werden. Im Ordner »Dokumente« werden die letzten Dokumente, die bearbeitet wurden, angezeigt. Diese können angewählt und dadurch mit dem assoziierten Programm geöffnet werden. Neben dem installierten Programm kann mittels des Startmenüs unter der Rubrik »Einstellungen« auf die Systemsteuerung, das Druckermenü und die Taskleiste zugegriffen werden. Unter der Rubrik »Suchen« kann nach beliebigen Dateien oder Computern in einem Netzwerk gesucht und mit »Ausführen« jedes gewünschte Programm gestartet werden. Auf diesem Weg werden oft Setup-Programme auf Disketten gestartet. Die Verknüpfungen auf Programme, die sich im Startmenü befinden, können nach Belieben hinzugefügt, gelöscht oder bearbeitet werden. Die dazu nötigen Konfigurationen können unter »Einstellungen« und dann »Taskleiste« vorgenommen werden. Alle Verknüpfungen, die sich in diesem Menü befinden, werden in einem eigenen Unterverzeichnis names »Startmenü« innerhalb des Windows-Ordners aufbewahrt. Die Verknüpfungen lassen sich daher am einfachsten mit dem Explorer verwalten, indem einfach in dieses Verzeichnis gewechselt wird und die Änderungen dort vorgenommen werden. Am simpelsten können Programme hinzugefügt werden, indem sie einfach auf den Knopf des Startmenüs gezogen werden.

➧ *Siehe Windows 98 (SE); Windows 95; Windows-Tastatur; Windows NT*

Startseite

Die Seite, die ein Internet-Browser bei seinem Start anzeigt, wird Startseite genannt. Sie lässt sich auf individuelle Bedürfnisse anpassen und so als die Startseite definieren, die Sie am häufigsten frequentieren.

➡ *Siehe Webbrowser; Webseite*

Statens Stralskydds Institut

➡ *Siehe SSI*

Static Memory

➡ *Siehe SRAM*

Station, lokale

Als lokale Station wird eine einzelne Arbeitsstation (Rechner eines Anwenders) in einem Netzwerk bezeichnet.

➡ *Siehe Netzwerk; Workstation*

Statisches Array

➡ *Siehe Array, statisches*

Statisches Routing

➡ *Siehe Routing, statisches*

Statuszeile

Eine Statuszeile befindet sich bei den meisten Programmen unter Windows am unteren Bildschirmrand und gibt Informationen über das aktuelle Programm aus.

Staubfreier Raum

➡ *Siehe Clean Room*

Stealth-Virus

Um einen Virus vor Virenscannern zu verbergen, entwickelten deren Programmierer Methoden, die diesen Scannern vorgaukelten, dass die infizierten Programme virenfrei wären.

➡ *Siehe Computervirus*

Stecker

Ein Stecker ist eine mechanische Vorrichtung, die zur Herstellung einer elektrischen Verbindung zwischen zwei Geräten oder Baugruppen dient. Um Peripherie mit einem Computer verbinden zu können, muss ein Kabel mit den passenden Steckern vorhanden sein.

Steckkarte

Als Steckkarte wird eine elektronische Schaltung bezeichnet, die sich auf einer Platine mit einem speziell ausgeführten Steckbereich befindet. Diese Schaltung wird in den Computer eingesteckt. Auf dem Motherboard befinden sich für diesen Zweck Steckplätze (englisch: Slots), von denen es verschiedene Ausführungen – je nach Bussystem – gibt. Steckkarten dienen dazu, die Funktionalität des Rechners zu erweitern. Bestimmte Steckkarten sind absolut notwendig, um einen Computer benutzen zu können, dazu gehören vor allem Festplattencontroller und Grafikkarten, während andere, wie z. B. eine Soundkarte, nur zusätzliche Funktionen zur Verfügung stellen. Dieses allgemeine Prinzip der Modularität ist sicher ein Hauptgrund für den Erfolg der damit ausgestatteten PCs.

➠ *Siehe Bus; Steckplatz; PCI; Slot; ISA; Motherboard; VLB*

Bild S.12: Eine Steckkarte, in diesem Fall eine ISDN-Karte

Steckmodul

Ein Steckmodul ist eine Steckkarte, die zusätzlich über ein schützendes Gehäuse verfügt.

➠ *Siehe Steckkarte*

Steckplatz

Ein Steckplatz dient zur Aufnahme einer Steckkarte auf dem Motherboard eines PCs.

➠ *Siehe Speicherbank; Slot; Steckkarte*

Steganographie

Steganographie (von griechisch: stegano – verstecken) ist eine Technik mittels der Nachrichten oder Dateien in anderen Dateien versteckt werden. So kann z.B. eine vertrauliche Nachricht mittels eines Stegano-Programms in einem Bild versteckt werden. Ein potenzieller Hacker würde nur das normale Bild sehen. Ohne Passwort ist eine Entschlüsselung der Daten nicht mehr möglich. Das Programm platziert dabei die zu verschlüsselnden Daten in »leeren« Räumen der anderen Datei.

➠ *Siehe Schlüssel; Passwort; Kryptografie; Hacker*

Stellvertreter-Zeichen

➠ *Siehe Wildcard*

Stencil Buffer

Ein Stencil(Schablonen)-Buffer maskiert einen bestimmten Bereich der darstellbaren Zeichenfläche. Nur im unmaskierten Bereich wird eine Grafik (meist 3D-Objekte) dargestellt. Der Grafik-Chip berechnet 3D-Objekte z.B. ausschließlich innerhalb einer Fensterscheibe, ohne sich um die Lage der Objekte außerhalb dieses Bereichs kümmern zu müssen.

➠ *Siehe Grafikspeicher; 3D-Grafik; 3D-Grafikprozessor; 3D-Funktionen; Maske*

Stern

Von einem Stern wird gesprochen, wenn in einem Netzwerk alle Clients an einem zentralen Server hängen und die Netzwerktopologie sich daher sternförmig ausbreitet. Diese Art der Verkabelung ist allerdings recht aufwändig, genau wie die Verwaltung eines solchen Netzwerks, wodurch Sterne als lokale Netze nicht sehr verbreitet sind.

⟹ *Siehe LAN; Sterntopologie; Netzwerk; Netzwerktopologie*

Stern Punkt Stern [*.*]

Stern Punkt Stern [*.*] ist eine Dateiangabe, die alle möglichen Kombinationen von Dateinamen und Endungen in Betriebssystemen wie MS-DOS darstellt, weil die Sterne als Wildcards oder Jokerzeichen interpretiert werden, das heißt, die Sterne können für alle möglichen Zeichen stehen.

⟹ *Siehe Wildcard*

Sterntopologie

Alle Clients werden bei einer Sterntopologie an einen zentralen Knoten, entweder einen Hub oder einen Server, angebunden. Ein passiver Hub verbindet die Netzwerkstränge nur, wohingegen ein aktiver Hub die Signale noch verstärkt.

⟹ *Siehe LAN; Server; Netzwerk; Netzwerktopologie; Hub*

Steuerbus

Der Steuerbus ist der Teil eines Busses, mit dem die notwendigen Steuersignale zwischen den verschiedenen Komponenten ausgetauscht werden. Für einen kompletten Bus sind noch der Adressbus, der Datenbus und andere Versorgungs- und Masseleitungen notwendig.

⟹ *Siehe Bus; Datenbus; Adressbus*

Steuerkanal

⟹ *Siehe D-Kanal*

Steuerstruktur

Die Struktur in einem Programm, die dessen Ablauf steuert, ist die Steuerstruktur. Dazu gehören alle Funktionsaufrufe, Schleifen und Sprünge.

⟹ *Siehe Sprung; Bedingung; Schleife; Funktion; Programm*

Steuerwerk

Das Steuerwerk eines Prozessors ist der Teil, der die Datenströme innerhalb der CPU steuert und überwacht. So ist er auch für die Bereitstellung der Maschinenbefehle zuständig, die abgearbeitet werden müssen.

⟹ *Siehe Prozessor; Maschinensprache*

Steuerzeichen

Steuerzeichen sind spezielle Zeichen, die nicht gedruckt werden können und normalerweise auch am Bildschirm nicht dargestellt werden. Diese Zeichen dienen zur Steuerung bestimmter Funktionen beim Drucken oder auch bei anderen Ausgaben. Ein Carriage Return ist beispielsweise das Steuerzeichen, das den Zeilenvorschub auslöst.

⟹ *Siehe Carriage Return; Character Set; Sonderzeichen*

Stiction

Bei Festplatten schützt ein Schmiermittel die Schreib-Lese-Köpfe und die Magnetplatten vor unbeabsichtigten Berührungen. Da die Köpfe beim Abschalten der Festplatte automatisch am äußeren Rand der sehr glatten Magnetplatten – der so genannten Landezone oder Landing Zone – parken (Autopark), könnte es vorkommen, dass Köpfe und Platten aneinander kleben bleiben (stiction). Festplattenhersteller verhindern das Zusammenkleben von Platte und Kopf, indem sie die Landezone mit einem Laserstrahl aufrauen.

➠ *Siehe Schreib-Lese-Kopf; Harddisk; Parken*

Stiftplotter

Ein Plotter, der eine Zeichnung mit Hilfe senkrecht stehender Stifte und zweidimensionaler Bewegungen auf ein Druckmedium überträgt, wird Stiftplotter genannt. Zu den Stiftplottern gehören Flachbettplotter, Walzenplotter und Trommelplotter.

➠ *Siehe Plotter*

Stippled Alpha Blending
➠ *Siehe Alpha-Blending*

STN

Abk.: Scientific and Technical Information Network

STN ist ein internationales Informationsnetz zum Austausch von naturwissenschaftlichen und technischen Informationen.

Stop bit

Das Stop bit ist das Bit, welches bei einer asynchronen Datenübertragung das Ende eines Zeichens kennzeichnet.

➠ *Siehe Bit; Datenübertragung, asynchrone*

Stoppage

Während der Absturz eines Computers oder eines Systems meist keine dauerhaften Schäden hinterlässt, verursacht ein Stoppage beispielsweise Datenverluste oder Hardwareschäden.

➠ *Siehe Crash*

Storage Area Network
➠ *Siehe SAN*

Störsignal

Jede Art der Datenübertragung ist einer Reihe von schädigenden Einflüssen ausgesetzt, die die Sicherheit der Übertragung in Frage stellen. Diese Einflüsse werden Störsignale genannt.

➠ *Siehe Datenübertragung*

STP

Abk.: Shielded Twisted Pair

▲ *Übers.: Abgeschirmtes, verdrilltes Leiterpaar*

STP ist eine Leitung aus einem oder mehreren verdrillten Kabeln, einer Isolierung aus einer Metallfolie und einer Kupferlitze. Die Verdrillung schützt die Kabel vor gegenseitiger Einstrahlung und die Metallfolie schützt die Leitung vor externer Einstrahlung. Dadurch kann diese Art von Leitung für Hochgeschwindigkeitsübertragungen im Netzwerk über lange Strecken eingesetzt werden.

➽ *Siehe Twisted-Pair-Kabel; Netzwerk*

Strahlungsarm

Jeder Bildschirm mit einer normalen Elektronenstrahlröhre sendet bei Betrieb ständig elektromagnetische Strahlung aus, darunter z.B. auch Röntgenstrahlen. Da diese Strahlen durchaus Einfluss auf die Gesundheit der Benutzer haben können, gibt es verschiedene Standards für die Grenzwerte dieser Strahlung. Die beiden bekanntesten, MPR und TCO, kommen beide aus Schweden. MPR ist der ältere von beiden und wurde von dem schwedischen Rat für Messtechnik und Prüfung (MPR) in die Welt gerufen und inzwischen von der durch die Angestelltengewerkschaft TCO definierte TCO-Norm abgelöst. Diese Standards sind inzwischen international anerkannt. Ein neuer Monitor sollte mindestens den MPR-II-Standard erfüllen.

➽ *Siehe Elektronenstrahlröhre; TCO-Norm; SSI; MPR-Norm*

Stream Cipher

Stream Cipher ist eine Methode der Verschlüsselung, bei der ein unendlicher Datenstrom mit einem Schlüssel bestimmter, fester Länge verschlüsselt wird.

➽ *Siehe Verschlüsselung*

Streamer

Streamer sind Bandlaufwerke und beschreiben Magnetbänder. Im Normalfall werden Streamer zur Datensicherung eingesetzt. Die meisten modernen Streamer können mehrere GByte Daten speichern. Allerdings sind sie aufgrund der Bänder auch nur sequenziell ansprechbar und daher muss oft sehr lange gespult werden, bis bestimmte Daten gelesen werden können. Es gibt die bereits ein wenig veraltet QIC-Streamer, Streamer mit Travan-Bändern, die die Nachfolger der QIC-Bänder sind, und DAT-Streamer, die es auch schon länger gibt, die aber immer noch aktuell sind. Streamer bieten mit das beste Preis-Leistungs-Verhältnis gerade bei großen Datenmengen, sind aber recht langsam im Zugriff und eignen sich daher am ehesten zum Sichern großer Datenmengen.

➽ *Siehe QIC; Magnetband; DAT; Backup; Travan*

Streifenmaske

Die Streifenmaske ist neben der Lochmaske der zweite weit verbreitet eingesetzte Lochmaskentyp. Besser bekannt sind diese Systeme unter den rechtlich geschützten Bezeichnungen Trinitron (Sony) und Diamondtron (Hitachi). Anstelle der in einer Lochmaske verwendeten Löcher werden in einer Streifenmaske Streifen bzw. Schlitze als Durchlässe für die Elektronenstrahlen eingesetzt. Im Rahmen der Streifenmaske sind senkrechte Stabilisierungsdrähte eingelassen. Streifenmasken erzeugen aufgrund der Schlitze und der zylindrischen Bildschirminnenseite oft eine bessere Farbreinheit, Kantenschärfe und Helligkeit.

➨ *Siehe Bildschirm; Lochmaske*

Strg-Alt-Entf

Strg-Alt-Entf ist die Tastenkombination, die bei IBM-PCs mit dem Betriebssystem MS-DOS einen Neustart bewirkt, das heißt, es wird ein Warmstart durchgeführt. Seit dem Betriebssystem Windows 95 wird ein Menü eingeblendet, das es ermöglicht, sich nach dem Start des Computers am System anzumelden. Im laufenden Betrieb wird mit dieser Tastenkombination der Taskmanager aufgerufen, der verschiedene Funktionen anbietet, wie z.B. einzelne Prozesse oder Anwendungen zu beenden sowie das Herunterfahren bzw. Neustarten des Systems.

➨ *Siehe Warmstart*

Strg-Taste

Die Steuerungstaste ([Strg]), deren Bezeichnung von der englischen Control-Taste ([Ctrl]) abstammt, dient in vielen Programmen in Verbindung mit anderen Tasten als Shortcut für Befehle und kann mit den Tasten des abgesetzten Ziffernblocks die Sonderzeichen des ASCII-Zeichensatzes erzeugen. Dazu halten Sie die [Strg]-Taste gedrückt und geben den ASCII-Code auf dem getrennten Ziffernblock ein und lassen erst dann die [Strg]-Taste wieder los.

➨ *Siehe Keyboard; ASCII*

Strichcode

➨ *Siehe Barcode*

Strichcode-Scanner

➨ *Siehe Barcode-Scanner*

String

Ein String ist eine Reihe von Zeichen. Strings werden in allen Programmiersprachen verwendet, um Texte zu speichern und zu verarbeiten.

Stromgesteuerte Logik

➨ *Siehe Logik, stromgesteuerte*

Stromversorgung, unterbrechungsfreie

➨ *Siehe UPS*

Structured Query Language

➨ *Siehe SQL*

Struktogramm

Um Algorithmen anschaulicher darstellen zu können, entwickelten Nassi und Shneiderman die Struktogramme, auch Nassi-Shneiderman-Diagramme genannt. Bei strukturierten Programmen sind diese grafischen Darstellungen besonders nützlich. Sie stellen den Algorithmus als Abfolge von Ereignissen, Alternativen und Wiederholungen dar. Daher können sie im Gegensatz zu Ablaufdiagrammen keine Sprünge darstellen.

➡ *Siehe Algorithmus*

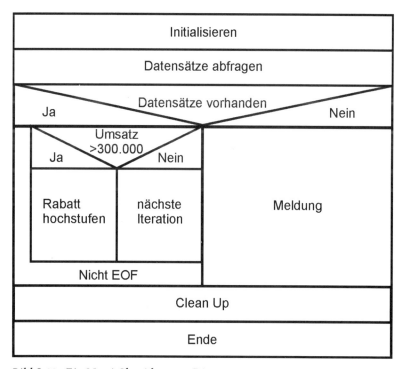

Bild S.13: Ein Nassi-Shneiderman-Diagramm

Struts

Struts ist ein Open Source-Framework der Apache Software Foundation zur Entwicklung von Thin-Client-Webanwendungen. Struts ist Teil des Apache Jakarta-Projekts und basiert auf Standardtechnologien (JSP, Java Beans, J2EE).

➡ *Siehe Open Source; Thin Client; JSP; J2EE; MVC*

Stripe Set

➡ *Siehe RAID*

Stylesheet

⇒ Siehe *Document Template*

Subcode

Der Subcode bezeichnet die Subcode-Kanäle, die in den Nutzdaten einer CD integriert sind. Es gibt insgesamt 8 Kanäle von »P«, »Q« ... W«. Sie transportieren Steuersignale oder Zusatzinformationen. Der P-Kanal z.B. markiert die Spuranfänge einer Audio-CD, während der Q-Kanal meist Informationen über Copy Protection oder Tracknummern enthält.

⇒ Siehe *Barcode; Copy Protection*

Subdirectory

Ein Verzeichnis in einer tieferen Hierarchie-Ebene als ein anderes Verzeichnis wird Unterverzeichnis oder Subdirectory genannt.

⇒ Siehe *Directory Tree; Directory*

Subdomain

⇒ Siehe *Domain*

SubNet

Ein privates Netzwerk, das prinzipiell wie das Internet aufgebaut ist, wird SubNet genannt.

⇒ Siehe *Internet; Intranet*

Subnet-Mask

Die Subnet-Mask erlaubt die Unterteilung des Host-Teils einer IP-Adresse in weitere kleine Subnetze. Bei einem Class-B-Netz wäre die Subnet Mask 255.255.0.0, bei einem Class-C-Netz 255.255.255.0. Die »0« kann durch andere Ziffern ersetzt werden, um die Unterteilung des Netzes zu erreichen.

⇒ Siehe *IP-Adresse; Class C-Netz; Class B-Netz*

Subnetz

⇒ Siehe *Segment*

Sub-Pixel-Correction

Die Sub-Pixel-Correction ist ein wichtiges Verfahren beim Texture-Mapping, um starkes Flimmern bzw. das »Springen« von Texturen auf der Objektoberfläche bei langsamer Bewegung des Betrachters oder des Objekts zu verhindern. Dazu müssen die Texturkoordinaten auf einige Stellen hinter dem Komma berechnet werden.

⇒ Siehe *3D-Funktionen; Texture-Mapping*

Subscriber Indentification Module

⇒ Siehe *SIM-Karte*

Subsystem

Das Subsystem ist ein spezielles, dem Betriebssystem untergeordnetes System. Es ist ein Umgebungssystem für Win32- oder auch DOS-Anwendungen (nur Textmodus). Ein Subsystem besitzt einen eigenen geschützten

Speicherbereich, auf den andere Subsysteme keinen Zugriff haben.

➡ *Siehe Betriebssystem; Textmodus*

Subwoofer

Ein Subwoofersystem ist eine spezielle Ausprägung eines Lautsprechersystems. Dabei werden zwei kleine Boxen – auch Satelliten genannt – zur Erzeugung der hohen und mittleren Frequenzen und ein größerer für den Bass verwendet. Dieser dritte Lautsprecher – der eigentliche Subwoofer – kann fast beliebig im Raum platziert werden, da der Bass für die räumliche Zuordnung des Schalls kaum eine Rolle spielt – er ist allerdings für den Gesamteindruck sehr wichtig. Vorteil des Systems ist die größere Flexibilität bei der Platzierung der Boxen.

➡ *Siehe Lautsprecher*

Suchdienste

Suchdienste dienen dem Auffinden von Daten im Internet.

➡ *Siehe Search-Engine*

Suche, binäre

Eine binäre Suche ist ein Suchalgorithmus, der auf einer sortierten Liste basiert, die das gesuchte Element enthält und zunächst das gesuchte Element mit dem Element in der Mitte der Liste vergleicht. Daraufhin wird die Liste in der Mitte in zwei Teile unterteilt, wobei in dem Teil weitergesucht wird, der das Element enthalten muss (abhängig davon, ob das gesuchte Element kleiner oder größer als das mittlere Element ist). Dieser Vorgang wird so lange fortgesetzt wird, bis das gesuchte Element gefunden ist.

➡ *Siehe Algorithmus*

Suchen und Ersetzen

➡ *Siehe Search and Replace; Textverarbeitung*

Suchlaufwerk

Bei einer Suche nach einer Datei auf einem Computer muss dem Suchprogramm angegeben werden, auf welchem Laufwerk es suchen soll. Der Suchpfad kann lediglich das Suchlaufwerk (z.B. »C:«) oder dieses mit einer zusätzlichen Pfadangabe enthalten (z.B. C:\WINDOWS).

Suchmaschine

➡ *Siehe Search-Engine*

Sun Microsystems

http://www.sun.de

Seit dem Gründungsjahr 1982 entwickelte sich Sun Microsystems zu einem der größten Hard- und Softwarehersteller. Die Entwicklung des NFS (Network File System) 1984 verhalf der Firma zum Durchbruch in der Unix-Welt. In den Jahren 1985 – 1994 verstärkte die Firma ihr Engagement in verschiedensten Bereichen der Computerindustrie.

Das Betriebssystem Solaris und die SPARC-Workstation wurden entwickelt. Mit der Veröffentlichung der revolutionären Programmiersprache Java im Jahre 1995 wurde Sun auch wieder im Softwaremarkt aktiv.

➭ *Siehe SPARC; Unix; SPARC-Station; NFS; Java; Sun ONE; Java Swing*

Sun ONE

Abk.: Sun Open Net Environment

Sun ONE ist Sun Microsystems Antwort auf die .NET-Plattform von Microsoft. Auf Basis von Java soll Sun ONE Anwendungen ermöglichen, die auf jedem Endgerät funktionieren. Auch neuartige Dienste (Web Services) sollen möglich sein.

➭ *Siehe Sun Microsystems; .NET; Java; Web Service*

Super Large Scale Integration
➭ *Siehe SLSI*

Super Video-CD
➭ *Siehe SVCD*

Supercomputer
➭ *Siehe Superrechner*

Superpipelining

Das Superpipelining ist ein Verfahren zur Vorbearbeitung von Daten, bei dem Ausführungsschritte des Microprozessors (Holen, Dekodieren, Ausführen und Zurückschreiben) auf mehrere Pipelinestufen aufgeteilt werden. Dadurch wird eine höhere Prozessorleistung erreicht.

➭ *Siehe Pipeline; Prozessor*

Superrechner

Als Superrechner werden Großrechner mit überdurchschnittlich großer Rechenkapazität bezeichnet. Die bekannteste Superrechnerfamilie ist der Cray der gleichnamigen kanadischen Firma.

Supersampling

Supersampling ist ein Anti-Aliasing-Verfahren, bei dem jeder Pixel einer Textur in Subpixel unterteilt wird. Für jeden Punkt dieser Subpixelmaske (2x2 oder 4x4 Punkte) wird eine Farbe berechnet und anschließend auf Basis dieser Werte der Farbwert des eigentlichen Pixels interpoliert.

➭ *Siehe Anti-Aliasing*

Supervisor

Abk.: Network Supervisor

▲ *Übers.: Netzwerk-Administrator*

▲ *Syn.: Administrator, Sysop*

Der Supervisor ist für die Verwaltung der Netzwerkressourcen, die Zuteilung und Verwaltung der Netzwerk-Accounts der einzelnen User, für die Datensicherung sowie für die Wartung und Installation neuer Komponenten im Netzwerk zuständig. Im Rahmen der Account-Vergabe (Einrichtung eines Benutzerkontos) vergibt der Supervisor Benutzerrechte unterschiedlicher Sicherheitseinstufungen an die einzelnen User. Der Supervisor selbst hat alle Rechte im System.

➠ *Siehe Netzwerk; Account*

Surfen

Surfen ist das Springen mittels Hyperlinks im Internet von einer WWW-Seite zur nächsten.

➠ *Siehe WWW; Webbrowser; Hyperlink*

Surround-Sound-Verfahren

Um Kinofilme mit besserer Musik und Tonuntermalung ausstatten zu können, wurden Surround-Sound-Systeme entwickelt, die einen räumlichen Klangeindruck vermitteln sollen. Herkömmliche Stereolautsprecher sind zwar in der Lage, Klänge von links und rechts zu erzeugen, aber vorne und hinten kann mit ihnen nicht unterschieden werden. Schon 1941 gab es die erste Kinovorführung mit 6-Kanal-Raumklang. Zusätzlich zu den zwei normalen Stereokanälen gab es dort vier weitere Effektkanäle für Hintergrundgeräusche und Basseffekte. Für diese Kanäle müssen weitere Boxen aufgestellt werden, um die Tonsignale räumlich einordnen zu können. Bei einem 6-Kanal-System gibt es die beiden Stereo-, den dazwischen liegenden Center-, zwei rückwärtige Hintergrund- und einen Basslautsprecher, auch Subwoofer genannt. Die Lautsprecher geben dabei jeweils ein spezifisches Frequenzspektrum ab, werden damit entlastet und können so lauter spielen. Mittels eines speziellen Signalprozessors (DSP) können die Signale künstlich so aufbereitet werden, dass sich auch mit Stereolautsprechern ein räumlicher Klang erzeugen lässt. Neue Software unterstützt dies bei manchen Multimedia-Anwendungen im Zusammenspiel mit geeigneter Hardware ebenfalls und erzeugt z. B. bei Spielen Raumklang. Diese Verfahren sind den richtigen Surround-Sound-Systemen allerdings ein ganzes Stück unterlegen, dafür deutlich günstiger.

➠ *Siehe DSP; Subwoofer; Lautsprecher*

SuSE Linux

SuSE Linux ist die im deutschsprachigen Raum am weitesten verbreitete Linux-Distribution. Sie zeichnet sich durch eine sehr einfache Benutzerführung aus.

➠ *Siehe Linux, Linux-Distribution*

Suspend to Disk

Suspend to Disk ist eine ACPI-Funktion, die es erlaubt, den aktuellen Status des Computers beim Ausschalten in ein Image auf die Festplatte zu schreiben. Beim nächsten Start steht der Zustand sofort wieder zur Verfügung und der Anwender kann weiterarbeiten.

➡ Siehe ACPI; Suspend to RAM

Suspend to RAM

Suspend to RAM ist eine ACPI-Funktion, die es erlaubt, den aktuellen Status des Computers beim Ausschalten in ein Image in den Hauptspeicher zu schreiben. Beim nächsten Start steht der Status sofort wieder zur Verfügung und der Anwender kann weiterarbeiten. Das Mainboard versorgt den Speicher im ausgeschalteten Zustand mit einer niedrigeren Pufferspannung, damit die Daten nicht verloren gehen.

➡ Siehe ACPI; Suspend to Disk

S-UTP

➡ Siehe Twisted-Pair-Kabel

SVCD

Abk.: Super Video-CD

SVCD ist ein Videoformat, das auf MPEG-2 (für Video) basiert und eine Auflösung von 480x576 Punkten (PAL) bei Bitraten von bis zu 2,4 MBit für Video bietet. Die Gesamtdatenrate entspricht ungefähr der zweifachen CD-Geschwindigkeit. SVCD unterstützt die so genannte variable Bitrate (VBR). Im Gegensatz zur konstanten Bitrate (CBR) hat der Encoder die Möglichkeit, mehr Bit für bewegungsintensive Stellen zu verwenden, und Bit zu sparen, wenn Bildinhalte gleich bleiben. Dadurch steigt die Bildqualität deutlich. Die Bildqualität von SVCD liegt zwischen VHS und DVD, ist aber schlechter als bei DivX. Das SVCD-Format wird von vielen DVD-Playern unterstützt.

➡ Siehe DVD; Bitrate; DivX; Rippen; PAL

SVG

Abk.: Scalable Vector Graphics

SVG ist ein auf XML basierendes Vektorgrafik-Format von Adobe, Corel, Macromedia und Microsoft. SVG ermöglicht die Programmierung von Grafiken in einem XML-Dokument. Die Vorteile liegen auf der Hand: kleinere Dateigrößen als bei Bitmap-Grafiken, Auflösungsunabhängigkeit, Verlinkungsmöglichkeit in Grafiken sowie Einfügen von Textmarken und Beschreibungen. Mithilfe zusätzlicher Technologien ist zudem Animation möglich.

➡ Siehe Macromedia; XML; Vektorgrafik; Corel; Microsoft; Adobe

SVGA

Abk.: Super-VGA

SVGA ist die Weiterentwicklung des VGA-Standards. Er bietet mehr Farben und höhere Auflösungen bis 1280x1024 Pixel.

➡ Siehe VGA; VGA-Karte; Grafikkarte

SVGA-Grafikkarte

Eine SVGA-Grafikkarte ist eine Grafikkarte, die den SVGA-Standard unterstützt.

➠ *Siehe SVGA; Grafikkarte*

SVGA-Monitor

Ein Monitor, der alle Darstellungsmodi des SVGA-Standards beherrscht, ist ein SVGA-Monitor.

➠ *Siehe SVGA; Monitor*

Swap

Abk.: Shared Wireless Access Protocol

1. Um mehr Arbeitsspeicher zur Verfügung zu haben, lagern moderne Betriebssysteme Daten, die eine gewisse Zeit nicht mehr angesprochen worden sind, aus dem Arbeitsspeicher auf eine Festplatte aus. Dieser Vorgang wird Swapping genannt.

2. Shared Wireless Access Protocol ist ein Übertragungsprotokoll für HomeRF-Netzwerke mit CSMA/CA-Unterstützung. SWAP nutzt das 2,4 GHz-Band bei einer typischen Übertragungsgeschwindigkeit von 1-2 Mbps.

➠ *Siehe Harddisk; Hauptspeicher; Swap File; Speicherverwaltung; Betriebssystem; HomeRF; CSMA/CD*

Swap File

Der zur Verfügung stehende Arbeitsspeicher (Hauptspeicher) wird scheinbar vergrößert, indem das Betriebssystem eine Auslagerungsdatei (Swap File) auf einer Festplatte einrichtet. Bei Programmen mit hohem Speicherbedarf (meist im Grafikbereich) sollte immer genügend physikalischer Hauptspeicher zur Verfügung stehen, da der Zugriff auf die Auslagerungsdatei auf der Festplatte ungleich länger dauert als der direkte Zugriff auf den Hauptspeicher. Es wird zwischen temporärer und permanenter Auslagerungsdatei unterschieden, wobei letztere Variante leicht schneller arbeitet als erstere.

➠ *Siehe Harddisk; Hauptspeicher; Auslagerungsdatei, temporäre; Auslagerungsdatei, permanente; Betriebssystem*

SWF

Abk.: Small Web Format

SWF ist das Flash-Format von Macromedia und wird »Swiff« ausgesprochen. Die Stärke von SWF ist seine Animationsfunktion, unter anderem beherrscht es Tweening und Morphing. Zur Minimierung der Dateigröße unterstützt SWF Symbole (Grafiksymbole und Filmsequenzen) – einmal definierte Objekte, die in einem Film als Instanzen verwendet werden. Das SWF-Format ist im Internet sehr verbreitet.

➡ *Siehe Macromedia; Morphing, Tweening*

Switch

Ein Switch filtert Datenpakete aus dem Internet und vermittelt (schaltet) sie zwischen Segmenten eines LANs weiter. Je nach Last werden die Daten anders geroutet, um eine möglichst gute Auslastung der Verbindungen zu erreichen. Switches arbeiten auf Ebene 2 des OSI-Schichtenmodells (Sicherungsschicht, Data Link Layer) und unterstützen deshalb jedes Paket-Protokoll. LANs, deren Segmente per Switches verbunden sind, werden auch »switched LANs« oder im Falle eines auf Ethernet basierenden Netzwerks »switched Ethernet LANs« genannt. Durch den Einsatz von Switches in den Segmenten eines lokalen Netzwerkes kann die gesamte Bandbreite des Netzes erhöht werden, da der Hauptdatenverkehr innerhalb der Segmente verbleibt und die übrigen Segmente nicht belastet. Im Gegensatz zu einem Hub vermittelt ein Switch die Datenpakete nicht an jeden Port, sondern nur genau an den Port, über den er die Zieladresse erreicht. Dadurch ist eine größere Abtrennung der einzelnen Netzsegmente und damit eine geringere allgemeine Netzlast gewährleistet. Switches sind eine Weiterentwicklung der Hubs und sollen diese immer mehr ersetzen.

➡ *Siehe OSI-Schichtenmodell; Netzwerk; Netzwerksegment;*

Router; Switching; Hub; Ethernet; LAN; Segment

Bild S.14: *Ein Switch*

Switched Ethernet

Switched Ethernet ist ein Netzwerk, das statt über einen Ethernethub über einen Hochgeschwindigkeitsschalter (Switch) betrieben wird. Ein Switched Ethernet gewährleistet eine echte Bandbreite von 10 Mbps (Megabit pro Sekunde).

➡ *Siehe Switch; Hub; Ethernet; Netzwerk; Bandbreite*

Switched Multimegabit Data Service

➡ *Siehe SMDS*

Switching

In einem Netzwerk wird das Verfahren, mit dem die enthaltenen Netzwerkknoten verbunden sind, als Switching bezeichnet. Es werden drei verschiedene Methoden unterschieden:

▶ Das **Leitungsvermittlungsverfahren** (Circuit Switching), bei dem alle Verbindungen einmalig aufgebaut werden.

▶ Die **Nachrichtenvermittlung** (Message Switching), bei der die Nachrichten erst zwischengespeichert und dann schrittweise gesendet werden.
▶ Bei der **Paketvermittlung** (Packet Switching) werden die zu sendenden Daten in Pakete unterteilt und dann Paket für Paket verschickt.

➡ *Siehe Switch*

Switching Hub

Ein Switching Hub ist eine erweiterte Version eines Hubs. Er verbessert die Leistungsfähigkeit der Datenübermittlung in einem LAN, indem er die Zieladresse der an einem Port ankommenden Pakete ausliest und diese dann an den richtigen Port weiterleitet, anstatt sie allen Ports zu präsentieren. Manche Switching Hubs unterstützen auch Load Balancing, bei dem die Daten je nach Datenaufkommen nach bestimmten Mustern über das Netz vermittelt werden, um die gesamte Leistungsfähigkeit des LANs zu verbessern.

➡ *Siehe Hub; LAN; Switch; Port*

SX-Prozessor

Bei den 80386er- und 80486er-Prozessoren von Intel gab es jeweils eine Sparversion, die die Endung SX statt DX trug. Bei den 80386ern besaß die SX-Version intern zwar wie der DX 32 Datenleitungen, es wurden aber nur 16 nach außen geführt. Die Breite des Adressbusses wurde weiterhin auf 24 Bit begrenzt. Bei den 80486ern war beim SX der interne Coprozessor deaktiviert. So konnten CPUs, bei denen nur der Coprozessor defekt war, noch verkauft werden.

➡ *Siehe Adressbus; Coprozessor; Intel*

Symantec

http://www.symantec.de
Symantec ist ein führender Hersteller im Bereich der Diagnose- und Antiviren-Software. Viele Produkte tragen den Namen des bekannten Programmierers Peter Norton, wie beispielsweise Norton AntiVirus oder Norton Personal Firewall. Nach der Fusion mit dem ehemaligen Konkurrenten Central Point (PC-Tools) und Delrina (Winfax Pro) ist Symantec zu einem der weltweit größten Softwarehersteller geworden.

➡ *Siehe Norton Utilities*

Symbolische Adresse

➡ *Siehe Adresse, symbolische*

Symbolische Logik

➡ *Siehe Logik, symbolische*

Symbolleiste

Um die Bedienung grafischer Benutzeroberflächen noch komfortabler zu gestalten, verwenden moderne Programme Symbolleisten, die direkt bzw. ohne Umwege über Menüs zugänglich sind und die alle oft benötigten Befehle als Icons enthalten. Meist befinden sich diese direkt unterhalb der Menüleiste und können mit der Maus bedient werden. Natürlich lassen sich diese

Symbolleisten auch individuell anpassen und Symbole hinzufügen oder entfernen. Typisch für diese Leisten ist auch, dass, wenn der Anwender mit der Maus eine Zeit lang ruhig über einer Schaltfläche der Leiste verharrt, eine kurze Erklärung der Funktion der Schaltfläche angezeigt wird. Dies erfolgt in Form einer Sprechblase (Bubble Help, ToolTip), welche an der Position der Maus eingeblendet wird und wieder verschwindet, wenn diese wieder bewegt wird. Diese Art der Bedienung ist zwar sehr komfortabel, aber langsamer als die Verwendung der Tastaturkommandos und wird daher von versierten Anwendern eher wieder vernachlässigt. Eine ganz aktuelle Entwicklung sind Symbolleisten, die sich je nach Art des gewählten Befehls oder Objekts ändern und so immer die gerade passenden Befehle beinhalten. Solche Leisten werden kontextsensitiv (Property Bars) genannt.

➠ *Siehe GUI*

Symmetric Multiprocessing
➠ *Siehe SMP*

Synchrone Operation
➠ *Siehe Operation, synchrone*

Synchroner Cache
➠ *Siehe Burst-Cache*

Synchronisationspixel
➠ *Siehe Pixeltakt; Zeilenrücklauf*

Synchronisationszeilen
➠ *Siehe Bildwiederholfrequenz; DPMS; Zeilenrücklauf*

Synchronisierung
1. Synchronisierung ist die zeitliche Anpassung der einzelnen Computerkomponenten, damit eine Koordination erzielt wird.
2. Bei Datenbanken ist Synchronisierung der Vergleich von Kopien mit der Originaldatenbank, um sicherzustellen, dass sie die selben Daten enthalten.
3. In Netzwerken bezeichnet Synchronisieren die Anpassung der Systemzeit der einzelnen Computer.

➠ *Siehe Komponente*

Synchronous Data Link Control
➠ *Siehe SDLC*

Synchronous Digital Hierarchy
➠ *Siehe SDH*

Synchronous Optical Network
➠ *Siehe SONET*

Sync-Signal
Abk.: Synchronisierungssignal

Das Sync-Signal ist ein Signal, mit dem das Ende jeder Bildzeile (horizontal) und das Ende der letzten Bildzeile (vertikal) gekennzeichnet wird.

➠ *Siehe Monitor*

Syntax

Eine Sprache wird durch ihre Semantik (Inhalt) und ihre syntaktischen Regeln (Form) beschrieben. Diese umfassen den Aufbau ihrer Wörter und Sätze. Bei Programmiersprachen legen diese Regeln fest, welche Zeichen, Wörter und Formulierungen gültig sind. Da hier keine Zusammenhänge überprüft werden, wird von einer kontextfreien Syntax gesprochen. Wird gegen eine solche verstoßen, liegt ein Syntaxfehler vor, und der entsprechende Compiler oder Interpreter beendet seine Arbeit mit einer Fehlermeldung.

➟ *Siehe Semantik; Syntaxfehler; Compiler; Programmiersprache*

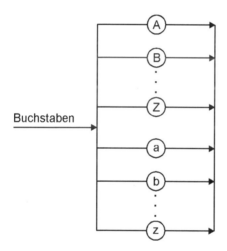

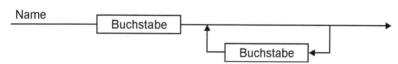

Bild S.15: Ein typisches Syntaxdiagramm

Syntaxbaum, abstrakter

Ein abstrakter Syntaxbaum ist eine, in vielen strukturorientierten Editoren und integrierten Programmierumgebungen verwendete, baumähnliche Darstellung von Programmen.

➟ *Siehe Syntax; Programmiersprache*

Syntaxfehler

Ist die Syntax eines Befehls oder einer Befehlssequenz nicht in Ordnung, wird von einem Syntaxfehler (Syntax Error) gesprochen.

➡ *Siehe Instruction; Syntax*

Synthespian

Der Begriff Synthespian ist von Thespis, dem Begründer der griechischen Komödie, abgeleitet. Es ist die Bezeichnung für einen digitalen Schauspieler. Der Begriff wurde bereits Ende der 1980er Jahre von der amerikanischen Firma Kleiser-Walezak Construction Company eingeführt, die maßgeblich an der Herstellung der Computereffekte des Films »Tron« beteiligt war. Die Filmindustrie zielt auf die Entwicklung so genannter Virtual Humans (virtuelle Menschen) ab, die nach und nach menschliche Schauspieler durch autonome, digitale Akteure ersetzen sollen. Mittels so genannter Ganzkörper-Scanner haben sich Schauspieler wie Arnold Schwarzenegger, Marlon Brando und Denzel Washington bereits digital verewigen lassen (Bodyscanning). Bisherige Techniken zur Erzeugung virtueller Akteure beschränken sich auf den Einsatz der so genannten Motion-Capture-Technik.

➡ *Siehe Virtual Humans; Ganzkörper-Scanner; Motion-Capture*

Sysop

Abk.: System Operator

▲ *Übers.: Systembetreuer*

▲ *Syn.: Admin, Administrator, Master-User, Supervisor*

Der Sysop ist die Person, die Netzwerke und deren Nutzer überwacht und verwaltet.

➡ *Siehe Systemadministrator; Netzwerk; BBS*

System

Der Begriff System beschreibt im Allgemeinen den Zusammenschluss diverser Komponenten zu einem komplexeren Ganzen, das nur durch die Zusammenarbeit dieser Komponenten funktionieren kann. Die Komponenten selbst können durchaus wiederum Systeme sein. Im EDV-Bereich wird der Zusammenschluss von Hard- und Software als System bezeichnet. Aber das verwendete Betriebssystem, die Hardware und Software sind Systeme im System.

System Application Architecture

➡ *Siehe SAA*

System Error

Der System Error ist ein Fehler, der die normale Weiterbenutzung des Computers nicht mehr zulässt. Nach einem System Error ist meist ein Neustart des Systems erforderlich.

➡ *Siehe Neustart*

System Fault Tolerance

Abk.: SFT

Unter der System Fault Tolerance (SFT) werden die Funktionen verstanden, die unter NetWare die Sicherheit der Daten sichern sollen. SFT wird in drei verschieden strenge Stufen (I – III) eingeteilt.

⇒ *Siehe NetWare*

System Object Model
⇒ *Siehe SOM*

System Operator
⇒ *Siehe Sysop*

System, geschlossenes
⇒ *Siehe Architektur, geschlossene*

System, offenes
Von einem offenen System wird gesprochen, wenn die Systemarchitektur offen gestaltet ist und insbesondere alle Schnittstellen zur Außenwelt (und zu anderen Plattformen) genormt sind, so dass jeder Hersteller relativ leicht Peripheriegeräte (z.B. Drucker) für das System entwickeln und anschließen kann. Offene Systeme sind besonders bei der Realisierung heterogener Netzwerke oder allgemein von Netzwerken von hoher Bedeutung. Für die Schaffung allgemein gültiger Standards für offene Systeme wurde 1977 die OSI (Open Systems Interconnection), eine Arbeitsgruppe der ISO (International Standard Organisation), ins Leben gerufen. Die OSI entwickelte das nach ihr benannte OSI-Schichtenmodell.

⇒ *Siehe Plattform; System; Netzwerk, heterogenes; Architektur, offene; OSI; ISO*

System.ini
Die beiden Dateien system.ini und win.ini sind unter Windows 3.1 für die Ansteuerung der Hardware bzw. der Software zuständig. Sie sind reine Textdateien und enthalten in verschiedenen Kategorien, die durch englischsprachige Begriffe in eckigen Klammern (z.B. [boot]) getrennt werden, alle systemrelevanten Einstellungen. Diese Einstellmöglichkeiten umfassen ausgehend von den Treibern für Geräte über die Gestaltung der Oberfläche bis hin zu wirklich tief greifenden Einstellungen, etwa der Speicherverwaltung, alles, was Windows zum Laufen benötigt. Viele dieser Möglichkeiten sind von Microsoft nie offiziell dokumentiert, aber in vielen Büchern und Zeitschriften Stück für Stück enthüllt worden. Die Veränderung dieser Parameter kann sehr umfassende Auswirkungen auf Windows haben – auch auf die Stabilität Ihres Computers – und sollten daher nur geändert werden, wenn die Syntax genau bekannt ist. Denn oft kann Windows dadurch besser angepasst werden und eine Menge zusätzlicher Leistung freigesetzt werden. Unter Windows existieren diese Dateien zwar auch noch,

sind aber von der Registry ersetzt worden. Sie werden bei jeder Änderung der Registry aktualisiert und auch andersherum, um 16 Bit-Programme diese Einstellungen zugänglich zu machen.

➟ *Siehe Ini-Datei; Registry*

Systemadministrator

Ein Systemadministrator hat die Aufgabe, ein Netzwerk zu betreuen, zu warten und zu überwachen. Er kümmert sich um das reibungslose Funktionieren des Systems. Weitere Aufgaben sind Einrichtung und Verwaltung von Benutzern, Aktualisieren von Programmen, Sichern von Daten etc.

Systemanalyse

Tritt in einem System ein Fehler auf, der sich nicht einfach beheben lässt, und wird dieses Problem mit den Mitteln der Datenverarbeitung analysiert, beispielsweise durch die Erstellung eines Programms, so wird diese Vorgehensweise eine Systemanalyse genannt.

Systemanalytiker

Der Systemanalytiker ist eine Person, die am Entwurf und der Entwicklung eines Computersystems arbeitet und oft ein hohes technisches Wissen, kommunikative Fähigkeiten und Führungsqualitäten besitzt.

Systembetreuer

➟ *Siehe Systemadministrator*

Systemdateien

Als Systemdateien werden bei einem Windows-/MS-DOS-PC die Dateien bezeichnet, die der Computer zum Booten benötigt. Diese Dateien sind: command.com, config.sys, autoexec.bat, msdos.sys, io.sys.

➟ *Siehe Command.com; Booten; Autoexec.bat; Config.sys*

Systemdienst

Der Systemdienst ist ein Dienstprogramm von Windows 9x. Mit Hilfe des Systemdienstes lassen sich Programme automatisch zu jedem beliebigen Zeitpunkt ausführen. Gerade bei Programmen wie Defrag oder ScanDisk ist dies sehr nützlich.

➟ *Siehe Defragmentierung; ScanDisk*

System-Diskette

Eine System-Diskette ist notwendig um, einen Computer mit Hilfe eines Diskettenlaufwerks zu booten. Diese Disketten werden daher auch Boot-Disketten genannt.

➟ *Siehe Booten; Diskettenlaufwerk*

Systemgenerierung

Systemgenerierung ist die Bezeichnung für die Installation und Konfiguration von Betriebssystem und Software auf einen

Computer. Zu einem komplexen Betriebssystem wie z. B. Unix gehören umfangreiche Softwarebibliotheken. Da für den Systembetrieb nicht die gesamte Software nötig ist, wird nur der Teil installiert und konfiguriert, der wirklich gebraucht wird. Beispielsweise muss bei einem Computer, der nicht mit einem Netzwerk verbunden ist (Standalone), keine Netzwerksoftware installiert werden.

➠ *Siehe Computer; Unix; Library; Netzwerksoftware*

Systempasswort

Um Einstellung im BIOS vor Veränderungen zu schützen, kann dort ein Passwort vergeben werden, das entweder den Eintritt in das CMOS-Setup oder sogar das Booten des Rechners reglementiert.

➠ *Siehe Setup; Booten; Passwort; BIOS*

Systemregistrierung

➠ *Siehe Registry*

Systemrichtlinien

➠ *Siehe Policies*

Systems Network Architecture

➠ *Siehe SNA*

Systemsteuerung

➠ *Siehe Control Panel*

Systemverwalter

➠ *Siehe Systemadministrator*

Szenario

Ein Szenario ist eine bestimmte Zusammenstellung von Daten und/oder Parametern, auf die z. B. eine Tabellenkalkulation zugreifen soll. Verschiedene Modelle können so aufgrund der gemeinsamen Grundlage verglichen werden.

➠ *Siehe Tabellenkalkulation*

T

T&L

Abk.: Transformation and Lighting

T&L ist eine hardwareseitige 3D-Grafikfunktion. Musste bisher die CPU in ihrer Grafik-Pipeline die ersten beiden Schritte Koordinatentransformation und Lichtberechnung (Transformation und Lighting) durchführen, nimmt ihr der Grafikchip bzw. die GPU (Graphic Processing Unit) diese Arbeit nicht nur ab, sondern erledigt sie sogar deutlich schneller. Voraussetzung hierfür sind Anwendungen, die auf den Grafik-APIs DirectX (ab Version 7) oder OpenGL aufsetzen. Die T&L-Engine wird bei modernen Grafikkarten (ab DirectX 8) durch den frei programmierbaren Vertex Shader ersetzt.

➠ *Siehe Geforce; 3D-Funktionen; DirectX; OpenGL; Vertex Shader; Pixel Shader*

T1/T2/T3/T4

Mit T1, T2, T3 und T4 werden digitale Übertragungsstandards in den USA bezeichnet. Die Geschwindigkeiten, die dabei über Standleitungen erreicht werden, liegen bei 1,54 MBit/s (24 Sprachkanäle) bis 274,176 MBit/s (4.032 Sprachkanäle). Obwohl ursprünglich von AT&T für Sprachübertragung entworfen, kann dieses Breitbandverfahren auch Texte und Bilder übermitteln. Diese Leitungen werden in der Regel von größeren Organisationen für den Internetanschluss verwendet.

➠ *Siehe MBit; Standleitung; Mbps*

Tabelle

Tabellen werden im EDV-Bereich sehr häufig verwendet, da sie sehr vielfältige Anwendungsmöglichkeiten bieten. Zweidimensionale Tabellen sind in Spalten und Zeilen gegliedert und sind die am häufigsten anzutreffenden. Jede Spalte ist dabei meistens ein Datenfeld und jede Zeile enthält einen dazugehörigen Datensatz. Tabellen werden in Datenbanken, Tabellenkalkulationen und Textverarbeitungs- und DTP-Programmen verwendet.

➠ *Siehe DTP; Tabellenkalkulation; Datenbank; Textverarbeitung*

Tabelle, abhängige

Hängen Daten einer Tabelle in einer Tabellenkalkulation von einer anderen Tabelle ab, so wird von einer abhängigen Tabelle gesprochen.

➠ *Siehe Tabelle; Tabellenkalkulation*

Tabellenkalkulation

Eine Tabellenkalkulation ist ein Programm, das mit zweidimensionalen Tabellen arbeitet. Die Elemente der Tabelle enthalten entweder Daten oder Formeln, die diese Daten miteinander verknüpfen. Die Felder, die Formeln enthalten, werden automatisch neu berechnet, wenn neue Daten eingetragen werden, und enthalten dann die Ergebnisse ihrer Formeln. Die bekanntesten Tabellenkalkulationen sind Excel, Lotus 1-2-3 und StarCalc.

➥ *Siehe Excel; Diagramme; Lotus 1-2-3; Datenfeld*

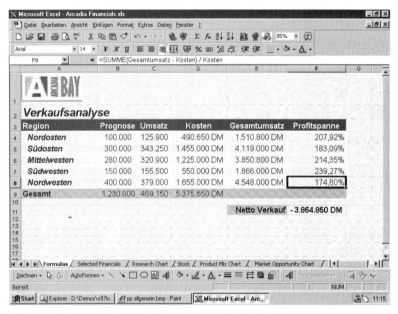

Bild T.1: Excel ist eine typische Tabellenkalkulation

Tabellenlayout

1. Wenn die Daten in einer Datenbank in Tabellenform angeordnet sind, wird dies Tabellenlayout genannt. Die Spalten der Tabelle bilden dabei die Datenfelder, wohingegen die Datensätze die Zeilen darstellen.

2. Innerhalb von Texten bzw. bei der Verarbeitung von Texten, wird als Tabellenlayout die Gestaltung und Formatierung von Tabellen bezeichnet.

➥ *Siehe Tabelle; DTP; Datenbank; Datensatz; Textverarbeitung*

Tabellensperrung

Um Inkonsistenzen von Daten in einer Tabelle bei zur selben Zeit stattfindenden Schreibzugriffen von verschiedenen Benutzern zu verhindern, wird die Tabelle bei einem Schreibzugriff gesperrt und kann von anderen Benutzern nur noch gelesen werden.

➠ *Siehe Tabelle; Datenbank*

Tabulator

Ein Tabulator, auch kurz mit Tab oder Tabstopp bezeichnet, ist im Grunde nur eine bestimmte Anzahl von Leerzeichen. In Textverarbeitungen werden Tabulatoren aber dafür benutzt, Text anzuordnen, da er mit Hilfe der Tabulatoren an genau definierte Stellen gerückt werden kann. Gliederungen und Aufzählungen lassen sich so sehr übersichtlich darstellen. Mittels Tabulatoren lässt sich Text linksbündig, rechtsbündig oder zentriert in Form von Spalten anordnen.

➠ *Siehe Textverarbeitung*

TAE

Abk.: Telekommunikations-Anschluss-Einheit

TAE wird von der Telekom seit 1989 als Standard für die Stecker und Dosen benutzt, mit dem alle Geräte an das Telefonnetz angeschlossen werden. Die Dosen besitzen zumeist drei Buchsen, wobei es zwei unterschiedliche Typen der Buchsen gibt. TAE-F ist der Anschluss für Telefone, mit TAE-N werden alle Nebenanschlüsse, wie Faxgeräte und Modems, verbunden. Die herkömmlichen Dosen sind NFN-Dosen, so dass ein Telefon und zwei Nebenstellen angeschlossen werden kann.

Tag

1. Bei der Erstellung von Webseiten mit der Programmiersprache HTML bezeichnen die Tags die Steuerzeichen, die normalen Text von den Befehlen unterscheiden. Jeder Befehl muss mit dem Tag <Befehl> eingeleitet und mit </Befehl> abgeschlossen werden, wie beispielsweise <BODY> und </BODY>.

2. Tag bedeutet so viel wie Etikett und meint eine Art von Kennzeichen, das den Zustand von Daten oder einer Datei angibt. Solche Tags werden oft als Flags realisiert und ermöglichen eine enorm knappe und sehr einfach abfragbare Kennzeichnung. Tags werden auch bei den Tag-RAMs eingesetzt, um den Zustand der einzelnen Cache-Bereiche zu markieren. Um nicht alle eingelesenen Daten wieder schreiben zu müssen, wenn diese aus dem Cache entfernt werden, werden alle veränderten Daten mit einem solchen Tag versehen und können daher einwandfrei identifiziert und ge-

sichert werden. Die für den Second-Level-Cache benötigten Tags werden in den speziell dafür vorgesehenen Tag-RAMs gespeichert.

⇒ *Siehe Cache; L2-Cache; Tag-RAM; HTML; Flag*

Tagged Image File Format
⇒ *Siehe TIFF*

Taggen
Das Markieren von Dateien, die zum Download von einer Mailbox vorgesehen sind, wird Taggen genannt.

⇒ *Siehe BBS; Download*

Tag-RAM
Die Tag-RAMs speichern das Zusammenspiel zwischen Second-Level-Cache und Prozessor. Da die durch das Tag-RAM erzielte Leistung nicht übermäßig groß ist, wäre eine Erwähnung gar nicht unbedingt notwendig, wenn die Tag-RAMs nicht die Größe des cachebaren Arbeitsspeichers bestimmen würden. Aus Kostengründen verwenden manche Computerhersteller auf ihren Motherboards zu kleine Tag-RAMs, so dass nur 64 Mbyte Hauptspeicher durch das Cache-Management beschleunigt werden können. Besitzen sie dann mehr als diese 64 Mbyte, ist der Speicher hinter den 64 Mbyte extrem langsam und die Rechenleistung dadurch viel geringer. Die Tag-RAMs können aber nachgerüstet oder der Second-Level-Cache durch bestimmte Coast-Module ersetzt werden, die integrierte Tag-RAMs besitzen und damit diesen Makel beheben.

⇒ *Siehe COAST; Hauptspeicher; L2-Cache*

Takt
Die meisten Systeme innerhalb eines Computers besitzen eine Einheit, welche alle Operationen durch einen zeitlich gleichmäßigen Takt steuert (clock). Diese Einheit ist normalerweise ein quarzgesteuerter Taktgeber. Die Anzahl der Takte pro Sekunde wird als Taktfrequenz angegeben und in Megahertz gemessen. Die allgemein bekannte Taktfrequenz ist die des Prozessors, die zudem einen immensen Einfluss auf die Rechenleistung hat.

⇒ *Siehe RTC; Prozessor*

Taktfrequenz
Taktfrequenz ist die Frequenz des internen Zeitgebers eines Computers. Die Einheit der Taktfrequenz eines Computers wird in Megahertz gemessen, wobei ein Megahertz eine Million Takte pro Sekunde bedeutet. Ein Prozessor kann pro Takt eine einfache Operation durchführen, z.B. die Addition zweier Zahlen. Die Taktfrequenz ist nötig, um die internen Systemkomponenten aufeinander abzustimmen.

⇒ *Siehe Prozessor; FLOPS*

TAN

Abk.: Transaktionsnummer

Die TANs werden beim Homebanking eingesetzt, um die Aktionen besonders zu schützen. Der Anwender bekommt eine Liste dieser Nummern und muss bei jeder kritischen Aktion (z.B. Überweisungen) jeweils eine neue TAN angeben.

➭ *Siehe Homebanking; PIN*

Tape

Tape ist die Bezeichnung für das Speichermedium eines Streamers.

➭ *Siehe Streamer*

Tape Drive

➭ *Siehe Streamer*

TAPI

Abk.: Telephony Application Programming Interface

▲ *Übers.: Programmierschnittstelle für Telefonanwendungen*

TAPI ist eine Schnittstelle, die Windows-Clientanwendungen den Zugriff auf Telefondienste erlaubt. Mit Hilfe der TAPI können relativ einfach Programme geschrieben werden, die in irgendeiner Weise auf Telefondienste zugreifen sollen.

➭ *Siehe TK-Anlage; Schnittstelle; Client*

Tar

Der Begriff »tar« kommt von englischen Tape Archive. »tar« ist ein Unix-Kommando, welches Dateien in einem Verzeichnis zu einer einzelnen Datei packt. Diese kann dann später komprimiert werden. Ursprünglich wurden mit dem tar-Befehl Backups auf Tapes erstellt. Unter Unix-Systemen ist »tar« die gebräuchlichste Art, Dateien zwischen verschiedenen Systemen auszutauschen. Das Packprogramm WinZip ist in der Lage tar-Dateien zu entpacken.

➭ *Siehe Backup; Unix; Tape; Packer; Kompression*

Target

Bei Datenübertragungen wird das Ziel der Übertragung auch Target und die Quelle Source genannt.

➭ *Siehe Source; Datenübertragung*

Tarnkappenvirus

➭ *Siehe Computervirus; Stealth-Virus*

Task

Die Ausführung eines Programms, das Drucken von Dokumenten und alle anderen Aufgaben, die ein Computer durchführen kann, werden Tasks genannt. Eine Bedeutung erhält diese Bezeichnung vor allem bei Multitasking-Systemen, das sind Systeme, die mehrere Aufgaben parallel bearbeiten können. Bei OS/2 und Windows werden solche Tasks als Threads abgearbeitet.

➡ Siehe *Multitasking; Thread; Prozess*

Task Management

Das Task Management ist ein Prozess, der den einzelnen Programmen (Tasks) die benötigten Ressourcen zuteilt. Er wird vom Betriebssystem gesteuert.

➡ Siehe *Resources; Betriebssystem; Betriebsmittelvergabe; Prozess; Task*

Task Switching

Im Gegensatz zum Multitasking wird beim Task Switching immer nur ein Prozess abgearbeitet, während alle anderen Prozesse quasi schlafen und darauf warten, bearbeitet zu werden.

➡ Siehe *Multitasking; Prozess*

Taskleiste

Die Taskleiste ist das zentrale Bedienungsfeld der Oberfläche von Windows 9x, NT und seinen Nachfolgern. Sie ist in drei Teile eingeteilt:

▶ Ganz links ist das Startmenü, das den Zugriff auf die installierten Programme und die Konfigurationsmöglichkeiten des Betriebssystems ermöglicht.

▶ Ganz rechts befindet sich der so genannte System-Tray, in dem viele speicherresidente Programme Icons ablegen, auf die so zugegriffen werden kann. Dort wird ständig die Zeit angezeigt, Grafik- und Soundkarten lassen sich dort konfigurieren und auch der Systemdienst befindet sich da.

▶ Dazwischen wird jedes gerade ausgeführte Programm, wie bei einem Taskmanager, als Symbol angezeigt. Das Symbol des sich gerade im Vordergrund befindlichen Programms wird dabei als eingedrückt dargestellt. Je mehr Programme gerade laufen, desto kleiner werden die Symbole. Sind Ihnen diese zu klein, so können Sie die Taskleiste durch Hinaufziehen des oberen Taskleistenrands auf zwei Zeilen vergrößern. Sehr praktisch ist es auch, im Kontextmenü der Taskleiste (über die rechte Maustaste erreichbar) die Option »Automatisch im Hintergrund« anzuwählen. Dadurch verschwindet die Taskleiste bei Nichtbenutzung nach unten, praktisch aus dem Bildschirm, wodurch der Sichtbereich größer wird. Fahren Sie dann mit der Maus an den unteren Bildschirmrand, so wird die Taskleiste wieder eingeblendet.

➡ Siehe *Windows 98 (SE); Windows 95; Windows NT; GUI*

Tastatur

↦ *Siehe Keyboard*

Tastatur, alphanumerische

Tastatur, auf der nur alphanumerische Tasten zu finden sind.

↦ *Siehe Keyboard; alphanumerisch*

Tastenkombination

Tastenkombinationen werden für die Ausführung bestimmter Kommandos genutzt. Da alle Tasten direkt belegt sind, werden für zusätzliche Funktionen Kombinationen verwendet. Die Kombination [Strg], [Alt] und [Entf] löst z.B. unter MS-DOS einen Warmstart aus bzw. ruft seit Windows 95 den Taskmanager auf. Dafür müssen die erforderlichen Tasten gedrückt gehalten werden, bis die Funktion aktiv ist.

↦ *Siehe Hotkey; Reset*

TB

↦ *Siehe Terabyte*

Tbx

Der Mailboxendienst der Telekom wird Telebox genannt, kurz Tbx. Geboten werden Benutzergruppen und die Verbreitung von Nachrichten.

↦ *Siehe BBS*

TC

Abk.: Transmitter Signal Element Clock

Die TC ist eine der Taktleitungen der seriellen Schnittstelle im synchronen Betrieb. Da bei PCs die synchrone Übertragung unüblich ist, wird dieser Modus von den Standardschnittstellen nicht unterstützt.

↦ *Siehe Schnittstelle, serielle*

Tcl/Tk

http://www.scriptics.com/

Abk.: Toolkit Command Language/Toolkit

Tcl/Tk ist eine Programmiersprache, die gerade unter Unix, Linux und X-Windows-Systemen Anwendung zu finden ist. Tcl bietet die Möglichkeit, grafische Benutzeroberflächen zu generieren. Ein Plug-In von Sun ermöglicht es, Tcl-Scripts auch im WWW zu benutzen. Sie bieten somit eine Alternative zu CGI- und Java-Scripten.

↦ *Siehe JavaScript; CGI; Sun Microsystems; Unix; Script; Perl; Linux; Plug-In*

TCO-Norm

Die Weiterentwicklung der MPR-Normen sind die TCO-Normen. Mit den TCO-Normen, die nach dem Jahr ihrer Einführung klassifiziert werden, beispielsweise TCO 89, 91, 92, 95, werden sehr strenge Grenzwerte für strahlungsarme Bildschirme beschrieben. Sie setzen die Grenzwerte fest, die ein Monitor in 30

Zentimeter Abstand an elektromagnetischen Feldern erzeugen darf. In die TCO 92-Norm wurden zusätzliche Stromsparfunktionen aufgenommen. Bei TCO 95 wurde dies auf den ganzen Computer ausgeweitet und setzt noch strengere Auflagen für Energieverbrauch und Umweltschutz. In Deutschland müssen die Hersteller ihre Geräte vom TÜV prüfen lassen, um die Plaketten, die die Einhaltung dieser Grenzwerte garantieren, zu erhalten. Obwohl der Prozess recht aufwändig ist, nehmen ihn die meisten Hersteller auf sich, da diese Plaketten die Marktchancen ihrer Produkte steigern.

➡ *Siehe SSI; MPR-Norm*

TCP

Abk.: Transmission Control Protocol

TCP ist ein wesentlicher Bestandteil des TCP/IP-Protokolls. TCP basiert auf der vierten Ebene des OSI-Schichtenmodells und arbeitet im Vollduplex-Betrieb. Es ist verbindungsorientiert und verlangt eine Empfangsbestätigung für jedes abgeschickte Datenpaket.

➡ *Siehe Internet-Protokolle; OSI-Schichtenmodell; TCP/IP; Packet; Fullduplex-Betrieb*

TCP/IP

Abk.: Transmission Control Protocol/Internet Protocol

Das Internet war zuerst ein vom US-Verteidigungsministerium erdachtes Netzwerk, um Computer so miteinander zu verbinden, dass Ausfälle von Teilen des Netzes nicht die Integrität des gesamten Netzes in Frage stellen. Aus diesem Netz entwickelte sich das Internet, dessen Basis immer noch TCP/IP ist. TCP kümmert sich dabei um die Zustellung der Datenpakete (4. Schicht OSI-Schichtenmodell), während IP den Transport übernimmt (3. Schicht). Zu TCP/IP gehört auch das TCP sehr ähnliche UDP-Protokoll, das allerdings keine Bestätigung der Pakete verlangt. Auf TCP/IP setzen die meisten höheren Internet-Dienste, wie FTP, Telnet und SMTP, auf. Diese befinden sich auf der siebten Ebene des OSI-Modells.

➡ *Siehe DoD; Internet; OSI-Schichtenmodell; ARPAnet; FTP; SMTP; Telnet*

TCPA

Abk.: Trusted Computing Platform Alliance

TCPA ist eine Initiative der Computerindustrie zur Absicherung von Computersystemen. Ein Verschlüsselungschip (TPM, Trusted Platform Module) im PC verschlüsselt Daten und prüft deren Integrität, sowie die Integrität des Systems, indem er beim Start den Bootlader, das Betriebssystem-Kernel und die Software prüft. Dies soll unbefugte Änderungen am Computersystem verhindern und einen Computer (z.B. für Online-Banking) eindeutig identifizieren.

➟ *Siehe DRM; Palladium*

TCQ

Abk.: Tagged Command Queuing

Ein Kommunikationsverfahren bei SCSI- und IDE-Festplatten. Dabei werden der Festplatte mehrere Befehle geschickt, die sie dann in beliebiger Reihenfolge abarbeiten kann. Durch das Umsortieren der Befehle kann die Platte den Durchsatz optimieren. Damit der Host weiß, welchen Befehl die Platte gerade abgearbeitet hat, wird jeder Befehl mit einem Kennzeichen (Tag) versehen.

T-D1

Das digitale Funktelefonnetz der Deutschen Telekom heißt D1 und hat über 22 Millionen Kunden.

➟ *Siehe D-Netz*

T-DSL

Abk.: Telekom Digital Subscriber Line

T-DSL ist die ADSL-Implementation der Deutschen Telekom. Die Downstream-Geschwindigkeit (vom Internet zum PC) beträgt 768 KBit/s, die Upstream-Geschwindigkeit 128 KBit/s.

➟ *Siehe ADSL*

Tearing

Tearing sind die Störungen des Bildaufbaus, welche beim Page-Flipping auftreten.

➟ *Siehe Page-Flipping*

Telefax

➟ *Siehe Fax*

Telefonanlage

➟ *Siehe TK-Anlage*

Telekommunikation

Die Telekommunikation ermöglicht den Austausch von Informationen, Daten, Sprache etc. über weite Strecken hinweg. Alle modernen Kommunikationseinrichtungen wie Btx, Datenübertragungen, Internet, Mailboxen, Telefone und Videotext entwickeln sich stetig weiter und machen jedem eine schier nicht zu bewältigende Fülle von Informationen zugänglich und helfen damit auch, Völker immer mehr zu verbinden, da es kein Problem mehr ist, mit Menschen am anderen Ende der Welt frei zu kommunizieren.

➟ *Siehe Online-Dienst; Internet; Btx; Datenübertragung*

Telekommunikations-Anschluss-Einheit

➟ *Siehe TAE*

Telephony Application Programming Interface

➟ *Siehe TAPI*

Telespielkonsole
→ Siehe Konsole

Teletex
Teletex ist der digitale Nachfolger des Fernschreibers Telex. Wegen der starken Konkurrenz durch Euro-File-Transfers, Fax, Internet und Mailboxen ist diese Technik allerdings fast bedeutungslos geworden.

→ Siehe Telex-Netz; TTY; Internet; BBS

Teletype
→ Siehe TTY

Telex-Netz
Abk.: Teleprinter Exchange

▲ Übers.: Fernschreiberaustausch

Das Telex-Netz ist in den 1920er Jahren gegründet worden und ermöglicht einen weltweiten Austausch von Informationen. Das Zielland muss dazu ein nationales Telex-Netz besitzen.

→ Siehe TTY

Telnet
Mit Telnet ist es möglich sich an beliebigen Hosts im Internet einzuloggen, sofern der Nutzer dafür eine Berechtigung hat. Dort kann er praktisch wie am heimischen Rechner arbeiten. Allerdings bietet Telnet hierfür lediglich eine textorientierte Oberfläche. Für viele Probleme gibt es aber keine andere Lösung und daher wird Telnet auch heute noch viel genutzt.

→ Siehe Internet; CLI; Login; Host

Temporäre Auslagerungsdatei
→ Siehe Auslagerungsdatei, temporäre

Temporäre Dateien
→ Siehe Dateien, temporäre

Tera
Tera ist ein Maßeinheitenpräfix, das das Billionenfache der Einheit angibt.

→ Siehe Terabyte

Terabyte
Auch TByte oder TB. Maßeinheit für die Informationsmenge und Speicherkapazität (1 TB = 1.099.511.627.776 Bytes).

→ Siehe KByte; MByte

Teraflops
Abk.: Tera Floating Point Operations Per Second

Teraflops ist die Zeit, die ein größeres Computersystem für die durchgeführten Operationen mit einer Gleitkommazahl (Floating Point Operation – Flop) benötigt. Ein Teraflop beträgt dabei eine Billion Gleitkommaoperationen.

→ Siehe FLOPS; Floating Point Representation

Term

Ein Term ist ein mathematischer Ausdruck, der eine Reihe von Funktionen (z.B. eine Addition) enthält und diese auf arithmetische oder logische Art miteinander verknüpft.

Terminal

1. Terminals waren ursprünglich lediglich Ein-/Ausgabegeräte, mit deren Hilfe Daten mit einem Mainframe (Großrechner) ausgetauscht werden konnten. Früher bestanden sie daher nur aus einer Tastatur und eventuell auch einem Bildschirm. Mit der Zeit wurde die Ausstattung immer wieder erweitert. Die ersten kompletten PCs wurden oft noch als Terminals genutzt, obwohl sie bereits eine eigenständige Einheit bildeten. Dazu emulierten sie die Funktionen eines Terminals mit einer Software, die meistens auf den Emulationsarten ANSI, TTY (= TeleTYpe, Fernschreiber) und VT100 basierten. Heute wird der Begriff Terminal noch benutzt, um einen Computer zu beschreiben, mit dem Anwender mittels Datenfernübertragung Daten von einem Host oder Server beziehen. Moderne Terminalprogramme beherrschen aber eine deutlich größere Anzahl Funktionen, als das bei früheren Terminals üblich war.

2. Als Terminals werden manchmal auch Peripheriegeräte bezeichnet.

➡ *Siehe Mainframe; Server; ANSI; TTY; I/O; Host*

Terminal Server

Ein Terminal Server ist ein Computer, der in einem lokalen Netzwerk anderen Terminals, Computern oder anderen Geräten den Zugang zu einem Netzwerk ermöglicht.

➡ *Siehe Terminal; Server; Netzwerk*

Terminalprogramm

Ein Terminalprogramm ist ein spezielles Programm zur Herstellung einer Verbindung mit einem anderen Computersystem, wie z.B. einer Mailbox oder einem Server. Das Programm simuliert gegenüber dem anderen Computer einen Terminal. Voraussetzung hierfür ist die Verfügbarkeit eines Modems oder einer ISDN-Karte und des entsprechenden Gegenstücks auf der Gegenseite. Nach dem Anmelden kann dann auf dem anderen System wie mit einem lokalen Terminal gearbeitet werden – es können mit der Tastatur Texte an den Server gesendet oder Dateien übertragen (Download, Upload) werden.

➡ Siehe *BBS; Download; Upload; Datenübertragung; Terminal*

Terminate und Stay Resident

➡ Siehe *TSR-Programm*

Terminator

Ein Terminator ist ein Widerstand, der zum Abschluss einer Übertragungsstrecke dient. Alle Bus-Systeme, die mit hohen Datenübertragungsraten arbeiten, benötigen Terminatoren an beiden Enden des Busses, um die Sicherheit der Daten zu sichern. Diese Widerstandstecker verhindern Reflexionen an den Enden und damit das Problem mehrfach auftauchender Datenpakete. Gerade beim SCSI-Bus verursachen falsche Terminierungen die meisten Fehler.

➡ Siehe *SCSI-Terminierung; Bus; SCSI*

Tesselation

Tesselation ist ein Schritt bei der Geometrieverarbeitung in der 3D-Pipeline einer 3D-Grafikkarte. Ein 3D-Objekt wird dabei in eine Vielzahl von Polygonen (Vielecke) zerlegt. Die Eckpunkte der Vielecke werden mittels Koordinaten (x, y und z) beschrieben. Diese Punkte enthalten je nach Darstellung zusätzlich noch Informationen über Material und Textur.

➡ Siehe *Geometrie-Engine; 3D-Pipeline; Polygon*

TeX

TeX ist ein von Donald Knuth entwickeltes Textsatzsystem, das frei verfügbar ist. Im Gegensatz zur von Textverarbeitungsprogrammen gewohnten WYSIWYG-Darstellung muss sich der Anwender über die Formatierung des Textes keine Sorgen machen, denn TeX erledigt dies automatisch. TeX wird »tech« ausgesprochen und bildet die Grundlage des Makropakets LaTeX, das die Anwendung der recht komplizierten TeX-Syntax vereinfacht.

➡ Siehe *Textsatzsystem; LaTeX*

Texas Instruments

http://www.ti.com

Texas Instruments ist eine amerikanische Firma (kurz TI) und einer der größten Halbleiterproduzenten der Welt. Texas Instruments bietet Handhelds, Laserdrucker und Notebooks und viel Peripherie rund um den PC.

Texel

Abk.: Texture Element

▲ *Übers.: Textur-Element*

Bei der Darstellung von Texturen wird zwischen den von der Grafikkarte erzeugten Bildpunkten (Pixeln) und den eigentlichen Bildpunkten der Textur (Texel) unterschieden. Der Grund dafür ist, dass Grafikkarten Texturen als rechteckige Anordnung von mehreren Bildpunkten speichern.

➠ *Siehe 3D-Funktionen; 3D-Grafikkarte; Textur; Pixel; Texture-Mapping; Textur-Cache*

Texteditor

➠ *Siehe Editor*

Textformatierung

Die Formatierung eines Texts bzw. alle Einstellungen, die sein Aussehen festlegen, ist die Textformatierung. Das fängt bei der Schriftformatierung mittels Festlegung der Schriftart, -größe und -schnitt an. Absätze werden durch Blocksatz, Einrückungen, Links- und Rechtsbündigkeit und Zeilenabstand festgelegt. Das Seitenlayout besteht aus den Einstellungen zu den Seitenrändern, der Platzierung von Fußnoten und Verwendung von Fuß- und Kopfzeilen. Zusätzlich gibt es natürlich noch eine ganze Menge von besonderen Formatierungen.

➠ *Siehe Textsatzsystem; Document Template; Textverarbeitung*

Textmodus

Jede PC-Grafikkarte beherrscht zwei grundsätzlich verschiedene Arten der Darstellung, nämlich den Text- und den Grafikmodus. Am Anfang der PC-Entwicklung war aufgrund der geringen Rechenleistung an eine Grafikdarstellung nicht zu denken. Der textorientierte Modus dominierte sogar das Betriebssystem. MS-DOS war komplett textorientiert. Nur sehr wenige Programme boten eine Art grafische Oberfläche, die aus Textzeichen bestand, wie das beim Norton Commander der Fall ist. Nach und nach kamen dann richtige Grafikoberflächen wie GEM und Windows auf, die meist nur noch die Möglichkeit bieten, eine textorientierte Shell zu starten, wenn Bedarf besteht.

➠ *Siehe GEM; MS-DOS; CLI; Shell; Betriebssystem*

Textorientierte Benutzeroberfläche

➠ *Siehe CLI*

Textsatzsystem

Wenn Sie einen längeren Text verfassen, müssen Sie normalerweise viel Arbeit aufwenden, um ihn gut zu strukturieren. Die ganzen Formatierungen, die vorgenommen werden müssen, sind manchmal fast so arbeitsintensiv wie das Erstellen des Textes selbst. Textsatzsysteme nehmen Ihnen diese Arbeit ab. Gerade bei vielen wissenschaftlichen Arbeiten werden solche Systeme verwendet. Das bekannteste System ist TeX.

➠ *Siehe TeX; LaTeX*

Textur

Textur ist generell eine Bitmap (eine Grafik), die auf ein 3D-Objekt projiziert wird. Die Grafik kann dabei das Objekt wie eine Tapete vollständig bedecken oder auch kachelartig wiederholt werden. Diverse Mapping-Verfahren garantieren eine korrekte Wiedergabe der Textur auf unterschiedlichen 3D-Objekten.

➥ *Siehe 3D-Modell; Texel; Texture-Mapping; Bitmap-Grafik; Textur-Cache*

Textur-Cache

Der Textur-Cache ist ein im Grafikchip integrierter Cache von 4 bis 8 KByte Größe. Er dient als Puffer für die vom Bildspeicher eingehenden Daten. Da Bildspeicherzugriffe 64 Bit breit oder in mehreren Bursts (Serien) erfolgen, kann der Chip nicht alle ankommenden Daten sofort verarbeiten. Im Prinzip hat der Textur-Cache beim Grafikchip dieselbe Funktion wie der (ebenfalls integrierte) L1-Cache (Level-1-Cache) bei der CPU.

➥ *Siehe Buffer; L1-Cache; CPU; Textur; Texture-Mapping*

Texture-Mapping

Texturen werden auf 3D-Objekte »gemapt« (projiziert), um diesen ein realistisches Aussehen zu geben (z.B. ist es möglich, das Bild einer Hausfassade auf einen simplen Quader zu projizieren, so dass der Eindruck eines Gebäudes entsteht). Je nach Form des 3D-Körpers wird ein anderes Mapping-Verfahren zur Wiedergabe der Texture-Map auf dem Objekt verwendet, da ansonsten unerwünschte Verzerrungen der Grafik auf dem Körper entstehen. 3D-Softwarepakete (z.B. 3D Studio MAX von Kinetix oder LightWave von NewTek) verfügen meist über folgende Mapping-Verfahren: planares Mapping, kugelförmiges Mapping, zylindrisches Mapping, Box-Mapping und Shrink-Wrap-Mapping. Die ersten drei Verfahren sprechen für sich (kugelförmiges Mapping für ein kugelförmiges Objekt usw.). Beim Box-Mapping wird die Textur auf alle sechs Seiten eines Objekts projiziert (z.B. auf einen Würfel), während beim Shrink-Wrap-Verfahren die Textur wie eine Haut über das Objekt gezogen wird. Weiterhin bieten 3D-Softwarepakete die Möglichkeit, Texturen auf den Objekten zu wiederholen, zu drehen, zu kippen und mit zahlreichen Effekten zu verändern. Texture-Mapping wird auch von den neuen 3D-Grafikprozessoren unterstützt (z.B. für Spiele).

➥ *Siehe 3D-Modell; Texel; 3D-Funktionen; Textur*

Texturfilterung, anisotrope

Anisotrope Texturfilterung ist die Bezeichnung für ein neuartiges Verfahren zur Verbesserung der

Darstellungsqualität von 3D-Grafiken bei Betrachtung unter flachen Winkeln. Aus niedriger Höhe gesehen, bildet ein Punkt bei einer texturierten Oberfläche auf dem Monitor meist mehrere Punkte der Textur ab. Der überdeckte Bereich erscheint außerdem nicht kreisförmig, sondern eher lang gestreckt, was auf den flachen Betrachtungswinkel zurückzuführen ist. Die anisotrope Filterung (anisotrop = nicht in allen Richtungen hin gleiche Eigenschaften aufweisend) berücksichtigt für die optimale Einfärbung des Bildpunkts deswegen alle Texturpunkte, die in diesem lang gestreckten Bereich liegen.

➡ *Siehe 3D-Grafik; 3D-Funktionen; Textur; Texture-Mapping*

Texturfilterung, bilineare

Wird eine Textur auf weit entfernte Objekte projiziert, so überdeckt ein Pixel meist mehrere Textur-Bildpunkte (texture elements oder Texel). Um ein Flimmern durch Aliasing-Effekte zu verhindern, wird der Mittelwert aus vier oder mehr benachbarten Texeln gebildet. Auch die Bildung schachbrettartiger Muster bei starker Annäherung an die Textur wird mittels bilinearer Filterung verhindert. Dabei interpoliert der Chip für die Einfärbung eines einzelnen Bildpunkts meist zwischen vier benachbarten Texturelementen. Die Darstellungsqualität der Textur wird dadurch stark erhöht. Alle Grafikkarten unterstützen das Verfahren hardwareseitig. Ein unerwünschter Nebeneffekt der bilinearen Texturfilterung ist das Tiefen-Aliasing. Wenn die Objekte weiter vom Betrachter entfernt sind, dann muss auch die Textur kleiner werden. Bei den Berechnungen stößt der Algorithmus an Grenzen, was ein Flackern hervorruft. Um dieses Phänomen zu verringern, können MIP-Mapping und die trilineare Filterung verwendet werden.

➡ *Siehe Texel; 3D-Funktionen; Textur; Texture-Mapping*

Texturfilterung, trilineare

Die trilineare Texturfilterung ist eine Weiterentwicklung des MIP-Mappings. Dieses löst das Problem des Tiefen-Aliasing, das bei der bilinearen Filterung entsteht, führt aber zu einem neuen Artefakt, dem MIP-Banding. Dieses tritt auf, wenn zwei unterschiedlich große MIP-Maps derselben Textur aneinander grenzen. Die Übergänge zwischen diesen Texturen sind nicht weich und fallen störend auf. Die trilineare Filterung wurde entwickelt, um den negativen Effekten des MIP-Mapping wie MIP-Banding entgegenzuwirken. Im Grunde entspricht der Algorithmus dem der bilinearen Filterung, nur dass zusätzlich noch die nächstgrößere und nächstkleinere MIP-Map in Betracht gezogen werden. Dabei müssen zwar doppelt so viele Daten verarbeitet werden, dafür werden aber weiche Übergänge zwischen den Texturen und den verschiedenen MIP-Maps erreicht.

▪▶ *Siehe MIP-Mapping; Texturfilterung, bilineare; Textur*

Texturskalierung

Texturskalierung ist eine 3D-Funktion bei Grafikkarten. Wenn sich ein 3D-Objekt vom Betrachter weg oder zu ihm hin bewegt, muss die Textur auf der Oberfläche des Objekts entsprechend skaliert werden. Dafür gibt es drei Methoden: Point Sampling, Bilineare Filterung und Trilineare Filterung.

▪▶ *Siehe Texturfilterung, bilineare; MIP-Mapping; 3D-Funktionen; 3D-Grafikkarte; 3D-Grafik*

Textverarbeitung

Eine Textverarbeitung hilft beim Erstellen von Texten. Mit einem enormen Funktionsumfang, z.B. Suchen innerhalb des Textes, wird versucht, die Arbeit so einfach wie möglich zu gestallten. Eine Textverarbeitung nimmt normalerweise die Eingaben per Maus und Tastatur entgegen, seit neuestem sind aber auch Eingaben mittels einer Sprachsteuerung möglich. Eine Textverarbeitung kennt zudem eine große Palette von Funktionen zur Textformatie-

rung. Viele Programme wie StarWriter, Word und WordPerfect bieten auf praktisch allen verfügbaren Plattformen inzwischen eine Funktionalität an, wie sie sonst lediglich bei DTP-Software bekannt ist.

▪▶ *Siehe DTP; WinWord; Word Pro*

TFT-Display

Abk.: Thin Film Transistor

▲ *Syn.: Aktiv-Display*

▲ *Ant.: Passiv-Display*

Bei einem TFT-Display steuern Transistoren die aufgedampften und transparenten horizontalen und vertikalen Leiterbahnen an, aus denen die einzelnen Bildpunkte aufgebaut sind. Die erzeugten elektrischen Felder polarisieren die Flüssigkristalle und erzeugen dadurch die notwendigen Farben. Die TFT-Displays sind momentan die Königsklasse der Bildschirme bei Laptops und Notebooks. Sie sind deutlich besser als DSTN-Displays, aber auch deutlich teurer.

▪▶ *Siehe Laptop; DSTN-Display; Notebook; LCD*

TFTP

Abk.: Trivial File Transfer Protocol

TFTP bezeichnet ein Netzwerkprotokoll, welches simpler ist als das übliche FTP (trivial = einfach). Es verfügt jedoch bei weitem nicht über alle Möglichkeiten von FTP. TFTP benutzt UDP statt TCP. Eine genaue Beschreibung des Protokolls steht in der RFC 1350.

▸ *Siehe RFC; Netzwerkprotokoll; UDP; FTP*

Thermodrucker

Mit Thermodrucker werden alle Arten von Druckern bezeichnet, die ihre Bilder mit Hitze erzeugen. Es werden vor allem drei unterschiedliche Verfahren unterschieden:

▶ Beim **Thermo-Matrixdrucker** besitzt der Druckkopf eine Menge Nadeln, die hier allerdings erhitzt werden und dadurch das Thermopapier verfärben. Dieses Verfahren erlaubt den Bau sehr billiger Drucker. Da das Thermopapier aber licht- und wärmeempfindlich ist, verblassen die Ausdrucke mit der Zeit.

▶ **Thermosublimationsdrucker** erzeugen die besten Ausdrucke, da sie als einzige wirklich echte Mischfarben hervorbringen. Die Farbpartikel werden erhitzt, bis sie gasförmig werden, und schlagen sich dann auf dem Papier nieder. Der Name kommt von der Bezeichnung des Übergangs vom einen Feststoff in die Gasform, denn dieser heißt Sublimation. Da die verschiedenen Farben sich in der Gasform perfekt vermischen, ist es möglich mit diesem Verfahren 256 Farbnuancen pro Druckfarbe zu erzeugen. Bei vier Druckfarben ergeben sich daher 16,7 Millionen Farben. Mit speziellem Papier lassen sich so fotorealistische Bilder erzeugen, was gerade bei Verwendung einer digitalen Kamera diese Drucker optimal ausnützt. Die hohen Kosten der Drucker und des Papiers machen diese Drucker für private Anwender uninteressant.

▶ Bei **Thermotransferdruckern** werden aus einer hitzeempfindlichen Folie die Farbpartikel, meistens Wachs, auf das Papier aufgedampft. Dieses Verfahren ist qualitativ sehr hochwertig und außerdem recht leise und schnell. Pro Druckseite wird allerdings unabhängig von der tatsächlich gebrauchten Farbmenge immer eine gleich große Fläche der Folie benötigt. Dadurch ist der Verbrauch natürlich sehr hoch und damit auch die Kosten.

▸ *Siehe Impact Printer; Non-Impact Printer; Drucker*

Thermosublimationsdrucker

▸ *Siehe Thermodrucker*

Thermotransferdrucker

▸ *Siehe Thermodrucker*

Thesaurus

Eine moderne Textverarbeitung bietet zumeist auch einen Thesaurus. Dieser kann zu den meisten Wörtern ein Synonym aus einer Wörter-Datenbank heraussuchen.

➟ *Siehe Textverarbeitung*

Thick Ethernet

➟ *Siehe 10Base5*

ThickNet

➟ *Siehe 10Base5*

Thicknet Coaxial Cable

Thicknet Coaxial Cable ist die Bezeichnung für ein im Ethernet-LAN verwendetes Koaxialkabel.

➟ *Siehe LAN; Koaxialkabel; Ethernet*

ThickWire

➟ *Siehe 10Base5*

Thin Client

1. Thin Clients sind abgespeckte Computer, die in einem Netzwerk als Arbeitsplatz dienen. Das Augenmerk liegt besonders in der einfachen Administration des Rechners. Thin Clients verfügen meistens nur über eine minimale Ausstattung (kein CD-ROM-Laufwerk, keine Floppy usw.) und sind deshalb um vieles preisgünstiger. Programme werden nicht lokal auf dem Thin Client installiert und genutzt, sondern auf dem Server im Netzwerk. Die angeschlossenen Clients teilen sich die Programme.

2. Thin Client ist eine Software, die besonders wenige Ressourcen auf einem System verbraucht.

➟ *Siehe Thin Server; Client-Server-Prinzip; NC; Resources*

Thin Ethernet

➟ *Siehe 10Base2*

Thin Film Transistor

➟ *Siehe TFT-Display*

Thin Server

Der Thin Server ist das Gegenstück zum Thin Client. Er ist darauf ausgerichtet viele verschiedene Clients gleichzeitig zu bedienen. Er fungiert in den meisten Fällen als Anwendungs- bzw. als Fileserver. Die zugrunde liegende Idee ist, einen Server zentral zu administrieren und somit ein Höchstmaß an Arbeitseffektivität zu erreichen. Die Verbindung zwischen Server und Client erfolgt über unterschiedlichste Netzwerkprotokolle. Auch sind sie nicht an ein Betriebssystem gebunden.

➟ *Siehe Thin Client; Client-Server-Prinzip; Fileserver*

ThinNet

➟ *Siehe 10Base2*

Thinnet Coaxial Cable

Thinnet Coaxial Cable ist die Bezeichnung für ein im Ethernet-LAN verwendetes Koaxialkabel.

➙ *Siehe Koaxialkabel; Ethernet*

ThinWire

➙ *Siehe 10Base2*

Thread

Der Faden (Thread) von dem hier die Rede ist, legt fest, wie ein Programm durch einen Prozessor ausgeführt wird. Jedes Programm besteht aus einem Prozess und dieser wiederum aus mindestens einem Steuerfluss bzw. einem Thread. Jeder Thread besitzt einen eigenen Zustand mit Programmzähler, Registerinhalten und Stapelspeicher. Solche Threads realisieren das Multitasking unter OS/2, Windows 9x und Windows NT.

➙ *Siehe Multitasking; Multithreading*

Three-Pass

Three-Pass ist der Betriebsmodus eines Scanners, bei dem die Scanleiste mehrmals über die Vorlage scannen muss, um sie zu erfassen.

➙ *Siehe Farb-Scanner; Scanner*

Three-Tier-Modell

Das Three-Tier-Modell unterteilt eine Anwendung in eine Oberflächenschicht (GUI-Layer), die für die Benutzerschnittstelle zuständig ist, in die Geschäftsregeln (Business-Layer) mit der unternehmensspezifischen Logik und in die Datenbank (Data-Layer) mit den Daten der Anwendung. Durch die Aufteilung in drei Schichten lassen sich Teile einer Anwendung einfacher wieder verwenden.

➙ *Siehe GUI*

Thumbnail

Ein Thumbnail ist eine verkleinerte Vorschau einer Computergrafik oder eines Bildes in einem Anwendungsprogramm. Aufgrund der geringen Größe sind die Ladezeiten kurz.

Thunk

Im Betriebssystem Windows Thunk eine Methode, 16 Bit-Programmen den Aufruf von 32 Bit-Programmen zu ermöglichen und umgekehrt. Es gibt drei verschiedene Arten von Thunk: Flat Thunk (ermöglicht es 16 Bit-Programmen 32 Bit-DLLs aufzurufen und umgekehrt), Generic Thunk (16 Bit-Programme können 32 Bit-DLLs laden und aufrufen) und Universal Thunk (32 Bit-Programme können 16 Bit-DLLs laden und aufrufen).

Tick

Tick ist ein Signal, das von einem Taktgeber (clock) ausgesandt wird, und die grundlegende interne Zeiteinteilung in einigen Computern darstellt.

Tiefen-Aliasing

Tiefen-Aliasing ist ein unerwünschter Effekt, der bei der bilinearen Texturfilterung auftritt. Bei der Skalierung von Texturen ist ein Flackern sichtbar. Als Gegenmaßnahme wurde das MIP-Mapping bzw. die trilinearen Texturfilterung entwickelt.

➠ *Siehe Texturfilterung, bilineare; Texturfilterung, trilineare; MIP-Mapping*

TIFF

Abk.: Tagged Image File Format

Das Dateiformat TIFF wurde von der Aldus Corporation entwickelt und ist eines der wichtigsten Formate für Rastergrafikdateien. Es wurde von Anfang an so konzipiert, dass es eine Vielzahl von Speichermöglichkeiten bietet und neben den eigentlichen Grafikdaten auch Angaben wie der Name der eingesetzten Grafiksoftware oder der Scannertyp gespeichert werden können. TIFF ist in der Lage, Schwarzweiß-, Grauwert- und Farbbilder (L*a*b, CMYK, RGB, indizierte Farben) sowie Informationen zu Bildtransparenz und Alphakanälen zu speichern. Diese Möglichkeiten machen das Format komplizierter, andererseits aber auch universeller einsetzbar. Das TIFF-Format wird von jedem Scanner unterstützt. TIFF unterstützt die verlustfreie Kompressionsmethode LZW. Es wird hauptsächlich zum Datenaustausch zwischen Grafikern und Reprofirmen eingesetzt.

➠ *Siehe Hewlett Packard; Aldus; Pixelgrafik; Microsoft; GIF; JPEG*

Tilde

Das Sonderzeichen ~ heißt Tilde. In mathematischen Ausdrücken wird damit ungefähr, gleich oder proportional bezeichnet. Im Internet wird die Tilde dazu benutzt, um nach einer URL zwischen den Homepages der verschiedenen Anwender zu unterscheiden. Das sieht dann z.B. so aus: http://www.quarkserver.com/~Sampleuser.

➠ *Siehe Internet; URL; Homepage*

Time Division Multiplex

➠ *Siehe Zeitmultiplex-Verfahren*

Time Slice

Bei einem Multitasking-Betriebssystem laufen die einzelnen Tasks nicht wirklich parallel zueinander, sondern bekommen vom Betriebssystem kleine Zeiteinheiten, genannt Zeitscheiben (englisch: Time Slice), zugeordnet. Der Scheduler eines Betriebssystems bewältigt diese Aufgabe und berücksichtigt zudem verschiedene Prioritäten einzelner Tasks.

➠ *Siehe Scheduler; Task; Priorität; Multitasking; Betriebssystem; Multithreading*

Time to live

➠ *Siehe TTL*

Timeout

Als Timeout wird ganz allgemein ein Fehler durch Überschreiten einer vorgegebenen Zeitspanne bezeichnet, innerhalb der eine bestimmte Aktion erfolgen muss. Bei fast allen Datenübertragungen oder Datenfernübertragungen wird z.B. vom Empfänger eine Empfangsbestätigung erwartet. Erfolgt diese nicht innerhalb eines bestimmten Zeitintervalls, tritt ein Timeout auf. Der Transfer wird dadurch mit einem Fehler abgebrochen.

➠ *Siehe Transferprotokoll*

Time-Sharing

Mit Time-Sharing wird die abwechselnde Zuweisung von Rechenzeit an Prozesse oder verschiedene Benutzer eines Mehrplatzsystems bezeichnet.

➠ *Siehe Prozess; Multiuser-System*

Tintenstrahldrucker

➠ *Siehe Ink-Jet Printer*

Tischscanner

➠ *Siehe Flachbett-Scanner*

TK-Anlage

Mit Telefonanlagen (TK-Anlagen) ist es möglich viele Endgeräte sehr gezielt miteinander zu verschalten und so ein eigenes Telefonnetz aufzubauen. Für private Haushalte sind solche Lösungen oft überdimensioniert, aber in großen Häusern oder Firmen sind sie fast eine Selbstverständlichkeit. Speziell die Möglichkeit, innerhalb der Telefonanlage kostenlos telefonieren zu können, ist gerade für Firmen sehr interessant. Für das ISDN-Netz benötigen Sie entweder spezielle Endgeräte oder eine Telefonanlage, die dann auch analoge Signale für normale Faxgeräte, Modems und Telefone bereitstellt. Für den Betrieb von Faxgeräten oder Modems ist zu beachten:

▶ Wenn die automatische Amtsholung nicht eingeschaltet ist, muss immer zuerst eine bestimmte Ziffer (meist »0« oder »9«) gewählt werden, um ein Freizeichen zu erhalten.

▶ Bei Modems oder Faxprogrammen sollte der AT-Befehl X3 in die Initialisierungsstrings aufgenommen werden, da dieser die Freizeichenerkennung deaktiviert.

➠ *Siehe ISDN; Initialisieren*

TLD

TLD bezeichnet einen im Uniform Resource Locator (URL)

gekennzeichneten String. Die URL setzt sich aus einer TLD (Top-Level Domain) und einer SLD zusammen. So gehört der Rechner www.microsoft.de zur TLD Deutschland und zur SLD Microsoft.

➡ *Siehe URL; SLD*

TMDS

Abk.: Transition Minimized Differential Signaling

Das Datenübertragungsprotokoll von DVI.

➡ *Siehe: DVI*

T-Net

Das inzwischen vollständig digitalisierte Telefonnetz wurde von der Telekom T-Net genannt. Alle Endkunden sind an dieses Netz angeschlossen, ganz egal ob analog oder digital (ISDN). Die Wandlung der Signale von analog nach digital oder andersherum übernehmen die Vermittlungsstellen. Auch analoge Telefone, die an einer solchen digitalen Vermittlungsstelle hängen, können bestimmte Funktionen, die bisher nur den ISDN-Teilnehmern vorbehalten waren, nutzen. Dazu gehören zurzeit sieben Eigenschaften: Anklopfen, Anrufweiterschaltung, Dreierkonferenz, Makeln, Rückruf, das Sperren bestimmter Rufnummern und das Verbinden ohne Wahl. Die Leistungsmerkmale Anzeigen von Rufnummern und der Rückruf bei Besetzt sind derzeit noch nicht überall verfügbar. Die Merkmale Anklopfen, Makeln, Rückfragen, Rückruf bei Besetzt und die Unterdrückung der Rufnummernübermittlung sind kostenlos zu haben, müssen aber wie der Rest jeweils beantragt und freigeschaltet werden, bevor sie benutzt werden können. ISDN bietet nur noch wenige zusätzliche Funktionen (ISDN), aber dafür immer noch eine deutlich höhere Datenübertragungsgeschwindigkeit.

➡ *Siehe ISDN; ISDN-Leistungsmerkmale*

Token

In einem Token-Ring-Netzwerk wird ein Token, ein spezielles Datenpaket, von Station zu Station weitergegeben. Nur die Station, die gerade das Token innehat, darf ihre Nachrichten an das Netz abgeben. Dadurch wird das Senden von mehreren Nachrichten zur gleichen Zeit und damit Kollisionen verhindert. Neben dem genormten Token-Ring-Netzwerk gibt es Token auch in anderen Verfahren, wie beispielsweise beim ARCnet.

➡ *Siehe Packet; ARCnet; Token-Ring*

Token-Ring

Das 1985 erstmals von IBM vorgestellte Token-Ring-Netzwerk

benutzt eine ganz andere Technologie als beispielsweise das Ethernet, um Kollisionen im Netzwerk zu verhindern. Es verwendet, wie etwa auch das ARCnet, Token. Es wurde inzwischen von der IEEE unter IEEE 802 standardisiert. Die Technologie von IBM bietet aber entweder 4 oder 16 MBit/s anstatt 1 oder 4 MBit/s wie die standardisierten Verfahren. IBM schreibt außerdem fest Twisted-Pair-Kabel vor, wohingegen dies von den standardisierten Verfahren nicht festgelegt worden ist. Token-Ring übernimmt die Aufgaben der beiden unteren Schichten des OSI-Schichtenmodells. Die Knoten werden dabei in einem Ring angeordnet und dann alle Knoten sternförmig mit einem zentralen Server, auch MAU genannt (MSAU = Multistation Access Unit), verbunden. Bei größeren Token-Ring-Netzwerken werden die MAU der einzelnen Token-Ring-Netze verbunden und meist noch ein zusätzlicher Sicherheitsring aufgebaut.

↠ *Siehe MAU; OSI-Schichtenmodell; Twisted-Pair-Kabel; IEEE-802-Modell*

Tomcat

Apache Tomcat ist ein Java Servlet Container und die Referenzimplementierung von Java Servlet und Java Server Pages.

↠ *Siehe Servlet; JSP; Java*

Toner

Als Toner werden Farbteilchen bezeichnet, die bei Kopierern und Laserdruckern zum Drucken verwendet werden.

↠ *Siehe Laserprinter*

T-Online

T-Online ist der Online-Service und Internet-Serviceprovider der Deutschen Telekom. 1995 gestartet, ist T-Online die konsequente Weiterentwicklung des bereits 1983 ins Leben gerufenen Btx-Dienstes. Das Angebot von T-Online unterteilt sich in mehrere Portale, die verschiedene Themen wie Finanzen, Freizeit, Einkauf, Geschäft usw., abdecken. Die fast 9 Millionen Kunden haben eigene E-Mail-Adressen, können sich in diversen Chat-Räumen unterhalten, Bankgeschäfte über das Internet tätigen und SMS versenden.

↠ *Siehe Minitel; Btx; KIT; Prestel; CEPT; Chatten; Portal*

Tonwahl-Verfahren

↠ *Siehe MFV*

Tool

Tool bezeichnet üblicherweise ein Hilfsprogramm, das eine ganz bestimmte Funktion erfüllt und die Arbeit erleichtern soll. Eine Sammlung solcher Programme wird Toolbox genannt. Gerade bei der Software-Entwicklung sind solche Programme sehr verbreitet.

➠ *Siehe Programmierumgebung*

Toolbox

Als Toolbox wird eine Sammlung von Tools bezeichnet, die bestimmte Aufgaben oft sehr effizient und komfortabel bewältigen oder eine Sammlung von Bibliotheken und/oder Routinen, die grundsätzliche Probleme bei der Programmerstellung lösen und so das Erstellen von größeren Applikationen deutlich beschleunigen. Diese bei der Programmierung verwendeten Routinen werden entweder als Quelldateien oder als Quellmodule eingebunden.

➠ *Siehe Quelldatei; Applikation; Routine; Tool*

Toolkit Command Language/ Toolkit

➠ *Siehe Tcl/Tk*

Toolkit Without An Important Name

➠ *Siehe TWAIN*

Top Level Domain

Abk.: TLD

➠ *Siehe TLD*

Tortendiagramm

Ein Tortendiagramm ist die dreidimensionale Darstellung eines Kreisdiagramms. Es wird auch als Kuchendiagramm bezeichnet.

➠ *Siehe Kreisdiagramm; Diagramme*

Torvalds, Linus

➠ *Siehe Linux*

TOS

Abk.: The Operating System

TOS ist der Name des Betriebssystems der Computer der Firma Atari. Es verfügte bereits in der ersten Version über eine grafische Benutzeroberfläche, die als GEM bezeichnete wurde.

➠ *Siehe GEM; Atari; GUI*

Toshiba

http://www.toshiba.de

Toshiba ist ein japanischer Konzern, der im Computerbereich vor allem für seine CD-ROM-Laufwerke, Notebooks und Drucker bekannt ist.

Tower

Ein Tower ist ein Gehäusetyp für einen PC. Es gibt Mini-, Midi- und Bigtower. Ein Minitower braucht nicht viel Platz, kann aber nur eine geringe Zahl an Diskettenlaufwerken, Festplatten und ähnlichem Zubehör aufnehmen. Midi- und Bigtower bieten mehr Platz und haben auch entsprechend leistungsfähigere Netzteile.

➠ *Siehe Desktop; Netzteil*

Bild T.2: Ein Tower-Gehäuse

TPC

Abk.: Transmit Power Control

TCP ist die Funktion des WLAN-Standards IEEE 802.11h. TCP ermöglicht die flexible Regelung der Sendeleistung auf das erforderliche Minimum.

➥ *Siehe WLAN; IEEE-802.11*

Tpi

Abk.: tracks per inch

▲ *Übers.: Spuren pro Zoll*

Tpi gibt die Zahl der Sektoren an, die eine Spur eines Datenträgers enthält. Je größer diese Zahl ist, desto mehr Daten kann ein Datenträger aufnehmen.

➥ *Siehe Datenträger; Track(s); Sektor*

TPM

Abk.: Trusted Platform Module

TMP ist ein Kryptochip, der Daten verschlüsselt und deren Integrität prüft. TMP ist wesentlicher Bestandteil der TCPA-Initiative zum Schutz von Computersystemen, Software und sicheren Authentifizierung.

➥ *Siehe TCPA; Kryptografie; Integrität*

Trace Cache

Der Trace Cache ist eine technische Neuerung am Pentium-4-Prozessor von Intel. Der Trace Cache ist ein erweiterter L1-Cache. Er speichert bereits dekodierte MicroOps. Wartezeiten durch Befehlsdekodierung beim Speisen der Pipeline werden dadurch vermieden. Der Trace Cache ist Bestandteil der Netburst-Architektur von Intel.

➥ *Siehe Pentium IV; Netburst-Architektur; L1-Cache; MicroOps*

Tracer

Mit einem Tracer kann das Zusammenspiel der Module eines Programms überwacht werden. Es ist damit eine Form eines Debuggers.

➥ *Siehe Debugger*

Traceroute

Traceroute ist ein Programm, das den Übermittlungsweg (Gateway) zwischen einem Client und einem Zielrechner ermittelt. Traceroute ist Bestandteil vieler Betriebssysteme, z.B. Windows 95/98/NT und Unix.

➡ *Siehe TTL; Gateway*

Track(s)

Die meisten magnetischen, optischen und magneto-optischen Speichermedien arbeiten mit Spuren. In diese Spuren werden die Daten geschrieben. Je nach Medium sind diese Spuren noch weiter unterteilt. Auch die Anordnung der Spuren ist unterschiedlich. So verwenden z.B. Festplatten und Disketten viele kreisförmige Spuren, die konzentrisch angeordnet sind. Auf einer CD dagegen ist nur eine einzige Spur vorhanden, die von innen nach außen in Form einer Spirale verläuft. Auf Bändern werden auch Spuren verwendet. Allerdings verlaufen diese hier entweder längs übereinander (Längsspur-Verfahren) oder schräg nebeneinander (Schrägspur-Verfahren).

➡ *Siehe CD; Speichermedium; Harddisk; Diskette; Tape*

Track-at-once

Track-at-once ist eine Art, wie CD-Writer Tracks auf einer CD ablegen. Bei einer selbst gebrannten CD werden die Tracks Track für Track geschrieben und es entsteht immer eine zwei Sekunden lange Pause zwischen ihnen.

➡ *Siehe CD; CD-Writer*

Trackball

Ein Trackball ist im Prinzip eine umgedrehte Maus. Auf der Oberseite des Trackballs befindet sich eine Kugel, mit der der Anwender den Mauszeiger auf dem Bildschirm steuern kann und zwei oder drei Taster (Button), mit denen er dann Aktionen, genau wie bei einer Maus, auslösen kann. Ein Trackball ist aber nicht so komfortabel wie eine Maus zu benutzen, vor allem bei einer langen Arbeitsdauer. Daher findet er hauptsächlich im Bereich der Laptops und Notebooks Verwendung, da er sehr Platz sparend in die Tastatur integriert werden kann. Manchmal wird er aber auch als externes Peripheriegerät mitgeliefert.

➡ *Siehe Maus*

Tracks per inch

➡ *Siehe Tpi*

Trailer

Als Trailer wird das hintere Ende einer Datenstruktur bezeichnet. In den Trailern von Datenpaketen sind oft eine CRC-Kennung oder andere Struktur- oder Organisationsdaten enthalten.

➡ *Siehe Header; Packet; CRC*

Traktor

Bei einem Drucker wird ein Traktor benötigt, um Endlospapier und Formulare einziehen zu können. Dabei handelt es sich um eine mechanische Vorrichtung zum Transport des Papiers in den Drucker. Ein Schubtraktor schiebt das Papier in den Drucker, wohingegen ein Zugtraktor das Papier zieht.

➥ *Siehe Einzelblatteinzug; Drucker*

Transaktion

Unter einer Transaktion wird ein kompletter Zyklus einer Datenverarbeitung verstanden. Dies reicht von der Eingabe der Daten und Befehle über die Bearbeitung der Daten mittels der Verknüpfung mit den Befehlen bis zur Ausgabe der Ergebnisse. Sucht der Anwender in einer Datenbank irgendwelche Daten, verknüpft diese dann neu und speichert sie zurück, so wäre dieser ganze Prozess eine Transaktion. Werden Transaktionen aus irgendwelchen Gründen, etwa einem Absturz, nicht vollständig durchgeführt, so müssen diese auf alle Fälle entweder nachträglich abgeschlossen oder total annulliert werden. Ansonsten wäre die Konsistenz der verwendeten Daten kompromittiert. Bei einer Überweisung ist beispielsweise die Transaktion erst beendet, wenn das Geld den Empfänger erreicht hat und dem Absender abgebucht worden ist.

➥ *Siehe DV; Datenbank*

Transferprotokoll

Wenn zwei Computer oder zwei Programme Daten austauschen wollen, müssen sie dasselbe Protokoll verwenden. Mit Protokoll sind einige genau definierte Regeln gemeint, die die Datensicherheit gewährleisten sollen. Speziell bei der Datenfernübertragung wird der Begriff Übertragungsprotokoll verwendet. Bekannte Übertragungsprotokolle sind Xmodem, Ymodem, Zmodem und Kermit. Bei allen Übertragungsprotokollen werden redundante Informationen in den Datenstrom eingefügt, wodurch eine Fehlererkennung und -korrektur erst möglich wird.

➥ *Siehe Fehlerkorrektur; Fehlererkennung*

Transferrate

➥ *Siehe Datentransferrate*

Transfervolumen

Das Transfervolumen gibt die Datenmenge an, die von und zu einem Web-Server übertragen wird.

➥ *Siehe Datentransferrate*

Transferzeit

Transferzeit ist die zur Übertragung von Daten benötigte Zeit. Sie setzt sich aus der Übertragungszeit für die Nutzdaten und dem durch das Übertragungsprotokoll vorgegebenen Overhead zusammen. Die Übertragungszeit errechnet sich aus der Datentransferrate und der zu übertragenden Datenmenge. Sie spielt eine wesentliche Rolle bei der Datenübertragung bzw. der Datenfernübertragung.

➭ *Siehe Datentransferrate; DFÜ; Datenübertragung*

Transform and Lighting
➭ *Siehe T&L*

Transistor
Der Transistor ist das Kernstück aller modernen Elektronikbausteine. Er hat entweder die Funktion eines Schalters oder eines Verstärkers. Er löste die Elektronenröhren ab, die wesentlich größer waren. Transistoren sind sehr robust, schnell und kommen mit sehr geringen Spannungen und Strömen aus. Die Transistoren werden immer mehr verkleinert. Moderne Prozessoren enthalten schon einige Millionen Transistoren und diese Zahl wächst mit jeder neuen Generation stark an.

➭ *Siehe CPU*

Transistor Transistor Logic
➭ *Siehe TTL*

Transmission Control Protocol
➭ *Siehe TCP*

Transmission Control Protocol/ Internet Protocol
➭ *Siehe TCP/IP*

Transmit Power Control
➭ *Siehe TPC*

Transmitter Signal Element Clock
➭ *Siehe TC*

Transparent
1. Grafische Elemente heißen transparent, wenn der Hintergrund durch sie hindurch zu sehen ist. Bei Grafikprogrammen wird die Transparenz als Eigenschaft von Objekten definiert. Bei Windows 9x werden Icons transparent, wenn sie verschoben werden. Dies wird durch eine wechselweise Überlagerung der Pixel realisiert.

2. Transparente Funktionen in einem Anwendungsprogramm oder einem Betriebssystem sind für den Anwender vollständig erfassbar. Bei Im- und Exportfunktionen vieler Grafik- und Textverarbeitungsprogramme ist es möglich Grafiken und Texte anderer Programme einzulesen, als wären sie im Format des aktuell verwendeten Programms vorhanden. Diese Funktionen werden transparent genannt.

3. Eine Datenübertragung heißt transparent, wenn dabei die Art der Daten nicht berücksichtigt wird. Das heißt, die Daten werden rein binär übertragen. Bildlich gesprochen

kommt auf der Empfängerseite genau das heraus (Bit für Bit), was auf der Senderseite losgeschickt wurde.

➭ *Siehe Pixel; Grafikprogramme; Datenübertragung*

Transparente GIFs

➭ *Siehe GIFs, transparente; GIF; Bitmap-Grafik*

Transport Layer

Abk.: Transportation Layer

▲ Übers.: *Transportschicht*

Transport Layer ist die vierte Schicht des OSI-Schichtenmodells.

➭ *Siehe OSI-Schichtenmodell*

Transportschicht

➭ *Siehe Transport Layer*

Travan

Die Travan-Generation ist der Nachfolger der QIC-Streamer. Die von den inzwischen veralteten QIC-Streamern verwendeten QIC-Tapes lassen sich mit den Travan-Streamern weiterhin verwenden, so dass ein Umsteigen von QIC auf Travan kein Problem darstellt. Um die Kompatibilität möglich zu machen, haben Travan-Tapes im vorderen Bereich die gleichen Mase wie die QIC-Tapes. Im hinteren Bereich sind sie allerdings breiter und höher, um so mehr Platz für das Magnetband zu schaffen. Travan-Tapes können daher deutlich mehr Daten aufnehmen – bis zu über einem GByte. Normal sind 420 bis 800 MByte. Die Travan-Streamer können wie die QIC-Streamer intern an den Floppy-Bus angesteckt werden, was sie etwas langsamer macht, oder an eine eigene Schnittstellenkarte angeschlossen werden, was die Streamer schneller macht. Zu diesem Zweck muss die Streamer-Software die Karte unterstützen und diese benötigt einen IRQ und einen DMA-Kanal. Iomega ist eine der Firmen, die diese Streamer herstellt.

➭ *Siehe DMA; QIC; Streamer*

Tree

1. Tree ist eine hierarchisch gegliederte Struktur, die im Aufbau an einen verästelten Baum erinnert. Wird zur Beschreibung von Zusammenhängen, Programmabläufen oder anderen logischen Strukturen verwendet. Der Ausgangspunkt des Baums wird Wurzel, das andere Ende Blätter genannt, dazwischen befinden sich die Knoten. Verzeichnisse und Dateien auf einem Datenträger sind z.B. in einer Baumstruktur gegliedert (Verzeichnisbaum).

2. Beim Active Directory von Windows 2000 bilden die zu einem gemeinsamen Namensraum gehörenden Domänen einen hierarchischen Tree,

eine Baumstruktur. Es gibt eine Hauptdomäne, von der sich weitere Domänen ableiten. Alle Domänen innerhalb des Trees sind über bidirektionale und transitive Vertrauensstellungen untereinander verbunden (Domäne A vertraut Domäne B, Domäne B vertraut Domäne C, deswegen vertraut Domäne C auch Domäne A). Für eine Hauptdomäne (z.B. mut.de) wird ein Tree aufgebaut. Werden mehrere Trees benötigt (z.B. für mut.com), entsteht ein Forest.

➡ *Siehe ADS; Forest; Verzeichnisstruktur*

Treiber

➡ *Siehe Gerätetreiber*

Trennhilfe

In den meisten modernen Textverarbeitungssystemen existiert eine Silbentrennungsfunktion. Es ist möglich zwischen einer automatischen Silbentrennung, die ohne Eingriffsmöglichkeit des Anwenders abläuft und einer halbautomatischen, die Interaktion des Benutzers zulässt, zu wählen.

➡ *Siehe Textverarbeitung*

Trennzeichen

Sind in einer Datenbank die Datensätze nicht gleich lang, so werden Trennzeichen verwendet, um die Datensätze voneinander zu trennen. Zwischen dem Ende des einen und dem Anfang des jeweils nächsten Datensatzes befindet sich je ein Trennzeichen.

➡ *Siehe Datenbank; Datensatz*

Treppeneffekt

➡ *Siehe Aliasing*

Trial&Error

Trial&Error bedeutet soviel wie Versuch und Irrtum. Es bezeichnet eine Art, wie Fehler in einer Software und Probleme mit einer Hardware behoben werden können. Dabei wird das Problem durch Probieren immer weiter eingeschränkt, bis es konkret eingekreist ist. Bei Hardwareproblemen wäre dies etwa das Austauschen aller möglichen Komponenten, bis nur noch die fehlerhafte Komponente übrig bleibt. Die Trial&Error-Methode spielt auch beim Backtracking eine wichtige Rolle.

➡ *Siehe Backtracking*

Trickle-Server

Ein Trickle-Server ist ein Server im Internet, bei dem PD-Software heruntergeladen werden kann.

➡ *Siehe Internet; Server; PD-Software*

Trilineare Texturfilterung

➡ *Siehe Texturfilterung, trilineare*

Trilineares MIP-Mapping

➡ Siehe MIP-Mapping

Trimmen

Trimmen wird die Funktion genannt, mit der Teile eines Bildes herausgeschnitten werden können. Dafür wird der gewünschte Bereich markiert. Die überstehenden Ränder werden gelöscht.

Trinitron

➡ Siehe Streifenmaske

Triple-DES

Triple-DES ist ein auf DES basierendes Verschlüsselungsverfahren, das statt einem drei Schlüssel verwendet.

➡ Siehe Verschlüsselung; DES

Trivial File Transfer Protocol

➡ Siehe TFTP

Trojanisches Pferd

Ein Trojanisches Pferd ist ein Programm, das hinter der Vorspiegelung von irgendeiner nach außen sichtbaren Funktionalität ganz etwas anderes im Sinn hat. Solche Programme werden oft als neue Version eines beliebten Programms offeriert und leiten dann im Hintergrund ohne Wissen des Benutzers üblicherweise schädigende Wirkungen ein. Solche Programme können Computerviren enthalten oder Berechtigungen sammeln und zum Programmierer weiterleiten.

➡ Siehe Computervirus

Trommelplotter

Die Funktionsweise eines Trommelplotters oder Walzenplotters entspricht der eines Stiftplotters. Das Medium wird beim Trommelplotter mit Hilfe einer Trommel weiterbewegt. Beim Flachbett-Plotter liegt das Medium flach fixiert auf dem Plotter.

➡ Siehe Flachbett-Plotter; Stiftplotter; Plotter

Trommelscanner

Trommelscanner werden im Bereich der professionellen Bildbearbeitung eingesetzt. Sie erreichen mit mehr als 1.000 dpi die größtmögliche Auflösung aller Scanner. Die Vorlage wird dabei auf eine Trommel gespannt. Diese rotiert während des Scannens mit hoher Geschwindigkeit.

➡ Siehe Scanner

Troubleshooting

Troubleshooting bezeichnet die Suche und Behebung von Fehlern aller Art, sowohl bei Hardware als auch bei Software. Funktioniert beispielsweise eine Grafikkarte nicht richtig, so wäre eine mögliche Art des Troubleshootings das Austauschen der Grafikkartentreiber.

➡ Siehe Soft Error; Gerätetreiber

TrueColor

TrueColor heißt die Farbtiefe mit 24 Bit, was einer Farbanzahl von 16,7 Millionen entspricht und damit auch der menschlichen Farbwahrnehmung. Bilder in TrueColor sehen daher sehr wirklichkeitsgetreu aus. Scanner erfassen inzwischen alle Bilder standardmäßig in TrueColor. Da Bilder in TrueColor schnell recht groß werden, ist deren Darstellung und Bearbeitung sehr rechenintensiv und Systeme, die dafür ausgelegt sind, recht teuer. Grafikkarten, die mit 2 MByte Speicher ausgestattet sind, können TrueColor bis in Auflösungen von 800x600 darstellen, für 1024x768 oder mehr werden 4 oder mehr MByte Speicher benötigt. Da die Darstellung auch extreme Ansprüche an die Grafikkarte stellt, ist die Beschränkung auf HiColor oft sehr sinnvoll. HiColor hat 16 Bit Farbtiefe und kann damit 65.536 Farben gleichzeitig darstellen. Für die meisten Anwendungen ist HiColor ausreichend. Auch die Bearbeitung von TrueColor-Bildern in HiColor ist solange kein Problem, bis Einschränkungen bei der Farbpalette gemacht werden müssen. Zum Ausdrucken von TrueColor-Bildern sind Thermosublimationsdrucker ideal. Denn nur solche Drucker sind in der Lage, die Mischfarben richtig herzustellen. Farblaser- und Tintenstrahldrucker haben zwar auch True-Color-Fähigkeiten, können aber keine ausreichende Rasterung der Grundfarben herstellen.

➡ Siehe *Thermodrucker; Grafikkarte; HiColor; Farbtiefe*

TrueColor-Grafikkarte

Eine TrueColor-Grafikkarte unterstützt die Videomodi, die notwendig sind, um TrueColor darstellen zu können.

➡ Siehe *Grafikkarte; TrueColor*

TrueType

TrueType ist ein von Apple und Microsoft definierter Standard für Vektorschriften. Im Vergleich zu Bitmapschriften, die Pixel für Pixel aufgebaut sind, werden bei Vektorschriften die Konturen durch Vektoren gebildet. Dadurch lassen sie sich ohne Qualitätsverlust vergrößern bzw. verkleinern. Bei Bitmapschriften hingegen tritt hierbei sehr oft der so genannte Treppeneffekt auf. Unter Windows kann die Verwendung von TrueType-Schriften (TTFs) in der Systemsteuerung aktiviert oder deaktiviert werden. Im Handel ist eine große Anzahl von CD-ROMs zu erstehen, die solche Schriften enthalten. Im professionellen Bereich werden TrueType-Schriften wegen ihrer nicht optimalen Qualität dagegen oft durch höherwertige Verfahren ersetzt. Der Adobe Type Manager etwa verwendet skalierbare PostScript-Schriften für die Bildschirmdarstellung und die Druckausgabe.

➭ *Siehe PostScript; Schriften; Adobe Type Manager; Control Panel*

Trusted Computer Alliance

➭ *Siehe TCPA*

Trusted Platform Module

➭ *Siehe TPM*

TSR-Programm

Abk.: Terminate and Stay Resident

Ein typisches TSR-Programm ist z.B. ein Maustreiber. Wird z.B. dieser Treiber gestartet, beendet sich das Programm (= Terminate) mit einem bestimmten Befehl, der dazu führt, dass nicht der ganze Speicher des Programms wieder freigegeben wird. Im nicht freigegebenen Speicher bleibt ein Teil des Treibers erhalten (Resident), dieser Teil wird auch Memory Resident genannt. Die Kontrolle wird zwar an den Aufrufer zurückgereicht, aber ein TSR-Programm »missbraucht« zumeist einen oder mehrere Interrupts, um eine weiterreichende Funktionalität zu bewahren. Auf dieser Grundlage kann sehr starker Einfluss auf das Betriebssystem genommen werden, da viele Funktionen des Betriebssystems über Interrupts gesteuert werden und diese daher über TSR-Programme mit eigenen Funktionen ersetzt

werden können. TSR-Programme können meistens wieder ganz aus dem Speicher entfernt werden, allerdings nur so lange noch kein weiteres TSR-Programm geladen wurde, das einen identischen Interrupt noch einmal nutzt. Um diese trotzdem zu entfernen, müssen alle TSR-Programme in der umgekehrten Reihenfolge entfernt werden, in der sie geladen wurden. Manche Programme bieten auch noch einen Zugang, wenn sie schon resident sind. Dazu muss ein Hotkey betätigt werden, worauf das Programm seine Funktionen auf dem Bildschirm anzeigt.

➭ *Siehe Hotkey*

TTL

Abk.: Transistor Transistor Logic, Time to live

1. TTL ist eine Standardtechnik zum Aufbau digitaler Schaltkreise. Die Funktionsblöcke werden dabei mit NAND- und NOR-Gattern auf Basis von Bipolar-Transistoren miteinander verschaltet. Die Spannung, mit der die TTL-Bausteine arbeiten, beträgt 5 Volt. Die Technik ist heute nicht mehr verbreitet.

2. TTL ist ein in IP-Paketen versteckter Wert, der einem Netzwerk-Router mitteilt, ob dieses Paket schon zu lange im Netzwerk »lebt« und deshalb gelöscht werden kann. Der Rou-

ter entscheidet dabei, ob das Paket seinen Zielort in einer absehbaren Zeit (TTL) erreichen wird. Der voreingestellte Wert beträgt 32 Sekunden.

➭ *Siehe NAND-Verknüpfung; Transistor; Router; IP; NOT-Verknüpfung*

TTL-Monitor

Ein TTL-Monitor ist ein monochromer Bildschirm, mit dem es möglich ist, den Zustand von TTL-Bausteinen oder -baugruppen zu analysieren. Er besitzt einen digitalen Eingang mit einem Pegel von 5 Volt zur Durchführung derartiger Tests.

➭ *Siehe TTL*

TTY

Abk.: Teletype

▲ *Übers.: Fernschreiber*

Fernschreiber sind Telekommunikationsgeräte, mit denen über ein spezielles Telekommunikationsnetz Textnachrichten versendet werden können. Das Gerät sieht aus wie eine Schreibmaschine. Nachrichten werden über die Tastatur eingegeben und an den Empfänger übermittelt. Fernschreiber sind ein veraltetes Medium.

➭ *Siehe Fax; Telekommunikation*

Tuning

Um eine möglichst optimale Leistung Ihres Computers zu erreichen, müssen alle Komponenten, sowohl Hard- als auch Software, aufeinander abgestimmt werden. Diese Abstimmung der Konfiguration eines Computers wird Tuning genannt.

Tupel

▲ *Syn.: Record*

Entität, Zeile einer Datenbanktabelle

➭ *Siehe Relation*

Turbo C

Die Firma Borland hat Turbo C, einen Dialekt der Programmiersprache C, entwickelt und auf den Markt gebracht. Ein sehr interessantes Detail von Turbo C ist die integrierte Entwicklungsumgebung. Diese fasst alle Programme unter einer Oberfläche zusammen und erleichtert somit deren Zugriff. Inzwischen heißt Turbo C Borland C++.

➭ *Siehe Borland; C; Entwicklungssystem; Programmiersprache; C++*

Turbo Pascal

Turbo Pascal ist der von der Firma Borland entwickelte Dialekt der Programmiersprache Pascal, der auch wie Turbo C mit einer integrierten Entwicklungsumgebung ausgestattet ist. Seit der Version 6.0 beinhaltet Turbo Pascal zudem Methoden der objektorientierten Programmierung.

➠ Siehe *Programmierung, objektorientierte; Borland; Entwicklungssystem; Pascal; Delphi*

Turbo-Taste

Die alten Gehäuse hatten meistens eine Turbo-Taste, die es ermöglichte die Geschwindigkeit des Computers herabzusetzen. Diese Funktion wurde bis zur Prozessorgeneration der 80486er unterstützt und gewährleistete eine Abwärtskompatibilität für Programme, die mit den schnellen Prozessoren nicht zurechtkamen. Da moderne Prozessoren diese Funktion nicht mehr anbieten, weil deratige Programme nicht mehr existieren, gibt es diese Tasten kaum noch auf den Gehäuse-Frontseiten.

➠ Siehe *Kompatibilität; Prozessor*

TWAIN

Abk.: Toolkit Without An Important Name

TWAIN stellt einen Treiberstandard dar, mit dem alle zu TWAIN kompatiblen Scanner aus Programmen, die auf TWAIN basieren, angesteuert werden können. In der Praxis hat sich leider gezeigt, dass sich die Hoffnung auf eine problemlose Zusammenarbeit nicht erfüllt hat.

➠ Siehe *Scanner; Compatible*

TweakUI

TweakUI ist ein Programm für Windows 9x, mit dem die Liste im Kontextmenu »Neu« durch einfaches Drag&Drop erweitert werden kann.

➠ Siehe *Drag&Drop*

Tweening

Der Begriff Tweening ist aus dem englischen Wort between – zwischen oder dazwischen entstanden. Dabei bezeichnet das Tweening einen Prozess, bei dem zwischen einem Start- und Endzustand Bilder des Überganges berechnet werden. Ein ähnlicher Vorgang ist auch aus verschiedenen Vektorgrafikprogrammen bekannt und wird dort z.B. mit Überblenden oder Überführen bezeichnet.

➠ Siehe *Animation; SWF*

Twip

Twip ist ein typographisches Maß. Es entspricht dem Zwanzigstel eines Punkts (Point). Es wird neben den Pixeln in der Programmierung als Maß für Grafiken verwendet.

➠ Siehe *Point; Pixel*

Twisted-Pair-Kabel

Mit einem Twisted-Pair-Kabel können Computer mit einem Netzwerk verbunden werden. Es besteht aus zwei Kupferdrähten, die miteinander verdrillt sind, um die Einkopplung von Störungssignalen zu minimieren. Mit Twisted-Pair-Kabeln lassen sich höhere Datentransferraten erreichen als mit Koaxialkabeln, und es lassen sich an ein bestehendes Twisted-Pair-Netz weitere Rechner anhängen, ohne es unterbrechen zu müssen. Es werden drei verschiedene Arten von Twisted-Pair-Kabeln unterschieden:

- **UTP** steht für Unshielded Twisted Pair und bezeichnet das einfachste und nicht besonders abgeschirmte Kabel.
- **STP** steht für Shielded Twisted Pair. Bei STP hat jeder der beiden Kupferdrähte eine eigene metallische Abschirmung.
- Bei **S-UTP** hat nur das verdrillte Leiterpaar eine Abschirmung rund um sich herum.

➭ *Siehe Netzwerk; Koaxialkabel*

Txt

Abk.: Text

Txt ist die Erweiterung, die normalerweise besagt, dass die entsprechende Datei eine ASCII-Textdatei ist.

➭ *Siehe ASCII-Datei*

Typenraddrucker

Ein Typenraddrucker basiert auf dem Prinzip alter Schreibmaschinen. Für jedes zu druckende Zeichen muss eine eigene Type mit dem Symbol des Zeichens vorhanden sein. Bei solchen Druckern rotiert eine Scheibe, die alle Typen enthält, vor dem Druckmedium, und in dem Moment, in dem die gesuchte Type am richtigen Platz ist, schlägt ein kleines Hämmerchen die Type auf das Farbband, welches wiederum das Zeichen auf das Papier druckt. Bevor sich die Laserdrucker mit extrem guter Textwiedergabequalität durchgesetzt hatten, spielten solche Schönschreibdrucker für wichtige Textausdrucke eine große Rolle.

➭ *Siehe Impact Printer; Drucker*

Typografie

Die Typographie bezeichnet die ästhetische Gestaltung eines Textes oder einer Grafik. Darunter fällt die Auswahl der Schriften, Platzierung der einzelnen Elemente etc. Es wird zwischen Mikro- und Makrotypographie unterschieden.

➭ *Siehe Mikrotypographie; Makrotypographie*

U

U.S. Robotics
http://www.usrobotics.com

Abk.: USR

U.S. Robotics ist ein international bekannter Hersteller von Modems, Routern und Netzwerkprodukten. Außerdem stammt der PalmPilot aus diesem Haus. Der amerikanische Konzern entwickelte 1996 den X2-Standard (V.56-Standard), mit dem Daten mit 56 KBit/s von einem Online-Dienst oder Internet-Provider empfangen werden können. Der Modemhersteller Rockwell hat einen vergleichbaren Standard (K56plus-Standard, V.56-Standard) entwickelt. U.S. Robotics wurde von der amerikanischen Firma 3Com übernommen.

➡ *Siehe X2-Standard; V.56-Standard*

UART
Abk.: Universal Asynchronous Receiver/Transmitter

Der UART-Chip dient der Steuerung einer asynchronen seriellen Schnittstelle. Es existieren verschiedene Typen dieses Bausteins. Im PC werden normalerweise die Typen NS 8250, 16450 oder 16550 eingesetzt. Der 16550 besitzt einen FIFO-Puffer, der speziell bei höheren Geschwindigkeiten die Datensicherheit gewährleisten soll.

➡ *Siehe Schnittstelle, serielle; FIFO-Puffer*

UBE
Abk.: Unsolicited Bulk Email

Als UBE werden unerwünschte Massensendung von E-Mails, unabhängig vom werblichen Charakter bezeichnet.

➡ *Siehe UCE; Spam-Mail*

Überlauf
➡ *Siehe Overflow*

Übersetzer
Im Gegensatz zu einem Compiler ist der Übersetzer in der Lage, den Quelltext eines Programms in den Programmtext einer anderen Hochsprache umzuwandeln. Beispielsweise könnte ein Programm der Hochsprache C in Pascal übersetzt werden. Ein Compiler dagegen erzeugt genau wie ein Assembler ausführbaren Maschinencode.

➡ *Siehe Compiler; Maschinensprache; Assembler; C; C++*

Übertragung, asynchrone
➡ *Siehe ATM*

Übertragung, binäre
➡ *Siehe Binary transfer*

Übertragung, synchrone

1. Die Paketvermittlung in einem Netzwerk wird synchrone Datenübertragung genannt.

2. Bei synchronen Datenübertragungen ist es notwendig, dass die Quelle und das Ziel über einen gemeinsamen Takt verfügen. Dies erledigt meistens eine zusätzliche Hardwarekomponente und macht so die Steuerbits einer asynchronen Übertragung unnötig. So ist mehr Platz für die Daten vorhanden, wodurch die Übertragungsgeschwindigkeit steigt.

➠ *Siehe Switching; SCSI; Takt*

Übertragungseinheit, maximale

➠ *Siehe MTU*

Übertragungsgeschwindigkeit

➠ *Siehe Datentransferrate*

Übertragungsmodus, asynchroner

➠ *Siehe ATM*

Übertragungsprogramm

Ein Datenübertragungsprogramm kann, ganz allgemein gesprochen, Daten zu einem anderen Computer senden bzw. von ihm empfangen. Ob dazu eine direkte Kabelverbindung aufgebaut wird oder die Übertragung mittels eines Modems vorgenommen wird, spielt in diesem Zusammenhang keine Rolle.

➠ *Siehe Modem; Datenübertragung*

Übertragungsprotokoll

➠ *Siehe Transferprotokoll*

Übertragungsrate

➠ *Siehe Datentransferrate*

Übertragungszeit

➠ *Siehe Transferzeit*

UCE

Abk.: Unsolicited Email

UCE sind unerwünschte Werbe-E-Mail.

➠ *Siehe Spam-Mail*

UDA

Abk.: Universal Data Access

UDA ist eine Spezifikation von Microsoft für eine Programmschnittstelle, die den Zugriff auf unterschiedlichste Datenbanken ermöglicht. UDA ist Bestandteil der COM-Architektur und dort für die Zugriffsverwaltung verantwortlich. UDA besteht im Wesentlichen aus der High-Level-Schnittstelle ActiveX Data Objects (ADO) und aus der Low-Level-Schnittstelle OLE DB.

➠ *Siehe OLE; Schnittstelle; ActiveX; Datenbank; COM; ODBC; ADO*

UDDI

Abk.: Universal Description, Discovery and Integration

UDDI ist ein spezielles Verzeichnis, in dem WSDL-Verträge von Web Services abgelegt werden. Anwendungen müssen nur das UDDI durchsuchen, um die Adresse des Web Service zu erhalten, den Sie nutzen möchten.

▶ *Siehe .NET; Web Service*

UDMA

Abk.: Ultra-DMA

UDMA bezeichnet eine Erweiterung der EIDE-Schnittstelle mit einer Bandbreite von 33, 66, 100 oder 133 MByte/s. Um Ultra-DMA nutzen zu können, müssen PC-BIOS, Mainboard und Harddisk diesen Standard unterstützen.

▶ *Siehe DMA*

UDO

Abk.: Ultra Density Optical

Mögliches DVD-Nachfolgeformat von der Firma Plasmon. Die UDO ist größer als eine DVD und wird mit einem blauen Laser (405 nm) von außen nach innen (bei DVD genau umgekehrt) geschrieben. Die Speicherkapazität der PDD beträgt 14 Gbyte mit einem Defekt-Management-Bereich von 287 Mbyte, eine Funktion, die der DVD vollkommen fehlt. Eine UDO kann bis zu 10000 Mal neu beschrieben werden (DVD und PDD: 1000). Da die UDO weitaus empfindlicher ist als die DVD, steckt sie in einer Cartridge.

▶ *Siehe: DVD, PDD*

UDP

Abk.: User Datagram Protocol

UDP ist ein Übertragungsprotokoll. Es kann anstelle des bekannten TCP der TCP/IP-Protokollfamilie eingesetzt werden. UDP wartet nicht auf eine Bestätigung der übertragenen Daten und ist nicht verbindungsorientiert.

▶ *Siehe TCP/IP; Transferprotokoll; TCP*

UI

Abk.: User-Interface

Das User-Interface (UI) bezeichnet die Benutzerschnittstelle, über die der User mit dem Computer kommuniziert. Moderne Betriebssysteme wie Windows besitzen ein User-Interface, das über eine grafische Benutzeroberfläche bedient wird, während sich ältere Systeme wie MS-DOS auf reine Texteingabe beschränken.

▶ *Siehe CUI; GUI*

UIML

Abk.: User Interface Markup Language

UIML ist eine Variante der Extensible Markup Language (XML), die es ermöglicht, ohne

Beachtung des künftigen Ausgabegerätes WWW-Seiten zu entwickeln. Die mit UIML programmierten Webseiten lassen sich am PC, auf einem PDA oder dem Handy anzeigen. UIML enthält alle Vorteile von XML, z.B. DTDs und ist eine Open Source-Anwendung.

➡ *Siehe XML; WWW; Open Source; DTD; Webseite*

UIN

Abk.: Universal Internet Number

Jeder Benutzer des Internet-Programms ICQ erhält eine eigene und eindeutige Identifikationsnummer, Universal Internet Number (UIN) genannt. Dadurch kann er von anderen ICQ-Clients eindeutig identifiziert werden.

ULSI

Abk.: Ultra Large Scale Integration

ULSI stellt eine wesentliche Etappe bei der Integrationsdichte von ICs dar.

Abhängig von der Integrationsdichte existieren:

▸ **LSI** (Large Scale Integration): 1.000 bis 10.000 Transistoren pro Chip

▸ **VLSI** (Very Large Scale Integration): 10.000 bis 1.000.000 Transistoren

▸ **ULSI** (Ultra Large Scale Integration): 1.000.000 bis 100.000.000 Transistoren

▸ **GLSI** (Giant Large Scale Integration): mehr als 100.000.000 Transistoren

➡ *Siehe IC; VLSI; GLSI; LSI*

Ultra Large Scale Integration

➡ *Siehe ULSI*

Ultra-DMA

➡ *Siehe UDMA*

Ultra-SCSI

Ultra-SCSI ist die Weiterentwicklung des alten Fast-SCSI-Standards. Auf Basis der bewährten 50-poligen SCSI2-Anschlüsse (8 Bit Datenbreite) ermöglicht Ultra-SCSI eine Übertragungsrate von bis zu 20 MByte/s.

➡ *Siehe Datentransferrate; SCSI*

UMA

Abk.: Upper Memory Area

▲ *Syn.: Adapter-Segment, erweiterter Speicher, oberer Speicher*

▲ *Ant.: Base Memory*

Der obere Speicher (UMA) ist der 384 KByte breite Adressbereich oberhalb des konventionellen Speichers (Base Memory). Der obere Speicherbereich dient als Bildschirmspeicher und ist sowohl für das BIOS und diverse Hardwareerweiterungen reserviert. Diejenigen Speicherblöcke, die nicht belegt sind, werden Upper Memory Blocks (UMB) genannt. UMBs stehen somit für die Ablage anderer Daten – z.B. von Gerätetreibern oder residenten Programmen (TSR-Programmen) – zur Verfügung. Speichermanager, wie z.B. EMM386.EXE von MS-DOS, verwalten die UMBs und versuchen, den freien Speicherplatz möglichst günstig zu vergeben, so dass im konventionellen Speicher mehr Platz für Anwendungsprogramme übrig bleibt.

➡ *Siehe Speichermanager; Gerätetreiber; KByte; MS-DOS; UMB; BIOS; TSR-Programm; Adapter-Segment; EMM386.EXE*

UMB

Die von Speichermanagern zusätzlich zur Verfügung gestellten Bereiche des UMA (oberer Speicher) werden UMB genannt. Dort können Treiber und TSR-Programme gespeichert werden.

➡ *Siehe Speichermanager; UMA; TSR-Programm*

Umbruch

➡ *Siehe Zeilenumbruch; Seitenumbruch*

Umdrehungsgeschwindigkeit

Die Umdrehungsgeschwindigkeit ist ein Maß für die Anzahl der Umdrehungen pro Zeiteinheit eines Körpers. Bei einem CD-ROM-Laufwerk sagt dies z.B. aus, wie schnell sich die CD-ROM dreht.

UML

Abk.: Unified Modeling Language

UML ist eine allgemeine, notationsbasierende Sprache zur Spezifikation und Visualisierung komplexer Software, insbesondere großer, objektorientierter Projekte.

UMS

Abk.: Unified Messaging

UMS bezeichnet ein Telekommunikationsangebot bei dem alle Anrufe, Faxe, E-Mails oder SMS zunächst in einer zentralen UMS-Mailbox ankommen und per HTML zur Verfügung gestellt werden. Faxe und Sprachnachrichten werden als Anhang in den gängigen Bild- und Tonformaten mitgeliefert.

➡ *Siehe SMS; HTML*

Umschalt-Taste

➡ *Siehe Shift (Instructions)*

UMTS

Abk.: Universal Mobile Telecommunications System

UTMS ist ein von der ITU standardisiertes Datenfunksystem der dritten Generation, das Daten mit einer Geschwindigkeit von bis zu 2 MBit/s übertragen kann. Diese Geschwindigkeiten werden nicht flächendeckend realisierbar sein, sondern nur in bestimmten Gebäuden und so genannten Hotspots (Flughäfen, Einkaufszentren, Bahnhöhe) angeboten werden, ansonsten ist mit einer flächendeckenden Datentransferrate von ca. 384 KBit/s zu rechnen. Eingesetzt werden soll UMTS für neue Anwendungen in den Bereichen mobiles Internet, E-Commerce, mobile Multimedia- und Videoübertragung. Am Montag, den 31.7.2000 begann in Deutschland die Versteigerung von UMTS-Lizenzen mit 20-jähriger Laufzeit, die gleichzeitig auch die Verpflichtung beinhalten, eine 50%ige Abdeckung der Bevölkerung in den nächsten 5 Jahren zu realisieren. Die sechs Gewinner der Auktion zahlten insgesamt über 50 Milliarden Euro für Ihre Lizenzpakete.

➡ *Siehe WAP; GPRS; HSCSD*

Unär

Unär ist eine mathematische Operation, die sich auf lediglich einen Operanden (Objekt) bezieht.

➡ *Siehe Operand; Operation*

Undelete

Unter bestimmten Umständen können unter MS-DOS gelöschte Dateien wiederhergestellt werden. Dies ist möglich, da die Daten nicht wirklich gelöscht oder überschrieben werden, sondern lediglich die entsprechenden Cluster in der FAT als frei markiert werden. Wurden die Cluster nicht zwischenzeitlich anderweitig belegt, kann die Datei normalerweise zurückgeholt werden. Dazu dient das mit MS-DOS mitgelieferte Programm Undelete. Es existieren noch andere Programme dieser Art.

➡ *Siehe Cluster; MS-DOS; FAT*

Underlined

Underlined ist die englische Bezeichnung für das Schriftformat »Unterstrichen«.

➡ *Siehe Kursiv; Bold*

Undernet

Einer der bekannteren großen Zusammenschlüsse von IRC-Servern wird Undernet genannt.

➡ *Siehe IRC*

Undo-Funktion

Viele moderne Programme sind mit einer so genannten Undo-Funktion ausgerüstet, die normalerweise die zuletzt ausgeführte Aktion rückgängig macht (undo = ungeschehen machen). Speziell in Textverarbeitungs- oder Zeichenprogrammen können mit dieser nützlichen Funktion versehentlich gelöschte Texte oder Bilder wieder zurückgeholt werden. Einige Programme bieten eine sehr komfortable Undo-Funktion, mit der mehrere Aktionen rückgängig gemacht werden können. Meist wird auch eine Redo-Funktion angeboten, mit der versehentlich rückgängig gemachte Aktionen wieder ausgeführt werden können.

UND-Verknüpfung

→ *Siehe AND-Verknüpfung*

Unformatiert

1. Bevor magnetische Datenträger mit einem Betriebssystem benutzt werden können, müssen sie für die Speicherung von Daten vorbereitet bzw. formatiert werden. Andernfalls sind sie unformatiert.

2. Im Zusammenhang mit Texten wird von unformatiert gesprochen. Ein reiner ASCII-Text ohne Absätze und Zeilenumbrüche gilt als unformatiert.

→ *Siehe Magnetspeicher; Formatierung; ASCII-Datei*

Ungarische Notation

→ *Siehe Notation, ungarische*

Ungerade Parität

→ *Siehe Odd Parity*

Unicode

Unicode ist ein derzeit nur von Windows NT unterstützter Zeichensatz. Er arbeitet im Gegensatz zum verbreiteten ASCII oder ANSI-Code mit 16 Bit und erlaubt die Darstellung von 65.536 Zeichen (2 hoch 16 = 65.536). Im Unicode sind alle Zeichensätze der Welt sowie einige wichtige asiatische Schriftzeichen enthalten. Das Umschalten zwischen Codepages und Fonts entfällt. Leider wird Unicode derzeit von kaum einem Anwendungsprogramm unterstützt.

→ *Siehe Font; ANSI-Code; ASCII; Codepage*

Unified Messaging

→ *Siehe UMS*

Unified Modeling Language

→ *Siehe UML*

Uniform Resource Identifier

→ *Siehe URI*

Uniform Resource Loader

→ *Siehe URL*

Uniform Resource Name

→ *Siehe URN*

Uninstaller

Uninstaller sind das Gegenstück zu Installationsprogrammen. Diese auch Deinstallationsprogramme genannten Routinen entfernen von Installationsprogrammen hinzugefügte .dll-Dateien aus dem Windows-Verzeichnis und löschen die entsprechenden Zeilen aus den .ini-Dateien bzw. der Registry. Manche Programme verfügen über ein Installations- und ein Deinstallationsprogramm. Es existieren zudem komplexe Uninstaller, die jede Installation protokollieren und auf Wunsch rückgängig machen. Wenn jedoch kein Protokoll (Log-File) vorliegt und das Programm über keinen eigenen Uninstaller verfügt, ist eine Deinstallation mit erheblichem Aufwand verbunden.

➠ *Siehe DLL; Installation; Ini-Datei; Registry*

Uninterruptible Power Supply

➠ *Siehe UPS*

Unit

Unit ist eine speziell in Turbo Pascal verwendete Bezeichnung für Bibliotheken.

➠ *Siehe Library; Pascal*

Unitainment

Unitainment ist die Bezeichnung für Kommunikationseinrichtungen, Dienstleistungen sowie Hard- und Softwarebasis für Multimedia-Anwendungen. Das Wort setzt sich zusammen aus Units (= Komponenten) und Entertainment (= Unterhaltung).

➠ *Siehe Multimedia*

UNIVAC

Abk.: Universal Automatic Computer

Der von P. Eckert und W. Mauchley entwickelte UNIVAC war der erste in Serie produzierte Computer. Er kam 1951 auf den Markt und konnte für 1 Million Dollar erworben werden.

Universal ADSL

➠ *Siehe G.lite*

Universal Asynchronous Receiver/Transmitter

➠ *Siehe UART*

Universal Automatic Computer

➠ *Siehe UNIVAC*

Universal Data Access

➠ *Siehe UDA*

Universal Description, Discovery and Integration

➠ *Siehe UDDI*

Universal Mobile Telecommunications System

➠ *Siehe UMTS*

Universal Serial Bus

➠ *Siehe USB*

Universal Thunk

➠ *Siehe Thunk*

Unix

Unix ist ein Betriebssystem aus den 1960er Jahren. Ursprünglich von den Bell Laboratories entwickelt, ging es 1993 von AT&T an Novell über. Unix ist ein leistungsfähiges Multiuser- und Multitaskingsystem mit enger Verbindung zur Programmiersprache C. Unix ist in Kernel, Dateisystem und Shell (Benutzeroberfläche) gegliedert. Es existieren zahlreiche Unix-Varianten für Großrechner, Workstations und Intel-PCs. Später wurden auch grafische Benutzeroberflächen entwickelt, insbesondere Solaris und X-Windows sind hier zu nennen. Bekannt und beliebt ist das für PCs erhältliche Unix-Derivat Linux.

⇒ *Siehe Kernel; Novell; Solaris; Dateisystem; X-Windows; AT&T; Shell; Bell Laboratories; Linux; Betriebssystem*

Unix to Unix Copy Protocol

⇒ *Siehe UUCP*

Unscharfe Logik

⇒ *Siehe Fuzzy-Logik*

Unsolicited Bulk Email

⇒ *Siehe UBE*

Unsolicited Email

⇒ *Siehe UCE*

Unteilbare Operation

⇒ *Siehe Operation, unteilbare*

Unterbrechungsanforderung

⇒ *Siehe IRQ*

Unterlänge

⇒ *Siehe Descender*

Unterschrift, digitale

⇒ *Siehe Digitale Signatur*

Unterverzeichnis

⇒ *Siehe Subdirectory*

Update

Von existierenden Programmen werden üblicherweise regelmäßig neue Versionen veröffentlicht. Diese werden als Updates bezeichnet und enthalten normalerweise einige Verbesserungen, mehr Funktionen und weniger Fehler.

Upflow

Upflow ist ein Begriff aus dem Bereich Data Warehouse und beschreibt den Vorgang, bei dem gespeicherte Daten geprüft, zusammengefasst und für die Veröffentlichung vorbereitet werden.

⇒ *Siehe Data Warehouse; Downflow; Metaflow; Inflow*

Upload

Upload ist ein Begriff aus der Datenfernübertragung und beschreibt das Laden von Daten auf einen anderen Rechner.

⇒ *Siehe BBS; FTP*

UPN

Abk.: User Principal Name

▲ Übers.: Benutzerhauptkennung

Der User Principal Name (UPN) ist neben dem DN und der

GUID die dritte Identifikationsmöglichkeit im Active Directory. Er setzt sich aus einem Kürzel für den Benutzer und dem DNS-Namen der Domänenstruktur zusammen, in der das Benutzerobjekt eingetragen ist. Der Benutzer Hans Dampf könnte in der Domäne mut.de z.B. den UPN HansD@mut.de haben.

⇒ *Siehe GUID; DN; ADS; Objekt; DNS*

Upper Memory Area
⇒ *Siehe UMB*

Upper Memory Block
⇒ *Siehe UMB*

UPS
Abk.: Uninterruptible Power Supply

⚠ *Übers.: unterbrechungsfreie Stromversorgung, USV*

Im Prinzip ist eine UPS eine Batterie in einem Computergehäuse. Sie enthält einen Akku und schützt den PC, indem sie ihn bei Stromausfall innerhalb von Sekundenbruchteilen mit Strom versorgt. Eine UPS schaltet schnell genug, um einen Absturz und damit Datenverlust zu verhindern. UPS gibt es in verschiedenen Größen und Ausführungen. Auch für PCs sind kleinere Geräte erhältlich. Sie kosten einige hundert Mark und versorgen den PC wenige Minuten mit Strom. Die Zeit ist aber meist ausreichend, um ein sicheres Abspeichern und Herunterfahren zu ermöglichen.

Upstream

Upstream beschreibt einen kontinuierlichen Datenfluss vom Client zum Server (up).

⇒ *Siehe Server; Client*

Urheberschutz

Software und anderes geistiges Eigentum steht unter dem Schutz des Urheberrechtsgesetzes. Bei Verstößen gegen dieses Gesetz drohen empfindliche Strafen. Eine illegale Kopie eines Programms wird als Raubkopie bezeichnet. Organisationen wie die GEMA überwachen das Urheberrecht.

⇒ *Siehe Raubkopie*

URI
Abk.: Uniform Resource Identifier

Die URI kennzeichnet eine Ressource (z.B. Datei) im Internet über den Typ und eine Adresse. Von der URI leiten sich die URL und die URN ab.

⇒ *Siehe URL; Internet; URN*

URL
Abk.: Uniform Resource Locator

URL bezeichnet die genormte Adressierung für Multimedia-Dokumente im WWW oder auf dem eigenen Rechner. Ein Web-

Browser muss die URL einer Homepage kennen, um auf sie zugreifen zu können. Sollen aus einem HTML-Dokument andere Dokumente aufgerufen werden, so müssen eingebettete Links mit deren URL enthalten sein. Eine URL ist wie folgt aufgebaut: Protokoll://Server/Verzeichnis/Dokument

➠ *Siehe Internet; Internet-Protokolle; WWW; HTML; Homepage; URI; URN*

Urlader

Der Urlader befindet sich auf dem Boot-Sektor eines bootfähigen Datenträgers, der selbstverständlich unter dem zu ladenden Betriebssystem formatiert sein muss. Er wird vom BIOS aus gestartet und sucht nach weiteren Komponenten des Betriebssystems, um diese zu laden und zu starten. Der Urlader gibt eine Fehlermeldung aus, wenn er in der betreffenden Partition oder auf der Diskette das Betriebssystem nichts gefunden hat.

➠ *Siehe Datenträger; Partition; BIOS; Betriebssystem; Boot-Sektor*

URN

Abk.: Uniform Resource Name

URN ist ein Konzept zur eindeutigen Kennzeichnung von Ressourcen im Internet ohne Angabe eines Pfades, sondern lediglich durch Angabe eines eindeutigen Namens. Die URN ist eine Untergruppe der URI. Zu ihr gehören alles Bezeichner, die nicht Teil einer URL-Adresse sein können, z.B. »urn:«, »fpi:«, und »path:«.

➠ *Siehe URI; URL; Internet*

USA Standard Code for Information Interchange

➠ *Siehe US-ASCII*

Usability

Eine Applikation oder generell eine Software sollte, wenn möglich, auf Benutzerfreundlichkeit (englisch: Usability) ausgelegt sein. Das bedeutet, dass sowohl grafische Benutzeroberfläche und Menüführung als auch die programminterne »Intelligenz« den Anwender intuitiv in seiner Arbeit unterstützen und so mögliche Bedienungsfehler vermeiden helfen sollte.

➠ *Siehe UI; GUI*

US-ASCII

Abk.: USA Standard Code for Information Interchange

US-ASCII ist eine früher verwendete Bezeichnung des ASCII-Codes.

➠ *Siehe ASCII*

USB

Abk.: Universal Serial Bus

USB wurde 1995 von Intel entwickelt und sollte die bekannten Schnittstellen am PC ablösen. Der

USB verwaltet Tastatur, Maus und alle Geräte, die bisher an der seriellen oder parallelen Schnittstelle angeschlossen wurden. USB ermöglicht den Anschluss von bis zu 127 Geräten, die frei miteinander verbunden werden können. Die Datenübertragungsrate beträgt bei Version 1.0 bis zu 12 MBit/s, bei Version 2.0 bis zu 480 MBit/s, was den Anschluss von schnellen Scannern und Druckern problemlos ermöglicht. USB-Geräte können während des Betriebs angeschlossen und wieder entfernt werden. Windows 9x/XP erkennt sie automatisch und installiert die entsprechenden Treiber. Apple besitzt ein derartiges System bereits seit den 1980er Jahren. Allerdings ist der Apple-Desktop-Bus weniger leistungsfähig. Ein ähnliches System stellt der IEEE-1394-Standard dar, da er eine ähnliche Datenübertragungsrate besitzt. Natürlich können ältere Peripheriegeräte weiterhin genutzt werden. PCs werden auch weiterhin zusätzlich mit den herkömmlichen Schnittstellen ausgerüstet sein.

➨ *Siehe Bus; FireWire; Plug&Play; Peripherie*

USB 2.0

➨ *Siehe USB*

USB-Stick

Ein USB-Stick ist ein Speichermedium, das aus einem Flash-Speicher mit USB-Anschluss besteht. Oftmals nicht größer als ein Feuerzeug, fasst ein USB-Stick bis zu 512 MByte Daten und ist je nach Bauform mit einer USB 1.1- oder USB 2.0-Schnittstelle ausgerüstet.

➨ *Siehe USB; Flashmemory*

Bild U.1: Ein USB-Stick

Usenet

Das Usenet ist ein Forum im Internet. Es dient dem Informationsaustausch und ist in mehr als 20.000 Newsgroups gegliedert. Es wird ein Newsreader benötigt, um an den Diskussionen in den Newsgroups teilnehmen zu können. Jeder Internet-Provider bietet Zugang zu einigen oder allen Newsgroups über einen News-Server. Einige Web-Browser stellen Newsreader-Funktionen zur Verfügung, mit denen Nachrichten gelesen und eigene geschrieben werden können.

➨ *Siehe Internet; Newsgroup; Internet-Provider*

User

Benutzer eines Computers werden auch als User bezeichnet. Der

Begriff User kommt aus dem Englischen und wird auch für die Benutzer von Netzwerken etc. verwendet.

➡ *Siehe Netzwerk*

User Datagram Protocol

➡ *Siehe UDP*

User Interface Markup Language

➡ *Siehe UIML*

User Mode

User Mode ist ein Betriebsmodus NT-basierter Betriebssysteme. In diesem Modus haben die Programme eingeschränkte Rechte. Sie haben lediglich direkten Zugriff auf den eigenen Programmspeicher, nicht jedoch auf den Speicher des Kernel-Mode. Der zugehörige Code wird im eigenen Adressraum ausgeführt.

➡ *Siehe Kernel Mode; Windows NT; Betriebssystem*

User Principal Name

➡ *Siehe UPN*

User-ID

➡ *Siehe ID*

User-Interface

➡ *Siehe UI*

USV

➡ *Siehe UPS*

Utility

Utilities sind Programme, die den Umgang mit dem Rechner erleichtern sollen. Diese auch Tools genannten Hilfsprogramme unterstützen den Benutzer bei grundlegenden Aufgaben, beispielsweise beim Kopieren von Dateien. Recht bekannt sind die Norton Utilities.

➡ *Siehe Norton Utilities; Tool*

UTP

➡ *Siehe Twisted-Pair-Kabel*

UUCP

Abk.: Unix to Unix Copy Protocol

Seinem Namen gemäß wurde das UUCP-Protokoll ursprünglich zum Datenaustausch zwischen Unix-Rechnern entwickelt. Heute gibt es UUCP für beinahe alle Betriebssysteme. E-Mails werden mittels UUCP ausgetauscht. Für das direkte Arbeiten im WWW existieren heutzutage Protokolle wie SLIP und PPP.

➡ *Siehe SLIP; PPP; Unix; WWW; Protokoll*

UUDecode

UUDecode ist ein Standard zur Dekodierung von mit UUEncode codierten E-Mails und gleichzeitig auch der Name des dazu verwendeten Programms.

➡ *Siehe E-Mail; UUEncode; Verschlüsselung*

UUEncode

UUEncode ist ein Standard zur Codierung von E-Mails und auch der Name des dazu verwendeten Programms.

➡ *Siehe E-Mail; UUDecode*

UUNet

http://www.uunet.de

Die UUNet Deutschland GmbH ist eine Tochterfirma von MCI WorldCom. Das Produktspektrum als Internet Carrier umfasst sowohl Dienstleistungen für den Internetzugang (Modem 56 kbs, V.90, ISDN, Standleitungen) als auch unterschiedliche Produkte für die Präsenz einer Firma im WWW. In Deutschland ist es möglich sich gegenwärtig zum Ortstarif bei UUNet einzuwählen, der verwendete Backbone bietet dabei eine Bandbreite von 155 Mbps. Regionale Niederlassungen in 52 Ländern beschäftigen 5.000 Mitarbeiter. In Deutschland arbeiten 350 Personen für UUNet. UUNet Deutschland ging aus einem 1984 gegründeten Projekt der Universität Dortmund hervor. 1992 firmierte das Unternehmen als EUnet Deutschland. Im November 1996 wurde die Firma von UUNet International übernommen.

➡ *Siehe Internet; Bandbreite; Backbone; V.56-Standard; WWW; Modem; Standleitung; ISDN*

UXGA

Abk.: Ultra Extended Graphics Array

Eine Monitorspezifikation für eine Auflösung von 1600 x 1200 Pixeln.

V

V.110

CCITT V.110 ist ein veraltetes asynchrones Protokoll für den B-Kanal eines ISDN-Anschlusses. V.110 arbeitet mit Transferraten von 9600 bis 19.200 Bit/s, teilweise bis 38.400 Bit/s. Die volle Kapazität von ISDN wird dadurch nicht ausgenützt, allerdings kommen auch langsame Endgeräte mit V.110 zurecht. V.110 reduziert die Transferrate gezielt durch Einfügen von Füllbits. Die volle Kapazität von ISDN nutzt das synchrone Protokoll X.75.

➟ *Siehe B-Kanal; X.75; ISDN-Übertragungsstandards*

V.120-Standard

V.120-Standard ist der amerikanische Standard für ISDN.

➟ *Siehe V.110; ISDN-Übertragungsstandards; ISDN*

V.17

V.17 ist ein Protokoll für analoge Faxübertragung, beispielsweise mit einem Faxmodem. V.17 arbeitet im Halbduplex-Verfahren mit 14.400 Bit/s.

➟ *Siehe Faxmodem; Halbduplex-Betrieb*

V.21

Die V.21-Norm regelt die Datenfernübertragung via Modem. Sie ist heutzutage völlig veraltet und arbeitet mit 300 Bit/s im Vollduplex-Verfahren.

➟ *Siehe Fullduplex-Betrieb; Modem*

V.24

Die V.24-Norm des ITV-T wird häufig mit der Norm RS232C gleichgesetzt, der sie weitgehend entspricht. V.24 regelt die serielle Datenübertragung zwischen einer Datenendeinrichtung (DTE) und einer Datenübertragungseinrichtung (DCE), das hießt, insbesondere den Datenaustausch zwischen Rechner und Modem.

➟ *Siehe RS-232-Schnittstelle; DCE*

V.29

Ein Halbduplex-Verfahren für die Datenübertragung. V.29 arbeitet mit 9600 Bit/s und wird für die Faxübertragung eingesetzt, beispielsweise mit einem Faxmodem.

➟ *Siehe Faxmodem; Halbduplex-Betrieb*

V.32

V.32 ist ein Protokoll des ITV-T für die analoge Datenfernübertragung. Es arbeitet im Vollduplex-Verfahren mit 9600 Bit/s. Heutzutage gilt es als veraltet.

➟ *Siehe Fullduplex-Betrieb*

V.32bis

V.32bis ist ein heutzutage noch eingesetztes Protokoll für die Datenfernübertragung via analogem Modem. Es arbeitet im Vollduplex-Verfahren mit 14.400 Bit/s.

➠ *Siehe Fullduplex-Betrieb; Modem*

V.32terbo

V.32terbo war ein Protokoll, das als Zwischenschritt bei der Entwicklung des V.34 existierte. Es konnten mittels Vollduplex-Verfahren Daten mit 19.200 Bit/s übertragen werden.

➠ *Siehe V.34; Fullduplex-Betrieb*

V.34

Dieses Protokoll arbeitet im Vollduplex-Verfahren mit 28.800 Bit/s. V.34 ist heutzutage noch sehr weit verbreitet und dient der analogen Datenfernübertragung via Modem.

➠ *Siehe Fullduplex-Betrieb; Modem*

V.34plus

V.34plus wurde 1996 festgelegt und ist eine Erweiterung des V.34-Standards. Die Datentransferrate wurde auf 33.600 Bit/s erhöht.

➠ *Siehe Datentransferrate; V.34*

V.42

Dieses Protokoll dient der Fehlerkontrolle bei der Datenübertragung. Das vergleichbare MNP4-Verfahren bietet ähnliche Leistungen, ist jedoch nicht kompatibel. Moderne Modems unterstützen V.42 und MNP4. V.42 ist nicht mit V.42bis zu verwechseln.

➠ *Siehe V.42bis; Modem; MNP*

V.42bis

V.42bis ist ein Verfahren zur Datenkomprimierung bei der Datenfernübertragung. Inkompatibel zum MNP5-Standard bietet es jedoch vergleichbare Leistungen. Moderne Modems unterstützen V.42bis und MNP5. V.42bis ist nicht mit V.42 zu verwechseln.

➠ *Siehe Modem; MNP*

V.56-Standard

V.56 ist ein Standard für die analoge Datenübertragung. Es existieren verschiedene Verfahren, die alle unter dem Oberbegriff V.56 zusammengefasst wurden und Datenübertragungsraten von 56 Kbit/s ermöglichen. Es gibt zwei Standards, das X2-Verfahren vom Modemhersteller U.S. Robotics und das K56+-Verfahren von Rockwell. Der Vorteil des X2-Verfahrens liegt in der Möglichkeit der softwaremäßigen Aufrüstung bestehender V.34-Modems von U.S. Robotics. Beide Verfahren sind sich sehr ähnlich. Sie arbeiten nur in einer Richtung mit 56 Kbit/s. Demach handelt es sich um unidirektionale Übertragungsstandards. Daten können nur dann mit der maximalen Geschwindigkeit empfangen werden, wenn ein Hostrechner, meist ein Internet-Provider, über ein entsprechendes Gerät verfügt, das die Daten ins digitale Telefonnetz einspeist. Allein die nur wenige Kilometer lange Verbindung zwischen digitaler Vermittlungsstelle (DIVO) und Empfänger basiert auf analoger Übertragung. Ist der Empfänger noch an eine analoge Vermittlungsstelle angeschlossen, funktioniert der schnelle Datenempfang nicht. Die umgekehrte Richtung, das heißt, das Senden von Daten an den Host, funktioniert in jedem Fall nur mit einer langsameren Übertragungsrate, normalerweise nach dem V.34- oder V.34plus-Verfahren. Inzwischen wurden diese beiden Verfahren von Rockwell und U.S. Robotics im V.90-Standard vereint.

➡ *Siehe V.90; V.34; V.34plus; X2-Standard; K56+-Standard*

V.90

V.90 ist ein von der International Telecommunication Union (ITU) genormter Standard, der die Übertragung von Daten über Modemleitungen erlaubt. Dieser Standard wurde aus der Kombination der X2-Technologie von U.S. Robotics und der K56+-Technologie von Rockwell entwickelt. Mit V.90 lassen sich Übertragungsraten von 56 Kbits/s erreichen.

➡ *Siehe V.56-Standard; X2-Standard; Modem; K56+-Standard; Kbit/s*

V.92

V.92 ist der Nachfolgestandard von V.90 und erlaubt Geschwindigkeiten von bis zu 48 Kbit/s. V.92-Modems speichern automatisch alle Einwahlparameter und bieten damit für alle folgenden Verbindungen eine deutlich schnellere Einwahlprozedur. Die automatische V.44-Datenkompression packt Daten um bis zu 160%. Ein weitere neue Funktion ist Modem-on-Hold. Der Anwender bleibt per Telefon erreichbar, während er im Internet surft.

➡ *Siehe V.90; Modem; Datenkompression*

V.fast

V.fast ist eine andere Bezeichnung für den V.34-Standard.

➡ *Siehe V.34*

Value Added Network

➡ *Siehe VAN*

VAN

Abk.: Value Added Network

Ganz allgemein wird der Begriff VAN für Netzwerke mit zusätzlichen Funktionen verwendet. Jeder Besitzer eines normalen Telefonanschlusses kann neben seinem Telefon auch ein Faxgerät oder ein Modem anschließen. Diese heutzutage selbstverständliche Möglichkeit ist auf den VAN-Dienst der Telekom zurückzuführen.

➔ *Siehe Modem; Fax*

Vanity-Nummer

Eine Vanity-Nummer gehört zum Angebot der Deutschen Telekom. Der Kunde erhält eine kostenpflichtige persönliche Telefonnummer, die statt langer Ziffernfolgen aus der Vorwahl 0700 und einer frei wählbaren Buchstabenfolge besteht, z.B. 0700-TELEKOM. Potentielle Anrufer können sich diese Vanity-Nummer einfacher merken. Sie wählen einfach die entsprechend mit Buchstaben belegten Tasten auf Ihrem Telefon.

➔ *Siehe RegTP; Deutsche Telekom*

Variable

Jede Programmiersprache benutzt Variablen. Variablen können Werte oder alphanumerische Zeichen zugewiesen werden. Außerdem können sie in verschiedenen Operationen, beispielsweise arithmetischen Berechnungen, verwendet werden. Vor ihrer Verwendung müssen Variablen deklariert werden. Dabei wird ihnen ein Name, ein Datentyp und ein Speicherbereich zugewiesen. Erst dann können sie mit Werten belegt werden, die dann entsprechend dem Datentyp im zugewiesenen Speicherbereich abgelegt werden. Es gibt globale Variablen, die im gesamten Programm Gültigkeit besitzen, und lokale Variablen, deren Gültigkeitsbereich auf einige Module beschränkt ist.

➔ *Siehe Modul; Alphanumerisch; Programm*

Variable Bit Rate

➔ *Siehe VBR*

Variable, lokale

Im Gegensatz zu einer globalen Variable, auf die überall in einem Programm zugegriffen werden kann, kann auf eine lokale Variable nur in der Prozedur zugegriffen werden, in der sie deklariert wurde. Sie ist nur dort sichtbar und existent. Andere Variablen gleichen Namens (z.B. aus einer aufrufenden Prozedur oder auch globale Variablen) werden von der lokalen Variablen überdeckt.

➔ *Siehe Variable; Programm; Prozedur*

Variablenfeld

➔ *Siehe Array*

VAX

Abk.: Virtual Address Extension

VAX heißen sehr leistungsfähige Rechner der Firma DEC, die allesamt unter dem Multiuser- und Multitasking-Betriebssystem VMS betrieben werden. Heutzutage sind VAX-Workstations nicht größer als normale PCs und werden als MicroVAX bezeichnet.

➔ *Siehe DEC*

VB

Abk.: Visual Basic

Visual Basic ist eine objektorientierte Programmiersprache der Firma Microsoft und baut auf dem alten Basic auf. Visual Basic kam 1991 auf den Markt und diente ursprünglich der Programmentwicklung unter Windows 3.x. Dialogorientierte Programme lassen sich unter Visual Basic mittels eines Maskengenerators und vorgegebenen Bibliotheken sehr einfach erzeugen. Die vorgegebenen Programmelemente werden zu einem ablauffähigen Programm zusammengesetzt. Visual Basic wird in Form der Visual Basic for Applications als Makrosprache der bekannten Microsoft-Applikationen verwendet. VBScript ist ein weiterer Ableger von Visual Basic und als Skriptsprache für Applikationen und Internet-Anwendungen vorgesehen.

➡ *Siehe Library; Programmierung, objektorientierte, VB-Script*

VB.NET

Abk.: Visual Basic .NET

VB.NET ist der Nachfolger von Visual Basic 6.0 und Teil der .NET-Plattform von Microsoft. VB.NET arbeitet vollkommen objektorientiert und bietet demnach Funktionen wie Vererbung, Kapselung und Polymorphismus.

➡ *Siehe .NET; VB*

VBA

Abk.: Visual Basic for Applications

▲ *Übers.: Visual Basic für Applikationen*

VBA ist eine Programmiersprache, die auf Basic basiert und von Microsoft in die verschiedensten Anwendungsprogramme (Excel, Word etc.) integriert wird, um diese Applikationen zu programmieren und an eigene Bedürfnisse anzupassen. VBA ersetzt damit die einzelnen Makrosprachen der jeweiligen Programme durch eine Sprache, die in allen Programmen gleichermaßen verwendet werden kann. Die Programmierumgebung entspricht zu einem großen Teil der von Visual Basic.

➡ *Siehe Applikation; VB; Programmiersprache; Basic*

VBR

Abk.: Variable Bit Rate

▲ *Übers.: Variable Bitrate*

Das SVCD-Videoformat zeichnet Videodaten im Gegensatz zum VCD-Format mit variabler Bitrate auf. Dadurch können für Szenen mit starken Bildänderungen mehr Bits zur Kodierung verwendet werden, was die Bildqualität deutlich verbessert.

➡ *Siehe CBR; SVCD; VCD*

VBScript

Abk.: Visual Basic Script

VBScript ist eine Skriptsprache, die von VBA (Visual Basic for Applications) und damit von Visual Basic abgeleitet wurde. VBScript liefert Programme, die von einem Interpreter ausgeführt werden. Dieser Interpreter befindet sich im Fall von VBScript im Internet Explorer. Mit dieser Sprache ist es möglich, Programme zu schreiben, die in einer Webseite ausgeführt werden und diese gewissermaßen »lebendig« zu machen. Darüber hinaus kann mit einer solchen Sprache auch eine Webseite gesteuert werden. Skriptsprachen bieten nahezu alle Möglichkeiten, die »normale« Programmiersprachen bieten. Zusätzlich können mit VBScript Benutzerschnittstellen in Webseiten integriert und ActiveX-Controls verwendet werden. Der Unterschied zu z.B. Java ist nun, dass im Gegensatz zum kompilierten Bytecode von Applets Skripte im Quelltext übertragen werden und so die Datenmenge geringer ist. Erkauft wird dies mit einer wesentlich geringeren Ausführungsgeschwindigkeit und der Tatsache, dass jeder den Quellcode ansehen, verändern und übernehmen kann. Über den Einsatz in Webseiten hinaus lässt sich VBScript auch in Applikationen als Script-Sprache implementieren. Dort dient es als Makrosprache, um dem Benutzer die Möglichkeit zu geben die Applikation an seine Bedürfnisse anzupassen bzw. Abläufe zu automatisieren.

➠ *Siehe Webseite; Internet; Applet; ActiveX; VB; Script; Java*

VBX

VBX ist eine auf Visual Basic basierende, wieder verwendbare Softwarekomponente, mit der ein Programmierer in relativ kurzer Zeit Anwendungen mithilfe fertiger Module entwickeln kann. Obwohl eigentlich für Windows entwickelt, laufen VBX-Steuerelemente auch auf anderen Systemen. VBX mangelt es an zwei Eigenschaften, die ein wirklich objektorientiertes System ausmachen: Vererbung und Polymorphismus. VBX wurde durch das flexiblere ActiveX verdrängt.

➠ *Siehe ActiveX; VB; Objektorientiert; Komponente*

VCD

Abk.: Video-CD

VCD ist ein Videoformat, das auf MPEG-1 basiert und eine Auflösung von 352x288 Punkten (PAL) bei Bitraten von bis zu 1,1 MBit (CBR) für Video bietet. Die Bildqualität von VCD entspricht ungefähr VHS. Der Encoder für das VCD-Format verwendet eine konstante Bitrate (CBR, Constant Bit Rate) zur Aufzeichnung der Bilddaten, das heißt, auch bei Bildern mit wenig Änderung wird in der gleichen Qualität aufgezeichnet. Eine Verbesserung ist das SVCD-Format, das mit variabler Bitrate aufzeichnet und für Szenen mit vielen Bildänderungen mehr Bits verwenden kann. Die Bildqualität steigt dadurch deutlich.

➠ *Siehe PAL; Bitrate; SVCD; DivX; Rippen*

VDSL

Abk.: Very high data rate DSL

VDSL ist eine Technologie, die sehr hohe Datenraten auf kurzen Strecken verspricht. Die dabei auftretenden Entfernungen dürfen 300 Meter nicht übersteigen. Die Übertragungsraten liegen im Bereich von 51 bis 55 MBits/s.

➠ *Siehe MBit; CDSL; ADSL; Datentransferrate*

Vektor

➠ *Siehe Array*

Vektorgrafik

In Vektorgrafiken werden im Gegensatz zu Bitmaps nicht die einzelnen Bits des Bildes gespeichert, sondern eine mathematische Beschreibung der Objekte. Beispielsweise werden für eine Linie Anfangs- und Endpunkt gespeichert, für einen Kreis Mittelpunkt und Radius. Vektorgrafiken können ohne Qualitätsverluste vergrößert und verkleinert werden. Vektorformate sind nur für Zeichnungen und nicht für Fotos geeignet.

➠ *Siehe Bitmap-Grafik; Bildbearbeitungsprogramm*

Ventura Publisher

Ventura Publisher ist ein bekanntes DTP-Programm von Corel. Es ist zwar nicht so verbreitet wie beispielsweise Quark XPress, bietet jedoch eine wesentlich bessere Datenbankanbindung als andere Programme dieser Art.

➠ *Siehe Corel*

Verarbeitung, massiv-parallele

Die massiv-parallele Verarbeitung ist eine Computerarchitektur, in der jeder einzelne von zahlreichen Prozessoren über ein eigenes RAM verfügt, eigene Daten sowie eine Kopie des Betriebssystems und des Anwendungscodes enthält, über die der Prozessor, unabhängig von den anderen Prozessoren, verfügen kann.

➠ *Siehe Architektur; RAM; Betriebssystem*

Verarbeitungsgeschwindigkeit

➠ *Siehe Rechengeschwindigkeit*

Verbindungsaufbauzeit

Die Verbindungsaufbauzeit bezieht sich auf das Telefonnetz und gibt an, wie lange es dauert, eine Verbindung zwischen zwei Teilnehmern aufzubauen. Diese Zeit ist nicht konstant, sondern hängt u.a. von der Zahl der beteiligten Vermittlungsstellen ab.

Verbindungsschicht

Die Verbindungsschicht ist die zweite Schicht des OSI-Schichtenmodells. Sie wird auch als Sicherungsschicht bezeichnet und übergibt der tiefer liegenden physikalischen Schicht die Informationen der oberen Schichten. Sie enthält im Wesentlichen Kontrolldaten und physische Adressen von Sender und Empfänger.

→ *Siehe OSI-Schichtenmodell*

Verbundnetz

Werden mehrere Netze zusammengeschaltet, wird von einem Verbundnetz gesprochen. Die Zusammenschaltung geschieht normalerweise über Router, Bridges oder Gateways.

→ *Siehe Gateway; Netzwerk; WAN; Router; Bridge*

VeriSign

http://www.verisign.com

VeriSign ist eine amerikanische Firma, die sich auf die Vergabe von Zertifikaten und die Bildung eines Vertrauensnetzes im Internet spezialisiert hat.

→ *Siehe Zertifikat; CA*

Verkettung

Damit ist normalerweise eine Zugriffsart auf die Datenfelder einer Datei gemeint. Ein Eintrag enthält neben den eigentlichen Daten die Adresse des nächsten Datensatzes.

→ *Siehe Adresse; Datensatz*

Verklemmung

Verklemmungen oder Deadlocks entstehen, wenn parallel ablaufende Prozesse zu viele Ressourcen anfordern. Obwohl die Betriebsmittel für jeden einzelnen Prozess ausreichen, entstehen gegenseitige Blockaden.

→ *Siehe Multitasking; Prozess*

Verknüpfung

Eine Verknüpfung ist eine Verbindung zu Dateien. Sie ermöglicht ein schnelleres und bequemeres Aufrufen der Datei. Verknüpfungen sind vor allem durch Windows 9x bekannt geworden, aber auch OS/2 verwendet sie. Verknüpfungen können als Ersatz der Originale angesprochen werden. Werden sie gelöscht, so hat das keinen Einfluss auf die Bezugsdatei. Windows 9x legt für jede definierte Verknüpfung eine .lnk-Datei an. Sie enthält den Pfad der Bezugsdatei und einige Befehle oder Kommandozeilenparameter. Wird das Original verschoben, so aktualisiert Windows 9x im Gegensatz zu OS/2 bestehende Verknüpfungen nicht.

→ *Siehe Windows 98 (SE); Windows 95; OS/2*

Vermittlungsstelle

Vermittlungsstellen stellen im Telefonnetz die Verbindung zwischen den Gesprächsteilnehmern her. Alte Vermittlungsstellen schalteten die Kontakte auf elektromechanischem Weg über Relais. Moderne Vermittlungsstellen stellen die Verbindung elektronisch her.

Vernetzung

Einen Computer mit einem Netzwerk zu verbinden, wird als Vernetzung bezeichnet.

➡ *Siehe Netzwerkkarte; Netzwerk*

Veronica

Abk.: Very Easy Rodent-Oriented Net-wide Index to Computerized Archives

Veronica gehört zum Gopher-Protokoll. Veronica ist eine Suchhilfe zum Auffinden von Dateien auf einem Gopher-Server.

➡ *Siehe Gopher*

Verschachtelte Operation

➡ *Siehe Operation, verschachtelte*

Verschlüsselung

Als Verschlüsselung wird die Kodierung von Daten zum Schutz vor unbefugten Zugriffen bezeichnet. Verschlüsselung spielt in vielen Bereichen der Computertechnik eine wesentliche Rolle. Beispiele wären die sichere Übertragung von Zahlungsinformationen über das Internet, der Schutz wichtiger Daten auf Datenträgern oder auch die Geheimhaltung der Daten auf einer Euroscheckkarte.

➡ *Siehe Kryptografie*

Verschlüsselung, blockweise

Ein Verschlüsselungsverfahren, bei dem die Daten in Blöcken fester Größe verschlüsselt werden, wobei der verschlüsselte Datenblock genau dieselbe Anzahl an Bits enthält wie das unverschlüsselte Original. Die blockweise Verschlüsselung beruht auf einem privaten und einem öffentlichen Schlüssel.

➡ *Siehe Verschlüsselung; Datenblock; PKC*

Vertex

Ein Vertex ist der Scheitelpunkt zweier sich treffender oder kreuzender Linien. Der Begriff bezeichnet im 3D-Grafikbereich die Punkte, aus denen die Grundelemente jedes 3D-Objekts aufgebaut sind – Polygone (Dreiecke). Somit hat jedes Polygon drei Scheitelpunkte.

➡ *Siehe 3D-Modell; 3D-Grafik; Polygon*

Vertex Shader

Der Vertex Shader ist eine programmierbare 3D-Funktion ab DirectX 8. Der Vertex Shader gehört zur Geometrie-Engine eines 3D-Chipsatzes. Zusammen mit dem Pixel Shader und anderen Funktionen bildet der Vertex Shader die 3D-Pipeline, die dreidimensionale Ausgangsdaten in zweidimensionale Bilder umrechnet. Der Vertex Shader kann anhand von frei programmierbaren Anweisungen die eingehenden Vertex-Daten (dreidimensionale Punktdaten) neu berechnen. Ein Vertex kann aus mehreren Datenteilen bestehen. Diese enthalten zum Beispiel Orts- und Textur-Koordinaten, Lichtwerte oder Daten zur Oberflächenberechnung. Besonders bei der aufwändigen Berechnung von Oberflächen und (volumetrischen) Schatten bringt diese Technik Vorteile. Vom Vertex Shader bzw. der Geometrie-Engine gehen die Daten an die Render Engine, welche die endgültigen, zweidimensionalen Texturen berechnet und das Ergebnis an den Rasterizer für die Grafikdarstellung übergibt. Der Vertex Shader ersetzt die T&L-Engine früherer DirectX-Versionen.

➡ *Siehe Pixel Shader; DirectX; T&L; Vertex*

Vertikalfrequenz

➡ *Siehe Bildwiederholfrequenz*

Very Easy Rodent-Oriented Netwide Index to Computerized Archives

➡ *Siehe Veronica*

Very High Data Rate DSL

➡ *Siehe VDSL*

Very Large Scale Integration

➡ *Siehe VLSI*

Verzeichnis

➡ *Siehe Directory*

Verzeichnis, lineares

Ein lineares Verzeichnis ist eine Liste von Dateinamen, die keine Unterverzeichnisse enthalten muss.

➡ *Siehe Subdirectory*

Verzeichnisbaum

➡ *Siehe Directory Tree*

Verzeichnisdienst

➡ *Siehe Directory Service*

Verzeichnisstruktur

Unter Verzeichnisstruktur wird die Anordnung von Dateien bzw. Strukturelementen auf einem Datenträger bzw. in einem Netzwerkverzeichnis verstanden. Normalerweise sind die Strukturelemente in einem Verzeichnisbaum organisiert. Der Baum besteht aus den Blättern (Objekte), den Knoten (Verzeichnisse oder Container) und dem Stamm (Root).

➡ *Siehe Directory; Directory Tree; Directory Service; Objekt*

Verzerrung

Verzerrung ist ein Begriff aus der Nachrichtentechnik und bezeichnet die unerwünschte Änderung der Amplitude oder Frequenz eines Signals. Verzerrungen können sich als sehr störend bei der Datenfernübertragung erweisen. Es gibt zahlreiche physikalische Ursachen für Verzerrungen.

➠ *Siehe Datenübertragung*

Verzweigung

➠ *Siehe If*

VESA

Abk.: Video Electronics Standards Association

VESA ist ein internationales Gremium, welches sich mit der Schaffung und Spezifikation von Videostandards beschäftigt.

➠ *Siehe VLB*

VESA Local Bus

➠ *Siehe VLB*

VFAT

Abk.: Virtual File Allocation Table

VFAT ist eine Erweiterung des Dateisystems FAT. VFAT wurde mit Windows 95 eingeführt und unterstützt lange Dateinamen und Partitionsgrößen über 1GB. Dies ist durch Nutzung mehrerer FAT-Verzeichniseinträge möglich. VFAT wurde in FAT32 integriert.

➠ *Siehe FAT32; FAT*

VGA

Abk.: Video Graphics Array

VGA steht für Video Graphics Array und ist ein Grafikstandard, der mit dem IBM-PC/AT eingeführt wurde. VGA erlaubt eine Auflösung bis maximal 640 x 480 Pixel mit 16 gleichzeitig darstellbaren Farben aus einer Palette mit 262.144 Farben. Die modernen Standards bauen auf VGA auf. Heutzutage beherrschen alle Grafikkarten zumindest einen gemeinsamen Modus: den Standard-VGA-Modus.

➠ *Siehe Grafikstandard; SVGA; Pixel*

VGA-Karte

Eine VGA-Karte ist eine Grafikkarte, die VGA unterstützt. Alle modernen Grafikkarten sind VGA-Karten, können aber wesentlich mehr. Die Auflösungen und Farbtiefen des ursprünglichen VGA-Standards sind inzwischen technisch überholt.

➠ *Siehe VGA; Grafikkarte*

Vi

Vi ist der am häufigsten benutzte Editor für Textdateien. Der gesamte Bearbeitungsvorgang lässt sich über die Tastatur steuern. Eine Maus findet unter Vi keine Verwendung. Besonders für Programmierer bietet Vi zahlreiche Features, die das Arbeiten erleichtern. Die Beliebtheit des Vi sorgte dafür, dass er auf nahezu jeder Unix-Workstation vorhanden ist.

➠ *Siehe Editor; Unix; Maus*

Video 1 Compressor

Video 1 Compressor stellt ein Verfahren zur Komprimierung von Video- und Audiodaten dar. Er ermöglicht eine maximale Farbtiefe von 16 Bit. TrueColor wird nicht unterstützt.

➡ *Siehe Farbtiefe; Komprimierungsprogramm; TrueColor*

Video Electronics Standards Association

➡ *Siehe VESA*

Video for Windows

Video for Windows wurde von Microsoft entwickelt und ist ein Programm zum Erstellen und Abspielen von Videosequenzen. Die Vollversion ermöglicht die Bearbeitung und Komprimierung von Videos. Eine frei kopierbare und kostenlos erhältliche Version dient zum Abspielen der Sequenzen. Video for Windows wurde ursprünglich für Windows 3.x entwickelt und unter Windows 95 durch das Abspielmodul ActiveMovie ersetzt.

➡ *Siehe AVI; Indeo*

Video Graphics Array

➡ *Siehe VGA*

Videobandbreite

Die Videobandbreite kennzeichnet denjenigen Bereich von der niedrigsten zur höchsten Signalfrequenz bei den Videoeingängen eines Monitors, der von der Monitorelektronik noch mit -3 dB Signaldämpfung verarbeitet werden kann. Wenn eine Bildzeile zwischen der Darstellung eines weißen und eines schwarzen Pixels hin- und herschaltet, ist dafür idealerweise ein Rechtecksignal erforderlich, welches mit der halben Frequenz des Pixeltakts wechselt. Damit dieses recht extreme Signal bei der höchstmöglichen Bildwiederholfrequenz einigermaßen verstärkt werden kann, sollte die Monitorelektronik mindestens eine 1,5- bis 2fach höhere Videobandbreite aufweisen.

➡ *Siehe Bildwiederholfrequenz; Monitor; Bandbreite; Pixel*

Videobearbeitung

Unter Videobearbeitung wird die Bearbeitung von Videoaufnahmen am Computer verstanden. Die einfachste Möglichkeit ist der analoge Schnitt, bei dem der PC lediglich zwei an den seriellen Schnittstellen angeschlossene Videogeräte (beispielsweise einen Camcorder und einen Videorekorder) steuert. Dazu ist lediglich eine Schnittsoftware nötig, zusätzliche Hardware muss nicht eingebaut werden. Eine Videokarte wird benötigt, wenn die Videos mit Effekten oder Titeleinblendungen ausgestattet werden sollen. Eine Videokarte besitzt ein oder zwei Videoeingänge und ermöglicht in vielen Fällen auch die Digitalisierung der Videosequenzen, die dann meistens im

M-JPEG-Format auf der Festplatte abgespeichert werden. Eine 10-Minuten-Sequenz in hoher Qualität benötigt ungefähr 2 GByte Speicherplatz. Ein schneller Rechner mit großzügig ausgestattetem Festplatten- und Arbeitsspeicher ist demnach zur Videobearbeitung dringend zu empfehlen. Viele Videokarten ermöglichen die synchrone Digitalisierung von Video- und Tonspur. Zur professionellen Bearbeitung wird noch eine entsprechende Effekt-Software benötigt.

➠ *Siehe Schnitt, nichtlinearer; Schnittstelle, serielle; Schnitt, linearer; MJPEG; AV-Festplatte*

Videobearbeitungseffekte

Bei der Videobearbeitung werden häufig Spezialeffekte eingesetzt. Ein Beispiel ist die Einblendung von Titeln oder das weiche Überblenden zwischen Bildern. Aber auch fliegende oder sich aufbauende Bilder sind möglich. Mit einer guten Effekt-Software sind der Fantasie keine Grenzen gesetzt.

➠ *Siehe Videobearbeitung*

Video-Capturing

Das Übertragen und Abspeichern von Videodaten auf dem Computer wird Video-Capturing genannt. Die dazu verwendete Erweiterungskarte heißt Video-Capture-Karte. Mit ihr können unter anderem auch digitale Videosignale auf einen analogen Videorekorder oder auf ein digitales DVD-RAM ausgespielt werden.

➠ *Siehe Video-Grabbing; Videokarte; Videokamera; Videorekorder; Videoschnittgerät*

Video-CD

➠ *Siehe VCD*

Video-Grabbing

Die Digitalisierung von Videobildern wird Video-Grabbing genannt. Es können Standbilder oder bewegte Bilder in Echtzeit digitalisiert werden. Dazu wird eine entsprechende Videokarte oder Framegrabber-Karte benötigt.

➠ *Siehe Videokarte; Video-Capturing; Videorekorder; Videoschnittgerät; Digitalisierung; Frame-Grabber; Frame*

Videokamera

Videokameras dienen zum Aufzeichnen von Bild und Ton auf eine Videokassette. Mit einem Videorekorder können die Kassetten dann abgespielt werden. Meist sollen die Sequenzen noch bearbeiten werden. Dazu eine Videokarte benötigt. 1996 hat Sony das digitale Videoformat DV entwickelt, das professionelle Videobearbeitung am PC noch einfacher macht.

➠ *Siehe DV*

Videokarte

Der Begriff Videokarte wird häufig für eine Grafikkarte verwendet. Das ist aber nicht korrekt. Videokarten dienen der Bearbeitung von Videosequenzen am Computer. Mittels Overlay-Technik blenden Videokarten das Videobild in das Computerbild ein. Viele Karten besitzen einen integrierten Frame-Grabber zur Digitalisierung von Videosequenzen.

➠ *Siehe Schnitt, nichtlinearer; Videobearbeitung; Frame-Grabber; Overlay-Karte*

Videokompression

Mit Videokompression werden Videosignale komprimiert, sozusagen gepackt, um damit die Größe der Videosignale zu verringern. Dabei kommt es zu Qualitätsverlusten.

➠ *Siehe Kompression*

Videokonferenz

Als Videokonferenz wird eine Fernkonferenz mit Bild- und Tonübertragung bezeichnet. Die Informationen werden meist über ISDN übertragen. Jeder Teilnehmer benötigt außer seinem PC folgende Ausrüstung:

▶ Mikrofon und Kopfhörer

▶ Kamera

▶ ISDN-Karte

▶ Codec-Karte zur Aufzeichnung der Bild- und Toninformationen

▶ Software

Der H.320-Standard dient der korrekten Übertragung von Bild und Ton. Leider unterstützt der H.320-Standard keine Übertragung von Dateien oder das gemeinsame Arbeiten an Dokumenten (Document Sharing) bzw. mit Anwendungssoftware (Application Sharing). Zu diesem Zweck existiert aber mittlerweile der T.120-Standard.

➠ *Siehe H.320*

Video-Overlay-Karte

➠ *Siehe Overlay-Karte*

Video-RAM

➠ *Siehe VRAM*

Videorekorder

Ein Videorekorder ist ein Gerät zur Aufzeichnung von Bild- und Toninformationen auf einen magnetischen Datenträger. Die heute gängigen Systeme, vor allem VHS (Video Home System), aber auch S-VHS und Hi8, verwenden ein analoges Aufzeichnungsverfahren. Seit 1996 existiert auch ein digitales Verfahren, das von Sony entwickelte DV.

➠ *Siehe Videobearbeitung; DV*

Videoschnittgerät

Ein Videoschnittgerät dient der Bearbeitung von Videoaufnahmen. Einfache Effekte, beispielsweise das Einblenden von Titeln, sind möglich. Moderne Geräte verfügen über Anschlussmöglichkeiten an einen PC.

➭ *Siehe Schnitt, nichtlinearer; Schnitt, linearer; Videobearbeitung*

Videotakt

➭ *Siehe Pixeltakt*

Videotext

Videotext ist die deutsche Bezeichnung für den Informationsdienst Teletext. In der Austastlücke des Fernsehsignals werden aktuelle Nachrichten, Programmhinweise und vieles mehr übertragen. Jeder moderne Fernseher besitzt einen eingebauten Videotext-Decoder, um die Texte anzuzeigen. Auch digitale Daten können in der Austastlücke übertragen werden. Videotext ist nicht zu verwechseln mit Videotext, der internationalen Bezeichnung für Btx.

➭ *Siehe Btx; Austastlücke*

Vierfarbdruck

Der Vierfarbdruck ist das gängige Druckverfahren, um mittels subtraktiver Farbmischung fotorealistische Farbbilder auf einem Drucker auszugeben. Die drei Grundfarben der subtraktiven Farbmischung sind Türkis, Gelb und Pink. Als vierte Farbe wird Schwarz verwendet, um einen besseren Kontrast bei schwarzem Druck zu realisieren. Die vier Farben werden schrittweise nacheinander gedruckt. Die feine Rasterung und hohe Auflösung der heutigen Drucker lässt die gedruckte Fläche für das menschliche Auge in einer von 16,7 Millionen Farben erscheinen. Computerbilder liegen normalerweise im RGB-Format vor. RGB steht für Rot, Grün und Blau gemäß den Grundfarben der additiven Farbmischung. Diese müssen in den Farbraum der subtraktiven Farbmischung (CMYK = Cyan, Magenta, Yellow, Black) umgerechnet werden. Dies wird Farbseparation genannt. Alle modernen Grafikprogramme beherrschen diese Umrechnung und führen sie automatisch durch.

➭ *Siehe CMYK-Farbsystem; RGB; Farbmodell*

Vines

Abk.: Virtual Network Services

Vines ist ein Netzwerkbetriebssystem und basiert auf »V«, einer Unix-Variante von AT&T. Vines unterstützt LAN (Local Area Network)- und WAN (Wide Area Network)-Netzwerke beliebiger Größe und mit einer beliebigen Serveranzahl. Das Kennzeichen von Vines ist die Virtualisierung sämtlicher Netzwerkdienste mittels des globalen

Adressierungssystems Streettalk. Novell NetWare beherrscht eine vergleichbare Virtualisierung erst seit der Version 4.0 von NDS (NetWare Directory Services).

➭ *Siehe LAN; NOS; Unix; WAN; NetWare*

VIP-Board

Mit der Verdrängung des VESA Local Bus durch den PCI-Bus wurden einige Motherboards (VIP-Boards) entwickelt, die alle drei bekannten Bussysteme vereinigen, den VESA Local Bus, den ISA-Bus und den PCI-Bus. Bei der Aufrüstung auf einen neuen PC konnte die alte VLB-Grafikkarte weiterverwendet und musste keine teure PCI-Karte gekaufen werden. Gleichzeitig konnten zwei oder drei PCI-Steckkarten eingebaut werden.

➭ *Siehe PCI; ISA; Motherboard; VLB*

Virenscanner

Ein Virenscanner ist ein Programm zum Aufspüren von Computerviren.

➭ *Siehe Computervirus*

Virtual Address Extension

➭ *Siehe VAX*

Virtual Communities

Virtual Communities sind vergleichbar mit Chat-Räumen, ergänzt um grafische Darstellungen der Beteiligten. In diesen Gemeinschaften interagieren die Mitglieder nach sozialen Gesichtspunkten. Ein Beispiel für eine Virtual Community ist Ultima Online oder Sims Online.

➭ *Siehe Chat-Room*

Virtual File Allocation Table

➭ *Siehe VFAT*

Virtual Humans

Vor allem die amerikanische Filmindustrie hat sich die Entwicklung virtueller Akteure (virtual humans) zum Ziel gesetzt. Bisherige Techniken beschränken sich auf die Veränderung menschlicher Schauspieler »per Hand« (d.h. durch digitale Bildnachbearbeitung) bzw. eine halbautomatische Computeranimation mittels des Motion-Capture-Verfahrens. Diverse Firmen forschen zur Zeit an der Erzeugung digitaler DNA, die letztendlich zur Entwicklung autonomer, digitaler Charaktere führen soll. Neuartige Animationssoftware soll dafür sorgen, dass sich digitale Muskeln, Haare, Knochen und Gewebe real verhalten. Neben der Filmindustrie interessiert sich vor allem auch die Wissenschaft für die Erzeugung virtueller Menschen. Im Bereich der Medizin, der künstlichen Intelligenz, Virtual Reality, Augmented Reality und der Expertensysteme wären virtuelle Menschen ideale Forschungsobjekte.

➠ *Siehe Expertensystem;*
Synthespian; Motion-Capture;
Animation; Polygon

Virtual Office
➠ *Siehe SOHO*

Virtual Privat Network
➠ *Siehe VPN*

Virtual Reality
➠ *Siehe VR*

Virtual Reality Modeling Language
➠ *Siehe VRML*

Virtuelle Adresse
➠ *Siehe Adresse, virtuelle*

Virtuelle Maschine
➠ *Siehe JVM; VM; Java*

Virtuelle Menschen
➠ *Siehe Synthespian; Virtual Humans*

Virtuelle Realität
➠ *Siehe VR*

Virtueller Speicher
➠ *Siehe Speicher, virtueller*

Virtuelles Laufwerk
➠ *Siehe Laufwerk; Laufwerk, virtuelles; RAM-Disk*

Virus
Ein Programm, das sich selbst verbreitet und oft auch eine bestimmte Wirkung, meistens bösartige Sabotage, beabsichtigt, wird als Virus bezeichnet.

➠ *Siehe Sabotageprogramm; Computervirus*

Virus, polymorpher
Ein polymorpher Virus ist eine relativ neue Virenart. Polymorphe Viren verändern bei Aktivierung ihre komplette Programmstruktur, so dass sie für Virenscanner nicht mehr erkennbar sind. Eine einfache Methode zu ihrer Erzeugung ist das zufällige Einstreuen von NOP-Operationen in den Code.

➠ *Siehe NOP; Computervirus*

Virus, überschreibender
Es gibt zwei Gruppen von Computerviren, die so genannten Linkviren und die überschreibenden Viren. Überschreibende Viren sind relativ einfach zu entdecken, da sie ihrem Namen gemäß das Wirtsprogramm überschreiben bzw. ihren Code anhängen. Um zu gewährleisten, dass der Virus vor dem befallenen Programm ausgeführt wird, müssen Sprunganweisungen und Tabellen verändert werden. Normalerweise kann das Wirtsprogramm seine Aufgabe nicht mehr ordnungsgemäß erfüllen. Überschreibende Viren sind sehr selten, der weitaus größere Teil der Computerviren gehört zur Gruppe der Linkviren.

➠ *Siehe Computervirus*

Visual Basic
➥ Siehe VB

Visual Basic für Applikationen
➥ Siehe VBA

Visual Basic Script
➥ Siehe VBScript

VLB
Abk.: VESA Local Bus

▲ *Syn.: Local Bus*

Der VESA Local Bus stellt einen Ersatz des inzwischen veralteten ISA-Bus dar. Er wurde von der VESA (Video Electronics Standards Association) entwickelt und soll die Verbindung zwischen CPU und Peripherie beschleunigen. Vor allem Grafikkarten sollten von dem 32 Bit breiten und bis zu 40 MHz schnellen VESA Local Bus profitieren. Mittlerweile wurde der VLB durch den PCI-Bus abgelöst. Auf älteren 486er-Motherboards waren meist ein bis drei VLB-Slots zu finden, die einfach eine Verlängerung der ISA-Slots darstellten und mit der Grafikkarte und ein oder zwei Festplatten-Controllern bestückt wurden.

➥ *Siehe Bus; CPU; Festplatten-Controller; Peripherie; VESA; ISA*

VL-Bus
➥ *Siehe VLB*

VLSI
Abk.: Very Large Scale Integration

VLSI stellt eine wesentliche Etappe bei der Integrationsdichte von ICs dar.

Abhängig von der Integrationsdichte existieren:

▶ LSI (Large Scale Integration): 1000 bis 10.000 Transistoren pro Chip.

▶ VLSI (Very Large Scale Integration): 10.000 bis 1.000.000 Transistoren.

▶ ULSI (Ultra Large Scale Integration): 1.000.000 bis 100.000.000 Transistoren.

▶ GLSI (Giant Large Scale Integration): mehr als 100.000.000 Transistoren.

➥ *Siehe LSI; ULSI; GLSI; IC*

VM
Abk.: Virtual Machine

▲ *Übers.: Virtuelle Maschine*

VM ist eine Bezeichnung für einen Prozessor, der nicht real vorhanden ist, sondern nur virtuell durch Software oder Hardware simuliert wird. Intel CPUs verfügen z.B. ab dem 386er über einen speziellen Modus, der mehrere virtuelle 8086-Pozessoren simuliert. Große Bedeutung hat ein solcher virtueller Prozessor auch im Zusammenhang mit Java. Hier sorgt die so genannte Java Virtual

Machine für die Plattformunabhängigkeit der Sprache.

➠ *Siehe JVM; Prozessor; Java*

Voice over IP

Voice over IP bezeichnet den Aufbau einer Sprachverbindung über das Internet. Um diese Sprachverbindung aufbauen zu können, braucht der Surfer zwei analoge Leitungen oder einen ISDN-Anschluss. Die Signalisierung erfolgt über das IP-Netz, der Aufbau der Sprachverbindung erfolgt über das Telefonnetz.

➠ *Siehe IP*

Voice-Mail

Eine Datei mit Audiodaten, die über E-Mail verschickt wird, heißt Voice-Mail. So lassen sich mündliche Nachrichten auch über E-Mail senden.

➠ *Siehe E-Mail*

Voice-Modus

Manche Modems lassen sich in den Voice-Modus schalten. Mit einem PC, Lautsprecher und Mikrofon können sie als Anrufbeantworter (Voice-Mailbox) verwendet werden.

➠ *Siehe Modem*

VoiceType

VoiceType ist eine Spracherkennungssoftware von IBM. Mit VoiceType lassen sich (mit Einschränkung) Programme über Spracheingabe steuern oder auch Diktate in ein Textverarbeitungsprogramm eingeben. Bevor die Sprachfunktionen verwendet werden kann, muss das Programm erst die Aussprache des Anwenders erkennen lernen. Dazu spricht er über das Mikrofon (Head-Set) bis zu 256 vorgefertigte Sätze.

➠ *Siehe Sprachsteuerung; IBM*

Volladdierer

Ein Volladdierer ist eine logische Schaltung, die zwei einstellige binäre Zahlen unter Berücksichtigung des Übertrags addiert. Das Ergebnis besitzt zwei Stellen. Um ein Addierwerk aufzubauen, werden Volladdierer und Halbaddierer benötigt.

➠ *Siehe Halbaddierer; Addierwerk; Binär*

Vollbild

Ein Vollbild ist eine Darstellungsart bei grafischen Benutzeroberflächen. Der Inhalt eines Fensters wird unter Ausnutzung des gesamten Platzes auf dem Bildschirm dargestellt.

➠ *Siehe GUI*

Vollduplex-Betrieb

➠ *Siehe Fullduplex-Betrieb*

Vollständiger Pfad

➠ *Siehe Pfad, vollständiger*

Volltestanalyse

Eine Volltestanalyse dient der Ermittlung der Blöcke eines Programmtextes.

Volltext-Datenbank

Eine Datenbank, die in ihren Feldern unstrukturierte Texte beliebiger Länge aufnehmen kann, wird als Volltext-Datenbank bezeichnet.

➡ *Siehe Datenbank; Datenfeld*

Volltondrucker

➡ *Siehe Dye-Diffusion-Drucker*

Volume Label

Jeder Datenträger erhält vom Betriebssystem einen Namen. Nicht nur physikalische Datenträger wie Festplatten oder Disketten erhalten Namen, sondern auch logische Laufwerke.

➡ *Siehe Harddisk; Laufwerk, logisches; Betriebssystem; Diskette*

Von-Neumann-Rechner

Ein von-Neumann-Rechner entspricht einer 1964 von John von Neumann festgelegten Definition eines Computers. Die heutigen Rechner entsprechen normalerweise dieser Definition:

▶ Unterteilung in Steuereinheit, Recheneinheit, internen Speicher und periphere Einheiten

▶ Einteilung des internen Speichers in Informationseinheiten (Speicherzellen)

▶ Fortlaufende Adressierung der Speicherzellen

▶ Verwendung des Dualsystems

▶ Befehle und Daten im selben Speicher

▶ Sequenzielle Abarbeitung von Befehlen

▶ Unterbrechung der sequentiellen Abarbeitung durch unbedingte oder bedingte Sprünge.

➡ *Siehe Adressierung; Binär*

Vorformatieren

➡ *Siehe Low-Level-Formatierung*

Vorlagen

Vorlagen sind Schablonen für Texte und enthalten Formatierungsinformationen und Text. Ein Briefkopf mit Absender ist beispielsweise eine Vorlage. Auf diese Weise müssen die immer gleichen Teile nicht jedes Mal neu eingegeben werden. Vorlagen stellen ein einheitliches Format sicher.

➡ *Siehe Document Template*

Vorwärtskettung

➡ *Siehe Kettung*

Vorzeichen

In der Mathematik sind Zahlen entweder positiv oder negativ. Die meisten Zahlendarstellungen im Computer berücksichtigen das Vorzeichen.

VPN

Abk.: Virtual Private Network

▲ *Übers.: Virtuelles Privates Netzwerk*

Bei einem VPN werden lokale Netzwerke über ein öffentliches Netzwerk wie dem Internet miteinander gekoppelt. Über geeignete Protokolle wird ein so genannter Tunnel geschaffen, in dem die Daten zwischen den beteiligten lokalen Netzwerken übertragen werden können. Über eine Verschlüsselung der Daten wird versucht die Daten zu sichern. VPNs bieten gegenüber konventionellen Techniken zur LAN-Koppelung drastische Kostenvorteile. Da die Technologie noch relativ jung ist, existieren noch keine verbindlichen Industriestandards. Die vorhandenen Lösungen basieren auf proprietären Software- oder auch integrierten Hardwareprodukten. Große Skepsis herrscht in Bezug auf die Sicherheit, Zuverlässigkeit und die Geschwindigkeit, die eine solche Verbindung dauerhaft garantieren kann.

➠ *Siehe LAN; Internet*

VR

Abk.: Virtual Reality

▲ *Übers.: Virtuelle Realität*

Virtuelle Realität oder Virtual Reality ist ein moderner Begriff und bezeichnet die dreidimensionale Simulation von realen Objekten und Landschaften durch den Computer. Im Computer erzeugte, künstliche Welten werden häufig unter dem Begriff Cyberspace zusammengefasst. Die Entwicklung der virtuellen Realität steht erst am Anfang. Mit schnellen Prozessoren und speziellen Datenanzügen, Helmen und Handschuhen können auch heute schon einfache virtuelle Welten erzeugt werden, in denen sich der Benutzer frei bewegen und interaktiv agieren kann. Das Hauptanwendungsgebiet sind heutzutage die Flugsimulatoren. Aber auch in der Medizin, der Architektur und bei Computerspielen wird diese Technik immer beliebter.

➠ *Siehe Data Suit; Data Glove; Virtual Humans; HMD; Cyberspace*

VRAM

Abk.: Video-RAM

VRAM ist ein Speichertyp, der von Texas Instruments entwickelt wurde. Dieser Speicherbaustein kann seinen Inhalt direkt über einen zweiten seriellen Port an den RAMDAC ausgeben. Dabei wird ein Teil des Speicherinhalts zyklisch in Schieberegister umgeladen, was aber nur einen Taktzyklus erfordert. Die Daten in diesen Schieberegistern werden bitweise angezeigt. Die CPU kann dabei so viele Taktzyklen lang ungehindert auf den Bildspeicher zugreifen, bis die Schieberegister aktualisiert werden müssen. Durch diese Technik steigt die Bandbreite gegenüber herkömmlichen Speicherbausteinen. Eine Weiterentwicklung des VRAM ist das WRAM.

➨ *Siehe RAMDAC; WRAM; Register; Port; Grafikspeicher; Takt*

VRML

Abk.: Virtual Reality Modeling Language

Eine Programmiersprache zum Erstellen von 3D-interaktiven Web-Grafiken. Benutzer können mit Objekten agieren und sich »in« einer Grafik bewegen.

VRML wurde 1994 von Mark Pesce und Tony Parisi entwickelt und ist ein Teilbereich des Inventor File Format (ASCII) von Silicon Graphics. VRML-Dateien können in einem einfachen Texteditor erstellt werden, in der Regel werden sie aber in CAD-Anwendungen sowie Modell- und Animationsprogrammen und VRML-Autoren-Software erstellt. Verknüpfungen zu diesen Dateien können entweder in HTML-Dokumente eingebettet sein. Zudem kann auch direkt auf VRML-Dateien zugegriffen werden. Ein VRML-fähiger Browser – z.B. WebSpace von Silicon Graphics oder ein VRML-Plug-in für Internet Explorer oder Netscape Navigator – ist zum Anzeigen von VRML-Web-Seiten erforderlich.

➨ *Siehe Editor; 3D-Grafik; OpenGL; HTML; Programmiersprache; Browser*

W

W3

→ *Siehe WWW*

W3C

Abk.: World Wide Web Consortium

Ein Konsortium internationaler Unternehmen zur Entwicklung bzw. Weiterentwicklung offener Standards für das Internet und das WWW (z. B. HTML, HTTP). Das W3C wurde 1994 von dem Erfinder des WWW, Tim Berners-Lee, gegründet. Die Hauptzielsetzung ist es, eine Richtung vorzugeben, in die sich das Web entwickelt und so eine Zersplitterung zu verhindern.

→ *Siehe HTTP; WWW; HTML*

Wafer

Wafer sind runde Scheiben aus dotiertem Halbleitermaterial, meistens aus Silizium. Mittels komplizierter Verfahren werden auf der Oberfläche die Strukturen von mehreren gleichen Chips erzeugt. Die Chips werden anschließend ausgeschnitten. Wafer besitzen heutzutage einen Durchmesser von 200 bis 300 mm. Früher waren sie wesentlich kleiner.

→ *Siehe Chip*

Wählleitung

Eine Wählleitung baut eine Verbindung nur zeitweise durch Wählen der Nummer einer Gegenstelle auf. Die Verbindung einer Standleitung dagegen besteht permanent.

→ *Siehe Standleitung*

Wahlsperre

Eine Wahlsperre verhindert das ständige Wählen einer Nummer ohne Pause. Alle postzugelassenen Geräte, insbesondere Modems, müssen eine Wahlsperre enthalten. Auf diese Weise wird eine Überlastung des Telefonnetzes verhindert.

→ *Siehe Modem*

Wahrheitswerttabelle

Eine Wahrheitswerttabelle oder einfach Wahrheitstabelle enthält die möglichen Kombinationen von binären Eingangs- und Ausgangsvariablen, die sich aus einer logischen Funktion ergeben.

→ *Siehe Logische Verknüpfung; Boolesche Operatoren*

WAIS

Abk.: Wide Area Information System

WAIS ist ein Volltext-Suchsystem für das Internet.

→ *Siehe Internet; Search-Engine*

Waitstate

Ein schneller Prozessor muss regelmäßig Wartezyklen, also Waitstates, einlegen, damit langsame Komponenten mithalten können, ansonsten droht Datenverlust.

Wake on LAN

Der Computer kann über das Netzwerk hochgefahren werden. Dies kann z.B. über das Versenden eines Magic Packet an die MAC-Adresse des PCs geschehen. Das Motherboard muss diese Option durch Stromversorgung der Netzwerkkarte bei ausgeschaltetem Computer unterstützen (so genannte soft-off-status).

➟ *Siehe Netzwerkkarte; MAC-Adresse; Magic Packet; Motherboard*

Wallpaper

Wallpaper heißt der Bildschirmhintergrund unter Windows. Als Hintergrund können verschiedene Farben oder auch Bilder und Muster gewählt werden. Diese werden in der Systemsteuerung von Windows festgelegt.

➟ *Siehe Screensaver*

Walzenplotter

Die Funktionsweise eines Walzenplotters oder Trommelplotters entspricht der eines Stiftplotters. Das Medium wird beim Walzenplotter mit Hilfe einer Walze weiterbewegt. Beim Flachbettplotter liegt das Medium flach fixiert auf dem Plotter.

➟ *Siehe Plotter*

WAN

Abk.: Wide Area Network

WAN bezeichnet ein großes Netzwerk mit unter Umständen weltweiter Ausdehnung. WANs verbinden meist LANs über Telefonleitungen. Gateways und Router sorgen für die Verbindung von LANs mit unterschiedlicher Technologie.

➟ *Siehe LAN; Gateway; Netzwerk; Router*

Wandler

Ein Wandler ist ein Gerät, das eine Signalform in eine andere umwandelt. Beispielsweise wandelt ein A/D-Wandler analoge Signale in digitale um.

➟ *Siehe A/D-Wandler, D/A-Wandler*

WAP

Abk.: Wireless Application Protocol

WAP ist ein Protokoll, das die Darstellung und Übertragung von speziellen Internet-Inhalten auf Geräte mit eingeschränkter Darstellung, wie zum Beispiel Mobiltelefonen oder PDAs, definiert. WAP wird von WML unterstützt, das spezielle Inhalte für die Darstellung auf Handy-Displays bereitstellt, da große Bilder und umfangreiche Grafiken hier natürlich nicht dargestellt werden können. Spezielle WAP-Gateways sollen helfen, Bilder aus mit HTML formatierten Websites herauszufiltern und HTML-Daten in WML-Dokumente zu konvertieren. Für ein spezielles Gerät, z.B. Mobiltelefon oder Palmtop, wird ein eigener, spezieller Browser benötigt, der WAP-Inhalte darstellen kann. Die WAP-Architektur basiert auf einem schichtenförmigen Modell, welches fünf Schichten beschreibt: Anwendungsschicht, Sitzungsschicht, Transaktionsschicht, Sicherungsschicht und Transportschicht – jede mit eigenen Protokollen und Anwendungen.

➞ *Siehe Gateway; PDA; Protokoll; HTML; WML*

Warmstart

Beim Einschalten führt der PC einen Kaltstart durch. Läuft der Rechner bereits, kann er durch die Tastenkombination [STRG]+[ALT]+[ENTF] neu gestartet werden. Er führt dann einen Warmstart durch. Das BIOS lässt wesentliche Testroutinen aus und bootet sofort das Betriebssystem.

➞ *Siehe Booten; Reset; BIOS; Betriebssystem*

Wartemusik

Telefonanlagen spielen oft eine eingespeicherte Wartemusik ab, während der Anrufer weiter verbunden wird.

➞ *Siehe TK-Anlage*

Warteschlange

➞ *Siehe Queue; FIFO*

War-Walking

Bezeichnet eine Form des Ausspionierens von WLAN-Netzwerken. Dabei wird mit einer Schnüffelsoftware nach offenen Access Points gesucht, die dann ohne Wissen des Besitzers zum Zugriff auf das Netzwerk genutzt werden können.

➞ *Siehe: Access Point, WLAN*

Watcom

Watcom ist ein von der Firma PowerSoft entwickelter Compiler für die Sprachen C und C++. Nach Microsoft Visual C++ und Borland ist Watcom der am weitesten verbreitete Compiler. Als IDE wird der PowerBuilder verwendet.

➞ *Siehe Borland; Compiler; IDE; C++*

WAV

Abk.: wave

Das unter Windows übliche Dateiformat für Audiodateien trägt die Endung ».wav«. Alle Soundrecorder, Samplingprogramme und MediaPlayer für Windows verstehen das WAV-Format. WAV unterstützt keine Datenkomprimierung, weshalb Audiodateien in hoher Qualität sehr viel Speicher brauchen.

→ *Siehe Kompression*

Wavelet

Ein Wavelet bezeichnet eine mathematische Funktion, die sich innerhalb einer bestimmten Zeitspanne ändert. Wavelets werden immer mehr zur Analyse von Audiosignalen eingesetzt.

Wavetable

Die Klangwiedergabe mit Wavetable-Unterstützung ist ein Verfahren, bei dem Musik nicht mittels FM-Synthese erzeugt, sondern aus abgespeicherten Klängen echter Instrumente zusammengesetzt wird. Die Instrumentenklänge sind als Samples auf Speicherbausteinen abgespeichert und werden von einem Chip zur Klangerzeugung benutzt. Moderne Soundkarten besitzen einen Wavetable, bei älteren Geräten kann er oft nachgerüstet werden. Die meisten modernen Computerspiele unterstützen das Wavetable-Verfahren, da es naturgetreuere Klänge erlaubt als die herkömmliche Synthese.

→ *Siehe Soundkarte; MIDI; FM-Synthese*

WBEM

Abk.: Web Based Enterprise Management

WBEM ist ein Vorschlag für Protokolle zu Systemmanagement und -verwaltung über WWW-Interfaces.

→ *Siehe WWW; Protokoll*

WDM

Abk.: Wavelength Division Multiplexing, Windows Driver Model

1. WDM ist ein spezielles Frequenzmultiplexverfahren, bei dem die Frequenzen im optischen Bereich liegen. Die Übertragung erfolgt optisch über Glasfaser, die Vermittlung zwischen Netzen und Knoten erfolgt dagegen elektrisch.

2. WDM steht für Windows Driver Model, eine Spezifikation von Microsoft für Gerätetreiber unter Windows 98 und 2000. Da beide Betriebssysteme dieses Modell verwenden, musste vom Gerätehersteller lediglich ein Treiber entwickelt werden.

→ *Siehe Frequency-Division-Multiplexing; Multiplex; Glasfaserkabel; Multiplexer*

Web

→ *Siehe Internet*

Web Based Enterprise Management

→ *Siehe WBEM*

Web log

➡ Siehe Blog

Web Service

Ein Web Service ist eine dynamische, auf XML basierende Webseite, die bestimmte Funktionen serverseitig zur Verfügung stellt. Web Services sind zentrales Element der neuen Entwicklungsumgebungen ».NET« von Microsoft und Sun ONE von Sun Microsystems. Sie sollen die Integration von Anwendungen erleichtern und plattformunabhängige Kommunikation zur Verfügung stellen. Die Plattformunabhängigkeit wird durch Ausnutzung von Internet-Technologien erreicht. Der Web Service selbst ist in XML geschrieben, zur Kommunikation mit anderen Programmen kommen SOAP und HTTP zum Einsatz. Seine Schnittstellen und Funktionen legt der Web Service in einem WSDL-Dokument (Web Service Description Language) offen. Programme benötigen normalerweise nicht mehr als die URL des WSDL-Vertrags, um den Web Service zu nutzen. Diese URLs werden in UDDI-Verzeichnissen (Universal Description, Discovery and Integration) zentral bei Microsoft und beteiligten Anbietern gespeichert.

➡ Siehe .NET; UDDI; SOAP; HTTP; URL; Sun ONE; XML

Web Service Description Language

➡ Siehe WSDL

Webbrowser

Ein Webbrowser erlaubt den Zugriff auf das Internet. Er wird insbesondere zur Darstellung der Seiten des WWW benötigt. Der Browser greift über die Zieladresse URL auf ein HTML-Dokument zu. Web-Browser enthalten normalerweise zahlreiche eingebaute Zusatzprogramme, die beispielsweise Grafik- oder Audioformate unterstützen. Die bekanntesten Browser sind der Netscape Communicator und der Microsoft Internet Explorer. Viele kommerzielle Provider, wie beispielsweise CompuServe, AOL oder T-Online besitzen ihre eigenen Browser, die sie den Kunden zur Verfügung stellen.

➡ Siehe Internet Explorer; URL; WWW; HTML

Webcam

Eine Webcam ist eine spezielle Kamera, die an einen Webserver angeschlossen ist. Die Video- oder Standbilder können über das Internet von dem Webserver abgerufen werden, so dass der Benutzer über das Internet an einen »beliebig« weit entfernten Ort schauen kann. Die Qualität der übertragenen Bilder ist aufgrund der eingeschränkten Übertragungsgeschwindigkeit meistens niedrig und bei bewegten

Bildern sind häufig die Bewegungen stark zerhackt.

⇒ *Siehe Internet; Videokonferenz*

Webseite

Eine einzelne HTML-Seite auf einer Website bzw. einer Homepage wird als Webseite oder Webpage bezeichnet.

⇒ *Siehe Website; HTML*

Webseite, dynamische

Eine dynamische Webseite ist eine Webseite mit variablem Inhalt, die jedoch ein festes Format hat. Dadurch können dynamische Webseiten auf die Wünsche und Kriterien des jeweiligen Users zugeschnitten werden.

Webserver

Ein Webserver ist ein dedizierter Computer (Server), der ausschließlich für die Verwaltung einer oder mehrerer Websites zuständig ist.

⇒ *Siehe Internet; Website; Server*

Website

Eine Website ist die Gesamtheit aller HTML-Seiten, die unter einer bestimmten Internet-Adresse zu finden sind. Dabei müssen die HTML-Seiten nicht unbedingt auf einem einzigen Computer gespeichert sein.

⇒ *Siehe WWW; HTML*

Web-Spoofing

Web-Spoofing bezeichnet eine Art von Computerkriminalität im Internet. Eine beliebige Webseite enthält eine URL, die auf einen so genannten Fang-Server umgeleitet wurde. Wurde diese URL einmal angewählt, läuft von diesem Moment an der gesamte HTTP-Verkehr über den Fang-Server des Hackers. Der ahnungslose Anwender bekommt nicht mit, dass der Server des Hackers seine eigene IP-Adresse allen angefragten Adressen voranstellt. Der Hacker kann alle übertragenen Daten des Anwenders speichern und mitlesen, insbesondere Passwörter und Kreditkartennummern. Wählt der Anwender sich später erneut ein und benutzt eine abgespeicherte Adresse (Bookmark), so wird er wieder mit dem Server des Hackers verbunden, ohne dass er es merkt. Über die Statuszeile des Browsers ist zwar normalerweise die umgeleitete Adresse zu erkennen, diese Angabe kann aber mittels spezieller Java-Scripts abgefangen werden. Um ganz sicherzugehen, ist eine Überprüfung der Quellangaben in den übertragenen Dokumenten unumgänglich. Der Begriff Web-Spoofing wurde 1996 von einer Arbeitsgruppe der Princeton-University geprägt. Spoofing heißt auf Deutsch soviel wie veräppeln oder vortäuschen.

⇒ *Siehe JavaScript; HTTP; Server; URL; Hacker*

Web-Zähler

Ein Web-Zähler zeigt die Anzahl der Zugriffe auf eine Webseite. Wird die entsprechende Homepage angewählt, so wird der Zähler um eine Nummer heraufgesetzt. Einige Internet-Provider bieten die Möglichkeit, die eigene Homepage mit einem Web-Zähler auszurüsten. Die Angaben des Web-Zählers sind nicht immer zuverlässig. Manchmal wird der Zähler schon zu Beginn auf einen hohen Wert gesetzt, um eine große Resonanz vorzutäuschen.

➡ *Siehe Homepage; Webseite*

Wechselplatte

Eine Wechselplatte ist eine Festplatte, die in einen speziellen Wechselrahmen eingebaut wird. Dadurch ist sie leicht zu entfernen und durch eine andere zu ersetzen, ähnlich einem Wechselmedium, wie beispielsweise Disketten.

➡ *Siehe Harddisk*

Wechselplattenlaufwerke

Wechselplattenlaufwerke sind nicht zu verwechseln mit Wechselplatten. Der Begriff Wechselplattenlaufwerk bezeichnet alle Arten von austauschbaren Medien, die deutlich leistungsfähiger sind als Disketten, aber nach demselben Prinzip arbeiten. Die Datenträger von Wechselplattenlaufwerken sind beliebig oft beschreibbar. CD-ROM und CD-Writer-Laufwerke sind keine Wechselplattenlaufwerke. Es existieren zahlreiche Verfahren. Eine grobe Übersicht bietet die Einteilung in JAZ-Laufwerke, MO-Laufwerke, ZIP-Laufwerke und PD-Laufwerke. Sie alle bieten Kapazitäten zwischen 100 Mbyte und einigen Gbyte. Die Geschwindigkeit reicht nicht an die moderner Festplatten heran und liegt üblicherweise zwischen 0,2 und 2 Mbyte/s. Wechselplattenlaufwerke sind sehr beliebt als Backup-Medium, da sie im Gegensatz zu Streamern schnellen, wahlfreien Zugriff ermöglichen.

➡ *Siehe MOD; PD-Laufwerke; JAZ-Laufwerk; ZIP-Laufwerk*

Weißscher Bezirk

➡ *Siehe Domäne, magnetische*

WELL

Abk.: Whole Earth Electronic Link

WELL ist eine amerikanische Mailbox mit Kultcharakter.

➡ *Siehe BBS*

WEP

Abk.: Wired Equivalent Privacy

WEP ist eine im WLAN-Standard IEEE 802.11 enthaltene Sicherheitskomponente für Funknetzwerke. Zur Verschlüsselung des Datenstroms wird ein RC4-Algorithmus verwendet. Der dafür notwendige Schlüssel wird aus einem vom Anwender eingegebenen WEP-Schlüssel und einem variablen Initialisierungsvektor (IV) generiert. Aufgrund der leichten Voraussagbarkeit des IV-Vektors war die Sicherheit des ersten WEP-Standards kompromittiert. Als Reaktion entwickelte die RSA das »Fast Packet Keying«, bei dem jedes WLAN-Datenpaket mit einem Schlüssel verschlüsselt wird, der aus dem konstanten WEP-Schlüssel, dem IV und der Geräteadresse errechnet wird.

➠ *Siehe IEEE-802.11; Wireless LAN; RSA; Verschlüsselung*

Werbebanner
➠ *Siehe Banner*

Werbeblocker
Werbeblocker sind Programme, die ungewollte Seiteninhalte, z.B. Werbebanner erkennen und herausfiltern. Dem Benutzer stellt sich eine »bereinigte« WWW-Seite dar, auf der jegliche Werbeeinblendungen fehlen. Die Download-Zeiten der HTML-Seiten verkürzen sich somit beträchtlich. Bekannte Programme der Art sind Webwasher von Siemens, Proxymitron, Internet Junkbuster.

➠ *Siehe Download; Banner; WWW; HTML*

Werbe-E-Mail
➠ *Siehe Spam-Mail*

Werkzeug
➠ *Siehe Tool*

Westernstecker
➠ *Siehe RJ-11-Stecker*

What You See Is What You Get
➠ *Siehe WYSIWYG*

Whetstone
Ein Benchmarktest für mathematische Coprozessoren ermittelt den Whetstonewert. Er basiert auf Rechenaufgaben, die möglichst oft ausgerechnet werden sollen.

➠ *Siehe Coprozessor*

While
While ist eine Anweisung einer höheren Programmiersprache zur Erzeugung einer Schleife. Diese Schleife wiederholt einen bestimmten Programmteil solange, bis die Abbruchbedingung erfüllt ist. Diese Bedingung kann entweder am Ende oder am Anfang des Schleifenrumpfes geprüft werden. Wird die Abbruchbedingung erst am Ende des Rumpfes geprüft, wird die Schleife mindestens einmal durchlaufen.

➠ *Siehe For; Schleife; If*

WHOIS
WHOIS ist ein Telefonbuch im Internet. Es enthält E-Mail-Adressen, Postadressen und Telefonnummern von Internet-Teilnehmern.

➠ *Siehe Internet*

Whole Earth Electronic Link

➪ *Siehe WELL*

Wicked Blue Box

John Draper alias »Captain Crunch«, einer der ersten Hacker, entwickelte in den 60er Jahren die Wicked Blue Box, die den charakteristischen Ton von fallenden Münzen simulierte. So war es Draper möglich, umsonst an Münzsprechautomaten zu telefonieren. Die Bezeichnung Blue Box geht auf das blaue Gehäuse zurück, in dem die entsprechende Schaltung eingebaut war.

➪ *Siehe Captain Crunch; Blueboxing; Hacker*

Wide Area Information System

➪ *Siehe WAIS*

Wide Area Network

➪ *Siehe WAN*

Wide-SCSI

➪ *Siehe SCSI*

Wiederprogrammierbare Logik

➪ *Siehe Logik, wiederprogrammierbare*

Wi-Fi

Abk.: Wireless Fidelity

Wi-Fi ist die Bezeichnung für Wireless-Geräte, die zueinander kompatibel sind. Meist verwenden diese Geräte dieselbe Frequenz. Der Begriff wird von der Wi-Fi-Allianz, einer Vereinigung von Herstellern von PC-Funktechnologie, verwendet. Kompatible Geräte erhalten das Prädikat »Wi-Fi certified«.

➪ *Siehe WLAN*

Wiki

www.wikipedia.org

Eine freie Online-Enzyklopädie, bei der jeder sofort und auch anonym mitmachen darf. Bestehende Artikel können online bearbeitet werden. Änderungen und neue Artikel werden der Gemeinschaft zur Prüfung, Bewertung und eventuellen Überarbeitung vorgelegt. Es gibt keine letzte Qualitätsinstanz. Die Qualität der Artikel soll allein durch die ständige Selbstüberprüfung durch die Mitglieder gewährleistet werden.

Wildcard

Wildcard ist die Bezeichnung für ein Platzhalter-Zeichen, welches insbesondere bei Suchabfragen verwendet wird. Typische Beispiele sind »*« und »?«. Bei der Suche nach Dateien oder Verzeichnissen kann es vorkommen, dass nur ein Teil des Datei- oder Verzeichnisnamens bekannt ist. Anstatt der unbekannten Zeichen wird dann das Platzhalterzeichen angegeben. Werden z.B. alle ausführbaren Dateien (».exe«) gesucht, wird an der Eingabeaufforderung »*.exe« eingegeben. Der Stern ersetzt ganze Zeichenfolgen, das Fragezeichen ersetzt ein unbekanntes Zeichen.

WIN

WIN ist ein nichtöffentliches Netz für Wissenschaftseinrichtungen in Deutschland.

Win.ini

Wie die system.ini ist auch die »win.ini« eine Initialisierungsdatei für Windows. Die »win.ini« enthält in erster Linie softwarerelevante Informationen, die Hardware wird in der system.ini konfiguriert. Diese beiden Dateien sind typisch für Windows 3.x. Auch Windows 9x enthält sie, allerdings nur aus Kompatibilitätsgründen. Neuere Programme für Windows 9x verwenden die Registry. Die für die Konfiguration von Windows nötigen Informationen werden beim Hochfahren von Windows aus den beiden .ini-Dateien ausgelesen. Installierte Programme verwenden ebenfalls die »win.ini« und lesen die notwendigen Informationen beim Programmstart aus.

➠ *Siehe Ini-Datei; Registry*

Win32

Win32 ist die gebräuchliche Abkürzung für ein Windows-Betriebssystem mit 32 Bit.

➠ *Siehe Bit; Windows; Betriebssystem*

Window

Windows oder Fenster sind die Basis moderner grafischer Benutzeroberflächen. Ein Fenster ist dabei ein abgegrenzter rechteckiger Bereich. Ein solches Fenster dient zur Aufnahme von Steuerelementen der Benutzeroberfläche für Programme und Dialogfelder. Der Vorteil der Fenster ist, dass mehrere Programme gleichzeitig als eigenständige Einheiten parallel dargestellt werden können, ohne dass dabei die Übersicht verloren geht.

➠ *Siehe Dialog-Box; GUI*

Windowmanager

Der Windowmanager bildet die eigentliche GUI des X-Window Systems. Der Windowmanager ist für die Anzeige der Fenster (Programme, Dialoge, Icons uvm.) verantwortlich. Unter den Unix-Derivaten gibt es viele Windowmanager mit unterschiedlichem Aussehen. Einige bilden andere Betriebssysteme nach (fvwm95, amigawm), andere sind Eigenentwicklungen, z.B. der 4Dwm von SGI. Die bekanntesten Windowmanager sind:

▸ kwm (vom KDE Projekt)
▸ Enlightment
▸ fvwm2
▸ openlook
▸ afterstep
▸ blackbox

▶ windowmaker

➡ *Siehe Unix; GUI*

Windows

Windows ist die Bezeichnung für eine ganze Reihe von bekannten Betriebssystemen von Microsoft. Während das ältere Windows 3.1 und die Netzwerkvariante Windows for Workgroups nur eine Erweiterung von MS-DOS darstellen, sind Windows 9x, Windows NT und dessen Nachfolger Windows XP (Professional) eigenständige Betriebssysteme. Das Kennzeichen von Windows ist die grafische Benutzeroberfläche im Gegensatz zur textbasierten Eingabe unter MS-DOS. Der Datenaustausch zwischen Programmen ist in Windows im Gegensatz zu vergleichbaren Betriebssystemen sehr einfach. Die Standards DDE und OLE wurden mit Windows eingeführt.

➡ *Siehe DDE; OLE; GUI*

Windows 2000

Windows 2000 ist der Nachfolger von Windows NT 4.0. Unter der modernisierten Oberfläche stecken zahlreiche Neuerungen, wie zum Beispiel ADS, ACPI, NTFS 5.0 mit dem Encrypting File System (EFS), Kerberos 5, L2TP, I-SEC, Smartcard-Unterstützung sowie eine stark erweiterte Treiberdatenbank mit Plug&Play-fähigen Geräten. Windows 2000 und Windows 98 verwenden das gemeinsame Treibermodell WDM (Windows Driver Model), weswegen für diese beiden Betriebssysteme nur noch ein Treiber entwickelt werden musste.

➡ *Siehe Windows 95; Windows 98 (SE); Windows CE; Windows for Workgroups; Windows NT; Kerberos; ADS; ACPI; NTFS; Smartcard; Betriebssystem*

Windows 95

Windows 95 ist der offizielle Nachfolger von Windows 3.x. Windows 95 ist ein 32 Bit-Betriebssystem mit zahlreichen Verbesserungen gegenüber seinem Vorgänger. Hier ist vor allem das bessere Multitasking und die Unterstützung langer Dateinamen zu nennen. Windows 95 ist kompatibel zu Windows 3.x und wurde nicht zuletzt aufgrund einer gigantischen Werbekampagne von Microsoft weltweit bekannt. Offizielles Erscheinungsdatum war im August 1995. Die vollkommen neu gestaltete Oberfläche erfreute sich großer Beliebtheit, so dass sie später auch in Windows NT übernommen wurde. Ein Vorteil von Windows 95 ist die Plug&Play-Unterstützung, die es für den Heimbereich besonders interessant macht. Die Netzwerkunterstützung von Windows 95 ist nicht annähernd so leistungsfähig wie die von Windows NT. 1996 wurde Windows 95B eingeführt, das allerdings nur als OEM-Version erhältlich ist. Es bietet neben anderen Neuerungen das Dateisystem FAT32. Mit Windows 95 wurde auch der bekannte Webbrowser Internet Explorer eingeführt.

➠ *Siehe Windows 98 (SE); Windows; Windows NT; Microsoft*

Windows 98 (SE)

Grafisches Betriebssystem von Microsoft. SE steht für Second Edition (Zweite Ausgabe), denn direkt nach Erscheinen von Windows 98 wurde ein fehlerbereinigtes Update (SE) angeboten. Windows 98 (SE) unterstützt FAT32, AGP, USB und den FireWire (IEEE 1394). Die Hardwareerkennung wurde verbessert und die Oberfläche neu gestaltet. Ganz auf Internet getrimmt, zeigt sich Windows 98 im Active-Desktop-Gewand, einer browserähnlichen Oberfläche, bei der doppelte Mausklicks passé sind, da auf dem Desktop »gesurft« wird.

➠ *Siehe Active Desktop; FAT32; FireWire; AGP; USB; Windows; Windows 95; Windows NT; Microsoft; Windows ME*

Windows CE

Windows CE (Consumer Electronics) ist ein Betriebssystem für Handheld-PCs, es wird aber z.B. auch bei Settop-Boxen eingesetzt. Die Oberfläche ist an Windows 95 angelehnt. Die Windows CE-PCs gibt es seit 1996, seit 1997 sind sie auch in Deutschland erhältlich. Sie besitzen weder Diskettenlaufwerk noch Festplatte und sind mit 2 bis 4 Mbyte RAM ausgestattet. Die Eingabe erfolgt über eine Tastatur und ein berührungsempfindliches Display. Windows CE wird mit umfangreicher Software ausgeliefert. Microsoft Excel, Word, Outlook und der Internet Explorer gehören zum Standardpaket.

➠ *Siehe Windows 95; Set-Top-Box; Betriebssystem; Office*

Windows for Workgroups

Windows for Workgroups ist eine Netzwerkversion des bekannten Windows 3.1. Es erlaubt den Aufbau kleiner Peer-to-Peer-Netzwerke und die Anbindung an Windows NT-Domänen. Windows for Workgroups unterstützt NetBEUI, IPX, TCP/IP und viele andere Protokolle.

➠ *Siehe Peer-to-Peer; TCP/IP; IPX/SPX; Windows; NetBEUI*

Windows Management Interface
➠ *Siehe WMI*

Windows ME

Abk.: Windows Millenium Edition

Windows ME (Millenium Edition) ist der Nachfolger von Windows 98 SE (Second Edition, zweite Ausgabe). Wesentliche Änderungen sind die Integration des Internet Explorer 5.5 mit 128 Bit-Verschlüsselung, Integration des Media Players, Reorganisation der Netzwerkumgebung und der Oberfläche (ähnlich Windows 2000), Aktualisierung der WDM-Treiberdatenbank, Hinzufügen eines Dienstes zur Systemwiederherstellung, Integration eines Datenkompressionsverfahrens (ZIP) im Explorer und Deaktivierung des DOS-Modus. Es ist das letzte Betriebssystem von Microsoft, das auf DOS basiert. Der gemeinsame Nachfolger von ME und Windows 2000 ist Windows XP.

➭ *Siehe Windows 2000; Windows 98 (SE); MS-DOS; WDM*

Windows Messaging

Windows Messaging heißt der E-Mail-Client von Windows NT 4.0, der bis auf einige Kleinigkeiten mit dem bekannten Exchange von Windows 95 identisch ist. Die beiden E-Mail-Programme sind als Nachfolger von MS Mail zu sehen. Mittlerweile wurde auch das bekannte Exchange in Outlook umbenannt.

➭ *Siehe Exchange; E-Mail; Windows 95*

Windows NT

Windows NT ist ein professionelles 32 Bit-Betriebssystem und wurde bereits 1993 eingeführt. Lange Zeit wurde Windows NT kaum beachtet. Dies hat sich mit der Einführung von Windows 95 schlagartig geändert. Mittlerweile ist Windows NT in der Version 4.0 erhältlich. Bis auf die an Windows 95 angelehnte Oberfläche hat sich gegenüber der Version 3.51 wenig verändert. Windows NT ist ein Netzwerkbetriebssystem mit einem ausgereiften Sicherheitskonzept und stellt relativ hohe Anforderungen an die Hardware. Speziell für Windows NT entwickelte Software nützt die Fähigkeiten moderner PCs erst richtig aus. Ältere Programme für MS-DOS und Windows 3.x sowie Windows 95 sind mit Einschränkungen ablauffähig. Direkte Hardwarezugriffe sind unter NT strikt verboten. Aus diesem Grund laufen viele Computerspiele nicht. Windows NT gibt es auch für den PowerPC und andere Prozessoren. Es sind zwei Versionen des Betriebssystems erhältlich, NT Server und NT Workstation. Die Workstation-Version wurde gegenüber der Server-Version um einige Funktionen beschränkt. Sie eignet sich zum Aufbau kleinerer Netzwerke sowie als Arbeitsplatzrechner großer Netzwerke. Windows NT Server ist, wie der Name schon sagt, die Version für Server in großen Netzwerken. In einer Windows NT-Domäne wird mindestens ein Server zum Überprüfen der Benutzerrechte benötigt. Windows NT Workstation eignet sich nur zum Aufbau von Peer-to-Peer-Netzwerken auf der Basis von Arbeitsgruppen. Im Gegensatz zu Windows 95 unterstützt Windows NT kein Plug&Play. Die Hardwareinstallation ist wesentlich umständlicher, für viele Geräte sind keine Treiber erhältlich. Deshalb ist Windows 95 für den Heimbereich besser geeignet.

➠ *Siehe Windows 98 (SE); Windows; Windows 95; Microsoft*

Windows Script Host

➠ *Siehe WSH*

Windows Server 2003

Windows Server 2003 ist eine Server-Plattform von Microsoft, die sich durch Neuerungen bei den Datei- und Druckdiensten, den Internet Information Services (IIS 6.0), den Media-Diensten, Verwaltungsdiensten und in den Bereichen Sicherheit, Speicherverwaltung, Netzwerk und Kommunikation sowie den UDDI-Diensten auszeichnet. Außerdem bietet Windows Server 2003 eine neue Clustertechnologie, die es ermöglicht, mehrere Computer zusammenzuschließen und nach außen als Einzelsystem zu präsentieren.

➠ *Siehe ADS; UDDI; Server*

Windows XP

Abk.: Windows Experience

Der Nachfolger von Windows 98 basiert auf Windows 2000 und kommt das erste Mal bei der Windows-Serie für Heimanwender ohne das 16 Bit-Betriebssystem MS-DOS aus. Windows XP wurde grafisch überarbeitet und bietet hauptsächlich neue Funktionen zur Bearbeitung und Verwaltung von Multimediadaten, z. B. Digitalfotos, Digitalmusik usw.

➠ *Siehe Windows 98 (SE); Windows 2000; MS-DOS; Multimedia*

Windows-Tastatur

Die Windows-Tastatur wurde von Microsoft mit Windows 95 eingeführt. Sie besitzt gegenüber einer normalen MF2-Tastatur drei zusätzliche Tasten zur Aktivierung des Start- und des Kontextmenüs von Windows 95. Die drei neuen Tasten befinden sich zwischen den ALT - bzw. ALT GR - und den STRG -Tasten. Die Leertaste wurde wesentlich verkleinert, was bei der Nutzung des 10-Finger-Systems Probleme bereitet.

➠ *Siehe MF2-Tastatur*

WinHelp

WinHelp ist das Hilfesystem für Windows-Programme, das die Erstellung von Online-Hilfen ermöglicht. Das System wurde inzwischen von HTML-Help abgelöst.

➠ *Siehe HTML-Help; Hilfefunktion*

WinWord

Der Marktführer im Bereich Textverarbeitungen ist Word für Windows, kurz WinWord, von Microsoft. WinWord ist als Nachfolger von Word für MS-DOS anzusehen und kam 1990 auf den Markt.

➠ *Siehe Microsoft; Textverarbeitung*

Wired Equivalent Privacy
➠ *Siehe WEP*

Wireframe

Anstatt 3D-Objekte als solide Körper darzustellen, wird die Objektgeometrie im Wireframe-Modus (Drahtgitter) auf ihre Kanten reduziert. Da hierbei nur Linien dargestellt werden müssen, wird der Bildaufbau stark beschleunigt. In 3D-Softwarepaketen ist der Wireframe-Modus der Standard für die Darstellung von 3D-Körpern.

➠ *Siehe 3D-Grafik; Raytracing*

Wireless Application Protocol
➠ *Siehe WAP*

Wireless Fidelity
➠ *Siehe Wi-Fi*

Wireless LAN
Abk.: WLAN

➠ *Siehe WLAN*

Wireless Markup Language
➠ *Siehe WML*

Wirth, Nikolaus

Nikolaus Wirth ist der Entwickler der bekannten Hochsprache Pascal und Modula2.

➠ *Siehe MODULA2; Pascal*

Wissenschaftliche Notation
➠ *Siehe Notation, wissenschaftliche*

Wizard
➠ *Siehe Assistent*

WLAN

Abk.: Wireless LAN

▲ *Übers.: Drahtloses LAN*

Drahtloses lokales Netzwerk (Wireless LAN), das zur Übertragung Funk oder Infrarottechnologie verwendet. Mehrere Standards ermöglichen je nach Einsatzart unterschiedliche Datentransferraten und Reichweiten. Zu den WLAN-Standards gehören IEEE 802.11, Bluetooth, HomeRF und HiperLAN.

➠ *Siehe HomeRF; Bluetooth; IEEE-802.11; HiperLAN; AP; WEP; LAN; Wi-Fi*

WMI

Abk.: Windows Management Interface

WMI ist eine Erweiterungen zur Verwaltung von Hard- und Software für Windows 98 und NT 5.0.

➠ *Siehe Windows 98 (SE); Windows NT*

WML

Abk.: Wireless Markup Language

WML ist ein XML-Derivat und speziell auf die Beschreibung ressourcensparender Webseiten zur Anzeige mit WAP-Browsern ausgelegt, die hauptsächlich bei Mobiltelefonen und PDAs zum Einsatz kommen. Im Gegensatz zu HTML unterstützt WML in der ursprünglichen Spezifikation keine Farbdarstellung. WML-Seiten werden meist durch so genannte Gateways bei den Mobilfunkbetreibern »on the fly« komprimiert, um die Datenübertragung möglichst effizient zu gestalten. Damit in WML geschriebene Seiten angezeigt werden, wird der MIME-Typ text/vnd.wap benötigt.

➠ *Siehe HDML; XML; Gateway; HTML; MIME; WAP; Webseite*

Word

1. Word heißt ein Textverarbeitungsprogramm für MS-DOS von Microsoft. Word erschien 1983 und war in Deutschland sehr erfolgreich. Mit der Einführung von WinWord 2.0 ließ das Interesse an dem DOS-Programm stark nach.

2. Ein Datenwort oder Word ist eine Informationseinheit in einem Computersystem. Je nach Prozessor kann ein Word 8, 16, 32 oder sogar 64 Bit breit sein.

➠ *Siehe Microsoft; Textverarbeitung*

Word Pro

So heißt ein Textverarbeitungsprogramm der Firma Lotus. Das Programm wird mit dem Softwarepaket Lotus SmartSuite mitgeliefert und ist der Nachfolger des bekannten Ami Pro.

➠ *Siehe Lotus; Lotus SmartSuite; Textverarbeitung*

WordPerfect

WordPerfect ist eine Textverarbeitung von der gleichnamigen Firma WordPerfect. Vor dem großen Erfolg von WinWord war WordPerfect lange Zeit der Marktführer im Bereich Textverarbeitung. WordPerfect bietet mehr Funktionen als WinWord. Speziell seine Fähigkeiten im Bereich DTP sind interessant. WordPerfect gilt als umständlich und mühselig zu bedienen. Die Firma WordPerfect wurde 1990 von Novell übernommen. Novell veröffentlichte mit mäßigem Erfolg das Programmpaket PerfectOffice. 1996 kaufte die Firma Corel die Rechte an PerfectOffice, ein halbes Jahr später kam die 32 Bit-Version WordPerfect-Suite heraus.

➠ *Siehe Novell; Corel*

WordPerfect-Suite

WordPerfectSuite ist ein Programmpaket der Firma Corel, das Mitte 1996 auf den Markt kam.

Hauptbestandteil ist das Textverarbeitungsprogramm WordPerfect. Corel kaufte Anfang 1996 die Rechte an WordPerfect von der Firma Novell. WordPerfect-Suite enthält auch noch die Tabellenkalkulation Quattro Pro und das Präsentationsprogramm Presentations. WordPerfect-Suite wird zudem im Paket mit der Datenbank Paradox angeboten. Dieses Programmpaket wird unter dem Namen PerfectOffice Professional verkauft.

⇒ *Siehe PerfectOffice; Corel*

Workbench

Workbench ist die Bezeichnung für die grafische Benutzeroberfläche (und oft auch für das Betriebssystem AmigaOS) des Amiga-Computers.

Workgroup

Eine Gruppe von Computern in einem Netzwerk, die über dieselbe Sicherheitsstufe verfügen und denselben Bedarf an Betriebsmitteln haben. Meist auch nach Aufgabengebiet von anderen Arbeitsgruppen getrennt. Die Benutzerkonten (Account) können dabei von jedem Computer oder auch nur von einem festgelegten Administrator verwaltet werden. Arbeitsgruppen mit hoher Sicherheitsstufe werden geschlossene Benutzergruppe (Closed User Group) genannt.

⇒ *Siehe Netzwerk; Account; Administrator; Betriebsmittel; Benutzergruppe, geschlossene*

Workgroup Computing

Workgroup Computing steht für Computerarbeit in Arbeitsgruppen.

⇒ *Siehe Workgroup*

Works Suite

Works Suite ist ein Programmpaket von Microsoft. Es besteht aus Works 7.0, Word 2002, der Encarta-Enzyklopädie, dem Bildbearbeitungsprogramm Picture-It!, dem Routenplaner AutoRoute und Outlook Express.

⇒ *Siehe Pakete, integrierte*

Workstation

1. Workstations sind extrem leistungsfähige Computer, meist auf Basis eines RISC-Prozessors. Bekannte Hersteller von Workstations sind Silicon Graphics, Sun und DEC. Workstations werden für rechenintensive Grafikanwendungen verwendet, für die normale PCs zu langsam sind. Das Standard-Betriebssystem für Workstations ist Unix.

2. Andere Bezeichnung für Arbeitsplatzrechner im Gegensatz zum Server

⇒ *Siehe Unix; RISC-Prozessor*

World Wide Information Network on Standards

→ Siehe ISONET

World Wide Web

→ Siehe WWW

World Wide Web Consortium

→ Siehe W3C

World Wide Web Worm

Abk.: WWWW

→ Siehe WWWW

WORM-Platte

Abk.: Write Once Read Multiple

Eine WORM-Platte ist ein optisches Medium, welches einmal beschrieben werden kann. So genannte CD-WORMs sind mit einem herkömmlichen CD-ROM-Laufwerk lesbar.

→ Siehe CD-ROM-Laufwerk; CD-R

Wort, reserviertes

Als reservierte Worte werden Schlüsselwörter einer Programmiersprache, also die Basisanweisungen der Sprache, bezeichnet. Diese dürfen in der Regel nicht zur Benennung von Variablen, Funktionen, Prozeduren etc. verwendet werden.

→ Siehe Funktion; Variable; Programmiersprache; Prozedur

Wozniak, Stephen

1950 geboren, war Steve Wozniak (»Woz« oder »Woz the Wizard«) neben Steve Jobs einer der Gründer der Firma Apple und Erfinder des Apple II. 1985 verlies Steve Wozniak die Firma Apple, kurz danach ging auch Steve Jobs. Steve Wozniak geht nun seiner zweiten Leidenschaft – neben Computern – nach, er ist Lehrer und gibt Kindern Computerunterricht. Gleichzeitig ist er wieder beratend für Apple tätig.

→ Siehe Apple; Jobs, Steve

WRAM

Abk.: Windows Random Access Memory

WRAM ist eine spezielle Speichertechnologie für Bildspeicher auf Grafikkarten. WRAM ist eine Weiterentwicklung von VRAM und enthält Funktionen zur grafischen Bildtransformation.

→ Siehe VRAM; RAM

Write

Write ist ein einfaches Programm zum Schreiben und Editieren von Texten. Write wurde mit Windows 3.x mitgeliefert. Unter Windows 95 wurde es von WordPad abgelöst. WordPad kann im Gegensatz zu Write auch eingeschränkt Word-Dokumente einlesen.

➡ *Siehe Windows; Word*

Write Once Read Multiple

➡ *Siehe WORM-Platte*

Write Protection

➡ *Siehe Copy Protection*

WSDL

Abk.: Web Service Description Language

WSDL ist eine Beschreibungssprache für .NET-Web Services. WSDL basiert auf XML.

WSH

Abk.: Windows Script Host

Der Windows Script Host ist ein Programm, welches den Einsatz von VB-Skripten und JScript-Skripten auf dem Betriebssystem Windows ermöglicht. So können Aufgaben oder Prozesse per Makro automatisiert werden.

➡ *Siehe VBScript; JScript; Makro*

Wurm

Würmer sind spezielle Computerviren, die in großen Netzwerken ihr Unwesen treiben. Sie werden meist als Quellcode verbreitet und im Zielsystem kompiliert.

➡ *Siehe Source-Code; Computervirus*

WWW

Abk.: World Wide Web

Das WWW ist ein multimediales Informationssystem im Internet. Das Prinzip des WWW wurde 1990 im Kernforschungszentrum Genf von Tim Berners-Lee entwickelt. Ausgangspunkt ist immer eine Homepage, die so genannte Links auf weitere HTML-Dokumente enthält, die sich auch auf anderen Servern befinden können. Durch einfaches Anklicken kann durch riesige Informationsmengen geblättert werden. WWW benutzt die bekannten Werkzeuge FTP, Telnet, Archie, Gopher und Veronica. Das WWW ist ausgesprochen beliebt, da es kinderleicht zu bedienen ist und anders als die herkömmlichen Werkzeuge die direkte Darstellung von Bildern und Videosequenzen erlaubt.

➡ *Siehe Internet; Gopher; Archie; URL; Veronica; HTML; Link; FTP; Telnet*

WWW-Browser

➡ *Siehe Webbrowser*

WWWW

Abk.: World Wide Web Worm

WWWW ist ein Suchsystem im Internet, ähnlich LEO, Lycos oder Yahoo.

➡ *Siehe Search-Engine*

WYSIWYG

Abk.: What You See Is What You Get

WYSIWYG bezeichnet die Fähigkeit moderner Programme, den Bildschirm an die spätere Ausgabe auf dem Drucker anzupassen. Speziell bei Textverarbeitungen bedeutet dies, dass die Dokumente auf dem Bildschirm exakt so aussehen, wie sie ausgedruckt werden. Im PC-Bereich ist eine vernünftige WYSIWYG-Darstellung erst seit der Einführung von Windows möglich. Auf anderen Systemen wie Macintosh war WYSIWYG schon früher Standard.

➡ *Siehe Windows; MacOS*

X

X.21

X.21 ist ein Protokoll und definiert eine Schnittstelle in der physikalischen Schicht. Diese Schnittstelle wird für den Aufbau von X.25-Netzen verwendet.

⇒ *Siehe OSI-Schichtenmodell; Transferprotokoll; X.25*

X.25

X.25 ist ein Übertragungsprotokoll zur paketorientierten Übertragung von Daten. Es überträgt die Datenpakete unabhängig voneinander zu Vermittlungsknoten, an denen sie zwischengespeichert werden. Datex-P baut auf X.25 auf.

⇒ *Siehe Datex-P; Packet; Transferprotokoll*

X.400

X.400 ist ein in Europa und Kanada benutzter Standard zur Übertragung von Nachrichten, z.B. E-Mail. Von der International Telecommunications Union (ITU) standardisiert und verbreitet, bietet es eine Alternative zum gebräuchlichen SMTP. Da X.400 ein offener Standard ist, sind Anwendungen die X.400 verwenden, ausführlich getestet und beschrieben. Da die Wartung recht anspruchsvoll ist und viele Features, die X.400 bietet, im normalen Gebrauch nicht verwendet werden, ist es aber im Verhältnis zu SMTP seltener.

⇒ *Siehe SMTP*

X.75

ITV-T X.75 regelt den Datentransfer im ISDN-B-Kanal. Das synchrone, paketorientierte Protokoll gehört wie HDLC zur SDLC-Familie und nutzt die volle Übertragungsrate eines B-Kanals von 64 Kbit/s.

⇒ *Siehe HDLC; B-Kanal; Transferprotokoll; ISDN*

X2-Standard

X2-Standard ist ein moderner Modemstandard von U.S. Robotics.

⇒ *Siehe V.56-Standard; Modem*

xBase

xBase ist eine Familie von Datenbankprodukten, die durch das einst sehr verbreitete dBase begründet wurde.

⇒ *Siehe dBase*

X-Box

X-Box ist eine Spielekonsole von Microsoft, die auf PC-Technologie basiert. Hauptkonkurrenten sind der Nintendo GameCube und die Sony Playstation II.

⇒ *Siehe Game Cube*

XCOPY-Deployment

Assemblies, Programmmodule der .NET-Entwicklungsumgebung, können ohne Installation einfach von einer Maschine zur nächsten oder von einem Verzeichnis zum nächsten kopiert werden, ohne dabei ihre Ausführbarkeit zu verlieren. Dies ist möglich, da Assemblies mit ihren Metadaten und dem Manifest selbstbeschreibend sind. Einzige Voraussetzung ist, dass die relativen Pfade bei der XCOPY-Verteilung erhalten bleiben. Zur Deinstallation eines Programms muss demnach nur noch das Programmverzeichnis gelöscht werden.

➭ *Siehe Assembly; .NET*

XENIX

XENIX ist ein Betriebssystem von Microsoft für PCs. XENIX ist ein Unix-Ableger und voll Unix-kompatibel.

➭ *Siehe Unix; Microsoft*

Xeon

Der Intel Xeon stellt eine neue CPU-Generation dar, die speziell für den Mehrprozessor-Betrieb ausgelegt ist. Im Gegensatz zum Intel Deschutes (dem aktuellen Pentium II-Prozessorkern) verfügt der Xeon über 1MB L2-Cache, das außerdem noch doppelt so schnell getaktet ist (400 MHz). Eine weitere Besonderheit beim Xeon ist die neue Speicherbauart, die in seinem L2-Cache verwendet wird: CSRAM statt des beim Deschutes üblichen PBRAM (Pipeline-Burst-RAM).

➭ *Siehe Multiprocessing; PB-Cache; CSRAM; L2-Cache; Deschutes; Pentium II; Sockel 603; Sockel 604*

Bild X.1: Der Xeon-Prozessor

Xerox

Die amerikanische Firma Xerox entwickelte in ihrem Forschungszentrum PARC (Palo Alto Research Center) die Ethernet-Technik. Der erste Computer mit grafischer Benutzeroberfläche, Mausbedienung, Laserdrucker und Ethernet-Schnittstelle war der Star 8010 von Xerox.

➭ *Siehe Maus; PARC; Ethernet; Laserprinter*

XGA

Abk.: Extended Graphics Adapter

XGA ist ein Grafikstandard mit einer Auflösung von 1024 x 768 Pixeln bei 256 Farben. XGA wurde 1991 von IBM veröffentlicht.

➥ *Siehe Grafikstandard; SVGA; Hercules; VGA; MCGA; CGA*

XHTML

Abk.: Extensible Hypertext Markup Language

Das World Wide Web Consortium (W3C) beschreibt XHTML als eine Umformulierung von HTML 4 zu einer Anwendung der Extensible Markup Language (XML). Anders als bei HTML kann jeder Entwickler eigene Tags definieren und in seinen Dokumenten verwenden. Diese Erweiterung ermöglicht eine bessere Kontrolle des Layouts von Dokumenten.

➥ *Siehe W3C; XML; SGML; HTML; Tag*

XML

Abk.: Extensible Markup Language

XML ist eine vom W3C entwickelte Spezifikation für die Definition von Sprachen zur Formatierung von Dokumenten. XML stellt eine abgespeckte Variante von SGML dar, das aufgrund seiner Komplexität im World Wide Web nie Fuß fassen konnte. XML erweitert die Möglichkeiten von HTML dahingehend, dass jeder Anwender sich eine eigene Sprache für die Erstellung der Inhalte definieren kann und sich nicht einer vorgegebenen Menge von Sprachelementen unterordnen muss, wie das bei HTML der Fall ist. Ein weiterer Vorteil ist die strikte Trennung zwischen Struktur und Layout der Dokumente. Die Struktur wird über die mit XML definierte Sprache erstellt und das Layout z.B. mit CSS festgelegt.

➥ *Siehe SGML; HTML; CSS*

XML Query Language

➥ *Siehe XQL*

Xmodem

Xmodem ist ein Übertragungsprotokoll. Xmodem teilt die zu übertragende Datei in 128 Byte große Blöcke und ist relativ langsam. Dateiname und -größe werden nicht übertragen.

➥ *Siehe Transferprotokoll*

Xmodem 1K

Xmodem 1K ist ein Übertragungsprotokoll auf der Basis von Xmodem mit 1 Kbyte großen Blöcken.

➥ *Siehe Xmodem*

XMS

Abk.: Extended Memory Specification

XMS ist ein von Microsoft, Intel, Lotus und AST entwickelter Standard für die Verwaltung von Arbeitsspeicher oberhalb 1 MByte. XMS-Speicher kann ab dem 286er-Prozessor verwendet werden.

➡ *Siehe Speichermanager; EMS; Speicherverwaltung*

XOn/XOff

XOn/XOff ist ein softwaremäßiges Verfahren zur Flusssteuerung bei serieller Datenübertragung. Der Empfänger schickt an den Sender die Steuerzeichen XOn bzw. XOff, je nachdem, ob er empfangsbereit ist oder nicht.

➡ *Siehe Flusssteuerung; Steuerzeichen*

XOR-Verknüpfung

XOR ist eine logische Verknüpfung von zwei Variablen der booleschen Algebra. XOR wird auch als Antivalenz bezeichnet und ergibt den Wert »0«, wenn beide Operanden entweder »0« oder »1« sind.

➡ *Siehe Boolesche Operatoren*

XQL

Abk.: XML Query Language

XQL ermöglicht die Suche und Filterung von Daten in einem XML-Dokument. XQL ist eine Erweiterung der Extensible Stylesheet Language (XSL).

➡ *Siehe Daten; XML; Filter*

X-Server

Der X-Server bildet die Grundlage der GUI von Unix-Systemen. Er dient zum Ansteuern der Hardware sowie als Grundlage für das X-Window-System.

➡ *Siehe Windowmanager; X-Windows; Unix; Hardware; GUI*

XSL

Abk.: Extensible Stylesheet Language

XSL ist eine Formatierungserweiterung für XML zur Erstellung von HTTP-Dokumenten. XSL kann dabei ein einzelnes XML-Element einer ganzen Gruppe von Anzeigeobjekten zuordnen, arbeitet also nicht wie die CSS, bei denen jedes XLS-Quell-Element genau einem einzelnen Anzeigeobjekt zugeordnet wird.

➡ *Siehe CSS; XML; HTTP*

XT

Abk.: Extended Technology

1983 stellte IBM den PC/XT vor. Der XT war eine Weiterentwicklung des IBM-PCs. Der Prozessor i8088 wurde weiterhin eingesetzt, dennoch wies der XT zahlreiche Verbesserungen auf. Der Arbeitsspeicher wurde vergrößert und mehr Steckplätze waren enthalten. Außerdem gab es neue Diskettenlaufwerke und die Möglichkeit, eine 10 MByte-Festplatte anzuschließen. Ein IBM-PC/XT kostete 1983 mehr als 5000 Dollar.

➡ *Siehe PC; IBM; AT*

X-Windows

X-Windows ist eine grafische Benutzeroberfläche unter Unix. Mit X-Windows ist es mittels einer Ausgabeumlenkung möglich, Programme auf entfernten Rechnern zu starten und auf dem eigenen Rechner zu bedienen. Besonders bei X-Terminals kommt dieses Prinzip zur Anwendung, indem sämtliche Programme auf einem Application-Server ausgeführt werden und das leistungsschwächere X-Terminal nur für das Darstellen der Fenster beansprucht wird.

➡ *Siehe Application Server; Client-Server-Prinzip; GUI*

Y

Yahoo!

http://www.yahoo.de

Yahoo! ist eines der bekanntesten Portale im World Wide Web. Yahoo bietet eine nach Themen gegliederte Struktur, um Einsteigern das Auffinden von Informationen zu erleichtern. Die Suche nach Stichwörtern ist sowohl in Unterverzeichnissen als auch global im gesamten registrierten WWW möglich. Zusätzlich zu den beiden oberen Diensten bietet Yahoo einen E-Mail-Service, persönliche Benachrichtigungen über den Wechsel einer Homepage u.v.m. Yahoo begann ursprünglich als einfache Bookmark-Datei der beiden Studenten David Filo und Jerry Yang.

➡ *Siehe Internet; Portal; E-Mail; WWW; Search-Engine; Bookmark; Homepage*

YCC

YCC ist ein Farbsystem, das von Kodak für die Photo-CD entwickelt wurde. YCC teilt die 24-Farb-Bits in 8 Bit für die Helligkeit (Luminanz) und 16 Bit für die Farbkomponenten (Chrominanz).

➡ *Siehe Photo-CD*

Yellow Cable

Das Yellow Cable ist ein gelbes Koaxialkabel für das Ethernet.

➡ *Siehe Koaxialkabel; Ethernet*

Ymodem

Ymodem ist ein Übertragungsprotokoll und erlaubt die Übertragung von mehreren Dateien mit Dateinamen. Ymodem ist eine Weiterentwicklung von Xmodem und arbeitet mit 1 Kbyte großen Blöcken.

➡ *Siehe Transferprotokoll; Xmodem*

YUV

Das Fernsehsignal wird in Helligkeitsinformationen (Y oder Luminance) und Farbinformationen (U und V, Chrominance) aufgeteilt. Bei YUV erhält die Luminance eine höhere Bandbreite als die Chrominance. Der Grund dafür liegt in der menschlichen Wahrnehmung. Für das menschliche Auge sind Helligkeitsinformationen wichtiger für einen korrekten Bildeindruck als Farbinformationen.

Z

Z3

Die erste programmierbare Rechenanlage hieß Z3. Sie wurde von 1934 bis 1941 von Konrad Zuse entwickelt.

➭ *Siehe Zuse, Konrad*

Z80

Der Z80 ist ein alter 8 Bit-Prozessor der Firma Zilog. Er kam 1976 auf den Markt und war kompatibel zum 8080 von Intel.

➭ *Siehe Prozessor*

Zahlensystem

Ein Zahlensystem wird zur Darstellung von Zahlen mit Hilfe von Ziffern verwendet. Das bekannteste Zahlensystem ist das Dezimalsystem mit den Ziffern 0 bis 9. Alle Computer verwenden das Dualsystem mit den binären Ziffern 0 und 1. Gebräuchlich ist auch noch das Hexadezimalsystem mit den Ziffern 0 bis 9 und den Buchstaben A bis F.

➭ *Siehe Oktalsystem; Dualsystem; Dezimalsystem; Hexadezimalsystem*

Z-Buffer

3D-Grafikkarten speichern die Information über die Position eines Objekts auf der Z-Achse in einem Bildspeicher, dem so genannten Z-Buffer. Die Tiefeninformation für jeden Bildpunkt wird meist mit 16 Bit aufgelöst. Die Karte vergleicht nun die letzte Information mit der eben gespeicherten und kann daraus die Position des Bildpunkts auf der Z-Achse errechnen. Dadurch kann entschieden werden, ob ein Objektpunkt für den Betrachter sichtbar ist oder ob er durch ein anderes Objekt verdeckt wird. Auf Low-Cost-Karten wird normalerweise ein Bereich des Grafikspeichers für diese Funktion zur Verfügung gestellt. Highend-Grafikkarten verfügen jedoch über einen physikalisch separaten Speicher mit eigenem Speicherbus (Local Buffer). Wenn möglich, sollte der Grafik-Chip bei komplexen Objekten Z-Werte mit 24 oder gar 32 Bit verarbeiten, um so Darstellungsfehler zu vermeiden. DirectX z.B. arbeitet lediglich mit 16 Bit.

➭ *Siehe 3D-Funktionen*

Zehnerblock/-tastatur

Der Zehnerblock ist ein abgesetzter Tastenblock auf Standardtastaturen. Er ermöglicht die schnelle Zahleneingabe.

➭ *Siehe Keyboard*

Zehnerkomplement

Unter dem Komplement einer Zahl versteht man die Ergänzung zur nächsthöheren Potenz des Zahlensystems. Das Zehnerkomplement dient der Darstellung komplementärer Dezimalzahlen. Beispielsweise ist $205 = 2 * 10^2 + 5 * 10^0$. Die nächsthöhere Potenz ist $1000 = 10^3$. Das Zehnerkomplement von 205 beträgt somit $1000 - 205 = 795$.

➡ *Siehe Zweierkomplement; Komplement*

Zeichen pro Sekunde
➡ *Siehe Cps*

Zeichen, gebrochene
Schlecht abgestimmte Scanner oder auch schlechte Vorlagen führen oft dazu, dass in der eingescannten Bilddatei bestimmte Zeichen nicht korrekt wiedergegeben werden, sie erscheinen in der Mitte durchbrochen. Dies ist besonders häufig bei den Zeichen »0«, »O« und »Q« der Fall. Dadurch wird die Erkennung des Textes über ein OCR-Programm zusätzlich erschwert.

➡ *Siehe OCR; Scanner; OCR-Schrift*

Zeichengenerator
Ein Zeichengenerator setzt Zeichencodes für die Darstellung auf dem Bildschirm oder auf dem Drucker um. Die Bildschirmsteuerung bzw. der Druckertreiber enthält einen Zeichengenerator.

➡ *Siehe Bildschirm; Drucker*

Zeichensatz
➡ *Siehe Character Set*

Zeichensatz, ladbarer
➡ *Siehe Codepage*

Zeichenvorrat
Zeichenvorrat heißt die Menge aller Zeichen, die zur Darstellung von Informationen verwendet werden können.

Zeichnungsebene
➡ *Siehe Layer*

Zeiger
➡ *Siehe Pointer*

Zeilen pro Zoll
➡ *Siehe Lpi*

Zeilenfrequenz
➡ *Siehe Horizontalfrequenz*

Zeilenrücklauf
Beim Aufbau eines Monitorbilds muss der Kathodenstrahl jedes Mal neu am jeweils nächsten Zeilenanfang ausgerichtet werden. Dieser Vorgang wird Zeilenrücklauf genannt. Ein Röhrenmonitor benötigt dafür und für die Erkennung des Synchronisationssignals eine Dunkelpause und somit zusätzliche Synchronisationspixel im Videosignal.

➡ *Siehe Elektronenstrahlröhre; Bildschirm*

Zeilensprung
➡ *Siehe Interlace*

Zeilenumbruch

Ein Zeilenumbruch markiert das Ende einer Zeile und den Beginn der nächsten. Bei allen modernen Textverarbeitungen erfolgt der Zeilenumbruch automatisch.

➠ *Siehe Carriage Return; Textverarbeitung*

Zeilenvorschub

Ein Zeilenvorschub lässt die Ausgabe in der nächsten Zeile fortfahren. Bei einem Drucker, der das Steuerzeichen LF (Line Feed) empfängt, wird das Papier um eine Zeile weitertransportiert. Auf dem Bildschirm springt der Cursor einfach in die nächste Zeile.

➠ *Siehe Cursor; Steuerzeichen; FF; Drucker*

Zeitbombe

Eine Zeitbombe ist ein Computervirus, der seine Aktivierung von einem bestimmten Datum oder einer Uhrzeit abhängig macht. Bei Erreichen dieser Zeit beginnt der Virus mit seinem zerstörerischen Werk.

➠ *Siehe Computervirus*

Zeitmultiplex-Verfahren

Das Zeitmultiplex-Verfahren ermöglicht die Übertragung von Daten mehrerer Quellen über ein einziges Übertragungsmedium, z.B. eine serielle Leitung. Jeder Quelle wird durch sender- und empfängerseitige Multiplexer ein Zeitfenster zugeordnet. Das Zeitmultiplex-Verfahren ermöglicht im Gegensatz zum Frequenzmultiplex-Verfahren eine digitale Datenübertragung.

➠ *Siehe Frequency-Division-Multiplexing; Time Slice*

Zeitscheibe

➠ *Siehe Time Slice*

Zelladressierung

Jede Zelle in einem Tabellenkalkulationsprogramm muss eindeutig adressierbar sein. Dazu existieren verschiedene Verfahren. Üblich ist es beispielsweise, die Spalten mit Buchstaben und die Zeilen mit Zahlen durchzunummerieren. Beim so genannten Z1S1-System wird die Adresse berechnet, indem Z + Zeilennummer bzw. S + Spaltennummer gebildet wird.

➠ *Siehe Tabellenkalkulation; Zelle; Datenfeld*

Zelle

1. Zellen sind die Schnittpunkte der Zeilen und Spalten in einem Tabellenkalkulationsprogramm.

2. Mobilfunkbetreiber unterteilen den von Ihrem Dienst abgedeckten Raum in Zellen (Cells). Im Amerikanischen heißen Mobiltelefone deswegen auch »cellular phone« oder einfach nur »cellular«.

➠ *Siehe Tabellenkalkulation; Mobilfunk; CB*

Zellenrundfunk
➠ *Siehe CB*

Zenerdiode
Zenerdioden sind Dioden, die im Gegensatz zu einfachen Dioden in Sperrrichtung betrieben werden. Sobald die anliegende Spannung eine bestimmte Höhe – die so genannte Durchbruchspannung – überschreitet, wird die Diode leitend. Der Übergang zwischen nichtleitend und leitend ist sehr scharf. Zenerdioden werden beispielsweise zur Spannungsstabilisierung verwendet.

Zentralamt für Zulassungen des Fernmeldewesens
➠ *Siehe ZZF*

Zentraleinheit
Der Begriff Zentraleinheit ist nicht genau definiert. Die CPU wird als Zentraleinheit bezeichnet. Andererseits heißt auch der eigentliche Computer ohne externe Peripherie Zentraleinheit.

➠ *Siehe CPU; Peripherie; Computer*

Zentralprozessor
➠ *Siehe CPU*

Zerberus-Netz
Das Zerberus-Netz ist ein deutschlandweites Netzwerk, das hauptsächlich Diskussionsforen zur Verfügung stellt. Die meisten BBS (Bulletin Board System) des Z-Netzes benutzen die Software des Herstellers Zerberus, daher der Name des Netzwerks.

➠ *Siehe BBS; Forum*

Zero Insertion Force
➠ *Siehe ZIF-Sockel*

Zero Page
Bei 8 Bit-Prozessoren, die ihren adressierbaren Speicherbereich meist in 256 Byte große Seiten einteilen, hat die erste Speicherseite, genannt Zero Page, eine besondere Bedeutung. Auf die Zero Page kann meist schneller zugegriffen werden als auf den Rest des Speichers.

➠ *Siehe Bit; Prozessor*

Zertifikat
Ein Zertifikat verbindet einen kryptografischen Schlüssel – eine digitale Unterschrift – mit einer Person oder Organisation zum Zweck der Echtheitsbestätigung.

➠ *Siehe VeriSign; Kryptografie; CA*

Zielwertsuche
Die Zielwertsuche benutzt einen vorgegebenen Wert, um einen anderen gesuchten Wert mittels der Veränderung von Parametern zu berechnen. Beispielsweise könnten eine angelegte Geldsumme und ein Endwert vorgegeben wer-

den. Die Zielwertsuche berechnet die erforderliche Zeit bei vorgegebener Verzinsung oder die erforderliche Verzinsung bei vorgegebener Zeit.

ZIF-Sockel

Abk.: Zero Insertion Force

▲ *Syn.: Sockel 7*

Ein ZIF-Sockel wird üblicherweise für Prozessoren (bis 486er) eingesetzt und ermöglicht den Austausch des Bauteils ohne Kraftaufwendung einfach durch Umlegen eines Hebels.

⇒ *Siehe Slot; Slot1; Prozessorsockel*

Bild Z.1: Der ZIF-Sockel

ZIP

Ein beliebtes Datenkompressionsformat (Dateiendung .zip). Zu den bekanntesten Kompressionsprogrammen, die das ZIP-Format verwenden, gehören PKZip, WinZip und WinRAR.

⇒ *Siehe: Kompression, Komprimierungsprogramm*

ZIP-Laufwerk

ZIP-Laufwerke sind Wechselplattenlaufwerke, die im Vergleich zu anderen Systemen sehr preisgünstig sind. ZIP-Laufwerke wurden von der Firma Iomega 1995 auf den Markt gebracht. Ein Medium fasst zwischen 100 und 250 MByte. ZIP-Laufwerke sind ideal zum Datenaustausch oder als Backup-Medium.

⇒ *Siehe JAZ-Laufwerk; Backup; Wechselplattenlaufwerke*

Zmodem

Zmodem ist ein Übertragungsprotokoll und eine Weiterentwicklung von Xmodem und Ymodem. Zmodem benutzt im Gegensatz zu seinen Vorgängern keine konstanten Übertragungsblöcke, sondern passt die Blockgröße dynamisch den Leistungsverhältnissen an. Außerdem ermöglicht Zmodem eine sichere Fehlererkennung. Zmodem überträgt Namen und Größe von Dateien und kann bei einem Abbruch der Übertragung später den Rest der Datei holen.

⇒ *Siehe Transferprotokoll; Xmodem; Ymodem; Fehlererkennung*

Zoll

⇒ *Siehe Inch*

Zoom

Zoom bedeutet die Vergrößerung eines Bildschirmausschnitts. Diese Funktion wird von vielen Anwendungsprogrammen, vor allem Grafik- und DTP-Programmen, geboten. Es gibt aber auch Utilities, die es ermöglichen, einen Bildschirmausschnitt unabhängig von einem bestimmten Programm zu vergrößern.

➠ *Siehe DTP; Utility; Grafikprogramme*

Zope

Zope ist eine umfangreiche Open-Source-Plattform zur Entwicklung von Content Management-Systemen, die auf den Programmiersprachen Phyton und Perl basieren.

➠ *Siehe Open Source; Python; Perl*

Zufallszahlengenerator

Ein Zufallsgenerator kann scheinbar zufällige Zahlen erzeugen. Die Zahlen sind keine echten Zufallszahlen, sondern werden anhand von Ausgangswerten nach bestimmten Verfahren berechnet. Fast alle Programmiersprachen enthalten Funktionen zur Erzeugung dieser Pseudozufallszahlen.

Zugriff

Alle Operationen, die auf Daten in einem Speicher angewandt werden, haben einen Zugriff als Grundlage. Es gibt Lese- und Schreibzugriffe. Manche Datenträger erlauben nur Lesezugriff. Spezielle Arten von Speichern erlauben wahlfreien Zugriff, andere nur sequenziellen Zugriff.

➠ *Siehe Zugriff, sequenzieller; RA*

Zugriff, sequenzieller

Diese Form des Zugriffs auf Daten erlaubt nur auf direkt aufeinander folgende Datensätze zuzugreifen. Bei Magnetbändern kann z.B. nur auf aufeinander folgende Datenblöcke zugegriffen werden und nicht auf beliebige.

➠ *Siehe Magnetband; Datensatz; Datenblock*

Zugriff, wahlfreier

➠ *Siehe RA*

Zugriffskonflikt

Versuchen mehrere Prozesse oder gar mehrere Computer, auf dieselben Daten im gleichen Speicherbereich zuzugreifen, so kommt es zu einem Zugriffskonflikt. Das Betriebssystem verhindert Zugriffskonflikte.

➠ *Siehe Betriebssystem; Prozess*

Zugriffsrechte

Die Zugriffsrechte in einem Netzwerk definieren, welcher Benutzer auf welche Daten in welcher Weise zugreifen darf. Sensible Daten sollten nur von autorisierten Personen gelesen werden können. Netzwerkbetriebssysteme regeln die Zugriffsrechte. Vollen Zugriff auf alle Datenbestände hat in der Regel nur der Systemadministrator.

⟹ *Siehe Netzwerkkarte; Systemadministrator; Policies*

Zuse, Konrad

Konrad Zuse (*1910, +1996) war ein Pionier des Computerzeitalters. Er entwickelte die erste programmierbare Rechenmaschine Z1, die aufgrund mechanischer Ungenauigkeiten nicht funktionierte. Daher konstruierte er bis 1941 seine elektromechanische Rechenmaschine Z3 mit 2000 Relais. Z3 funktionierte hervorragend. Dieser erste programmierbare Rechner verwendete bereits das Dualsystem und die Gleitkommadarstellung.

⟹ *Siehe FLOPS; Dualsystem; Bug; ENIAC*

Zuverlässigkeit, Verfügbarkeit, Sicherheit

⟹ *Siehe RAS*

Zweierkomplement

Unter dem Komplement einer Zahl wird die Ergänzung zur nächsthöheren Potenz des Zahlensystems verstanden. Das Zweierkomplement dient der Darstellung komplementärer Dualzahlen.

⟹ *Siehe Dualzahl; Komplement*

Zwischenablage

⟹ *Siehe Clipboard*

Zylinder

Bei Festplatten oder anderen Magnetspeichern mit mehreren Platten werden alle übereinander liegenden Spuren zu einem Zylinder zusammengefasst.

⟹ *Siehe Magnetspeicher; Track(s); Harddisk*

ZZF

Abk.: Zentralamt für Zulassungen des Fernmeldewesens

Bis 1992 war die ZZF für alle Neuzulassungen im Fernmeldebereich zuständig. Heute übernimmt das Bundesamt für Zulassungen in der Telekommunikation, BZT, diese Aufgabe.

⟹ *Siehe BZT*

Abkürzungsverzeichnis

3WC	3-Way Calling
AAD	Analog Alignment Diskette
ABC	Atanasoff-Berry Computer
ABE	Agent Building Environment
ABIOS	Advanced Basic Input / Output System
AC	Alternating Current
ACF	Advanced Communications Function
ACK	Acknowledgement
ACL	Access Control List
ACPI	Advanced Configuration and Power Interface
ACS	Automatic Class Selection
ADC	Analog Digital Converter
ADCCP	Advanced Data Communications Control Procedures
ADP	Automated Data Processing
ADPCM	Adoptive Differential Pulse Code Modulation
ADSC	Adobe Document Structuring Conventions
ADSI	Active Directory Services Interface
ADSL	Asymmetric Digital Subscriber Line
AF	Auxiliary-carry Flag
AFC	Automatic Frequency Control
AFP	AppleTalk File Protocol
AGC	Automatic Gain Control
AGIS	Apex Global Information Services
AGP	Accelerated Graphics Port
AI	Artificial Intelligence
AIN	Advanced Intelligent Network
AIX	Advanced Interactive Executive
AKM	Apogee Kick Motor
ALI	Acer Laboratories, Inc.

ALIVE	Artificial Life Interactive Video Environment
AMD	Advanced Micro Devices
AMI	Alternative Mark Inversion
AMI	American Megatrends, Inc.
AMS	Access Method Services
ANA	Automatic Number Announcement
ANI	Automatic Number Identification
ANSI	American National Standards Institute
AOL	America On-Line
APA	All Points Addressable
APC	American Power Conversion
API	Application Program Interface
APM	Advanced Power Management
APPC	Advanced Program-to-Program Communications
ARC	Attached Resources Computing
ARLL	Advanced Run Length Limited
ARP	Address Resolution Protocol
ARPA	Advanced Research Projects Agency
ARPANET	Advanced Research Projects Agency Network
ARQ	Automatic Repeat Request
AS	Autonomous System
ASAP	Any Service / Any Port
ASCII	American Standard Code for Information Interchange
ASG	Advanced Systems Group
ASIC	Application Specific Integrated Circuit
ASME	American Society of Mechanical Engineers
ASP	Association of Shareware Professionals
ASPI	Advanced SCSI Programming Interface
ASR	Automatic Send / Receive
AST	Asynchronous System Trap

AT	Advanced Technology
AT	Attention
AT&T	American Telephone & Telegraph
ATA	AT Attachment
ATAPI	AT Attachment Packet Interface
ATM	Adobe Type Manager
ATM	Asynchronous Transfer Mode
AUI	Attachment Unit Interface
AVI	Audio / Video Interleaved
AVN	Ameritech Virtual Network
AWB	Aglets Workbench
AXP	Almost Exactly Prism
B8ZS	Binary 8-Zero Substitution
BALUN	Balanced / Unbalanced
BANCS	Bell Application Network Control System
BANM	Bell Atlantic Nynex Mobil
BARRNET	Bay Area Research Network
BASIC	Beginners All-Purpose Symbolic Instruction Code
BBS	Bulletin Board System
BCC	Blind Carbon Copy
BCD	Binary Coded Decimal
B-CDMA	Broadband Code Division Multiple Access
BDC	Backup Domain Controller
BECN	Backward Explicit Congestion Notation
BellCoRe	Bell Communications Research
BEZS	Bandwidth Efficent Zero Suppression
BFT	Binary File Transfer
BGA	Ball Grid Array
BGP	Border Gateway Patrol
BIL	Band Interleaved by Line
BIOS	Basic Input / Output System

BIP	Band Interleaved by Pixel
bitBLT	BitBlock Transfer
BITNET	Because It's Time Network
BIU	Bus Interface Unit
BL	Blue Lightning (Chip)
BMP	Bitmap
BNC	British National Connector
BOOTP	Boot Protocol
BPB	BIOS Parameter Block
BPF	Berkeley Packet Filter
BPS	Bits Per Second
BRB	Be Right Back
BRI	Basic Rate Interface
BSC	Bi-Synchronous Communication
BSD	Berkeley Software Distribution
BSP	Bell Systems Practice
BSQ	Band Sequential
BT	British Telecom
BTB	Branch Target Buffer
BTS	Base Transceiver Station
C	Country
CACP	Central Arbitration Control Point
CAD	Computer Aided Design
CAM	Common Access Method
CAM	Computer Aided Machining
CAN	Campus Area Network
CAP	Communications Alternative Provider
CAS	Column-Address Select
CASE	Computer Aided Software Engineering
CATANET	Concatenated Network
CATV	Cable Television

CAV	Constant Angular Velocity
CB	Citizens Band
CB	Component Broker
CBT	Computer Based Training
CC	Carbon Copy
CCB	Command Control Block
CCITT	Comité Consultatif International Téléphonique et Télégraphique
CCS	Common Channel Signalling
CCS	Common Command Set
CCTV	Closed Circuit Television
CD	Carrier Detect
CD	Compact Disc
CDC	Control Data Corporation
CD-DA	Compact Disc-Digital Audio
CDDI	Copper Distributed Data Interface
CDFS	CD-ROM File System
CDI	Compact Disc Interactive
CDIA	Certified Document Imaging Architect
CDMA	Code Division Multiple Access
CDPD	Cellular Digital Packet Data
CD-R	Compact Disc-Recordable
CD-ROM	Compact Disc-Read Only Memory
CD-RW	Compact Disc-Re-Writable
CE	Consumer Electronics
CERFNET	California Educational Research Federation Network
CERT	Computer Emergency Response Team
CF	Carry Flag
CFP	Computers, Freedom and Privacy
CGA	Color Graphics Adapter

CGI	Common Gateway Interface
CGM	Computer Graphics MetaFile
CHAP	Challenge-Handshake Authentication Protocol
CHS	Cylinders / Heads / Sectors
CICS	Customer Information Control System
CIDR	Classless Inter-Domain Routing
CIM	Common Information Model
CIO	Chief Information Officer
CIS	CompuServe Information Services
CISC	Complex Instruction Set Computing
CLE	Customer Located Equipment
CLEC	Competitive Local Exchange Carrier
CLV	Constant Linear Velocity
CMI	Cable Microcell Integrator
CMI/HIC	Cable Microcell Integrator / Headend Interface Converter
CMIP	Common Management Information Protocol
CMOS	Complementary Metal Oxide Semiconductor
CMP	Communications Plenum Cable
CMR	Communications Riser Cable
CMS	Code Management System
CMYK	Cyan, Magenta, Yellow, Key
CN	Common Name
CNA	Certified Network Administrator
CNC	Computer Numeric Control
CNE	Certified Network Engineer
CNS	Certified Novell Salesperson
CO	Central Office
COA	Certificate Of Authenticity
COAST	Cache On A Stick
COBOL	Common Business Oriented Language

Abkürzungsverzeichnis

CODEC	Coder / Decoder
CODEC	Compression / Decompression
COMDEX	Communications Development Exposition
COPS	Concept Oriented Programming System
CORBA	Common Object Request Broker Architecture
COS	Class Of Service
COSMOS	Computer System for Mainframe Operations
CoSysOp	Co-Systems Operator
COW	Character-Oriented Windows Interface
CP/M	Control Program / Microcomputer
CPE	Customer Premises Equipment
CPS	Characters Per Second
CPU	Central Processing Unit
CR	Carriage Return
CRC	Cyclical Redundancy Checking
CRN	Computer Reseller News
CRT	Cathode Ray Tube
C-SCANS	Client-Systems Computer Access Networks
CSD	Corrective Service Diskettes
CSID	Calling Station Identification
CSLIP	Compressed Serial Line Internet Protocol
CSMA	Carrier Sense Multiple Access
CSMA/CD	Carrier Sense Multiple Access-Collision Detection
CSNET	Computer Science Network
CSP	CompuCom Speed Protocol
CSS	Cascading Style Sheets
CSU	Channel Service Unit
CTI	Computer-Telephony Integration
CTS	Clear To Send Signal
CTTC	Copper To The Curb
CTTH	Copper To The Home

CTTY	Console Teletype
CUI	Centre Universitaire d'Informatique
CUT	Control Unit Terminal
CVF	Compressed Volume File
CW	Continuous Wave
CWT	Call Waiting
CYBORG	Cybernetic Organism
D2T2	Dye Diffusion Thermal Transfer
DAC	Digital Analog Converter
DAMA	Demand Assigned Multiple Access
DARPA	Defense Advanced Research Projects Agency
DASD	Direct Access Storage Device
DAT	Digital Audio Tap
DATU	Direct Access Testing Unit
DAVID	Digital Audio/Video Interactive Decoder
dB	Decibels
dBm	Decibels per Milliwatt
DBMS	DataBase Management System
DBR	DOS Boot Record
DBS	Demand Broadcast System
DBS	Direct Broadcast Satellite
DC	Direct Current
DCB	Data Control Block
DCC	Direct Cable Connection
DCE	Data Communications Equipment
DCE	Distributed Computing Environment
DCS	Digital Communication Services
DD	Data Definition
DD	Definition Description (HTML)
DD	Double Density
DDCMP	Digital Data Communications Message Protocol

DDD	Digital Diagnostic Diskette
DDD	Direct Distance Dial
DDE	Dynamic Data Exchange
DDial	Diversi-Dial
DDN	Defense Department Network
DDT	Don't Do That
DDT	Dynamic Debugging Tool
DEC	Digital Equipment Corp.
DECNET	Digital Equipment Corporation Network
DES	Defense Encryption Standard
DFDSS	Data Facility Dataset Services
DFHSM	Data Facility Hierarchical Storage Manager
DFSMS	Data Facility Storage Management Subsystem
DG-UX	Data General Unix
DHCP	Dynamic Host Configuration Protocol
DI	Destination Index
DIIG	Digital Information Infrastructure Guide
DIMM	Dual In-Line Memory Module
DIN	Deutsche Industrie Norm
DIP	Dual In-Line Package
DIS	Dynamic Impedence Stabilization
DISOSS	Distributed Office Support System
DL	Definition List
DLC	Digital Loop Carrier
DLCI	Data Link Connection Identifier
DLL	Dynamic Link Library
DLSw	Data Link Switching
DLT	Digital Linear Tape
DLVA	Detector Logarithmic Video Amplifier
DMA	Direct Memory Access
DMF	Distribution Media Floppy

DMI	Desktop Management Interface
DMM	Digital Multi-Meter
DMS	Digital Multiplex Switch
DMS	Digital Multiplex System
DMT	Discrete Multi-Tone
DMTF	Desktop Management Task Force
DN	Domain Name
DNA	DEC Network Architecture
DNIS	Dialed Number Identification Service
DNR	Digital Number Recorder
DNS	Domain Name System
DOS	Disk Operating System
DOW	Direct Over-Write
DPI	Dot Pitch Integer
DPMS	Display Power Management Signaling
DPMS	DOS Protected Mode Services
DPT	Distributed Processing Technology
DQDB	Distributed Queue Dial Bus
DRAM	Dynamic Random Access Memory
DSA	Distributed Systems Architecture
DSI	Digital Speech Interpolation
DSL	Digital Subscriber Line
DSLAM	Digital Subscriber Line Access Multiplexer
DSP	Digital Signal Processor
DSR	Date Set Ready
DT	Definition Term
DTA	Disk Transfer Area
DTE	Data Terminal Equipment
DTMF	Dual Tone Modulated Frequency
DTP	Desktop Publishing
DTR	Data Terminal Ready

DTV	Desktop Video
DUN	Dial-Up Networking
DV	Digital Video
DVB	Digital Video Broadcasting
DVC	Digital Video Conference
DVD	Digital Video Disc
DVI	Digital Video Interactive
DYLAN	Dynamic Language
EBCDIC	Extended Binary Code-Decimal Interchange Code
EBR	Extended-Partition Boot Record
ECC	Error Correction Code
ECD	Electronic Cash Disbursements
ECM	Error Correction Mode
ECMA	European Computer Manufacturers Association
ECP	Extended Capabilities Port
ED	Extra-High Density
EDI	Electronic Data Interchange
EDO	Extended Data-Out
EDP	Electronic Data Processing
EEPROM	Electronic Erasable Programmable Read-Only Memory
EEST	Enhanced Ethernet Serial Transceiver
EFF	Electronic Frontier Foundation
EGA	Enhanced Graphics Adapter
EGP	Exterior Gateway Protocol
EIA	Electronic Industries Association
EIDE	Enhanced Integrated Drive Electronics
EIRP	Effective Isotropic Radiated Power
EISA	Enhanced/Extended Industry Standard Architecture
ELF	Extremely Low Frequency
EMA	Electronic Messaging Association

EMA	Enterprise Management Architecture
EMF	Electro Motive Force
EMF	Enhanced Metafile Format
EMM	Extended Memory Manager
EMR	Electromagnetic Radiation
EMS	Expanded Memory Specification
ENIAC	Electronic Numerical Integrator And Calculator
EOF	End Of File
EOT	End Of Transfer
EPIC	Electronic Privacy Information Center
EPP	Enhanced Parallel Port
EPROM	Erasable Programmable Read-Only Memory
EPS	Encapsulated Post-Script
ERU	Emergency Recovery Utility
ESA	Enterprise Systems Architecture
ESC	Engineering Service Circuit
ESD	Electronic Software Distribution
ESD	Electro-Static Discharge
ESDI	Enhanced Small Device Interface
ESN	Electronic Serial Number
ESO	Entry Server Offering
ESP	Enhanced Serial Port
ESP	Enhanced Service Provider
ESRI	Environmental Systems Research Institute
ETO	Electronic Trading Opportunity
EULA	End-User Licensing Agreement
FAQ	Frequently Asked Question
FAT	File Allocation Table
FAX	Facsimile
FCB	File Control Block
FCC	Federal Communications Commission

FCS	First Customer Release
FDC	Floppy Disk Controller
FDDI	Fiber Distributed Data Interface
FDMA	Frequency Division Multiple Access
FEC	Foreign Exchange Carrier
FEC	Forward Error Correction
FECN	Forward Explicit Congestion Notification
FEP	Front End Processor
FIFO	First In / First Out
FITS	Flexible Image Transport System
FM	Frequenz Modulation
FOIM	Field Office Information Management
FORTRAN	Formula Translator
FPS	Floating Point System
Fps	Frames per second
FPT	Forced Perfect Termination
FPU	Floating Point Unit
FQDN	Fully Qualified Domain Name
FRAD	Frame Relay Access Device
FSK	Frequency Shift Keying
FSN	Full Service Network
FTAM	File Transfer Access Management
FTC	Federal Trade Commission
FTP	File Transfer Protocol
FTPD	File Transfer Protocol Daemon
FTS	Federal Telecommunications System
FTTC	Fiber To The Curb
FTTH	Fiber To The Home
FVIPS	First Virtual Internet Payment System
FYI	For Your Information
G	Giga

Gb	Gigabit
GB	Gigabyte
Gbps	Gigabits Per Second
GDG	Generation Data Group
GDS	Generation Dataset
GEIS	General Electric Information Systems
GGP	Gateway-to-Gateway Protocol
GIF	Graphical Interchange Format
GIG	Gigabyte
GIS	Geographic Information System
GOES	Geosynchronous Orbital Earth Satellite
GOSIP	Government Open Systems Interconnection Profile
GPF	General Protection Fault
GPS	Global Positioning System
GSO	Geostationary Orbit
GTPNet	Global Trade Point Network
GUI	Graphical User Interface
HAM	Home Amateur Mechanic
HBA	Host Bus Adapter
HCL	Hardware Compatibility List
HCSS	High-Capacity Storage System
HD	Hard Drive
HD	High Density
HDA	Head Disk Assembly
HDLC	High-Level Data Link Control
HDSL	High-bit-rate Digital Subscriber Line
HDT	Host Digital Terminal
HDTV	High-Definition Television
HEPNET	High Energy Physics Network
HFC	Hybrid Fiber-Coaxial
HGC	Hercules Graphics Card

Abkürzungsverzeichnis

HIC	Headend Interface Converter
HLF	High-Level Formatting
HLLAPI	High-Level-Language Application Program Interface
HMA	High Memory Area
HMMP	HyperMedia Management Protocol
HMMS	HyperMedia Management Schema
HMP	Host Monitoring Protocol
HP	Hewlett-Packard
HPC	Hand-held Personal Computer
HPFS	High Performance File System
HPT	High-Pressure Tin
HR	Horizontal Rule
HRD	High Resolution Diagnostic Diskette
HRSC	High Resolution Stereo Camera
HST	High-Speed Technology
HTML	Hypertext Markup Language
HTTP	Hypertext Transfer Protocol
HW	HRSC / WAOSS
Hz	Hertz
I/O	Input / Output
IA	Intel Architecture
IAB	Internet Activities Board
IAD	Integrated Access Device
IBM	International Business Machines
IBS	IntelSat Business Service
IC	Integrated Circuit
ICE	Intrusion Countermeasure Electronics
ICMP	Internet Control Message Protocol
ICR	Intelligent Character Recognition
ICRIS	Integrated Customer Record Information System
IDE	Integrated Drive Electronics

IDSL	ISDN Digital Subscriber Line
IEEE	Institute Of Electronic and Electrical Engineers
IEN	Integrated Enterprise Network
IESG	Internet Engineering Steering Group
IETF	Internet Engineering Task Force
IFM	Intelligent Flow Management
IFPI	International Federation of the Phonographic Industriy
IGMP	Internet Group Multicast Protocol
IGP	Internet Gateway Protocol
IIOP	Internet Inter-ORB Protocol
IIS	Internet Information Services
IMAP	Internet Messaging Access Protocol
IMC	Initial Microcode Load
IMP	Interface Message Processor
IN	Intelligent Network
INTELSAT	International Telecommunications Satellite Organization
InterNIC	Internet Network Information Center
INWG	International Network Working Group
IOS	Inter-Network Operating System
IP	Internet Protocol
IPC	Internet Proxy Cache
IPL	Initial Program Load
IPMI	Internet Provider Multicast Initiative
IPN	Internet Protocol Number
IPNG	Internet Protocol - Next Generation
IPX	Internetwork Packet Exchange
IRC	Internet Relay Chat
IRF	Inherited Rights Filter
IRL	In Real Life

Abkürzungsverzeichnis

IRQ	Interrupt - Request Line
IRTF	Internet Research Task Force
IRTOS	I2O Real-Time Operating System
ISA	Industry Standard Architecture
ISA	Interactive Services Association
ISDN	Integrated Services Digital Network
ISIS	Internally Switched Interface System
ISIS	Investigative Support Information System
ISM	Internet Service Manager
ISMF	Interactive Storage Management Facility
ISO	International Standards Organization
ISP	Internet Service Provider
ISPA	Inverted Socket Process Architecture
ISPF/PDF	Interactive System Productivity Facility / Program Development Facility
IT	Information Technology
ITS	Internet Telephony Server
ITT	International Telephone & Telegraph
ITTA	Information Technology Training Association
ITU	International Telecommunications Union
ITV	Interactive Television
IWM	Integrated Woz Machine
IXC	InterExchange Carrier
JCL	Job Control Language
JDBC	Java DataBase Connectivity
JDK	Java Developers Kit
JEDEC	Joint Electron Devices Engineering Council
JES	Job Entry Subsystem
JIT	Just In Time
JMAPI	Java Management Application Interface
JNDI	Java Naming Directory Interface

JNET	Japanese Network
JOVIAL	Jule's Own Version of the International Algorithmic Language
JPEG	Joint Photographic Experts Group
JTS	Java Transaction Services
K	Kilobyte
kb	Kilobit
kB	Kilobyte
kbps	Kilobits Per Second
kHz	KiloHertz
KIF	Knowledge Interchange Format
KnU	Knowledge Utility
LAN	Local Area Network
LAP-B	Link Access Procedure-Balanced
LAPM	Link Access Procedure-Modems
LAT	Local Area Transport
LATA	Local Access and Transport Area
LAV	Load Average
LBA	Logical Block Addressing
LCC	Leadless Chip Carrier
LCD	Liquid Crystal Display
LDAP	Lightweight Directory Access Protocol
LD-CELP	Low-Delay Code Excited Linear Prediction
LEC	Local Exchange Carriers
LED	Light Emitting Diode
LEN	Line Equipment Number
LF	Line Feed
LHB	Line History Block
LI	List Item
LibOp	Libraries Operator
LIF	Low Insertion Force

Abkürzungsverzeichnis

LIFO	Last In / First Out
LILO	Linux Loader
LIM	Lotus-Intel-Microsoft
LIS	Lithium Ion Storage
LISP	List Processing
LLF	Low-Level Formatting
LMDS	Local Multipoint Distribution Service
LNA	Low Noise Amplifier
LNB	Low Noise Block Deconverter
LoD	Legion of Doom
LOD	Level Of Detail
LPC	Local Procedure Call
LPT	Local Printer Terminal
LT	Line Termination
LU	Logical Unit
LUN	Logical Unit Number
LZW	Lempel-Ziv-Walsh (Compression)
M	Megabyte
MAC	Macintosh
MAC	Media Access Control
MAN	Metropolitan Area Network
MAP	Manufacturing Automation Protocol
MAPI	Messaging Application Programming Interface
MATV	Master Antenna Television
MAU	Medium Attachment Unit
MAU	Multi-Station Access Unit
Mb	Megabit
MB	Megabyte
MBS	Master Boot Sector
MC	Mini-Cartridge
MCA	MicroChannel Architecture

MCGA	MultiColor Graphics Array
MCI	Media Control Interface
MCI	Microwave Communications, Inc.
MDA	Monochrome Display Adapter
MDC	McAfee Development Center
MDI	Multiple Document Interface
MDRAM	Multibank Dynamic Random Access Memory
MEG	Megabyte
MF	Modulated Frequency
MFM	Modified Frequency Modulation
MFTP	Multi-Cast File Transfer Protocol
MGA	Monochrome Graphics Adapter
MHS	Message Handling Service
MHz	Megahertz
MI	Mode Indicate
MIC	Microsoft Internet Chat
MIC	Mode Indicate - Common
MICA	Modem ISDN Channel Aggregation
MICROTEL	Microsoft / Intel
MIDI	Musical Instrument Digital Interface
MIDR	Mosaicked Image Data Record
MIG	Metal-In-Gap
MILES	Merisel's Information and Logistical Efficency System
MILNET	Military Network
MIME	Multipurpose Internet Mail Extension
MIN	Mobile Identification Number
MIPL	Multimission Image Processing Laboratory
MIPS	Millions of Instructions Per Second
MIPS	Multimission Image Processing Subsystem
MMDS	Multipoint Multichannel Distribution Service

Abkürzungsverzeichnis

MMX	Multimedia Extension
MNP	Microcom Networking Protocol
MO	Magneto-Optical
MOCA	Merisel Open Computing Alliance
MoD	Masters of Deception
MODEM	Modulator / Demodulator
MOL	Microsoft Open License
MOM	Microsoft Office Manager
MOS	Metal Oxide Semiconductor
MPC	Multimedia Personal Computer
MPD	Mini Port Driver
MPEG	Motion Picture Experts Group
MPOA	Multi-Protocol Over ATM
MPS	Multi-Processor Specification
MR	Magneto-Resistive
MS	Microsoft System(s)
MSD	Microsoft Diagnostic
MS-DOS	Microsoft Disk Operating System
MSN	Microsoft Network
MSO	Multiple System Operators
MSTP	Multimission Software Transmission Project
MTA	Mail Transfer Agent
MTA	Major Trading Area
MTA	Message Transfer Agent
MTBF	Mean Time Before Failure
MTTR	Mean Time To Repair
MUA	Mail User Agent
MUD	Multi-User Dungeon
MULTICS	Multiplexed Information and Computing Service
MVP	Modular Voice Processor
MVS	Multiple Virtual Storage

MVS/ESA	Multiple Virtual Storage / Enterprise Systems Architecture
MVS/SP	Multiple Virtual Storage / System Product
MVS/TSO	Multiple Virtual Storage / Time Sharing Option
MVS/XA	Multiple Virtual Storage / Extended Architecture
MWI	Message Waiting Indicator
MWN	Message Waiting Notification
NACK	Negative Acknowledgement
NAP	Network Access Point
NAU	Network Addressable Unit
NBB	Number of Bytes of Binary
NC	Network Computer
NCA	Network Computing Architecture
NCC	Network Control Center
NCF	Netware Command File
NCIC	National Crime Information Computer
NCM	Node Controller Module
NCP	Network Control Program
NCP	Network Core Protocol
NCPS	Netware Cross-Platform Services
NCSA	National Center for Supercomputing Applications
NCSA	National Computer Security Association
NCSC	National Computer Security Center
NDIAG	Norton Diagnostics
NDIS	Network Driver Interface Specification
NDMP	Network Data Management Protocol
NDS	Novell Directory Service
NEARNET	New England Academic and Research Network
NEAT	Novell Easy Administration Tool
NetBEUI	NetBIOS Extended User Interface
NetBIOS	Network Basic Input / Output System

Abkürzungsverzeichnis

NEWS	Novell Electronic Webcasting Service
NFS	Network File System
NIC	Network Information Center
NIC	Network Interface Card
NiCD	Nickel Cadmium
NII	National Information Infrastructure
NiMH	Nickel Metal Hydride
NIMS	Near Infrared Mapping Spectrometer
NIS	Network Information Service
NLB	Number of Lines of Binary
NLM	NetWare Loadable Module
NLP	Natural Language Processing
NLS	Online System
NMI	Non-Maskable Interrupt
NNI	Network-to-Network Interface
NNTP	Network News Transport Protocol
NOC	Network Operations Center
NOF	Not On File
NORAD	North American Defense Command
NOS	Network Operating System
NPA	Numbering Plan Area
NPN	Notes Public Network
NPR	Network Process Engineering
NRN	Novell Remote Network
NSA	National Security Agency
NSFNET	National Science Foundation Network
NSI	Network Solutions, Inc.
NSM	Network / Systems Managment
NT	New Technology
NTFS	NT File System
NTP	Network Time Protocol

NTSC	National Television Standards Commitee
NTT	Numbered Test Trunk
NUI	Network User Identification
NUMA	Non-Uniform Memory Access
NVRAM	Non-Volatile Random Access Memory
NWG	Network Working Group
NYNEX	New York-New England Exchange
NYSERNET	New York State Education Research Network
O	Organization
OA&M	Operations Administration & Maintenance
OAG	Open Applications Group
OCE	Open Collaboration Environment
OCIS	Organized Crime Information Systems
OCR	Optical Character Recognition
ODBC	Open Database Connectivity
ODI	Open Data-Link Interface
ODN	OutDial Notification
ODSI	Open Directory Service Interface
OEM	Original Equipment Manufacturer
OFDM	Orthogonal Frequency Division Multiplexing
OL	Ordered List
OLAP	Online Analytical Processing
OLE	Object Linking and Embedding
OMR	Optical Mark Recognition
ONE	Open Network Environment
ONMS	Open Network Management System
ONU	Optical Networking Unit
OPC	Organic Photoconducting Cartridge
OPT	Open Protocol Technology
ORMS	Operating Resource Management System
OS	Operating System

OS/2	Operating System 2
OSF	Open Software Foundation
OSI	Open Standards Interconnection
OSI	Open Systems Interconection
OSPF	Open Shortest Path First
OSR	OEM System Release
OT	Open Transport
OU	Organizational Unit
OURS	Open User-Recommended Solutions
PABX	Private Automatic Branch Exchange
PAD	Packet Assembler / Disassembler
PAL	Phase Alteration Standard
PAL	Phase Alternating Line
PAL	Programmable Array Logic
PAM	Peachtree Accounting - Macintosh
PAP	Password Authentication Protocol
PARC	Palo Alto Research Center - (Xerox PARC)
PAW	Peachtree Accounting for Windows
PAX	Private Automatic Exchange
PBIS	Peachtree Business Internet Suite
PBMS	Pacific Bell Mobile Services
PBS	Portable Base Station
PBX	Private Branch Exchange
PC	Personal Computer
PCA	Peachtree Complete Accounting
PCA	Performance and Coverage Analyzer
PCDOS	Personal Computer Disk Operating System
PCI	Personal Computer Interconnect
PCM	Pulse Code Modulation
PCMCIA	Personal Computer Memory Card International Association

PCS	Personal Communication System
PCS	Proxy Cache Server
PD	Phase-Change - Dual
PDA	Personal Digital Assistant
PDC	Primary Domain Controller
PDN	Public Data Network
PDP	Program Data Processor
PDQ	Peachtree Data Query
PDS	Partitioned Dataset
PDS	Planetary Data System
PDS	Premise Distribution System
PEM	Product Error Message
PF	Program Function
PFA	Peachtree First Accounting
PGA	Pin-Grid Array
PGA	Professional Graphics Adapter
PGP	Pretty Good Privacy
PIC	Preferred InterExchange Carrier
PIC	Primary InterExchange Carrier
PIC	Programmable Interrupt Controller
PIF	Program Information File
PIG	Product Information Guide
PIM	Personal Information Manager
PIN	Personal Identification Number
PING	Packet Internet Groper
PIO	Programmed Input / Output
PIXEL	Picture Element
PLCC	Plastic Leaded-Chip Carrier
PLE	Public Local Exchange
PLL	Phase Locked Loop
PLP	Packet Level Procedure

Abkürzungsverzeichnis

PMS	Pantone Matching System
PnP	Plug and Play
POA	Power Open Association
POH	Power On Hours
POP	Point Of Presence
POP	Post Office Protocol
POS	Programmable Option Select
POST	Power On Self Test
POTS	Plain Old Telephone Service
PPD	Post-Script Printer Description
PPI	Programmable Peripheral Interface
PPN	Project-Programmer Number
PPP	Point-to-Point Protocol
Pps	Pulses per second
PQFP	Plastic Quad Flat Pack
PRI	Primary Rate Interface
PRIMOS	Prime Operating System
PRML	Partial Response-Maximum Likelihood
PROFS	Professional Office System
PROM	Programmable Read-Only Memory
PS	Physical Sequential
PS	Programmed Symbols
PS/2	Personal System / 2
PSC	Peachtree Support Center
PSDN	Packet Switched Data Network
PSTN	Public Switched Telephone Network
PU	Physical Unit
PUN	Physical Unit Number
PUP	PARC Universal Packet
PVC	Permanent Virtual Circuit
PWS	Peer Web Services

QAM	Quadrature Amplitude Modulation
QBE	Query By Example
QBP	QuickBooks Pro
QDN	Query Direct Number
QEMM	Quarterdeck Extended Memory Manager
QIC	Quarter Inch Cartridge
QIC	Quarter Inch Committee
QIO	Queue Input / Output
QoS	Quality of Service
QPSK	Quadrative Phase Shift Keying
QTW	Quick-Time for Windows
RAD	Rapid Application Development
RAD	Remote Antenna Driver
RAD/RASP	Remote Antenna Driver / Remote Antenna Signal Processor
RADAR	Radio Detection And Ranging
RAID	Redundant Array of Inexpensive Drives
RAM	Random Access Memory
RAM	Remote Access Modem
RARP	Reverse Address Resolution Protocol
RAS	Remote Access Server
RASP	Remote Antenna Signal Processor
RBOC	Regional Bell Operating Companies
RCF	Remote Call Forwarding
RDF	Radio Direction Finding
RDM	Report Display Manager
RDN	Relative Distinguished Name
RDP	Reliable Datagram Protocol
RECS	Reseller Electronic Communication System
REMOB	Remote Observation
REXEC	Remote Executable

Abkürzungsverzeichnis

REXX	Restructured Extended Executor
RF	Radio Frequency
RFC	Request For Comments
RFI	Radio Frequency Interface
RFNM	Request For Next Message
RFS	Remote File Service
RFS	Remote File System
RGB	Red-Green-Blue
RIP	Routing Information Protocol
RISC	Reduced Instruction Set Computing
RJE	Remote Job Entry
RLE	Run Length Encoding
RLL	Run Length Limited
RLOGIN	Remote Login
RMA	Return Merchandise Authorization
RMS	Record Management Services
RO	Receive Only
ROM	Read Only Memory
RPC	Remote Procedure Call
RPG	Role Playing Game
RPM	Revolutions Per Minute
RSA	Rivest, Shamir and Adleman (Encryption)
RSEXEC	Resource Sharing Executive
RSH	Remote Shell
RSH	Restricted Shell
RSVP	Resource Reservation Protocol
RTC	Real-Time Clock
RTCP	Real-Time Transport Control Protocol
RTF	Rich Text Format
RTFM	Read The F***ing Manual
RTL	Run-Time Library

RTP	Real-Time Transport Protocol
RTS	Request To Send
RTSP	Real-Time Streaming Protocol
RTTY	Radio TeleType
RU	Request Unit
RU	Response Unit
RVD	Remote Virtual Disk
SAA	Systems Application Architecture
SAFE	Security And Freedom through Encryption
SAP	Service Advertising Protocol
SARC	Symantec Antivirus Research Center
SASI	Shugart Associates System Interface
SATAN	Security Administrator Tool for Analyzing Networks
SATNET	Satellite Network
SCC	Switching Control Center
SCCS	Switching Control Center System
SCE	Service Creation Environment
SCLM	Software Configuration and Library Manager
SCO	Santa Cruz Operation
SCP	Service Control Point
SCPC	Single-Channel Per Carrier
SCSI	Small Computer System Interface
SDL	Shielded Data Link
SDLC	Synchronous Data Link Control
SDSC	San Diego Supercomputer Center
SDSF	System (Spool) Display and Search Facility
SEAL	Secure Electronic Authorization Laboratory
SECAM	Sequential Color And Memory
SEM	System Error Message
SET	Secure Electronic Transactions
SFA	Sales Force Automation

Abkürzungsverzeichnis

SFT	System Fault Tolerance
SGI	Silicon Graphics, Inc.
SGML	Standardized General Markup Language
S-HDSL	Single-Line - High-bit-rate Digital Subscriber Line
SI	Source Index
SIF	Standard Input Format
SIG	Special Interest Group
SIM	Subscriber Identity Module
SIMM	Single In-Line Memory Module
SIP	Single In-Line Package
SIPP	Single In-Line Pin Package
SKIP	Simple Key management for Internet Protocol
SLED	Single Large Expensive Disk
SLIP	Serial Line Internet Protocol
SLMR	Silly Little Mail Reader
SMB	Server Message Block
SMCC	Sun Microsystems Computer Company
SMI	System Management Interrupt
SMM	System Management Mode
SMP	Symmetrical Multi-Processing
SMPTE	Society of Motion Picture and Television Engineers
SMS	Service Management Systems
SMS	Short Message Service
SMS	Storage Management Subsystem
SMTP	Simple Mail Transfer Protocol
SNA	Systems Network Architecture
SNADS	Systems Network Architecture Distribution Services
SNMP	Simple Network Management Protocol
SOHO	Small Office / Home Office
SO-J	Small Outline J-lead
SONET	Synchronous Optical Network

SP	Stack Pointer
SPARC	Scalable Processor Architecture
SPID	Service Profile Identification
SPP	Standard Parallel Port
SPS	Standby Power Supply
SPX	Sequenced Packet Exchange
SQL	Structured Query Language
SRAM	Static Random Access Memory
SS6	Signaling System 6
SS7	Signaling System 7
SSA	Serial Storage Architecture
SSB	Single Side Band
SSD	Solid State Disk
SSFD	Solid State Floppy Disk
SSPA	Solid State Power Amplifier
STA	Spanning Tree Algorithm
STD	Standard
STP	Shielded Twisted Pair
STP	Signal Transfer Protocol
SUBLIB	Subroutine Library
SUE	Stupid User Error
SUN	Stanford University Networks
SVC	Switched Virtual Circuit
SVGA	Super Video Graphics Array
SWIM	Super Woz Integrated Machine
SysOp	Systems Operator
T	Terabyte
TA	Terminal Adaptor
TAE	Transportable Applications Environment
TAP	Technological Assistance Program
TAPI	Telephony Applications Program Interface

Abkürzungsverzeichnis

TAR	Tape Archive
Tb	Terabit
TB	Terabyte
TBD	To Be Determined
Tbps	Terabits Per Second
TCAM	Telecommunications Access Method
TCG	Teleport Communications Group
TCL	TAE Command Language
TCM	Trellis Coded Modulation
TCP	Tape Carrier Packaging
TCP	Transmission Control Protocol
TCP/IP	Transmission Control Protocol / Internet Protocol
TCQAM	Trellis Coded Quadrature Amplitude Modulation
TD	Table Data
TDM	Time-Division Multiplexing
TDMA	Time Division Multiple Access
TDR	Time Domain Reflectometry
TelOp	Teleconference Operator
TEMPEST	Transient Electromagnetic Emanations Standard
TFT	Thin Film Transistor
TFTP	Trivial File Transfer Protocol
TG	Technical Guide
TGID	Trunk Group Identification Number
TH	Table Header
THD	Total Harmonic Distortion
THENET	Texas Higher Education Network
TIA	The Internet Adapter
TIC	Token-Ring Interface Coupler
TIFF	Tagged Image File Format
TIGA	Texas Instruments Graphics Architecture
TIP	Terminal IMP

TLA	Three Letter Acronym
TLB	Translation Lookaside Buffer
TLD	Top Level Domain
TMN	Time Management Networking
TOP	Technical & Office Protocol
TP	Twisted Pair
TP-4	Transport Protocol 4
TPA	Third Party Application
TPD	Third Party Developer
TPI	Tracks Per Inch
TPPD	Twisted Pair-Physical-Media Dependent
TR	Table Row
TRPC	Transaction Remote Procedure Call
TRS	Tandy Radio Shack
TSAPI	Telephony Services Applications Program Interface
TSO	Time Sharing Option
TSO/E	Time Sharing Option / Extensions
TSPS	Traffic Service Position System
TSR	Terminate - Stay Resident
TSU	Time Sharing User
TTF	True-Type Font
TTL	Time To Live
TTL	Transistor-to-Transistor Logic
TTS	Transaction Tracking System
TTT	Trunk-to-Trunk Transfer
TTY	Teletype
TV	Television
TVRO	Television-Receive Only
TWAIN	Technology Without An Interesting Name
TWTA	Traveling Wave Tube Amplifier
UAE	Unrecoverable Application Error

Abkürzungsverzeichnis

UART	Universal Asynchronous Receiver-Transmitter
UCM	Universal Cable Module
UDF	Universal Disk Format
UDP	User Datagram Protocol
UIC	User Identification Code
UL	Underwriters Laboratories
UL	Unordered List
UMA	Upper Memory Area
UMB	Upper Memory Block
UNC	Universal Naming Convention
UNI	User-To-Network Interface
UNIVAC	Universal Automatic Computer
UNMA	Unified Network Management Architecture
UPC	Universal Product Code
UPS	Uninterruptable Power Supply
URL	Uniform Resource Locator
USB	Universal Serial Bus
USENET	User Network
USL	Unix System Laboratory
USR	U.S. Robotics
UTP	Unshielded Twisted Pair
UUCP	Unix-to-Unix Copy Program
VAC	Volts-A/C Current
VAN	Value-Added Network
VAP	Value-Added Process
VAR	Value-Added Reseller
VAX	Virtual Address Extension
VB	Visual Basic
VBI	Vertical Blanking Interface
VC	Virtual Circuit
VCR	Video Cassette Recorder

VCRI	Virtual Control Program Interface
VDC	Volts - Direct Current
VDSL	Very-high-bit-rate Digital Subscriber Line
VDT	Video Dial Tone
VDU	Video Display Unit
VERONICA	Very Easy Rodent-Oriented Networkwide Index to Computerized Archives
VESA	Video Electronics Standard Asociation
VFAT	Virtual File Allocation Table
VFC	Vector Function Chainer
VFC	Video Feature Connector
VFW	Video For Windows
VGA	Video Graphics Array
VICAR	Video Image Communication And Retrieval
VIDS	VICAR Interactive Display Subsystem
VINES	Virtual Networking Software
VL	VESA Local
VLA	Volume Licensing Agreement
VLAN	Virtual Local Area Network
VLB	VESA Local Bus
VLF	Very Low Frequency
VLM	Virtual Loadable Module
VLSI	Very Large Scale Integration
VM	Virtual Machine
VMB	Voice Mail Box
VMC	VESA Media Channel
VMM	Virtual Memory Manager
VMS	Virtual Memory System
VPN	Virtual Private Network
VQ	Vector Quantication
VR	Virtual Reality

Abkürzungsverzeichnis

VRAM	Video Random Access Memory
VRDI	Virtual Raster Display Interface
VRML	Virtual Reality Modeling Language
VSAM	Virtual Storage Access Method
VSAT	Very Small Aperture Terminal
VSWR	Voltage Standing Wave Radio
VTAM	Virtual Telecommunications Access Method
VxD	Virtual Device Driver
W3C	World Wide Web Consortium
W4WG	Windows For Workgroups
WAIS	Wide Area Information Search
WAITS	Wide Area Information Transfer Systems
WAN	Wide Area Network
WAOSS	Wide Angle Optoelectronic Stereo Scanner
WATS	Website Activity Tracking Statistics
WATS	Wide Area Telephone Service
WCS	Wireless Communication Service(s)
WDM	Wave Division Multiplexing
WELL	Whole Earth 'Lectronic Link
WEP	Wired Equivalent Privacy
WFW	Windows For Workgroups
WinHEC	Windows Hardware Engineering Conference
WINS	Windows Internet Name Service
WINSOCK	Windows Socket
WINTEL	Windows / Intel
WMF	Windows MetaFile
WORM	Write Once - Read Many
WTOR	Write To Operator with Reply
WWAN	Wireless Wide Area Network
WWW	World Wide Web
WYSIWYG	What You See Is What You Get

XGA	Extended Graphics Array
XMM	Extended Memory Manager
XMS	Extended Memory Specification
XNS	Xerox Network Services
XT	Extended
YAHOO	Yet Another Hierarchical Officious Oracle
YMS	Young Micro Systems
YP	Yellow Pages
ZAI	Zero Administrative Initiative
ZD	Ziff-Davis
ZF	Zero Flag
ZIF	Zero Insertion Force
ZIP	Zig-Zag In-Line Package

Datei-Erweiterungen

a

ace	Gepackte Datei des Ace-Archivers (Ace, WinAce)
ad	After Dark (Bildschirmschoner-Datei)
adn	Lotus 1-2-3 (Add-In)
adx	Lotus Approach (Indexfile)
afl	Adobe (Fontfile)
afm	Adobe Font Metrics
ai	Adobe Illustrator (Bilddatei)
aif	Internet Audio File
all	Steinberg Cubase (Soundfile)
ani	Animation
ans	Datei im ANSI-Format
apr	Lotus Approach
arc	Komprimierte Datei im LHARC-Format
arj	Komprimierte Datei im ARJ-Format
arr	Steinberg Cubase (Soundfile)
asc	Datei im ASCII-Format (lesbarer Text)
asf	Stark komprimierte Videodatei unter Windows 9x/NT (Windows Media Player)
asm	Assembler Quelltext
asp	Active Server Page (erweiterte HTML-Seite von Microsoft (IIS))
au	Audio Basic File (Sounddatei)
aux	Steuerdatei für Audio (Windows)
avi	Animated Video File (Video-Animation)

b

bak	Sicherungskopie einer Datei (Backup-File)
bar	dBase
bas	Basic Quelltext
bat	Ausführbare Prozedur (Batch-File) von DOS
bbs	Datei aus/für eine Mailbox (Dateiliste)
bach	dBase
bfc	Briefcase-Datei (Win95/NT-Aktenkoffer)
bgi	Borland Grafik-Treiber
bif	Binary Image File
bin	Binärdatei / Programmcode
bit	Ausgabeformat (Druck) unter TeX
bk	Backupfile (Word Perfect)
bmp	Rasterbild im Bitmap-Format (Windows, OS/2)
btm	Batchfile unter 4DOS und OS/2

c

c	C Quelltext
cab	Windows Installationsdatei (gepackt)
cag	Corel Art-Gallery
cal	Kalender-Datei (Win 3x)
cap	Capture-File (Logfile) zB von Telix
cbl	Cobol Quelltext
cc	C++ Quelltext
cch	Corel Bilddatei
cda	Dokumentenaustauschformat (Digital Equipment)
cdr	Corel Draw Datei
cdt	Corel Draw Datei
cf	Norton Utilities
cfg	Konfigurationsdatei von vielen Programmen
cgm	Computer Graphics Metafile, ISO 8662 Vektorbild

Datei-Erweiterungen

chk	Sicherungsdatei (meistens durch »CHKDSK« erstellt)
cht	Harvard Graphics & dBase
cim	Sicherungsdatei von CompuServe's WINCIM
clp	Clipart-Datei & Zwischenablage (Win)
cmd	Command / Batchfile (OS/2, NT)
cmp	Variante von JPG (Bilddatei)
cmv	Corel Draw Datei
cmx	Bilddatei (Corel)
cnf	Konfigurationsdatei
cnv	Konvertierungsdatei (zB Word)
cob	Cobol Quelltext
com	Ausführbare Datei (Programm)
cor	Sicherungsdatei von Corel Draw
cpr	Rasterbild (Knowledge Access)
cpi	Fontdatei, Komprimierte Bilddatei (Cartesian Perceptual Compression)
cpl	Codepage-Listing / Steuerungsdatei
cpp	C++ Quelltext
cpt	Bilddatei (Variante von TIF)
crd	Cardfile (Windows Karteikasten)
cur	Cursorfile (Cursor Definitionen unter Windows)
cut	Rasterbild (DR Halo)
cvp	Delrina Winfax Pro (Fax Deckblatt)

d

dat	Datendatei / Parameterdatei / Mischdaten
db	Datenbank-Datei
dbf	Datenbank-Datei (dBase)
dbo	dBase
dbs	Datenbank-Datei
dbx	Rasterbild (DataBeam)

dca	Document Content Architecture (Textaufzeichnungsformat von IBM)
dcs	Desktop Color Separation (Einem 4-Farb-Auszug im EPS-Format übergeordnete Datei)
dct	Wörterbuch-Datei
dcx	Rasterbild
def	Definitionsdatei / Parameterdatei
dhp	Rasterbild (DR halo II)
dib	Rasterbild (Bitmap-Format)
dic	Wörterbuch-Datei
dif	Database Interchange Format (Ausgabeformat aus Datenbankmanagementsystemen)
dil	Corel Draw
diz	Dateibeschreibung (wird in BBS verwendet)
dll	Dynamic Link Library (Programm-Bibliotheken für Win)
dmp	Dump (Speichauszug)
doc	Dokument (zumeist in Word-Format)
dok	Dokument (zumeist in ASCI-Format)
dot	Dokumentvorlage (Word)
drm	Steinberg Cubase (Sounddatei)
dru	Druckertreiber (zumeist von DOS-Programmen)
drv	Treiberdatei
drw	Vektorbild (MicrografX Format, Typ 2)
dsp	Grafiktreiber
dta	Datendatei
dtf	Datenbankfile (zB F&A)
dxf	Vektorbild (Drawing EXchange Format)

Datei-Erweiterungen

e

ed5	Vektorbild (EDMICS)
ega	Bildschirmtreiber (DOS, Windows 3.11)
ems	Windows Enhanced Metafile
eps	Encapsulated PostScript (Vektor- oder Rasterbild)
err	Fehlerdatei (z.B. nach Softwareinstallation)
exe	Ausführbares Programm

f

f01	Rasterbild (von diversen Fax-Programmen)
fax	Datei diverser Faxprogramme (zumeist Rasterbild)
fdf	Adobe Acrobat (Forms)
ffa	Microsoft Office (Indexfile)
ffl	Microsoft Office (Indexfile)
fft	Final Form Text (Datenaustauschformat von IBM), Microsoft Office (Indexfile)
fif	Fractal Image Format (Bilddatei)
fla	Shock-Wave Flash (Quelltext)
flc	Animation (FLIC)
fli	Animation /Video
flm	Photoshop
flu	Scriptdatei für Flu (Windows Interpreter)
fm	Datenbankdatei von Claris Filemaker
fnd	Windows 9x/NT: gespeicherte Suche vom Explorer
fnt	Fontdatei
fon	Fontdatei
fot	Fontdatei
fp3	Datenbankdatei (Claris Filemaker)
frm	Formulardatei (z.B. WordPerfect)
frx	Formulardatei (Visual Basic)
fxt	Faxdatei (Delrina Winfax)

g

gca	Vektorbild (IBM GOCA-Format)
ged	Vektorbild (WiCAT)
gem	Vektorbild: Grapics Environment Manager (CorelDraw, Pagemaker)
gen	Generatorfile (dBase)
geo	GeoWorks
gif	Bilddatei (Graphic-Image-Format)
gr2	Bildschirmtreiber (Windows 3.11)
gz	Komprimierte Datei von Unix (gzip, gunzip)

h

h	Header/Includefile von C, C++
ham	Novell Netware (Hardware-Treiber)
hex	Hexdump / Speicherauszug (hexadezimal)
hlp	Hilfedatei
hpg	Hewlett-Packard Graphics Language (Steuerung von HP-Plottern)
hpp	C++-Headerdatei
hqx	Komprimierte Datei (vom MAC)
ht	Eintrag vom Hyperterminal (Win)
htm	WWW-Dokument (ASCII-Datei mit entsprechenden Tags)
html	WWW-Dokument (ASCII-Datei mit entsprechenden Tags)

i

ica	Rasterbild (IBM IOCA-Format)
icb	Bilddatei (Variante von TGA)
ico	Icon (Windows)
idx	Indexdatei (wird von vielen Programmen benutzt)
iff	Interchange File Format (Electronic Arts)

Datei-Erweiterungen

igf	Vektor- oder Rasterbild (Hijaak)
img	Rasterbild: Image-File-Format
in	Includefile div Programmiersprachen
inc	Includefile div Programmiersprachen
inf	Setup-Information-File (zB bei Treiber-Installationen verwendet)
ini	Initialisierungsdatei / Parameterdatei / Steuerungsdatei
inx	Indexdatei (Clipper, FoxPro)
ipl	Corel Draw-Datei

j

jbf	Paintshop Pro (Browser)
jif	JPEG File Interchange Format (JFIF) - JPEG Subformat
jff	Bilddatei (Variante von jpg)
job	Win-NT Scheduler-Job
jpg	Bilddatei im JPEG-Format (Joint Photographic Experts Group)
js	Java-Script
jtf	Bilddatei (Variante von jpg)

k

kbd	Modul zur Tastaturbelegung
key	Software-Key (Seriennummer, Freischaltcode etc)
kfx	Rasterbild (Kofax Group 4)

l

lbg	dBase
lbl	dBase
lda	Microsoft Access (temporäre Datei)
ldb	Microsoft Access (temporäre Datei)
lha	Komprimierte Datei des lharc-Archivers (DOS)
lnk	Link auf ein Objekt

log	Logfile / Protokolldatei
lst	Liste/Textdatei (zumeist im ASCII-Format)
lwp	Lan WorkPlace (Novell), Lotus WordPro
lzh	Komprimierte Datei des Lharc-Archivers (DOS)

m

mac	Rasterbild im PNTG-Format (auch MAC-Format genannt)
mad	Microsoft Access
maf	"
mam	"
maq	"
mat	"
mcs	Vektorbild (MathCAD)
mda	Microsoft Access
mdb	"
mdn	"
mdw	"
mdz	"
me	Textdatei mit Hinweisen (z.B. readme)
met	Vektorbild (PM Metafile)
mid	Sounddatei (MIDI-Format)
mix	Steinberg Cubase (Sounddatei)
mmm	Medien-Clip
mod	Sounddatei (die berühmten »MOD-Files« ;-))
mov	Videodatei im Quicktime-Format
mp3	Komprimierte Digital-Audio/Video-Datei
mpg	Videodatei im MPEG-Format
mpt	Bilddatei (zB von Photoshop)
msg	Nachrichten-Datei (Benutzung durch div Programme)
mwf	CorelDraw

n

nam	Novell Netware: Namespace
nc	Norton (Commander)
ncf	Netware Command File
ndx	dBase
nlm	Netware Loadable Module (Client/Server-File von Novell)
nls	Sprachunterstützungsdateien
now	Textdatei mit Hinweis (z.B. READMENOW)
nsf	Lotus Notes
ntf	Lotus Notes
ntx	Clipper

o

obj	Objekt-Datei (oft benutzt von Datenbanken)
olb	Import-Bibliothek VBA (Office)
old	Sicherungskopie einer Datei
or2	Lotus Organizer
org	Lotus Organizer
otx	Olitext Plus (alte Textverarbeitung von Olivetti)
ovl	Overlay-Datei
ovr	Overlay-Datei (Porgrammcode)

p

pak	Komprimierte Datei (gepackte Datei, DOS)
pan	Corel Draw
par	Auslagerungsdatei von Windows / Steuerungs-Datei (Parameter)
pas	Pascal-Quelltext
pat	Corel Draw (Patternfile)
pbk	Phonebook (DFÜ-Telefonbuch, NT-RAS)
pcd	Rasterbild: Kodak Photo-CD

pcl	Beschreibungssprache für HP Drucker
pcx	Bilddatei (von Zsoft entwickeltes Format für IBM-kompatible Rechner)
pdf	Adobe Acrobat Dokument
pfb	Adobe Type-Manager
pfm	Schriftartendatei (Adobe Type-Manager)
pic	Bilddatei (meist aus einem Video-Show-Programm)
pif	Programm-Information-File (Windows) / Bilddatei
pix	Vektor- oder Rasterbild (Hijaak)
pol	Policy/Richtliniendatei von Windows (NT/95)
pl	Perl (Script)
plt	Bilddatei (z.B. Corel)
pm	Perl (Modul)
pma	Win-NT Systemmonitor/Performance-Monitor
pmc	Win-NT Systemmonitor/Performance-Monitor
pml	Win-NT Systemmonitor/Performance-Monitor
pmr	Win-NT Systemmonitor/Performance-Monitor
pmw	Win-NT Systemmonitor/Performance-Monitor
pol	Policy (Systemrichtlinie) Datei von Windows NT
pot	Microsoft PowerPoint
pps	Microsoft PowerPoint
ppt	Microsoft PowerPoint
pre	Lotus Freelance
prg	Programm-Modul
prl	Perl (Script)
prn	Druckdatei (Druckerausgabe in Datei)
ps	PostScript-Datei (z.B. für Druckausgabe)
psd	Bilddatei (Photoshop)
psp	Paintshop Pro
pst	Corel (PostScript-Font)
pt5	PageMaker 5: Textabschnitt

Datei-Erweiterungen

pt6	PageMaker 6: Textabschnitt
pub	Corel Ventura
pwz	Microsoft PowerPoint
px1	Bilddatei (z.B. Photoshop)
pxr	Bilddatei (z.B. Photoshop)

q

que	Win NT Scheduler, Warteschlange

r

rar	Komprimierte Datei im RAR-Format (DOS, WinRar unter Windows)
ras	Bilddatei (z.B. HiJaak Pro)
raw	Bilddatei (Photoshop)
rec	Makrodatei (Recorder)
reg	Registrierungs-Datei (WIN 95, NT)
rem	Textdatei (meist ASCII)
rep	Reportfile / Ereignisprotokoll (meist ASCII)
rmi	Medien-Clib
rnk	Verknüpfung mit DFÜ-Verbindung (RAS, Win)
rft	Revisable Form Text (Aufzeichnungsformat für Bilddateien von IBM)
rle	Rasterbild (nach RLE4-Verfahren komprimiertes Bitmap)
rpt	Reportfile (z.B. Norman Virus Control)
rtf	Textdateien im Rich-Text-Format (Microsoft Word, Pagemaker, Ami Pro usw.)

s

sam	AmiPro
sav	Sicherungskopie einer Datei
sbp	Bilddatei (HiJaak Pro)
sci	Bilddatei (HiJaak Pro)

scp	Scriptdatei (ZB von WINCIM)
sct	Bilddatei (Photoshop, Corel)
sdi	Super Data Interchange Format (erweitertes DIF-Format)
sdw	Star Writer
sgm	Datei im SGML-Format
shr	Corel-Show
shw	Corel-Show
sik	Sicherungskopie einer Datei
slc	Salt-Code (Telix)
sld	Scholax (Schulverwaltungssoftwware)
slk	Excel
slt	Salt-Programmtext (Telix)
slx	Scholax (Schulverwaltungssoftware)
smm	AmiPro (Makro)
snd	Sounddatei (Audio-Basic-File)
sng	Steinberg Cubase (Sounddatei)
sty	Formatvorlage / Stylesheet
swf	Shock-Wave Flash (Browser-Plugin)
swp	Swapfile / Auslagerungsdatei (Win95)
sys	Treiberdatei / Systemdatei

t

tag	Textdatei des Editors TAG
tar	Komprimierte Datei (Unix)
taz	Komprimierte Datei
tbs	Microsoft Word (Textbaustein)
tex	Datei im TEX-Format
tga	Bilddatei im Targa-Format
tif	Bilddatei im Tagged Image Format
tiff	Bilddatei im Tagged Image Format
tmp	Temporäre Datei

ttf	True-Type-Font (Schrift)
tto	Filetransfer-Beschreibung (PC-Support, CA/400)
txt	Textdatei (meist ASCII mit/ohne Steuerzeichen)

u

udf	uniqueness database file (für automatisches NT Setup)
unl	Unload File (ASCII Datei für/von Datenbanken)
url	Verknüpfung mit einer Internet Seite/Adresse

v

vbx	Visual-Basic Library
vbp	Projectfile von Visual Basic
vcf	VCard-File Elektronische Visitenkarte
vda	Bilddatei (Variante von .tga)
vew	Lotus Approach (V2x?)
vid	Visual-Basic (Treiberdatei)
vlm	Virtual Loadable Module (Novell Netware-Client)
voc	Vocal Sound File (Sounddatei)
vor	StarWriter (Vorlage)
vqf	Komprimierte Digital-Audio-Datei
vst	Bilddatei (Variante von .tga)
vxd	Windows Treiber-Datei

w

wav	Audio-File im WAVE-Format
wbk	Microsoft Word
wdb	Microsoft Works (Datenbank)
wfx	Winfax (Fax-Datei)
wiz	Microsoft Word
wks	Microsoft Works
wll	Microsoft Word

wma	Audio-Datei unter Windows 9x/NT (Windows Media Player)
wmf	Vektorbild: Windows Metafile-Format
wp	Office Writer
wp4	WordPerfect 4.0
wp5	WordPerfect 5.0
wp6	WordPerfect 6.0
wpd	WordPerfect (Dokument)
wpg	WordPerfect Graphic-File-Format
wpk	WordPerfect
wpm	WordPerfect (Makros)
wps	Microsoft Works (Textverarbeitung)
wpt	WordPerfect (Vorlage)
wri	Textdatei im Write-Format (Windows)
ws	WordStar / HP Executive MemoMaker

x

xbm	Bilddatei
xif	Bilddatei
xla	Excel
xlb	Excel
xlc	Excel / WordPerfect
xld	Excel: Dialog-Datei
xlk	Excel
xll	Excel
xlm	Excel: Makro-Vorlage
xls	Excel: Tabellen-Datei
xlt	Excel: Vorlage (Template)
xlv	Excel: Visual Basic-Modul
xlw	Excel: Workgroups
xtg	Quark XPress

z

zip	Komprimierte Datei im PKZIP-Format (DOS, WinZip unter Windows)
zoo	Komprimierte Datei im ZOO-Format (DOS)

Sonstige

001	Sicherungskopie / Faxdatei div. Faxprogramme
1st	Textdatei mit Hinweisen (oftmals readme1st)
2gr	Steuerungsdatei (Grafik) für Windows
2nd	Textdatei mit weiteren Hinweisen (z.B. readme2nd)
386	Systemdateien / Treiber
3cm	Backupdateien 3COM-Netzwerkkarte
3d	3B2-Datei (DTP/Satzprogramm)
3gr	Steuerungsdatei (Grafik) für Windows
~	Sicherungskopie

Wörterbuch Englisch/Deutsch

abend	Anormaler Programmabbruch
abort	Abbruch
absolute address	absolute Adresse
absolute aTASdTASdressing	absolute Adressierung
abstraction	Abstraktion
AC (Alternating Current)	Wechselstrom
acceptance test	Abnahmeprüfung
access	Zugriff
access bits	Zugriffsbits
access time	Zugriffszeit
accounting	buchführen, berechnen
accumulator	Akkumulator
accuracy	Richtigkeit
acknowledge	Quittierung
acoustic input	akustische Eingabe
acoustic coupler	Akustikkoppler
acronym	Abkürzung
actual value	Ist-Wert
adder	Addierer
add-on kit	Nachrüstsatz
address	Adresse, adressieren
address space	Adressraum
address translation	Adressenübersetzung
addressable point	adressierbarer Punkt
addressbus	Adressbus
addressing modes	Adressierungsarten
addressing system	Adressierungssystem
adventure game	Abenteuerspiel
Aiken-Code	Aiken-Code

algorithm	Algorithmus
allocate	zuordnen
Alternating Current (AC)	Wechselstrom
analog computer	Analogrechner
analog digital converter	Analog-Digital-Wandler
AND-gate	UND-Gatter
answer tone	Antwortton
anti-aliasing	Anti-Aliasing
apparent storage	Scheinspeicher
application	Anwendungsprogramm
application package	Anwendungspaket
application system	Anwendungssystem
arcade game	Videospiel
architecture	Architektur
Arithmetic Logic Unit (ALU)	Rechenwerk
array processor	Array-Prozessor, Feldrechner
array variable	Feldvariable, Array
array	Array, Feld
artificial intelligence	Künstliche Intelligenz (KI)
assemble	assemblieren
assembler	Assembler
assembly language	Assemblersprache
assign	zuweisen
assignment	Zuweisung
associative storage	Assoziativspeicher
attribute	Attribut
audio output	Audio-Ausgang
audit	Prüfen
audit program	Prüfprogramm
author language	Autorensprache
automatic calling	automatisches Rufen

Wörterbuch Englisch/Deutsch

automation	Automatisierung
auxiliary routine	Hilfsprogramm
auxiliary storage	Hilfsspeicher
backcoupling	Rückkopplung
background	Hintergrund
background processing	Hintergrundverarbeitung
background programm	Hintergrundprogramm
backing storage	Zusatzspeicher
backspace	Rückschritt
backup	Sicherung
backup copy	Sicherheitskopie
backup file	Sicherheitsdatei
backup system	Bereitschaftssystem
bank	Bank
bank-switching	Bankumschaltung
barcode	Strichcode
bardiagram	Balkendiagramm
base address	Basisadresse
base register	Basisregister
Basic Disk Operating System	BDOS
Basic Input/Output System	BIOS
batch file	Stapeldatei
batch processing	Batch-Verarbeitung
BCD-arithmetik	BCD-Arithmetik
benchmark test	Benchmark-Test
binary code	Binärcode
binary data	Binärdaten
binary digit	Binärzeichen
binary number	Binärzahl
binary search	Binärsuche
binary system	Zweiersystem

binary tree	binärer Baum
bit	Bit
bit density	Bitdichte
bit frequency	Bitfrequenz
bit mask	Bitmaska
bit parallel	bitparallel
bit pattern	Bitmuster
bit rate	Bitrate
bit serial	bitseriell
bit vector	Bitkette
bits per inch (bpi)	Bits pro Zoll
bits per second	Bits pro Sekunde
block	Block
blank	Blank, Leerzeichen
block device	blockorientiertes Gerät
block diagram	Blockdiagramm
block length	Blocklänge
block movement	Blockverschiebung
blockstatement	Anweisungsblock
board	Platine
boot	booten
bootstrap loader	Urlader
borrow, carry	Übertrag
branch	Verzweigung
breakpoint	Haltepunkt
brittle	Anfälligkeit
B-tree	B-Baum
bubble memory	Magnetblasen-Speicher
bubble sort	Bubblesort
buffer	Puffer
bufferstorage	Pufferspeicher

bug	Bug, Fehler, Programmfehler
bulk data	Massendaten
burnin	Burn in
bus	Bus, Datenleitung
bus driver	Bustreiber
bus system	Bussystem
business graphics	Geschäftsgrafik
byte	Byte
cache memory	Cache-Speicher
calculator chip	Rechnerbaustein
calculator	Rechenmaschine
calibration	Eichung
call	Aufruf
cancel character	Löschzeichen
capacity	Kapazität
card	Karte, Platine
card reader	Kartenleser
carrier	Träger
carriage return	Wagenrücklauf
carrier frequency	Trägerfrequenz
carry	Übertrag
cartridge	Magnetbandkassette
cartridgetape drive	Kassettenlaufwerk
cassette	Kassette
cassette recorder	Kassettenrecorder
cathode ray tube	Bildröhre
cell	Speicherzelle, Tabellenzelle
Central Processing Unit (CPU)	Prozessor
centronics port	Ceritronics-Schnittstelle
certification	Zertifizierung
chain	Kette

channel	Kanal
channel capacity	Kanalkapazität
character	Zeichen
character density	Zeichendichte
character generator	Zeichengenerator
character parity	Zeichenparität
character reader	Klarschriftleser
character recognition	Zeichenerkennung
character screen	Zeichenbildschirm
character set	Zeichensatz
character string	Zeichenfolge
character printer	Zeichendrucker
characters per inch (cpi)	Zeichen pro Zoll
characters per second (cps)	Zeichen pro Sekunde
check	Test
check bit	Kontrollbit, Prüfbit
check character/check digit	Prüfzeichen
checking routine	Prüfprogramm
checkout	austesten
checkpoint	Fixpunkt, Prüfpunkt
checksum	Prüfsumme
circuit parameter	Schaltungsparameter
circuit testing	Schaltungsprüfung
clear text	Klartext
clear	löschen
clipping	Clipping
clock	Takt, Taktimpuls, Taktgenerator; Uhr
clock cycle	Taktzyklus
clock frequency	Takfrequenz
clock generator	Taktgenerator

Wörterbuch Englisch/Deutsch

clock pulse	Taktimpuls
code (to)	kodieren
code Generation	Codegenerierung
code transparent	Codetransparent
code converter	Codeumwandler
coded	verschlüsselt
cold boot	Kaltstart
collating order	Sortierreihenfolge
collating sequence	Sortierreihenfolge
collision	Kollision
colour graphics	Farbgrafik
colour monitor	Farbbildschirm
colour printer	Farbdrucker
command menu	Befehlsmenü
command	Befehl, Kommando
comment	Kommentar
compact	komprimiert
compaction	Komprimierung
compatibility	Kompatibilität
compatible	kompatibel
compile	kompilieren
compile time	Kompilierzeit
compiler	Compiler, Übersetzer
compiler language	Compilersprache
complement	Komplement
component	Bauelement, Baugruppe
compress	komprimieren
Computer Aided Design (CAD)	CAD
Computer Aided Learning (CAL)	CAL

computer	Computer, Rechner
computer code	Computercode
computer family	Rechnerfamilie
computer generation	Computer-Generation
computer graphics	Computergrafik
computer network	Rechnernetz
computer science	Informatik
computer simulation	Computersimulation
concatenated	verkettet
concurrency	Parallellauf
concurrent access	gleichzeitiger Zugriff
conditional jump	bedingter Sprung
conductor	Leiter
configuration	Konfiguration
connector	Steckverbinder
console	Konsole
console operator	Konsolenbediener
constant	Konstante
continuation address	Folgeadresse
continuation line	Folgezeile
control	Steuerung, Kontrolle
control bit pattern	Kontrollbitmuster
control block	Steuerblock
control bus	Kontrollbus, Steuerbus
control character	Steuerzeichen
control counter	Befehlszähler
control cycle	Steuerzyklus
control field	Kontrollfeld
control instruction	Steueranweisung
control memory	Steuerspeicher
control register	Befehlsregister

control station	Leitstation
control unit	Steuerwerk, Steuereinheit
control value	Kontrollwert
control variable	Steuervariable
controller	Controller, Kontrolleinheit
conversational language	Dialogsprache
conversational mode	Dialogbetrieb
convert	konvertieren, umwandeln
converter	Wandler
coprocessor	Coprozessor, Koprozessor
core	Kern
core dump	Dump des Kernspeichers
core memory	Magnetkernspeicher
counter	Zähler
CPU architecture	CPU-Architektur
crash	Absturz
cross assembler	Cross-Assembler
cross compiler	Cross-Compiler
cross hairs	Fadenkreuz
cross talk	Übersprechen
cursor	Cursor, Schreibmarke
customize	anpassen
cybernetics	Kybernetik
cycle	Zyklus, Folge, Periode
cycletime	Zykluszeit
Cyclic Redundancy Check (CRC)	CRC-Prüfung
cylinder	Zylinder
daisy wheel printer	Typenraddrucker
daisychain	Verkettung
data	Daten

dala station	Datenstation
data acquisition	Datenerfassung
data administration	Datenverwaltung
data base	Datenbank
data base key	Datenbankschlüssel
data base system	Datenbanksystem
data block	Datenblock
data buffer	Datenpuffer
data bus	Datenbus
data capture	Datenerfassung
data carrier	Datenträger
data cartridge	Datenkassette
data chain	Datenkette
data channel	Datenkanal
data communication	Datenübertragung
data compaction	Datenverdichtung
data compression	Datenkompression
data control word	Datenkontrollwort
data description	Datenbeschreibung
data directory	Datenadreßverzeichnis
data element	Datenelement
data exchange	Datenaustausch
data field	Datenfeld
data file	Datei
data format	Datenformat
data input	Dateneingabe
data library	Datenbibliothek
data link	Datenverbindung
data management	Datenverwaltung
data medium	Datenträger
data module drive	Datenmodullaufwerk

data module	Datenmodul
data network	Datennetzwerk
data output	Datenausgabe
data path	Datenpfad
data processing	Datenverarbeitung
data protection	Datenschutz
data recording	Datenerfassung
data security	Datensicherung
data sink	Datensenke
data source	Datenquelle
data structure	Datenstruktur
data transmission	Datenübertragung
data type	Datentyp
data unit	Dateneinheit
data word	Datenwort
deactivate	deaktivieren
deadlock	Deadlock
debug program	Fehlersuchprogramm
debugging aids	Fehlersuchhilfen
debugging	Fehlerbeseitigung
decimal point	Dezimalpunkt
decimal system	Dezimalsystem, Zehnersystem
decimal-to-binary-conversion	Dezimal-Binär-Umwandlung
decision table	Entscheidungstabelle
declaration	Deklaration
decoder	Dekodierer
decrement	dekrementieren, vermindern
dedicated	fest zugeordnet
default	Standardwert/Voreinstellung
default value	Standardwert
density	Schreibdichte

destructive read	zerstörendes Lesen
detach	lösen, freigeben
development system	Entwicklungssystem
development time	Entwicklungszeit
deviation	Abweichung
device driver	Gerätetreiber
diagnostic routine	Fehlersuchroutine
dial pulse	Wählimpuls
dialect	Dialekt
dialogue	Dialog
differential analyser	Differentialrechner
digit	Ziffer
digital	digital
digital cassette	Digitalkassette
digital computer	Digitalrechner
digital data	Digitaldaten
digital loop test	Digital-Schleifentest
digitization	Digitalisierung
digitize	digitalisieren
digitizer	A/D-Wandler
direct access memory	Speicher mit direktem Zugriff
direct access method	Direktzugriffsmethode
direct addressing	direkte Adressierung
Direct Current (DC)	Gleichstrom
direct drive	Direktantrieb
Direct Memory Access (DMA)	Direkter Speicherzugriff
directory	Dateiverzeichnis, Inhaltsverzeichnis
disabled	gesperrt, deaktiviert
disk directory	Platten-, Diskettenverzeichnis

Wörterbuch Englisch/Deutsch

disk drive	Diskettenlaufwerk; Plattenlaufwerk
disk file	Datei
disk	Scheibe, Platte
disk(ette)	Diskette (Disk), Platte
disk storage	Plattenspeicher
display	Anzeige
display device	Sichtgerät
display driver	Grafiktreiber
DMA channel	DMA-Kanal
DMA controller	DMA-Controller
document	Dokument
documentation	Dokumentation
dot matrix printer	Punktmatrixdrucker
doubledensity	doppelte Dichte
double-sided	zweiseitig
drive	Laufwerk
driver	Treiber
dump	Dump
duplex	Duplex
duplex operation	Duplexbetrieb
dynamic memory	dynamischer Speicher
dynamic RAM	dynamisches RAM
echo	Echo
edit	bearbeiten, editieren
editor	Editor
electric schematic diagram	Schaltplan
electroluminiscence	Elektroluminiszenz
electromechanics	Elektromechanik
electron beam	Elektronenstrahl
electronic device	elektronisches Bauteil

electronic mail	elektronische Post
electronic musics	elektronische Musik
emergency powersupply	Notstromversorgung
emulation	Emulation
emulator	Emulator
enabled	freigegeben, aktiviert
encode	codieren, verschlüsseln
encryption	Verschlüsselung
end of file mark	Dateiendemarke
End-Of-File (EOF)	Dateiende
End-Of-Tape (EOT)	Bandende
End-of-TeXt (ETX)	Textende
environment	Umgebung
equality sign	Gleichheitszeichen
erasable storage	löschbarer Speicher
error	Fehler
error burst	Fehlerhäufung
error control	Fehlerkontrolle
error detecting code	Fehlersuchcode
error detection	Fehlererkennung
error list	Fehlerliste
error rate	Fehlerverhältnis
error recovery	Fehlerkorrektur
escape sequenz	Escape-Sequenz
escape symbol	Escape-Zeichen
evaluation module	Entwicklungsmodul
exchangeable disk	Wechselplatte
executable	ausführbar
execution cycle	Ausführungszyklus
execution time	Ausführungszeit
exit	Ausgabebefehl, Ausgang

Wörterbuch Englisch/Deutsch

expert system	Expertensystem
exponent	Exponent
Extended Binary Coded	EBCDI
extension register	Zusatzregister
extension	Namenszusatz
external sort	externes Sortieren
external storage	externer Speicher
fail safe system	störungssicheres System
fan-fold paper	Endlospapier
Fast Access Memory	Schnellzugriffsspeicher
fault	Defekt, Fehler, Störung
fault-tolerance	Fehlertoleranz
FAX (FAXimile, facsimile)	Fax
fetch	Abruf
fetch cycle	Holzyklus
fiberoptics	Glasfaserkabel
file	Datei
file management	Dateiverwaltung
file name	Dateiname
file protection	Dateischutz
file server	Datei-Server
file transfer	Dateiübertragung
filter	Filter
filter program	Filterprogramm
firmware	Firmware
fixed disk	Festplatte
fixed point number	Festpunktzahl
flag	Flag
flat bed plotter	Flachplotter
flicker	Flimmern
flipflop	Flipflop

floppy disk	Floppy-Disk
flow control	Flußkontrolle
flowchart	Programmablaufplan
format	Format
formatting	Formatieren
formfeed	Seitenvorschub
frame buffer	Bildwiederholspeicher
frame connector	Steckerleiste
frequency	Frequenz
friction feed	Reibungsvorschub
full adder	Volladdierer
full duplex	Vollduplex
function	Funktion
function character	Funktionszeichen
function key	Funktionstaste
fuse	Sicherung
gap	Spalt, Lücke
garbage	unsinniges Ergebnis
garbage collection	Speicherbereinigung
gate	Gatter
gate, AND	UND-Gatter
gate, NAND	NAND-Gatter
gate, NOR	NOR-Gatter
gate, OR	ODER-Gatter
gateway	Gateway
general register	Mehrzweckregister
generate	generieren, erzeugen
generation	Generation
generator	Generator
global variable	globale Variable
graphics	Grafik

Wörterbuch Englisch/Deutsch

graphic display	Grafikanzeige
graphics board	Grafikkarte
graphics instruction	Grafikbefehl
graphics package	Grafikpaket
graphics printer	Grafikdrucker
graphics screen	Grafikbildschirm
graphics software	Grafik-Software
graphics symbol	grafisches Symbol
graphics tablet	Zeichentablett
graycode	Gray-Code
grid	Gitter, Matrix, Raster
ground	Masse, Erde
guru	Guru
hacker	Hacker
half adder	Halbaddierer
half duplex	Halbduplex
hamming-code	Hamming-Code
handheld scanner	Handscanner
handheld computer	Aktentaschencomputer
hard copy	Hardcopy, Kopie, Bildschirmausdruck
hard disk	Festplatte
hardware	Hardware
hardware address	Hardwareadresse
hardware check	Hardwareprüfung
hardwired	festverdrahtet
hashing	Hash-Vefahren
head	Schreib-/Lesekopf
head-to-tape contact	Bandkontakt mit dem Schreib-/Lese-Kopf
hertz	Hertz

hexadecimal	hexadezimal
High Level Data Link Control	HDLC-Prozedur
high level language	Hochsprache
highlight	hervorheben
home computer	Heimcomputer
horizontal scroll	horizontales Rollen
host	Host
human engineering	Ergonomie
hybrid computer	Hybridrechner
I/O (input/output)	Ein-/Ausgabe
I/O area	Ein-/Ausgabebereich
I/O channel	Ein-/Ausgabekanal
I/O unit	Ein-/Ausgabewerk
IC (integrated Circuit)	Integrierte Schaltung
icon	Bildschirmsymbol, Icon
identity	Identität
IEC-bus	IEC-Bus
illegal character	unzulässiges Zeichen
illegal instruction	unzulässiger Befehl
image processing	Bildverarbeitung
image sensor, CCD	CCD-Bildsensor
immediate access	direkter Speicherzugriff
immediate addressing	direkte Adressierung
impact printer	mechanische Drucker
implement	implementieren
implementation	Implementation
increment size	Inkrementgröße
increment	erhöhen/Inkrement
index	Index
index hole	Indexloch
index register	Indexregister

index value	Indexwert
index variable	Laufvariable
indexed file	indizierte Datei
indexing	Indizierung
indirect addressing	indirekte Adressierung
inference engine	Inferenzmaschine
information	Information
inhibit pulse	Sperrimpuls
initialize	initialisieren
initializing	Initialisierung
inkjet printer	Tintenstrahldrucker
inkspray plotter	Tintenplotter
input	Eingabe, eingeben, Eingang
input area	Eingabebereich
input channel	Eingabekanal
input data	Eingabedaten
input device	Eingabegerät
input instruction	Eingabebefehl
input port	Eingabeport
input program	Eingabeprogramm
input unit	Eingabewerk
input/output	Ein-/Ausgabe
input/output bus	Ein-/Ausgabe-Bus
input/output port	Ein-/Ausgabe-Port
insertion sort	Einfügesortierung, Insertion Sort
install	installieren
instruction	Befehl, Instruktion
instruction code	Befehlscode
instruction cycle	Befehlszyklus, Operationszeit
instruction format	Befehlsformat
instruction length	Befehlslänge

instruction list	Befehlsliste
instruction mix	Befehlsmix
instruction register	Befehlsregister
instruction set	Befehlssatz, Befehlsvorrat
instruction time	Befehlszeit
instruction word	Befehlswort
integer	Ganzzahl
interface	Interface, Schnittstelle
interface types	Schnittstellentypen
integer arithmetic	Integerarithmetik
integer variable	Integervariable
integration	Integration
intelligent	intelligent
interactive mode	Dialogbetrieb
internal sort	internes Sortieren
interpolation	Interpolation
interpreter	Interpreter
interrupt request	Unterbrechungsanforderung
interrupt	Programmunterbrechung
inverter	Inverter
jack	Buchse
jacket	Diskettenhülle
jaggies	Teppeneffekt
jitter	Synchronisationsstörung
job processing	Jobverwaltung
job queue	Warteschleife
joggle	rütteln
join	Verbindung
joint	Verbindungsstelle
joint data-processing	gemeinsame Datenverarbeitung
journal	Protokoll

Wörterbuch Englisch/Deutsch

jump instruction	Sprungbefehl
jump table	Sprungtabelle
junction	Anschluss
justify	ausrichten
kern	unterscheiden
kernel	Kern
key	eintasten
key in	eintippen
keyboard buffer	Tastaturpuffer
keyboard controller	Tastaturerweiterung
keyboard layout	Tastaturprozessor
keyboard	Tastatur
key cap	Tastenkappe
key frame	Schlüsselbild
key word	Schlüsselwort
killer app	Killeranwendung
kludge	Notkonstruktion
know-how	Erfahrung
knowledge base	Wissensdatenbank
label	Kennung
label alignment	Kennzeichenausrichtung
label name	Kennsatzname
lag	Verzögerung
landscape	Querformat
language	Sprache
laser card	optische Speicherkarte
laser printer	Laserdrucker
laser scannner	Laserstrahlenabtastgerät
laser storage	Laserspeicher
laser technologie	Lasertechnik
last mile	letzte Meile

latency	Latenz
launch	starten
layer	Schicht
LCD-projector	LCD-Projektor
lead	Anschlusskontakt
leapfrog test	Sprungtest
least significant bit	niederwertigstes Bit
LED printer	LED Drucker
left justification	linksbündige Ausrichtung
left-justify	linksbündige ausrichten
light guide	Lichtleiter
lightwave system	Lichtwellenleitersystem
limit check	Grenzprüfung
line adapter	Leitungsadapter
line analyzer	Verbindungsanalysator
line cap	Linienende
line chart	Liniendiagramm
line concentration	Leitungskonzentration
line conditioner	Stromfilter
line driver	Leitungsverstärker
line join	Linienverbindung
line level	Signalstärke
line segment	Liniensegment
line speed	Verbindungsgeschwindigkeit
line voltage	Netzspannung
linear addressing architecture	lineare Adressierung
linear inferences per second	lineare Inferenzen pro Sekunde
line-load	Leitungsbelastung
link	verbinden
link time	Linkzeit
liquid crystal shutter printer	Liquid Crystal Shutter Drucker

Wörterbuch Englisch/Deutsch

list processing	Listenverarbeitung
lithium ion battery	Lithiumionenakku
load	laden
load module	Lademodul
local area network	lokales Netzwerk
local memory	lokaler Speicher
local reboot	lokales Neustarten
lock	Schlüsselsperre
log	Protokoll
log in	einloggen
logic chip	Logikchip
logical drive	logisches Laufwerk
logical network	logisches Netzwerk
logon	anmelden
loop	Schleife
loop, to	Schleife durchlaufen
lossless compression	verlustfreie Komprimierung
lost cluster	verlorene Zuordnungseinheit
low frequency	Niederfrequenz
low memory	unterer Speicher
macro assembler	Makroassembler
macro instruction	Makrobefehl
macro library	Makrobibliothek
magnetic bubble memory	Magnetblasenspeicher
magnetic core	Magnetkern
magnetic core storage	Kernspeicher
magnetic disk	Magnetplattenspeicher
magnetic head	Magnetkopf
magnetic tape	Magnetband
magnetic tape device	Bandlaufwerk
magnetic tape reader	Magnetbandloser

magnetic track	Magnetspur
magrietic card	Magnetkarte
mailbox	elektronischer Briefkasten
main menu	Hauptmenü
main program	Hauptprogramm
main storage	Hauptspeicher
main task	Hauptaufgabe
mainframe	Großrechner, Mainframe
maintainability	Wartbarkeit
maintenance	Wartung
malfunction	Störung
mantissa	Mantisse
manual	Dokumentation, Handbuch
manual control	manuelle Steuerung
manual input	manuelle Eingabe
mask	Maske
mass storage	Massenspeicher
master	Master
masterdisk	Masterdisk
matching	Anpassung, Übereinstimmung
matrix	Matrix
matrix character	Matrixzeichen
matrix printer	Matrixdrucker
matrix printing	Matrixdruck
MByte (Mb)	Megabyte
mean value	Mittelwert
memory	Speicherplatz
memory address	Speicheradresse
memory bus	Speicherbus
memory capacity	Speicherkapazität
memory cycle	Speicherzyklus

Wörterbuch Englisch/Deutsch

memory cycle time	Zykluszeit
memory data register	Speicherregister
memory dump	Speicherauszug
memory management	Speicherverwaltung
memory protection	Speicherschutz
memory resident	speicherresident
memory word	Speicherwort
menu	Menü
merge	mischen
message	Nachricht, Meldung
meta language	Metasprache
metaphor	Metapher
micro disk	Mikrodiskette
micro instruction	Mikrobefehl
micro program	Mikroprogramm
microchip	Mikrochip
microcode	Mikrocode
microcomputer	Kleincomputer
microcomputer	Mikrocomputer
microprozessor	Mikroprozessor
minicartridge	Minikassette
minicomputer	Minicomputer
mnemonic	Mnemonik, mnemonisch
mode	Betriebsart, Modus
model	Modell, Muster
MODEM (MOdulator/DEModulator)	Modem
modular	modular
modulation	Modulation
module	Modul
monitor	Monitor

monochrom display	monochromer Bildschirm
motherboard	Hauptplatine
mouse	Maus
multi tasking	Multitasking
multilayer pc board	Mehrlagenplatine
multiplex channel	Multiplexkanal
multiplexer	Multiplexer
multiplexing	multiplexen
multiplex mode	Multiplexbetrieb
multiuser system	Mehrplatzsystem
NAND-gate	NAND-Verknüpfung
negation	Negation
negative logic	negative Logik
network	Netzwerk
network layer	Netzwerkschicht
new start	Neustart
nibble	Halbbyte, Nibble
node	Knoten
non impact printer	anschlagfreier Drucker
NOR-gate	NOR-Verknüpfung
null operation	Nulloperation
null statement	Leerbefehl
number system	Zahlensystem
numeric	numerisch
numeric keypad	Zehnerblock
object code	Objektcode
object program	Objektprogramm
OCRcode	OCR-Schrift
octal numbersystem	Oktalsystem
offline operation	offline, Offline-Betrieb
offset	Adressenversatz

Wörterbuch Englisch/Deutsch

online	online, Online-Betrieb
opcode	Opcode
operand	Operand
operation	Operation
operation code	Operationscode
operator	Operator
optical disk	optische Diskette
optical reader	Optischer Leser
OR-gate	ODER-Verknüpfung
output	Ausgabe
output area	Ausgabebereich
output channel	Ausgabekanal
output device	Ausgabegerät
output data	Ausgabedaten
output format	Ausgabeformat
output port	Ausgabeport
output statement	Ausgabebefehl
output unit	Ausgabewerk
overflow	Überlauf
overlay	Überlagerung
overwrite	überschreiben
pack	verdichten
package, packet	Paket
page	Seite
paperfeed	Papiervorschub
parallel port	parallele Schnittstelle
parameter	Parameter
parity	Parität
parity bit	Paritätsbit
parity check	Paritätskontrolle
parser	Parser

password	Kennwort
patch	anpassen
patching	FE-Methode
path name	Pfadname
peripheral	peripher
peripherals	Peripherie
peripheral device	Peripherie-Gerät
peripheral mix	Peripherie-Mix
peripheral server	Peripherie-Server
peripheral unit	Anschlussgerät
personal computer	Arbeitsplatzcomputer
physical	physikalisch
picture resoluten	Bildauflösung
pie chart	Kuchendiagramm
pipeline	Pipeline
pixel	Bildpunkt, Pixel
pixel processor	Grafikprozessor
plasma screen	Plasmabildschirm
plotter	Plotter, Zeichengerät
plug-in board	Steckkarte
plug-in card	Einschubkarte
point of sale	Verkaufsstelle
pointer	Zeiger
polish notation	polnische Notation
polling	Abfragetechnik
port	Anschluss, Port
portability	Portabilität
positioning	Positionierung
positive logic	positive Logik
precision	Genauigkeit
preprocessor	Preprozessor

print command	Druckbefehl
print head	Druckkopf
print mask	Druckmaske
print server	Druckserver
printed circuit	gedruckte Schaltung
printer	Drucker
priority	Priorität, Vorrang
procedure	Prozedur
process	Prozess
process control	Prozesssteuerung
processor	Prozessor
production rule	Ersetzungsregel
program	Programm
program abort	Programmabbruch
program cartridge	Steckmodul
program control	Ablaufsteuerung
program counter	Programmzähler
program editor	Editor
program listing	Quellcode, Listing
program modul	Programmodul
program run	Programmlauf
program statement	Anweisung
programmer	Programmiergerät
programming language	Programmiersprache
prompt	Bereitschaftszeichen
protocol	Protokoll
pseudo random number	Pseudo-Zufallszahl
pseudo instruction	Pseudo-Befehl
punched card	Lochkarte
punched tape	Lochstreifen
quartz crystal	Quarzkristall

query	Abfrage
query language	Abfragesprache
queue	Schlange
quicksort	Quicksort
radix	Basiszahl
RAM disk	RAM-Floppy
random access	wahlfreier Zugriff
raster graphics	Rastergrafik
raster screen	Rasterbildschirm
raytracing	Strahlverfolgung
read	lesen
read error	Lesefehler
read instruction	Lesebefehl
read only memory	Nur-Lese-Speicher
read/write head	Lese-Schreib-Kopf
reader, scanner	Lesegerät
real time language	Echtzeitsprache
real time operation	Echtzeitbetrieb
real time processing	Echtzeitverarbeitung
recall	Widerruf
record	Datensatz
recording head	Schreibkopf
recursion	Rekursion
redundancy	Redundanz
refresh	Auffrischoperation
refresh rate	Bildwiederholfrequenz
register	Register
relative addressing	relative Adressierung
release	Programmfreigabe
reliability	Zuverlässigkeit
remark	Anmerkung

Wörterbuch Englisch/Deutsch

remote	abgelegen
reorganize	reorganisieren
replace	ersetzen
repod	Report, Bericht
reserved words	reservierte Worte
reset	Reset, zurücksetzen
resident	resident
resolution	Auflösung
response time	Antwortzeit
retrieval	Retrieval
return address	Rückkehradresse
return instructions	Return-Anweisung
root	Wurzel
rotate	rotieren, drehen
round off	Rundung
routing	verbinden
run time	Ausführungszeit
scaling	Skalieren
scan	abtasten
scan rate	Abtastzeit
scanner	Bildabtaster, Scanner
scheduling	Zuteilung
scope	Gültigkeitsbereich
screen	Bildschirm
screen editor	Bildschirm-Editor
screen mask	Bildschirmmaske
scroll	rollen
search	suchen
search and replace	Suchen und Ersetzen
sector	Sektor
segment	Segment

selection sort	Auswahlsortierung
selection	Selektion
selectorchannel	Selektorkanal
semantics	Semantik
semiconductor	Halbleiter
sensor screen	Sensorbildschirm
separater	Trennzeichen
sequential access	sequentieller Zugriff
sequential file	sequentielle Datei
serial port	serielle Schnittstelle
serial transmission	serielle Übertragung
server	Server
service	Wartung
session	Sitzung
shakesort	Shakersort
sheet feeder	Einzelblatt-Einzug
shell	Shell
shell sort	Shellsort
shift	verschieben
shift operation	Verschiebebefehl
shuttle sort	Shuttlesort
simulation	Simulation
single density	einfache Dichte
single precisions	einfache Genauigkeit
single step mode	Single-Step-Betrieb
single user system	Einplatzsystem
soft-sectored	softsektoriert
software	Software
software house	Softwarehaus
software package	Programmpaket
sort	sortieren

Wörterbuch Englisch/Deutsch

sort program	Sortierprogramm
sorting method	Sortierverfahren
sound synthesis	Klangerzeugung, Klangsynthese
source	Quelle
source code	Quellcode
source document	Quelldokument
source language	Quellsprache
source program	Quellprogramm
space	Zwischenraum
spaghetticode	Spagetti-Code
special character	Sonderzeichen
speech processing	Sprachverarbeitung
split screen	geteilter Bildschirm
spooler	Spooler
spread sheet	Tabellenkalkulation
sprite	Sprite
stack	Stapel, Kellerspeicher, Stack
stackpointer	Stapelzeiger
start address	Stadadresse
start bit	Startbit
statement	Statement
static RAM	statisches RAM
status register	Statusregister
stepping rate	Schrittgeschwindigkeit
stop bit	Stopbit
storage density	Speicherdichte
streamer	Streamer
string	Zeichenkette
sub-directory	Teilverzeichnis
surface model	Flächenmodell
swapping	Prozess-Ein-/Auslagerung

switch	Schalter
syntax	Syntax
syntax error	Syntaxfehler
system clock	Taktgeber
system documentation	Systemdokumentation
system program	Systemprogramm
table	Tabelle
talker	Sprecher
tape	Band
tape error	Bandfehler
tape reader	Lochstreifenleser
target	Ziel
target language	Zielsprache
task	Task
teletype	Fernschreiber
television set	Fernsehgerät
temporary storage	Zwischenspeicher
terminal	Datensichtgerät, Terminal
test data	Testdaten
thermal printer	Thermodrucker
thrashing	Überlast
throughput	Durchsatz
time sharing	Teilnehmerbetrieb
time slice	Zeitscheibe
timer	Zeitgeber
token	Token
tokenize	tokenisieren
tool	Tool
trace	Ablaufverfolgung
tracer	Tracer
track	Spur

Wörterbuch Englisch/Deutsch

track ball	Rollkugel zur Mauszeigersteuerung
track density	Spurdichte
track width	Spurbreite
tracking symbol	Nachführsymbol
tractor	Traktor
transfer rate	Übertragungsgeschwindigkeit
transparent	transparent
transputer	Transputer
trouble shooting	Fehlersuche
unbundling	Entbündelung
underflow	Unterlauf
unformatted	unformatiert
unjustified text	Flattersatz
unpack	entpacken
update	aktualisieren
upward compatible	aufwärtskompatibel
user interface	Benutzerschnittstelle
user program	Anwendungsprogramm
utility	Hilfsprogramm
V.24-interface	V.24-Schnittstelle
variable	Variable
variable data	variable Daten
vector	Vektor
vector graphics	Vektorgrafik
vector screen	Vektorbildschirm
version	Version
version number	Versionsnummer
vertical scroll	vertikales Rollen
video connector	Video-Ausgang
volatile storage	flüchtiger Speicher

wafer	Siliziumscheibe zur Chip-Herstellung
warm boot	Warmstart
winchester disk	Winchester-Platte
windowing	Fenstertechnik
wire printer	Nadeldrucker
word	Wort
word length	Wortlänge
word processing	Textverarbeitung
word processor	Textprogramm
working storage	Arbeitsspeicher
write	schreiben
write instruction	Speicherbefehl
write protection	Schrelbschutz; Schreibsperre
XOR-gate	XOR-Verknüpfung
zero	Nullsetzen
zero flag	Zero-Flag
zero page	Zero-Page
zero suppression	Nullunterdrückung

MS-DOS-Befehle

(DOS bezieht sich auf MS-DOS 6.x.)

Befehl	Betriebssystem	Funktion
APPEND	DOS	Ermöglicht Programmen das Öffnen von Datendateien in den angegebenen Verzeichnissen, als ob sie im aktuellen Verzeichnis wären.
ASSIGN	DOS	Weist einem Laufwerk einen anderen Laufwerksbuchstaben zu.
ASSOC	NT, XP	Zeigt Dateierweiterungszuordnungen an bzw. ändert sie.
AT	NT, XP	Legt eine Zeit fest, zu der Befehle und Programme auf dem aktuellen Computer ausgeführt werden.
ATTRIB	DOS, NT, XP	Zeigt Dateiattribute an bzw. ändert sie.
BACKUP	DOS	Ermöglicht das Sichern von Dateien eines Datenträgers auf einem anderen.
BREAK	NT, XP	Schaltet die erweiterte Überprüfung für STRG+C ein bzw. aus.
BUFFERS	DOS	CONFIG.SYS-Befehl. Reserviert beim Start des Rechners Speicher für die angegebene Anzahl von Plattenpuffern.
CACLS	NT, XP	Zeigt Datei-ACLs (Access Control List) an bzw. ändert sie.
CALL	DOS, NT, XP	Ruft eine Batchdatei aus einer anderen Batchdatei heraus auf.
CD	DOS, NT, XP	Zeigt den Namen des aktuellen Verzeichnisses an bzw. ändert diesen.
CHCP	DOS, NT, XP	Zeigt die aktive Codepage-Nummer an bzw. legt diese fest.
CHDIR	DOS, NT, XP	Zeigt den Namen des aktuellen Verzeichnisses an bzw. ändert diesen.
CHKDSK	DOS, NT, XP	Überprüft einen Datenträger und zeigt einen Statusbericht an.

Befehl	Betriebssystem	Funktion
CHKNTFS	NT, XP	Zeigt die Überprüfung des Datenträgers beim Start an bzw. verändert sie.
CHOICE	DOS	Fordert den Benutzer in einer Batchdatei auf, eine Auswahl zu treffen. Der Befehl zeigt einen Prompt an und wartet darauf, dass der Benutzer eine Auswahl aus den angezeigten Möglichkeiten trifft.
CLS	DOS, NT, XP	Löscht den Bildschirminhalt.
CMD	NT, XP	Startet eine neue Instanz des Befehlsinterpreters.
COLOR	DOS, NT, XP	Legt die Hintergrund- und Vordergrundfarben für die Konsole fest.
COMMAND	DOS	Startet eine neue Instanz des Befehlsinterpreters.
COMP	DOS, NT, XP	Vergleicht den Inhalt zweier Dateien oder Sätze von Dateien.
COMPACT	NT, XP	Zeigt die Komprimierung von Dateien auf NTFS-Partitionen an bzw. ändert diese.
CONVERT	NT, XP	Konvertiert FAT-Volumes in NTFS. Das aktuelle Laufwerk kann nicht konvertiert werden.
COPY	DOS, NT, XP	Kopiert eine oder mehrere Dateien an eine andere Stelle.
COUNTRY	DOS	Ermöglicht dem Betriebssystem den Einsatz länderspezifischer Konventionen, um Datum, Uhrzeit und Währung anzuzeigen. Länderspezifische Konventionen sind notwendig, um die Sortierreihenfolge zu bestimmen und um zu entscheiden, welche Zeichen in Dateinamen verwendet werden dürfen.
CTTY	DOS	Ändert das aktuelle Terminal des Computers.
DATE	DOS, NT, XP	Zeigt das Datum an bzw. legt dieses fest.
DBLSPACE	DOS	Programm zur Kapazitätserhöhung von Festplatten mittels Datenkompression.

MS-DOS-Befehle

Befehl	Betriebs-system	Funktion
DEBUG	DOS	Ruft das Debug-Programm auf, mit dem ausführbare Programmdateien getestet werden können.
DEFRAG	DOS	Ruft das Windows-Programm zur Datenträgerdefragmentierung auf. Reorganisiert die Dateien auf einer Festplatte, um die Zugriffsgeschwindigkeit auf die Dateien zu optimieren.
DEL	DOS, NT, XP	Löscht eine oder mehrere Dateien.
DELTREE	DOS	Löscht ein Verzeichnis einschließlich aller darin enthaltenen Dateien und Unterverzeichnisse.
DEVICE	DOS	Lädt den angegebenen Gerätetreiber in den Speicher.
DEVICEHIGH	DOS	Lädt den angegebenen Gerätetreiber in den oberen Speicher.
DIR	DOS, NT, XP	Listet die Dateien und Unterverzeichnisse eines Verzeichnisses auf.
DISKCOMP	DOS, NT, XP	Vergleicht den Inhalt zweier Disketten.
DISKCOPY	DOS, NT, XP	Kopiert den Inhalt einer Diskette auf eine andere Diskette.
DISKPERF	NT	Starten, Beenden und Anzeigen der Datenträgerdatenquellen, welche die Leistung der Datenträger aufzeichnen.
DISPLAY.SYS	DOS	Ermöglicht die Ausgabe internationaler Zeichensätze auf EGA-, VGA- und LCD-Monitoren. Dieser Gerätetreiber muss mittels DEVICE oder DEVICEHIGH in der Datei CONFIG.SYS geladen werden.
DOS	DOS	Legt fest, dass das Betriebssystem eine Verbindung zum oberen Speicher (UMA) bereitstellen soll. Außerdem können mit diesem Befehl bestimmte Teile des Betriebssystems in den hohen Speicher (HMA) geladen werden.
DOSKEY	NT, XP	Bearbeitet Befehlseingaben, ruft Windows-Befehle zurück und erstellt Macros.

Befehl	Betriebs-system	Funktion
DOSONLY	NT	Stellt sicher, dass nur auf MS-DOS basierende Anwendungen von der Eingabeaufforderung COMMAND.COM gestartet werden.
DOSSHELL	DOS	Startet die Benutzeroberfläche DOS-SHELL.
DRIVER.SYS	DOS	Legt ein logisches Laufwerk an, mit dem auf ein physikalisches Diskettenlaufwerk verwiesen werden kann. Dieser Gerätetreiber muss mittels DEVICE oder DEVICEHIGH in der Datei CONFIG.SYS geladen werden.
DRIVPARM	DOS	CONFIG.SYS-Befehl. Legt beim Systemstart Parameter für Geräte wie beispielsweise Festplatten oder Bandlaufwerke fest.
ECHO	NT, XP	Zeigt Meldungen an bzw. schaltet die Befehlsanzeige ein oder aus.
ECHOCONFIG	NT	Zeigt Meldungen an, wenn die Datei CONFIG.NT des MS-DOS-Teilsystems gelesen wird.
EDIT	DOS	Ruft einen Texteditor auf, in dem ASCII-Textdateien erstellt und geändert werden können.
EMM386	DOS	Ermöglicht das Ein- und Ausschalten der EMM386-Expansionsunterstützung.
ENDLOCAL	NT, XP	Beendet den lokalen Gültigkeitsbereich der Umgebungsänderungen in einer Batchdatei.
ERASE	NT, XP	Löscht eine oder mehrere Dateien.
ERRORLEVEL	DOS	Beendigungscode eines von COMMAND.COM ausgeführten Programms.
EXE2BIN	DOS	Konvertiert ausführbare (.exe) Dateien in das Binärformat.
EXIST	DOS, NT, XP	Wird in Verbindung mit dem IF-Befehl und einem Dateinamen verwendet.
EXIT	NT, XP	Beendet den Befehlsinterpreter (COMMAND.COM) und kehrt zu dem Programm zurück, das ihn aufgerufen hat.
EXPAND	DOS, NT, XP	Expandiert eine oder mehrere komprimierte Dateien.
EXTRACT	DOS	Dekomprimiert gepackte Dateien.

MS-DOS-Befehle

Befehl	Betriebssystem	Funktion
FASTHELP	DOS	Zeigt Kurzhilfe zu DOS-Befehlen an.
FASTOPEN	DOS	Programm zur Beschleunigung von Zugriffen auf Dateien.
FC	NT, XP	Vergleicht zwei oder mehr Sätze von Dateien und zeigt die Unterschiede an.
FCBS	DOS	CONFIG.SYS-Befehl. Legt die Anzahl der File Control Blocks (FCBs) fest, die das Betriebssystem gleichzeitig offen halten kann.
FDISK	DOS	Ruft das FDISK-Programm auf, das die Festplatte vorbereitet.
FILES	DOS	CONFIG.SYS-Befehl. Legt die Dateianzahl fest, auf die das Betriebssystem gleichzeitig zugreifen kann.
FIND	NT, XP	Sucht eine Zeichenkette in einer oder mehreren Dateien.
FINDSTR	NT, XP	Sucht Zeichenketten in Dateien.
FINGER	NT, XP	Zeigt Informationen über einen Benutzer an einem angegebenen System, das den Finger-Dienst ausführt.
FOR	NT, XP	Führt einen bestimmten Befehl für jede Datei einer Dateigruppe aus. Dieser Befehl kann in Batchdateien verwendet werden.
FORMAT	DOS, NT, XP	Formatiert einen Datenträger für die Verwendung unter DOS oder Windows.
FTP	DOS, NT	Funktion
FTYPE	NT, XP	Zeigt die Dateitypen an, die bei den Zuordnungen für die entsprechenden Dateierweiterungen verwendet werden bzw. ändert sie.
GOTO	DOS, NT, XP	Weist das Betriebssystem an, eine festgelegte Programmzeile anzusteuern, die durch eine Sprungmarke kenntlich gemacht worden ist. Dieser Befehl kann nur in Stapelverarbeitungsdateien verwendet werden.
GRAFTABL	NT, XP	Ermöglicht Windows Sonderzeichen im Grafikmodus anzuzeigen.
HELP	DOS, NT, XP	Zeigt Hilfeinformationen zu Befehlen an.

Befehl	Betriebssystem	Funktion
HIMEM.SYS	DOS	HIMEM ist ein Extended-Memory-Manager bzw. ein Programm, das die Verwendung des hohen Speichers im Computer koordiniert, damit nicht zwei Anwendungsprogramme oder Gerätetreiber den selben Speicher zu selben Zeit nutzen. Dieser Treiber wird an vorderster Stelle in der Datei CONFIG.SYS geladen.
IF	DOS, NT, XP	Macht die Programmausführung von bestimmten Bedingungen abhängig. Dieser Befehl kann nur in Stapelverarbeitungsdateien verwendet werden.
INCLUDE	DOS	CONFIG.SYS-Befehl. Schließt den Inhalt eines Konfigurationsabschnitts in einem anderen Abschnitt ein.
INSTALL	DOS	CONFIG.SYS-Befehl. Lädt ein speicherresidentes Programm in den Speicher.
INSTALL-HIGH	DOS	Speicherresidente Programme werden bereits in der CONFIG.SYS in den hohen Speicherbereich installiert.
INTERLINK	DOS	Verbindet zwei Rechner über die serielle oder parallele Schnittstelle.
INTERSVR	DOS	Startet den Interlink-Server.
IPCONFIG	NT, XP	Zeigt die aktuelle TCP/IP-Netzwerkkonfiguration an.
IPXROUTE	NT, XP	Verwaltet die Quell-Routing-Variablen des NWLink-Protokolls auf einem Token-Ring-Netzwerk.
JOIN	DOS	Weist einem Unterverzeichnis Laufwerkbezeichner zu.
KEYBOARD.SYS	DOS	Ermöglicht dem Betriebssystem den Einsatz eines anderen Tastaturlayouts. Dieser Befehl kann nur in der CONFIG.SYS verwendet werden.
LABEL	DOS, NT, XP	Erstellt, ändert oder löscht die Datenträgerbezeichnung einer Diskette oder Festplatte.
LASTDRIVE	DOS	CONFIG.SYS-Befehl. Legt die maximale Anzahl der Laufwerksbuchstaben fest, auf die Sie zugreifen können.

MS-DOS-Befehle

Befehl	Betriebssystem	Funktion
LFNFOR	DOS	Aktiviert bzw. deaktiviert lange Dateinamen beim Verarbeiten von FOR-Befehlen.
LH	DOS	Lädt ein Programm in den oberen Speicher.
LOADFIX	DOS	Stellt sicher, dass ein Programm oberhalb der ersten 64 KB des konventionellen Speichers geladen wird.
LOADHIGH	DOS	Lädt ein Programm in den oberen Speicher.
LPQ	NT, XP	Liefert den Status einer Druckwarteschlange auf einem Host, der den LPD-Server ausführt.
LPR	NT, XP	Druckt eine Datei zu einem Host, der einen LPD-Server ausführt.
MD	DOS, NT, XP	Erstellt ein Verzeichnis.
MEMMAKER	DOS	Programm zum Optimieren der Startdateien.
MENUCOLOR	DOS	Richtet die Text- und Hintergrundfarbe für ein Startmenü ein. Dieser Befehl kann nur innerhalb eines Menü-Abschnitts in der CONFIG.SYS verwendet werden.
MENUDEFAULT	DOS	Belegt einen Menü-Eintrag in einem Startmenü und spezifiziert bei Bedarf einen Unterbrechungswert. Dieser Befehl kann nur innerhalb eines Menü-Abschnitts in der CONFIG.SYS verwendet werden.
MENUITEM	DOS	Definiert bis zu 9 Einträge in einem Startmenü. Dieser Befehl kann nur innerhalb eines Menü-Abschnitts in der CONFIG.SYS verwendet werden.
MIRROR	DOS	Zeichnet zusätzliche Informationen über Datenträger/Dateien auf.
MKDIR	DOS, NT, XP	Erstellt ein Verzeichnis.
MODE	DOS, NT, XP	Konfiguriert ein Systemgerät.
MORE	DOS, NT, XP	Zeigt die Ausgabe auf dem Bildschirm seitenweise an.

Befehl	Betriebssystem	Funktion
MOVE	DOS, NT, XP	Verschiebt ein oder mehrere Dateien von einem Verzeichnis in ein anderes.
NBTSTAT	NT, XP	Zeigt die Protokollstatistik und die aktuellen TCP/IP-Verbindungen an, die NBT (NetBIOS over TCP/IP) verwendet.
NETSTAT	NT, XP	Zeigt Protokollstatistiken und aktuelle TCP/IP-Netzwerkverbindungen an.
NTBOOKS	NT	Greift auf die Online-Dokumentation von Windows NT zu.
NTCMDPROMPT	NT	Führt den Windows NT-Befehlsinterpreter CMD.EXE statt COMMAND.COM aus, nachdem ein speicherresidentes Programm ausgeführt oder die Eingabeaufforderung innerhalb einer MS-DOS-Anwendung gestartet worden ist.
NUMLOCK	DOS	Legt fest, ob nach dem Rechnerstart die Taste »NUM« aktiviert oder deaktiviert sein soll. Dieser Befehl kann nur innerhalb eines Menü-Abschnitts in der CONFIG.SYS verwendet werden.
PATH	DOS, NT, XP	Legt den Suchpfad für ausführbare Dateien fest oder zeigt diesen an.
PAUSE	DOS, NT, XP	Hält die Ausführung einer Batchdatei an und zeigt eine Meldung an.
PING	DOS, NT, XP	Sendet Ping-Signale zum angegebenen Host.
POPD	NT	Wechselt zu dem Verzeichnis, das durch PUSHD gespeichert wurde.
PRINT	DOS, NT, XP	Druckt Textdateien während der Verwendung anderer MS-DOS-Befehle.
PROMPT	DOS, NT, XP	Ändert die Eingabeaufforderung.
PUSHD	NT, XP	Speichert das aktuelle Verzeichnis und wechselt dann zu einem anderen Verzeichnis.
QBASIC	DOS	Startet den QBasic-Interpreter.
RD	DOS, NT, XP	Entfernt ein Verzeichnis.

MS-DOS-Befehle

Befehl	Betriebssystem	Funktion
RECOVER	NT, XP	Stellt lesbare Daten von einem beschädigten Datenträger wieder her.
REM	DOS, NT, XP	Ermöglicht die Eingabe von Kommentaren oder verhindert das Ausführen von Befehlen, sowohl in Batchdateien als auch in der CONFIG.SYS.
REN	DOS, NT, XP	Benennt eine Datei bzw. Dateien um.
RENAME	DOS, NT, XP	Benennt eine Datei bzw. Dateien um.
REPLACE	DOS, NT, XP	Ersetzt Dateien.
RESTORE	DOS	Spielt mit BACKUP gesicherte Dateien zurück.
RMDIR	DOS, NT, XP	Löscht ein Verzeichnis.
SET	NT, XP	Setzt oder löscht die Umgebungsvariablen bzw. zeigt sie an.
SETLOCAL	NT, XP	Beginnt den lokalen Gültigkeitsbereich von Umgebungsänderungen in einer Batchdatei.
SHARE	DOS	Überwacht und verhindert Mehrfachzugriffe auf Dateien.
SHELL	DOS	Legt Namen und Pfad des Befehlsinterpreters fest.
SHIFT	NT, XP	Verändert die Position ersetzbarer Parameter in Batchdateien.
SMARTMON	DOS	Programm zur Beschleunigung von Festplattenzugriffen.
SORT	DOS, NT, XP	Sortiert die Eingabe.
STACKS	DOS	Unterstützt den dynamischen Einsatz von Stapelspeichern für die Bearbeitung von Hardware-Interrupts.
START	NT, XP	Startet ein eigenes Fenster, um ein bestimmtes Programm oder einen Befehl auszuführen.

Befehl	Betriebssystem	Funktion
SUBMENU	DOS	Definiert einen Eintrag in einem Startmenü, der weitere Auswahlmöglichkeiten anzeigt, sobald er gewählt wird. Dieser Befehl kann nur innerhalb eines Menü-Abschnitts in der CONFIG.SYS verwendet werden.
SUBST	DOS, NT, XP	Weist einem Pfad einen Laufwerksbuchstaben zu.
SWITCHES	DOS	Setzt spezielle Optionen innerhalb der CONFIG.SYS.
TELNET	DOS	Öffnet das Telnet-Fenster.
TIME	NT, XP	Zeigt die Systemzeit an bzw. legt sie fest.
TITLE	NT, XP	Legt den Fenstertitel für das Eingabeaufforderungsfenster fest.
TREE	NT, XP	Zeigt die Verzeichnisstruktur eines Laufwerks oder Pfads grafisch an.
TYPE	NT, XP	Zeigt den Inhalt einer Textdatei an.
UNDELETE	DOS	Stellt gelöschte Dateien wieder her.
UNFORMAT	DOS	Stellt einen Datenträger wieder her.
VER	DOS, NT, XP	Zeigt die Windows-Version an.
VERIFY	DOS, NT, XP	Legt fest, ob MS-DOS überwachen soll, dass Daten korrekt auf Datenträger geschrieben werden.
VOL	NT, XP	Zeigt die Bezeichnung und Seriennummer eines Datenträgers an.
VSAVE	DOS	Speicherresidenter Virenwächter
XCOPY	DOS, NT, XP	Kopiert Dateien und Verzeichnisstrukturen.

Grafikkarten von A-Z

3D-API

Eine Programmierschnittstelle zur Programmierung von 3D-Applikationen bzw. 3D-Grafik. Beispiele wären HOOPS, HEIDI und OpenGL und Direct3D.

3D-Kernel

Grafikbibliotheken, die zur Programmierung von 3D-Applikationen bzw. 3D-Grafik benötigt werden. Neben Vereinbarungen zur Geometriedatenstruktur und Methoden zum Verändern der dargestellten Objekte (z.B. Translation, Rotation) beinhalten sie auch Algorithmen zur Visualisierung, wie z.B. zur Berechnung von Schattierung (Shading) und Beleuchtung von Objekten bzw. Objektgruppen.

3D-Matrix

Jedes Element einer solchen Matrix wird durch drei unterschiedliche Indizes eindeutig gekennzeichnet, z.B. x, y, z.

3D-Pipeline

Unter dem Begriff 3D-Pipeline sind alle Schritte zusammengefasst, die eine Grafikkarte zur Berechnung von zweidimensionalen Grafiken aus dreidimensionalen Geometriedaten ausführen muss. Die 3D-Pipeline besteht im Wesentlichen aus der Geometrie-Engine und der Rendering-Engine, die wiederum verschiedene Einzelfunktionen in sich vereinen. Die Geometrie-Engine sorgt für die Berechnung der Koordinaten, die Rendering-Engine übernimmt das Zeichnen der einzelnen Pixel. Besonders die Verarbeitung der Geometriedaten ist ein rechenintensiver Vorgang. Die Objekte einer 3D-Szene müssen angeordnet und in Relation zum Betrachter berechnet werden. Die Objekte selbst bestehen aus Punkten (Vertices) und Flächen (Polygonen), die von der Geometrie-Engine vorberechnet werden. Nach Berechnung aller Vertices und der Transformation der Koordinaten werden die Daten von der zweiten Stufe der 3D-Pipeline, der Rendering-Engine, weiterverarbeitet. Diese berechnet Farbwerte für die Pixel der Texturen, die so dargestellt werden müssen, dass der Betrachter den Eindruck von Tiefe gewinnt.

AGP

1997 von Intel entwickelter Hochgeschwindigkeitsbus für Grafikkarten, der insbesondere die Darstellung von 3D-Grafik beschleunigt. Die Grafikkarte kann über einen Kommunikationskanal direkt auf den Hauptspeicher des Systems zugreifen. Für optimale Leistung muss die Grafikkarte daher mit derselben Taktfrequenz betrieben werden wie der Speicher. AGP verwendet einen 32-Bit breiten Bus und unterstützt Taktfrequenzen von bis zu 533 MHz (8fach AGP). Der Datendurchsatz des Busses hängt von der Taktfrequenz ab und reicht bis zu 2,1 Gbyte/s. Um die Geschwindigkeit der Datenübertragung weiter zu erhöhen, unterstützt AGP das so genannte »Sideband Adressing«, bei dem Befehle über einen separaten Kanal an die CPU gesendet werden, sowie das »Pipelining«, bei dem mehrere Befehle gleichzeitig gesendet werden.

Alpha Blending

Vierte Farbinformation neben den RGB-Werten zur Speicherung der Transparenz eines Objekts (RGBA). Erlaubt die Darstellung durchsichtiger Objekte wie Glas, Flüssigkeiten und Rauch. Für die Erzeugung dieses Effekts bildet der Grafikchip aus den bereits gezeichneten Bildteilen und der Farbe der durchscheinenden Textur Mittelwerte. Alpha-Blending ist ein sehr aufwendiges Verfahren, da zusätzlich zu den normalen Zugriffen auf den Z-Buffer und den Texturspeicher (Texture-Cache) noch Zugriffe auf den Bildspeicher erfolgen müssen (multipass texture mapping). Manche Grafikchips vermeiden den zusätzlichen Zugriff auf den Bildspeicher, indem sie den Hintergrund einfach mit den Transparenzinformationen überschreiben (stippled alpha blending). In diesem Fall entstehen die Farbmittelwerte im Prinzip durch einen optischen Trick. Beim Betrachten des Bilds verschwimmt das Punktraster nämlich ineinander, was aber dennoch zu weit schlechteren Ergebnissen führt als multipass texture mapping.

Anti-Aliasing

Auf schrägen Linien und Kanten von Grafiken entsteht ein so genannter »Treppeneffekt« (Aliasing-Effekt), eine deutlich sichtbare Abstufung zwischen den einzelnen Pixeln. Mithilfe des Anti-Aliasing-Verfahrens wird dieser Effekt retuschiert, indem die benachbarten Pixel in einer dunkleren Farbe als die betroffene Linie bzw. Kante eingefärbt werden. Aktuelle Grafikchips sind in der Lage, automatisch Linien und Kanten mit Anti-Aliasing zu zeichnen. Bekannte Verfahren sind das Supersampling und das Edge-Anti-Aliasing.

Backface Culling

➡ *Siehe: Geometrie-Engine*

Bump Mapping

Bump Mapping ist eine besondere Form des Texture Mapping. Zusätzlich zu den Farbinformationen einer ersten Bitmap, die das eigentliche für den Betrachter sichtbare Oberflächenbild des Objekts darstellt, wird eine zweite, monochrome (schwarzweiß oder Graustufen) Bitmap auf den 3D-Körper projiziert. Wie bei einer Landkarte interpretiert der Computer die Farb- bzw. Helligkeitsunterschiede dieser Map als Höheninformationen (z.B. Weiß 20% höher als Schwarz). Auf diese Weise kann man mit einer einfachen Textur so komplexe Objekte wie z.B. die Mondoberfläche, eine Orangenhaut oder eine Ziegelmauer erzeugen.

Clipping

➟ *Siehe: Geometrie-Engine*

Direct3D

Eine Grafik-API von Microsoft für die Darstellung dreidimensionaler Objekte.

DirectX

Standardisierte Programmierschnittstelle (API) von Microsoft, die Programmen mit entsprechenden Treibern einen schnellen Zugriff auf die im Rechner enthaltenen Hardwarekomponenten ermöglicht. DirectX ist nur der Sammelbegriff für eine Reihe von APIs: Direct3D für 3D-Funktionen, DirectSound für Soundwiedergabe, DirectDraw und DirectVideo für die 2D- und Videodarstellung (inklusive Overlay-Funktion) und DirectInput für die Ansteuerung von Eingabegeräten (Joysticks). DirectDraw ersetzt gleichzeitig das DCI-Verfahren von Windows 3.x. Die DirectX-Funktionen werden hauptsächlich für eine optimierte Programmierung von Spielen unter Windows ab Version 95 verwendet.

Displacement Mapping

Beim Displacement Mapping werden Graustufenwerte einer Textur in Höheninformationen umgerechnet und auf ein 3D-Modell übertragen. Dadurch lässt sich zum Beispiel aus einem flachen 3D-Gitter ein Gebirge berechnen.

Dithering

Dithering ist ein Verfahren zur Simulation von Farben und Graustufen auf Monitoren bzw. auf Druckern. Dabei wird jedem Bildpunkt ein Raster von Druckpunkten zugewiesen, das diesen Bildpunkt repräsentiert. Ein solches Raster besteht z.B. aus 3x3 Druckpunkten, womit sich neun verschiedene Grauwerte (weiß und schwarz mit eingerechnet) simulieren lassen. Durch das Dithering wird allerdings die effektive Druckauflösung geringer, da ein Bildpunkt zum Druck mehrere Druckpunkte benötigt.

Fogging

Objekte einer bestimmten Farbe können ausgeblendet werden. Dadurch lässt sich Nebel sehr realistisch simulieren.

Geometrie-Engine

Teil der 3D-Pipeline einer 3D-Grafikkarte. Sie berechnet die Geometriedaten einer 3D-Szene und übergibt diese Daten an die zweite Stufe der 3D-Pipeline, die Rendering-Engine, die für die Berechnung von farbigen Pixeln und Texturen zuständig ist. Aus den geometrischen Grundinformationen, den Punktkoordinaten, berechnet die Geometrie-Engine die 3D-Szene aus dem Blickwinkel des Betrachters. Die Koordinaten des Objekts werden in der Regel zweimal transformiert, vom lokalen Koordinatensystem des Objekts zum Weltsystem bzw. vom Weltsystem zum System des Betrachters. Dazu führt die Geometrie-Engine folgende Schritte aus:

- Tesselation: Berechnung der Polygone auf Basis der Punktkoordinaten. Die zu verarbeitende Datenmenge kann dadurch immens ansteigen, da die Anzahl der Polygone ein wesentlicher Faktor für die Darstellungsqualität einer 3D-Szene ist.
- Transformation & Lighting: Eine nicht programmierbare Engine, welche die dreidimensionalen Daten für die zweidimensionale Darstellung umrechnet (transformiert) und Lichteffekte (Lighting) vorberechnet. Moderne Grafikkarten verwenden statt der T&L-Engine den Vertex Shader.
- Vertex Shader: Übernimmt ab DirectX 8 die Funktion der T&L-Engine. Hat den Vorteil, dass er frei programmierbar und hardware-unabhängig ist.
- Backface Culling: Überflüssige Flächeninformationen, die der Betrachter von seinem Blickwinkel auf die 3D-Szene aus nicht sehen kann, werden verworfen, um die Datenmenge zu verringern.
- Clipping: Die Überschneidungen einzelner 3D-Objekte vom Blickwinkel des Betrachters aus werden berechnet, um realistische Tiefeninformationen für die 2D-Darstellung zu erhalten.

Gouraud-Shading

Flächen werden mit einem Helligkeitsverlauf versehen. Dadurch entsteht der Eindruck einer weichen Oberfläche. Außerdem kann Lichteinfall simuliert werden.

GPU

Graphics Processing Unit

Der Grafikprozessor auf einer Grafikkarte.

MIP-Banding

Ein Artefakt, das beim MIP-Mapping-Verfahren häufig auftritt, wenn zwei unterschiedlich große MIP-Maps (größenvariable Texturen) aneinander grenzen, was vor allem bei Boden- und Wandtexturen der Fall ist. Die Übergänge zwischen den einzelnen Texturen sind deutlich sichtbar. Als Gegenmaßnahme zu diesem Effekt wurde die trilineare Texturfilterung entwickelt.

MIP-Mapping

MIP steht für »multum in parvo« (Viele unter Gleichen). Eine Textur wird bei diesem Verfahren in mehreren Größenabstufungen gespeichert. Hochauflösende Bitmaps werden für sehr nahe Objekte, niedrigauflösende Texturen für weiter entfernte, kleinere Objekte verwendet. Beim trilinearen MIP-Mapping wird zuerst zwischen der jeweils nächstkleineren und nächstgrößeren Textur bilinear gefiltert, bevor dann zwischen diesen beiden Texeln noch einmal gemittelt wird. Klötzcheneffekte im Nahbereich und Aliasing bei weit entfernten Objekten lassen sich auf diese Weise unterdrücken.

Multipass Texture Mapping

Bezeichnung für ein besonderes Speicherzugriffsverfahren bei modernen 3D-Grafikchips, das zur Erzeugung besonderer Effekte durchgeführt werden muss. Beim Alpha-Blending muss der Chip z.B. zusätzlich zu den Zugriffen auf den Z-Buffer und den Textur-Cache auch noch auf den Bildspeicher zugreifen, um den Transparenzeffekt berechnen zu können.

Open GL

Von SGI (Silicon Graphics) entwickelte 3D-API. 3D-Grafikprozessoren beschleunigen die OpenGL-Darstellung. OpenGL wird hauptsächlich für CAD-, Simulations-, Raytracing-Anwendungen und Spiele verwendet.

PCI-Express

Hochgeschwindigkeitsbus für Grafikkarten. Die bis zu 32 seriellen Datenkanäle des Busses arbeiten bidirektional im Vollduplex-Betrieb. Jeder Datenkanal kann bis zu 2,5 GBit/s übertragen. Bei der PCIe x16-Version des PCI Express mit 16 Datenkanälen, die für Grafikkarten zum Einsatz kommt, wird somit eine Nettotransferrate von 4 Gbyte/s erreicht, was doppelt so schnell ist wie AGB 8x. Vom PCI Express, der den PCI-Bus vollständig ersetzt, wird es mehrere Ausführungen (PCIe x1, PCIe x4 usw.) für andere Steckkarten wie Ethernet-Controller, RAID-Controller u.Ä. geben.

Pixel Shader

Programmierbare 3D-Funktion ab DirectX 8. Der Pixel Shader gehört zur Render-Engine eines 3D-Chipsatzes. Zusammen mit dem Vertex Shader und anderen Funktionen bildet der Pixel Shader die 3D-Pipeline, die dreidimensionale Ausgangsdaten in zweidimensionale Bilder umrechnet. Der Pixel Shader kann sechs

Texturen in einem Durchlauf untersuchen, um die Farbe eines Pixels festzustellen und neu zu berechnen. Dabei können die Texturen in einem dreidimensionalen Array abgespeichert werden. Vorteil des Pixel Shader ist das schnelle Per-Pixel-Rendering mit vielen Lichtquellen. Darüber hinaus beschleunigt er Funktionen zur Berechnung des Lichts an Oberflächen wie das Phong Shading, Advanced Bump Mapping sowie prozedurale Texturen. Der Pixel Shader ist eine wesentliche Funktion aktueller 3D-Grafikkarten. Mit seiner Hilfe können zahllose Effekte unter Verwendung zahlreicher Lichtquellen in Echtzeit berechnet werden. Der Pixel Shader ersetzt das Multitexturing früherer DirectX-Versionen.

Rendering

Durch Rendering werden dreidimensionale Drahtkörpermodelle durch Hinzufügen von Oberflächenmustern und Licht- bzw. Schatteneffekten in möglichst echt wirkende dreidimensionale Darstellungen umgewandelt. Diese Berechnungen können je nach Aufwand viele Stunden bis zu Tagen an Rechenzeit dauern.

Rendering-Engine

Teil der 3D-Pipeline einer 3D-Grafikkarte. Sie berechnet auf Grundlage der Geometriedaten, die sie von der Geometrie-Engine erhält, die Farbinformationen der Pixel und Texturen für die endgültige 2D-Grafik. Die Rendering-Engine besteht unter anderem aus folgenden Teilschritten:

▶ Triangle Setup: Vorbereitung der Flächen zur Pixelberechnung.

▶ Multitexturing: Berechnung von Farbwerten für die Pixel und Texturen anhand von Positions- und Lichtinformationen. Die möglichen Effekte sind vorgegeben. Erst ab DirectX 8 können mit dem Pixel Shader frei programmierbare Effekte erzeugt werden.

▶ Pixel Shader: Alternative zum Multitexturing bei modernen Grafikkarten. Effekte können auf Basis eines beschränkten Befehlssatzes frei programmiert werden.

▶ Fog Blending: Berechnung von Nebel- und Distanzeffekten.

▶ Sichtbarkeitstest.

Die berechneten Daten werden anschließend an den Frame Buffer übergeben.

Tesselation

➡ *Siehe: Geometrie-Engine*

Texel

Bei der Darstellung von Texturen unterscheidet man zwischen den von der Grafikkarte erzeugten Bildpunkten (Pixeln) und den eigentlichen Bildpunkten der Textur (Texel). Der Grund dafür ist, dass Grafikkarten Texturen als rechteckige Anordnung von mehreren Bildpunkten speichern.

Textur

Generell eine Bitmap (eine Grafik), die auf ein 3D-Objekt projiziert wird. Die Grafik kann dabei das Objekt wie eine Tapete vollständig bedecken oder auch kachelartig wiederholt werden. Diverse Mapping-Verfahren garantieren eine korrekte Wiedergabe der Textur auf unterschiedlichen 3D-Objekten.

Texture Mapping

Texturen werden auf 3D-Objekte »gemapt« (projiziert), um diesen ein realistisches Aussehen zu geben (z.B. ist es möglich, das Bild einer Hausfassade auf einen simplen Quader zu projizieren, so dass der Eindruck eines Gebäudes entsteht). Je nach Form des 3D-Körpers wird ein anderes Mapping-Verfahren zur Wiedergabe der Texture-Map auf dem Objekt verwendet, da ansonsten unerwünschte Verzerrungen der Grafik auf dem Körper entstehen. 3D-Softwarepakete verfügen meist über folgende Mapping-Verfahren: planares Mapping, kugelförmiges Mapping, zylindrisches Mapping, Box Mapping und Shrink Wrap Mapping. Die ersten drei Verfahren sprechen für sich (kugelförmiges Mapping für ein kugelförmiges Objekt usw.). Beim Box Mapping wird die Textur auf alle sechs Seiten eines Objekts projiziert (z.B. auf einen Würfel), während beim Shrink-Wrap-Verfahren die Textur wie eine Haut über das Objekt gezogen wird. Weiterhin bieten 3D-Softwarepakete die Möglichkeit, Texturen auf den Objekten zu wiederholen, zu drehen, zu kippen und mit zahlreichen Effekten zu verändern. Texture Mapping wird auch von den neuen 3D-Grafikprozessoren unterstützt (z.B. für Spiele).

Texturfilterung, anisotropische

Bezeichnung für ein neuartiges Verfahren zur Verbesserung der Darstellungsqualität von 3D-Grafik bei Betrachtung unter flachen Winkeln. Bewegt man sich in niedriger Höhe über eine texturierte Oberfläche, bildet ein Punkt auf dem Monitor meist mehrere Punkte der Textur ab. Der überdeckte Bereich erscheint außerdem nicht kreisförmig, sondern eher lang gestreckt, was auf den flachen Betrachtungswinkel zurückzuführen ist. Die anisotrope Filterung (anisotrop = nicht in allen Richtungen hin gleiche Eigenschaften aufweisend) berücksichtigt für die optimale Einfärbung des Bildpunkts deswegen alle Texturpunkte, die in diesem lang gestreckten Bereich liegen.

Texturfilterung, bilineare

Wird eine Textur auf weit entfernte Objekte projiziert, so überdeckt ein Pixel meist mehrere Textur-Bildpunkte (texture elements oder Texel). Um ein Flimmern durch Aliasing-Effekte zu verhindern, wird der Mittelwert aus vier oder mehr benachbarten Texeln gebildet. Auch die Bildung schachbrettartiger Muster bei starker Annäherung an die Textur wird mittels bilinearer Filterung verhindert. Dabei interpoliert der Chip für die Einfärbung eines einzelnen Bildpunkts meist zwischen vier benachbarten Texturelementen. Die Darstellungsqualität der Textur wird dadurch stark erhöht. Alle Grafikkarten unterstützen das Verfahren hardwareseitig. Ein unerwünschter Nebeneffekt der bilinearen Texturfilterung ist das Tiefen-Aliasing. Wenn die Objekte weiter vom Betrachter entfernt sind, dann muss auch die Textur kleiner werden. Bei den Berechnungen stößt der Algorithmus an Grenzen, was ein Flackern hervorruft. Um dieses Phänomen zu verringern, können MIP-Mapping und die trilineare Filterung verwendet werden.

Texturfilterung, trilineare

Die trilineare Texturfilterung ist eine Weiterentwicklung des MIP-Mapping. Dieses löst das Problem des Tiefen-Aliasing, das bei der bilinearen Filterung entsteht, führt aber zu einem neuen Artefakt, dem MIP-Banding. Dieses tritt auf, wenn zwei unterschiedlich große MIP-Maps derselben Textur aneinander grenzen. Die Übergänge zwischen diesen Texturen sind nicht weich und fallen störend auf. Die trilineare Filterung wurde entwickelt, um den negativen Effekten des MIP-Mapping wie MIP-Banding entgegenzuwirken. Im Grunde entspricht der Algorithmus dem der bilinearen Filterung, nur dass zusätzlich noch die nächstgrößere und nächstkleinere MIP-Map in Betracht gezogen werden. Dabei müssen zwar doppelt so viele Daten verarbeitet werden, als Ergebnis erhält man dafür aber weiche Übergänge zwischen den Texturen und den verschiedenen MIP-Maps.

Texturskalierung

3D-Funktion bei Grafikkarten. Wenn sich ein 3D-Objekt vom Betrachter weg oder zu ihm hin bewegt, muss die Textur auf der Oberfläche des Objekts entsprechend skaliert werden. Dafür gibt es drei Methoden: Point Sampling, Bilineare Filterung und Trilineare Filterung.

Tiefen-Aliasing

Ein unerwünschter Effekt, der bei der bilinearen Texturfilterung auftritt. Bei der Skalierung von Texturen ist ein Flackern sichtbar. Als Gegenmaßnahme wurde das

MIP-Mapping bzw. die trilineare Texturfilterung entwickelt.

Transform & Lighting (T&L)

Hardwareseitige 3D-Grafikfunktion. Musste bisher die CPU in ihrer Grafik-Pipeline die ersten beiden Schritte Koordinatentransformation und Lichtberechnung (Transformation und Lighting) durchführen, nimmt ihr der Grafikchip bzw. die GPU (Graphic Processing Unit) diese Arbeit nicht nur ab, sondern erledigt sie sogar deutlich schneller. Voraussetzung hierfür sind Anwendungen, die auf den Grafik-APIs DirectX (ab Version 7) oder OpenGL aufsetzen. Die T&L-Engine wird bei modernen Grafikkarten (ab DirectX 8) durch den frei programmierbaren Vertex Shader ersetzt.

Vertex

Ein Vertex ist der Scheitelpunkt zweier sich treffender oder kreuzender Linien. Der Begriff bezeichnet im 3D-Grafikbereich die Punkte, aus denen die Grundelemente jedes 3D-Objekts aufgebaut sind – Polygone (Dreiecke). Somit hat jedes Polygon drei Scheitelpunkte.

Vertex Shader

Programmierbare 3D-Funktion ab DirectX 8. Der Vertex Shader gehört zur Geometrie-Engine eines 3D-Chipsatzes. Zusammen mit dem Pixel Shader und anderen Funktionen bildet der Vertex Shader die 3D-Pipeline, die dreidimensionale Ausgangsdaten in zweidimensionale Bilder umrechnet. Der Vertex Shader kann anhand von frei programmierbaren Anweisungen die eingehenden Vertex-Daten (dreidimensionale Punktdaten) neu berechnen. Ein Vertex kann aus mehreren Datenteilen bestehen. Diese enthalten zum Beispiel Orts- und Texturkoordinaten, Lichtwerte oder Daten zur Oberflächenberechnung. Besonders bei der aufwendigen Berechnung von Oberflächen und (volumetrischen) Schatten bringt diese Technik Vorteile. Vom Vertex Shader bzw. der Geometrie-Engine gehen die Daten an die Render Engine, welche die endgültigen, zweidimensionalen Texturen berechnet und das Ergebnis an den Rasterizer für die Grafikdarstellung übergibt. Der Vertex Shader ersetzt die T&L-Engine früherer DirectX-Versionen.

Z-Buffer

3D-Grafikkarten speichern die Information über die Position eines Objekts auf der Z-Achse in einem Bildspeicher, dem so genannten Z-Buffer. Die Tiefeninformation für jeden Bildpunkt wird meist mit 16 Bit aufgelöst. Die Karte vergleicht nun die letzte Information mit der eben gespeicherten und kann daraus die Position des Bildpunkts auf der Z-

Achse errechnen. Dadurch ist es möglich, zu entscheiden, ob ein Objektpunkt für den Betrachter sichtbar ist oder ob er durch ein anderes Objekt verdeckt wird. Auf Low-cost-Karten wird normalerweise ein Bereich des Grafikspeichers für diese Funktion zur Verfügung gestellt. High-end-Grafikkarten verfügen jedoch über einen physikalisch separaten Speicher mit eigenem Speicherbus (Local Buffer). Wenn möglich, sollte der Grafikchip bei komplexen Objekten Z-Werte mit 24 oder gar 32 Bit verarbeiten, um so Darstellungsfehler zu vermeiden.

Audio/Video/Foto von A–Z

Anamorph

Kodierungsverfahren für DVD-Filme für optimale Bildwiedergabe ohne störende schwarze Balken. Alle Zeilen werden dabei mit Bildinformationen gefüllt. Auf 16:9-kompatiblen Geräten entzerrt der DVD-Player das anamorphe Bild wieder auf die korrekte Breite. Treten bei der Wiedergabe auf Breitwandfernsehern trotzdem horizontale schwarze Balken auf, so wurde der Film in einem Breitwandformat (Cinemasope, Panavision u.a.) gefilmt.

ASF

Ein Dateiformat mit geringem Overhead, das von Microsoft für Multimedia-Datenströme über Microsoft NetShow Mediendienste entwickelt wurde. ASF umfasst eine Vielfalt von Datentypen wie Grafik-, Audio- und Videodaten. Eine Synchronisierung der einzelnen Elemente durch unterschiedlichste Skriptsprachen ist ebenso möglich wie die Einbettung von URLs. Die Live-Übertragung von Multimedia-Inhalten ist eine der wichtigsten Anwendungen von ASF.

BD-R

Die beschreibbare Version der Blu-ray-Disc (BD), ein Nachfolgeformat der DVD. Die BD-R fasst bis zu 25 Gbyte, die fünffache Datenmenge einer DVD-R.

BD-RE

Die wieder beschreibbare Version der Blu-ray-Disc (BD), ein Nachfolgeformat der DVD. Die BD-RE fasst bis zu 27 Gbyte, die fünffache Datenmenge einer DVD-RW.

BD-ROM

Die nicht wieder beschreibbare Version der Blu-ray-Disc (BD), ein Nachfolgeformat der DVD. Die BD-ROM fasst bis zu 23,3 Gbyte, die fünffache Datenmenge einer DVD-ROM.

Belichter

Ein Belichter dient der Erstellung von Print-Medien, wie z.B. Zeitschriften, Katalogen, Büchern usw. Dabei werden der Text und eventuelle Grafiken oder Bilder direkt auf Film für die Ausgabe auf der Druckmaschine belichtet. Die Auflösung von Belichtern liegt entsprechend hoch.

Bildbearbeitungsprogramm

Ein Programm, das die Bearbeitung, Manipulation und Veränderung von (eingescannten) Bildern ermöglicht. Beispiele sind Adobe Photoshop, Corel Photopaint oder auch Paint Shop Pro.

Bildkompression

Bestimmte Grafikformate wie z.B. TIFF und JPEG, aber auch MPEG und MJPEG (beide für Filmsequenzen) benutzen spezielle Algorithmen, um die Dateigröße zu minimieren. Die Komprimierung von Grafiken und Videosequenzen mithilfe eines dieser Formate bzw. spezieller Software oder Erweiterungskarten nennt man Bildkompression.

Bildkompression, fraktale

Bei der fraktalen Bildkomprimierung wird über mathematische Verfahren aus der Fraktalgeometrie versucht, Ähnlichkeiten in Bitmap-Bildern zu finden und diese als Bausteine für das Bild zu verwenden. Damit kann der Speicherplatz für eine Bitmap stark vermindert werden. Die Kompression ist zum einen verlustbehaftet und zum anderen benötigt sie sehr viel Zeit. Die Dekomprimierung ist dagegen relativ schnell. Im Vergleich zu JPEG ist die Qualität der fraktal komprimierten Bilder bei gleicher Kompressionsrate höher.

Bildstabilisator

Eine elektronische oder optomechanische Vorrichtung, die Verwacklungsunschärfen reduziert. Beim häufigsten Stabilisationsverfahren, der optischen Bildstabilisierung, registrieren Gyroskope die axialen Bewegungen des Objektivs. Ein bewegliches Linsensystem wird dann von der Steuerelektronik des Bildstabilisators genau in die entgegengesetzte Richtung bewegt, so dass die Verwacklungen kompensiert werden und das Bild ruhig und scharf bleibt.

Blooming

Bildfehler, der in Form von pinkfarbenen Farbsäumen an Übergängen zwischen grellen und dunkleren Bildpartien auftritt. Blooming wird durch das »Überlaufen« von einzelnen Pixeln auf dem Bildwandler verursacht. Dabei bekommen ein oder mehrere Pixelelemente mehr Licht, als sie aufnehmen können, und der »Überschuss« an elektrischer Ladung geht auf benachbarte Pixel über.

Blu-ray-Disc

Ein DVD-Nachfolgeformat, bei dem ein blauvioletter Laser mit 450 nm Wellenlänge zum Einsatz kommt. Eine Blu-ray-Disc (BD) fasst bis zu 27 Gbyte (einlagig) bzw. 50 Gbyte (zweilagig). Wie bei der DVD gibt es auch bei der BD beschreibbare und wieder beschreibbare Formate. Hauptkonkurrent zur BD ist die HD-DVD.

CCD-Chip

Abk.: Charged Coupled Device

Der typische Bildwandler-Chip in einer Digitalkamera. Beim CCD wird die elektrische Ladung zeilenweise von einem Pixelelement zum anderen übertragen.

CMYK-Farbsystem

CMY steht für Cyan, Magenta und Yellow und bezeichnet die drei Grundfarben, die zusammen die so genannte subtraktive Farbmischung ergeben. Bei diesem Farbsystem werden diese drei Farben durch Farbfilter realisiert, die jeweils nur zwei Drittel des sichtbaren Lichtspektrums durchlassen.

CompactFlash

Auswechselbares, wieder beschreibbares, nichtflüchtiges Speichermedium im Kartenformat (PCMCIA I und II) und Flash-Speicher oder Festplatte (IBM Microdrive). Wird häufig in Digitalkameras und MP3-Playern verwendet.

CSS

Content Scrambling System. Verschlüsselungsverfahren für DVDs, bei dem ein Viertel der Datenmenge auf dem Datenträger verschlüsselt gespeichert wird. Diese Daten können dann nur über einen speziellen Code zurückverwandelt werden. CSS basiert auf einem Schlüsselaustauschprinzip, bei dem jeder Hersteller eines DVD-Players einen so genannten Player-Key erhält, mit dem sich der Player gegenüber der Disc ausweisen kann. Zurückgegeben werden zwei Schlüssel an den Player, der dann die Daten dekodieren und verarbeiten kann (Disk-Key und Title-Key). Dieses umständliche System wurde im Herbst 1999 von Hackern geknackt und später von Kryptografen analysiert, woraus sich schließlich DECSS ergab. DECSS ermöglicht das Kopieren von DVDs, wurde aber inzwischen von einem US-amerikanischen Gericht verboten. Ein Amerikaner, der den Quellcode von DECSS auf einem T-Shirt abdrucken ließ, wurde empfindlich bestraft.

Digitaler Zoom

Das digitale Zoom einer Digitalkamera wird durch Interpolation, also Hochrechnung der Bilddaten, erreicht. Da sich die tatsächliche Datenmenge des Bildes nicht ändert, sinkt dadurch die Bildqualität. Wichtiger ist das optische Zoom, das die Vergrößerungsleistung der Kameraoptik bezeichnet.

DivX

Ein auf MPEG-4 basierender Video-Codec, der sich durch gute Bildqualität bei vergleichsweise geringer Größe des kompletten Films auszeichnet. Der Ton liegt normalerweise in MP3 bei 128 KBit/s vor. DivX kann von einigen DVD-Playern wiedergegeben werden.

Dolby Digital

Von der Firma Dolby Laboratories entwickeltes digitales Aufzeichnungsverfahren für fünf vollständig separate Tonkanäle plus einen Basskanal. Es ermöglicht eine hochwertige Mehrkanal-Tonwiedergabe für den Heimbereich. Digitaler Mehrkanalton findet sich auf DVDs und Laserdiscs, ist aber für die Zukunft auch z.b. bei Fernsehübertragungen denkbar. Die damit erreichbare Klangqualität gleicht der eines Kinos oder eines Konzertsaals. Nachteile des Dolby-Surround-Verfahrens, wie Rauschen und unvollständige Kanaltrennung, werden beim Dolby Digital konsequent vermieden. Die Aufzeichnung großer Datenmengen auf einer Disc wurde erst durch hochkomplizierte Rechenverfahren zur Datenreduktion (AC3) ermöglicht. Der auffälligste Unterschied zu Dolby Surround ist neben der höheren Qualität der Frequenzumfang auf fünf Kanälen von 20 Hz bis 20000 Hz und die Tatsache, dass die hinteren Kanäle ein Stereosignal aufweisen können. Dabei wird der Tieftonkanal vorwiegend für Spezialeffekte im Bass eingesetzt, z.B. Erdbeben und Explosionen. In solchen Fällen kann aber eine zu große Lärmentwicklung durch eine frei konfigurierbare Dynamikbegrenzung vermieden werden. Bestehende Komponenten einer Surround-Anlage finden ihren Einsatz auch beim Dolby Digital. Notwendig ist hier lediglich die Anschaffung eines Dolby Digital- Verstärkers, Receivers oder Decoders.

Dolby Pro Logic

Soundsystem der Firma Dolby, das auf der Aufzeichnung von vier Tonkanälen beruht, die von einem Dolby Surround Sound-Kodierer kodiert werden, um auf normalen Stereo-Tonträgern gespeichert werden zu können. Ein Matrixdecoder stellt im Receiver die vier Kanäle wieder her. Zusammen mit den notwendigen Lautsprecherboxen ergibt sich ein räumlicher Klang.

Dot Pitch

Der Lochabstand ist ein Maß für den Abstand zwischen den einzelnen Löchern in der Lochmaske eines Monitors. Je niedriger dieser Wert ist, desto feiner kann der Monitor das Bild auflösen. Das heißt, vergleicht man zwei Monitore mit sonst gleichen Daten, wird der mit dem geringeren Lochabstand bei gleicher Auflösung (z.B. 1024 x 768 Punkte im Grafiktreiber eingestellt) das feinere und schärfere Bild erzeugen. Der Lochabstand ist neben einigen anderen Parametern ein Qualitätsmerkmal eines Monitors und sollte beim Kauf mitbeachtet werden.

dpi

In dpi (dots per inch, Punkte pro Zoll) wird die Auflösung grafischer Ein- und Ausgabegeräte (Scanner, Drucker, Belichter etc.) angegeben.

DTS

Tonsystem der Firma Digital Theatre Sound, welches in Kinosälen und auf DVDs eingesetzt wird. Erstmals eingesetzt wurde es im Jahre 1993 im Film Jurassic Park und es hat sich bis heute neben weiteren Tonformaten, wie Dolby Surround oder SDDS (Sony), durchgesetzt.

DVD

Nachfolgeformat der CD. Die DVD zeichnet sich durch eine wesentlich höhere Kapazität bei gleichen Abmessungen aus. Dies wird unter anderem durch die Verwendung von vier Datenschichten erreicht. Maximal bietet DVD die bis zu 25-fache Kapazität einer CD-ROM (zwischen 4,7 und 17 Gbyte). Die DVD wird mit einem roten Laser (650 nm) von innen nach außen geschrieben. Es gibt sechs verschiedene DVD-Formate, für die wiederum Abwandlungen vorliegen können und die untereinander konkurrieren, da von verschiedenen Herstellern unterstützt. Einsatzgebiet der DVD ist digitales Video und Multimedia aller Art.

DVD+R9

Ein neues DVD+R-Format von Philips, bei dem die Speicherkapazität der Medien durch eine spezielle Beschichtung auf 8,5 Gbyte verdoppelt werden konnte.

DVD-R

Eine DVD-R kann nur einmal beschrieben werden. Die Kapazität entspricht mit 4,7 Gbyte der der DVD. Es gibt zwei Unterkategorien: DVD-R(G) für den allgemeinen Gebrauch und DVD-R(A) für professionelle Authoring-Zwecke. Die DVD-R(G) wird mit einem roten 650 nm-Laser gebrannt, die DVD-R(A) mit einem 635 nm-Laser. Konkurrenzformat der DVD-R ist die DVD+R. Die DVD-R wird von Panasonic, Toshiba, Apple Computer, Hitachi, NEC, Pioneer, Samsung, Sharp und dem DVD-Forum unterstützt.

DVD+R

Eine DVD+R kann nur einmal beschrieben werden. Die Kapazität entspricht mit 4,7 Gbyte der der DVD. Konkurrenzformat der DVD+R ist die DVD-R. Die DVD+R wird unter anderem von Philips, Sony, Hewlett-Packard, Dell, Ricoh, Yamaha, nicht aber vom DVD-Forum unterstützt.

DVD-RAM

Ein DVD-Format, das wiederholt beschrieben und gelöscht werden kann. Dieses Format wird nur von bestimmten Herstellern unterstützt. Die DVD-RAM ist außerdem in eine Cartridge eingeschlossen.

DVD-RW

Die wieder beschreibbare Version der DVD-R. Eine DVD-RW ist in der Regel 1000 Mal überschreibbar. Konkurrenzformat ist die DVD+RW.

DVD+RW

Die wieder beschreibbare Version der DVD+R. Eine DVD+RW ist in der Regel 1000 Mal überschreibbar. Konkurrenzformat ist die DVD-RW.

DVI

Abk.: Digital Visual Interface

Ein digitaler Monitor-Schnittstellenstandard zur Umwandlung analoger Signale in digitale. Die Bilddatenübertragung erfolgt mithilfe des TMDS-Protokolls (Transition Minimized Differential Signaling). Der DVI-Standard unterstützt Bandbreiten auch über 160 MHz, unter anderem UXGA und HDTV.

EVD

Abkürzung für Enhanced Versatile Disc. Proprietäres, auf den chinesischen Markt begrenztes Disc-Format, das von China als lizenzfreies Pendant zur DVD entwickelt wurde. Statt des DVD-üblichen Kompressionsverfahrens MPEG-2 kommen bei der EVD VP5 und VP6 zum Einsatz. Als Sound-Codec wird statt PCM, Dolby Digital oder DTS das proprietäre EAC 2.0 verwendet, das auch 5.1-Ton beherrscht. EVDs lassen sich zwar im DVD-Laufwerk jedes PCs lesen, die enthaltenen Daten können aber aufgrund der speziellen Formate nicht genutzt werden.

FBAS

Es handelt sich dabei um das Standardvideosignal zur Ansteuerung von Farbbildschirmen, das auch von Fernsehgeräten verwendet wird. Dabei werden über ein Kabel alle Informationen (Farb- und Helligkeitsinformationen) übertragen. Die Bildqualität ist allerdings für viele Anwendungen im Computerbereich nicht ausreichend. Computermonitore verwenden dagegen RGB-Signale.

FireWire

FireWire ist ein Plug&Play-System, konfiguriert sich also selbst und bindet neue Geräte automatisch ein. Ein PC ist zum Einsatz dieses Systems nicht nötig. So kann z.B. eine Videokamera einen Videorecorder bzw. ein TV-Gerät steuern. Der Standard wurde 1986 von Apple entwickelt und später von Adaptec lizenziert. Das FireWire-Bussystem unterstützt bis zu 63 Geräte. Die Geräte nutzen dabei denselben Bus und kommunizieren sowohl mit dem angeschlossenen PC als auch untereinander. Insofern ähnelt dieses Bussystem dem Universal Serial Bus (USB) von Intel. Derzeitige Übertragungsraten liegen bei 100 Mbps (Megabit per second), künftige Versionen sollen bis zu 400 Mbps erreichen. FireWire wird hauptsächlich in der Videobearbeitung, in Netzwerken und bei den neuen DVD-Geräten eingesetzt. FireWire ist Teil der ATX-Spezifikation 2.1.

Frame

Beim Film oder bei Computeranimationen Bezeichnung für ein einzelnes Bild. Beim Fernsehgerät stimmt die Bildwiederholrate mit der Anzahl der pro Sekunde angezeigten Bilder überein. Aus Ergonomiegründen verwendet die Grafikkarte im PC jedoch eine höhere Bildwiederholrate. Zur Unterscheidung definiert man hier ein Frame als einzelnes Videobild einer Filmsequenz. Bewegungsabläufe erscheinen in der Regel ab 15 Frames/s flüssig. In Europa verwendet man die PAL-Norm (25 Bilder pro Sekunde), in Nordamerika die NTSC (30 Frames pro Sekunde).

fps

Frames per Second, die so genannte Frame-Rate. Bezeichnet die Abspielgeschwindigkeit eines Films, Videos oder einer Animation in Einzelbildern (Frames = Rahmen) pro Sekunde. Bewegungen erscheinen für das menschliche Auge ab 15 fps flüssig. Kinofilme laufen mit 24 fps. Die PAL-Norm arbeitet mit 25 fps, NTSC mit 30 fps.

Harddisk-Recorder

Ein Videorecorder auf Festplattenbasis. Ermöglicht zum Beispiel das zeitversetzte Abspielen eines Videostroms, während die Aufzeichnung noch läuft.

HD-DVD

Ein Nachfolgeformat für die DVD. Sie fasst einlagig bis zu 15 Gbyte (ROM-Version), zweilagig bis zu 32 Gbyte (ROM-Version 30 Gbyte) und damit bis zu dreimal mehr Daten als die DVD. Größter Konkurrent dieses Formats ist die Blu-ray-Disc.

HDMI

Digitaler Nachfolger des SCART-Anschlusses. Ermöglicht die Übertragung von Bild- und Tondaten, hat aber keine qualitativen Vorteile gegenüber dem DVI-Anschluss und dem optischen oder koaxialen Tonanschluss.

HDTV

Abk.: High Definition Television

Ein Sammelbegriff für verschiedene Fernsehnormen, die sich gegenüber dem herkömmlichen

Fernsehen durch eine größere sichtbare Zeilenzahl, erhöhte Auflösung, ein verändertes Bildseitenverhältnis (16:9) und eine höhere Bildwiederholfrequenz auszeichnen.

Horizontalfrequenz

Die Horizontalfrequenz eines Monitors sagt aus, wie viele Zeilen pro Sekunde auf dem Bildschirm dargestellt werden. Sie berechnet sich aus der Bildwiederholfrequenz mal der Zeilenanzahl. Neben den eigentlichen sichtbaren Zeilen benötigt man noch einige Synchronisationszeilen, um den Rücklauf des Elektronenstrahls zum Anfang der nächsten Zeile zu ermöglichen.

Interlacing

Beim Interlace-Verfahren wird zum Aufbau eines Bildes jede zweite Zeile übersprungen. Bilder werden so in zwei Halbbilder aufgeteilt und in zwei Schritten übertragen. Das eine Halbbild enthält alle geraden Zeilen und das zweite alle ungeraden. Das Interlace-Verfahren wurde früher verwendet, um höhere Auflösungen zu realisieren, als es rein technisch vorgesehen war. Allerdings hat dieses Verfahren einen ganz gewaltigen Nachteil: Interlace flimmert. Dies führte bei vielen Anwendern zu Kopfschmerzen und Augenbrennen. Heute wird das Zeilensprungverfahren nicht mehr verwendet. Durch den technischen Fortschritt werden die gewünschten Auflösungen mit Vollbildern erreicht.

lpi

Maß in Bezug auf die Rasterung beim Druck von Graustufen auf einem monochromen Drucker. Anstelle von lpi wird auch der Begriff Rasterfrequenz verwendet. Im Gegensatz zur Einheit dpi, die die physikalische Auflösung eines Geräts beschreibt, trifft die Rasterfrequenz eine Aussage über die Art der Rasterung, also der Umsetzung von Graustufen in eine Verteilung von schwarzen Druckpunkten. Bei monochromen Druckern, solchen, die mit Rasterverfahren arbeiten (z.B. Laserdrucker, Laserbelichter), besteht eine eindeutige Beziehung zwischen der physikalischen Auflösung, der Rasterfrequenz und der Anzahl der darstellbaren Graustufen. Zunächst muss aber noch der Begriff der Halbtonzelle erklärt werden. Um Graustufen darzustellen, werden diese auf Geräten, die diese nicht direkt drucken können, durch eine Verteilung (Rasterung) von schwarzen (bedruckte Stellen) und weißen (unbedruckte Stellen) Punkten simuliert. Die kleinste logische Einheit bei dieser Rasterung wird als Halbtonzelle bezeichnet. Diese besteht aus einer bestimmten Anzahl von Druckpunkten und kann damit eine bestimmte Anzahl von Graustufen erzeugen. So beinhaltet z.B. eine Halbtonzelle mit einer Kantenlänge von 10 Pixeln 10x10 Druckpunkte, sprich 100 Druckpunkte, was gleichzeitig auch der Anzahl der simulierbaren Graustufen entspricht. Das heißt, zwischen den Werten 100% Schwarz (100 schwarze Punkte) und 0% Schwarz (entspricht 100% Weiß, also 100 nicht bedruckte Punkte) sind noch 98 Zwischenstufen möglich. Um z.B. ein 50-prozentiges Grau zu erzeugen, werden 50 Punkte gedruckt und die restlichen 50 nicht bedruckt. Nun zu der oben angesprochenen Beziehung: dpi/lpi = Kantenlänge der Halbtonzelle. Wenn Sie diesen Wert quadrieren, erhalten Sie die Anzahl der darstellbaren Graustufen. Ein Beispiel soll dies verdeutlichen: Wenn Sie auf einem Laserdrucker mit 600 dpi eine Rasterfrequenz von 60 verwenden, ergibt das eine Kantenlänge von 10 für die Halbtonzelle und damit 100 darstellbare Graustufen. Die gleiche Rasterfrequenz auf einem Laserbelichter mit 1200 dpi ergibt eine Kantenlänge von 20 und damit 400 darstellbare Graustufen. Allerdings muss man beachten, dass mit dem Anwachsen der Kantenlänge der Halbtonzelle die effektive Auflösung sinkt, da die Halbtonzelle die kleinste Einheit darstellt, aus der das Bild aufgebaut wird. Das heißt, mehr Graustufen erzeugen gröbere Bilder und umgekehrt. Es gilt, einen guten Kompromiss zwischen Graustufen und Detailschärfe zu finden. Dieser ist für die meisten Laserdrucker bei 100 lpi erreicht (normalerweise auch die Voreinstellung).

ISO-Wert

Abk.: International Standard Organisation

Bezeichnet bei Digitalkameras die Lichtempfindlichkeit des Bildwandler-Chips im Vergleich zur Empfindlichkeit eines Fotofilms. Bei einem niedrigen ISO-Wert braucht ein Film/Bildwandler vergleichsweise mehr Licht, um ein Bild zu erzeugen, als bei einem hohen ISO-Wert. Eine Verdoppelung bzw. Halbierung des ISO-Werts hat eine Halbierung bzw. Verdoppelung der Belichtung zur Folge. Im Gegensatz zu Filmen haben Bildwandler eigentlich eine feste Empfindlichkeit, eine höhere Empfindlichkeit kann aber durch Verstärkung des Bildsignals vorgetäuscht werden. Während beim Fotofilm eine höhere Empfindlichkeit eine stärkere Körnigkeit auf dem Fotopapier hervorruft, die die Bildqualität negativ beeinflusst, wird bei Digitalkameras durch Signalverstärkung stärkeres Bildrauschen verursacht.

JPEG

Im Gegensatz zum GIF-Format kann das von der Joint Photographic Expert Group entwickelte JPEG-Format 24-Bit Farbinformationen darstellen und ist somit zur Anzeige von Fotos und Halbtonbildern geeignet. Es reduziert nicht die Farbtabelle, sondern verwendet eine verlustbehaftete Kompressionsmethode (Diskrete Cosinus Transformation), die Bilddaten löscht. JPEG bietet eine Qualitätseinstellung, mit der die Stärke der Kompression gesteuert werden kann. Sehr niedrige Werte führen zur Bildung wellenartiger und blockähnlicher Artefakte. JPEG unterstützt keine Transparenz.

Klirrfaktor

Dieser Faktor gibt an, wie stark Musik bei der Ausgabe durch Fremdtöne des Wiedergabegeräts oder der Lautsprecher verzerrt wird.

Konvergenz

Mit Konvergenz wird die korrekte Fokussierung der Elektronenstrahlen für die Farben Rot, Grün und Blau bei der Farbbildröhre eines Monitors bezeichnet. Weicht die Konvergenz eines Strahls stark ab, so wird dieser z.B. hinter der Darstellung einer weißen Linie sichtbar. Idealerweise bedecken sich die Strahlen perfekt. Die Einhaltung der Konvergenz ist ein wichtiges Kriterium bei der Wahl des Monitors.

Linearität

Eine Kennzahl für die maßstabsgetreue Abbildung eines Bildes auf dem Bildschirm. Bei einem Linearitätsfehler wird eine auf dem Bildschirm dargestellte Kugel an verschiedenen Stellen in unterschiedlicher Größe oder verzerrt abgebildet.

Lochmaske

Bei Monitoren, die zur Bilderzeugung Kathodenstrahlröhren verwenden, befindet sich auf der Innenseite der Frontglasscheibe eine Leuchtschicht. Jeder Bildpunkt ist auf dieser Schicht in drei Leuchtpunkte aufgeteilt – je einer für die drei Grundfarben Rot, Grün und Blau. Damit die drei Elektronenstrahlen den richtigen Leuchtpunkt treffen, befindet sich hinter dieser Schicht die so genannte Lochmaske. In dieser Maske befindet sich vor jedem Leuchtpunkt ein Loch, durch den der Elektronenstrahl hindurchtreten kann. Die Lochmaske ist notwendig, um zu verhindern, dass bei Beschuss eines Leuchtpunkts durch eine Elektronenkanone auch benachbarte Leuchtpunkte mitleuchten. Dies hätte starke Farbverfälschungen zur Folge. Neben Lochmasken, die tatsächlich kreisrunde Löcher aufweisen, gibt es auch Lochmasken, die über rechteckige Schlitze (Streifenmaske) oder elliptische Löcher verfügen.

Megapixel

Eine Million Pixel. Eine Kennzahl für die Bildauflösung einer Digitalkamera. Je höher die Auflösung, desto besser die Bildqualität, da mehr Bildinformationen zur Verfügung stehen.

Microdrive

Speichermedium von IBM in PCMCIA-II-Bauform. Eigentlich eine Minifestplatte mit bis zu 1 Gbyte Speicherplatz. Wird häufig in Digitalkameras verwendet.

MMC

Auswechselbares, wieder beschreibbares, nichtflüchtiges Flash-Speichermedium. Besonders für tragbare Geräte (MP3-Player oder Digitalkameras) mit niedrigem Stromverbrauch sind MultiMedia Cards geeignet.

MP3

MP3 ist ein Standardverfahren zur Kompression von Klangdateien. Die dabei resultierenden Dateien weisen bei nahezu gleichem Klangverhalten nur ein Zwölftel der ursprünglichen Größe auf. Um MP3-Files abzuspielen, benötigt man einen entsprechenden Player. MP3 reduziert die Datenmenge, indem es Frequenzen, die das menschliche Gehör nicht auflösen kann, herausfiltert. Da MP3 die widerrechtliche Weitergabe von urheberrechtlich geschützten Musikstücken ermöglicht, hat das Format in der Spieleindustrie keinen guten Ruf. Konkurrent zu MP3 ist das Audioformat ASF von Microsoft, welches über eine Kodierung zur Wahrung der Urheberrechte verfügt.

MPEG

MPEG ist ein Kompressionsverfahren und ein als Bitstrom definiertes Videoformat. Je nach Einsatzbereich ist das Format unterschiedlich spezifiziert (MPEG-1 bis 4). Bei CD-ROMs ist MPEG für eine Videoauflösung von 352x288 Bildpunkten bei 25 Frames/s und einer daraus resultierenden Datenrate von 150 Kbyte/s ausgelegt (»Viertel-PAL«, SIF-Format). MPEG-2 ist der Kompressionsstandard für digitales Fernsehen. Die Spezifikation für MPEG-2 deckt dabei einen weiten Bereich von PAL bis zum 1024-zeiligen HDTV-Format ab. Typische Datenraten liegen in diesem Bereich zwischen 2,5 und 6 Mbit/s. Die Kompression kann sowohl über einen Software-Decoder (z.B. XIng) als auch über einen Hardware-Decoder durchgeführt werden. Kompression in Echtzeit kann nur über einen Hardware-Decoder erfolgen, da Veränderungen zwischen aufeinander folgenden Bildern nicht als Differenz kodiert werden, sondern per »Motion Compensation«. Dieses Verfahren sucht nach Bildteilen, die in Folgebildern an anderer Stelle wieder auftauchen, und kodiert diese dann mittels so genannten Bewegungsvektoren. Selbst bei Kameraschwenks wird so die notwendige Datenmenge stark reduziert. Motion Compensation ist ein sehr aufwendiges Verfahren, da zum Vergleich von Bewegungen jeder Pixelblock mit jedem Pixelblock des nachfolgenden Bilds verglichen werden muss. Neben der Bildkompression dient MPEG auch als Verfahren zur Kompression von Audiodaten. Da bei MPEG keine Vollbilder gespeichert werden, eignet sich dieses Verfahren nicht zur Videobearbeitung. Dafür wird in der Regel MJPEG verwendet.

MPEG-1

Ursprünglicher MPEG-Standard, der für das Speichern und Abrufen von Audio- und Videoinformationen auf CD-ROM entwickelt wurde. MPEG-1 definiert eine mittlere Bandbreite von bis zu 1,5 Megabit pro Sekunde (Mbps), zeilensprungfreies Video und zwei Audiokanäle.

MPEG-2

Eine Weiterentwicklung des MPEG-1-Standards für Verwendung im Fernsehübertragungs- und HDTV-Bereich (High Definition Television). MPEG-2 definiert eine höhere Bandbreite von bis zu 40 Megabit pro Sekunde (Mbps), mehrere Bildgrößen, Video mit Zeilensprung und fünf Audiokanäle.

MPEG-3

Entwickelt wurde der MPEG-3-Standard ursprünglich für HDTV (High Definition Television). Da jedoch der HDTV- auch vom MPEG-2-Standard abgedeckt wird, wurde der MPEG-3-Standard wieder verworfen. Der MPEG-3-Standard ist nicht zu verwechseln mit dem MPEG-1-Audio-Layer-3 (MP3) für die Komprimierung von Audiodaten.

MPEG-4

Verlustbehafteter Kompressionsalgorithmus, der auf MPEG-1, MPEG-2 und Apple QuickTime basiert. Zur Kompression kommt ein Wavelet-Algorithmus zum Einsatz, der Kompressionsraten zwischen 1:20 bis 1:300 erlaubt. Die maximale Auflösung liegt bei 720x576 Bildpunkten, was voller PAL-Qualität entspricht. Bekanntester Vertreter des MPEG-4-Formats ist das Video-Encoding-Format DivX.

NTSC

Bezeichnung für die amerikanische Fernsehnorm, die mit 525 Zeilen und 30 Bildern (Frames) pro Sekunde arbeitet. Das europäische PAL und das französische SECAM arbeiten hingegen mit 625 Zeilen und 25 Vollbildern pro Sekunde.

Optischer Zoom

Eine wichtige Kenngröße bei einer Digitalkamera für die von der Kameraoptik geleistete Vergrößerung. Das optische Zoom hat gegenüber dem digitalen Zoom Vorrang, da Letzteres eine Vergrößerung nur durch Interpolation, also Bildberechnung, erreicht und somit wesentlich unschärfere Bilder erzeugt.

PAL

Bezeichnet die deutsche Farbfernsehnorm. PAL existiert schon seit den 60er Jahren und wurde von der Firma Telefunken entwickelt. In den meisten europäischen Ländern ist PAL heutzutage Standard. Das PAL-Bild besteht aus 625 Zeilen mit 833 Bildpunkten pro Zeile, was einem Verhältnis von 4:3 entspricht. Angezeigt werden 25 Vollbilder in der Sekunde. Um das Flackern zu verringern, wird das Zeilensprungverfahren mit 50 Halbbildern pro Sekunde eingesetzt. Diese Bildwiederholfrequenz von 50 Hz erscheint immer noch sehr gering, jedoch besitzen alle Fernseher im Gegensatz zu Computermonitoren eine leicht nachleuchtende Beschichtung auf der Bildröhre, so dass kein Flackern sichtbar ist. PAL ist eine Farbfernsehnorm, die allerdings abwärtskompatibel zu den in den 50er und 60er Jahren sehr verbreiteten Schwarzweißgeräten ist. Aus diesem Grund werden Helligkeits- und Farbinformationen auf das Bildsignal aufmoduliert.

PCM

Ein Verfahren zur Wandlung von analogen Signalen in digitale Informationen. Es wird z.B. bei der Digitalisierung von Audiosignalen für den PC eingesetzt. Dabei wird die analoge Information mit einer bestimmten Taktfrequenz und einer vorgegebenen Datenbreite abgetastet. Das Ergebnis wird dabei je als Datenwort (bei Audio-CDs 16 Bit) gespeichert. Neuere Verfahren speichern je Abtastung nur noch Unterschiede zur vorhergehenden ab. Die analogen Signale werden in einen kontinuierlichen Bitstrom gewandelt. Während bei PAM (Puls Amplitude Modulation) die Amplituden stetig veränderbar sind, schränkt PCM die möglichen Impulsamplituden auf vordefinierte Werte ein. Die Störanfälligkeit ist geringer, weil es sich um ein digitales Signal handelt.

Pixel

Ein Pixel ist das kleinstmögliche Bildelement in einer digitalen Grafik. Ein Pixel kann abhängig von der Farbtiefe nur 2 (bei 1 Bit Farbtiefe) oder eine von 16 Millionen Farben (bei 24 Bit) annehmen.

Pixeltakt

Der Pixeltakt steht für die Geschwindigkeit, mit der die Signale für die Erzeugung der einzelnen Bildpunkte (Pixel) aufeinander folgen. Er berechnet sich aus der Zeilenfrequenz multipliziert mit der horizontalen Auflösung des Bildes. Zusätzliche Synchronisationspixel sind notwendig, damit der Monitor beim Zeilenwechsel den nächsten Zeilenanfang auch erkennt.

RGB-Farbsystem

Bei den meisten technischen Geräten wird eine Farbdarstellung durch Addition der drei Grundfarben Rot, Grün und Blau, kurz RGB, erreicht. Durch Veränderung der jeweiligen Farbanteile kann fast jede beliebige Farbe erzeugt werden.

Rastergrafik

Eine Rastergrafik ist aus einzelnen Pixeln aufgebaut, die alle über Helligkeits- und Farbinformationen verfügen. Da die Bildinformation nur aus den tatsächlich vorhandenen Bildpunkten besteht, kann eine Rastergrafik im Gegensatz zu einer Vektorgrafik nicht beliebig skaliert werden, ohne starke Qualitätsverluste zu erleiden. Jedes eingescannte Bild und jede Grafik, die mit einem anderen Malprogramm als einem Vektorgrafikprogramm gezeichnet wurde, ist eine Rastergrafik.

Rastern

Um ein Bild oder Foto auf einem Computer bearbeiten zu können, muss das Bild in seine einzelnen Pixel zerlegt werden. Diesen Vorgang nennt man Rastern. Dazu benötigt man ein Rasterverfahren, meistens geschieht dies mithilfe eines Scanners. Je höher dabei die Auflösung des Scanners ist, desto besser ist die erreichte Qualität. Die Auflösung wird üblicherweise in dpi angegeben.

RGB

Bei den meisten technischen Geräten wird eine Farbdarstellung durch Addition der drei Grundfarben Rot, Grün und Blau, kurz RGB, erreicht. Durch Veränderung der jeweiligen Farbanteile kann fast jede beliebige Farbe erzeugt werden.

SCART

SCART-Stecker verbinden Videorecorder und Fernseher. Es handelt sich hierbei um eine 20-polige Steckverbindung, die qualitativ hochwertige Signale liefert, da diese direkt übertragen werden und nicht umgewandelt werden müssen.

SD-Karte

Auswechselbares, wieder beschreibbares, nichtflüchtiges Flash-Speichermedium, geeignet für Digitalkameras. Mit passendem Adapter auch im PC oder Notebook lesbar. Im Unterschied zu Multimedia-Karten (MMC) sind SecureDigital-Karten (SD-Card) etwas dicker, verfügen über zwei zusätzliche Anschlüsse für einen schnelleren Datentransfer und besitzen zusätzliche Sicherheitsfunktionen, die zur Verschlüsselung von Daten für die Hardware-Unterstützung des Digital Right Managements verwendet werden (z.B. Rechte an geschützten Daten wie MP3). SD-Karten sind abwärtskompatibel zur MMC.

UDO

Abkürzung für Ultra Density Optical. Mögliches DVD-Nachfolgeformat von der Firma Plasmon. Die UDO ist größer als eine DVD und wird mit einem blauen Laser (405 nm) von außen nach innen (bei DVD genau umgekehrt) geschrieben. Die Speicherkapazität der PDD beträgt 14 Gbyte mit einem Defekt-Management-Bereich von 287 Mbyte, eine Funktion, die der DVD vollkommen fehlt. Eine UDO kann bis zu 10000 Mal neu beschrieben werden (DVD und PDD: 1000). Da die UDO weitaus empfindlicher ist als die DVD, steckt sie in einer Cartridge.

USB

USB wurde 1995 von Intel entwickelt und sollte die bekannten Schnittstellen am PC ablösen. Der USB verwaltet Tastatur, Maus und alle Geräte, die bisher an der seriellen oder parallelen Schnittstelle angeschlossen wurden. USB ermöglicht den Anschluss von bis zu 127 Geräten, die frei miteinander verbunden werden können. Die Datenübertragungsrate beträgt bei Version 1.0 bis zu 12 MBit/s, bei Version 2.0 bis zu 480 MBit/s, was den Anschluss von schnellen Scannern und Druckern problemlos ermöglicht. USB-Geräte können während des Betriebs angeschlossen und wieder entfernt werden. Windows 9x/XP erkennt sie automatisch und installiert die entsprechenden Treiber. Apple besitzt ein derartiges System bereits seit den 80er Jahren. Allerdings ist der Apple-Desktop-Bus weniger leistungsfähig. Ein ähnliches System stellt der IEEE-1394-Standard dar, der eine ähnliche Datenübertragungsrate besitzt. Natürlich können ältere Peripheriegeräte weiterhin genutzt werden. PCs werden auch weiterhin zusätzlich mit den herkömmlichen Schnittstellen ausgerüstet sein.

Vektorgrafik

In Vektorgrafiken werden im Gegensatz zu Bitmaps nicht die einzelnen Bits des Bildes gespeichert, sondern eine mathematische Beschreibung der Objekte. Beispielsweise werden für eine Linie Anfangs- und Endpunkt gespeichert, für einen Kreis Mittelpunkt und Radius. Vektorgrafiken können ohne Qualitätsverluste vergrößert und verkleinert werden. Vektorformate sind nur für

Zeichnungen und nicht für Fotos geeignet.

Vertikalfrequenz

Die Bildwiederholfrequenz besagt, wie oft das gesamte Bild pro Sekunde auf dem Bildschirm neu aufgebaut wird. Die meisten Menschen nehmen ab 75 Hz kein Flimmern mehr wahr. Um diese Bildwiederholfrequenz zu erreichen, muss der Elektronenstrahl bei 768 Zeilen (1024x768 Auflösung) 768 x 75 = 57600 Mal pro Sekunde die Bildzeile wechseln. Daraus resultiert also eine benötigte Horizontalfrequenz (Zeilenfrequenz) von 58 kHz. In Wirklichkeit braucht der Elektronenstrahl aber eine gewisse Zeit, um das jeweilige Bildende zu erkennen, was durch 36 so genannte Synchronisationszeilen ausgeglichen wird. Die benötigte Horizontalfrequenz beträgt also 60 kHz.

Videobandbreite

Die Videobandbreite kennzeichnet denjenigen Bereich von der niedrigsten zur höchsten Signalfrequenz bei den Videoeingängen eines Monitors, der von der Monitorelektronik noch mit -3 dB Signaldämpfung verarbeitet werden kann. Wenn eine Bildzeile zwischen der Darstellung eines weißen und eines schwarzen Pixels hin- und herschaltet, ist dafür idealerweise ein Rechtecksignal, welches mit der halben Frequenz des Pixeltakts wechselt, erforderlich. Damit dieses recht extreme Signal bei der höchstmöglichen Bildwiederholfrequenz einigermaßen verstärkt werden kann, sollte die Monitorelektronik mindestens eine 1,5- bis 2-fach höhere Videobandbreite aufweisen.

Videobearbeitung

Unter Videobearbeitung versteht man die Bearbeitung von Videoaufnahmen am Computer. Die einfachste Möglichkeit ist der analoge Schnitt, bei dem der PC lediglich zwei an den seriellen Schnittstellen angeschlossene Videogeräte (beispielsweise einen Camcorder und einen Videorecorder) steuert. Dazu ist lediglich eine Schnittsoftware nötig, zusätzliche Hardware muss nicht eingebaut werden. Eine Videokarte wird benötigt, wenn die Videos mit Effekten oder Titeleinblendungen ausgestattet werden sollen. Eine Videokarte besitzt ein oder zwei Videoeingänge und ermöglicht in vielen Fällen auch die Digitalisierung der Videosequenzen, die dann meistens im M-JPEG-Format auf der Festplatte abgespeichert werden. Eine 10-Minuten-Sequenz in hoher Qualität benötigt ungefähr 2 Gbyte Speicherplatz. Ein schneller Rechner mit großzügig ausgestattetem Festplatten- und Arbeitsspeicher ist also zur Videobearbeitung dringend zu empfehlen. Viele Videokarten ermöglichen die synchrone Digitalisierung von Video- und Tonspur. Zur professionellen Bearbeitung wird noch eine entsprechende Effekt-Software benötigt.

Videobearbeitungseffekte

Bei der Videobearbeitung werden häufig Spezialeffekte eingesetzt. Ein Beispiel ist die Einblendung von Titeln oder das weiche Überblenden zwischen Bildern. Aber auch fliegende oder sich aufbauende Bilder sind möglich. Mit einer guten Effekt-Software sind der Fantasie keine Grenzen gesetzt.

Video-Capturing

Das Übertragen und Abspeichern von Videodaten auf dem Computer wird Video-Capturing genannt. Die dazu verwendete Erweiterungskarte heißt Video-Capture-Karte. Mit ihr können unter anderem auch digitale Videosignale auf einen analogen Videorecorder oder auf ein digitales DVD-RAM ausgespielt werden.

Video-Grabbing

Die Digitalisierung von Videobildern nennt man Video-Grabbing. Es können Standbilder oder bewegte Bilder in Echtzeit digitalisiert werden. Dazu wird eine entsprechende Videokarte oder Framegrabber-Karte benötigt.

Videokamera

Videokameras dienen zum Aufzeichnen von Bild und Ton auf eine Videokassette. Mit einem Videorecorder können die Kassetten dann abgespielt werden. Meist will man die Sequenzen noch bearbeiten. Dazu benötigt man eine Videokarte. 1996 hat Sony das digitale Videoformat DV entwickelt, das professionelle Videobearbeitung am PC noch einfacher macht.

Videokarte

Der Begriff Videokarte wird häufig für eine Grafikkarte verwendet. Das ist aber nicht korrekt, Videokarten dienen der Bearbeitung von Videosequenzen am Computer. Mittels Overlay-Technik blenden Videokarten das Videobild in das Computerbild ein. Viele Karten besitzen einen integrierten Frame-Grabber zur Digitalisierung von Videosequenzen.

Videokompression

Mit Videokompression werden Videosignale komprimiert, sozusagen gepackt, um damit die Größe der Videosignale zu verringern. Dabei kommt es zu Qualitätsverlusten.

Videorecorder

Ein Gerät zur Aufzeichnung von Bild- und Toninformationen auf einen magnetischen Datenträger. Die heute gängigen Systeme, vor allem VHS (Video Home System), aber auch S-VHS und Hi8, verwenden ein analoges Aufzeichnungsverfahren. Seit 1996 existiert auch ein digitales Verfahren, das von Sony entwickelte DV.

Videoschnittgerät

Ein Videoschnittgerät dient der Bearbeitung von Videoaufnahmen. Einfache Effekte, beispielsweise das Einblenden von Titeln, sind möglich. Moderne Geräte verfügen über Anschlussmöglichkeiten an einen PC.

Wavelet

Ein Wavelet bezeichnet eine mathematische Funktion, die sich innerhalb einer bestimmten Zeitspanne ändert. Wavelets werden immer mehr zur Analyse von Audiosignalen eingesetzt.

Weißabgleich

Abstimmung einer Digitalkamera auf die jeweilige Lichtart. Neben dem automatischen Weißabgleich der Kamera gibt es meist auch noch Spezialeinstellungen für »Tageslicht«, »bedeckten Himmel«, »Kunstlicht« und »Neonlicht«, um die Farben noch realitätsgetreuer wiederzugeben oder künstlerisch zu verfremden.

WMA

Abk.: Windows Media Audio

Digitales Audioformat von Microsoft, das ähnlich wie MP3 Audiodaten komprimiert.

YUV

Das Fernsehsignal wird in Helligkeitsinformationen (Y oder Luminance) und Farbinformationen (U und V, Chrominance) aufgeteilt. Bei YUV erhält die Luminance eine höhere Bandbreite als die Chrominance. Der Grund dafür liegt in der menschlichen Wahrnehmung. Für das menschliche Auge sind Helligkeitsinformationen wichtiger für einen korrekten Bildeindruck als Farbinformationen.

... aktuelles Fachwissen rund um die Uhr – zum Probelesen, Downloaden oder auch auf Papier.

www.InformIT.de

InformIT.de, Partner von **Markt+Technik**, ist unsere Antwort auf alle Fragen der IT-Branche.

In Zusammenarbeit mit den Top-Autoren von Markt+Technik, absoluten Spezialisten ihres Fachgebiets, bieten wir Ihnen ständig hochinteressante, brandaktuelle Informationen und kompetente Lösungen zu nahezu allen IT-Themen.

wenn Sie mehr wissen wollen ...   **www.InformIT.de**

Tricksen Sie Ihr Windows aus!

Home Edition
Günter Born
ISBN 3-8272-**6696**-3
800 Seiten

Professional Edition
Günter Born
ISBN 3-8272-**6776**-5
800 Seiten

Endlich gibt es alle Lösungen und Tricks für ein besseres Windows XP, entsprechend abgestimmt für die Home- und Professional Edition. Der Autor beschreibt detailliert, wie der Leser ein besseres Windows erhält oder Probleme mit Windows XP selbst in den Griff bekommt. Der zusätzliche Tipps- und Trickindex, gleich vor dem Inhaltsverzeichnis platziert, erleichtert die Suche nach einer bestimmten Lösung ganz wesentlich.

Möchten Sie für viel Wissen möglichst wenig bezahlen? Dann greifen Sie zu magnum. Kompakt, komplett, kompetent! Das praktische Handbuch für jeden! Unter **www.mut.de** finden Sie das Angebot von Markt+Technik.

Jetzt lerne ich

Von Said Baloui
ISBN 3-8272-**6586**-X, 336 Seiten
€ 24,95 [D]

Von Said Baloui
ISBN 3-8272-**6587**-8, 416 Seiten
€ 29,95 [D]

Sie wollen sich Neuland in der Computerwelt erschließen? Sind gespannt auf neue Software, neue Themen, neues Wissen? Hier ist die Reihe für Sie: der praktische und verständliche Einstieg in professionelle Computerthemen. Keine Vorkenntnisse erforderlich!
Unter **www.mut.de** finden Sie das Angebot von Markt+Technik.

Die praktische Referenz

Das fundierte und professionelle Nachschlagewerk im praktisch kompakten Format bietet alle Funktionen und Befehle im schnellen Zugriff: Thematisch und alphabetisch sortiert mit ausführlichem Index, hilfreich für alle Programmierer – vom Einsteiger bis zum Profi.

Von Dirk Louis
ISBN 3-8272-6608-4, 720 Seiten
€ 19,95 [D] / € 20,60 [A] / sFr 32,50

Unter **www.mut.de** finden Sie das Angebot von Markt+Technik.

Die praktische Referenz

Arbeiten Sie ab sofort effektiver!
Michael Kolberg, Autor zahlreicher Buchtitel zu Softwareprodukten der Firma Microsoft, zeigt Ihnen, wie Sie Windows XP Professional bei Ihrer täglichen Arbeit einsetzen. Schnell wird diese kompakte Schnellübersicht einen Platz neben Ihrem PC finden.

Von Eva Kolberg / Michael Kolberg
ISBN 3-8272-**6610**-6, 550 Seiten
€ 19,95 [D] / € 20,60 [A] / sFr 32,50

Unter **www.mut.de** finden Sie das Angebot von Markt+Technik.

Design und Webentwicklung praxisnah aufbereitet!

Anhand einer umfangreichen Beispiel-Site, die auch zum Download bereitsteht, erlernen Sie alle Arbeitsbereiche mit Flash. Die Einführung berücksichtigt besonders Komponenten und Behaviours sowie weitere Erleichterungen in der neuen Version. Eine Übersicht der Arbeitsumgebung, Bibliotheken, die neue »Videosität« u.v.m helfen Ihnen bei Ihren Aufgaben weiter. An der Stelle, wo Flash Professional mehr Funktionalität bietet, folgen jeweils spezielle Kapitel. Zudem liefert das Buch das bereits bekannt fundierte ActionScript-Wissen für High-End-Webentwickler, von den Grundlagen der Programmierung bis hin zum »Site-Modding«, Data-Interactivity, Flash Communication Server.

Von Svend Nissen und Dirk Louis
ISBN 3-78272-6672-6
1000 Seiten, 1 CD, mit Website, komplett in Farbe, mit Farbstifte-Set
€ 59,95 [D]

Sie suchen ein professionelles Handbuch zu allen wichtigen Programmen oder Sprachen? Das Kompendium ist Einführung, Arbeitsbuch und Nachschlagewerk in einem. Ausführlich und praxisorientiert.
Unter **www.mut.de** finden Sie das Angebot von Markt+Technik.

Das Standardwerk!

Das seit langem zum Standardwerk etablierte Werk von Heico Neumeyer! Sie erhalten den gesamten Funktionsumfang versehen mit ungezählten Tricks und Kniffen und zum ersten mal alle im Buch beschriebenen Aktionen auf CD. Diese laden Sie mit einem Mausklick dazu und vereinfachen wiederkehrende Aufgaben. Das komplett in Farbe gestaltete Buch lädt ein zum Stöbern, Entdecken, Ausprobieren, Nachschlagen, alles rund um Photoshop.

Von Heico Neumeyer
ISBN 3-8272-**6674**-2
1000 Seiten, 1 CD, komplett in Farbe, mit Farbstifte-Set
€ 59,95 [D]

Sie suchen ein professionelles Handbuch zu allen wichtigen Programmen oder Sprachen? Das Kompendium ist Einführung, Arbeitsbuch und Nachschlagewerk in einem. Ausführlich und praxisorientiert.
Unter **www.mut.de** finden Sie das Angebot von Markt+Technik.

Bild für Bild spielend Windows lernen

Fast ohne Lesen sehen Sie sofort, wohin Sie klicken müssen und wie es danach aussieht. Lernen Sie die Windows-Oberfläche kennen, schreiben Sie, zeichnen Sie, nutzen Sie Laufwerke, Dateien und Ordner. Stellen Sie Ihre erste Online-Verbindung her und senden Sie E-Mails mit Outlook Express.

Von Ignaz Schels
ISBN 3-8272-**6697**-1
250 Seiten
€ 14,95 [D]

Unter **www.mut.de** finden Sie das Angebot von Markt+Technik.

Rüsten Sie Ihren PC auf!
Einfacher geht es nicht!

Erweitern Sie jetzt Ihren PC! Lernen Sie Schritt für Schritt, Bild für Bild, die ideale Hard- und Software für Ihre speziellen Interessen (MP3s, Spiele, DVDs, Musik, Videos) kennen. Zahlreiche Tipps und Tricks, Kniffe und Warnungen sorgen dafür, dass alles auf Anhieb klappt. Ein perfekter Leitfaden, selbst für blutige Anfänger.

Von Olivier Pavie
ISBN 3-8272-**6727**-7
300 Seiten, 4farbig
€ 19,95 [D]

Unter **www.mut.de** finden Sie das Angebot von Markt+Technik.